계약유형별 제2판

나홀로 하는
계약서 작성실무

법학박사
행 정 사 김 동 근
변 호 사 김 요 한 공저

진 원 사

제2판 머리글

사회복지관련 격언 중 요람에서 무덤까지라는 말이 있습니다. 계약도 이처럼 출생부터 사망에 이르기까지 전 기간에 걸쳐 사람의 생활과 매우 밀접한 관련이 있는 법률행위 중 하나입니다. 사실 우리 일상사에 계약과 연계되지 아니한 일이 없을 정도로 대부분의 일들이 계약으로 시작되고 끝나게 됩니다.

계약은 이미 우리 삶의 일부가 된지 오래되었고 또 그만큼 여러 일상생활과 관련된 다양한 유형들의 계약이 존재하고 있습니다. 문제는 이처럼 다양한 유형의 계약들을 한 권의 책에 모두 담는다는 것이 현실적으로 불가능하다는 점입니다. 따라서 본 개정판에서는 초판을 기준으로 계약관련 일부 이론적인 부분을 보강하는 한편 계약서식 부분에서는 현대사회에서 그 필요성이 날로 증가하고 있는 이혼합의서, 지식재산권관련 계약서 및 각종 용역계약관련 계약서, 비밀유지계약서, 근로계약관련 계약서, 대리점개설관련 계약서, 프리랜서관련 계약서, 광고·출판 등 문화컨텐츠 관련 계약서 등을 새로이 추가하거나 보강하는 방법으로 일상생활을 영위하며 접할 수 있는 다양한 유형의 계약들을 모두 담고자 노력하였습니다.

혹, 부족한 부분이 존재할 경우 독자분들의 계속된 지도편달 부탁드립니다. 끝으로 코로나 19 등 경제적으로 어려운 여건 속에서도 본서의 출판을 위하여 불철주야 노력하시는 진원사 양진수 사장님을 비롯하여 편집자 및 임직원분들께 깊은 감사를 표합니다.

2023. 5. .

저자 김 동 근 씀

머 리 글

현대사회에서 사람의 생활은 대부분 계약과 관련되어 있다. 집을 사고 팔기도하고 빌리기도 하며(매매, 사용대차, 임대차), 음식이나 의류를 구입하고(매매), 교통수단을 이용하며(도급), 병원에 가서 치료를 받거나 사무의 처리를 부탁하는 것(위임) 등 이 있다. 오늘날 사람의 사회생활을 법률과 밀접하게 연결시켜주는 제도가 다름 아닌 계약이다.

법률용어사전에서는 계약을 "서로 대립하는 두 개 이상의 의사표시의 합치로 성립하는 법률행위로 채권관계의 발생을 목적으로 한다. 일반적으로 계약을 넓은 의미의 계약과 좁은 의미의 계약으로 나누고, 전자는 채권의 발생을 목적으로 하지 않는 합의, 즉 물권적 합의(지상권설정계약이나 저당권설정계약)나 가족법상의 계약(혼인에 관한 합의)도 포함하는 반면, 후자는 채권계약만을 말하며, 채권의 연구대상인 계약은 채권의 발생을 목적으로 하는 좁은 의미의 계약, 즉 채권계약에 한하고 채권계약에 관한 채권의 규정들은 그 성질이 허용하는 한 다른 계약에도 유추 적용된다."라고 설명한다. 즉, 두 사람 이상이 무언가를 합의하거나, 경제적 목적을 이유로 무언가를 주고받기로 약속하는 것이라고 말할 수 있다.

본서는 일상생활에서 기본적이며 가장 중요한 계약서의 작성방법 등을 실무적인 입장에서 서술한 계약관계의 지침서이다.

이에 따라 본서는 제1, 2장에서는 계약일반으로 계약의 성립과 그 효력 및 계약의 해지 또는 계약위반에 대한 손해배상 문제 등을 관한 기본적인 이론을 다루었으며, 제3장에서는 증여, 매매, 교환 등과 관련 하여 실제 발생할 수 있는 여러 계약유형들을 각각의 이론과 함께 기술하였고, 제4장에서는 소비대차, 사용대차 임대차에 대하여, 제5장에서 고용, 도급, 여행, 현상광고, 위임, 임치 등에 대하여, 제7장에서는 보증, 양도 등에 대하여, 제8장에서는 문화콘텐츠에 대하여, 제9장에서는 합의서에 대하여, 제10장에서는 그 외 기타의 계약서식 등에 대하여 각각의 이론적 내용과 함께 기술하였다는데 그 특징이 있다.

이렇듯 본서는 우리 일상생활에서 사인이 또는 기업을 경영하는 사업자 또는 공동사업을 영위하려는 사람 사이에서 발생할 수 있는 모는 계약관계에 관한 개략적인 이론 및 각각의 서식들을 망라적으로 기술함으로써 각종 계약과정에서 발생할 수 있는 법률적 문제를 이 책 한권으로 모든 것을 해결할 수 있도록 하였다는데 그 특징이 있기도 하다.

아무쪼록 본서가 각종 계약관계 분쟁에 처한 당사자나 관련 실무종사자 등에게 분쟁해결을 위한 충분한 길라잡이 역할을 할 수 있기를 기대합니다. 다만, 본서의 내용 중에 다소 미흡하거나 부족한 부분이 있을 경우 그 부분에 대하여는 독자분들의 계속된 지도 편달을 바라며, 그에 대하여는 판을 거듭하면서 보완하는 방법으로 늘 최신성을 유지할 것을 약속드립니다.

끝으로 여러 어려운 여건 속에서 본서의 출판을 위하여 불철주야 노력하시는 진원사 양진수 사장님을 비롯하여 편집자 및 임직원분들께 깊은 감사를 드리는 바입니다.

2020. 1. 28.

저자 김 동 근 씀

목 차

‖제1장‖ 계약 일반론 / 3

▌제2장▐ 계약의 분류 / 30

▌제3장▐ 증여·매매·교환 관련 계약서 / 35

▌제6장▐ 조합(동업)·종신정기금·화해 관련 계약서 / 728

제7장 보증·양도 관련 계약서 / 798

제8장 문화콘텐츠 관련 계약서 / 882

▌제10장▐ 기 타 / 1094

계약유형별

나홀로 하는
계약서 작성실무

제1장 계약 일반론

제1절 계약의 의의

1. 계약의 정의 및 기능

가. 계약의 정의

계약은 넓은 의미의 계약과 좁은 의미의 계약으로 나뉜다. 먼저 넓은 의미의 계약이란, 사법상의 일정한 법률효과의 발생을 목적으로 하는 당사자의 합의를 말한다. 즉, 채권의 발생을 목적으로 하는 채권계약, 물권계약, 신분계약 등 을 모두 포함하는 개념이다. 이에 대하여 좁은 의미의 계약이란, 채권의 발생을 목적으로 하는 계약(채권계약)만을 의미한다.

나. 계약의 기능

시장경제체제 아래에서는 상품유통은 물론 신용의 흐름 등을 위해서는 당사자 간의 의사합치에 의한 권리와 의무의 형성을 하게 된다. 즉 상품에 대한 매매, 근로의 제공에 대한 약속 등을 필수적 전제로 하여 경제생활을 하게 되는데, 이러한 과정에 필수적으로 나타나는 것이 계약일 수밖에 없다.

2. 계약자유의 원칙

가. 개 념

계약자유의 원칙은 계약체결의 자유, 내용결정의 자유, 계약방식의 자유를 내용으로 하고 있다. 계약체결의 자유는 당사자가 계약을 체결할 것인가, 또한 체결한다고 할 때 누구와 체결할 것인가를 자유롭게 결정할 수 있는 것을 의미한다. 내용결정의 자유는 각 당사자가 그 계약의 내용을 자유롭게 결정할 수 있다는 것을 의미하며, 일단 성립된 계약의 내용도 자유롭게 소멸시키거나 변경시킬 수 있는 것까지 포함한다. 그리고 계약체결방식의 자유는 각 당사자들이 체결하는 방식을 자유롭게 선택할 수 있는 것을 의미한다. 즉 각 당사자들은 편의에 따라 서면·구두와 경우에 따라서는 몸짓으로도 계약체결이 가능하다는 것이다.

나. 수정원리

근대 민법의 원칙들은 심각한 빈부 격차와 대기업의 독점 등 자본주의의 문제점을 경험하면서 다음과 같이 수정되었다.

첫 번째는 사유 재산권 존중의 원칙이 소유권 공공복리의 원칙으로 변화한 것이다. 이로써 개인의 재산권은 여전히 보호받아야 할 대상이지만, 절대로 침해될 수 없는 신성한 권리라기보다는 공공복리의 차원에서 제한될 수 있는 상대적 권리가 되었다.

두 번째는 계약 자유의 원칙이 계약 공정의 원칙으로 변화한 것이다. 개인 간의 법적 관계가 각자의 의사에 따라 형성되는 것은 당연히 인정되어야 할 원칙이지만, 그 내용이 사회 질서에 반하고 공공의 이익을 위협해서는 안 된다는 내용이 추가되었다.

세 번째는 과실 책임의 원칙에서 무과실 책임의 원칙이라는 예외를 인정하게 된 것이다. 이로써 어떤 기업이나 개인이 사회적인 위험이나 환경오염 등을 초래한 경우, 과실이 없더라도 이에 대한 손해 배상 책임을 지도록 할 수 있게 되었다.

예를 들어 어느 공장에서 폐수를 흘려보냈는데 멀리 떨어져 있는 양식장이 피해를 보게 되었다면, 이 공장은 손해 배상의 책임을 지게 될 것이다. 원자력 발전소와 같은 위험성이 높은 시설과 관련하여 손해가 발생했을 때에도 무과실 책임의 원칙이 적용된다.

제2절 계약의 성립

1. 계약의 성립요건

법률행위가 성립하려면 일반적 성립요건으로서 당사자, 목적, 의사표시가 있어야 하는데, 계약 역시 이러한 법률행위의 일반적 성립요건을 갖추어야 한다. 이에 더하여 계약에서는 당사자의 서로 대립하는 수 개의 의사표시가 객관적·주관적으로 합치하여야 한다. 이러한 요건을 충족하지 못하면 계약은 성립되지 않는다. 만약 어느 일방이 계약상 의무를 이행하지 않을 경우, 즉 채무불이행의 경우에는 법적 구속력이 인정되기 때문에 소송을 제기하여 구제(강제이행, 손해배상, 계약취소등)를 청구할 수 있다.

가. 객관적 합치(내용의 합치)

- 청약과 승낙의 객관적 의미내용의 합치가 필요하다.
- 합치가 없는 경우에는 계약이 성립하지 않는다.
- 불합치된 부분이 경미하다 할지라도 계약은 성립하지 않는다.

나. 주관적 합치(상대방의 일치)

- 청약의 상대방이 청약자에게 승낙하여야 한다.
- 주관적 합치가 없는 경우에도 계약이 성립할 수 없다.

2. 계약성립의 모습

가. 청약과 승낙에 의한 계약의 성립

(1) 청 약

계약성립의 일반적인 모습은 청약과 승낙의 일치에 의한 성립이다. 여기서 청약이란 이에 대한 승낙과 결합하여 일정한 계약을 성립시키려고 하는 일방적·확정적인 의사표시이다. 매매계약에 있어 매도인이 특정인에 대해 팔겠다고 하는 경우에 이 팔겠다는 의사표시가 청약에 해당한다.

(가) 확정적 의사일 것 : 승낙만 있으면 체약이 될 수 있을 정도

- 확정적 의사가 없는 것 : 청약의 유인이다(가격제시 없는 매도제의).
- 정찰가격 붙은 상품진열, 자동판매기 설치는 청약이다.

(나) 불특정다수인에 대한 청약도 가능

청약은 불특정다수인에 대한 것도 가능하지만, 불특정 다수인에 대한 승낙은 불가능하다.

(다) 청약의 존속기간

- 기간이 있는 것 : 그 기간
- 기간이 없는 것 : 상당기간

(라) 청약의 구속력

- 청약은 효력발생 후(도달) 철회할 수 없는 것이 원칙이다.
- 단, 도달 전이거나, 철회권을 유보한 경우는 철회가 가능하다.
- 청약의 의사표시 발송 후 사망하거나 행위능력 상실하더라도 청약의 효력에는 영향이 없다. 다만, 일신전속적 내용의 청약이라면 사망시 효력 상실한다.

(2) 승　낙

승낙은 청약에 대응하여 계약을 성립시킬 목적으로 청약자에 대하여 하는 일방적·확정적 의사표시를 말한다. 승낙이 있게 되면 계약이 성립된다. 청약과 비교하면 승낙은 청약한 사람에 대한 의사표시여야 하므로, 불특정다수인에 대한 승낙이란 있을 수 없다.

(가) 불특정다수인에 대한 승낙은 불가능

(나) 승낙기간의 기간이 정해져 있는 경우

- 그 기간 내에 도달해야 한다.
- 단, 그 기간 내에 도달할 만한 것이 연착된 경우 청약자는 연착의 통지를 해야(책무) 한다.
- 연착통지 하면 : 승낙이 없는 것으로(승낙의 실효). 따라서 계약은 불성립한다.
- 연착통지하지 않으면 : 연착하지 않은 것으로 본다. 따라서 승낙 유효. 계약 성립한다.
- **중요판례** : 청약이 상시거래관계에 있는 자 사이에 그 영업부류에 속한 계약에 관하여 이루어진 것이어서 상법 제53조가 적용될 수 있는 경우가 아니라면, 청약의 상대방에게 청약을 받아들일 것인지 여부에 관하여 회답할 의무가 있는 것은 아니므로, 청약자가 미리 정한 기간 내에 이의를 하지 아니하면 승낙한 것으로 간주한다는 뜻을 청약시 표시하였다고 하더라도 이는 상대방을 구속하지 아니하고 그 기간은 경우에 따라 단지 승낙기간을 정하는 의미를 가질 수 있을 뿐이다(1999.1.29. 98다48903 판결).

(다) 승낙기간이 없으면 상당기간 내에 도달하여야 한다.

(라) 연착한 승낙 : 새로운 청약이 된다(따라서 이것은 도달주의).

(마) 변경을 가한 승낙 : 새로운 청약이 된다(따라서 이것도 도달주의).

- **중요판례** : 매매계약 당사자 중 매도인이 매수인에게 매매계약을 합의해제할 것을 청약하였다고 할지라도, 매수인이 그 청약에 대하여 조건을 붙이거나 변경을 가하

여 승낙한 때에는 민법 제534조의 규정에 비추어 보면 그 청약의 거절과 동시에 새로 청약한 것으로 보게 되는 것이고, 그로 인하여 종전의 매도인의 청약은 실효된다(2002.4.12. 2000다17834 판결).

나. 교차청약에 의한 계약의 성립

당사자 사이에 동일한 내용의 청약이 서로 교차하는 경우, 즉 객관적 주관적으로 합치되는 두 개의 의사표시(청약)가 존재하게 되는 경우 계약은 성립된다. 계약의 성립시기는 양 청약이 모두 각각의 상대방에게 도달한 때. 즉 보다 뒤의 청약이 상대방에게 도달한 때이다(둘다 청약이므로). 격지간이라도 발송시가 아니라는 점을 매우 주의해야 한다.

다. 의사실현에 의한 계약의 성립

청약자의 의사표시나 관습에 의해서 승낙의 통지가 필요하지 않은 경우에는 승낙의 의사표시가 없더라도 승낙의 의사표시로 인정되는 사실이 있다는 자체만으로도 계약이 성립할 수 있는데 이를 의사실현에 의한 계약의 성립이라고 한다.

예컨대 호텔예약주문을 받고 특정의 객실을 청소하는 행위, 누구나 볼 수 있을 만한 크기로 "포장지를 열어 사용하면 매매를 승낙한 것으로 간주한다."는 문구를 포장지에 기입하여 상품을 우송한 경우, 상품을 받은 자가 포장을 열고 상품을 사용한 경우 등이다.

라. 계약성립이 강제되는 경우

국가유공자 등 예우 및 지원에 관한 법률, 양곡관리법, 비료관리법 등 국가·국가기관이 법률을 통하여 사인간의 일정한 채권관계를 성립시키는 경우, 의료법, 수도법, 도시가스사업법 등 생존배려, 공익보호 및 공정거래질서의 확립을 위하여 계약체결이 강제되는 경우 등이다.

마. 보통거래약관과 계약

보통거래약관이란 계약의 일방당사자가 특정 종류의 계약을 불특정다수의 상대방과 계속 반복적으로 체결할 것을 예정하고, 이에 대비하여 미리 정하여둔 계약조항을 말한다. 이러한 보통거래약관에 의한 계약에 대하여 판례는 계약당사자에 대하여 구속력을 갖는 것은 그 자체가 법규범 또는 법규범적 성질을 가진 약관이기 때문이 아니라 보험계약당사자 사이에서 계약내용에 포함시키기로 합의하였기 때문이라고 판시한 바 있다(대판 1990.

4. 27. 89다카24070호).

이러한 보통거래약관의 해석원칙으로는 평균적 고객의 이해가능성을 기준으로 객관적·획일적으로 해석되어야 한다는 동일성유지의 원칙, 신의칙에 반하는 공정을 잃은 조항으로서 약관규제법상 무효라고 볼 수밖에 없는 경우에는 수정해석을 해야한다는 신의성실의 원칙, 약관의 내용이 불명확하여 다의적으로 해석될 수밖에 없는 경우에는 작성자에게 불리하게 해석해야 한다는 작성자불이익의 원칙, 법률에 규정되어 있는 고객의 권리를 제한하거나 사업자의 책임을 제한하는 약관조항은 좁게 해석하여 고객에게 유리하게 해석해야 한다는 축소해석의 원칙 등이 있다.

바. 제3자를 위한 계약

제3자를 위한 계약이란, 계약 당사자 이외의 제3자에게 직접 권리를 취득시키는 계약으로서, 계약상의 효과인 이행청구권을 취득한 제3자가 계약당사자가 아니라 는 점에 특징이 있다.

3. 계약체결상의 과실책임

가. 서 론

(1) 의 의

계약체결을 위한 준비단계 또는 계약의 성립과정에서 당사자의 일방이 그에게 책임이 있는 사유로 상대방에게 손해를 끼친 경우에 이를 배상해야할 책임을 의미한다(이때 체약상 과실책임이라고 하면 535조의 규정된 내용만을 의미하는 것이 아니라, 학설상 동조문을 유추하여 계약이 무효·취소된 경우와 확장해석을 통하여 체약 교섭단계의 과실책임까지를 포괄한 것을 의미하고, 주의할 것은 이런 것들을 전부 긍정하는 견해, 전부 부정하는 견해가 포괄적으로 존재하는 것이 아니라, 각각의 유형에 따라 인정 여부에 대한 견해 대립이 따로 존재한다는 점이다).

(2) 체결상 과실책임의 기능

이들 책임을 인정하지 않는 경우에 손해를 본 일방은 아직 계약이 체결되지 않았기 때문에 피해자는 가해자에게 계약상 손해배상책임을 추궁할 수는 없고, 오로지 불법행위책임을 추궁할 수밖에 없다. 그러나 불법행위의 경우에는 요건상의 제약, 입증상의 불리, 보조자 과실에 대한 면책가능성, 소멸시효에 있어서 채무불이행 책임에 비해 피해자에게 불리하기 때문에 적절한 구제수단이 되지 않을 수 있다. 따라서 양당사자간 공평을 기하기 위하여 계약책임으로 구성할 여지를 두자는 것이 체약상의 과실책임론을 제기하는 문제의식이다.

(3) 우리 민법상에서의 인정 여부

아직 535조 이외에 체약상의 과실책임을 명시적으로 인정한 예는 없으나, 학설은 독일 민법과 달리 불법행위법이 완비된 우리 민법상 인정할 필요가 없다는 소수의 주장이 있긴 하나, 대체적으로 535조 이외의 경우에도 인정하는 것이 일반적이다. 다만 인정할 경우에도 그 법적 성질이나, 인정범위에 관하여는 학설상 차이가 있다.

나. 체약상 과실책임의 법적 성질

(1) 불법행위책임설

계약체결시에 무효인 계약에 의해 상대방에게 불의의 손해를 주지 않도록 하는 것은 사회생활상의 의무이고, 이를 위반하여 과실로 상대방에게 손해를 준 자는 불법행위책임을 진다는 견해이다.

(2) 계약책임설(多)

계약상의 의무에는 주된 급부의무 이외에 부수적 주의의무, 보호의무 등 신의칙상의 의무도 포함되고, 이러한 주의의무는 계약체결을 위한 준비단계에서도 인정되어야 하는 것이기 때문에 계약책임으로 구성할 수 있다고 보는 견해이다.

(3) 법정책임설

제535조와 그의 유추해석을 통하여 인정되는 계약의 무효·취소로 인한 경우의 체약상 과실책임은 독자적인 법정책임이지만, 계약체결을 위한 준비단계에서의 과실책임은(체약전 보호의무위반의 경우) 불법행위책임으로 해결하면 족하다고 보는 견해이다.

4. 계약체결상의 과실책임의 유형

가. 준비단계에 있어서의 체약상 과실

(1) 의 의

계약준비단계에서 일방당사자의 과실로 계약이 결렬되거나, 상대방이 재산상의 손해 또는 상해를 입은 경우의 문제이다. 백화점 융단사건이나, 자동차 시운전 사건 같이 체약전

보호의무가 주로 문제되는 경우이다.

(2) 인정여부 및 인정근거

계약책임설에 의하면 신의칙상의 보호의무(부수적주의의무로 보는 견해도 있다)를 근거로 채무불이행 책임을 인정하나 법정책임설(또는 보호의무 부정설)에서는 불법행위 책임으로 구성한다.

(3) 효과 - 손해배상

계약책임으로 구성하는 견해에서는 신뢰이익의 범위로 제한되며, 이행이익의 한도를 초과할 수 없는데 초과하는 경우에는 별도로 불법행위책임을 물어야 한다. 다만, 불법행위책임으로 구성하는 견해에 의하며 손해배상의 일반원칙(393조)에 의하게 되고 계약책임설에 있어서도 동 유형의 체약상 과실책임에 있어서는 393조 일반원칙으로 해결해야한다고 보는 견해가 있다.

(4) 관련판례

- 학교법인이 사무직원채용통지를 하였다가 채용하지 않은 사안에서, 학교법인은 불법행위자로서 원고가 최종합격자 통지와 계속된 발령 약속을 신뢰하여 직원으로 채용되기를 기대하면서 다른 취직의 기회를 포기함으로써 입은 손해를 배상할 책임이 있다고 판시한 적이 있다(1993.9.10. 92다42897. 당사자가 불법행위 책임을 추궁한 사안).

나. 계약이 무효·취소된 경우의 체약상과실책임

(1) 원시적 불능의 경우(535조) - 별도

(2) 착오 취소의 경우

- 명문규정은 없으나 긍정하는 것이 다수설이다.

(3) 무능력 취소의 경우

- 무능력제도의 취지에 비추어 부정하는 것이 통설이다.

다. 계약이 유효한 경우

(1) 의 의

계약이 유효하게 성립하였으나, 계약체결시에 필요한 설명이나 고지, 통지를 하지 않았거나 잘못하여 상대방에게 손해를 발생시킨 경우에 체약상 과실책임을 인정할 것인지 문제다. 이러한 잘못이 체약전이나, 체약 단계의 과실이라는 점에서 인정여부가 논의되는 것이다.

(2) 인정 여부

긍정하는 견해도 있지만 계약이 유효하게 성립한 경우에는 채무불이행 책임 특히, 불완전이행(부주적 주의의무 위반)의 문제가 될 뿐이라고 보는 견해가 유력하다.

제3절 계약의 효력

1. 의 의

계약의 효력이란, 계약이 성립하여 소멸할 때까지의 효력을 뜻하는 것으로, 그 내용은 당사자의 계약에 의하여 발생된 권리와 의무를 말하는 것으로, 예컨대 매매계약의 경우 계약이 성립하면 매도인에게는 재산이전의무가, 매수인에게는 대금지급의무가 발생하게 되는데 이것이 곧 계약의 효력이다.

2. 계약의 일반적 효력발생 요건

가. 당사자 간의 합의에 의하여 성립된 계약이 효력을 발생하려면 법률행위의 일반적 효력요건을 갖추어야 한다.

효력발생요건은 보면, ① 당사자가 행위능력이 있을 것, ② 의사표시에 있어 의사와 표시가 일치하고 하자가 없을 것, ③ 내용이 실현가능하고, 확정할 수 있어야 하며, 적법하고 사회적 타당성이 있어야 할 것, ④ 조건부 또는 기한부 법률행위(계약)일 경우는 조건의 성취 또는 기한의 도래가 있어야 할 것 등이다.

나. 계약이 상기의 효력 발생 요건을 충족하지 못할 경우에는 무효가 되거나 취소할 수 있게 된다.

3. 쌍무계약의 특수한 효력

가. 쌍무계약이란 각 당사자가 서로 대가적 의미를 가지는 채무를 부담하는 계약을 말하며, 매매, 교환, 임대차, 도급, 유상위임, 이자부 소비대차, 유상임치, 조합, 화해계약 등이 있다. 반면에 계약의 당사자 일방만이 채무를 부담하거나 또는 양자 모두 채무를 부담하나 서로 대가적 관계가 없는 계약을 편무계약이라고 하며, 증여계약이나 사용대차계약이 여기에 해당한다.

나. 쌍무계약은 계약성립의 면에서도 대가적 의미를 가지므로 일방의 채무가 원시적 불능·불법 등으로 성립하지 않거나, 무효·취소된 때에는 그 대가적 의미를 갖는 타방도 성립하지 않게 되며 또한 존속상에 있어서나 이행상에 있어서도 마찬가지로 대가적인 의미를 가진다. 이로 인하여 쌍무계약에서는 동시이행의 항변권과 위험부담의 문제가 발생한다.

(1) 동시이행의 항변권

(가) 의 의

동시이행의 항변권이란 쌍무계약에서 당사자는 상대방이 자기의 채무를 이행하지 아니하고 상대방의 채무이행만을 청구할 때 그 이행을 거절할 수 있는 권리로서 공평의 원리에서 인정되는 권리이다. 예를 들어 물품 매매계약에 있어 대금지급과 동시에 물건을 인도하기로 하였으나 매수인이 대금을 지급하지 아니하고 물품의 인도를 청구했을 때 매도인이 물건의 인도를 거부할 수 있는 권리가 동시이행의 항변권이다.

그러나 당사자가 약정으로 계약의 당사자 일방이 먼저 채무를 이행할 것을 약정할 수 있으므로 선이행의무자에게는 동시이행의 항변권이 없다. 다만 예외적으로 선이행 의무를 지더라도 상대방의 이행이 곤란한 현저한 사유가 있는 때에는 동시이행의 항변권을 행사할 수 있다. 예를 들면, 상대방이 파산하거나 재산 전체가 다른 채권자로부터 압류된 경우, 인도받아야 할 계약의 목적물이 압류된 경우 등이 이에 해당한다.

(나) 성립요건

① 쌍방의 채무가 동일한 쌍무계약으로부터 발생한 것일 것

예컨대 임대차계약 종료시 임대인의 비용상환의무와 임차인의 임차물명도의무 사이에 특별한 사정이 없는 한 견련관계가 인정되는 것과 같다.

② 쌍방의 채무가 변제기에 있을 것

이러한 성립요건으로 인해 일방 채무자가 선이행의무를 부담하는 경우에는 동시이행의 항변권을 주장할 수 없다.

③ 상대방이 채무의 이행 또는 이행의 제공을 하지 않을 것

(다) 효 력

항변권으로서의 효력을 가진다. 즉 동시이행의 항변권을 행사함으로써 상대방의 청구를 일시적으로 저지시킬 수 있다. 이른바, 연기적 항변권을 행사하는 것이다. 그러나 동시이행의 항변권이 있다고 하여 영원히 자기의 이행을 거절할 수 있다는 것은 아니며 상대방이 그의 이행을 제공할 때까지만 자기의 이행을 거절할 수 있다는 것이다. 동시이행의 항변권을 행사하는 동안은 이행지체의 책임을 지지 않으며 손해배상 책임도 없다.

(2) 위험부담

(가) 의 의

위험부담이란 쌍무계약에서 일단 성립한 일방의 채무가 이행 전에 당사자의 책임없는 사유로 후발적 불능이 되어 소멸한 경우 그 상대채무의 효력문제이다. 예컨대 매매계약 채무성립 후 그 계약의 이행 전에 목적물이 쌍방당사자의 책임없는 사유로 멸실하여 매도인이 목적물을 인도할 수 없게 되어 목적물 인도채무가 소멸하였을 때에는 그 급부의 내용이 무엇이냐를 가리지 않고 상대방의 채무도 소멸하도록 하여 결국 위험부담을 채무자가 지도록 민법(제537조)에서 규정하고 있으나 민법은 임의규정이므로, 당사자 간의 특약이 우선이다.

예를 들면, 건물 매매계약을 체결한 후 소유권을 이전하기 전에 인근의 화재로 매매목적 건물까지 소실되어 버린 경우에 매도인은 소유권이전을 해줘야 하는 의무를 면하게 되나 그에 따른 매매대금의 청구도 행사하지 못하게 되어 결국 매도인이 화재로 인한 손해를 감수해야 되는 경우와 같다. 이 때 매도인은 건물을 이전해 주어야 할 채무자가 된다.

(나) 채무자의 반대급부위험부담

① 요 건

쌍무계약이어야 하고, 쌍방의 채무가 후발적으로 불능이 되어야 하며, 급부불능에 대한 양 당사자의 귀책사유가 없어야 한다.

② 효 과

채무자의 반대급부청구권이 소멸한다.

(다) 채권자의 귀책사유로 인한 급부불능

예외적으로 채권자의 귀책사유(고의 또는 과실)로 일방의 채무가 소멸하는 경우 또는 채권자의 수령지체 중 당사자 쌍방의 책임없는 사유로 이행불능이 된 경우에는 채권자가 위험부담의 책임을 지게 된다(민법 538조). 위의 예에서 화재의 원인이 매수인의 고의 또는 과실로 인한 경우에 매도인은 매매대금을 청구할 수 있다.

① 요 건

채권자의 책임있는 사유 또는 채권자의 수령지체를 요건으로 한다.

② 효 과

채무자는 자신의 급부의무를 면하지만 채권자에게 반대급부를 청구할 수 있다. 단, 채무자는 자신의 채무를 면함으로써 얻은 이익을 채권자에게 상환하여야 한다.

제4절 계약의 해제·해지

1. 서 설

계약이 정상적으로 성립된 이후 일정한 사유 등에 의하여 계약관계를 해소하는 것으로 계약의 해제와 계약의 해지가 있다. 양자 모두 형성권의 행사라는 점에서 유사하나, 계약의 해제가 이미 발생된 계약관계로부터의 해방 또는 이미 이행된 급부를 반환케 하는 제도인 반면, 계약의 해지는 계속적 채권관계에 있어서 장래를 향해서만 그 효력이 발생하는 제도라는 점에서 차이가 있다.

2. 계약의 해제

가. 의 의

계약의 해제란 이미 유효하게 성립하고 있는 계약의 효력을 당사자 일방의 의사표시에 의하여 소급적으로 소멸케 하여 계약이 처음부터 존재하지 않았던 것과 같은 상태로 복귀시키는 법률효과를 발생케 하는 것을 말한다. 계약을 해제하려면 해제권이 있어야 하는데 해제권은 법률의 규정에 의하여 발생하는 법정해제권과 당사자의 약정에 의하여 발생하는 약정해제권이 있다.

나. 법정해제

(1) 의 의

해제권 중 법률의 규정에 의해 발생하는 것으로, 즉 법정해제권은 상대방의 채무불이행(이행지체, 이행불능, 불완전이행)으로 인하여 발생한다.

(2) 요 건

채무불이행의 유형에 따라 법정해제권의 요건을 약간의 차이점이 있으나, 그 중 이행지체에 의한 법정해제권의 행사요건을 살펴보면 다음과 같다.

(가) 채무자의 이행지체가 있을 것

(나) 상당한 기간동안 이행을 최고할 것

채무불이행에 의한 해제권을 행사하려면 먼저 상대방에게 상당한 기간을 정하여 그 이행을 최고하고 그 기간 동안 상대방의 이행이 없을 경우에는 해제할 수 있다. 여기에서 상당한 기간은 계약의 내용·종류·성질에 따라 다를 것이나 상대방이 이행의 준비를 하고 이행을 하는데 필요한 기간 정도는 주어야 한다.

그러나 다음과 같은 경우에는 이행의 최고 없이 바로 계약을 해제할 수 있다.

① 일정한 기간 내에 이행하지 않으면 계약의 목적을 달성할 수 없는 정기행위(각종 초대장의 주문, 결혼식을 위한 웨딩드레스 주문, 배달 음식의 주문 등)

② 이행불능으로 인한 계약해제

③ 불완전이행으로 인한 경우 중 추완이 허용되지 않는 경우

④ 채무자가 미리 이행치 아니할 의사를 표시한 경우

⑤ 당사자가 최고를 하지 않고서 해제할 수 있다는 뜻의 특약을 한 경우

(다) 상당한 기간 내에 채무자의 이행 또는 이행의 제공이 없을 것

(라) 해제권의 발생요건을 경감하는 특약은 일반적으로 유효하다. 예컨대 채무자의 이행지체가 있는 경우 최고 없이도 채권자에게 해제권이 발생한다는 특약을 일반적으로 유효하다.

(3) 효 과

해제권의 행사는 상대방에 대해 의사표시로 하여야 하며 이 의사표시가 도달했을 때 효력을 발생한다. 일단 해제의 의사표시는 철회하지 못하여, 상대방의 승낙이 있어야 철회할 수 있다.

계약이 해제되면 각 당사자는 상대방을 계약이 행하여지지 않았던 것과 같은 상태로 복귀하게 될 의무를 진다. 즉 계약에 기인하여 이미 이루어진 급부는 해제에 의하여 법률상의 원인을 잃고 그 수령자는 부당이득으로 이것을 반환하여야 할 의무를 지는 바, 이를 원상회복의무라고 하며 그 범위는 다음과 같다.

① 원물건을 반환하여야 하나 원물을 반환할 수 없는 경우에는 해제 당시의 시가로 반환하여야 한다.
② 반환하여야 할 물건에 필요비 또는 유익비를 지출한 때에는 그 비용의 반환을 청구할 수 있다.
③ 노무, 기타 무형의 급부가 이루어 졌다면 역시 해제 당시 또는 노무의 급부당시의 시가로 반환하여야 한다.
④ 금전은 받은 날로부터 이자를 붙여 반환하여야 한다.

계약을 해제할지라도 그 계약으로 인하여 손해를 받은 것이 있으면 채무불이행을 한 당사자는 손해를 배상하여야 하며, 그 범위는 대체로 해제시의 시가가 표준이 된다.

다. 약정해제

약정해제란 당사자의 일방 또는 쌍방이 해제권을 보유하고 그 해제권의 행사에 의하여 계약을 해제하는 것을 말한다. 약정해제의 효과는 법정해제와 대부분 같으나 약정해제는 채무불이행에 의한 것이 아니므로 손해배상의 청구는 생기지 않는 것이 일반적이다.

3. 계약의 해지

계약의 해지란 일방당사자의 의사표시로 계속적 계약관계에 있어서 그 효력을 장래에 향하여 소멸시키는 것을 말한다. 해지는 계속적 계약관계(소비대차, 사용대차, 임대차, 고용, 임치, 위임, 조합, 종신정기금 등)에서만 적용되고 소급효과가 없다는 점에서 해제와 다르다. 해지는 소급효가 없으므로 해지의 의사표시가 효력을 발생하는 때부터 계약은 소멸하고 그 전까지의 것은 유효하게 잔존하게 된다. 또한 손해가 있으면 손해배상을 청구할 수는 있으나 소급적으로 계약이 해소되는 것은 아니므로 원상회복의무는 없게 된다.

제5절 계약서 작성방법

1. 서 설

가. 기본원칙

계약서는 권리와 의무의 발생, 변경 및 소멸을 도모하므로 육하원칙에 따라 작성되어야 하며, 정확하고, 간결하며, 평이하고, 명료하게 작성하여야 한다.

가급적 명확한 용어를 사용하고 당사자 사이에 다툼이 생길 가능성이 있는 용어의 사용이나 적당히, 적절히, 상식적으로 등의 뜻이 애매한 단어의 사용은 피해야 한다. 어법에 맞게 그 요소되는 사실만을 기재하여야 하고, 평이한 문자를 사용하여야 하며 아울러 계약서가 명료히 되기 위하여는 권리자가 누구이며 의무는 누가 어떠한 방법으로 이행하는가를 정확히 전달할 수 있어야 한다.

즉 계약서의 작성에 있어서 가장 유의하여야 할 점은, 그 계약관계에서 발생할 수 있는 제반문제를 미리 예상하여 당사자가 충분한 협의를 한 후 합의하여야 한다. 계약서의 작성 이후 다른 해석이 나올 수 없도록 구체적이고 명확한 문언으로 표시하되 나중에 변조될 수 없도록 구체적이고 명확한 문언으로 표시하되 나중에 변조될 수 없도록 해야 한다는 점이다. 원래 계약서란 분쟁의 발생을 사전에 예방하고 나아가 분쟁이 발생하여 소송으로 해결할 수밖에 없게 된 경우에 그 입증자료로 사용하기 위한 것이기 때문이다.

나. 계약 전 확인사항

이는 계약서 작성 전 필수적으로 확인할 것으로, 상대방의 신용은 물론이고 계약의 목적물이 있다면 그 목적물에 관련한 사항, 목적물의 법적 권리문제나 규제문제 등을 반듯이 살펴보아야 한다. 특히 일반인들은 부동산에 대한 매매계약의 경우 등기사항전부증명서 등을 열람하지 않고 계약을 진행하는 경우가 많으나, 이는 가장 중요한 권리관계의 존부 확인 없이 진행하는 것으로 후의 법률문제에 대한 대응이 어려워질 수 있다. 참고로 토지에 관한 기본적인 사항은 토지대장을 열람해보면 그에 관한 문제를 확인할 수 있고, 건물에 관한 것은 건축물관리대장을 열람해 보면 알 수 있다. 전자는 지적법에 근거를 두고 있고 후자는 건축법에 그 법적 근거가 있습니다.

(1) 계약당사자 체크

계약체결시 가장 중요한 요소 중 하나는 계약당사자를 명확히 하는 일이다. 계약의 명칭과 형태를 불문하고 모든 계약은 반대급부를 명기하고 있고, 그 반대급부를 처분할 수 있는 자만이 법률상의 권리가 있는 계약당사자가 될 수 있다.

(2) 계약불이행 시 손해배상 등에 관한 규정 적시

통상 계약서는 계약당사자, 계약의 목적, 계약의 내용, 계약일시, 계약당사자 등의 서명날인 등으로 구성되며, 계약서 검토 시 가장 중요하게 체크해야 하는 부분은 만일 계약상의 의무가 이행되지 아니할 경우 어떻게 처리하느냐에 대한 내용이다. 대부분 계약의 경우 이를 위해 위약금 및 손해배상에 관한 규정을 두거나, 계약의 해지에 관한 규정을 두기도 하고, 인적·물적 담보에 관한 특약을 두기도 한다.

(3) 계약상 특약의 검토

일반적으로 계약서 말미에는 특약사항을 기재하는 경우가 많다. 계약의 형태별로 특약의 조건은 다양하지만 보통은 양 당사자들 사이에서 특히 중요하게 판단하는 점을 다시 한 번 강조하거나 새로이 기재하는 경우가 많다. 무엇보다 이러한 특약은 앞선 기본 조건들에 우선하여 적용되는 것으로 해석되는 경우가 많기 때문에 문구 하나에 중의적으로 해설될 여지는 없는지 꼼꼼히 체크하여 보는 것이 좋다.

다. 계약서 용지

일반적인 제한사항은 없으나 입증자료로 사용하기 위하여 장기에 걸쳐 보존할 수 있는 용지를 사용하고 법원이나 행정기관에 제출될 경우를 대비하여 이에 맞는 크기의 용지로 사용하는 것이 좋다. 현재 법원규칙의 문서 규격은 가로 210mm, 세로 297mm의 A4용지

크기이다.

라. 계약서가 여러 장일 경우

계약서는 후일 분쟁의 입증자료로 사용하여야 하므로 양 당사자의 간인 및 입회인 또는 보증인의 간인도 받아 두어야 한다.

마. 부동문자의 사용

자귀의 변조를 막기 위하여 PC 등을 사용하는 것이 좋으며, 특히 금액의 기재는 한자나 한글을 사용하여 변조를 막는 것이 좋다.

바. 계약문구의 수정

계약서를 작성할 때에는 오자, 탈자 또는 불필요한 부분이 발생할 수가 있다. 이 경우에는 계약서 문구의 삭제, 추가, 정정 등의 수정을 하게 되는데, 이때에는 어느 경우이든 깨끗하고 알기 쉽게 해당 부분을 수정한 수, 그 뜻을 기재하고 쌍방의 정정인을 압날하도록 한다.

삭제는 해당 부분을 두 줄로 지우는 방식으로 하면 되고, 추가는 해당 부분에 알기 쉽도록 병기하든가 또는 삽입기호를 사용하는 방식으로 하면 된다.

그리고 삭제, 추가, 정정을 함에 있어서는 그와 아울러 해당 부분이 있는 행의 앞 여백에 '삭ㅇ자', '가(첨)ㅇ자', '삭ㅇ자가(첨)ㅇ자', '정정ㅇ자' 등으로 표시하도록 한다.

자구의 수정이라고 하여도, 대금액(대금액)이나 확정일부(확정일부), 이행시기와 같은 중요한 부분의 정정은 불가피한 경우가 아니면 하지 않는 것이 좋다. 또한 미리 정정인을 날인하여 두고 상대방으로 하여금 정정하도록 하는 것도 피하는 것이 좋다.

※ 계약서 작성 요령

① 계약서의 내용 중 일부 문구를 정정하는 경우에는 빨간색으로 두 줄을 긋고 난외에 정정한다는 기재를 하고 정정날인(쌍방)을 해야 해요.

② 계약서의 장수가 2매 이상인 경우 각 장의 접속부분에 당사자 쌍방 간인을 찍도록 합니다.

③ 부동산의 표시란에는 상세히 기재해야 하는데, 너무 간략하게 표시하는 경우 등기신청이 불가능한 경우도 있습니다. 따라서 등기권리증에 표시된 내용을 그대로 다 적

어두되 공간이 협소하여 다 적을 수 없는 경우에는 [뒷면참조], [별지참조]등으로 기재한 후 뒷면이나 별지 목록에 기재하도록 하세요.

④ 금액을 아라비아숫자를 적지 말고 한문(壹, 貳, 參)등으로 적되 여백을 두지 말고 '金 字'옆에 붙여서 적도록 합니다.

⑤ 매매대금이나 임차보증금액을 일시불로 하거나 중도금이 없는 경우는 '해당 없다'는 표시를 꼭 하세요.

⑥ 잔금수령과 소유권이전등기신청서 교부 또는 주택의 이전은 당사자의 특약이 없는 한 동시에 이행해야 해요.

⑦ 마지막 계약조항으로 서로가 성의를 다해 처음부터 끝까지 약속을 지킬 것을 서약한다는 내용의 신의칙 조항을 기재하도록 해요.

⑧ 계약조항을 다 기재한 후 마무리로서 계약에 대해 계약당사자가 이의 없음을 확인하여 서명 날인하고 계약서를 매도자·매수인 또는 임대인·임차인, 중개업자가 각각 1통씩 갖도록 해요.

⑨ 당사자의 표시는 주민등록증에 표시된 정확한 내용을 기재해야 해요.

⑩ 성명란은 본인이 직접 작성하고 도장은 인감도장을 찍거나 사인을 하면 됩니다.

사. 목적물의 표시

목적물의 표시는 물건을 특정하여 계약의 범위를 명확히 기재하되, 복잡한 경우엔 별지를 사용해도 된다. 공부대로 표시하는 것이 원칙이나 공부와 실제가 다르거나 공부상 표시의 일부분을 계약할 경우에는 현황을 명시하거나 도면을 활용하는 것이 좋다.

아. 계약당사자의 표시

당사자의 표시는 당사자의 표시는 주소, 성명, 주민등록번호, 대리인(대표자)으로 하며, 주소는 주민등록증 등 확인된 증명서에 의한 주소를 기재하고, 실제 주소가 다른 경우에는 이와 병기하여야 한다. 계약서의 서명날인은 반드시 본인이 해야 하며, 대리인이 계약할 경우에는 대리권을 확인(본인의 위임장과 인감증명서 등)하여야 한다.

2. 구체적인 계약서 구성내용

아래에서는 일반적인 계약서의 작성 시 그 구성내용에 대하여 설명하고, 이후 각 장별로 각 계약별 특이한 구성내용을 정리하도록 한다.

가. 표 제

계약서에는 일반적으로 표제를 붙이는 것이 보통이다. 표제의 명칭을 반드시 '계약서'라고 표시하여야 하는 것은 아니고, 그 내용에 따라 '합의서', '각서', '합의각서' 등으로 표시하여도 무방하며, '매매계약서', '차용증서' 등 계약내용을 상징적으로 나타내는 문언을 병기하여 표시하여도 무방하다. 즉 표제를 무엇으로 하는가는 계약의 효력과 별로 관련이 없고, 그 내용이 중요하다.

따라서 '매매계약서'라는 표제 하에 본문으로서 매매계약의 내용과 그 매매대금을 금전소배대차의 대상으로 하는 내용을 함께 기재하여도 금전소비대차의 효력을 발생시키는 데에 아무런 지장이 없고, 나아가 표제의 내용과 본문의 내용에 차이가 있을 경우에도 본문의 내용이 명확한 이상 표제의 의미와는 관계없이 본문의 내용에 따라 계약의 효력이 발생한다.

나. 전 문

전문(前文)이란 계약서의 각 조항을 구성하기에 앞서 그 계약의 목적이나 기본원칙을 선언하는 모두(冒頭)문언을 말한다.

계약서 작성에 있어서 반드시 전문을 필요로 하는 것은 아니나, 이를 둘 경우 계약서의 각 조항을 구성하는 본문의 해석기준이나 계약서상에 미처 기재하지 않은 사항에 대한 처리기준으로 삼을 수 있다는 점에서 계약의 중요내용을 이루게 된다.

다. 본 문

계약서의 본문은 계약의 핵심내용으로서 통상 조문형식으로 작성한다.

계약서 본문을 구성하는 각 조항에 어떤 내용을 포함시킬 것인가는 계약당사자가 체결하고자 하는 계약의 종류와 그들 사이의 합의내용에 따라 다를 것이나, 개발계약에 있어서 계약서의 본문에 반영하여야 할 내용을 개괄적으로 예시하여 보면 다음과 같다. 하기의 예시에 대하여는 각 내용별로 단독 조로 구성 한다든지 또는 한 조 내에 항으로 구별하여 내용을 기재하여도 될 것이다.

- 계약의 목적과 배경
- 계약의 대상목적물

- 계약당사자의 권리, 의무내용
- 계약의 이행시기
- 조건 또는 기한의 존부
- 쌍무계약시의 선이행 또는 동시이행관계
- 분할이행
- 기한이익의 상실
- 계약의 이행장소
- 계약의 이행방법
- 이행을 위한 채권자의 협력여부와 협력정도
- 채권자가 협력의무를 이행하지 않는 경우의 처리
- 이행에 대한 채권자의 검수, 검사
- 계약의 체결, 관리 및 이행에 관한 비용의 부담
- 계약완결 전에 발생한 위험의 부담
- 계약의 해제, 해지
  - 해제, 해지권의 발생사유
  - 해제, 해지시의 사후처리
  - 해제, 해지시의 손해배상
- 계약이행의 담보
- 채무불이행시의 처리
- 일부이행시의 처리
- 불완전이행시의 처리
- 손해배상액의 산정과 배상방법
- 상대방에 대한 의사표시의 통지수단 및 통지장소
- 계약상의 권리이전
- 계약서에 반영되지 않은 사항의 처리
- 재판관할에 관한 합의

▸ **준거법 특약**(계약 상대방이 외국인인 경우) **등**

라. 계약당사자의 표시

계약서에 계약당사자를 표시하는 것은 그 계약에 따른 권리자와 의무자를 특정하기 위한 것이다. 계약당사자의 동일성을 인식할 수 있고 필요한 경우 상호 연락이 가능하도록 그 명칭과 주소 등을 기재하는 방식으로 하면 된다. 그 구체적인 기재방식으로서 몇 가지를 예시하여 보면 다음과 같다.

◇ **본인이 직접 계약하는 경우**

▸ 자연인인 경우

성 명　　○ ○ ○ (주민등록번호)
주 소　　서울특별시 ○○구 ○○로 ○○○

▸ 법인인 경우

법인명　　○○ 주식회사
주 소　　서울특별시 ○○구 ○○로 ○○○
대표자　　대표이사 ○ ○ ○ (주민등록번호)
주 소　　서울특별시 ○○구 ○○로 ○○○

▸ 법인 아닌 사단인 경우

사단명　　○○ 동우회
주 소　　부산광역시 ○○구 ○○로 ○○○
대표자　　회장 ○ ○ ○ (주민등록번호)
주 소　　부산광역시 ○○구 ○○로 ○○○

▸ 법인 아닌 재단인 경우

재단명　　○○ 장학재단
주 소　　서울특별시 ○○구 ○○로 ○○
대표자　　이사장 ○ ○ ○ (주민등록번호)
주 소　　인천광역시 ○○구 ○○로 ○○○

▸ 조합의 경우(민법상의 조합으로서 조합대표자와 계약을 체결하는 경우임)

조합명　　○○ 조합
주 소　　대구광역시 ○○구 ○○로 ○○

대표자 조합장 ○ ○ ○ (주민등록번호)
주 소 대구광역시 ○○구 ○○로 ○○

◇ 대리인을 통하여 계약을 체결하는 경우

▸ 자연인의 경우
본 인 성명 ○ ○ ○ (주민등록번호)
주 소 대전광역시 ○○구 ○○로 ○○
대리인 성명 ○ ○ ○ (주민등록번호)
주 소 대전광역시 ○○구 ○○로 ○○

▸ 법인인 경우
- 상법상의 특수대리인과 계약을 체결하는 경우
법인명 ○○ 주식회사
주 소 광주광역시 ○○구 ○○로 ○○
지점명 ○○ 지점
주 소 광주광역시 ○○구 ○○로 ○○
지점장 ○ ○ ○ (주민등록번호)
주 소 광주광역시 ○○구 ○○로 ○○

▸ 민법상의 임의대리인과 계약을 체결하는 경우
법인명 ○○ 주식회사
주 소 울산광역시 ○○구 ○○로 ○○
대표이사 ○ ○ ○ (주민등록번호)
주 소 울산광역시 ○○구 ○○로 ○○
대리인 ○ ○ ○ (주민등록번호)
주 소 울산광역시 ○○구 ○○로 ○○

마. 계약당사자의 서명 날인

계약서에는 계약당사자가 그 작성명의인으로서 서명하고, 그 서명자의 인감을 날인하여야 한다. 다만 서명과 날인은 이를 함께 갖추어 두는 것이 가장 바람직하지만 반드시 같이 있어야만 하는 것은 아니므로 거래의 실정에 따라서는 양자 중 하나만을 갖추어 두어도 무방하다.

인감의 날인은 동사무소나 법원에 신고된 인감을 날인할 수 없는 때에는 무인(손도장)을 받는 것이 좋다.

법인과의 계약체결 시에는 그 법인의 대표자가 법원에 신고한 대표자 인감을 날인토록 하는 것이 원칙이나, 부득이한 사유로 법원에 신고한 대표자 인감을 날인하게 할 수 없는 경우에는 동사무소에 신고한 대표자 개인 인감을 날인케 하여도 무방하다. 특히 법인 아닌 사단이나 재단의 경우는 법원에 대표자의 사용인감신고를 할 수 없으므로 동사무소에 신고한 대표자 개인 인감을 날인케 하는 수밖에 없다.

한편 상법상의 특수대리인인 상업사용인에 관하여도 지배인 등의 사용인감에 대한 별도의 신고제도가 마련되어 있지 않다. 그러나 상업사용인의 경우는 본인인 자연인이나 법인이 미리 그 상업사용인이 업무수행에 사용할 인감을 정하여 사용하게 하는 것이 보통이므로, 이때에는 본인인 자연인이나 법인의 대표자로부터 그 상업사용인의 사용인감계를 제출받아 그 사용인감계에 날인된 것과 동일한 인감을 날인하게 하여야 한다. 다만 이 경우에도 부득이한 사유로 상업사용인이 업무상의 사용인감을 사용할 수 없는 때에는 동사무소에 신고한 상업사용인 개인인감을 날인하게 하면 된다.

위와 같이 계약당사자의 자필서명이나 신고인감날인과 인감증명서 첨부를 하도록 하는 것은 계약의 성립이나 내용에 관하여 당사자 간에 다툼이 생길 경우에 대비하기 위한 것이다.

바. 인지첩부

인지세법 제1조에 의하면 같은 법 제6조의 비과세문서를 제외하고 국내에서 재산에 관한 권리 등의 창설·이전 또는 변경에 관한 계약서 기타 이를 증명하는 문서 중 법 제3조에 규정된 문서를 작성한 경우 그 작성자는 그 문서에 대한 인지세를 납부할 의무가 있으며 2인 이상이 공동으로 문서를 작성한 경우에 그 작성자는 당해 문서에 대한 인지세를 연대하여 납부할 의무가 있다.

그러나 인지첩부가 계약의 효력요건은 아니므로, 인지의 첩부가 없는 계약서라도 유효한 계약서로서 법률적 효력을 가지며, 다만 인지를 첨부하지 아니하면 조세를 포탈하였다는 이유로 조세범처벌법 제9조 제1항 제2호에 의하여 증서·장부 1개마다 포탈세액의 5배 이하에 상당하는 벌금 또는 과료에 처해질 뿐이다.

계약서를 수통 작성할 경우에는 인지도 각 계약서별로 첩부하여야 한다.

[서식 1] 비밀유지계약서

비밀유지계약서

수급사업자의 기술자료 제공과 관련하여 원사업자와 수급사업자는 다음과 같이 비밀유지계약을 체결한다.

제1조 (계약의 목적) 이 계약은 수급사업자가 원사업자에게 수급사업자의 기술자료를 제공하는 경우 해당 기술자료를 비밀로 유지하고 보호하기 위하여 필요한 제반 사항을 규정함을 목적으로 한다.

제2조 (기술자료의 정의) ① 이 계약에서 '기술자료'라 함은 수급사업자에 의해 비밀로 관리되고 있는 것으로서 다음 각 목의 어느 하나에 해당하는 정보·자료를 말한다.

가. 제조·수리·시공 또는 용역수행 방법에 관한 정보·자료

나. 특허권, 실용신안권, 디자인권, 저작권 등의 지식재산권과 관련된 기술정보·자료로서 수급사업자의 기술개발(R&D)·생산·영업활동에 기술적으로 유용하고 독립된 경제적 가치가 있는 것

다. 시공프로세스 매뉴얼, 장비 제원, 설계도면, 연구자료, 연구개발보고서 등 가목 또는 나목에 포함되지 않는 기타 사업자의 정보·자료로서 수급사업자의 기술개발(R&D)·생산·영업활동에 기술적으로 유용하고 독립된 경제적 가치가 있는 것

② 수급사업자가 기술자료를 제공함에 있어, 비밀임을 알리는 문구(비밀 또는 대외비 등의 국문 또는 영문 표시 등을 의미)가 표시되어 있지 아니하더라도 비밀로 관리되고 있는지 여부에는 영향을 미치지 아니한다.

③ 원사업자는 수급사업자의 기술자료가 비밀로 관리되고 있는지 여부(기술자료에서 제외되는지 여부)에 대해 의문이 있는 때에는 수급사업자에게 그에 대한 확인을 요청할 수 있다. 이 경우 수급사업자는 확인 요청을 받은 날로부터 15일 이내에 원사업자에게 해당 기술자료가 비밀로 관리되고 있는지 여부를 서면으로 발송하여야 한다.

제3조 (기술자료의 목적외 사용금지) ① 원사업자는 수급사업자의 기술자료를 「표준비밀유지계약서(별첨) 1-2.」에서 정한 목적으로만 사용하여야 한다.

② 원사업자가 「표준비밀유지계약서(별첨) 1-2.」에서 정한 목적 수행을 위하여 수급사업자의 기술자료를 제3자에게 제공하고자 할 때에는 사전에 수급사업자로부터 서면에 의한 동의를 얻어야 하며, 그 제3자와의 사이에 해당 기술자료가 비밀로 유지되어야 함을 목적으로 하는 별도의 비밀유지계약을 체결한 이후에 그 제3자에게 해당 기술자료를 제공하여야 한다.

③ 원사업자는 「표준비밀유지계약서(별첨) 2.」에 기재되어 있는 임직원들에 한하여 수급사업자의 기술자료를 보유할 수 있도록 필요한 합리적인 조치를 취하여야 하며, 해당 임직원 각자에게 수급사업자의 기술자료에 대한 비밀유지의무를 주지시켜야 한다. 이때 수급사업자는 원사업자에게 해당 임직원으로부터 비밀유지서약서를 제출받는 등의 방법으로 해

당 기술자료의 비밀성을 유지하기 위하여 필요한 합리적인 조치를 취해줄 것을 요구할 수 있다.

제4조 (기술자료의 비밀유지 의무) ① 수급사업자가 사전에 서면(전자문서 포함)으로 동의하지 아니하는 경우, 원사업자는 제공받은 기술자료를 타인에게 누설하거나 공개하여서는 아니된다.
② 원사업자는 수급사업자의 기술자료가 외부로 유출되는 것을 방지하기 위하여 물리적 설비 설치 및 내부비밀관리지침 마련, 정보보안교육실시 등 기술자료를 보호하고 관리하는 데에 필요한 합리적인 조치를 취하여야 한다.

제5조 (기술자료의 반환 또는 폐기방법) 「표준비밀유지계약서(별첨) 1-4.」에서 정한 기술자료의 반환일까지 원사업자는 수급사업자의 기술자료 원본을 즉시 수급사업자에게 반환하여야 하며, 일체의 복사본 등을 보유하여서는 아니된다. 단, 수급사업자의 선택에 의해 이를 반환하는 대신 폐기하는 경우에는 「표준비밀유지계약서(별첨) 1-4.」에서 정한 시점까지 이를 폐기하고 원사업자는 그 폐기를 증명하는 서류를 수급사업자에게 제공하여야 한다.

제6조 (권리의 부존재 등) ① 이 계약은 수급사업자의 기술자료를 제공받는 원사업자에게 기술자료에 관한 어떠한 권리나 사용권을 부여하는 것으로 해석되지 않는다. 단, 원사업자가 「표준비밀유지계약서(별첨) 1-2.」에서 정한 목적에 따라 사용하는 경우에 대해서는 그러하지 아니하다.
② 이 계약은 원사업자와 수급사업자 간에 향후 어떠한 확정적인 계약의 체결, 제조물의 판매나 구입, 실시권의 허락 등을 암시하거나 이를 강제하지 않는다.
③ 수급사업자는 기술자료를 제공할 적법한 자격이 있음을 원사업자에 대하여 보증한다.

제7조 (비밀유지의무 위반시 배상) 원사업자가 이 계약을 위반한 경우, 이로 인하여 발생한 수급사업자의 손해를 배상하여야 한다. 다만, 원사업자가 고의 또는 과실이 없음을 입증한 경우에는 그러하지 아니하다.

제8조 (권리의무의 양도 및 계약의 변경) ① 수급사업자가 사전에 서면(전자문서 포함)으로 동의하지 아니하는 경우, 원사업자는 이 계약상의 권리의무를 제3자에게 양도하거나 이전할 수 없다.
② 이 계약의 수정이나 변경은 양 당사자의 정당한 대표자가 기명날인 또는 서명한 서면(전자문서 포함) 합의로만 이루어질 수 있다.
③ 「표준비밀유지계약서(별첨) 2.」에 기재되어 있는 임직원들의 퇴직, 전직, 조직/업무변경 등으로 인하여 명단이 변경되어야 할 때에는 원사업자는 수급사업자의 사전 동의를 받은 후, 해당 명단을 서면으로 수급사업자에게 통지하는 것으로 이 계약의 변경을 갈음할 수 있다.

제9조(일부무효의 특칙) 이 계약의 내용 중 일부가 무효인 경우에도 이 계약의 나머지 규정의 유효성에 영향을 미치지 않는다. 다만, 유효인 부분만으로 계약의 목적을 달성할 수 없는 경우에는 전부를 무효로 한다.

이 계약의 체결사실 및 계약내용을 증명하기 위하여 이 계약서를 2통 작성하여 계약 당사자가 각각 서명 또는 기명날인한 후 각자 1통씩 보관한다.

년　　월　　일

원사업자		**수급사업자**	
상호 또는 명칭 :		상호 또는 명칭 :	
전화번호 :		전화번호 :	
주　　소 :		주　　소 :	
대표자 성명 :	(인)	대표자 성명 :	(인)
사업자(법인)번호 :		사업자(법인)번호 :	

첨 부 : 1. 표준비밀유지계약서 (별첨)

【첨부 1】

표준비밀유지계약서 (별첨)

1-1. 수급사업자로부터 제공받는 기술자료의 명칭 및 범위

* 요구하는 기술자료의 명칭과 범위 등 구체적 내역을 명시하여 기재

1-2. 〈1-1. 기술자료〉를 제공받는 목적

* 원사업자가 기술자료를 요구하는 정당한 사유 기재

1-3. <1-1. 기술자료>의 사용기간:

1-4. 〈1-1. 기술자료〉의 반환일 또는 폐기일:

2. 기술자료를 보유할 임직원의 명단

No.	보유자	이메일
1		
2		
⋮		

* 위 임직원의 명단은 본 계약의 체결 및 이행을 위해서만 사용될 수 있는 것으로서 이를 무단으로 전송·배포할 수 없으며, 일부의 내용이라도 공개·복사해서는 안됨

** 본 건 기술자료를 1-3.의 사용기간 중 보유할 임직원 명단을 기재

▌제2장▐ 계약의 분류

계약의 분류는 크게 민법 제3편 제2장에서 규정하고 있는 전형계약과 민법에서 규정하고 있지 않은 비전형계약으로 크게 분류할 수 있다.

1. 전형계약과 비전형계약

가. 전형계약

민법 제3편 제3장에 규정되어 있는 14가지의 계약을 '전형계약'이라 하고, 그 밖의 계약을 '비전형계약'이라고 한다. 전형계약이 법률적으로 특별한 의미가 있는 것은 아니고, 거래계에서 빈번하게 발생하기 때문에 법이 그 유형을 정해놓은 것인데, 증여, 매매, 소비대차, 임치, 도급 등 법률상 각각 특별한 이름이 붙여져 있다고 해서 이를 '유명계약'이라고도 부른다.

나. 비전형계약

비전형계약은 법률상 그러한 특별한 이름이 없다고 해서 '무명계약'이라고도 일컫는다. 출판계약, 호텔이나 여관의 숙박계약, 직업적 운동선수의 전속계약, 방송출연계약, 방송광고계약 등은 그 예이다. 흔히, 계약을 체결하고 계약서를 작성할 때 계약의 명칭을 붙이는데, 이때 민법이 규정한 전형계약 명칭대로 정확히 명칭을 붙이지 않아도 계약의 성립에는 아무런 지장이 없다.

다. 혼합계약

비전형계약 가운데에는, 예컨대 가정교사로서 일하면서(고용) 그 대가로서 방을 사용하는(임대차) 경우처럼 전형계약에 속하는 사항이 혼합되어서 계약의 내용을 이루는 것이 있는가 하면, 한편으로는 예컨대, 손님으로부터 팁을 받을 수 있는 기회를 주는 대가로서 일정한 노무(접대 또는 봉사)를 제공하는 경우처럼 어떤 전형계약에 속하는 사항과 어느 전형계약에도 속하지 않는 사항이 혼합되어서 계약의 내용을 이루고 있는 것도 있다.

이러한 계약은 전형계약과 비전형계약이 하나의 계약에 포함되어 있다는 의미에서 이를, 특히 '혼합계약'이라고 부른다.

2. 쌍무계약과 편무계약

가. 쌍무계약

계약의 각 당사자가 서로 대가적 의미를 가지는 채무를 부담하는 계약이 쌍무계약이다. 바꾸어 말하면 각 당사자가 상대방으로 하여금 일정한 급부를 할 것을 약속하게 함과 동시에, 자기도 그 대가로서 교환적으로 급부할 것을 약속하는 계약이다. 전형계약 가운데서 매매,교환,임대차,고용,도급,조합,화해는 쌍무계약이며, 또한 소비대차, 위임, 임치도 유상(有償)인 때에는 역시 쌍무계약이다.

그러나 여기서 주의할 것은 당사자 쌍방이 부담하는 채무가 대가적 의미를 갖는다는 것은 그 채무의 내용인 급부가 객관적, 경제적으로 꼭 같은 가치를 가져야 한다는 것은 아니며 서로 급부를 하여야 한다는 것이 의존관계를 갖고 있어서, 갑이 채무를 부담하는 것은 을이 채무를 부담하기 때문이고, 을이 채무를 부담하는 것은 갑이 채무를 부담하기 때문이라는 것과 같이 채무의 부담이 교환적 원인관계에 있는 것을 가리킨다.

나. 편무계약

쌍무계약과는 달리 당사자 일방만이 채무를 부담하거나 또는 쌍방이 채무를 부담하더라도 채무가 서로 대가적 의미를 갖지 않는 경우도 있는데, 이를 편무계약이라고 한다. 전형계약 가운데서 증여, 사용대차, 현상광고가 이에 속한다. 그리고 소비대차, 위임, 임치도 무상인 때에는 편무계약이다.

다. 주의할 점

당사자 쌍방이 채무를 부담하더라도 채무가 서로 대가적 의미를 갖지 않는 경우를 '사용대차계약'에서 볼 수 있다. 즉, 빌려주는 자는 빌리는 자에게 목적물의 사용을 허용하여야 할 채무를 지고, 빌리는 자는 목적물을 반환할 채무를 부담하게 되나 양자의 채무는 이른바 의존관계가 없기 때문에 그것은 편무계약이다. 무상소비대차, 무상임치, 무상위임에 있어서도 같은 현상이 발생한다.

이러한 종류의 계약을 불완전쌍무계약이라고 부르는 수가 있으나 이들은 민법이 말하는 쌍무계약은 아니며 실제에 있어서도 편무계약과 구별하여야 할 필요가 없다. 또, 계약이 성립한 후에 일방의 당사자가 특별한 사정으로 채무를 부담하더라도 그것은 쌍무계약이 아니다. 예컨대, 무상위임에 있어서 위임인이 비용상환채무를 부담하는 수가 있으나 그렇다고 해서 그것이 쌍무계약은 아니다.

결론적으로 위에서 이론적인 설명을 하였으나, 계약을 체결하면서 당사자는 자신이 맺은 계약이 '편무계약'인지 '쌍무계약'인지 그 의미를 명확히 이해하여 이를 계약서에 기재할 필요는 없는 것이다.

3. 유상계약과 무상계약

가. 유상계약

유상계약은 계약당사자가 서로 대가적 의미있는 재산상의 출연을 하는 계약이다. 이러한 재산상 출연의 상호의존관계는 각 당사자가 서로 채무를 부담하는 쌍무계약에 있어서는 필연적으로 있게 된다. 즉, 쌍무계약은 모두 유상계약이다. 그리고 편무계약에 있어서도 계약의 성립 시에 출연이 행하여지는 경우, 즉 요물계약인 때에는 역시 재산상의 출연인 급부는 대가적 의미를 가지고 의존관계에 서게 되어 유상계약이 된다.

예컨대, 현상광고를 계약으로 본다면 그것은 편무계약이지만 유상계약이다. 즉, 계약의 성립으로 광고자만이 채무를 부담하나 이 채무에 기하여 광고자가 장차 행하여야 할 보수의 지급과 계약의 성립에 있어서 응모자가 하는 광고에서 정한 행위의 완료와의 사이에 대가적 의존관계가 있다.

민법의 전형계약 가운데서 매매,교환,임대차,고용,도급,조합,화해,현상광고는 유상계약이고, 증여, 사용대차는 무상계약이다. 그리고 소비대차, 위임, 종신정기금계약은 당사자 사이의 약정에 의하여 유상이 되거나 또는 무상이 되며 성질상 일정하지 않다.

나. 무상계약

무상계약은 계약당사자의 일방만이 급부를 할 뿐이라던가 또는 쌍방 당사자가 급부를 하더라도 그 급부 사이에 대가적 의미있는 의존관계가 없는 계약이다. 주의할 것은, 부담부 증여에 있어서는 수증자도 재산상의 출연을 하게 되나, 그것은 증여자의 재산상의 출연과 대등한 입장에서 하는 재산상의 출연은 아니며 종적인 입장에서의 경제적 출연이다. 그러므로 부담부 증여도 무상계약에 지나지 않는다. 그러나 완전히 무상은 아니므로 부담의 한도에서 부담책임에 관한 규정이 준용된다(민법 559조 2항).

4. 낙성계약과 요물계약

가. 낙성계약

계약은 당사자의 합의만으로 성립하느냐 또는 그밖에 특별한 법률사실이 있어야만 성립하느냐에 의하여 낙성계약, 요물계약으로 구별된다. 낙성계약은 당사자의 합의만으로 성립하는 계약이다. 민법상으로 전형계약은 현상광고를 제외하고는 모두 낙성계약에 속한다.

나. 요물계약

요물계약은 당사자의 합의 이외에 당사자의 일방이 물건의 인도 기타의 급부를 하여야만 성립하는 계약이다. 실천계약이라고도 부른다. 민법의 전형계약 중 요물계약이라고 할 수 있는 것은 현상광고뿐이다. 즉, 응모자가 특정의 행위를 완료함으로써 승낙한 것이 되고 계약은 성립하므로 그것은 요물계약이라고 할 수 있다(민법 675조).

5. 전형계약의 유형

민법이 규정하고 있는 전형계약은 또한 아래와 같이 분류할 수 있다.

가. 목적에 따른 분류

▸ 재산권의 이전을 급부의 목적으로 하는 계약	- 증여 - 매매 - 교환
▸ 물건의 대차를 급부의 목적으로 하는 계약	- 소비대차 - 사용대차 - 임대차
▸ 노무의 제공을 급부의 목적으로 하는 계약	- 고용 - 도급 - 현상광고 - 위임

	- 임치
▸ 단체적 결합을 목적으로 하는 계약	- 조합
▸ 특정인의 사망시까지 정기적으로 금전 또는 기타 물건을 급부할 것을 약정하는 계약	- 종신정기금
▸ 당사자 사이의 분쟁을 서로 양보하여 종지시키는 계약	- 화해

나. 법적성질에 따른 분류

분 류	전형계약	법적 성질
재산권이전 계약	증여	편무/무상계약
	매매	쌍무/유상계약
	교환	쌍무/유상계약
재산권이용 계약	소비대차	편무/무상 또는 쌍무/유상
	사용대차	편무/무상계약
	임대차	쌍무/유상계약
노무공급 계약	고용	쌍무/유상계약
	도급	쌍무/유상계약
	여행	쌍무/유상계약
	현상광고	편무/유상/요물계약
	위임	편무/무상 또는 쌍무/유상
	임치	편무/무상 또는 쌍무/유상
기 타	조합	쌍무/유상계약
	종신정기금	편무/무상 또는 쌍무/유상
	화해	쌍무/유상계약
비전형계약		

이하의 장에서는 위 분류에 따라 먼저 민법이 정하고 있는 전형계약별 계약의 서설 및 서식례를, 이후 민법이 정하고 있지 않은 개별적인 특수한 계약에 따른 각 서설 및 서식례를 기술하기로 한다.

제3장 증여·매매·교환 관련 계약서

제1절 증여계약

1. 의 의

증여계약이란 당사자 일방이 대가없이, 즉 무상으로 재산을 상대방에게 수여하는 의사표시를 하고, 상대방은 이를 승낙함으로써 성립하는 계약이다(민법 554조). 증여계약은 편무·무상 계약이고, 또한 낙성·불요식계약이다. 부담부 증여라 할지라도 편무, 무상계약적 성질에는 변화가 없다. 단. 부담부분에 한하여 쌍무계약을 준용하므로 부담부에 한해 동시이행의 항변권, 위험부담 적용, 담보책임을 질뿐이다. 또한 증여의 대상이 되는 목적재산도 증여자의 소유일 필요가 없다.

또한 불요식 계약이고 서면증여가 있다하여도 마찬가지이며, 서면으로 증여하면 해제할 수 없을 뿐이다.

2. 증여자의 담보책임

가. 원 칙

증여계약은 무상계약이므로 원칙적으로 담보책임이 없다.

> 기부채납은 기부자가 그의 소유재산을 지방자치단체의 공유재산으로 증여하는 의사표시를 하고 지방자치단체는 이를 승낙하는 채납의 의사표시를 함으로써 성립하는 증여계약이고, 증여계약의 주된 내용은 기부자가 그의 소유재산에 대하여 가지고 있는 소유권 즉 사용·수익권 및 처분권을 무상으로 지방자치단체에게 양도하는 것이므로, 증여계약이 해제된다면 특별한 사정이 없는 한 기부자는 그의 소유재산에 처분권뿐만 아니라 사용·수익권까지 포함한 완전한 소유권을 회복한다(대법원 1996. 11. 8. 선고 96다20581 판결).

나. 예 외

(1) 종류물 증여

종류물 증여의 경우 다수설은 종류물이 대체성이 있다는 이유로 담보책임 긍정하나, 소수설은 부정한다.

(2) 악의의 담보책임

목적물의 하자가 있음을 알고서도 수증자에게 고지하지 않은 경우 담보책임을 부담한다(559조 1항 단서). 사용대차, 무이자 소비대차에서도 마찬가지이다.

(3) 부담부 증여

부담부 증여에 있어서도 증여자는 부담의 한도에서 매도인과 동일한 담보책임 부담한다(559조 2항).

3. 증여의 특수해제권

증여의 의사표시는 서면으로 표시되지 않은 경우 각 당사자는 이를 해제할 수 있고, 수증자가 증여자에 대하여 증여자 또는 그 배우자나 직계혈족에 대한 범죄행위가 있는 때, 증여자에 대하여 부양의무 있는 경우 이를 이행하지 아니한 때에는 그 증여를 해제할 수 있으며, 증여계약 후 증여자의 재산상태가 현저히 변경되고 그 이행으로 인하여 생계에 중대한 영향을 미칠 경우 증여자는 이를 해제할 수 있다.

가. 서면에 의하지 않는 증여는 각 당사자가 언제나 해제할 수 있다(555조).

이때 서면에 표시되어야 하는 것은 증여의사이므로, 수령자의 성명 등의 기재는 불필요하다. 또한 서면은 증여계약 성립 후에 작성되어도 무방하다. 해제의 의사표시의 상대방은 증여계약의 상대방 당사자이며, 증여목적물의 전득자와 같은 제3자는 그 상대방이 될 수 없다. 또한 여기서의 해제는 일종의 특수한 철회이고 본래적 의미의 해제가 아니므로, 형성권의 제척기간(10년)의 적용을 받지는 않는다.

> 민법 제555조 소정의 증여의 의사가 표시된 서면의 작성시기에 대하여는 법률상 아무런 제한이 없으므로 증여계약이 성립한 당시에는 서면이 작성되지 않았더라도 그후 계약이 존속하는 동안 서면을 작성한 때에는 그 때부터는 서면에 의한 증여로서 당사자가 임의

로 이를 해제할 수 없게 된다(대법원 1989. 5. 9. 선고 88다카2271 판결).

민법 제555조에서 말하는 해제는 일종의 특수한 철회일 뿐 민법 제543조 이하에서 규정한 본래 의미의 해제와는 다르다고 할 것이어서 형성권의 제척기간의 적용을 받지 않는다(대법원 2003. 4. 11. 선고 2003다1755 판결).

이 경우의 해제는 이미 이행한 부분에 대하여는 영향을 미치지 않습니다(민법 558조).

나. 망은행위에 의한 증여의 해제(556조)

망은행위의 주체는 수증자이며, 해제 원인 있음을 안 날로부터 6월 경과하거나 용서의사 표시한 때 해제권은 소멸한다. 증여자가 증여계약을 해제할 수 있는 수증자의 망은행위는, ① 증여자 또는 그 배우자나 직계혈족에 대하여 범죄행위가 있은 때(민법 556조 1항 1호), ② 증여자에 대하여 부양의무가 있는 경우에 이를 이행하지 않은 때(민법 556조 1항 2호) 등이다.

▸ **중요판례** : 부양의무를 부담하고 있음에도 이를 이행하지 아니한 경우는 망은행위를 이유로 증여계약을 해제할 수 있는바, 이때의 부양의무란 민법 제974조에 규정되어 있는 직계혈족 및 그 배우자 또는 생계를 같이 하는 친족 간의 부양의무를 가리키는 것으로서, 친족 간이 아닌 당사자 사이의 약정에 의한 부양 의무는 이에 해당하지 아니하여 이를 이행하지 아니하였다고 하여 망은행위를 이유로 증여계약을 해제할 수는 없다(95다43358).

다. 증여자의 재산상태 악화에 따른 해제(557조)

증여의 이행이 생계에 중대한 영향을 미칠 정도여야 한다. 이는 사정변경의 원칙을 입법화 한 것이며, 이 경의 해제도 이미 이행된 부분에 대하여는 영향이 없다.

라. 특수해제권 행사의 효과

위의 세 가지 특수해제권을 행사할 때는 원상회복의무가 발생하지 않는다. 즉, 이미 이행한 부분에 대해서는 해제할 수 없다. 그러나 법정해제권이나 담보책임상의 해제권 을 행사할 때는 보통의 해제와 마찬가지로 원상회복의무가 있다.

4. 사인증여

증여자의 사망으로 효력을 발생하는 증여를 말하는 것으로, 증여자의 사망을 시기부로 하여 발생한다. 사인증여는 계약이다. 유증규정을 준용하지만 유증은 단독행위이고 요식행위라는 점에 주의하여야 하며, 사인증여의 효과는 포괄 승계가 아니다(判).

5. 정기증여

매월말 또는 매년말 등 정기적으로 무상으로 재산을 증여하는 계약을 말하며, 정기증여는 계속적 채권관계에 해당한다. 한편, 정기증여는 증여자 또는 수증자의 사망으로 효력을 상실한다. 이는 기간을 정한 정기증여이건, 기간을 정하지 않은 정기증여이건 불문한다. 따라서 당사자가 사망하면 상속되지 않는다.

6. 효 력

증여자는 증여계약의 내용에 따라 재산권이전의무가 있으며, 이때 증여자는 증여의 목적인 물건 또는 권리의 하자나 흠결에 대하여 책임을 지지 않음이 원칙이나, 증여자가 그 하자나 흠결을 알고 수증자에게 고지하지 아니한 때에는 그 책임 있다.

7. 서 식 례

[서식 2] 채권의 증여를 목적으로 하는 경우

증 여 계 약 서

증여자 ○○○(이하 "갑"이라 한다)와 수증자인 ◎◎◎(이하 "을"이라 한다)은 아래 표시의 채권에 관하여 다음과 같이 합의하여 증여계약을 체결한다.

증여 채권의 표시

갑이 채무자(성명 : □□□, 주소 : ○○시 ○○구 ○○로 ○○)에 대하여 20○○. ○. ○. 대여한 금 ○○○만원의 대여금반환 청구채권

제1조 위 증여채권은 본 증여계약서 작성과 동시에 갑으로부터 을에게 이전한다.

제 2 조 위 채권을 증여함에 있어 갑은 확정일자 있는 증서로서 채무자 □ □ □에게 증여계약사실을 통지하거나, 채무자 □ □ □로부터 승낙을 얻어 민법 제450조 지명채권양도의 대항요건을 갖추기로 한다.

제 3 조 위 계약을 증명하기 위하여 본 계약서를 2통 작성하여 갑과 을이 이의 없음을 확인하고 서명·날인한 후 각각 1통씩 보관하기로 한다.

20○○. ○. ○.

증여인	주 소					
	성 명 또 는 상 호	인	주민등록번호 또 는 사업자등록번호	–	전 화 번 호	
수증인	주 소					
	성 명 또 는 상 호	인	주민등록번호 또 는 사업자등록번호	–	전 화 번 호	

[서식 3] **증여계약서**(부담부 부동산)

부담부 부동산 증여계약서

증여자 ○ ○ ○(이하 "갑"이라고 한다)와 수증자 ◎◎◎(이하 "을"이라 한다)은 아래 표시의 부동산(이하 "표시 부동산"이라고 한다)에 관하여 다음과 같이 증여계약을 체결한다.

[부동산의 표시]

○ ○도 ○ ○군 ○ ○면 ○ ○길 산○ ○ 임야 250,000㎡

제1조 (목적) 갑은 갑 소유 표시 부동산을 이하에서 정하는 약관에 따라 을에게 증여하고, 을은 이를 승낙한다.

제2조 (증여시기) 갑은 을에게 20○ ○년 ○월 ○일까지 표시 부동산의 소유권이전등기와 동시에 인도를 한다.

제3조 (부담부분) 을은 표시 부동산의 증여를 받는 부담으로 갑 및 갑의 배우자가 생존하는

동안 부양의무를 지고, 갑 선조의 제사 봉행을 성실히 수행한다.

제4조 (계약의 해제) 을이 다음 각 호에 해당할 경우, 갑은 본 계약을 해제할 수 있다.

1. 본 계약서에 의한 부양의무를 이행하지 아니한 때
2. 갑 또는 그 배우자나 직계혈족에 대한 범죄행위를 한 때
3. 생계유지에 지장을 줄 만한 도박, 음주 등에 의해 재산을 낭비할 염려가 있는 때

제5조 (계약의 해제 후 조치) 제4조에 의한 본 계약의 해제가 되었을 경우, 을은 갑에 대해 지체 없이 표시 부동산의 소유권이전등기와 동시에 인도를 해야 한다.
이 경우 계약해제일까지 을이 지출한 부양비용은 그때까지 표시부동산을 사용, 수익한 대가와 상계 된 것으로 한다.

제6조 (비용 및 제세공과금의 부담) 표시 부동산의 소유권이전과 관련한 제반비용 및 조세 공과금 등은 을이 부담한다.

제7조 (담보책임) 표시 부동산의 증여는 제2조에 의한 등기 및 인도일의 상태를 대상으로 하며, 갑은 표시부동산의 멸실, 훼손에 대하여 책임을 지지 아니한다.
이 계약을 증명하기 위하여 계약서 2통을 작성하여 갑과 을이 서명·날인한 후 각각 1통씩 보관한다.

20○○년 ○월 ○일

증여인	주 소					
	성 명 또 는 상 호	인	주민등록번호 또 는 사업자등록번호	–	전 화 번 호	
수증인	주 소					
	성 명 또 는 상 호	인	주민등록번호 또 는 사업자등록번호	–	전 화 번 호	
입회인	주 소					
	성 명 또 는 상 호	인	주민등록번호 또 는 사업자등록번호	–	전 화 번 호	

[서식 4] 증여계약서(부동산)

부 동 산 증 여 계 약 서

[부동산의 표시]

1. ○○시 ○○구 ○○동 ○○
   대 300㎡

2. 위 지상
   시멘트 벽돌조 슬래브지붕 2층 주택
   1층 100㎡
   2층 100㎡

위 부동산은 증여인의 소유인 바 이를 수증인 ○○○에게 증여할 것을 약정하고 수증인은 이를 수락하였으므로 이를 증명하기 위하여 각자 서명·날인하다.

20○○년 ○월 ○일

증여인	주 소					
	성 명 또 는 상 호	인	주민등록번호 또 는 사업자등록번호	−	전 화 번 호	
수증인	주 소					
	성 명 또 는 상 호	인	주민등록번호 또 는 사업자등록번호	−	전 화 번 호	

[서식 5] 증여계약서(부동산)

부동산증여계약서

증여자 ○○○(이하 "갑"이라 한다)와 수증자 ○○○(이하 "을"이라 한다) 사이에 아래와 같이 부동산증여계약을 체결한다.

-부 동 산 의 표 시-

○○시 ○○구 ○○동 ○번지

대 ○○㎡

위 지상

시멘트 벽돌조 기와지붕 단층주택 ○○㎡

제1조【목 적】 "갑"은 그가 소유하는 아래 표시의 부동산을 이하에서 정하는 약관에 따라 "을"에게 증여하고, "을"은 이를 승낙한다.

제2조【증여시기】 "갑"은 "을"에 대해 20○○년 ○월 ○일까지 아래 표시의 부동산의 소유권이전등기와 동시에 인도를 한다.

제3조【임대차계약의 승계】 제2조의 인도는 현상대로 인도하는 것으로 하고, 아래 표시의 부동산 중 건물에 임대차계약이 존재하는 경우에 "을"은 임대인의 지위를 승계하는 것으로 하고, "갑"은 위 임대차계약 관계서류 일체를 "을"에게 교부한다.

제4조【부담부분】 "을"은 아래 표시 부동산의 증여를 받는 부담으로 "갑" 및 "갑"의 처가 생존하는 동안 부양의무를 부담하기로 한다. 다만, 위 부양의 한 부분으로서 "을"은 아래 표시의 부동산 중 건물에서 얻을 수 있는 임대수입 중 금 ○○○원을 매월 말일까지 "갑"에게 지급한다. 단, 지급액에 대해서는 "갑"의 질병, "을"의 자녀출생 등 사정의 변경이 있는 경우에는 "갑"과 "을"의 협의하에 언제라도 변경할 수 있다.

제5조【계약의 해제】 "을"이 다음 각 호에 해당할 때는, "갑"은 본 계약을 해제할 수 있다.

1. 본 계약서에 의한 부양의 의무를 이행하지 않게 된 때
2. "갑" 또는 그 근친자에 대해 중대한 범죄를 범하고, 또는 이들에 대해 아주 예의없는 행위를 거듭한 경우
3. 생계유지에 지장을 줄만한 도박, 음주 등에 의해 재산을 낭비할 염려가 있는 경우

제6조【계약의 해제 후 조치】 제5조에 의거 본 계약이 해제되었을 경우에는, "을"은 "갑"에 대해 지체 없이 아래 표시 부동산의 소유권이전등기와 동시에 인도를 하여야 한다. 이 경우, 계약해제일까지 "을"이 지출한 부양비용은 그때까지 아래 부동산을 사용, 수익한 대가와 상계된 것으로 한다.

제7조【위험부담】 제2조에 의한 등기 및 인도일까지 "갑" 및 "을"의 책임에 의하지 않은 사유에 의해 아래 표시 부동산 중 건물이 소실 또는 훼손된 때에는, 본 계약은 해제되는 일없이 아래 부동산 중 토지만을 증여하는 것으로 한다. 이 경우, "을"은 제4조 단서의 급부금 지급을 요하지 않는 것으로 한다.

위와 같이 본 계약이 유효하게 성립하였음을 각 당사자는 증명하면서 본 계약서 2통을 작성하여 각각 서명 날인한 후 "갑"과 "을"이 각각 1통씩을 보관한다.

20○○년 ○월 ○일

갑	㊞	주민등록번호		주　소	
				전화번호	
을	㊞	주민등록번호		주　소	
				전화번호	

[서식 6] 증여계약서(부동산)

부동산증여계약서

증여자와 수증자 쌍방은 아래 표시 부동산에 관하여 다음 계약내용과 같이 증여계약을 체결한다.

1. 부동산의 표시

소 재 지				
건　물	구조·용도		면 적	㎡ (　　　　평)
토　지	지　목		면 적	㎡ (　　　　평)

2. 계약내용

제1조 증여자는 수증자에 대해 위에 표시한 부동산을 무상으로 증여하고, 수증자는 이를 수증한다. 증여 부동산의 인도일은 ______년______월______일에 하기

로 한다.

제2조 증여자는 인도일을 기준으로 위의 부동산에 설정된 지상권, 저당권, 임차권 등 소유권의 행사를 제한하는 사유가 있거나 조세 공과금과 기타 부담금 등의 미납금이 있을 때에는 부동산 인도일 까지 그 권리의 하자 및 부담 등을 완전히 제거하여 완전한 소유권을 수증자에게 이전한다. 다만, 승계하기로 합의하는 권리 및 부담 등은 그러하지 아니한다.

제3조 위 표시 부동산에 관하여 발생한 수익의 귀속과 제세공과금 등의 부담은 위 표시 부동산의 인도일을 기준으로 정하되 지방세 납부의무 및 납부책임은 지방세법의 규정에 의한다.

제4조 증여자 또는 수증자의 책임에 따르지 않는 사유로 인해 위의 부동산이 소실 또는 심하게 훼손되었을 때에는 본 계약을 해제한 것으로 한다.

특약사항

본 계약을 증명하기 위하여 계약당사자가 이의 없음을 확인하고 각자 서명·날인한다.

년 월 일

3. 계약당사자의 인적사항

증여자	주 소			
	주민등록번호			
	성 명		전 화	
수증자	주 소			
	주민등록번호			
	성 명		전 화	

[서식 7] **증여계약서**(선박, 20톤 미만)

선박 증여계약서

선박보유자 ○○○(이하 "갑"이라 칭한다)와 수증자 ○○○(이하 "을"이라 칭한다)는 상호간에 다음과 같이 선박증여계약을 체결한다.

제1조【목 적】 본 계약은 "갑"의 선박을 "을"에게 증여하면서 일정한 부담을 지우는 사항과 관련된 증여계약 내용을 규율함을 목적으로 한다.

제2조【증 여】 선박 "갑"은 "갑" 소유의 선박등록원부상에 표시된 선박 1척을 "을"에게 증여하기로 하며 구체적 중량 및 선박의 종류는 "을"이 선택하도록 한다.

제3조【부담부 증여】

1. "을"은 선박을 증여받는 대신 매월 금 ○○○원(₩○○○)을 "갑"의 은행계좌에 입금하여야 한다.
2. 제1항의 지급일은 "갑"의 사망 시까지로 한다.

제4조【소유권 이전】 "갑"은 20○○년 ○월 ○일 "을"에게 등록원부상의 명의이전에 필요한 제반서류 일체를 교부한다.

제5조【시설물 등】 "갑"은 선박의 부속설비 일체를 인도 시까지 선관의무로서 관리하며 현상의 상태대로 "을"에게 인도하도록 한다.

제6조【해 제】

1. "을"이 "갑" 또는 "갑"의 직계존비속에 대하여 살인, 폭행 등의 배은행위를 할 시에는 즉시 계약은 해제되고 소유권은 "갑"에게 반환된다.
2. 제1항의 행위로 인하여 "갑"이 사망한 경우에는 "갑"의 법정상속인이 선박의 소유권을 취득하며, 법정상속인이 없을 시에는 국가기관이 설립한 공익재단에 자동적으로 소유권이 귀속된다.
3. 본 조의 사항을 보증하기 위하여 본 계약서를 공증한다.

제7조【기타사항】

1. 계약의 당사자는 본 계약의 내용을 신의성실에 의거하여 준수하여야 한다.
2. 계약기간 중 계약의 변경은 당사자의 서면 합의에 의해서만 변경될 수 있으며 서명날인된 문서를 본 계약서의 말미에 첨부한다.
3. 본 계약서에서 명시되지 않은 부분에 대하여는 관련 법규 및 상관습에 따르기로 한다.

제8조【분쟁해결】

1. 본 계약과 관련하여 양 당사자 간의 분쟁이 발생한 경우, 원칙적으로 "갑"과 "을" 상호간의 합의에 의해 해결한다.
2. 제1항에도 불구하고 분쟁이 해결되지 않을 경우 "갑"의 주소지 관할 지방법원을 그 관할로 하여 재판함으로써 해결한다.

제9조【특약사항】 상기 계약일반사항 이외에 "갑"과 "을"은 아래 내용을 특약사항으로 정하며, 특약사항이 본문과 상충되는 경우에는 특약사항이 우선하여 적용된다.

위와 같이 본 계약이 유효하게 성립하였음을 각 당사자는 증명하면서 본 계약서 2통을 작성하여 각각 서명(또는 기명) 날인한 후 "갑"과 "을"이 각각 1통씩을 보관한다.

20○○년 ○월 ○일

갑	㉧	주민등록번호		주 소	
				전화번호	
을	㉧	주민등록번호		주 소	
				전화번호	

[서식 8] 증여계약서(화보)

화보 증여계약서

증여자 (주)○○○○(이하 "갑"이라 칭한다)와 수증자 (주)○○○○(이하 "을"이라 칭한다)는 상호간에 다음과 같이 화보증여계약을 체결한다.

제1조【목 적】 본 계약은 "갑"이 보유한 화보를 무상으로 "을"에게 증여하고 이에 관련된 사항의 규율을 목적으로 한다.

제2조【화 보】

1. "갑"은 소장하고 있는 ○○○○시대 화보집{(시가 금 ○○○원(₩○○○)}상당을 본 계약의 체결과 동시에 "을"에게 증여하고 이와 관련된 감정서를 첨부한다.
2. "갑"은 본 화보의 양도와 관련하여 "을"에게 어떠한 유상의 대가를 청구하지 아니하며 무상으로 증여를 하도록 한다.

제3조【편의제공】

1. "을"은 본 계약에 따른 "갑"의 증여에 대하여 "갑"이 "을"이 보유한 화랑 및 박물관에 대한 평생 무료출입 및 관람, 이용권을 보장한다.
2. 제1항과 더불어 "을"은 "을"이 보유한 회사 부속시설물에 대한 ○%의 할인특혜를 제1항의 기간 동안 제공한다.
3. 본 조의 편의제공은 "을"이 사업을 지속하는 기간 동안만 유효하며 "을"의 사업을 포괄적으로 양도양수한 자에게도 그 효력이 미친다.

제4조【진위여부】

1. "을"은 본 계약체결 이후라도 제3자의 공인된 감정가로 하여금 화보의 진위여부에 대하여 검증을 할 수 있으며 검증결과 허위로 밝혀지는 경우 "갑"에게 제공하는 모든 특혜를 박탈한다.

2. 제1항의 경우 "갑"은 어떠한 이의도 제기할 수 없으며 "을"은 "갑"에게 당해 화보집을 반환하여야 하며 다만, 이러한 경우 무상증여의 취지에 부합하여 별도로 "갑"에게 손해배상을 청구할 수는 없는 것으로 한다.
3. 본조의 허위와 관련하여 "갑"이 본 화보집을 제3자에 대하여 양도, 담보제공, 기타 설정 또는 대여 등으로 인하여 제3자로부터 분쟁의 제기를 당한 경우 "갑"은 그에 대하여 책임을 지고 모든 분쟁처리 및 손해배상을 하여야 한다.

제 5 조 【 분쟁해결 】
1. 본 계약과 관련하여 양 당사자 간의 분쟁이 발생한 경우, 원칙적으로 "갑"과 "을" 상호간의 합의에 의해 해결한다.
2. 제1항에도 불구하고 분쟁이 해결되지 않을 경우 "갑"의 주소지 관할 지방법원을 그 관할로 하여 재판함으로써 해결한다.

제 6 조 【 특약사항 】 상기 계약일반사항 이외에 "갑"과 "을"은 아래 내용을 특약사항으로 정하며, 특약사항이 본문과 상충되는 경우에는 특약사항이 우선하여 적용된다.

위와 같이 본 계약이 유효하게 성립하였음을 각 당사자는 증명하면서 본 계약서 2통을 작성하여 각각 서명(또는 기명) 날인한 후 "갑"과 "을"이 각각 1통씩을 보관한다.

20○○년 ○월 ○일

갑	㉠	주민등록번호		주 소	
				전화번호	
을	㉠	주민등록번호		주 소	
				전화번호	

[서식 9] 증여계약서(채권)

채권 증여계약서

증여자 ○ ○ ○(이하 "갑"이라 한다)와 수증자 ○ ○ ○(이하 "을"이라 한다)는 당사자 간에 아래와 같이 채권증여계약을 체결한다.

제 1 조 【 목 적 】 "갑"은 "을"에 대해 아래 채권을 무상으로 양도하고, "을"은 이를 수락한다.

1. 채권의 표시금 ○○○원(채권자 "갑" ○○○과 채무자 "병" ○○○ 사이에 20○○년 ○월 ○일에 체결된 금전소비대차계약에 의한 채권)
2. 채무자 병의 주소 : ○○시 ○○구 ○○대로 ○○

제 2 조 【 채권양도의 통지 】

1. "갑"은 지체 없이 "병"에 대해 제1조의 채권양도통지를 하고, "병"의 승낙을 얻어야 한다.
2. 위 통지 또는 승낙은 확정일이 명시된 증서로 하여야 한다.
3. 양수채권의 회수에 대해서는 모두 "을"의 책임과 부담으로 한다.

위와 같이 계약이 성립되었으므로 본서 2통을 작성하여 "갑"과 "을" 각 1통을 보관한다.

20○○년 ○월 ○일

갑	㊞	주민등록번호		주 소	
				전화번호	
을	㊞	주민등록번호		주 소	
				전화번호	

[서식 10] 증여계약서(차량)

차량 증여계약서

차량소유자 ○○○(이하 "갑"이라 칭한다)와 수증자 ○○○(이하 "을"이라 칭한다)는 아래의 자동차를 증여함에 있어서 다음과 같이 차량증여계약을 체결한다.

[증여차량]

1. 차 량 명 : ○○○○
2. 생산국가 : ○○○○
3. 차량시가 : 금 ○○○원(₩○○○) - 증여일 현재
4. 제조연도 : ○○년식

제 1 조【증여인도】

1. "갑"은 본 증여계약 작성과 동시에 위 차량을 "을"에게 인도하며 ○일 이내 에 차량의 명의이전과 관련된 제반서류 일체를 "을"에게 교부한다.
2. "갑"은 차량의 명의이전에 소요되는 등록비를 포함한 제반 조세공과금 일체를 별도로 부담하기로 하며 제1항의 서류이전과 동시에 관련 처리비용으로 금 ○○○원(₩○○○)을 "을"에게 현금으로 입금한다.

제 2 조【차량상태】

1. "갑"은 본 증여차량이 기능에 전혀 이상이 없으며 사고를 포함한 여하한 차량의 훼손사실이 없었음을 보증한다.
2. "갑"은 증여차량이 도난품이 아닌 사실 및 제3자에게 담보제공, 양도, 처분 등이 되지 않은 완전한 소유권이 보유된 차량임을 보증한다.

제 3 조【증여 조건】

1. 본 증여차량의 제공과 동시에 "을"은 "갑"의 사업장에서 본 증여와 동시에 ○년간 근로를 제공하여야 한다.
2. 제1항의 근로기간동안 급여는 별도로 "갑"이 지급하도록 한다.

제 4 조【유지비 지급】 본 증여차량에 대하여 "을"이 "갑"의 사업장에 근로를 제공하는 동안에는 차량의 유류대 및 보험료 전액을 "갑"이 부담하여 지급하며 "갑"은 해당비용의 과다 등 여하한 이의를 제기하지 아니한다.

제 5 조【조건의 위반】

1. "을"의 근로기간이 ○개월 이상이 경과한 경우에는 여하한 사유로도 차량의 반환을 요구하지 못한다.
2. "을"에게 특별한 하자가 없는 한 "갑"은 임의로 근로계약을 해지하고 차량의 반환을 청구할 수 없으며 "갑"이 자의로 "을"을 해고한 경우에도 그러하다.

제 6 조【분쟁해결】

1. 본 계약과 관련하여 양 당사자 간의 분쟁이 발생한 경우, 원칙적으로 "갑"과 "을" 상호간의 합의에 의해 해결한다.
2. 제1항에도 불구하고 분쟁이 해결되지 않을 경우 "갑"의 주소지 관할 지방법원을 그 관할로 하여 재판함으로써 해결한다.

제 7 조【특약사항】 상기 계약일반사항 이외에 "갑"과 "을"은 아래 내용을 특약사항으로 정하며, 특약사항이 본문과 상충되는 경우에는 특약사항이 우선하여 적용된다.

위와 같이 본 계약이 유효하게 성립하였음을 각 당사자는 증명하면서 본 계약서 2통을 작성하여 각각 서명(또는 기명) 날인한 후 "갑"과 "을"이 각각 1통씩을 보관한다.

20○○년　○월　○일

갑	㊞	주민등록번호		주　　소	
				전화번호	
을	㊞	주민등록번호		주　　소	
				전화번호	

[서식 11] 기증계약서(수목)

수목 기증계약서

수목 소유자 ○○○(이하 "갑"이라 칭한다)와 수증자 (주)○○○○(이하 "을"이라 칭한다)는 상호간에 다음과 같이 수목기증계약을 체결한다.

제1조【목 적】 본 계약은 "갑"이 보유한 수목을 무상으로 "을"에게 기증하고 이에 관련된 사항의 규율을 목적으로 한다.

제2조【기증수목】 "갑"은 ○○시 ○○구 ○○동 ○○ 상의 수목 가운데 ○○○○품종에 대하여 "을"에게 기증하기로 한다. 단, 수령 ○년 이상의 수목에 한하며 이용처분에 관한 한시적 기간의 제한을 받는다.

제3조【명인방법】 "을"은 본 계약서 작성일로부터 즉시 해당 수목에 대한 "을"의 소유권표찰의 부착 등 필요한 명인방법을 취한다.

제4조【무상기증】 "갑"은 본 수목의 양도와 관련하여 "을"에게 어떠한 유상의 대가를 청구하지 아니하며 무상으로 기증을 하도록 한다. 다만, "을"은 본 수목을 연구개발비로만 사용하여야 한다.

제5조【이용 등】

1. "을"은 기증받은 수목에 대하여 벌목, 유지보존 등의 자유로운 처분권을 보유하며 특히 벌목의 경우 이에 필요한 통로 토지의 이용 등을 "갑"은 허락하도록 한다.
2. 제1항의 목적을 위한 이용 시 "을"은 필요한 최소한의 범위에서 이용하도록 하고 무분별한 이용으로 동 토지의 훼손이 발생하지 아니하도록 유의하여야 한다.

제6조【범위제한】

1. "을"은 본 계약에 따라 수목의 유지, 보존, 벌목의 범위를 벗어난 "갑"의 토지에 대한

건조물 건축, 계약수목 이외의 수목에 대한 사용을 하여서는 아니된다.
2. "을"은 본 계약일로부터 ○년간 수목에 대한 자유로운 처분 권리를 보유하며 동 기간의 경과 후에는 토지 소유주에게 권리가 반환된다.

제 7 조 【 분쟁해결 】
1. 본 계약과 관련하여 양 당사자 간의 분쟁이 발생한 경우, 원칙적으로 "갑"과 "을" 상호 간의 합의에 의해 해결한다.
2. 제1항에도 불구하고 분쟁이 해결되지 않을 경우 "갑"의 주소지 관할 지방법원을 그 관할로 하여 재판함으로써 해결한다.

제 8 조 【 특약사항 】 상기 계약일반사항 이외에 "갑"과 "을"은 아래 내용을 특약사항으로 정하며, 특약사항이 본문과 상충되는 경우에는 특약사항이 우선하여 적용된다.

위와 같이 본 계약이 유효하게 성립하였음을 각 당사자는 증명하면서 본 계약서 2통을 작성하여 각각 서명(또는 기명) 날인한 후 "갑"과 "을"이 각각 1통씩을 보관한다.

20○○년 ○월 ○일

갑	㉿	주민등록번호		주 소	
				전화번호	
을	㉿	주민등록번호		주 소	
				전화번호	

[서식 12] 증여계약서(골동품)

골동품 증여계약서

골동품 보유자 ○○○(이하 "갑"이라 칭한다)와 수증자 (주)○○○○(이하 "을"이라 칭한다)는 상호간에 다음과 같이 골동품증여계약을 체결한다.

제 1 조 【 목 적 】 본 계약은 "갑"이 보유한 골동품을 무상으로 "을"이 보유하고 운영하는 골동

품관에 증여하고 이와 관련된 사항의 규율을 목적으로 한다.

제2조【증여품】 본 계약상 증여하는 골동품은 다음 각 호로서 구체적인 세부 연도 및 작가 등은 별도 제공된 감정서 및 관련 목록표에 따른다.

1. 동양화 : ○○점 2. 도자기 : ○○점 3. 기타 골동품 : ○○점

제3조【인도일】 "을"은 20○○년 ○월 ○일 "갑"의 장소에 방문하여 골동품을 인도받도록 하며 골동품의 인도업무 일체는 "을"이 수행하도록 한다.

제4조【보관 등】 "을"은 증여품에 대하여 다음 각 호를 준수하여야 하며 이에 위반 시 "갑"은 시정 요구 후 시정되지 아니할 시 자력으로 "갑"이 직접 반환하며 "을"은 이에 대하여 일체 이의를 제기할 수 없다.

1. "갑"이 지정한 보관방법 및 무상 전시회수(1년 ○회 일반인에게 전시)의 준수
2. "갑"이 생존한 동안에 제3자에 대한 유상의 판매금지
3. 과다한 수익금을 조건으로 하는 전시회

제5조【인도준수】 "갑"은 지정된 날짜에 "을"이 골동품을 인수하는 것을 방해 또는 고의로 회피하여서는 아니되며 지정된 날짜의 경과와 동시에 골동품이 인도되지 아니하더라도 골동품의 소유권은 날짜의 경과와 동시에 "을"에게 이전된다.

제6조【분쟁해결】

1. 본 계약과 관련하여 양 당사자 간의 분쟁이 발생한 경우, 원칙적으로 "갑"과 "을" 상호간의 합의에 의해 해결한다.
2. 제1항에도 불구하고 분쟁이 해결되지 않을 경우 "갑"의 주소지 관할 지방법원을 그 관할로 하여 재판함으로써 해결한다.

제7조【특약사항】 상기 계약일반사항 이외에 "갑"과 "을"은 아래 내용을 특약사항으로 정하며, 특약사항이 본문과 상충되는 경우에는 특약사항이 우선하여 적용된다.

위와 같이 본 계약이 유효하게 성립하였음을 증명하기 위하여 본 계약서 2통을 작성하여 각각 서명(또는 기명) 날인한 후 "갑"과 "을"이 각각 1통씩을 보관한다.

20○○년 ○월 ○일

<table>
<tr><td rowspan="2">갑</td><td rowspan="2">㉰</td><td rowspan="2">주민등록번호</td><td rowspan="2"></td><td>주 소</td><td></td></tr>
<tr><td>전화번호</td><td></td></tr>
<tr><td rowspan="2">을</td><td rowspan="2">㉰</td><td rowspan="2">주민등록번호</td><td rowspan="2"></td><td>주 소</td><td></td></tr>
<tr><td>전화번호</td><td></td></tr>
</table>

[서식 13] 증여계약서(분양권)

분양권 증여계약서

제1조 (부동산의 표시)

1. 소재지 :
2. 용도 : 주거용
3. 면적 : ㎡, 대지지분: ㎡
4. 거래지분 : 위 면적의 2분의 1

제2조 (목적) 본 계약은 증여자가 무상으로 자기 소유인 위 부동산의 분양권을 수증자에게 증여함에 있어 필요한 제반사항을 정함을 그 목적으로 한다.

제3조 (증여자의 의무) 증여자는 등기에 필요한 모든 서류를 수증자에게 교부하고 이전등기에 협력한다.

제4조 (비용부담) 증여자가 제2조 내지 제3조에서 정한 목적과 의무를 달성하기 위하여 발생하는 모든 절차적 비용과 세금은 수증자의 부담으로 한다.

제5조 (계약의 해제) 증여자 또는 수증자는 상대방이 본 계약에서 정한 사항을 위반하였을 때에는 언제든지 서면으로 그 이행을 최고하고, 최고서에 적시한 기한이 경과하여도 이를 이행하지 않을 때에는 본 계약의 전부 또는 일부를 해제할 수 있으며 그에 따른 손해배상을 청구할 수 있다.

20○○년 ○월 ○일

증 여 자 성명 : (인) 주민번호 :
주소 :
연락처 :

수 증 자 성명 : (인) 주민번호 :
주소 :
연락처 :

[서식 14] 증여계약서(주식)

주식 증여계약서

증여하는 분 성함 (주민등록번호 :   -   , 이하 "갑"라 한다)은 그가 소유하고 있는 주식회사 회사명 (이하 "회사"라 한다)의 발행주식을 증여받는 분 성함(주민등록번호 :   -   , 이하 "을"라 한다)에게 증여하기로 약정하고 다음과 같이 계약을 체결한다.

– 다   음 –

제1조【증여대상주식】

1. 증여할 주식의 종류와 수는 다음과 같다.

발행회사	종 류	회사의 발행주식총수	주당액면가액	증여 주식수	비 고
					총발행주식의 ______%

제2조【주권교부 및 명의개서】

"갑" 은 계약과 동시에 주식 명의개서 절차를 완료하여야 한다.

제3조【합의 관할】

이 계약으로 인하여 발생하는 모든 분쟁에 관한 소송은 서울중앙지방법원을 그 관할법원으로 한다.

제4조【기 타】

이 계약에 명시되지 아니한 사항이 있을 때에는 일반적 상관례에 따른다.

위 각 조항을 증명하기 위하여 계약서2통을 작성하여 "갑", "을"이 서명 날인 후 각1통씩 보관한다.

20○○년 ○월 ○일

(갑) 성명 : ____________________ (인)
주민번호 :
연락처 :

주소 :

(을) 성명 : ______________________ (인)
주민번호 :
연락처 :
주소 :

[서식 15] 증여계약서(골프회원권)

골프회원권 증여계약서

증 여 자 (갑)
성 명 :
주민등록번호 :
주 소 :

수 증 자 (을)
성 명 :
주민등록번호 :
주 소 :

상기 "갑"은 년 월 일자로 "을"에게 아래의 골프회원권을 증여하기로 계약하고 "을"은 이를 수락하여 수증하기로 함.

- 아 래 -

- 골프장명 : (구좌)
- 회원번호 :
- 구 분 :

20○○년 ○월 ○일

갑 : (인감)

을 : (인감)

○○○컨트리클럽 貴中

[서식 16] 증여계약서(부담부)

부담부 증여계약서

부동산표시

위의 부동산은 증여인의 소유인바, 증여인이 동 부동산을 담보로 ___은행에서 대출한 일금 ____________원(₩)과 함께 이 부동산을 수증인에게 부담부 증여할 것을 확약하고, 수증인은 이를 수락하였으므로 후일에 이를 증명하기 위하여 계약서 2통을 작성하여 기명날인한 다음 증여인과 수증인이 각 1통씩 소지한다.

20○○년 ○월 ○일

위 증여인 (-) (인)

위 증인 (-) (인)

[서식 17] 동산증여계약서

계 약 서

증여자 ○○○(이하 "갑"이라고 함)와 수증자 ◎◎◎(이하 "을"이라고 함)은 다음 내용과 같이 증여계약을 체결한다.

내 용

1. 갑은 별지 목록 기재 동산을 을과 함께 계속 사용, 수익할 수 있음을 조건으로 하여 20○○년 ○월 ○일 같은 동산을 을에게 증여한다.

2. 을이 위 동산에 대한 갑의 사용, 수익을 방해하거나 거부할 경우 갑은 위 증여계약을 해제할 수 있고 해제 후 을은 즉시 위 동산을 갑에게 인도하여야 한다.

3. 을이 위 2항의 인도의무를 불이행할 경우 을은 갑에게 손해배상액으로 매월 금○○원을 지급하기로 한다.

20○○년 ○월 ○일

증여인	주 소					
	성 명 또 는 상 호	인	주민등록번호 또는 사업자등록번호	–	전 화 번 호	
수증인	주 소					
	성 명 또 는 상 호	인	주민등록번호 또는 사업자등록번호	–	전 화 번 호	

[별 지]

동 산 목 록

품 명	수 량(개)	제작회사	고유번호
전기용접기	5	○○○	○○○
산소용접기	5	○○○	○○○
그라인더	2	○○○	○○○

. 끝.

[서식 18] 증여계약서(현금)

- 현금 증여계약서 -

증여자 ○○○을 『갑』이라 하고, 수증자 ○○○을 『을』이라 하여 다음과 같은 내용의 증여계약을 체결한다.

제 1 조 (계약의 목적)
본 계약은 『갑』이 무상으로 자기 소유인 현금(예금)을 『을』에게 증여함에 있어 필요한 제반 사항을 정함을 그 목적으로 한다.

제 2 조 (증여물건의 인도)
『갑』은 『을』에게 ○○년 ○월 ○일까지 현금의 명도(증여)를 경료하고 목적물을 명도한다(『을』의 실명예금계좌로 이체하는 방법으로 명도한다).

제 3 조 (비용의 부담)
『갑』이 제2조에서 정한 의무를 이행함에 있어 발생하는 모든 절차비용 및 세금은 『을』의 부담으로 한다.

제 4 조 (담보책임)
『갑』은 목적물의 하자나 흠결에 대하여 책임을 지지 않는다. 단, 『갑』이 그 하자나 흠결을 알고 『을』에게 고지하지 아니한 때에는 그러하지 아니한다.

제 5 조 (계약의 변경)
본 계약의 일부 또는 전부를 변경할 필요가 있는 경우에는 『갑』과 『을』의 서면합의에 의하여 이를 변경하고, 그 변경내용은 변경한 날 그 다음날부터 효력을 가진다.

제 6 조 (계약의 해제)
『갑』 또는 『을』은, 상대방이 본 계약에서 정한 사항을 위반하였을 때에는 언제든지 서면으로 그 이행을 최고하고, 최고서에 적시한 기한이 경과하여도 이를 이행하지 않을 경우에는 본 계약의 전부 또는 일부를 해제할 수 있으며 그에 따른 손해배상을 청구할 수 있다.

제 7 조 (증여목적물의 반환)
제6조에 의하여 본 계약이 해제될 경우 『을』은 즉시 당초의 증여재산인 현금(예금)을『갑』에게 인도하고 그 명도, 이전 절차를 경료하여야 한다.

제 8 조 (관할법원)
본 계약과 관련하여 소송상의 분쟁이 발생한 때에는 서울지방법원을 관할법원으로 한다.

이상의 내용을 성립을 증명하기 위하여 본 증서 2통을 작성, 서명 날인한 다음 각각 그 1통씩 서로 보관한다.

20○○년 ○월 ○일

증여자 『갑』	**수증자 『을』**
주 소 : ○○시 ○○구 ○○로 ○○	주 소 : ○○시 ○○구 ○○로 ○○
주민등록번호 : -	주민등록번호 : -
성 명 : ○○○ (인)	성 명 : ○○○ (인)

제2절 매매계약

1. 서 설

가. 의 의

매매계약이란 당사자의 일방이 상대방에게 재산권을 이전할 것을 약정하고, 상대방은 이에 대하여 대금을 지급할 것을 약정함으로써 성립하는 계약이다(민법 563조). 매매계약은 유상·쌍무계약이고, 또한 낙성·불요식계약이다

나. 효 력

매도인은 매수인에게 매매의 목적이 된 권리를 이전해야 하며, 매수인은 매도인에게 그 대금을 지급하여야 한다. 즉 매도인은 권리 자체의 이전뿐만 아니라, 점유의 이전, 종물 또는 종된 권리의 이전도 해야 한다. 이러한 매도인의 권리이전의무는 매수인의 대금지급 의무와 동시이행관계에 있다.

다. 특수한 매매

(1) 매매의 예약

예약이란 장래 일정한 계약을 체결할 것을 미리 약정하는 계약으로, 이 예약에 의하여

장차 맺어질 계약을 본계약이라 한다.

(2) 환 매

환매란 매도인이 매매계약과 동시에 특약으로 환매할 권리, 즉 환매권을 보류한 경우에 그 환매권을 일정한 기간 내에 행사함으로써 매매의 목적물을 다시 매입해오는 것을 말한다.

(3) 재매매의 예약

어떤 물건 또는 권리를 타인에게 매각하여 대금을 받고 그 매매목적물의 소유권이나 기타의 권리를 매수인에게 이전하면서, 미리 매수인으로 하여금 그 매매의 목적물을 다시 한 번 매도인에게 매각·반환하게 하는 두 번째 매매의 예약이다.

(4) 할부매매

매매대금을 일정기간 동안에 분할하여 일정기 마다 주기적으로 계속해서 지급하기로 하는 특약이 붙은 매매이다.

(5) 방문판매

상품의 판매업자 또는 용역제공업자가 방문 등의 방법으로 그의 영업소 및 대리점 기타의 영업장소 이외의 장소에서 계약의 청약을 받거나 계약을 체결하여 상품을 판매하거나 용역을 제공하는 것을 말한다.

(6) 통신판매

판매업자 또는 용역제공업자가 우편·전화·팩시밀리 등을 이용한 전기통신수단이나 통신판매를 위하여 설치된 금융기관의 예금구좌 등을 사용하는 방법으로 계약의 청약을 받거나 계약을 체결하여 상품을 판매하거나 용역을 제공하는 것을 말한다.

(7) 다단계판매

판매업자나 용역제공업자 또는 조직개설자가 상대방에게 일정이익을 얻을 수 있다고 권유하여 그 권유를 받은 상대방이 판매업자·용역제공업자 또는 조직개설자에게 일정 부담을 부담하는 조건으로, 그 권유자와 동일한 종류의 상품의 판매 또는 용역의 제공에 관한 거래를 하는 것이다.

(8) 견본매매

견본에 의하여 목적물의 품질·속성을 미리 정해 두는 매매이다.

2. 매매의 법률효과

가. 매도인의 이행의무

(1) 재산권이전의무

▸ 재산권변동에 필요한 급부를 종국적으로 이행하여야 한다(등기, 인도까지).

▸ **과실수취권** : 매매계약이 있은 후 목적물의 인도 이전에 발생하는 과실은 원칙적으로 매도인에게 귀속된다. 그러나 매수인이 이미 대급을 지급하였으나 매도인이 목적물을 인도하지 않고 있는 경우에는 매수인이 과실을 취득한다.

(2) 목적물인도의무

▸ 소유권이전의무가 본질적이지만 목적물인도의무도 주된 의무이다.

▸ 따라서 매수인의 대금지급의무는 매도인의 목적물인도의무와도 동시이행관계에 있다는 것이 다수설이고 주류적인 판례(반대 판례도 일부 있고, 비판적인 학설도 일부 있다).

나. 매수인의 이행의무

(1) 대금지급의무

(2) 대금지급의무의 이행기

▸ 매도인의 재산권이전의무에 대해 기한의 약정이 있으면 매수인의 대금지급에 대해서도 매도인의 이행의무와 동일한 기한이 있는 것으로 추정된다(585조).

(3) 대금지급의 장소

▸ 특약이나 관습이 없는 한 매매목적물의 인도와 동시에 대금을 지급하여야 하는 경우에는 목적물의 인도장소가 대금지급장소이다(채무의 변제장소에 대한 467조 2항의 특칙).

(4) 이자지급청구에 대한 항변

▸ 매수인은 목적물의 인도를 받을 때까지는 대금에 대한 이자지급의무를 부담하지 않는다.

▸ 대금의 이자와 목적물의 과실이 상계되는 것으로 보는 셈.

(5) 매수인의 대금지급거절권

▸ 매매목적물에 대하여 권리를 주장하는 자가 있어서 매수인이 매수한 권리의 전부나 일부를 상실할 염려가 있는 경우, 매수인은 그 위험의 한도에서 대금의 전부나 일부의 지급을 거절할 수 있다(588조 본문).

▸ 매도인이 상당한 담보를 제공한 때에는 대금의 지급을 거절할 수 없다(단서).

▸ 매수인에게 대금지급거절권이 있는 경우에 매도인은 매수인에 대하여 대금의 공탁을 청구할 수 있다.

다. 매매계약비용의 부담

계약비용은 당사자 쌍방이 균분하여 부담하며, 목적토지의 측량비용, 평가비용, 계약서 작성비용, 공정증서 작성비용, 부동산 중개인에 대한 보수 등이 계약비용에 속한다. 등기비용 등은 변제비용으로서 계약비용에 속하지 않는다(通).

3. 매도인의 담보책임

가. 담보책임의 유형

(1) 권리의 하자

권리의 전부, 권리의 일부, 수량부족, 일부멸실, 제한물권의 존재, 제한물권의 실행 등이 있다.

(2) 물건의 하자

특정물, 종류물 등이 있다.

나. 구제수단

(1) 매수인측 : 해제권, 손해배상청구권(공통), 대금감액청구권, 완전물급부 청구권

(2) 매도인측 : 해제권(타인권리 매매에서만, 담보책임 아니다)

다. 담보책임과 채무불이행책임의 비교

(1) 성립요건상

채무불이행책임은 과실책임인 반면 담보책임은 무과실책임이다.

(2) 매수인(채권자)의 선의, 악의

채무불이행책임에서 채권자의 선·악의는 책임의 내용에 아무런 영향이 없고, 채권자의 과실이 과실상계의 사유로서 참작될 뿐이다. 또한 담보책임에서 매수인(채권자)의 선·악의는 담보책임의 내용에 영향을 미친다.

(3) 계약의 해제

채무불이행책임에서는 귀책사유 있는 채무불이행이 있어야 하고, 최고가 필요하다(이행지체의 경우).

담보책임에서는 최고가 불필요하다. 반드시 계약목적달성이 불가능한 경우라야 인정된다.

(4) 손해배상

채무불이행책임에서는 채권자의 선악의 불문하고 인정되며, 손해배상의 범위는 이행이익으로서 393조에 따라 범위가 결정된다. 담보책임에서는 매수인의 선·악의에 따라 인정여부가 좌우되는 경우가 있고, 손해배상의 범위에 대해서는 신뢰이익설, 이행이익설, 이원설의 대립이 있다.

(5) 권리의 행사

채무불이행책임에서는 통상의 소멸시효가 적용된다.

담보책임에서는 1년 또는 6개월의 제척기간이 적용되는 경우가 있다.

4. 담보책임의 내용

가. 해 제 권

(1) 어떠한 경우나 존재한다.

(2) 계약목적달성 불가능할 경우에만 행사 가능하다(예외없다. 576조의 경우도 궁극적으로는 목적 달성불가에 해당).

(3) 최고가 불필요하다

(4) 선의 매수인만 행사가 가능. 단, 예외(악의자도 가능) 570조(전부 타인권리), 576조(저당권 등 실행).

나. 손해배상청구권

(1) 어떠한 경우에나 존재한다.

(2) 선의 매수인만 가능. 단, 예외(악의자도 가능) 576조만(저당권등의 실행)

(3) 다른 청구권과 함께 행사 가능. 단 예외 581조상 완전물급부청구권 행사시는 손해배상청구 불가능하다.

다. 대금감액청구권

(1) 계약의 일부해제로서의 성격

(2) 양적 하자에서만 가능하다.
- 일부타인의 권리 - 선악불문
- 수량부족, 일부멸실 - 선의자만

(3) 제한물권 있는 경우나 실행시는 불가

(4) 물건의 하자에서도 불가능하다.

라. 완전물급부청구권

완전물급부청구권은 민법 581조만 가능하다.

마. 제척기간

(1) 제척기간 없는 것

570조(전부 타인의 권리)

576조(저당권 등 실행시)

(2) 물건은 6월, 나머지는 1년

5. 담보책임의 내용 기타 쟁점

가. 타인권리 매매에서 선의의 매도인 보호규정(571조)

(1) 매도인이 선의인 경우 : 해제권 인정

매수인이 선의라면 손해를 배상하고 해제권 행사, 매수인이 악의라면 손해배상없이 해제권 행사

(2) 매도인이 악의라면 : 해제권 인정되지 않음

나. 수량부족, 일부멸실 쟁점(574조)

(1) 목 적 물

본조의 담보책임은 매매목적물이 특정물인 경우에 한한다. 종류물인 경우에는 부족한 수량을 조달할 수 있으므로 채무불이행이 될 뿐이다. 다만 물건의 하자로 파악하지 않고 권리의 하자로 분류하는 것을 일부 타인권리매매에 관한 규정을 존용하기 때문이다.

(2) 수량지정매매의 개념

수량지정매매란 당사자가 목적물이 일정한 수량을 가지고 있다는데 주안점을 두고, 매매대금도 이 수량에 기초하여 정한 경우를 의미한다(통,판). 따라서 토지의 평수가 매매계약에 표기되었다 하더라도 그거이 당사자들 사이에서 대상토지를 특정하기 위한 방편에 불과한 경우였다면 수량지정매매라고 볼 수 없고, 기재한 평수보다 부족하다고 하여 담보책을 추궁할 수는 없다(대판 90다15433).

다. 권리가 타인의 제한물권에 의해 제한을 받고 있는 경우 쟁점(575조)

(1) 성립요건상

제한물권이 설정되어 있는 경우뿐만 아니라(저당권이 설정되어 있는 경우는 제외), 목적부동산을 위하여 존재하여야 할 지역권이 설정되어 있지 않은 경우도 포함한다. 목적부동산 위에 대항력 있는 임차권이 있는 경우도 포함한다.

(2) 효 과 상

대금가액청구권이 인정되지 않는다는 점에 주의

라. 저당권 또는 전세권의 행사로 소유권 등을 취득할 수 없거나 상실하는 경우 (576, 577조)

(1) 성립요건상

저당권이 설정되어 있다는 것만으로는 어떠한 담보책임도 추궁할 수 없다. 전세권이 설정되어 있는 경우에는 575조가 적용된다. 동조는 저당권, 전세권이 설정되어 있는 목적물을 취득했는데 그것이 실행된 경우에 적용된다. 저당권이 설정된 토지의 후순위로 전세권을 설정한 자가 그 후에 저당권의 실행으로 전세권을 상실하는 경우에는 어떠한 담보책임도 추궁할 수 없다.

(2) 효 과 상

매수인의 선,악의를 불문하고 계약해제권과 손해배상청구권이 인정된다.

마. 담보책임면제특약(584조)

담보책임에 관한 규정은 임의규정이므로 담보책임 면제, 경감, 가중 특약은 유효하다. 다만 하자의 존재를 매도인 자신이 알고 있었음에도 불구하고 이를 매수인에게 통지하지 않았거나 매도인이 제3자에게 권리를 설정 또는 양도한 경우에, 매도인은 면제특약에도 불구하고 그 책임을 면할 수 없다. 이때 무효인 것은 담보책임면제특약만 무효, 즉 매매계약까지 무효가 되는 것은 아니다.

6. 부동산매매계약시 유의사항

매매계약은 매도자가 부동산의 소유권을 매수자에게 이전할 것을 약정하고, 매수자는 그 대금을 지급할 것을 약정함으로써 효력이 생긴다. 매매계약에 관한 비용은 당사자(매도자·매수자) 쌍방이 균분하여 부담한다(566조 참조). 매매계약서를 작성할 때에는 해당 주소지 각각의 공적장부들을 확인해야 한다. 즉, 등기부, 토지대장, 토지이용계획확인서, 건축물관리대장, 지적도 등을 통해 상호 간의 일치 여부를 확인해야 한다는 뜻이다. 예를 들어 땅의 면적이 등기부와 토지대장이 서로 맞지 않는 경우도 있다. 이때 토지대장상의 면적을 기준으로 계약서를 작성해야 한다. 매매계약서를 쓰는 데 아래 다섯 가지 사항에 대해서는 주의해야 한다.

가. 당사자 체크

매매계약은 당사자가 직접 서명하고 날인하는 것이 원칙이다. 여기에 계약서의 내용은 구체적이고 명백한 문구를 사용해야 한다. 하지만 당사자 중에는 부득이한 사정으로 대리인을 내세우는 경우가 있다. 매수자의 경우에는 매도자의 대리인보다 매도자와 직접 계약하는 것이 좋다. 그런데 매도자의 불가피한 사정으로 매도자가 내세운 제삼자와 계약할 때도 있다. 이렇게 제삼자와 계약하는 경우에는 매도자로부터 대리권을 부여받았는지 확인해야 한다. 즉, 부동산 처분행위에 관한 위임장과 함께 인감증명서가 있는지 확인해야 한다.

나. 수량표시 체크

매매 대상 부동산의 토지 면적을 비롯해 건물(부속건물)과 함께 미등기 건물까지 정확한 수량(면적)을 표시해야 한다. 이때 토지 면적은 등기부가 아닌 토지대장을 기준으로 표시해야 한다. 또한 건물에 대해서도 건축물관리대장을 기준으로 표시해야 한다. 만약 미등기 건물이 있는 경우에는 등기한 후에 매수하는 것이 원칙이다.

여기에 건축물관리대장에 없는 무허가 건물이 있으면 철거한 후에 매수하거나, 철거가 불가능한 경우에는 사진을 첨부해 매매 대상 물건임을 명시해야 한다. 참고로 정원에 고가의 소나무 등이 식재(植栽)되어 있는 경우에도 그 수량을 명시해 매매 대상으로 표시해야 한다.

다. 대금지급방법 체크

매매 금액은 계약금, 중도금, 잔금 및 지급(계좌 송금 등) 방법에 대해 정확하게 표시해야 한다. 매매 대금의 지급 시기에 따라 계약해제권이 생기기 때문이다. 매매계약이 체결된 경우에도 당사자인 매도자 또는 매수자는 이행기(중도금 또는 잔금 지급)에 착수하기 전까지 계약을 해제할 수 있다. 계약해제는 당사자 일방의 의사 표시에 의해 유효하게 성립된 효력을 원래부터 없었던 것으로 하는 것이다. 계약해제권은 형성권이기 때문에 당사자 일방의 의사 표시로 계약을 해제할 수 있다. 이때 매도자가 계약의 해제를 선언한 경우, 다른 약정이 없다면 계약금의 배액을 상환해야 한다. 물론 매수자도 계약을 해제할 수 있다. 당연히 다른 약정이 없다면 계약금은 포기해야 한다(565조 참조).

라. 임차인의 인도주체 명시

인도는 임대인과 임차인의 합의에 따라서 임대 목적물의 점유를 이전하는 것을 말한다. 매매 대상 부동산에 임차인이 있는 경우, 임차인의 인도가 걸림돌이 되는 경우가 있다. 그래서 계약서에 임차인에 대한 인도에 관한 책임을 보다 분명히 명시해야 한다. 즉, 인도주체를 비롯해 인도 시기 및 인도에 따른 각종 비용 부담에 대한 내용을 명시해야 한다. 예를 들어 '임차인의 인도에 관한 책임은 매도인에게 있으며, 인도에 따른 비용은 매도인이 부담한다. 임차인의 인도는 잔금 지급전까지 책임진다.'는 인도 책임의 주체를 정확하게 명시해야 한다는 뜻이다.

마. 특약사항에 관한 표시

매매계약상 특별한 내용이 있는 경우에는 특약 사항으로 명시할 필요가 있다. 예를 들어 ① 제세 공과금은 잔금 지급일 기준으로 전까지는 매도인이 부담하고, 기준일 이후에는 매수인이 부담한다. ② 미등기 건물은 잔금 지급일 전까지 매도인이 등기한다. ③ 붙박이장과 에어컨은 무상으로 매수인에게 넘겨준다. ④ 마당에 있는 정원석 등은 매수인에게 넘겨준다. ⑤ 당사자 협의에 따라 현 시설물 상태로 매매계약을 체결한다. 참고로 특약 사항에 ⑤ 번을 명시했어도 소유권이전 후, 건물에 중대한 하자가 발생한 경우에 매수인은 그 사실을 안 날로부터 6개월 이내에 매도인은 하자 담보 책임을 져야 한다. 즉, 매수인이 매도인에게 손해배상을 청구할 수 있다는 뜻이다(580조, 582조 참조).

7. 서 식 례

[서식 19] **매매계약서(부동산, 통상)**

부 동 산 매 매 계 약 서

매도인과 매수인은 다음과 같이 매매계약을 체결한다.

1. 부동산의 표시

2. 매매대금 및 지급방법

매매대금		원정(₩)		지급장소	
계약금	금	원정	영수함 ㉞		
중도금	금	원정은	. . .	까지 지급	. . . 영수함 ㉞
잔 금	금	원정은	. . .	까지 지급	. . . 영수함 ㉞

3. 매도인은 매매대금 전액을 영수함과 동시에 매수인에게 이 부동산에 대한 소유권이전등기절차를 이행하고 이 부동산을 인도한다.

4. 소유권이전등기 절차를 위한 부속등기 절차비용은 매도인이 부담하고 소유권이전등기 절차비용은 매수인이 부담한다.

5. 이 부동산의 인도 때까지 발생한 제세공과금은 매도인이 부담하고 그 후에 발생한 제세공과금은 매수인이 부담한다.

6. 매도인이 위약한 때에는 위약금으로 계약금의 배액을 매수인에게 배상하고 매수인이 위약한 때에는 계약금을 위약금으로 보고 그 반환 청구권이 상실된다. 계약착수 후에도 또한 같다.

특 약 사 항	

이 계약의 성립을 증명하기 위하여 이 계약서 2통을 작성하고 계약 당사자가 이의 없음을 확인하고 각각 서명(또는 기명) 날인한다.

20○○년 ○월 ○일

당사자 표시

매도인	㉑	주민등록번호		주 소	
매수인	㉑	주민등록번호		주 소	

[서식 20] 매매계약서(부동산)

부 동 산 매 매 계 약 서

위 부동산을 매도인과 매수인은 쌍방 합의하에 아래와 같이 매매계약을 체결한다.

1. 부동산의 표시

소재지				
토 지	지 목		면 적	
건 물	구조·용도		면 적	

2. 계약 내용

제 1 조 위 부동산의 매매에 있어 매수인은 매매대금을 아래와 같이 지불키로 한다.

매 매 대 금	금 원(₩)
계 약 금	금 원은 계약시 지불하고
중 도 금	금 원은 20○○년 ○월 ○일 지불하며
잔 금	금 원은 20○○년 ○월 ○일 중개업자 입회하에 지불한다.

제2조 위 부동산의 인도는 20○○년 ○월 ○일로 한다.

제3조 매도인은 잔금 지급일 현재의 위 부동산에 관련된 세무 및 제세공과금을 변제키로 한다.

제4조 매도인은 잔금 수령시 소유권등기에 필요한 모든 서류를 매수인에게 교부하고 이전등기에 협력키로 한다.

제5조 본 계약을 매도인이 위약시는 계약금의 배액을 변상하고, 매수인이 위약시는 계약금을 포기하고 반환청구하지 않기로 한다.

※ 특약사항 :

이 계약을 증명하기 위하여 계약당사자가 이의 없음을 확인하고 각자 서명(또는 기명)날인한다.

20○○년 ○월 ○일

매도인	㊞	주민등록번호		주 소	
				전화번호	
매수인	㊞	주민등록번호		주 소	
				전화번호	

[서식 21] 매매계약서(부동산)

부 동 산 매 매 계 약 서

○○○(이하 "매도인"이라 한다)와 ○○○(이하 "매수인"이라 한다)는 다음과 같이 부동산 매매계약을 체결한다.

아래 표시 부동산에 관하여 매도인과 매수인은 다음과 같이 매매계약을 체결한다.

1. 부동산의 표시

○○시 ○○구 ○○동 ○번지

대 ○○㎡

위 지상

시멘트 벽돌조 기와지붕 단층주택 ○○㎡

2. 약정내용

제1조【계약의 목적】 상기에 명시된 부동산물에 대하여 매도인과 매수인의 상호 이익을 위해 매매계약을 체결한다.

제2조【계약대금 지급】 위 부동산매매에 있어 매수인은 매매대금을 아래와 같이 지급하기로 한다.

매매대금 금 ○○○○만원 중

계약금으로 금 ○○○○원을 20○○년 ○월 ○일 지급하고,

중도금으로 금 ○○○○원을 20○○년 ○월 ○일 지급하며,

잔대금 금 ○○○○원은 20○○년 ○월 ○일 지급하기로 한다.

제3조【매매물 인도】 잔대금 중 임대보증금 ○○○원은 매매대금에서 공제하며 매수인이 잔대금을 매도인에게 지급한 때에는 매도인은 매수인에게 소유권이전등기에 필요한 모든 서류를 교부하고 매매목적물을 20○○년 ○월 ○일까지 인도하여야 한다.

제4조【부과금 부담】 매매물건에 관한 조세공과 기타의 부과금은 매매잔대금 지급일까지는 매도인의 부담으로 하고 그 이후에는 매수인의 부담으로 한다.※ 단서사항이 있을시 이를 기재함.

제5조【매매물 이전】 매매물건의 소유권은 매매잔대금 지급기일에 매도인으로부터 매수인에게 이전한다.

제6조【기타비용 부담】 등록세 기타 소유권이전등기에 소요되는 비용은 매수인의 부담으로 한다.

제7조【계약위반】 양 당사자중 어느 일방이 본 계약을 위반하였을 때에는 다른 일방은 최고

없이 본 계약을 해제함과 동시에, 매수인이 위반한 때에는 계약금은 매도인이 취득하고 매도인이 위반한 때에는 계약금의 배액을 매수인에게 지급하여야 한다.

제8조【준 칙】 본 계약서에 기재되지 아니한 사항은 민법 및 기타 일반관례에 의하여 당사자가 협의하여 결정한다.

위와 같이 본 계약이 유효하게 성립하였음을 각 당사자는 증명하면서 본 계약서 2통을 작성하여 각각 서명 날인한 후 "갑"과 "을"이 각각 1통씩을 보관한다.

20○○년 ○월 ○일

매도인	㉮	주민등록번호		주 소	
				전화번호	
매수인	㉮	주민등록번호		주 소	
				전화번호	

[서식 22] **매매계약서(부동산)**

부 동 산 매 매 계 약 서

매도인과 매수인은 다음과 같이 매매계약을 체결한다.

제1조【매매대금의 약정】 아래의 부동산에 계약당시에 매수인은 매도인에게 계약금으로 금 ○○○원을 지급하고 매도인은 이를 영수한다.

– 부 동 산 의 표 시 –

제2조【매매대금의 지급】 중도금 ○○○원을 20○○년 ○월 ○일에 지급키로 하고, 잔액 금 ○○○원은 20○○년 ○월 ○일에 매도인이 소유권이전등기에 필요한 서류를 준비할 때에 상호 교환하기로 한다. 단, 잔금지급은 소개인 입회하에 지급키로 한다.

제3조【부동산의 명도】 부동산의 인도는 20○○년 ○월 ○일로 한다.

제4조【소개료】 소개료는 쌍방이 각각 계약당시의 ○%씩을 소개인에게 지급하기로 한다.

제 5 조【위약금】 매도인이 본 계약을 위배한 때에는 계약금의 배액을 매수인에게 배상하기로 하고 매수인이 본 계약을 위배할 때에는 계약금은 무효로 되고 반환청구를 하지 못한다.

특 약 사 항	

이 계약의 성립을 증명하기 위하여 이 계약서 2통을 작성하고 계약당사자가 이의 없음을 확인하고 각각 서명 날인하다.

20○○년 ○월 ○일

당사자 표시

매도인	㊞	주민등록번호		주 소	
매수인	㊞	주민등록번호		주 소	

[서식 23] 토지매매계약서(피담보채무 인수조건)

토 지 매 매 계 약 서

매도인 ○○○를 갑으로 하고, 매수인 ○○건설주식회사를 을로 하여, 갑·을 간에 아래 표시의 토지에 대하여 다음과 같이 매매계약을 체결한다.

【 토지의 표시 】

소재지 : ○○도 ○○시 ○○동
지 번 : ○번
지 목 : 공장용지
지 적 : ○○○㎡

제 1 조 (목적) 갑은 을에게 위 표시의 토지를 매도하고 을은 이를 매수한다.

제 2 조 (매매대금) 매매대금은 금○○○만원으로 하고 을은 갑에게 매매대금을 아래와 같이 지

급한다(단, 실측 면적이 등기부상의 면적에 비해 과부족이 5% 이상인 경우 1평방미터 당 금○○원으로 매매대금을 재 산정 한다).

1. 계약금으로 금일 ○○만원을 지급한다.
2. 잔금 ○○○만원은 20○○년 ○월 ○일까지 위 토지의 소유권이전등기신청과 교환하여 지급한다.

제3조(소유권의 이전) 갑은 을에 대해 위 토지에 대해 잔금지급기일 20○○년 ○월 ○일까지 잔금 지급과 동시에 소유권이전등기신청을 하기로 하고, 소유권이전의 등기 비용은 을이 부담한다.

제4조(부동산의 인도) 갑은 20○○년 ○월 ○일까지 위 표시의 토지를 현 상태 그대로 을에게 인도한다.

제5조(저당권의 부담) 위 표시 토지는 아래 내용의 채권을 담보하는 저당권을 부담하는 조건으로 매매한다.

1. 채권자 : ○○은행주식회사 (병)
2. 채무자 : ○○○
3. 채권최고액 : ○○○원
4. 채무현재액 : ○○○원
5. 변제기 : 20○○년 ○월 ○일
6. 대여금 약정이자 : 년24%

제6조(저당채무의 인수) ① 위 표시 토지 소유권이전 시까지 을은 면책적 채무인수를 하여 갑의 병에 대한 채무를 소멸시켜야 한다.

② 을이 위 항의 의무를 해태하여 갑에게 손해를 입힌 경우, 을은 즉시 갑에게 배상하여야 한다.

제7조(위험부담) 위 표시 부동산이 제4조에 의한 인도이전에 당사자의 책임으로 돌릴 수 없는 이유로 멸실 또는 훼손된 경우에는 그 손해는 갑이 부담한다.

제8조(비용부담) 위 표시 부동산의 제세공과금은 제4조에 의한 인도일을 기준으로 당일까지의 비용은 갑이 부담하고, 그 다음날 이후의 비용은 을이 부담한다.

제9조(계약 해제) ① 갑 또는 을의 계약불이행이 있는 경우는 상대방에게 1주일 전에 계약이행을 최고한 후, 계약을 해제할 수 있다.

② 갑의 귀책사유로 계약이 해제된 경우 갑은 을에게 이미 받은 매매대금을 반환하고 금○○○만원을 손해배상금으로 지급한다.

③ 을의 귀책사유로 계약이 해제되는 경우 갑은 이미 받은 매매대금 중 금○○○만원을 손해배상금으로 충당하고 잔액을 을에게 반환한다.

제10조(소송) 이 계약에 관한 소송의 관할 법원은 '을'의 주소지 법원에 따르기로 한다.

20○○년 ○월 ○일

매도인	주 소					
	성 명 또 는 상 호	인	주민등록번호 또 는 사업자등록번호	–	전 화 번 호	
매수인	주 소					
	성 명 또 는 상 호	인	주민등록번호 또 는 사업자등록번호	–	전 화 번 호	

[서식 24] 토지매매계약서(지상권설정조건)

토 지 매 매 계 약 서

매도인 ○○○를 갑으로 하고, 매수인 ○○○를 을로 하여, 갑, 을 간에 아래 표시의 토지에 대하여 다음과 같이 매매계약을 체결한다.

【 토지의 표시 】

소재지 : ○○시 ○○구 ○○동 ○○

지 번 : ○○번

지 목 : 임야

지 적 : ○○○○㎡

제 1 조 (목적) 갑은 을에게 위 표시의 토지를 매도하고 을은 이를 매수한다.

제 2 조 (매매대금) 매매대금은 금○○○만원으로 하고 을은 갑에게 매매대금을 아래와 같이 지급한다(단, 실측 면적이 등기부상의 면적에 비해 과부족이 5% 이상인 경우 1평방미터 당 금○○원으로 하여 매매대금을 재산정한다).

1. 계약금으로 금일 ○○만원을 지급한다.
2. 잔금 ○○○만원은 ○년 ○월 ○일까지 위 토지의 소유권이전등기신청과 교환하여 지급한다.

제 3 조 (소유권의 이전) 갑은 을에 대해 위 토지에 대해 잔금지급기일 ○년 ○월○일까지 잔금지급과 상환하여 소유권이전등기신청을 하기로 하고, 소유권이전의 등기비용은 을이 부담

한다.

제4조(지상권의 부담) 을은 갑에게 위 표시 토지에 아래 내용의 지상권을 설정해 주는 조건으로 매매한다.

1. 지상권자 : ○○○ (갑)
2. 지상권설정자 : ○○○ (을)
3. 지상권기간 : 10년
4. 지 료 : 월 ○○만원
5. 지료 지급일 : 매월말

제5조(지상권 등기) 을은 갑에게 위 표시 토지 소유권이전 등기를 마친 후 즉시지상권 등기에 필요한 서류를 양도하여 지상권등기에 협조한다.

제6조(위험부담) 위 표시 부동산이 갑이 소유권 이전등기 서류를 양도하기 이전에 당사자의 책임으로 돌릴 수 없는 이유로 멸실 또는 훼손된 경우에는 그 손해는 갑이 부담한다.

제7조(비용부담) 위 표시 부동산의 제세공과금은 갑이 을에게 소유권이전등기 서류를 양도하는 날을 기준으로 당일까지의 비용은 갑이 부담하고, 그 다음날 이후의 비용은 을이 부담한다.

제8조(계약 해제) ① 갑 또는 을의 계약불이행이 있는 경우는 상대방에게 1주일 전에 계약이행을 최고한 후, 계약을 해제할 수 있다.

② 갑의 귀책사유로 계약이 해제된 경우 갑은 을에게 이미 받은 매매대금을 반환하고 금○○○만원을 손해배상금으로 지급한다.

③ 을의 귀책사유로 계약이 해제되는 경우 갑은 이미 받은 매매대금 중 금○○○만원을 손해배상금으로 충당하고 잔액을 을에게 반환한다.

제9조(소송) 이 계약에 관한 소송의 관할 법원은 '을'의 주소지 법원에 따르기로 한다.

20○○년 ○월 ○일

매도인	주 소					
	성 명 또 는 상 호	인	주민등록번호 또는 사업자등록번호	–	전화번호	
매수인	주 소					
	성 명 또 는 상 호	인	주민등록번호 또는 사업자등록번호	–	전화번호	

[서식 25] 매매계약서(자동차)

자 동 차 매 매 계 약 서

매도인과 매수인은 다음과 같이 자동차매매계약을 체결한다.

1. 자동차의 표시와 기타

가. 자동차명 : 나. 차 종 :

다. 년 식 : 라. 용 도 :

마. 원동기형식 및 번호 : 바. 차 량 번 호 :

사. 소속 또는 소유자 :

2. 매매대금 및 지급방법

매매대금	원정(₩)		지급장소	
계약금	금 원정	영수함 ㉿		
중도금	금 원정은 . . .		까지 지급	. . .영수함 ㉿
잔 금	금 원정은 . . .		까지 지급	. . .영수함 ㉿

3. 매도인은 매매대금 전액을 영수함과 동시에 매수인에게 자동차를 매도하는데 필요한 차량등록 및 기타 모든 절차를 이행하고 이 자동차를 인도한다.
4. 자동차를 매도하는데 따른 절차 비용은 매도인과 매수인이 각각 2분의 1씩 부담한다.
5. 이 자동차를 인도전까지 발생한 제세공과금과 보험료 등은 매도인이 부담하고 명도 후에 발생한 제세공과금과 보험료 등은 매수인이 부담한다.
6. 매도인이 위약한 때에는 위약금으로 계약금의 배액을 매수인에게 배상하고 매수인이 위약한 때에는 계약금을 매도인에게 포기하여 이 계약은 하등의 통지 없이 해약으로 간주한다.

특 약 사 항	

이 계약의 성립을 증명하기 위하여 이 계약서 2통을 작성하고 계약당사자가 이의 없음을 확인하고 각각 서명 날인하다.

20○○년 ○월 ○일

당사자 표시

매도인	㊞	주민등록번호		주 소	
매수인	㊞	주민등록번호		주 소	

[서식 26] 매매계약서(동산)

동 산 매 매 계 약 서

매도인 ○○○(이하 "갑"이라 한다)과 매수인 ◎◎◎(이하 "을"이라 한다)은 아래 표시의 동산에 관하여 다음과 같이 합의하여 계약을 체결한다.

매매목적물의 표시 : 여성용의류 20벌

제 1 조 (목적) 갑은 그 소유의 위 여성용의류 20벌을 을에게 매도하고 을은 이를 매수한다.

제 2 조 (매매대금) ① 매매대금은 금 ________ 원으로 하고 다음과 같이 지급하기로 한다.
계약금 : 금 원은 계약체결시에 지급하고
중도금 : 금 원은 년 월 일에 지급하며
잔 금 : 금 원은 년 월 일에 지급하기로 함.
② 제1항의 계약금은 잔금 수령시에 매매대금의 일부로 충당한다.

제 3 조 (매매물건의 인도) 갑은 을의 잔금지급과 동시에 갑의 비용과 책임으로 매매물건을 을에게 인도하여야 한다.

제 4 조 (매도인의 담보책임) 매매물건은 계약시 상태를 대상으로 한다.

제 5 조 (위험부담) ① 매매물건이 인도 이전에 불가항력으로 인하여 매매물건이 멸실 또는 훼손되었을 경우에는 그 손해는 갑의 부담으로 한다.
② 제1항의 경우에 을이 계약을 체결한 목적을 달성할 수 없을 때에는 을은 계약을 해제할 수 있으며 이 때 갑은 이미 수령한 대금을 을에게 반환하여야 한다.

제 6 조 (계약의 해제) ① 제2조의 중도금 지급시까지 을은 계약금을 포기하고 갑은 계약금의 배액을 상환하고 계약을 해제할 수 있다.
② 당사자 어느 일방이 본 계약을 위반하여 이행을 태만히 한 경우 상대방은 1주간의 유예

기간을 정하여 이행을 최고하고, 일방이 이 최고의 기간 내에 이행을 하지 않을 경우에 상대방은 계약을 해제할 수 있다.

제 7 조 (위약금) 제6조제2항에 의하여 일방이 계약을 해제하였을 때에는 상대방은 계약금 상당액을 손해배상금으로 지급하여야 한다.

제 8 조 (비용) 매도증서작성 비용 및 이에 부대하는 비용, 그리고 이 매매물건의 매도로 부과되는 부가가치세는 갑이 부담하고 매매물건의 인도에 소요되는 비용은 을이 부담한다.

이 계약을 증명하기 위하여 계약서 2통을 작성하여 갑과 을이 서명·날인한 후 각각 1통씩 보관한다.

20○○. ○. ○.

매도인	주 소					
	성명 또는 상호	인	주민등록번호 또는 사업자등록번호	–	전화번호	
매수인	주 소					
	성명 또는 상호	인	주민등록번호 또는 사업자등록번호	–	전화번호	
입회인	주 소					
	성명 또는 상호	인	주민등록번호 또는 사업자등록번호	–	전화번호	

[서식 27] 매매계약서(자동차)

자 동 차 매 매 계 약 서

자동차 매매계약을 체결함에 있어 매도인(이하 "갑"이라 한다)과 매수인(이하 "을"이라 한다) 간에 다음과 같은 조건에 따라 자동차매매계약을 체결한다.

제 1 조【 매매대상차량 】
1. 자동차등록번호 :
2. 차종 및 차명 :
3. 연 식 :
4. 차 대 번 호 :

제 2 조【 매매가격 】 제1조의 자동차 매매대금은 부가가치세를 포함하여 금 ○○○원(₩ ○○○)으로 한다.

제 3 조【 대금지불 및 차량인도 】
1. 본 계약체결과 동시에 "을"은 "갑"에게 제2조에서 정한 매매대금 전액을 현금으로 납부하여야 한다.
2. 차량은 매수자 책임하에 보관장소(○○도 ○○시 ○○동 ○○)에서 인도한다.

제 4 조【 공과금 부담 】 자동차에 대한 제세공과금은 자동차 인도일을 기준으로 하여, 그 기준일까지의 고지분은 "갑"이 부담하고 그 기준일 이후에 고지된 분은 "을"이 부담하여야 한다.

제 5 조【 하자담보책임 】 "을"은 이 자동차를 인수한 후에는 이 자동차 고장 또는 불량 등의 사유로 "갑"에게 어떠한 책임도 물을 수 없다.

제 6 조【 사고책임 】 "을"은 이 자동차를 인수한 때부터 발생하는 모든 사고에 대한 책임을 진다.

제 7 조【 등록지체책임 】
1. "을"은 이 자동차를 인수한 후 15일 이내에 이전등록을 이행하고 자동차등록원부 1부를 "갑"에게 제출하여야 한다. 이를 이행하지 아니하여 발생한 모든 책임은 "을"이 진다.
2. 제1항에서 정한 소정기일 내에 "을"이 이전등록을 하지 아니할 경우에는 "갑"은 일방적으로 말소등록을 할 수 있으며, "을"은 이에 대하여 하등의 이의를 제기할 수 없다.

제 8 조【 해 석 】 본 계약조항의 해석은 쌍방이 합의하되, 합의가 이루어지지 않을 경우에는 상관례에 따른다.

위와 같이 본 계약이 유효하게 성립하였음을 각 당사자는 증명하면서 본 계약서 2통을 작성하여 각각 서명 날인한 후 "갑"과 "을"이 각각 1통씩을 보관한다.

20○○년 ○월 ○일

매도인	㊞	주민등록번호		주 소	
				전화번호	
매수인	㊞	주민등록번호		주 소	
				전화번호	

[서식 28] 매매계약서(자동차)

매 매 계 약 서

자동차 매매계약을 체결함에 있어 매도인(이하 "갑"이라 한다)과 매수인(이하 "을"이라 한다)간에 다음과 같은 조건에 따라 계약을 체결한다.

제 1 조 (매매대상차량)

(1) 자동차등록번호 :
(2) 차종 및 차명 :
(3) 연 식 :
(4) 차 대 번 호 :

제 2 조 (매매가격)

제1조의 자동차 매매대금은 부가가치세를 포함하여 금(₩)으로 한다.

제 3 조 (대금지불 및 차량인도)

(1) 본 계약 체결과 동시에 "을"은 "갑"에게 제2조에서 정한 매매대금 전액을 현금으로 납부한다.
(2) 차량은 매수자 책임 하에 보관 장소
강원도 춘천시 영서로 2806(우두동761-13) 도로교통공단강원도지부에서 인도한다.

제 4 조 (공과금 부담)

자동차에 대한 제세공과금은 자동차 인도일을 기준하여, 그 기준일까지의 고지분은 "갑"이 부담하고, 그 기준일 이후에 고지된 분은 "을" 부담하여야 한다.

제 5 조 (하자담보책임)

"을"은 자동차를 인수한 후에는 이 자동차 고장 또는 불량 등의 사유로 "갑"에게 어떠한 책임도 물을 수 없다.

제 6 조 (사고책임)

"을"은 이 자동차를 인수받을 때부터 발생하는 모든 사고의 책임을 진다.

제 7 조 (등록지체책임)

(1) "을"은 이 자동차를 인수한 후 15일 이내에 이전등록 또는 수출말소 등록을 이행하고 자동차등록원부 1부를 "갑"에게 제출하여야 한다. 이를 이행하지 아니하여 발생한 모든 책임은 "을"이 진다
(2) 제1항에서 정한 소정기일 내에 "을"이 이전 등록을 하지 아니할 경우에는 "갑"은 일방적으로 말소등록을 할 수 있으며 "을"은 이에 대하여 하등의 이의를 제기 할 수 없다.

제 8 조 (해 석)

(1) 본 계약조항은 해석은 쌍방이 합의하되 이루어지지 않을 경우에는 상관례에 따른다.

(2) 위와 같은 내용으로 계약을 체결하고 계약서 2통을 작성 "갑" "을" 기명날인 후 1통씩 보관한다.

20○○. ○. ○.

"갑" 춘천시 영서로 2806
도로교통공단 강원도지부
계약관 : 지 부 장 (인)

"을"
주 소
매수인 (인)

[서식 29] **매매계약서(주식)**

주 식 매 매 계 약 서

[ ]와 [ ](이하 "매수자"라 한다)은 [ ]에 본사를 두고 있는 [ ](이하 "대상회사"라 한다) 발행 보통주를 매매함에 있어서 20○○년 [ ]월 [ ]일 다음과 같이 주식매매계약(이하 "본 계약"이라 한다)을 체결한다.

– 다 음 –

제 1 조 (매매대상주식)
본 계약에 의하여 "매도자"가 "매수자"에게 매도하고, "매수자"가 "매도자"로부터 매수할 주식의 종류와 수(이하 "대상주식"이라 한다)는 다음과 같다.

매도자	발행회사	주식의 종류	액면가	대상주식수	매각금액

제 2 조 (매매대금)
"매수자"가 매수할 "대상주식"에 대한 매매대금은 1주당 金[ ]원(₩)으로 하며, 총

매매대금은 金[ ]원(₩)으로 한다.

제 3 조 (매매대금의 지급 및 지급조건)

"매수자"는 [ ]년 [ ]월 [ ]일 예금보험공사(또는 ㈜케이알앤씨)가 시행한 "대상주식"의 매각을 위한 경쟁입찰에 응찰하였고, "매수자"가 매수를 희망하는 총 매매대금의 10% 이상인 金[ ]원(₩)을 예금보험공사(또는 ㈜케이알앤씨)가 지정한 계좌에 입찰보증금으로 납부(계약체결 시 입찰보증금은 계약금(이하 "계약금")으로 대체)하였으며, "본 계약"체결일 [ ]월 [ ]일(이하 "잔금 납부기일")에 "매도자"에게 제2조에서 규정한 매매대금 중 기 납부한 계약금을 제외한 金[ ]원(₩ 이하 "잔금"이라 한다)을 아래에 명시된 NH투자증권 명의의 은행계좌(이하 "입금계좌"라 한다)에 전신환 송금을 하거나 즉시 인출 및 사용 가능한 자금으로 입금하여야 한다.

은행명 : 우리은행

은행계좌번호 : 791-082183-18-973

은행계좌 명의자 : NH투자증권(SI부)

"매수자"가 "잔금 납부기일"까지 "잔금"의 전부 또는 일부를 납부하지 못한 경우, "매도자"는 "본 계약"을 해제할 수 있고, 기 납부된 "계약금"및 납부한 "잔금"의 일부는 반환하지 않는 것으로 한다.
1항의 "매수자"의 대금지급은 그 대금지급일 현재 제5조의 보장사항의 위반이 없음을 전제조건으로 한다.
본조 제3항의 조건이 충족되지 아니하는 경우, "매수자"는 제5조의 보장사항의 위반사실이 치유될 때까지 매매대금의 지급을 유보할 수 있다.

제 4 조 (주권 등의 교부)

"매도자"는 계약 체결일에 "매수자"가 매수할 "매매주식"을 교부하기로 한다. 또한 "매도자" 는 "매수자"로부터 "입금계좌"로 입금 받음과 동시에 아래에 명시된 "매수자"가 지정한 계좌로 계좌간 대체의 방법에 의하여 교부하기로 한다.

금융회사명 : [ ]

계좌번호 : [ ]

계좌명의자 : [ ]

1항의 "매도자"의 주권 교부는 그 주권 교부일 현재 제6조의 보장 사항의 위반이 없음을 전제조건으로 한다.
본조 2항의 조건이 충족되지 아니하는 경우, "매도자"는 보장사항의 위반사실이 치유될 때까지 주권의 교부를 유보할 수 있다.

제 5 조 (매도자의 보장)

"매도자"는 본 계약을 체결하고 그에 따른 의무를 이행하며 본 계약에 의하여 의도된 거래를 실행하는데 필요한 법적 능력 및 권한을 가지고 있으며, 본 계약을 체결하고 본 계약에 따른 의무를 이행하는데 필요한 모든 조치를 다하였음을 보장한다.

"매도자"는 "매수자"에 대하여, 본 계약에 따라 "매도자"가 매도하는 주식들은 모두 "매도자"의 적법한 소유이고, 본 계약일 현재 압류, 가압류, 가처분 등의 제한이나 질권 기타 담보권, 소송계류, 집행 등 "대상주식"의 양도를 제한하는 어떠한 사유도 존재하지 않음을 보장한다.
"매도자"의 본 계약의 체결 및 이행 등은 "매도자"의 내부승인절차에 의하여 적법하게 승인되었으며, 더 이상 어떤 승인 및 결재 등을 필요로 하지 아니한다.
"매도자"의 본 계약의 체결 및 이행은 "매도자"의 정관, "매도자"가 당사자로 되어 있거나 그에 구속되는 어떠한 계약, 증서에도 위배되지 아니한다.
"대상주식"의 양도에 있어서 제3자로부터 어떠한 형태의 이의가 제기되는 경우, "매도자"는 "매수자"를 면책하고 방어하여야 한다.

제 6 조 (매수자의 보장)

"매수자"는 본 계약을 체결하고 그에 따른 의무를 이행하며 본 계약에 의하여 의도된 거래를 실행하는데 필요한 법적 능력 및 권한을 가지고 있으며, 본 계약을 체결하고 본 계약에 따른 의무를 이행하는데 필요한 모든 조치를 다하였음을 보장한다.
"매수자"는 본 계약을 체결함으로써 본 계약은 "매수자"에 대하여 구속력이 있으며, 계약조건에 따라 "매수자"에 대해 집행될 수 있다.
"매수자"가 본 계약을 체결, 교부 및 이행하는 것은 "매수자"에게 적용되는 법규, 규칙, 규정, 명령, 판결, 결정 또는 판정을 위반하거나 그에 상충되지 아니한다.
"매수자"는 본 계약에 따른 의무를 이행할 수 있는 충분한 자금을 보유하고 있거나 이를 쉽게 조달할 수 있는 능력을 보유하고 있으며, 이와 관련하여 본 계약의 완결이 원활하게 이루어지는데 방해되는 장애가 발생하지 아니할 것이다.
"대상주식"의 양수에 있어서 제3자로부터 어떠한 형태의 이의가 제기되는 경우, "매수자"는 "매도자"를 면책하고 방어하여야 한다.

제 7 조 (주식매매의 완결)

본 계약의 완결(이하 "완결"이라 한다)은, 제5조 및 제6조의 보장사항의 위반사실이 없음을 전제로 하여, 제3조에서 정한 "잔금 납부기일"에 "매수자"가 제2조에서 정한 "대상주식"의 "잔금"을 "매도자"가 지정한 계좌에 입금하고, "매도자"가 제4조에 의거, 주권 및 필요 서류를 "매수자"에게 교부하는 시점을 말한다.

제 8 조 (계약의 해제 및 손해배상)

당사자 일방이 본 계약의 어느 조항을 위반 또는 불이행하여 상대방으로부터 시정요구 또는 이행청구를 받고도 7일 이내에 시정 또는 이행하지 아니한 경우, 일방당사자는 위반당사자에 대한 서면통지로써 즉시 본 계약을 해제할 수 있다. 다만, 매수자가 잔금을 기한 내에 납부하지 아니하여 매도자가 본 계약 제3조 제2항의 규정에 의한 계약 해제권을 가지게 되는 경우에는 해제권을 가지게 되는 날부터 이를 즉시 시행할 수 있다.
"매수자"는 "매수자"의 귀책사유로 "본 계약"을 완결할 수 없는 경우 "매도자"에 대하여 기 지급된 "계약금"의 반환 등을 요구할 수 없다.
각 당사자는 본 계약상의 의무를 위반하거나 불이행한 경우 그로 인하여 상대방이 입은 일체의 손해를 배상하여야 한다.

제 9 조 (비밀유지)

각 당사자들은 본 계약과 관련하여 입수한 정보를 본 계약의 이행 이외의 목적으로 사용할 수 없고, 당사자가 합의하거나 기타 관련 법률이나 거래 관행상 필요한 공개절차를 제외하고는, 본 계약의 체결 사실 및 그 내용을 비밀로 유지하여야 한다.

제10조 (확약사항)

본 계약과 관련하여 "매도자"와 "매수자"간 적법하게 체결되고, "매수자"가 "잔금 납부기일"이내에 "잔금"을 지급하여 "대상 유가증권"의 매매 거래가 완료된 이후 "매수자"는 "매도자"에게 어떠한 이의를 제기하지 않는다.

제11조 (조세 및 비용)

본 계약과 관련하여 각 당사자에게 부과되는 조세와 기타 비용은 각자의 부담으로 한다.

제12조 (기타)

본 계약은 당사자의 서면합의에 의해서만 변경할 수 있다.

본 계약의 해석과 이행은 대한민국 법률에 따르며, 본 계약에 정하지 아니한 사항에 대하여는 대한민국의 일반적 상관습에 따른다.

"매도자"또는 "매수자"는 상대방의 사전 서면 승인 없이 본 계약상의 권리, 의무의 전부 또는 일부를 제3자에게 양도할 수 없다.

본 계약과 관련한 분쟁에 대하여는 상호 원만하게 해결하는 것으로 하며 원만하게 해결되지 않아 소송으로 진행할 경우 서울중앙지방법원을 그 합의관할법원으로 한다.

〈 이하 기명날인 또는 서명을 위한 여백 〉

위와 같이 계약이 성립되었음을 증명하기 위하여 본 계약 체결 일자에 본 계약서 2부를 작성하여 "매도자"와 "매수자"가 기명날인한 후 각각 1부씩 보관한다.

"매도자"

[ ]

"매수자"

[ ]

[서식 30] 매매계약서(주식)

주 식 매 매 계 약 서

주식의 매매계약을 다음과 같이 체결한다.

－다 음－

제1조 : 매매대상주식 및 금액

- 매매대상주식 : ㈜일신레져 보통주식 壹 주(액면가 ₩1,000,000)
- 주권 번호 :
- 매매금액 : 일금 일백만원정(₩1,000,000)
- 주식양수도일 : 년 월 일

제2조 : 매도, 매수인의 책임과 한계

제1항 매수인은 제1조의 내용에 의거 주식 대금을 당일 매도인에게 일시 지급한다.

제2항 매수인은 매도인에게 제1조의 총매매대금을 지급함과 동시에 ㈜일신레져에게 명의개서를 청구할 권리를 갖는다.

제3항 매도인은 위 주식에 대하여 매도 후 발생할 유무상 증자, 배당 등과 같은 주주로서의 모든 권리를 행사할 수 있도록 위 주권 최종소지인에게 적극 협력해야 한다.

제4항 매매주식의 진위는 매도인이 책임을 지며, 기타 사항은 일반주식 거래 관계법령 및 일반관행에 따르며, 위 주식에 대한 모든 권리는 최종 소지인에게 있다.

제3조 : 기 타

본계약서에 쓰여진 대로 계약이 체결되었음을 증명하기 위하여 매도인과 매수인은 계약일에 기명날인한 본계약서를 2통 작성하여 매도인과 매수인이 각 1통씩 보관한다.

20○○년 ○월 ○일

매도인 **주 소 :**
주민등록번호 : **(동의함)**
성 명 : (印)

매수인 **주 소 :**

주민등록번호 : **(동의함)**
성 명 : **(印)**

[서식 31] **매매계약서**(어선, 20톤 미만)

어선매매계약서

선박매도인 (주)○○○○(이하 "갑"이라 칭한다)와 선박인수인 (주)○○○○(이하 "을"이라 칭한다)는 상호간에 다음과 같이 어선매매계약을 체결한다.

제1조【목 적】 본 계약은 "갑"의 소유권을 보유한 선박의 소유권을 "을"에게 이전하고 이와 관련된 권리의무 사항을 규율함을 목적으로 한다.

제2조【매매선박】
1. 총 중량 : ○○톤
2. 등록번호 : ○○○○

제3조【매매가격】 본 선박의 매매가격은 총액 금 ○○○원(₩○○○)으로 하며 다음에 따라 지불한다.
1. 계약금 : 금 ○○○원(₩○○○) - 본 계약체결 시
2. 잔 금 : 금 ○○○원(₩○○○) - 선박의 등록원부 명의이전에 필요한 제반서류와 상환과 동시 지급.

제4조【설비일체 이전】 "갑"은 선박의 인도 시 본 계약체결 당시 "을"이 확인한 제반 설비일체를 그대로 보유한 상태에서 "을"에게 인도하여야 한다. 단, "을"이 미리 허락하여 제거를 허락한 설비는 그러하지 아니하다.

제5조【선박인도일】
1. 선박의 인도는 20○○년 ○월 ○일로 한다.
2. 선박인도일 이전에 발생한 선박에 대한 소실, 멸실 등 일체의 위험에 대하여는 "갑"이 위험을 부담한다.

제6조【제한물건 부존재】 "갑"은 본 계약상의 선박에 대하여 제3자에 대한 담보제공 등 어떠한 제한적 권리가 존재하지 아니함을 보증한다.

제7조【어망 등 인도】
1. "갑"은 선박에 사용하던 각종 어류의 채취에 필요한 어망을 그대로 "을"에게 인도하도록

한다.

2. 선박에 설치된 레이더는 별도로 "을"이 계산하여 "갑"에게 지불하고 당해 설비 일체를 그대로 존속시켜서 매도한다.

제 8 조【해 제】 선박의 인도일 이전에 "갑"이 계약을 해제하는 경우에는 계약금의 2배를 반환하고, "을"이 해제하는 경우에는 계약금을 포기한다.

제 9 조【기타사항】

1. 계약의 당사자는 본 계약의 내용을 신의성실에 의거하여 준수하여야 한다.
2. 계약기간 중 계약의 변경은 당사자의 서면 합의에 의해서만 변경될 수 있으며 서명날인된 문서를 본 계약서의 말미에 첨부한다.
3. 본 계약서에서 명시되지 않은 부분에 대하여는 관련 법규 및 상관습에 따르기로 한다.

제 10 조【분쟁해결】

1. 본 계약과 관련하여 양 당사자 간의 분쟁이 발생한 경우, 원칙적으로 "갑"과 "을" 상호간의 합의에 의해 해결한다.
2. 제1항에도 불구하고 분쟁이 해결되지 않을 경우 "갑"의 주소지 관할 지방법원을 그 관할로 하여 재판함으로써 해결한다.

제 11 조【특약사항】 상기 계약일반사항 이외에 "갑"과 "을"은 아래 내용을 특약사항으로 정하며, 특약사항이 본문과 상충되는 경우에는 특약사항이 우선하여 적용된다.

위와 같이 본 계약이 유효하게 성립하였음을 각 당사자는 증명하면서 본 계약서 2통을 작성하여 각각 서명(또는 기명) 날인한 후 "갑"과 "을"이 각각 1통씩을 보관한다.

20○○년 ○월 ○일

갑	㊞	사 업 자 등 록 번 호		사 무 소	
				전화번호	
을	㊞	사 업 자 등 록 번 호		사 무 소	
				전화번호	

[서식 32] 매매계약서(선박, 20톤 이상)

선박매매계약서

매도인과 매수인은 다음과 같이 선박매매계약을 체결한다.

1. 선박의 표시와 기타

가. 선박의 종류 및 명칭 :

나. 선 질 :

다. 총톤수 :

라. 기관의 종류 및 수 :

마. 추진기의 종류 및 수 :

바. 진수년월일 : 년 월 일

사. 선적항 :

2. 매매대금 및 지급방법

매매대금				지급장소	
계약금	금	원정	영수함 ㊞		
중도금	금	원정은	. . .	까지 지급	. . . 영수함 ㊞
잔 금	금	원정은	. . .	까지 지급	. . . 영수함 ㊞

3. 매도인은 매매대금 전액을 영수함과 동시에 매수인에게 이 선박에 대한 소유권이전등기 절차를 이행하고 이 선박을 인도한다.
4. 소유권이전등기절차를 위한 부속등기 절차비용은 매도인이 부담하고 소유권이전등기 절차비용은 매수인이 부담한다.
5. 이 선박의 명도 및 인도 때까지 발생한 제세공과금은 매도인이 부담하고 그 후에 발생한 제세공과금은 매수인이 부담한다.
6. 매도인이 위약한 때에는 위약금으로 계약금의 배액을 매수인에게 배상하고 매수인이 위약한 때에는 계약금을 위약금으로 보고 그 반환 청구권이 상실된다. 계약착수 후에도 또한 같다.

특 약 사 항	

이 계약의 성립을 증명하기 위하여 이 계약서 2통을 작성하고 계약당사자가 이의 없음을 확인하고 각각 서명 날인한다.

20○○년 ○월 ○일

당사자 표시

매도인	㊞	주민등록번호		주 소	
매수인	㊞	주민등록번호		주 소	

[서식 33] **매매계약서(물건)**

물건매매계약서

생산자 (주)○○○○(이하 "갑"이라 칭한다)와 구매자 (주)○○○○(이하 "을"이라 칭한다)는 상호간에 다음과 같이 물건매매계약을 체결한다.

제1조【목 적】 본 계약은 "갑"이 생산하는 물건에 대하여 "을"이 이를 구매하는 사항의 규율을 목적으로 한다.

제2조【매매물】 본 계약에 다른 매매물 ○○○○○으로서 구체적인 종류 및 모델과 상세사양은 본 계약서 말미에 첨부한다.

제3조【매매가격】
1. 본 계약의 거래가격은 개별수량을 기준으로 하되 1개당 금 ○○○원(₩○○○)으로 산정한다.
2. 제1항의 거래가격의 정산은 매월 정산을 원칙으로 하며 대금의 지급은 다음 달에 하기로 한다.

제4조【주 문】
1. "을"은 필요한 물건의 주문을 납기 희망일로부터 ○일 이전에 주문하여야 하며 발주수량과 납기일이 기재된 발주서를 "갑"에게 통지한다.
2. "갑"은 "을"이 지정한 당해 제품의 납기일의 준수가 어려울 경우 "을"에게 납기일의 조정을 요청하고 "을"이 이를 수락한 경우 당해 납기일에 따른 물건의 인도를 행한다.

제5조【기술제공】
1. "갑"은 본 계약에 따른 매매물건에 대한 사용법 및 기타 유지관리에 필요한 일정한 기술을 "을"에게 제공하여야 한다.
2. "갑"은 "을"이 희망할 경우 당해 제품의 일부 변경을 통한 "을"의 이용에 적합한 형태로

의 물건의 변경을 한 후 납품할 수 있다.

제6조【납기지연】 "갑"이 "을"의 희망하는 납기일을 지연한 경우 매 1일당 금 ○○○원(₩○○○)의 납기 지연이자가 부과된다.

제7조【검 수】

1. "을"은 물건의 인도와 동시에 샘플에 대한 검수를 실시하며 검수결과 납품 물건의 ○%가 불량으로 판명되는 경우 즉시 반품조치 및 재 납품 및 별도의 손해배상을 청구할 수 있다.
2. "갑"의 물건의 인도에 따른 위험부담 및 운반비의 부담은 "갑"이 담당한다.

제8조【예치금】 "갑"은 필요한 경우 "을"의 대금지급을 담보하기 위하여 "을"로 하여금 "갑"이 지정한 금액에 상당하는 신용보증서의 제공을 요구하거나 또는 기타의 담보의 제공을 요구할 수 있다.

제9조【계약기간】

1. 본 계약의 유효기간은 20○○년 ○월 ○일부터 20○○년 ○월 ○일까지로 한다.
2. 제1항의 기간만료일부터 ○일 이전에 어느 일방의 계약종료통지가 없는 한 계약은 동일조건으로 매 ○년씩 자동 연장되는 것으로 한다. 다만, 일방의 계약조건의 변경통지가 있을 시에는 기간의 만료일까지 협의가 되지 아니하면 계약은 자동 종료되는 것으로 한다.

제10조【해 지】

1. 당사자 일방에 대하여 다음 각 호의 사유가 발생할 시 상대방은 즉시 계약을 해지할 수 있다.
   가. 가압류, 가처분, 경매 등의 사업의 불투명 사유가 발생할 시
   나. 파산, 회사정리, 화의신청 등의 사업불가능 사유가 발생할 시
2. 일방이 본 계약상의 규정에 위배한 때 상대방은 ○일 이상의 시정기간을 두고 사유를 명시하여 시정을 최고하며, 그럼에도 불구하고 시정이 이루어지지 아니할 시 즉시 계약의 해지를 통지한다.
3. 계약해지에 귀책사유 있는 당사자는 상대방에 대하여 손해배상의 책임이 있다.

제11조【기타사항】

1. 계약의 당사자는 본 계약의 내용을 신의성실에 의거하여 준수하여야 한다.
2. 계약기간 중 계약의 변경은 당사자의 서면 합의에 의해서만 변경될 수 있으며 서명날인된 문서를 본 계약서의 말미에 첨부한다.
3. 본 계약서에서 명시되지 않은 부분에 대하여는 관련 법규 및 상관습에 따르기로 한다.

제12조【분쟁해결】

1. 본 계약과 관련하여 양 당사자 간의 분쟁이 발생한 경우, 원칙적으로 "갑"과 "을" 상호간의 합의에 의해 해결한다.
2. 제1항에도 불구하고 분쟁이 해결되지 않을 경우 "갑"의 주소지 관할 지방법원을 그 관할로 하여 재판함으로써 해결한다.

제13조【특약사항】 상기 계약일반사항 이외에 "갑"과 "을"은 아래 내용을 특약사항으로 정하며, 특약사항이 본문과 상충되는 경우에는 특약사항이 우선하여 적용된다.

위와 같이 본 계약이 유효하게 성립하였음을 각 당사자는 증명하면서 본 계약서 2통을 작성하여 각각 서명(또는 기명) 날인한 후 "갑"과 "을"이 각각 1통씩을 보관한다.

20○○년 ○월 ○일

갑	㉑	사 업 자 등 록 번 호		사 무 소	
				전화번호	
을	㉑	사 업 자 등 록 번 호		사 무 소	
				전화번호	

[서식 34] **매매계약서(상품)**

상품매매계약서

○○○(이하 "갑"이라 한다)와 ○○○(이하 "을"이라 한다)는 다음과 같이 상품매매계약을 체결한다.

제1조【계약의 목적】 "갑"은 아래의 상품을 을에게 계속적으로 매도하고 을은 이를 매수한다.

상품의 표시 :

제2조【계약기간, 수량, 매매단가】 이 매매계약의 기간과 상품의 수량, 단가 및 대금지급방법은 다음과 같다.

1. 기 간 :
2. 수 량 :
3. 단 가 :

4. 대금지급방법 :

제3조【주 문】"을"은 상품을 매수할 때마다 "갑"에게 주문서를 교부하고, "갑"은 이 주문서의 내용에 따라 상품을 을에게 매도한다. 주문서에는 품명, 규격, 수량 및 인도장소를 명기하여야 한다.

제4조【담보의 제공】"을"은 "갑"에게 본 매매계약에 따른 상품대금의 지급을 보증하기 위하여 "갑"이 수락할 수 있는 조건과 방법으로 본 계약 체결일로부터 ○일 이내에 담보를 제공한다.

제5조【상품검수】"을"은 인수한 상품에 대하여 검수를 하여야 하며 품질상의 하자 또는 수량 부족을 발견한 때에는 인수일로부터 ○일 이내에 그 내용을 서면으로 "갑"에게 통지하여야 한다. 전술한 기일 내에 통지가 없을 경우 "을"은 "갑"에게 어떠한 손해배상도 청구할 수 없다.

제6조【손해배상】"을"이 상품대금의 지급을 지연하는 경우 "을"은 "갑"에게 일일당 연체금액의 ○%를 지연손해금으로 지급한다.

제7조【계약기간의 갱신】본 계약기간만료 전 ○개월 이내에 "갑" 또는 "을"이 계약기간 갱신 의사가 없음을 서면으로 통지하지 않는 한 본 계약은 동일한 조건으로 ○년간 갱신된다.

제8조【분쟁의 해결】이 계약과 관련하여 발생하는 "갑"과 "을" 간의 모든 분쟁은 상호 협의하여 해결하며, 협의에 의해 해결되지 않을 경우에는 대한상사중재원의 중재에 따른다.

이 계약을 보증하기 위해 "갑"과 "을"은 계약서 2통을 작성하여 각각 서명 날인한 후 각 1통씩을 보관한다.

20○○년 ○월 ○일

<table>
<tr><td rowspan="2">갑</td><td rowspan="2">㊞</td><td rowspan="2">주민등록번호</td><td rowspan="2"></td><td>주 소</td><td></td></tr>
<tr><td>전화번호</td><td></td></tr>
<tr><td rowspan="2">을</td><td rowspan="2">㊞</td><td rowspan="2">주민등록번호</td><td rowspan="2"></td><td>주 소</td><td></td></tr>
<tr><td>전화번호</td><td></td></tr>
</table>

[서식 35] 매매계약서(상품할부매매)

할부매매계약서

○○○(이하 "갑"이라 한다)와 ○○○(이하 "을"이라 한다)는 아래 표시하는 상품과 관련하여 다음과 같이 매매계약을 체결한다.

제1조【상품의 표시】

1.
2.
3.

제2조【대금지불】

1. 상품의 대금은 ○○○원으로 하며, "을"은 "갑"에게 이 계약 체결시에 금 ○○○원을 지불하고, 잔액 금 ○○○원은 20○○년 ○월 ○일부터 20○○년 ○월 ○일까지 매월 금 ○○○원씩을 분할하여 "갑" 또는 "갑"의 수금원에게 지불한다.
2. "을"이 위 1항의 월부금 지불을 ○일 이상 지연하는 경우 "갑"은 최고 없이 본 계약을 해지할 수 있다. 그러한 해지의 경우 "을"은 즉시 상품을 반환하여야 한다.
3. "을"이 월부금의 지불을 ○회 이상 지연하였을 때 "을"은 기한의 이익을 상실하며 "갑"은 상품대금잔액 전부를 일시에 청구할 수 있다.

제3조【상품의 인도】 "갑"은 본 계약체결시 상품을 "을"에게 인도한다. 단, 상품의 소유권은 대금지불이 완료될 때까지 "갑"에게 귀속된다.

제4조【수 리】 "을"이 상품 보증기간 중 상품을 그 사용법에 따라 사용하다가 발생하는 고장은 "갑"이 무상으로 수리한다.

제5조【파손 또는 멸실】 "을"의 사용중 상품이 파손되거나 멸실된 경우에는 그 사유에 상관없이 "을"은 그 손실을 부담하며 상품대금을 지불하여야 한다.

제6조【주소의 변경】 "을"은 주소가 변경되는 경우 그 사실을 "갑"에게 전화 또는 서면으로 즉시 통지하여야 하며, "을"이 적시에 통지를 하지 않은 경우, 본 계약 제2조 제2항 또는 제3항을 적용할 수 있다.

제7조【분쟁의 해결】 이 계약과 관련하여 발생하는 "갑"과 "을" 간의 모든 분쟁은 상호 협의하여 해결하며 협의에 의해 해결되지 않을 경우에는 대한상사중재원의 중재에 따른다.

이 계약을 보증하기 위해 "갑"과 "을"은 계약서 2통을 작성하여 각각 서명 날인한 후 각 1통씩을 보관한다.

20○○년 ○월 ○일

갑	㊞	주민등록번호		주 소	
				전화번호	
을	㊞	주민등록번호		주 소	
				전화번호	

[서식 36] 매매계약서(상품할부매매)

할부매매계약서

제1조 매도인 ○○○은 매수인 ○○○에게 다음의 물건을 아래의 계약조건으로 매도하고 매수인 ○○○은 이를 승낙한다.

※ 물건의 표시

제2조 대금은 금 ○○○원으로 하며 매수인은 매도인에게 본 계약성립과 동시에 금 ○○○원, 잔액은 20○○년 ○월 ○일부터 매월 ○일에 금 ○○○원씩 매도인의 수금원에게 지불한다.

제3조 매도인은 매수인에게 본 계약성립과 동시에 본건 물건을 교부한다. 단, 그 소유권은 대금의 지불을 완료할 때까지는 매도인에게 있는 것으로 본다.

제4조 매수인이 이 물건을 그 사용법에 따라서 사용하다가 생기는 고장은 제2조의 월부금 완료까지는 매도인이 무료로 수리한다.

제5조 매수인이 제2조의 월부금의 지불을 ○일 이상 지연할 때는 매도인은 최고의 필요가 없이 본 계약을 해제할 수 있다. 그 경우에 매수인은 즉시 본건 물건을 반환하며 그 이외에 매도인이 이미 받은 대금 중에서 본건 물건의 사용료 ○개월분 ○○○원 상당의 금액 및 파손정도에 따라서 매도인이 인정하는 손해배상을 공제하여도 이의가 없다. 또 이러한 금액이 매도인이 이미 받은 금액보다 많을 경우는 매수인은 즉시 그 부족액을 지불해야 한다.

제6조 본건 물건이 멸실 또는 파손 되었을 경우에는 그 사용의 여하를 막론하고 그 손실을 매수인이 부담하여 본건 대금을 지불해야 한다.

제7조 매수인이 월부금의 지불을 2회 이상 지연했을 때에는 매도인은 그 선택에 따라 제5조의 계약해제에 따르지 않고 기한의 이익을 잃게 하며 잔액 전부를 일시에 청구할 수 있다.

제8조 매수인은 주소가 변경되면 미리 문서로서 그 뜻을 매도인에게 통지할 것과 통지를 소홀히 할 때는 매도인은 제5조 혹은 제7조의 규정을 적용할 수 있다.

제9조 본건 계약에 의한 분쟁이 있을 때는 매도인 소재지를 관할하는 법원 또는 기관에서 해결하도록 한다.

20○○년 ○월 ○일

갑	㊞	주민등록번호		주 소	
				전화번호	
을	㊞	주민등록번호		주 소	
				전화번호	

[서식 37] **매매계약서(계속적 상품매매)**

계속적 상품매매계약서

상품제조업자 ○○○(이하 "갑"이라 칭한다)와 상품판매업자 ○○○(이하 "을"이라 칭한다)는 다음과 같이 계속적 상품매매계약을 체결한다.

제1조【목 적】 본 계약은 "갑"의 제품을 지속적으로 "을"에게 매도하고 "을"은 이를 "을"의 책임으로 판매하는 제반내용을 규율함을 목적으로 한다.

제2조【매매상품】
1. 본 계약상 거래하는 상품은 별도의 거래상품 명세서를 작성하여 본 계약서에 첨부한다.
2. 제1항의 명세서에는 상품의 품목 및 공급단가를 명시하여야 한다.

제3조【거 래】
1. "갑"은 매월 ○수량 이상씩 납품하여야 한다.
2. 추가로 필요한 경우 "을"은 별도의 주문서를 발부하여 이에 따라 납품한다.

제 4 조【결 제】

1. "을"은 매월 30일에 당월의 납품물량을 정산하여 다음달 5일까지 "갑"에게 세금계산서를 발행해 줄 것을 요청한다.
2. "갑"은 요청받은 달의 20일까지 세금계산서를 발부하며 "을"은 발부 월의 30일에 "갑"의 계좌로 현금으로 입금한다.

제 5 조【지급보증】

1. "을"은 "갑"의 물품에 대한 지급결제를 보증하기 위하여 "갑"에게 금 ○○○원 (₩○○○)에 상응하는 신용보증서를 제출한다.
2. "갑"은 "을"의 결제가 연체되거나 기타의 채무불이행 시 제1항의 보증서 금액으로 채무변제에 우선하여 충당할 수 있다.

제 6 조【연체이자】 본 계약상의 대금지급에 대한 연체발생 시 연체금액에 대하여 매 1일당 3/1000에 해당하는 연체손해금이 발생한다.

제 7 조【상품의 품질】 "갑"이 제공하는 상품은 동종의 상품과 비교하였을 때 상품으로 공급하여야 한다.

제 8 조【사정변경】 당사자 사이의 거래관계 지속 도중에 시장상황의 급격한 변화로 인하여 기존의 거래조건의 변경이 필요할 경우 상호간의 협의에 의하여 변경할 수 있다.

제 9 조【해 지】

1. 당사자 일방에 대하여 다음 각 호의 사유가 발생할 시에는 상대방은 즉시 계약을 해지할 수 있다.
   가. 일방에 대하여 가압류, 가처분, 경매 등의 사업의 불투명 사유가 발생할 시
   나. 일방에 대하여 파산, 회사정리, 화의신청 등의 사업불가능 사유가 발생할 시
2. 당사자 일방에 대하여 다음 각 호의 사유가 발생할 시에는 상대방은 7일 이상의 시정기간을 두고 사유를 명시하여 시정을 최고하며, 그럼에도 불구하고 시정이 이루어지지 아니할 시 즉시 계약의 해지를 통지한다.
   가. 일방이 본 계약상의 의무이행을 하지 아니한 때
   나. 일방이 본 계약상의 명시된 규정 이외에 상대방 회사의 명예를 손상시키는 행위를 하였을 때
   다. 일방의 회사재정의 급격한 악화를 인지하고 이에 대한 해명요구에 불응한 때

제10조【기타사항】

1. 계약의 당사자는 본 계약의 내용을 신의성실에 의거하여 준수하여야 한다.
2. 계약기간 중 계약의 변경은 당사자의 서면 합의에 의해서만 변경될 수 있으며 서명날인된 문서를 본 계약서의 말미에 첨부한다.
3. 본 계약서에서 명시되지 않은 부분에 대하여는 관련 법규 및 상관습에 따르기로 한다.

제11조【분쟁해결】

1. 본 계약과 관련하여 양 당사자 간의 분쟁이 발생한 경우, 원칙적으로 "갑"과 "을" 상호간의 합의에 의해 해결한다.

2. 제1항에도 불구하고 분쟁이 해결되지 않을 경우 "갑"의 주소지 관할 지방법원을 그 관할로 하여 재판함으로써 해결한다.

제12조【특약사항】 상기 계약일반사항 이외에 "갑"과 "을"은 아래 내용을 특약사항으로 정하며, 특약사항이 본문과 상충되는 경우에는 특약사항이 우선하여 적용된다.

위와 같이 본 계약이 유효하게 성립하였음을 각 당사자는 증명하면서 본 계약서 2통을 작성하여 각각 서명(또는 기명) 날인한 후 "갑"과 "을"이 각각 1통씩을 보관한다.

별첨 : 거래상품 명세서 ○부

20○○년 ○월 ○일

갑	㊞	주민등록번호		주 소	
				전화번호	
을	㊞	주민등록번호		주 소	
				전화번호	

[서식 38] 매매계약서(수출물품)

수출물품 매매계약서

○○주식회사(이하 "갑"이라 칭한다)와 주식회사 ○○(이하 "을"이라 칭한다) 간에 다음과 같이 수출물품 매매계약을 체결한다.

제1조【제 품】

1. 제품의 명세

품 명	수 량	단 가	가 격	비 고

2. 상기제품의 규격, 품질기준 등 구체적 명세는 별첨표(또는 사양서)에 의한다.

제2조【인 도】"을"은 제품을 수출에 적합한 상태로 20OO년 O월 O일까지 "갑"이 지명한 장소까지 "을"의 책임과 비용으로 인도하여야 한다.

제3조【대금결제】"갑"은 "을"을 수익자로 하는 LOCAL L/C를 개설하고 동 LOCAL L/C에 의거 제품대금을 지급하기로 한다. LOCAL L/C의 Nego 서류에는 "갑"이 발행한 제품 인수증과 품질검사증을 첨부하여야 한다.

제4조【배상책임】

1. 제품인도지역, 또는 이로 인한 선적지연, 제품인도불이행의 경우와 선적 후 BUYER로부터 품질불량, 수량부족, 포장불량, 품질 상이 등의 이유로 제기되는 CLAIM에 대해서는 전적으로 "을"이 책임을 져야 하며 이에 따른 제반 경비 및 손해는 "을"의 부담으로 한다.
2. 선적서류의 하자 등으로 문제가 발생될 경우 이에 대해서는 본 계약당사자 중 선적업무를 담당한 측의 책임으로 한다.
3. 위 제1항 및 제2항의 BUYER의 클레임을 접수하는 갑은 즉시 을에게 동 내용을 통보하여야 하며, 동 클레임의 해결을 위하여 갑과 을은 상호 협력하여야 한다.

제5조【비용부담】제품인도지점까지의 모든 경비는 "을"이 부담하고, 그 이후의 모든 수출경비(은행경비, 검사료, 운송비, 통관료, 하역비, 보험료 등)는 "갑"의 부담으로 한다.

제6조【품질검사】"을"은 제품의 생산이 완성되면 "갑"에게 통지하여 "갑"의 품질검사를 받아야 한다. 단, "갑"이 품질검사를 하였다 하더라도 제품의 하자에 대한 "을"의 책임이 면제되는 것은 아니다.

제7조【환차손익】환율변동으로 인한 손익은 "갑"의 귀속으로 한다.

제8조【관세환급】수출완료 후 관세 등 환급특례법에 의해 "갑"의 명의로 신청하는 관세 등 제 환급금은 "을"의 귀속으로 한다.

제9조【담보제공】"을"은 제2조 제품인도, 제4조 배상책임, 기타 본 계약으로 인하여 "을"이 부담하는 일체의 채무이행을 보증하기 위하여 담보(백지 당좌수표, 공증을 마친 약속어음, 또는 부동산 담보)를 "갑"에게 제공하기로 한다(또는 "을"은 "갑"을 피보험자로 하고 보험금액을 제품가액으로 하는 이행보증보험증서를 "갑"에게 제공하여야 한다).

제10조【해 지】

1. 당사자일방의 계약불이행, 또는 당사자 일방의 파산신청, 파산, 해산, 폐업, 지급불능, 당좌거래의 정지, 회사정리신청, 회사정리법에 의한 보전신청, 가압류신청, 가압류, 가처분 등 기타 신용을 현저히 상실하였다고 인정될 경우 상대방은 계약해지를 통보함으로써 본 계약을 해지할 수 있다.
2. 전항의 계약해지는 기 발생된 권리 및 손해배상의 청구에 영향을 미치지 아니한다.

제11조【유효기간】

1. 본 계약은 계약 체결일로부터 20○○년 ○월 ○일까지 유효하다. 단, 계약기간 중 발생한 채권, 채무는 기간만료에 영향을 받지 아니한다.
2. 유효기간의 연장 여부 및 그 내용은 기간만료시 당사자 간의 합의로써 결정한다.(* 계속적 계약일 경우에만 필요함)

제12조【기한이익의 상실】 "을"에게 제10조 1항의 사유가 발생할 경우 "을"은 "을"이 부담하는 일체의 채무에 대한 기한의 이익을 상실하며 "갑"은 최고 및 이행의 제공없이 즉시 담보권을 행사할 수 있다.

제13조【내용변경】 본 계약의 내용은 당사자간 서면합의로써 변경할 수 있다.

제14조【양도금지】 "을"은 "갑"의 사전 승인 없이 본 계약의 권리, 의무를 제3자에게 양도, 이전, 담보제공 등의 행위를 할 수 없다.

제15조【계약의 효력발생】 본 계약은 당사자가 서명날인하고 "을"이 제9조의 담보를 제공한 때에 효력을 발생한다.

제16조【분쟁해결】 본 계약으로 인하여 또는 본 계약과 관련하여 발생하는 모든 분쟁은 대한상사중재원의 중재로써 최종 해결한다.

제17조【기 타】 본 계약에 규정되지 않은 사항은 당사자 간 합의로써 결정하고, 합의되지 않은 사항은 일반적으로 인정되는 상관례에 의한다.

위와 같이 본 계약이 유효하게 성립하였음을 각 당사자는 증명하면서 본 계약서 2통을 작성하여 각각 서명(또는 기명) 날인한 후 "갑"과 "을"이 각각 1통씩 보관한다.

20○○년 ○월 ○일

갑	㊞	사 업 자 등 록 번 호		사 무 소	
				전화번호	
을	㊞	사 업 자 등 록 번 호		사 무 소	
				전화번호	

[서식 39] 매매계약서(기계)

기계 매매계약서

매도인 주식회사 ○○○○(이하 "갑"이라 한다)와 매수인 주식회사 ○○○○(이하 "을"이라 한다)는 상호간에 다음과 같이 기계매매계약을 체결한다.

품 명	모델명	수 량	단 가	금 액	비 고

제1조【목 적】 "갑"은 "을"에게 아래의 기계를 매도할 것을 서약하고, "을"은 이것을 매수한다.

제2조【매매대금】 매매대금은 총액 금 ○○○원 (₩ ○○○)(부가세 포함)으로 하고, "을"은 "갑"에게 다음과 같이 지급하도록 한다.
1. 금일 계약금으로 금 ○○○원을 지급하고,
2. 20○○년 ○월 ○일까지 아래 표시의 기계를 "을"의 본사 공장에 설치, 인도 후 1개월 이내에 대금을 일괄 지급한다.

제3조【인도기한】 "갑"은 "을"에게 아래 표시의 기계를 20○○년 ○월 ○일까지 "을"의 본사 공장에 설치하여 인도하도록 한다.

제4조【위험부담】 아래 표시의 기계에 대하여 위 제3조의 인도 기일까지 "갑" 또는 "을"의 책임이 아닌 사유로 기계가 훼손 혹은 멸실 되었을 때는 "을"은 대금의 지급을 면한다.

제5조【보증의무】 "갑"은 "별첨"의 기계가 사양서 대로의 성능을 가지고 있다는 것을 보증하고, 제3조의 인도 전에 시운전을 완료하여, 성능을 증명하도록 한다.

제6조【하자보수책임】 "갑"은 "을"에 대해 아래 표시의 기계당 6개월 품질과 성능을 보증하고, "을"측의 과실이 아닌 자연스런 고장에 대해서는 무상으로 수선할 의무를 진다.

제7조【계약의 해제】
1. "을"이 제2조의 기일까지 인도함과 동시에 잔금을 지급하지 않았을 때는 "갑"의 최고 없이도 본 계약은 해제된 것으로 하고, "갑"은 즉시 후기 기계를 회수할 수 있다.
2. 위 1항의 경우, "갑"의 기계운송비, 설치비용, 회수에 필요한 비용은 일체 "을"의 부담으로 하고, 동시에 "갑"은 그 이외의 손해배상으로 계약금을 취득할 수 있다.

위와 같이 본 계약이 유효하게 성립하였음을 각 당사자는 증명하면서 본 계약서 2통을 작성하여 각각 서명(또는 기명) 날인한 후 "갑"과 "을"이 각각 1통씩을 보관한다.

20○○년 ○월 ○일

갑	㊞	사 업 자 등 록 번 호		사 무 소	
				전화번호	
을	㊞	사 업 자 등 록 번 호		사 무 소	
				전화번호	

[서식 40] 매매계약서(기계)

기계 매매계약서

매도인 (주)○○○○를 "갑"으로 하고, 매수인 ○○○를 "을"로 하여 "갑"과 "을"간에 다음과 같이 기계매매계약을 체결한다.

제1조【목 적】 "갑"은 "을"에게 아래의 기계를 매도할 것을 서약하고, "을"은 이것을 매수하였다.

- 아 래 -

모델명 : "○○○○"

제2조【매매대금】 매매대금은 총액 금 ○○○원(₩○○○)(부가세 포함)으로 하고, "을"은 "갑"에게 다음과 같이 지급하기도 한다.

1. 금일 계약금으로 금 ○○○ 원을 지급하고,
2. 20○○년 ○월 ○일까지 아래 표시의 기계를 "을"의 본사 공장에 설치, 인도 후 1개월 이내에 대금을 일괄 지급한다.

제3조【인도기한】 "갑"은 "을"에게 아래 표시의 기계를 20○○년 ○월 ○일까지 "을"의 본사 공장에 설치하여 인도하도록 한다.

제4조【위험부담】 아래 표시의 기계에 대하여 위 제3조의 인도기일까지 "갑" 또는 "을"의 책임이 아닌 사유로 기계가 훼손 혹은 멸실되었을 때는 "을"은 대금의 지급을 면한다.

제5조【보증의무】 "갑"은 "별첨"의 기계가 사양서대로의 성능을 가지고 있다는 것을 보증하

고, 제3조의 인도 전에 시운전을 완료하여, 성능을 증명하도록 한다.

제 6 조 【 하자보수책임 】 "갑"은 "을"에 대해 아래 표시의 기계당 6개월 품질과 성능을 보증하고, "을"측의 과실이 아닌 자연스런 고장에 대해서는 무상으로 수선할 의무를 진다.

제 7 조 【 계약의 해제 】

1. "을"이 제2조의 기일까지 인도함과 동시에 잔금을 지급하지 않았을 때는 "갑"의 최고 없이도 본 계약은 해제된 것으로 하고, "갑"은 즉시 후기 기계를 회수할 수 있다.
2. 위 1항의 경우, "갑"의 기계운송비, 설치비용, 회수에 필요한 비용은 일체 "을"의 부담으로 하고, 동시에 "갑"은 그 이외의 손해배상으로 계약금을 취득할 수 있다.

이상의 계약이 성립되었으므로 계약서 2통을 작성하고 갑과 을은 각 1통씩을 보관한다.

20○○년 ○월 ○일

<table>
<tr><td rowspan="2">갑</td><td rowspan="2">㊞</td><td rowspan="2">사 업 자
등 록 번 호</td><td rowspan="2"></td><td>사 무 소</td><td></td></tr>
<tr><td>전화번호</td><td></td></tr>
<tr><td rowspan="2">을</td><td rowspan="2">㊞</td><td rowspan="2">사 업 자
등 록 번 호</td><td rowspan="2"></td><td>사 무 소</td><td></td></tr>
<tr><td>전화번호</td><td></td></tr>
</table>

[서식 41] 기기매매계약서

기 기 매 매 계 약 서

매도인 ○○기계주식회사(이하 '갑'이라 한다)와 매수인 ◎◎ (이하 '을'이라 한다)은 아래 표시 매매목적물을 매매함에 있어 다음과 같이 계약을 체결한다.

〈기기의 표시〉

기기의 이름 : 자동 선반

기기의 수량 : 2대

기기의 옵션 : 생략

제1조 (계약당사자와 매매목적물) 갑은 위 매매목적물 2대를 을에게 2,500만원(부가가치세를 포함한 금액이다)에 매도하고 을은 이를 매수한다.

제2조 (대금지급과 매매목적물의 인도) ① 을은 다음과 같이 대금을 갑에게 지불한다.

1. 계약금 200만원 : 계약당일 지급한다.
2. 잔금 2,300만원 : 매매목적물 인수 시 지급한다.

② 갑은 20○○년 ○월 ○일까지 위 매매목적물을 을이 지정한 장소에서 을에게 인도하여야 하며 그에 따른 비용은 갑의 부담으로 한다.

제3조 (품질보증) 갑은 을에게 위 매매목적물을 인도할 때 그 품질을 보증하는 별도의 보증서를 교부하여야 한다.

제4조 (매매목적물 인수전의 계약해제) ① 갑과 을은 계약체결 후 위 매매목적물을 인수하기 전까지 이 계약을 해제할 수 있다.

② 갑의 계약위반을 이유로 을이 해제할 때에는 갑은 을로부터 받은 계약금과 이 계약금을 받은 날로부터 반환 일까지 이 계약체결일 현재의 시중은행 1년 만기 정기예금 이자율 중 가장 높은 이자율에 의한 이자를 가산한 금액을 즉시 반환하고, 을의 계약위반을 이유로 갑이 해제할 때에는 갑은 을이 지급한 계약금에서 위와 같은 조건의 이자를 공제한 잔금을 즉시 반환한다.

제5조 (철회권의 행사방법과 효과) ① 을은 계약서를 교부받은 날 또는 계약서를 교부받지 아니한 경우에는 매매목적물을 인수한 날로부터 10일 이내에 계약에 관한 청약을 철회할 수 있다.

② 을의 철회권 행사는 위 기간 내에 철회의 의사표시가 기재된 서면을 갑에게 발송함으로써 효력을 발생한다.

③ 을이 적법하게 철회권을 행사한 경우 갑은 이미 지급 받은 계약금 등을 을에게 반환하고 을은 이미 인도 받은 매매목적물 등을 갑에게 반환하여야 하며 그에 따른 비용은 갑의 부담으로 한다.

제6조 (지연손해금) ① 을이 대금불입의무를 위반한 경우 을은 연체금액에 대하여 각 연체 일로부터 불입 일까지 연 24%의 비율에 의한 지연손해금을 연체금액에 우선하여 지급하여야 한다.

② 갑이 매매목적물의 인도기한을 지연시킨 경우 을은 제4조에 의거 계약을 해제하거나 갑에게 지급한 계약금에 대해 인도가 지연된 기간동안 연 24%의 이자지급을 요구하고 이를 잔금에서 공제할 수 있다.

제7조 (할부구입) ① 을이 잔금 전부 또는 일부를 할부로 하고자 할 경우에는 매매목적물을 인수하기 전에 다음 사항을 이행하여야 한다.

1. 갑이 인정하는 연대보증인 1인 이상 입보
2. 을이 부담할 할부금에 대해 갑이 지정하는 보험회사와 갑을 피보험자로 하는 할부판매 보증보험 계약 체결

② 위 제1항 각 호에 소요되는 비용은 을이 부담하며 절차는 을의 위임을 받아 갑이 대행할 수 있고 이때 을은 이에 필요한 서류를 구비하여 매매목적물 인수 전까지 갑에게 제출하여

야 한다.

③ 을은 채무이행을 보장할 수 있는 다른 담보로서 위 제1항 각 호의 의무사항을 대체할 수 있다.

제8조(기한의 이익상실) 을에게 다음 각 호의 사유가 발생한 경우 을은 할부금 분할상환의 이익을 상실하며 갑은 할부계약을 해제할 수 있다.

1. 매회 할부금을 다음 지급기일까지 연속하여 2회 이상 연체한 경우. 단 그 연체된 금액이 할부가격의 10분의 1을 초과하는 경우에 한한다.
2. 생업 또는 결혼 등으로 외국으로 이주하는 경우
3. 을이 담보를 손상, 감소 또는 멸실 하게 한 경우
4. 을이 담보제공의 의무를 이행하지 않은 경우
5. 을이 파산선고를 받은 경우

제9조(대출) ① 을이 할부구입을 할 경우 을은 갑이 지정한 금융기관에 할부원금을 대출액(대출금리는 연 12%)으로 하고 할부기간을 대출상환기간으로 하여 대출을 받아 갑에게 매매목적물의 잔대금으로 지급키로 하며, 을이 할부금납부등 제반의무를 이행하여 대출금 상환이 완료되었을 때 할부금이 완제된 것으로 한다.

② 갑은 대출에 관한 사항(대출관련보험가입 포함)을 을의 위임을 받아 대행할 수 있으며, 이때에 갑은 대출금을 직접 수령할 권한을 가진다.

③ 을이 갑에게 위 제2호의 사항을 위임한 경우 을은 대출에 필요한 제반서류를 구비하여 매매목적물 인수전까지 갑에게 제출하여야 하며, 제출서류에 하자가 있을 시는 을의 책임하에 즉시 보완제출하여야 하고 대출에 소요되는 비용은 을의 부담으로 한다.

제10조(관할법원) 이 계약에 관한 모든 소송은 제소당시 을의 주소, 주소가 없을 때는 거소를 관할하는 법원으로 한다. 단. 제소당시 을의 주소 또는 거소가 분명하지 않은 경우에는 갑의 본점 또는 영업소를 관할하는 법원을 관할법원으로 한다.

제11조(기타) ① 이 계약에서 규정되지 않은 사항은 법령 및 일반 상관례에 의한다.

② 이 계약서는 매매, 양도, 질권 등의 권리설정 대상이 될 수 없다.

③ 이 계약서의 변경 또는 수정은 갑, 을 상호 협의 하에 문서에 의해서만 할 수 있다.

④ 이 계약서는 2통을 작성하여 갑, 을이 각자 1통씩 소지한다.

20○○년 ○월 ○일

매도인	주 소					
	성 명 또 는 상 호	인	주민등록번호 또 는 사업자등록번호	–	전 화 번 호	
매수인	주 소					
	성 명 또 는 상 호	인	주민등록번호 또 는 사업자등록번호	–	전 화 번 호	

[서식 42] 매매계약서(서적)

서적 매매계약서

서적보유자 (주)○○○○(이하 "갑"이라 칭한다)와 서적구입자 ○○○(이하 "을"이라 칭한다)는 상호간에 다음과 같이 서적매매계약을 체결한다.

제1조【목 적】 본 계약은 "갑"이 보유한 서적을 "을"에게 판매하고 이와 관련된 사항의 규율을 목적으로 한다.

제2조【서 적】 본 계약상 "갑"이 보유한 서적으로서 매매대상 서적은 총 ○○권으로서 개별 목록은 별도로 첨부한다.

1. ○○○○관련 서적 : ○○권
2. ○○○○관련 서적 : ○○권
3. ○○○○관련 서적 : ○○권

제3조【매매액】

1. 본 계약상의 서적 매매금액은 총액 금 ○○○원(₩○○○)으로 하되 지급은 다음 각 호에 따른다(VAT 별도).
   가. 계약금 : 금 ○○○원(₩○○○) - 본 계약체결 시
   나. 잔　금 : 금 ○○○원(₩○○○) - 서적의 인도와 동시
2. 제1항의 대금지급의 연체 시 매 1일당 연체 원금의 ○%에 해당하는 연체이자가 변제 시까지 가산한다.

제4조【권리보증 등】

1. "갑"은 본 계약의 매매 대상인 서적이 도품 및 유실물이 아님을 보증확인하고 동시에 제3자에게 양도, 담보제공 기타 제한적 권리가 설정되어 있지 아니함을 보증 확인한다.
2. 당사자 쌍방은 본 계약체결 시 상호 서적의 개별상태에 대한 검증을 실시하고 이상이 없음을 확인하며 동 계약에 따른 인도 시에도 해당 상태에 상위점이 없어야 한다.

제5조【인도일】

1. 서적의 인도일은 20○○년 ○월 ○일로 하되 "갑"이 인도일이 경과하였음에도 불구하고 인도하지 아니할 경우 지체 1일당 본 계약의 총 매매금액의 ○%에 해당하는 지연이자를 가산한다.
2. 제1항에 불구하고 인도기일이 ○이 경과하여도 지체가 지속될 경우 즉시 "갑"은 계약을 해제하고 "을"은 계약금의 ○배를 위약금으로 상환하여야 한다.

제6조【비 용】 "을"은 지정된 인도일에 "갑"의 장소를 방문하여 운반을 하여야 하며 인도 및 운반에 대한 제반비용은 "을"이 단독으로 부담한다.

제7조【해 제】

1. 인도일 이전에 불가항력으로 서적이 소실한 경우 "갑"은 계약금을 "을"에게 반환하는 것으로 하되, 별도의 위약금 지불의무는 발생하지 않는 것으로 한다.
2. 계약의 인도일 이전에 "갑"이 계약을 해제하고자 하는 경우 계약금의 ○배를 상환하고 해제할 수 있으며, "을"이 계약을 해제하고자 하는 경우 계약금을 포기하고 계약을 해제할 수 있다. 다만, 인도일 이후의 계약해제는 제6조에 따른다.

제8조【기타사항】

1. 계약의 당사자는 본 계약의 내용을 신의성실에 의거하여 준수하여야 한다.
2. 계약기간 중 계약의 변경은 당사자의 서면 합의에 의해서만 변경될 수 있으며 서명날인된 문서를 본 계약서의 말미에 첨부한다.
3. 본 계약서에서 명시되지 않은 부분에 대하여는 관련 법규 및 상관습에 따르기로 한다.

제9조【분쟁해결】

1. 본 계약과 관련하여 양 당사자 간의 분쟁이 발생한 경우, 원칙적으로 "갑"과 "을" 상호간의 합의에 의해 해결한다.
2. 제1항에도 불구하고 분쟁이 해결되지 않을 경우 "갑"의 주소지 관할 지방법원을 그 관할로 하여 재판함으로써 해결한다.

제10조【특약사항】 상기 계약일반사항 이외에 "갑"과 "을"은 아래 내용을 특약사항으로 정하며, 특약사항이 본문과 상충되는 경우에는 특약사항이 우선하여 적용된다.

위와 같이 본 계약이 유효하게 성립하였음을 각 당사자는 증명하면서 본 계약서 2통을 작성하여 각각 서명(또는 기명) 날인한 후 "갑"과 "을"이 각각 1통씩을 보관한다.

20○○년 ○월 ○일

갑	㊞	사 업 자 등록번호		사 무 소	
				전화번호	
을	㊞	사 업 자 등록번호		사 무 소	
				전화번호	

[서식 43] 매매계약서(주식)

주식 매매계약서

한국산업 주식회사의 주주인 ○○○(이하 "갑"이라 한다)과 ○○○(이하 "을"이라 한다)간에 다음과 같이 주식매매계약을 체결한다.

다 음

제1조【양도 목적물】 "갑"은 소유하고 있는 한국산업 주식회사의 발행 보통주식 30,000주(액면가액 : 5,000원)를 "을"에게 양도하고 "을"은 이를 양수한다.

제2조【주식양도대금 및 대금지급】 "을"은 전 조에 정한 주식의 대금으로 금 150,000,000원(1주의 금액 5,000원)을 "갑"에게 지급한다.

제3조【현물 인도 및 명의 개서】 "갑"은 "을"에게 이 계약과 동시에 주식 현물의 인도와 명의개서를 하여야 한다.

제4조【주주권리의 양도】 "갑"은 "갑"이 가지고 있는 주식에 관한 일체의 권리를 이 계약과 동시에 "을"에게 양도하여야 한다.

제5조【해 석】 이 계약서 각 조항에 대하여 해석상 이론이 있는 때에는 법규 및 상관례에 따르기로 한다.

위 약정사항을 증명하기 위하여 이 증서를 작성하고 "갑"과 "을"이 기명날인하여 각각 1통씩 보관하기로 한다.

20○○년 ○월 ○일

갑	㊞	주민등록번호		주 소	
				전화번호	
을	㊞	주민등록번호		주 소	
				전화번호	

[서식 44] 매매의뢰계약서(게임장 컴퓨터)

매매의뢰계약서

컴퓨터보유자 (주)○○○○(이하 "갑"이라 칭한다)와 중개업자 (주)○○○○(이하 "을"이라 칭한다)는 상호간에 다음과 같이 매매의뢰계약을 체결한다.

제1조【목 적】 본 계약은 "갑"이 소유한 게임장에 존재하는 컴퓨터 매매를 위하여 "을"에게 관련 업무를 대행하도록 의뢰하고 이와 관련된 권리의무사항의 규율을 목적으로 한다.

제2조【매매 컴퓨터】 "갑"은 ○○시 ○○구 ○○동 ○○에 소재한 "갑" 소유의 컴퓨터 게임장 ○○○○에 보유하고 있는 컴퓨터 ○○대에 대한 매매업무를 "을"에게 위임하고 구체적 컴퓨터 사양 및 설치된 소프트웨어목록은 매매목록표를 작성하여 본 계약서 말미에 첨부한다.

제3조【대행비】 "갑"은 대행비로서 총 금 ○○○원(₩○○○)을 지급하기로 하고 계약과 동시에 금 ○○○원(₩○○○)을 지급하고 잔금은 "을"이 매매를 성사 시켰을 경우 지급하도록 한다.

제4조【대행업무】 "을"은 "갑"이 정한 금액(컴퓨터 1대당 금 ○○○원(₩○○○) 산정)의 범위에서 매매를 대행하도록 하고 이를 벗어난 권한을 행사하여서는 아니되며, 최종 매매계약의 체결 시에는 반드시 사전에 "갑"에게 관련 사실의 보고 및 "갑"이 직접 참석한 상태에서 계약을 체결하여야 한다.

제5조【설명의무】 "을"은 본 계약의 대상인 컴퓨터의 사양 및 성능 기타 설치된 소프트웨어에 대하여 관련 내용을 숙지하고 이를 구매 희망자에게 적절하게 설명하여야 하며 필요한 경우 관련 사진 및 파일을 지참하여 이용하도록 한다.

제6조【게임장 출입】 "을"은 대행업무를 위하여 "갑"의 게임장의 출입열쇠를 소지하도록 하며 본 업무의 수행기간 동안 자유로운 입·출입을 할 수 있다. 다만, 출입보안 장치의 철저한 점검을 통하여 도난예방에 노력하여야 하며 보안장치 기타의 시건장치에 대한 안이한 취급으로 도난 등의 사태 발생시 "을"이 그에 대한 책임을 진다.

제7조【대행기간】 본 계약은 20○○년 ○월 ○일부터 20○○년 ○월 ○일까지 유효하며 기간의 경과 후에는 별도의 새로운 의뢰계약을 체결하지 않는 한 본 의뢰계약은 효력을 상실한다.

제8조【해 지】

1. 당사자 일방에 대하여 다음 각 호의 사유가 발생할 시 상대방은 즉시 계약을 해지할 수 있다.

   가. 가압류, 가처분, 경매 등의 사업의 불투명 사유가 발생할 시

나. 파산, 회사정리, 화의신청 등의 사업불가능 사유가 발생할 시
2. 일방이 본 계약상의 의무이행을 하지 아니한 때 상대방은 ○일 이상의 시정기간을 두고 사유를 명시하여 시정을 최고하며, 그럼에도 불구하고 시정이 이루어지지 아니할 시 즉시 계약의 해지를 통지한다.

제9조【비밀유지】 당사자 쌍방은 본 계약상 지득한 상대방의 제반 정보에 대해 비밀유지의 의무를 부담한다. 특히 "을"은 컴퓨터 매매 최종체결 가격에 대해 비밀을 유지하여야 한다.

제10조【기타사항】
1. 계약의 당사자는 본 계약의 내용을 신의성실에 의거하여 준수하여야 한다.
2. 계약기간 중 계약의 변경은 당사자의 서면 합의에 의해서만 변경될 수 있으며 서명날인된 문서를 본 계약서의 말미에 첨부한다.
3. 본 계약서에서 명시되지 않은 부분에 대하여는 관련 법규 및 상관습에 따르기로 한다.

제11조【분쟁해결】
1. 본 계약과 관련하여 양 당사자 간의 분쟁이 발생한 경우, 원칙적으로 "갑"과 "을" 상호간의 합의에 의해 해결한다.
2. 제1항에도 불구하고 분쟁이 해결되지 않을 경우 "갑"의 주소지 관할 지방법원을 그 관할로 하여 재판함으로써 해결한다.

제12조【특약사항】 상기 계약일반사항 이외에 "갑"과 "을"은 아래 내용을 특약사항으로 정하며, 특약사항이 본문과 상충되는 경우에는 특약사항이 우선하여 적용된다.

위와 같이 본 계약이 유효하게 성립하였음을 각 당사자는 증명하면서 본 계약서 2통을 작성하여 각각 서명(또는 기명) 날인한 후 "갑"과 "을"이 각각 1통씩을 보관한다.

20○○년 ○월 ○일

갑	㊞	사 업 자 등 록 번 호		사 무 소	
				전화번호	
을	㊞	사 업 자 등 록 번 호		사 무 소	
				전화번호	

[서식 45] 매매기본계약서(목재류)

매매기본계약서(소매점용)

○○주식회사(이하 "갑"이라 한다)와 ○○○(이하 "을"이라 한다)은 상호 신뢰를 기초로 하여 특약점 관계를 설정하고 갑이 공급하는 물품을 아래와 같은 조건과 방법으로 거래할 것을 합의한다.

제1조【거래 물품명】 "갑"이 취급하는 목재류 등 모든 제품을 포함한다.

제2조【판매가격】

1. "갑"이 "을"에게 공급할 계약물품의 가격은 "갑"이 일주일 전에 제시한 가격으로 하고 예시가 없을 때에는 종전가격으로 "을"에게 공급하여, "을"은 "갑"의 공급가격에 적정이윤을 가산한 가격으로 재판매하여야 한다. 단, "갑"이 "을"에 대한 공급가격은 "갑"의 하치장에서의 상차도 기준이다.
2. "갑"은 판매질서유지와 특약점의 경영악화를 방지하기 위하여 "을"의 권장 재판매가격을 제시할 수 있다.
3. 판매에 대한 일체의 비용 및 손해와 위험은 "을"의 부담으로 한다.

제3조【주 문】

1. "을"은 계약물품을 "갑"이 정한 요령과 절차에 따라 수령예정일로부터 3일 전에 서면으로 주문하여야 한다. 단, "갑"이 저장하고 있지 못한 상품을 "을"이 주문할 때에는 생산소요 기간을 감안하여 3개월 전에 주문하여야 한다.
2. 주문서에는 물품명, 규격, 수량, 인도시기, 기타 조건을 기재하여야 한다.
3. "갑"은 주문서 접수일로부터 10일 이내에 수락 여부를 "을"에게 통지하여야 하며, 통지치 아니한 때에는 수락한 것으로 본다.
4. 주문서 발송 후 주문을 취소할 때에는 "갑"이 주문물품제작을 위하여 투입한 제반비용 중 회복할 수 없는 비용은 "을"이 배상하여야 한다.

제4조【물품의 인도】

1. "갑"의 "을"에 대한 물품의 공급은 "갑"의 창고(○○광역시 소재)에서 상차도로 하며 상차와 동시에 "을"은 물품인수증을 "갑"에게 발행해야 한다.
2. 위 1항의 인도장소를 "을"의 편의를 위하여 "을"이 지정하는 장소로 할 경우 운송비 등 추가비용은 매수인의 비용으로 한다.
3. "을"은 물품인수 즉시 물품을 검사하여 물품의 품질불량, 수량부족, 변질, 기타 하자를 발견하면 지체 없이 "갑"에게 그 통지를 발송하여 "갑"의 확인을 거쳐야 한다.
4. "갑"이 공급한 물품의 불량품의 양이 전체공급량의 5/100를 초과하는 경우에는 "을"의 선택에 따라 교환 또는 대금감액을 실시키로 한다.
5. 하자발생이 미미하거나 불량품의 양이 전체공급량의 100분의 5 이하인 경우에는 업계의

특성상 통상적으로 용인되는 것으로 하고 어떠한 이의도 제기치 아니한다.
6. 검수결과에 대하여 "갑", "을" 사이에 다툼이 있을 경우 제3 공인검사기관의 검사결과에 따른다. 이때 소요된 검사비용은 균등 부담한다.

제5조【대금지급】

1. "을"은 "갑"으로부터 물품의 인수시 제4조에서 정한 물품의 가격을 전액 현금으로 지급하여야 한다. 단, "갑"이 인정하는 경우에는 90일 이내의 타수어음이나 은행도 자수어음 또는 당좌수표로 지급할 수 있다.
2. 제1항의 단서 사유발생시 변제약정일(만기일)까지 연 15%의 이자를 적용한다.
3. "을"이 제1항의 약정일까지 물품대금을 지급하지 못하고 "갑"으로부터 지급기일 연장동의도 받지 못한 경우에는 완제일까지 연 20%에 의한 연체이자를 지급하여야 한다.

제6조【소유권 유보】

1. 물품대금을 현금으로 전액 결제하거나 입금한 어음이나 수표가 지급기일에 정상 결제될 때까지 물품의 소유권은 매도자에게 있으며 "을"은 선량한 관리자로서의 주의의무를 다하여야 한다.
2. 본 계약 제10조에 의한 계약의 해제, 해지사유 발생시 "을"이 보관하고 있는 "갑"의 공급물품 중 미결제분은 즉시 반환하기로 하며 본 물품이 "을"의 창고에 있거나 "을"이 위탁한 제3의 창고에 있거나를 불문하고 "갑"은 환급할 수 있다.
3. 제2항의 사유발생시 "을"은 "갑"에게 어떠한 민, 형사상 책임도 묻지 않기로 하며 "을"의 채권자로부터 가압류, 압류, 가처분 등 강제집행이 취해질 때는 "갑"의 물품임을 주장하여 강제집행으로부터 "갑"의 권리를 보호하여야 한다.
4. 소유권유보로 말미암는 권리는 외상판매로부터 오는 "갑"의 위험을 담보하기 위한 것이므로 세금계산서발행 등에도 불구하고 오직 "갑"만 가지며 "을"이나 제3자는 주장할 수 없다.

제7조【위험부담】 "갑"이 "을"에게 물품을 인도한 후 그 물품이 "갑"의 귀책사유가 아닌 사유로 인하여 멸실 또는 훼손, 도난되었을 경우 그 손해는 소유권유보에도 불구하고 "을"이 부담한다.

제8조【담보제공】

1. "을"은 본 계약상의 의무이행을 담보하기 위하여 다음의 담보를 "갑"에게 제공하여야 한다.
   가. "갑"의 여신관리지침에 의거 감정평가유효분 금 ○○○원 이상의 부동산 근저당 또는 은행 및 보증보험사의 지급보증
   나. "을"이 발행하고 "을"의 대표이사가 개인자격으로 연대보증한 액면금 ○○○원의 공증약속어음 1매
   다. 재산세 납부실적이 5만원 이상인 연대보증 ○명 입보
   라. 점포(공장), 집의 금 ○○○원 이상의 임차보증금 반환채권양도
   마. "갑"을 수익자로 하는 금 ○○○원 이상의 동산종합보험 및 화재보험 부보
   바. "을" 발행 백지당좌수표 또는 은행도 약속어음 1매 및 동 보충권위임장
2. "갑"은 채권담보에 필요한 최소한의 담보를 요구하여야 하며 "을"의 채무불이행시 그

처분도 "을"의 이익을 고려하여 최소한의 범위 내에서 집행하여야 한다.

3. 채무자의 신용변동, 담보가치의 감소, 기타 채권보전상 필요하다고 인정되는 상당한 사유가 발생한 경우에 "갑"은 "을"에게 제1항의 담보 외에 추가로 담보제공을 요청할 수 있으며 "을"은 합리적인 대안제시가 없는 한 5일 이내에 추가담보를 제공하여야 한다.
4. 담보설정을 위한 감정평가, 설정비용은 "갑"과 "을"이 균분하는 것을 원칙으로 한다.
5. "갑"은 본 계약에 따른 거래가 종료되고 "을"의 해지요구가 있을시 해지에 필요한 서류를 "을"에게 교부하여야 한다.

제9조【불가항력】 전쟁, 폭동, 내란, 법령제정·개폐, 수송기관의 사고, 천재지변, 노사분규 기타 예측할 수 없는 사고 등 불가항력에 의하여 "갑"이 물품을 인도할 수 없게 된 경우 "갑"은 본 계약 및 개별계약상의 제반의무로부터 면제된다.

제10조【계약의 해제·해지 및 기한이익상실】

1. "갑" 또는 "을"은 상대방에게 다음의 각 호의 1이 발생할 경우 최고 없이 즉시 본 계약을 해지할 수 있다.
   가. "갑" 또는 "을"이 발행한 어음이나 수표가 부도 또는 거래정지된 경우
   나. "갑" 또는 "을"이 파산, 법정관리신청을 당하거나 한 경우
   다. 세금을 납부하지 못해 체납처분을 당하거나 주요 재산에 압류, 경매신청이 된 경우
   라. "을"이 "갑"의 사전 동의 없이 영업권을 타인에게 양도한 경우
2. "갑"은 다음의 경우 ○일 이상의 기간을 정하여 "을"에게 최고하고 동기간 내에 시정되지 않을 때에는 본 계약을 해지할 수 있다.
   가. "을"이 상품대금을 2회 이상 연체하거나 지급약정을 위반하는 경우
   나. "을"이 가압류, 가처분신청을 당하였을 경우
   다. "을"이 종업원에 대한 급여를 체불할 정도로 신용상태가 현저히 저하된 경우
   라. "을"이 배서하여 입금시킨 어음, 수표의 부도반환 후 3일 이내에 현금으로 입금시키는 경우
   마. "을"이 본 계약조건을 위반하거나 판매능력이 현저히 부족하여 본 계약의 목적달성이 곤란하다고 판단되는 경우
3. "갑" 또는 "을"은 상대방에 대한 60일 전의 서면통지로써 본 계약을 해지할 수 있다.
4. 본 계약이 해지되는 경우 "을"의 "갑"에 대한 모든 채무는 기한의 이익을 상실하며 "을"은 즉시 모든 채무를 현금으로 지급하여야 한다. 이 경우 "갑"은 소유권 유보부품의 회수 및 담보의 실행 등 필요한 조치를 취할 수 있으며 이에 대하여 "을"은 이의를 제기치 아니한다.
5. "을"이 물품대금지급을 위하여 "을"이 발행했거나 배서하여 "갑"에게 입금시킨 선일자 당좌수표, 가계수표 등의 발행일이 아직 도래하지 않았다 하더라도 계약해지일로부터 "갑"은 언제든지 제시할 수 있다.
6. 제4항의 현금지급사유 발생시로부터 실제 지급하는 날까지 연 20%의 지연손해금을 추가 지급키로 한다.

제11조【손해배상】 "갑" 또는 "을"의 귀책사유로 본 계약이 해제 또는 해지되고 그로 말미암아 타방 당사자에게 손해가 발행한 경우 실 손해를 배상하여야 한다.

제12조【상 계】

1. 계약의 해제·해지 사유가 발생하여 계약이 종료될 때 본 계약과 관련하여 "을"이 "갑"에게 채무를 부담하고 있을 경우 본건 채권의 변제기도래 여부를 불문하고 "갑"은 본건 채권과 "갑"이 "을"에 대하여 부담하는 채무를 대등액에서 상계할 수 있으며 "을"은 이에 대해 이의를 제기치 아니한다.
2. 제1항의 계약종료시가 아니더라도 "을"의 채권자로부터 "갑"이 "을"에 대하여 지급할 채무에 대하여 가압류, 압류, 채권압류 및 추심명령이나 전부명령이 집행된 경우에는 집행 전에 상계할 수 있었던 것으로 보고 상계한 후 서면으로 상계사실을 통지하기로 한다.

제13조【분쟁해결】 본 계약과 관련하여 분쟁이 발생하는 경우 "갑"과 "을"은 상호신뢰를 바탕으로 원만히 해결하기로 하되 합의가 이루어지지 아니하여 "갑"이 소송을 제기하는 경우에는 "갑"의 주된 사무소 소재지 관할법원에, "을"이 소송을 제기하는 경우에는 "을"의 주된 사무소 소재지 관할법원에 소송을 제기할 수 있다.

제14조【계약기간】

1. 이 계약의 존속기간은 계약체결일로부터 1년으로 정한다.
2. "갑" 또는 "을"이 계약기간만료 ○일 전에 상대방에게 서면에 의한 계약해지의 의사표시를 하지 않는 한 제1항의 규정에 불구하고 본 계약의 동일한 조건으로 갱신된 것으로 본다.
3. 연장된 계약의 갱신도 전항에 의한다.

제15조【계약의 해석】 이 계약의 각 조항의 해석에 관하여 이의가 생겼을 때 "갑"과 "을"간에 체결한 개별계약이 있을 때에는 그 개별계약에 의하고 개별계약이 없을 때에는 일반 상관례에 따른다. 이상과 같이 "갑", "을" 양 당사자 간에 충분한 고려와 상호이해를 바탕으로 합의에 이르러 본 계약을 체결하고 본 계약서에 명시되지 않은 사항은 일반 상관례에 따르기로 하며, 후일에 발생될지도 모를 법적 분쟁을 방지하기 위해 계약서 2통을 작성하여 쌍방이 날인한 수 각각 1통씩 보관한다.

20○○년 ○월 ○일

<table>
<tr><td rowspan="2">갑</td><td rowspan="2">㊞</td><td rowspan="2">사 업 자
등 록 번 호</td><td rowspan="2"></td><td>사 무 소</td><td></td></tr>
<tr><td>전화번호</td><td></td></tr>
<tr><td rowspan="2">을</td><td rowspan="2">㊞</td><td rowspan="2">사 업 자
등 록 번 호</td><td rowspan="2"></td><td>사 무 소</td><td></td></tr>
<tr><td>전화번호</td><td></td></tr>
</table>

[서식 46] 할부판매계약서

할 부 판 매 계 약 서

단말기를 할부로 구입하는 구매자(이하 '갑'이라 한다), 이동통신 서비스 제공자(이하 '을'이라 한다), 단말기 판매자(이하 '병'이라 한다), 할부구매자에 대한 신용제공자(이하 '정'이라 한다)는 PCS단말기 할부판매와 관련하여 다음과 같이 약정을 체결합니다.

제 1 조 (할부판매약정 및 할부채권양도) ① '갑'은 별지 단말기 할부계약서에 의하여 '병'으로부터 단말기를 구입하고 '병'은 단말기의 할부판매로 취득한 단말기 할부채권을 '을'에게 양도하며 '정'은 '갑'의 할부대금을 '을'에게 일시불로 지급하고 이에 대하여 '갑'은 승낙합니다.
② 본 약정은 '을'이 단말기의 할부판매, 할부금채권의 양도 등 약정사항을 직접 확인하는 등 소정의 절차를 거쳐 '갑'에게 할부채권의 양도를 통지하는 시점에서 성립합니다.

제 2 조 (단말기 공급과 대금지급방법) '병'은 '갑'에게 단말기를 공급하고 '갑'은 소정의 선수금(계약금)을 제외한 나머지 할부대금을 '정'에게 납입하여야 합니다.

제 3 조 (할부계약의 철회) ① '갑'은 할부단말기를 인도 받은 후 7일 이내에는 단말기의 할부구매를 철회할 수 있습니다.
② '갑'이 제①항에 의거하여 할부계약을 철회하고자 하는 때에는 철회의 의사표시가 기재된 서면을 발송하여야 합니다. 다만, '갑'의 책임 있는 사유로 단말기가 멸실 또는 훼손된 경우에는 할부계약을 철회할 수 없습니다.

제 4 조 (소유권의 제한) '갑'은 할부대금을 완납하기 전에는 '을'의 승낙 없이 단말기를 타인에게 양도, 대여, 질권설정 등 임의처분을 할 수 없습니다.

제 5 조 (구매자의 의무) ① '갑'은 할부대금을 완납하기 전에 주소를 변경할 경우 지체 없이 '을' 및 '정'에게 통보하여야 합니다.
② '을' 및 '정'이 '갑'의 최후 주소에 송달한 통지 등 송부서류는 '갑'에게 도달된 것으로 간주합니다.
③ '갑'은 제①항의 의무를 태만히 하여 '을' 및 '정'으로부터 통지 혹은 송부 서류 미도착 등으로 인한 불이익을 받은 것에 대하여 이의를 제기할 수 없습니다.

제 6 조 (구매조건의 결정) 단말기할부판매는 '갑'이 '을'의 서비스에 가입하는 조건으로 이루어지며 '갑'은 단말기만의 구매를 위하여 할부판매방식을 이용할 수 없습니다.

제 7 조 (할부대금납입방법) ① '갑'은 할부대금을 '정'이 지정한 납부기관에 납부 하여야 합니다.
② '갑'이 납부하여야 할 월납입금은 '을'의 서비스에 가입한 월의 익일부터 납입하여야 합니다.

제 8 조 (변제충당순서) '갑'이 납입한 금액이 납입일 현재 채무전액을 충당하기에 부족한 경우, '정'은 '갑'이 납입한 금액에 대하여 납기일 기준으로 먼저 도래한 채무액부터 우선 충당하

기로 합니다.

제 9 조 (기한의 이익상실) '갑'은 다음 각 호에 해당하는 경우 기한의 이익을 상실하고 '정'은 잔여 할부대금 전액에 대하여 '갑'에게 일시불 납입을 청구할 수 있습니다.

1. '갑'이 납입금의 납입을 연속하여 2회 이상 연체하고 그 연체금액이 할부금액의 10분의 1을 초과하는 경우
2. '갑'이 외국으로 이민하는 경우

제10조 (약정의 해제) '갑'이 납입금을 연체하여 '정'이 14일 이상의 기간을 정하여 서면으로 최고하였으나 납입하지 아니할 경우에는 '정'은 본 약정을 해제하고 할부금액을 일괄 청구할 수 있습니다.

제11조 (관할법원) 이 계약과 관련하여 '갑'과 '정' 사이에 소송의 필요가 발생할 때에는 제소 당시 '갑'의 주소지를, 주소가 없는 경우에는 거소를 관할하는 지방법원을 관할법원으로 합니다.

20○○년 ○월 ○일

갑	주 소					
	성 명	인	주민등록번호 (사업자번호)	–	전 화 번 호	
을	주 소					
	성 명	인	주민등록번호 (사업자번호)	–	전 화 번 호	
병	주 소					
	성 명	인	주민등록번호 (사업자번호)	–	전 화 번 호	
정	주 소					
	성 명	인	주민등록번호 (사업자번호)	–	전 화 번 호	

[서식 47] 판매계약서(상품할부판매)

할부판매계약서

○○○○주식회사(이하 "갑"이라 한다)와 ○○○(이하 "을"이라 한다) ○○○(이하 "병"이라 한다)과는 ○○제품월부판매(이하 "월판"이라 한다)를 실행함에 관하여 다음과

같이 할부판매매계약을 체결한다.

【제1조】 "을"은 "갑"의 판매대행사로 하여 "갑"이 정하는 할부판매판업무를 대행하고 ○○제품의 판매보급에 협력한다.

【제2조】 취급상품 및 판매가격 제조건은 "갑"이 정하고 "을"은 이에 따른다.

【제3조】 "을"이 월판계약을 대행할 경우 "갑"이 정한 ○○월판계약서의 양식에 따른다.

【제4조】 "을"은 "갑"에 대하여 본 계약성립과 동시에 별도로 정하는 계약기탁금을 기탁한다.

【제5조】 본 계약에 기한 "을"의 취급상품의 소유권은 월부구입자가 그 대금을 완납할 때까지 "갑"에게 속한다.

【제6조】 구입자의 월부불입금은 제1회분에 대하여는 "을"이 징수업무를 대행하고 제2회 이후에 대하여는 "갑"이 정한 방법에 의하여 "갑"이 직접 집금하며 집금의 지연, 미불입이 발생하였을 때는 "갑"의 회수업무를 원활히 하기 위하여 "을"은 협력을 하여야 한다.

【제7조】 "을"이 자기 책임 하에 판매할 경우는 따로 정하는 방법에 의하지 않으면 아니 된다.

【제8조】 "갑"은 본 계약에 기한 판매에 관하여 별도로 정하는 방법에 의하여 "을"에게 판매수수료를 지급한다.

【제9조】 "갑"은 "을"의 판매를 촉진시키기 위하여 선전자료를 제공한다.

【제10조】 "을"은 그의 주소, 성명, 명칭, 대표자의 변경이 생기거나 사용인감을 변경할 때는 사전에 "갑"에게 통지하지 않으면 아니 된다.

【제11조】 "을"은 본 계약에 기한 판매상품에 대하여 납품설치공사 및 보증기간중의 애프터서비스를 하여야 한다. 단 "갑"은 점포까지 상품의 배달을 실행하여야 한다. 상기의 업무를 "갑"이 대행하였을 경우 "을"은 "갑"이 정한 요금을 "갑"에게 지급하지 않으면 아니 된다.

【제12조】 "갑"과 구입자와의 ○○제품할부구입 계약조항 중 구입자의 주소, 직업, 상품의 설치장소, 부불금, 지급의 방법 등에 변경이 생기거나 구입자가 강제집행, 가압류, 가처분 등을 당하거나 그 우려가 있을 때는 지체 없이 "을"은 "갑"에게 연락하지 않으면 아니 된다.

【제13조】 "갑" 또는 "을"은 각 상대방에 대하여 1개월의 예고기간을 두고 본 계약을 해지할 수 있다. "을"에게 본 계약에 기한 채무의 불이행이 있을 때 또는 "을"이 강제집행, 가압류, 가처분이나 해산, 파산선고, 세금의 체납, 어음부도 등의 처분을 받거나 그럴 우려가 있을 때에는 "갑"은 즉시 본 계약을 해지할 수 있다.

【제14조】 "을"은 "갑"이 정하는 한도액을 초월하는 대행점보증 기타 "을"이 발행 또는 배

서한 어음상의 채무지급을 담보하기 위하여 "갑"이 적당하다고 인정하는 물적담보를 제공하여야 한다. "을"은 계약존속 중 또는 전조에 의한 계약해지 후일지라도 "갑"이 입은 손해가 있을 때에는 이에 대한 배상책임이 있으며 "갑"은 제5조의 계약기탁금 기타 예치금의 반환채무와 대등액에서 상계할 수 있다.

【제15조】 이 계약에 기한 업무상의 세목에 관하여는 별도로 정한다.

【제16조】 "병"은 "을"이 본 계약으로 "갑"에게 부담하는 대금채무, 어음채무, 대행점보증채무 기타 일체의 채무에 대한 "을"의 보증인이 되어 "을"과 연대하여 이행의 책임을 부담한다.

【제17조】 이 계약기간은 20○○년 ○월 ○일부터 ○년간으로 한다. 단 계약기간만료 1개월 전에 "갑" 또는 "을"로부터 상대방에 대하여 서면에 의한 해지신청을 하지 아니할 때는 이 계약을 새로이 동일조건으로써 ○년간 연장한다.

【제18조】 이 계약에 정함이 없는 사항에 관하여는 "갑"·"을" 협의하여 결정한다.

이 계약의 증거로써 이 계약서 3통을 작성하여 "갑", "을" 및 "병"이 각 1통씩 보관한다.

20○○년 ○월 ○일

<table>
<tr><td rowspan="2">갑</td><td rowspan="2">㊞</td><td rowspan="2">사 업 자
등록번호</td><td rowspan="2"></td><td>사 무 소</td><td></td></tr>
<tr><td>전화번호</td><td></td></tr>
<tr><td rowspan="2">을</td><td rowspan="2">㊞</td><td rowspan="2">사 업 자
등록번호</td><td rowspan="2"></td><td>사 무 소</td><td></td></tr>
<tr><td>전화번호</td><td></td></tr>
<tr><td rowspan="2">병</td><td rowspan="2">㊞</td><td rowspan="2">사 업 자
등록번호</td><td rowspan="2"></td><td>사 무 소</td><td></td></tr>
<tr><td>전화번호</td><td></td></tr>
</table>

[서식 48] 판매계약서(상품)

상품판매계약서

매도인 ○○○(이하 "갑"이라 한다)와 매수자 ○○○(이하 "을"이라 한다) 간에 다음과 갈이 상품판매계약을 체결한다.

제1조【조 건】
1. 품　　명 :
2. 수　　량 :
3. 금　　액 :
4. 인도기한 :
5. 인도장소·방법 :
6. 대금총액 :
7. 지급기한 :
8. 지급방법 :

제2조【소유권이전】 물품의 소유권은 전조에 정한 대금이 "갑"에게 현금으로 지급되거나 또는 약속어음이나 수표의 결제가 완료된 때에 "갑"으로부터 "을"에게 이전한다.

제3조【위험부담】 물품의 인도 전에 발생한 물품의 멸실, 훼손, 기타 일체의 손해는 그 원인이 "을"의 귀책사유인 것을 제외하고는 "갑"이 부담하며, 물품의 인도 후에 발생한 이들의 손해는 그 원인이 "갑"의 귀책사유인 경우를 제외하고는 "을"이 부담한다.

제4조【인도 및 수령】 "갑"은 약정기한 내에 약정 인도장소에 물품을 지참하여 인도하며, "을"은 물품수령시에 인수증을 발급한다.

제5조【대금지불】
1. 매매대금은 지급기한 내에 현금(또는 수표)으로 지급한다. 단, 특약이 있을 때에는 ○일 만기의 약속어음에 의할 수 있다.
2. 어음에 의한 지급이 인정되었을 경우에 있어서 제7조 각 호의 1에 해당하는 사실이 발생하였을 때에는 "갑"의 청구에 의하여 "을"은 언제라도 현금으로 지불하여야 한다.

제6조【지체상금】 "을"이 매매대금의 지급을 지체할 경우에는 "갑"에게 지급기일의 다음날부터 완제일까지 매 지체 1일당 3/1000의 비율에 의한 지체상금을 지급하여야 한다.

제7조【기한의 이익상실】 다음 각 호의 경우에는 "갑" 청구가 있으면 "을"은 즉시 채무의 전액을 일시에 변제하여야 한다.
1. "을"이 본 계약에 의거한 "갑"에 대한 매매대금 지급채무, 기타 일체의 채무에 관하여 지급의무를 이행하지 아니하였을 때
2. "을"이 압류, 가압류, 조세 체납처분, 부도 등 본 계약상의 의무를 이행하기 어려운 상태에 있다고 "갑"이 판단하는 경우

제8조【물품의 임의 처분】 "을"이 인도기일에 물품을 수령하지 아니하는 등 계약의 이행을 하지 아니할 경우에는 "갑"은 언제라도 물품을 그의 계산에 의하여 임의로 처분한 후 그 처분대금으로써 "을"에 대한 손해배상 채권을 포함하는 일체의 채권변제에 충당하고, 부족액이 있을 때에는 "을"에게 청구할 수 있다.

제9조【하자담보】

1. "갑"은 물품이 계약조건과 상위하거나 또는 인도 전의 원인에 의하여 발생한 물품의 품질불량, 수량부족, 변질, 기타의 하자에 관하여 물품의 인도일로부터 ○일 동안 책임을 부담하며, "을"은 하자의 보수 또는 대금감액을 청구할 수 있고, 그 하자의 존재로 인하여 본 계약의 목적을 달성할 수 없는 경우에는 본 계약을 해제할 수 있다.
2. "을"은 곧 발견할 수 있는 하자에 대하여는 물품의 수령 후 ○일 이내에 통지를 하지 아니할 경우 그 해제권 또는 청구권을 상실한다.

제10조【즉시해제】

1. 제7조 각 호의 1에 해당하는 사실이 발생하였을 때에는 "갑"은 최고 및 자기 채무이행의 제공을 하지 아니하고 즉시 본 계약을 해제할 수 있고, 이 경우 "을"은 "갑"의 손해배상 청구에 응하여야 한다.
2. "갑"이 본 계약의 조항에 위반하였을 때에는 "을"은 최고 및 자기채무이행의 제공을 하지 아니하고 즉시 해제하고 "갑"에게 손해배상을 청구할 수 있다.

제11조【해석 및 관할법원】

1. 본 계약에 정하지 아니한 사항이 있거나 본 계약의 해석에 이의가 있을 경우에는 양 당사자 간의 별도 합의에 의한다.
2. 본 계약과 관련하여 분쟁이 발생하는 경우에는 ○○지방법원을 관할법원으로 한다.

위와 같이 계약을 체결하고 계약의 성립을 증명하기 위하여 계약서 2통을 작성 양 당사자가 각각 날인 후 1통씩 보관한다.

20○○년 ○월 ○일

갑	㉑	주민등록번호		주 소	
				전화번호	
을	㉑	주민등록번호		주 소	
				전화번호	

[서식 49] 판매계약서(중국독점)

중국독점 판매계약서

본 계약서는 중국에 대한 독점판매권을 (주)○○○○(이하 "갑"이라 칭함)와 (주)○○○○(이하 "을"이라 칭함)간에 다음과 같이 독점판매계약을 체결한다.

- 다 음 -

제1조【목 적】 "갑" 및 "을"은 상호 그 이해관계를 존중하고 "갑"상품의 판매촉진에 협력하여 공정한 거래를 함을 목적으로 한다.

제2조【제 품】 "갑"이 생산하는 ○○제품(Model No : ○○-○○)으로 성능이 보완되는 향후 제품까지 포함한다.

제3조【판매지역】 "을"은 중국 국가에 대한 독점판매권한을 갖는다.

제4조【의무사항】 "갑"과 "을"은 하기의 사항을 의무사항으로 준수하여야 한다.

1. "을"은 타사(귀 회사 "외")가 생산하는 제품을 중국 국가에 판매하지 않는다.
2. "갑"은 "을"이 중국 국가에 특별히 동의한 경우 외에는 "갑"의 상품을 부당하게 할인하여 판매해서는 안된다.
3. "을"은 매월 1,000개 이상, 년 12,000개 이상을 판매하여야 한다.
4. "갑"은 "을"과 협의 없이 중국 국가시장에 대상 제품을 판매할 수 없다. 이를 위반하여 "을"이 피해를 본 경우 "갑"은 "을"의 피해금액을 최고 20만 달러까지의 위약금을 "을"에게 지불해야 한다.

제5조【해지사항】 다음과 같은 사항에 해당되면 본 계약을 해약할 수 있다.

1. "을"이 상기 대상제품과 유사한 제품을 제조하거나 판매할 경우
2. "갑"이 "을"의 허락 없이 타사를 통해 중국 국가시장에 대상제품을 판매하였을 경우.
3. 6개월간의 평균 판매량이 제4조 제3항의 판매에 미달될 경우 3개월간의 유예기간이 경과된 후 자동 해지된다.

제6조【대금지급 방법】 "을"은 "갑"에게 상품을 주문시 발주서 송부와 동시에 발주 총액의 20%를 선급금으로 "갑"에게 제공하여야 한다.

제7조【주문방법】 "을"은 "갑"과 협의하여 미리 작성한 발주서의 형식으로 주문을 해야 하며 이 발주서는 계약과 동일한 효력을 가진다. 취소(발주일로부터 20일경과 후)할 경우 선급금은 "갑"에 귀속되며 선급금을 지불하지 않은 발주의 경우 "을"은 발주 총액의 20%를 위약금으로 "갑"에게 지불해야 한다.

제8조【하자보증】 제조 공정상의 하자로 인한 제품 불량은 "갑"이 전량 교체하여야 하며 설치작업 중 또는 설치 후 사용 도중 발생한 하자에 대해서는 향후 영업을 감안하여 "갑"과

"을"이 협의하여 대처하기로 한다.

제9조【유효기간】 본 계약의 유효기간은 계약체결일로부터 1년으로 하며, "갑"과 "을" 쌍방이 유효기간 만료 30일 전 서면을 통해 이의를 제기하지 않는 경우 자동 연장됨을 원칙으로 한다.

제10조【기 타】 이 계약서에 정하지 않은 사항에 대해서는, 일반 상관례에 따르고 기타 필요한 사항은 "갑"과 "을"이 협의하여 결정한다.

"갑"과 "을"은 본 계약을 성실히 수행할 것을 확인하고 이를 증명하기 위하여 계약서 2부를 작성하여 인감 날인을 한 후 "갑"과 "을"이 각각 1부씩 보관한다.

20○○년 ○월 ○일

<table>
<tr><td rowspan="2">갑</td><td rowspan="2">㊞</td><td rowspan="2">사 업 자
등록번호</td><td rowspan="2"></td><td>사 무 소</td><td></td></tr>
<tr><td>전화번호</td><td></td></tr>
<tr><td rowspan="2">을</td><td rowspan="2">㊞</td><td rowspan="2">사 업 자
등록번호</td><td rowspan="2"></td><td>사 무 소</td><td></td></tr>
<tr><td>전화번호</td><td></td></tr>
</table>

[서식 50] 주택매매계약서(건축 중인 주택)

주 택 매 매 계 약 서

매도인 김○○(이하 '갑'이라 한다)과 매수인 박○○(이하 '을'이라 한다)은 서울특별시 ○○구 ○○동 ○○번지 상에 신축중인 건물을 아래 조건으로 매매한다.

아 래

제1조(매매대금 및 지급일)

매매대금	금 일억이천만원(120,000,000원)
계 약 금	금 20,000,000원, 계약시 지급하였음
중 도 금	금 40,000,000원, 20○○년 ○월 ○일
잔 금	금 60,000,000원, 20○○년 ○월 ○일

제 2 조 (목적물 인도) 목적물을 계약당시 시공된 상태대로 계약당일에 인도한다. 다만 건축현장에 반입되어 아직 시공되지 아니한 자재 및 시공회사 소유의 공구·기계 등은 계약 일로부터 3일 이내에 반출한다.

제 3 조 (공사도급관계의 정리) 본 계약체결 이전까지의 매도인과 시공회사간의 채권·채무는 매수인에게 승계 되지 아니하고 전부 매도인이 책임 정리한다.

제 4 조 (토지이용관계) 매도인은 본 건 건물을 신축중인 토지소유자에 대하여 매도인이 본 계약당시 가지고 있는 토지임차권과 동일한 조건의 토지 임차권(단, 임차기간은 20○○. ○. ○일 까지)을 매수인이 가지는 내용의 임대차계약이 잔금 지급일 전까지 매수인과 토지소유자간에 맺어질 수 있도록 협력한다.

제 5 조 (행정 관련사항) 매도인은 건축주 명의변경 등 제반 행정 관련사항의 명의변경에 협력한다.

제 6 조 (계약의 해제 및 손해배상액의 예정) 본 계약이 당사자 일방의 채무불이행으로 해약되는 경우 타방 당사자가 청구할 손해배상액은 금이천만원(20,000,000원)으로 한다.

이 계약의 성립을 증명하기 위하여 본 계약서를 2통 작성, 매도인과 매수인이 각각 서명·날인하고 각 1통을 보관한다.

20○○년 ○월 ○일

매도인	주 소					
	성 명 또 는 상 호	인	주민등록번호 또 는 사업자등록번호	–	전 화 번 호	
매수인	주 소					
	성 명 또 는 상 호	인	주민등록번호 또 는 사업자등록번호	–	전 화 번 호	

[서식 51] 건물매매계약서(임차인이 건물만 매수)

건 물 매 매 계 약 서

부동산의 표시

<table>
<tr><td rowspan="2">부동산의
표 시</td><td>소 재 지</td><td colspan="2">○○시 ○○구 ○○길 ○○</td><td>목 적 물</td><td>위 지상건물</td></tr>
<tr><td>면적 및 구조</td><td>건평 : 50 ㎡</td><td colspan="2">건물구조</td><td></td></tr>
<tr><td colspan="2">매매대금</td><td colspan="4">금 일억원정 (금100,000,000원)</td></tr>
</table>

계약조건

계 약 금	1,000만원정은 계약시 지불하고 영수함.
중 도 금	4,500만원정은 20○○년 ○월 ○일
잔 금	4,500만원정은 20○○년 ○월 ○일 지불하기로 한다.

제1조(명도) 위 부동산의 명도는 20○○년 ○월 ○일로 한다.

제2조(제세공과금) 매도인은 잔금지급일 현재의 위 부동산에 관련된 채무 및 제세공과금을 변제하기로 한다.

제3조(소유권이전) 매도인은 잔금 수령시 소유권 이전(등기)에 필요한 서류를 매수인에게 교부한다.

제4조(위약금) 본 계약을 매도인이 위약시는 계약금의 배액을 변상하며 매수인이 위약시는 계약금을 무효로 하고 반환을 청구할 수 없다.

〈특 약〉

1. 위 매수인이 명의이전서류를 받고도 명의이전을 해태하는 경우 부동산등기부상 명의이전 접수일까지 매 1일당 손해배상금으로 금○○○원을 매도인에게 지급한다.
2. 매도인이 토지소유주로부터 토지의 사용허락을 득하지 못할 경우 본 계약은 무효로 한다.

위 계약의 성립을 증명하기 위하여 본 계약서 2통을 작성하여 각각 서명·날인하고 각 1통씩 보관한다.

20○○년 ○월 ○일

매도인	주 소					
	성 명 또 는 상 호	인	주민등록번호 또 는 사업자등록번호	-	전 화 번 호	
매수인	주 소					
	성 명 또 는 상 호	인	주민등록번호 또 는 사업자등록번호	-	전 화 번 호	

[서식 52] 건물매매계약서(토지소유자 별도)

건 물 매 매 계 약 서

부동산의 표시

부동산의 표 시	소 재 지	○○시 ○○구 ○○길 ○○		목 적 물	위 지상건물
	면 적 및 구 조	건평 : 50 ㎡	건물구조:		
매매대금		금 일억원정 (금100,000,000원)			

계약조건

계 약 금	1,000만원정은 계약시 지불하고 영수함.
중 도 금	4,500만원정은 20○○년 ○월 ○일
잔 금	4,500만원정은 20○○년 ○월 ○일 지불하기로 한다.

제 1 조 (명도) 위 부동산의 명도는 20○○년 ○월 ○일로 한다.

제 2 조 (제세공과금) 매도인은 잔금지급일 현재의 위 부동산에 관련된 채무 및 제세공과금을 변제하기로 한다.

제 3 조 (소유권이전) 매도인은 잔금 수령시 소유권 이전(등기)에 필요한 서류를 매수인에게 교부한다.

제 4 조 (위약금) 본 계약을 매도인이 위약시는 계약금의 배액을 변상하며 매수인이 위약시는

계약금을 무효로 하고 반환을 청구할 수 없다.

〈특 약〉

1. 위 매수인이 명의이전서류를 받고도 명의이전을 해태하는 경우 부동산등기부상 명의이전접수일까지 매 1일당 손해배상금으로 금 ○○○원을 매도인에게 지급한다.
2. 매도인이 토지소유주로부터 토지의 사용허락을 득하지 못할 경우 본 계약은 무효로 한다.

위 계약의 성립을 증명하기 위하여 본 계약서 2통을 작성하여 각각 서명·날인하고 각 1통씩 보관한다.

20○○년 ○월 ○일

매도인	주 소					
	성 명 또 는 상 호	인	주민등록번호 또 는 사업자등록번호	–	전 화 번 호	
매수인	주 소					
	성 명 또 는 상 호	인	주민등록번호 또 는 사업자등록번호	–	전 화 번 호	

[서식 53] 농지매매계약서(농지법상 허가조건부)

농 지 매 매 계 약 서

매수인 ○○주식회사를 갑으로 하고, 매도인 토지소유자 홍△△을 을로 하여 갑과 을 사이에 다음과 같이 토지매매계약을 체결한다.

(부동산 표시)

소 재 : ○○도 ○○군 ○○면 ○○리

지 번 : ○○번지

지 목 : 밭

지 적 : ○○○㎡

제 1 조 (목적) 을은 자신의 소유인 위 표시의 토지(이하 '본 건 토지'라 한다)를 농지법의 규정에 따른 허가를 조건으로 하여 갑에게 매도하고, 갑은 이를 매수하기로 한다.

제 2 조 (매매대금) 본 건 토지의 매매대금은 일금○○○만원으로 한다.

제 3 조 (허가의 신청) 본 계약체결 후 갑 및 을은 지체 없이 농지법상의 규정과 관련법규의 기타 규정에 따른 허가를 신청하도록 한다.

제 4 조 (제한물권의 소멸) 을은 본 건 토지에 대하여 갑의 사용을 저해하는 저당권 기타 권리가 있을 때는 이를 소멸시키도록 한다.

제 5 조 (소유권이전등기절차와 허가신청) 소유권이전등기신청 및 농지법등 관련법규의 규정에 의한 허가신청은 갑이 하도록 하고, 을은 그 신청에 필요한 서류를 미리 갑에게 제출하도록 한다.

제 6 조 (대금지급의 방법) ① 갑은 제3조 내지 제5조의 행위가 완료되었을 때 그에 소요된 비용은 매매대금의 일부로 충당하도록 한다.

② 매대대금의 잔액은 본 건 토지에 관한 갑의 사용을 방해하는 일체의 권리를 을이 소멸시키고, 을로 하여금 갑에게 소유권이전등기가 완료되었을 때 지급하기로 한다.

③ 매매대금의 잔액은 위 2항의 절차를 완료한 후 을이 갑에게 청구한 날부터 20일 이내에 지급하도록 한다.

제 7 조 (인도) 을은 농지법 및 기타 관련법의 규정에 의한 허가가 있은 후 해당 소유권상에 일체의 권리를 존재시키지 않은 상태로 본 건 토지를 갑에게 인도 하도록 한다.

제 8 조 (비용부담) 본 건 토지에 대한 제세공과금은 갑이 인도를 받은 날 전날까지 발생된 제세비용은 을의 부담으로 하기로 한다.

제 9 조 (기타 비용) 을은 제2조에서 정하는 매매대금 이외에는 어떠한 명목이라도 갑에게 부담을 주지 않는다.

제10조 (계약의 해제) 본 계약이 농지법 및 기타 관련법규의 규정에 의한 허가를 얻지 못해 이행할 수 없게 된 경우에는 을은 이미 수령한 계약금을 갑에게 반환하고, 본 계약은 해제되는 것으로 한다.

이 계약을 보증하기 위해 계약서 2통을 작성하여, 각각 서명·날인한 후, 각 1통을 보관하도록 한다.

20○○년 ○월 ○일

<table>
<tr><td rowspan="2">매
도
인</td><td>주 소</td><td colspan="5"></td></tr>
<tr><td>성 명
또 는
상 호</td><td>인</td><td>주민등록번호
또 는
사업자등록번호</td><td>–</td><td>전 화
번 호</td><td></td></tr>
<tr><td rowspan="2">매
수
인</td><td>주 소</td><td colspan="5"></td></tr>
<tr><td>성 명
또 는
상 호</td><td>인</td><td>주민등록번호
또 는
사업자등록번호</td><td>–</td><td>전 화
번 호</td><td></td></tr>
</table>

[서식 54] 부동산매매 및 환매계약서

부동산매매 및 환매계약서

매도인 ○○○를 『갑』이라 하고, 매수인 ○○○를 『을』이라 하여 부동산매매 및 환매에 관하여 다음의 계약을 체결한다.

제 1 조 (부동산의 매매)
『갑』은 그 소유인 아래 표시의 부동산(이하 본건 부동산이라 한다)을 『을』에게 매도하고 『을』은 이를 매수한다.

– 아 래 –

[부동산의 표시]

<table>
<tr><td>건물소재지</td><td colspan="2"></td></tr>
<tr><td>면적</td><td>대지 :</td><td>건물 :</td></tr>
<tr><td>건물구조 및 용도</td><td colspan="2"></td></tr>
</table>

제 2 조 (부동산 소유권의 이전 및 인도)
① 『갑』은 20○○년 ○○월 ○○일 ○○등기소에서 본건 부동산 소유권이전등기에 필요한 일체의 서류를 『을』에게 제공한다.
② 『갑』은 제1조 표시 부동산을 20○○년 ○○월 ○○일 『을』에게 인도한다.

제 3 조 (매매대금의 지급)
① 매매대금은 금 ○○원으로 한다.

② 『을』은 『갑』에게 제2조 제1항의 부동산 소유권이전등기 완료와 동시에 전항의 매매대금을 지급한다.

제 4 조 (환매의 특약)
① 『갑』은 『을』이 제3조에 따라 지급한 매매대금 금 ○○원 및 본건 계약의 비용으로 『을』이 부담한 금 ○○원을 『을』에게 반환하고 제1조 표시 부동산을 환매할 수 있다.
② 『갑』은 『을』에게 제2조 제1항과 같이 환매의 특약을 등기하기 위해 필요한 일체의 서류를 제공한다.

제 5 조 (환매기간)
제4조에 의한 소정의 기간은 본 계약체결일로부터 기산하여 만 5년간으로 한다.

제 6 조 (환매권의 소멸)
『갑』은 제5조에서 규정한 기간 내에 대금을 『을』에게 제공하지 않으면 환매할 권리를 잃게 된다.

제 7 조 (부동산의 임료)
본건 부동산의 임료는 『을』이 이를 수령하여 매매대금에 대한 이자는 없는 것으로 한다.

제 8 조 (비용의 부담)
본 계약에 소요되는 비용은 각 당사자가 균분하여 부담하기로 한다.

본 계약 내용을 증명하기 위하여 이 계약서를 작성하고 『갑』, 『을』이 각 기명날인하여 각 1통씩 보관한다.

20○○. ○. ○.

「갑」
○ ○ ○ (인)
○○시 ○○구 ○○동 ○○번지 ○호
주민등록번호 ○○○○○○-○○○○○○○

「을」
○ ○ ○ (인)
○○시 ○○구 ○○동 ○○번지 ○호
주민등록번호 ○○○○○○-○○○○○○○

[서식 55] 할부판매계약서(단말기)

할부판매계약서

단말기를 할부로 구입하는 구매자(이하 '갑'이라 한다), 이동통신 서비스 제공자(이하 '을'이라 한다), 단말기 판매자(이하 '병'이라 한다), 할부구매자에 대한 신용제공자(이하 '정'이라 한다)는 PCS단말기 할부판매와 관련하여 다음과 같이 약정을 체결한다.

제1조【 할부판매약정 및 할부채권양도 】

1. '갑'은 별지 단말기 할부계약서에 의하여 '병'으로부터 단말기를 구입하고 '병'은 단말기의 할부판매로 취득한 단말기 할부채권을 '을'에게 양도하며 '정'은 '갑'의 할부대금을 '을'에게 일시불로 지급하고 이에 대하여 '갑'은 승낙한다.
2. 본 약정은 '을'이 단말기의 할부판매, 할부금채권의 양도 등 약정사항을 직접 확인하는 등 소정의 절차를 거쳐 '갑'에게 할부채권의 양도를 통지하는 시점에서 성립한다.

제2조【 단말기 공급과 대금지급방법 】 '병'은 '갑'에게 단말기를 공급하고 '갑'은 소정의 선수금(계약금)을 제외한 나머지 할부대금을 '정'에게 납입하여야 한다.

제3조【 할부계약의 철회 】

1. '갑'은 할부단말기를 인도 받은 후 7일 이내에는 단말기의 할부구매를 철회할 수 있다.
2. '갑'이 제1항에 의거하여 할부계약을 철회하고자 하는 때에는 철회의 의사표시가 기재된 서면을 발송하여야 한다. 다만, '갑'의 책임 있는 사유로 단말기가 멸실 또는 훼손된 경우에는 할부계약을 철회할 수 없다.

제4조【 소유권의 제한 】 '갑'은 할부대금을 완납하기 전에는 '을'의 승낙 없이 단말기를 타인에게 양도, 대여, 질권설정 등 임의처분을 할 수 없다.

제5조【 구매자의 의무 】

1. '갑'은 할부대금을 완납하기 전에 주소를 변경할 경우 지체 없이 '을' 및 '정'에게 통보하여야 한다.
2. '을' 및 '정'이 '갑'의 최후 주소에 송달한 통지 등 송부서류는 '갑'에게 도달된 것으로 간주한다.
3. '갑'은 제1항의 의무를 태만히 하여 '을' 및 '정'으로부터 통지 혹은 송부 서류 미도착 등으로 인한 불이익을 받은 것에 대하여 이의를 제기할 수 없다.

제6조【 구매조건의 결정 】 단말기할부판매는 '갑'이 '을'의 서비스에 가입하는 조건으로 이루어지며 '갑'은 단말기만의 구매를 위하여 할부판매방식을 이용할 수 없다.

제7조【 할부대금 납입방법 】

1. '갑'은 할부대금을 '정'이 지정한 납부기관에 납부하여야 한다.
2. '갑'이 납부하여야 할 월납입금은 '을'의 서비스에 가입한 월의 다음날부터 납입하여야

한다.

제8조【변제충당순서】 '갑'이 납입한 금액이 납입일 현재 채무전액을 충당하기에 부족한 경우, '정'은 '갑'이 납입한 금액에 대하여 납기일 기준으로 먼저 도래한 채무액부터 우선 충당하기로 한다.

제9조【기한의 이익상실】 '갑'은 다음 각 호에 해당하는 경우 기한의 이익을 상실하고 '정'은 잔여 할부대금 전액에 대하여 '갑'에게 일시불 납입을 청구할 수 있다.

1. '갑'이 납입금의 납입을 연속하여 2회 이상 연체하고 그 연체금액이 할부금액의 10분의 1을 초과하는 경우
2. '갑'이 외국으로 이민하는 경우

제10조【약정의 해제】 '갑'이 납입금을 연체하여 '정'이 14일 이상의 기간을 정하여 서면으로 최고하였으나 납입하지 아니할 경우에는 '정'은 본 약정을 해제하고 할부금액을 일괄 청구할 수 있다.

이 계약의 증거로써 이 계약서 4통을 작성하여 갑, 을, 병, 정이 각 1통씩 보관한다.

20○○년 ○월 ○일

갑	㊞	주민등록번호		주 소	
				전화번호	
을	㊞	사 업 자 등 록 번 호		사 무 소	
				전화번호	
병	㊞	사 업 자 등 록 번 호		사 무 소	
				전화번호	
정	㊞	사 업 자 등 록 번 호		사 무 소	
				전화번호	

[서식 56] 공급기본계약서(상품)

상품공급기본계약서

○○○○주식회사(이하 "갑"이라 칭함)와 ○○○○주식회사(이하 "을"이라 칭함)는 상

품의 매매에 관하여 다음과 같이 상품공급기본계약을 체결한다.

– 다 음 –

제1조【상품명세, 거래조건】 "을"이 "갑"에게 공급하는 상품의 종류, 수량, 기타 제조건은 본 계약서 소정의 규정 및 개별계약서에서 정하는 바에 따른다.

제2조【상품의 가격】 "을"이 "갑"에게 매도하는 상품의 판매가격은 개별계약 또는 상호합의에 의해 정한다.

제3조【대금의 결제】 "갑"은 "을"로부터 상품을 인수시 정해진 판매가격을 상품 인수와 동시에 전액 현금으로 지급함을 원칙으로 한다. 단, "을"이 인정하는 경우에는 "을"이 정하는 조건에 따라 "갑"은 상품을 본 항의 대금지급 전에 인수할 수 있다

제4조【손해배상】 "을"이 공급한 상품의 하자가 발생하여 "갑"이 손해를 입은 경우 "을"은 즉시 그 손해에 상당하는 금액을 배상하여야 한다.

제5조【계약의 해지, 해제】

1. "갑" 또는 "을"에게 다음 각 호 중 하나의 사실이 발생한 경우 상대방 당사자는 최고 없이 본 계약을 해제 또는 해지할 수 있다.
   가. 중요재산에 대하여 가압류, 가처분, 압류, 경매를 당하거나, 타인 또는 스스로 합병, 영업양도, 회사정리, 화의, 파산, 청산 등 절차의 신청이 있었을 경우
   나. 직접 발행한 어음 또는 수표가 부도 처분되거나, 당좌거래가 중지되었을 경우
   다. 조세공과금의 체납처분을 당하는 경우
2. "갑" 또는 "을"이 본 계약상의 중대한 의무를 위반한 경우, 상대방 당사자는 7일의 기간을 정하여 위반 당사자에게 그 이행을 최고한 후 그 기간 내에 완전한 이행이 없을 경우 본 계약을 해제·해지할 수 있다.
3. 본조에 따라 이 기본계약이 해제·해지되는 경우 그에 따른 개별계약도 동시에 해제·해지되는 것으로 한다.

제6조【기한의 이익상실】 "갑"이 상품을 인수하기 전이나 인수 후에 전조 각 호 중 하나의 사실이 발생하였을 경우에 "을"의 "갑"에 대한 전 채무는 기한의 이익을 상실한다.

제7조【합의관할】 본 계약에 관한 분쟁은 "갑" 또는 "을"의 본사 소재지 관할 법원으로 한다.

제8조【계약기간 및 갱신】 본 계약기간은 계약체결일로부터 1년까지로 한다. 단, 계약기간은 계약당사자 일방이 상대방에게 계약만료 1개월 전까지 서면으로 계약의 만료를 통보하지 않는 한 자동적으로 1년씩 연장된다. 순차연장의 경우에도 동일하다.

위와 같이 계약을 체결하고 계약의 성립을 증명하기 위하여 계약서 2통을 작성하여 "갑"과 "을"이 날인한 후 각 1통씩 보관한다.

20○○년 ○월 ○일

갑	㊞	사 업 자 등 록 번 호		사 무 소	
				전화번호	
을	㊞	사 업 자 등 록 번 호		사 무 소	
				전화번호	

[서식 57] 공급계약서(물품)

물품공급계약서

공급물건 :

납입장소 :

납입기한 : 20○○년 ○월 ○일

계약금액 : 20○○년 ○월 ○일

상기 물품을 납입함에 관하여 주문자 지출부담행위담당관 ○○○를 "갑"이라 하고, 공급자 ○○○를 "을"로 하여 다음 조항에 의하여 물품공급계약을 체결한다.

제1조【총 칙】 "을"은 두서의 물품을 두서의 계약금으로써 소정의 납입장소 및 납입기한에 납입하지 않으면 아니 된다.

제2조【납입 및 검사】

1. "을"이 물품을 납입하였을 때 그 요지를 "갑"에게 통지하지 않으면 아니 된다.
2. "을"로부터 전항의 통지를 받았을 때 "갑"은 10일 이내에 "을"의 입회하에 검사를 하며 검사에 합격한 것은 인수를 하여야 한다.
3. "을"은 전항의 검사에 불합격한 것에 관하여는 신속히 이를 대품과 교체하여 공급하여야 한다.
4. "을"은 "갑"의 사전승인을 얻어 물품을 분납할 수 있다. 이 경우에도 전3항을 준용한다.

제3조【납입에 요하는 비용의 부담】 납품납입에 소요되는 운임 기타 모든 비용은 "을"의 부담으로 한다.

제4조【검사에 요하는 비용의 부담】 제2조의 검사에 소요되는 모든 비용은 "을"의 부담으로 한다.

제5조【계약대금의 지급】

1. "을"은 제2조 2항의 규정에 의한 검사에 합격하였을 때 소정의 절차에 따라서 계약대금의 지급을 청구한다.
2. "갑"은 전항의 지급청구에 의하여 이를 접수한 날로부터 30일 이내에 지급을 완료하여야 한다.
3. 제2조 제4항의 규정에 따라 분납이 행하여지면 제1항에 준하여 분할지급의 청구를 할 수 있다. 그 지급에 관하여는 제2항을 준용한다.

제6조【권리의무의 양도】 이 계약에 의하여 발생하는 권리나 의무는 이를 제3자에게 양도하거나 승계시킬 수 없다.

제7조【"을"의 청구에 의한 납기의 연장】 "을"이 그의 귀책사유로 인하여 납입기한 내에 물품을 납입할 수 없을 때에는 "갑"에 대하여 지체 없이 그 사유서를 첨부하여 납기의 연장을 청구할 수 있다. 단, 그 연장일수는 "갑"·"을" 협의하여 정한다.

제8조【계약내용의 변경】 "갑"은 필요에 따라 주문내용을 변경할 수 있다. 이 경우 계약금액 또는 납입기한을 변경할 필요가 발생하면 "갑"·"을" 간에 협의하여 서면으로 결정한다.

제9조【이행지체의 때에 있어서의 손해금】

1. "을"의 귀책사유에 의해 두서의 기한 내에 물품을 납입할 수 없을 경우 "갑"은 "을"로부터 지연손해금을 지급받고 납기를 연장할 수 있다.
2. 전항의 지연손해금은 지연일수 1일에 대하여, 계약금액에서 이미 납입한 액을 공제한 잔액에 대하여 그 1,000분지 1로 한다.
3. "갑"의 귀책사유로 인하여 제2조 제2항의 규정에 의한 대금이 지급이 지연된 때에는 "을"은 "갑"에 대하여 일변 금 ○○○원의 비율로 지연이자의 지급을 청구할 수 있다.

제10조【검사의 지연】

1. "갑"의 귀책사유에 의하여 제2조 제2항의 기간 내에 검사하지 아니할 때에는 그 시기를 경과한 날로부터 검사를 한 날까지 기간의 일수는 제5조 제2항의 기간(약정기간)의 일수에 산입하지 아니한다.
2. 전항에 의한 지연기간이 약정기간의 일수를 초과한 때 약정기간은 만료한 것으로 하며 "갑"은 그 초과한 일수에 상응하여 전조 제3항의 지연이자를 지급하지 않으면 아니 된다.

제11조【"갑"의 해제권】 "갑"은 "을"이 다음 각 호의 1에 해당하는 행위를 하면 계약을 해제할 수 있다.

1. "을"의 귀책사유에 의해 두서의 기한 내에 납입을 완료하지 아니할 뿐만 아니라 상당한 기한 내에 그 가능성이 없다고 "갑"이 인정하였을 때
2. 전항 이외 "을"이 계약에 위반하여 계약의 목적을 달성할 가능성이 없다고 "갑"이 인정할 때

제12조【"갑"이 계약을 해제하였을 때의 위약금】 "을"이 전조에 의해 계약을 해제 당하였을 때는

즉시 계약대금의 10분의 1에 상당하는 위약금을 "갑"에게 지급하여야 한다.

제13조【 보증금 】 계약보증금은 면제한다.

제14조【 "을"의 해제권 】 "을"은 "갑"이 계약에 위반하고 그 위반에 의하여 물품을 납입하는 것이 불가능하게 되었을 경우 계약을 해제할 수 있다.

제15조【 계약해제에 의한 물건의 회수 】

1. 계약을 해제하였을 때 "을"은 "갑"이 인수한 물건 이외에는 이를 신속히 회수하지 않으면 아니 된다.
2. 전항의 경우 "을"이 정당한 사유 없이 신속히 회수를 완료하지 아니할 때 "갑"은 "을"에 대신하여 그 물건을 처분할 수 있다. "을"은 이로 인한 이의신청을 할 수 없음과 아울러 이에 소요된 비용을 부담하여야 한다.

제16조【 계약외의 사항 】 이 계약에 정하지 아니한 사항에 관하여는 필요에 따라 "갑"·"을" 협의하여 정한다.

상기 계약의 증거로서 본 증서 2통을 작성하여 당사자 기명날인한 후 각 1통씩 보관한다.

20○○년 ○월 ○일

갑	㊞	주민등록번호		주 소	
				전화번호	
을	㊞	주민등록번호		주 소	
				전화번호	

[서식 58] 공급계약서(상품 장기공급)

상품장기공급계약서

제 1 조【 계약상품 】 "갑"은 "을"에게 아래 상품을 본 계약 조건에 따라 계속적으로 매도하고 "을"은 이를 매수할 것에 동의한다.

1. 상품명 :
2. 규 격 :

제2조【최소 구매물량 및 단가】

1. "을"은 본 계약기간 동안 아래에 규정된 물량을 아래에 규정된 단가로서 매수한다.
   가. 최소 구매물량 :
   나. 단가 :
2. 전항에 규정된 최소 구매물량 및 단가는 "을"의 요청에 따라 양 당사자 간의 합의에 의해 변경할 수 있다.

제3조【주문 및 인도】

1. "을"은 매수시 마다 주문서에 의하여 상품을 주문하며, "갑"은 동 주문서에 따라 상품을 인도한다. 주문서에는 상품명, 규격, 수량, 인도시기, 인도수량 등을 명기하여야 하며, 동 인도시기는 주문서 전달일로부터 최소한 ○일 이상의 유예기간을 두어야 한다.
2. "갑"은 상품을 전항의 인도시기에 인도하여야 한다. "갑"은 불가항력에 의한 인도자체에 대하여는 책임지지 아니하며, 일전의 사전 통지로써 인도시기를 연장할 수 있다.
3. "을"은 상품을 인도받은 즉시 인도받은 상품과 포장명세서를 대조한 후 인수증을 발급한다.
4. 상품의 인도에 따른 운임은 "갑"의 부담으로 한다. 단 특별한 포장, 특별한 수송 및 업을 요할 경우의 추가비용은 "을"의 부담으로 한다.

제4조【대금지급】

1. 본 계약의 상품대금은 매월 ○일로 마감하고 이를 당월의 매도대금으로 하며, "을"은 이를 "갑"의 청구일로부터 ○일 이내에 현금(또는 수표)으로 "갑"에게 지참 또는 송금하여 지급한다. 단 특약이 있는 경우에는 ○일 만기의 약속어음에 의할 수 있다.
2. "을"은 전항의 대금지급을 지체하였을 경우에는 지급기일로부터 완제일까지 매 지체 1일 당 3/1000의 비율에 의한 지체상금을 "갑"에게 지급하여야 한다.

제5조【상품의 소유권】 본 계약에 의거 "을"에게 인도된 상품의 소유권은 전조에 의한 상품대금을 "갑"에게 현금으로 지급되거나 또는 약속어음이나 수표의 결제가 완료된 때에 "갑"으로부터 "을"에게 이전한다.

제6조【보증금】 "을"은 본 계약에 따른 대금지급을 담보하기 위하여 본 계약체결과 동시에 금 ○○○원의 보증금을 "갑"에게 예치한다. "갑"은 전기 보증금에 대하여 "을"에게 이자를 지급할 의무를 지지 아니한다.

제7조【근저당권 설정】 "을"은 제4조 대금지급의무, 기타 본 계약상의 의무이행을 담보하기 위하여 "갑"과의 합의에 따른 부동산 위에 "갑"을 근저당권자로 하는 채권최고금액 ○○○원의 근저당권을 설정하여야 한다.

제8조【하자담보 책임】

1. 파손, 수량부족 등을 포함하는 상품의 하자에 관하여는 "을"이 동 하자의 존재사실을 "갑"의 상품 인도일로부터 ○일 이내에 "갑"에게 통지하지 않으면 "갑"은 이에 대하여 책임을 지지 아니한다.
2. 전항의 기간경과 후의 상품에 대한 하자의 경우에 "을"의 요청에 따라 "갑"은 통상적으로 "갑"이 고객에게 제공하는 조건으로 동 하자를 수리 또는 치유한다.

제9조【변제충당】 "을"이 대금지급의 지연 등 본 계약의 위반으로 인하여 "갑"에게 손해를 끼쳤을 경우, "갑"은 제6조의 보증금 또는 근저당권의 실행에 의한 경매대금으로써 임의로 "을"의 채무변제에 충당할 수 있다. 단, 전기 처분은 "갑"의 별도 손해배상의 청구에 영향을 미치지 아니한다.

제10조【계약의 해지】 아래 사항의 어느 하나가 발생할 경우, "갑"은 "을"에게 ○일 전의 사전 서면통지를 하고 본 계약을 해지할 수 있으며, 또한 본 계약이 해지됨에 따라 자신이 입은 손해를 "을"에게 청구할 수 있다.

1. "을"이 본 계약상의 의무를 위반하거나 이행하지 아니하는 경우
2. "을"이 파산신청, 압류, 부도, 공과체납 등으로 인하여 본 계약상의 의무를 이행하기 어려운 상태에 있다고 "갑"이 판단하는 경우

제11조【계약기간】 본 계약은 체결일로부터 ○년간 존속한다. 단 동기간의 만료 1개월 전에 어느 당사자가 갱신을 원하지 않음을 서면으로 타방 당사자에게 통지하지 않은 경우에는 동일조건으로 동일기간동안 자동 연장된다.

제12조【부 인】 "갑"이 "을"에게 어느 의무의 이행을 요구하지 않거나 또는 계약위반 상태의 치유를 요구하지 아니하더라도, 동 권리행사의 유보는 다른 권리행사의 유보나 차후 동일한 권리행사의 유보로 해석되지 아니한다.

제13조【해석 및 관할법원】

1. 본 계약상의 해석에 이견이 있거나 본 계약에 규정되지 아니한 사항에 대하여는 양당사자의 합의에 의하여 결정한다.
2. 본 계약과 관련하여 분쟁이 발생하는 경우에는 ○○지방법원을 관할법원으로 한다.

이상을 증명하기 위하여 본 계약서 2부를 작성하고, 양 당사자가 서명(또는 기명) 날인한 후 각각 1부씩 보관한다.

20○○년 ○월 ○일

갑	㊞	주민등록번호		주 소	
				전화번호	
을	㊞	주민등록번호		주 소	
				전화번호	

[서식 59] 공급계약서(유기농산물)

유기농산물 공급계약서

유기농산물 생산업체 (주)○○○○(이하 "갑"이라 칭한다)와 웰빙식품 판매자 (주)○○○○(이하 "을"이라 칭한다)는 다음과 같이 유기농산물공급계약을 체결한다.

제1조【목 적】 본 계약은 "갑"이 경작하는 유기농산물을 "을"이 공급받아 판매하는 내용을 규율함을 목적으로 한다.

제2조【유기농산물】 본 계약에서 "갑"이 생산하는 유기농산물은 무농약 재배를 통하여 생산되는 농작물로서 구체적으로 다음 각 호의 품목을 지칭한다.

1. ○○○○
2. ○○○○
3. ○○○○

제3조【독점공급】 "갑"은 본 계약상 재배하는 유기농산물을 "을" 이외의 다른 업체에 공급할 수 없다.

제4조【대금지급】

1. "을"은 "갑"에게 경작 품목별 생산량을 계산하여 재배 초기에 일괄 구매방식으로 하여 당해 요금을 일시불로 현금으로 지급한다.
2. 제1항의 구체적 품목별 구매요금은 별도의 품목별 구매명세서에 따른다.

제5조【친환경 재배 등】

1. "을"은 "갑"의 재배 기간 동안 언제라도 수시로 농산물에 대한 농약사용 여부, 비료의 기준량 초과 공급여부, 수질의 상태 등에 대해 검사할 수 있으며 필요한 경우 외부 전문기관에 검사를 의뢰할 수 있다.
2. "갑"은 재배하는 유기농 농산물이 친환경농산물로 언제든지 인증이 가능하도록 시설 및 재배 그리고 품질을 구비하여야 한다.

제6조【과실책임】

1. "갑"이 농작물의 재배에 있어서 친환경 재배의 위반 또는 시설관리의 미비 등으로 인하여 본 계약의 취지에 어긋나는 농작물을 재배하거나 농작물의 작황이 본 계약상 결제한 기준량의 예정 수확량보다 ○%에 미치지 못할 경우에는 "갑"은 기 지급된 구입대금에서 부족분에 상응하는 수량만큼의 비용을 "을"에게 반환하여야 한다.
2. 제1항의 경우 도저히 본 계약상의 목적을 이룰 수 없는 경우에는 기 지급된 대금 전액을 반환하여야 한다.
3. "을"은 본 조의 경우 별도로 손해배상을 "갑"에게 청구한다.

제7조【불가항력】

1. 혹한, 혹서, 가뭄, 폭설, 홍수 등의 천재지변으로 인하여 "갑"이 주의의무를 다하였음에도 불구하고 재배 농작물에 손해가 발생하였을 시에는 "을"은 "갑"에 대하여 기 지급된 구매대금의 반환을 요청할 수 없다.
2. 제1항의 경우 "갑"이 행정기관으로부터 일정한 보조금을 지급받은 경우에는 시설의 복구비를 제외한 농작물 피해보상비용에 대하여는 "을"이 대금의 수취권을 지닌다. 다만, "갑"이 수령한 경우에는 즉시 관련 내역을 명시하고 금액을 "을"에게 반환하여야 한다.

제8조【현장조사】

1. "을"은 본 계약기간 동안 수시로 "을" 또는 "을"의 대리인을 "갑"의 영업장에 파견하여 재배상황을 검사하고 관련 조치를 요구할 수 있다.
2. "갑"은 "을"의 현장조사시 해당 농산물에 사용되는 재배방법 및 비료의 사용량 또는 자연 재배의 경작현황에 대한 기초자료를 서면으로 준비 제공하여야 한다.

제9조【비밀유지】 "을"은 본 계약상 지득한 "갑"의 유기농 재배농법에 대해 일체의 외부유출을 금지하며 "갑"의 서면동의 없이 발생한 외부의 누설에 대하여 전적인 책임을 부담한다.

제10조【운송 등】

1. "을"은 "갑"이 재배한 농작물을 "을"의 비용으로 "갑"으로부터 수령하여 "을"의 영업소에 운송한다.
2. "을"은 농작물 출하 시 ○시간 이전에 "갑"에게 통지하는 한 출하는 언제든지 할 수 있다. 다만, 유기농산물의 완전 재배 이후 ○일 이내에 재배된 모든 유기농산물을 반출하여야 한다.

제11조【양도금지】 당사자 쌍방은 본 계약상의 상대방에게 인정한 권리를 제3자에게 양도할 수 없다.

제12조【유효기간】

1. 본 계약의 유효기간은 20○○년 ○월 ○일부터 20○○년 ○월 ○일까지로 한다.
2. 제1항의 기간만료일로부터 30일 이전에 어느 일방의 계약종료통지가 없는 한 계약은 동일조건으로 매 1년씩 자동 연장되는 것으로 한다. 다만, 일방의 계약조건의 변경통지가 있을 시에는 기간의 만료일까지 협의가 되지 아니하면 계약은 자동 종료되는 것으로 한다.

제13조【해 지】 쌍방은 다음의 경우 언제든지 서면통지를 함으로써 법적절차 없이 본 약정을 해지할 수 있다.

1. 대금지불이 상호 합의한 일자까지 또는 연기된 경우에는 연기된 일자까지 이루어지지 않는 경우
2. "을"의 독점판매권리에 변동이 있는 경우
3. 본 계약서의 조건을 위반하는 경우

제14조【기타사항】

1. 계약의 당사자는 본 계약의 내용을 신의성실에 의거하여 준수하여야 한다.

2. 계약기간 중 계약의 변경은 당사자의 서면 합의에 의해서만 변경될 수 있으며 서명날인된 문서를 본 계약서의 말미에 첨부한다.
3. 본 계약서에서 명시되지 않은 부분에 대하여는 관련 법규 및 상관습에 따르기로 한다.

제15조【분쟁해결】
1. 본 계약과 관련하여 양 당사자 간의 분쟁이 발생한 경우, 원칙적으로 "갑"과 "을" 상호간의 합의에 의해 해결한다.
2. 제1항에도 불구하고 분쟁이 해결되지 않을 경우 "갑"의 주소지 관할 지방법원을 그 관할로 하여 재판함으로써 해결한다.

제16조【특약사항】 상기 계약일반사항 이외에 "갑"과 "을"은 아래 내용을 특약사항으로 정하며, 특약사항이 본문과 상충되는 경우에는 특약사항이 우선하여 적용된다.

위와 같이 본 계약이 유효하게 성립하였음을 각 당사자는 증명하면서 본 계약서 2통을 작성하여 각각 서명(또는 기명) 날인한 후 "갑"과 "을"이 각각 1통씩을 보관한다.

별 첨 : 품목별 구매명세서 ○부

20○○년 ○월 ○일

갑	㉿	사 업 자 등 록 번 호		사 무 소	
				전화번호	
을	㉿	사 업 자 등 록 번 호		사 무 소	
				전화번호	

[서식 60] 공급계약서(연료)

연료공급계약서

제조업체 (주)○○○○(이하 "갑"이라 칭한다)와 유류업자 (주)○○○○(이하 "을"이라 칭한다)는 상호간에 다음과 같이 연료공급계약을 체결한다.

제1조【목 적】 본 계약은 "갑"의 제조공장을 비롯한 사업장에 사용할 연료용 기름의 공급을 "을"이 계약기간 동안 독점 공급하는 것과 관련된 사항의 규율을 목적으로 한다.

제2조【독점공급】 "을"은 본 계약기간 동안 "갑"의 사업장에서 사용되는 일체의 연료에 대하여 독점 공급하도록 한다.

제3조【대금결제】

1. "을"은 "갑"에게 공급하는 연료를 리터당 판매 단가에서 ○% 할인된 금액으로 공급을 하고 "갑"은 매월 정산하여 다음달 ○일에 현금결제 하도록 한다(단, 부가세별도).
2. 제1항의 대금 연체 시 총 결제금액의 ○%에 해당하는 연체이자가 매 1일당 가산된다.

제4조【가격조정】 연료용 기름의 원가가 폭등하여 부득이 "을"의 공급가에 영향이 있는 경우 "갑"은 폭등한 가격을 감안한 결제를 행하여야 하고 반대로 폭락의 경우에도 그러하다. 다만, 사유 발생일로부터 ○일 동안은 기 공급단가로 공급한다.

제5조【주 문】 "갑"은 연료가 필요한 경우 사전에 "을"에게 통지하고 "을"은 "갑"의 영업장을 방문하여 연료를 보충하고 보충액에 관한 공급명세표를 교환한다.

제6조【공급유 품질】

1. "을"은 연료의 품질을 상품으로 공급하여 생산효율이 떨어지거나 연소에 하자가 발생하지 아니하도록 하여야 한다.
2. 제1항의 경우 유사 석유 등 정품을 제외한 일체의 혼합유의 공급을 하여서는 아니된다.

제7조【서비스 제공】

1. "을"은 "갑" 소속 직원에 대하여 "을"이 자체적으로 발행하는 쿠폰을 통한 할인 혜택을 부여하도록 하고 제시된 쿠폰에 대하여 "을"은 이를 거부하거나 기타 불친절한 대우를 하여서는 아니된다.
2. "을"은 할인혜택과 별도로 우수 이용 고객에 대한 경품지급 등의 사은 행사를 실시하도록 한다.

제8조【계약기간】 본 계약은 계약 체결일로부터 차년도 ○월까지로 하며 기간의 종료 이후에도 "갑"이 주문하는 연료에 대하여는 ○개월간 동 계약에 따른 공급을 하도록 한다.

제9조【해 지】

1. "을"이 품질이 조악한 원유를 공급하거나 기타 본 계약상의 의무를 위반 또는 태만했을 경우 "갑"은 시정을 최고하고 그럼에도 불구하고 시정되지 아니할 시 해지할 수 있다. 단, 동일한 사유가 ○회 발생된 경우 자동 해지된다.
2. 당사자 일방이 강제집행을 당하거나, 해산, 파산, 부도 등의 사업을 지속할 수 없는 경우 계약은 자동 해지된다. 다만, 강제집행의 경우에는 "갑"의 판단에 따라 유보할 수 있다.

제10조【기타사항】

1. 계약의 당사자는 본 계약의 내용을 신의성실에 의거하여 준수하여야 한다.
2. 계약기간 중 계약의 변경은 당사자의 서면 합의에 의해서만 변경될 수 있으며 서명날인된 문서를 본 계약서의 말미에 첨부한다.
3. 본 계약서에서 명시되지 않은 부분에 대하여는 관련 법규 및 상관습에 따르기로 한다.

제11조【분쟁해결】
1. 본 계약과 관련하여 양 당사자 간의 분쟁이 발생한 경우, 원칙적으로 "갑"과 "을" 상호간의 합의에 의해 해결한다.
2. 제1항에도 불구하고 분쟁이 해결되지 않을 경우 "갑"의 주소지 관할 지방법원을 그 관할로 하여 재판함으로써 해결한다.

제12조【특약사항】 상기 계약일반사항 이외에 "갑"과 "을"은 아래 내용을 특약사항으로 정하며, 특약사항이 본문과 상충되는 경우에는 특약사항이 우선하여 적용된다.

위와 같이 본 계약이 유효하게 성립하였음을 각 당사자는 증명하면서 본 계약서 2통을 작성하여 각각 서명(또는 기명) 날인한 후 "갑"과 "을"이 각각 1통씩을 보관한다.

20○○년 ○월 ○일

갑	㊞	사 업 자 등 록 번 호		사 무 소	
				전화번호	
을	㊞	사 업 자 등 록 번 호		사 무 소	
				전화번호	

[서식 61] 물품구매표준계약서

물품구매표준계약서

1. 계약번호 : 제 호
2. 품 명 :
3. 계약금액 : 금 원(공급가액 : ₩ 부가세 : ₩)
4. 계약보증금 : 금 원(종 류 : 면제사유 :)
5. 납품기한 : 20○○년 ○월 ○일까지
6. 납품장소 :

7. 기　　타 : ① 납기 : ○일전 검수 요청할 것
　　　　　　② 물가변동으로 인한 계약금액조정 적용방법( )

위의 물품구매계약을 체결함에 있어 계약상대자는 물품구매에 관한 모든 조건을 구비하고 물품구매입찰유의서, 물품구매계약일반조건, 동 특수조건, 규격서 및 기타 계약상의 모든 조건이 이 계약의 일부가 됨을 수락하고 별첨주문서 기재물품에 관한 계약상의 의무이행을 완수할 것을 확약하고 기명날인한다.

20○○년 ○월 ○일

구매자	㊞	사 업 자 등 록 번 호		사 무 소	
				전화번호	
계 약 상대자	㊞	사 업 자 등 록 번 호		사 무 소	
				전화번호	

[서식 62] 구매약정서(물품구매)

물품구매계약서

매수자 ○○○(이하 "갑"이라 한다)와 매도자 ○○○(이하 "을"이라 한다) 간에 다음과 같이 물품구매계약을 체결한다.

제1조【물품 내역 및 금액】

품 명	모 델 명	수 량	단 가	금 액	비 고

제2조【물품 인도】 "을"은 20○○년 ○월 ○일까지 "갑"이 주문한 상기 물품을 인도키로 한다.

제3조【검수 및 인도】 "을"이 납품한 물품은 "갑"이 검수 후 인수한다.

제4조【물품 대금 지급】

1. 물품대금은 제3조 규정에 따라서 인수가 끝난 후 "갑"은 즉시 현금으로 지급하여야 한다.
2. "갑" "을" 쌍방 간에 특수한 사정이 있을 때에는 지급조건을 변경할 수 있으며 대금지급은 3일 이내에 완불한다.

제5조【기 타】 본 계약서에 명시되지 않은 사항은 할부거래에 관한 법률및방문판매등에관한 법률을 준용하며 "갑"과 "을"이 서명 날인한다.

위와 같이 계약을 체결하고 계약의 성립을 증명하기 위하여 계약서 2통을 작성하여 각 당사자가 각각 날인 후 1통씩 보관한다.

20○○년 ○월 ○일

갑	㊞	주민등록번호		주 소	
				전화번호	
을	㊞	주민등록번호		주 소	
				전화번호	

[서식 63] 납품확인서(물품)

납 품 확 인 서

상 호		대 표 자	
주 소		내 용	

납품일자	품 명	규 격	수 량	비 고

합 계				

상기 물품을 납품하였음을 확인합니다.

20○○년 ○월 ○일

확인자 주식회사 ○○시 ○○구 ○○대로○○
대표이사 ○ ○ ○ (인)

[서식 64] 구매계약서(컴퓨터 구입)

컴퓨터 구매계약서

제1조【목 적】 본 계약은 "을"이 ○○PC를 구입하는데 있어서, 필요한 제반사항과 "갑"과 "을"의 권리의무사항 등을 규정함을 목적으로 한다.

제2조【"갑"의 의무】

1. "갑"은 "을"이 견적서에 명시된 금액으로 ○○PC를 판매함에 있어서, 필요한 모든 제반 사항 등을 제공하고 컴퓨터 납품과 설치 서비스를 제공한다. 또한, 복구시디를 "을"에게 만들어 주어야 한다.
2. "을"이 ○○PC를 구매 시에는 복구시디 프로그램(정품)인 ○○나 ○○중 1제품을 구입

해야 한다.

제3조【"을"의 권리, 의무】 "을"은 "갑"이 제공하는 PC를 협의한 날짜에 납품 받을 권리가 있으며, "을"의 요청으로 인한 납품 연기는 납품날짜 3일전에 "갑"에게 통보할 의무가 있다.

제4조【납품 설치】 "갑"은 납품날짜인 20○○. ○. ○.까지 조립하여 설치하여야 한다.

제5조【제품 및 수량】 제품 및 수량은 첨부된 견적서를 참조한다.

제6조【대금 결재】 "갑"에게 ○○견적서 상의 구입 대금을 아래와 같이 지불하며, 지불조건은 현금으로 한다.

구 분	금 액	결 재 일	비 율
총 비 용	금 원	년 월 일	100%
계 약 금	금 원	년 월 일	30%
중 도 금	금 원	년 월 일	40%
잔 금	금 원	년 월 일	30%

제7조【소유권】 "갑"이 제공한 제품은 "을"이 잔금을 전액 완료하기 전까지는 "갑"의 소유이며, "을"은 어떠한 이유로도 소유권을 주장할 수 없다.

제8조【유지보수】

1. ○○ 컴퓨터를 구입한 경우,○○전자 본사 A/S 규약에 따른다(1년 A/S).
2. ○○조립 컴퓨터를 구입한 경우,

가. 부품은 1년간 무상 A/S를 원칙으로 한다.

- 1개월 이내 부품 교환을 우체국 택배로 1 : 1 로 교환하며, 택배비는 "갑"이 부담한다. 단, "을"의 과실에 의한 파손 등으로 교환 시에는 부품값 및 택배비를 "을"이 부담한다.
- 방문 A/S를 원하는 경우에는 "을"은 "갑"에게 출장비 금 ○○○원을 수리 완료 후 A/S 기사에게 현금으로 즉시 지불한다.

나. 소모품

- 키보드, 마우스, 헤드셋, 스피커, 마우스패드, 본체 케이스, CPU 쿨러, 본체 쿨러는 소모품으로써, 소모품 판매업체의 규정에 따른다.
- 모니터와 프린터 등 유통, 제조사에서 직접 A/S를 시행해야 하는 경우는 유통, 제조사의 A/S 규정에 따른다.

다. "갑"은 "을"이 방문 A/S를 신청하면, 2일 이내에 방문하여 A/S 서비스를 시행하며, "을"은 그에 대한 출장료 금 ○○○원(₩ ○○○)을 즉시 지급하여야 한다.

제9조【불가항력】 천재지변 등 기타 당사자의 책임 없는 사유로 인하여 본 계약서상의 의무를 이행하지 못한 경우 계약 위반으로 간주하지 아니하며 별도의 합의 하에 유보, 해지할 수 있다.

제10조【효력발생】 본 계약은 계약체결일로부터 효력이 발생한다.

위와 같이 본 계약이 유효하게 성립하였음을 각 당사자는 증명하면서 본 계약서 2통을 작성하여 각각 서명(또는 기명) 날인한 후 "갑"과 "을"이 각각 1통씩을 보관한다.

20○○년 ○월 ○일

갑	㊞	주민등록번호		주 소	
				전화번호	
을	㊞	주민등록번호		주 소	
				전화번호	

[서식 65] 구매계약서(물품)

물품구매계약서

제1조【총 칙】 ○○○(이하 "발주자"라 한다)과 ○○○(이하 "공급자"라 한다)는 물품구매계약서(이하 "계약서"라 한다)에 기재한 물품구매계약에 관하여 제2조의 규정에 의한 계약문서에서 정하는 바에 따라 신의와 성실을 바탕으로 이를 이행한다.

제2조【계약문서】

1. 계약문서는 계약서, 물품 구매계약 일반약관, 물품 사양서 및 필요시 도면 등으로 구성된다(단, 발주자의 필요 하에 발주서로 대체할 수 있다).
2. 사양서 및 설계도 내용이 불분명하거나 상호 모순되는 점이 있을 때는 공급자는 즉시 이 사실을 발주자에게 지적, 통지하여야 한다.
3. 발주자는 제2항의 통지를 받은 때에는 즉시 그 사실을 조사 확인하고 발주자, 공급자 합의하에 필요한 조치를 취해야 한다.

제3조【납 품】

1. 공급자는 계약서상의 납기일 내에 계약전량을 납품장소에 현품으로 인도하고 검수요청을 하여야 하며, 발주자의 검수에 합격하고 발주자에게 수령됨으로서 납품 완료된 것으로 한다.
2. 품목과 수량을 분할하여 납품을 지시하거나 계약상 분할납품이 허용된 경우에는 분납단위별로 검수 수령한다.
3. 공급자는 납품 지체가 예상되거나 지체사유가 발생할 경우 자재 사용부서 및 관련 부서

에 지체사유와 납품가능일자를 사전에 납품연기원으로 제출하여야 한다. 만일, 이를 이행치 않을 경우 발주자는 사후 지체상근 공제 혹은 계약을 해약하고 제재조치를 취할 수 있다.

제4조【규격 및 품질】

1. 모든 물품은 계약상에 명시된 시방서, 도면, 규격명세서 또는 견품 등에 적합하여야 하며, 특별한 약정이 없을 때에는 발주자의 구매목적과 사용용도에 맞는 신품이어야 한다.
2. 구매되는 자재의 전산등록규격, 자재규격 또는 도면에 인용되거나 요구하는 사외규격 중 별도로 정하지 않은 최신본을 적용한다.

제5조【검 수】

1. 검수는 발주자 자체 검수기준에 의하여 실시한다.
2. 검수는 납품된 물품을 하나하나 확인함을 원칙으로 한다. 다만, 전량 검사가 부적당하거나 곤란할 때에는 그 일부를 추출하여 검사할 수 있다.
3. 검수결과 계약과 일치된 때에는 합격 판정을 하고 검수 불합격된 때에는 해약할 수 있다. 다만, 발주자가 필요하다고 인정할 경우 공급자의 부담으로 재납품하게 할 수 있다. 이 경우 공급자는 재납품 후 재검수 요청을 하여야 한다.
4. 공급자는 검수 결과 불합격된 품목에 대해서는 즉시 반출, 재제작할 의무를 지며 불합격 발생 후 ○일 경과시까지 반출하지 아니한 불합격 미반출품에 대하여는 반출의사가 없는 것으로 간주하여 발주자가 임의처리 할 수 있다. 단, 불합격품 처리방법을 별도로 약정한 경우에는 그러하지 아니한다.
5. 기타 검수절차와 이에 따른 권리의무는 특별히 다른 약정을 하지 않는 한 발주자의 검수기준은 적용한다.
6. 계약내용의 검수방법은 발주자의 사정에 따라 공급자와 별도의 합의하에 변경할 수 있다.
7. 자재규격 또는 제작도면 없이 구매되는 물품 중 검수코드에 의거 특정검사를 실시하는 경우는 전산등록규격에 기입된 재질의 해당규격을 기준으로 검수 및 판정한다.

제6조【포장 및 표지】

1. 공급자는 납품하는 물품의 운송과정 중 유실이 없도록 충분히 포장하여야 하며, 다음 사항을 명기한 표지를 달아야 한다.
   가. 제작사 상호 및 계약자 상호
   나. 계약번호(발주번호)
   다. 포장 단위별 일련번호, 품명, 규격, 단위, 수량
   라. 총중량, 순중량, 체적
   마. 취급상 주의사항
2. 표지는 견고하여야 하며, 당해 물품과 수명을 같이할 지구성 있는 표지로 함을 원칙으로 한다.
3. 공급자는 모든 계약물품에 대하여 상당기간 저장하여도 품질이 보존되도록 하여야 하며 해당물품을 보호하기 위한 포장재는 환경에 유해하지 않는 재질을 사용하고, 폐기시 총량이 최소화 되도록 하여야 한다.
4. 공급자는 제조일로부터 일정기간이 지나면 물품의 성능저하 및 기능상실이 예상되는

시효성 자재에 대해서는 제조일, 저장유효기간을 반드시 표시하여야 한다.
5. 공급자의 계약물품 중 플라스틱 재질(철재에 PVC코팅 포함)로 입고된 포장용기는 사용 후, 발주자의 요구시 공급자가 전량 회수하여 반출하여야 한다.

제7조【권리의무의 양도 금지】 공급자는 발주자의 서면 승인 없이는 권리의무를 제3자에게 양도할 수 없고 계약서에 명기된 제작자를 변경하거나 물품의 주요부분 제조를 제3자에게 하도급 할 수 없다.

제8조【특허 및 상호】 공급자는 계약이행에 관련된 특허, 상표, 허가, 기타 행정상 문제처리와 비용부담의 책임을 진다.

제9조【대금지불】 공급자는 특별히 약정한 경우를 제외하고는 납품완료 후 발주자의 검수절차에 합격하여 해당물품에 대한 권리가 발주자에게 취득된 후 대금지불을 청구할 수 있으며, 대금지불방법은 발주자의 내부규정에 의한다.

제10조【대금지불의 특례】 공급자가 납품완료 전이라도 거래상의 금융사정, 기타 자체 수급사정을 고려하여 발주자가 특히 필요하다고 인정할 때에는 기납 부분에 상당하는 계약금액을 한도로 대금의 일부를 지급할 수 있다.

20○○년 ○월 ○일

<table>
<tr><td rowspan="2">발주자</td><td rowspan="2">㊞</td><td rowspan="2">주민등록번호</td><td rowspan="2"></td><td>주 소</td><td></td></tr>
<tr><td>전화번호</td><td></td></tr>
<tr><td rowspan="2">공급자</td><td rowspan="2">㊞</td><td rowspan="2">주민등록번호</td><td rowspan="2"></td><td>주 소</td><td></td></tr>
<tr><td>전화번호</td><td></td></tr>
</table>

[서식 66] 매입계약서(중고에어컨)

중고에어컨 매입계약서

중고 에어컨 판매자 ○○○(이하 "갑"이라 칭한다)와 중고 에어컨 구매자 ○○○(이하 "을"이라 칭한다)는 상호간에 다음과 같이 중고에어컨매입계약을 체결한다.

제1조【목 적】 본 계약은 "갑"이 보유하고 있는 중고에어컨을 "을"이 구입하는 사항과 관련된 권리의무 사항을 규율함을 목적으로 한다.

제2조【에어컨】 "갑"이 "을"에게 판매하는 에어컨의 기본 정보는 다음과 같으며 "갑"은 정품임을 입증하는 제품보증서를 본 계약서 말미에 첨부한다.

1. 모 델 명 : YES-○○
2. 제조회사 : ○○전자
3. 제조년도 : 20○○년 ○월
4. 사용기간 : 20○○년 ○월 ~ 20○○년 ○월까지(○년 ○월)
5. 고장수리이력 : 20○○년 ○월 ○일 ○○ 증상으로 수리(1회)
6. 제품고유번호 : ○○○○

제3조【거래가】

1. "을"은 본 계약의 체결과 동시에 금 ○○○원(₩○○○)을 계약금으로 "갑"에게 현금으로 지급하고 중고에어컨의 인도와 동시에 잔금 ○○○원(₩○○○)을 현금으로 지급한다.
2. 제1항의 경우 제품이 고장인 것으로 판명될 경우 "갑"은 즉시 계약금을 "을"에게 돌려주어야 하며 어떠한 이의제기도 "을"에게 할 수 없다.

제4조【관리 등】 "갑"은 중고에어컨의 인도까지 선량한 관리자의 주의로써 중고에어컨을 관리하도록 하며 관리의 의무를 소홀히 하여 중고에어컨에 대한 멸실, 도난, 훼손 등의 사태가 발생한 경우 "을"에게 즉시 계약금 및 계약금의 ○배에 해당하는 손해배상금을 지불하여야 한다.

제5조【인도일】

1. "갑"은 20○○년 ○월 ○일에 중고에어컨을 "을"이 지정한 장소에 인도하여야 하며 정당한 사유 없이 인도일에 인도하지 아니하는 경우 "을"은 계약금의 반환과 계약금의 ○배의 손해배상을 청구할 수 있다.
2. "갑"은 인도를 위한 운반과정에 있어서 중고에어컨에 대한 방수, 방습, 기타 안전상 조치를 취하여 인도 이전에 훼손사태가 발생하지 아니하도록 하여야 한다.

제6조【사후 AS】 본 계약상의 중고에어컨 매매거래가 당사자의 고의과실 없이 정당하게 매매거래가 이루어진 이상 후일 발생되는 고장에 대해서는 상호간에 어떠한 손해배상 및 본 계약에 대한 이의제기를 할 수 없다.

제7조【해 제】 본 계약상 중고에어컨의 인도 이전에 "을"이 계약을 해제할 경우 계약금을 포기하고 계약을 해제할 수 있고, "갑"이 계약을 해제할 경우에는 본 계약서에 정한 계약금 반환 및 손해배상금의 지급책임이 있다.

제8조【기타사항】

1. 계약의 당사자는 본 계약의 내용을 신의성실에 의거하여 준수하여야 한다.
2. 계약기간 중 계약의 변경은 당사자의 서면 합의에 의해서만 변경될 수 있으며 서명날인된 문서를 본 계약서의 말미에 첨부한다.
3. 본 계약서에서 명시되지 않은 부분에 대하여는 관련 법규 및 상관습에 따르기로 한다.

제9조【분쟁해결】

1. 본 계약과 관련하여 양 당사자 간의 분쟁이 발생한 경우, 원칙적으로 "갑"과 "을" 상호간

의 합의에 의해 해결한다.
2. 제1항에도 불구하고 분쟁이 해결되지 않을 경우 "갑"의 주소지 관할 지방법원을 그 관할로 하여 재판함으로써 해결한다.

제10조【특약사항】 상기 계약일반사항 이외에 "갑"과 "을"은 아래 내용을 특약사항으로 정하며, 특약사항이 본문과 상충되는 경우에는 특약사항이 우선하여 적용된다.

위와 같이 본 계약이 유효하게 성립하였음을 양 당사자는 증명하면서 본 계약서 2통을 작성하여 각각 서명(또는 기명) 날인한 후 "갑"과 "을"이 각각 1통씩을 보관한다.

20○○년 ○월 ○일

갑	㊞	주민등록번호		주 소	
				전화번호	
을	㊞	주민등록번호		주 소	
				전화번호	

[서식 67] 거래계약서(차량부품)

차량부품 거래계약서

정비업체 (주)○○○○(이하 "갑"이라 칭한다)와 부품취급소 (주)○○○○(이하 "을"이라 칭한다)는 상호간에 다음과 같이 차량부품거래계약을 체결한다.

제1조【목 적】 본 계약은 "갑"이 정비하는 차량의 부품공급을 "을"이 담당하고 "을"은 신속하고 안정적인 부품의 공급을 위한 상호간의 권리의무 관계를 규율함을 목적으로 한다.

제2조【취급부품】
1. "을"은 "갑"의 정비에 필요한 차량의 부품을 자동차 제조회사별로 모두 부품을 준비하여 두고 "을"이 요구하는 차종에 적합한 정품의 공급을 하도록 한다.
2. 제1항에 불구하고 경우에 따라 "갑"이 고객의 요구에 따라 중고품의 공급을 요청한 경우

에는 "을"은 최대한 이에 맞추어 공급하도록 한다.

제3조【대금결제】

1. "갑"은 부품대금을 매월 말일을 기준으로 결산하여 다음달 말일에 "을"의 계좌로 현금으로 입금한다.
2. "을"은 당월의 부품공급 총 결제액에 대한 세금계산서를 익월 ○일까지 "갑"에게 발행한다.
3. 대금의 지급이 연체될 경우 연 ○%의 연체이자가 가산된다.

제4조【정품공급】 "을"은 본 계약상의 별도 명시사유가 없는 한 정품을 공급하여야 하며 비정품 또는 중고품의 공급에 따라 "갑"이 입은 일체의 손해에 대해 배상의 책임이 발생한다.

제5조【주문 등】

1. "갑"은 필요한 부품의 발생 시 유선으로 "을"에게 수리차량의 제조사 및 필요한 부품명을 통지하고 "을"은 접수 후 ○분 이내에 당해 부품을 "갑"에게 배달하여 인도하여야 한다.
2. "갑"의 주문 부품이 재고가 없거나 기타의 사유로 구하기 힘든 경우에는 "을"은 공급지연 사유 및 공급가능 시간을 "갑"에게 통지하도록 한다. 다만, 고객이 요청한 수리시간에 비교하여 공급시간이 장시간이라고 판단되는 경우 "갑"은 주문을 취소하고 제3의 공급업자에게 부품의 조달을 요청할 수 있다.

제6조【거래단가】 "을"은 "갑" 이외의 제3자에게 "갑"에게 공급하는 부품의 공급단가보다 더 싸게 공급할 수 없으며 그러한 사유의 적발 시 "갑"에게도 당해 공급단가로 공급을 하여야 한다.

제7조【사정변경】

1. 부품 공급단가가 기존 공급단가 보다 ○% 이상의 폭등 또는 폭락한 경우 당사자 쌍방은 해당 등락폭을 감안하여 거래단가의 조정을 실시하며 합리적 범위에서 원만한 합의를 도출하도록 한다. 다만, 합의가 결렬되더라도 결렬된 최종일로부터 ○개월 동안은 기존의 거래단가로 계약을 지속하고 동 기간의 경과로 계약은 자동 종료되는 것으로 하되 결렬의 표시는 서면으로 명시되어야 한다.
2. 본 조에 불구하고 본 계약체결일로부터 ○개월까지는 여하한 이유로도 가격의 조정을 할 수 없다.

제8조【계약기간】

1. 본 계약의 유효기간은 20○○년 ○월 ○일부터 20○○년 ○월 ○일까지로 한다.
2. 제1항의 기간만료일부터 ○일 이전에 어느 일방의 계약 종료통지가 없는 한 계약은 동일조건으로 매 ○년씩 자동 연장되는 것으로 한다.

제9조【해 지】

1. 당사자 일방에 대하여 다음 각 호의 사유가 발생할 시 상대방은 즉시 계약을 해지할 수 있다.
   가. 가압류, 가처분, 경매 등의 사업의 불투명 사유가 발생할 시
   나. 파산, 회사정리, 화의신청 등의 사업불가능 사유가 발생할 시
   다. 본 계약상의 해지규정이 있을 때

2. 일방이 본 계약상의 규정에 위배한 때 상대방은 ○일 이상의 시정기간을 두고 사유를 명시하여 시정을 최고하며, 그럼에도 불구하고 시정이 이루어지지 아니할 시 즉시 계약의 해지를 통지한다.
3. 계약해지에 귀책사유 있는 당사자는 상대방에 대하여 손해배상의 책임이 있다.

제10조【기타사항】

1. 계약의 당사자는 본 계약의 내용을 신의성실에 의거하여 준수하여야 한다.
2. 계약기간 중 계약의 변경은 당사자의 서면 합의에 의해서만 변경될 수 있으며 서명날인된 문서를 본 계약서의 말미에 첨부한다.
3. 본 계약서에서 명시되지 않은 부분에 대하여는 관련 법규 및 상관습에 따르기로 한다.

제11조【분쟁해결】

1. 본 계약과 관련하여 양 당사자 간의 분쟁이 발생한 경우, 원칙적으로 "갑"과 "을" 상호간의 합의에 의해 해결한다.
2. 제1항에도 불구하고 분쟁이 해결되지 않을 경우 "갑"의 주소지 관할 지방법원을 그 관할로 하여 재판함으로써 해결한다.

제12조【특약사항】 상기 계약일반사항 이외에 "갑"과 "을"은 아래 내용을 특약사항으로 정하며, 특약사항이 본문과 상충되는 경우에는 특약사항이 우선하여 적용된다.

위와 같이 본 계약이 유효하게 성립하였음을 증명하기 위하여 본 계약서 2통을 작성하여 각각 서명(또는 기명) 날인한 후 "갑"과 "을"이 각각 1통씩을 보관한다.

20○○년 ○월 ○일

갑	㊞	사업자 등록번호		사무소	
				전화번호	
을	㊞	사업자 등록번호		사무소	
				전화번호	

[서식 68] 거래약정서(상품)

상품거래약정서

생산업자 (주)○○○○(이하 "갑"이라 칭한다)와 판매업자 (주)○○○○(이하 "을"이라 칭한다)는 상호간에 다음과 같이 상품거래약정을 체결한다.

제1조【목 적】 본 계약은 "갑"의 생산품을 "을"이 판매하기로 하는 상호간의 상품거래에 관한 기본약정을 정함을 목적으로 한다.

제2조【거래품목】 "을"은 "갑"이 생산하는 전 제품에 대한 판매를 담당하기로 하며 구체적 생산품목 및 거래품목은 별도의 거래명세표에 따른 품목으로 한다.

제3조【공급 및 판매가격】

1. "을"은 제품의 공급을 받아서 "갑"이 지정하는 소비자 판매금액으로 판매를 하여야 하며 별도의 할인은 할 수 없다. 단, "갑"의 사전 동의가 있는 경우 상하 10%의 할인은 가능하다.
2. "갑"은 제품의 소비자 가격의 ○% 할인된 가격으로 "을"에게 공급하며 "을"은 매월의 제품 공급가격 결제를 다음달 ○일에 "갑"에게 현금으로 지급하여야 한다(부가세별도).

제4조【주 문】 "을"은 매월 첫째주, 셋째주 월요일에 필요한 주문량을 "갑"에게 통지하며 "갑"은 주문량을 주문한 주일의 목요일까지 "을"의 영업소에 공급한다.

제5조【위험부담】 "을"의 영업소에 인도하기 이전까지 발생한 상품에 대한 위험부담은 "갑"이 부담한다. 다만, "을"이 직접 인도받아 운송하는 경우에는 인도시점부터 "을"이 부담한다.

제6조【보증금】

1. "을"은 본 거래의 성실한 계약이행을 보증하기 위하여 금 ○○○원(₩○○○)의 신용보증서를 발행하여 "갑"에게 제출한다. 보증금은 계약의 정상적 종료시 이자의 지급 없이 "을"에게 반환한다.
2. "갑"은 "을"의 채무불이행이나 불법행위 발생 시 제1항의 보증금으로 우선 충당할 수 있다.

제7조【연 체】 본 약정서상 대금지급의무의 연체 시에는 연체원금에 대해 월 ○%의 연체이자가 가산되며, 상품공급의 지연 시에는 매 1일당 금 ○○○원(₩○○○)의 지연손해금이 발생된다.

제8조【계약기간】

1. 본 계약의 유효기간은 20○○년 ○월 ○일부터 20○○년 ○월 ○일까지로 한다.
2. 제1항의 기간만료일로부터 30일 이전에 어느 일방의 계약종료 통지가 없는 한 계약은 동일조건으로 매 1년씩 자동 연장되는 것으로 한다. 다만, 일방의 계약조건의 변경통지가 있을 시에는 기간의 만료일까지 협의가 되지 아니하면 계약은 자동 종료되는 것으로 한다.

제9조【해 지】

1. 당사자 일방에 대하여 다음 각 호의 사유가 발생할 시 상대방은 즉시 계약을 해지할 수 있다.
   가. 가압류, 가처분, 경매 등의 사업의 불투명 사유가 발생할 시
   나. 파산, 회사정리, 화의신청 등의 사업불가능 사유가 발생할 시
2. 다음 각 호의 사유가 발생할 시 상대방은 7일 이상의 시정기간을 두고 사유를 명시하여 시정을 최고하며, 그럼에도 불구하고 시정이 이루어지지 아니할 시 즉시 계약의 해지를 통지한다.
   가. 일방이 본 계약상의 의무이행을 하지 아니한 때
   나. 일방이 본 계약상의 명시된 규정 이외에 상대방 회사의 명예를 손상시키는 행위를 하였을 때
   다. 일방의 회사재정의 급격한 악화를 인지하고 이에 대한 해명요구에 불응한 때

제10조【기타사항】

1. 계약의 당사자는 본 계약의 내용을 신의성실에 의거하여 준수하여야 한다.
2. 계약기간 중 계약의 변경은 당사자의 서면 합의에 의해서만 변경될 수 있으며 서명날인된 문서를 본 계약서의 말미에 첨부한다.
3. 본 계약서에서 명시되지 않은 부분에 대하여는 관련 법규 및 상관습에 따르기로 한다.

제11조【분쟁해결】

1. 본 계약과 관련하여 양 당사자 간의 분쟁이 발생한 경우, 원칙적으로 "갑"과 "을" 상호간의 합의에 의해 해결한다.
2. 제1항에도 불구하고 분쟁이 해결되지 않을 경우 "갑"의 주소지 관할 지방법원을 그 관할로 하여 재판함으로써 해결한다.

제12조【특약사항】 상기 계약일반사항 이외에 "갑"과 "을"은 아래 내용을 특약사항으로 정하며, 특약사항이 본문과 상충되는 경우에는 특약사항이 우선하여 적용된다.

위와 같이 본 계약이 유효하게 성립하였음을 증명하기 위하여 본 계약서 2통을 작성하여 각각 서명(또는 기명) 날인한 후 "갑"과 "을"이 각각 1통씩을 보관한다.

20○○년 ○월 ○일

갑	㊞	사 업 자 등 록 번 호		사 무 소	
				전화번호	
을	㊞	사 업 자 등 록 번 호		사 무 소	
				전화번호	

[서식 69] 거래계약서(상품)

거 래 계 약 서

주식회사 ○○○○(이하 "갑"이라 한다)와 주식회사 ○○○○(이하 "을"이라 한다) 당사자 간에 상품(물품)을 계속적으로 판매하기 위하여 다음과 같이 계약을 체결하고 신의성실로써 준수하기로 한다.

제1조【물품의 공급】

1. "갑"은 물품을 공급 받고자 할 경우 "갑"을 수익자로 한 취소불능 내국신용장(이하 Lacal L/C라 한다) 개설방법에 의하여야 하며, "갑"은 동 Local L/C 조건에 따라 공급한다. 단, L/C 개설전 선공급 받는 물품에 대하여는 상품인수일로부터 ○일 이내에 L/C를 개설하여야 한다.
2. 내수목적으로 구매하는 경우에는 "을"의 주문에 의하여 공급한다.
3. "을"은 전 1항에 의하여 공급 받은 물품을 내수용으로 전용할 수 없다.

제2조【물품인수 및 인수인 교부】

1. "을"은 상품인수 예정일로부터 ○일 이내에 공급요청하고, 물품인수 즉시 물품인수증을 "갑"에게 교부하여야 한다.
2. 물품인도장소는 "갑"의 공장도를 원칙으로 하나, "갑", "을" 상호 합의하에 변경할 수 있다.

제3조【공급단가】 상품의 공급단가는 "갑"이 정하는 바에 따르기로 한다.

제4조【입금결제】

1. "을"은 이 계약 제1조 1항에 의하여 공급받은 물품에 대하여는 물품은 인수한 날로 부터 ○일 이내에 "갑"이 NEGO에 필요한 서류를 교부하여야 한다.
2. "을"이 이 계약 제1조 2항에 의하여 공급받은 물품대금은 물품인수일로부터 ○일 이내에 현금 또는 은행도 어음으로 결제하여야 하며 어음의 경우 지급기일이 물품인수일로부터 ○일 이내이어야 한다.
3. "을"이 전 1, 2항의 기일에 대금결제를 이행하지 않았을 경우 "을"은 해당금액에 대하여 년 ○% 연체금리를 부담하여야 한다.

제5조【검수 및 훼손 통지의무】

1. "을"은 인수한 물품에 대하여 검수하여야 하며 훼손이나 수량 부족을 발견한 경우에는 ○일 이내에 그 내용을 서면으로 "갑"에게 통지하여야 한다. 훼손의 서면통지가 없는 경우 반품, 대금, 대금감액 또는 손해배상을 청구할 수 없다.

제6조【Bobbin등 관리 및 반환】

1. Bobbin, Palette 합판 등은 "갑"의 재산이므로 "을"은 이를 선량한 관리자의 주의 의무로

써 관리하여야 하며 인수일로부터 ○일 이내에 반환하여야 한다.

2. "을"은 이를 분실, 파손했을 경우 변상하여야 하며 변상가액은 Bobbin은 420m/m 규격은 금 ○○○원, 340m/m 규격은 금 ○○○원, Palette은 조당 금 ○○○원, 합판 금 ○○○원으로 한다.

제7조【담보의 제공】

1. "을"은 이 계약과 관련한 모두 채무를 담보하기 위하여 "갑"이 인정하는 상당한 담보물을 제공한다.
2. 전항의 담보가 부족하거나, "갑"이 요구할 경우 "을"은 변제자력 있는 자, 2인 이상이 연대보증하여야 한다.

제8조【계약기간】

1. 계약기간은 계약결제일로 부터 ○년간으로 하고, 당사자가 해제의 의사표가 없는 경우에는 ○년간 갱신되며, 이후 또한 같다.
2. "갑"은 계약기간 중 일지라도 "을"에게 계약의무를 이행할 수 없는 중대한 사유가 발생하였거나, 발생될 염려가 있다고 판단되었을 경우 이 계약을 해지할 수 있다. 이 경우 "을"은 기한의 이익을 주장할 수 없다.

제9조【추가계약】 사정변경으로 추가계약사항이 있을 경우 동 사항은 이 계약의 일부로 하며, 이 계약서에 첨부하기로 한다.

제10조【담보권의 실행】 이 계약이 종결, 해지된 경우 "을"은 잔존채무를 ○일 이내에 정산하여야 하며, 위 기간 내 정산되지 않을 경우 "갑"은 담보권을 실행하기로 한다.

제11조【상관례】 이 계약에 정하지 않은 사항이나, 계약의 해석에 이견이 있을 경우에는 상관례에 따라 상호 협의하여 처리하기로 한다.

제12조【관할법원】 이 계약에 관하여 소송상 분쟁이 발생한 경우에는 "갑"의 소재지 관할 법원으로 한다.

위와 같은 합의하고 이를 증명하기 위하여 "갑", "을"은 계약서 2통을 작성하여 각각 서명(또는 기명) 날인한 후 각 1통씩을 보관한다.

20○○년 ○월 ○일

갑	㉑	사 업 자 등 록 번 호		사 무 소	
				전화번호	
을	㉑	사 업 자 등 록 번 호		사 무 소	
				전화번호	

[서식 70] 거래계약서(계속적 상거래)

계속적 상거래계약서

주 소			전 화	
주민등록번호		판 매 자	㊞	
주 소			전 화	
주민등록번호		구 매 자	㊞	

판매자 ○○○와 구매자 ○○○는 판매자가 판매하는 물품의 매매에 관하여 기본적 사항을 정하기 위하여 하기 계약을 체결한다.

제1조【개별조약】 판매자로부터 구매자에 대하여 매도되는 물품의 품명, 수량, 단가, 인도조건, 대금지급기한, 그 방법, 기타 매매에 관하여 필요한 조건은 이 계약에 정하는 사항을 제외하고는 개별적 매매가 있을 때마다 쌍방이 협의하여 결정한다.

제2조【변 제】

1. 매매대금은 개별적 계약에 따라 지급기한에 현금(또는 수표)으로 지급하기로 한다. 다만, 개별적 계약에서 별도의 규정을 한 때는 어음에 의할 수 있다.
2. 어음 또는 수표에 의하여 지급되는 경우에는 그 어음 또는 수표의 결제가 완료되기까지 채무변제의 효력은 발생하지 아니하는 것으로 한다.

제3조【지연손해금】 구매자가 매매대금채무의 변제를 태만히 한 때는 판매자에 대하여 지급기한의 이튿날부터 다 갚는 날까지 100원에 대하여 일변 전의 비율에 의한 지연손해금을 지급하여야 한다.

제4조【기한이익의 상실】 구매자에게 다음 각 호의 1에 해당하는 사유가 발생한 때는 구매자는 이 계약에 의한 모든 채무에 관하여 기한의 이익을 상실하며, 통지 최고가 없어도 지체없이 각 채무의 전액을 판매자에게 지급하여야 한다.

1. 각 개별계약의 채무의 하나라도 기일에 지급을 하지 아니한 때
2. 가압류·압류, 경매의 신청, 파산·화해·회사정리, 회사갱생절차의 신청이 있은 때
3. 조세공과를 체납하여 독촉을 받은 때
4. 지급을 정지한 때
5. 어음교환소의 거래정지처분이 있은 때

제5조 제4조 각 호의 1에 해당하는 사유가 발생한 때는 판매자는 최고를 하지 아니하고 개별계약의 해제를 할 수 있다.

제6조【유효기간】

1. 이 계약의 유효기간은 20○○년 ○월 ○일부터 ○년간으로 한다.

2. 전항의 기간만료 1월 전까지 당사자로부터 신청이 없는 경우에는 이 계약은 다시 ○년간 자동적으로 갱신되며, 이후 또한 같다.

제 7 조 【기간 중의 해약】 당사자는 전조의 기간 중이라 하더라도 서면에 의한 3개월 전의 예고로써 이 계약을 해약할 수 있다.

제 8 조 【이 계약 이외의 채무에 대한 준용】 제4조 각 호의 1에 해당되는 사유가 발생한 경우에는 동조 및 제5조의 규정을 이 계약에 의하지 아니하는 이외의 채무에도 준용한다.

제 9 조 【별도협의】 이 계약에 규정이 없는 사항에 대해서는 쌍방이 별도로 협의한다.

20○○년 ○월 ○일

판매자	㊞	주민등록번호		주 소	
				전화번호	
구매자	㊞	주민등록번호		주 소	
				전화번호	

[서식 71] 거래약정서(상품)

상품거래약정서

○○주식회사(이하 "갑"이라 한다)와 ○○주식회사(이하 "을"이라 한다)는 상호 간에 아래와 같이 상품거래계약을 체결한다.

\- 아 래 -

제 1 조 【목 적】 거래대상 제품의 재판매 가격을 엄수하며 상호간에 거래질서를 확립하고 원만한 거래를 유지발전 시킴으로 "갑", "을" 공히 적정이익을 확보하며 대상제품의 건전한 발전을 위하여 노력할 것을 목적으로 한다.

제 2 조 【대상제품】 "갑"이 생산하는 관련제품

제 3 조 【판매지역】 "을"의 상품판매지역은 쌍방이 합의한 지역으로 정하며 "을"은 사전 승낙 없이는 쌍방이 합의한 지역 이외의 장소에서 영업을 하거나 또는 임으로 영업장소를 변경할

수 없다.

제4조【권리·의무】

1. "을"은 "갑"이 공급한 상품 이외의 "갑"의 승낙 없이는 타 회사의 상품 또는 유사상품을 판매할 수 없다.
2. "을"은 "갑"으로부터 인수한 상품을 타 지역에서 영업을 목적으로 판매행위를 할 자에게 판매할 수 없다.
3. "을"은 명목이하를 막론하고 "갑"의 동의 없이 명의변경 또는 제3자에게 권리를 양도하거나 계약서를 담보로 하지 못한다.

제5조【판매가격】

1. "갑"이 "을"에게 판매하는 상품의 판매가격은 "갑"이 정하고 "을"이 일반 수요자에게 판매하는 상품의 판매가격은 "갑"이 별도로 표준가격을 제시하되, 판매가격은 "을"이 표준가격에 의해 조정 판매할 수 있다.
2. 전항의 가격이 인상 또는 인하하였을 때에도 전항에 준한다.

제6조【거래보증】 "을"은 거래보증금으로 금 ○○○원을 "갑"에게 예치하고 동시에 시가 ○○○원에 상당하는 부동산을 담보로 설정하여 "갑"에게 제공하여야 한다. 단, 부동산 설정 비용은 "을"이 부담한다.

제7조【외상매출한도 및 대금결재】

1. "을"은 "갑"에게 예치한 보증금전액과 부동산담보 설정액의 한도 내에서 상품을 공급받을 수 있다. 단, "을"의 외상매입금이 "갑"의 외상매출한도액을 초과했을 경우 "을"은 현금으로 매입해야 한다.
2. "을"은 "갑"에 대한 상품대금의 결재는 매월 1회로 하고 공급된 상품에 대하여 25일에 현금으로 "갑"에게 지불해야 한다.
3. 대금의 지불기일이 공휴일인 경우에는 다음날에 지불한다.

제8조【상품공급】

1. "갑"이 "을"에게 공급하는 상품을 "을"이 "갑"에게 제공한 담보금액 범위 이내로 하되 공급하는 상품의 종류, 종목, 수량은 "을"의 수요에 응하여 조절하기로 한다.
2. "을"은 상품인수 후 즉시 "갑"에게 인수의 통지를 하여야 한다.
3. "갑"이 "을"에게 공급하는 상품의 발송은 "갑"이 부담한다.

제9조【제품의 보장】 "갑"은 판매하는 모든 제품에 대하여 절대로 품질을 보장하여야 하며 "을"은 공급받은 제품을 임의로 응용변형 및 변질가공은 일체 불가하다.

제10조【반 품】 "을"이 "갑"으로부터 인도받은 제품은 일체반품이 불가하다.

제11조【광고 및 선전】

1. "갑"은 "을"의 영업활동을 위하여 광고 및 선전을 전담한다.
2. "을"이 개별적으로 행하는 광고·선전은 사전에 "갑"의 동의를 얻어야 한다.

제12조【지도감독】 "갑"은 "을" 또는 판매원에게 판매방법과 상품지식 및 기술교육을 훈련시킨다.

제13조【계약기간 및 계약갱신】
1. "갑"과 "을"의 계약기간은 만 1년으로 한다.
2. "갑"과 "을"은 계약만료 1개월 전 어느 일방의 서면에 의한 해지통지서가 없는 한 본 계약은 동일조건으로 갱신된 것으로 간주한다.

제14조【해 약】 본 계약은 다음 사유가 발생하면 해약할 수 있다.
1. "을"이 본 약정의 제조항을 위반하였을 때
2. "갑"의 영업방침에 비협조적이고 상도덕에 위반되는 행위를 할 때
3. 영업실적이 극히 부진하여 "을"의 관리소홀로 신장가능성이 없다고 인정할 때

제15조【계약해지 후처리】 본 계약이 해지되면 "갑"과 "을"은 다음과 같은 잔무를 처리하여야 한다.
1. 본 계약이 해지된 경우 "갑"은 임의로 "을"이 예치한 현금보증금으로 외상대금과 상계처리 할 수 있으며, "을"은 외상대금 잔액을 즉시 현금으로 일시에 지불하여야 한다.
2. 전항의 경우 "을"이 1개월 이내에 현금으로 지불하지 않을 때는 "갑"은 근저당 설정된 담보물건을 임으로 경매처분하여 채권에 충당할 수 있고 "을"은 이에 대하여 이의를 제기하지 못한다.
3. 계약해지시 대리점 재고는 "갑"에게 반품할 수 없다.

제16조【관할 법원】 본 계약에 관하여 "갑" "을"간에 발생하는 소송사건의 관할은 "갑"의 소재지를 관할하는 법원으로 한다.

제17조【계약의 해석】 본 계약에 관하여 해석상 다툼이 있는 경우에는 "갑"의 해석에 의한다.

제18조【기 타】 본 계약이 없는 상황에 대하여는 통상 상거래 판례에 준하여 "갑", "을" 간에 합의하여 결정한다.

이 계약을 증명하기 위하여 본 계약서 2통을 작성하여 "갑"과 "을"이 각각 기명(또는 서명) 날인한 후 1통씩 보관하며 본 계약의 효력은 거래당일부터 생긴다.

20○○년 ○월 ○일

갑	㊞	사 업 자 등 록 번 호		사 무 소	
				전화번호	
을	㊞	사 업 자 등 록 번 호		사 무 소	
				전화번호	

[서식 72] 매매예약서(자재)

자 재 매 매 예 약 서

주문자 ○○건설 주식회사(이하 "갑"이라 칭한다)와 공급자 ○○ 주식회사(이하 "을"이라 칭한다)는 상호간에 전기공사에 사용하는 자재(이하 "본건 제품"이라 한다)의 예약발주 및 거래에 대해 다음과 같이 자재매매예약을 체결한다.

제1조【목 적】 본 계약은 "갑"이 건설사업의 시행자로부터 공사를 수주하고, 혹은 수주할 예정인 공사마다 미리 "갑"으로부터 "을"에게 본 건 제품의 매매예약을 하고, "을"이 이것에 기초하여 본 건 제품을 생산하여 납품에 대비하는 것을 목적으로 한다.

제2조【견적서의 제출】

1. "갑"은 "을"에 대해 공사마다 견적서의 제출을 요구할 수 있다.
2. "갑"은 위 1항의 견적서의 수령으로 어떤 계약상의 의무도 부담하지 않는다.

제3조【매매예약】 "갑"은 "을"에게 주문서로써 본 건 제품의 매매에 대한 예약을 하도록 한다.

제4조【매매계약의 성립】

1. 개별적인 매매계약은 "갑"으로부터 "을"에게 본 건 제품의 납품을 요구하는 취지로 통지했을 때 성립한다.
2. 위 1항의 "갑"의 통지에 대해 "을"은 주문청구서를 "갑"이 정하는 서식에 맞추어 제출해야 한다.

제5조【가격변경】 본 건 제품의 원료인 동의 가격이 현저하게 변동했을 때, 혹은 경제상황의 변동으로 전체적인 자재의 가격이 크게 올랐을 때는 "갑" 또는 "을"은 제3조 주문서의 가격에 대한 변경을 신청할 수 있다.

제6조【매매예약의 해제】

1. 위 조항의 가격변경의 협의가 성립하지 않을 때는 "갑" 또는 "을"은 예약을 해제할 수 있다.
2. 위 1항의 예약 해제에 대해서는 "갑" 또는 "을" 어느 쪽이나 상대방에 대하여 손해배상의 청구를 할 수는 없다.

제7조【기 타】 본 계약이 정하지 않은 사항에 대해서는 "갑"과 "을"이 신뢰성실 "을" 바탕으로 협의하여 상호 협력의 정신으로 처리하도록 한다.

위 계약의 성립을 증명하기 위하여 본 계약서 2통을 작성하여 각각 서명(또는 서명)날인하여 각각 1통씩을 보관한다.

20○○년 ○월 ○일

갑	㊞	사 업 자 등 록 번 호		사 무 소	
				전화번호	
을	㊞	사 업 자 등 록 번 호		사 무 소	
				전화번호	

[서식 73] 매매예약계약서

매 매 예 약 계 약 서

○○을 甲이라 하고, ○○을 乙이라 하여 甲·乙양당사자 사이에 다음과 같이 매매예약을 체결하다.

제1조 예약자 甲은 예약권리자 乙과 아래 부동산에 대하여 다음의 약정으로 매매예약할 것을 약속하고 예약권리자 乙은 이를 승낙한다.

- 아 래 -

제2조 본 예약에 대한 매매대금은 금 ○○○원으로 한다. 예약권리자 乙은 20○○년 ○월 ○일까지 매매완결의 의사표시를 한다.

제3조 ① 예약권리자 乙이 위 제2조의 매매완결의 의사표시를 할 때에는 甲·乙 양 당사자간에 매매계약이 성립하고, 예약자 甲은 예약권리자 乙이 지정한 일시에 본건 물건에 대한 소유권이전등기절차를 이행한다.
② 예약권리자 乙은 전항의 등기절차와 동시에 관할등기소에서 전조의 매매대금을 예약자 甲에게 지급한다.

제4조 본 예약에 관한 비용 및 전조 제1항의 등기에 요한 등기절차비용 및 등록세는 모두 예약권리자 乙의 부담으로 한다.

위 계약을 증명하기 위하여 본 증서 2통을 작성하고 서명 날인한 다음 각자 1통씩 소지한다.

20○○년 ○월 ○일

예약자(甲) 성 명 : (인)
주민등록번호 :
주 소 :

예약권리자(乙) 성 명 : (인)
주민등록번호 :
주 소 :

[서식 74] 가등기설정 매매예약 계약서

매 매 예 약 계 약 서

예약 당사자의 표시

예 약 자 :
예약권리자 :

부동산의 표시 덧붙임 부동산 목록과 같다.
예약자(갑)이라 칭하고 예약권리자가(을)이라 칭하여 아래와 같이 매매예약을 체결한다.

– 아 래 –

제1조 (갑)은 (을)에게 덧붙음 목록기재 부동산을 대금에 매도할 것을 예약하며 (을)은 이를 승낙한다.

제2조 본 매매예약의 매매완결일자는 20 년 월 일로 하며 위 완결일자가 경과하였을 때에는 (을)의 매매완결의 의사표시가 없어도 당연히 매매가 완결된 것으로 본다.

제3조 제2조에 의하여 매매가 완결되었을 때에는 (갑), (을)간에 위 부동산에 대한 매매 계약이 성립되며 (갑)은 (을)간에 위 부동산에 대한 매매계약이 성립되며 (갑)은 (을)로 부터 제1조의 대금을 수령함과 동시에 (을)에게 위 부동산에 관하여 매매로 인한 소유권이

전등기절차를 이행하고 위 부동산을 인도 및 명도하여야 한다.

제4조 (을)은 (갑)에게 본 예약의 증거금으로 예약당일에 제1조의 부동산매매대금 10%에 달하는 금액을 지급하기로 하며 위 금액은 제1조의 대금에서 공제한다.

제5조 (갑)은 본 예약체결과 동시에 위 부동산에 대하여 (을)에게 매매예약에 의한 소유권이전청구권 보전의 가등기 절차기를 이행하기로 한다.

제6조 본 예약에 의한 등기신청비용, 등록세 등은 (갑)이 부담한다.

상기 계약을 증명하기 위하여 본 계약서 2통을 작성하여 (갑), (을) 쌍방이 기명날인 후 각 1통을 소지한다.

20○○년 ○월 ○일

예 약 자 (갑) :
성 명 (-) (인)
주 소

예약권리자(을) :
성 명 (-) (인)
주 소

[부동산의 표시]

1 동의건물의표시

전유부분의건물의표시
건물의번호 : - -
구 조 :
면 적 : 층 호 ㎡

대지권의목적인
토지의 표시 :
대지권의 종류 :
대지권의 비율 : 분의

[서식 75] 토지매매예약 계약서

토 지 매 매 예 약 계 약 서

제 1 조 갑은 을과 하기 부동산에 관하여 다음의 약정으로 매매예약을 약정하고 을은 이것을 승낙한다.

부동산의 표시

소 재 ○○시 ○○구 ○○동 ○○번지

지 목 대지

지 적 200평 중 실측 100평

제 2 조 매매대금은 금 200만원으로 약정한다(실측평당 2만원으로 한다).
예약권리자가 ○○년 ○월 ○일까지 매매완결의 의사표시를 하지 않을 때는, 이 예약은 당연히 그 효력을 상실한다.

제 3 조 예약권리자가 전조 제1항의 매매완결의 의사표시를 했을 때는 당사자 간에 매매계약이 성립하며, 예약자는 계약성립일부터 30일 이내에 전시토지에 관하여 분필 절차 후 이의 소유권이전등기절차를 이행하여야 한다.

제 4 조 본예약에 관한 비용 및 전조 제1항의 등기에 필요한 등록세 및 등기 절차에 관한 비용은 전부 예약권리자의 부담으로 한다.

제 5 조 본계약 조항은 전조에 의한 예약완결 후 즉시 당사자 간에 협의한 후 정한다.

제 6 조 보증인은 예약자가 본예약 및 본계약에 관하여 부담하는 모든 금전채무에 대하여 연대보증한다.

위 계약을 증명하기 위하여 본증서 3통을 작성하여 서명날인 후 각자 1통을 소지한다.

20○○년 ○월 ○일

시 구 동 번지
예 약 자 갑 ○ ○ ○ (인)
시 구 동 번지
예약권리자 을 ○ ○ ○ (인)
시 구 동 번지
연대보증인 병 ○ ○ ○ (인)

제3절 교환계약

1. 서 설

가. 의 의

교환계약이란 당사자 쌍방이 금전 이외의 재산권을 서로 이전할 것을 약정함으로써 성립하는 계약이다(민법 596조). 교환계약은 쌍무·유상계약이며, 낙성·불요식계약이다. 한편, 교환계약에 있어서는 당사자가 시가를 묵비하더라도 특별한 사정이 없는 한 기망이 아니다(2000다54406, 54413 판결).

【판시사항】

교환계약의 당사자가 목적물의 시가를 묵비한 경우 기망에 해당하는지 여부(대법원 2002. 9. 4. 선고 2000다54406, 54413 판결)

【판결요지】

일반적으로 교환계약을 체결하려는 당사자는 서로 자기가 소유하는 교환 목적물은 고가로 평가하고 상대방이 소유하는 목적물은 염가로 평가하여 보다 유리한 조건으로 교환계약을 체결하기를 희망하는 이해상반의 지위에 있고 각자가 자신의 지식과 경험을 이용하여 최대한으로 자신의 이익을 도모할 것이 예상되기 때문에, 당사자 일방이 알고 있는 정보를 상대방에게 사실대로 고지하여야 할 신의칙상의 주의의무가 인정된다고 볼 만한 특별한 사정이 없는 한, 어느 일방이 교환 목적물의 시가나 그 가액 결정의 기초가 되는 사항에 관하여 상대방에게 설명 내지 고지를 할 주의의무를 부담한다고 할 수 없고, 일방 당사자가 자기가 소유하는 목적물의 시가를 묵비하여 상대방에게 고지하지 아니하거나 혹은 허위로 시가보다 높은 가액을 시가라고 고지하였다 하더라도 이는 상대방의 의사결정에 불법적인 간섭을 한 것이라고 볼 수 없다.

나. 효 력

교환은 유상계약으로써, 매매에 관한 규정을 준용된다. 특히 반대급부로서 물건 또는 권리의 양도와 더불어 일정한 액의 금전을 보충적으로 지급할 것을 약정하는 경우에도 매매가 아니라 교환계약이다(보충금지금의 특약). 이때의 금전이 보충금이고 보충금에 대해서는 매매대금에 관한 규정이 준용된다. 또한 교환계약의 각 당사자는 목적물의 하자에 대하여 상대방에게 담보책임을 부담한다.

다. 매매와의 차이점

매매에서는 반대급부가 반드시 금전이어야 하지만, 교환에서의 반대급부는 금전 이외의 재산권이다.

2. 서 식 례

[서식 76] 부동산교환계약서

부 동 산 교 환 계 약 서

【교환부동산의 표시】

갑(○○○) : ○○시 ○○구 ○○동 ○○○-○○
대 ○○○㎡(금 삼억원)

을(○○○) : ○○시 ○○구 ○○동 ○○○-○○
대 ○○○㎡(금 이억오천만원)

제1조 (계약목적) 갑과 을은 위 부동산을 쌍방 합의 하에 아래와 같이 교환계약을 체결한다.

제2조 (대금지급) 을은 위 부동산의 교환에 차액을 갑에게 아래와 같이 지불키로 한다.

- 교 환 대 금 : 금 오천만원(50,000,000원)
- 계 약 금 : 금 오백만원(5,000,000원)은 계약시 지불하고 갑은 이를 영수함.
- 잔 금 : 금 사천오백만원(45,000,000원)은 200○년 ○○월 ○○일 지불한다.

제3조 (평가액) 교환물건에 설정된 피담보채권, 임차보증금 등은 다른 약정이 없는 한 평가액에 포함한다.

제4조 (완전한 권리이전 의무) 교환물건에 관하여 제한물건이 설정되어 있거나 불법점유 등 하자가 있는 때에는 소유권이전등기 일까지 이를 제거하여 완전한 소유권을 이전하여야 한다.

제5조 (제세공과금) 교환물건에 관하여 발생한 수익과 제세공과금은 소유권이전등기일을 기준으로 각 부담한다. 다만, 교환물건의 인도를 지체한 경우에 발생한 것은 인도를 지체한 자의 부담으로 한다.

제6조 (계약해제 사유) 교환의 목적을 달성할 수 없는 때에는 계약을 해제할 수 있으며 기수령한 대금은 반환한다.

제7조 (소유권이전시기) 소유권이전등기신청은 잔대금과 동시에 관할 등기소에서 한다.

제8조 (인도시기) 교환물건은 계약당시의 현상대로 계약기일에서 정한 인도일에 각각 인도하여야 한다.

이 계약을 증명하기 위하여 계약서 2부를 작성하여 계약당사자가 이의없음을 확인하고 각자 서명·날인한다.

20○○년 ○월 ○일

갑	주 소					
	성 명 또 는 상 호	인	주민등록번호 또 는 사업자등록번호	–	전 화 번 호	
을	주 소					
	성 명 또 는 상 호	인	주민등록번호 또 는 사업자등록번호	–	전 화 번 호	

[서식 77] 교환계약서(토지)

토지교환계약서

계약당사자인 ○○○(이하 "갑"이라 한다)과 ○○○(이하 "을"이라 한다)은 각자가 소유하고 있는 물건을 교환함에 있어 다음과 같이 토지교환 계약을 체결한다.

제1조【목 적】 "갑"은 그 소유의 별지 목록(1) 기재의 토지소유권을 "을"에게 이전하고, "을"은 그 소유인 별지 목록(2) 기재의 토지소유권을 상호 교환으로 "갑"에게 이전한다.

제2조【보증조항】

1. "갑"과 "을"은 각자 자기가 제공하는 토지에 제3자로부터 권리의 주장이 없을 것을 보증한다.
2. 만일 제3자로부터 교환에 제공하는 물건에 권리의 주장이 있을 때에는 교환할 물건의 원 소유자가 이 문제를 해결할 것이며 쌍방이 권리행사에 아무런 지장을 초래하지 않도록 할 것을 약속한다.

제3조【등기 등】

1. 물건에 관한 인도는 20○○년 ○월 ○일까지 "갑", "을" 모두 행하여야 한다.
2. 물건에 관한 소유권이전등기는 20○○년 ○월 ○일까지 이행하고, "갑", "을" 각 당사자는 자기 소유의 물건에 대하여 서로가 상대방에게 소유권이전등기를 할 수 있도록 협력하여야 한다.

제4조【차 액】

1. "갑"이 제공하는 별지 목록(1) 기재의 토지는 금 ○○○원으로 평가하고 "을"이 제공하는 별지 목록(2) 기재 토지는 금 ○○○원으로 평가한다.
2. "을"은 전호에 정하는 평가액의 차액을 소유권이전등기시에 현금으로 "갑"에게 지급하여야 한다.

제5조【규정의 조항】 "갑"과 "을"은 성의를 가지고 본 계약의 이행에 임할 것이며, 본 계약서에 정하지 않는 사항이라든가 계약조항의 해석에 의문이 있을 때에는 상호 협의하여 해결하기로 한다.

위 계약성립의 증거로써 본 계약서 2통을 작성하여 기명(또는 서명) 날인한 후 각각 1통씩 보관한다.

부동산의 표시 : (생 략)

20○○년 ○월 ○일

갑	㊞	주민등록번호		주 소	
				전화번호	
을	㊞	주민등록번호		주 소	
				전화번호	

[서식 78] **교환계약서(토지)**

토 지 교 환 계 약 서

당사자 중 ○○○를 '갑'이라 하고 ○○○를 '을'이라 하여 아래의 토지에 대하여 교환으로 다음 조항과 같이 계약을 체결한다.

물건의 표시　　　시　　구　　동　　번지　대지　　　평

상기 물건은 갑의 소유로서 을에게 인도할 토지(이하 '갑의 물건'이라 함)

시　　구　　동　　번지　대지　　　평

상기 물건은 을의 소유로서 갑에게 인도할 토지(이하 '을의 토지'라 함)

제1조　갑과 을은 각자 그 소유인 전기 갑물건과 을물건과를 교환한다.

제2조　이 토지의 교환에 관하여는 등가교환으로 하고 갑·을 양자간에 있어서 금전 기타의 수수는 하지 아니한다.

제3조　갑과 을은 각기 갑물건과 을물건에 관해 소유권의 완전한 행사를 저해하는 일체의 권리 및 공과금과 기타의 부과금 미납에 기인하는 일체의 부담을 소유권 이전등기를 끝마칠 때까지 제거하여 상대방의 권리행사에 하등의 지장을 받지 않도록 한다. 소유권 이전등기 완료 후 전항의 하자 및 부담이 발견되었을 때에도 동일하다.

제4조　교환물건의 소유권 이전등기 신청은 20　　년　　월　　일까지 당사자가 관할 등기소에 출두하여 실행한다.

제5조　갑·을은 본 계약서 외에 토지교환계약서를 작성하여 소유권 이전등기 신청시에 기타 필요한 서류와 같이 각각 상대방에게 교부하여야 한다.

제6조　소유권 이전등기에 관하여 갑·을 각자는 그가 취득하는 물건에 관하여 제 3 자에게 소유권 이전등기 신청의 필요가 있을 때에는 서로 이를 승인하여야 한다.

제7조　교환증서 작성의 비용은 갑·을 각자 소유물건의 분을 부담하며 소유권 이전등기에 소요되는 등록세는 서로가 그 취득하는 건물의 분을 부담하는 것으로 하고 소유권 이전등기절차에 소요되는 비용은 을의 부담으로 한다.

제8조　교환하는 토지에 대한 공과금조 기타의 부과금에 관하여는 ____년도 분에 속하는 것은 교환전에 소유자가 부담하는 것으로 한다.

제9조　이 계약의 기간중에 갑물건의 토지 위에 있는 건물의 멸실 및 현장의 변화가 있어도 이 계약의 효력은 존속한다. 단, 각자는 선량한 관리자의 주의로 이를 관리하여야 한다.

제10조　이 계약은 갑·을 누구도 위약하지 않을 것을 확약하며 만약 갑·을 중 어느 일방이 위약을 함으로써 상대방이 손해를 입었을 때는 그 손해배상액을 상대방에게 요구할 수 있고 위약한 자는 이의 없이 배상에 응하여야 한다.

제11조　이 계약에 특약의 규정이 없는 사항에 관하여는 모든 법령이 정하는 바에 따라 처리한다.

이상과 같이 계약을 체결하고 후일의 증거로서 이 계약서를 2통 작성하여 갑·을 각자 한 통씩 보관한다.

20○○년 ○월 ○일

주 소 :
(갑) : 인

주 소 :
(을) : 인

[서식 79] 교환계약서(부동산)

부동산교환계약서

계약당사자인 ○○○(이하 "갑"이라 한다)과 ○○○(이하 "을"이라 한다)은 각자가 소유하고 있는 물건을 교환함에 있어 다음과 같이 계약한다.

제1조 "갑"은 그 소유의 별지 목록(1) 기재의 부동산소유권을 "을"에게 이전하고, "을"은 그 소유인 별지 목록(2) 기재의 부동산소유권을 상호교환으로 "갑"에게 이전한다.

제2조 1. "갑"과 "을"은 각자 자기가 제공하는 토지에 제3자로부터 권리의 주장이 없을 것을 보증한다.
2. 만일 제3자로부터 교환에 제공하는 물건에 권리의 주장이 있을 때에는 교환할 물건의 원 소유자가 이 문제를 해결할 것이며 쌍방이 권리행사에 아무런 지장을 초래하지 않도록 할 것을 약속한다.

제3조 1. 본 물건에 관한 인도는 20○○년 ○월 ○일까지 "갑", "을" 모두 행하여야 한다.
2. 본 물건에 관한 소유권이전등기는 20○○년 ○월 ○일까지 이행하고, "갑", "을" 각 당사자는 자기 소유의 물건에 대하여 서로가 상대방에게 소유권이전등기를 할 수 있도록 협력하여야 한다.

제4조 1. "갑"이 제공하는 별지 목록(1) 기재의 부동산은 금 ○○○원으로 평가하고 "을"이 제공하는 별지 목록(2) 기재 부동산은 금 ○○○원으로 평가한다.
2. "을"은 전호에 정하는 평가액의 차액을 소유권이전등기시에 현금으로 "갑"에게 지급하여야 한다.

제5조 본 물건에 관하여 저당권, 임차권, 전세권 등 소유권이외의 제한물권이 설정되어 있거나 불법점유 등의 하자가 있는 때에는 잔금지급기일 현재까지 이를 제거하여 완전한 소유권을 이전하여야 한다.

제6조 잔금지급기일 현재 본 물건에 관하여 발생한 수익과 제세공과금 및 부담금은 소유권이 전등기일을 기준으로 각자 부담한다.

제7조 본 계약의 목적을 달성할 수 없을 때에는 본 계약을 해제할 수 있으며, "을"이 위약한 때에는 계약금을 "갑"이 취득하고, "갑"이 위약한 때에는 계약금의 배액을 "을"에게 변상하여야 한다.

별 첨 : 부동산의 표시 : (생 략)

위 계약성립의 증거로써 본 계약서 2통을 작성하여 기명(또는 서명) 날인한 후 각각 1통씩 보관한다.

20○○년 ○월 ○일

갑	㊞	주민등록번호		주 소	
				전화번호	
을	㊞	주민등록번호		주 소	
				전화번호	

[서식 80] **교환계약서(부동산)**

교 환 계 약 서

계약당사자인 ○○○(이하 "갑"이라 칭한다)와 ○○○(이하 "을"이라 칭한다)은 각자가 소유하고 있는 부동산을 교환함에 있어 다음과 같이 계약을 체결한다.

제1조 "갑"은 제2조에 게기한 부동산과 교환하기 위하여 그 소유인 다음 부동산의 소유권을 "을"에게 이전한다.

다 음

1. ○○시 ○○구 ○○동 ○○○-○ 대 ○○○㎡

2. ○○시 ○○구 ○○동 ○○○-○ 전 ○○○㎡

제2조 "을"은 제1조에 게기한 부동산과 교환하기 위하여 그 소유인 다음 부동산에 대한 소유권을 "갑"에게 이전한다.
1. ○○시 ○○구 ○○동 ○○○○-○ 전 ○○○㎡
2. ○○시 ○○구 ○○동 ○○○○-○ 답 ○○○㎡

위 계약을 증명하기 위하여 본 계약서 2통을 작성하여 각각 기명(또는 서명) 날인한 후 각각 1통씩 소지 보관한다.

20○○년 ○월 ○일

갑	㊞	주민등록번호		주 소	
				전화번호	
을	㊞	주민등록번호		주 소	
				전화번호	

[서식 81] 주식교환계약서

주식교환계약서

주식회사 ○○○○(이하 "갑"이라 한다)와 ○○○○ 주식회사(이하 "을"이라 한다)와는 다음과 같이 주식교환계약을 체결한다.

제1조 "갑"은 합병기일까지 자본감소절차(자본액 금 24,000,000원을 금 2,400,000원으로 금 21,600,000을 감소한다. 그 방법은 액면주식 1주금 100원을 금 500원으로 구주식 50주를 합병하여 액면주식 1주 500원의 신주로 한다)를 완료하고 "갑"은 "을"을 합병하여 존속하며 "을"은 해산하고 "갑"의 상호를 ○○이라 변경한다.

제2조 "갑"은 이 합병에 의하여 회사가 발행하는 주식총수를 변경하지 아니하고, 발행하는 주식총수 192.000주 중 보통주식 250.000주, 상환주식 42.000주로서 새로이 상환주식을 발행한다. 단 상환주식의 내용은 다음과 같다.

1. 상환주식은 20○○년 ○월 ○일까지 주주에게 배당할 이익으로써 상환한다. 이때의 상환가격은 1주에 금 500원이다.
2. 상환주식의 전부를 일시에 상환하지 아니하고 분할하여 상환할 때는 주주의 소유주수의 비율에 의하여 상환한다.
3. 상환주식은 상환하는 경우에 당해 주식을 소유하는 주주 및 등록된 질권자에 대하여 상환할 날의 30일 전까지는 그 요지를 통지하여야 한다.
4. 전항의 주주는 상환금 수령지체 이후는 상환금의 수령 이외의 권리를 상실한다.

제3조 "갑"은 합병시에 새로 액면주식 48,000주(단 액면 보통주식 6,000주, 액면 상환주식 42,000주)를 발행하여 합병기일 현재 "을"의 주주에게 그 소유하는 액면보통주식 1주에 대하여 신주액면 보통주식 1주, 액면 상환주식 1주에 대하여 신주액면 상환주식 1주의 비율로써 각기 교부한다.

제4조 "갑"이 증가해야 할 자본액은 금 24,000,000원, 자본준비금은 금 1,000,000원으로 한다.

제5조 1. "을"은 작성된 20○○년 ○월 ○일 현재의 재산목록 및 대차대조표에 의하여 합병기일에 있어서의 일체의 재산 및 권리의무를 "갑"에게 인계한다.
2. 전항기일 후에 양도재산의 변동이 생겼을 때는 별도로 계산서를 첨부하여 명확히 하여야 한다.

제6조 "을"은 본 계약체결 후 전조의 인계를 할 때까지 선량한 관리자의 주의로써 업무를 집행하고 일체의 재산을 관리하여야 하며 그 재산의 처분, 의무의 부담, 특별지출, 기타 주요사항에 관하여는 "갑"의 승인을 얻어야 한다. "갑"은 언제든지 "을"의 장부서류를 감사하여 업무상황을 조사할 수 있다.

제7조 "갑"과 "을"은 합병의 기일은 20○○년 ○월 ○일로 한다. 단 동기일까지 합병에 필요한 절차를 완료할 수 없을 때는 "갑"과 "을"은 협의로써 이를 연장할 수 있다.

제8조 합병기일 이후에 생긴 "을"의 이익금은 갑에게 귀속한다. "을"의 주주에 대해서는 "갑"과의 합병기일부터 기산하여 배당한다.

제9조 "을"의 종업원은 "갑"이 신규채용의 예에 따라 계속 사용한다.

제10조 본 계약체결일로부터 합병실행에 이르기까지의 사이에 천재, 사변 기타의 사정으로 인하여 필요가 생겼을 때는 "갑"과 "을"은 각 대표자의 협의를 거쳐 다시 합병조건을 변경하거나 본 계약을 해제할 수 있다.

제11조 본 계약에 규정된 이외에 합병에 대한 필요사항은 "갑"과 "을"의 대표자가 협의하여 이를 정한다.

제12조 "갑"과 "을"은 20○○년 ○월 ○일을 기하여 각 주주총회를 소집하고 본 계약의 승인 및 그 실행에 필요한 사항의 결의를 거쳐야 하며 본 계약으로써 정식계약서로 충당하고 "갑"과 "을"은 상호간에 승인결의를 얻은 취지를 통지하여야 한다.

제13조 본 계약은 "갑" 및 "을"의 주주총회의 승인결의를 얻었을 때에 그 효력을 발생한다.

본 계약의 성립을 증명하기 위하여 이 계약서 2통을 작성하고 각각 서명(또는 기명) 날인하여 각각 1통씩 보관한다.

20○○년 ○월 ○일

갑	㊞	사 업 자 등 록 번 호		사 무 소	
				전화번호	
을	㊞	사 업 자 등 록 번 호		사 무 소	
				전화번호	

[서식 82] 분양권 증여계약서

주식상호교환계약서

○○○ (이하 갑이라 함)와

○○○ (이하 을이라 함)와는 다음과 같이 계약을 체결한다.

제1조 갑은 합병 기일까지 자본감소절차 (자본액 금 2천4백만 원을 금 240만 원으로 금 2천160만 원을 감소한다. 그 방법은 액면주식 1주금 100원을 금 500원으로 구주식 50주를 합병하여 액면주식 1주 500원의 신주로 한다)를 완료하고 갑은 을을 합병하여 존속하며 을은 해산하고 갑의 상호를 ○○○이라 변경한다.

제2조 갑은 이 합병에 의하여 회사가 발행하는 주식총수를 변경하지 아니하고, 발행하는 주식총수 192,000주 중 보통주식 250,000주, 상환주식 42,000주로서 새로이 상환주식을 발행한다. 단 상환주식의 내용은 다음과 같다.

1. 상환주식은 　년 　월 　일까지 주주에게 배당할 이익으로써 상환한다. 이때의 상환가격은 1주에 금 500원이다.
2. 상환주식의 전부를 일시에 상환하지 아니하고 분할하여 상환할 때는 주주의 소유주수의 비율에 의하여 상환한다.
3. 상환주식은 상환하는 경우에 당해 주식을 소유하는 주주 및 등록된 질권자에 대하여 상환할 날의 30일전까지는 그 요지를 통지하여야 한다.

4. 제3항의 주주는 상환금 수령지체 이후는 상환금의 수령 이외의 권리를 상실한다.

제3조 갑은 합병 시에 새로 액면주식 48,000주(단 액면보통주식 6,000주, 액면상환주식 42,000주)를 발행하여 합병기일 현재 을의 주주에게 그 소유하는 액면보통주식 1주에 대하여 신주액면보통주식 1주, 액면상환주식 1주에 대하여 신주액면상환주식 1주의 비율로써 각기 교부한다.

제4조 갑이 증가해야 할 자본액은 금 2,400만 원, 자본준비금은 금 100만 원으로 한다.

제5조 1. 을은 작성된 년 월 일 현재의 재산목록 및 대차대조표에 의하여 합병 기일에 있어서의 일체의 재산 및 권리의무를 갑에게 인계한다.
2. 제1항 기일 후에 양도재산의 변동이 생겼을 때는 별도로 계산서를 첨부하여 명확히 하여야 한다.

제6조 을은 본 계약 체결 후 전조의 인계를 할 때까지 선량한 관리자의 주의로써 업무를 집행하고 일체의 재산을 관리하여야 하며 그 재산의 처분, 의무의 부담, 특별지출, 기타 주요사항에 관하여는 갑의 승인을 얻어야 한다. 갑은 언제든지 을의 장부서류를 감사하여 업무상황을 조사할 수 있다.

제7조 갑을 합병의 기일은 년 월 일로 한다. 단 동 기일까지 합병에 필요한 절차를 완료할 수 없을 때는 갑을 협의로써 이를 연장할 수 있다.

제8조 합병기일 이후에 생긴 을의 이익금은 갑에게 귀속한다. 을의 주주에 대해서는 갑과의 합병 기일부터 기산하여 배당한다.

제9조 을의 종업원은 갑이 신규채용의 예에 따라 계속 사용한다.비

제10조 본 계약체결일로부터 합병실행에 이르기까지의 사이에 천재, 사변 기타의 사정으로 인하여 필요가 생겼을 때는 갑을 각 대표자의 협의를 거쳐 다시 합병 조건을 변경하거나 본 계약을 해제할 수 있다.

제11조 본 계약에 규정된 이외에 합병에 대한 필요사항은 갑, 을 대표자가 협의하여 이를 정한다.

제12조 갑, 을은 년 월 일을 기하여 각 주주총회를 소집하고 본 계약의 승인 및 그 실행에 필요한 사항의 결의를 거쳐야 하며 본 계약으로써 정식계약서로 충당하고 갑을 상호간에 승인 결의를 얻은 취지를 통지하여야 한다.

제13조 [특약사항]

제14조 본 계약은 갑 및 을의 주주총회의 승인결의를 얻었을 때에 그 효력을 발생한다.

상기 계약을 증명하기 위하여 본서 2통을 작성하여 각각 1통을 보관한다.

20○○년 ○월 ○일

갑		을	
회 사 명	주식회사 코리아	회 사 명	주식회사 USA
대 표 자	㊞	대 표 이 사	㊞
법인등록번호		법인등록번호	
본 사 주 소		본 사 주 소	

작성시 유의사항

주식교환계약서의 작성

주식교환을 하려면 우선 모회사로 예정된 회사와 자회사로 예정된 회사 간에 주식교환계약서를 작성하여야 한다.

주식교환계약서에는 다음 사항을 기재하여야 하는데 대체로 흡수합병의 계약서와 같다. 주식교환계약서는 쌍방회사의 대표이사가 체결하나, 각자 이사회의 결의를 요함은 물론이다.

① 완전모회사가 되는 회사가 주식교환으로 인하여 정관을 변경하는 경우에는 그 규정 모회사의 발행예정주식 총수 중 미발행 부분이 주식교환을 위해 발행해야 할 신주의 수에 미달할 때에는 필히 정관을 변경해서 발행예정주식총수를 늘려야 할 것이고, 상호를 변경할 필요가 있을 때에도 정관변경을 해야 할 것이다.

② 완전모회사가 되는 회사가 주식교환을 위하여 발행하는 신주의 총수·종류와 종류별 주식의 수 및 완전자회사가 되는 회사의 주주에 대한 신주의 배정에 관한 사항

③ 완전모회사가 되는 회사의 증가할 자본의 액과 자본준비금에 관한 사항

④ 완전자회사가 되는 회사의 주주에게 지급할 금액을 정한 때에는 그 규정

⑤ 각 회사가 주식교환의 승인결의를 할 주주총회의 기일

⑥ 주식교환을 할 날

⑦ 각 회사가 주식교환을 할 날까지 이익을 배당하거나 제462조의3의 규정에 의하여 금전으로 이익배당을 할 때에는 그 한도액

⑧ 제360조의6의 규정에 의하여 회사가 자기의 주식을 이전하는 경우에는 이전할 주식의 총수·종류 및 종류별 주식의 수

⑨ 완전모회사가 되는 회사에 취임할 이사와 감사 또는 감사위원회의 위원을 정한 때에는 그 성명 및 주민등록번호

주주총회의 승인

위 주식교환계약서는 완전모회사가 될 회사와 완전자회사가 될 회사에서 각각 주주총회의 특별결의에 의한 승인을 얻어야 한다(360조의3 1항, 2항).

주주총회를 소집할 때에는 소집통지서에,

① 주식교환계약서의 주요내용,

② 반대주주의 주식매수청구권(360조의5 1항)의 내용 및 행사방법을 기재하여야 한다. 아울러,

③ 일방회사의 정관에 주식의 양도에 관하여 이사회의 승인을 요한다는 뜻의 규정이 있고 다른 회사의 정관에 그 규정이 없는 경우에는 그 뜻도 기재하여야 한다(360조의3 4항).

▌제4장▐ 소비대차·사용대차·임대차 관련 계약서

제1절 소비대차계약

1. 서 설

가. 의 의

소비대차계약이란, 당사자의 일방이 금전 기타 대체물의 소유권을 상대방에게 이전할 것을 약정하고, 상대방은 동종·동질·동량의 물건을 반환할 것을 약정함으로써 성립하는 계약이다(민법 598조). 소비대차계약은 낙성·불요식계약이다. 소비대차계약은 원칙적으로 무이자 소비대차계약으로 편무·무상계약이나, 법률의 규정 또는 특약으로 이자 지급이 약정되어 있는 경우 쌍무·유약계약이 된다.

나. 다른 대차형계약과의 비교

구 분	소비대차	사용대차	임 대 차
계약의 목적물	대 체 물	대체물에 한정되지 않음	
차주의 목적물소유권 취득여부	취 득	취득하지 못함	
이용방법	제한 없음	계약 또는 목적물의 성질에 의해 정해진 용법에 따라 사용·수익해야 함	
대 가	원칙적으로 무상 예외적으로 유상	무 상	유 상

다. 효 력

대주는 목적물의 소유권이전의무와 함께 이자 있는 소비대차의 목적물에 하자가 있는 경우 매매의 담보책임 규정이 준용되며(민법 580조 내지 582조), 이자 없는 소비대차의 경우에는 차주는 하자있는 물건의 가액으로 반환할 수 있다.

라. 목적물반환의무

(1) 원 칙

차용한 것과 동종, 동질, 동량의 물건을 반환해야 한다.

(2) 예 외

- 동종물 반환이 불가능하다면 不能시 차용물의 시가로 반환.
- 대물대차의 경우 인도받은 물건의 인도시 가액 반환(강행규정, 606조).
- 하자있는 물건을 받은 경우는 그 하자있는 물건의 가액 반환.
- 대물반환의 예약시 예약당시의 가액은 차용액 및 이자의 합산을 넘지 못한다(강행규정, 607조).

마. 준소비대차

당사자 쌍방이 소비대차에 의하지 아니하고 성립한 금전 기타의 대체물을 지급할 의무가 있는 경우 당사자가 그 목적물을 소비대차의 목적으로 할 것을 약정한 경우를 준소비대차라 한다.

2. 서 식 례

[서식 83] 금전소비대차계약서

금전소비대차계약서

채권자 ○○○(이하 "갑"이라 한다), 채무자 ○○○(이하 "을"이라 한다), 보증인 ○○○(이하 "병"이라 한다)간에 다음과 같이 금전소비대차와 보증계약을 체결한다.

제1조【금전소비대차】"갑"은 "을"에게 금 ○○○원을 대여하고, "을"은 이를 차용한다.

제2조【이 자】위 차용금에 대한 이자는 연 ○%의 비율로 정하고, 매월 ○일까지 지급하기로 한다.

제3조【변제기한】"을"의 "갑"에 대한 위 차용금의 변제기한은 20○○년 ○월 ○일까지로 한다.

제4조【변제장소】변제장소는 "갑"의 현주소지로 한다.

제 5 조【기한의 이익상실】“을”이 이자지급을 ○개월 이상 지체할 경우 “을”은 기한의 이익을 상실하고 “갑”은 최고절차 없이 원리금을 청구할 수 있다.

제 6 조【보증인】“병”은 “을”의 보증인으로서, “을”이 “갑”에 대한 채무를 이행하지 않을 때 그 채무를 이행할 책임을 부담한다.

제 7 조【검색의 항변권】“병”은 최고 및 검색의 항변권을 포기한다.

제 8 조【위약금】“병”이 “갑”으로부터 보증채무이행의 최고를 받았음에도 ○일 이내에 보증채무를 이행하지 않을 때는 “병”은 “갑”에 대하여 위약금으로서 금 ○○○원을 지급하기로 한다.

위와 같이 본 계약이 유효하게 성립하였음을 증명하기 위하여 본 계약서 2통을 작성하여 각각 서명(또는 기명) 날인한 후 “갑”과 “을”이 각각 1통씩을 보관한다.

20○○년 ○월 ○일

갑	㉤	주민등록번호		주 소 전화번호	
을	㉤	주민등록번호		주 소 전화번호	
병	㉤	주민등록번호		주 소 전화번호	

[서식 84] 금전소비대차계약서

금전소비대차계약서

채권자 __________(이하 ‘갑’이라고 한다)과 채무자 __________(이하 ‘을’이라고 한다)는 다음과 같이 금전소비대차계약을 체결한다.

제 1 조 [계약의 목적]

① 본 계약은 ‘갑’과 ‘을’간에 체결되는 금전소비대차 계약의 제반 사항을 정함을 목적으로

한다.

② 본 계약의 대여금은, '을'이 주식회사 ○○○○의 주주 ○○○로부터 주식 ○○○○주를 인수하는데 있어 그 인수자금의 일부로서 사용되는 것으로 '갑'과 '을' 양자가 인지하고 합의한다.

제 2 조 [소비대차 합의] - 선택적으로

① '갑'은 20○○. ○. ○. 금 ○○○○○원(한글 ○○○○○)을 '을'에게 대여해 주고, '을'은 이를 차용한다.

② '갑'은 무기명 채권 금 ○○○○○원(한글 ○○○○○)을 '을'에게 지급함으로써 대여하고, '을'은 이를 차용한다(사본 별첨).

제 3 조 [변제기 및 이자 등]

① 본건 대여금의 변제기일은 20○○. ○. ○.까지로 한다.

② 본건 대여금에 대한 이자는 연 ○%로 한다.

③ '을'은 위 2항에 따른 이자를 매월 ○일에 '갑'에게 지급한다.

④ '을'이 본건 대여 원리금의 변제를 지체한 때에는 지체한 원리금에 대하여 연 ○%의 비율에 의한 지연손해금을 '갑'에게 지급하여야 한다.

제 4 조 [변제 장소 및 방법]

본건 대여금의 변제는 '갑'의 주소지 또는 '갑'이 지정하는 장소에 지참하여 변제하거나, '갑'이 지정하는 은행계좌에 송금하는 방법으로 변제하여야 한다.

제5조 [기한 이익의 상실]

① 을에게 다음 각 호의 사유가 발생하는 경우, '갑'으로부터 별도의 채무이행 통지나 최고가 없더라도 '을'은 그 즉시 기한의 이익을 상실하고 대여 원리금 전액을 '갑'에게 변제하여야 한다.

1. '을'이 제3조 소정의 이자 지급을 ○개월 이상 지체하였을 경우
2. '을'의 재산에 대하여 강제집행절차개시의 신청이 있거나 보전처분(가압류·가처분 등)이 내려진 경우 및 기타 이에 준하는 경우
3. '을'이 지급불능, 지급정지, 부도 등의 상태에 빠지거나 해산 또는 청산사유나 회사 정리를 개시할 수 있는 사유가 발생한 경우
4. '을'이 아무런 통보도 없이 회사를 이전하는 등 '갑'과의 신뢰를 훼손하는 일체의 행위를 하는 경우
5. 기타 '갑'의 합리적인 판단에 따라 사업수행이 어렵다고 판단되는 경우

② '을'에게 다음 각 호의 사유가 발생할 경우, '갑'은 7일 이상의 시정기간을 두고 사유를 명시하여 시정을 최고할 수 있다. 그럼에도 불구하고 시정이 이루어지지 아니할 경우, 위 제1항과 같이 기한의 이익을 상실하고 대여 원리금 전액을 '갑'에게 변제하여야 한다.

1. 본 계약상의 의무를 이행하지 아니할 때
2. 회사재정(또는 개인 재무 상황)의 급격한 악화를 인지하고 이에 대한 해명요구에 불응하거나 해명이 불명확한 때
3. 고의로 회사(또는 개인)의 재산을 은닉하거나 기타 불성실 행위를 함을 인지하고 이에 대한 해명 요구에 불응하거나 해명이 불명확한 때

제6조 [담보제공]

① '을'은 본 계약상의 채무이행을 보증하기 위하여 선택적으로 다음의 담보를 '갑'에게 제공하기로 한다.

1. '을'이 발행하는 백지당좌수표 ○매 및 동 보충권 부여증
2. '을'이 발행하는 액면금액 금 ○○○○○○○원정의 공증 약속어음 ○매
3. '갑'의 여신관리 지침에 의거 감정가 유효분 금 ○○○○○원 이상의 부동산 위에 채권최고금액 금 ○○○○○○○원의 지급보증
4. '을'이 주식회사 ○○○○의 주주 ○○○로부터 취득한 주식 ○○○○주에 대하여 '갑' 명의로 질권을 설정하고, '갑'에게 그 주권을 교부(단, 주권이 미방행된 경우, 주식회사 ○○○○에 질권설정 사실을 통지한다)
5. '을'은 본 계약 체결과 동시에 '을'이 소유권을 가지고 있는 (부)동산에 대하여 제1순위 저당권을 설정하여 주기로 하고 이에 필요한 제반 서류 일체를 '갑'이 지정하는 자에게 교부한다.

② 위 제1항의 담보가 손해배상액의 예정을 의미하는 것은 아니다.

③ 담보제공에 따른 비용은 '을'의 부담으로 한다.

④ 위 제1항의 제5호에 따른 담보제공의 경우, '을'은 저당물에 대하여 제3자의 침해행위나 기타 저당물의 주요 현상변경 및 저당물의 재산적 가치 감소를 가지고 오는 일체의 행위에 대하여 즉시 '갑'에게 이를 통지하여 사전에 관련 내용을 협의하여야 한다.

⑤ 제1항의 담보의 처분은 법적절차에 의하지 아니하고 '갑'이 적당하다고 판단되는 방법에 의하여 처분할 수도 있으며, '을'은 전혀 이의를 제기하지 아니한다. 다만, 제1항의 제5호에 따른 저당권 실행에 소요되는 비용 일체는 저당권 실행 후 잔액이 있을 경우 이를 공제하고 '을'에게 반환한다.

제7조[연대 보증]

보증인이 있는 경우, 보증인은 '을'의 본 계약에 따른 의무를 연대하여 보증한다.

제8조[변제 순위]

본 계약으로 인하여 '을'이 지급하는 금전은 우선적으로 관련 소요 비용이 있으면 그에 소요되고 그 다음으로 이자의 변제에 그리고 마지막으로 원금의 변제에 소요되는 것으로 한다.

제9조 [합의 관할]

이 계약에 의하여 발생하는 분쟁에 관해서는 채권자의 주소지를 관할하는 법원을 1심 관할로 한다.

제10조 [상호 협력]

① 양 당사자는 상호 간에 이 계약 각 조항을 준수한다.

② 본 계약에 규정되지 아니한 사항은 관계 법령 및 상관습에 따르기로 한다.

제11조 [계약 내용의 변경]

① 본 계약 내용의 변경은 양당사자의 서면 합의에 의하여서만 변경할 수 있다.

② 제1항에 따라 상호 합의에 따라 변경된 내용이 기재되어 있는 서면은 본 계약서의 말미에 첨부하여 보관하여야 한다.

제12조 [분쟁의 해결]

① 본 계약에 따라 발생하는 분쟁은 '갑'과 '을'의 합의에 의하여 해결하기로 한다.

② 다만, 제1항에 따른 합의가 이루어지지 아니할 경우에는 우선적으로 중재법에 의한 중재기관에 중재를 신청하여야 한다.

제13조 [특약사항]

① 본 계약에서 정하지 아니한 사항에 관하여는 '갑'과 '을'이 합의하여 별도의 특약을 정할 수 있다.

____

____

② 만약 제1항에 따른 특약사항이 본문과 상충하는 경우에는 특약사항이 우선하여 적용된다.

이상과 같이 계약했으므로 본서 2부를 작성하여 각 당사자가 각기 서명날인한 후 각 1부씩 보관한다.

20○○년 ○월 ○일

채 권 자 (갑)

주식회사 ○○○○ (법인등록번호 : -)

서울 ○○구 ○○로 ○○

대표이사 ○ ○ ○ (인)

채 권 자 (을)

주식회사 ○○○○ (법인등록번호 : -)

서울 ○○구 ○○로 ○○

대표이사 ○ ○ ○ (인)

[서식 85] 금전소비대차 계약서(기업용)

금전소비대차 계약서

○○○(이하 "갑"이라 한다)와 ○○주식회사(이하 "을"이라 한다)는 다음과 같이 금전소비대차 계약을 체결한다.

제1조【차용금】

채권자 "갑"은 20○○년 ○월 ○일에 금 ○○○원을 채무자 "을"에게 빌려주고 채무자 "을"은 이것을 차용하였다.

제2조【상환일】

차용금의 변제기한은 다음과 같다.

상 환 일	상환금액	상환장소	상환방법	비　　고

제3조【이 자】

1. 차용금에 대한 이자는 연 ○○%로 하고 매월 ○○일까지 지급하기로 한다.
2. 원리금의 변제를 지체했을 때 지연이자는 연 ○○%로 한다.

제4조【상환장소】

"을"의 변제는 "갑"의 주소지에 지참해서 변제하거나 "갑"이 지정하는 은행의 구좌에 송금해서 변제할 수 있다.

제5조【기한의 이익상실】

"을"이 제2조의 상환기일 중 어느 하나라도 이행을 지체할 경우 및 "을"이 어음교환소에서 부도처리 되었을 때, 또는 "을"에 가압류, 압류, 경매, 화의개시, 회사정리절차개시의 신청이 있었을 때 또는 "을"이 청산에 들어갔을 때, "을"의 "갑"에 대한 채무가 기일내 상환이 불가능하다고 객관적으로 명백할 때 기타 본 계약상의 의무 중 어느 하나라도 불이행이 있었을 때, "을"의 "갑"에 대한 모든 채무는 기한의 이익을 상실한다.

제6조【담보제공】

① "을"은 본 계약상의 채무이행을 보증하기 위하여 다음의 담보를 "갑"에게 제공하기로 한다.

1. "을"발행 백지당좌수표 ○○매 및 동 보충권 부여증
2. "을"이 발행하고 "을"의 대표이사가 개인자격으로 연대보증한 액면금액 금 ○○○원정의 공증 약속어음 ○○매
3. "갑"의 여신관리 지침에 의거 감정가유효분 금 ○○○원 이상의 부동산 위에 채권 최고금액 금 ○○○원의 지급보증

② 1항의 담보가 손해배상액의 예정을 의미하는 것은 아니다.
③ 담보제공에 따른 비용은 "을"의 부담으로 한다.
④ 1항의 담보의 처분은 법적절차에 의하지 아니하고 "갑"이 적당하다고 판단되는 방법에 의하여 처분할 수도 있으며, "을"은 전혀 이의를 제기치 아니한다.

제7조【내용변경】
본 계약의 내용변경은 당사자 서면합의로써 변경할 수 있다.

제8조【분쟁해결】
본 계약과 관련하여 분쟁이 발생하는 경우 "갑"과 "을"은 상호신뢰를 바탕으로 원만히 해결하기로 하되 합의가 이루어지지 아니하여 이 소송을 제기하는 경우에는 "갑"의 주된 사무소 소재지 관할법원에, "을"이 소송을 제기하는 경우에는 "을"의 주된 사무소 소재지 관할법원에 소송을 제기할 수 있기로 한다.

상기 계약내용을 확인 증명하기 위하여 본 계약서 2통을 작성하고 "갑", "을"이 서명날인한 후 각1통씩 보관한다.

계약일자 : 20 년 월 일

(갑) 주 소 :
성 명 : (인)
연락처 :

(을) 주 소 :
회사명 :
대표자 : (인)
연락처 :

[서식 86] 현금보관증

현 금 보 관 증

금 ○○○원(₩○○○)

상기의 금액을 본인이 정히 보관하되, 보관기일은 20○○년 ○월 ○일까지로 정하여 지급하기로 하되, 만약 위 기일에 위 돈의 지급을 지체할 시는 언제든지 청구하더라도 이의 않기로 하고 본 증서를 작성합니다.

20○○년 ○월 ○일

보관인 성 명 : ○ ○ ○ ㉞
주민등록번호 : 000000-0000000
주 소 : ○○시 ○○대로 ○○○

○ ○ ○ 귀하
○○시 ○○구 ○○대로 ○○○

[서식 87] 차용증서(일시상환)

차 용 증 서

금 ○○○원(₩○○○)

상기 금액을 귀하로부터 정히 차용하면서, 이자는 연 ○%, 변제기일은 20○○년 ○월 ○일로 정하여 지급하기로 하며, 만약 위 기일 내 위 돈의 지급을 지체할 시는 언제든지 청구하더라도 이의 않기로 하고 본 증서를 작성합니다.

20○○년 ○월 ○일

차 용 인(채무자) 성 명 : ○ ○ ○ ㊞
주 소 : ○○시 ○○대로 ○○○

○ ○ ○ 귀하
○○시 ○○구 ○○대로 ○○○

[서식 88] 차용증서(일시상환)

차 용 증 서

금 ○○○원(₩○○○)

상기 금액을 귀하로부터 가옥 및 택시구입자금으로 정히 차용하되, 변제기간은 20○○년 ○월 ○일, 이자지급방법은 매월 ○마다 후취로 지급하기로 하고, 만약 이자지급을 계속하여 2회 이상 지체할 때에는 기한의 이익을 상실하여 원리금잔액을 즉시 청구하더라도 이의 않기로 하고 본 증서를 작성합니다.

20○○년 ○월 ○일

차 용 인(채무자) 성 명 : ○ ○ ○ ㊞
주 소 : ○○시 ○○대로 ○○○

○ ○ ○ 귀하
○○시 ○○구 ○○대로 ○○○

[서식 89] 차용증서(분할상환)

차 용 증 서

금 ○○○원(₩○○○)

위 금액을 차용함에 있어 아래 각 항을 약정함

1. 이자는 연 ○%로 하되, 상환기간인 경과하여 연체한 금액에 대하여는 연 ○%의 연체이자율을 적용함.
2. 상환기간은 1년 거치(경영자금) 또는 2년 거치(시설자금) 3년 균등상환으로 함.
3. 차용금은 사업계획 외의 다른 목적에 전용하지 않겠음.
4. 위 대출조건에 위배될 때에는 상환기일에 불구하고 귀하의 요구에 따라 하시라도 원리금을 상환하겠음.
5. 연대보증인은 이 약정사항의 이행에 대하여 차주와 연대하여 그 책임을 지겠음.

20○○년 ○월 ○일

차 용 인 성 명 : ○ ○ ○ ㊞
주민등록번호 : 000000- 0000000
주 소 : ○○시 ○○대로 ○○○

연대보증인 성 명 : ○ ○ ○ ㊞
주민등록번호 : 000000- 0000000
주 소 : ○○시 ○○대로 ○○○

○ ○ ○ 귀하
○○시 ○○구 ○○대로 ○○○

[서식 90] 차용증서(근저당권설정시)

차 용 증 서

금 ○○○원(₩○○○)

상기 금액을 귀하로부터 정히 차용하면서, 이자는 연 ○%, 변제기일은 20○○년 ○월 ○일로 정하여 지급하기로 하며, 위 채무의 이행을 담보하기 위하여 채무자 소유의 아래 부동산에 대하여 귀하를 근저당권자로 하고 채권최고액 금 ○○○원으로 한 근저당권설정 등기절차를 이행하기로 하며, 만약 위 기일 내 위 돈의 지급을 지체할 시는 언제든지 청구하더라도 이의 않기로 하고 본 증서를 작성합니다.

- 부동산의 표시 -

1. ○○시 ○○동 ○○○ 답 ○○㎡

20○○년 ○월 ○일

차 용 인(채무자) 성 명 : ○ ○ ○ ㊞
주민등록번호 : 000000- 0000000
주 소 : ○○시 ○○대로 ○○○

○ ○ ○ 귀하
○○시 ○○구 ○○대로 ○○○

[서식 91] 준소비대차계약서(약속어음금채무를 지급목적으로 하는 경우)

준 소 비 대 차 계 약 서

채권자 ○○○을 갑으로 하고, 채무자 △△△을 을로 하고, 연대보증인 □□□을 병으로 하여 갑, 을, 병간에 다음의 준소비대차계약을 체결한다.

제 1 조 (목적) 갑이 을에 대하여 가지는 아래의 약속어음금에 대하여 금일 갑, 을, 병 당사자는 아래 어음금액을 준소비대차의 목적으로 할 것에 합의하고, 을은 제2조 이하의 조건으로 이것을 변제하기로 약속한다.

－ 아　　　래 －

1. 금　　액 : 금○○○원정
2. 발 행 지 : ○○시
3. 지 급 지 : ○○시
4. 지급장소 : 주식회사 ○○은행 ○○지점
5. 발 행 일 : 20○○년 ○월 ○일
6. 만　　기 : 20○○년 ○월 ○일
7. 발 행 인 : △△△
8. 수 취 인 : ○○○

제 2 조 (변제일) 차용금 변제일은 20○○년 12월 31일로 한다.

제 3 조 (이자) 이자는 연 10%의 비율로, 매월 말일까지 지급하고, 을이 원리금 변제를 지체했을 때는 을은 금　　원의 비율로 연체손해금을 가산하여 지급하지 않으면 안 된다.

제 4 조 (변제장소) 채무의 변제는 갑의 주소지 또는 지정장소에 지참 또는 송부한다.

제 5 조 (기한의 이익상실) 을은 다음의 경우 갑으로부터의 어떤 통지 또는 최고 등을 요하지 않고 당연히 기한의 이익을 잃고, 남아있는 채무 전부를 즉시 지급하지 않으면 안 된다.

1. 을이 이자 지급을 2회 이상 지체했을 때
2. 을 또는 병이 제3자로부터 가압류, 가처분, 강제집행을 받고 또는 파산, 화의신청을 받았을 때
3. 을 또는 병이 주소변경하고 그 내용을 갑에게 알리지 않을 때

제 6 조 (보증책임) 병은 본 채무를 보증하고 을과 연대하여 을과 병 사이의 보증위탁 계약의 효력 여하에 관계없이 채무이행의 책임을 진다.

이 계약의 성립을 증명하기 위해 본 증서 3통을 작성하고 갑, 을, 병은 각기 서명·날인한 후 각 1통씩 보관한다.

20○○년 ○월 ○일

채권자	주 소					
	성 명 또 는 상 호	인	주민등록번호 또 는 사업자등록번호	–	전 화 번 호	
채무자	주 소					
	성 명 또 는 상 호	인	주민등록번호 또 는 사업자등록번호	–	전 화 번 호	
연대보증인	주 소					
	성 명 또 는 상 호	인	주민등록번호 또 는 사업자등록번호	–	전 화 번 호	

[서식 92] 준소비대차계약서

준소비대차계약서

주식회사를 "갑"으로 하고, 을 "을"로 하고, 을 "병"으로 하여 "갑", "을", "병" 간에 다음의 준소비대차계약을 체결한다.

제1조【목적】
"갑"이 "을"에 대하여 가지는 아래의 약속어음금에 대하여 금일 "갑", "을", "병" 당사자는 아래 어음금액을 준소비대차의 목적으로 할 것에 합의하고, "을"은 제2조 이하의 조건으로 이것을 변제하기로 약속한다.

– 아 래 –

금 액 : 금 만원정

발 행 지 : 서울시
지 급 지 : 서울시
지급장소 : 주식회사 은행 지점
발 행 일 : 년 월 일
만 기 : 년 월 일
발 행 인 : "을"
수 취 인 : "갑"

제 2 조 【변제일】
차용금 변제일은 년 월 일로 한다.

제3조 【이자】
이자는 연 %의 비율로, 매월 말일까지 지급하고, "을"이 원리금 변제를 지체했을때는 "을"은 금 원 당 1일 금 원의 비율로 연체손해금을 가산하여 지급하지 않으면 안된다.

제4조 【변제장소】
채무의 변제는 "갑"의 주소지 또는 지정장소에 지참 또는 송부한다.

제5조 【기한의 이익 상실】
"을"은 다음의 경우 "갑"으로부터의 어떤 통지 또는 최고 등을 요하지 않고 당연히 기한의 이익을 잃고, 남아있는 채무 전부를 즉시 지급해야만 한다.

1. "을"이 이자 지급을 2회 이상 지체했을 때
2. "을" 또는 병"이 제3자로부터 가압류, 가처분, 강제집행을 받고 또는 파산, 화의신청을 받았을 때
3. "을" 또는 병"이 주소변경하고 그 내용을 "갑"에게 알리지 않을 때.

제6조 【보증책임】
"병"은 본 채무를 보증하고 "을"과 연대하여 "을"과 병" 사이의 보증위탁계약의 효력여하에 관계없이 채무이행의 책임을 진다.

이 계약의 성립을 증명하기 위해 본 증서 3통을 작성하고 "갑", "을", 병"은 각기 서명날인한 후 각 1통씩을 보관한다.

20○○년 ○월 ○일

채권자("갑") 주 소 :
상 호 :
대표자 : (인)

채무자("을") 주 소 :
성 명 : (인)

연대보증인 주 소 :
("병") 성 명 : (인)

[서식 93] 분양권 증여계약서

준소비대차계약서

○○ 주식회사를 갑으로 하고, 김○○을 을로 하고, 이○○을 병으로 하여 갑, 을, 병 간에 다음과 같이 준소비대차계약을 체결한다.

제1조 [계약의 목적]
갑이 을에 대하여 가지는 아래의 약속어음금에 대하여 금일 갑, 을, 병 당사자는 아래 어음금액을 준소비대차의 목적으로 할 것으로 합의하고, 을은 제2조 이하의 조건으로 이것을 변제하기로 약속한다.

– 아 래 –

금 액 : 금 오백만원정
발 행 지 : 서울시
지 급 지 : 서울시
지급장소 : 주식회사 한라은행 영등포지점
발 행 일 : 20○○년 ○월 ○일
만 기 : 20○○년 ○월 ○일
발 행 인 : 을
수 취 인 : 갑

제2조 [변제기]
차용금에 대한 변제기는 20○○년 ○월 ○일로 한다.

제3조 [이자]
이자는 연 25%의 비율로, 매월 말일까지 지급하고, 을이 원리금 변제를 지체한 경우에는 을은 지체한 날로부터 다 갚는 날까지 연 40%의 비율로 지연손해금을 가산하여 지급하여야 한다.

제4조 [변제장소]

채무의 변제는 갑의 주소지 또는 갑이 지정한 장소에 지참 또는 송부한다.

제5조 [기한의 이익 상실]

을은 다음의 경우에는 갑으로부터 어떤 통지 또는 최고 등을 요하지 않고 당연히 기한의 이익을 잃고, 그 당시의 원금 및 이자 전부를 즉시 지급해야만 한다.

1. 을이 이자 지급을 2회 이상 지체한 경우
2. 을 또는 병이 제3자로부터 가압류, 가처분, 강제집행을 받거나 또는 파산, 화의신청을 받은 경우
3. 을 또는 병이 주소를 변경하고 그 내용을 갑에게 알리지 않은 경우

제6조 [보증책임]

병은 갑에 대한 을의 채무를 보증하고 을과 연대하여 을과 병 사이의 보증위탁계약의 효력 여하에 관계없이 채무이행의 책임을 진다.

이 계약의 성립을 증명하기 위해서 본 증서 3통을 작성하고 갑, 을, 병은 각자 서명날인 한 후 각각 1통씩 보관한다.

20○○년 ○월 ○일

채권자(갑) ○○ 주식회사
서울시 ○○구 ○○동 ○○
대표이사 김 ○ ○ ㊞

채무자(을) 김 ○ ○ ㊞
서울시 ○○○구 ○○동 ○○

연대 보증인(병) 이 ○ ○ ㊞
서울시 ○○구 ○○동 ○○○

제2절 사용대차계약

1. 서 설

가. 의 의

사용대차계약이란 당사자 일방이 상대방에게 무상으로 사용·수익케 하기 위하여 목적물을 인도할 것을 약정하고, 상대방은 이를 사용·수익한 후 그 물건을 반환할 것을 약정함으로써 성립하는 계약이다(민법 609조). 사용대차계약은 편무·무상계약이며, 낙성·불요식계약이다.

나. 계약의 종료나 실효

(1) 존속기간의 만료

- 존속기간 정하면 그 기간 만료시.
- 존속기간 약정이 없으면 계약이나 목적물 성질에 따라 사용, 수익이 종료한 때 종료한다. 그러나 현실로 사용·수익이 종료하지 아니한 경우라도 사용·수익에 충분한 기간이 경과한 때에는 대주는 언제든지 계약을 해지할 수 있다(민법 613조 2항 단서).
- 사용대차에는 법정갱신이 없다.
- 사용대차에는 부속물매수청구권도 없다.

(2) 목적물 인도전 해제권(쌍방모두, 무이자소비대차와 동일한 규정)

(3) 해 지 권

- 사용차주는 언제든지 계약 해지 가능(용익권포기)하다.
- 사용대주는 차주의 의무위반시(610조 3항) 계약 해지 가능하다.
- 사용대주는 존속기간 없어도 사용수익에 충분한 시간이 경과했다는 이유로 해지 가능하다
- 사용차주의 사망이나 파산선고시 사용대주가 해지 가능(614조. 대주의 사망, 파산시)하다.

(4) 중요판례

- 사용대차에 있어서 기간약정이 없는 경우 현실로 사용수익이 종료되지 아니하여도 사용수익에 족한 기간이 경과한 때에는 대주는 언제든지 사용대차계약을 해지 할 수 있다(78다13).
- 제3자가 대주의 승낙없이 대차의 목적물을 사용 수익하는 경우 대주는 그 계약을

해지함이 없이 제3자에게 목적물의 인도를 청구할 수 있다(65다1748).

▸ 일반적으로 건물의 소유를 목적으로 하는 토지 사용대차에 있어서는, 당해 토지 사용수익의 필요는 당해 지상건물의 사용수익의 필요가 있는 한 그대로 존속하는 것이고, 이는 특별한 사정이 없는 한 차주 본인이 사망하더라도 당연히 상실되는 것이 아니어서 그로 인하여 곧바로 계약의 목적을 달성하게 되는 것은 아니라고 봄이 통상의 의사해석에도 합치되므로, 이러한 경우에는 민법 제614조의 규정에도 불구하고 대주가 차주의 사망사실을 사유로 들어 사용대차계약을 해지할 수는 없다(1993.11.26. 93다36806).

2. 서 식 례

[서식 94] 사용대차계약서

사 용 대 차 계 약 서

사용대주 김○○을 갑이라 하고 사용차주 이○○을 을이라 하여 갑과 을 사이에 아래 건물에 대하여 다음과 같이 사용대차 계약을 체결한다.

제 1 조 [계약의 목적]

갑은 을에 대하여 아래의 건물을 대여하여 무상으로 사용시킬 것을 약속하고 을은 이를 승낙한다.

[건물의 표시]

서울시 ○○구 ○○로 ○○○ 철근콘크리트조 3층 주택

제 2 조 [사용대차의 기간]

사용대차의 기간은 20○○년 ○월 ○일부터 20○○년 ○월 ○일까지로 한다.

제 3 조 [건물의 용도]

을은 본건 건물을 주거용으로만 사용, 수익하여야 하며 제3자에게 사용, 수익하게 할 수 없다.

제 4 조 [제세공과금의 부담]

을은 본건 건물의 재산세 및 기타 공과금을 부담하기로 한다.

제 5 조 [손해보상]

을이 이 계약의 어느 한 조항을 위반한 경우에는 이로 인하여 갑이 받은 손해를 즉시 배상하여야 한다.

제 6 조 [계약의 해지]
을이 본 계약을 위반한 경우에는 갑은 즉시 본 계약을 해지할 수 있다.

제 7 조 [원상회복의 의무]
사용대차기간이 만료하고 계약이 해지되었을 때 을은 즉시 본 건물을 원상으로 회복하여 명도하여야 한다. 명도지체의 경우에 을은 갑에게 지연 1일당 일십만원의 비율에 의한 손해배상금을 지급하기로 한다.

이상과 같은 계약의 성립을 증명하기 위하여 본 증서 2통을 작성하고 서명, 날인한 후 각각 1통씩 보관한다.

20○○년 ○월 ○일

사용대주 : 김 ○ ○ ㊞
서울시 ○○구 ○○로 ○○○

사용차주 : 이 ○ ○ ㊞
서울시 ○○구 ○○로 ○○

[서식 95] 사용대차계약서 – 부동산

사 용 대 차 계 약 서

대 주(갑) :

차 주(을) :

제 1 조 【목적물】 갑은 을에 대하여 다음의   를 대여하여 무상으로 사용·수익시킬 것을 약정하고 을은 이것을 승낙한다.

주 소	
내 역	

제2조【기간】 사용대차기간은 년 월 일까지로 한다.

제3조【용도】 을은 본건 (토지,건물)을 으로서 그 용법에 따라 사용·수익하여야 하며, 또한 제 3 자에게 사용·수익시킬 수 없다.

제4조【공과금부담】 을은 의 세를 부담한다.

제5조【손해배상】 을이 본 계약조항의 어느 하나를 위반했을 때는 이로 인하여 갑이 받은 손해를 즉시 배상하여야 한다.

제6조【해제권의 유보】 을이 본 계약을 위반했을 때는 갑은 즉시 본 계약을 해제할 수 있다.

제7조【원상회복】 기간이 만료하고, 계약이 해제되었을 때 을은 즉시 를 원상으로 회복하여 명도하지 않으면 아니된다. 명도지체의 경우 을은 갑에게 지연 1일에 원의 비율에 의한 손해금을 지급하여야 한다.

위의 계약을 증명하기 위하여 본증서 2통을 작성, 서명날인 후 각자 1통을 보관한다.

20○○년 ○월 ○일

주 소 :

대주(갑) : ㉑

주 소 :

차주(을) : ㉑

주 소 :

위 사용대차계약을 승낙함.

소 유 자 : ㉑

[서식 96] 사용계약서(도서 무상사용)

도서무상사용계약서

도서 소유자 ○○○(이하 "갑"이라 칭한다)와 사용자 ○○○(이하 "을"이라 칭한다)는 상호간에 다음과 같이 도서 무상사용계약을 체결한다.

제1조【목 적】 본 계약은 "갑"이 소유한 도서를 "갑"의 장기 부재기간 동안 "을"에게 무상으로 사용을 맡기고 이와 관련된 보관방법 등에 관한 사항의 규율을 목적으로 한다.

제2조【무상대여 도서】 본 계약에서 "갑"이 "을"에게 맡기는 도서는 "갑"이 소장하고 있는 총 ○○권으로서 "을"은 이를 자유롭게 열람, 사용할 수 있다. 다만, "갑"의 장소 이외의 장소로의 이동을 통한 열람 시 열람 및 이용에 있어서 훼손이 되지 아니하도록 유의하여야 한다.

제3조【이용일】 "을"은 "갑"이 해외 출장을 마치고 귀국하는 날까지 "갑"의 서재에 대한 자유로운 출입 및 도서 열람 기타 도서의 반출 후 열람을 할 수 있다.

제4조【열쇠보관】 "을"은 "갑"의 저택 및 서재 출입열쇠를 보관관리하며 열쇠 분실 또는 관리부실로 인한 도난이 발생하지 아니하도록 유의하여야 하며, "을"의 관리 부실로 인한 도난발생 등에 대해 책임을 부담하여야 한다.

제5조【청소관리】 "을"은 본 계약에 따라 도서를 무상으로 열람 및 이용할 수 있는 대신에 "갑"의 부재기간 동안 "갑"의 저택에 대한 기본적인 청소업무 및 주변정리를 하도록 한다.

제6조【사용범위】

1. "을"은 "갑"의 저택 또는 서재와 "을"의 거주주택에서 도서의 열람 및 이용을 하여야 하며 그 밖의 장소에서는 가급적 도서의 훼손방지 등의 목적상 이용을 자제한다.
2. "을"은 "갑"의 도서를 제3자에 대한 양도, 담보제공 등을 하여서는 아니된다.

제7조【보고의무】 "을"은 "갑"의 저택에 대한 제3자의 불법행위, 기타 긴급을 요하는 우편물의 수령 등의 경우 즉시 "갑"에게 당해 사실을 통지하고 "갑"의 요청이 있을 시 당해 요청사항을 적극 이행하도록 노력한다.

제8조【선관의무】

1. "을"은 "갑"의 도서 및 저택의 관리에 선량한 관리자의 주의의무를 다하여 유지관리하도록 한다. 다만, 도서의 통상적 사용에 의한 훼손은 상호 용인하기로 한다.
2. 제1항의 도서 가운데 "갑"이 특별히 관리에 있어서 주의를 요하는 물품을 명시한 것에 대하여는 좀 더 세심한 관리를 하도록 한다.

제9조【해 지】

1. 당사자 일방에 대하여 다음 각 호의 사유가 발생할 시 상대방은 즉시 계약을 해지할

수 있다.

가. 가압류, 가처분, 경매 등의 사업의 불투명 사유가 발생할 시

나. 파산, 회사정리, 화의신청 등의 사업불가능 사유가 발생할 시

2. 일방이 본 계약상의 의무이행을 하지 아니한 때 상대방은 ○일 이상의 시정기간을 두고 사유를 명시하여 시정을 최고하며, 그럼에도 불구하고 시정이 이루어지지 아니할 시 즉시 계약의 해지를 통지한다.
3. "갑"의 연락 두절이 ○일 이상이 경과될 경우 "을"은 관계기관에 실종 기타의 행정신고를 하고 해당절차에 따른다.

제10조【 기타사항 】

1. 계약의 당사자는 본 계약의 내용을 신의성실에 의거하여 준수하여야 한다.
2. 계약기간 중 계약의 변경은 당사자의 서면 합의에 의해서만 변경될 수 있으며 서명날인된 문서를 본 계약서의 말미에 첨부한다.
3. 본 계약서에서 명시되지 않은 부분에 대하여는 관련 법규 및 상관습에 따르기로 한다.

제11조【 분쟁해결 】

1. 본 계약과 관련하여 양 당사자 간의 분쟁이 발생한 경우 원칙적으로 "갑"과 "을" 상호간의 합의에 의해 해결한다.
2. 제1항에도 불구하고 분쟁이 해결되지 않을 경우 "갑"의 주소지 관할 지방법원을 그 관할로 하여 재판함으로써 해결한다.

제12조【 특약사항 】 상기 계약일반사항 이외에 "갑"과 "을"은 아래 내용을 특약사항으로 정하며, 특약사항이 본문과 상충되는 경우에는 특약사항이 우선하여 적용된다.

위와 같이 본 계약이 유효하게 성립하였음을 증명하기 위하여 본 계약서 2통을 작성하여 각각 서명(또는 기명) 날인한 후 "갑"과 "을"이 각각 1통씩을 보관한다.

20○○년 ○월 ○일

갑	㊞	주민등록번호		주 소	
				전화번호	
을	㊞	주민등록번호		주 소	
				전화번호	

[서식 97] 사용대차계약서(컴퓨터)

컴퓨터 사용대차계약서

컴퓨터 소유자 ○○○(이하 "갑"이라 칭한다)와 사용자 ○○○(이하 "을"이라 칭한다)는 상호간에 다음과 같이 컴퓨터 사용대차계약을 체결한다.

제1조【목 적】 본 계약은 "갑"이 소유한 컴퓨터를 "을"에게 무상으로 사용을 맡기고 이와 관련된 보관방법 등에 관한 사항의 규율을 목적으로 한다.

제2조【목적물】

1. 본 계약에서 "갑"이 "을"에게 맡기는 컴퓨터는 총 ○대로서 "을"의 게임방 운영에 사용되도록 하며 구체적 사양은 별도의 컴퓨터 명세서를 작성하여 본 계약서 말미에 첨부한다.
2. 제1항의 사용에 대한 비용은 무상으로 하되 다만, 소모품 교체 등 통상의 사용에 따른 수리 등의 의무는 "을"이 부담하도록 한다.

제3조【반환일】 "을"은 본 계약체결일로부터 "갑"이 ○○○ 사업을 개시하는 날까지 무상으로 보관 사용하기로 하되, 기간이 경과하여도 "갑"이 인도를 희망하지 아니할 경우 "을"은 지속적으로 보유 사용하도록 한다. 단, "갑"은 어떠한 경우에도 즉시 반환을 요청할 수 있으며 "을"은 즉각 이에 응하여야 한다.

제4조【인도 등】 "갑"의 컴퓨터의 "을"의 장소로의 운반 및 "갑"으로의 반환은 "을"이 실시하며 이에 소요되는 운송비도 그러하다.

제5조【사 용】

1. "을"은 "을"의 게임장에서의 사용하여야 하며 기타의 목적으로의 사용 또는 제3자에 대한 양도, 담보제공 등을 하여서는 아니된다.
2. "을"은 소프트웨어의 필요한 업데이트 또는 부속품의 마모에 따른 통상적인 부품교체 등을 하여 정상적인 컴퓨터의 사용이 가능한 상태로 유지관리 하도록 한다.
3. "갑"은 대여컴퓨터에 대하여 "갑"의 표시임을 인식하는 일정한 표지물을 부착하여 제3자가 인식하도록 하며 "을"은 이것을 훼손하여서는 아니되며, 훼손될시 즉시 동일한 인식물을 부착하여야 한다.
4. "을"은 제3자로부터 압류, 가압류 등 강제집행이 실시될 시 "갑"의 대여 컴퓨터에 대하여 "갑"의 소유임을 입증하여 "갑"의 컴퓨터에 대한 강제처분이 이루어지지 아니하도록 하여야 한다.

제6조【선관의무】

1. "을"은 사용 중인 컴퓨터의 관리에 선량한 관리자의 주의의무를 다하여 유지관리 하도록 한다. 다만, 컴퓨터의 통상적 사용에 의한 훼손 등의 경우에는 사용자가 어린이임을 "갑"이 감안하여 일정범위에서 허용한다.

2. 제1항의 컴퓨터 가운데 “갑”이 특별히 관리에 있어서 주의를 요하는 물품을 명시한 것에 대하여는 좀 더 세심한 관리를 하도록 한다.

제7조【중도반환】“을”은 본 계약상의 반환기일 이전이라도 언제든지 “갑”이 컴퓨터의 반환을 요청할 경우 즉시 반환을 하여야 한다.

제8조【계약기간】

1. 본 계약의 유효기간은 20○○년 ○월 ○일부터 20○○년 ○월 ○일까지로 한다.
2. 제1항의 기간만료일부터 ○일 이전에 어느 일방의 계약 종료통지가 없는 한 계약은 동일 조건으로 매 ○년씩 자동 연장되는 것으로 한다.

제9조【해 지】

1. 당사자 일방에 대하여 다음 각 호의 사유가 발생할 시 상대방은 즉시 계약을 해지할 수 있다.
   가. 가압류, 가처분, 경매 등의 사업의 불투명 사유가 발생할 시
   나. 파산, 회사정리, 화의신청 등의 사업불가능 사유가 발생할 시
2. 일방이 본 계약상의 의무이행을 하지 아니한 때 상대방은 ○일 이상의 시정기간을 두고 사유를 명시하여 시정을 최고하며, 그럼에도 불구하고 시정이 이루어지지 아니할 시 즉시 계약의 해지를 통지한다.

제10조【기타사항】

1. 계약의 당사자는 본 계약의 내용을 신의성실에 의거하여 준수하여야 한다.
2. 계약기간 중 계약의 변경은 당사자의 서면 합의에 의해서만 변경될 수 있으며 서명날인된 문서를 본 계약서의 말미에 첨부한다.
3. 본 계약서에서 명시되지 않은 부분에 대하여는 관련 법규 및 상관습에 따르기로 한다.

제11조【분쟁해결】

1. 본 계약과 관련하여 양 당사자 간의 분쟁이 발생한 경우 원칙적으로 “갑”과 “을” 상호간의 합의에 의해 해결한다.
2. 제1항에도 불구하고 분쟁이 해결되지 않을 경우 “갑”의 주소지 관할 지방법원을 그 관할로 하여 재판함으로써 해결한다.

제12조【특약사항】상기 계약일반사항 이외에 “갑”과 “을”은 아래 내용을 특약사항으로 정하며, 특약사항이 본문과 상충되는 경우에는 특약사항이 우선하여 적용된다.

위와 같이 본 계약이 유효하게 성립하였음을 증명하기 위하여 본 계약서 2통을 작성하여 각각 서명(또는 기명) 날인한 후 “갑”과 “을”이 각각 1통씩을 보관한다.

20○○년 ○월 ○일

갑	㉑	주민등록번호		주 소	
				전화번호	
을	㉑	주민등록번호		주 소	
				전화번호	

[서식 98] 사용대차계약서(유아기구)

유아기구 사용대차계약서

유아기구 소유자 (주)○○○○(이하 "갑"이라 칭한다)와 놀이방 운영자 (주)○○○○(이하 "을"이라 칭한다)는 상호간에 다음과 같이 유아기구 사용대차계약을 체결한다.

제1조【목 적】 본 계약은 "갑"이 소유한 유아기구를 "을"에게 무상으로 사용을 맡기고 이와 관련된 내용을 규정하기 위한 목적이다.

제2조【유아기구】

1. 본 계약에서 "갑"이 "을"에게 맡기는 유아기구는 어린이집에서 사용되는 유아기구를 지칭하며 별도의 유아기구 명세서를 작성하여 본 계약서 말미에 첨부한다.
2. 당사자 쌍방은 제1항의 유아기구의 총 평가금액을 금 ○○○원(₩○○○)으로 산정한다.

제3조【사용기간】

1. "을"은 본 계약체결일로부터 20○○년 ○월 ○일까지 "갑"이 놀이방 사업운영을 하는 날까지 무상으로 보관 사용하기로 한다.
2. 제1항의 기간이 경과하여도 "갑"이 새로운 놀이방 사업을 운영하지 아니할 경우 당사자 쌍방은 합의에 의하여 제2조의 평가금을 고려하여 "을"이 인수할 수 있다.

제4조【운 반】

1. "갑"의 유아기구의 "을"의 장소로의 운반은 "을"이 실시하며 운송비도 그러하다.
2. 계약의 종료로 인한 반환 시에는 "갑"이 운반비를 부담하여 "을"의 장소로부터 반환 운반한다.

제5조【사 용】 "을"은 유아용 기구의 사용을 놀이방의 어린이 놀이용 이외의 용도로 사용하거나 제공하여서는 아니된다.

제6조【선관의무】

1. "을"은 사용 중인 유아기구의 관리에 선량한 관리자의 주의의무를 다하여 유지관리 하도

록 한다. 다만, 유아기구의 통상적 사용에 의한 훼손 등의 경우에는 사용자가 어린이임을 "갑"이 감안하여 일정범위에서 허용한다.

2. 제1항의 유아기구 가운데 "갑"이 특별히 관리에 있어서 주의를 요하는 물품을 명시한 것에 대하여는 좀 더 세심한 관리를 하도록 한다.

제7조【반환 등】

1. "을"은 "갑"이 본 계약상의 반환기일 이전이라도 유아기구의 반환을 요청할 경우 언제든지 즉시 반환을 하도록 한다.
2. "을"은 본 사용대차 기간 동안 유아기구를 제3자에게 양도, 질권 제공 등을 할 수 없다.

제8조【계약기간】

1. 본 계약의 유효기간은 20○○년 ○월 ○일부터 20○○년 ○월 ○일까지로 한다.
2. 제1항의 기간만료일부터 ○일 이전에 어느 일방의 계약 종료통지가 없는 한 계약은 동일조건으로 매 ○년씩 자동 연장되는 것으로 한다. 다만, 일방의 계약조건의 변경통지가 있을 시에는 기간의 만료일까지 협의가 되지 아니하면 계약은 자동 종료되는 것으로 한다.

제9조【해 지】

1. 당사자 일방에 대하여 다음 각 호의 사유가 발생할 시 상대방은 즉시 계약을 해지할 수 있다.
   가. 가압류, 가처분, 경매 등의 사업의 불투명 사유가 발생할 시
   나. 파산, 회사정리, 화의신청 등의 사업불가능 사유가 발생할 시
2. 다음 각 호의 사유가 발생할 시 상대방은 ○일 이상의 시정기간을 두고 사유를 명시하여 시정을 최고하며, 그럼에도 불구하고 시정이 이루어지지 아니할 시 즉시 계약의 해지를 통지한다.
   가. 일방이 본 계약상의 의무이행을 하지 아니한 때
   나. 일방이 본 계약상의 명시된 규정 이외에 상대방 회사의 명예를 손상시키는 행위를 하였을 때
   다. 일방의 회사재정의 급격한 악화를 인지하고 이에 대한 해명요구에 불응한 때

제10조【기타사항】

1. 계약의 당사자는 본 계약의 내용을 신의성실에 의거하여 준수하여야 한다.
2. 계약기간 중 계약의 변경은 당사자의 서면 합의에 의해서만 변경될 수 있으며 서명날인된 문서를 본 계약서의 말미에 첨부한다.
3. 본 계약서에서 명시되지 않은 부분에 대하여는 관련 법규 및 상관습에 따르기로 한다.

제11조【분쟁해결】

1. 본 계약과 관련하여 양 당사자 간의 분쟁이 발생한 경우, 원칙적으로 "갑"과 "을" 상호간의 합의에 의해 해결한다.
2. 제1항에도 불구하고 분쟁이 해결되지 않을 경우 "갑"의 주소지 관할 지방법원을 그 관할로 하여 재판함으로써 해결한다.

제12조【특약사항】 상기 계약일반사항 이외에 "갑"과 "을"은 아래 내용을 특약사항으로 정하

며, 특약사항이 본문과 상충되는 경우에는 특약사항이 우선하여 적용된다.

위와 같이 본 계약이 유효하게 성립하였음을 증명하기 위하여 본 계약서 2통을 작성하여 각각 서명(또는 기명) 날인한 후 "갑"과 "을"이 각각 1통씩을 보관한다.

별 첨 : 유아기구 목록 ○부

20○○년 ○월 ○일

갑	㉑	사 업 자 등록번호		사 무 소	
				전화번호	
을	㉑	사 업 자 등록번호		사 무 소	
				전화번호	

[서식 99] 사용대차계약서(노트북)

노트북 사용대차계약서

노트북 소유자 ○○○(이하 "갑"이라 칭한다)와 노트북 이용자 ○○○(이하 "을"이라 칭한다)는 상호간에 다음과 같이 노트북 사용대차계약을 체결한다.

제1조【목 적】 본 계약은 "갑"이 소유한 노트북 컴퓨터를 "을"에게 무상으로 사용을 맡기고 이와 관련된 내용을 규정하기 위한 목적이다.

제2조【노트북】 본 계약에서 "갑"이 "을"에게 맡기는 노트북은 다음과 같다.

1. 제조사 : IBM
2. 모델명 : X31
3. 일련번호 : ○○○ - ○○○
4. 사 양 : Pen. 4 Centrino 1.4G

제3조【사용기간】 "을"은 "갑"이 해외에서 귀국하는 날까지 "갑"의 노트북을 무상으로 사용할 수 있다.

제4조【선관의무】

1. "을"은 사용중인 노트북에 대하여 선량한 관리자의 주의의무를 다하여 유지관리 하여야 한다.
2. 제3자에 의한 노트북의 훼손, 손실, 도난 등의 사태가 발생할 염려가 있거나 발생한 경우에는 즉시 "갑"에게 통지한다.

제5조【유지관리】

1. "을"은 노트북의 사용에 있어서 통상적으로 소모되는 부품의 교체에 있어서 "을"의 책임으로 교체를 한다.
2. "을"이 필요에 의하여 노트북의 업그레이드를 비롯한 성능향상을 위한 조치를 하였을 경우 "을"의 편의를 위한 것으로서 "을"의 비용에 대해 "갑"은 어떠한 보상도 하지 아니한다.
3. "을"은 노트북 반환 시 본 조의 조치에 따른 변경 사항에 대하여 별도의 분리행위를 하지 아니한다.

제6조【양도금지】

1. "을"은 노트북의 사용에 있어서 "을" 이외의 제3자에게 노트북을 양도, 허락, 질권제공 등을 할 수 없다.
2. 제1항의 사항을 위배하여 제3자가 사용도중 발생한 분실, 고장 등의 사태에 대하여 전적으로 "을"이 책임을 부담한다.

제7조【사용용도】 "을"은 본 노트북을 워드프로세서 등 문서작업용 및 기타 영화 및 음악감상용으로 사용하여야 하며 게임용으로의 사용을 하여서는 아니 된다.

제8조【분실, 고장 등】

1. 본 계약에 따라 "을"이 노트북을 사용하는 도중 통상의 주의를 기울였음에도 불구하고 분실을 한 경우에는 "을"은 귀책사유 없음을 입증하여야 분실의 책임을 면한다.
2. 노트북의 사용도중 고장이 발생 시에는 통상의 사용으로 인한 고장은 "을"이 수리하여 다시 사용하도록 하며, 고장이 심각하여 그 수리가 불가능할 시에는 해당 전문가의 고장원인의 진단 사유에 따라 "을"의 귀책사유를 판단한다.

제9조【기타사항】

1. 계약의 당사자는 본 계약의 내용을 신의성실에 의거하여 준수하여야 한다.
2. 계약기간 중 계약의 변경은 당사자의 서면 합의에 의해서만 변경될 수 있으며 서명날인된 문서를 본 계약서의 말미에 첨부한다.
3. 본 계약서에서 명시되지 않은 부분에 대하여는 관련 법규 및 상관습에 따르기로 한다.

제10조【분쟁해결】

1. 본 계약과 관련하여 양 당사자 간의 분쟁이 발생한 경우, 원칙적으로 "갑"과 "을" 상호간의 합의에 의해 해결한다.
2. 제1항에도 불구하고 분쟁이 해결되지 않을 경우 "갑"의 주소지 관할 지방법원을 그 관할로 하여 재판함으로써 해결한다.

제11조【특약사항】 상기 계약일반사항 이외에 "갑"과 "을"은 아래 내용을 특약사항으로 정하며, 특약사항이 본문과 상충되는 경우에는 특약사항이 우선하여 적용된다.

이와 같이 본 계약이 유효하게 성립하였음을 증명하기 위하여 본 계약서 2통을 작성하여 각각 서명(또는 기명) 날인한 후 "갑"과 "을"이 각각 1통씩을 보관한다.

20○○년 ○월 ○일

갑	㊞	주민등록번호		주 소	
				전화번호	
을	㊞	주민등록번호		주 소	
				전화번호	

[서식 100] 기계사용대차 계약서

기계사용대차계약서

○○○를 갑으로 하고, ○○○를 을로 하여, 갑·을은 다음과 같이 사용대차 계약을 체결한다.

제1조 대주 갑은 자기 소유의 하기 물건을 제2조 이하의 약정으로 차주 을에게 임대하여 무상으로 사용하게 할 것을 약정하고, 차주 을은 이를 승낙하였으며, 하기 물건을 수령

하였다.

[목적물건]

1) 제조회사 및 품명 :
2) 수 량 :
3) 증명번호 :
4) 기 타 :

제2조
1. 본 사용대차기간은 별도로 갑·을간에 20○○ 년 ○ 월 ○ 일자로 체결되었던 메리야쓰 방직기술(Amfit 가공) 접조 재실시계약의 기간과 동일하게 한다.
2. 전기 계약이 효력을 상실함과 동시에 본 사용대차계약도 실효하며, 차주 을은 대주 갑에게 차용계약의 실효일로부터 1개월 이내에 차용물을 반환하지 않으면 아니된다.

제3조 차주 을은 차용물을 제2조에 정한 메리야쓰 방직기술 접조 재실시계약의 목적을 달성하기 위하여 사용하지 않으면 아니된다.

제4조 차주 을은 차용물에 대한 통상의 필요비(수입에 있어서의 운임, 관세, 양육, 통관경비 등을 포함함)를 부담한다.

제5조 차주 을은 기계의 인도를 받은 후 선량한 관리자의 주의로서 차용물을 보관관리하여야 하고, 하기 각호를 엄수하여야 한다.
1. 기계의 수선비, 공조공과 및 기계에 의하여 제삼자에게 준 손해는 일체 차주 을이 부담한다.
2. 차주 을은 대주 갑의 서면에 의한 승낙 없이 기계의 전대, 사용권의 양도, 명의대여 기타 일체의 처분행위를 하여서는 아니된다.인
3. 차주 을은 대주 갑의 서면에 의한 승낙 없이 기계의 소재지 또는 현상을 변경 혹은 타물을 첨가 또는 기계에 첨부한 번호, 성명, 상표, 증명번호 등을 제거, 말소, 변경, 은폐해서는 아니된다.
4. 차주 을은 대주 갑의 지시에 따라 대주 갑을 보험수취인으로 하여 차용물을 보험에 가입하여야 한다.
5. 차주 을은 기계의 멸실, 훼손, 소모 또는 차주 을이 본 계약을 위반함으로써 발생한 일체의 손해에 관하여 대주 갑에 대하여 손해배상의 책임을 부담한다.

제6조 차주 을에게 하기 각호의 1에 해당하는 사유가 발생했을 때는 대주 갑은 하등의 통지 최고 없이 즉시 본 계약을 해제하고 자기가 지정하는 장소에서 기계의 반환을 요구할 수 있다.
1. 기계에 대하여 제삼자로부터 유치권, 우선특권 등의 주장을 받았을 때
2. 차주 을이 제삼자로부터 강제집행이나 보전처분을 받았을 때
3. 차주 을에게 파산, 화해, 회사정리절차개시 신청의 원인이 되는 사실이 발생했을 때

4. 차주 을이 감독관청으로부터 영업의 취소, 정지 등의 처분을 받거나 영업의 폐지 또는 변경했을 때
5. 차주 을이 본 계약이나 대주 갑, 차주 을 간의 다른 계약에 위반했을 때

제7조 차주 을은 자기에게 제6조 각호에 해당하는 사유가 발생했을 때는 즉시 대주 갑에게 이를 통지하지 않으면 아니된다. 기계에 대하여 제삼자로부터 강제집행, 보전처분을 받을 위험이 있을 때는 기계가 대주 갑의 소유물이라는 것을 증명하여 부당한 처분집행을 받지 않도록 이를 저지하지 않으면 아니된다.

제8조 차주 을이 제6조에 의한 기계의 반환에 응하지 않을 때는 대주 갑 또는 대주 갑의 대리인은 미리 차주 을에게 통지한 후 기계의 소재장소에 들어가 기계의 점유를 회수 반출할 수 있다.

제9조 제8조에 의하여 대주 갑이 기계를 반출할 경우 차주 을이 대주 갑의 승낙을 얻거나 또는 승낙 없이 기계에 추가한 물건을 포함하여 기계를 반출할 수 있다. 제8조 및 본조에 의하여 차주 을이 받은 손해에 관하여 대주 갑은 배상의 책임을 부담하지 아니한다.

제10조 대주 갑 또는 대주 갑의 대리인은 수시 차주 을의 영업소 혹은 기계의 소재장소에서 기계를 점검하며 차주 을에게 사용상의 지시를 할 수 있고 차주 을은 이에 따라야 한다.

이상의 계약이 성립되었으므로 계약서 2통을 작성하고, 갑과 을은 각 1통을 보관하도록 한다.

20○○년 ○월 ○일

대주(갑) 상호 : 클릭 후 상호명을 입력하세요
주소 : 클릭 후 주소를 입력하세요
대표(이사) : 클릭 후 성명을 입력하세요 (인)

차주(을) 상호 : 클릭 후 상호명을 입력하세요
주소 : 클릭 후 주소를 입력하세요
대표(이사) : 클릭 후 성명을 입력하세요 (인)

제3절 임대차계약

1. 서 설

가. 의 의

임대차계약이란, 당사자의 일방이 상대방에게 목적물을 사용·수익하게 할 것을 약정하고, 상대방은 차임을 지급할 것을 약정함으로써 성립하는 계약이다(민법 618조).

임대차계약은 쌍무·유상계약이고, 낙성·불요식계약이다.

나. 효 력

임대인은 차임지급엉구권, 차임증액청구권, 법정저당권, 법정질권 및 임대차종료시에 목적물반환청구권을 취득하게 된다.

반면 임차인은 임차권은 물론 일정한 요건을 갖춘 경우 대항력, 비용상환청구권, 건물 기타 공작물임차인의 부속물매수청구권, 토지임차인의 지상물매수청구권을 취득한다.

다. 보증금과 권리금

(1) 보 증 금

보증금이란, 부동산임대차 특히 건물임대차에 있어서 임차인의 채무를 담보하기 위하여 임차인 또는 제3자가 임대인에게 교부하는 금전 기타의 유가물을 말한다. 보증금계약은 금전 기타의 유가물의 교부를 요건으로 하므로, 하나의 독립한 요물계약이며, 임대차계약에 부수하여 행하여지는 종된 계약이다. 따라서 주된 임대차계약이 무효이거나 취소된 때에는 보증금계약도 당연히 그 효력을 잃게 된다.

(2) 권 리 금

권리금이란, 주로 부동산이 갖는 특수한 장소적 이이그이 대가로서 임차인으로부터 임대인에게 또는 임차권 양수인에게 지급되는 금전을 말하는 것으로, 최근 상가건물 임대차 보호법상 그 규정을 두어 상가임차인의 권리금을 보호하고 있다.

라. 특수한 임대차

(1) 일시임대차

일시적인 사용을 목적으로 하는 임대차로서, 차임증감청구권, 부속물매수청구권 등의 규정이 적용되지 않는다.

(2) 주택임대차보호법

이 법은 주거용 건물의 임대차에 관하여 민법에 대한 특례를 규정함으로써 국민 주거생활의 안정을 보장함을 목적으로 규정된 것으로, 주택의 인도와 주민등록을 마친 때 대항력의 인정, 이에 더하여 확정일자를 갖춘 경우 우선변제력 인정, 임차권등기명령제도 등을 규정하고 있다.

(3) 상가건물임대차보호법

주택임대차보호법이 주거용 건물의 임대차에 관하여 임차인을 보호하는 규정이라면 본법은 상가건물에 대한 임대차에서 임차인을 보호하는 규정이다.

구 분	주택임대차보호법	상가건물임대차보호법
적용범위	주거용 건물	상가용 건물 (사업자등록의 대상이 되는 건물)
대항력 요건	주택의 인도 주민등록	건물의 인도 사업자등록신청
우선변제권 요건	대항력 요건 + 확정일자	
임대차기간	최소기간 2년	최소기간 1년
계약갱신요구권	없음	계약기간 만료 전 6월부터 1월까지 가능[1)] 전체기간 10년 초과하지 않는 범위 내에서 가능 임대인은 거절불가 갱신은 동일한 조건으로 다시 계약한 것으로 본다.
묵시적 갱신	계약기간 만료 전 6월부터 1월까지 갱신거절 또는 계약조건의 변경 통지 아니한 경우 자동으로 갱신 임차인은 언제든지 계약해지 통지 가능 임대인에게 계약해지 통지 도달 후 3월이 경과하면 해지의 효력이 발생	

차임 증액청구	약정차임의 1/20 초과제한 증액 후 1년 이내 증액제한 월차임 전환시 산정율 제한(연 10% 또는 기준금리+5.5% 중 낮은 비율)	약정차임의 5/100 초과제한 증액 후 1년 이내 증액제한 월차임 전환시 산정율 제한(연12% 또는 한국은행공시기준금리 4.5배수 중 낮은 비율)
권리금 보호	없음	계약종료 3개월 전부터 새로운 임차인과 계약에 협력의무를 임대인에게 부과 위반할 경우 손해배상 책임 발생
임차권등기명령제도	임대차종료 후 보증금을 반환받지 못한 임차인이 단독 신청 등기 후 효력: 대항력, 우선변제권취득	

2. 임대의 수선의무와 비용상환청구권

가. 임대인의 수선의무

- 따라서 지상권, 전세권과는 달리 임차인이 필요비도 상환청구가능하다.
- 임대인에게는 임차인이 임대목적물을 사용 수익에 적합한 상태로 유지시킬 적극적인 의무가 있다(이외 임대인은 목적물 인도의무나 방해제거의무도 있다).
- 수선의무면제특약은 유효하지만, 이러한 면제특약은 통상 생길 수 있는 파손의 수선 등 소규모 수선에만 적용되는 것이고, 대파손이나 대규모수선은 면제특약의 적용범위가 아니므로 이에 대해서는 여전히 임대인이 수선의무를 부담한다는 것이 판례

나. 필요비 상환청구권

필요비를 지출하였을 경우 임차인은 즉시 상환을 청구할 수 있다.

다. 유익비 상환청구권

(1) 유익비가 되기 위한 요건

- 목적물에 부합하여 독립성을 상실한 것(부속물과의 차이)
- 목적물의 개량, 즉 목적물의 객관적 가치 증대

1) 임차인에게 계약갱신의 요구를 인정하는 이유는 임대차계약을 통해 상가건물을 영업장으로 확보하고 영업을 시작하는 상인들의 경우 영업초기의 투자비용이나 시설비용이 과대함에도 불구하고 임대차기간의 만료로 영업장을 옮겨야 한다면 그 초기비용을 회수하지 못하는 손실을 입게 되므로, 상가건물 임차인에게 영업개시일로부터 최소한의 임차기간을 보장함으로써 위와 같은 비용회수를 용이하게 하고자 임차인의 계약갱신 요구를 인정하고 있다(부산지방법원 2005. 10. 24. 선고 2005가단40293 판결).

▸ 개량의 판단기준은 임차인의 주관적인 취미나 영업목적이 기준이 아니라 임대목적물의 객관적 용도와 사정에 따라 판단한다는 것이 판례의 태도(본래 사무실 건물에 음식점용 유익비 투입은 유익비가 아니다). 이와 같은 기준은 부속물도 마찬가지이다.

(2) 임대인의 동의가 없거나 임대인의 의사에 반하여 유익비가 지출된 경우에도 비용상환을 청구할 수 있다.

(3) 임대차 종료시 가액의 증가가 현존해야 한다. 지출금액 또는 그 증가액 선택채권

(4) 유익비 청구는 임대차 종료시 법원의 기간 허용 가능하다(이때는 유치권 상실).

라. 비용상환청구권의 행사기간

(1) 임차인은 유치권행사가 가능하다(단, 임차 종료 후 불법점유 중 투입한 비용은 상환청구는 가능하나 유치권 행사는 불가능).

(2) 비용상환청구권에 관한 규정은 임의규정이므로 특약으로 배제가능(주로 원상복구특약)

▸ 이점이 강행규정인 부속물매수권과 다르다.

(3) 임차인이 유치권을 포기하고 임차인에게 임대목적물을 반환한 후에는 6개월 내에 비용상환청구권을 행사하여야 한다.

3. 건물 기타 공작물 임차인의 부속물매수청구권

가. 부속물매수청구권의 요건

(1) 건물 기타 공작물의 임차인일 것

▸ 토지 임차인에게는 갱신청구권 + 지상물매수청구권이 인정

(2) 건물 등의 사용의 편익에 제공하였을 것

▸ 유익비와 같다.

(3) 임대인의 동의를 얻었거나 임대인으로부터 매수한 것일 것

(4) 독립성이 인정되는 것일 것

▸ 즉, 256조 단서에 기해서 부합이 되지 않은 것일 것(부합이 되면 유익비).

▸ 판례는 부속물의 범위를 넓힌다(유리문, 샷시 등도 유익비가 아닌 부속물로 평가).

▸ 그 취지는 부속물매수청구권은 강행규정이지만 유익비청구권은 임의규정이므로 당

사자의 원상회복특약이 있는 경우에 임차인을 보호하기 위한 것이다.

나. 임대차가 종료된 경우에 인정

- 종료원인은 묻지 않는 것이 통설의 태도이다.
- 그러나 판례는 임차인의 채무불이행에 기해 임대차가 해지된 경우 임차인은 부속물매수청구권을 행사할 수 없다고 판시하고 있다.
- 형성권이므로 곧 바로 부속물에 대한 매매계약이 체결된 것으로 본다.

다. 부속물매수청구권은 강행규정이므로 특약으로 배제가 불가능

라. 유익비와의 차이

(1) 독립성 유무

(2) 임대인의 동의 요부

(3) 강행규정성

(4) 유치권의 인정여부

- 유익비의 경우에는 유치권 인정되지만, 부속물매수청구권을 행사한 경우에는 유치권이 인정되지 않는다(判).

4. 토지임차인의 지상물매수청구권

가. 지상권 규정 준용 : 갱신청구권과 한 세트

(1) 토지 임대차의 종료와 임차인의 갱신청구 거절

- 임차인의 채무불이행으로 임대차가 해지된 경우에는 갱신청구의 가능성이 없으므로 지상물매수청구도 불가능하다는 것이 판례의 태도이며. 이것은 학설도 지지한다.
- 기간의 약정이 없는 토지 임대차에서 임대인이 해지한 경우에는 임대인이 계약갱신을 거절한 것이라고 볼 수 있으므로 갱신청구 없이 곧바로 지상물매수청구권 행사할 수 있다는 것이 판례이다.
- 토지 임차인이 지상물인 건물의 매수청구권을 행사할 수 있었음에도 불구하고 이를 행사하지 아니하여 토지임대인이 임차인에게 제기한 토지인도 및 건물철거청구 소송에서 패소한 후라 할지라도 그 확정판결에 기하여 아직 건물철거가 집행되지 않는 경우라면 토지임차인은 그 후에도 건물매수청구권을 행사하여 건물에 대한

매매대금의 지급을 청구할 수 있다는 것이 판례이다.

(2) 지상시설의 현존할 것

▸ 건물 소유를 목적으로 하는 토지임대차에 있어서 임차인 소유 건물이 임대인이 임대한 토지 외에 임차인 또는 제3자 소유의 토지 위에 걸쳐서 건립되어 있는 경우에는, 임차지 상에 서있는 건물 부분 중 구분소유의 객체가 될 수 있는 부분에 한하여 임차인에게 매수청구가 허용된다(1996.3.21. 93다42634 전합. 위 판례에 따르면 걸쳐서 건립되어 있는 경우에는 매수청구권의 행사가 거의 불가능하게 된다).

(3) 갱신청구권은 청구권, 지상물매수청구권은 형성권(따라서 매매계약이 성립하게 된다)

(4) 임대인의 동의를 얻어서 신축한 것이 아니라도 매수청구권의 대상이 된다.

▸ 단, 임대목적에 반하고 임대인이 예상할 수 없을 정도의 고가의 것이라면 불가능하다.

▸ 민법 제643조, 제283조에 규정된 임차인의 지상물매수청구권은, 건물의 소유를 목적으로 한 토지 임대차의 기간이 만료되어 그 지상에 건물이 현존하고 임대인이 계약의 갱신을 원하지 아니하는 경우에 임차인에게 부여된 권리로서 그 지상 건물이 객관적으로 경제적 가치가 있는지 여부나 임대인에게 소용이 있는지 여부가 그 행사요건이라고 볼 수 없다(2002.5.31. 2001다42080 판결. 부속물매수청구권이나 유익비와는 차이가 있다).

나. 지상물매수청구권의 상대방

▸ 원칙적으로는 임차권 소멸 당시의 임대인이 상대방이다. 다만, 아래의 판례를 유의할 것.

▸ 건물의 소유를 목적으로 한 토지임차인의 건물매수청구권 행사의 상대방은 통상의 경우 기간의 만료로 인한 임차권 소멸당시의 토지소유자인 임대인일 것이지만 임차권 소멸 후 임대인이 그 토지를 제3차에게 양도하는 등으로 그 소유권이 이전되었을 때에는 제3자에 대하여 대항할 수 있는 임차권을 가지고 있던 토지임차인은 그 신소유자에 대하여도 위 매수 청구권을 행사할 수 있다고 봄이 상당하다 할 것이다(1977.4.26. 75다348 판결).

▸ 건물의 소유를 목적으로 하는 토지 임차인의 건물매수청구권 행사의 상대방은 원칙적으로 임차권 소멸 당시의 토지소유자인 임대인이고, 임대인이 임차권 소멸 당시에 이미 토지소유권을 상실한 경우에는 그에게 지상건물의 매수청구권을 행사할 수는

없으며, 이는 임대인이 임대차계약의 종료 전에 토지를 임의로 처분하였다하여 달라지는 것은 아니다(1994.7.29. 93다59717, 59724 판결).

다. 강행규정

- 지상물매수청구권 포기 등 임차인에게 불리한 약정은 무효이다.
- 그러나 임대차계약의 조건이나 계약이 체결된 경위 등 제반 사정을 종합적으로 고려하여 실질적으로 임차인에게 불리하다고 볼 수 없는 특별한 사정이 인정된다면 토지의 임차인이 임대차가 종료하기 전에 임대인과 간에 건물 기타 지상시설 일체를 포기하기로 약정을 하였다고 하더라도 무효라고 볼 수 없다는 것이 확립된 판례이다(2002.5.31. 2001다42080 판결 등).

라. 동시이행관계

임차인의 건물(지상물)명도와 그 소유권이전등기의무는 토지임대인의 건물대금지급의무와 동시이행관계에 있다는 것이 판례의 태도(매매이므로 당연)이다.

5. 서 식 례

임대차계약은 원칙적으로 계약당사자가 자유롭게 계약기간, 해지조건 등 그 내용을 정할 수 있고, 반드시 계약서를 작성해야 하는 것도 아니다. 그러나 나중에 발생할 수 있는 분쟁을 예방하기 위해서는 임대차계약서를 작성하는 것이 좋다.

- ▶ 거래당사자의 인적 사항
- ▶ 물건의 표시
- ▶ 계약일
- ▶ 거래금액·계약금액 및 그 지급일자 등 지급에 관한 사항
- ▶ 물건의 인도일시
- ▶ 권리이전의 내용
- ▶ 계약의 조건이나 기한이 있는 경우에는 그 조건 또는 기한
- ▶ 중개대상물확인·설명서 교부일자
- ▶ 그 밖의 약정내용

[서식 101] 임대차계약서(기계)

기계임대차계약서

○○주식회사(이하 "갑"이라 한다)와 ○○주식회사(이하 "을"이라 한다)는 다음과 같이 기계임대차계약을 체결한다.

– 다　　　음 –

※ 기계의 표시○○주식회사 제품○○○○기 (기계번호 ○○번)　○대

제1조【목 적】 "갑"은 "을"에 대해서 "갑" 소유의 후기 표시의 기계 (이하 "본건기계"라 한다)를 임대하고 "을"은 이것을 임차한다.

제2조【임대료】 본 건 기계의 임대료는 월 ○○○원으로 하고 "을"은 매월 말일까지 다음달 분을 "갑"이 지정한 방법으로 지불한다. 단, 1개월에 미치지 않는 기간의 임대료는 일당으로 계산한다.

제3조【기 간】 본 건 기계의 임대차기간은 20○○년 ○월 ○일부터 ○년간으로 한다. 단, 기간만료 2개월 전까지 "갑", "을" 누구로부터 별도의 신청이 없는 경우는 다시 1년간 연장하고 이후에도 동일하다.

제4조【선량한 관리주의의무】

1. "을"은 본 건 기계를 선량한 관리자의 주의의무를 갖고 관리하며 본 건 기계에 대해서 양도, 전대, 담보제공, 그 밖의 어떤 처분을 일체 하여서는 아니된다.
2. "을"은 본 건 기계가 "갑"의 소유물인 것을 명시하고 제3자가 본 건 설비에 대해서 압류, 가압류 등의 집행을 하려고 할 때는 "갑"의 소유물인 사실을 주장하고 이것을 방지해야 한다.

제5조【보수관리】 "을"은 그 책임과 비용부담에 있어서 본 건 기계에 대해서 부품교환, 수선, 그 밖의 보수관리를 해야 한다.

제6조【비밀유지】

1. "을"은 "갑"으로부터 임차한 본 건 기계의 구조, 사양, 능력, 그 밖의 설비에 관한 일체의 정보를 엄중히 지키고 이것을 제3자에게 개시해서는 안된다.
2. 앞항의 의무는 본 계약이 해약되거나 종결된 후라고 해도 효력을 갖는다.

제7조【보증금】

1. "을"은 "갑"에 대해서 본 계약으로 발생한 일체의 채무를 담보하기 위해 보증금으로써 금 ○○○원을 예탁해야 한다.
2. 앞항의 보증금에는 이자를 붙이지 않고 "갑"은 본 계약종료 후에 본 건 기계의 반환인도

를 받음으로써 이것을 "을"에게 반환한다.

제8조【보 험】 "을"은 본 건 기계에 대해 손해보험을 부가하여 보험금청구권상 "갑"을 위해 질권설정절차를 취한다.

제9조【해약 등】 "을"이 본 계약을 위반하였을 경우 "갑"은 어떤 통지나 최고 없이 곧바로 본 계약을 해약하고 아울러 "갑"이 입은 손해배상을 "을"에게 청구할 수가 있다.

이상 본 계약의 성립을 증명하기 위해 본 계약서 2통을 작성하여 "갑"과 "을"이 기명(또는 서명) 날인한 후 각각 1통씩을 보유한다.

20○○년 ○월 ○일

갑	㊞	사 업 자 등록번호		사 무 소	
				전화번호	
을	㊞	사 업 자 등록번호		사 무 소	
				전화번호	

※ 특약사항에 명시할 사항

- ▶ 계약 당시의 등기부상 권리관계 상태를 잔금 지불시까지 유지하여 양도한다는 내용
- ▶ 잔금지불과 동시에 등기이전에 관련된 일체의 서류를 교부한다는 내용
- ▶ 잔금일을 기준으로 공과금과 세금을 정산한다는 내용 ·계약 불이행시 손해배상을 한다는 내용
- ▶ 각종 권리제한 등에 대한 말소 또는 인수에 대한 내용

[서식 102] **임대차계약서**(기계, 설비)

기계·설비 임대차계약서

○○○(이하 "갑"이라 한다)와 ○○○공작소(이하 "을"이라 한다)와는 "갑" 소유의 다음

에 기재된 기계, 설비 등(이하 "본 건 기계"라 한다)의 임대차에 대해 다음과 같이 계약한다.

– 다 음 –

[물건목록]

1. 기 계
   가. ○ 대 나. ○ 대
2. 설 비
   가. ○ 조 나. ○ 대

제1조【목 적】 "갑"은 "을"에게 본 건 기계를 임대하고, "을"은 이를 빌리고 임대료를 지급할 것을 약정한다.

제2조【기 간】

1. 본 건 기계의 임대차기간은 20○○년 ○월 ○일부터 1년으로 한다.
2. 기간만료 1개월 전까지 "갑"을 양쪽으로부터 아무런 신청이 없을 때는 이 계약은 1년간 자동적으로 갱신되는 것으로 한다. 단, 계약의 갱신에 있어 임대료는 조정할 수 있는 것으로 한다.

제3조【인 도】 본 건 기계의 인도는 20○○년 ○월 ○일에 "갑"과 "을" 입회하에 "을"의 공장에서 행한다.

제4조【보 장】 "갑"은 "을"에게 본 건 기계에 대해 제3자의 어떠한 권리도 설정하지 않을 것을 확약하고, 만일 제3자로부터 인도의 요구 기타 권리의 신청이 있을 때는 "갑"이 모든 문제를 해결하고, "을"에게는 아무런 피해를 주지 않도록 한다.

제5조【보증금】

1. "을"은 "갑"에게 이 계약으로 발생되는 모든 손해 등의 보상에 충당하기 위해 금 ○○○원의 보증금을 본 계약성립일에 "갑"에게 예탁한다.
2. 보증금에는 금리를 부가하지 않고, 이 계약이 종료되었을 때, "갑"은 본 건 기계를 인도받음과 동시에 "을"에게 이를 반환한다.

제6조【임대료】

1. 임대료는 본 건 기계 1조당 1개월에 금 ○○○원으로 하고 "을"은 매월 말일까지 다음 달치 임대료를 "갑"에게 지참 또는 송금하여 지급한다.
2. "을"이 위 1항의 임대료의 지급을 2회 이상 지체하였을 때는 "갑"은 아무런 사전의 최고 없이 이 계약을 해제할 수 있다. 해제통지를 받았을 때 "을"은 1주일 이내에 본 건 기계를 "갑"에게 반환해야 한다.

제7조【선관의무】

1. "을"은 본 건 기계에 대해 선량한 관리자로서의 주의의무를 가지고 관리하도록 하고, 기계의 통상의 관리비용(주유, 전기절연체의 관리, 전기료, 연료비, 부품의 교체대금을

포함)은 "을"의 부담으로 한다.

2. "을"의 고의, 과실로 본 건 기계를 훼손하였을 때 해당 손실은 "을"의 부담으로 한다.
3. "을"이 본 건 기계의 조작 실수로 제3자에게 손해를 입혔을 때는 "을"은 그 손해를 배상해야 한다.

제8조【기계의 운전】

1. 본 건 기계에 대해 "갑"은 자기 비용으로 임대차계약 개시 후 2개월간 그 운전방법 등을 지도한다.
2. 위 기간 경과 후, "을"이 다시 운전지도를 요구할 때 그 비용은 "을"이 부담한다.
3. "갑"은 "을"에 대해 본 건 기계에 대해 임대차계약체결 후 지체 없이 구조도, 기타 기계에 관한 상세한 데이터를 제공하고 동시에 "을"에게 운전요령을 기재한 문서를 교부한다.

제9조【보험 등】 본 건 기계에 대해 "을"은 화재보험을 첨부하도록 하고, 화재보험금청구권에 대해 "갑"을 위해 질권설정의 절차를 취한다.

이상과 같이 계약했으므로 본서 2통을 작성하여 각자 이에 기명(또는 서명) 날인한 후 각 1통씩 이를 보관한다.

20○○년 ○월 ○일

갑	㊞	주민등록번호		주 소	
				전화번호	
을	㊞	주민등록번호		주 소	
				전화번호	

[서식 103] 건설기계임대차 표준계약 일반조건

건설기계임대차 표준계약 일반조건

제1조(총 칙) 건설기계임대인(이하 "갑"이라 한다)과 건설기계임차인(이하 "을"이라 한다)은 대등한 입장에서 서로 협력하여 신의에 따라 성실히 계약을 이행한다.

제2조(사용기간) 사용기간은 계약서에 명시된 일자로 한다. 다만, 사용기간을 연장하고자

하는 경우에는 "갑"과 "을"이 협의하여 연장할 수 있다.

제 3 조 (건설기계의 가동시간) ① 건설기계의 가동시간은 1일 8시간, 월 200시간을 기준으로 한다.

② "갑"의 귀책사유로 인해 제1항의 기준시간에 미달한 경우에는 연장작업을 제공하거나 대여료에서 이를 공제하고, "을"의 귀책사유로 인해 제1항의 기준시간에 미달하는 경우에는 기준시간을 가동한 것으로 간주한다.

③ 야간작업과 기준시간 초과 작업에 의한 시간당 대여료는 주간작업에 의한 시간당 대여료에 관련법령이 정한 시간당 건설기계 손료 및 건설기계조종사(조수 포함, 이하 같다) 임금을 다음의 산식에 적용하여 산출된 율을 곱하여 산정한 금액으로 하되, 별도 정산 처리한다. 다만, 야간작업시간에 대한 건설기계조종사의 인건비는 근로기준법 제56조 규정에 따른다.

$$\text{조정율} = \frac{(\text{시간당기계손료} \times 8) + (\text{건설기계조종사임금} \times 1.5)}{(\text{시간당기계손료} \times 8) + (\text{건설기계조종사임금} \times 1.0)}$$

* 건설기계의 시간당 손료 : 실적공사비 및 표준품셈 관리규정(국토해양부 훈령)에 따라 산출

* 건설기계 조종사 임금 : 통계법 제17조에 따라 대한건설협회가 발표

④ 작업시간은 "갑"과 "을"이 서로 확인한 작업일보에 의한다.

제 4 조 (대여료 등) ① 대여료는 계약서에 명시된 금액으로 한다.

② 제1항의 규정에 의한 대여료에는 건설기계조종사의 급여액, 기계손료(상각비, 정비비 및 관리비)가 포함된 금액으로 한다.

③ 분해·조립비는 원칙적으로 "을"이 부담하되, 그 금액은 "갑"과 "을"이 합의하여 정한다. 다만, 제9조제2항, 제10조제2항에 규정된 갑의 책임있는 사유로 건설기계를 대체하거나 계약을 해지하는 경우에는 "갑"이 분해·조립비를 부담한다.

④ 1개월 이상 임차하는 경우로서 사용기간 중 건설기계의 고장, 천재지변 등으로 1개월 중 5일 이상 가동하지 못하였을 경우 당월 대여료에서 공제한다.

제 5 조 (경비 등의 부담) ① 건설기계 가동에 필요한 유류비 및 운반비는 "을"이 부담하는 것을 원칙으로 하되, 기종별, 현장여건을 고려 "갑"과 "을"이 합의하여 정한다.

② 건설기계조종사의 숙식제공, 소모품, 수선비 등 그 밖의 소요비용은 "갑"과 "을"이 합의하여 정한 바에 의한다.

제 6 조 (대여료 지불조건) ① "을"은 건설기계 대여기간이 1개월을 초과하는 경우에는 매월 종료하는 날부터, 대여기간이 1개월 이하인 경우에는 그 기간이 종료하는 날부터 각각 60일 이내의 가능한 짧은 기한으로 정한 지급기일까지 "갑"에게 대여료를 지급하여야 한다.

② "을"은 "을"에게 건설공사를 도급(하도급을 포함한다)한 자(이하 "병"이라 한다)로부터 준공금을 받은 때에는 대여료를, 기성금을 받은 때에는 건설기계를 임차하여 시공한

분에 상당하는 대여료를 각각 지급받은 날(공사대금을 어음으로 받은 때에는 그 어음만기일을 말한다)부터 15일 이내에 "갑"에게 현금으로 지급하여야 한다.

③ "을"이 대여료를 "갑"에게 지급하지 아니한 다음 각 호의 경우에는 "갑"은 "병"에게 대여료의 직접지급을 요청할 수 있다.

1. "병"과 "을"이 대여료를 "갑"에게 직접지급 할 수 있다는 뜻과 그 지급의 방법·절차를 명백히 하여 합의한 경우
2. "갑"이 "을"을 상대로 "갑"이 시공한 분에 대한 대여료의 지급을 명하는 확정 판결을 받은 경우
3. 국가·지방자체단체 또는 정부투자기관이 발주한 건설공사 중 "을"이 "갑"이 시공한 분의 대여료를 1회 이상 지체한 경우
4. "을"의 파산 등으로 인하여 "을"이 "갑"의 대여료를 지급할 수 없는 명백한 사유가 있다고 "병"이 인정하는 경우

④ "병"은 다음 각 호의 경우에는 "갑"에게 대여료를 직접 지급하여야 한다.

1. "병"이 대여료를 "갑"에게 직접 지급하기로 "갑", "을" 및 "병"이 그 뜻과 지급의 방법·절차를 명백히 하여 합의한 경우
2. "을"이 제2항의 규정에 의한 대여료의 지급을 2회 이상 지체한 경우로서 "갑"이 "병"에게 대여료의 직접지급을 요청한 경우
3. "을"의 지급정지·파산 그 밖에 이와 유사한 사유가 있거나 건설업의 등록 등이 취소되어 "을"이 대여료를 지급할 수 없게 된 경우로서 "갑"이 "병"에게 하도급대금의 직접지급을 요청한 경우

⑤ 제2항 내지 제4항에서 규정한 사항 이외의 사항에 대해서는 건설산업기본법 제32조 제4항에 따른다.

제7조(전대 및 사용목적 이외의 사용금지) ① "을"은 당해 건설기계를 임대차 목적 외로 사용하거나 타인에게 전대할 수 없다.

② "갑"은 이 계약으로부터 발생하는 권리 또는 의무를 제3자에게 양도하거나 처분할 수 없다. 다만, 상대방의 서면에 의한 승낙을 받았을 때에는 그러하지 아니하다.

제8조("갑"의 권리와 의무) ① "갑"은 건설기계가 정상적으로 가동될 수 있도록 예방정비를 철저히 하여야 한다.

② "갑"은 "을"의 요구가 있는 경우에는 건설기계등록증·보험(공제)가입증명서·건설기계조종사 면허증 등을 제시하여야 한다.

③ "갑"은 건설기계가 관계법령에 의하여 의무적으로 보험[자동차보험(건설기계공제) 또는 산재보험]에 가입하여야 하거나 정기검사 대상 건설기계인 경우에는 그 사실을 증명할 수 있는 증빙서류를 "을"에게 제시하여야 한다.

④ "갑"의 건설기계조종사는 "을"의 현장책임자의 지휘·감독에 따라 작업을 수행한다. 만일, "갑"의 건설기계조종사가 "을"의 현장책임자의 작업지시에 불응하거나 조종미숙, 태만으로 효율적 작업진행에 지장을 초래된다고 인정되어 "을"이 건설기계조종사 교체를 요구할 경우에는 "갑"은 "을"과 협의하여 교체하여야 한다.

제9조("을"의 권리와 의무) ① "을"은 현장내 지하매설물, 지상위험물 등에 대하여 건설기계

조종사에게 작업전 충분히 고지하여야 하며, 건설기계가 안전하게 작업을 진행할 수 있도록 하여야 한다.

② "을"은 계약기간 중 "갑"의 건설기계가 정기검사 등에 해당하는 경우에는 "갑"이 그 검사 등을 받을 수 있도록 조치하여야 하며, "갑"은 검사기간이 1일을 초과하는 경우 계약조건과 동일한 장비로 대체하여 작업에 지장이 없도록 조치하여야 한다.

제 10 조 (계약해제 및 해지) ① 당사자 일방이 계약조건을 위반하여 계약의 목적을 달성할 수 없다고 인정되는 경우에는 상대방은 서면으로 상당한 기간을 정하여 이행을 최고하고, 기한 내에 이행하지 아니하는 경우에는 계약을 해제 또는 해지할 수 있다.

② "을"은 "갑"의 건설기계가 5일 이상의 정비를 필요로 하는 경우 "갑"과 합의하여 계약을 해지할 수 있다. 다만, 동일한 건설기계를 대체하였을 경우에는 그러하지 아니한다.

제 11 조 (분쟁의 해결) ① 이 계약서에 별도로 규정된 것을 제외하고는 계약에서 발생하는 문제에 관한 분쟁은 "갑"과 "을"이 쌍방의 합의에 의하여 해결한다.

② 제1항의 합의가 성립하지 못할 때에는 당사자는 건설산업기본법에 의하여 설치된 건설분쟁조정위원회에 조정을 신청하거나 다른 법령에 의하여 설치된 중재기관에 중재를 요청할 수 있다.

제 12 조 (기 타) 본 계약서에 명시하지 않은 사항에 대하여는 일반 상관례 및 제반 법률규정에 따라 처리하기로 한다.

제 13 조 (특약사항) 기타 이 계약에서 정하지 아니한 사항에 대하여는 "갑"과 "을"이 합의하여 별도의 특약을 정할 수 있다.

[서식 104] 임대차계약서(동산)

동산임대차계약서

임대인과 임차인 사이에 다음과 같이 동산임대차계약을 체결한다.

제 1 조 임대인은 그 소유인 하기 표시의 동산을 임차인에게 임대하고 사용 및 수익토록 약정하고 임차인은 이것을 임차하여 그 임료를 지급할 것을 약정한다.

기형 제작기계 ○대

기형 발동기 ○대

제 2 조 임료는 월 금 ○○○원으로 하고 임차인은 매월 말일까지 당해 월분을 임대인의 주소에 지참하여 지급하여야 한다.

제3조 임차인이 임료의 지급을 2개월 이상 태만히 할 때는 임대인은 즉시 본 계약을 해제하여 임대물의 반환을 청구할 수 있다.

제4조 임차인은 임차물을 그 성질 및 용법에 따라서 사용 수익하는 외의 목적에 사용 수익할 수 없다.

제5조 임차인은 임차권을 양도 또는 임차물을 제3자에게 전대할 수 없다.

제6조 본 임대차의 존속기간은 계약일로부터 ○년간으로 한다.

제7조 임차인이 그의 책임으로 돌아갈 사유로 인하여 임차물을 멸실 또는 훼손하였을 때는 그 손해를 배상하여야 한다.

제8조 임차인은 임대차가 종료했을 때 즉시 임차물을 임대인에게 반환하여야 한다.

상기 계약을 증명하기 위하여 본 증서 2통을 작성하여 각자 기명(또는 서명) 날인한 후 각 1통씩 보관한다.

20○○년 ○월 ○일

갑	㊞	주민등록번호		주 소	
				전화번호	
을	㊞	주민등록번호		주 소	
				전화번호	

[서식 105] 임대차계약서(상품대)

상품대임대차계약서

제1조 상품대를 차용함에 있어서 차주는 보증금으로서 금 ○○○원을 대주에게 지급한다.

제2조 위 회관 내 상품대 차용기한은 6개월로 하고 6개월마다 재계약을 한다. 단, 재계약에 응하지 않을 경우는 계약을 해소해도 이의가 없다.

제3조 위 상품대는 귀관이 정한 방법에 따라 1대로 하고 1.5대를 차용하는 것에 관해 임차금

은 월 ○○○원 선납하며 23일부터 말일 사이에 대주에게 지참 지급한다.

제4조 계약기간 중 7일 이상 출품하지 않거나, 회관 전체에 불신을 초래하는 행위를 했을 경우는 계약을 해소해도 이의를 하지 아니한다.

제5조 차주의 부주의로 인한 일체의 손해(부주의에 의한 도난, 오발송 등) 또는 천재·화재·수해 등의 불가항력에 의한 손해는 차주가 부담한다.

제6조 위 상품대를 차용한 후는 절대 타인에게 양도함이 없이 필히 차주에게 반환한다.

제7조 위 상품대의 임차금을 10일 이상 체납한 경우는 계약을 해소시켜도 이의를 하지 아니한다.

제8조 계약해소의 경우 대주는 보증금을 반환한다. 단, 연체임료 또는 대주가 받은 손해금 등을 공제하여도 차주는 이의를 하지 아니한다.

제9조 상품대를 차용한 이상은 귀 관내의 규칙을 지키고 결코 타인에게 폐해를 끼치지 아니한다. 단, 위반했을 경우 또는 계약을 해소할 때는 차주 부재 시라도 대주 임의로 제3자 입회하에 상품을 타에 이전하여도 이의를 할 수 없다.
본조(제9조)는 귀관 경영상 중대함을 알고 특별히 약정한다.

위 계약을 증명하기 위하여 본 증서 2통을 작성하고 양 당사자 간 이의 없음을 확인하고 각 1통씩을 보관한다.

20○○년 ○월 ○일

<table>
<tr><td rowspan="2">대 주</td><td rowspan="2">㊞</td><td rowspan="2">주민등록번호</td><td rowspan="2"></td><td>주 소</td><td></td></tr>
<tr><td>전화번호</td><td></td></tr>
<tr><td rowspan="2">차 주</td><td rowspan="2">㊞</td><td rowspan="2">주민등록번호</td><td rowspan="2"></td><td>주 소</td><td></td></tr>
<tr><td>전화번호</td><td></td></tr>
</table>

[서식 106] 임대차계약서(부동산)

임 대 차 계 약 서

"갑"과 "을"은 다음과 같이 임대차계약을 체결한다.

1. 부동산의 표시

2. 임대보증금 및 지급방법

임대보증금	원		지급장소	
계약금	금 원정	영수함 ㉧		
중도금	금 원정은 . . .		까지 지급	. . . 영수함 ㉧
잔 금	금 원정은 . . .		까지 지급	. . . 영수함 ㉧

3. "갑"은 임대보증금 전액을 영수함과 동시에 을에게 이 부동산을 인도한다.
4. "을"은 월세 원을 매월 일마다 "갑"에게 지급한다.
5. "을"은 위 부동산을 로 사용하여야 한다.
6. 임대차기간은 년 월 일부터 년 월 일까지로 하고 이 기간 내라도 어느 일방이 계약을 해지하고자 할 때에는 그 1개월 전에 상대방에게 해지 통보를 하여야 한다.
7. "을"은 "갑"의 승낙 없이 위 부동산을 제3자에게 전대 또는 구조를 변경할 수 없다.
8. "을"이 부동산을 약정 이외의 사용 목적으로 사용하거나 임대보증금에 대한 강제집행, 채권양도가 있을 때에는 "갑"의 별도의 해지통지 없이 이 계약이 해지된다.
9. "갑"은 위 부동산의 인도와 동시에 "을"에게 반환할 임대보증금중 연체임대료, 체납공과금과 목적물 손괴로 인한 손해금을 공제한다.
10. "갑"이 위약한 때에는 위약금으로 계약금의 배액을 "을"에게 배상하고 "을"이 위약한 때에는 계약금을 위약금으로 보고 그 반환 청구권이 상실된다. 계약착수 후에도 또한 같다.

※ 특약사항

특 약 사 항	

이 계약의 성립을 증명하기 위하여 이 계약서 2통을 작성하고 계약 당사자가 이의 없음을 확인하고 각각 서명 날인하다.

20○○년 ○월 ○일

당사자 표시

임대인	㊞	주민등록번호		주 소	
임차인	㊞	주민등록번호		주 소	

[서식 107] 임대차계약서(부동산)

임 대 차 계 약 서

"갑"과 "을"은 다음과 같이 임대차계약을 체결한다.

1. 부동산의 표시

2. 임대보증금 및 지급방법

임대보증금	원		지급장소	
계약금	금 원정	영수함 ㊞		
중도금	금 원정은 . . . 까지 지급			. . . 영수함 ㊞
잔 금	금 원정은 . . . 까지 지급			. . . 영수함 ㊞

3. "갑"은 임대보증금 전액을 영수함과 동시에 "을"에게 이 부동산을 인도한다.
4. "을"은 12개월 임대료 원을 매년 월 일마다 "갑"에게 지급한다("갑"은 "을"로부터 . . . 금 원을 영수함 (인)).
5. "을"은 위 표시 부동산을 당구장으로 사용하여야 한다.
6. 임대차기간은 년 월 일부터 년 월 일까지로 하고 이 기간 내라도 어느 일방이 계약을 해지하고자 할 때에는 그 1개월 전에 상대방에게 해지 통보를 하여야 한다.

7. “을”은 “갑”의 승낙 없이 위 부동산을 제3자에게 전대 또는 구조를 변경할 수 없다.
8. “을”이 부동산을 약정 이외의 사용목적으로 사용하거나 임대보증금에 대한 강제집행, 채권양도가 있을 때에는 “갑”의 별도의 해지통지 없이 이 계약이 해지된다.
9. “갑”은 위 부동산의 인도와 동시에 “을”에게 반환할 임대보증금중 연체임대료, 체납공과금과 목적물 손괴로 인한 손해금을 공제한다.
10. “갑”이 위약한 때에는 위약금으로 계약금의 배액을 “을”에게 배상하고 “을”이 위약한 때에는 계약금을 위약금으로 보고 그 반환 청구권이 상실된다. 계약착수 후에도 또한 같다.

특 약 사 항	

이 계약의 성립을 증명하기 위하여 이 계약서 2통을 작성하고 계약 당사자가 이의 없음을 확인하고 각각 기명(또는 서명) 날인한다.

20○○년 ○월 ○일

당사자 표시

임대인(갑)	㊞	주민등록번호		주 소	
임차인(을)	㊞	주민등록번호		주 소	

[서식 108] 임대차계약서(부동산)

부동산임대차계약서

임대인과 임차인은 아래 표시 부동산에 관하여 다음과 같이 임대차계약을 체결한다.

1. 부동산의 표시

소 재 지				
토 지	지 목		면 적	
건 물	구조·용도		면 적	

임대할 부분	

2. 계약내용

제1조 위 부동산의 임대차에 있어 임차인은 임대차 보증금을 아래와 같이 지불하기로 한다.

보 증 금	금 원(₩)
계 약 금	금 원은 계약시 지불하고
중 도 금	금 원은 20○○년 ○월 ○일 지불하며
잔 금	금 원은 20○○년 ○월 ○일 중개업자 입회하에 지불한다.

제2조 임대차기간은 20○○년 ○월 ○일부터 20○○년 ○월 ○일까지로 한다.

제3조 임대인은 위 부동산을 임대차 목적대로 사용·수익할 수 있는 상태로 하여 20○○년 ○월 ○일까지 임차인에게 인도한다.

제4조 임차인은 임대인의 동의 없이는 위 부동산의 용도나 구조 등을 변경하거나 전대·임차권의 양도 또는 담보제공을 하지 못하며 임대차 목적 이외의 용도에 사용할 수 없다.

제5조 임차인이 임대인에게 중도금(중도금약정이 없을 때에는 잔금)을 지불하기 전까지는 임대인은 계약금을 배액으로 상환하고, 임차인 또한 계약금을 포기하고 이 계약을 해제할 수 있다.

제6조 임대차물건에 관한 중개수수료는 이 계약체결과 동시에 계약당사자 쌍방이 각각 지불한다.

※ 특약사항

이 계약을 증명하기 위하여 계약당사자가 이의 없음을 확인하고 각자 기명(또는 서명) 날인한다.

20○○년 ○월 ○일

임대인	㊞	주민등록번호		주 소	
				전화번호	

임차인	㉑	주민등록번호		주 소	
				전화번호	

[서식 109] 임대차계약서(부동산)

임 대 차 계 약 서

○○주식회사를 "임대인"으로 하고 ○○주식회사를 "임차인"으로 하여 다음과 같이 임대차계약을 체결한다.

제1조【임대차 물건의 표시】

소 재 지	전용면적	계약면적	보 증 금
	㎡	㎡	

제2조【용 도】 임차인은 임차물건을 ○○○○용도로 사용하며, 임대인의 사전 동의 없이 타 용도로 사용할 수 없다.

제3조【계약기간】 임대차계약기간은 20○○년 ○월 ○일부터 20○○년 ○월 ○일까지(○년간)로 한다.

제4조【권리이양 및 전대금지】 임차인은 임대인의 동의 없이 임대차계약상의 권리와 의무를 제3자에게 양도하거나 임대차물건의 전부나 일부를 전대할 수 없다.

제5조【계약기간내 해지】 당사자 일방이 계약기간 중도에 해지하고자 할 때는 ○개월 전에 상대방에게 서면으로 통지하고 ○개월 경과시점을 해지일자로 한다.

제6조【원상복구 및 인도】 본 임대차계약이 종료 해지된 때에는 임차인은 자신의 책임으로 임차물건을 임차당시의 상태로 임대인에게 인도하여야 한다.

제7조【규정외 사항】 이 계약에 정한 이외의 사항은 임대차 관습에 따라 임대인과 임차인간에 성실히 협의하여 결정한다.

본 계약이 정당히 성립되었음을 증명하기 위하여 계약서 2통을 작성하여 각자 기명(또는 서명) 날인한 후 각 1통씩 보관한다.

20○○년 ○월 ○일

갑	㊞	사 업 자 등 록 번 호		사 무 소	
				전화번호	
을	㊞	사 업 자 등 록 번 호		사 무 소	
				전화번호	

[서식 110] 건물임대차 계약서

건물임대차 계약서

임대인 (이하 "갑"이라 함)와 임차인 (이하 "을"이라 함)은 아래 부동산을 임대차 하기 위하여 다음과 같은 조건으로 임대차 계약을 체결한다.

제 1 조 【임대차 목적물의 표시】

1. "갑"은 "을"에게 아래의 "임대차물건"을 임대하고 "을"은 이를 임차한다.

임대차물건표시

소유주 :

빌딩명 :

층 호실 평( ) <공유면적 포함>

층 호실 평( ) <공유면적 포함>

층 호실 평( ) <공유면적 포함>

층 호실 평( ) <공유면적 포함>

층 호실 평( ) <공유면적 포함>

계 평( ) <공유면적 포함>

2. "을"은 임대차물건을 "을"의 로 사용하기 위하여 임차하여 "갑"의 서면 동의없

이는 임대차물건을 타용도에 사용할 수 없다.

제 2 조【계약기간】

1. 이 계약은 계약체결일에 발효하며 임대차물건에 대한 임대차기간은 년 월 일부터 년 월 일까지로 한다. 그러나 이 계약당사자 일방의 임대차기간만료 일전까지 임대차기간의 연장에 대한 반대의사를 상대방에게 서면으로 통지하지 않은 경우에는 이 계약상의 임대차기간은 자동적으로 일년간 연장된 것으로 본다.
2. "을"이 전항의 임대차기간 개시일로부터 30일이 경과하도록 임대차 물건의 사용을 개시하지 아니하거나, 전항의 임대차기간 개시전일까지 제3조 제1항에 의한 임대보증금전액을 "갑"에게 지급하지 아니할 때에는 이 계약은 임대차기간 개시일에 자동적으로 해제된 것을 본다.
3. 제1항의 임대차기간 또는 그 연장기간에도 불구하고 "갑"은 "을"에 대한 6개월 전의 서면통지로써 언제든지 이 계약을 해지할 수 있다.
4. 임차인의 사전에 의하여 제1항에 표시된 계약기간 중도에 해지코자 할 시에는 최소한 해지 3개월 전에 해지의 의사를 임대인 및 그 관리인에게 서면으로 통지하여야 한다. (그러나 임차면적의 일부 해지는 할 수 없다) 만약, 임차인이 저항의 서면통지 없이 계약을 해지코자 할 시에는 임차인은 3개월분의 임대료에 해당하는 금액을 관리인손해배상금으로 지불해야 하며, 임대인 또는 관리인은 보증금에서 이를 공제할 수 있다.
5. 제3항 및 제4항의 경우 "갑"의 "을"에 대한 계약의 해지통지는 "을"이 서면을 접수한 날로부터 180일이 되는 일자에 이 계약이 해지된 것으로 보며, "을"의 "갑"에 대한 해지통지는 "갑"이 서면을 접수한 날로부터 90일이 되는 일자에 이 계약을 해지된 것으로 본다.
6. 계약해지에 의한 명도 일자 기준을 시설물의 원상 복구일로 한다.

제 3 조【임대보증금】

1. 임대보증금은 (평)당 금 원정이며, "을"은 임대차 물건 전체에 대한 금 원정의 임대보증금 중 % 해당금액을 이 계약체결시에 계약금으로 "갑"에게 지급하며, 임대차기간 개시전일까지 전액 % 해당금액을 "갑"에게 지급하여야 한다.
2. 이 계약이 제2조 제2항에 따라 자동적으로 해제되었을 때에는 전항의 계약금은 위약금으로서 조건없이 "갑"에게 귀속되며, "을"은 이에 대하여 반환을 청구하지 아니한다.
3. 임대보증금은 무이자로 한다.
4. "을"은 임대보증금으로서 임대료지급에 대체할 수 없으며, 임대보증금 반환청구권을 타인에게 양도하거나 질권 기타 담보의 목적으로 할 수 없다.
5. "갑"은 임대보증금 중에서 "을"이 이 계약에 의하여 부담 지급하여야 하는 제비용 또는 채무를 임의로 공제하여 "갑"의 채권액에 충당할 수 있다. 이 경우에 "갑"은 그 공제내용을 "을"에게 서면으로 통지하여야 하며, "을"은 동통지를 받은 날로부터 10일 이내에 그 공제금액을 보충하여야 한다.
6. 임대차기간의 만료 또는 해지 기타 사유로 인하여 이 계약이 종료되는 경우에는 임대차물건을 명도한 후일 이내에 "갑"은 임대보증금을 "을"에게 반환한다.
   단, "을"이 이 계약에 의하여 부담하여야 하는 제비용 또는 채무가 잔존하는 경우에는 동금액을 "갑"이 공제한 후 그 잔액을 반환한다.

제 4 조【임대료】

1. 월임대료는 (평)당 금 원정(부가가치세 별도)이며, 임대차 물건 전체에 대하여 금 원정을 월임대료로 정하고, "을"은 매월 일까지 (매월 일이 공휴일인 경우에는 이에 이은 첫거래일까지) "갑"에게 해당월분 임대료를 선급하여야 한다.
2. 임대차기간이 월중에 개시 또는 종료되는 경우에는 임대료는 일수에 따라 계산한다. "을"은 임대차기간 개시일에 입주하지 못할지라도 임대료는 임대차기간 개시일로부터 기산한다. 단, "갑"이 임대차기간 개시일까지 임대차건물을 "을"에게 명도하지 못할 경우에는 그후 "을"이 실제로 임대차물건을 명도받은 일자로부터 임대료를 기산한다.

제 5 조【관리유지비】

1. 월관리유지비는 (평)당 금 원정(부가가치세 별도)이며 임대차 물건 전체에 대하여 금 원정을 월관리 유지비로 정하고 "을"은 임대료와 함께 매월 5일까지 "갑"에게 매월분 관리유지비를 선급하여야 한다.
2. 임대차기간이 월도중에 개시 또는 종료되는 경우에는 제4조 제2항에 준한다.

제 6 조【임대보증금, 임대료 및 관리유지비조정】

1. 제2조 제1항의 임대차기간 또는 그 연장기간에도 불구하고, "갑"은 다음과 같은 경우에는 "을"에 대한 15일전의 사전 서면통지로써 제3조의 임대보증금, 제4조 임대료, 제5조 관리유지비를 동시에 증액조정하거나 제5조 관리유지비는 별도로 조정할 수 있다. 이와 같이 조정된 임대보증금, 임대료 및 관리유지비는 익월 1일부터 자동적으로 시행된다.
   (1) 임대차물건 또는 "갑"의 영업에 대한 조세공과금이 증액되었거나 증액될 것이 예상되는 경우
   (2) 임대차물건의 관리유지에 필요한 전기, 수도, 냉난방료, 청소료 및 관리요원의 인건비 등이 상승되는 경우]
   (3) 인근토지, 건물임료의 변동이 있는 경우
   (4) 물가상승 기타 경제사정에 변경이 있는 경우
2. 전항의 서면통지에 대한 "을"의 여하한 이의도 이는 제2조 제4항에 의한 "을"의 계약해제 통지로 간주되며, 이와 같은 경우에도 제2조 제5항의 규정에도 불구하고 당월말일에 이 계약이 해지된 것으로 본다.
3. 제4조, 제5조의 규정에 정한 임대료, 관리유지비의 납부기일을 경과할 때 지급일까지 연 %의 연체료를 납부한다.

제 7 조【주차빌딩관리 및 통신시설】

1. "을"은 "갑"의 서면동의를 얻어 임차인소유의 승용차를 "갑"의 주차빌딩에 주차시킬 수 있다. 주차빌딩관리비는 "갑"이 별도로 정하는바에 따르며 임대료지급과 동시에 "갑"에게 지급된다.
2. 전화시설, 텔렉스 등 통신시설은 "갑"의 서면동의를 얻은 후 "을"의 부담으로 관계당국의 허가를 받은 통신시설에 한하여 연결할 수 있다.
3. "을"은 전항에 의한 통신시설연결 후 "갑"에게 그 사실을 통지하여야 하며 동 통신시설은 "을"의 부담으로 "을"이 운영 보수한다.

제8조【임차인의 준수의무】

"을"은 관계되는 모든 법령을 준수하여야 하며 임대차물건에서의 사무실 또는 점포의 운영과 상행위에 있어서 "을" 및 그의 사용인이 준수하도록 "갑"이 정한 임대차물건과 제시설의 사용관리에 관한 제규정 및 세칙을 준수하여야 한다.

제9조【권리이양, 전대 등의 금지】

1. "을"은 제3자에게 이 계약상의 "을"의 권리를 양도하거나 임대차물건의 전부나 일부를 전대할 수 없다.
2 "을"은 "갑"의 서면동의없이 "을" 이외의 제3자로 하여금 임대차물건을 사용케 하거나 제3자의 재실명의를 게시할 수 없다.
3. 임차인일 전항에 위반하였을 시에는 관리인은 임대차계약을 일방적으로 해지할 수 있다.

제10조【임대차물건의 사용】

1. "을"은 임대차 물건 내에 주거를 설정하여서는 안된다. 단, "갑"의 서면동의를 얻은 경우에 한하여 교대제의 숙식원을 둘 수 있다.
2. "갑"은 대한민국의 법정공휴일이나 일요일, 평상일의 오전 8시 이전이나 오후 7시 이후에는 모든 승강기 및 제시설의 이용을 중지하거나 제한 할 수 있다.

제11조【재산보호】

"을"이 재산에 대한 적절한 안전관리는 "을"의 단독책임이며, "갑"에게 귀책사유가 있음을 "을"이 입증하지 않은 한 화재, 도난 등 임대차 물건 내에서 발생하는 "을"의 여하한 손해에 대하여도 "갑"은 어떠한 책임도지지 않는다. 단, "갑"은 건물 내 로비, 복도 및 건물의 기타 공용시설을 단속하기 위하여 경비원을 배치 관리한다.

제12조【"을"의 금지사항】

"을"은 임대차물건 및 빌딩의 다른 구내에서 다음 각호의 행위를 할 수 없다.

1. 공중에 대하여 불쾌감을 주거나 또는 기타 시설물에 방해될 간판, 광고물을 임의로 설치, 게시 또는 방치하는 행위
2. 임대차물건 또는 건물내 기타 장소에 폭발물 등의 위험성이 있는 물품, 기타 인체에 유해하고 불쾌감을 주거나 또는 재산을 파손할 염려가 있는 물품을 반입 또는 보관하는 행위
3. 목탄, 석탄, 유류, 가스, 전열기 등 "갑"이 공급하는 것 이외의 체열을 위한 연료를 사용하는 행위
4. 임의로 냉난방용 기재를 반입하는 행위
5. 관상어 이외의 동물을 양육하거나 타인에게 불쾌감과 혐오감을 주거나 방해가 되는 행위
6. "갑"이 설비한 구조, 기구 혹은 시설을 파손하거나 "갑"의 동의 또는 승인없이 구조물, 광고물 및 간판을 변경하는 행위
7. 알콜성 음료를 판매 또는 식음하는 행위
8. 법에 저촉되는 일체의 제조 및 영업, 판매행위
9. 기타, 이 계약에서 허용한 임대차물건을 목적외 사용하는 행위
10. 담배, 커피 등 자판기 설치의 금지
11. 전력장비의 시설물은 "갑"의 동의를 받아야하며, 별개의 전산 전력계를 설치하여 한전 요금 규정에 준한 사용료를 납부한다.

제13조【임대차물건내의 조작 및 설비의 신설】

1. “을”은 “갑”의 사전 서면동의를 얻어 “을”의 비용으로 다음의 행위를 할 수 있다. 단, 이 경우에도 건물의 통일성을 기하기 위하여 시공은 “갑” 또는 관리인이 지정하는 자만이 한다.
   (1) 임대차물건내의 조작, 칸막이, 창호 등의 신설 또는 변경행위
   (2) 전등, 전원의 신설 및 이전, 전화가설, 급배수, 가스등 설비의 신설·증설, 이전 또는 변경행위
2. “을”은 전항에 의거하여 “을”이 부담한 제반 유익비의 상환청구권과 부속물 매수청구권을 이에 포기한다.
3. 상기 제1항의 시설 및 설비 등의 신설, 증설 이전 또는 변경에 따른 취득세, 재산세 등 각종 조세 및 공과금은 “을”이 부담한다.

제14조【수 선】

1. 자연적으로 마모, 퇴색된 임대차물건의 벽, 천장, 바닥 등의 수선(도장 포함) 비용은 “갑”의 부담으로 하며, 그 이외의 수선비용은 “을”이 부담한다.
2. “을”이 전항의 수선처소를 발견하였을 때에는 “갑”에게 즉시 통지하여야 하며, “을”이 수선하는 경우에도 “갑”과 사전에 협의하여야 한다.
3. “을”은 제1항에 의거하여 “을”이 부담한 제반 필요비의 상환청구권을 이에 포기한다.

제15조【손해배상】

1. “을” 또는 그 사용인과 그의 고객이 고의 또는 과실로 임대차물건과 빌딩 내의 다른 시설을 훼손하거나 파괴하였을 때에는 “을”은 이를 지체없이 “갑”에게 서면으로 통지하여야 하며 “갑”에게 입힌 손해를 배상하여야 한다.
2. “갑”에게 통지하지 아니한 전항의 손해발생에 대하여는 “을”의 행위로 인한 것으로 간주한다.
3. 손해발생액의 산정의 배상당시의 시가에 의거 “갑”이 결정하기로 한다.

제16조【출입권한】

임대차물건 보전상태의 검사, 위생, 방화, 방범, 구호 등을 위한 긴급조치를 위하기 위하여 또는 임대차기간 종료 전에 다른 임차희망자에게 그 장소를 보여주기 위하여 “갑” 또는 그 사용인은 언제든지 제3자와 함께 임대차 물건 내에 출입할 수 있다.

제17조【“갑”의 계약해지권】

1. “을”이 다음 각호에 해당하는 행위를 하였을 때에는 “갑”이 최고없이 이 계약을 즉시 해지할 수 있다.
   (1) “을”이 이 계약에 따른 임차료, 관리유지비 및 제비용의 지급을 2회 이상 해태하였을 때
   (2) 임대보증금 반환청구권이 질권, 기타 담보의 목적이 되거나 강제집행 되었을 때
   (3) “을”이 파산, 지급불능에 빠지거나 그의 채권자와 채무변제를 목적으로 하는 재산양도 또는 화해계약을 할 경우, 또는 “을”에 대하여 회사 정리절차의 신청이 있을 때

(4) 기타, 이 계약의 어느 조항에 위배되는 행위가 있을 때]

2. 전항의 경우 "갑"은 언제든지 이 계약을 해지하고 임대차물건을 명도받을 수 있으며 필요한 법적 절차를 취할 수 있다. "갑"이 임대보증금을 보관하고 있다는 사실은 "을"이 임대차물건의 명도를 거절하는 하등의 구실이나 사유가 될 수 없다.

제18조 【계약종료】

이 계약은 다음 각호의 사유가 있는 경우에 종료한다.

1. 이 계약의 임대차기간 또는 그 연장기간이 만료된 경우
2. 이 계약의 각 조항에 의거하여 이 계약이 해지 또는 해제된 경우

제19조 【명도 및 원상복구】

1. 이 계약이 해지 또는 종료된 때에는 "을"은 해지일(종료일) 이내에 임차인 소유물 및 재산을 반출하여야 하며 "갑"에게 열쇠 및 임대인 소유재산을 반환하고 "갑"에게 임대차물건 전부를 명도하여야 한다.
2. "을"이 부설한 설비, 칸막이, 기타 구조상의 변조시설은 "을"의 비용으로 철거하여 이 계약체결당시의 원상으로 복구하여야 한다. "갑"은 "을"의 요청에 따라 "을"의 비용부담으로 동작업을 대행할 수 있다.
3. "을"이 어떠한 사정으로 소유물 및 재산을 반출하지 못하였거나 또는 임대차물건을 원상으로 복수하여 명도하지 못하였을 경우에는 "을"은 이 계약이 종료된 날로부터 기산하여 실제로 명도 또는 복구된 날까지 통상 임대료의 2배에 해당하는 금액을 손해배상액으로서 "갑"에게 지급하여야 한다.

제20조 【강제명도】

1. 이 계약의 종료 후에 "을"일 전조 제1항의 기한 내에 임대차물건을 "갑"에게 명도하지 않은 경우에는 "갑"은 소유의 물건을 적절한 장소로 철거할 수 있다. 이 경우에 발생되는 모든 비용은 "을"의 부담으로 한다.
2. 제3조 제6항의 규정은 제1항의 경우에 준용한다.

제21조 【불가항력】

1. "갑"은 지진, 풍수해, 전쟁, 폭동, 기타 법률상 불가항력 사유나 그밖에 "갑"의 책임으로 돌릴 수 없는 사유로 "을" 또는 제3자가 입은 모든 손해에 대해서는 그 책임을 지지 아니한다.
2. 전항의 불가항력 사유가 있더라도 이 계약에 의하여 이미 발생한 "을"의 금전지급채무는 이행기한의 연장이 허용되지 아니한다.

제22조 【임차인의 한국 부재시 의무】

1. "을" 또는 "을"의 법적 위임자 또는 집행책임자 등이 한국에 부재중임을 이유로 본 임대차 계약기간중 의무이행의 책임을 면할 수 없으며 "을"이 한국에 부재중 계약이 종결될 시에는 "갑"은 임차장소의 점유권을 회복하고 "을"의 재산을 창고나 기타 장소에 "을"의 부담으로 이관하며 모든 체납금을 완전 청산치 못하고 계약이 종결된 후 30일 이내에 "을"로부터 자기 소유재산의 처분 및 취급에 대하여 하등의 요구가 없을 시는 "갑"이 적당하다고 판단되는 방법으로 임의처분할 수 있다.
2. 전항의 처분가액에서 "갑"은 운반, 보관창고료를 포함한 미결체납금을 우선 변제충당할

수 있다.

제23조【계약의 변경】

"갑"과 "을"은 타당하고 부득이한 사유가 있을때에 임대차기간 만료전이라도 상호협의하여 이 계약조건을 수정 변경할 수 있다.

제24조【관리인】

1. "갑"은 임대차물건 및 빌딩의 적절한 관리를 위하여 "갑"의 방계회사 또는 기타의 제3자를 관리인으로 정할 수 있다.
2. 전항의 관리인은 "을"에 대하여 "갑"이 대리인으로서 권리와 의무를 갖는다.
3. 임대차 계약기간 중 임대물건의 소유권, 명칭, 관리인 및 운영권자의 이동이 발생하여도 이 계약에는 영향을 미치지 아니하며 신관리인 및 신운영권자는 이 계약 전조문을 충실히 이행할 의무가 있다.

제25조【관리규정】

"갑" 또는 관리인은 이 계약에 의거 "갑"의 재산보전과 임대차물건의 원활한 관리를 위하여 관리규정 및 세칙을 제정, 시행, 개폐할 수 있으며 이와 같은 관리규정 등은 이 계약서의 일부로 간주된다.

제26조【계약서해석】

1. 이 계약은 한국문이 원본으로 해석의 기준이 되며 계약의 각 조항에 관한 의문, 쟁의 또는 이 계약과 관련하여 발생하는 모든 분쟁은 당사자 간의 협의하에 해결토록 한다.
2. 이 계약은 대한민국 서울에서 발효하며 대한민국법령 및 관례에 따라 해석한다,

제27조【분쟁해결】

본 계약과 관련하여 분쟁이 발생하는 경우 "갑"과 "을"은 상호신뢰를 바탕으로 원만히 해결하기로 하되 합의가 이루어지지 아니하는 경우 대한민국 중재법과 한국중재원의 중재규칙에 따른 한국중재원의 판정에 따른다.

제28조【등 기】

이 계약상의 임대차는 이를 등기하지 아니한다. 이 계약의 내용을 명백히 하기 위하여 이 계약서 2통을 작성하여 이에 기명날인하고 "갑" 및 "을" 각 1통씩 보관한다.

20○○년 ○월 ○일

(갑) 임대인 : 상 호	(을) 임차인 : 상 호
주 소	주 소
대표자	대표자

[서식 111] 건물임대차계약서(일시사용)

건 물 임 대 차 계 약 서

임대인○ ○ ○(이하 "갑"이라 한다)과 임차인◎◎◎(이하 "을"이라 한다)은 아래표시의 부동산(이하 "표시부동산"이라 한다)에 관하여 다음과 같이 합의하여 계약을 체결한다.

〈부동산의 표시〉

소 재 지				
	구 조		면 적	
	용 도			

제1조(목적) 갑은 표시부동산을 임대하고 을은 이를 임차하여 상품홍보용 공간으로 사용한다.

제2조(기간) 임대차 기간은 20○ ○년 ○월 ○일부터 20○ ○년 ○월 ○일로 함

제3조(임차료) 임차료는 금 _____원으로 하고 다음과 같이 지급하기로 한다.

계 약 금	금 원은 계약체결시에 지급하고
잔 금	금 원은 20○ ○년 ○월 ○일에 지급하기로 함

제4조(부동산 명도 등) ① 위 부동산의 명도는 20○ ○년 ○월 ○일로 함.
② 갑이 제1항의 인도기일까지 인도하지 못할 경우에는 금 _____원의 손해를 배상하여야 한다.

제5조(증축 및 전대 등 제한) 표시 부동산의 구조변경 또는 증·개축시, 표시부동산의 전부나 일부를 용도 변경시, 표시부동산의 전부나 일부를 전대, 임차권의 양도하려 할 때에는 갑의 동의를 얻어야 한다.

제6조(제세공과금) 제세공과금 등은 임차기간 동안 갑이 일체 부담하기로 한다.

제7조(계약의 해제 및 해지) ① 을의 잔금 지급 전까지 갑은 계약금의 배액을 상환하고, 을은 계약금을 포기하고 이 계약을 해제할 수 있다.
② 갑은 다음과 같은 경우에 최고 없이 계약을 해지할 수 있다.
1. 을이 제5조에 위반한 경우
2. 표시부동산을 심하게 파손하고 갑의 요구에도 원상회복하지 않는 경우
3. 기타 공동생활의 질서를 문란하게 하는 행위가 있을 경우

제8조(원상회복) ① 을은 임대기간 중 그의 귀책사유에 의한 표시부동산의 파손·오손 또는

무단 변경하였을 때에는 원상회복 후 갑에게 명도 하여야 한다.
② 표시부동산의 일부 또는 전부가 을의 부주의로 인하여 화재 기타 원인으로 멸실 되었을 때에는 시가 상당액의 손해를 배상하여야 한다.

이 계약을 증명하기 위하여 계약서 2통을 작성하여 갑과 을이 서명·날인한 후 각각 1통씩 보관한다.

20○○년 ○월 ○일

임대인	주 소					
	성 명	인	주민등록번호	–	전화번호	
임차인	주 소					
	성 명	인	주민등록번호	–	전화번호	
입회인	주 소					
	성 명	인	주민등록번호	–	전화번호	

[서식 112] 계 약 서

단기시설물사용 임대차계약서

임대인과 임차인은 아래 부동산에 대한 "단기시설물사용"에 관한 임대차계약을 아래와 같이 체결한다.

제1조 단기시설물사용 부동산의 표시

소재지		건물명 / 사용시설호실	/

제2조 계약조건

예치금	금 정(₩)	월사용료	금 정(₩)

<table>
<tr><td colspan="7">예치금은 퇴실시 사용한 공과금, 퇴실비등을 정산하기 위한 보증금이므로 월사용료로 대체할 수 없습니다.</td></tr>
<tr><td>관리비</td><td colspan="2">매월 만원(선불)</td><td colspan="4">관리비 내역 : 공동수도 및 전기료, 공용부 청소, 정화조 등 기타 관리비용</td></tr>
<tr><td>퇴실비</td><td colspan="2">퇴실 시 만원 (퇴실 시 청소)</td><td>유선방송비</td><td>만원</td><td>인터넷비용</td><td>만원</td></tr>
<tr><td>공과금</td><td colspan="4">사용실의 전기, 가스, 수도요금은 임차인이 부담하며, 사용량에 따라 매월 청구</td><td>수도요금</td><td>만원</td></tr>
<tr><td>사용기간</td><td colspan="6">201 년 월 일 ~ 201 년 월 일 (계약기간전 퇴실시 중개수수료 임차인부담)</td></tr>
<tr><td>월납입일</td><td colspan="6">매월 일 (입주 후 1개월부터 선불로 입금하셔야 하며, 연체시 소송촉진 등에 관한 특례법규정을 준용한다.)</td></tr>
<tr><td>입금계좌</td><td>은행</td><td>계좌번호</td><td colspan="2"></td><td>예 금 주</td><td></td></tr>
</table>

제 3 조 대금지불방식

계 약 금	금 원정(₩) 201 년 월 일 지불(영수)함
잔 금	금 원정(₩) 201 년 월 일 지불(영수)함

제 4 조 특약사항

1. [단기계약] 본 계약은 일시사용을 위한 임대차 계약으로써 주택임대차보호법 제4조가 적용되지 않는다. (설명 듣고 확인함) ← 자필로 덧글씨 작성 바랍니다.
2. [용도변경 및 전대 등] 임차인은 임대인의 동의 없이는 위 부동산의 용도나 구조 등을 변경하거나 전대, 임차권 양도 또는 담보제공을 하지 못하고 임대차 목적 이외의 용도에 사용할 수 없다. 임차인은 해당 임차목적물을 주거용 이외의 목적(주거와 상업 겸용포함)으로 사용하지 아니한다. 만일 임차인이 주거용 이외의 목적으로 임차목적물의 일부를 사용하는 경우, 임대인은 임대차계약을 해제할 수 있다
3. [계약의 해지] 임차인이 2기 이상의 월사용료지급을 연체하거나 2항을 위반했을 때는 임대인은 본계약을 해지할 수 있다.
4. [계약의 종료] ① 임대차 계약이 종료된 경우 임차인은 위 부동산을 원상으로 회복하여 임대인에게 반환한다.
   ② 제①의 경우, 임대인은 보증금을 임차인에게 반환하고 연체된 월사용료 또는 손해배상 금액이 있을 때는 이들을 제하고 그 잔액을 반환한다.
5. [계약의 해제] 임차인이 임대인에게 계약당시 계약금 또는 보증금 명목으로 금전이나 물건을 교부한 때에는 다른 약정이 없는 한 중도금(중도금이 없을 때는 잔금)을 지불할 때까지는 임대인은 계약금의 배액을 상환하고 임차인은 계약금을 포기하고 이 계약을 해제할 수 있다.
6. [채무불이행과 손해배상] ① 임대인 또는 임차인에게 본 계약상의 채무불이행이 있었을

경우에는 그 상대방은 불이행을 한 자에 대하여 서면으로 이행을 최고하고 계약을 해제할 수 있다.

② 제①에 의해 계약이 해제된 경우 별도의 약정이 없는 한, 임차인이 위약한 경우에는 계약금을 몰수당하고 임대인이 위약한 경우에는 계약금의 배액을 배상하기로 약정한다.

7. [예치금, 의무사용] 최초 한 달은 의무사용이며 미사용시 한달치 월사용료는 돌려받을 수 없다. 또한 예치금을 월사용료로 절대로 대체 할 수 없다.
8. [원상회복] 임차인은 비품 및 시설물 훼손 시 원상회복하여야 하며, 그 손해액을 배상하여야 한다.
9. [퇴실통보] 계약기간의 명시에도 불구하고 임차인은 계약만료 7일전에 퇴실일을 임대인 또는 관리인에게 통보하여야 한다. 만일, 퇴실일의 통보없이 퇴실할 때는 7일간의 임대료를 임차인이 부담한다.
10. [계약기간 연장] 월사용료를 납입하므로써 자동연장된다. 단, 임대인의 부득이한 사정이나 월사용료 연체 등으로 인하여 연장되지 않을 수 있다. (1개월 전 통고)
11. [연체 위약금] 월사용료 납입일 경과 시 지연된 시간만큼 다음 달 월사용료에 추가 지급하여야 하며, 퇴실 시 퇴실 정산금에서 공제하여 위약금을 지불한다.
(3~7일 만, 8~14일 만, 15~22일 만, 23~31일 만원) - (설명 듣고 확인함) ← 자필
12. [연체시 조치] 월사용료를 입금일 기준 10일 이상 연체시 단전, 15일 이상 연체시 공동현관 및 호실의 비밀번호를 변경 할 수 있다. (설명 듣고 확인함) ← 자필
13. [금지행위] 건물 내에서의 도박, 소란 등의 사유로 주위에 피해를 주는 행위 (고성방가, 동물사육, 각종 질환 등)시 임대인은 임의로 계약을 해지할 수 있다.
14. [입주체크, 퇴실체크] 임차인은 입주시 입주체크에 협조하여야 하며, 퇴실 시 퇴실체크를 통해 입주 시 상태와 다를 경우 변상조치한다.
15. [퇴실청소비] 퇴실비청소비는 계약조건에 명시된 금액을 임차인이 퇴실시 부담한다.
16. [기간내 퇴실] 계약기간 내에 임차인의 사정에 의해 퇴실 시 임차인은 중개수수료와 위약금을 부담하기로 한다.
17. [세금계산서] 주택임대사업자는 면세사업자로 세금계산서 발행이 불가합니다.
18. [손해배상금] 기타문제로 계약기간연장이 안될 경우 미퇴실시 임차인은 그로인한 지연손해배상금 월사용료에 2배에 달하는 금액을 부담한다. (설명 듣고 확인함) ← 자필
19. [입주 후 수선] 입주 후 1개월 경과 시점부터 호실 내의 모든 소모품의 교체 및 수선은 임차인이 하여, 관리회사에서 진행 할 경우 출장비 및 소모품의 비용이 월사용료 지급시 함께 지급해야한다(출장비 15.000원, 소모품은 개별 단가 상이) (설명 듣고 확인함) ← 자필
20. [애완동물사육 및 반입] 애완동물 사육은 일체 불가하며, 적발 시 소독비 및 수선비용으로 퇴실정산금에서 ( )만원 공제하며 애완동물 사육으로 인한 타 호실의 민원, 퇴실 등 발생한 손해배상을 한다. 또한 적발 후 1주일 이내 퇴실을 한다.
21. [개인정보열람] 월사용료 연체, 마이너스 정산 후 퇴실을 하였을 경우 채권추심 및 중재, 소송을 위해 개인정보 열람에 동의한다. (인)
22. [호실내 시설] 호실내 시설 문제시 협조 비협조시 퇴실조치한다.
23. [물품의처분권한] 월사용료 체납으로 인한 강제퇴실의 경우 임대인 및 관리회사는 임차인의 물품보관의무가 없으며, 임차인이 임대료 완납 및 물품회수에 성실하게 임하지

아니하는 경우 임대인은 이를 물품소유권에 대한 포기로 간주하고 물품을 임의로 처분하여 체납된 월사용료에 충당할 수 있고, 임차인은 이에 대한 일체의 민,형사상 책임을 묻지 않기로 약정하고 물품처분권한을 임대인과 관리회사에게 다음과 같이 위임한다.
<위임자(임차인) 주민번호 : - 성명 : >

임차인은 중개인으로부터 위 모든 사항을 정확하고 상세하게 설명 받았으며, 아래 서명날인함으로써 모든 사항을 인지하고 인정한 상태를 인정하여 계약위반시 모든 책임은 임차인에게 있음을 확인한다.

20○○년 ○월 ○일

(첨부서류 : 계약자 및 동거인 주민등록증 사본, 개인신용정보활용동의서)

임대인	성명	(인)	주민등록번호		
	주소			전화번호	
임차인	성명	(인)	주민등록번호		
	주소			전화번호	
공인중개사	소재지				
	상호		허가번호		
	대표		전화번호		

[서식 113] 임대차계약서(선박)

선박 임대차계약서

"갑"과 "을"은 다음과 같이 선박임대차계약을 체결한다.

1. 선박의 표시와 기타
   가. 선박의 종류 및 명칭 : 나. 선 질 :
   다. 총톤수 : 라. 순톤수 :
   마. 기관의 종류 및 수 : 바. 추진기의 종류 및 수 :

사. 진수년월일 : 년 월 일 아. 선적항 :

2. 임대보증금 및 지급방법

임대보증금	원정(₩)		지급장소	
계약금	금 원정	영수함 ㊞		
중도금	금 원정은 . . .	까지 지급	. . . 영수함 ㊞	
잔 금	금 원정은 . . .	까지 지급	. . . 영수함 ㊞	

3. "갑"은 임대보증금 전액을 영수함과 동시에 "을"에게 이 선박을 인도한다.
4. "을"은 개월 임대료 원을 매년 개월경과 후 "갑"에게 지급한다.
5. 임대차기간은 년 월 일부터 년 월 일까지로 하고 이 기간 내라도 어느 일방이 계약을 해지하고자 할 때에는 그 1개월 전에 상대방에게 해지 통보를 하여야 한다.
6. "을"은 "갑"의 승낙 없이 위 선박을 제3자에게 전대 또는 구조를 변경할 수 없다.
7. "을"이 선박을 임대보증금에 대한 강제집행, 채권양도가 있을 때에는 "갑"의 별도의 해지통지 없이 이 계약이 해지된다.
8. "갑"은 위 선박의 인도와 동시에 "을"에게 반환할 임대보증금중 연체임대료, 체납공과금과 목적물 손괴로 인한 손해금을 공제한다.
9. "갑"이 위약한 때에는 위약금으로 계약금의 배액을 "을"에게 배상하고 "을"이 위약한 때에는 계약금을 위약금으로 보고 그 반환 청구권이 상실된다. 계약착수 후에도 또한 같다.

특 약 사 항	

이 계약의 성립을 증명하기 위하여 이 계약서 2통을 작성하고 계약당사자가 이의 없음을 확인하고 각각 기명(또는 서명) 날인하다.

20○○년 ○월 ○일

당사자 표시

임대인	㊞	주민등록번호		주 소	
임차인	㊞	주민등록번호		주 소	

[서식 114] 임대차계약서(구내점포)

구내점포 임대차계약서

○○전기주식회사(이하 "갑"이라 한다)와 ○○○(이하 "을"이라 한다)간에 다음과 같이 구내점포 임대차계약을 체결한다.

제1조 "갑"은 "을"이 소유하는 하기 물건에 대하여 "을"이 자기를 위하여 물품판매의 영업을 경영할 목적으로 사용 수익하는 것을 승인한다. 단, 주거로 사용하여서는 아니 된다.

제2조 물건의 표시 ○○도 ○○시 ○○구 ○○동 ○○ 토지 ○○○㎡ 건물 ○○○㎡

제3조 "을"이 전조에 규정한 물건에서 영업하는 종목 및 판매품목은 다음 사항에 한하며 이를 증감 또는 변경할 때는 미리 서면으로 "갑"의 승인을 받아야 한다.
1. 경영종목 2. 판매품목

제4조 본 계약의 유효기간은 계약체결일로부터 1년간으로 한다. 단 기간만료 3개월 전에 "갑" 또는 "을"이 상대방에게 본 계약의 해약 또는 갱신거절 또는 조건이나 내용 등의 변경에 관하여는 문서에 의한 의사표시가 없는 한 본 계약과 동일내용·동일조건으로 다시 1년간 계약을 계속하는 것으로 한다. 이후 기간만료시마다 동일하다.

제5조 영업료는 월 금 ○○○원으로 하고 매월 25일까지 그 다음달분을 "갑"의 본사에 지참하여 지급한다.

제6조 전조에 규정하는 영업료는 본 계약 존속기간 중에도 물가 조세공과 또는 지대나 영업장소의 입지조건 기타 경제정세가 변화했을 경우, "을"의 영업성적의 향상 등에 의하여 "갑"이 영업료의 증액이 필요하다고 인정했을 경우에 "을"은 "갑"의 요구에 따라 이의 없이 승낙하여야 한다.

제7조 "을"은 제3조에 규정한 판매품의 가격을 시중 일반의 가격을 표준으로 하여 이를 정하고 문서에 의하여 "갑"의 승인을 받아야 한다. 전항에 규정한 판매품의 가격을 변경할 경우도 동일하다.

제8조 "을"은 영업을 함에 있어 "갑"의 명예 및 신용을 훼손하는 행위를 하여서는 아니 된다. "을" 또는 "을"의 사용인이 고의·과실 또는 해태 등으로 인하여 제3자에게 손해를 주었을 경우 "을"의 책임하에 즉시 이를 적법하고 유감이 없도록 처리하지 않으면 아니 된다.

제9조 "을" 또는 "을"의 사용인이 고의·과실 또는 해태 등으로 "갑"에게 손해를 끼쳤을 때는 "을"은 "갑"에게 그 손해를 배상하여야 한다.

제10조 여하한 경우에 있어서도 제3자에 대하여 본 계약상의 권리를 양도, 전대, 매매를 하여서는 아니 된다.

제11조 "을"은 매점·점포 등의 건물 또는 부속설비의 증·개축·변경 또는 위치이전을 할 경우 미리 문서로 "갑"의 승인을 받아야 한다. 전항의 증·개축, 변경 또는 위치이전은 "을"의 부담으로 하고 공사완료와 동시에 건물 및 부속설비는 모두 "갑"의 소유로 한다.

제12조 매점 또는 점포 등의 건물 이에 부속하는 설비에 필요한 수선에 관하여도 전조와 동일하다.

제13조 "갑"의 사정으로 인하여 매점·점포 등의 건물 또는 설비의 위치이전 및 개수를 명할 수 있다. 이 경우 "을"은 즉시 이의 없이 "갑"의 명령을 승낙하고 이에 요한 비용의 일부를 부담하여야 한다.

제14조 "을"은 폐업 또는 휴업을 한 경우 미리 문서로 "갑"의 승인을 받아야 한다.

제15조 "갑"은 사정에 따라 "을"에게 영업의 정지 또는 휴지를 명할 수 있다. "을"은 전항에 규정한 명령을 받은 즉시 영업을 정지 또는 휴지하고 사후의 조치에 관하여 "갑"의 지휘·감독에 복종하여야 한다.

제16조 "을"은 "갑"이 승인하는 ○○○에 거주하는 연대보증인을 세우지 않으면 아니된다. 전항에 규정하는 연대보증인은 모두 "을"과 함께 연대책임이 있으며 본 계약상의 채무자의 채무를 보증하고 "을"과 연대하여 채무를 이행하지 않으면 아니 된다.

제17조 "을"은 영업 중 다음의 사항을 엄수하지 않으면 아니 된다.

1. "을"은 소정의 장소를 청소하고 복장·판매품 및 용기는 항상 청결을 유지하고 또 인기에 주의하여 건물구조 및 설비의 관계에 따라 소화기를 설치하지 않으면 아니 된다.
2. "을" 또는 "을"의 사용인은 승강객에 대하여 비평의 언동은 물론 역구내에서 고성방가·소란 등의 행위 및 운수상 지장을 초래할 행위를 하여서는 아니 된다.

제18조 "갑"은 다음의 경우에는 "을"에 대한 일방적 의사표시로서 본 계약을 해제하고 본 물건의 인도를 요구할 수 있다. 전항에 규정한 "갑"의 요구에 의하여 "을"은 즉시 본 물건을 본 계약체결 시의 원상으로 회복하고 이를 "갑"에게 인도하여야 한다. 단, 원상회복 및 인도는 모두 "을"의 부담으로 이를 행하고, 하등의 명목 이유의 여하는 불문하고 이전 또는 배상금 등에 관한 일체의 비용을 청구할 수 없다.

1. 제15조에 규정하는 "갑"의 영업정지명령에 의한 경우.
2. 천재사변·법령 또는 기타 불가항력의 사유로 인하여 본 계약이 이행불능으로 인정되는 사태가 발생했을 경우나 영업불능으로 되었을 경우
3. 본 계약에 위배하는 행위를 했을 경우
4. 영업료를 3개월 이상 체납했을 경우

제19조 "갑"이 "을"에게 "갑"의 전기·수도의 사용을 인정했을 경우 "갑"은 그 요금에 관하여 따로 이를 징수한다. 상기 계약을 증명하기 위하여 본 증서 2통을 작성하고 각자 1통을 보유한다.

20○○년 ○월 ○일

갑	㊞	사 업 자 등록번호		주 소	
				전화번호	
을	㊞	주민등록번호		주 소	
				전화번호	

[서식 115] 임대차계약서(점포)

점포 임대차계약서

귀하 소유인 하기 물건에 관하여 이하 조항에 의하여 임차하고 해당 조항을 준수 이행할 것을 확약합니다.

[물건의 표시]

○○시 ○○구 ○○동 ○○

－ 계 약 조 항 －

제1조 임대차기간은 20○○년 ○월 ○일부터 20○○년 ○월 ○일까지 만 ○년 ○월간

제2조 권리금 ○○○원. 단, 무이자로서 대주의 동의가 있으면 양도할 수 있다.

제3조 월 임료 금 ○○○원. 단, 매월 말일까지 1개월분을 귀하에게 지참 지급한다.

제4조 임차점포의 사용목적은 ○○○점포로 사용한다.

제5조 임차물건을 선량한 관리자의 주의의무로서 물건의 성질에 따라 정해진 용법으로 사용 및 보관한다.

제6조 임차인은 임대인의 승낙이 없으면 아래 행위를 하지 아니한다.

1. 임차물건의 일부 또는 전부에 관하여 양도·전대, 기타 명목의 여하를 불문하고 제3자에게 사용 및 동거시키는 행위 단, 대주의 동의를 얻으면 임차권의 양도할 수 있다.
2. 물건의 변경 및 사용목적의 변경
3. 폭발성을 가진 물품 또는 화재를 일으키기 쉬운 것 및 심하게 취기를 발생하는

것은 수용 취급
4. 기타 인근에 폐해를 야기하는 행위.

제7조 계약기간 내에 해약했을 때 또는 해약된 경우에는 권리금에서 ○%, 기한만료에 의한 해약의 경우는 ○%를 각 공제하여 반환받을 것을 승인한다.

제8조 가족·고용인 등의 고의 또는 과실에 의해 임차물건 및 타의 물건이 현저히 훼손·멸실되었을 경우에는 이로 인한 손해를 배상한다.

제9조 천재 기타 불가항력의 재해에 의하여 본 계약물건이 멸실한 경우는 본 계약은 소멸하고 또한 권리금반환의 청구권을 포기한다.

제10조 전기·가스·수도·위생비는 점포명도일 기준으로 각각 임대인과 임차인이 부담한다.

제11조 임차인이 임료의 지급을 2회분 이상 연체했을 때 및 본 계약에 위배했을 때는 본 계약을 해제하여도 이의 없음은 물론 즉시 물건을 인도한다.

제12조 해약 또는 기간만료의 경우는 공작물을 원형으로 회복하고 또 이의 매입, 퇴거료, 기타 명목의 여하를 불문하고 귀하에게 재산상의 청구를 하지 아니한다. 또 임료는 일수 ○의 계산으로 지급한다.

제13조 본 계약기간 중 귀하로부터 별단으로 갱신하지 않은 취지의 통지를 받지 않아도 본 계약은 경신되지 아니한다.

제14조 보증인은 임차인이 부담해야할 일체의 채무를 연대하여 그 책임을 진다.

제15조 본 계약에 특별히 정함이 없는 것은 모두 민법의 규정에 따르며 귀하와 소송사건 등이 일어났을 경우에는 ○○지방법원으로 할 것에 동의한다.

제16조 본 임대차물건을 대주의 의사에 따라 빌딩으로 다시 세울 경우에는 임차인에게 동평수 정도를 우선적으로 임차함에 이의가 없다.

위 계약을 증명하기 위해 이를 2부 작성하여 각자 서명 날인한 후 각 1부씩 보관한다.

20○○년 ○월 ○일

<table>
<tr><td rowspan="2">임대인</td><td rowspan="2">㊞</td><td rowspan="2">주민등록번호</td><td rowspan="2"></td><td>주 소</td><td></td></tr>
<tr><td>전화번호</td><td></td></tr>
<tr><td rowspan="2">임차인</td><td rowspan="2">㊞</td><td rowspan="2">주민등록번호</td><td rowspan="2"></td><td>주 소</td><td></td></tr>
<tr><td>전화번호</td><td></td></tr>
</table>

[서식 116] 임대차계약서(콤바인)

콤바인 임대차계약서

콤바인 소유자 ○○○○조합(이하 "갑"이라 칭한다)과 콤바인 대여인 ○○○(이하 "을"이라 칭한다)는 상호간에 다음과 같이 콤바인 임대차계약을 체결한다.

제1조【목 적】 본 계약은 "갑"이 보유한 콤바인을 농업인인 "을"에게 대여하고 이와 관련된 대여료의 지급 및 기계의 사용에 대한 권리의무 사항을 규율함을 목적으로 한다.

제2조【대여 콤바인】

1. 종 류 : 보통형 콤바인 / CT-2100A
2. 제 조 사 : (주)○○○○
3. 제조번호 : ○○○○-○○○○

제3조【사용료】 대여료는 총액 금 ○○○원(₩○○○)으로 하며 본 계약체결과 동시에 "갑"에게 전액 현금으로 지급하여야 한다.

제4조【사용목적】

1. "을"은 대여 콤바인을 "을"의 논, 밭 등의 농지에 대한 벼, 콩, 보리 등의 농작물의 수확, 탈곡 및 선별을 위한 용도로만 사용하여야 한다.
2. "을" 이외의 제3자에 대한 대여 및 양도는 할 수 없으며 이에 위반 시 해당 사용료를 별도로 지불하여야 한다.

제5조【인 도】

1. 본 계약체결과 동시에 "을"은 콤바인을 인도받아 "을"의 작업장 또는 기타의 보관장소로 인수한다.
2. "을"의 인도와 동시에 콤바인에 대하여 발생되는 위험부담은 "을"이 전적으로 부담한다.

제6조【검 수】

1. "을"은 콤바인의 인도와 동시에 간단한 성능검사를 실시하며 성능이 불만족한 경우 다른 콤바인으로의 대체를 요구할 수 있다.
2. 검수 시에는 이상이 없었으나 실제 사용 시에 해당 성능이 제대로 발휘되지 아니하는 하자가 있을 경우 "을"은 즉시 "갑"에게 이를 통지하고 "갑"이 사실 확인을 하도록 하여 새로운 기계로의 대체를 할 수 있도록 한다.

제7조【작 업】

"을"은 대여 콤바인을 작물의 종류 및 상태, 포장조건이 양호한 경우에는 고속으로 작업하여도 무방하나, 도복이 심하거나 포장이 경사진 곳에서 작업할 경우에는 저속으로 작업하도록 하여 콤바인의 성능저하를 방지한다.

제8조【반 환】

1. "을"은 계약의 종료 후 반환 시 콤바인에 대한 통상의 정리정돈 및 청소를 실시하여 최초 대여당시의 상태를 유지하도록 한다.
2. "갑"은 "을"이 반환함과 동시에 콤바인에 대한 검수여부를 실시하여 하자 발견시 이에 대한 보상을 요구한다.

제9조【계약기간】

1. 본 계약은 20○○년 ○월 ○일부터 20○○년 ○월 ○일까지로 하며 "을"이 기상조건의 악화 등으로 인하여 대여 기간을 초과하여 사용을 희망할 경우 "을"은 반납일 24시간 이전에 이를 "갑"에게 통지한다.
2. 제1항의 통지로 인하여 연장 사용하는 기간은 새롭게 해당 기간 동안 사용료를 기계반환과 동시에 "갑"에게 지불하여야 한다.

제10조【해 지】

1. "을"의 귀책사유가 아닌 이유로 대여 콤바인의 사용에 있어서 동일한 하자가 3회 이상 반복되거나 기타 본 계약상의 용도로의 이용이 불가능한 상태일 때 "을"은 계약을 해지하고 콤바인을 "갑"에게 반환할 수 있다.
2. 제1항의 경우 "갑"은 "을"이 사용한 기간만큼의 비용을 공제한 잔액을 반환하여야 한다.

제11조【기타사항】

1. 계약의 당사자는 본 계약의 내용을 신의성실에 의거하여 준수하여야 한다.
2. 계약기간 중 계약의 변경은 당사자의 서면 합의에 의해서만 변경될 수 있으며 서명날인된 문서를 본 계약서의 말미에 첨부한다.
3. 본 계약서에서 명시되지 않은 부분에 대하여는 관련 법규 및 상관습에 따르기로 한다.

제12조【분쟁해결】

1. 본 계약과 관련하여 양 당사자 간의 분쟁이 발생한 경우, 원칙적으로 "갑"과 "을" 상호간의 합의에 의해 해결한다.
2. 제1항에도 불구하고 분쟁이 해결되지 않을 경우 "갑"의 주소지 관할 지방법원을 그 관할로 하여 재판함으로써 해결한다.

제13조【특약사항】 상기 계약일반사항 이외에 "갑"과 "을"은 아래 내용을 특약사항으로 정하며, 특약사항이 본문과 상충되는 경우에는 특약사항이 우선하여 적용된다.

위와 같이 본 계약이 유효하게 성립하였음을 각 당사자는 증명하면서 본 계약서 2통을 작성하여 각각 서명(또는 기명) 날인한 후 "갑"과 "을"이 각각 1통씩을 보관한다.

20○○년 ○월 ○일

갑	㊞	주민등록번호		주　　소	
				전화번호	
을	㊞	주민등록번호		주　　소	
				전화번호	

[서식 117] 임대차계약서(동산)

동산 임대차계약서

임대인과 임차인 사이에 다음과 같이 동산임대차계약을 체결한다.

제1조 임대인은 그 소유인 하기 표시의 동산을 임차인에게 임대하고 사용 및 수익토록 약정하고 임차인은 이것을 임차하여 그 임료를 지급할 것을 약정한다.
기형 제작기계　○대
기형 발동기　　○대

제2조 임료는 월 금 ○○○원으로 하고 임차인은 매월 말일까지 당해 월분을 임대인의 주소에 지참하여 지급하여야 한다.

제3조 임차인이 임료의 지급을 2개월 이상 태만히 할 때는 임대인은 즉시 본 계약을 해제하여 임대물의 반환을 청구할 수 있다.

제4조 임차인은 임차물을 그 성질 및 용법에 따라서 사용 수익하는 외의 목적에 사용 수익할 수 없다.

제5조 임차인은 임차권을 양도 또는 임차물을 제3자에게 전대할 수 없다.

제6조 본 임대차의 존속기간은 계약일로부터 ○년간으로 한다.

제7조 임차인이 그의 책임으로 돌아갈 사유로 인하여 임차물을 멸실 또는 훼손하였을 때는 그 손해를 배상하여야 한다.

제8조 임차인은 임대차가 종료했을 때 즉시 임차물을 임대인에게 반환하여야 한다.

상기 계약을 증명하기 위하여 본 증서 2통을 작성하여 각자 기명(또는 서명) 날인한 후 각 1통씩 보관한다.

20○○년 ○월 ○일

임대인	㊞	주민등록번호		주 소	
				전화번호	
임차인	㊞	주민등록번호		주 소	
				전화번호	

[서식 118] 임대차계약서(중장비)

중장비임대차계약서

다음 장비의 임대차에 관하여 임차인 ○○○건설 주식회사를 "갑"이라 칭하고 임대인 ○○산업(주)를 "을"이라 칭하여 다음과 같이 장비임대차계약을 체결한다.

1. 장비의 표시 및 임대표

장 비 명	규 격	대 수	임 대 료	비 고

2. 사용기간 : 20○○년 ○월 ○일부터 20○○년 ○월 ○일(○개월)
3. 사용장소 :
4. 기준시간 : 일일 가동시간은 ○시간으로 하고 월 가동시간 ○시간(월 ○일)
5. 임대료 지불 : "갑"은 계약당일 계약금조로 금 ○○○원을 "을"에게 지불한다. "갑"은 작업비를 ○일마다 지불한다.
6. 운반비 : 장비운반비는 "갑"이 왕복 부담한다. 단, ○개월 이상 사용시는 "을"이 철수운반비를 부담한다.
7. 경비 : 중기가동에 소요되는 유류는 "갑"이 부담한다.
8. 임대료공제 : 천재지변과 중기고장일이 연 3일 이상은 임대료에서 공제하거나 무상 연장한다.
9. 보상책임 : 사용기간 중 천재지변을 제외한 제반사고 및 운전원의 부주의한 취급에 따른

손상에 대하여 "을"은 민·형사상 책임 및 손해배상의 책임을 진다.

10. 계약갱신 : 계약기간의 연장을 원할 때 "갑"은 계약기간 만료 2일 전까지 장비임대기간 갱신신청을 합의하에 재계약을 체결하여야 하며 재계약서를 작성하지 않고 연장하였을 시는 본 계약서로서 대체한다.
11. 계약의 해지 : "갑"이 계약을 불이행하거나 "을"이 장비를 필요로 할 때에는 2일전에 "갑"에게 통보 후 장비를 철수할 수 있다.
12. 수리비 : 수리비는 금 ○○○원까지는 "갑"이 부담한다.
13. 기타 명시되지 않은 사항에 대하여서는 일반 상관례에 따라 "갑", "을" 합의하에 결정키로 한다.

본 계약을 준수하기 위하여 계약서 2통을 작성하여 각자 기명(또는 서명) 날인한 후 각각 1통씩 보관한다.

20○○년 ○월 ○일

갑	㉞	사 업 자 등록번호		사 무 소	
				전화번호	
을	㉞	사 업 자 등록번호		사 무 소	
				전화번호	

[서식 119] 임대차계약서(중기)

중기 임대차계약서

갑 :
을 :

상기 당사자 간에 중기를 임대계약함에 있어 본사 중기부를 "갑", 중기 사용자를 "을"로 하여 아래 조항과 같이 계약을 체결한다.

제1조 중 기 명 : 규 격 : 등록번호 :

제2조 작업장소 : 작업내용 :

제3조 작업기간 : 자 20○○년 ○월 ○일 지 20○○년 ○월 ○일(○○일간)

제4조 사 용 료
1. 사용료는 (○당) 금 ○○○원으로 한다.
2. 사용료 계산은 일당 기준 가동시간을 10시간, 월당기준 일수는 25일(250 시간)을 기준으로 하여 이를 초과 시는 시간당 ○○○원을 사용료에 가산한다.
3. 사용료 계산은 "을"이 장비를 설치하여 가동되는 시간부터 사용료를 계산한다.

제5조 【수송비】 중기수송비는 설치 철수 공히 "갑", "을" 편도 부담한다(작업기간 2개월 미만시는 "을"이 왕복부담). 단, 중기고장시 수리를 요하는 운반비는 "갑"이 경비를 부담한다.

제6조 【경비부담】 대여기간 중 "을"은 다음 경비를 부담한다.
1. 정, 부 운전원의 숙식비 및 잡비(단, 잡비는 1일 1,000)원으로 한다.
2. 유류비(연료 및 윤활유)
3. 정기정비용 부속 및 소모성 부속품(에레멘트, 삽납류, 베아링 등)
4. 수리비 1건당 50,000원 이하의 수리비(단, 특수장비는 제외)
5. 수리비 1건당 50,000원 이상의 수리는 "갑"의 지시에 의하여 수리하여야 한다.

제7조 사용기간 중 제반 안전사고는 "을"이 책임을 진다.

제8조 중기고장으로 인하여 5일 이상 가동치 못하였을 시는 연장 작업하여 준다.

제9조 중기사용은 목적 이외는 절대 사용하지 못하며 "을"은 "갑"의 운전원이 작성 보고하는 중기가동일보에 확인 날인하여야 한다.

제10조 기타 명시되지 않은 사항은 일반 관례에 따라 "갑", "을" 합의하에 결정한다.
- 현장사정으로 인하여 장비가 대기하였을시 "을"은 "갑"에게 사용료를 지불해야 한다.
- 지불방법 :

본 계약체결을 증명하기 위하여 본 증서 2통을 작성하여 '갑'과 '을'이 각 1통씩 보관한다.

20○○년 ○월 ○일

갑	㊞	주민등록번호		주 소	
				전화번호	
을	㊞	주민등록번호		주 소	
				전화번호	

[서식 120] 임대차표준계약서(건설기계)

건설기계 임대차표준계약서

1. 목적물의 표시
   가. 건설기계

건설기계명	등록번호	형 식	보험(공제) 가입현황	정기검사 여 부	비 고

   나. 현 장

현 장 명	현장 소재지	발주자(원수급자)	건설업자	비 고

2. 사용기간 : 20○○년 ○월 ○일부터 20○○년 ○월 ○일까지
3. 사용금액 : 당 금 ○○○원 (부가가치세별도)
4. 지급시기(제6조 제2항이 적용되지 않는 경우 적용)
   - 대여기간이 1개월 초과하는 경우에는 매월 종료하는 날부터 ○일 이내
   - 대여기간이 1개월 이하인 경우에는 그 기간이 종료하는 날부터 ○일 이내

   건설기계임대인과 건설기계임차인은 합의에 따라 붙임서류에 의하여 계약을 체결하고, 신의에 따라 성실히 계약상의 의무를 이행할 것을 확약하며, 이 계약의 증거로 계약서를 2통 작성하여 기명(또는 서명) 날인한 후 각각 1통씩 보관한다.

붙임서류 : 1. 건설기계임대차 표준계약 일반조건 1부
2. 건설기계임대차계약 특수조건 1부(필요시)

20○○년 ○월 ○일

임대인	㉞	주민등록번호		주 소	
				전화번호	
임차인	㉞	주민등록번호		주 소	
				전화번호	

건설기계임대차 표준계약 일반조건

제 1 조 (총　칙) 건설기계임대인(이하 "갑"이라 한다)과 건설기계임차인(이하 "을"이라 한다)은 대등한 입장에서 서로 협력하여 신의에 따라 성실히 계약을 이행한다.

제 2 조 (사용기간) 사용기간은 계약서에 명시된 일자로 한다. 다만, 사용기간을 연장하고자 하는 경우에는 "갑"과 "을"이 협의하여 연장할 수 있다.

제 3 조 (건설기계의 가동시간) ① 건설기계의 가동시간은 1일 8시간, 월 200시간을 기준으로 한다.
② "갑"의 귀책사유로 인해 제1항의 기준시간에 미달한 경우에는 연장작업을 제공하거나 대여대금에서 이를 공제하고, "을"의 귀책사유로 인해 제1항의 기준시간에 미달하는 경우에는 기준시간을 가동한 것으로 간주한다.
③ 야간작업과 기준시간 초과 작업에 의한 시간당 대여대금은 주간작업에 의한 시간당 대여대금에 관련법령이 정한 시간당 건설기계 손료 및 건설기계조종사(조수 포함, 이하 같다) 임금을 다음의 산식에 적용하여 산출된 율을 곱하여 산정한 금액으로 하되, 별도 정산 처리한다. 다만, 야간작업시간에 대한 건설기계조종사의 인건비는 근로기준법 제56조 규정에 따른다.

$$\text{조정율} = \frac{(\text{시간당기계손료} \times 8) + (\text{건설기계조종사임금} \times 1.5)}{(\text{시간당기계손료} \times 8) + (\text{건설기계조종사임금} \times 1.0)}$$

- 건설기계의 시간당 손료 : 실적공사비 및 표준품셈 관리규정(국토해양부 훈령)에 따라 산출
- 건설기계 조종사 임금 : 통계법 제17조에 따라 대한건설협회가 발표

④ 작업시간은 "갑"과 "을"이 서로 확인한 작업일보에 의한다.

제 4 조 (대여대금 등) ① 대여대금은 계약서에 명시된 금액으로 한다.
② 제1항의 규정에 의한 대여대금에는 건설기계조종사의 급여액, 기계손료(상각비, 정비비 및 관리비)가 포함된 금액으로 한다.
③ 분해·조립비는 원칙적으로 "을"이 부담하되, 그 금액은 "갑"과 "을"이 합의하여 정한다. 다만, 제9조제2항, 제10조제2항에 규정된 갑의 책임있는 사유로 건설기계를 대체하거나 계약을 해지하는 경우에는 "갑"이 분해·조립비를 부담한다.
④ 1개월 이상 임차하는 경우로서 사용기간 중 건설기계의 고장, 천재지변 등으로 1개월 중 5일 이상 가동하지 못하였을 경우 당월 대여대금에서 공제한다.

제 5 조 (경비 등의 부담) ① 건설기계 가동에 필요한 유류비 및 운반비는 "을"이 부담하는 것을 원칙으로 하되, 기종별, 현장여건을 고려 "갑"과 "을"이 합의하여 정한다.
② 건설기계조종사의 숙식제공, 소모품, 수선비 등 그 밖의 소요비용은 "갑"과 "을"이 합의하여 정한 바에 의한다.

제 6 조 (대여대금 지불조건) ① "을"은 건설기계 대여기간이 1개월을 초과하는 경우에는 매월 종료하는 날부터, 대여기간이 1개월 이하인 경우에는 그 기간이 종료하는 날부터 각각 60일 이내의 가능한 짧은 기한으로 정한 지급기일까지 "갑"에게 대여대금을 지급하여야 한다.

② "을"은 "을"에게 건설공사를 도급(하도급을 포함한다)한 자(이하 "병"이라 한다)로부터 준공금을 받은 때에는 대여대금을, 기성금을 받은 때에는 건설기계를 임차하여 시공한 분에 상당하는 대여대금을 각각 지급받은 날(공사대금을 어음으로 받은 때에는 그 어음만기일을 말한다)부터 15일 이내에 "갑"에게 현금으로 지급하여야 한다.

③ "을"이 대여대금을 "갑"에게 지급하지 아니한 다음 각 호의 경우에는 "갑"은 "병"에게 대여대금의 직접지급을 요청할 수 있다.

1. "병"과 "을"이 대여대금을 "갑"에게 직접지급 할 수 있다는 뜻과 그 지급의 방법·절차를 명백히 하여 합의한 경우
2. "갑"이 "을"을 상대로 "갑"이 시공한 분에 대한 대여대금의 지급을 명하는 확정 판결을 받은 경우
3. 국가·지방자체단체 또는 정부투자기관이 발주한 건설공사 중 "을"이 "갑"이 시공한 분의 대여대금을 1회 이상 지체한 경우
4. "을"의 파산 등으로 인하여 "을"이 "갑"의 대여대금을 지급할 수 없는 명백한 사유가 있다고 "병"이 인정하는 경우

④ "병"은 다음 각 호의 경우에는 "갑"에게 대여대금을 직접 지급하여야 한다.

1. "병"이 대여대금을 "갑"에게 직접 지급하기로 "갑", "을" 및 "병"이 그 뜻과 지급의 방법·절차를 명백히 하여 합의한 경우
2. "을"이 제2항의 규정에 의한 대여대금의 지급을 2회 이상 지체한 경우로서 "갑"이 "병"에게 대여대금의 직접지급을 요청한 경우
3. "을"의 지급정지·파산 그 밖에 이와 유사한 사유가 있거나 건설업의 등록 등이 취소되어 "을"이 대여대금을 지급할 수 없게 된 경우로서 "갑"이 "병"에게 하도급대금의 직접지급을 요청한 경우

⑤ 제2항 내지 제4항에서 규정한 사항 이외의 사항에 대해서는 건설산업기본법 제32조 제4항에 따른다.

제6조의2(건설기계 대여대금 지급보증) "을"은 건설산업기본법 시행규칙 제34조의4의 규정에 따라 건설기계 대여계약 금액(분할계약 시 합산)이 200만원을 초과할 경우 "갑"에게 그 대금의 지급을 보증하는 보증서를 주어야 한다.

제 7 조 (전대 및 사용목적 이외의 사용금지) ① "을"은 당해 건설기계를 임대차 목적 외로 사용하거나 타인에게 전대할 수 없다.

② "갑"은 이 계약으로부터 발생하는 권리 또는 의무를 제3자에게 양도하거나 처분할 수 없다. 다만, 상대방의 서면에 의한 승낙을 받았을 때에는 그러하지 아니하다.

제 8 조 ("갑"의 권리와 의무) ① "갑"은 건설기계가 정상적으로 가동될 수 있도록 예방정비를 철저히 하여야 한다.

② "갑"은 "을"의 요구가 있는 경우에는 건설기계등록증·보험(공제)가입증명서·건설기계 조종사 면허증 등을 제시하여야 한다.

③ "갑"은 건설기계가 관계법령에 의하여 의무적으로 보험[자동차보험(건설기계공제) 또는 산재보험]에 가입하여야 하거나 정기검사 대상 건설기계인 경우에는 그 사실을 증명할 수 있는 증빙서류를 "을"에게 제시하여야 한다.

④ "갑"의 건설기계조종사는 "을"의 현장책임자의 지휘·감독에 따라 작업을 수행한다. 만일, "갑"의 건설기계조종사가 "을"의 현장책임자의 작업지시에 불응하거나 조종미숙, 태만으로 효율적 작업진행에 지장을 초래된다고 인정되어 "을"이 건설기계조종사 교체를 요구할 경우에는 "갑"은 "을"과 협의하여 교체하여야 한다.

제9조("을"의 권리와 의무) ① "을"은 현장 내 지하매설물, 지상위험물 등에 대하여 건설기계조종사에게 작업 전 충분히 고지하여야 하며, 건설기계가 안전하게 작업을 진행할 수 있도록 하여야 한다.
② "을"은 계약기간 중 "갑"의 건설기계가 정기검사 등에 해당하는 경우에는 "갑"이 그 검사 등을 받을 수 있도록 조치하여야 하며, "갑"은 검사기간이 1일을 초과하는 경우 계약조건과 동일한 장비로 대체하여 작업에 지장이 없도록 조치하여야 한다.

제10조(계약해제 및 해지) ① 당사자 일방이 계약조건을 위반하여 계약의 목적을 달성할 수 없다고 인정되는 경우에는 상대방은 서면으로 상당한 기간을 정하여 이행을 최고하고, 기한 내에 이행하지 아니하는 경우에는 계약을 해제 또는 해지할 수 있다.
② "을"은 "갑"의 건설기계가 5일 이상의 정비를 필요로 하는 경우 "갑"과 합의하여 계약을 해지할 수 있다. 다만, 동일한 건설기계를 대체하였을 경우에는 그러하지 아니한다.

제11조(분쟁의 해결) ① 이 계약서에 별도로 규정된 것을 제외하고는 계약에서 발생하는 문제에 관한 분쟁은 "갑"과 "을"이 쌍방의 합의에 의하여 해결한다.
② 제1항의 합의가 성립하지 못할 때에는 당사자는 건설산업기본법에 의하여 설치된 건설분쟁조정위원회에 조정을 신청하거나 다른 법령에 의하여 설치된 중재기관에 중재를 요청할 수 있다.

제12조(기타) 본 계약서에 명시하지 않은 사항에 대하여는 일반 상관례 및 제반 법률규정에 따라 처리하기로 한다.

제13조(특약사항) 기타 이 계약에서 정하지 아니한 사항에 대하여는 "갑"과 "을"이 합의하여 별도의 특약을 정할 수 있다.

[서식 121] 임대계약서(정수기)

정수기 임대계약서

정수기 이용자 (주)○○○○(이하 "갑"이라 칭한다)와 정수기 임대자 (주)○○○○(이하 "을"이라 칭한다)는 상호간에 다음과 같이 정수기 임대계약을 체결한다.

제1조【목 적】 본 계약은 "을"이 소유한 정수기를 "갑"이 이용하도록 제공하고 "갑"은 본

계약서의 정한 바에 따라 임대요금을 지급하는 내용을 규율함을 목적으로 한다.

제2조【정 의】

1. "임대"이라 함은 "을"에게 소유권이 유보되어 있는 정수기를 "갑"이 임대 사용하고 "을"이 사용기간 동안 보수유지 및 소모품을 실비로 "갑"에게 공급하는 것을 말한다.
2. "정기점검"이라 함은 정수기의 현상적 성능을 유지하기 위하여 매월 1회 방문하여 필요한 서비스를 하는 것을 지칭한다.
3. "소모품"이라 함은 사용기간의 경과로 인한 자연적 노후로 교체가 필요한 부품을 말한다.

제3조【임대료】

1. 임대료는 본 계약체결 시 보증금으로 금 ○○○원(₩○○○)을 "을"에게 지급하며 계약종료 시 "갑"에게 반환한다. 단, 이자는 가산하지 않는다.
2. "갑"은 매월 정수기 임대 사용료로서 금 ○○○원(₩○○○)을 매월 ○일 "을"의 은행계좌에 현금으로 입금한다.
3. 보증금은 "갑"의 귀책사유로 인한 "을"의 손해발생 시 이에 충당할 수 있다.
4. 대금지급의 연체시 연 ○%의 연체이자가 발생한다.

제4조【설 치】

1. "을"은 본 계약체결 후 ○일 이내에 "갑"의 사업장을 방문하여 정수기 설치를 완료하여야 한다. 다만, "갑"의 사업장의 사정상 설치에 장해사유가 있을 시 이의 해소시점까지는 정당한 사유로 연기된다.
2. "갑"은 정수기 설치와 관련하여 "갑"의 건물이 임차건물일 경우 당해 건물주의 동의를 얻어야 하며 "을"이 정수기 설치와 관련한 일체의 책임은 전적으로 "갑"이 부담한다.

제5조【장소변경】 "갑"이 정수기의 설치장소를 변경하고자 할 때에는 사전에 "을"에게 통지하여 "을"의 기사로 하여금 재 설치하도록 하여야 한다. 다만, "을"은 "갑" 사업체의 이전에 따른 재설치의 경우에는 설치비용을 받지 아니한다.

제6조【서비스 등】

1. "을"은 ○개월 마다 정수필터를 교환하여 청결한 정수물의 제공이 이루어지도록 한다.
2. "을"은 ○개월 마다 ○회의 정기점검을 하여야 하며, "갑"이 요구하는 경우 즉시 해당사항을 조치하고 서비스를 제공한다.

제7조【선관의무】

1. "갑"은 정수기를 선량한 관리자의 주의의무로써 관리하여야 하며 화재 및 분실 등의 사태에 대해 배상책임이 있다.
2. "갑"은 정수기의 소유권자가 "을"임을 표시하여 제3자가 쉽게 이를 인식할 수 있도록 하여야 한다. 다만, "을"이 부착한 임대관련 표지가 있는 경우에는 이를 제3자가 쉽게 인식할 수 있는 상태로 두면 족하다.
3. "갑"은 정수기를 제3자에게 매각, 양도, 대여, 유용, 저당물로 제공하는 등 "을"의 소유권에 대한 일체의 침해 행위를 하지 아니한다.
4. "갑"은 제3자가 "을"의 소유권을 침해하는 경우 "을"의 소유재산이라는 사실을 주장, 입증하고 즉시 그 사실을 "을"에게 통지하여 "을"의 조치에 따라야 한다.

제8조【부품사용】 임대정수기의 소모품은 "을"이 공급한 것만을 사용하되 긴급을 요하거나 "을"이 적기에 부품을 공급하지 못하는 경우에는 예외로 한다. 다만, "갑"이 조달 사용한 경우 그로 인한 정수기의 훼손에 대하여 "갑"이 전적인 책임을 부담한다.

제9조【유효기간】

1. 본 계약의 유효기간은 20○○년 ○월 ○일부터 20○○년 ○월 ○일까지로 한다.
2. 계약만료일 1개월 전까지 일방의 계약종료 통보가 없을 시는 본 계약은 1년씩 자동 연장되는 것으로 간주한다.

제10조【해 지】

1. 쌍방 중 일방이 계약기간만료 이전에 해지하고자 할 때에는 ○개월의 유예기간을 둔다.
2. 다음 각 호의 사유 시 별도의 통보 없이 계약이 해지되며 "갑"은 "을"의 정수기 회수에 협조하고 해지까지의 임대사용료 전액을 즉시 지불하여야 한다.
   가. "갑"이 본 계약서에서 정하는 임대료의 지급을 ○개월 이상 지체한 경우
   나. "갑"이 본 계약조항 중 어느 하나라도 위반하는 사유 발생시
   다. "갑"에게 가압류, 사업의 부도 등 본 계약의 유지가 어려울 것으로 판단할 수 있는 사유가 발생하였을 때

제11조【기타사항】

1. 계약의 당사자는 본 계약의 내용을 신의성실에 의거하여 준수하여야 한다.
2. 계약기간 중 계약의 변경은 당사자의 서면 합의에 의해서만 변경될 수 있으며 서명날인된 문서를 본 계약서의 말미에 첨부한다.
3. 본 계약서에서 명시되지 않은 부분에 대하여는 관련 법규 및 상관습에 따르기로 한다.

제12조【분쟁해결】

1. 본 계약과 관련하여 양 당사자 간의 분쟁이 발생한 경우, 원칙적으로 "갑"과 "을" 상호간의 합의에 의해 해결한다.
2. 제1항에도 불구하고 분쟁이 해결되지 않을 경우 "갑"의 주소지 관할 지방법원을 그 관할로 하여 재판함으로써 해결한다.

제13조【특약사항】 상기 계약일반사항 이외에 "갑"과 "을"은 아래 내용을 특약사항으로 정하며, 특약사항이 본문과 상충되는 경우에는 특약사항이 우선하여 적용된다.

위와 같이 본 계약이 유효하게 성립하였음을 양 당사자는 증명하면서 본 계약서 2통을 작성하여, 각각 서명(또는 기명) 날인 한 후 각각 1통씩을 보관한다.

20○○년 ○월 ○일

갑	㉑	사 업 자 등록번호		사 무 소	
				전화번호	
을	㉑	사 업 자 등록번호		사 무 소	
				전화번호	

[서식 122] 임대계약서(기계)

기계 임대계약서

○ ○ ○ (이하 “갑”이라 한다)와 ○ ○ ○ (이하 “을”이라 한다)와의 사이에 무선부품제작의 거래에 필요한 물건의 대여(이하 “대여물건”이라 한다)에 관하여 하기 조항의 계약을 체결한다.

제1조 본 계약에서 대여물건이라 함은 별지 명세서에 기재된 것을 말한다.

제2조 대여물건의 임대료는 금 ○ ○ ○원으로 정하고 “을”은 매월 말일까지 “갑”에게 지급한다.

제3조 대여물건에 관한 공조공과 및 화재보험료는 “을”이 부담하고 화재보험금의 수취인 명의는 “갑”으로 한다.

제4조 “을”은 본 계약과 동종 또는 유사품을 제조하거나 타인에게 판매할 수 없다.

제5조 “을”은 “갑”의 동의 없이 본 계약 이외의 물품제조를 위하여 대여물건을 사용 또는 타에 대여할 수 없다.

제6조 “을”은 대여물건에 대하여 항상 최선의 주의를 하며 선량한 관리자의 주의로써 상용하고 손상, 훼손하지 않도록 노력한다.
만약 “을”의 귀책사유로 손해가 발생한 경우는 즉시 “갑”에게 보고하고 “을”의 비용으로 완전히 보상한다.

제7조 “을”은 “갑”의 허가 없이 대여물건의 개조 또는 개수를 할 수 없다.

제8조 본 계약이 완료했을 경우 “을”은 즉시 대여물건을 보수완비하고 “을”의 비용으로 “갑”에게 반환한다.

제9조 전조 각항에 위반할 경우 “갑”은 “을”에 대한 보상 없이 “갑”의 단독의사로 계약을

해제할 수 있다.

제10조 본 계약의 기간은 계약일로부터 ○년간으로 한다. 단, "갑", "을"의 협의에 의하여 이를 갱신할 수 있다.

제11조 본 계약의 조항 이외의 분쟁이 발생하였을 때는 "갑", "을" 간 협의한 후 수시 결정한다.

본 계약체결을 증명하기 위하여 본 증서 2통을 작성하여 "갑", "을" 각 1통씩 보관한다.

20○○년 ○월 ○일

갑	㊞	주민등록번호		주 소	
				전화번호	
을	㊞	주민등록번호		주 소	
				전화번호	

[서식 123] 임대계약서(포클레인)

포클레인 임대계약서

(주) ○○○○조합(이하 "갑"이라 칭한다)과 ○○○(이하 "을"이라 칭한다)는 상호간에 다음과 같이 포클레인 임대계약을 체결한다.

제1조【목 적】 본 계약은 "갑"이 보유한 포클레인을 "을"이 소유한 토지의 부지정리 작업에 사용하기 위하여 일정기간 "을"이 대여받고 대여료의 지급 및 기계의 사용상의 주의사항을 정함을 목적으로 한다.

제2조【포클레인】

1. 종 류 : ○○○○
2. 제 조 사 : (주)○○○○
3. 제조번호 : ○○○○-○○○○

제3조【용도 및 사용】

1. "을"은 당해 포클레인을 "을"이 조성하고자 하는 공장용 부지의 정리작업에 사용하여야

하며 당해 용도 및 사용지역을 벗어난 이용을 하여서는 아니 된다.

2. "을"은 기계의 사용의 자격이 있는 자로 하여금 당해 포클레인의 운전을 하도록 하여야 한다.
3. 본 조의 용도를 벗어나거나 지정된 장소 이외의 사용 또는 자격없는 자로 하여금 운전 사용하게 한 경우 "갑"은 위약금을 청구할 수 있으며 위약금은 "갑"에게 별도의 손해가 없더라도 금 ○○○원(₩○○○)으로 정한다.
4. 제3항의 경우 위약으로 인하여 "갑"에게 장비의 고장 기타 제3자에게 손해를 끼치는 사태의 발생 등 별도의 손해가 발생한 경우에는 "갑"이 입은 손해 전체를 "을"이 별도로 배상하여야 한다.

제4조【임대기간 및 비용】

1. "을"은 20○○년 ○월 ○일부터 20○○년 ○월 ○일까지 본 중장비를 사용하도록 하며 동 기간 동안의 총 임대료는 금 ○○○원(₩○○○)으로 하며 본 계약체결과 동시에 "갑"에게 전액 현금으로 지급하여야 한다.
2. 제1항의 기간이 경과한 경우 즉시 당해 중장비를 "갑"이 지정한 장소에 원상으로 회복하여 반환하여야 하며 이를 지체한 경우 매 1일당 금 ○○○원(₩○○○)의 지연손해금이 발생한다. 다만, 당사자가 합의하여 사용 기간의 연장을 한 경우에는 합의 시점에 연장사용에 따른 추가 비용을 선 지급하여야 한다.

제5조【관리책임】

1. 본 임대기간 중 중장비에 대하여 발생하는 일체의 하자 및 손실에 대한 책임은 "을"이 부담한다.
2. "을"은 사용도중 중장비의 정비점검 및 관련 소모품의 교체, 유류대 부담 등의 임대사용과 관련된 제반관리 책임을 부담한다.
3. 제2항의 경우 부품의 교체가 필요한 경우 당해 부품의 교체 사유가 통상의 소모기간의 만료로 인한 정상적 교환주기인 경우에는 당해 교환에 소요되는 부품비 일체는 "갑"이 부담하여야 한다.

제6조【장비 운반】

1. 본 계약에 따른 포클레인의 운반은 "을"이 전적으로 부담하며 대여 및 반환의 모두가 해당한다.
2. "을"의 운반도중 발생되는 제반 위험부담은 "을"이 전적으로 부담한다.

제7조【표지부착】

1. "을"은 당해 포클레인에 부착된 "갑"회사 소유의 표지물 등 인식물에 대한 일체의 제거행위를 할 수 없으며 당해 표지물의 제거를 통하여 "을"의 소유물로서 인식하게 하여서는 아니 된다.
2. "을"이 제1항의 행위를 통하여 포클레인을 제3자에게 대여 또는 담보제공 등을 한 경우 그에 대한 모든 손해배상의 책임을 "을"이 부담한다.

제8조【안전작업 등】

1. "을"은 대여 포클레인을 작업원칙을 준수하여 안전한 작업을 하도록 하여 안전사고의

발생 방지 및 중장비의 훼손이 발생하지 아니하도록 하여야 한다.

2. "을"은 제3자에게 포클레인을 대여 또는 사용에 제공할 수 없으며 이를 위반 시 무단대여 또는 사용제공 매 1일당 금 ○○○원(₩○○○)의 위약금이 발생한다.

제9조【반 환】

1. "을"은 계약의 종료 후 반환 시 포클레인에 대한 통상의 정리정돈 및 정비를 실시하여 최초 대여당시의 상태를 유지하도록 한다.
2. "갑"은 "을"이 반환함과 동시에 포클레인에 대한 이상 유무를 검사하여 하자 발견 시 이에 대한 보상을 요구한다.

제10조【해 지】

1. "을"의 귀책사유가 아닌 이유로 대여 포클레인의 사용에 있어서 동일한 하자가 3회 이상 반복되거나 기타 본 계약상의 용도로의 이용이 불가능한 상태일 때 "을"은 계약을 해지하고 포클레인을 "갑"에게 반환할 수 있다.
2. 제1항의 경우 "갑"은 "을"이 사용한 기간만큼의 비용을 공제한 잔액을 반환하여야 한다.

제11조【기타사항】

1. 계약의 당사자는 본 계약의 내용을 신의성실에 의거하여 준수하여야 한다.
2. 계약기간 중 계약의 변경은 당사자의 서면 합의에 의해서만 변경될 수 있으며 서명날인된 문서를 본 계약서의 말미에 첨부한다.
3. 본 계약서에서 명시되지 않은 부분에 대하여는 관련 법규 및 상관습에 따르기로 한다.

제12조【분쟁해결】

1. 본 계약과 관련하여 양 당사자 간의 분쟁이 발생한 경우, 원칙적으로 "갑"과 "을" 상호간의 합의에 의해 해결한다.
2. 제1항에도 불구하고 분쟁이 해결되지 않을 경우 "갑"의 주소지 관할 지방법원을 그 관할로 하여 재판함으로써 해결한다.

제13조【특약사항】 상기 계약일반사항 이외에 "갑"과 "을"은 아래 내용을 특약사항으로 정하며, 특약사항이 본문과 상충되는 경우에는 특약사항이 우선하여 적용된다.

위와 같이 본 계약이 유효하게 성립하였음을 증명하기 위하여 본 계약서 2통을 작성하여 각각 서명(또는 기명) 날인한 후 "갑"과 "을"이 각각 1통씩을 보관한다.

20○○년 ○월 ○일

갑	㊞	사 업 자 등록번호		사 무 소	
				전화번호	

<table>
<tr><td rowspan="2">을</td><td rowspan="2">㊞</td><td rowspan="2">사 업 자
등록번호</td><td rowspan="2"></td><td>사 무 소</td><td></td></tr>
<tr><td>전화번호</td><td></td></tr>
</table>

[서식 124] 임대계약서(제조기)

임 대 계 약 서

○○시 ○○동 ○○총판(대표 : ○○○) (이하 "갑"이라 칭함)와 ○○○○○(이하 "을"이라 칭함)와의 사이에 다음과 같이 임대계약을 체결한다.

제1조 본 계약에서 대여물건이라 함은 제조기(○○○-○○○)를 말한다.

제2조 "을"은 "갑"의 동의 없이 대여물건을 타에 대여할 수 없다.

제3조 "을"은 대여물건에 대하여 항상 최선의 주의를 하며 선량한 관리자의 주의로써 상용하고 손상, 훼손하지 않도록 노력한다. 만약 "을"의 귀책사유로 손해가 발생한 경우는 즉시 "갑"에게 보고하고 "을"의 비용으로 완전히 보상한다.

제4조 "을"은 "갑"의 허가 없이 대여물건의 개조 또는 개수를 할 수 없다.

제5조 대여물건에 사용되는 ○○○을 "을"은 "갑"에게 주문함을 원칙으로 하며 타 업체의 ○○을 "을"이 구입했을 경우 "갑"은 대여물건을 회수한다.

제6조 "을"은 대여물건의 사용상 문제가 있을 시 "갑"에게 전화 통지하며 "갑"은 48시간 내에 수리 혹은 대체하여야 한다.

제7조 "을"은 ○○○을 4박스 단위로 "갑"은 입금확인 후 2일 이내로 택배 혹은 직송한다.

제8조 전조 각 항에 위반할 경우 "갑"은 "을"에 대한 보상 없이 "갑"의 단독의사로 계약을 해제할 수 있다.

제9조 본 계약의 기간은 계약일로부터 1년간으로 한다. 단 "갑", "을"의 협의에 의하여 이를 갱신할 수 있다.

제10조 본 계약의 조항 이외의 분쟁이 발생하였을 때는 "갑"과 "을"이 협의하여 정한다.

본 계약 체결을 증명하기 위하여 본 증서 2통을 작성하여 "갑"과 "을"이 각 1통씩 보관한다.

20○○년 ○월 ○일

갑	㊞	주민등록번호		주 소	
				전화번호	
을	㊞	주민등록번호		주 소	
				전화번호	

[서식 125] 임대차계약서(전자복사기)

전자복사기 임대차계약서

공급받는 자인 주식회사 ○○○(이하 "갑"이라 한다)와 공급자인 ○○○○ 주식회사(이하 "을"이라 한다)는 다음과 같이 임대차계약을 체결한다.

임대기계	모델명		요금계산시작일		20○○년 ○월 ○일
	기 번		개 시 count		
기본매수		기본요금		추가장당 단가	
임대보증금	금 원(₩)				
	임대 보증금은 기계 가격의 30%로 계산한다.				
설치장소					
계약기간	20○○년 ○월 ○일부터 20○○년 ○월 ○일(○년간)				
SERVICE 실시시간	월요일 ~ 금요일 : ○○ : ○○ ~ ○○ : ○○				
	토요일 : ○○ : ○○ ~ ○○ : ○○				
무 상 SERVICE 내 용	1. DRUM을 포함한 전부품 무상교체 2. 용지를 제외한 전소모품 공급 3. 출장 SERVICE료 무상				

첨부서류 : 법인인감증명서 각 1통

본 계약을 준수하기 위하여 계약서 2통을 작성하여 각자 기명(또는 서명) 날인한 후 각각 1통씩 보관한다.

20○○년 ○월 ○일

갑	㊞	사업자 등록번호		사 무 소	
				전화번호	
을	㊞	사업자 등록번호		사 무 소	
				전화번호	

[서식 126] 공장임대차계약서

공장 임대차 계약서

※ 임대인과 임차인은 아래 공장에 대한 임대차 계약을 다음과 같이 체결한다.

제1조 임대할 공장(부동산)의 표시

소 재 지		
임대공 장	대지 ㎡ ( ) 평 상호 ㎡ ( ) 평	용도 전력

제2조 보증금과 월세(임차)금의 지불방법(지불약정)

보 증 금	금 원정	월세	금 원정
계 약 금	금 원정은 계약시 지불한다. (영수함)		
중 도 금	금 원정은 년 월 일 지불한다.		
잔 금	금 원정은 년 월 일 지불한다.		

제 3 조 이행약정등

1. 위 부동산(공장) 引渡는 년 월 잔금 지불일에 하며 임대차기간은 년 월 일부터 년 월 일까지 년간으로 한다.
2. 임대인은 잔금수령시 매수자에게 소유권이전(등기)에 필요한 서류 일체를 넘겨주어야 한다.
3. 임대인은 임차인으로부터 중도금을 받기 전까지(중도금이 없을 때에는 잔금을 받기 전까지)는 위약금조로 계약금액의 배액을 배상하고 계약을 해제할 수 있으며또한 임차인도 계약금을 포기하고 본 계약을 해제할 수 있다. 본 계약서에 기재되지 않은 사항은 관련법과 "관례"에 의한다.
4. 본 계약서에 기재할 수 없는 시설 또는 장비는 별도로 작성첨부한다. 또한 전기요금 등을 완불한다.
5. 중개수수료는 본 계약 체결과 동시에 당사자 쌍방이 각각 지불하여야 한다.

제 4 조 특 약 제

제 5 조 계약당사자 인적사항 (당사자날인)

20○○년 ○월 ○일

임대인	주 소					
	주민등록번호		전화		성명	
임차인	주 소					
	주민등록번호		전화		성명	
중개업자	사업소재 지					
	상 호					
	대 표		허가 번호			
	허 가 번 호		전화			

[서식 127] 임대차 위임계약서(상가)

상가임대차 위임계약서

상가운영자 (주)○○○○(이하 "갑"이라 칭한다)와 중개업자 (주)○○○○(이하 "을"이라 칭한다)는 상호간에 다음과 같이 상가임대차 위임계약을 체결한다.

제1조【목 적】 본 계약은 "갑"이 운영하는 ○○○○상가의 임대를 "을"에게 임차인을 구하도록 위임하고 이와 관련된 내용을 규율함을 목적으로 한다.

제2조【상가 소재지】
1. "갑"의 상가는 ○○시 ○○구 ○○대로 ○○-○에 소재하고 ○○용도, ○○㎡에 해당한다.
2. 본 상가는 ○○○○용도 이외에도 이와 연관된 용도로의 전용이 가능하다.
3. 상가의 건물은 "갑"이 소유권을 보유한 건물로서 상가에 대해 여하한 전세권설정 등의 제반 권리설정이 없음을 확인한다.

제3조【중개업무】
1. "을"은 상가의 용도에 적합한 임차인을 물색하여야 하며 보증금으로 금 ○○○원(₩○○○) 내지 금 ○○○원(₩○○○)의 범위에서 "을"의 재량으로 임차인을 물색한다.
2. 월세는 금 ○○○원(₩○○○)부터 금 ○○○원(₩○○○)까지의 범위에서 "을"이 재량으로 한다.
3. "을"은 "갑"이 지정하는 사항을 사전에 명확하게 상가 임차인에게 고지하여 향후 계약체결 이후에 이와 관련된 분쟁이 발생하지 않도록 하여야 한다.
4. "을"은 계약의 성사 시 "을"이 확정한 보증금의 ○%를 보수금으로 지급 받는다.

제4조【위임료】
1. "갑"은 본 계약체결과 동시에 계약금으로 금 ○○○원(₩○○○)을 지급하며 이는 반환하지 아니한다. 단, "을"이 업무의 불성실 수행으로 인하여 계약이 해지되는 경우에는 그러하지 아니하다.
2. 제1항의 계약금과 별도로 계약의 성사시 제3조에 따른 보수금을 지급한다.

제5조【중개업무 위임기간】 "을"은 20○○년 ○월 ○일부터 20○○년 ○월 ○일까지만 본 계약에 따른 "갑"의 상가의 임대차에 대한 중개업무의 권리를 지닌다.

제6조【업무보고】
1. "을"은 조건에 부합되는 임차인과 사전에 접촉하여 계약관련 업무를 진행하도록 하며 이와 관련된 사항을 유선 혹은 이메일로 "갑"에게 통지한다.
2. 제1항의 절차로 최종 임차인이 결정되었을 때 "을"은 "갑"과 임차인에게 계약체결의 종료를 위한 날짜를 지정하여 통지한다.

제7조【계약체결】 상가임대차계약의 최종체결은 "갑"과 "을" 그리고 임차인이 모두 참석한 상태에서 하여야 하며, "을"이 "갑"을 배제하고 임차인과 단독으로 계약을 체결할 수는 없다.

제8조【해 지】

1. "을"이 본 계약상의 의무이행을 하지 아니하거나 불성실한 이행을 하는 경우 "갑"은 ○일 이상의 시정기간을 두고 사유를 명시하여 시정을 최고하며, 그럼에도 불구하고 시정이 이루어지지 아니할 시 즉시 계약의 해지를 통지한다.
2. 제1항의 해지의 경우 "을"은 기 지급된 착수금을 손해배상금으로서 반환하여야 한다.

제9조【비밀유지】 당사자 쌍방은 본 계약상 지득한 상대방의 제반정보에 대해 비밀유지의 의무를 부담한다. 특히 "을"은 본 계약상의 건물의 사무실 임대차 거래가격에 대해 비밀을 유지하여야 한다.

제10조【기타사항】

1. 계약의 당사자는 본 계약의 내용을 신의성실에 의거하여 준수하여야 한다.
2. 계약기간 중 계약의 변경은 당사자의 서면 합의에 의해서만 변경될 수 있으며 서명날인된 문서를 본 계약서의 말미에 첨부한다.
3. 본 계약서에서 명시되지 않은 부분에 대하여는 관련 법규 및 상관습에 따르기로 한다.

제11조【분쟁해결】

1. 본 계약과 관련하여 양 당사자 간의 분쟁이 발생한 경우, 원칙적으로 "갑"과 "을" 상호간의 합의에 의해 해결한다.
2. 제1항에도 불구하고 분쟁이 해결되지 않을 경우 "갑"의 주소지 관할 지방법원을 그 관할로 하여 재판함으로써 해결한다.

제12조【특약사항】 상기 계약일반사항 이외에 "갑"과 "을"은 아래 내용을 특약사항으로 정하며, 특약사항이 본문과 상충되는 경우에는 특약사항이 우선하여 적용된다.

위와 같이 본 계약이 유효하게 성립하였음을 증명하기 위하여 본 계약서 2통을 작성하여 각각 기명(또는 서명) 날인한 후 "갑"과 "을"이 각각 1통씩을 보관한다.

20○○년 ○월 ○일

갑	㉿	사 업 자 등록번호		사 무 소	
				전화번호	
을	㉿	사 업 자 등록번호		사 무 소	
				전화번호	

[서식 128] 전대차계약서(부동산)

전 대 차 계 약 서

부동산의 표시

제1조 전차인은 상기 표시 부동산의 전대차보증금 및 차임(월세)을 다음과 같이 지불하기로 한다.

전대차보증금	원(₩)
계 약 금	금 원은 계약시에 지불하고 영수함.
중 도 금	금 원은 20○○년 ○월 ○일에 지불한다.
잔 금	금 원은 20○○년 ○월 ○일 ○○○ 입회하에 지불한다.
차임(월세)	금 원은 매월 ○일까지 지불하기로 한다.

제2조 전대차기간은 20○○년 ○월 ○일부터 20○○년 ○월 ○일까지로 한다.

제3조 전대인은 상기 표시 부동산을 전대차 목적대로 사용. 수익 할 수 있는 상태로 하여 20○○년 ○월 ○일까지 전차인에게 인도한다.

제4조 전차인은 전대인의 동의 없이 상기 표시 부동산의 용도나 구조 등의 변경, 전전대, 양도, 담보제공 등 전대차 목적 외에 사용할 수 없다

제5조 전차인은 전대차 계약기간 중 불법영업으로 인해 발생하는 민, 형사상의 책임과 금전적인 손실금도 함께 책임진다.

제6조 상기 표시 부동산의 인도일을 기준으로 하여 당해 부동산에 발생한 수익과 공과금 등의 지출부담은 그 전일까지의 것은 전대인에게 귀속하며 그 이후의 것은 전차인에게 귀속한다.

제7조 전차인이 차임(월세)을 2회 이상 체납시에는 본 계약을 해지한다. 단 쌍방합의시는 합의에 따른다.

제8조 부동산 소유자와의 임대차 계약내용

임대보증금	금 원(₩)		월세	금 원
소유자성명	○○○	임대차 기 간	20○○. ○. ○.부터 20○○. ○. ○.까지	

제9조 전차인이 전대인에게 중도금(중도금 약정이 없는 경우에는 잔금)을 지불하기 전까지는 본 계약을 해제 할 수 있는바. 전대인이 해약할 경우에는 계약금의 2배액을 상환하며 전차인이 해약할 경우에는 계약금을 포기하는 것으로 한다.

제10조 중개수수료는 당해 전대차계약의 체결과 동시에 전대인 전차인 쌍방이 각각 지불하여야 한다.

▸ **특약사항**

본 계약에 대하여 계약당사자가 이의 없음을 확인하고 각자 서명(또는 기명) 날인한다.

20○○년 ○월 ○일

전대인	주 소					
	주민등록번호	–	전화	성명		㊞
전차인	주 소					
	주민등록번호		전화	성명		㊞
입회인	주 소					
	주민등록번호		전화	대표		㊞

[서식 129] **전대차계약서(토지)**

전대차계약서

○○주식회사를 "갑"으로 하고 ○○○를 "을"로 하여 당사자 간에 다음과 같이 토지임대차계약을 체결한다.

제1조【전대차계약의 약정】"갑"은 소유자 ○○주식회사로부터 임대차계약에 따라 임차한 ○○시 ○○구 ○○동 ○○ 소재의 약 ○○m²의 토지를 "을"에게 전대하여 "을"은 해당 지상에 별지 도면 표시의 사설 도로를 부설하고 영화관 및 이의 경영에 필요한 부속건물 즉

매표소, 간판, 게시장, 아치, 사무소, 매점 등을 건축할 것을 승인한다. 단, 위 토지에 대하여 "을"은 "을" 이외의 누구에게도 전대할 수 없다.

제2조【임 료】 "갑"이 ○○주식회사에 대하여 지급하여야 할 토지의 임료는 "을"이 "갑"에게 지급한다.

제3조【계약의 소멸】 "갑"의 위 토지는 ○○주식회사로부터 임차한 것이므로 "갑"과 동 회사와의 임차권이 소멸될 경우는 이 전대차계약도 원인의 여하를 불문하고 동시에 소멸될 것으로 한다.

제4조【존속기간】 이 계약의 존속기간은 향후 3년간으로 한다. 단, 위 존속기간은 쌍방협의하여 계약을 계속할 수 있다.

제5조【계약외의 사항】 위 각조 이외의 문제에 대해서는 "갑", "을" 쌍방 간의 협의에 의하여 결정한다.

위 계약을 증명하기 위하여 본 증서를 작성하고 각기 기명(또는 서명) 날인한 후 각각 1통씩을 보관한다.

20○○년 ○월 ○일

갑	㊞	주민등록번호		주 소	
				전화번호	
을	㊞	주민등록번호		주 소	
				전화번호	

[서식 130] 전대차승낙서

승 낙 서

귀하에게 임대 중인 ○○시 ○○동 ○○○ 소재 대지 ○○㎡를 귀하가 ○○○에 대하여 전대하는 것을 승낙합니다. 단, 전대의 조건인 임대조건의 범위 내로 한정합니다.

20○○년 ○월 ○일

임대인 ○ ○ ○ (인)

○○시 ○○동 ○○○

○ ○ ○ 귀하

○○시 ○○구 ○○대로 ○○

[서식 131] **월세계약서**(부동산)

부동산월세계약서

임대인과 임차인은 아래 부동산에 대하여 월세계약을 다음과 같이 체결한다.

제 1 조 【 임대(월세)할 부동산의 표시 】

소 재 지	
월 세 물 건	

제 2 조 【 보증금과 월세금 지불방법 (지불약정) 】

월세보증금	금 원	월 세	금 원
계 약 금	금 원은 계약시 지불한다{영수함(인)}.		
중 도 금	금 원은 20○○년 ○월 ○일 지불한다.		
잔 금	금 원은 20○○년 ○월 ○일 지불한다.		

제 3 조 【 이행약정 】

1. 임대차기간은 20○○년 ○월 ○일부터 20○○년 ○월 ○일까지(○개월)로 하고, 월세는 매월 ○일 지급하기로 한다.
2. 임차인은 임대인의 동의 없이는 위 부동산의 용도나 구조 등의 변경, 양도, 담보를 할 수 없다.
3. 임대인은 임차인으로부터 중도금을 받기 전까지(중도금이 없을 때에는 잔금을 받기 전까지) 위약금조로 계약금액의 배액을 배상하고 계약을 해제할 수 있으며 또한 임차인은 중도금을 지불하기 전까지는 계약금을 포기하고 본 계약을 해제할 수 있다. 단, 본 계약서

에 기재되지 않은 사항은 관련법과 관례에 의한다. 또한 전기료 등은 잔금일을 기준으로 완불하여야(책임져야) 한다.

4. 중개수수료는 본 계약체결과 동시에 당사자 쌍방이 각각 지불하여야 한다.

제 4 조 【특약사항】

20○○년 ○월 ○일

갑	㉑	주민등록번호		주 소	
				전화번호	
을	㉑	주민등록번호		주 소	
				전화번호	

[서식 132] **임대차계약서(지하창고)**

지하창고 임대차계약서

임대인(이하 "갑"이라 한다) 과 임차인(이하 "을"이라 한다)은 아래 물건(이하 지하창고라 한다)에 관하여 다음과 같이 임대차 계약을 체결한다.

■ **물건의 표시**

- 다 음 -

제 1 조 【임대차의 성립】

"갑"은 지하창고를 차조 이하의 약정으로 "을"에게 임대하여 "을"은 이를 승낙하고 본 계약을 체결한다.

제 2 조【임대차의 기간】
건물의 임차기간은 20　　년　　월　　일부터 20　　년　　월　　일까지로 한다.

제 3 조【임차금액】
임대차 금액은 1년 간 사용 선납 ○○○원으로 한다.
또는, 선납 ○○○원으로 하며 ○○일 이내 ○○○원을 완납하기로 한다.

제 4 조【시설사용요금】
전기사용요금은계량기를 "을"의 부담으로 부착하여 계량수치에 따라 가정용으로 적용 부담 한다.

제 5 조【건물의 보호】
현 건물상태에서 구조변경은 일체 허용되지 않으며 "을"의 사용상 부주의 또는 고의로 파손 시킨 경우 원상복구 및 배상의 책임을 진다.

제 6 조【용도 외 사용규제】
"을"은 건물사용에 있어서 창고 이외의 용도로 사용할 수 없다.

제 7 조【창고전대금지】
"을"이 임대한 지하창고는 제3자에 전대 행위는 일체 불허한다.

제 8 조【피해보상】
"갑"이 임대한 건물의 화재 및 누수 또는 천재지변에 의한 피해 등은 "갑"은 일체의 책임(민, 형사상)을 지지 않는다.

제 9 조【계약의 해지】
"갑"의 부득이한 사정이 있을 경우 ○○개월 전에 "을"에게 통보하여 계약을 해지 할 수 있다.

제10조【건물의 명도】
"을"이 사용한 지하창고 계약만기로 인한 건물을 명도할 때는 다음사항을 준수하여야 한다.
1. "을"이 사용한 물건 및 쓰레기 일체를 수거한다.
2. 만일 수거되지 않은 물건이 있을 시 "갑"이 임의로 처분하여도 이의가 없다.
3. 본 계약서에 의한 것 이외에 어떤 명목의 요청도 불허한다.

"갑"과 "을"은 신의성실의 원칙에 의거 위와 같이 계약사항을 증명하기 위하여 임대차 계약서 2통을 작성하여 "갑" "을"각각 1통씩 보관한다.

20○○년　○월　○일

"갑"	주　　소	
	상　　호	

	대 표 자	
	연 락 처	
	사 업 자 등 록 번 호	
"을"	주 소	
	성 명	
	연 락 처	

[서식 133] 임대서버호스팅 서비스이용계약서

임대서버호스팅 서비스이용계약서

제1장 총 칙

제1조【목 적】 본 계약서는 ○○○(이하 "회사"라 한다) 서버호스팅 고객(이하 "고객"이라 한다)간의 서비스 이용조건에 관한 사항과 그 밖의 이용에 필요한 사항을 규정함에 목적을 둔다.

제2조【용어의 정의】
1. 임대 서버호스팅 임대 서버호스팅이란 고객에게 서버와 네트웍 환경, 장소를 제공하고 이에 일정한 계약기간 후에 서버소유권을 양도해 주는 서비스를 말한다.
2. 셋업비셋업비는 고객이 서비스를 이용하기 위한 기본적인 설비를 구축하는데 소요되는 비용을 말한다.

제3조【약관 공지 및 계정】
1. "회사"와 "고객"은 서면에 의한 상호 합의 하에 당 약관의 내용을 변경할 수 있다.
2. 약관공시는 ○○○의 홈페이지를 통해 공시된다.
3. 본 약관은 변경내용과 변경개시 일이 포함되며, 이용요금의 변경은 통지한 달의 다음 달부터 효력을 발생한다.

제4조【약관의 준칙】 이 계약서에 기재되지 않은 실제 필요한 세부항목에 대해서는, 회사와 고객의 합의에 의해 정하며, 또한 명시되지 않은 사항이 관계법령에 규정되어 있을 경우 해당 규정을 따른다.

제 2 장 서비스 내용

제 5 조【서비스 종류 및 내용】

1. "회사"의 서비스종류는 홈페이지에 개시되어 있다.
2. 서버의 무상제공 조건은 ○개월 계약이 유지, 종료되었을 때이며, 중도 서버 소유권은 회사에게 있다.
3. 중도해지 시 서버에 추가 된 장비옵션의 소유권은 "회사"에게 있다.

제 3 장 이용계약

제 6 조【계약기간】

1. 계약기간은 서비스 개시일로부터 ○개월이며, 계약해지는 계약기간만료 ○일전까지 서면으로 계약해지 의사를 통보하여야 한다.
2. 계약해지 의사 통보가 없을 경우 "회사"의 ○○○서비스로 전환된다.
3. 계약기간이 만료되기 전에 해지를 원할 경우에는 남은 개월에 대한 이용요금의 ○% 정산하여야 한다. 그리고 서버의 소유권은 "회사"에게 있다.

제 7 조【이용자격의 박탈】 다음의 경우 고객 및 타 회원의 보호를 위해 "회사"는 이용자격을 박탈할 수 있다.

1. 사용요금을 연체할 경우 단, ○일간의 유예기간이 있으며, 이후에도 연체 시에는 서버의 모든 접속이 차단된다. 연체기간 ○일이 지나고, "고객"이 연체료를 내려고 하는 의지가 없을 시에는 제6조 3항에 따른 해지절차에 들어간다.
2. 미풍양속에 어긋난 정보를 제공한 경우
3. 소프트웨어보호법에 저촉된 행위를 한 경우
4. 법률에 반하는 행위를 한 경우

제 8 조【권리·의무의 양도】 "회사"와 "고객"은 사전 서면승인 없이는 계약상 권리, 의무를 제3자에게 양도할 수 없다.

제 9 조【계약자의 지위의 계승】 법적인 합병 및 상속, 기타 불가피한 사유에 의해 "고객" 지위의 승계가 인정되는 경우, 승계를 하는 자는, 승계를 하는 날로부터 ○일 이내에 "회사"에게 통보하여야 한다.

제10조【계약자의 이름 등의 변경】 고객은 사명, 신상에 관한 사항의 변경이 있을 경우, ○일 이내에 "회사"에게 통보하여야 한다.

제 4 장 기밀유지

제11조【보안책임】

1. "고객"은 "회사"로부터 부여 받은 ID와 비밀번호가 누출되지 않도록 해야 하며 누출로 인한 데이터의 유출 또는 손상에 대하여는 "회사"가 책임지지 아니한다.
2. 회사와 고객은 본 계약과 관련하여 취득한 상대의 정보, 자료 등을 포함한 기밀사항을 제3자에게 누설하여서는 안 된다.

제 5 장 보수 및 서비스 중단

제12조【제공의 중단】

1. "회사"는 계약에 규정된 사항에 따라 서비스를 중단할 수 있으나, 돌발적인 상황이 발생치 않는 한 이에 대해 "고객"에게 사전 통보해야 한다.
2. "회사"는 24시간 서비스가 중지되었을 경우 서비스가 중지된 시간에 대해 고객에게 이 시간 동안의 서비스 요금을 청구하지 않고, 심각한 장애 발생 시에는 서로 합의 하에 "회사"는 "고객"에게 보상을 해 줄 의무가 있다.
3. 통상적인 서버점검을 위한 경우, 서버의 설비 및 보수공사, 전용선의 경로 문제, 해킹, 천재지변으로 인한 문제로 인해 서비스를 통보 없이 중지할 수 있다.

제 6 장 요 금

제13조【이용 요금】 "고객"의 서버 호스팅 서비스 요금 세부내역은 <별첨1>에 요금을 명기한다.

제14조【요금의 적용】 "고객"의 서비스 요금 중 셋업 비용은 이용계약 시 1회 지불하는 금액이며 당월 사용료는 "회사"가 "고객"에게 서비스가 개시됨을 통보한 날로부터 1달 사용료를 말하며 선불제로 적용한다.

제15조【요금의 납부】 "고객"은 "회사"가 사전에 지정한 금융기관에 온라인 자동이체를 원칙으로 한다. 단, 요금 연체가 발생시 "고객"은 연체금에 대하여 "회사"가 지정한 금융기관에 무통장 입금을 해야 한다. 이때 제반 수수료는 "고객"이 부담한다.

제 7 장 임대서버 운영의 규약

제16조【프로그램설치】 "고객"이 사전 협의 없이 문제가 발생할 수 있는 프로그램을 임의로 설치한 후 발생하는 문제에 대해서 "회사"는 책임을 지지 않는다.

제17조【백 업】 백업서비스를 이용하지 않는 "고객"의 자료에 대한 백업은 "고객"에게 의무가 주어지며, "고객"의 과실이나 하드웨어 결함, 천재지변, 기타 사고로 인한 자료의 유실에 대해서는 "회사"는 책임을 지지 않는다.

제18조【보 안】

1. 보안서비스를 이용하지 않는 "고객"의 자료와 서버에 대한 보안은 "고객"에게 책임과 의무가 주어지며, "고객"의 과실이나 천재지변, 크래킹으로 발생한 자료 유실에 대해서는 "회사"는 책임을 지지 않는다.
2. "회사"는 해킹 당한 시스템을 예고 없이 네트워에서 분리할 수 있다. 또한 "고객"은 이러한 조치에 적극 협조해야 한다.

제19조【root 패스워드】

1. "회사"는 초기 셋팅 시 사용된 root 패스워드를 서비스 개통 시 "고객"에게 통보해야 하며, 개통 후 "고객"이 임의로 변경한 root 패스워드는 시스템 유지보수를 위해 "회사"

가 요청한 경우 이를 통보해야 한다.

2. "회사"는 root 패스워드를 통해 알게 된 "고객"의 어떠한 정보도 3자에게 유출해서는 안되며, "고객"의 기밀사항을 누출해서는 안 된다(단, 조사 또는 감사권을 지닌 행정기관의 요청에 의한 경우는 제외한다).

제20조【서버성능】 사전통보 없이 "고객"의 과도한 사용으로 인한 시스템 성능저하 문제에 대해서 "회사"는 책임을 지지 않는다.

제21조【네트웍사용】

1. 기본적으로 "회사"는 고객에게 100Mbps Dedicated 라인과 스위치를 제공하며, 비정상적인(해킹, 바이러스, 스팸 메일 등 …) 트래픽 증가를 제외한 트래픽량의 매달 최대점 6개의 평균을 구하여 계약초기의 기준 Bandwidth가 넘을 시에 1Mbps추가 당 ○○○원(부가세별도)을 추가로 요금납부 시에 지불해야 한다. 단, 다시 초기 계약시의 기준 Bandwidth 이하로 떨어졌을 때는 1달 후 요금을 다시 조정할 수 있다.
2. "회사"의 통보이후 아무런 회선증설이나 아무런 조치가 없어, 기준 Bandwidth 초과가 ○일 이상 지속될 경우 "회사"는 네트웍 제공을 중단할 수 있다.
3. 네트웍 제공 중단 후 "고객"이 ○일간 아무런 조치가 없을 경우, 제5조와 제6조항에 따라 해지절차를 통해 해지 처리된다.

제22조【프로그램 라이센스】 서버의 설치된 프로그램은 "회사"가 설치를 대행해 주었다고 해도 모든 책임은 "고객"에게 있다.

제23조【장애처리비용】 "고객"의 독단적인 시스템 점검이나 프로그램 설치로 인해 발생한 문제에 대해선 "회사"의 기술이 필요한 경우 "회사"는 비용을 청구할 수 있다. 기본 설치 및 프로그램 설치는 서비스 차원에서 제공되는 것이고, "회사"의 의무사항은 아니다.

제 8 장 기 타

제24조【계약자의 의무】

1. "고객"은 서비스를 이용함에 있어 합법적인 용도로만 사용하여야 하며, 법률 또는 사회규칙에 반하는 형태로 사용할 수 없으며 그로 인한 소송 및 배상 또는 그 부대비용에 대하여 "회사"가 책임지지 아니한다.
2. "고객"은 "회사"가 제공하는 서비스를 이용하여 타인의 초상권, 저작권 권리에 대하여 침해하여서는 안 된다.

제25조【일반 상관례】 본 약관에 명시되지 않는 사항은 일반 상관례에 따르기로 한다.

제26조【면 책】

1. "회사"가 제공하는 서비스를 이용하여 "고객"이 행하는 모든 행위에 대하여 그 행위의 결과로 인한 손해 및 불법행위에 대한 모든 민, 형사상의 책임 및 배상의 책임은 지지 않으며, 그 책임은 "고객"에게 있다.
2. "회사"가 "고객"이 기록한 데이터에 대하여 별도로 저장할 책임이 없으며 외부 침입에 의한 정보의 누락 및 유출에 대하여 "회사"가 책임지지 아니한다.

제27조【적 용】
본 규정은 20○○년 ○월 ○일부터 적용된다.

20○○년 ○월 ○일

회사	㊞	사 업 자 등록번호		사 무 소	
				전화번호	
고객	㊞	주민등록번호		주 소	
				전화번호	

[서식 134] 전세계약서(국내여행알선 및 관광버스)

국내여행알선 및 관광버스 전세계약서

예 약 자	주 소					
	성 명		전화번호			
승차단체명			알선여행사명			
운행일자	20○○년	○월 ○일 ○시 ○분		○일간		
		○월 ○일 ○시 ○분				
운행코스						
운행요금	대당대절료		대 수		총 액	
	1인당회비		승차인원		총 액	
예 약 금		잔 금			적 요	
승차장소						
특기사항						
구약 또는 요망 사항	1. 정원 초과를 하지 못합니다. 2. 전세료는 출발 전에 완불하여야 합니다. 3. 도착지 및 경유지는 변경할 수 없습니다. 4. 차륜 계약시는 우천불문코 운행합니다. 5. 도로비와 주차비는 사용자가 부담합니다.					

	6. 차내에서 음주가무를 금합니다.

상기와 같이 계약하였음을 증명함

20○○년 ○월 ○일

본사 : ○○시 ○○구 ○○대로 ○○○-○○
TEL :
FAX : HP :

주식회사 ○○○○
대표이사 ○ ○ ○ (인)

	취급자인
＊ 주 의 : 계약서에 취급자 인이 없는 것은 무효입니다.	

[서식 135] 전세차량계약서

전세차량계약서

○○초등학교장 ○○○를 "갑"이라 칭하고, 합자회사 "○○○○관광 ○○○"을 "을"이라 칭하여 다음과 같이 버스전세차량계약을 체결한다.

제 1 조 【 전세차량조건 】

1. 전세기간 : 20○○년 ○월 ○일
2. 운행일정 : ○○ - ○○ 일원(○○, 박물관, 동물원)
3. 차량전세요금 : 1대 250,000원 × 3대 = 750,000원
4. 교통편 : 버스는 관광 전세버스로서 45인승 3대로 하되 자동차종합보험에 가입한 차량이어야 한다.

제 2 조 【 차량비의 정산 】

1. 차량전세금은 "을"이 여행조건을 아무 이상없이 이수한 후, "을"에게 전액 지급한다.
2. 단, 여행조건을 성실히 이행치 않고 위배할 시 제3조 1항의 차량전세금 중 일부(20%)를

지불하지 않아도 “을”은 하등의 이의를 제기할 수 없다.

제3조【운행조건】

1. 운전기사의 사전교육으로 철저한 안전운행 및 제반 교통법을 준수해야 할 것이며, 사고, 고장 등 모든 책임은 “을”에게 있다. 이때 만일 차량고장 등의 사유로 인하여 운행불능시 30분 이내에 수리 또는 대차하여 운행하여야 하며 1시간 이상 경과할 경우 1시간당 계약금액의 10% 해당금액을 “갑”이 지체상금으로 징수하여도 이의를 제기할 수 없으며, 이로 인한 모든 손해와 책임은 “을이 부담한다.
2. 상기 조항으로 인하여 물의가 야기되었을 경우 국가를 당사자로 하는 계약에 관한 법률 제27조에 의거 부정당업자로 제재하여도 “을”은 하등의 이의를 제기할 수 없다.
3. “을”은 계약된 일정에 대하여 성실한 안내를 제공, 학생으로 하여금 교육적이고도 즐겁고 보람된 여행이 되도록 최선을 다하여야 하며, 불친절, 학생들의 사기위축 등 불미스러운 일이 발생하지 않도록 한다.
4. 여행도중 응급환자가 발생하였을 경우 “을”은 객관적으로 인정되는 최선의 필요한 방법을 취하여야 한다. 다만, 학생들의 사고 또는 체질에 의한 환자 의 의료비는 본인의 부담으로 한다.
5. 여행도중 예상치 못한 사고로 인한 “갑”의 여행계획 변동 시에는 “을”의 경비 부담으로 이를 해결한 후 사후 협의하여 결정하도록 한다.
6. “을”의 잘못으로 인한 모든 피해 발생시는 회사 측에서 민,형사상의 모든 책임을 부담한다.
7. “갑”은 학생들에게 여행에 따른 안전사고 예방지도에 철저를 기하여 “을”의 안전운행에 지장이 없도록 하여야 한다.
8. 전세버스 운행에 따른 유류도로비, 주차비 등은 “갑”이 부담한다.

제4조【기 타】 본 계약의 이행과정에 있어 이의가 있을 때에는 제법규 및 관례에 위배되지 않는 한 “갑”의 의견에 따른다.

본 계약을 성실히 이행하기 위하여 계약서를 2부를 작성하여 “갑”과 “을”이 각각 1부씩 보관한다.

20○○년 ○월 ○일

갑	㊞	주민등록번호		주 소	
				전화번호	
을	㊞	사 업 자 등 록 번 호		사 무 소	
				전화번호	

[서식 136] 임대차계약서(차량)

차량 임대차계약서

본 계약서는 "임대인"과 "임차인"이 대여 차량의 임대차 계약을 체결함에 있어 상호 신의 성실의 원칙하에 다음 사항을 준수, 이행키로 합의하고 기명날인 후 각 1통씩 보관한다.

임차인(갑) : 사단법인 한국무역협회 (회장 : 한 덕 수)

임대인(을) : (대표 :)

제1조 임차차량 및 월간 임차료

(단위: 원, VAT포함)

대상차량/규격	대수	월 임차비	인도일자	비고
GRANDEUR HG(G) 300 Exclusive AT	4	낙찰가	2014. 5	풀옵션(썬루프 제외)
GRANDEUR HG(G) 240 Modern AT	7	낙찰가	2014. 6	풀옵션(썬루프 제외)

※ 매월 임차비는 부가가치세, 종합보험료(대인, 대물, 자손 등)정비 및 점검 소요비용 등이 포함된다.

제 2 조 계약기간

차량 임대차 계약기간은 인도일로부터 3년으로 한다.

제 3 조 계약보증금

"임대인"은 계약보증금으로 본 계약체결과 동시에 계약금액의 10%이상에 해당하는 금액을 현금 또는 시중은행 발행 자기앞수표로 "임차인"에게 납부하여야 한다. 다만, 현금에 갈음하여 다음의 보증서 등으로 납부할 수 있다.

① 은행의 지급보증서

② 보험법에 의한 보험사업자가 발행한 보증보험증권

제 4 조 운전자

임차차량의 운전자는 만 21세 이상이어야 하며, 유효한 운전면허증(국제운전면허 포함)을 소지하고, 한국무역협회의 임직원(계약직, 파견직, 협회에서 지정한자 등 포함) 및 임원의 경우 직계가족까지 가능하다.

제 5 조 임차비의 정산

① "임대인"은 정산내역, 세금계산서 및 정비점검표를 첨부하여 매월 말일자로 대여료를

청구하고, “임차인”은 익월 10일까지 현금으로 지불한다.
② 임차기간이 1개월 미만일 경우는 일할 계산한다. (30일 기준)

제6조 보험(보상 및 배상)

① “임대인”은 차량의 소유주로서 “임차인”의 과실로 인한 사고에 대해 보상, 보호하기 위하여 종합보험(대인, 대물, 자손)에 가입하여야 한다.

② 이때 자동차 손해보험 보상법에 의한 책임보험 및 영업용 자동차 종합 보험 약관에 명시된 해석과 보상, 보장 범위 내에서 아래와 같이 혜택을 받는다. 단, 법규의 위반, 또는 저축 시에는 일부 또는 전부를 보상받지 못할 수 있으며, 이 경우는 “임차인”의 책임으로 하며 “임대인”은 면책된다.

o 대인배상한도 Ⅰ: 자동차손해배상보장법 시행령에서 정한 금액
o 대인배상한도 Ⅱ: 무한 (운전자연령 만 21세 이상 한정운전특약)
o 대물배상한도 : 1억원 한도
o 자기신체보상한도 : 피해자 1인당(부상, 사망, 후유장애 시) 1억원
o 자차보험한도(도난포함) : 차량손해 면책제도(무역협회 면책부담금: 30만원)
o 무보험차량 상해한도 : 2억원 한도

③ 차량손해(자차)

o “임차인”이 차량손해 면책제도(Loss Damage Waiver)에 가입한 경우에는 자기차량 손해에 대하여 “임대인”이 책임을 진다.
단, 사고건당 300,000원까지의 고객부담금(면책금)에 대해서는 “임차인”이 부담한다.
o 위 항의 경우 외에도 아래 사항에 해당되는 차량 손해 시에는 “임차인”이 모두 책임을 진다.
- 운전자나 탑승자의 고의로 발생한 손해
- 허위계약 및 계약위반으로 발생한 차량손해
- 제10조의 금지된 행위로 인해 발생한 차량손해
- 운전자 자격요건을 벗어난 사고

④ 휴차보상

차량면책제도(LDW)에 가입하더라도 “임차인”의 운전자 고의, 귀책사유 등으로 차량사고 발생시 “임차인”은 차량의 수리기간 중 영업손실에 따른 휴차 보상료를 임대인에게 지불한다. 이때 일일대여료에 해당되는 금액을 적용한다.
단, 수리기간중 대차를 원하지 않을 경우는 적용하지 아니한다.

⑤ 사고처리

사고발생시 “임대인”과 “임차인”은 다음 사항을 준수하여 사고처리를 위해 상호 협력한다.

o “임차인”은 “임대인”이 요청하는 양식에 의한 사고보고서를 제출하여야 하며, “임대인”은 즉각적인 조치를 취해야 한다.
o “임차인”은 “임대인”이 계약한 보험회사가 필요로 하는 서류 및 증거를 제출하여야 한다.
o “임대인”과 “임차인”은 다른 일방에게 불리한 합의나 증언을 제3자와 할 수 없으며, 상기 의무를 게을리 함으로써 발생하는 손해에 대해서는 상대방에게 배상한다.

제 7 조 세금

"임대인"은 한국정부에서 대여차량에 부과하는 모든 세금과 공과금을 납부하여야 한다.

제 8 조 차량납품

① "임대인"은 "임차인"에게 신차출고차량을 납품하여야 하며, 별도의 차량 인수인계서로 서로 확인한다.

② 납품되는 차량은 다음 서류를 구비하여 "임차인"에게 제시하여야 하며 사본 각 1부씩을 해당 차에 비치한다.

o 차량등록증

o 종합보험료 영수증

③ 대여차량의 인수인계서는 별도로 정한 서식으로 상호 확인한다.

제 9 조 지체상금

"임대인"은 제1조에 정한 임차차량을 제1조의 인도일자를 경과하여 "임차인"에게 인도할 경우에는 인도일자의 익일부터 매 지체일수마다 당해 대여 차종의 총대여료의 0.3%에 해당하는 지체상금을 "임차인"에게 지불하여야 한다.

제10조 차량의 관리

① "임대인"은 안전운행을 위하여 차량의 정기적인 점검을 실시하며, 이에 따른 경비를 부담한다.

② 운행전후의 일상점검은 "임차인"이 책임지며, 운전자에게 최소한의 일상점검에 필요한 사항(냉각수, 오일점검 등)을 주지시켜 이행한다.

③ "임차인"은 "임대인"의 정기점검 및 계속검사를 위한 최소한의 시간을 할애한다.

④ "임차인"은 차량사용도중 현장조치가 불가피할 경우 "임대인"에게 통보하여 사전 동의를 얻어 자체 처리할 수 있으며, 이때 소요된 비용은 증빙서류를 첨부하여 "임대인"에게 청구하면 동 비용을 즉시 송금한다.

⑤ "임차인"의 피해 사고와 고장으로 인해 운행이 불가능할 시 "임대인"은 동 차종 또는 동 차종이상으로 대차하여야 한다.

제11조 금지행위

① "임차인"은 대여차량에 대해 다음의 행위를 하여서는 안 된다.

o 제4조 운전자 자격요건에 해당되지 않는 자에게 운전토록 하는 행위

o 운전연습, 성능테스트, 자동차경주대회 참가, 타차의 견인, 유상운송 또는 재대여 용도로 사용하는 행위

o 차량의 구조변경 및 개조

o 무면허 및 음주운전

o 마약 등 향정신성 약품을 음용하고 운전하는 행위

o 기타 법규로 금지된 행위

제12조 권리의무의 양도

"임대인"은 "임차인"의 사전 서면승인 없이는 본 계약에 의하여 발생하는 권리나 의무를 제3자에게 양도 또는 기타 담보의 목적으로 제공할 수 없다.

제13조 계약 만료 시 차량의 매각

계약기간의 종료 시 "임차인"이 대여차량의 구매를 원할 경우 매매가격은 법인세법에 준한 잔존가를 기준으로 한다.

제14조 계약의 해지

① 쌍방은 본 계약서 조항에 해당되는 일방의 위배사항이 발생할 경우 상대방에게 통보하고, 시정조치가 이루어지지 아니할 경우 계약을 일방적으로 해지할 수 있다.

② 상대방의 동의 없이 일방에 의해 계약이 해지될 경우, 그 일방은 상대방에게 잔여 계약일수에 대한 당해 대여차종의 총임차비의 10% 위약금을 배상한다(VAT 제외).

제15조 기타사항

① 임대인은 임차 계약기간 중 임차인의 요구 시마다 스노우타이어 및 체인을 즉시 제공하되, 최초 요구 시에는 신품으로 지급하며, 동제품의 미사용 기간에는 임대인이 보관한다.

② 임대인은 차량 인도 후 1회에 한하여 차량매트를 신품으로 교체한다.

③ 임대차 기간 중 주차위반 및 제반 법규 위반 시 범칙금은 "임차인"(운전자)이 부담한다.

④ 임대인은 차량 인도 후 내비게이션을 정기적으로 업그레이드하여야 한다.

⑤ 본 계약서에 명시되지 않은 사항은 건설교통부 인가 자동차대여 표준약관에 따른다.

⑥ "임차인"과 "임대인"은 사전 서면 동의 없이 본 계약에 따른 권리 의무를 제3자에게 양도하거나 위임할 수 없다.

⑦ 분쟁 발생 시는 국내에서 통용되는 법령, 법규, 조례, 상관례에 따라 쌍방의 합의에 의해 결정하기로 한다.

⑧ 쌍방의 분쟁 발생 시 관할법원은 "임차인"의 소재지 법원으로 한다.

20○○년 ○월 ○일

"갑"	"을"
서울시 강남구 삼성동 159-1	
무역센터 트레이드타워	
사단법인 한국무역협회	
회 장 한 덕 수 (인)	

[서식 137] 임대차계약서(차량)

차량 임대차계약서

○ 목적물의 표시

기 종	규 격	등록번호	대 수	비 고
	톤	호	대	

"갑" (임차인) 주 소 :
상 호 :
성 명 :

"을" (임대인) 주 소 :
상 호 :
성 명 :

상기 계약당사자간에 차량을 대여함에 있어 임차인을 "갑", 임대인을 "을"이라 칭하여 아래와 같이 계약을 체결한다.

제 1 조 (계약기간) 년 월 일부터 년 월 일까지로 한다.

제 2 조 (가동시간) 차량의 가동시간은 1일 10시간을 기본으로 한다.

제 3 조 (사용료) 사용료는 1일 원으로 하고, 기본시간을 초과한 경우에는 쌍방의 합의하에 추가 지급한다.

제 4 조 (유류 및 소모품) 작업중에 소요되는 유류 및 잡유와 소모품은 "을"의 부담으로 한다.

제 5 조 (차량의 철수) "갑"이나 "을"은 계약기간중 작업조건 등 부득이한 사정으로 차량을 철수하여야 할 사유가 발생시는 3일전에 그 사실을 상대방에게 통보하고 쌍방협의에 따라 철수할 수 있다.

제 6 조 (기타) 본 계약서에 명시되지 않은 사항은 일반 상관례에 따르기로 한다.

본 계약을 증명하기 위하여 계약서 2통을 작성하고 각각 서명날인 후 1통씩 보관한다.

20○○년 ○월 ○일

「갑」(임차인) ㊞

「을」(임대인) ㊞

[서식 138] 임대계약서(장비)

장비임대계약서

○○주식회사(이하 "갑"이라 한다)와 ○○주식회사는(이하 "을"이라 한다)는 다음과 같은 조건으로 다음과 같은 조건으로 장비임대차계약을 체결한다.

제 1 조 (계약의 목적) 본 계약은 갑이 을에게 본 계약에 따른 장비(이하 "본 장비"라 한다)를 임대하고 을이 이를 임차하는 임대차계약에 필요한 제반사항과 갑과 을 간의 권리의무관계를 규정함을 목적으로 한다.

제 2 조 (임대의 목적물) 본 계약에 따라 을이 임대하는 장비는 다음과 같으며, 그 외 장비와 관한 구체적인 사항은 갑과 을 간의 별도의 합의로서 정한다.

1.

2.

3.

제 3 조 (보증금)

① 을은 임대차 보증금을 아래와 같이 지급하기로 한다.

보증금 총액	금 ＿＿＿＿＿ 원정		
계 약 금	금 ＿＿＿＿＿ 원정은 계약시에 지불하고 이를 영수함.		
중 도 금	금 ＿＿＿＿＿ 원정	지급일	
잔 금	금 ＿＿＿＿＿ 원정	지급일	

② 상기 보증금은 본 계약의 이행 중 을의 귀책사유로 인하여 갑에게 발생하는 모든 손해를 배상하는 데 충당될 수 있다.

③ 임대차기간이 만료되거나 본계약이 종료되면 갑은 을로부터 본 건 장비를 인도 받음과 동시에 을에게 보증금을 반환한다.

제 4 조 (임대료)

① 임대료는1개월에 금 _________ 원정으로 하고, 을은 매월( )까지 다음달의 임대료를 갑에게 지급한다. 단, 첫번째 임대료는 계약체결일이 속한 달의 말일에 다음달의 임대료와 함께 지급한다.

② 을이 임대료의 지급을2회 이상 지체할 경우에 갑은 이 계약을 해지할 수 있다. 을은 해지통지를 받은 즉시 본 장비를 갑에게 반환해야 한다.

제 5 조 (인도) 갑은 을로부터 잔금을 지급받음과 동시에 본 장비를 을에게 인도하기로 한다.

제 6 조 (임차인의 의무) 갑과 을은 본 장비의 유지 및 관리에 대하여 다음과 같이 합의한다.

1. 을은 선량한 관리자의 주의의무로서 본 장비를 관리하여야 한다.
2. 주유, 전기절연체의 관리, 전기료, 연료비, 부품의 교체대금 등 본 장비에 드는 통상의 관리비용은 을의 부담으로 한다.
3. 을이 고의 또는 과실로 본 장비를 훼손한 경우 을은 그 손해를 배상하여야 한다.
4. 을이 본 장비의 조작 실수로 제3자에게 손해를 입힌 경우 그 손해의 배상은 을의 부담으로 한다.
5. 본 장비에 수리를 요하는 사정이 발생하거나 본 장비에 대하여 권리를 주장하는 자가 있는 경우 을은 즉시 이를 갑에게 통보하여야 한다.
6. 을은 갑의 허가없이 본 장비의 개조 또는 개수를 할 수 없다.

제 7 조 (전대차 금지) 을은 장비설비에 관한 임차권을 제3자에게 양도하거나 공장을 전대할 수 없다.

제 8 조 (임차인의 권리보장)갑은 을이 본 장비를 사용할 수 있도록 본 장비에 대해 제3자의 어떠한 권리도 설정하지 않을 것을 확약하고, 만일 제3자가 을에게 본 장비의 인도를 요구하거나 기타 권리를 주장할 경우에는 갑이 모든 문제를 해결하여 을에게 아무런 피해를 주지 않도록 한다.

제 9 조 (보험 등)을은 장비설비를 인도받은 후 즉시 갑이 지정하는 보험금으로 장비설비에 대한 화재보험계약을 체결하고 본 계약기간 동안 이를 유지하여야 한다.

제10조 (장비의 운전지도)

① 본 장비에 대해 갑은 자기 비용으로 임대차계약 개시 후 2개월 동안 그 운전방법 등을 지도한다.

② 위 2개월의 기간이 경과한 후에 을이 갑에게 운전지도를 요구할 경우 그 비용은 을이 부담한다.

③ 갑은 임대차계약 체결 후 지체 없이 을에게 본 건 장비의 구조도, 기타 장비에 관한 상세한 데이터를 제공하고 동시에 을에게 운전요령을 기재한 문서를 교부하여야 한다.

제11조 (계약기간)임대차기간은 20__ 년 월 일부터 20__ 년 월 일까지로 한다.

제12조 (기간의 자동연장)당사자 일방이 임대차 기간만료( ) 전까지 임대차기간의 연장에 대한

반대의사를 상대방에게 서면으로 통지하지 않는 경우에는 이 계약은 자동으로 (　)년간 연장된 것으로 본다.

제13조 (분쟁의 해결) 본 계약과 관련하여 분쟁이 발생한 경우 당사자의 상호 협의에 의한 해결을 모색하되, 분쟁에 관한 합의가 이루어지지 아니한 경우에는○○지방법원을 합의관할로 하여 소송을 통해 분쟁을 해결하기로 한다.

제14조 (특약사항)

____

____

____

20○○년　○월　○일

임대인(갑)

주소 :

상호 :

성명 : 대표이사　　　　　(인)

임차인(을)

주소 :

상호 :

성명 : 대표이사　　　　　(인)

[서식 139] 무상임대차 계약서

[무상임대차 계약서]

임대인		주소	
임차인		주소	

계약의 편의상 임대인을 "갑"이라 정하고, 임차인을 "을"이라 정한 뒤 위 당사자간 다음

건물에 대하여 임대차계약을 체결함.

제 1 조 [부동산의 표시] 갑은 자기가 임차하고 있는 다음 건물을 을에게 임대한다.

주소 : ______________________________

건평 : ______________ ㎡

제 2 조 [보증금] 갑은 보증금을 무상으로 임차한다.

제 3 조 [공과금 기타 부담] 갑은 제1조 기재 건물에 관한 조세 기타의 공과 및 대수선을 부담한다.

제 4 조 [임대료] 임대료는 무상으로 한다.

제 5 조 [배상책임] 을은 그 책임이 될 사유로 인하여 임차건물을 훼손한 경우에는 그 배상의 책임을 진다.

제 6 조 [원상회복] 을은 명도에 있어서 본건 건물을 원상을 회복하지 않으면 안된다. 그러나 갑의 승낙을 얻어 조작 건구 등을 부착시킨 경우에는 갑은 시가에 의해서 그 조작 건구 등을 매수하는 것으로 한다.

제 7 조 [건물용도] 을을 본건 건물을 주거(혹은 점포)로 사용하고 다른 용도로 사용하지 못한다. 을이 이 항목을 위반할 경우 갑은 계약해지를 할 수 있다.

제 8 조 [건물의 구조 변경] 을은 갑의 승낙을 얻지 않으면 건물 또는 조작의 형태를 바꿀 수 없다.

제 9 조 [임대차 기간] 임대차계약의 기간은 ________년 ___월 ___일로부터 ___년간 한다.

제10조 [특약사항] 상기 계약 일반사항 이외에 아래 내용을 특약사항으로 정하며, 일반사항과 특약사항이 상충되는 경우에는 특약사항을 우선으로 적용하도록 한다.

1.
2.
3.

위 계약을 증명하기 위하여 본 계약서를 2통 작성하여 각기 서명날인하고 각 1통씩 보관한다.

________년 ___월 ___일

임 대 인 : ______________ (인)

임 차 인 : ______________ (인)

[서식 140] 리스계약서

리 스 계 약 서

리스회사 ○○○○ 주식회사(이하 "갑"이라 한다)와 리스이용자 ○○○(이하 "을"이라 한다)는 상호간에 다음과 같이 리스계약을 체결한다.

제1조【리스물건】 "갑"은 "을"이 선정한 별표(1)란 기재의 리스물건(이하 "물건" 이라한다)을 구입하여 "을"에게 리스한다.

제2조【리스기간】 리스기간은 별표 (4)란 기재에 의하며 이는 "을"이 리스개시 통보일로부터 개시된다.

제3조【리스료 산정 기준금액】 별표 (5)란의 리스료 산정 기준금액은 물건의 가액을 원칙으로 하되, "갑" "을" 그리고 매도인 간의 협의에 의하여 기타 물건의 구입과 관련하여 발생된 부대비용을 포함한 금액으로 한다.

제4조【리스료 및 지급방법】 "을"은 별표 (7)란에 기재된 리스료를 동란에 정한 지급일에 지정된 방법으로 "갑"에게 지급한다.

제5조【리스계약보증금】 "을"은 별표 (6)란에의 리스계약보증금을 "갑"에게 리스 기간 동안 현금으로 예치하여야 하나, "갑"은 "을"의 신용을 고려하여 면제한다.

제6조【물건의 구입】 "을"은 자기의 책임 하에 물건을 선정한 것임을 확인하고 물건의 품질, 성능에 대하여 "갑"은 책임을 지지 아니한다.

제7조【보 험】

1. "을"이 물건을 인수하면 "갑"을 피보험자로 하여 "을"의 비용으로 동산종합보험에 부보한다.
2. 보험사고가 발생한 때에는 "을"은 지체 없이 그 내용을 "갑"에게 통지하고 보험금 수령에 필요한 모든 서류를 "갑"에게 제출하여야 한다.
3. "갑"은 "을"에게 동산종합보험료를 연 1회 청구한다.

제8조【물건의 인수 및 리스물건 영수증 교부】 "을"은 "갑" 또는 매도인으로부터 물건을 수령하여 별표 (3)란의 장소에 설치한 때에는 지체 없이 리스물건 수령증을 발급하여 "갑"에게 교부하여야 한다.

제9조【물건의 사용 및 보관】

1. "을"은 리스물건을 사용, 보관함에 있어 정상적인 운전상태를 유지하고 완전한 기능과 성능을 유지하도록 필요한 모든 조치와 선량한 관리자로서의 주의, 의무를 다하여야 한다.
2. "을"은 "갑"의 서면에 의한 승인을 얻지 않고 리스물건을 양도, 개조, 이동하지 못함은 물론, 기타 "갑"의 소유권을 침해하는 행위를 하지 못한다.

3. "을"은 리스 물건에 부착된 소유권 표찰 등을 제거 또는 오손하여서는 아니 된다.
4. "을"은 리스물건에 대하여 다른 제3자로부터 강제집행, 기타 법률상 또는 사실상의 침해가 없도록 충분한 보존조치를 취하여야 하고, 이러한 사태가 발생한 때에는 즉시 "갑"에게 통지하여야 하며, "을"의 책임과 비용부담으로 그 사태를 지체 없이 해소하여야 한다.

제10조【계약의 중도해지】
1. "을"이 본 계약을 중도해지 하고자 할 경우에는 "갑"에게 제13조의 규정손실금을 즉시 납입하여야 한다.
2. "갑"은 아래 각 호의 해당사유가 발생할 경우 "을"에게 사전에 통보나 최고 후 본 계약을 해지할 수 있다. "갑"이 본 계약의 해지를 "을"에게 서면 통보하면 "을"은 "갑"에게 제13조의 규정손실금을 즉시 납입하여야 한다.
   가. "을"이 본 계약 본 조항의 어느 하나라도 위반했을 때
   나. "을"이 제4조의 지불약정 사항을 3회 이상 불이행 했을 때
   다. 기타 "을"의 정상적인 계약의 이행이 곤란하다고 인정할 때

제11조【리스기간 종료 후 물건의 처리】 별표 (4)란의 리스기간이 종료되고 "을"이 그 기간 동안의 의무를 완전히 이행한 경우에 "갑"은 리스물건을 무상 양도한다.

제12조【규정손실금】
1. 리스기간 중 각 년도 초의 규정손실금액과 체감금액은 별표 (8)란에 기재된 금액으로 한다.
2. 각 년도 중의 규정손실금액은 해당 년도 초의 규정손실금액에서 해당년도중의 체감월액의 경과월수(해당년도의 임대료 지급월액) 상당액을 차감한 금액으로 한다.
3. 규정손실금액의 산정기준일에 리스료가 연체되었을 때에는 제2항의 산정금액에 연체된 리스료와 연체료를 가산한 금액으로 규정손실 금액으로 한다.

제13조【연체료】 "을"이 본 계약에 의하여 "갑"에게 지급할 채무이행을 지체시킬 때에는 별표 (10)란에 표시된 소정의 연체료율에 의한 연체료를 "갑"에게 지급한다.

제14조【현황통지】 "을"은 물건이 감실 또는 훼손된 때에는 지체 없이 그 내용을 "갑"에게 서면으로 통지하여야 한다.

제15조【특약사항】 별표 기재의 특약사항도 본 계약과 일체가 되어 본 계약을 보완하거나 수정하는 것으로 한다.

제16조【청렴계약이행 준수의무】 "갑"과 "을"간에 상호 교부한 청렴계약이행서약서는 이 계약의 일부로 하며 "갑"과 "을"은 청렴계약이행서약서의 내용을 성실히 준수하여야 한다.

제17조【청렴계약 위반시 조치】 "갑"과 "을"간에 상호 교부한 청렴계약서약서의 내용을 위반할 시에는 "갑"은 "을"에 대하여 계약해지, 해제 등의 조치를 취할 수 있다.

본 계약의 내용을 증명하기 위하여 이 계약서 2통을 작성하고 각각 서명(또는 기명) 날인한 후 각각 1통씩을 보관한다.

20○○년 ○월 ○일

갑	㊞	사 업 자 등 록 번 호		사 무 소	
				전화번호	
을	㊞	주민등록번호		주 소	
				전화번호	

[서식 141] 대여계약서(행사용품)

행사용품 대여계약서

대여점 (주)○○○○(이하 "갑"이라 칭한다)와 행사자 ○○○(이하 "을"이라 칭한다)는 상호간에 다음과 같이 행사용품 대여계약을 체결한다.

제1조【목 적】 본 계약은 "을"이 주최하는 ○○○○행사에 사용되는 행사용품 일체를 "갑"으로부터 대여받고 사용 후 반환하는 내용을 규율함을 목적으로 한다.

제2조【대여품목】

1. "갑"이 대여하는 행사용품 및 수량은 다음 각 호와 같으며 품목이 많은 경우 별도의 대여품목 명세서를 작성하여 본 계약서 말미에 첨부한다.
   가. 품목명 : ○○○○ (○○개)
   나. 품목명 : ○○○○ (○○개)
2. 제1항의 대여품목은 대여시 상호 품질상태 등을 확인하고 서면에 당해 상태를 기재를 한 후 반환 시 상이점 비교에 활용하도록 한다. 단, 동영상 또는 이미지로 당해 사진을 찍은 경우에는 그에 따른다.

제3조【대여기간】

1. "을"은 행사기간 하루 전부터 행사종료일의 하루 이후까지 대여하기로 하며 구체적으로 20○○년 ○월 ○일부터 20○○년 ○월 ○일로 한다.
2. 제1항의 대여일을 경과하여도 "을"이 "갑"의 지정 장소에 반환 인도하지 아니하는 경우 지체 1일당 금 ○○○원(₩○○○)의 연체이자가 가산된다.
3. 제2항의 경우 ○일이 경과하여도 반환이 되지 아니하는 경우 총 대여용품의 신규 구입가격에 해당하는 금액을 배상하여야 한다.

제4조【대여료】

1. 본 행사용품의 총 대여료는 금 ○○○원(₩○○○)으로 하며 "을"은 본 계약체결과 동시에 계약금으로 ○%를 "갑"에게 현금으로 지불하며 사용 후 반환 시 잔금 ○%를 지급한다.
2. 제1항과 별도로 "갑"이 행사의 진행대행까지 의뢰받는 경우에는 행사진행 대행비로서 금 ○○○원(₩○○○)을 추가로 지불하여야 하며 본 비용은 대여일의 하루 이전까지 선급하여야 한다.
3. 대여비의 연체 시에는 총 연체대금에 대하여 매 1일당 ○%의 연체이자가 가산되며 ○일이 경과하여도 대여비를 지급하지 아니하는 경우 직접 "갑"이 회수에 나서며 대여비를 포함하여 당해 강제회수 절차의 진행에 따른 소요경비 일체는 "을"이 부담한다.

제5조【운반 및 비용】

1. 대여품은 "갑"이 "을"이 지정한 ○○○장소에 공급을 하며 운반비용은 대여료에 포함된 것으로 한다. 반환의 방법도 이를 준용한다.
2. 대여품의 공급에 대해 하자발생 등이 있는 경우 "을"은 즉시 대체품의 공급을 요청하며 그렇지 아니한 경우 반환 시 그에 대한 책임을 지지 아니한다.

제6조【특별관리 품목】 "을"은 특별히 다음 각 호의 용품은 그 사용 및 관리에 있어서 각별히 주의를 하여 사용, 관리하여야 한다.

1. ○○○○ : 흠집이 나지 않을 것
2. ○○○○ : 깨지지 않을 것
3. ○○○○ : ○○○○

제7조【양도금지】

1. "을"은 본 대여품을 행사용도에 사용하여야 하며 사용에 있어서 부주의로 인한 손상이 발생하지 않도록 하여야 한다.
2. "을"은 "을" 이외의 제3자에게 본 대여품의 사용 및 양도를 할 수 없다.

제8조【검 수】

1. "갑"은 대여기간의 종료 시 "을"의 지정된 장소에 방문하여 대여품에 대한 검수 및 회수를 위한 절차를 진행하며 하자발견 시 이에 대한 변상을 요구한다.
2. 별다른 사유가 없는 한 동영상 또는 사진을 근거로 하여 당해 제품의 이상여부를 판단한다.

제9조【기타사항】

1. 계약의 당사자는 본 계약의 내용을 신의성실에 의거하여 준수하여야 한다.
2. 계약기간 중 계약의 변경은 당사자의 서면 합의에 의해서만 변경될 수 있으며 서명날인된 문서를 본 계약서의 말미에 첨부한다.
3. 본 계약서에서 명시되지 않은 부분에 대하여는 관련 법규 및 상관습에 따르기로 한다.

제10조【분쟁해결】

1. 본 계약과 관련하여 양 당사자 간의 분쟁이 발생한 경우, 원칙적으로 "갑"과 "을" 상호간의 합의에 의해 해결한다.
2. 제1항에도 불구하고 분쟁이 해결되지 않을 경우 "갑"의 주소지 관할 지방법원을 그 관할

로 하여 재판함으로써 해결한다.

제11조【특약사항】 상기 계약일반사항 이외에 "갑"과 "을"은 아래 내용을 특약사항으로 정하며, 특약사항이 본문과 상충되는 경우에는 특약사항이 우선하여 적용된다.

위와 같이 본 계약이 유효하게 성립하였음을 증명하기 위하여 본 계약서 2통을 작성하여 각각 서명(또는 기명) 날인한 후 "갑"과 "을"이 각각 1통씩을 보관한다.

20○○년　○월　○일

갑	㉧	사 업 자 등 록 번 호		사 무 소	
				전화번호	
을	㉧	주민등록번호		주　　소	
				전화번호	

[서식 142] 대여계약서(행사용 의자)

행사의자 대여계약서

(주)○○○○(이하 "갑"이라 칭한다)와 (주)○○○○(이하 "을"이라 칭한다)는 다음과 같이 행사의자 대여계약을 체결한다.

제1조【목 적】 본 계약은 "갑"이 소유한 행사용 의자를 "을"이 단합대회 기간 동안 내외빈 좌석 및 기타의 용도로 대여받아 사용하는 것과 관련된 사항을 규율함을 목적으로 한다.

제2조【대여량 및 결제】

1. "을"은 총 수량 ○○○개의 의자를 행사기간을 전후하여 대여받고 대여금액은 의자 1개당 1일 사용료 금 ○○○원(₩○○○)으로 산정한다.
2. "을"은 제1항의 대여료 총액 금 ○○○원(₩○○○)을 대여와 동시에 "갑"에게 현금으로 지급한다.

제3조【상 태】

1. "갑"은 대여 의자가 통상의 용도에 적합한 품질로 제공하고 사용할 수 없는 의자는 즉시 반환받고 새로운 의자로 재대여하여야 한다.
2. 대여시의 의자상태와 반환시의 의자상태가 상이한 경우 "을"은 훼손된 의자 1개당 금 ○○○원(₩○○○)을 산정하여 훼손에 대한 배상을 한다.

제4조【용 도】 "을"은 행사용으로만 의자를 사용하도록 하고 기타의 목적의 사용으로 훼손, 멸실이 되지 않도록 하여야 한다. 행사용으로 사용하더라도 훼손 멸실에 대한 책임은 "을"이 전적으로 부담한다.

제5조【운반 및 반환】

1. 본 계약에 따른 의자의 운반 및 반환은 "갑"이 전적으로 담당하며 이에 관한 비용은 별도로 계산하여 사전에 지급한다.
2. 행사종료에도 불구하고 "갑"이 의자의 반환을 ○일 이상 이행하지 아니하는 경우 "을"은 직접 반환하거나(이러한 경우 당해 제1항의 금액의 1/2를 "을"에게 반환하여야 함) 또는 직접 처분하여 처분에 소요된 비용 및 전단의 반환비용을 공제한 잔액을 "갑"에게 지급한다.

제6조【대여기간】 본 계약의 대여기간은 20○○년 ○월 ○일부터 20○○년 ○월 ○일까지로 하고 종료 시 "갑"은 지정된 기일 이내에 회수조치 하여야 한다.

제7조【상태확인】 "갑"은 회수 시 대여상태와 차이가 있는 경우 본 계약서에 정한 금액에 해당하는 훼손금을 "을"로부터 변상받도록 하되, "을"이 회수일로부터 ○일 이내에 이를 지급하지 아니하는 경우 매 1일당 총 변상금액의 ○%에 해당하는 연체이자가 가산된다.

제8조【기타사항】

1. 계약의 당사자는 본 계약의 내용을 신의성실에 의거하여 준수하여야 한다.
2. 계약기간 중 계약의 변경은 당사자의 서면 합의에 의해서만 변경될 수 있으며 서명날인된 문서를 본 계약서의 말미에 첨부한다.
3. 본 계약서에서 명시되지 않은 부분에 대하여는 관련 법규 및 상관습에 따르기로 한다.

제9조【분쟁해결】

1. 본 계약과 관련하여 양 당사자 간의 분쟁이 발생한 경우, 원칙적으로 "갑"과 "을" 상호간의 합의에 의해 해결한다.
2. 제1항에도 불구하고 분쟁이 해결되지 않을 경우 "갑"의 주소지 관할 지방법원을 그 관할로 하여 재판함으로써 해결한다.

제10조【특약사항】 상기 계약일반사항 이외에 "갑"과 "을"은 아래 내용을 특약사항으로 정하며, 특약사항이 본문과 상충되는 경우에는 특약사항이 우선하여 적용된다.

위와 같이 본 계약이 유효하게 성립하였음을 증명하기 위하여 본 계약서 2통을 작성하

여 각각 서명(또는 기명) 날인한 후 "갑"과 "을"이 각각 1통씩을 보관한다.

20○○년 ○월 ○일

갑	㊞	사 업 자 등 록 번 호		사 무 소	
				전화번호	
을	㊞	사 업 자 등 록 번 호		사 무 소	
				전화번호	

[서식 143] 대여계약서(컴퓨터)

컴퓨터 대여계약서

○○○(이하 "갑"이라 칭한다)와 ○○○(이하 "을"이라 칭한다)는 상호간에 다음과 같이 컴퓨터 대여계약을 체결한다.

제1조【목 적】 본 계약은 "갑"의 사업비용의 절감을 위하여 사무실에 필요한 컴퓨터를 "을"로부터 임차하여 사용하고 "을"이 이에 대해 유지관리를 책임지는 것을 규율함을 목적으로 한다.

제2조【컴퓨터】 본 계약에서 대여하는 컴퓨터는 다음과 같으며 세부 사양은 본 계약서 말미에 첨부한다.

1. 대여수량 : 10대
2. 기본사양 : Pentium 4 00G (공통)
3. 운영체제 : MS Window XP P개 (공통)
4. 세부사양 : 별도 첨부 목록에 따름

제3조【사용료】

1. "갑"은 본 계약에 따른 사용료로서 매월 금 ○○○(₩○○○)원을 "을"의 계좌에 다음달 5일에 현금으로 입금한다(부가세별도).
2. 제1항의 사용료에는 매월 1회 시스템 정기점검 출장비용이 포함된 것으로 한다.

제4조【설치 및 소프트웨어】

1. "을"은 자기의 비용으로 "갑"의 지정 영업소에 컴퓨터를 설치하여야 하며 기본적으로

사무처리가 가능하도록 정품 소프트웨어를 설치하여야 한다.

2. 대여 컴퓨터가 기본적으로 지원하여야 하는 정품 소프트웨어는 다음 각 호과 같다.
   가. 한글(HWP) 오피스 : 버전 ○○○ 이상
   나. MS-Office : 버전 ○○○ 이상
   다. MS SQL : 버전 ○○○ 이상
   라. Photoshop(Adobe) : 버전 ○○○ 이상
3. 소프트웨어의 비품제공에 따른 손해에 대해 모든 책임은 "을"이 부담한다.

제5조【사용관리】

1. "을"은 매월 1회 이상 컴퓨터에 대한 정기점검을 실시하여 프로그램의 오류 기타 컴퓨터의 원활한 운영을 위한 조치를 시행한다.
2. "갑"의 통상적 사용에서 발생하는 고장 및 하자 프로그램 오류 등에 대하여는 "을"이 수리를 하여야 하며, 이러한 경우에는 부품비 및 소정의 출장료만 발생한다. 단, 정기점검에 있어서는 출장료가 발생하지 아니한다.

제6조【양도금지】 "갑"은 본 계약상의 컴퓨터를 제3자에게 양도하거나 질권설정 등의 제한행위를 하여서는 아니 된다.

제7조【선관의무】

1. "갑"은 컴퓨터의 관리에 있어서 선량한 관리자의 주의로써 유지관리에 만전을 기하여야 하며, 중대한 관리부실로 인한 컴퓨터의 손상에 대하여 "갑"은 배상의 책임이 있다.
2. 본 계약기간 동안 화재, 홍수 등의 불가항력적 사유로 인한 손상 또는 멸실에 대하여는 당사자 쌍방이 절반하여 비용을 부담한다.

제8조【유효기간】

1. 본 계약은 20○○년 ○월 ○일부터 20○○년 ○월 ○일까지 존재한다. 다만, 계약기간의 만료일부터 60일 전에 어느 일방의 종료통지가 없는 한 계약은 자동적으로 1년씩 연장된다.
2. 계약기간이 1년 이상으로 지속되는 경우 "을"은 매 1년마다 컴퓨터의 사양을 전년도 사양보다 업데이트 된 사양으로 교체한다.

제9조【해 지】

1. 당사자 일방에 대하여 압류, 가압류, 가처분, 부도 등의 사업이 불가능(또는 불투명)한 사태가 발생 시 상대방은 계약을 해지할 수 있다.
2. 본 계약상의 의무이행을 일방이 하지 아니하거나 불성실하게 이행할 경우 상대방은 계약의 이행을 최고하고 그럼에도 시정이 되지 아니할 시 계약을 해지한다.

제10조【종료 후 조치】

1. 본 계약이 종료(또는 해지)된 경우 "을"은 자신의 비용으로 컴퓨터의 철거를 하여야 하며 종료일로부터 15일 이내에 철거가 되지 아니할 시에는 "갑"이 자의적으로 처분한다. 단, "갑"의 사전 동의로 철수일을 연기한 경우에는 그러하지 아니하다.
2. 제1항의 경우 "을"은 처분에 대한 일체의 이의를 제기할 수 없다.

제11조【기타사항】
1. 계약의 당사자는 본 계약의 내용을 신의성실에 의거하여 준수하여야 한다.
2. 계약기간 중 계약의 변경은 당사자의 서면 합의에 의해서만 변경될 수 있으며 서명날인된 문서를 본 계약서의 말미에 첨부한다.
3. 본 계약서에서 명시되지 않은 부분에 대하여는 관련 법규 및 상관습에 따르기로 한다.

제12조【분쟁해결】
1. 본 계약과 관련하여 양 당사자 간의 분쟁이 발생한 경우, 원칙적으로 "갑"과 "을" 상호간의 합의에 의해 해결한다.
2. 제1항에도 불구하고 분쟁이 해결되지 않을 경우 "갑"의 주소지 관할 지방법원을 그 관할로 하여 재판함으로써 해결한다.

제13조【특약사항】 상기 계약일반사항 이외에 "갑"과 "을"은 아래 내용을 특약사항으로 정하며, 특약사항이 본문과 상충되는 경우에는 특약사항이 우선하여 적용된다.

위와 같이 본 계약이 유효하게 성립하였음을 증명하기 위하여 본 계약서 2통을 작성하여 각각 서명(또는 기명) 날인 후 "갑"과 "을"이 각각 1통씩을 보관한다.

20○○년 ○월 ○일

갑	㊞	주민등록번호		주 소	
				전화번호	
을	㊞	주민등록번호		주 소	
				전화번호	

[서식 144] 대여계약서(중장비)

중장비 대여계약서

중장비 보유자 (주)○○○○(이하 "갑"이라 칭한다)와 중장비사용 희망자 (주)○○○○(이하 "을"이라 칭한다)는 상호간에 다음과 같이 중장비대여계약을 체결한다.

제1조【목 적】 본 계약은 "갑"이 공사 중인 건설현장에 "을"의 중장비를 일정기간 대여하고 이와 관련된 대여비의 지급 및 중장비관리와 관련된 사항을 규율함을 목적으로 한다.

제2조【대여중장비】 본 계약상 "을"에게 대여하는 중장비는 다음 각 호와 같으며 각각의 등록원부 사본을 본 계약 말미에 첨부한다.

1. 종　　류 : 포클레인 2대
2. 제 조 사 : (주)○○○○
3. 출고연도 : 20○○년 ○월 ○일

제3조【대여료】

1. 본 계약체결과 동시에 보증금으로서 금 ○○○원(₩○○○)을 "갑"에게 지급하며 "갑"은 계약의 종료와 동시에 보증금의 50%를 "을"에게 반환한다.
2. 제1항의 보증금과 별도로 "을"은 매월 10일 대여료로서 금 ○○○원(₩○○○)을 "갑"에게 현금으로 지급한다.
3. 제1항의 보증금은 "을"이 지급의무를 불이행하거나 기타의 "을"의 귀책사유로 "갑"에게 손해가 발생 시 우선적으로 충당할 수 있다.

제4조【연체 등】

1. 본 계약상 대금지급의무의 연체 시에는 연체원금에 대하여 3/1000의 연체이자가 매 1일당 가산된다.
2. 대금지급의무 이외의 의무이행이 지체될 시에는 지체 1일당 금 ○○○원(₩○○○)의 지연손해금이 발생한다.

제5조【운 반】

1. 본 계약상의 중장비의 운송은 "을"이 "갑"의 영업지로부터 운반하며 종료 시에는 "갑"의 영업지로 반환하여야 한다.
2. 운송에 소요되는 모든 비용은 "을"이 부담한다.

제6조【정비 등】

1. "갑"은 사용기간 동안 대여 중장비에 대한 주기적 정비 및 청결, 안전관리의무를 부담하며 부품의 교체비 및 유류비 등은 일체 "갑"이 부담한다.
2. 대여중장비에 대한 임의개조는 "갑"의 사전허가 없이는 할 수 없다.

제7조【양도금지】 "을"은 본 계약상의 중장비를 제3자에 대여하거나 양도, 담보설정 등을 할 수 없다.

제8조【명인방법】 "을"은 해당 중장비에 대하여 대여품인 사실을 증명하는 표시를 제3자가 인식할 수 있는 방법으로 중장비에 게시하여야 한다.

제9조【위험부담】

1. 본 대여기간 동안 중장비에 대하여 발생하는 일체의 위험에 대하여는 전적으로 "을"이 그 위험을 부담한다.
2. 제1항의 경우 해당 중장비의 망실의 경우에는 동일 성능의 동일 연수의 중장비를 구입하여 "갑"에게 반환하여야 한다. 다만, "갑"이 이를 허락한 경우에 한하며 "갑"이 현금보상을 희망할 경우에는 그에 따라야 한다.

제10조【보고의무】

1. 대여기간 도중 중장비에 발생한 중대한 손실이 있을 시에는 즉시 "갑"에게 이를 통지하고 조치사항에 대해 고지하여야 한다.
2. "을"의 사업상의 사유로 제3자로부터 가압류, 가처분 등의 사유 발생 시 "을"은 즉시 해당 사유를 "갑"에게 통지하고 또한 제3자에 대하여 해당 중장비의 소유권이 "갑"에게 있음을 증명하고 소명하여야 한다.

제11조【세금 등】 대여기간 동안 중장비에 대하여 발생하는 세금 등 조세공과금은 "갑"이 부담한다. 다만, 본 계약체결 시점에 "갑"은 해당 조세공과 비용을 임대료 항목에 산입한다.

제12조【대여기간】

1. 본 중장비의 대여기간은 20○○년 ○월 ○일까지로 한다. 다만, 공사가 연장될 경우에는 "을"의 서면 연장신청에 대하여 해당 기간만큼 "갑"이 연장을 허락할 수 있으며 연장계약의 제반조건은 본 계약서에 따른다.
2. 본 계약의 종료 시 "을"은 즉시 중장비에 대해 보수 완비하여 사용에 적합한 상태로 "갑"에게 반환한다.

제13조【해 지】

1. "을"이 중장비의 사용에 있어서 통상의 용도를 벗어난 사용, 유지관리의 부실, 운전조작의 미숙 등의 사유로 대여 중장비가 통상의 수리 이상의 빈번한 수리를 필요로 하거나 기타 중장비의 노후화가 명백할 때 "갑"은 해당 사유의 경고를 할 수 있으며, 이에 대해서도 시정이 되지 아니할 시 계약을 해지하고 중장비의 반환을 할 수 있다.
2. "을"의 사업이 가압류, 가처분 등으로 불투명하거나 파산, 해산 등이 발생하여 사업이 불가능한 경우 "갑"은 계약의 해지를 통지하고 중장비를 반환 수령한다.
3. "을"이 대여료를 2회 이상 미납할 시에도 본 조의 절차에 따른다.

제14조【기타사항】

1. 계약의 당사자는 본 계약의 내용을 신의성실에 의거하여 준수하여야 한다.
2. 계약기간 중 계약의 변경은 당사자의 서면 합의에 의해서만 변경될 수 있으며 서명날인된 문서를 본 계약서의 말미에 첨부한다.
3. 본 계약서에서 명시되지 않은 부분에 대하여는 관련 법규 및 상관습에 따르기로 한다.

제15조【분쟁해결】

1. 본 계약과 관련하여 양 당사자 간의 분쟁이 발생한 경우, 원칙적으로 "갑"과 "을" 상호간의 합의에 의해 해결한다.
2. 제1항에도 불구하고 분쟁이 해결되지 않을 경우 "갑"의 주소지 관할 지방법원을 그 관할로 하여 재판함으로써 해결한다.

제16조【특약사항】 상기 계약일반사항 이외에 "갑"과 "을"은 아래 내용을 특약사항으로 정하며, 특약사항이 본문과 상충되는 경우에는 특약사항이 우선하여 적용된다.

위와 같이 본 계약이 유효하게 성립하였음을 증명하기 위하여 본 계약서 2통을 작성하여 각각 서명(또는 기명) 날인한 후 "갑"과 "을"이 각각 1통씩을 보관한다.

20○○년 ○월 ○일

갑	㉐	사 업 자 등 록 번 호		사 무 소	
				전화번호	
을	㉐	사 업 자 등 록 번 호		사 무 소	
				전화번호	

[서식 145] 대여계약서(자동판매기)

자동판매기 대여계약서

자동판매기 대여자 ○○○(이하 "갑"이라 칭한다)와 자동판매기 임차인 ○○○(이하 "을"이라 칭한다)은 상호간에 자동판매기 대여 및 사용과 관련하여 다음과 같이 계약을 체결한다.

제1조【목 적】 본 계약은 "갑"이 대여하고 있는 자동판매기를 "을"이 대여받아 사용하는 제반 권리의무 관계를 규율함을 목적으로 한다.

제2조【자동판매기】 본 계약에서 대여하는 자동판매기는 다음과 같다.

1. 기 계 명 : 커피자동판매기(종이컵 형)
2. 모 델 명 : ○○○○
3. 소 유 자 : ○ ○ ○
4. 대여수량 : ○○

제3조【대여료】

1. "을"은 상기 자동판매기의 대여료로써 자동판매기의 원료공급을 "갑"으로부터 독점적으로 받는 것으로서 대여료에 갈음한다. 여기서 원료는 커피, 프림, 설탕, 율무를 지칭한다.
2. "갑"과 "을"은 자동판매기에서 발생되는 수익은 상호 5:5로 분배하며 "갑"은 "을"이 참석한 상태에서 화폐를 회수하여 즉시 해당 금액을 지급한다.

제4조【관 리】

1. "갑"은 자동판매기의 고장, 원료공급, 기계 내부 청결유지, 음용수의 위생관리 등에 대해 전적인 책임을 진다.
2. "을"은 자동판매기의 외관 및 주변 환경에 대한 청결유지에 책임을 진다.

제5조【양도금지】

1. "을"은 본 계약상의 자동판매기를 제3자에게 양도하거나 본 계약상 설치된 장소 이외의 장소에 이전하여 설치할 수 없다.
2. 제1항 후단의 경우에는 "갑"에게 요청하여 이전설치를 해 줄 것을 신청하여 "갑"이 이전설치를 하여 줄 수 있다. 이와 관련하여 별도의 비용이 추가되는 경우에는 "을"이 비용을 부담하여야 한다.

제6조【선관의무】

1. "을"은 본 자동판매기에 대하여 선량한 관리자의 주의로서 보관에 최선을 다하여야 한다.
2. "을"이 부주의하여 본 자동판매기의 손괴가 발생할 시에는 "을"이 그 책임을 부담하여야 하며, 이때 "을"의 부주의는 "갑"이 입증하여야 한다.

제7조【계약기간】 본 계약은 20○○년 ○월 ○일부터 20○○년 ○월 ○일까지로 한다. 다만, 계약의 종료일 30일 이전에 어느 일방의 종료통지가 없으면 매 1년씩 자동 연장된다.

제8조【해 지】

1. 본 계약의 유효기간 중에 당사자 일방에 대하여 가압류, 가처분, 압류, 부도 등 사업이 불가능하거나 불투명한 사유가 발생 시에는 상대방은 즉각 해지를 할 수 있다.
2. 제1항의 경우 자동판매기는 즉시 "갑"에게 반환하여야 하며 반환비용은 "갑"이 부담한다.

제9조【종료 후 철거】

1. 계약이 종료되거나 해지되었음에도 불구하고 "갑"이 자동판매기의 회수를 하지 아니하는 기간이 1개월을 경과하였을 때에는 "을"의 소유로 귀속된다.
2. 제1항의 임의처분에 대해 "갑"은 대금의 청구 등 여하한 비용의 반환을 청구할 수 없다.

제10조【기타사항】

1. 계약의 당사자는 본 계약의 내용을 신의성실에 의거하여 준수하여야 한다.
2. 계약기간 중 계약의 변경은 당사자의 서면 합의에 의해서만 변경될 수 있으며 서명날인된 문서를 본 계약서의 말미에 첨부한다.
3. 본 계약서에서 명시되지 않은 부분에 대하여는 관련 법규 및 상관습에 따르기로 한다.

제11조【분쟁해결】

1. 본 계약과 관련하여 양 당사자 간의 분쟁이 발생한 경우, 원칙적으로 "갑"과 "을" 상호간의 합의에 의해 해결한다.
2. 제1항에도 불구하고 분쟁이 해결되지 않을 경우 "갑"의 주소지 관할 지방법원을 그 관할로 하여 재판함으로써 해결한다.

제12조【특약사항】 상기 계약일반사항 이외에 "갑"과 "을"은 아래 내용을 특약사항으로 정하

며, 특약사항이 본문과 상충되는 경우에는 특약사항이 우선하여 적용된다.

위와 같이 본 계약이 유효하게 성립하였음을 증명하기 위하여 본 계약서 2통을 작성하여 각각 서명(또는 기명) 날인한 후 "갑"과 "을"이 각 1통씩을 보관한다.

20○○년 ○월 ○일

갑	㉑	주민등록번호		주 소	
				전화번호	
을	㉑	주민등록번호		주 소	
				전화번호	

[서식 146] 사용계약서(특허부품)

특허부품 사용계약서

특허품 등록자 (주)○○○○(이하 "갑"이라 칭한다)와 특허품 사용자 (주)○○○○(이하 "을"이라 칭한다)는 상호간에 다음과 같이 기술사용계약을 체결한다.

제1조【목 적】 본 계약은 "갑"이 특허를 보유한 부품을 "을"이 제조하는 제품에 사용하는 것과 관련된 사항을 규율함을 목적으로 한다.

제2조【특허부품】

1. "갑"은 "을"에게 공급하는 특허부품은 다음과 같다.
   가. 특허명칭 :
   나. 특허출원자 :
   다. 특허권자 :
   라. 특허등록일 :
   마. 특허등록번호 :
2. "을"은 제1항의 부품이 "갑"에게 전적으로 특허권이 보유된 부품임을 확인하면서 "을"은

당해 부품의 특허와 관련된 여하한 권리도 없음을 보증한다.

제3조【사용료】

1. "을"은 공급부품 1개당 금 ○○○원(₩○○○)으로 계산하여 매월 말일을 기준으로 정산하여 다음달 20일까지 "갑"의 계좌에 현금으로 지급한다.
2. "갑"은 제1항에 대한 세금계산서를 말일 기준 정산하여 다음달 10일까지 "을"에게 발행한다.
3. 부품공급의 정산은 거래명세표를 기준하여 정산하며 양자의 차이가 있는 경우에는 이에 대한 확인이 끝남과 동시에 지급하기로 한다. 다만, 일방이 양사의 서명날인된 거래명세표를 보유한 경우에는 해당 거래명세표의 수량을 인정한다.

제4조【비밀유지】

1. "을"은 공급받는 부품을 이용하여 유사한 기능 및 구조의 새로운 부품을 만들거나 제3자에게 부품의 유출 또는 관련 자료의 유출을 통하여 "갑"의 부품과 유사한 부품을 만들도록 할 수 없다.
2. "을"이 고의 또는 과실로 제1항과 같은 행위로 인하여 "갑"의 특허권 침해를 야기한 경우 그에 대한 전적인 책임을 부담한다.
3. "을"이 본 계약상의 부품과 관련한 도면 등 서류의 요구 시 "갑"은 필요한 범위에서 관련 서류를 제공할 수 있으며, "을"은 제공받은 서류에 대한 여하한 외부의 유출을 금하며 본 조상의 특허침해의 행위가 발생하지 아니하도록 하여야 한다.

제5조【사용허락】 "을"은 본 계약상의 기간 동안 유효하게 납품 결제된 부품에 대해서만 사용할 수 있으며 계약의 중도해지 및 기타 종료된 경우 미결제된 부품은 즉시 "갑"에게 반납하여야 한다.

제6조【계약기간】

1. 본 계약의 유효기간은 20○○년 ○월 ○일부터 20○○년 ○월 ○일까지로 한다.
2. 제1항의 기간만료일부터 30일 이전에 어느 일방의 계약종료통지가 없는 한 계약은 동일조건으로 매 1년씩 자동 연장되는 것으로 한다. 다만, 일방의 계약조건의 변경통지가 있을 시에는 기간의 만료일까지 협의가 되지 아니하면 계약은 자동 종료되는 것으로 한다.

제7조【해 지】

1. 당사자 일방에 대하여 다음 각 호의 사유가 발생할 시 상대방은 즉시 계약을 해지할 수 있다.
   가. 가압류, 가처분, 경매 등의 사업의 불투명 사유가 발생할 시
   나. 파산, 회사정리, 화의신청 등의 사업불가능 사유가 발생할 시
2. 다음 각 호의 사유가 발생할 시 상대방은 7일 이상의 시정기간을 두고 사유를 명시하여 시정을 최고하며, 그럼에도 불구하고 시정이 이루어지지 아니할 시 즉시 계약의 해지를 통지한다.
   가. 일방이 본 계약상의 의무이행을 하지 아니한 때
   나. 일방이 특허권을 침해하는 행위를 한 때
3. "을"의 특허권 침해로 인한 "갑"의 계약해지 시 "을"은 즉시 해당 부품의 전량을 "갑"에

게 반환하여야 한다. 부품의 결제가 이루어졌더라도 "을"은 결제비용의 반환청구를 할 수 없으며 "을"이 보유한 "갑"의 부품 전량을 즉시 반납하거나 "갑"이 해당 부품의 반환 조치함에 대해 방해 또는 이의를 제기할 수 없다.

제8조【기타사항】

1. 계약의 당사자는 본 계약의 내용을 신의성실에 의거하여 준수하여야 한다.
2. 계약기간 중 계약의 변경은 당사자의 서면 합의에 의해서만 변경될 수 있으며 서명날인된 문서를 본 계약서의 말미에 첨부한다.
3. 본 계약서에서 명시되지 않은 부분에 대하여는 관련 법규 및 상관습에 따르기로 한다.

제9조【분쟁해결】

1. 본 계약과 관련하여 양 당사자 간의 분쟁이 발생한 경우, 원칙적으로 "갑"과 "을" 상호간의 합의에 의해 해결한다.
2. 제1항에도 불구하고 분쟁이 해결되지 않을 경우 "갑"의 주소지 관할 지방법원을 그 관할로 하여 재판함으로써 해결한다.

제10조【특약사항】 상기 계약일반사항 이외에 "갑"과 "을"은 아래 내용을 특약사항으로 정하며 특약사항이 본문과 상충되는 경우에는 특약사항이 우선하여 적용된다.

위와 같이 본 계약이 유효하게 성립하였음을 증명하기 위하여 본 계약서 2통을 작성하여 각각 서명(또는 기명) 날인한 후 "갑"과 "을"이 각각 1통씩을 보관한다.

20○○년 ○월 ○일

갑	㊞	사 업 자 등 록 번 호		사 무 소	
				전화번호	
을	㊞	사 업 자 등 록 번 호		사 무 소	
				전화번호	

[서식 147] 사용계약서(차량)

차량 사용계약서

○ ○ ○ (이하 "갑"이라 한다)와 ○ ○ ○ (이하 "을"이라 한다) 간에 아래와 같이 차량사용계약을 체결한다.

제 1 조 【 차량사용 물건의 표시 및 용도 】

1. 사용차량의 물건은 아래와 같다.
   ※ 물건의 표시 :
2. "을"은 본 물건을 법인 차량으로만 사용하여야 하며 "갑"의 서면 동의 없이는 용도를 변경할 수 없다.

제 2 조 【 계약기간 】

1. 차량사용기간은 20○ ○년 ○월 ○일부터 20○ ○년 ○월 ○일까지로 한다.
2. 차량사용 만료인 ○일 전까지 이 계약당사자 일방이 서면으로 사용기간의 연장을 반대하는 의사를 표시하지 않으면 본 계약은 종전과 같은 조건으로 사용계약을 1년 연장하는 것으로 한다. 다만, "갑"은 제3조 차량사용보증금 조정권을 행사할 수 있다.
3. "을"은 본 물건을 사용개시 전까지 약정 차량사용보증금을 "갑"에게 지급하여야 하며 계약일로부터 ○일 경과 시까지 사용을 시작하지 않으면 본 계약은 어떠한 표시도 거치지 않고 해제 및 해지된다.
4. 제1항의 차량사용기간 또는 연장기간 중 "을"은 "갑"에게 사전 서면통지로써 언제든지 계약을 해지할 수 있다.

제 3 조 【 차량사용보증금 】

1. 차량사용보증금은 금 ○ ○ ○원으로 하며 보증금은 20○ ○년 ○월 ○일까지 "갑"에게 지급하여야 한다.
2. 차량사용보증금은 무이자로 한다.
3. "을"은 차량사용보증금으로써 모든 비용을 대체하지 못한다. 또한 반환청구권을 타인에게 양도하거나 질권, 기타 담보의 목적으로 할 수 없다. 차량사용 계약기간의 만료 또는 해지, 기타 사유로 인하여 계약이 종료되는 경우에는 본 물권을 명도한 후 1개월 이내에 "갑"은 차량사용보증금을 "을"에게 반환한다.

제 4 조 【 사용료 】 본 물권에 대해 월 사용료는 없는 것으로 한다.

제 5 조 【 관리유지비 】

1. 본 물권에 대한 제반비용, 관리유지비용, 제세공과금, 보험료 등 모든 것을 계약체결 후 "을"이 부담키로 한다.
2. 본 물권에 대한 전항의 비용 등을 이행치 않았을 때는 "갑"은 "을"의 차량사용보증금에서 대체할 수 있다. 또한 손해배상청구를 할 수 있다.

제6조【권리이전 등의 금지】 "을"은 제3자에게 계약상의 "을"의 권리를 양도하거나 물권을 전부 또는 일부를 전매할 수 없다.

이 계약의 내용을 명확히 하기 위하여 계약서 ○통을 작성하여 이에 기명(또는 서명) 날인한 후 "갑" 및 "을"이 각 1통씩 보관한다.

20○○년 ○월 ○일

갑	㊞	주민등록번호		주 소	
				전화번호	
을	㊞	주민등록번호		주 소	
				전화번호	

[서식 148] 사용계약서(자동차 일시사용)

자동차 일시사용계약서

자동차 소유자 ○○○(이하 "갑"이라 칭한다)와 차량 이용자 ○○○(이하 "을"이라 칭한다)는 상호간에 다음과 같이 자동차 일시사용계약을 체결한다.

제1조【목 적】 본 계약은 "갑"의 소유 자동차를 "을"에게 일시적으로 사용하도록 하고 이와 관련된 유의사항을 정함을 목적으로 한다.

제2조【차 량】 "갑"이 을"에게 사용을 허락하는 차량은 다음과 같다.

1. 차 종 :
2. 연식 및 운행거리 :

제3조【사용목적 및 기간】

1. "을"은 본 계약상의 차량을 출퇴근용으로만 사용하여야 한다.
2. 사용기간은 20○○년 ○ 월 ○일부터 20○○년 ○월 ○일까지 한다.
3. "갑"이 해외 연수 기간이 길어질 경우에는 "을"은 기간을 초과하여 사용할 수 있다.

제4조【사용료】

1. "을"은 차량을 무상으로 사용하며 다만, 차량에 대한 통상의 유지비(부품비, 유류비 등)를

지출한다.
2. 차량사용기간 동안의 제세공과금 및 보험료는 "을"이 부담한다.

제 5 조 【 안전의무 】
1. "을"은 차량의 안전운행을 하도록 하며 "갑"에게 차량을 인도하기까지 차량의 파손 등이 이루어지지 않도록 한다.
2. "을"의 귀책사유로 차량에 대한 파손이 있을 경우 "을"은 이에 대한 수리의무를 부담하며, 수리가 불가능할 경우에는 파손시점 당시의 "을"의 자동차의 시가를 "갑"에게 변상한다. 도난의 경우에도 본 조에 따른다.

제 6 조 【 양도금지 】 "을"은 본 계약상의 자동차를 제3자에게 운행하도록 할 수 없으며 그로 인하여 야기되는 모든 사태에 대하여 "을"이 책임을 진다.

제 7 조 【 특약사항 】 상기 계약일반사항 이외에 "갑"과 "을"은 아래 내용을 특약사항으로 정하며, 특약사항이 본문과 상충되는 경우에는 특약사항이 우선하여 적용된다.

위와 같이 본 계약이 유효하게 성립하였음을 증명하기 위하여 본 계약서 2통을 작성하여 각각 서명(또는 기명) 날인한 후 "갑"과 "을"이 각각 1통씩을 보관한다.

20○○년 ○월 ○일

갑	㊞	주민등록번호		주 소	
				전화번호	
을	㊞	주민등록번호		주 소	
				전화번호	

[서식 149] 사용서약서(사택)

사택사용서약서

본인은 ○○시 ○○대로 ○○ 소재 ○○아파트 ○○호실 및 이에 부착된 물건(이하 "사택"이라 함)을 20○○년 ○월 ○일부터 사용할 허가를 받았습니다. 사택사용에 있어서는 하기사항을 준수할 것을 연대보증인과 연서로 이에 서약합니다.

1. 사택관리규칙, 부속규정 및 근로과장의 지시사항을 준수하겠습니다.
2. 사택료 금 ○○○원은 매월 ○일의 급료일에 지급하겠습니다.
3. 사택을 이용하는 일체의 권리는 유상무상을 막론하고 타인에게 임대, 양도하거나 지인 등을 동거시키지 않겠습니다.
4. 임대차기한은 20○○년 ○월 ○일까지로 하고 기한 이내에 퇴거할 것을 확약합니다.
5. 사택의 구조 및 공작 등은 회사의 승낙 없이는 변경, 개조 등을 하지 않겠습니다. 만일 고의 또는 과실로 인하여 파손한 경우는 그 수리비 일체를 부담하겠습니다.
6. 전기, 수도, 가스요금 및 청소비 등은 일체 본인이 부담하겠습니다.
7. 거주기간 중은 사택거주자 주택적립예금에 정하여진 적립예금에 가입하고 자기주택 확보에 노력합니다.
8. 거가내외를 난잡하게 하고 방가, 고성 등으로 타인에게 괴로움을 주는 행위는 일체하지 않겠습니다.
9. 사택관리 규칙 또는 부속규정에 규정한 화기의 취급 등에 대하여는 충분히 유의하고 사고방지에 대하여 만전을 기하겠습니다.
10. 사택에 입주할 때 신청사유 및 기재사항에 상위가 있을 경우에는 입주허가를 취소하여도 이의가 없습니다.
11. 회사로부터 명도의 통지를 받았을 때는 즉시 퇴거하겠습니다.
12. 이 서약서의 서약사항 및 사택관리규칙에 위반함으로서 회사로부터의 상당액의 변상이나 사택인도 청구 등이 있을 경우 일체 이의 없이 이에 응할 것을 확약합니다.
13. ○○○는 ○○○의 연대보증인이 되어 ○○○와 연대하여 상기 서약사항을 준수하겠습니다.

이 서약을 증명하기 위하여 본서 2통을 제출합니다.

20○○년 ○월 ○일

입 주 자	소속 부 과
주 소	
성 명	(인)
연 대 보 증 인	소속 부 과

주 소	
성 명	(인)
○○ **주식회사 대표이사** ○○○ **귀하**	

[서식 150] 사용계약서(소프트웨어)

소프트웨어 사용계약서

소프트웨어 지적재산권자 (주)○○○○(이하 "갑"이라 칭한다)와 소프트웨어 사용자 (주)○○○○(이하 "을"이라 칭한다)는 상호간에 다음과 같이 소프트웨어 사용계약을 체결한다.

제1조【목 적】 본 계약은 "갑"이 제작한 ○○○○ 소프트웨어에 대하여 "을"에게 이용권을 부여하고 이와 관련된 상호 거래조건의 규율을 목적으로 한다.

제2조【소프트웨어】 본 계약상 "갑"이 사용을 이용을 허락하는 소프트웨어는 ○○○○용도에 사용되는 일명 ○○○○ 소프트웨어로서 "을"은 동 소프트웨어의 판매 및 설치에 대해 전적인 권한을 행사한다.

제3조【이용범위】

1. "을"은 본 소프트웨어 사용계약에 따라 소프트웨어에 대한 복제, 온라인 및 오프라인 판매, 상표사용의 권리를 가지며 이러한 경우 모두 사전 또는 사후에 "갑"에게 즉시 서면으로 보고가 되어야 한다.
2. 제1항에 따른 "을"의 소프트웨어 판매와 관련하여 "을"은 고객상담의 업무도 함께 처리를 하여야 하며 다만, 기술적 자문을 요하는 경우 또는 기술적인 수정을 요하는 사항은 "갑"이 이를 담당한다.

제4조【이용료】

1. "을"은 "갑"의 이용료 설정에 대하여 금 ○○○원(₩○○○)을 매 ○년마다 지불하며 이용에 따른 복제 및 판매상의 수익을 상호 분배하기로 한다.
2. 복제에 있어서는 매 1copy 당 금 ○○○원(₩○○○)으로 산정하여 사전에 "갑"에게 복제 수량을 통지하고 복제 수량에 해당하는 금액의 ○%를 선 입금하고 복제의 완료와 동시에 잔금을 현금으로 지급하여야 한다.
3. 수익의 분배는 온라인 매체를 통한 다운로드에 있어서 다운로드 결제자가 결제한 금액의 ○%를 "갑"에게 매월 정산하여 지급하는 방식으로 한다.

제5조【관리자정보】 "을"은 제4조 제3항에 따른 수익분배의 투명성을 보장하기 위하여 "갑"에게 관련 사이트의 결제정보에 접근할 수 있는 관리자모드를 제공한다.

제6조【검수 등】

1. "갑"은 언제든지 "을"의 영업장을 방문하여 본 계약에 따른 "을"의 이용범위의 진실성에 관한 조사를 행할 수 있으며 "을"은 이에 대해 적극 협력하여야 한다.
2. 제1항의 결과 위반사항의 적발시 "을"에게 일차적으로 경고조치 및 필요한 불이익 조치를 취하고, 재발될 경우에는 계약의 해지를 하고 손해배상을 청구할 수 있다.

제7조【오류수정】

1. "갑"은 공급 소프트웨어에 대한 지속적인 버그발생 기타 오류에 대한 수정작업을 기하여 소프트웨어의 업데이트에 반영을 하여야 하며 이와 더불어 고객이 요구하는 개별 추가적 기능에 대하여도 지속적인 연구를 하여 최대한 반영하도록 하여야 한다.
2. 제1항의 조치가 취하여진 경우 "갑"은 즉시 해당 사항을 "을"에게 통지하고 "을"은 즉시 판매중인 소프트웨어에 반영이 되도록 온라인상의 다운로드 조치 및 오프라인상의 개정판 공급을 하여야 한다.

제8조【교육지원】 "갑"은 소프트웨어에 대한 교육을 실시하여 판매업무 및 고객 상담업무가 원활히 이루어지도록 지원하며 교육에 소요되는 비용은 "갑"과 "을"이 절반하여 부담하기로 한다.

제9조【지적재산권】 본 계약에 불구하고 소프트웨어에 대한 저작권을 포함한 모든 지적재산권 일체는 "갑"에게 귀속된다.

제10조【정보보호】

1. "을"은 본 계약상의 소프트웨어에 대한 무단복제 또는 고의로 외부에 관련 소프트웨어의 정보를 유출하여서는 아니된다.
2. "을"은 본 계약도중 또는 종료 후 ○개월 이내에 본 소프트웨어와 유사한 소프트웨어의 제작판매 행위를 하여서는 아니된다. 단, 제3자를 통한 우회적 제작 판매도 "을" 본인이 하는 것으로 간주한다.

제11조【계약기간】

1. 본 계약의 유효기간은 20○○년 ○월 ○일부터 20○○년 ○월 ○일까지로 한다.
2. 제1항의 기간만료일부터 ○일 이전에 어느 일방의 계약종료통지가 없는 한 계약은 동일 조건으로 매 ○년씩 자동 연장되는 것으로 한다. 다만, 일방의 계약조건의 변경통지가 있을 시에는 기간의 만료일까지 협의가 되지 아니하면 계약은 자동 종료되는 것으로 한다.

제12조【해 지】

1. 당사자 일방에 대하여 다음 각 호의 사유가 발생할 시 상대방은 즉시 계약을 해지할 수 있다.
   가. 가압류, 가처분, 경매 등의 사업의 불투명 사유가 발생할 시
   나. 파산, 회사정리, 화의신청 등의 사업불가능 사유가 발생할 시
2. 일방이 본 계약상의 규정에 위배한 때 상대방은 ○일 이상의 시정기간을 두고 사유를

명시하여 시정을 최고하며, 그럼에도 불구하고 시정이 이루어지지 아니할 시 즉시 계약의 해지를 통지한다.

3. 계약해지에 귀책사유 있는 당사자는 상대방에 대하여 손해배상의 책임이 있다.

제13조【기타사항】

1. 계약의 당사자는 본 계약의 내용을 신의성실에 의거하여 준수하여야 한다.
2. 계약기간 중 계약의 변경은 당사자의 서면 합의에 의해서만 변경될 수 있으며 서명날인된 문서를 본 계약서의 말미에 첨부한다.
3. 본 계약서에서 명시되지 않은 부분에 대하여는 관련 법규 및 상관습에 따르기로 한다.

제14조【분쟁해결】

1. 본 계약과 관련하여 양 당사자 간의 분쟁이 발생한 경우, 원칙적으로 "갑"과 "을" 상호간의 합의에 의해 해결한다.
2. 제1항에도 불구하고 분쟁이 해결되지 않을 경우 "갑"의 주소지 관할 지방법원을 그 관할로 하여 재판함으로써 해결한다.

제15조【특약사항】 상기 계약일반사항 이외에 "갑"과 "을"은 아래 내용을 특약사항으로 정하며, 특약사항이 본문과 상충되는 경우에는 특약사항이 우선하여 적용된다.

위와 같이 본 계약이 유효하게 성립하였음을 증명하기 위하여 본 계약서 2통을 작성하여 각각 서명(또는 기명) 날인한 후 "갑"과 "을"이 각각 1통씩을 보관한다.

20○○년　○월　○일

갑	㊞	사 업 자 등 록 번 호		사 무 소	
				전화번호	
을	㊞	사 업 자 등 록 번 호		사 무 소	
				전화번호	

[서식 151] **사용계약서(화물차 임시사용)**

화물차 임시사용계약서

자동차 소유자 (주)○○○○(이하 "갑"이라 칭한다)와 제조업체 (주)○○○○(이하 "을"이라 칭한다)는 상호간에 다음과 같이 화물차 임시사용계약을 체결한다.

제1조【목 적】 본 계약은 "을"이 생산한 제품의 운송을 위하여 한시적으로 "갑"의 화물차를 사용하는 것과 관련된 유의사항을 정함을 목적으로 한다.

제2조【사용차량】 "갑"은 본 계약기간 동안 "을"에게 다음의 화물 차량을 제공하도록 한다.
- 차종 및 대수: ○톤 ○대

제3조【사용목적 및 기간】
1. "을"은 본 계약상의 차량을 ○○지역부터○○지역까지의 제품 이송을 위한 용도로만 사용하여야 한다.
2. 임시사용기간은 20○○년 ○월 ○일부터 20○○ 년 ○월 ○일까지로 한다.

제4조【사용료】
1. "을"은 본 기간 동안 사용료로서 금 ○○○원(₩○○○)을 "갑"에게 지불하며 본 계약체결과 동시에 금 ○○○원(₩○○○)을 선지급하고 계약의 종료와 동시에 잔금을 현금으로 지급한다.
2. 차량사용기간 동안의 유류대 및 정비보수 일체는 "을"이 부담한다.

제5조【차량제공】
1. "갑"은 본 계약상의 화물차량에 대하여 사전에 정비점검을 종료하여 하자가 없는 상태로서 "을"에게 제공하여야 하며 "을"이 차량의 제공에 따른 사용으로부터 정비불량으로 인한 하자가 발생 시에는 즉시 교체차량을 제공하여야 한다.
2. 제1항의 경우 "갑"의 정비점검은 하자가 없이 완료되었으나 소모품의 통상적인 마모로 인한 부품의 교체 등의 사유발생에 있어서는 "을"이 스스로 비용을 부담하여 관련 부품의 교체를 하여야 한다.

제6조【안전의무】
1. "을"은 차량의 용도에 적합한 용도로 사용을 하도록 하며 과적 또는 과속운행을 하지 아니한다.
2. 제1항의 위반 사항을 "갑"이 적발하거나 또는 제1항의 위반으로 대여차량에 파손 등의 생길 경우 손해 일체를 "을"이 부담하여야 하며 "갑"은 "을"의 귀책사유로 인한 계약해지를 통지하고 즉시 차량을 반환조치한다.

제7조【차량회손】 "을"의 부주의 또는 "을"의 사용기간 도중에 화물차에 대하여 발생하는 여하한 도난, 분실 등의 사유에 대하여 "을"이 전적인 책임을 지고 "갑"에게 동종, 동일 성능의 화물차량을 제공하여야 한다.

제8조【양도금지】 "을"은 본 계약상의 화물 자동차를 제3자에게 운행하도록 할 수 없으며 그로 인하여 야기되는 모든 사태에 대하여 "을"이 책임을 진다.

제9조【해 지】

1. 당사자 일방에 대하여 다음 각 호의 사유가 발생할 시 상대방은 즉시 계약을 해지할 수 있다.
   가. 가압류, 가처분, 경매 등의 사업의 불투명 사유가 발생할 시
   나. 파산, 회사정리, 화의신청 등의 사업불가능 사유가 발생할 시
2. 일방이 본 계약상의 규정에 위배한 때 상대방은 ○일 이상의 시정기간을 두고 사유를 명시하여 시정을 최고하며, 그럼에도 불구하고 시정이 이루어지지 아니할 시 즉시 계약의 해지를 통지한다.
3. 계약해지에 귀책사유 있는 당사자는 상대방에 대하여 손해배상의 책임이 있다.

제10조【기타사항】

1. 계약의 당사자는 본 계약의 내용을 신의성실에 의거하여 준수하여야 한다.
2. 계약기간 중 계약의 변경은 당사자의 서면 합의에 의해서만 변경될 수 있으며 서명날인된 문서를 본 계약서의 말미에 첨부한다.
3. 본 계약서에서 명시되지 않은 부분에 대하여는 관련 법규 및 상관습에 따르기로 한다.

제11조【분쟁해결】

1. 본 계약과 관련하여 양 당사자 간의 분쟁이 발생한 경우, 원칙적으로 "갑"과 "을" 상호간의 합의에 의해 해결한다.
2. 제1항에도 불구하고 분쟁이 해결되지 않을 경우 "갑"의 주소지 관할 지방법원을 그 관할로 하여 재판함으로써 해결한다.

제12조【특약사항】 상기 계약일반사항 이외에 "갑"과 "을"은 아래 내용을 특약사항으로 정하며, 특약사항이 본문과 상충되는 경우에는 특약사항이 우선하여 적용된다.

위와 같이 본 계약이 유효하게 성립하였음을 증명하기 위하여 본 계약서 2통을 작성하여 각각 서명(또는 기명) 날인한 후 "갑"과 "을"이 각각 1통씩을 보관한다.

20○○년 ○월 ○일

갑	㊞	사 업 자 등 록 번 호		사 무 소	
				전화번호	
을	㊞	사 업 자 등 록 번 호		사 무 소	
				전화번호	

제5장 고용·도급·여행·현상광고·위임·임치 관련 계약서

제1절 고용계약

1. 서 설

가. 의 의

고용계약은 당사자 일방이 상대방에 대하여 노무 내지 노동력을 제공할 것을 약정하고, 상대방이 이에 대하여 보수를 지급할 것을 약정함으로써 성립하는 계약이다(민법 655조). 이러한 고용계약은 쌍무·유상계약이며, 낙성·불요식계약이다.

[근로계약, 고용계약, 위임계약의 차이점]

근로계약	근로기준법 제17조	근로자가 사용자에게 근로를 제공하고 사용자는 이에 대하여 임금을 지급함을 목적으로 체결된 계약(근로제공 자체가 계약내용)
고용계약	민법 제655조	당사자 일방이 상대방에 대하여 노무를 제공할 것을 목적으로 체결된 계약(노무제공 자체가 계약내용)
위임계약	민법 제680조, 제681조, 제686조	당사자 일방이 상대방에 대하여 사무의 처리를 위탁하고 위임인은 위임의 본지에 따라 선량한 관리자의 주의로서 위임사무를 처리함을 목적으로 체결된 계약(업무처리 결과가 계약내용)
도급계약	민법 제664조	당사자 일방이 어느 일의 완성을 약정하고 상대방이 그 일의 결과에 대하여 보수를 지급할 것을 약정한 계약(일의 완성결과가 계약내용)

나. 효 력

노무자는 노무제공의무, 복종의무, 성실의무, 선관주의의무 등을 부담하고, 사용자는 보수지급의무 및 보호의무를 부담하게 된다.

2. 고용계약의 해지와 종료

고용계약은 고용계약에서 정한 고용기간이 만료됨으로써 종료하는 것이 원칙이다. 그러나 고용계약이 만료된 경우에도 노무자가 계속해서 노무를 제공하고 사용자가 이에 대하여 상당한 기간 내에 이의제기 하지 아니한 경우에는 법정갱신(묵시의 갱신)이 인정된다.

이대는 동일조건으로, 기간은 약정없는 것으로 갱신되며, 다만, 제3자가 제공한 담보는 소멸된다.

3. 근로계약 체결

근로계약서는 임금, 근로시간, 휴일, 연차, 유급휴가, 취업장소와 종사하여야 할 업무에 관한 사항 등 핵심 근로조건을 명확히 정하는 것으로, 근로자와 사업주 모두의 권리보호를 위해 반드시 필요하다. 따라서 만일 사용자가 근로계약을 서면으로 체결하고 이를 교부하지 않으면 500만원 이하의 벌금이 부과되며, 만약 기간제·단시간근로자인 경우는 500만원 이하의 과태료 처분을 받을 수 있다. 또한, 법에 미달되는 조건으로 근로계약을 체결하였다면 미달되는 해당 조건은 무효가 되고, 근로기준법이 정한 기준이 적용된다. 다만 근로계약 자체가 무효가 되지는 아니한다.

가. 근로계약 기간

근로계약 기간을 정하지 않는 경우에는 근로 개시일만 기재하게 되는데, 근로 계약 기간을 정하지 않는 경우에는 기간의 정함이 없는 근로 계약을 체결한 것으로 본다. 회사는 근로 계약을 체결할 때, 수습 기간 또는 시용 기간을 두고자 하는 경우가 있는데 이를 위해서는 수습 기간 또는 시용 기간임을 근로계약서에 명시하여야 하며, 또한 시용 과정에서 뚜렷한 사유 없는 회사의 부당 해고를 방지하기 위해 근로계약서에서 근거 조항을 꼼꼼히 확인할 필요가 있다.

나. 근로시간

근무 시간과 근무일, 휴게 시간은 법이 정한 범위 내에서 당사자가 자유로이 정할 수 있다. 5인 이상 사업장에서 구성원과 근로 계약을 체결하는 경우 근로기준법은 근로 시간을 휴게 시간을 제외하고 하루 8시간, 주 40시간을 초과할 수 없다고 정하고 있고(근로기준법 50조), 법정근로시간(주 40시간)을 초과하는 연장 근로는 당사자 간 합의 하에 1주 12시간 한도로 가능하다(근로기준법 53조).

다. 휴 일

근무일은 월요일부터 금요일로 정하는 게 일반적이지만, 업종에 따라 달리 정할 수 있다. 주휴일의 경우에도 1주 동안의 소정근로일을 개근한 자에게 1일 이상의 유급 휴일을 주어야 하고(근로기준법 55조), 따라서 회사가 지정한 날에 1일 이상의 유급 휴일을 부여하면 됩니다.

라. 연차유급휴가

취업규칙이나 근로기준법에 따라 연차 휴가를 사용한다고 명시해야 한다.

마. 근무 장소

근무 장소와 업무 내용의 경우, 구체적인 장소, 업무 내용을 명시해야 하며, 필요한 경우, 근무 장소나 업무가 변경될 수 있는 전직 가능성을 염두에 두려면 "회사는 필요한 경우 구성원의 근무 장소 및 업무를 변경할 수 있다."는 점을 기재해 회사의 포괄적 전직 명령권에 대한 합의를 하도록 한다.

[서식 152] 표준근로계약서 작성방법

표준근로계약서(작성방법)

_________(이하 "사업주"라 함)과(와) _________ (이하 "근로자"라 함)은 다음과 같이 근로계약을 체결한다.

1. **근로계약기간 :** 　년　월　일부터　년　월　일까지
   ※ 근로계약기간을 정하지 않는 경우에는 "근로개시일"만 기재
   ☞ 노사가 협의하여 결정하는 일을 하기로 한 기간

2. **근 무 장 소 :**
☞ 일을 수행하기 위한 장소를 명기

3. **업무의 내용 :**
☞ 어떤 일을 할지에 대한 내용을 기재

4. **소정근로시간 :** 시 분부터 시 분까지
(휴게시간 : 시 분~ 시 분)
☞ 노사가 법정근로시간 내(하루 8시간, 주40시간)에서 하루에 몇시간을 일할지 정한 시간을 기재휴게시간은 4시간에 30분, 8시간인 경우 1시간 이상을 주도록 소정근로시간 내에서 기재함

5. **근무일/휴일 :** 매주 일(또는 매일단위)근무, 주휴일 매주 요일
☞ 일주일 중 어떤날에 근무할지를 명기하며, 주 중 근무하기로 한날을 만근 하였을 경우 부여하는 유급휴일(주휴일)을 어느 요일로 할지 결정하여 명기

6. **임 금**
- 월(일, 시간)급 : ________________ 원
☞ 임금을 시간급으로 정할지, 주급으로 정할지, 월급으로 정할지 결정하여 그 금액 명기
- 상여금 : 있음 ( ) ________________ 원, 없음 ( )
☞ 상여금이 있으면 그 내용 및 금액에 대해 기재
- 기타급여(제수당 등) : 있음 ( ), 없음 ( )
____________________원, ____________________원
____________________원, ____________________원
☞ 가족수당, 자격증 수당 등 지급하기로 한 수당이 있으면 해당 내용에 대해 기재
- 임금지급일 : 매월(매주 또는 매일) _______일(휴일의 경우는 전일 지급)
☞ 임금을 매월 언제 지급할 것인지에 대해 기재
- 지급방법 : 근로자에게 직접지급( ), 근로자 명의 예금통장에 입금( )
☞ 임금을 계좌로 지급할 것인지 등에 대해 노사간 협의 후 기재

7. **연차유급휴가**
- 연차유급휴가는 근로기준법에서 정하는 바에 따라 부여함
☞ ① 1년간 총 소정근로일의 80%이상 출근자에게 15일부여, 1년 초과 매 2년마다

1일씩 가산, 한도 25일

② 1년 미만 또는 1년간 80% 미만 출근자에게 1개월 개근시 1일 부여

8. 사회보험 적용여부(해당란에 체크)

□ 고용보험　□ 산재보험　□ 국민연금　□ 건강보험

☞ 사회보험 적용에 대한 해당 내용을 기재

9. 근로계약서 교부

- 사업주는 근로계약을 체결함과 동시에 본 계약서를 사본하여 근로자의 교부요구와 관계없이 근로자에게 교부함(근로기준법 제17조 이행)

☞ 근로기준법 제17조에 따라 근로계약 체결시 근로자에게 교부하여야 함을 알려주는 내용

10. 근로계약, 취업규칙 등의 성실한 이행의무

- 사업주와 근로자는 각자가 근로계약, 취업규칙, 단체협약을 지키고 성실하게 이행하여야 함

11. 기 타

- 이 계약에 정함이 없는 사항은 근로기준법령에 의함

년　월　일

(사업주) 사업체명 :　(전화 :　)
주　소 :
대 표 자 :　(서명)

(근로자) 주　소 :
연 락 처 :
성　명 :　(서명)

고용계약서 작성 시 포함해야 하는 항목은 다음과 같다.

업무 책임 : 업무와 직무에 대한 일반적인 설명
계약 기간 : 계절직, 계약직(예 : 2년), 무기한
근무 시간 : 직원이 일하기를 원하는 시간 혹은 일수
보수 : 최초에 합의한 월급, 임금, 수수료
혜택 : 건강 보험, 퇴직금, 수당, 직원 할인 등 추가로 제공하는 혜택

업종에 따라 비밀 유지 조항이나 경쟁 금지 조항을 포함할 수도 있습니다. 또한, 이에 대한 별도의 문서를 작성하고 거기에 서명할 수 있습니다.

4. 서 식 례

[서식 153] **표준근로계약서**(기간의 정함이 없는 경우)

표준근로계약서(기간의 정함이 없는 경우)

___________(이하 "사업주"라 함)과(와) _________(이하 "근로자"라 함)은 다음과 같이 근로계약을 체결한다.

1. 근로개시일 : 년 월 일부터
2. 근 무 장 소 :
3. 업무의 내용 :
4. 소정근로시간 : ___시___분부터 ___시___분까지 (휴게시간 : 시 분~ 시 분)
5. 근무일/휴일 : 매주 __일(또는 매일단위)근무, 주휴일 매주 __요일
6. 임 금
   - 월(일, 시간)급 : ________________원
   - 상여금 : 있음 ( ) ______________________원, 없음 ( )
   - 기타급여(제수당 등) : 있음 ( ), 없음 ( )
     · ______________________원, ________________________원
     · ______________________원, ________________________원

- 임금지급일 : 매월(매주 또는 매일) _____일(휴일의 경우는 전일 지급)
- 지급방법 : 근로자에게 직접지급(　　), 근로자 명의 예금통장에 입금(　　)

7. 연차유급휴가
- 연차유급휴가는 근로기준법에서 정하는 바에 따라 부여함

8. 사회보험 적용여부(해당란에 체크)

□ 고용보험 □ 산재보험 □ 국민연금 □ 건강보험

9. 근로계약서 교부
- 사업주는 근로계약을 체결함과 동시에 본 계약서를 사본하여 근로자의 교부요구와 관계없이 근로자에게 교부함(근로기준법 제17조 이행)

10. 기 타
- 이 계약에 정함이 없는 사항은 근로기준법령에 의함

20○○년 ○월 ○일

(사업주) 사업체명 : (전화 :)
주 소 :
대 표 자 : (서명)

(근로자) 주 소 :
연 락 처 :
성 명 : (서명)

[서식 154] **표준근로계약서**(기간의 정함이 있는 경우)

표준근로계약서(기간의 정함이 있는 경우)

___________(이하 "사업주"라 함)과(와) _________(이하 "근로자"라 함)은 다음과 같이 근로계약을 체결한다.

1. 근로계약기간 : 년 월 일부터 년 월 일까지

2. 근 무 장 소 :

3. 업무의 내용 :

4. 소정근로시간 : ___시___분부터 ___시___분까지 (휴게시간 : 시 분~ 시 분)

5. 근무일/휴일 : 매주 __일(또는 매일단위)근무, 주휴일 매주 __요일

6. 임 금
   - 월(일, 시간)급 : ________________원
   - 상여금 : 있음 ( ) ______________________원, 없음 ( )
   - 기타급여(제수당 등) : 있음 ( ), 없음 ( )
     · ______________________원, __________________________원
     · ______________________원, __________________________원
   - 임금지급일 : 매월(매주 또는 매일) _____일(휴일의 경우는 전일 지급)
   - 지급방법 : 근로자에게 직접지급( ), 근로자 명의 예금통장에 입금( )

7. 연차유급휴가
   - 연차유급휴가는 근로기준법에서 정하는 바에 따라 부여함

8. 사회보험 적용여부(해당란에 체크)
   □ 고용보험 □ 산재보험 □ 국민연금 □ 건강보험

9. 근로계약서 교부
   - 사업주는 근로계약을 체결함과 동시에 본 계약서를 사본하여 근로자의 교부요구와 관계없이 근로자에게 교부함(근로기준법 제17조 이행)

10. 기 타
   - 이 계약에 정함이 없는 사항은 근로기준법령에 의함

20○○년 ○월 ○일

(사업주) 사업체명 : (전화 :)
주 소 :
대 표 자 : (서명)

(근로자) 주 소 :
연 락 처 :
성 명 : (서명)

[서식 155] **표준근로계약서**(18세 미만 연소근로자용)

연소근로자(18세 미만인 자) 표준근로계약서

_____________(이하 "사업주"라 함)과(와) ________(이하 "근로자"라 함)은 다음과 같이 근로계약을 체결한다.

1. 근로개시일 : 년 월 일부터
   ※ 근로계약기간을 정하는 경우에는 " 년 월 일부터 년 월 일까지" 등으로 기재
2. 근 무 장 소 :
3. 업무의 내용 :
4. 소정근로시간 : 시 분부터 시 분까지 (휴게시간 : 시 분~ 시 분)
5. 근무일/휴일 : 매주 일(또는 매일단위)근무, 주휴일 매주 요일
6. 임 금
   - 월(일, 시간)급 : ____________________원
   - 상여금 : 있음 ( ) ___________________________원, 없음 ( )
   - 기타급여(제수당 등) : 있음 ( ), 없음 ( )
     · __________________________원, ______________________________원
     · __________________________원, ______________________________원
   - 임금지급일 : 매월(매주 또는 매일) _____일(휴일의 경우는 전일 지급)
   - 지급방법 : 근로자에게 직접지급( ), 근로자 명의 예금통장에 입금( )
7. 연차유급휴가
   - 연차유급휴가는 근로기준법에서 정하는 바에 따라 부여함

8. 가족관계증명서 및 동의서
 - 가족관계기록사항에 관한 증명서 제출 여부 : ________
 - 친권자 또는 후견인의 동의서 구비 여부 : ________

9. 사회보험 적용여부(해당란에 체크)
 □ 고용보험 □ 산재보험 □ 국민연금 □ 건강보험

10. 근로계약서 교부
 - 사업주는 근로계약을 체결함과 동시에 본 계약서를 사본하여 근로자의 교부요구와 관계없이 근로자에게 교부함(근로기준법 제17조, 제67조 이행)

11. 기 타
 - 13세 이상 15세 미만인 자에 대해서는 고용노동부장관으로부터 취직인허증을 교부받아야 하며, 이 계약에 정함이 없는 사항은 근로기준법령에 의함

20○○년 ○월 ○일

(사업주) 사업체명 : (전화 :)
주 소 :
대 표 자 : (서명)

(근로자) 주 소 :
연 락 처 :
성 명 : (서명)

친권자(후견인) 동의서

○ 친권자(후견인) 인적사항
성 명 :
생년월일 :
주 소 :
연 락 처 :

연소근로자와의 관계 :

○ 연소근로자 인적사항

성　　명 : (만　　세)

생년월일 :

주　　소 :

연 락 처 :

○ 사업장 개요

회 사 명 :

회사주소 :

대 표 자 :

회사전화 :

본인은 위 연소근로자 ________가 위 사업장에서 근로를 하는 것에 대하여 동의합니다.

20○○년　○월　○일

친권자(후견인)　　　　(인)

첨　부 : 가족관계증명서 1부

[서식 156] 건설일용근로자 표준근로계약서

건설일용근로자 표준근로계약서

__________(이하 "사업주"라 함)과(와) ________(이하 "근로자"라 함)은 다음과 같이 근로계약을 체결한다.

1. 근로계약기간 : 년 월 일부터 년 월 일까지
   ※ 근로계약기간을 정하지 않는 경우에는 "근로개시일"만 기재

2. 근 무 장 소 :

3. 업무의 내용(직종) :

4. 소정근로시간 : ___시___분부터 ___시___분까지 (휴게시간 : 시 분~ 시 분)

5. 근무일/휴일 : 매주 __일(또는 매일단위)근무, 주휴일 매주 __요일(해당자에 한함)
   ※ 주휴일은 1주간 소정근로일을 모두 근로한 경우에 주당 1일을 유급으로 부여

6. 임 금
   - 월(일, 시간)급 : ___________________원(해당사항에 ○표)
   - 상여금 : 있음 ( ) ___________________________원, 없음 ( )
   - 기타 제수당(시간외·야간·휴일근로수당 등): 원(내역별 기재)
     ·시간외 근로수당:_________________원(월 시간분)
     ·야 간 근로수당:_________________원(월 시간분)
     ·휴 일 근로수당:_________________원(월 시간분)
   - 임금지급일 : 매월(매주 또는 매일) _____일(휴일의 경우는 전일 지급)
   - 지급방법 : 근로자에게 직접지급( ), 근로자 명의 예금통장에 입금( )

7. 연차유급휴가
   - 연차유급휴가는 근로기준법에서 정하는 바에 따라 부여함

8. 사회보험 적용여부(해당란에 체크)
   □ 고용보험 □ 산재보험 □ 국민연금 □ 건강보험

9. 근로계약서 교부
   - "사업주"는 근로계약을 체결함과 동시에 본 계약서를 사본하여 "근로자"의 교부요구와 관계없이 "근로자"에게 교부함(근로기준법 제17조 이행)

10. 기 타
   - 이 계약에 정함이 없는 사항은 근로기준법령에 의함

20○○년 ○월 ○일

(사업주) 사업체명 : (전화 :)
주 소 :
대 표 자 : (서명)

(근로자) 주 소 :
연 락 처 :
성 명 : (서명)

[서식 157] 단시간근로자 표준근로계약서

단시간근로자 표준근로계약서

_____________(이하 "사업주"라 함)과(와) ________(이하 "근로자"라 함)은 다음과 같이 근로계약을 체결한다.

1. 근로개시일 : 년 월 일부터
※ 근로계약기간을 정하는 경우에는 " 년 월 일부터 년 월 일까지" 등으로 기재
2. 근 무 장 소 :
3. 업무의 내용 :
4. 근로일 및 근로일별 근로시간

	( )요일	( )요일	( )요일	( )요일	( )요일	( )요일
근로시간	시간	시간	시간	시간	시간	시간
시업	시 분	시 분	시 분	시 분	시 분	시 분
종업	시 분	시 분	시 분	시 분	시 분	시 분
휴게 시간	시 분 ~ 시 분	시 분 ~ 시 분	시 분 ~ 시 분	시 분 ~ 시 분	시 분 ~ 시 분	시 분 ~ 시 분

ㅇ 주휴일 : 매주 __요일

5. 임 금
- 시간(일, 월)급 : __________________원(해당사항에 ㅇ표)
- 상여금 : 있음 ( ) ________________________원, 없음 ( )
- 기타급여(제수당 등) : 있음 : __________원(내역별 기재), 없음 ( ),
- 초과근로에 대한 가산임금률 : ______ %
※ 단시간근로자와 사용자 사이에 근로하기로 정한 시간을 초과하여 근로하면 법정

근로시간 내라도 통상임금의 100분의 50% 이상의 가산임금 지급('14.9.19. 시행)

- 임금지급일 : 매월(매주 또는 매일) _____일(휴일의 경우는 전일 지급)
- 지급방법 : 근로자에게 직접지급( ), 근로자 명의 예금통장에 입금( )

6. 연차유급휴가 : 통상근로자의 근로시간에 비례하여 연차유급휴가 부여

7. 사회보험 적용여부(해당란에 체크)

□ 고용보험 □ 산재보험 □ 국민연금 □ 건강보험

8. 근로계약서 교부

- "사업주"는 근로계약을 체결함과 동시에 본 계약서를 사본하여 "근로자"의 교부요구와 관계없이 "근로자"에게 교부함(근로기준법 제17조 이행)

9. 기 타

- 이 계약에 정함이 없는 사항은 근로기준법령에 의함

20○○년 ○월 ○일

(사업주) 사업체명 : (전화 :)
주 소 :
대 표 자 : (서명)

(근로자) 주 소 :
연 락 처 :
성 명 : (서명)

◁◁ 단시간근로자의 경우 "근로일 및 근로일별 근로시간"을 반드시 기재하여야 합니다. 다양한 사례가 있을 수 있어, 몇 가지 유형을 예시하오니 참고하시기 바랍니다. ▷▷

○ **(예시①)** 주5일, 일 6시간(근로일별 근로시간 같음)
- 근로일 : 주 5일, 근로시간 : 매일 6시간
- 시업 시각 : 09시 00분, 종업 시각 : 16시 00분
- 휴게 시간 : 12시 00분부터 13시 00분까지
- 주휴일 : 일요일

○ **(예시②)** 주 2일, 일 4시간(근로일별 근로시간 같음)

- 근로일 : 주 2일(토, 일요일), 근로시간 : 매일 4시간
- 시업 시각 : 20시 00분, 종업 시각 : 24시 00분
- 휴게 시간 : 별도 없음
- 주휴일 : 해당 없음

o (예시③) 주 5일, 근로일별 근로시간이 다름

	월요일	화요일	수요일	목요일	금요일
근로시간	6시간	3시간	6시간	3시간	6시간
시업	09시 00분	09시 00분	09시 00분	09시 00분	09시 00분
종업	16시 00분	12시 00분	16시 00분	12시 00분	16시 00분
휴게 시간	12시 00분 ~ 13시 00분	-	12시 00분 ~ 13시 00분	-	12시 00분 ~ 13시 00분

- 주휴일 : 일요일

o (예시④) 주 3일, 근로일별 근로시간이 다름

	월요일	화요일	수요일	목요일	금요일
근로시간	4시간	-	6시간	-	5시간
시업	14시 00분	-	10시 00분	-	14시 00분
종업	18시 00분	-	17시 00분	-	20시 00분
휴게 시간	-	-	13시 00분 ~ 14시 00분	-	18시 00분 ~ 19시 00분

- 주휴일 : 일요일

※ 기간제·단시간근로자 주요 근로조건 서면 명시 의무 위반 적발 시 과태료(인당 500만원 이하) 즉시 부과에 유의('14.8.1.부터)

[서식 158] 근로계약서

근 로 계 약 서

사 용 자	성 명		사업의 종류	
	사업체명			
	소 재 지			
근 로 자	성 명		생년월일	
	주 소			

양 당사자는 노동관계법령과 본 근로계약 사항을 성실하게 이행할 것을 서약하고 다음과 같이 근로계약을 체결하고, 본 계약을 입증하기 위하여 본 근로 계약서 2부를 작성하여 각 1부씩 보관한다.

제 1 조【근무장소 및 직무】

1. 근무부서 :
2. 업무내용 :
3. 원칙적으로 당사 사업장을 원칙으로 하며, 업무상 필요한 경우 "사용자"는 "근로자"와 협의하여 근로장소를 변경할 수 있으며 상기 이외의 업무를 부과할 수 있다.

제 2 조【계약기간】

계약기간 : 20 년 월 일 ※ 기한에 정함이 없음.

제 3 조【근로시간 등 근로조건】

(1) 별도의 급여계약에 의한다.

제 4 조【기타사항】

1. 신규입사자는 입사일로부터 3개월간 수습기간을 적용한다.
2. 중도 퇴사자는 중도 퇴직시 최소한 1개월 전에 사전에 통보하고 승인을 취득한 후에 퇴직하여야 하며 그렇지 아니한 경우에는 무단결근으로 처리한다.

20○○년 ○월 ○일

"사용자" : (서명 또는 인)

"근로자" : (서명 또는 인)

급 여 계 약 서

사용자(갑)	성　　명		사업의 종류	
	사업체명			
	소 재 지			
근로자(을)	성　　명		생년월일	
	주　　소			

양 당사자는 아래와 같이 상호 협의한 근로조건에 대해 연봉계약을 체결하고 이를 성실히 이행할 것을 약정합니다.

제 1 조 【급여계약기간】 : 20○○년 ○월 ○일 ~ 20○○년 ○○월 ○○일

제 2 조 【임금조건】

1) 구성항목

항　　목	급여 구성 금액
기 본 급	
상 여 금	
교통비, 식대 등	
합　　계	

가. 법정수당 : 연장근로수당, 야간근로수당, 휴일근로수당은 발생시 지급한다.
나. 기타수당 : 취업규칙 및 관련 규정에 따른다.

2) 지급방법

가. 매월 본인의 개인은행구좌로 임금을 지급한다.

3) 지급시기

가. 급여 지급일은 전월 초일부터 말일까지 임금을 산정하여 개인 계좌로 익월 10일에 지급한다.
나. 급여 지급일이 휴일일 경우 그 전일에 지급함을 원칙으로 하나 익일에 지급할 수도 있다.

4) 퇴직금

가. 본인의 의사에 따라 계약체결(갱신) 후 매년 1년마다 근속 연수 1년에 대하여 평균임금 30일분의 임금을 퇴직금으로 지급한다.
나. 퇴직금은 계약기간 만료일 14일 이내에 퇴직연금규약에 따라 연금 또는 일시금으로

지급하며 "근로자"의 동의가 있을 경우에는 지급 시기를 연장 할 수 있다.

제3조【근로시간 및 휴게시간】

1) "근로자"의 휴게시간을 제하고 1일 8시간, 1주일 40시간을 기준으로 한다.
2) "근로자"의 근무시간: 오전 09:00～오후 18:00
3) 1일 휴게시간은 오전 12:00부터 오후 13:00까지 1시간을 원칙으로 하며 업무형편에 따라 일괄 또는 분할하여 부여할 수 있다.

제4조【휴일 및 휴가】

1) 근로일 : 매주 요일에서 요일까지
2) 휴 일 : 매주 요일을 무급으로 하고, 매주 요일을 유급으로 함.

※ 일자리창출 사업 참여근로자에 경우 : 근로자의 날(5월 1일) 및 일자리창출사업에 따라 지원이 이루어지는 아래 공휴일을 유급휴일로 한다.

※ 관공서의 공휴일에 관한 규정 중 ① 일요일 ② 국경일 중 3.1절, 광복절, 개천절 ③ 1월 1일 ④ 설날 전날, 설날, 설날 다음날 ⑤ 석가탄신일 ⑥ 어린이날 ⑦현충일 ⑧ 추석 전날, 추석, 추석 다음날 ⑨ 기독탄신일 ⑩ 공선법에 따른 임기만료에 의한 선거일 ⑪ 기타 정부에서 수시 지정하는 날 ⑫ 관공서 공휴일에 관한 규정 제3조에 따른 대체 공휴일.

3) 연차 유급휴가 및 생리휴가는「근로기준법」에서 정하는 바에 따른다.
4) 제3항의 휴가는 사전 신청 후 허가를 받아 사용하며 "사용자"는 필요시 휴가기간 또는 시기를 조정할 수 있다.
5) "근로자"는 업무의 특성상 발생하는 휴일 및 야간근로에 동의(서명 또는 날인)한다.

※ 사용자는 업무상 필요한 경우 근로자와 합의하여 근로일, 주휴일, 휴무일을 변경할 수 있다. 이 경우 사용자는 적어도 3일 이전에 근로자에게 고지하여야 한다.

제5조【보안의무】

"근로자"는 "사용자"의 업무수행상 얻은 기밀에 대해서는 계약기간 중은 물론, 후에라도 일절 누설하여서는 안되며, 상기 사항의 위반으로 인한 민, 형사상의 책임을 진다.

제6조【기타사항】

1. 본 계약 규정에 정하지 아니한 사항은「근로기준법」등 노동관계법령과 관행 및 취업규칙에 따라 적용하며, 본 계약서는 2통을 작성하여 서명 날인 후 각 1통씩 보관한다.

20○○년 ○월 ○일

"사용자" : **(서명 또는 인)**

"근로자" : **(서명 또는 인)**

[서식 159] 연구보조원 근로계약서

연구보조원 근로계약서

______중앙대학교 산학협력단장과 연구책임교수를 [갑]이라 하고 연구보조원을 [을]이라 하여 양자 간에 다음과 같이 합의하고 근로계약을 체결한다.

제 1 조 (계약당사자) 계약당사자는 다음과 같다.

갑 (1) 주 소 :
직위 및 성명 :
(2) 소 속 : ○○대학 ○○학부
직위 및 성명 : 교수 ○ ○ ○

을 성 명 : ○ ○ ○
생 년 월 일 : 19○○.○○.○○.

제 2 조 (신분 및 업무내용) "을"은 근로계약기간 동안 『○○지원기관 ○○○사업』(이하 "해당사업"이라 한다)에 참여하는 연구보조원으로서 연구관련 업무 및 근로와 관련하여 연구책임교수의 지시에 대하여 성실하게 이행하여야 한다.

제 3 조 (근로계약기간) ① "을"의 근로계약기간은 20○○년 ○월 ○일부터 20○○년 ○월 ○일까지로 한다.
② 유기사업 또는 특정 프로젝트 완성(연구비 수주)을 위해 고용된 경우
- "을"은 해당사업 『 연구과제명(과제번호) 』의 운영 및 완성을 위해 고용된 근로자이다.

해당사업기간은 본 근로계약기간과 별개로 인지하며, 1항에도 불구하고 해당사업이 중단 또는 조기 종료되거나 사업기간이 만료된 경우 본 근로계약도 당연 만료되는 것에 동의하십니까? (예 / 아니오) 서명

③ 근로계약 체결 이후 본 근로계약기간 내에 타 연구과제 참여가 있는 발생된 경우에는 근로계약서를 별도로 작성한다.

제 4 조 (근로시간, 휴가) ① "을"의 기본근로시간은 1일 8시간, 1주 40시간으로 한다.
② "을"의 근로형태는 평일은 9시부터 18시까지, 휴게시간은 12시부터 13시까지이며, 토요일은 무급휴무일, 일요일은 주휴일을 원칙으로 한다.
③ "을"이 제5조 4항에 따라 기간별로 지급받는 임금이 상이한 경우에는 최저임금법에 따라 연구책임교수와 상의하여 근로시간을 탄력적으로 조정할 수 있다.

④ "을"의 연차유급휴가는 근로기준법에 의한다.

제5조(임금 및 지급방법) ① "갑"은 "을"에게 계약기간 동안 총 (   )원을 보수로 지급하며, 임금은 계약 후 매월 20일에 예금통장에 입금 지급한다.

② 임금에는 연차·휴일·연장근로수당이 합산되어 지급되며, 연차·휴일·연장근로수당 등의 상세내역은 임금내역표에 명시한다. (단, 재원은 연구과제에서 충당함)

③ 제3조의 3항의 경우에는 과제 참여율을 적용하여 임금을 산정함을 원칙으로 한다.

④ 연구과제 예산 집행 계획에 따라 기간별 임금이 상이한 경우에는 다음 계획에 따라 지급한다.

구분	참여기간	월 급여	구분	참여기간	월 급여
1	0000.00 ~ 0000.00	0,000,000 원	2	0000.00 ~ 0000.00	0,000,000 원
3	0000.00 ~ 0000.00	0,000,000 원	4	0000.00 ~ 0000.00	0,000,000 원

제6조(퇴직연금) "갑"은 계약기간의 만료 시 「근로자퇴직급여보장법」에 의거하여 퇴직금을 "을"에게 지급한다. (단, 재원은 연구과제에서 충당함)

※ 단, 퇴직금은 계약기간 1년이 충족된 경우에 한하여 지급한다.

※ 지원기관의 규정 및 지침이 있으면 위 내용과는 별도로 정하여 명시한다.

제7조(근무장소) "을"의 근무장소는 ○○캠퍼스 (   )로 한다.

제8조(근태관리) "을"의 근태관리는 연구책임교수가 한다. 연구책임교수는 "을"의 연구지도 및 업무 감독을 성실히 수행하여야 하며, 근로계약에 관한 내용에 변경이 있거나 기타 계약에 영향을 미칠 수 있는 사유가 발생하였을 때에는 즉시 산학협력단장에게 통보하여야 한다.

제9조(의무) ① "을"은 학내 제규정을 준수하여 성실히 복무하여야 함은 물론, 연구원으로서의 품위를 유지하여야 한다.

② "을"은 연구전념을 위하여 교내 강의는 주당 6시간 이내로 하는 것을 원칙으로 하되, 부득이 한 경우 연구진행에 지장을 초래하지 않는 범위 내에서 연구책임교수 책임 하에 일부 조정할 수 있다. 교외 강의는 주당 3시간 이내로 하는 것을 원칙으로 하며, "갑"의 승인 없이 타 기관에 출강할 수 없다.

③ "을"은 "갑"의 승인 없이 영리 또는 보수를 목적으로 하는 업무에 종사하거나 다른 직무를 겸직할 수 없다.

④ "을"은 근로계약기간 동안 "갑"이 지정하는 장소에서 상근하며, "갑"은 업무상 필요가 있을 경우, 근무장소 및 업무내용을 변경할 수 있으며, "을"은 정당한 사유 없이 이를 거부하지 못한다.

제10조(중도 사직) "을"이 계약기간 만료 이전에 중도 퇴사할 경우 최소한 1개월 전에 사직서를 제출하여야하며, 사직서 제출 후 1개월 경과 시 "갑"과 "을"간의 고용계약은 종료된 것으로 본다.

제11조(계약의 갱신, 변경 및 해지) ① 본 계약은 근로계약기간 종료 1개월 전까지 "갑"과 "을"의 합의에 의하여 갱신할 수 있으며, 갱신하지 않는 경우에는 근로계약기간의 만료로써 이 계

약은 효력을 상실한다.

② "갑"은 해당사업의 지원기관으로부터 연구비 지원이 중단 되거나 조기 종료 등의 사유로 연구비가 변경된 경우 계약 내용의 일부를 변경할 수 있다.

③ "갑"은 다음 사항에 해당될 때에는 본 계약을 해지할 수 있다.

1."을"이 제9조의 의무를 지키지 아니할 때
2. 근로계약 시 제출한 각종 증명서 또는 업적 실적물에 허위 사실이 있을 때
3. 신체·정신상의 이유로 업무를 수행하기 곤란할 때
4. 연구원으로서의 품위를 손상하여 본교 명예를 훼손한 때
5. 연구업무를 성실히 준수하지 아니한 때
6. 법령, 규정 및 업무상 지시를 위반하였을 때
7. 지원기관의 사업 중단 또는 특별한 사유로 지원기관의 사업에 참여할 수 없을 때

제12조 (연구결과물 귀속) "을"의 연구결과물에 대한 소유권은 본교에 귀속하는 것을 원칙으로 한다.

제13조 (손해배상) "을"이 고의 또는 중대한 과실로 "갑"에게 손해를 초래하였을 경우 "갑"은 "을"에게 실비 손해배상을 청구할 수 있다.

제14조 (기타) 이 계약에 명시되지 아니한 사항에 대해서는 중앙대학교 및 산학협력단 제규정, 근로기준법 등 근로관계 법령이 정하는 바에 따른다.

이 계약서는 2부를 작성하여 계약 당사자가 각 1부씩 보관한다.

20 년 월 일

갑	(1) 중앙대학교 산학협력단	단장	김 원 용	(인)
	(2) 연구책임교수	교수	○ ○ ○	(자필서명)
을	연구보조원		○ ○ ○	(자필서명)

개인정보보호 서약서

본인 (○ ○ ○)는 업무 중에 알게 된 개인정보 및 중앙대학교 및 중앙대학교 산학협력단의 업무와 관련된 정보에 대하여 업무 수행중이나 업무 수행 후에도 비밀을 지킬 것을 서약합니다.

또한, ○ ○ ○에서 수집한 개인정보의 보호를 위해 대학에서 정하는 개인정보보호 관리

규정을 준수할 것이며, 적정한 절차 없이 개인정보를 무단으로 이용하지 않을 것을 서약합니다.

개인정보보호와 관련한 비밀의 준수와 개인정보보호를 위한 중앙대학교의 개인정보보호 규정 등 관련된 모든 조항이 포함된다는 것을 충분히 설명 받고 숙지하였습니다.

만약, 이러한 서약에도 불구하고 업무상 알게 된 사항에 대하여 비밀을 누설하거나 정당한 사유 없이 조회, 유출, 오용할 경우, 형사상·민사상의 법률 조항에 의거하여 제재를 받을 수 있음을 통고 받았으며, 이러한 제재에 대하여 이의를 제기하지 않을 것을 본인의 자의로 서약합니다.

일 시 : 년 월 일

소 속 : 산학협력단
성 명 : (인)

○ ○ ○ 귀하

[서식 160] 고용계약서(연구소)

고 용 계 약 서

본인 (이하 "갑"이라 한다)은 (이하 "을"이라 한다)과 다음 사항에 동의하여 근로계약을 체결한다.

제 1조 (고용조건) "을"은 "갑"과 다음 각 호의 조건으로 고용하고 "갑"은 이를 수락하여 본 근로계약서의 모든 사항에 동의한다

1. "갑"의 직종(등급)은 (등급)으로 한다
2. "갑"의 부서는 소(본부,부) 부(센터,실) 팀으로 한다.

3. "갑"의 계약기간, 근무일 및 근무시간은 다음과 같다.
   - 계약기간 : 년 월 일 ~ 년 월 일 (연장시는 계약서 재작성)
   - 근 무 일 : 매주 요일 (주 시간)
   - 근무시간 : 주 시간
4. "갑"의 급여는 월 원으로 하며 급여지급 방법은 "을"의 관련규정에서 정하는 바에 따른다.
5. "갑"의 휴게시간, 휴일 및 휴가에 대하여는 관계법령 및 연구소 규칙에 따른다.
6. 기타 "갑"의 직무내용은 다음과 같으며, 기타 직무수행 및 복무 등은 "을"의 정하는 바에 따른다.
   직무내용 :

제 2 조 (지적재산권 관련 권리 및 의무)

① "갑"이 "을"에 재직중 본 계약의 이행으로 인해 발생되는 지적재산권(특허권,실용신안권, 의장권,상표권,저작권,컴퓨터프로그램등, 이하 "지적재산권"이라 한다)에 대한 모든 권리는 "을"의 소유로 하며,"을"은 연구소 규칙에서 정하는 바에 따라 보상을 지급할 수 있다.

② "갑"은 "을"의 요청이 있을 경우에는 국내외에서 지적재산권을 취득하는데 필요로 하는 도면, 자료 등 일체의 서류를 "을" 또는 "을"이 지정하는 대리인을 통하여 작성, 제출하고 필요한 협조를 하여야 한다. 이 경우 소요되는 비용은 "을"이 부담한다.

③ "갑"은 본 계약상 양도의무가 없는 모든 지적재산권 사항을 이면에 명기하여야 하며, 입사 전에 발명한 것으로서 본인이 본 계약의 적용받지 않기를 원하는 출원되지 아니한 발명사항의 목록과 이들에 대한 개요를 기술하며, 이러한 기술사항이 사실과 위배되지 아니하고 누락사항이 없음을 서약한다. "을"은 이면에 기록된 발명사항에 대하여는 여하한 권리도 요구할 수 없다.

④ "을"은 출원으로 인하여 보안상 또는 기밀의 누설로 중대한 불이익이 초래할 우려가 있다고 인정한 때에는 "갑"이 지적재산권을 출원하는 것을 일정기간 제한하거나 보류하게 할 수 있다. 이 경우 "을"은 "갑"에게 연구소 규칙에서 정하는 보상을 지급할 수 있다

제 3 조 (비밀유지) "갑"은 "을"에 재직중은 물론 퇴직 후에도 연구소에서 지득한 모든 기밀사항을 "을"의 승인없이 타에 누설하지 아니한다.

제 4 조 (기술정보 유출금지) "갑"은 재직 중은 물론 퇴직 후 ○년 이내 직무창작에 해당 하는 창작을 지적재산권 출원(신고)하고자 할 경우에는 반드시 "을"의 사전 승인을 받을 것이며, "을"의 승인 없이 도안, 청사진, 연구자료, 정보 등 "을"의 업무와 관련되는 모든 사항을 소지하거나 유출하지 아니한다.

제 5 조 (손해배상 의무) "갑"은 "을"에 재직중 고의 또는 중대한 과실로 인하여 "을"에 손해를 입혔을 경우에는 그 손해액에 대해 배상의 책임을 진다.

제 6 조 (해석) "갑"과 "을"은 본 계약에서 정하지 아니한 제반사항은 관계법령 및 "을"의 제규정에서 정하는 바에 의하며, 본 계약 작성 이후 법률 및 연구소 규칙 개정이 있을 경우에는 변경되는 내용에 따른다.

본 계약서는 2부를 작성하여 쌍방이 서명 날인하고 각 1부씩 소지한다.

20○○년 ○월 ○일

갑 (피고용인)
성 명 (인)
본 적
주 소

을 (고용인)
연구소장 (인)
○ ○ ○ 연구소

[서식 161] 고용계약서(사무직)

사무직 고용계약서

고용주 ○○○(이하 "갑"이라 칭한다)와 근로자 ○○○(이하 "을"이라 칭한다)는 다음과 같이 고용계약을 체결한다.

제1조 【담당업무】
1. "을"은 다음 각호의 업무를 담당한다.
   1) 경리업무의 감독
   2) 회계업무의 감독
   3) 대은행업무 일반
   4) 기타 경리회계 총괄 책임
2. "을"의 직급은 회계팀장으로 한다.

제2조 【근로기간】
1. 20 년 월 일 ~ 20 년 월 일
2. 제1항의 기간만료 30일 이전에 "갑"의 계약관련 통지가 없을 시 계약은 자동적으로 1년씩 연장되며, 급여사항은 "갑"의 내부 규정에 따른다.

제3조【임　금】

1. "을"은 "갑"의 사무직연봉제에 규정에 따라 일금 　　　원정 (₩________)을 12개월로 분할하여 매월 5일에 "을"의 구좌로 현금입금 받는다.
2. 제1항의 임금의 세부 명세 내역은 "갑"의 회사내부 임급지급규정에 따르며, 1년 이상 근무 시에는 퇴직 시 법정 기준에 의거한 퇴직금이 발생한다.

제4조【근로시간】

1. 오전 9시 ~ 오후 6시 (주5일 근무)
2. 법정 공휴일 및 법정 임시 휴무일 휴무

제5조【근로장소】

1. "을"은 "갑"의 본사에서 근무를 하며, 다만 "갑"의 회사 사정상 지사의 근무를 명할 수 있다.
2. "갑"은 제1항의 조치 시에는 "을"에 대하여 필요한 경비(이사비, 관사 등)를 지원하여야 한다.

제6조【보안유지】

"을"은 재직 중 지득한 "갑"의 기업 회계관련 정보 일체에 대한 외부로의 누설을 하지 아니하며 이것은 퇴직 후에도 그러하다.

제7조【자금관리】

1. "을"은 "갑"의 경영자금 유동성에 대한 수시적 점검을 통하여 장래의 자금위험에 대한 예방을 하여야 하며 관련된 보고를 수시로 "갑"에게 하여야 한다.
2. "을"이 회사의 자금위험 상황을 인지하고도 고의 또는 중과실로 이를 예방하지 아니할 시에는 그로 인하여 "갑"에게 발생한 손해에 대하여 배상하여야 한다.

제8조【규칙준수】

1. "을"은 "갑"에서 시행중인 취업관련 규칙에 대한 성실이행 의무가 있으며, 부하직원의 협동심을 이끌고 부서의 안정화를 기하여 회사의 발전에 이바지하도록 하여야 한다.
2. "을"은 업무와 관련된 자금에 대한 횡령, 배임 등의 일체의 행위를 하지 아니하고 신의성실에 따라 업무를 수행하여야 한다.

제9조【분쟁해결】

1. 본 계약과 관련하여 양 당사자 간의 분쟁이 발생한 경우, 원칙적으로 "갑"과 "을" 상호간의 합의에 의해 해결한다.
2. 제1항에도 불구하고 분쟁이 해결되지 않을 경우 1차적으로 관할 지방노동사무소의 조정에 의하여 해결하고, 2차적으로 "갑"의 주소지 관할 지방법원을 그 관할로 하여 재판함으로써 해결한다.

제10조【기타사항】

1. 계약의 당사자는 본 계약의 내용을 신의성실에 의거하여 준수하여야 한다.
2. 본 계약서에서 명시되지 않은 부분에 대하여는 취업규칙 및 단체협약에 따르고, 정해지지 않은 사항에 대해서는 근로기준법 등 노동관계 법령에 따른다.

위와 같이 본 계약이 유효하게 성립하였음을 각 당사자는 증명하면서 본 계약서 2통을 작성하여, 각각 서명(또는 기명)날인 후 "갑"과 "을"이 각각 1통씩을 보관한다.

계약일자 : 20○○년 ○월 ○일

(갑) 주 소 :
회 사 명 :
대 표 자 : ○ ○ ○ (인)
연 락 처 :

(을) 주 소 :
주민번호 :
성 명 : ○ ○ ○ (인)
연 락 처 :

[서식 162] 표준근로계약서(단시간 근로자)

단시간 근로자 표준근로계약서

주식회사 ○○(이하 "갑"이라 한다)와 ○○○(이하 "을"이라 한다)간에 다음과 같이 근로계약을 체결한다.

1. 근로계약기간 : 20○○년 ○월 ○일부터 20○○년 ○월 ○일까지
2. 근무장소 : ○○○○○
3. 업무의 내용(직종) : ○○○○
4. 근로시간 : ○시 ○○분부터 ○시 ○○분까지(휴게시간 : ○시 ○○분부터 ○시 ○○

분까지)

5. 근무일/휴일 : 매주 ○○일(또는 매일단위) 근무, 주휴일 매주 ○○요일

6. 임 금

가. 시간(일, 월)급 : ○○○원 (해당 사항에 ○표)

나. 기타급여(제수당등) : 없음( ), 있음 : ○○○원(내역별 기재)

다. 가산임금률(연장, 야간, 휴일근로 등) : ○○%(내역별 기재)

라. 임금지급일 : 매월(매주) ○○일(공휴일의 경우는 전일)

마. 지급방법 : 을에게 직접지급 또는 예금통장에 입금 등

7. 기 타 : 이 계약에 정함이 없는 사항은 근로기준법에 의함

본 계약을 증명하기 위하여 본 계약서 2통을 작성하여 각각 서명(또는 기명) 날인한 후 각각 1통씩을 보관한다.

20○○년 ○월 ○일

갑	㊞	사 업 자 등 록 번 호		사 무 소	
				전화번호	
을	㊞	주민등록번호		주 소	
				전화번호	

[서식 163] 근로계약서

근 로 계 약 서

○○주식회사(이하 "갑"이라 한다)와 ○○○(이하 "을"이라 한다)는 다음과 같이 근로계약을 체결하고 이를 성실히 이행할 것을 약정한다.

제 1 조【 계약의 목적 】 "갑"은 ○○○현장(부서)의 업무수행을 위해 "을"을 고용하여 제6조에서 정한 보수를 지급하고, "을"은 "갑"을 위하여 필요한 기술 및 근로를 제공함에 있어 이에 관한 의무를 규정함을 목적으로 한다.

제2조【계약기간】 이 계약의 유효기간은 다음과 같다.

1. 20○○년 ○월 ○일부터 20○○년 ○월 ○일까지로 한다.
2. 20○○년 ○월 ○일부터 ○○○현장(사업)의 담당업무 종료시까지(단, 담당업무의 종료 여부는 "갑"의 판단에 따른다)

제3조【근무지와 담당업무】 "을"은 "갑"의 정규(계약)사원으로서 ○○○현장(부서)에서 "갑"이 위임하는 업무를 성실히 수행하여야 하며 동 업무의 종류 및 범위는 다음과 같다.

1.
2.

제4조【근로조건】 근로시간 및 시업, 종업, 휴식시간, 휴일 등은 근무지 부서 (현장)에서 "갑"이 정한 바에 의하며, 부서(현장)의 형편에 따라 조정될 수 있다.

제5조【직위 및 급호】 "을"의 직위와 급호는 다음과 같다.

1. 직위 :
2. 직급 :
3. 호봉 :

제6조【보 수】

1. 급여는 제5조에서 부여받은 급호로 "갑"의 급여규정에 의거, 매월 원화로 국내에서 계산하여 지급한다.
2. 상여금의 지급기준, 지급률, 지급시기는 정규(계약) 직원으로 적용한다.
3. 1년 이상 근속자에 대해서는 매 1년에 대해 1개월분의 평균급여를 퇴직금으로 지급하고 초과분에 대해서는 일할 계산하여 지급한다.
4. "갑"은 국내법 및 현지법이 정하는 바에 따라 "을"에게 지급하는 제급여에서 제세공과를 원천징수 한다.

제7조【복종의무】 "을"은 계약기간 중 "갑" 또는 "갑"의 업무를 위임받아 지휘하는 자로부터 모든 업무상의 지시에 따라야 한다.

제8조【계약해지】 아래 각 호에 해당하는 사유가 발생하였을 때는 "갑" 또는 "갑"의 업무를 위임받은 자는 계약을 해지할 수 있다.

1. "을"이 고의 또는 중대한 과실로 "갑"에게 손실을 끼친 때
2. "을"이 본 계약이나 취업규칙 등 사규를 위반한 경우
3. "을"이 정당한 이유 없이 업무수행을 지체하거나 불성실하다고 인정된 경우
4. "갑"의 사정으로 인하여 계약기간까지 "을"의 계속 근무가 불필요하다고 "갑"이 인정한 경우
5. 상병 등으로 본인의 계속근무가 불가능하다고 판단한 경우
6. 폭행, 파괴, 태업을 선동하는 등 불미한 행위를 하였을 때
7. 취업기간 중 금고이상의 형에 해당하는 형사상의 유죄판결을 받았을 때
8. 상사의 정당한 지시에 불복한 때
9. "갑"의 동의 없이 타사업장에 취업하거나 "갑"의 관리감독 범위를 벗어나 무단이탈하였을 때

10. 채용조건에 구비된 각종 문서의 위조, 변조 또는 허위사실이 발견되거나 신체검사를 위계로 하였을 때

제9조【손해배상책임】 제8조 제1항의 사유가 발생하였을 경우 "을"과 "을"의 보증인은 연대하여 그 손해를 "갑"에게 배상하여야 한다.

제10조【준 칙】 "갑"과 "을"의 권리, 의무에 관하여 본 계약에 명시되지 아니한 사항은 근로기준법 및 "갑"의 관련, 취업규칙, 사규 및 지침 등에 따른다.

위와 같이 본 계약이 유효하게 성립하였음을 증명하기 위하여 본 계약서 2통을 작성하여, 각각 기명(또는 서명) 날인한 후 "갑"과 "을"이 각각 1통씩을 보관한다.

20○○년 ○월 ○일

갑	㉠	사 업 자 등 록 번 호		사 무 소	
				전화번호	
을	㉠	주민등록번호		주 소	
				전화번호	

[서식 164] 근로계약서(일용직)

일용직 근로계약서

(갑) 사용자	상 호			대 표 자	
	주 소				
(을) 근로자	성 명		생년월일		
	주 소			전화번호	

"갑"과 "을"은 아래의 근로조건을 성실히 이행할 것을 약정하고 근로계약을 체결한다.

– 아 래 –

근로장소		직 종	

<table>
<tr><td>계약기간</td><td colspan="3">계약기간은 20○○년 ○월 ○일~20○○년 ○월 ○일까지로 한다. 다만, 천재지변, 동절기 공사중단, 발주처의 공사중단·설계변경 등의 사유로 공사를 계속할 수 없을 때와 해당공종이 종료된 경우에는 그때를 계약기간 만료일로 한다. 이 경우 해당공종이란 계약기간 만료일 전후에 "을"이 담당하던 공종을 의미한다.</td></tr>
<tr><td>임　　금</td><td colspan="3">1 "을"의 임금 시간당 ○○○원으로 한다.
2 임금은 매월 ○일에 지급하되 근로소득세, 고용보험료 등을 원천징수한 후 지급한다.
3 "을"이 전주(월~토)에 만근한 경우에는 유급주휴수당으로, 그리고 전월(1일~말일)에 만근한 경우에는 1일의 월차휴가수당(시간급×8)을 지급한다.
4 연장근로, 야간근로(22:00~06:00),휴일근로(일요일)시에는 통상임금의 50%를 가산지급한다.
5 여성근로자가 월1회 생리휴가를 청구하였을 경우 유급으로 생리휴가를 부여한다.
6 근무하지 않은 경우에는 결근일 당임 임금, 당해주의 주휴수당, 당해월의 월차수당이 발생되지 아니한다.</td></tr>
<tr><td>근로시간</td><td>07:00~17:00 단, 계절적 또는 수행업무 내용을 고려하여 현장소장이 조정할 수 있다.</td><td>휴게시간</td><td>08:30~09:00
12:00~13:00
15:30~16:00</td></tr>
<tr><td>근로계약의 해지사유</td><td colspan="3">1 계속 5일 이상 또는 월 합계가 7일 이상 결근한 경우, 근로의사가 없는 것으로 간주 징계절차 없이 자동면직 한다.
2 안전수칙 불이행·취업규칙 불이행으로 2회 이상 경고처분 받은 경우
3 정당한 업무지시 불이행 및 고의·중대한 과실로 사고나 손실을 야기시킨 경우
4 신체(고혈압, 디스크포함)·정신상장애로 해당업무를 수행할 수 없을 경우
5 "갑"의 동의 없이 타 작업장에 취업한 때
6 근로계약기간이 종료되었을 때 및 "을"이 퇴직을 원할 때</td></tr>
<tr><td>채용결격 사　　유</td><td colspan="3">불법체류자, 지명수배 중에 있는 자, 장해판정등에 의거 노동력의 일부분이 상실되었음이 확인된 자, 타건설현장에서 난동 및 현장업무를 방해하여 물의를 야기하였던 사실이 있었던 자는 채용될 수 없으며, 위 사실이 추후 발견된 경우 본 근로계약은 취소된다.</td></tr>
<tr><td>기타근로 조　　건</td><td colspan="3">본 계약서상에 명시되지 않은 사항은 근로기준법 및 일용근로자 취업규칙에 따른다.</td></tr>
<tr><td colspan="4">20○○년　○월　○일

(사 용 자)
현장소장　○ ○ ○　(인)

(근 로 자)
성　　　명 :　　　　　　(인)
주민등록번호 :</td></tr>
</table>

[서식 165] 근로계약서(일용직)

일용직 근로계약서

사용자 ○○주식회사(이하 "갑"이라 한다)와 근로자 ○○○(이하 "을"이라 한다)는 다음과 같이 근로계약을 체결하고 이를 성실히 이행할 것을 약정한다.

제1조【당사자】

사용자 (갑)	사 업 체 명	○○○○		
	대 표 자 성 명	○ ○ ○	사업종류	○○○○
	소 재 지	○○시 ○○구 ○○대로 ○○○		
근로자 (을)	성 명	○ ○ ○	주민등록번호	000000-0000000
	주 소	○○시 ○○구 ○○대로 ○○○		

제2조【근로조건】

1. 직종 : ○○○○
2. 급여의 형태 : 일급 ○○○원/1일 8시간 기준
3. 급여의 계산 및 지급방법 : 급여는 원칙으로 매월 1일부터 말일까지 계산하여 다음달 5일에 현금 또는 수취계좌번호에 입금하는 방법으로 지급한다. 1일 8시간 또는 월 소정 근로시간을 근로하지 않은 경우에도 위와 같이 지급하되 일할 또는 월할 계산하여 지급한다.

제3조【근로기간】 20○○년 ○월 ○일부터 20○○년 ○월 ○일까지당 근로계약에 의해 근무하는 근로자는 위 근로계약기간이 종료하면 별도의 조치없이 당연히 근로관계가 종료된다. 다만 위 기간이후에도 계속 근로하고자 하는 경우에는 "을"은 "갑"의 동의를 얻어 새로이 근로계약을 체결하여야 한다.

제4조【기타 근로조건】 기타 본 근로계약서에 기재되지 않은 사항은 당사 사규 또는 법령 및 관례에 의한다.

본 계약의 성립을 증명하기 위하여 이 계약서 2통을 작성하고 각각 서명(또는 기명)날인하여 각각 1통씩 보관한다.

20○○년 ○월 ○일

갑	㊞	사 업 자 등 록 번 호		사 무 소	
				전화번호	
을	㊞	주민등록번호		주 소	
				전화번호	

[서식 166] 고용계약서(근로자)

근로자고용계약서

사용자 ○○주식회사는 근로자 ○○○ 간에 다음과 같이 고용계약을 체결한다.

제1조 근로자 ○○○는 20○○년 ○월 ○일 사용자 ○○○가 경영하는 상업에 관하여 근무를 제공할 것을 약속하며 사용자는 이에 대하여 보수를 지급할 것을 약속한다.

제2조 본 건의 고용기간은 20○○년 ○월 ○일부터 ○○(년간)으로 한다. 다만, 기간만료로 인하여 특별한 해고사항이 없는 한 기간의 만료로 동일기간으로 재고용된다.

제3조 근로자는 사용자가 규정한 취업규칙 및 당사자 사이에 정한 고용조건을 반드시 준수하여 성실히 근무하여야 한다.

제4조 보수는 월 금 ○○○○○○원으로 정하여 매월 말일까지 사용자가 근로자에게 지급한다. 단, 업무성적의 진도, 근로자의 근무상태에 따라 법령의 범위 내에서 급료의 증감을 할 수 있다.

제5조 근로자의 근로 중 불미스러운 행동이 있을 경우 사용자는 법령의 규정에 따라 언제든지 해고할 수 있다.

제6조 근로자는 성심껏 사용자의 영업에 종사하며 사용자의 명예 이해에 관한 중요한 사항 및 영업상 비밀에 속하는 사항을 타에 누설하지 못한다.

제7조 근로자가 그 의무의 위반 또는 태만 기타 불미스러운 행위로 인하여 사용자에게 손해를 입힌 때에는 근로자는 즉시 그 손해를 배상하여야 한다.

제8조 사용자는 급료지급채무를 이행하지 못할 때 즉시 강제집행을 받아도 이의가 없음을 수락한다.

본 계약의 성립을 증명하기 위하여 이 계약서 2통을 작성하여 각각 서명(또는 기명)

날인하여 각각 1통씩 보관한다.

20○○년 ○월 ○일

사용자	㊞	사 업 자 등 록 번 호		사 무 소	
				전화번호	
근로자	㊞	주민등록번호		주 소	
				전화번호	

[서식 167] 연봉근로계약서

연 봉 근 로 계 약 서

사 용 자 (甲)	성 명		사업의 종류	
	사업체명			
	소 재 지			
근 로 자 (乙)	성 명		주민등록번호	
	주 소			

제1조(고용계약) 근로자 (乙)은 사용자(甲)의 ○○ 업무에 관하여 노무를 제공할 것을 약속하고 사용자(甲)는 이에 보수를 지급할 것을 약속한다.

제2조(근로자의 성실의무) 근로자는 사용자의 명령·지시에 따라 성실히 ○○업무에 종사한다.

제3조(임 금) 총 계약 연봉금액 : 원(이하 단위 생략)

1) 기본급(년간) :
2) 제수당(년간) :
(제 수당에는 기본급외 연간 452시간분의 연장, 휴일, 야간 근로수당(기준연봉의 15% 금액)이 포함되어 있다)

제4조(제수당 및 통상임금)

1) 연차수당 및 퇴직금 중간정산은 1년 이상 근무한 자에 한하여 지급한다.
2) 제수당에는 법정수당(연장, 휴일, 야간근무수당 등)과 기타 회사 임의 수당으로써 모든

항목을 포함한 것으로 간주하여 지급한다.

3) 통상임금은 제 3의 1) 연간 기본금액을 12등분하여 12분의 1에 해당하는 금액으로 한다. 단, 매달 지급되는 기본 월연봉을 통상임금의 산정기초로 되는 임금으로 하고 기본 월연봉, 각종 상여금 및 법정수당을 합산한 금액을 평균임금 산정기초가 되는 임금으로 한다.

제 5 조 (지급방법 및 시기) 총 계약연봉 금액을 12등분하여 매월 취업규칙상 정하여진 날에 지급한다.

제 6 조 (기밀유지) 급여명세서는 절대 기밀을 유지하며 이를 위반 시는 이로 인한 모든 불이익을 감수한다.

제 7 조 (근로시간)

1) 평일 근무시간은 : 부터 : 까지로 하고 토요일은 : 부터 : 까지로 한다.
2) 전 1)항의 근로시간을 초과하는 452시간 범위 내의 연장근로 및 휴일근로에 대한 수당은 제3의 2) 제 수당"에 포함된 것으로 한다.

제 8 조 (휴게시간 및 유급휴일)

1) 휴게시간의 경우 1일 60분으로 한다.
2) 유급휴일과 관련된 사항은 별도의 제 규정에서 정한 바에 의한다.

제 9 조 (근태사항)

다음 각 호의 사유가 있는 경우에는 취업규칙 상 관련 규정을 적용하여 연봉을 지급한다.

1. 휴직 2. 결근 3. 감급, 정직

제 10 조 (계약기간)

1) 20 년 월 일 - 20 년 월 일 (개월 간)
2) "갑"과 "을"은 계약만료 1개월 전에 재계약을 하는 것으로 한다.
   단, 1개월 전에 상대방에게 통지가 없을 때에는 본 근로계약은 1년 간 자동연장 된 것으로 간주한다. 이 때 차기 연봉계약은 인사위원회가 평정한 인사고과에 의하여 계약을 갱신하는 것으로 한다.

제 11 조 본 계약서에 명시되지 않은 사항은 취업규칙 및 근로기준법의 관련조항을 준용하도록 한다.

위와 같이 연봉 근로계약을 체결함.

20○○년 ○월 ○일

사용자(갑) : ㉑

근로자(을) : ㉑

[서식 168] 신원보증계약서(취업시)

신원보증계약서

주식회사 ○○은행을 "갑", 신원보증인 ○○○을 "을"로 하여 "갑", "을" 간에 다음과 같은 내용의 신원보증계약을 체결한다.

제1조【신원보증계약】 신원보증인 "을"은 피용자 ○○○이 고용계약에 위반하거나 또는 고의나 과실로 인하여 사용자 "갑"에게 손해를 준 경우에 즉시 이를 "갑"에게 배상할 책임을 부담한다.

제2조【존속기간】 본 계약의 존속기간은 본 계약성립일로부터 ○년간으로 한다.

제3조【최고 및 검색의 항변권】 신원보증인 "을"은 최고 및 검색의 항변권을 포기한다.

제4조【사용인의 통지의무】 사용자 "갑"은 다음의 경우 지체 없이 그 사실을 신원보증인 "을"에게 통지하여야 한다.

1. 피용자 ○○○이 업무상 부적임하거나 불성실한 사례가 있어 이로 인하여 신원보증인 "을"의 책임문제가 제기될 우려가 있을 때
2. 피용자 ○○○의 업무 또는 근무지가 변경되어 신원보증인의 책임이 가중되거나 또는 그 감독이 곤란하게 될 때

이상의 내용을 증명하기 위하여 본 증서 2통을 작성하고 각자 서명 날인한 후 각자 1통씩 보관한다.

20○○년 ○월 ○일

갑	㊞	사 업 자 등 록 번 호		사 무 소	
				전화번호	
을	㊞	주민등록번호		주 소	
				전화번호	

[서식 169] 연봉계약서

연 봉 계 약 서

사 용 자 (갑)	성 명		사업의 종류	
	사업체명			
	소 재 지			
근 로 자 (을)	성 명		주민등록번호	
	주 소			

제1조【임 금】 총 계약 연봉금액 : 원

1. 기본급(년간) : 원
2. 제수당(년간) : 원
3. 년(월)차 수당(년간) : 원
4. 퇴직금중간정산액(년간) : 원

제2조【제수당 및 통상임금】

1. 연차수당 및 퇴직금 중간정산은 1년 이상 근무한 자에 한하여 지급한다.
2. 제수당에는 법정수당(연장, 휴일, 야간 근무수당 등)과 기타 회사 임의수당으로써 상여금을 포함하여 모든 항목을 포함한 것으로 간주하여 지급한다.

제3조【지급방법】

1. 기본금, 제수당, 월차수당을 합한 금액을 12등분하여 매월 12분의 1에 해당하는 금액을 지급한다. 단, 상여금은 별도로 지급시기를 결정하여 지급할 수 있다.
2. 퇴직금 중간정산은 근무년수간 1년을 초과할 경우 초과년에 매 1년 단위로 정산하여 지급한다.

제4조【지급시기】 매월 6일부터 기산하여 다음달 5일 마감하여 다음달 10일 지급한다.

제5조【기밀유지】 급여명세서는 절대 기밀을 유지하며 이를 위반시는 이로 인한 모든 불이익을 감수한다.

제6조【유급휴일】 별도의 제규정에서 정한바에 의한다.

제7조【근로시간】

1. 평일 근무시간은 ㅇㅇ:ㅇㅇ부터 ㅇㅇ:ㅇㅇ까지로 하고 토요일은 ㅇㅇ:ㅇㅇ부터 ㅇㅇ:ㅇㅇ까지로 하고, 일요일은 격주로 근무한다.
2. 전 1항의 근로시간을 초과하는 연장근로 및 휴일근로에 대한 수당은 제1조의 2항의 제수당에 포함된 것으로 본다.

제8조【휴게시간】 1일 60분으로 한다.

제9조【근태사항】 지각, 조퇴, 결근과 징계사항은 별도의 제규정에 따른다.

제10조【중도퇴사】 중도 퇴사자는 중도 퇴직시 최소한 1개월 전에 사전 통보하고 퇴직 승인을 득한 후에 퇴직처리하며 그렇지 아니한 경우에는 무단결근으로 처리한다.

제11조【계약기간】

1. 20○○년 ○월 ○일부터 20○○년 ○월 ○일까지(　　개월간)
2. 근로계약 기간만료일까지 새로운 근로계약이 체결되지 아니한 경우에는 당사자간 근로계약은 합의 해지된 것으로 본다.

제12조【계약갱신】 차기 연봉계약은 인사위원회가 평정한 인사고과에 의하여 계약을 갱신한다.

제13조【계약의 해지】 근무 중 회사의 손해를 끼치거나 불성실한 태도로 근무 또는 잘못이 있을 시에는 그에 따른 변상과 본 계약을 해지(해고)한다.

제14조【수습사원】

1. 신규입사자는 입사일로 부터 3개월간은 시용 수습기간으로 한다.
2. 시용수습기간 중 사고를 유발 하거나 또는 직원으로서 부적격하다고 판단이 될 때는 본채용을 거부할 수 있다.

본 계약을 증명하기 위하여 본 계약서 2통을 작성하여 각각 서명(또는 기명) 날인한 후 각각 1통씩을 보관한다.

20○○년 ○월 ○일

<table>
<tr><td rowspan="2">갑</td><td rowspan="2">㊞</td><td rowspan="2">사 업 자
등 록 번 호</td><td rowspan="2"></td><td>사 무 소</td><td></td></tr>
<tr><td>전화번호</td><td></td></tr>
<tr><td rowspan="2">을</td><td rowspan="2">㊞</td><td rowspan="2">주민등록번호</td><td rowspan="2"></td><td>주 소</td><td></td></tr>
<tr><td>전화번호</td><td></td></tr>
</table>

[서식 170] 고용계약서(소속공인중개사/중개보조원)

고 용 계 약 서
(소속공인중개사 / 중개보조원)

________중개사무소(이상 "갑"이라 한다)는 피고용인 ______(이하 "을"이라 한다)을 채용하며 "을"은 아래사항을 준수하며 근무할 것을 약정한다.

<table>
<tr><td rowspan="4">고용인(갑)</td><td>대 표</td><td></td><td>상 호</td><td></td></tr>
<tr><td colspan="2">중개사무소개설등록번호</td><td colspan="2"></td></tr>
<tr><td colspan="2">사 업 자 등 록 번 호</td><td colspan="2"></td></tr>
<tr><td>주 소</td><td colspan="3"></td></tr>
<tr><td rowspan="3">피고용인(을)</td><td>성 명</td><td></td><td>연 령</td><td></td></tr>
<tr><td>주민등록번호</td><td></td><td>전 화</td><td></td></tr>
<tr><td>주 소</td><td colspan="3"></td></tr>
<tr><td>계약기간</td><td colspan="4">년 월 일부터 년 월 일</td></tr>
<tr><td>근무시간</td><td colspan="4">시 분부터 시 분까지</td></tr>
<tr><td>보수규정</td><td>기 본 급</td><td></td><td>실 적 급</td><td></td></tr>
<tr><td>임금지급일</td><td colspan="4">매월 일</td></tr>
</table>

제 1 조 (고용인의 준수사항) ① "갑"은 보유하고 있는 정보, 판매지식(실무 및 이론) 및 관련자료 등 "을"이 업무수행상 필요한 자료, 정보 등을 수시로 제공한다.

② 사무원 "을"의 인격과 능력을 존중하고, 본인의 판매능력과 자질을 발휘할 수 있도록 영업활동 환경을 조성하여 주어야 한다.

③ 신뢰와 신용, 양질의 서비스제공 등 모범 영업활동 환경을 제공한다.

제 2 조 (피고용인의 준수사항) ① "을"은 사무원으로서 품위있는 복장과 언행을 유지하여야 하며, 동료사무원과의 화목과 신뢰에 힘써야 한다.

② "을"은 거래계약서 및 중개대상물확인·설명서 작성 등의 중개업무를 수행하여서는 아니 된다.

③ 업무종료 후 "을"은 "갑"에게 당일의 업무계획과 결과를 매일 보고하여야 한다.

④ "을"은 재직기간 중 "갑"의 승낙없이 업무상의 기술·정보 등을 타인에게 누설 또는 제공하여서는 아니되며, 이로 인하여 "갑"에게 피해가 발생되었을 경우 "을"의 고의 또는 과실 여부를 불문하고 "을"은 "갑"에게 피해 전액을 배상하여야 한다.

제 3 조 (재정보증) ① "을"의 재직기간 중에 "을"의 고의나 과실 등으로 고객의 피해가 발생한 때에는 그 피해 전체를 "을"이 "갑"에게 배상하여야 한다.

② 위 항의 담보을 위하여 갑은 "을"에게 신용보증보험증서(금액 : 일천만원) 또는 연대보증

인(재산세 2만원 이상) 2인의 재정보증서를 요구할 수 있으며, "을"은 이에 성실히 응해야 한다.

"갑"과 "을"은 위의 모든 사항을 충분히 이해·숙지하고 이의 없으므로 자필 서명·날인하며 본 고용계약 조건의 성실한 이행을 증명하기 위해 각자가 1부씩 보관한다.

20○○년 ○월 ○일

고용인(갑)	상 호 명	
	사 무 소 주 소	
	개 설 등 록 번 호	
	사업자등록번호	
	대 표	(서명또는날인)
피고용인(을)	주 소	
	주 민 등 록 번 호	
	성 명	(서명또는날인)

[서식 171] 근로계약서(포괄임금)

포괄임금 근로계약서

상기 근로자(乙)은 사용자(甲)과 근로계약을 체결함에 있어서 음식사업장의 특성을 고려하여 아래와 같은 내용의 포괄임금 근로계약을 체결함.

1. 담당업무:

2. 급여 : (월급 원) (퇴직금월할액 원)

① 본 급여에는 음식점이라는 업종의 특성상 영업시간 속에서 고객 사정에 따라 을(乙)이 자율적으로 근무 시간과 휴게시간을 조절 할수있는 사정과 사무처리의 편의 및 직원사기를 위하여 근로기준법상 연장근무, 야간근무, 휴일근무등 초과근무에 대한 법정제수당이 모두 포함되어 책정된 금액임을 상호 확인하며, 월급여의 포괄임금 구성항목은 다음과 같다.

기 본 임 금	연 장 수 당	야 간 수 당	휴 일 수 당	년 차 수 당	급 여 총 액	퇴 직 월할금	월 총 지급액
(원)	(원)	(원)	(원)	(원)	(원)	(원)	(원)

② 퇴직금은 최종 퇴직시 지급하는 것이 원칙이나 을(乙)이 퇴직금의 우선 확보를 위하여 법정 퇴직금의 월할액을 급여지급시 함께 지급함을 요청할 경우 분할 지급할 수 있고, 이때 분할지급액은 퇴직시(또는 중간정산시) 퇴직금과 상계함에 동의한다.
③ 월급은 매월 일부터 까지 계산하여 매월 일에 현금 또는 지정 은행계좌로 지급한다.

3. 근로시간 및 휴게시간
① 1일 근무시간 : (총 : 시간)
② 1일 휴게시간 : (총 : 시간)
(단, 휴게시간은 상호 합의하에 시간대를 정하여 자유롭게 활용할 수 있도록 보장한다)
③ 휴 일 : (월 : 일)

4. 시용계약기간
① 계약체결일로부터 개월간은 근무적합성 등을 판단하는 시용계약기간으로 한다.
② 시용계약기간 내 또는 기간만료시 사용자(甲)와 근로자(乙)는 자유롭게 계약해지를 통보할 수 있다.
③ 시용계약기간을 당사자의 명시적 또는 묵시적 이견없이 경과한 경우에는 별도의 계약체결이 없더라도 기간의 정함이 없는 근로계약(無)을 갱신 체결한 것으로 간주한다.

5. 급여조정
본 계약 이후 급여의 조정은 업무능력 및 근무의 성실성등을 고려하여 쌍방이 협의하에 적절하게 조정한다.

6. 휴일 및 야간근로 동의: 사업장의 영업의 특성상 휴일 및 야간근무가 이루어질 수 있음을 인지하고 이에 동의하며 본계약으로 동의서에 갈음한다.

7. 퇴직절차 : 근로자(乙)은 개인사유로 퇴직할 경우에는 적어도 30일 전에 통보하고 후임자에 대한 인수인계 및 물품반납등 퇴직절차를 완료하여야 하고 이를 태만하여 사용자에게 손해를 입힌 경우에는 그 손해를 배상하여야 한다.

8. 해고사유 및 절차:
① 근로자(乙)가 다음 각호의 사유가 있을 경우에는 해고할 수 있다.
가. 잦은 결근/지각/조퇴 등 근태가 불량으로 3회 이상 지적을 받은 경우
(단, 연락두절 상태로 3일 이상 무단결근의 경우에는 당연 퇴직으로 간주한다)
나. 고객으로부터 친절, 음식맛, 청결등 문제로 3회 이상 항의를 받은 경우

다. 업무외적 질병 또는 부상등 일신상사유로 7일 이상 직무수행이 불가능할 경우
라. 기타 사회통념상 고용관계지속이 불가능한 귀책사유를 유발한 경우

② 사용자(甲)는 근로자(乙)을 해고할 경우에는 30일전에 예고를 하여야 한다.

9. 본 계약 또는 고용관계와 관련한 다툼이 있는 경우에는 사업장 소재지 관할 노동지청 또는 관할 법원으로 한다.

10. 본 계약에서 명시하지 않은 사항은 관계법령 및 노동관행에 의한다.

20○○년 ○월 ○일

사업주 : (인)

근로자 : (인)

제2절 도급계약

1. 서 설

가. 의 의

도급계약은 당사자의 일방이 어떤 일을 완성할 것을 약정하고, 상대방이 그 일의 결과에 대하여 보수를 지급할 것을 약정함으로써 성립하는 계약이다. 일의 완성이 목적이고, 그 일을 어떻게 완성하는지는 전적으로 수급인에게 맡겨져 있다(결과채무). 따라서 일을 완성하기까지 생기는 위험도 전적으로 수급인이 부담하는 것이 원칙이다. 한편 도급계약의 법적 성질에 관하여는 쌍무·유상계약이며, 낙성·불요식계약이다.

[도급계약과 용역계약의 차이점]

구 분	내 용
첫째	순수한 민법적 의미에서 도급은 일의 완성을 목적으로 하는 계약이고, 용역계약은 일정한 사무 처리의 위탁이라는 위임적 요소가 있다. 도급계약은 당사자의 일방(수급인)이 어느 일을 완성할 것을 약정하고 상대방(도급인)이 그 일의 결과에 대하여 대가를 지급할 것을 약정함으로서 성립하는 계약이다. 용역계약은 쉽게 말해 노동력만을 제공하는 계약을 말한다.
둘째	도급계약은 건설공사의 일을 완성해서 건물을 지어주고 댓가를 받는 계약이며, 용역계약은 자재나 금전을 투입하지 않고 기술과 인력만 투입하는 계약으로 공사감리나 설계용역계약을 말한다.
셋째	도급에 있어서는 수급인 자신이 노무를 제공하였더라도 약속한 일을 완성하지 않는 한 보수를 청구할 수 없는 것이 원칙이고 일을 완성하면 지출되지 않은 경비라도 계약금액 전액을 받을 수 있다. 반면 용역계약은 일종의 사무처리 위탁이 있어 계약금액 중에 지출되지 않은 금액(불합리하게 집행한 금액 등 포함)은 정산 또는 반납해야 한다.

나. 효 력

수급인은 일의 완성의무, 목적물인도의무 등을 부담하게 되고, 도급인은 보수의 지급의무를 부담하게 된다.

다. 제작물공급계약

당사자 일방이 상대방의 주문에 따라 전적으로 또는 주로 자기의 소유에 속하는 재료를 사용하여 만든 물건을 공급할 것을 약정하고, 이에 대하여 상대방이 보수를 지급할 것을 약정하는 계약이다.

라. 도급계약의 원칙

(1) 건설공사에 관한 도급계약(하도급계약을 포함한다)의 당사자는 대등한 입장에서 합의에 따라 공정하게 계약을 체결하고, 신의에 따라 성실하게 계약을 이행하여야 한다.

(2) 건설공사에 관한 도급계약의 당사자는 그 계약의 체결에 있어 도급금액·공사기간 등 대통령령이 정하는 사항(17개)을 계약서에 명시하여야 하며, 서명·날인한 계약서를 서로

교부하여 보관하여야 한다.

2. 수급인의 의무

가. 일을 완성할 의무

- 일의 종류에는 제한이 없다.
- 무형적 서비스나 출판, 운송 등도 이에 해당하다
- 수급인이 일의 착수를 해태하는 때에는 도급인은 544조 및 545조 규정에 따라 계약을 해제할 수 있다.
- 도급인이 대금의 일부를 선급할 특약이 있는 경우에는, 수급인은 그 대금의 제공이 있을 때까지 일의 착수를 거절할 수 있다.
- 도급인은 수급인에게 적당한 지시나 감독을 할 수 있다. 그러나 적당하지 않은 지시나 감독을 따름으로써 일의 결과에 하자가 발생하더라도 수급인은 그 책임을 면할 수 없다.

나. 완성물 인도의무

일이 유형적인 것이라면 완성된 물건을 도급인에게 인도할 의무가 있다.

다. 완성물의 소유권 이전의무

- 완성물의 소유권이 수급인에게 인정된다면 소유권을 이전해 줄 의무가 있다.
- 목적물이 도급인의 소유물인 경우 수급인을 보수를 지급받을 때까지 그 목적물을 유치하여 유치권을 행사할 수 있다.

라. 수급인의 담보책임

(1) 담보책임의 의의

- 도급은 유상계약이므로 수급인에게 담보책임이 인정되고 민법상 특별조문이 있다.
- 유상계약이므로 매매에 관한 담보책임 규정도 준용되는지 여부가 문제되는데, 긍정하는 견해도 있으나 판례는 도급에 관하여 담보책임의 특칙이 있기 때문에 매도인의 담보책임 규정은 준용되지 않는다는 태도이다.
- 수급인의 담보책임도 무과실 책임이다.
- 담보책임은 무과실 책임이므로 과실상계 규정은 적용될 수 없고, 다만 신의칙상 감경만 가능하다는 것이 판례의 태도이다.

(2) 담보책임의 요건상 쟁점

- 일의 완성에 하자가 있어야 하는데, 목적물이 도급인에게 인도되기 전 후와 관계없이 이미 발생한 하자가 있다면 담보책임을 추궁할 수 있다.
- 도급에 있어서는 목적물의 하자가 도급인이 제공한 재료의 성질, 도급인의 일의 지시에 기인한 것인 경우에는 담보책임을 추궁할 수 없다. 다만, 재료 및 지시가 부적당함을 알고도 수급인이 도급인에게 고지하지 아니한 때에는 담보책임을 부담한다(669조).
- 당사자 사이에 면책특약이 있는 경우에는 담보책임을 추궁할 수 없다. 다만, 면책특약이 있더라도 수급인이 알면서 고지하지 않은 경우에는 그 특약은 무효이다(672조).

(3) 하자보수청구권

- 완성된 목적물 또는 완성 전의 성취된 부분에 하자가 있는 경우에, 도급인은 수급인에 대하여 상당한 기간을 정하여 그 하자의 보수를 청구할 수 있다.
- 다만, 하자가 중요하지 않고 그 보수에 과다한 비용을 요하는 경우에는 도급인은 하자보수를 청구하지 못하며 아래에서 보는 바와 같은 내용의 손해배상을 청구할 수 있을 뿐이다.
- 도급인은 하자의 보수가 끝날 때까지 보수의 지급을 거절할 수 있다. 이때 거절할 수 있는 보수는 하자 및 손해에 상응하는 금액에 한정된다.

(4) 손해배상청구권

- 도급인은 하자의 보수에 갈음하여 또는 보수와 함께 손해배상을 청구할 수 있다.
- 다만, "하자가 중요하지 아니하면서 동시에 그 보수에 과다한 비용을 요하는 경우"에는 도급인은 하자보수나 하자보수에 갈음하는 손해배상을 청구할 수 없고, 그 하자로 인하여 입은 손해의 배상만을 청구할 수 있는데, 이러한 경우 그 하자로 인하여 입은 통상의 손해는 특별한 사정이 없는 한 수급인이 하자없이 시공하였을 경우의 목적물의 교환가치와 하자가 있는 현재 상태대로의 교환가치와의 차액이고, 그 하자 있는 목적물을 사용함으로 인하여 발생하는 정신적 고통으로 인한 손해는 수급인이 그러한 사정을 알았거나 알 수 있었을 경우에 한하여 특별손해로서 배상받을 수 있다(1998.3.13. 95다30345 판결).
- 수급인의 과실은 요구되지 않는다.
- 도급인의 손해배상청구권과 수급인의 보수지급의무는 동시이행의 관계에 있다.

(5) 해 제 권

- 완성된 목적물의 하자로 인하여 계약의 목적을 달성할 수 없는 경우에 도급인은

해제권을 행사할 수 있다.

- 보수가 불가능한 경우에는 최고없이 곧 해제할 수 있으나, 보수가 가능하면 상당기간의 최고를 한 후에만 해제할 수 있다고 본다(通).
- 해제와 함께 손해배상도 청구할 수 있다.
- 건물 기타 토지의 공작물이 완성된 후에는 해제할 수 없다는 제한이 있다(668조 단서).
- 즉, 하자담보책임을 추궁하는 것으로서 완성된 건물이나 토지 공작물에 대해서는 해제권을 행사할 수 없다는 의미이다.
- 이러한 건물 등도 완성되기 전이라면, 채무불이행에 따른 일반적 해제 가능하다.
- 이와 같이 건물을 완공하기 전에 도급계약이 해제되면 일반원칙에 따라 소급하여 계약이 실효되므로 원상회복의무가 발생하고, 수급인은 일의 완성을 못하였으므로 기성고만큼에 있어서도 보수를 청구할 수 없는 것이 원칙이다.
- 다만, 건축공사도급계약에 있어서는 공사 도중에 계약이 해제되어 미완성 부분이 있는 경우라도 그 공사가 상당한 정도로 진척되어 ① 원상회복이 중대한 사회적·경제적 손실을 초래하게 되고, ② 완성된 부분이 도급인에게 이익이 되는 때에는 도급계약은 미완성 부분에 대해서만 실효되어 수급인은 해제된 상태 그대로 그 건물을 도급인에게 인도하고, 도급인은 그 건물의 기성고 등을 참작하여 인도받은 건물에 대하여 상당한 보수를 지급하여야 할 의무가 있다(1997.2.25. 96다43454).
- 수급인이 완공기한 내에 공사를 완성하지 못한 채 완공기한을 넘겨 도급계약이 해제된 경우에 있어서, 지체상금은 약정된 준공기일의 익일부터 발생하고, 종기는 수급인이 공사를 중단하거나 기타 해제사유가 있어 실제로 해제한 때가 아니고 이를 해제할 수 있었을 때로부터 도급인이 다른 업자에게 의뢰하여 건물을 완성할 수 있었던 기간이 경과하기까지의 시점이다(1998.2.24. 95다38066, 38073).
- 한편, 도급 계약은 일이 완성되기 전이라면 언제나 도급인이 수급인의 손해를 배상하고 해제할 수 있다(673조)는 점도 비교하여 주의할 것.

(6) 담보책임의 제척기간

- 목적물을 인도 받은 날로부터 1년.
- 인도가 불필요한 경우에는 일의 완성시가 기산점.
- 토지의 공작물 또는 건물은 5년이나 10년.

(7) 보수지급의무

- 보수지급시기는 당사자의 합의가 있으면 그에 따르고, 합의가 없으면 관습에 의하며, 관습이 없으면 목적물의 인도와 동시에 지급한다.
- 인도가 필요하지 않은 경우에는 일이 완성된 후 지체없이 지급한다.

▸ 즉, 목적물의 인도(일의 완성이 아니라)와 보수지급은 동시이행관계이다.

(8) 부동산 수급인의 저당권설정청구권

▸ 부동산 공사의 수급인은 자신의 보수청구권을 담보하기 위하여 목적부동산 위에 저당권을 설정할 것을 도급인에게 청구할 수 있다(666조).
▸ 형성권이 아니라 청구권이다.
▸ 따라서 도급인이 승낙하여 등기를 경료해야 저당권이 설정된다.

3. 완성된 목적물의 소유권 귀속

가. 원 칙

당사자 간에 약정이 있으면 그 약정이 우선 적용된다(通,判).

판례는 도급인 명의로 건축허가를 받고 또 그 명의로 건물에 대한 소유권보존 등기를 경료하기로 약정한 경우, 공사의 기성고 비율에 따라 상당액의 공사대금을 순차적으로 지급하기로 한 경우에는 도급인에게 소유권을 귀속시키기로 하는 묵시적 합의가 있는 것으로 본다.

다가구용 단독주택의 신축공사 도급계약을 체결함에 있어 공사대금은 평당 금 1,500,000원으로 하되 계약 당일에 계약금 금 3,000,000원을, 공사착수일에 금 15,000,000원을 각 지급하고 나머지 공사대금은 공사완료 후 도급인이 주택의 각 가구를 전세 놓아 그 전세금으로 지급키로 약정하고 주택의 신축공사에 있어서 그 건축허가의 명의도 도급인으로 되어 있는 경우, 도급인과 수급인 사이에는 공사 도급계약 당시부터 완성된 건축물의 소유권을 원시적으로 도급인에게 귀속시키기로 하는 묵시적 합의가 있었다고 본 판례이다(1996.9.20. 96다24804).

약정이 없는 경우에 누구에게 귀속되는지 문제된다.

나. 도급인이 재료를 제공한 경우

도급인에게 소유권이 귀속된다는데 이견이 없다.

민법상 가공의 법리가 배제된다. 재료소유자가 소유권을 취득하지만, 가액의 증가가 현저한 경우 가공자가 소유권을 취득한다는 법리가 적용되지 않는다는 의미. 수급인의 노력은 가액의 증가가 현저한 경우라고 볼 수 있음에도 불구하고 재료 제공한 도급인에게 소유권이 귀속되기 때문이다.

다. 수급인이 재료를 제공한 경우

(1) 동산의 경우

- 수급인에게 소유권이 귀속된다는 데에 이견이 없다.

(2) 부동산의 경우

- 수급인 귀속설(多,判) : 수급인의 보수청구권을 확보하기 위하여, 건물 신축의 법리상 수급인 귀속이라는 견해다.
- 도급인 귀속설(유력설) : 도급인에게 소유권이 원시적으로 귀속되고 수급인은 유치권이나 저당권설정청구권 등으로 보수 지급을 확보해야 한다.

4. 도급의 종료

가. 도급의 해제

- 수급인이 일을 완성하기 전에는 도급인은 언제든지 손해를 배상하고 계약을 해제할 수 있다(673조).
- 동 규정에 의해 건물 등을 완성하기 위한 도급의 경우에도 완성 전에는 해제가 가능하다.
- 해제의 사유에는 제한이 없고, 채무불이행이 없어도 해제가 가능하다.
- 수급인은 성취된 부분에 대한 보수청구권을 상실하지 않는다(비소급효).
- 수급인이 일을 완성한 후라면 아직 인도하지 않은 경우라 할지라도 해제할 수 없다.
- 해제시에 손해배상금을 제공하여야 한다.
- **중요판례** : 민법 제673조에 의하여 도급계약이 해제된 경우에는, 도급인이 수급인에 대한 손해배상에 있어서 과실상계나 손해배상예정액 감액을 주장할 수 없다(2002.5.10. 2000다37296, 37302 단, 손익상계는 가능하다).

나. 도급인의 파산과 해제

- 도급인이 파산선고를 받은 때 수급인 또는 파산관재인은 계약을 해제할 수 있다(674조).
- 당연 실효가 아니라 해제권 발생사유이다.
- 이러한 해제권행사로 인한 경우에는 손해배상을 청구할 수 없다.
- 완성된 부분에 대한 보수는 청구할 수 있는 바, 이러한 보수청구권을 가지고 파산재단에 가입할 수 있다.

5. 서 식 례

[서식 172] 표준도급계약서(건설공사)

건설공사 표준도급계약서

1. 공 사 명 :

2. 공사장소 :

3. 공사기간 :
   ○ 착공 : 년 월 일
   ○ 준공 : 년 월 일

4. 도급금액 : 일금 원정
   ○ 공 급 가 액 : 일금 원정
   ○ 부가가치세액 : 일금 원정

5. 선 금 : 일금 원정

6. 기성부분금의 시기 및 방법 :

7. 하자담보 책임기간 :

8. 하자보수 보증금율 :

9. 지체상금율 :

도급인과 수급인은 이 계약서 및 공사도급계약조건과 별첨 설계도 및 시방서에 의하여 공사도급계약을 체결하고 그 증거로 이 계약서 및 관련문서를 2통 작성하여 각 1통씩 보관한다.

20○○년 ○월 ○일

도 급 인
주 소
성 명 ㊞

도급인보증인
주 소
성 명 ㉔

수 급 인
주 소
성 명 ㉔

수급인보증인
주 소
성 명 ㉔

건설공사 표준도급계약 일반조건

제 1 조 (총칙) 도급인(이하 "갑"이라 한다)과 수급인(이하 "을"이라 한다)은 대등한 입장에서 서로 협력하여 신의에 따라 성실히 계약을 이행한다.

제 2 조 (보증인) 이 계약에 관하여 보증인을 세우는 경우에 그 보증인은 당사자의 계약불이행으로 인한 손해에 대하여 당사자와 연대하여 책임을 진다.

제 3 조 (공사감독원) ① "갑"은 자신을 대리하여 다음 각호의 사항을 행하는 자(이하 '공사감독원'이라 한다)를 선임할 수 있다.

1. 시공일반에 대하여 감독하고 입회하는 일
2. 공사의 재료와 시공에 대한 검사 또는 시험에 입회하는 일
3. 공사의 기성부분 검사, 준공검사 또는 공사목적물의 인도에 입회하는 일
4. 기타 공사감독에 관하여 "갑"이 위임하는 일

② "갑"은 제1항의 규정에 의하여 공사감독원을 선임한 때에는 그 사실을 즉시 "을"에게 통지하여 한다.

③ "을"은 공사감독원의 감독 또는 지시사항이 공사수행에 현저히 부당하다고 인정할 때에는 "갑"에게 그 사유를 명시하여 필요한 조치를 요구할 수 있다.

제 4 조 (현장대리인) ① "을"은 착공 전에 현장대리인을 임명하여 이를 "갑"에게 통지하여야 한다.

② 현장대리인은 공사현장에 상주하여야 하며, 시공에 관한 일체의 사항에 대하여 "을"을 대리한다.

제 5 조 (공사예정공정표와 공사가격 내역서) "을"은 계약체결 후 착공신고서 제출시까지 설계도서

(도면, 시방서, 공사내역서, 현장설명서 등을 포함한다. 이하 같다)를 기초로 작성한 공사예정 공정표와 내역서를 "갑"에게 제출하여야 한다.

제 6 조 (선금) ① "갑"이 선금을 지급한 경우 "을"은 이를 계약목적 외에 사용할 수 없으며, 노임지급 및 자재확보에 우선 사용하여야 한다.
② 선금은 기성부분의 대가를 지급할 때마다 다음과 같은 방법으로 정산한다.

$$\text{선금정산액} = \text{선금액} \times \frac{\text{기성부분의 대가}}{\text{계 약 금 액}}$$

제 7 조 (재료의 검사등) ① 공사에 사용할 재료 중에서 "갑"이 품목을 지정하여 검사를 요구하는 경우에는 "을"은 사용 전에 "갑"의 검사를 받아야 하며, 설계도서와 상이하거나 품질이 현저히 저하되어 불합격된 재료는 "갑"과 협의하여 다시 검사를 받아야 한다.
② "을"은 재료의 검사에 소요되는 비용을 부담하여야 하며, 검사 또는 재검사 등을 이유로 계약기간의 연장을 요구할 수 없다.
③ 공사에 사용하는 재료 중 조립 또는 시험을 요하는 것은 "갑"의 입회하에 그 조립 또는 시험을 하여야 한다.
④ 수중 또는 지하에서 행하여지는 공사나 준공 후 외부에서 확인할 수 없는 공사는 "갑"의 참여 없이 시공할 수 없다.

제 8 조 (지급재료와 대여품) ① 계약에 의하여 "갑"이 지급하는 재료와 대여품은 공사예정공정표에 의한 공사일정에 지장이 없도록 적기에 인도되어야 하며, 그 인도장소는 시방서 등에 따로 정한 바가 없으면 공사현장으로 한다.
② "을"은 지급재료 및 대여품의 품질 또는 규격이 시공에 적당하지 아니하다고 인정할 때에는 즉시 "갑"에게 이를 통지하고 그 대체를 요구할 수 있다.
③ 재료지급의 지연으로 공사가 지연될 우려가 있을 때에는 "을"은 "갑"의 서면승낙을 얻어 자기가 보유한 재료를 대체 사용할 수 있다. 이 경우 "갑"은 현품 또는 사용당시의 가격을 지체 없이 "을"에게 지급하여야 한다.
④ "을"은 "갑"이 지급한 재료와 기계·기구 등 대여품을 선량한 관리자의 주의로 관리하여야 하며, 계약의 목적을 수행하는 데에만 사용하여야 한다.
⑤ "을"은 공사내용의 변경으로 인하여 필요 없게 된 지급재료 또는 사용 완료된 대여품을 지체 없이 "갑"에게 반환하여야 한다.

제 9 조 (안전관리 및 재해보상) ① "을"은 산업재해를 예방하기 위하여 안전시설의 설치 및 보험의 가입 등 적정한 조치를 하여야 한다. 이때 "갑"은 계약금액에 안전관리비 및 보험료 상당액을 계상하여야 한다.
② 공사현장에서 발생한 산업재해에 대한 책임은 "을"에게 있다.
다만, 설계상의 하자 또는 "갑"의 요구에 의한 작업으로 인한 재해에 대하여는 그러하지 아니하다.

제10조 (응급조치) ① "을"은 재해방지를 위하여 특히 필요하다고 인정될 때에는 미리 긴급조치를 취하고 즉시 이를 "갑"에게 통지하여야 한다.
② "갑"은 재해방지 기타 공사의 시공상 긴급 부득이하다고 인정할 때에는 "을"에게 긴급조

치를 요구할 수 있다.

③ 제1항 및 제2항의 응급조치에 소요된 경비는 실비를 기준으로 "갑"과 "을"이 협의하여 부담한다.

제11조 (공사기간의 연장) ① "갑"이 책임 있는 사유 또는 천재지변, 불가항력의 사태등 "을"의 책임이 아닌 사유로 공사수행이 지연되는 경우 "을"은 공사기간의 연장을 "갑"에게 요구할 수 있다.

② 제1항의 규정에 의거 공사기간의 연장을 "갑"에게 요구할 수 있다.

제12조 (부적합한 공사) ① "갑"은 "을"이 시공한 공사 중 설계도서에 적합하지 아니한 부분이 있을 때에는 이의 시정을 요구할 수 있으며, "을"은 지체 없이 이에 응하여야 한다.

② 제1항의 경우 설계도서에 적합하지 아니한 공사가 "갑"의 요구 또는 지시에 의하거나 기타 "을"의 책임으로 돌릴 수 없는 사유로 인한 때에는 "을"은 그 책임을 지지 아니한다.

제13조 (불가항력에 의한 손해) ① "을"은 검사를 마친 기성부분 또는 대여품에 대하여 천재지변 기타 불가항력에 의한 손해가 발생한 때에는 즉시 그 사실을 "갑"에게 통지하여야 한다.

② "갑"은 제1항의 통지를 받은 경우 즉시 그 사실을 조사, 확인하고 그 손해의 보전에 대하여 을과 협의하여야 한다.

③ 제2항의 협의가 성립되지 않은 때에는 건설산업기본법의 규정에 의한 건설업분쟁조정위원회의 조정에 따른다.

제14조 (설계변경으로 인한 계약금액의 조정) ① 설계서의 내용이 공사현장의 상태와 일치하지 않거나 불분명, 누락, 오류가 있을 때 또는 시공에 관하여 예기하지 못한 상태가 발생되거나 사업계획이 변경된 때에는 설계를 변경한다.

② 제1항의 설계변경으로 인하여 공사량의 증감이 발생한 때에는 다음 각호의 기준에 의하여 계약금액을 조정한다.

1. 증감된 공사의 단가는 제5조의 규정에 의한 공사가격 내역서상의 단가를 기준으로 한다.
2. 공사가격 내역서에 포함되어 있지 아니한 신규비목의 단가는 설계변경 당시를 기준으로 한다.
3. 증감된 공사에 대한 일반관리비 및 이윤은 계약체결 당시의 비율에 의한다.

제15조 (물가변동으로 인한 계약금액의 조정) ① 계약체결 후 60일 이상 경과한 경우에 잔여공사에 대하여 공사가격 내역서에 포함되어 있는 품목 또는 비목의 가격 등의 변동으로 인한 등락액이 잔여공사에 해당하는 계약금액의 100분의 5 이상인 때에는 계약금액을 조정한다.

② 제1항의 규정에 의한 계약금액의 조정은 물가변동 후에 반입되었거나 제공된 재료 및 역무의 대가에 적용하되, 물가변동이 있은 날 이전에 이미 계약이행이 완료되어야 할 부분에 대하여는 적용하지 아니한다. 다만, "갑"의 책임이 있는 사유 또는 천재지변 등 불가항력으로 인하여 지연된 경우에는 그러하지 아니하다.

제16조 (기타 계약내용의 변경으로 인한 계약금액의 조정) 제14조 및 제15조에 의한 경우 이외에 계약내용의 변경으로 계약금액을 조정하여야 할 필요가 있는 경우에는 그 변경된 내용에 대한 실비를 기준으로 당사자 간의 합의에 의하여 조정한다.

제17조 (기성부분급) ① 계약서에 기성부분급에 관하여 명시한 때에는 "을"은 이에 따라 기성부분에 대한 검사를 요청할 수 있으며, 이때 "갑"은 지체 없이 검사를 하여야 한다.
② "을"은 제1항의 검사 결과와 제5조의 공사가격 내역서의 단가에 의하여 산출한 기성금액을 요구할 수 있으며, "갑"은 계약서에 명시한 바에 따라 지급하여야 한다.
③ "갑"이 제2항의 규정에 의한 기성금액의 지급을 지연하는 경우에는 제19조제3항의 규정을 준용한다.

제18조 (준공) ① "을"은 공사를 완성한 때에는 "갑"에게 통지하여야 하며 "갑"은 통지를 받은 후 지체 없이 "을"의 입회하에 검사를 하여야 한다.
② "을"은 제1항의 검사에 합격하지 못한 때에는 지체 없이 이를 보수 또는 개조하여 다시 검사를 받아야 한다.
③ "을"은 검사의 결과에 이의가 있을 때에는 재검사를 요구할 수 있으며, "갑"은 이에 응하여야 한다.

제19조 (대금지급) ① "을"은 "갑"의 준공검사에 합격한 후 즉시 잉여자재, 폐물, 가설물 등을 철거, 반출하는 등 공사현장을 정리하고 공사대금의 지급을 "갑"에게 청구할 수 있다.
② "갑"은 특약이 없는 한 계약의 목적물을 인도 받음과 동시에 공사대금을 지급하여야 한다.
③ "갑"은 공사대금을 지급기한내에 지급하지 못하는 경우에는 그 미지급금액에 대하여 지급기한의 다음날부터 지급하는 날까지의 일수에 시중은행의 일반대출시 적용되는 연체이자율을 적용하여 산출한 이자를 지급하여야 한다.

제20조 (이행지체) ① "을"은 준공기한 내에 공사를 완성하지 아니한 때에는 매 지체일수마다 지체상금률을 계약금액에 곱하여 산출한 금액(이하 '지체상금'이라 한다)을 "갑"에게 납부하여야 한다. 다만, 천재지변, 전쟁, 항만폐쇄, 전염병, 방역을 위한 출입제한, 기타 "을"의 책임으로 돌릴 수 없는 사유로 지체된 경우에는 그러하지 아니하다.
② 제1항의 경우에 성질상 분할할 수 있는 공사의 완성부분으로서 "갑"이 검사를 거쳐 인수한 부분에 상당하는 금액은 계약금액에서 공제한다.
③ "갑"은 "을"에게 지급하여야 할 공사대금에서 지체상금을 공제할 수 있다.

제21조 (하자담보) ① "을"은 계약서에서 정한 하자보수 보증금율을 계약금액에 곱하여 산출한 금액(이하 '하자보수보증금'이라 한다)을 준공검사 후 그 공사의 대가를 지급할 때까지 현금 또는 다음 각호의 증서로서 "갑"에게 납부하여야 한다.
1. 건설공제조합의 보증서
2. 보증보험 증권
② "을"은 준공검사를 마친 날로부터 계약서에 정한 하자담보 책임기간 중 당해 공사에 발생하는 일체의 하자를 보수하여야 한다. 다만, 공사목적물의 인도 후에 천재지변 등 불가항력이나 "을"의 책임이 아닌 사유로 인하여 발생한 것일 때에는 그러하지 아니하다.
③ "을"이 "갑"으로부터 제2항의 규정에 의한 하자보수의 요구를 받고 이에 응하지 아니하는 경우 "갑"은 "을"의 부담으로 직접 하자보수를 행할 수 있다. 이때 발생하는 비용은 하자보수 보증금으로 우선 충당하며, 부족액이 있는 경우에는 "을"에게 이를 청구할 수 있다.

④ 제1항의 규정에 의한 하자보수 보증금은 하자담보 책임기간이 종료한 후 을의 청구에 의하여 반환한다. 다만, 제3항의 규정에 의하여 "갑"이 직접 이행한 하자보수 비용은 공제한다.

제22조 ("갑"의 계약해제등) ① "갑"은 다음 각호의 1에 해당하는 경우에는 계약의 전부 또는 일부를 해제 또는 해지할 수 있다.

1. "을"이 정당한 이유 없이 약정한 착공기일을 경과하고도 공사에 착수하지 아니한 경우
2. "을"이 책임 있는 사유로 인하여 준공 기일 내에 공사를 완성할 가능성이 없음이 명백한 경우
3. 기타 "을"의 계약조건 위반으로 인하여 계약의 목적을 달성할 수 없다고 인정되는 경우

② 제1항의 규정에 의한 계약의 해제 또는 해지는 그 이유를 명시하여 "을"에게 통지함으로써 효력이 발생한다.

③ "을"은 제2항의 규정에 의한 통지를 받은 때에는 다음의 사항을 준수하여야 한다.

1. 당해 공사를 지체 없이 중지하고 모든 공사기구들을 공사장으로부터 철거한다.
2. 제8조의 규정에 의한 지급재료의 잔여분과 대여품은 지체 없이 "갑"에게 반환한다.

제23조 ("을"의 계약해제등) ① "을"은 다음 각호의 1에 해당하는 경우에는 계약의 전부 또는 일부를 해제 또는 해지할 수 있다.

1. 공사내용을 변경함으로써 계약금액이 100분의 40이상 감소된 때
2. "갑"의 책임있는 사유에 의한 공사의 정지기한이 90일을 초과하거나 계약서상의 공사기간의 100분의 50을 초과한 때
3. "갑"이 정당한 이유없이 계약내용을 이행하지 아니함으로써 공사의 적정이행이 불가능하다고 명백히 인정되는 때

② 제1항의 규정에 의한 계약의 해제 또는 해지는 그 사유를 명시하여 "갑"에게 통지함으로써 효력이 발생한다.

제24조 (손해배상등) ① 제22조 및 제23조의 규정에 의하여 계약이 해지된 때에는 "갑"과 "을"은 지체 없이 기성부분의 공사금액을 청산하여야 한다.

② 제22조 및 제23조의 규정에 의한 계약의 해제 또는 해지로 인하여 손해가 발생한 때에는 상대방에게 그에 대한 배상을 청구할 수 있다.

제25조 (권리의무의 양도) 이 계약에 의하여 발생하는 권리 또는 의무는 제3자에게 양도하거나 위임할 수 없다. 다만, 상대방의 서면승낙과 보증인의 동의를 얻었을 때에는 그러하지 아니하다.

제26조 (법령의 준수) "갑"과 "을"은 이 공사의 시공 및 계약의 이행에 있어서 건설산업기본법 등 관계법령의 제 규정을 준수한다.

제27조 (분쟁의 해결) 이 계약으로부터 발생되는 모든 분쟁은 대한상사중재원에서 중재규칙에 따라 중재로 최종 해결한다.

제28조 (특약사항) 기타 이 계약에서 정하지 아니한 사항에 대하여는 "갑"과 "을"이 합의하여 별도의 특약을 정할 수 있다.

[서식 173] 도급거래계약서(물품표준도급거래)

표준도급거래약정서

수탁기업체명 :   귀하

중소기업사업영역보호및기업간협력증진에관한법률(이하 "법"이라 한다) 제19조 제1항 및 장기위탁계약서 제3조의 규정에 의하여 다음과 같이 도급거래약정서를 교부합니다.

– 다 음 –

제 1 조 【 물품의 발주 및 납품대금 지급기일등 】 수탁기업체는 하기물품을 생산하여 납품기일에 위탁기업체가 지정한 장소에 납품한다.

1. 납품발주의 내용

발주번호	품 목	규 격	단 위	단 가	수 량	대금(원)	인건비(%)
계							

2. 원자재 및 선급금 지급사항

발주 품목	원 자 재 지 급 사 항								선급금 지급	
	원자 재명	규 격	단 위	수 량	지급 기일	지급 장소	금 액	대금과 상 계 방 법	금 액	지급일
계										

3. 납품 및 대금지급기일

발주 번호	품목	납품 기일		납품 장소	납품 대금(원)	현금지급방법 (%)		대금지급기일		
		수량	기일			현금	어음	현금	어음	어음결 재일

제2조【물품단가결정】 위탁기업체와 수탁기업체가 공동으로 원가계산을 하여 적정이윤이 보장되는 선에서 상호협의하여 단가를 결정한다.

제3조【납품대금결제】 납품대금의 지급은 법 제20조 제1항 및 제2항의 규정에 의거 물품수령 후 물품의 검사여부를 불구하고 물품수령일로부터 60일 이내에 지급하여야 한다. 다만, 납품대금은 60일을 초과하여 지급하는 경우에는 그 초과기간에 대하여 다음 각 호의 이율에 의한 이자를 지급하여야 한다.

1. 납품대금을 현금으로 지급하는 경우에는 이자제한법에 의한 최고이자율
2. 납품대금을 어음으로 지급하는 경우에는 하도급거래공정화에관한법률 제13조 제6항의 규정에 의하여 공정거래위원회가 고시하는 할인율

제4조【물품의 검사방법】 납품에 대한 검사는 법 제21조 제1항의 규정에 의거 위탁기업체와 수탁기업체가 협의하여 객관적이고 타당한 검사기준, 방법 등을 정한다.

제5조【물품검사시기】 납품검사는 법 제21조의 규정에 의거 수탁기업체에 불편이 없도록 납품 즉시 검사를 실시하여 합격여부를 알려주어야 하며, 불합격시는 그 사유를 기재한 문서로서 즉시 통보한다.

제6조【물품수령증 교부】 위탁기업체는 수탁기업체로부터 상기물품을 수령하게 되면 법 제19조 제2항 및 장기위탁계약서 제3조 3호 바의 규정에 따라 물품검사여부에 불구하고 즉시 물품수령증을 교부하여야 한다.

제7조【품질보장 및 납품기일 엄수】 수탁기업체는 납품한 물품에 대하여 법 제22조 제1항 및 제23조 제2항의 규정에 의거 일정기간 당해물품의 품질을 보장하여야 하며, 납품기일의 위반 등으로 위탁기업체의 생산활동에 지장을 초래하여서는 아니 된다.

제8조【발주예고】 위탁기업체는 본 약정서를 교부함에 있어 수탁기업체가 동 물품을 제조 납품하는데 지장이 없도록 충분한 기간을 두고 발주를 예고하여 수탁기업체의 생산활동에 지장을 초래하여서는 아니 된다.

제9조 〈삭 제〉

제10조【기 타】 도급거래를 함에 있어서 본 약정서에 기재하지 않은 사항에 대하여는 장기위탁계약서, 중소기업사업영역보호및기업간협력증진에관한법률, 하도급거래공정화에관한법률 등에 의거, 신의성실의 원칙에 따라 상호 협의하여 결정한다.

상기와 같이 약정하고 이를 증명하기 위하여 본 약정서 2통을 작성하여 각자 기명(또는 서명) 날인한 후 각각 1통씩 보관한다.

20○○년 ○월 ○일

위탁기업체 : ○○○○주식회사
○○시 ○○동 ○○
대표이사 ○○○ (인)

[서식 174] 도급계약서(건물신축공사)

도 급 계 약 서

도급인 주식회사 ○○○○(이하 "갑"이라 한다)와 수급인 주식회사 ○○○○(이하 "을"이라 한다)은 계약당사자간 아래와 같은 건물신축공사에 관하여 다음과 같이 도급계약을 체결한다.

제1조【건축할 건물의 표시】
○○시 ○○구 ○○동 ○번지상
철근 콘크리트조 건물 1동 건 ○○㎡

위 건물의 신축에 따른 설계도 및 도면은 별지와 같다.

제2조【공사기간】 위 건물의 신축공사를 20○○년 ○월 ○일부터 착수하고 20○○년 ○월 ○일까지 완료하여 "갑"에게 인도한다.

제3조【도급대금과 지급조건】 도급대금은 금 ○○○원으로 하고 그 지급은 착공시 금 ○○○원과 ○○○○시 금 ○○○원을 지급하고 나머지 금 ○○○원은 준공 완료하여 인도시에 각 지급하기로 한다.

제4조【기계·노무 등의 부담】 공사에 필요한 노무·기계와 기타 이에 따르는 제 문제는 "을"이 부담한다.

제5조【부지의 무상사용】 "을"은 공사와 관련하여 부지사용의 필요시 "갑"의 승낙을 얻어 부지를 무상으로 사용할 수 있다.

제6조【설계 또는 재료의 변경에 따른 부담】 공사 중 "갑"은 설계 또는 재료의 변경 등을 요구할 수 있으나 이로 인하여 생긴 비용 및 공사지연으로 인한 추가비용 등 일체의 손해는 "갑"이 부담한다.

제7조【하자담보책임】 "을"은 건물을 인도한 후일지라도 공사의 하자에 대하여 법규가 정하는 바에 따라 책임을 부담하여야 한다.

제8조【하자보수의 청구】 "갑"은 공사의 하자를 발견한 경우 "을"에게 상당한 기간을 정하여 그 하자의 보수를 청구할 수 있고 하자보수에 필요한 비용은 "을"이 부담한다. 단, 공사의 하자가 "갑"의 지시에 따라 생겼을 경우 "갑"은 하자보수 또는 손해배상을 청구하지 못한다.

제9조【하자보수 또는 손해배상청구기간】 하자보수 또는 손해배상은 건물을 인도받은 후 1년 이내에 청구하여야 한다.

제10조【손해배상】 "갑"은 "을"이 본 계약을 성실히 이행하지 아니하거나 기타 본 계약 각 조항의 불이행으로 인한 손해에 대하여 그 배상을 청구할 수 있다.

제11조【관할법원】 본 계약으로 인한 소송은 "갑"의 주소지 관할법원을 그 관할 법원으로 한다.

위와 같이 본 계약이 유효하게 성립하였음을 증명하기 위하여 본 계약서 2통을 작성하여 각각 서명(또는 기명) 날인한 후 "갑"과 "을"이 각각 1통씩을 보관한다.

20○○년 ○월 ○일

갑	㊞	사업자 등록번호		사무소	
				전화번호	
을	㊞	사업자 등록번호		사무소	
				전화번호	

[서식 175] 개별도급계약서

개별도급계약서

<주문자> ○○ 주식회사(이하 甲 이라 한다) 및 <도급인>△△주식회사(이하 乙 이라 한다)는 20○○년 ○월 ○일부로 도급기본계약에 근거하여 각서를 다음과 같이 체결한다.

제1조【도급계약의 내용 및 대금】 ① 기본계약 제2조의 규정에 의한 개별적인 도급계약에 근거하여 도급업무의 내용 및 도급계약은 다음과 같다.

도급주요품목 (또는 처리업무)	도급대금 (단가)	비 고

② 제1항의 각 도급업무의 상세한 내용 등에 있어서는 甲이 별도로 정하는 주문사양서 또는 주문지도서 등에 따른다.

③ 도급업무의 수행 또는 처리순서에 있어서는 원칙적으로 甲의 주문사양서 또는 지도서등에 근거하여 정하여 甲에 통보하도록 하여야 한다. 이를 변경하는 경우에도 마찬가지이다. 다만, 제2항의 주문사양서 또는 주문지도서 등에 명시되어 있는 경우에는 이에 따라야 한다.

제2조【정기적 도급업무의 주문】 ① 甲·乙간의 개별도급계약 중 정형적 도급업무에 있어서는 甲은 乙에 대하여 원칙적으로 매월 말일까지 익월에 완성 또는 처리해야 할 도급업무에 있어서의 주문서 또는 주문전표 등에 의하여 발주하여야 한다.

② 정형적 도급업무에 관계되는 경우에도 월간 처리량, 완성내용 등이 변동되는 경우 및 신규수주의 경우에는 원칙적으로 갑의 주문내용에 따르되 乙에 있어서는 품목, 내용, 주문량 등에 따라 견적서를 제출하고 甲은 견적서를 검토하고 제1항의 서면 등에 따라 주문하여야 한다.

제3조【주문내용 등의 변경】 甲은 월간 발주량 및 주문내용 등에 대폭적인 변경이 있는 경우에는 원칙적으로 乙에 대하여 1주일 전까지 주문변경을 주문서 또는 전표 등에 의하여 변경주문하여야 한다. 다만, 긴급을 요하는 경우에는 이에 의하지 아니하고 甲·乙 협의하여 결정하여야 한다.

제4조【종사근로자의 인원수의 결정】 乙은 甲의 도급업무에 종사시키는 종업원에 있어서는 그 인원수를 乙이 책임지고 결정하여야 하며 甲은 이에 대하여 일체 개입하지 못한다.

제5조【도급대금의 지불방법 등】 기본계약 제2조의 규정에 따라 본건 개별도급계약의 도급대금의 지불방법 등의 조건은 다음과 같다.

1. 도급대금의 계산기간은 매월 ○○일로 하되(당월·익월) ○○일을 마감기간으로 한다.
2. 乙은 제1호의 기간 중의 생산량, 업무실적, 처리업무를 파악산정하여 당월분의 도급대금을 (당월·익월) ○○일까지 甲에게 청구하여 甲은 ○○까지 乙이 지정하는 은행계좌에 입금하여 지불하여야 한다.
3. 甲은 乙에 대하여 제1항의 대금의 지불에 있어서 정정하거나 지불지연 등 특별사정이 발생한 때에는 그 사정에 따라 사전에 乙에게 연락하여 협의하도록 하여야 한다.
4. 甲의 개별적 주문의 추가, 변경에 따라 사전에 수주하여야 할 물건이외의 업무를 乙이 도급처리하는 경우에 있어서도 도급대금의 지불방법 등은 마찬가지이다.

제6조【작업소의 설치】 ① 甲은 乙에 대하여 기본계약 제3조 제2항의 규정에 따라 甲의 구내에 다음과 같이 乙의 작업소의 설치를 인정하며 당해 사무소 및 소정의 작업장을 유상으로

대여하여야 한다.

서울특별시 강남구 역삼동 ○○○번지 내 작업소

② 제1항의 임대차요금을 포함한 상세 내용은 제8장에서 정한 바에 따라야 한다.

제7조【작업소책임자】 ① 乙은 기본계약 제2조 제3항의 규정에 따라 작업소책임자를 선임하고 제6조의 乙의 작업소를 관리하도록 하여야 한다.
② 乙은 작업소책임자 및 동인의 부재시의 대행자를 선임하여야 하며 甲에게 그 성명을 통지하여야 한다. 작업소책임자 및 대행자를 변경할 경우에도 마찬가지이다.
③ 乙은 작업소책임자에게 도급작업의 관리에 있어서 필요한 권한 및 甲과의 도급계약상의 주문(추가주문 및 주문의 변경 등을 포함한다) 또는 지도의 수령과 함께 필요한 연락 및 주문상의 협의를 할 권한을 수권하도록 하여야 한다.
④ 甲은 작업소책임자 또는 대행자를 통하여 필요한 주문 또는 지도 및 주문업무의 수행상의 협의와 함께 연락협의를 하여야 한다.

제8조【직접 지휘·감독】 乙은 본계약의 도급업무의 이행에 있어서 적어도 다음 각 호에 있어서는 乙 또는 乙로부터 권한을 부여받은 작업소책임자 등이 직접 지휘·감독하여 독자적인 재량과 책임으로 행하여야 한다.

1. 업무수행에 관한 지시 및 관리
2. 업무수행에 관한 기술적, 품질적인 지도교육 및 관리
3. 업무수행을 위한 인원배치 및 생산량 사정 등의 파악 평가
4. 근로시간, 휴일, 휴가 등에 관한 지시명령 및 관리의 파악
5. 기업내 질서유지, 복무규율 및 안전보건의 관리
6. 안전보건 및 기타 교육, 훈련의 실시와 관리

제9조【업무수행방법 등의 지시】 ① 乙은 제1조 제3항의 규정에 따라 자사에서 작성한 작업지지서나 甲의 주문지도서 또는 사양서 등에 따라 각 종업원의 작업숙련도와 함께 자격 등에 비추어 도급업무내용의 완수에 필요한 종업원을 배치하고, 업무를 분담하며, 근무할당 등을 정하여 작업책임자 또는 그 대행자의 직접적인 지휘·감독하에서 독자적으로 판단하여 이를 통괄하여 완수하여야 한다.
② 甲은 乙의 인원배치, 업무분담 및 근무할당 등에 있어서 직접 관여하지 못한다.
③ 甲이 행하는 도급업무의 주문상의 구체적 지시, 품질·정보관리상의 주의 등은 乙에 대하여 원칙적으로 문서로 행하여야 한다. 다만, 긴급을 하거나 경미한 사항으로 즉시 시정하여야 할 때에는 그러하지 아니하다.

제10조【업무의 조정】 乙은 甲의 주문에 따른 사양서 또는 주문서는 개별적 주문표 등에 따라 당해 업무의 완수를 하기 위하여 독자적으로 기획하고 업무의 처리 또는 작업수행에 따른 속도 및 업무량, 품질과 함께 납기 등을 관리하여 그 조정을 하고 당해 업무의 원활한 이행을 하여야 한다.

제11조【기술지도 및 안전보건교육】 ① 乙은 독자적으로 도급업무에 종사하는 종업원의 교육, 훈련 및 기술지도를 행하며 소정의 품질관리를 행하여야 한다.
② 乙은 독자적으로 도급업무에 종사하는 종업원에 대하여 법령에서 정하는 사항에 대하여

소정의 안전보건 교육을 실시하여야 한다.

제 12 조【근로시간 및 근태관리 등】 ① 乙은 독자적인 책임으로 종업원의 입·퇴장 및 시업, 종업 시각 관리 등 종업원의 취업시간관리, 휴게관리 및 근태관리를 행하며 종업원의 근로시간 등에 관한 실적의 파악을 행하여야 한다.
② 甲은 보안·풍기 및 시설관리상 필요한 경우를 제외하고는 乙의 취업시간 관리 및 근태관리에 관여하지 못한다.
③ 乙은 독자적으로 작업이 안전하고 위생적인 작업복 등을 정하여 보호구 등을 준비하며 그 장착을 지시하고 작업종료에 있어서는 필요한 정리, 정돈을 하는 등 독자적으로 작업관리를 하여야 한다. 다만, 甲의 기업질서 및 비밀유지와 함께 보안상의 관련규정에 따라야 한다.

제 13 조【근로시간대의 결정】 ① 乙은 자기가 고용하는 종업원의 업무의 시작·종료시각, 휴게 시간, 휴일에 관하여 다음과 같이 정한다.
근로시간대 : ~ :
휴게시간대 : ~ : (: ~ : , : ~ :)
휴일·휴가·기타 : 乙의 취업규칙에서 정한 바에 따른다.
(또한 원칙적으로 카렌다를 작성하기도 한다)
② 甲은 乙로부터의 요구가 있을 때에는 乙의 제1항의 근로시간대의 설정 등에 있어서 필요한 조언 및 협력을 얻을 수 있다. 또한 甲은 구내관리상 乙에 대하여 乙의 취업시간, 휴일의 설정 등에 있어서 필요한 협의를 요구할 수 있다.

제 14 조【시간외근로등에 관한 지시】 乙은 자사의 작업소책임자 또는 현장관리자가 업무의 진척 상황에 따라 시간외근로 또는 휴일근로 등을 결정하여 명령한다. 다만, 甲의 업무 및 관리상의 사정과 적합하지 아니한 경우에는 소정의 시간외근로 등에 있어서 미리 정한 바에 따라 甲의 구내관리자 및 보안상의 책임자 등에게 연락 하여야 한다.

제 15 조【직접지시의 금지】 甲은 乙의 종업원에 대하여 업무의 수행에 관하여 지휘·명령을 하지 못하며 제14조에서 규정하고 있는 시간외근로, 휴일 등에 관한 지시등 일체 직접적 지시를 하지 못한다. 다만, 생명, 신체상의 위험 및 환경, 시설 등의 안전, 보건 또는 손해발생의 우려가 있는 경우에는 그러하지 아니하다.

제 16 조【직장관리 및 안전보건】 ① 乙은 본계약의 도급업무의 수행을 위하여 甲으로부터 임차한 작업장소, 시설, 기계, 기구 등에 있어서 안전 및 정비상의 책임을 지며 독자적으론 점검, 정비, 유지를 하여야 한다. 다만, 기술상 및 보안상의 문제로 甲이 행하는 것이 필요한 경우에는 유상으로 그 전부 또는 일부를 甲에게 위탁할 수 있다.
② 甲이 행하는 구내관리 및 소유자로서의 관리행위는 乙의 종업원의 안전 및 위생과 함께 기계, 설비 등의 관리 또는 보안상 영향을 끼치는 경우에는 甲은 乙에게 미리 통지하여 필요한 조치 및 보전 등을 행할 수도 있다.
③ 乙이 행하는 甲의 소유 또는 점유에 관계되는 기계, 설비 등의 보수관리 또는 乙이 하자 등을 발견한 경우의 보수조치에 있어서는 乙은 甲에게 미리 통지, 연락하여 그 승인, 지시등을 요청하여야 한다. 이 경우에 있어서 乙은 제1항에 준하여 갑에게 대응조치를 위탁할

수 있다.

④ 안전 및 보건과 함께 보안상 필요한 표시, 게시 등에 있어서는 제1항의 乙의 관리에 관계되는 작업소, 현장 등에 관하여는 乙은 그 책임으로 행하여야 한다. 다만, 건물, 방화, 위험관리 등 법령상 甲의 책임에 속하는 사항은 그러하지 아니하다.

제 17 조 **【혼재금지 등】** ① 甲은 乙의 도급작업공정 내에서는 乙의 허가없이 甲의 사원을 포함하여 타사의 사원 등과의 혼재작업, 동일업무에서 공동작업을 하지 못한다. 다만, 법령상 甲의 책임 하에 있는 보안 및 안전보건관리, 시설관리 등의 실시상 필요한 경우에는 그러하지 아니한다.

② 도급작업의 성질상 甲 또는 타사의 종업원과 공동작업이 필요한 경우에는 사전에 甲·乙 및 관계각사가 협의하여 각 담당 부분 및 작업지휘 관계를 명백히 하여야 한다.

제 18 조 **【풍기질서에 관한 규율】** ① 乙은 乙의 종업원에 대하여 입·퇴장의 규율유지 및 관리를 독자적으로 행하고 乙의 작업소 및 작업현장에 있어서의 풍기, 질서, 규율을 준수하며 취업하여야 한다.

② 乙은 도급업무에 종사하는 乙의 종업원에 대하여 자사의 작업소보다도 甲의 구내에 있어서는 甲의 풍기, 질서, 규율, 안전관리 등을 문란하게 하는 언동·행동을 하지 못한다.

③ 제3항의 규정에 반하는 언동·행동이 있는 경우에는 그 사정, 성의를 가지고 甲乙이 협의하여 해결하여야 한다.

④ 乙의 종업원에 대한 甲의 구내관리상의 풍기, 규율 및 질서 등에 관하여는 乙의 취업규칙·복무규정 등에 정하며 乙의 책임으로 종업원에게 배포·게시하는 등 이를 주지시켜 준수하도록 하여야 한다.

제 19 조 **【신규입장자 교육, 사고방지 등의 훈련 등】** ① 乙은 도급업무에 종사시키는 자를 신규로 甲의 구내에 입장시켜 乙의 작업소에 업무에 종사시킨 경우에는 사전에 甲에게 통보하고 신규입장자에 대하여 커리큐럼에 따라 교육을 실시하여야 한다.

② 乙은 甲이 행하는 안전관리, 甲의 업무상의 비밀의 관리 및 보안관리상의 사고방지, 구제활동 등에 있어서 의 훈련, 연습에 종업원을 참가 시킬 때에는 사고시의 피난, 긴급구조활동에 있어서 甲·乙 협의하여 정하는 분담시킬 때에 역할을 철저히 교육을 실시하여야 한다.

③ 제2항에서 정하는 甲의 비밀·정보관리 및 보안관리상의 필요가 있는 경우에는 乙 및 종업원은 입·퇴장, 네임카드의 착용, 신분증명서의 명시 등 甲의 소정의 관리에 따라야 한다.

제 20 조 **【업무기밀 유지 및 개인정보 보호】** ① 乙은 甲의 업무상의 기밀사항을 준수하며 甲 및 그 관계자의 개인정보의 보호를 준수하여야 하며 乙의 본건 도급업무에 종사하는 근로자에게 이의 준수를 철저히 주지시키고 본계약의 종료와 함께 종업원의 퇴직 후에도 이를 엄수하도록 조치하여야 한다.

② 甲의 업무상의 기밀의 관리, 개인정보의 보호 및 보안관리상의 필요에서 乙은 甲에 대하여 구내에 입장하는 乙의 도급업무에 종사하는 자의 성명, 주소, 연락용 전화번호, 사진, 혈액형 기타 필요한 개인정보를 종업원의 동의를 얻어 제공하여야 한다.

제 21 조 **【작업장 등의 임대차계약】** 乙의 도급업무의 이행을 위하여 甲은 다음과 같이 ㎡당 임차

료를 정하여 乙이 사용하는 작업장소 및 관리사무소 등을 乙에게 유상으로 대여한다.

사용작업면적	㎡	임차료	㎡ 당	원
관리사무소	㎡	임차료	㎡ 당	원
합계	㎡ (월액합계)			원

제 22 조 【복리후생시설 등의 이용계약】 ① 甲은 乙의 종업원을 위하여 식당, 화장실, 휴게소 등의 사용을 인정하고 그 사용료 및 광열수도료 등의 경비에 있어서는 복리후생시설이용료를 다음과 같이 정한다. 다만, 乙이 사용하는 휴게소, 식당, 화장실은 甲乙 공용으로 사용하며, 광열수도료는 이용인원수에 따라 산출하여야 한다.

1. 이용시설: 휴게소, 식당, 화장실, 부대시설
2. 상기시설에 관계되는 광열수도료

② 제1항의 (가), (나)에 있어서의 비용은 1인당 월간 원으로 한다.

이용료(이용인원수 ×)원/월

제 23 조 【설비·기계 등의 임대차 계약 및 비용의 부담 등】 ① 甲의 乙에 대한 주문에 관계되는 도급업무에 사용하기 위하여 甲은 다음과 같은 설비 등을 乙에게 유상으로 대여한다.

기계·설비 등	(금액 원/원)
	(금액 원/원)
	(금액 원/원)
	(금액 원/원)
	(금액 원/원)
	(금액 원/원)
작업장 및 관리사무소의 전기대 원/원)	
	(금액 원/원)
기타 원/원)	
임차료·부담경비 (합계 원/원)	

② 甲은 乙이 설치한 전화 기타 통화회선의 설치에 협력하여야 한다. 다만, 乙이 甲의 회선 등을 이용한 경우에는 제1항에 준하여 필요한 경비를 분담하여 甲에게 지불하여야 한다.

③ 甲이 乙에 대한 주문에 관계되는 도급업무를 처리하기 위하여 필요한 원재료 및 부품 등을 제공하는 경우에는 전표 등에 의하여 내용, 수량 등을 명시하여 인도하여야 한다. 乙은 인도된 원재료 및 부품 등을 자기책임하에 관리하며 그 사용수량 등을 명확히 기록하여야 한다.

제 24 조 【임차료 등의 지불방법】 제21조에서 제23조까지의 본계약의 도급업무에 관하여 임차료 및 부담비용에 있어서는 甲은 그때마다 매월 마감하여 계산하고 익월 ○○일까지 乙에 대하여 청구하고 乙은 합계액을 전부 ○○일까지 甲에게 지불하여야 한다.

제 25 조 【임대차의 기간】 제21조에서 제23조까지의 장소, 시설, 기계, 복리후생설비 기타 임대차계약의 기간은 월간 계약의 기간에 준하도록 하여야 한다.

제 26 조 【개별임대차계약의 해제 등】 ① 甲으로부터 대여받은 설비·기계·기구 등의 손상 등에

따라 그 계속 사용할 수 없을 때에는 乙은 그 보완 또는 추가대여를 요구할 수 있다. 다만, 보완 등을 하여도 목적을 달성할 수 없을 때에는 乙은 그 물건의 임대차계약에 있어서의 기간의 도중이라도 개별적으로 해제할 수 있다.
② 제1항의 해제의 경우에 있어서 乙은 甲이외로부터 유상대여를 받을 필요가 있는 경우에는 甲은 이에 대하여 이의를 제기하지 못한다.
③ 乙은 甲에 대하여 임차료 또는 비용 등의 지불을 2개월분 이상 태만히 할 때에는 甲은 즉시 본계약을 해제할 수 있다.

제 27 조【안전보건협의체】 ① 乙은 도급회사 등 안전보건협의체에 참가하여야 한다.
② 乙은 甲이 정하는 안전보건관리추진계획에 협력하여야 하며 안전보건관리의 추진과 쾌적한 작업환경의 형성, 향상에 노력하여야 한다.

제 28 조【각서의 유효기간】 이 각서의 유효기간은 이 계약을 체결한 날부터 1년간으로 한다. 다만, 당사자와 1개월 전까지 계약조항 개정의 의사표시가 없는 때에는 동일 내용으로 1년간 계속 갱신하도록 하며 그 이후에도 동일하다.

제 29 조【협의사항】 본 각서에서 정하지 아니한 사항 및 이의가 발생한 사항에 대하여는 甲, 乙 협의 결정하여야 한다.

이상 본각서의 성립을 증명하기 위하여 본각서 2부를 작성하여 甲, 乙 날인의 각 1부를 보유하기로 한다.

20○○년 ○월 ○일

甲 : <주 문 자> ○○ 주식회사 印
대표이사 사장(또는 공장장 등)

乙 : <도급사업자> ○○주식회사 印
대표이사 사장

[서식 176] 도급계약서(인테리어)

인테리어 도급계약서

도급인 ○○개발주식회사(이하 "갑"이라 한다)와 수급인 ○○종합인테리어(이하 "을"

이라 한다)는 ○○○리조트 ○○매점 인테리어공사에 대하여 다음과 같이 도급계약을 체결한다.

[공사내역]

1. 공 사 명 : ○○○리조트 ○○매점 인테리어공사
2. 공사장소 : ○○도 ○○시 ○○동 ○○설악 ○○○리조트 내
3. 공사기간 : 착공 20○○년 ○월 ○일준공 20○○년 ○월 ○일 ○일간
4. 계약금액 : 금 ○○○원(₩)
   가. 공급가액 : 금 ○○○원(₩)
   나. 부 가 세 : 금 ○○○원(₩)
5. 대금의 지급
   가. 준공금 : 100% (공사완료 후)
   나. 지불방법 : 3개월 현금지급
6. 하자담보 책임기간 : 준공검사 후 목적물을 "갑"에서 인수한 날로부터 2년
7. 하자보수 보증금율 : 10%
8. 지체상금률 : 0.1%

[도급계약 일반조건]

제 1 조 【 총 칙 】 도급인(이하 "갑"이라 한다)과 수급인(이하 "을"이라 한다)은 대등한 입장에서 서로 협력하여 신의에 따라 성실히 계약을 이행한다.

제 2 조 【 계약보증금 】 "을"은 본 계약의 이행보증을 위하여 계약체결 전까지 총 계약금액의 10%에 해당하는 금액을 현금 또는 다음 각 호의 증서로서 "갑"에게 납부하여야 한다.
1. 건설공제조합의 보증서
2. 보증보험증권
3. 은행 약속어음

제 3 조 【 공사감독원 】
1. "갑"은 자신을 대리하여 다음 각 호의 사항을 행하는 자(이하 "공사감독원"이라 한다)를 선임할 수 있다.
   가. 시공일반에 대하여 감독하고 입회하는 일
   나. 공사의 재료와 시공에 대한 검사 또는 시험에 입회하는 일
   다. 공사의 기성부분 검사, 준공검사 또는 공사목적물의 인도에 입회하는 일
   라. 기타 공사감독에 관하여 "갑"이 위임하는 일
2. "갑"은 제1항의 규정에 의하여 공사감독원을 선임할 때에는 그 사실을 즉시 "을"에게 통지하여야 한다.
3. "을"은 공사감독원의 감독 또는 지시사항이 공사수행에 현저히 부당하다고 인정할 때에는 "갑"에게 그 사유를 명시하여 필요한 조치를 요구할 수 있다.

제 4 조 【 현장대리인 】
1. "을"은 착공 전에 현장대리인 임명하여 이를 "갑"에게 통지하여야 한다.

2. 현장대리인은 공사현장에 상주하여야 하며, 시공에 관한 일체의 사항에 대하여 “을”을 대리한다.

제5조【재료의 검사 등】

1. 공사에 사용할 재료 중에서 “갑”이 품목을 지정하여 검사를 요구하는 경우에는 “을”은 사용 전에 “갑”의 검사를 받아야 하며, 설계도서와 상이하거나 품질이 현저히 저하되어 불합격된 재료는 “갑”과 협의하여 다시 검사를 받아야 한다.
2. “을”은 재료의 검사에 소요되는 비용을 부담하여야 하며, 검사 또는 재검사 등을 이유로 계약기간의 연장을 요구할 수 없다.
3. 공사에 사용하는 재료 중 조립 또는 시험을 요하는 것은 “갑”의 입회하에 그 조립 또는 시험을 하여야 한다.

제6조【안전관리 및 재해보상】

1. “을”은 산업재해를 예방하기 위하여 안전시설의 설치 및 보험의 가입 등 적절한 조치를 하여야 한다.
2. 공사현장에서 발생한 산업재해에 대한 책임은 “을”에게 있다.

제7조【공사기간의 연장】 “갑”의 책임있는 사유 또는 천재지변, 불가항력의 사태 등 “을”의 책임이 아닌 사유로 공사수행이 지연되는 경우 “을”은 공사기간의 연장을 “갑”에게 요구할 수 있다.

제8조【부적합한 공사】 “갑”은 “을”이 시공한 공사 중 설계도서에 적합하지 아니한 부분이 있을 때에는 이의 시정을 요구할 수 있으며, “을”은 지체 없이 이에 응하여야 한다.

제9조【기성부분급】 계약서에 기성부분급에 관하여 명시한 때에는 “을”은 이에 따라 기성부분에 대한 검사를 요청할 수 있으며, 이때 “갑”은 지체 없이 검사를 하여야 한다.

제10조【준 공】

1. “을”은 공사를 완성한 때에는 “갑”에게 통지하여야 하며 “갑”은 통지를 받은 후 지체 없이 “을”의 입회하에 검사를 하여야 한다.
2. “을”은 제1항의 검사에 합격하지 못한 때에는 지체 없이 이를 보수 또는 개조하여 다시 검사를 받아야 한다.
3. “을”은 검사의 결과에 가 있을 때에는 재검사를 요구할 수 있으며, “갑”은 이에 응하여야 한다.

제11조【대금지급】 “을”은 “갑”의 준공검사에 합격한 후 즉시 잉여자재, 폐물, 가설물 등을 철거, 반출하는 등 공사현장을 정리하고 공사대금의 지급을 “갑”에게 청구할 수 있다.

제12조【하도급 대금의 직접지급】 “갑”은 다음 각 호의 경우 하도급자에게 하도급대금을 직접 지급할 수 있다.

1. 하도급자가 “을”을 상대로 하여 제조, 수리 또는 시공분에 해당하는 하도급대금의 지급 이행을 명하는 확정판결을 받은 경우
2. “을”의 파산, 부도, 영업정지 또는 면허취소 등의 이유로 “을”이 하도급대금을 지급할 수 없는 명백한 사유가 있다고 인정하는 경우

3. 하도급계약의 이행보증을 요하는 건설공사의 하도급계약 중 "을"이 하도급자에게 하도급대금의 지급을 보증하지 아니한 경우, "갑"이 하도급자의 보호를 위하여 필요하다고 인정하는 경우

제13조【이행지체】

1. "을"은 준공기한 내에 공사를 완성하지 아니한 때에는 매 지체일수마다 지체상금률을 계약금액에 곱하여 산출한 금액(이하 "지체상금"이라 한다)을 "갑"에게 납부하여야 한다. 단, 천재지변, 기타 불가항력 등 "을"의 책임으로 돌릴 수 없는 사유로 지체된 경우에는 그러하지 아니하다.
2. "갑"은 "을"에게 지급하여야 할 공사대금에서 지체상금을 공제할 수 있다.

제14조【하자담보】

1. "을"은 계약서에 정한 하자보수보증금률을 계약금액에 곱하여 산출한 금액(이하 "하자보수보증금"이라 한다)을 준공검사 후 그 공사의 대가를 지급할 때까지 현금 또는 다음 각 호의 증서로서 "갑"에게 납부하여야 한다.
   가. 건설공제조합의 보증서
   나. 보증보험증권
   다. 은행 약속어음
2. "을"은 준공검사를 마친 날로부터 계약서에 정한 하자담보책임기간 중 당해 공사에 발생하는 일체의 하자를 보수하여야 한다. 단, 공사목적물의 인도 후에 천재지변 등 불가항력이나 "을"의 책임이 아닌 사유로 인하여 발생한 것일 때에는 그러하지 아니하다.
3. "을"이 "갑"으로부터 제2항의 규정에 의한 하자보수의 요구를 받고 이에 응하지 아니하는 경우 "갑"은 "을"의 부담으로 직접 하자보수를 행할 수 있다. 이때 발생하는 비용은 하자보수보증금으로 우선 충당하며, 부족액이 있는 경우에는 "을"에게 이를 청구할 수 있다.
4. 제1항의 규정에 의한 하자보수보증금은 하자담보 책임기간이 종료한 후 "을"의 청구에 의하여 반환한다. 단, 제3항의 규정에 의하여 "갑"이 직접 이행한 하자보수비용은 공제한다.

제15조【계약해제 등】

1. "갑"의 다음 각 호의 1에 해당하는 경우에는 계약의 전부 또는 일부를 해제 또는 해지할 수 있다.
   가. "을"이 정당한 이유 없이 약정한 착공기일을 경과하고도 공사에 착수하지 아니한 경우
   나. "을"이 책임 없는 사유로 인하여 준공기일 내에 공사를 완성할 가능성이 없음이 명백한 경우
   다. 기타 "을"이 계약조건 위반으로 인하여 계약의 목적을 달성할 수 없다고 인정되는 경우
2. 제1항의 규정에 의한 계약의 해제 또는 해지는 그 이유를 명시하여 "을"에게 통지함으로써 효력이 발생한다.

제16조【손해배상 등】 제14조의 규정에 의하여 계약이 해지된 때에는 "갑"과 "을"은 지체 없이

기성부분의 공사금액을 정산하여야 하며, 계약의 해제 또는 해지로 인하여 "갑"에게 손해가 발생한 때에는 "을"이 배상하여야 한다.

제17조【권리의무의 양도】 이 계약에 의하여 발생하는 권리 또는 의무는 제3자에게 양도하거나 위임할 수 없다. 단, 상대방의 서면승낙이 있을 경우에는 그러하지 아니하다.

제18조【법령의 준수】 "갑"과 "을"은 이 공사의 시공 및 계약의 이행에 있어서 건설산업기본법 등 관계법령의 제규정을 준수한다.

제19조【분쟁의 해결】

1. 계약에 별도로 규정된 것을 제외하고는 계약서에 발생하는 문제에 관한 분쟁은 계약당사자가 쌍방의 합의에 의하여 해결한다.
2. 제1항의 합의가 성립되지 못할 때에는 당사자는 건설산업기본법 제69조의 규정에 의하여 설치된 건설분쟁조정위원회에 분쟁의 조정을 신청하고 동 위원회의 조정에 따른다.

제20조【특약사항】 기타 본 계약서에서 정하지 아니한 사항에 대하여는 "갑"과 "을"이 합의하여 별도의 특약을 정할 수 있다.

도급인과 수급인은 본 계약서와 별첨 도급계약 일반조건, 설계도, 시방서 및 산출내역서에 의하여 공사도급계약을 체결하고 그 증거로 본 계약서 및 관련 문서를 2통 작성하여 각각 1통씩 보관한다.

20○○년 ○월 ○일

갑	㊞	사 업 자 등록번호		사 무 소	
				전화번호	
을	㊞	주민등록번호		주 소	
				전화번호	

[서식 177] 도급계약서(용역)

용역 도급계약서

도급인 ○○○○ 주식회사를 "갑"이라 하고, 수급인 ○○○를 "을"이라 하며 상호간 다음과 같이 용역도급계약을 체결한다.

제 1 조【수급인의 자격 및 도급작업의 범위】

1. 수급인 "을"은 수급자격을 구비함에 있어 근로기준법 적용에 결격이 없어야 하며, 세무상 영업허가를 득하고, 산업재해보상보험의 보험가입자로 되어야 한다.
2. "갑"은 공장에서 이루어지는 다음 작업을 "을"에게 도급하게 하고, "을"은 성실한 자세로 수급작업을 수행하여야 한다.
   가. 별표 제1호에 명시된 작업
   나. 기타 도급에 의한 필요가 있다고 "갑"이 인정하는 작업

제 2 조【작업사양】 "을"은 도급작업을 수행함에 있어 전조 (1)호에 의한 작업은 별표 제1호에 규정된 사양을 전조 (2)호에 의한 작업은 그때그때 "갑"이 제시하는 작업사양을 준수하여야 한다.

제 3 조【계약보증금】 "을"은 본 계약의 보증을 위하여 금 ○○○○○원(₩○○○○○)의 현금을 계약과 동시 "갑"에게 예치하여야 한다. 단, 이행보증보험증권도 가능하다. 계약보증금은 계약기간 내 "을"이 계약을 파기할 때 "갑"에게 귀속되며, 배상 및 변상요인 발생시 우선 작업비 내에서 충당하고 부족분의 변제도 충당할 수 있다.

제 4 조【도급단가와 작업비의 책정지불】

1. 제1조 2항 (1)호에 의한 작업의 도급단가는 별표 제1호에 명시된 단가로 하고, 동항 (2)호에 의한 도급단가는 그때그때마다 "갑"이 결정하는 단가로 한다.
2. "갑"은 매월 말 현재로 "을"이 투입한 인원을 집계 당월분의 작업비를 산출하고 이를 직영부분 임금지급일에 "을"에게 지급한다.

제 5 조【작업장 정리】

1. "을"은 작업장을 항시 정리정돈하여 작업능률을 높일 수 있도록 하여야 한다.
2. "을"이 전항의 작업장 정리정돈을 철저히 하지 않을 때에는 "갑"은 "을"의 부담으로 수시 제3자에게 정돈작업을 시킬 수 있다.

제 6 조【작업지시 및 확인】

1. "을"은 본 계약조건과 작업사양 및 "갑"의 수시 발행하는 작업지시서에 의거, 작업을 수행하고 완료즉시 "갑"의 확인 및 검사를 받는다.
2. "갑"의 작업지시서는 본 계약의 일부가 된다.

제 7 조【사급자재】

1. 본 작업을 위하여 "갑"이 "을"에게 지급한 사급자재는 "갑"의 지시 및 "갑"의 제반규정에 의거 관리되어야 한다.
2. "을"에게 "갑"이 지급한 자재의 소유권은 "갑"에게 있으며 "갑"의 승인 없이 이동할 수 없다.
3. 전항의 사급자재는 작업완료시마다 사용잔량을 정산하여 반납한다.
4. "을"은 사급자재 수불관리 기록을 철저히 하고 "갑"은 수시로 검수할 수 있다.

제8조【대여장비의 관리】 본 계약수행을 위하여 "을"에게 대여한 기기는 "을"이 인수하여 "갑"의 지정장소에 반납할 때까지 발생한 물적피해(고장, 파손, 훼손 등)에 대하여는 "을"의 책임과 부담으로 처리한다.

제9조【제법규의 이행】

1. "을"은 이 계약에 의하여 고용하고 있는 "을"의 사용인(이하 "사용인"이라 한다)에 대하여 근로기준법, 동시행령규칙, 근로보건관리규칙, 근로안전규칙 및 산업재해보상법 등 노동법상의 의무를 이행할 책임이 있으며, 본 조의 제법규 불이행으로 야기되는 일체의 책임은 "을"이 부담한다.
2. "을" 또는 "을"의 사용인의 계약당사자간 서면합의가 없는 한 사내규칙에 저촉되는 행위를 할 수 없으며, "을"은 사용인이 "갑"의 사내규칙을 준수하도록 감독할 책임이 있다.

제10조【제세공과금의 부담】 본 계약에 관련하여 발생하는 제세공과금은 일체 "을"의 부담으로 한다. 단, "갑"이 필요하다고 인정할 시는 용역비 중에서 일부 유보할 수 있다. 소득세 차액분은 관할세무서 실사 후 차액에 대하여 "갑"이 일괄 지급한다.

제11조【퇴직상여충당금의 적립】

1. "을"은 "을"의 사용인의 퇴직상여금에 충당하기 위하여 년 초 충당금 계산총액을 월할 적립한다.
2. 본 조에 의한 퇴직상여충당금을 "갑"이 매월 "을"의 작업비 총액의 10%에 해당액을 "을"의 명으로 은행에 매입하고 사용인감은 공통인감으로 사용하고 증서는 "갑"이 보관한다.

제12조【보안업무의 협조】 "갑"은 보완상 필요한 때에는 다음 사항 등을 "을"에게 의뢰할 수 있으며 이에 순응해야 한다.

1. "을" 또는 "을"의 사용인에 대한 신원파악
2. "을"의 사용인 중 신원에 결함이 있는 자의 해고
3. "을"의 사용인에 대한 동태파악
4. "을"의 신원조사협조

제13조【재도급의 제한】 "을"은 "갑"의 사전승인 없이는 도급받은 작업을 타인에게 재도급할 수 없다.

제14조【작업비 및 충당금의 담보제공금지】 이 계약에 의한 작업비 계약보증금 및 충당금은 여하한 사유 또는 명목에도 담보로서 제공할 수 없다.

제15조【행정협조】

1. "을"은 "을"의 사용인이 환경미화, 위생관리, 안전관리, 반공, 방화, 방수, 정화 등 공장 내 질서유지를 위하여 "갑"이 말하는 일반적 행정업무에 협조할 의무를 진다.
2. "갑"은 이 계약 각호의 규정을 위반한 "을"의 사용인을 해고 또는 징계할 것을 "을"에게 요구할 수 있다. 이 경우 "을"은 이에 필요한 조치를 취하여야 한다.

제16조【계약기간】

1. 이 계약은 체결일로부터 1년간 유효하다

2. 이 계약만료일로부터 1개월 전까지 어느 일방으로부터 서면에 의한 해약통지가 없는 한 이 계약을 동일한 조건으로 1년간 자동 연장된다. 이후 순차 연장도 동일하다.

제18조【계약해지】

1. 이 계약의 다음과 같은 경우 "갑"의 일방적 통고만으로 해약한다.
   가. "갑"의 사정에 의하여 계약내용의 작업이 불필요한 경우
   나. "을"에게 이 계약의 이행능력이 없다고 "갑"이 판단할 경우
   다. "을"에게 이 계약내용의 작업을 도급하게 하는 것이 "갑"에게 불리하다고 "갑"이 판단한 경우
   라. "을"의 성실성이 결여되었다고 판단될 때
2. "을"이 이 계약을 해약하고자 할 때에는 해약 1개월 전에 "갑"에게 서면으로 통보해야 하며, 이의 불이행으로 인한 "갑"의 손실을 "을"이 배상한다.

위와 같이 본 계약이 유효하게 성립하였음을 증명하기 위하여 본 계약서 2통을 작성하여 각각 서명(또는 기명) 날인한 후 "갑"과 "을"이 각각 1통씩을 보관한다.

20○○년 ○월 ○일

갑	㊞	사업자등록번호		사무소	
				전화번호	
을	㊞	주민등록번호		주소	
				전화번호	

[서식 178] 공사도급계약서(특수조건)

공사도급계약서

계약특수조건

【건축할 건물의 표시】

○○ 시 ○○구 ○○동 ○○번지의 지상

○○○○○㎡

위 건물의 설계도 및 도면은 별지 목록과 같음.

제1조 도급대금을 금 ○○○○○○원으로 한다.

제2조 수급인 ○○○ (이하 "을"이라 한다)는 20○○년 ○월 ○일 공사에 착수하여 20○○년 ○월 ○일까지 완료함과 동시에 도급인 ○○○ (이하 "갑"이라 한다)에게 인도한다.

제3조 "갑"은 20○○년 ○월 ○일까지 도급대금을 지급하여야 한다.

제4조 공사에 요하는 기계·노무·공임 및 인원 등은 "을"이 일체를 부담한다.

제5조 "갑"은 "을"이 필요로 하는 한 부지를 무상으로 사용하게 한다.

제6조 공사 중 "갑"은 설계 또는 재료의 변경 등을 청구할 수 있으나 이로 인하여 발생한 비용은 모두 "갑"이 부담한다. 또한 이로 인하여 공사완료가 지연되므로 인한 손해는 "갑"에게 돌아간다.

제7조 건물을 인도한 후일지라도 "을"은 공사의 하자에 대하여 법규가 정하는 바에 따라 책임을 부담한다.

제8조 "갑"은 공사의 하자를 발견한 경우 "을"에게 상당한 기간을 정하여 그 하자의 보수를 청구할 수 있다.

제9조 "갑"은 하자의 보수에 갈음하여 또는 그 보수와 동시에 손해배상을 청구할 수 있다. 단, 이 경우에는 민법 제667조의 규정에 따른다.

제10조 전 7조의 공사의 하자가 "갑"의 지시에 따라 생겼을 경우는 예외로 한다. 단, "을"이 그 지시가 부적당한 것을 알면서 통고하지 않았을 때는 예외로 한다.

제11조 전 8조에 규정한 하자보수 또는 손해보상은 건물의 인도로부터 1년 이내에 청구하여야 한다.

20○○년 ○월 ○일

<table>
<tr><td rowspan="2">갑</td><td rowspan="2">㊞</td><td rowspan="2">사 업 자
등록번호</td><td rowspan="2"></td><td>사 무 소</td><td></td></tr>
<tr><td>전화번호</td><td></td></tr>
<tr><td rowspan="2">을</td><td rowspan="2">㊞</td><td rowspan="2">사 업 자
등록번호</td><td rowspan="2"></td><td>사 무 소</td><td></td></tr>
<tr><td>전화번호</td><td></td></tr>
</table>

[서식 179] 공사하도급계약서

공사하도급계약서

원수급자 겸 하도급자 (주)○○○○(이하 "갑"이라 칭한다)와 하수급자 (주)○○○○(이하 "을"이라 칭한다)는 상호간에 다음과 같이 공사하도급계약을 체결한다.

제1조【계약의 목적】 본 계약은 "갑"이 도급받은 공사에 대하여 "을"에게 재하도급을 주고 이에 따른 "을"의 공사수행과 관련된 제반 사항의 규율함을 목적으로 한다.

제2조【공사명】 본 계약상 "갑"이 수행하는 공사는 다음 각 호와 같다.
1. 원도급 공사명 : ○○○○
2. 공사 소재지 : ○○시 ○○구 ○○동 ○○
3. 공사 대금액 : 금 ○○○원(₩○○○)

제3조【하도급액】
1. 하도급액은 총액 금 ○○○원(₩○○○)으로 산정하며 다음 각 호에 따라 현금 지불한다.
   가. 선급금 : 금 ○○○원(₩○○○) - 본 계약체결 시 지급
   나. 중도금 : 금 ○○○원(₩○○○) - 공정률 50% 진행시 지급
   다. 잔 금 : 금 ○○○원(₩○○○) - 공사완료 후 검수 합격으로부터 ○일 이내에 지급
2. "을"은 성실한 공사의 이행을 보증하기 위하여 "갑"을 수익자로 하는 금 ○○○원(₩○○○)의 공사이행 신용보증서를 구비하여 "갑"에게 제공한다.

제4조【공사기간】
1. "을"은 20○○년 ○월 ○일부터 20○○년 ○월 ○일까지 본 계약상의 공사를 이해하여야 한다.
2. 부득이한 사유로 제1항의 기간이 연기될 경우 원 도급의 공정기일을 초과할 수는 없으며 그로 인한 "갑"이 입은 손해 일체를 "을"이 배상하여야 한다. 다만, 원도급의 공정기일에 발생한 연기사유로 인하여 본문의 기일초과가 당해 공정기일의 초과에 해당되지 아니하는 경우에는 그러하지 아니하다.

제5조【선급금 공제】 "갑"은 본 계약에 따라 "을"에게 지급한 선급금은 중도금 및 잔금의 지급 시 동일한 비율로 나누어서 공제를 하고 잔액을 "을"에게 지급하도록 한다.

제6조【공사관리자】
1. "을"은 공사를 전담할 공사관리자를 선정하여 "갑"에게 통지하고 사전에 공사관리자의 이력서를 지참하여 "갑"에게 제시하여 공사관리자의 능력에 대한 검증을 받도록 한다.
2. "을"은 공사관리자의 행위 일체에 대하여 "갑"에게 책임을 부담하여야 하며 당해 공사관리자의 불법행위에 대해서도 그러하다.

제7조【공사자재】
1. "을"은 공정상 ○○○○공정의 수행에 있어서는 "갑"이 지정한 ○○○○자재만을 사용

하여야 하며 기타 각 공정상 특별히 "갑"이 자재를 지정한 품목이 있거나 또는 특정한 거래처를 지정한 경우에는 당해 지시에 따라야만 한다.
2. "을"은 제1항의 조치에 대하여 작업의 성격상 "갑"의 지시가 안전에 지장을 초래하거나 기타의 사유로 적절치 아니하다고 판단될 경우 당해 사유를 적시하여 "갑"에게 통지하고 그럼에도 불구하고 "갑"이 당해 지시를 따를 것을 지시한 경우 그로 인하여 야기되는 일체의 책임은 "갑"이 전적으로 부담한다.

제8조【설계변경 등】
1. "을"은 본 계약상 정해진 사전 설계 등 제반 도면에 따른 공사를 이행하여야 하며 "을" 단독의 설계변경 또는 기타 공정표에 어긋나는 공사수행을 하여서는 아니 된다.
2. "갑"이 제1항의 사항을 적발할 시 "을"은 당해 부분을 "을"의 비용을 투입하여 시정하여야 한다.

제9조【양도금지】 "을"은 지정된 공사수행에 있어서 제3자에게 재하도급 또는 기타 양도, 담보, 처분 등을 할 수 없다. 다만, 사전에 "갑"이 이를 서면으로 승낙한 작업이 있는 경우에는 예외로 한다.

제10조【감독 등】
1. "갑"은 언제든지 "을"의 작업과정에 대하여 조사, 의견청취, 자료제출, 시정요구 등을 할 수 있으며 "을"은 이에 따라야만 한다.
2. 제1항의 경우 "갑"의 요구가 부당하거나 공기에 지장을 초래할 경우 "을"은 당해 사유를 서면으로 적시하여 "갑"에게 통지하여야 한다. 이러한 경우 제7조 제2항을 준용한다.

제11조【안전의무】
1. "을"은 본 계약상 수행하는 공사와 관련하여 안전사고 등에 대비하여 필요한 보험에 가입하여야 하며 "을" 또는 그 고용원에게 발생한 제반 안전사고에 대하여 "을"이 전적인 책임을 부담한다.
2. 제1항과 관련하여 "갑" 비용을 선지급한 경우 "을"은 "갑"이 선지급한 비용 일체를 "갑"의 청구가 있는 즉시 "갑"에게 배상하여야 한다.
3. "갑"은 본 조의 경우 공사대금액에서 당해비용을 공제한 잔액을 지급할 수 있다. 다만, 근로자의 임금 지급분에 대하여는 여하한 사유로도 공제할 수 없다.

제12조【응급조치】 "을"은 작업수행도중 긴급한 상황이 발생할 경우 응급조치를 취할 수 있으며 당해 응급조치가 공사의 시공 상 부득이하다고 판단될 경우 "갑"은 당해 응급조치에 소요된 비용 일체를 즉시 "을"에게 지급하여야 한다. 다만, 공사비의 지급시기에 당해 응급조치 비용을 포함시켜서 지급할 수도 있다.

제13조【공사완공】
1. "을"은 공사의 완공과 동시에 "갑"에게 통지하여 "갑" 또는 "갑"이 지정한 대리인에 의한 작업의 합격여부를 검사받아야 한다.
2. "갑"은 제1항의 검수를 통지받은 날로부터 ○일 이내에 종료하여야 하며 동 기일이 경과하여도 "을"에게 통지의 발송이 없는 경우 검수 합격한 것으로 간주한다.

제14조【해 지】

1. "을"이 계약의 착수일로부터 ○일이 경과하여도 공사에 착수하지 아니하는 경우 "갑"은 즉시 계약을 해제하고 "을"은 손해배상에 갈음하여 기 지급받은 선급금의 2배를 "갑"에게 상환하여야 한다.
2. 당사자 일방에 대하여 다음 각 호의 사유가 발생할 시 상대방은 즉시 계약을 해지할 수 있다.
   가. 가압류, 가처분, 경매 등의 사업의 불투명 사유가 발생할 시
   나. 파산, 회사정리, 화의신청 등의 사업불가능 사유가 발생할 시
   다. 계약의 착수일로부터 ○일이 경과하여도 공사에 착수하지 아니하는 경우
3. 일방이 본 계약상의 규정에 위배한 때 상대방은 ○일 이상의 시정기간을 두고 사유를 명시하여 시정을 최고하며, 그럼에도 불구하고 시정이 이루어지지 아니할 시 즉시 계약의 해지를 통지한다.

제15조【기타사항】

1. 계약의 당사자는 본 계약의 내용을 신의성실에 의거하여 준수하여야 한다.
2. 계약기간 중 계약의 변경은 당사자의 서면 합의에 의해서만 변경될 수 있으며 서명날인된 문서를 본 계약서의 말미에 첨부한다.
3. 본 계약서에서 명시되지 않은 부분에 대하여는 관련 법규 및 상관습에 따르기로 한다.

제16조【분쟁해결】

1. 본 계약과 관련하여 양 당사자 간의 분쟁이 발생한 경우, 원칙적으로 "갑"과 "을" 상호간의 합의에 의해 해결한다.
2. 제1항에도 불구하고 분쟁이 해결되지 않을 경우 "갑"의 주소지 관할 지방법원을 그 관할로 하여 재판함으로써 해결한다.

제17조【특약사항】 상기 계약일반사항 이외에 "갑"과 "을"은 아래 내용을 특약사항으로 정하며, 특약사항이 본문과 상충되는 경우에는 특약사항이 우선하여 적용된다.

위와 같이 본 계약이 유효하게 성립하였음을 증명하기 위하여 본 계약서 2통을 작성하여 각각 기명(또는 서명) 날인한 후 "갑"과 "을"이 각각 1통씩을 보관한다.

20○○년 ○월 ○일

갑	㊞	사 업 자 등 록 번 호		사 무 소	
				전화번호	
을	㊞	사 업 자 등 록 번 호		사 무 소	
				전화번호	

[서식 180] 도급계약서(소프트웨어 종사자 용역)

SW종사자(용역) 표준도급계약서

제 1 조 (기본원칙) ① 본 계약의 당사자는 동등한 지위에서, 자유로운 의사에 따라 본 계약을 체결하며, 상호 신의 성실의원칙에 따라 본 계약을 성실히 이행한다.
② 본 계약의 당사자는 계약상 권리와 의무를 이행함에 있어 본 계약에 명시된 경우를 제외하고는 상대방을 대리하거나 상대방의 의무를 부담하지 않는다.

제 2 조 (용어의 정의)
1. 본 계약의 '도급'이라 함은 계약의 명칭에 상관없이 소프트웨어의 개발, 제작, 생산, 유통 등과 관련한 업무를 완성하면, 그 결과의 대가로 보수를 지급할 것을 내용으로 하는 계약을 말한다.
2. 본 계약의 '도급인'이라 함은 명칭과 상관없이 전 1호의 업무를 '수임인'에게 위탁하는 다음 각 호의 자를 말한다.
   가. 본인의 사업과 관련하여 소프트웨어 개발 등의 업무를 위탁하는 자
   나. 소프트웨어산업진흥법 제2조 4호의 소프트웨어사업을 하는 자
   다. 전 가호 또는 나호의 자로부터 적법하게 업무의 하도급(또는 재하도급) 권한을 위임받은 자
3. 본 계약의 '수급인'이라 함은 프리랜서, 용역 등 명칭과 상관없이 전 2호의 '도급인'으로부터 업무를 위탁받아, 위탁 업무를 업(業)으로서 독립적으로 수행하는 자를 말한다.
4. 본 계약의 '발주자'라 함은 본 계약의 도급인에게 제1항의 소프트웨어 관련 업무를 위탁하는 자를 말한다.
5. 본 계약의 '부속서류'는 본 계약 체결 전 양 당사자가 합의하여 작성한 과업지시서, 산출내역서 등의 서류와 본 계약과 별도로 작성한 특약을 말한다.

제 3 조 (계약의 성립) ① 본 계약은 도급인 또는 수급인이 계약의 내용을 서면으로 작성하여 상대방에게 제시하고, 상대방은 이에 서명함으로써 성립한다.
② 본 계약을 체결하기 위하여 양 당사자가 합의하여 작성한 과업지시서, 산출내역서 등의 부속서류가 있는 경우 본 계약의 일부로 효력을 갖는다. ③ 본 계약의 체결 전 작성한 과업지시서, 산출내역서 등의 내용이 본 계약의 내용과 다른 경우 최후에 합의된 계약 또는 부속서류가 효력이 있는 것으로 한다. 본 계약 등의 내용이 변경된 경우에도 또한 같다.
④ 본 계약의 부속서류로 양 당사자간에 본 계약 외에 특약 등으로 세부사항을 추가 약정할 수 있다. 다만, 특약 등이 「하도급 거래 공정화에 관한 법률」,「독점거래 및 공정거래에 관한 법률」, 「소프트웨어진흥법」에 위반되는 내용인 경우 무효로 한다.

제 4 조 (업무의 범위) ① 도급인은 수급인에게 다음의 업무를 위탁하며, 구체적인 사항은 별도의 과업지시서, 산출내역서 등의 서류에 정할 수 있다.

프로젝트명	

업무의 내용	
업무의 범위	

② 발주자가 있는 경우 수급인은 본 계약 체결 전이라고 하더라도 발주자와 도급인간의 업무 범위 및 내용에 대한 확인을 요청할 수 있다. 수급인으로부터 업무 범위 및 내용에 대한 확인을 요청받은 도급인은 7일 이내에 확인 절차를 진행한다. 단 확인은 도급인과 수급인의 업무 내용 및 범위로 제한할 수 있다.
③ 업무의 범위와 내용 등에 대해서 도급인은 구체적이고 상세히 명시하여야 하며, 명시되지 않은 사항에 대해 도급인은 업무 수행을 요구할 수 없다.
④ 도급인이 계약체결 이후에 업무범위 및 내용의 일부 또는 전체를 확정해야 하는 합리적인 사유가 있는 경우에는 전체 과업수행기간의 50% 내의 기간 중 20 년 월 일까지 수급인과 합의하여 업무를 구체적으로 확정한다. ⑤ 본 계약 또는 부속서류에서 정한 업무와 관련된 사항에 대하여 당사자 간 서면 합의에 따라 변경할 수 있다. 다만, 도급인은 수급인이 업무의 변경에 합의하도록 부당한 행위를 하여서는 아니 된다.

제5조(계약기간) ① 본 계약은 20 년 월 일(업무 착수일)부터 20 년 월 일(업무 종료일)까지로 한다.
② 수급인의 귀책사유 없이 도급인의 사정으로 업무 착수일이 지연된 경우 양 당사자 간 합의에 따라 본 계약기간을 별도의 서면으로 새롭게 정하고, 도급인은 수급인에게 발생한 추가비용을 보상하여야 한다.
③ 본 계약의 계약기간을 변경하거나 기타 부득이한 사정으로 계약기간을 연장할 필요성이 있는 경우 양당사자는 별도의 서면으로 합의하여 전 항의 기간을 변경할 수 있다.
④ 도급인은 업무내용 변경 없이 기간을 연장할 때에는 계약기간 종료일 기준 1개월 전에 계약연장에 따른 재계약 여부를 알려야 하며, 수급인의 이의가 없을 경우 제1항의 계약기간 총 일수와 제6조 제1항의 보수로써 총 금액에 비례하는 1일 평균 보수 기준으로 년 (또는 개월)단위 자동 연장한다.

제6조(보수) ① 도급인은 수급인에 대하여 본 건 업무의 보수로써 총 금액 원을 다음과 같이 분할하여 지급하되, 수급인이 지정한 금융기관 계좌에 지급한다. 단, 본 조에서 정한 기한 이후에 대금을 지급하는 경우에는 그 초과기간에 매 지체일수마다 지급액에 1000분의 1.25를 곱하여 산출한 금액을 추가로 지급하여야 한다.

구 분	지급시기	지급액
1차 지급	계약 체결과 동시	금 원
2차 지급	20 년 월 일까지	금 원
잔 금	업무 완료 후 일 이내	금 원

② 전 1항의 금액을 지급할 경우 수급인이 사업자등록을 한 경우 세법상 부가가치세를 보수 외 별도 금액으로 산정하여 지급하고, 그 외 사업소득자인 경우 사업소득세를 보수에서 공제한 후 지급한다. 이에 관한구체적인 사항은 세법 등 관련 법률에서 정한 바에 따른다.
③ 수급인이 계약 기간 내에 업무를 완료하지 못한 경우, 그 지체기간에 매 지체일수마다

지급액에 1000분의1.25를 곱하여 산출한 금액을 공제한 후 지급한다. 단 지체기간의 산정은 다음 각 호에 정한 바와 같다.

가. 지체일수에 포함하지 않는 기간
1) 천재지변 등 불가항력으로 업무수행을 하지 못한 기간
2) 도급인의 책임으로 과업수행에 지연·중단된 기간
3) 기타 수급인의 귀책사유 없이 지체된 기간

나. 지체일수에 포함하는 기간
1) 업무의 완료 보고 후 수정, 보완 등에 소요되는 기간
2) 업무 완료 보고 후 검수에 소요되는 기간
3) 기타 도급인의 귀책사유 없이 지체되는 기간

④ 도급인은 경영상황의 변동 등 수급인에게 귀책사유 없는 불합리한 이유를 들어 제6조의 보수를 감액지급하거나 지급을 연기할 수 없으며, 수급인은 본 계약에서 정한 보수 이외의 어떠한 항목으로도 도급인에게 추가적 지급을 청구할 수 없다.

⑤ 제4항에도 불구하고, 본 계약 제4조에 명시된 업무의 변경 등 합리적인 사유가 있을 경우 양 당사자가 서면 합의로 본 계약의 보수 조건을 변경할 수 있다.

⑥ 수급인은 도급인에게 소프트웨어의 개발 등에 소요되는 재료비, 경비 등 공급원가가 변동되어 보수 조정이 불가피한 경우 보수 변경을 요청할 수 있고, 양 당사자가 서면 합의로 본 계약의 보수 조건을 변경할 수 있다.

⑦ 제5항 및 제6항의 경우 합의한 날로부터 7일 이내에 변경계약을 체결하되, 체결 전까지는 종전의 계약내용이 유효한 것으로 간주한다.

제7조 (보증보험의 가입 등) ① 도급인은 수급인의 본 계약 이행에 대한 담보를 위해 보증금을 납입하도록 하거나, 보증보험증서를 요구할 수 있다.

② 본 계약의 보수 금액이 증감된 경우 보증금이나 보증보험증서를 동일한 비율로 증감하도록 한다.

③ 본 계약이 해지된 경우 수급인은 보증금의 즉시 반환을 요구할 수 있다.

④ 보증금의 관리, 보증보험의 발급 등에 소요되는 비용은 수급인의 부담으로 한다.

제8조 (사회보험의 가입 등) ① 수급인은 사회보험법령에 따라 지역가입자 또는 수급인 명의의 사업장 소속 직장 가입자로 사회보험을 가입한다.

② 수급인은 사회보험법령에 따른 사회보험료 납부의무를 성실히 이행한다.

제9조 (도급인의 권리와 의무) ① 도급인은 수급인의 업무의 수행에 대하여 지휘, 감독할 수 없으며, 수급인의 업무의 수행이나 사업운영에 관한 일체의 사항을 존중하여야 한다.

② 도급인은 수급인에게 위탁업무 진행사항에 대한 보고 및 협의를 요청할 수 있다. 수급인은 위탁 업무수행의 온전한 완성을 위한 범위 내에서 보고 및 협의에 응하여야 한다.

제10조 (수급인의 권리와 의무) ① 수급인은 업무를 수행함에 있어 도급인에게 손해를 끼치거나, 사업장의 질서를 문란하게 하여서는 아니된다.

② 수급인은 도급인으로부터 도급받은 업무의 수행을 위하여 수급인의 책임 하에 소속 근로자를 채용할 수 있으며, 근로자를 채용한 경우 근로기준법, 사회보험법 등 노동관계법령에 따른 사용자의 의무를 모두 이행하여야 한다.

③ 전 2항에 따라 근로자를 채용한 경우, 도급인이 본 계약에 따른 보수를 수급인에게 모두 지급하였다면 수급인 소속 근로자에게 도급인이 지급하여야 할 임금에 대한 연대책임을 부담하지 않는다.
④ 발주자가 도급인에 대하여 업무의 완성 전에 중간점검을 요구하는 경우 수급인도 이에 협조하여야 한다. 다만, 중간점검이 본 계약의 이행에 상당한 지장을 주는 경우에는 그러하지 아니하다.

제11조 (납 품) ① 수급인은 도급인에게 20__년 __월 __일 까지 전자적 방법에 의한 전송 또는 디지털 저장매체를 통한제공으로 계약목적물을 납품하고, 도급인은 수급인에게 즉시 수령 확인서를 발급한다.
② 제1항의 납기일 전에 수급인과 도급인은 서면에 의한 협의로 납기조정이 가능하고, 수급인은 납기조정이 불가항력 사유로 인한 것일 경우 납기지연과 관련한 일체의 법률상 책임에서 면제된다.

제12조 (수령 및 검사) ① 도급인은 수급인으로부터 납품받은 계약목적물이 이 계약에서 정한 바에 따라 제작되었는지의 여부를 검사한다.
② 도급인과 수급인은 협의하여 과업수행에 대한 객관적이고 공정 타당한 검사의 기준 및 방법을 정하며 검사의 기준 및 방법을 별도의 과업지시서에 명시한다.
③ 정당한 사유가 있는 경우를 제외하고, 도급인은 계약목적물을 납품받은 날로부터 10일 이내에 검사결과를 수급인에게 서면으로 통지하며, 이 기간 내에 통지하지 않은 경우 검사에 합격한 것으로 본다.
④ 검사결과가 불합격인 경우, 도급인은 제3항의 검사결과 통지시 반드시 불합격 사유를 명시한다.
⑤ 계약목적물의 기술적 특수성 등 10일 이내에 검사를 완료할 수 없는 정당한 사유가 있는 경우, 도급인과수급인은 협의하여 별도의 검사기간을 정할 수 있다. 다만, 동 검사기간은 목적물 수령 이전에 합의되어 과업지시서에 명시한다.

제13조 (장소) ① 위탁업무의 수행 장소는 수급인의 결정에 의한다.
② 제1항에도 불구하고 업무 수행에 필요한 경우 도급인과 수급인은 업무 장소를 협의하여 정할 수 있다.

제14조 (비품 등의 대여) ① 업무 수행에 소요되는 기본 소프트웨어, 하드웨어, 기타 부속 장비·비품 등은 원칙적으로 수급인의 비용으로 처리한다.
② 도급인은 수급인에게 업무 수행을 위해 필요한 경우 비품 등을 무상으로 제공하거나 유상으로 매도 또는 임대할 수 있다.
③ 제2항에 따라 도급인이 수급인에게 비품 등을 매도 또는 임대할 경우 그 가격, 임대료, 보관, 반환, 소유권 등에 관한 사항은 상호 협의로 정한다.

제15조 (재하도급 금지) 수급인은 도급인의 서면 승인 없이, 본 계약의 업무 전부 또는 일부를 재하도급 할 수 없다.

제16조 (계약의 해제, 해지) ① 본 계약의 당사자 중 일방에게 다음 각 호의 사유가 발생하는 경우 즉시 본 계약의 일부 또는 전부를 해제하거나 해지할 수 있다. 다만, 도급인은 작업

성과물의 완성 정도에 따른 대가를 지급하여야 한다.

1. 본 계약의 당사자가 금융기관으로부터 거래정지처분을 받아 이 계약을 이행할 수 없다고 인정되는 경우
2. 본 계약의 당사자가 자격, 면허 등을 전제로 본 계약을 체결하였으나, 해당 자격, 면허 등이 정지·취소된 경우
3. 본 계약의 당사자가 강제집행(가압류, 가처분 등 포함), 파산선고 또는 회사 정리 신청 등 경영상 중대한사유가 발생하여 계약을 수행할 능력이 없다고 인정되는 경우

② 다음 각 호의 경우에는 당사자 중 일방에게 상당한 기간을 정하여 이행 또는 시정을 촉구하고, 그 기간내에 이행 또는 시정하지 않을 때에는 계약의 일부 또는 전부를 해제 또는 해지할 수 있다.

1. 도급인이 업무 수행에 필요한 제반사항의 이행을 특별한 사유 없이 지연함으로써 상당기간 수급인의업무수행에 지장을 준 경우
2. 도급인이 정당한 사유 없이 보수 지급을 지연하거나 게을리 하는 경우3. 상대방의 동의 없이 본 계약 업무의 일부 또는 전부를 제3자에게 재하도급 한 경우
4. 그 밖에 본 계약의 당사자가 본 계약 또는 부속서류에 정한 바를 위반한 경우

③ 도급인은 상기 사유 외에 합리적 이유 없이 수급인과의 계약을 해지할 수 없으며, 계약당사자는 제1항및 제2항에 따라 해제 또는 해지할 경우에는 상대방에게 지체 없이 서면으로 통지하여야 한다.

제17조 (비밀준수) ① 도급인과 수급인은 본 계약의 이행과정에서 알게 된 상대방의 영업비밀을 본 계약의 이행 이외의 목적으로 이용하여서는 아니 된다.

② 도급인과 수급인은 제1항의 영업비밀을 해당 소유자의 서면동의 없이 제3자에게 유출하여서는 아니 된다.

③ 도급인과 수급인은 자신의 직원, 대리인, 사용인 등 기타 관련자로 하여금 제1항과 동일한 비밀 준수의무를 지도록 한다.

④ 비밀 준수 기간은 업무 종료 후 1년으로 한다.

제18조 (손해배상) ① 수급인이 업무 수행과정에서 도급인의 소프트웨어, 전산시스템 등에 멸실, 훼손 등을 가하여 손해를 발생시킨 경우 그 손해를 배상하여야 한다. 수급인의 소속 근로자가 손해를 발생시킨 경우에도 수급인이 그 손해를 배상하여야 한다.

② 도급인과 수급인은 본 계약의 위반으로 인하여 손해를 입었을 때 상대방에게 손해배상을 청구할 수 있다. 다만, 불가항력으로 인하여 상대방 및 제3자에게 손해를 발생시킨 경우에는 책임을 지지 않는다.

제19조 (하자의 담보) ① 본 계약의 업무가 완료된 경우에도 업무의 대상이 된 소프트웨어 등에 장애, 하자 등이 발생한 경우수급인은 업무의 정상적인 운영을 위해 필요한 지원을 하여야 한다.

② 전 1항의 하자보수 기간은 본 계약의 업무 내용에 대해 도급인이 검사 등의 절차를 거쳐 종료로 한날부터 12개월로 하여 그 후에는 하자 보수, 손해배상은 청구할 수 없다.

③ 본 조에도 불구하고, 수급인은 다음 각 호의 어느 하나의 사유로 하자가 발생한 경우에는 하자담보 책임을부담하지 않는다. 다만, 도급인이 제공한 물품 또는 도급인의 지시가 적절

하지 않다는 것을 알고도 수급인이이를 고지하지 않은 경우에는 하자보증 책임을 부담한다.
1. 도급인이 제공한 물품의 품질이나 규격 등이 기준에 미치지 못하는 경우
2. 도급인이 사전에 업무 수행에 관한 특별한 수행 방식을 요구하여 수급인이 이에 따라 용역을 수행한 경우
④ 도급인이 수급인에게 장애, 하자 등에 대한 지원을 요청할 경우 그 귀책사유가 수급인에게 있음을 입증하여야 하며, 이를 입증하지 못하는 경우 수급인은 지원 요청을 거부할 수 있다.
⑤ 도급인이 제2항의 하자보수 기간 중 수급인의 귀책사유가 아닌 장애, 하자 등에 대한 지원을 요청할 경우에는 그에 상응하는 보수를 지급하여야 한다.

제20조 (지식재산권의 귀속) ① 수급인이 본 계약의 담당업무를 수행하며 만들어낸 시작품(試作品) 등 유형적 성과물 일체와 지식재산에 관한 권리는 수급인과 도급인의 공동소유로 한다. 다만, 양 당사자는 별도의 서면 합의로 달리 정할 수 있다.
② 제1항의 결과물에 대한 지식재산권의 귀속 여부와 관계없이, 도급인은 수급인에게 발주자 또는 도급인의영업적, 기술적 기밀을 누설하지 않는 조건으로 제1항의 결과물을 복제, 배포, 개작, 전송 등 영업적으로 사용할 수 있는 권한을 부여한다. 단, 발주자가 있는 계약의 경우 도급인이 지식재산권을 소유한 경우(발주자와 공동으로 소유한 경우를 포함한다)에 한해 본문을 적용한다.
③ 제2항에도 불구하고, 발주자와 도급인 간의 계약에 의하여 도급인 수급인에게 제2항의 권한을 부여할 수 없는 경우, 수급인의 권한범위를 별도로 상호 협의하여 정할 수 있다.

제21조 (이의 및 분쟁의 해결) ① 계약에 관하여 상호 이견이 있을 경우 우선적으로 서면상의 자료에 따르며 자료가 없는 경우에는 상관습에 따르는 것으로 하고, 그래도 해결이 되지 않을 경우 상호 협의하여 해결한다.
② 전 1항에도 불구하고 분쟁이 발생한 경우에는 하도급거래 공정화에 관한 법률 제24조에 따른 하도급분쟁조정협의회의 조정을 거치도록 한다.

제22조 (관할 법원) 상호 원만히 합의가 이루어지지 아니할 경우 법령에 정한 절차에 따른 법원을 관할법원으로 한다.

본 계약이 성립하였음을 증명하기 위하여 "도급인"과 "수급인"은 본 계약서 2부를 작성, 기명·날인하여 각각 1부씩 보관한다.

20○○년 ○월 ○일

갑	㊞	사 업 자 등 록 번 호		사 무 소 전화번호	
을	㊞	사 업 자 등 록 번 호		사 무 소 전화번호	

[서식 181] 하도급계약서 – 광고업

(전시 및 행사·이벤트 분야)

1. **용역계약명 :**
 ○ 광고계약명(하도급계약명) :

2. **용역수행 범위** : 별도 첨부문서에 따름

3. **용역기간** : 년 월 일부터 년 월 일까지

4. **납품일자** : 년 월 일

5. **계약금액 : 일금 원정 (₩)**
 ○ 공급가액 : 일금 원정 (₩)
 ○ 마 크 업 : %
 ○ 부가가치세 : 일금 원정 (₩)

		금 액	지급기일	지급방법
선급금*				현금
중도금	1차			현금 %, 어음 %
	2차			
잔 금				

* 계약금액이 2,000만원 이상인 경우, 총계약금액의 10%를 선급금으로 지급한다.
 ○ (검사불합격 또는 매체미집행시) 간접비 인정비율 :
 ○ 시안 및 기획료 :

6. **계약이행보증금** : 원정 / 대금지급보증금 : 원정

7. **지체상금요율** : **지체일당 ( )/1,000**

첨부 : 1. 계약서 본문
 2. 과업내용 업무범위
 3. 단가표 등 산출 내역서
 4. 비밀유지계약서

당사자는 위 내용과 아래 계약조건에 따라 이 하도급 용역계약을 체결하고 계약서 2통을 작성하여 각각 1통씩 보관한다.

20○○년 ○월 ○일

* **원사업자**	* **수급사업자**
주소 :	주소 :
상호 :	상호 :
등록번호(신고번호) :	등록번호(신고번호) :
전화 및 팩스 :	전화 및 팩스 :
성명 : (인)	성명 : (인)

[서식 182] 하도급계약서(환경 디자인 분야)

(환경 디자인 분야)

1. 발 주 자 :

2. 하도급 계약명 :

3. 계약기간 : 년 월 일부터 년 월 일까지

4. 계약금액 : 금 원정 (₩)
- 공급가액 : 금 원정 (₩)
- 부가가치세 : 금 원정 (₩)

구 분	지급비율	지급금액	지급기일	지급방법
선급금	%			현금
중도금 (지급회수: 회)	%			현금 %, 어음 %
잔 금	%			현금 %, 어음 %
합 계	100.0%			

가. 선급금

※ 원사업자는 발주자로부터 선급금을 받은 경우에 선급금을 받은 날(하도급 계약체결 전에 받은 경우에는 계약체결일)부터 15일 이내 선급금의 내용과 비율에 따라 수급사업자에게 지급

※ 위 기한이 지난 후에 지급하는 경우에는 지연이자를 더하여 지급

나. 기 성 금

※ 원사업자는 발주자로부터 지급받은 현금비율 이상으로 대금을 현금으로 지급. 지급받은 어음 등의 지급기간을 초과하지 않는 어음 등을 교부

※ 원사업자는 발주자로부터 받은 어음의 지급기간(발행일부터 만기일까지)을 초과하지 않는 어음 교부. 어음을 교부한 날부터 어음의 만기일까지의 기간에 대한 할인료를 어음을 교부하는 날 지급

※ 원사업자는 어음대체결제수단을 이용하여 대금을 지급하는 경우에 지급일부터 대금상환기일까지의 기간에 대한 수수료를 지급일에 지급

다. 설계변경 등에 따른 하도급대금 조정 및 지급

(1) 원사업자는 발주자로부터 계약금액을 증액 또는 감액받은 날부터 15일 이내에 그 사유와 내용을 수급사업자에게 통지

(2) 원사업자는 발주자로부터 증액 또는 감액받은 계약금액의 내용과 비율에 따라 증액 또는 감액받은 날부터 30일 이내 하도급대금의 증액 또는 감액

(3) 원사업자는 발주자로부터 증액된 추가대금을 받은 날부터 15일 이내에 추가 하도급대금 지급

※ 위 기한이 지난 후에 지급하는 경우에는 지연이자를 더하여 지급. 하도급대금을 어음 또는 어음대체결제수단을 이용하여 지급하는 경우에는 할인료 또는 수수료 지급

5. 계약이행보증금 : 원

※ 계약이행보증금은 하도급대금지급 보증을 하는 경우에 한함

6. 하도급대금지급보증금 : 원

7. 중간보고일 : 년 월 일

8. 지연이자율

가. 지연이자요율(하도급대금 지급 지연) : 연 ( )%

※ 원사업자와 수급사업자가 합의하여 정한 지연이자율이 「하도급거래 공정화에 관한 법률」에서 정한 하도급대금 지급기한을 지나 지급하는 경우에 적용하는 지연이자율보다 낮은 경우에 같은 법에서 정한 지연이자율 적용. **다만, 원사업자와 수급사업자가 합의하여 정한 지연이자율이** 「하도급거래 공정화에 관한 법률」에서 정한 지연이자율**보다 높은 경우에 약정 지연이자요율 적용**

나. 기타 지연이자요율 : 연 ( )%

9. 지체상금요율 : 지체일당 하도급대금의 (/1,000)

10. 하자담보책임
   - 하자보수보증금률 : 계약금액의 (   )%
   - 하자담보책임기간 :

11. 개발된 디자인에 대한 수급사업자의 지식재산권의 양도
   ◇ 양도함(   ), 양도하지 않음(   ), 별도로 정함(   )
   ◇ 지식재산권을 양도할 경우에 대상 권리 및 내용 : (별지로 정할 수 있음)

12. 주요 원자재 가격변동에 따른 하도급대금 연동을 위한 기준 비율 : %

※ 계약체결 당시 위 사항 중 일부를 확정하기 곤란한 경우, 「하도급거래 공정화에 관한 법률」 등 관련법령을 위반하지 않은 범위 내에서 추후 확정할 수 있음

※ 기본계약을 기초로 개별계약을 통해 발주가 이루어지는 디자인 제작계약의 경우에 계약금액·지급기일·지급방법, 납기일에 대해서는 개별계약을 통해 정할 수 있음

---------------(이하 '원사업자')와 ------------(이하 '수급사업자')는 위 내용과 별첨 디자인 제작업종 표준하도급계약서(본문), 디자인 제작계획서, 하도급대금 산출내역서, 개별약정서(협정사항, 특약 등)에 따라 이 계약을 체결하고, 계약서 2통을 작성하여 당사자가 기명날인 후 각각 1통씩 보관한다.

20○○년 ○월 ○일

원사업자	수급사업자
상호 또는 명칭 :	상호 또는 명칭 :
전화번호 :	전화번호 :
주 소 :	주 소 :
대표자 성명 : (인)	대표자 성명 : (인)
사업자(법인)번호 :	사업자(법인)번호 :

첨 부 : 1. 기본계약서 본문
　　　　2. 개발 및 구축계획서

3. 산출내역서
4. 비밀유지계약서
5. 하도급대금 직접지급합의서
6. 표준비밀유지계약서(기술자료)
7. 표준약식변경계약서

[서식 183] 하도급계약서(출판, 인쇄)

출판·인쇄업종 표준하도급 기본계약서

◇ 출판인쇄업종 관련 제조위탁명 (계약명) :

◇ 계약기간 : 년 월 일부터 년 월 일까지

◇ 계약금액 : 금 원정(₩)(부가가치세 포함)

구 분		금 액	지급기일	지급방법
선급금 (%)				
중도금	1차(%)			
	2차(%)			
잔 금(%)				

◇ 납품(완성)일자 및 장소
납품일자 : 년 월 일
납품장소 :

◇ 지체상금요율 : ( )%

◇ 제작기획안 제출일 : 년 월 일

__________(이하 '원사업자')와 __________(이하 '수급사업자')는(은) 신의에 따라

성실히 계약상의 권리를 행사하고, 의무를 이행할 것을 확약하며, 그 증거로써 이 계약서를 작성하여 당사자가 기명날인한 후 각각 1부씩 보관한다.

년 월 일

원사업자	수급사업자
상호 또는 명칭 :	상호 또는 명칭 :
전화번호 :	전화번호 :
주 소 :	주 소 :
대표자 성명 : (인)	대표자 성명 : (인)
사업자(법인)번호 :	사업자(법인)번호 :

첨 부 : 1. 기본계약서 본문
2. 제조위탁 과업내용
3. 산출내역서
4. 비밀유지계약서

[서식 184] 공사하도급계약서

공사하도급계약서

1. 공 사 명 :
2. 하도급자공사명 :
3. 공 사 장 소 :
4. 공 사 기 간 : 착공일 20○○년 ○월 ○일완공일 20○○년 ○월 ○일
5. 계 약 금 액 : 일 금 ○○○원(₩○○○) 공급가액 ○○○원(₩○○○)
부가가치세 ○○○원(₩○○○)
6. 선 수 금 : 금 ○○○원(₩○○○)

7. 하자 보증 기간 : 20○○년 ○월 ○일부터 20○○년 ○월 ○일까지

상기 공사에 관하여 공사도급인 ○○건설주식회사(이하 "갑")와 공사수급인(이하 "을")은 별첨 계약조건, 시방서, 설계서 등에 의하여 본 공사하도급계약을 체결하고 계약서 2통을 작성하여 각각 1통씩 보관한다.

20○○년 ○월 ○일

"갑" 주 소 :
상 호 : (납세번호 :)
대 표 자 : (인)

"을" 주 소 :
상 호 : (납세번호 :)
대 표 자 : (인)

연대보증인 주 소 :
상 호 :
대 표 자 : (인)

[서식 185] 전기공사계약서

전기공사계약서

건물주 주식회사 ○○○○(이하 "갑"이라 한다)와 전기공사업자 ○○○○ 주식회사(이하 "을"이라 한다)는 상호간에 다음과 같이 전기공사계약을 체결한다.

제 1 조 【목 적】 본 계약은 "갑"의 소유 건물에 대한 전기공사를 "을"이 수행하고 이와 관련된 제반 권리의무사항의 규율을 목적으로 한다.

제 2 조 【공사정보】

1. 공사장소 : ○○시 ○○구 ○○동 ○○

2. 공사금액 : 금 ○○○○○원(₩○○○○○)
3. 공사기간 : 20○○. ○. ○.부터 20○○. ○. ○.까지

제3조【정산절차】

1. "갑"은 본 계약의 공사금액을 다음 각 호의 절차에 의거하여 "을"에게 현금으로 지급하도록 한다.
   가. 본 계약체결시 : 금 ○○○○원(₩○○○○)
   나. 공사완료 후 검수합격 시 : 금 ○○○○○원(₩○○○○○)
2. 제1항의 검수는 완료 후 ○○일 이내에 종료하고 동 기일만료와 동시에 잔액을 지급하여야 한다. 단, 동 기일 내에 검수합격 여부의 통지가 없을 시 검수합격으로 간주한다.

제4조【공사이행보증】

1. "을"은 공사의 성실한 이행을 보증하기 위하여 총 공사대금의 ○○%를 이행보증금으로 "갑"에게 예치하고 "갑"은 공사완료시 이를 반환한다.
2. 제1항의 이행보증금은 "을"의 계약불이행과 관련된 제반 사항의 발생시 우선적으로 이에 충당한다.

제5조【대금지급보증】 "갑"은 공사대금의 성실한 지급을 보증하기 위하여 "을"이 인정한 보증보험사의 보증보험증서를 "을"에게 제출하며 기간은 본 계약의 시공완료기간으로 대금은 제4조의 금액으로 한다.

제6조【법규준수】 "을"은 전기공사업법 등 관계법규에 위반되지 아니하는 자격증을 보유한 인력의 투입 및 관련 법령을 준수하여 시공을 하도록 하며 "갑"이 지정한 특별한 경우 표준보다 더 강화된 기준의 재료를 사용하여 시공을 하여야 한다.

제7조【시 공】 "을" 은 본 계약체결 후 ○○일 이내에 공사수행과 관련된 설계도서(공사시방서, 설계도면 및 현장설명서를 포함한다) 및 공사예정공정표를 작성하여 "갑" 또는 "갑"이 승인한 대리인에게 제출하여 승인을 받아야 한다.

제8조【공사조정】

1. "갑"은 본 건물의 다른 관련 공사가 있는 경우 공사의 원활한 수행을 위하여 상호 조정을 할 수 있으며 "을"은 이에 적극 협조하여야 한다.
2. 제1항의 이유로 공사의 공사기간, 공사내용, 계약금액 등에 변경이 생기는 경우 즉시 관련 변경사항을 서면으로 작성하여 본 계약서 말미에 첨부한다.

제9조【양도금지】

1. "을"은 이 계약으로부터 발생하는 권리 또는 의무를 제3자에게 양도하거나 승계하게 할 수 없다. 다만, "갑"의 서면에 의한 동의가 있는 경우에는 그러하지 아니하다.
2. "을"은 공사목적물 또는 공사현장에 반입하여 검사를 마친 공사자재를 제3자에게 양도, 담보설정, 기타의 처분행위를 하지 못한다.

제10조【감독자】

1. "갑"은 자기를 대리하는 감독자를 임명하였을 때에는 이를 서면으로 "을"에게 통지하고, 감독자는 "을"의 시공 일반에 대한 감독 및 입회업무, "갑"의 지시, 승낙의 전달 또는

협의하는 일, 공사재료와 시공에 대한 검사 또는 시험에 입회, 기성부분검사, 준공검사 또는 공사목적물의 인도에 입회의 업무를 수행한다.

2. "을"이 "갑" 또는 감독자에 대하여 검사 입회 등을 요구한 때에는 "갑" 또는 감독자는 지체 없이 이에 응한다.
3. "을"은 감독자의 행위가 현저히 부당하다고 인정할 때에는 "갑"에 대하여 그 사유를 명시한 서면으로서 이의 시정을 요구할 수 있다.

제11조【시공관리책임자】

1. "을"은 시공관리책임자를 두어 공사현장에 배치하여야 하며 이를 미리 "갑"에게 통지하고 "을"을 대리하여 시공과 관련된 일체의 사항을 처리하도록 한다.
2. 제1항의 시공관리책임자는 전기공사업법 및 관련 법령에 따른 전기공사기술자의 시공관리기준에 적합한 전기공사기술자이어야 한다.

제12조【인부 등】 공사에 사용하는 인부는 "을"이 전적인 책임을 지고 투입하고 본 계약상의 작업 수행에 차질이 없도록 하여야 한다.

제13조【자 재】

1. 공사에 사용되는 모든 자재는 표준품질을 준수하여야 하며 "갑"이 품질을 지정한 품목이 있는 경우 당해 자재를 사용하여야 한다.
2. "갑" 또는 대리인은 수시로 사용자재에 대한 검사를 할 수 있으며 불합격품은 즉시 대체하여 다시 검사를 받고 사용하여야 한다. 기 시공된 부분에 있어서는 철거하여 재시공하여야 한다.

제14조【안전사고】 공사의 수행과 관련하여 발생하는 모든 안전사고에 대하여는 "을"이 전적인 책임을 부담하여 사고의 처리 및 손해의 배상을 하여야 한다.

제15조【검 수】 "갑"은 공사완료와 동시에 본인 및 전기관련 전문가를 선임하여 검수를 수행하고 하자가 발견된 경우 "을"은 즉시 보수하여야 한다.

제16조【협력의무】 "을"은 "갑"이 법령에 의거하여 행정관련 부서로부터 승인 등을 득하여야 할 경우 서류발행, 하자시공 등 관련 절차에 적극 협력하여야 하며, 하도급공사의 임금, 산업재해보상보험금의 지급, 요양 등에 관한 서류에 대하여 "갑"의 요구가 있을 때에도 그러하다.

제17조【이행지체】 "을" 본 계약에 정한 시공기한 내에 공사를 완성하지 못하였을 때에는 총 계약금의 ○○%에 해당하는 지연이자가 매 1일당 발생한다. 단, 사전에 "갑"의 서면동의를 득한 연장 또는 불가항력으로 인한 연장의 경우에는 그러하지 아니하다.

제18조【보험가입 등】

1. "을"은 관계 법령이 정하는 바에 의하여 보험 등에 가입되어 있어야 하며 법령이 없더라도 안전사고 등에 대비한 보험에 가입되어 있어야 한다.
2. "을"은 소속 근로자가 보험금 등을 지급 받아야 할 사유가 발생한 때에는 관계 법령에 의한 보험금 등의 혜택을 받을 수 있도록 하여야 한다.
3. "갑"은 재해발생에 대비하여 "을"에게 다음 각 호의 보험을 택일 또는 중복하여 가입토록

요구할 수 있고, 이 경우 동 보험료 상당액을 지급한다.
가. 사용자배상 책임보험
나. 영업배상 책임보험
다. 공사보험

제19조【해 지】

1. 당사자 일방에 대하여 다음 각 호의 사유가 발생할 시에는 상대방은 즉시 계약을 해지할 수 있다.
   가. 가압류, 가처분, 경매 등의 사업의 불투명 사유가 발생할 시
   나. 파산, 회사정리, 화의신청 등의 사업불가능 사유가 발생할 시
2. 일방이 본 계약상의 규정에 위배한 때 상대방은 ○○일 이상의 시정기간을 두고 사유를 명시하여 시정을 최고하며, 그럼에도 불구하고 시정이 이루어지지 아니할 시에는 즉시 계약의 해지를 통지한다.
3. 계약해지에 귀책사유 있는 당사자는 상대방에 대하여 손해배상의 책임이 있다.

제20조【기타사항】

1. 계약의 당사자는 본 계약의 내용을 신의성실에 의거하여 준수하여야 한다.
2. 계약기간 중 계약의 변경은 당사자의 서면 합의에 의해서만 변경될 수 있으며 서명날인된 문서를 본 계약서의 말미에 첨부한다.
3. 본 계약서에서 명시되지 않은 부분에 대하여는 관련 법규 및 상관습에 따르기로 한다.

제21조【분쟁해결】 본 계약과 관련하여 양 당사자 간에 분쟁이 발생한 경우, 원칙적으로 “갑”과 “을” 상호간의 합의에 의해 해결한다.

제22조【특약사항】 상기 계약일반사항 이외에 “갑”과 “을”은 아래 내용을 특약사항으로 정하며, 특약사항이 본문과 상충되는 경우에는 특약사항이 우선하여 적용된다.

위와 같이 본 계약이 유효하게 성립하였음을 증명하기 위하여 이 계약서 2통을 작성하여 각각 서명(또는 기명) 날인한 후 “갑”과 “을”이 각각 1통씩을 보관한다.

20○○년 ○월 ○일

갑	㊞	사 업 자 등 록 번 호		사 무 소	
				전화번호	
을	㊞	사 업 자 등 록 번 호		사 무 소	
				전화번호	

[서식 186] 표준도급계약서(소방시설업)

소방시설업 표준도급계약서

[시행 2015.7.1.] [국민안전처고시 제2015-106호, 2015.7.1., 제정]
국민안전처(소방산업과), 044-204-6197

제 1 조 (목적) 이 고시는 「소방시설공사업법」(이하 "법"이라 한다) 제21의3제2항, 같은 법 시행령 제11조의3제2항에 따라 소방시설업 계약 당사자가 대등한 입장에서 공정하게 계약을 체결하도록 하기 위하여 소방시설공사등의 도급에 관한 표준계약서를 정함을 목적으로 한다.

제 2 조 (소방시설업 표준도급계약서) 특정소방대상물의 관계인 또는 발주자가 법 제4조에 따라 소방시설업을 등록한 자와 소방시설의 계약을 체결하기 위하여 필요한 표준도급계약서는 다음 각 호에 따른다.

1. 소방시설 설계계약의 경우 : 별표 1
2. 소방시설 공사계약의 경우 : 별표 2
3. 소방공사 감리계약의 경우 : 별표 3
4. 방염처리 계약의 경우 : 별표 4

제 3 조 (재검토기한) 「훈령·예규 등의 발령 및 관리에 관한 규정」(대통령훈령 제248호)에 따라 이 고시 발령 후의 법령이나 현실여건의 변화 등을 검토하여 이 고시의 폐지, 개정 등의 조치를 하여야 하는 기한은 2018년 6월 30일까지로 한다.

부칙 〈제2015-106호, 2015.7.1.〉

이 고시는 2015년 7월 1일부터 시행한다.

[별표 1] 소방시설설계 표준도급계약서(제2조 관련)

[별표 2] 소방시설공사 표준도급계약서(제2조 관련)

[별표 3] 소방공사감리 표준도급계약서(제2조 관련)

[별표 4] 방염처리 표준도급계약서(제2조 관련)

[별표 1]

소방시설설계 표준도급계약서(제2조 관련)

1. 용 역 명 :

2. 설계 개요

가. 위 치 :
나. 용 도 :
다. 구 조 :
라. 층 수 : 지하 층 지상 층
마. 연면적 : m^2

3. 설계 내용 및 기간

가. 설계 범위 : ㅁ 기본설계 ㅁ 실시설계 ㅁ 성능위주설계
나. 설계 내용 :
다. 설계 기간 : 년 월 일 ~ 년 월 일

4. 계 약 금 액 : 일금 원정(₩)

가. 공 급 가 액 : 일금 원정(₩)
나. 부가가치세 : 일금 원정(₩)

5. 계약이행보증금 : 일금 원정(₩), 계약금액의 ( )%

6. 지체상금율 : 매 지체일수마다 계약금액의 (%)

7. 대가지급 지연이자율 : (%)

8. 기타 특약사항 :

20○○년 ○월 ○일

발주자와 **설계업자**는 서로 대등한 입장에서 신의와 성실을 원칙으로 합의에 따라 공정하게 설계계약을 체결하고 각각 1부씩 보관한다.

발주자	**설계업자**
상 호 :	상 호 :
주 소 :	주 소 :
대표자 : (서명 또는 인)	대표자 : (서명 또는 인)

제1조(총칙) 이 계약은 「소방시설 공사업법」(이하 "법"이라 한다) 제21조의3에 따라 발주자가 법 제4조에 따른 소방시설설계업을 등록한 자(이하 "설계업자"라 한다)에게 위탁한 소방시설설계 업무수행에 필요한 상호간의 권리와 의무 등을 정함을 목적으로 한다.

제2조(정의) 이 계약에서 사용하는 용어의 뜻은 다음과 같다.

1. "기본설계"란 「소방시설 설치·유지 및 안전관리에 관한 법률」 제7조에 따른 건축허가

등의 동의에 필요한 소방시설의 설계도면, 계산서 및 공사시방서를 작성하는 업무를 말한다.

2. "실시설계"란 소방시설공사에 필요한 소방시설의 설계도면, 계산서, 공사시방서 및 공사비예산서(시공상세도 및 준공도서는 제외한다)를 작성하는 업무를 말한다.
3. "성능위주설계"란 「소방시설 설치·유지 및 안전관리에 관한 법률」 제9조의3에 따른 특정소방대상물(신축하는 것만 해당한다)에 대해 그 용도, 위치, 구조, 수용 인원, 가연물(可燃物)의 종류 및 양 등을 고려하여 설계하는 업무를 말한다.

제 3 조 (법령의 준수) 발주자와 설계업자는 소방시설의 설계 및 계약의 이행에 있어서 법 등 관계법령의 규정을 준수하여야 한다.

제 4 조 (대가의 산출 및 지불방법) ① 설계업무에 대한 대가는 법 제25의 소방 기술용역의 대가 기준에 따른다.

② 발주자는 특약이 없는 한 계약의 목적물을 인도 받음과 동시에 설계업자에게 소방시설의 설계대금을 지급하여야 한다.

③ 발주자가 소방시설의 설계대금을 지급기한 내에 지급하지 못하는 경우에는 그 미지급금액에 대하여 지급기한의 다음날부터 지급하는 날까지의 일수에 계약서상에서 정한 대가지급 지연이자율(시중은행의 일반대출시 적용되는 연체이자율 수준을 감안하여 상향 적용할 수 있다)을 적용하여 산출한 이자를 가산하여 지급하여야 한다.

제 5 조 (대가의 조정) ① 설계업무의 수행기간이 1년을 초과하는 경우에 이 기간 중 대가 기준에 따른 인건비(기술자의 기술등급별 노임단가)의 변경이 있을 때에는 「국가를 당사자로 하는 계약에 관한 법률 시행령」 제64조에 따라 발주자와 설계업자가 협의하여 대가를 조정하여야 한다.

② 발주자의 사유로 계약면적이 5% 이상 증감되는 경우와 재료 및 시공방법의 변경 등으로 계약서에서 작성한 설계 범위 및 내용이 증감되는 경우 발주자는 설계업자에게 해당금액을 정산하여야 한다.

③ 설계업자의 사유로 계약면적이 5% 이상 증감되는 경우와 계약서에서 작성한 설계 범위 및 내용이 증감되는 경우 설계업자는 발주자에게 해당금액을 정산하여야 한다.

④ 대가의 증감분에 대한 정산은 최종지불 시 반영하여야 한다.

제 6 조 (자료의 제공 및 성실의무) ① 발주자는 설계업자가 설계업무를 수행하는데 필요한 다음 각 호의 자료를 요구할 때에는 지체 없이 제공하여야 하며 이 때 발주자는 제공해야할 자료의 수집을 설계업자에게 위탁할 수 있다.

1. 건축 개요
2. 건축물 평면도
3. 건축물 단면도, 입면도, 배치도
4. 방화구획도
5. 출입문일람 및 상세도
6. 창호일람 및 상세도
7. 그 밖에 설계업무에 필요한 사항

② 발주자는 제1항에 따른 자료의 수집을 설계업자에게 위탁한 경우에는 이에 소요되는

비용을 지불하여야 한다.
③ 발주자는 본인이 의도하는 바를 설계업자에게 요구할 수 있으며, 설계업자는 발주자의 요구내용을 반영하여 맡은바 업무를 성실히 수행하여야 한다.
④ 설계업자는 발주자에게 설계도서에 대하여 설명하며 자문하여야 한다.

제7조(소방용품 및 소방자재의 선정) 발주자는 설계도서에 설계의도 및 품질확보를 위하여 소방용품 및 소방자재의 품명 및 규격 등을 표기할 수 있다. 이 경우 설계업자는 발주자와 협의하여야 한다.

제8조(설계도서의 작성·제출) ① 설계업자가 설계도서를 작성함에 있어서는 「소방시설 설치·유지 및 안전관리에 관한 법률」 제9조에 따라 국민안전처장관이 정하여 고시하는 화재안전기준에 따라야 한다.
② 설계업자는 완성된 설계도서 3부를 발주자에게 제출하여야 한다. 다만, 발주자가 결과물을 추가로 요청할 경우 설계업자는 해당비용을 발주자에게 청구할 수 있다.
③ 제2항에 따른 설계도서의 제출형식에 대해서는 발주자와 설계업자가 협의하여 정하도록 하며, 수록내용을 임의로 수정할 수 없도록 작성하여야 한다.
④ 발주자는 설계업자가 제출한 결과물을 검토하여 설계오류 등의 명확한 사유가 있는 경우에는 설계업자에게 그 보완을 요구할 수 있다. 이 경우 설계업자는 그 요구에 따라야 한다.

제9조(계약의 양도 및 변경 등) ① 발주자와 설계업자는 상대방의 승낙 없이는 이 계약상의 권리·의무를 제3자에게 양도, 대여, 담보제공 등 그 밖의 처분행위를 할 수 없다.
② 발주자의 계획변경, 관계법규의 개·폐 또는 천재지변 등의 불가항력적인 사유의 발생으로 설계업무를 수정하거나 계약기간을 연장할 상당한 이유가 있는 경우 발주자와 설계업자는 서로 협의하여 계약의 내용을 변경할 수 있다.
③ 발주자는 제2항에 따라 계약기간 연장의 요구가 있는 경우에는 즉시 그 사실을 조사·확인하고 소방시설의 설계업무가 적절히 이행될 수 있도록 계약기간의 연장 등 필요한 조치를 하여야 한다.
④ 발주자는 제2항에 따른 계약기간의 연장을 승인하였을 경우에는 연장기간에 대하여는 지체상금을 부과하여서는 아니 된다.

제10조(지체상금) ① 설계업자는 설계업무를 약정기간 내에 완료할 수 없음이 명백한 경우에는 이 사실을 지체 없이 발주자에게 통지하여야 한다.
② 설계업자가 약정기간 내에 업무를 완료하지 못한 경우에는 매 지체일수마다 계약서상의 지체상금율을 계약금액에 곱하여 산출한 금액(이하 "지체상금"이라 한다)을 발주자에게 지불하여야 한다.
③ 천재지변 등 부득이한 사유 또는 설계업자의 책임이 아닌 사유(발주자의 설계도서 검토, 발주자의 요구에 따른 설계도서 수정 등을 포함한다)에 따라 이행이 지체된 경우에는 제2항에 따른 지체일수에서 제외한다.
④ 발주자는 설계업자에게 지급하여야 할 대가에서 지체상금을 공제할 수 있다.

제11조(이행보증보험증서의 제출) ① 발주자와 설계업자는 계약의 이행을 보증하기 위하여 계약

체결 시에 상대방에게 이행보증보험증서를 요구할 수 있다.

② 제1항에 따른 이행보증보험증서를 제출받은 경우에는 이를 계약서에 첨부하여 보관하여야 한다.

제12조 (계약의 해제 또는 해지) ① 발주자는 다음 각 호의 어느 하나에 해당하는 경우에는 계약의 전부 또는 일부를 해제 또는 해지할 수 있다.

1. 설계업자가 특별시장·광역시장·특별자치시장·도지사 또는 특별자치도지사에게 등록취소 처분 또는 영업정지 처분 등을 받아 계약이행이 불가능한 경우
2. 설계업자가 금융기관의 거래정지 처분, 어음 또는 수표의 부도, 제3자에 따른 가처분·강제집행·파산선고 또는 회사정리 신청 등으로 계약이행이 어려운 경우
3. 설계업자가 발주자의 승낙 없이 계약상의 권리 또는 의무를 이행하지 않거나 양도한 경우
4. 사망, 실종, 질병 및 그 밖의 사유로 계약이행이 불가능한 경우

② 설계업자는 다음 각 호의 어느 하나에 해당하는 경우에는 계약의 전부 또는 일부를 해제 또는 해지할 수 있다.

1. 발주자가 설계업자의 업무를 방해하거나 그 대가의 지불을 지연시켜 설계업자의 업무가 중단되고 30일 이내에 이를 재개할 수 없다고 판단된 경우
2. 발주자가 계약 당시 제시한 설계요구조건을 현저하게 변경하여 약정한 설계업자의 업무수행이 객관적으로 불가능한 것이 명백할 경우
3. 발주자가 설계업자의 승낙 없이 계약상의 권리 또는 의무를 양도한 경우
4. 발주자가 설계업자의 업무수행 상 필요한 자료를 제공하지 아니하여 설계업자의 업무수행이 곤란하게 된 경우
5. 사망, 실종, 질병 및 그 밖의 사유로 계약이행이 불가능한 경우

③ 제1항 및 제2항에 따라 계약을 해제 또는 해지하고자 하는 경우에는 그 뜻을 미리 상대방에게 14일 전까지 통지하여야 한다.

④ 제1항 및 제2항에 따른 계약의 해제 또는 해지는 상대방에게 서면으로 계약의 이행기한을 정하여 통보한 후 기한 내에 이행되지 아니한 경우 계약의 해제 또는 해지를 상대방에게 통지함으로써 효력이 발생한다.

⑤ 천재지변 등 부득이한 사유로 계약이행이 곤란하게 된 경우에는 상대방과 협의하여 계약을 해제 또는 해지할 수 있다.

제13조 (손해배상) 발주자와 설계업자는 상대방이 제9조제2항에 따른 계약변경, 제12조에 따른 계약의 해제 또는 해지에 따라 손해를 발생시킨 경우에는 상대방에게 손해배상을 청구 할 수 있다.

제14조 (설계업자의 면책사유) 설계업자는 다음 각 호의 사항에 대하여는 책임을 지지 아니한다.

1. 발주자가 임의로 설계업무에 대한 대가의 지불을 지연시키거나 요구사항을 변경함으로써 설계업무가 지체되어 손해가 발생한 경우
2. 설계도서가 완료된 후 관계법령 등이 개·폐되어 이미 작성된 설계도서 및 문서가 못쓰게 된 경우
3. 천재지변 등 불가항력적인 사유에 따라 업무를 계속적으로 진행할 수 없는 경우

제15조 (설계업무 중단 시의 대가지불) ① 제12조제1항에 따라 설계업무의 전부 또는 일부가 중단된 경우 설계업자는 발주자가 이미 지불한 대가에 대하여 이를 정산·환불하여야 한다.
② 제12조제2항에 따라 설계업무의 전부 또는 일부가 중단된 경우 발주자는 설계업자가 이미 수행한 설계업무에 대하여 중단된 시점까지의 대가를 지불하여야 한다.
③ 제1항 및 제2항에 따른 대가의 정산·환불 및 지불은 제13조 손해배상과는 별도로 적용한다.

제16조 (저작권 보호) 이 계약과 관련한 설계도서의 저작권은 설계업자에게 귀속되며, 발주자는 설계업자의 서면동의 없이 이의 일부 또는 전체를 다른 곳에 사용하거나 양도할 수 없다.

제17조 (비밀보장) 발주자와 설계업자는 업무수행 중 알게 된 상대방의 비밀을 제3자에게 누설하여서는 아니 된다.

제18조 (분쟁조정) ① 이 계약과 관련하여 업무상 분쟁이 발생한 경우에는 관계기관의 유권해석이나 관례에 따라 발주자와 설계업자가 협의하여 정하여야 한다.
② 발주자와 설계업자가 협의하여 정하지 못한 경우에는 「중재법」에 따른 중재기관에 중재를 신청할 수 있다.

제19조 (통지방법) ① 발주자와 설계업자가 계약업무와 관련된 사항을 통지할 경우에는 서면통지를 원칙으로 한다.
② 통지를 받은 날부터 7일 이내에 회신이 없는 경우에는 통지내용을 승낙한 것으로 본다.
③ 발주자와 설계업자는 주소나 연락방법이 변경되었을 경우에는 지체 없이 서면으로 통지하여야 한다.

제20조 (특약사항) 이 계약에서 정하는 사항 외에 발주자와 설계업자는 특약사항을 정할 수 있다.

[별표 2]

소방시설공사 표준도급계약서(제2조 관련)

1. 공 사 명 :

2. 공사 장소 :

3. 착공일 : 년 월 일

4. 완공(예정)일 : 년 월 일

5. 계 약 금 액 : 일금 원정(₩)

가. 공 급 가 액 : 일금 원정(₩)
나. 부가가치세 : 일금 원정(₩)
다. 노 무 비 : 일금 원정(₩)

6. **대금지급방법**

가. 선 급 금 : 계약체결 후 ( )일 이내에 일금 원정(₩)

나. 기성부분금 : ( )월 1회

다. 준 공 금 : 완공 후 ( )일 이내에 일금 원정(₩)

7. **계약이행보증금 :** 일금 원정(₩), 계약금액의 ( )%

8. **하자보수보증금 :** 일금 원정(₩), 계약금액의 3/100 이상

9. **하자보수 보증기간 :** 완공일로부터 ( )년

10. **지체상금율 :** 매 지체일수마다 계약금액의 (%)

11. **지급자재의 품목 및 수량 :**

12. **대가지급 지연이자율 :** (%)

13. **기타 특약사항 :**

20 년 월 일

발주자와 **공사업자**는 서로 대등한 입장에서 신의와 성실을 원칙으로 합의에 따라 공정하게 공사계약을 체결하고 각각 1부씩 보관한다.

발주자	**공사업자**
상 호 :	상 호 :
주 소 :	주 소 :
대표자 : (서명 또는 인)	대표자 : (서명 또는 인)

제 1 조 (총칙) 이 계약은 「소방시설 공사업법」(이하 "법"이라 한다) 제21조의3에 따라 발주자가 법 제4조에 따른 소방시설공사업을 등록한 자(이하 "공사업자"라 한다)에게 위탁한 소방시설공사 업무수행에 필요한 상호간의 권리와 의무 등을 정함을 목적으로 한다.

제 2 조 (정의) 이 계약에서 사용하는 용어의 뜻은 다음과 같다.

1. "발주자"란 법 제2조에 따라 소방시설의 시공을 공사업자에게 도급하는 자를 말한다. 다만, 수급인으로서 도급받은 공사를 하도급하는 자는 제외한다.
2. "도급"이란 공사업자가 소방시설을 완성하여 주기로 약정하고, 발주자는 그 일의 결과에 대하여 대가를 지급할 것을 약정하는 계약을 말한다.

제 3 조 (법령의 준수) 발주자와 공사업자는 소방시설의 공사 및 계약의 이행에 있어서 법 등 관계법령의 규정을 준수하여야 한다.

제 4 조 (계약이행보증금) ① 발주자와 공사업자는 계약상의 의무이행을 보증하기 위하여 계약이행보증금을 계약체결 전까지 상호교부 하여야 한다. 이 경우 그 비율과 금액은 발주자와

공사업자 상호간에 협의하여 정한다.

② 계약이행보증금은 제25조제1항에 따른 보증기관이 발행한 보증서로 갈음할 수 있다.

제5조(계약이행보증금의 처리) ① 제27조제1항에 따른 사유로 계약이 해제 또는 해지된 경우에는 제4조에 따라 납부된 계약이행보증금은 발주자에게 귀속한다. 이 경우 계약의 해제 또는 해지에 따른 손해배상액이 계약이행보증금을 초과하는 경우에는 그 초과분에 대한 손해배상을 청구할 수 있다.

② 발주자는 제27조제2항에 따른 사유로 계약이 해제 또는 해지되거나 계약이행이 완료된 경우에는 제4조에 따라 납부된 계약이행보증금을 지체없이 공사업자에게 반환하여야 한다.

제6조(공사감독원) ① 발주자는 계약의 적정한 이행을 확보하기 위하여 스스로 이를 감독하거나 자신을 대리하여 다음 각 호의 사항을 행하는 자(이하 "공사감독원"이라 한다)를 선임할 수 있다.

1. 시공일반에 대하여 감독하고 입회하는 일
2. 공사의 재료와 시공에 대한 검사 또는 시험에 입회하는 일
3. 공사의 부분완공검사, 완공검사 또는 공사목적물의 인도에 입회하는 일
4. 기타 공사감독에 관하여 발주자가 위임하는 일

② 발주자는 제1항에 따라 공사감독원을 선임한 때에는 그 사실을 즉시 공사업자에게 통지하여야 한다.

③ 공사업자는 공사감독원의 감독 또는 지시사항이 공사수행에 현저히 부당하다고 인정할 경우에는 발주자에게 그 사유를 명시하여 필요한 조치를 요구할 수 있다.

제7조(소방기술자의 배치) ① 공사업자는 착공 전에 법 제12조제2항에 따라 책임시공 및 기술관리를 위하여 소속 소방기술자를 공사 현장에 배치하여야 한다.

② 제1항에 따른 소방기술자는 시공에 관한 일체의 사항에 대하여 공사업자를 대리한다.

③ 발주자는 제1항에 따른 소방기술자가 신체의 허약 등으로 업무수행의 능력이 없다고 인정할 경우에는 공사업자에게 교체를 요청할 수 있으며, 이 경우 공사업자는 정당한 사유가 없는 한 이에 따라야 한다.

제8조(공사예정공정표와 공사비산출내역서) 공사업자는 계약체결 후 착공신고서 제출 시까지 설계도서(설계도면, 공사시방서, 공사비산출내역서, 현장설명서 등을 포함한다. 이하 같다)를 기초로 작성한 공사예정공정표와 공사비산출내역서를 발주자에게 제출하여야 한다.

제9조(선급금) ① 발주자는 계약서에 따라 공사업자에게 선급금을 지급하여야 하며, 공사업자는 이를 계약목적 외에 사용할 수 없다. 이 경우 공사업자는 선급금을 노임지급 및 자재확보에 우선 사용하여야 한다.

② 선급금은 기성부분의 대가를 지급할 때마다 다음과 같은 방법으로 정산한다.

선급금정산액 = 선급금액 × 기성부분의 대가 ÷ 계약금액

제10조(재료의 검사 등) ① 공사에 사용할 재료 중에서 발주자가 품목을 지정하여 검사를 요구하는 경우 공사업자는 사용 전에 발주자의 검사를 받아야 하며, 설계도서와 상이하거나 품질이 저하되어 불합격된 재료는 발주자와 협의하여 다시 검사를 받아야 한다.

② 공사업자는 제1항에 따른 재료의 검사에 소요되는 비용을 부담하여야 하며, 검사 또는

재검사 등을 이유로 계약기간의 연장을 요구할 수 없다.
③ 공사에 사용하는 재료 중 조립 또는 시험을 요하는 것은 발주자의 입회하에 그 조립 또는 시험을 하여야 한다.
④ 수중 또는 지하에서 행하여지는 공사나 준공 후 외부에서 확인할 수 없는 공사는 발주자의 입회하에 시공하여야 한다. 다만, 발주자의 사전승인이 있는 경우에는 제외한다.

제11조 (지급재료와 대여품) ① 계약에 따라 발주자가 지급하는 재료와 대여품은 공사예정공정표에 따른 공사일정에 지장이 없도록 적기에 인도되어야 하며, 그 인도 장소는 시방서 등에 따로 정한 바가 없으면 공사 현장으로 한다.
② 공사업자는 지급재료 및 대여품의 품질 또는 규격이 시공에 적당하지 아니하다고 인정할 경우에는 즉시 발주자에게 이를 통지하고 그 대체를 요구할 수 있다.
③ 재료지급의 지연으로 공사가 지연될 우려가 있는 경우 공사업자는 발주자의 서면승낙을 얻어 자기가 보유한 재료를 대체 사용할 수 있다. 이 경우 발주자는 현품 또는 사용당시의 가격을 지체 없이 공사업자에게 지급하여야 한다.
④ 공사업자는 발주자가 지급한 재료와 대여품을 선량한 관리자의 주의로 관리하여야 하며, 계약의 목적을 수행하는 데에만 사용하여야 한다.
⑤ 공사업자는 공사내용의 변경에 따라 필요 없게 된 지급재료 또는 사용 완료된 대여품을 지체 없이 발주자에게 반환하여야 한다.

제12조 (산업안전보건관리비 계상 등) ① 공사업자는 산업재해를 예방하기 위하여 안전시설의 설치 및 보험의 가입 등 적정한 조치를 하여야 하며, 발주자는 「산업안전보건법」 제30조에 따라 산업재해를 예방하기 위해 산업안전보건관리비를 계약금액에 계상하여야 한다.
② 공사현장에서 발생한 산업재해에 대한 책임은 공사업자에게 있다. 다만, 설계상의 하자 또는 발주자의 요구에 따른 작업으로 재해가 발생한 경우에는 발주자에 대하여 구상권을 행사할 수 있다.
③ 발주자는 「고용보험 및 산업재해보상보험의 보험료징수 등에 관한 법률」 제14조, 「국민연금법」 제88조, 「국민건강보험법」 제69조, 「노인장기요양보험법」 제9조에 따른 보험료 등 해당 공사와 관련하여 관계 법령에 따라 의무적으로 부담하여야 하는 비용을 계약금액에 계상하도록 하며, 공사업자는 공사비산출내역서에 이를 반영하여 명시하여야 한다.
④ 발주자는 「건설근로자의 고용개선 등에 관한 법률」 제10조 및 제10조의3에 따라 건설근로자퇴직공제에 가입하여야 하는 공사인 경우에는 건설근로자퇴직공제가입에 소요되는 비용을 계약금액에 계상하여야 한다.
⑤ 발주자는 제1항부터 제4항까지의 부담 비용에 대하여 준공금을 지급할 때 실제로 지출된 금액여부에 따라 정산할 수 있다.

제13조 (응급조치) ① 공사업자는 재해방지를 위하여 특히 필요하다고 인정되는 경우에는 미리 긴급조치를 취하고 즉시 이를 발주자에게 통지하여야 한다.
② 발주자는 재해방지 기타 공사의 시공상 부득이하다고 인정하는 경우에는 공사업자에게 긴급조치를 요구할 수 있다.
③ 제1항 및 제2항의 응급조치에 소요된 경비는 실비를 기준으로 발주자와 공사업자가 협의하여 부담한다.

제14조 (공사기간의 연장) ① 발주자의 책임 있는 사유 또는 천재지변, 불가항력의 사태 등 공사업자의 책임이 아닌 사유로 공사수행이 지연되는 경우 공사업자는 공사기간의 연장을 발주자에게 요구할 수 있다.

② 발주자는 제1항의 요구에 대하여 즉시 그 사실을 조사·확인하고 이 공사가 적절히 이행될 수 있도록 계약기간의 연장 등 필요한 조치를 하여야 한다.

③ 제2항에 따라 공사기간이 연장되는 경우에는 이에 따르는 현장관리비 등 추가경비는 제18조를 적용하여 조정한다.

④ 발주자는 제1항에 따라 공사기간의 연장을 승인하였을 경우에는 연장기간에 대하여 지체상금을 부과하여서는 아니 된다.

제15조 (부적합한 공사) 발주자는 공사업자가 시공한 공사 중 설계도서에 적합하지 아니한 부분이 있을 경우에는 이의 시정을 요구할 수 있으며, 공사업자는 지체 없이 이에 따라야 한다. 다만, 설계도서에 적합하지 아니한 공사를 발주자의 요구 또는 지시에 의하거나 기타 공사업자의 책임으로 돌릴 수 없는 사유에 따른 경우 공사업자는 그 책임을 지지 아니한다.

제16조 (불가항력에 따른 손해) ① 공사업자는 검사를 마친 기성부분 또는 지급재료와 대여품에 따라 천재지변 기타 불가항력에 따른 손해가 발생한 경우에는 즉시 그 사실을 발주자에게 통보하여야 한다.

② 발주자가 제1항에 따라 통지를 받은 경우에는 즉시 그 사실을 조사, 확인하고 그 손해의 보전에 관하여 공사업자와 협의하여야 한다.

③ 제2항에 따른 합의가 성립되지 않은 경우에는 제31조에 따른다.

제17조 (설계변경에 따른 계약금액의 조정) ① 설계도서의 내용이 공사 현장의 상태와 일치하지 않거나 불분명, 누락, 오류가 있을 경우 또는 시공에 관하여 예기하지 못한 상태가 발생되거나 사업계획이 변경된 경우 발주자는 설계를 변경하여야 한다.

② 제1항에 설계변경에 따른 공사량의 증감이 발생한 경우에는 다음 각 호의 기준에 따라 계약금액을 조정한다.

1. 증감된 공사의 단가는 제8조에 따른 공사비산출내역서상의 단가를 기준으로 한다.
2. 공사비산출내역서에 포함되어 있지 아니한 신규비목의 단가는 설계변경 당시를 기준으로 산정한 단가로 한다.
3. 증감된 공사에 대한 일반관리비 및 이윤은 계약체결 당시의 비율에 따른다.

③ 발주자가 설계변경을 요구한 경우(공사업자의 책임이 없는 사유에 따른 경우를 포함한다)에는 제2항에도 불구하고 증가된 물량의 단가는 설계변경 당시를 기준으로 산정한 단가로 한다.

제18조 (물가변동에 따른 계약금액의 조정) ① 계약체결 후 90일 이상 경과한 경우에 잔여공사에 대하여 공사비산출내역서에 포함되어 있는 품목 또는 비목의 가격 등의 변동에 따라 등락액이 잔여공사에 해당하는 계약금액의 100분의 3 이상인 경우에는 계약금액을 조정한다. 다만, 제14조제1항에 따른 사유로 계약이행이 곤란하다고 인정되는 경우에는 계약체결일(계약체결 후 계약금액을 조정한 경우 그 조정일)부터 90일 이내에도 계약금액을 조정할 수 있다.

② 제1항에 따른 계약금액의 조정은 물가변동이 있는 날 이전에 이미 계약이행이 완료되어야 할 부분에 대하여는 적용하지 아니하고, 물가변동 후에 반입되었거나 제공된 재료 및 역무의 대가에 적용한다. 다만, 제14조제1항에 따른 사유로 계약이행이 지연된 경우에는 그러하지 아니하다.

③ 제1항에도 불구하고 특정 규격의 자재별 가격변동이 계약체결일을 기준으로 100분의 15 이상 증감이 있는 경우에는 그 자재에 한정하여 계약금액을 조정할 수 있다.

제19조 (기타 계약내용의 변동에 따른 계약금액의 조정) 제17조 및 제18조에 따른 경우 이외에 계약내용의 변경으로 계약금액을 조정하여야 할 필요가 있는 경우에는 그 변경된 내용에 대한 실비를 기준으로 발주자와 공사업자 간의 합의에 따라 조정한다.

제20조 (기성부분금) ① 계약서에 기성부분금을 명시한 경우 공사업자는 이에 따라 기성부분에 대한 검사를 요청할 수 있으며, 이때 발주자는 지체 없이 검사를 하고, 그 결과를 공사업자에게 통지하여야 한다. 이 경우 14일 이내에 통지가 없는 경우에는 검사에 합격한 것으로 본다.

② 공사업자는 제1항에 따른 검사 결과와 제8조에 따른 공사비산출내역서의 단가에 따라 산출한 기성금액을 요구할 수 있으며, 발주자는 계약서에 따라 이를 지급하여야 한다.

③ 발주자가 제2항에 따른 기성금액의 지급을 지연하는 경우에는 제23조제4항에 따른다.

제21조 (부분사용) ① 공사업자는 소방대상물 일부분의 공사를 마친 경우로서 발주자가 전체 시설이 준공되기 전에 부분적으로 사용할 필요가 있어 요구하는 경우에는 그 일부분에 대하여 법 제14조에 따라 부분완공검사증명서를 발급 받아야 한다.

② 제1항의 경우 발주자는 그 사용부분을 선량한 관리자의 주의로써 사용하여야 한다.

③ 발주자는 제1항에 따른 사용으로 공사업자에게 손해가 발생하거나 공사업자의 비용을 증가하게 한 경우에는 그 손해를 배상하거나 증가된 비용을 부담하여야 한다.

제22조 (완공검사) ① 공사업자는 공사를 완공한 경우 발주자에게 통지하고, 법 제14조에 따라 소방본부장 또는 소방서장에게 완공검사를 신청하여 완공검사증명서를 발급받아야 한다. 이 경우 발주자는 정당한 사유가 없는 한 완공검사의 신청을 지연시키는 행위를 하여서는 아니 된다.

② 공사업자가 공사를 완공하여 소방본부장 또는 소방서장에게 완공검사를 신청하였으나 완공검사증명서를 발급받지 못한 경우에는 지체 없이 이를 보완하여 다시 완공검사를 신청하여야 한다.

③ 공사업자가 제1항에 따라 발급된 완공검사증명서의 인수를 요청하면 발주자는 즉시 이를 인수하여야 한다. 이 경우 공사목적물이 인도되어 계약이행이 완료된 것으로 본다.

제23조 (대금지급) ① 공사업자는 제22조에 따라 발주자가 완공검사증명서를 인수하면 즉시 잉여자재, 폐기물, 가설물 등을 철거, 반출하는 등 공사현장을 정리하고 공사대금의 지급을 발주자에게 청구할 수 있다.

② 발주자는 특약이 없는 한 공사목적물을 인도받음과 동시에 공사대금을 공사업자에게 지급하여야 한다.

③ 발주자가 공사대금을 어음으로 지급하는 경우에는 다음 각 호의 어느 하나에 해당하는 금융기관에서 어음 할인이 가능한 어음이어야 한다. 이 경우 발주자는 어음 만기일까지의

할인료를 공사업자에게 어음을 교부하는 날에 지급하여야 한다.
1. 「은행법」에 따른 은행
2. 「한국산업은행법」에 따른 한국산업은행
3. 「중소기업은행법」에 따른 중소기업은행
4. 「한국수출입은행법」에 따른 한국수출입은행
5. 「농업협동조합법」에 따른 농업협동조합중앙회 및 농협은행
6. 「수산업협동조합법」에 따른 수산업협동조합중앙회
7. 「보험업법」에 따른 보험회사
8. 「자본시장과 금융투자업에 관한 법률」에 따른 금융투자업자(겸영금융투자업자는 제외한다), 증권금융회사, 종합금융회사 및 자금중개회사
9. 「금융지주회사법」에 따른 금융지주회사
10. 「여신전문금융업법」에 따른 여신전문금융회사
11. 「상호저축은행법」에 따른 상호저축은행 및 그 중앙회
12. 「산림조합법」에 따른 산림조합중앙회
13. 「새마을금고법」에 따른 새마을금고연합회
14. 「신용협동조합법」에 따른 신용협동조합중앙회
15. 제1호부터 제14호까지의 기관에 준하는 외국 금융기관

④ 발주자가 공사대금을 지급기한내에 지급하지 못하는 경우에는 그 미지급금액에 대하여 지급기한의 다음날부터 지급하는 날까지의 일수에 계약서에서 정한 대가지급 지연이자율(시중은행의 일반대출시 적용되는 연체이자율 수준을 감안하여 상향 적용할 수 있다)을 적용하여 산출한 이자를 가산하여 지급하여야 한다.

제24조 (지체상금) ① 공사업자는 완공기한 내에 공사를 완성하지 아니한 경우에는 매 지체일수마다 계약서에 따른 지체상금율을 계약금액에 곱하여 산출한 금액(이하 "지체상금"이라 한다)을 발주자에게 납부하여야 한다. 다만, 천재지변, 전쟁, 항만봉쇄, 전염병 방역을 위한 출입제한, 기타 공사업자의 책임으로 돌릴 수 없는 사유로 지체된 경우에는 그 해당일수에 상당하는 지체상금을 지급하지 아니하여도 된다.

② 제1항을 적용함에 있어 제21조에 따라 발주자가 부분사용한 경우에는 그 부분에 상당하는 금액을 계약금액에서 공제한다.

③ 발주자는 공사업자에게 지급하여야 할 공사대금에서 지체상금을 공제할 수 있다.

제25조 (하자보수) ① 공사업자는 완공검사 후 그 공사의 대금을 지급할 때까지 발주자에게 다음 각 호의 어느 하나에 해당하는 하자보수의 이행을 보증하는 증서를 예치하여야 한다. 다만, 계약금액(건축물대장의 건축물 현황도에 표시된 대지경계선 안에 있는 지역의 공사를 동일한 공사업자가 2회 이상 나누어 계약한 경우에는 이를 합한 금액을 말한다)이 5백만원 이하인 공사를 하는 경우는 제외한다.
1. 「보험업법」에 따른 보험회사가 발행한 보증보험증권
2. 「한국산업은행법」에 따른 한국산업은행, 「한국수출입은행법」에 따른 한국수출입은행 또는 「은행법」 제2조에 따른 은행이 발행한 지급보증서
3. 「자본시장과 금융투자업에 관한 법률 시행령」 제192조제2항에 따른 상장증권
4. 「신용보증기금법」에 따른 신용보증기금, 「기술신용보증기금법」에 따른 기술신용보증기

금, 「지역신용보증재단법」에 따른 신용보증재단 또는 「엔지니어링산업 진흥법」에 따른 엔지니어링 공제조합이 발행한 채무액 등의 지급을 보증하는 보증서

5. 「은행법」 제2조에 따른 은행 또는 체신관서가 발행한 정기예금증서
6. 「자본시장과 금융투자업에 관한 법률」에 따른 신탁업자가 발행하는 수익증권
7. 「소방산업의 진흥에 관한 법률」 제23조에 따른 소방산업공제조합이 발행한 채무액 등의 지급을 보증하는 보증서

② 공사업자는 완공검사를 마친 날로부터 계약서에 따른 하자보수 보증기간 중 공사목적물에 발생하는 일체의 하자를 보수하여야 한다. 다만, 공사목적물의 인도 후에 천재지변 등 불가항력이나 공사업자의 책임이 아닌 사유에 따라 발생한 것일 때에는 그러하지 아니하다.
③ 공사업자가 발주자로부터 제2항에 따른 하자보수의 요구를 받고 이에 따르지 아니하는 경우 발주자는 소방본부장이나 소방서장에게 그 사실을 알리고, 소방본부장이나 소방서장은 법 제15조에 따라 공사업자에게 기간을 정하여 하자보수를 명하여야 한다.
④ 발주자는 공사업자가 제3항에 따른 하자보수명령을 같은 항에 따른 기간에 이행하지 아니하였을 경우에는 제1항에 따라 담보된 하자보수 보증금으로 하자를 보수하거나 하자보수를 보증한 기관으로 하여금 보수하게 할 수 있다. 이 경우 발주자는 하자보수 보증금의 사용 내용이나 보증기관의 하자보수 내용을 시공자에게 알려야 하며, 부족액이 있는 경우에는 공사업자에게 이를 청구할 수 있다.
⑤ 제1항에 따른 하자보수보증금은 하자담보 책임기간이 종료된 후 공사업자의 청구에 따라 반환하여야 한다. 다만, 제4항에 따라 발주자가 직접 이행한 하자보수 비용은 공제하여야 한다.
⑥ 공사업자가 시공한 공사의 하자보수 대상 소방시설과 하자보수 보증기간은 「소방시설공사업법 시행령」(이하 "영"이라 한다) 제6조에 따른다.

제26조 (공사의 하도급 등) ① 공사업자가 공사목적물의 일부를 제3자에게 하도급 하는 경우에는 미리 발주자에게 알려야 하며, 법 제22조에 따라 하도급 하여야 한다.
② 발주자는 하수급인이 계약내용을 수행하기에 현저하게 부적당하다고 인정되거나 하도급계약금액이 영 제12조의2에서 정하는 비율에 따른 금액에 미달하는 경우에는 법 제22조의2에 따른 하도급계약심사위원회를 두어 하수급인의 시공 및 수행능력, 하도급계약내용의 적정성 등을 심사할 수 있다. 이 경우, 국가, 지방자치단체 또는 영에 따른 공공기관이 발주자인 때에는 적정성 심사를 실시하여야 한다.
③ 발주자는 제2항에 따라 심사한 결과 하수급인의 시공능력 또는 하도급계약 내용이 적정하지 아니한 경우에는 그 사유를 분명하게 밝혀 공사업자에게 하수급인 또는 하도급계약 내용의 변경을 요구할 수 있다. 이 경우, 제2항 후단에 따라 적정성 심사를 하였을 때에는 하수급인 또는 하도급계약 내용의 변경을 요구하여야 한다.
④ 발주자는 공사업자가 정당한 사유 없이 제3항에 따른 요구에 따르지 아니하여 공사 결과에 중대한 영향을 끼칠 우려가 있는 경우에는 계약을 해지할 수 있다.

제27조 (계약의 해제 또는 해지) ① 발주자는 다음 각 호의 어느 하나에 해당하는 경우에는 계약의 전부 또는 일부를 해제 또는 해지할 수 있다.
1. 공사업자가 특별시장·광역시장·특별자치시장·도지사 또는 특별자치도지사에게 등록취

소 처분 또는 영업정지 처분 등을 받아 계약이행이 불가능한 경우
2. 공사업자가 금융기관의 거래정지 처분, 어음 또는 수표의 부도, 제3자에 따른 가처분·강제집행·파산선고 또는 회사정리 신청 등으로 계약이행이 어려운 경우
3. 공사업자가 정당한 사유 없이 30일 이상 공사를 계속하지 아니하는 경우
4. 공사업자가 발주자의 승낙 없이 계약상의 권리 또는 의무를 이행하지 않거나 양도한 경우
5. 사망, 실종, 질병 및 그 밖의 사유로 계약이행이 불가능한 경우

② 공사업자는 다음 각 호의 어느 하나에 해당하는 경우에는 계약의 전부 또는 일부를 해제 또는 해지할 수 있다.
1. 공사내용을 변경함으로써 계약금액이 100분의 40 이상 감소된 경우
2. 발주자의 책임 있는 사유에 따라 공사의 중지기간이 90일을 초과하거나 계약서상의 공사기간의 100분의 50을 초과한 경우
3. 발주자가 정당한 이유 없이 계약내용을 이행하지 아니함으로써 공사의 적정이행이 불가능하다고 명백히 인정되는 경우
4. 사망, 실종, 질병 및 그 밖의 사유로 계약이행이 불가능한 경우

③ 제1항 및 제2항에 따라 계약을 해제 또는 해지하고자 하는 경우에는 그 뜻을 미리 상대방에게 14일 전까지 통지하여야 한다.

④ 제1항 및 제2항에 따른 계약의 해제 또는 해지는 상대방에게 서면으로 계약의 이행기한을 정하여 통보한 후 기한 내에 이행되지 아니한 경우 계약의 해제 또는 해지를 상대방에게 통지함으로써 효력이 발생한다.

⑤ 천재지변 등 부득이한 사유로 계약이행이 곤란하게 된 경우에는 상대방과 협의하여 계약을 해제 또는 해지할 수 있다.

제28조 (손해배상 등) 제27조에 따라 계약의 해제 또는 해지된 경우 발주자와 공사업자는 지체 없이 기성부분의 공사금액을 정산하여야 한다. 이 경우 손해가 발생하였을 때에는 상대방에게 손해배상을 청구 할 수 있다.

제29조 (보증인) 이 계약에 보증인을 세우는 경우에 보증인은 발주자와 공사업자 간의 계약 불이행에 따른 손해에 대하여 연대하여 책임을 진다.

제30조 (관리의무의 양도) 이 계약에 따라 발생하는 권리 또는 의무는 제3자에게 양도하거나 위임할 수 없다. 다만, 상대방의 서면승낙과 보증인의 동의를 얻었을 경우에는 그러하지 아니하다.

제31조 (분쟁조정) ① 이 계약과 관련하여 업무상 분쟁이 발생한 경우에는 관계기관의 유권해석이나 관례에 따라 발주자와 공사업자가 협의하여 정하여야 한다.

② 발주자와 공사업자가 협의하여 정하지 못한 경우에는 「중재법」에 따른 중재기관에 중재를 신청할 수 있다.

제32조 (특약사항) 이 계약에서 정하는 사항 외에 발주자와 공사업자는 특약사항을 정할 수 있다.

[별표 3]

소방공사감리 표준도급계약서(제2조 관련)

1. 용 역 명 :

2. 공사감리 개요

가. 위 치 :

나. 용 도 :

다. 구 조 :

라. 규 모 : 지하 층 지상 층 동 세대

마. 대지면적 : m²

바. 건축면적 : m²

사. 연 면 적 : m²

3. 공사감리 종류 및 기간

가. 공사감리 종류 : □ 상주 공사감리 □ 일반 공사감리

나. 공사감리 기간 : 년 월 일 ~ 년 월 일

4. 계 약 금 액 : 일금 원정(₩)

가. 공급가액 : 일금 원정(₩)

나. 부가가치세 : 일금 원정(₩)

5. 계약이행보증금 : 일금 원정(₩), 계약금액의 ( )%

6. 지체상금율 : 매 지체일수마다 계약금액의 (%)

7. 대가지급 지연이자율 : (%)

8. 기타 특약사항 :

20○○년 ○월 ○일

발주자와 **감리업자**는 서로 대등한 입장에서 신의와 성실을 원칙으로 합의에 따라 공정하게 공사감리계약을 체결하고 각각 1부씩 보관한다.

발주자	**감리업자**
상 호 :	상 호 :
주 소 :	주 소 :
대표자 : (서명 또는 인)	대표자 : (서명 또는 인)

제 1 조 (총칙) 이 계약은 「소방시설 공사업법」(이하 "법"이라 한다) 제21조의3에 따라 발주자가 법 제4조에 따른 소방공사감리업을 등록한 자(이하 "감리업자"라 한다)에게 위탁한 소방공사감리 업무수행에 필요한 상호간의 권리와 의무 등을 정함을 목적으로 한다.

제 2 조 (정의) 이 계약에서 사용하는 용어의 뜻은 다음과 같다.

1. "상주 공사감리"란 「소방시설 공사업법 시행령」(이하 "영"이라 한다) 제9조 및 「소방시설 공사업법 시행규칙」(이하 "규칙"이라 한다) 제16조에 따라 소방시설용 배관(전선관을 포함한다)을 설치하거나 매립하는 때부터 소방시설 완공검사증명서를 발급받을 때까지 공사 현장에 상주하여 법 제16조제1항에 따른 감리업무를 수행하는 것을 말한다.
2. "일반 공사감리"란 영 제9조 및 규칙 제16조에 따른 기간 동안 주 1회 이상 공사 현장을 방문하여 법 제16조제1항에 따른 감리업무를 수행하는 것을 말한다.

제 3 조 (법령의 준수) 발주자와 감리업자는 소방시설공사의 감리 및 계약의 이행에 있어서 법 등 관계법령의 규정을 준수하여야 한다.

제 4 조 (업무범위) ① 이 계약에서 정하는 업무범위는 법 제16조에 따른다.
② 제1항의 업무범위 외에 발주자와 감리업자 간의 특약이 있는 경우에는 이에 부수되는 개별계약을 추가로 체결할 수 있으며, 이에 소요되는 대가는 발주자와 감리업자가 협의하여 별도로 산정한다.

제 5 조 (대가의 산출 및 지불방법) ① 공사감리업무에 대한 대가는 법 제25조의 소방 기술용역의 대가 기준에 따른다.
② 공사감리업무의 대가는 일시불로 또는 분할하여 지불할 수 있으며, 업무수행 중 업무기준이 변경된 기간의 공사감리 대가는 계약 금액 및 공사감리 기간을 고려하여 정산한다.
③ 대가를 분할하여 지불하는 경우에는 그 지불시기 및 지불금액은 다음과 같이 이행함을 원칙으로 한다. 다만, 발주자와 감리업자의 협의를 통하여 조정할 수 있다.

지불시기	지불금액	비 고
계약시	₩	20%
·····	₩	
·····	₩	
업무만료시	₩	100%
계	₩	부가가치세 포함

④ 발주자가 공사감리업무에 대한 대가를 지급기한 내에 지급하지 못하는 경우에는 그 미지급금액에 대하여 지급기한의 다음날부터 지급하는 날까지의 일수에 계약서상에서 정한 대가지급 지연이자율(시중은행의 일반대출시 적용되는 연체이자율 수준을 감안하여 상향 적용할 수 있다)을 적용하여 산출한 이자를 가산하여 지급하여야 한다.

제 6 조 (대가의 조정) ① 공사감리업무의 수행기간이 1년을 초과하는 경우에 이 기간 중 한국엔지니어링진흥협회가 통계법에 따라 조사·공포한 노임단가의 변경이 있을 때에는 「국가를 당사자로 하는 계약에 관한 법률 시행령」 제64조에 따라 발주자와 감리업자가 협의하여

대가를 조정하여야 한다.

② 대가의 조정분에 대한 정산은 최종지불 시 반영하여야 한다.

제 7 조 (자료의 제공 및 성실의무) ① 발주자는 감리업자가 공사감리업무를 수행하는데 필요한 다음 각 호의 자료를 요구할 때에는 지체 없이 제공하여야 하며 이 때 발주자는 제공하여야 할 자료의 수집을 감리업자에게 위탁할 수 있다.

1. 소방시설 설계도서
2. 소방시설공사 도급계약서 및 공사 현장에 배치한 소방기술자의 인적사항
3. 시공도면 및 공정표
4. 사용자재납품서 및 시험성적표
5. 산재보험가입증서
6. 기타 공사감리 업무수행에 필요한 자료

② 발주자는 제1항에 따른 자료의 수집을 감리업자에게 위탁한 경우에는 이에 소요되는 비용을 지불하여야 한다.

③ 발주자와 감리업자는 신의와 성실의 관계를 유지하고 관계법령을 준수하며, 감리업자는 소방시설의 품질향상을 위하여 노력하여야 한다.

제 8 조 (업무의 착수시기) ① 발주자는 착공 7일 전까지 감리업자에게 착공일자를 통지하고, 감리업자는 착공일부터 공사감리업무를 착수하여야 한다.

② 발주자는 법 제4조에 따른 소방시설공사업을 등록한 자(이하 "공사업자"라 한다)에게 감리업자의 인적 사항을 착공 전까지 통지하여야 한다.

제 9 조 (감리원의 배치) ① 감리업자는 법 제18조제1항에 따라 소방시설공사의 감리를 위하여 소속 감리원을 공사 현장에 배치하여야 한다.

② 제1항에 따른 감리원은 공사감리업무에 관한 일체의 사항에 대하여 감리업자를 대리한다.

③ 감리업자는 공사감리업무를 수행하는 감리원의 인적사항 등 필요한 사항을 기록한 서류를 공사현장에 비치하여야 한다.

④ 발주자는 제1항에 따른 감리원이 신체의 허약 등으로 업무수행의 능력이 없다고 인정할 경우에는 감리업자에게 교체를 요청할 수 있으며, 이 경우 감리업자는 정당한 사유가 없는 한 이에 따라야 한다.

제10조 (현장확인지도) 감리업자는 다음 각 호의 어느 하나에 해당하는 경우에는 현장에서 확인지도를 실시한 후에 공사를 진행하게 하여야 한다.

1. 공사착공의 경우
2. 옥외매설공사의 경우
3. 배관공사의 경우
4. 배선공사의 경우
5. 기타 소방시설의 품질관리상 주요 공정의 경우

제11조 (주요 공정의 확인 점검) ① 감리업자는 공사의 주요 공정의 경우에는 그 적합성을 확인하고 서명한 후 발주자에게 그 결과를 통보하여야 한다.

② 제1항에 따른 주요 공정은 설계도서에 따라 시공 여부의 확인과 소방시설의 품질향상을 위하여 필요한 공정으로서 소방시설에 따라 발주자와 감리업자가 협의하여 별도로 정한다.

제12조 (자재의 적합성 검토 등) ① 감리업자는 자재의 적합성 검토를 위하여 품질시험을 발주자와 협의하여 관련 전문기관에 의뢰할 수 있으며, 발주자는 이에 소요되는 비용을 지불하여야 한다.
② 감리업자는 자재의 품질시험 결과를 검토·확인하여야 한다.
③ 발주자 또는 공사업자가 자재의 품질시험을 의뢰하는 경우에는 그 일시, 장소, 시험목록을 시험일 7일 전까지 감리업자에게 통지하여야 한다.
④ 감리업자는 제3항에 따른 자재의 품질시험에 입회할 수 있다.

제13조 (시공상세도면의 작성 요청 등) ① 감리업자는 설계도면의 누락·오류 또는 불명확한 부분이 있어 시공에 어려움이 있다고 판단되면 공사업자에게 시공상세도면을 작성하여 제출하도록 요청할 수 있다.
② 감리업자는 제출된 시공상세도면을 반드시 확인·검토하여 공사업자에게 의견을 제시하고 발주자에게 이를 통보하여야 한다.

제14조 (공기 및 공법의 변경) ① 발주자 또는 공사업자가 공기 및 공법을 변경할 경우에는 7일 전까지 감리업자에게 통보하여야 한다.
② 감리업자는 제1항에 따른 공법의 변경과 관련하여 공법의 안전성, 소방시설의 품질확보, 공사업자의 기술력 확보 등에 대한 검토의견을 제시할 수 있다.

제15조 (위반사항에 대한 조치) ① 감리업자는 공사가 설계도서나 「소방시설 설치·유지 및 안전관리에 관한 법률」 제9조에 따라 국민안전처장관이 정하여 고시하는 화재안전기준에 맞지 아니할 경우에는 발주자에게 알리고, 공사업자에게 그 공사의 시정 또는 보완 등을 요구하여야 한다.
② 감리업자는 제1항에 따른 요구에 대하여 공사업자가 취한 조치의 결과를 확인한 후 이를 발주자에게 통보하여야 한다.
③ 감리업자는 공사업자가 제1항에 따른 요구를 이행하지 아니하고 그 공사를 계속할 때에는 시행규칙 제18조에 따라 소방본부장이나 소방서장에게 그 사실을 보고하여야 한다.
④ 발주자는 감리업자가 제3항에 따라 소방본부장이나 소방서장에게 보고한 것을 이유로 감리계약을 해지하거나 감리의 대가 지급을 거부하거나 지연시키거나 그 밖의 불이익을 주어서는 아니 된다.
⑤ 발주자는 공사업자가 감리업자의 시정 또는 보완 등 조치에 따르도록 적극 협조하여야 한다.

제16조 (공사감리 결과의 통보 등) ① 감리업자는 소방공사의 감리를 마쳤을 때에는 시행규칙 제19조에 따라 그 감리 결과를 발주자에게 서면으로 알리고, 소방본부장이나 소방서장에게 공사감리 결과보고서를 제출하여야 한다.
② 감리업자는 법 제8조제4항에 따라 소방공사 감리기록부, 소방공사 감리일지 및 소방시설의 완공 당시 설계도서를 같은 법 제15조제1항에 따른 하자보수 보증기간 동안 보관하여야 한다.

제17조 (계약의 양도 및 변경 등) ① 발주자와 공사업자는 상대방의 승낙 없이는 이 계약상의 권리·의무를 제3자에게 양도, 대여, 담보제공 등 그 밖의 처분행위를 할 수 없다.
② 발주자의 계획변경, 관계법규의 개·폐 또는 천재지변 등의 불가항력적인 사유의 발생으로 공사감리업무를 수정하거나 계약기간을 연장할 상당한 이유가 있는 경우 발주자와 감리업자는 서로 협의하여 계약의 내용을 변경할 수 있다.
③ 발주자는 제2항에 따라 계약기간 연장의 요구가 있는 경우에는 즉시 그 사실을 조사·확인하고 공사감리업무가 적절히 이행될 수 있도록 계약기간의 연장 등 필요한 조치를 하여야 한다.
④ 발주자는 제2항에 따른 계약기간의 연장을 승인하였을 경우에는 연장기간에 대하여는 지체상금을 부과하여서는 아니 된다.

제18조 (지체상금) ① 감리업자는 공사감리업무를 약정기간 내에 완료할 수 없음이 명백한 경우에는 이 사실을 지체 없이 발주자에게 통지하여야 한다.
② 감리업자가 약정기간 내에 업무를 완료하지 못한 경우에는 매 지체일수마다 계약서상의 지체상금율을 계약금액에 곱하여 산출한 금액(이하 "지체상금"이라 한다)을 발주자에게 지불하여야 한다.
③ 천재지변 등 부득이한 사유 또는 감리업자의 책임이 아닌 사유에 따라 이행이 지체된 경우에는 제2항에 따른 지체일수에서 제외한다.
④ 발주자는 감리업자에게 지급하여야 할 대가에서 지체상금을 공제할 수 있다.

제19조 (이행보증보험증서의 제출) ① 발주자와 감리업자는 계약의 이행을 보증하기 위하여 계약체결 시에 상대방에게 이행보증보험증서를 요구할 수 있다.
② 제1항에 따른 이행보증보험증서를 제출받은 경우에는 이를 계약서에 첨부하여 보관하여야 한다.

제20조 (계약의 해제 또는 해지) ① 발주자는 다음 각 호의 어느 하나에 해당하는 경우에는 계약의 전부 또는 일부를 해제 또는 해지할 수 있다.
1. 감리업자가 특별시장·광역시장·특별자치시장·도지사 또는 특별자치도지사에게 등록취소 처분 또는 영업정지 처분 등을 받아 계약이행이 불가능한 경우
2. 감리업자가 금융기관의 거래정지 처분, 어음 또는 수표의 부도, 제3자에 따른 가처분·강제집행·파산선고 또는 회사정리 신청 등으로 계약이행이 어려운 경우
3. 감리업자가 발주자의 승낙 없이 계약상의 권리 또는 의무를 이행하지 않거나 양도한 경우
4. 사망, 실종, 질병 및 그 밖의 사유로 계약이행이 불가능한 경우

② 감리업자는 다음 각 호의 어느 하나에 해당하는 경우에는 계약의 전부 또는 일부를 해제 또는 해지할 수 있다.
1. 발주자가 감리업자의 업무를 방해하거나 그 대가의 지불을 지연시켜 감리업자의 업무가 중단되고 30일 이내에 이를 재개할 수 없다고 판단된 경우
2. 발주자가 계약 당시 제시한 설계요구조건을 현저하게 변경하여 약정한 감리업자의 업무수행이 객관적으로 불가능한 것이 명백할 경우
3. 발주자가 감리업자의 승낙 없이 계약상의 권리 또는 의무를 양도한 경우

4. 발주자가 설계업자의 업무수행 상 필요한 자료를 제공하지 아니하여 감리업자의 업무수행이 곤란하게 된 경우
5. 사망, 실종, 질병 및 그 밖의 사유로 계약이행이 불가능한 경우

③ 제1항 및 제2항에 따라 계약을 해제 또는 해지하고자 하는 경우에는 그 뜻을 미리 상대방에게 14일 전까지 통지하여야 한다.

④ 제1항 및 제2항에 따른 계약의 해제 또는 해지는 상대방에게 서면으로 계약의 이행기한을 정하여 통보한 후 기한 내에 이행되지 아니한 경우 계약의 해제 또는 해지를 상대방에게 통지함으로써 효력이 발생한다.

⑤ 천재지변 등 부득이한 사유로 계약이행이 곤란하게 된 경우에는 상대방과 협의하여 계약을 해제 또는 해지할 수 있다.

제21조 (손해배상) 발주자와 감리업자는 상대방이 제17조제2항에 따른 계약변경, 제20조에 따른 계약의 해제 또는 해지에 따라 손해를 발생시킨 경우에는 상대방에게 손해배상을 청구 할 수 있다.

제22조 (감리업자의 면책사유) 감리업자는 다음 각 호의 사항에 대하여는 책임을 지지 아니한다.
1. 발주자가 임의로 공사감리업무에 대한 대가의 지불을 지연시킴으로써 공사감리업무가 지체되어 손해가 발생한 경우
2. 공사업자의 공사 중단에 따라 손해가 발생한 경우
3. 공사업자가 제10조에 따른 현장확인지도를 받지 아니하고 공사를 진행하여 손해가 발생한 경우
4. 공사업자가 제15조에 따라 감리업자의 요구에 따르지 아니하고 임의로 공사를 계속 진행하여 손해가 발생한 경우
5. 천재지변 등 불가항력적인 사유에 따라 업무를 계속적으로 진행할 수 없는 경우

제23조 (공사감리업무 중단 시의 대가지불) ① 제20조제1항에 따라 공사감리업무의 전부 또는 일부가 중단된 경우 감리업자는 발주자가 이미 지불한 대가에 대하여 이를 정산·환불하여야 한다.

② 제20조제2항에 따라 공사감리업무의 전부 또는 일부가 중단된 경우 발주자는 감리업자가 이미 수행한 공사감리업무에 대하여 중단된 시점까지의 대가를 지불하여야 한다.

③ 제1항 및 제2항에 따른 대가의 정산·환불 및 지불은 제21조 손해배상과는 별도로 적용한다.

제24조 (다른 공사에 대한 확인점검) ① 발주자는 건축, 기계설비, 전기·통신 등 다른 공사를 제3자에게 도급을 준 경우에는 감리업자가 제5조에 따른 공사감리업무에 대하여 확인·점검할 수 있도록 보장하여야 한다.

② 발주자는 감리업자가 건축, 기계설비, 전기·통신 등 다른 공사의 공사업자에게 제1항에 따른 확인·점검을 위하여 필요한 자료를 제공받을 수 있도록 보장하여야 한다.

제25조 (비밀보장) 발주자와 감리업자는 업무수행 중 알게 된 상대방의 비밀을 제3자에게 누설하여서는 아니 된다.

제26조 (분쟁조정) ① 이 계약과 관련하여 업무상 분쟁이 발생한 경우에는 관계기관의 유권해석

이나 관례에 따라 발주자와 감리업자가 협의하여 정하여야 한다.
② 발주자와 감리업자가 협의하여 정하지 못한 경우에는 「중재법」에 따른 중재기관에 중재를 신청할 수 있다.

제27조 (통지방법) ① 발주자와 감리업자는 계약업무와 관련된 사항을 통지할 경우에는 서면통지를 원칙으로 한다.
② 통지를 받은 날부터 7일 이내에 회신이 없는 경우에는 통지내용을 승낙한 것으로 본다.
③ 계약당사자의 주소나 연락방법이 변경되었을 경우에는 지체 없이 서면으로 통지하여야 한다.

제28조 (특약사항) 이 계약에서 정하는 사항 외에 발주자와 감리업자는 특약사항을 정할 수 있다.

[별표 4]

방염처리 표준도급계약서(제2조 관련)

1. 공 사 명 :

2. 공사 장소 :

3. 착 공 일 : 년 월 일

4. 완공(예정)일 : 년 월 일

5. 계 약 금 액 : 일금 원정(₩)
가. 공급가액 : 일금 원정(₩)
나. 부가가치세 : 일금 원정(₩)

6. 대금지급방법
가. 선 급 금 : 계약체결 후 ( )일 이내에 일금 원정(₩)
나. 준 공 금 : 완공 후 ( )일 이내에 일금 원정(₩)

7. 계약이행보증금 : 일금 원정(₩), 계약금액의 ( )%

8. 지체상금율 : 매 지체일수마다 계약금액의 (%)

9. 대가지급 지연이자율 : (%)

10. 기타 특약사항 :

20○○년 ○월 ○일

발주자와 **방염업자**는 서로 대등한 입장에서 신의와 성실을 원칙으로 합의에 따라 공정하게 방염처리 계약을 체결하고 각각 1부씩 보관한다.

발주자		**방염업자**	
상 호 :		상 호 :	
주 소 :		주 소 :	
대표자 :	(서명 또는 인)	대표자 :	(서명 또는 인)

제 1 조 (총칙) 이 계약은 「소방시설공사업법」(이하 "법"이라 한다) 제21조의3에 따라 발주자가 법 제4조에 따른 방염처리업을 등록한 자(이하 "방염업자"라 한다)에게 위탁한 방염처리 업무수행에 필요한 상호간의 권리와 의무 등을 정함을 목적으로 한다.

제 2 조 (정의) 이 계약에서 사용하는 용어의 뜻은 다음과 같다.

1. "발주자"란 법 제2조에 따라 「소방시설 설치·유지 및 안전관리에 관한 법률」 제12조제1항에 따른 방염대상물품(이하 "방염대상물품" 이라 한다)에 대한 방염처리를 방염업자에게 도급하는 자를 말한다. 다만, 수급인으로서 도급받은 방염처리를 하도급하는 자는 제외한다.
2. "도급"이란 방염업자가 방염대상물품에 대한 방염처리를 완성하여 주기로 약정하고, 발주자는 그 일의 결과에 대하여 대가를 지급할 것을 약정하는 계약을 말한다.

제 3 조 (법령의 준수) 발주자와 방염업자는 방염처리 및 계약의 이행에 있어서 법 등 관계법령의 규정을 준수하여야 한다.

제 4 조 (계약이행보증금) ① 발주자와 방염업자는 계약상의 의무이행을 보증하기 위하여 계약이행보증금을 계약체결 전까지 상호교부 하여야 한다. 이 경우 그 비율과 금액은 발주자와 방염업자 상호간에 협의하여 정한다.

② 계약이행보증금은 다음 각 호의 어느 하나에 해당하는 보증기관이 발행한 보증서로 갈음할 수 있다.

1. 「보험업법」에 따른 보험회사
2. 「한국산업은행법」에 따른 한국산업은행, 「한국수출입은행법」에 따른 한국수출입은행 또는 「은행법」 제2조에 따른 은행
3. 「신용보증기금법」에 따른 신용보증기금, 「기술신용보증기금법」에 따른 기술신용보증기금, 「지역신용보증재단법」에 따른 신용보증재단 또는 「엔지니어링산업 진흥법」에 따른 엔지니어링 공제조합
4. 「은행법」 제2조에 따른 은행 또는 체신관서
5. 「자본시장과 금융투자업에 관한 법률」에 따른 신탁업자
6. 「소방산업의 진흥에 관한 법률」 제23조에 따른 소방산업공제조합

제 5 조 (계약이행보증금의 처리) ① 제14조제1항에 따른 사유로 계약이 해제 또는 해지된 경우에는 제4조에 따라 납부된 계약이행보증금은 발주자에게 귀속한다. 이 경우 계약의 해제 또는 해지에 따른 손해배상액이 계약이행보증금을 초과하는 경우에는 그 초과분에 대한 손해배

상을 청구할 수 있다.

② 발주자는 제14조제2항에 따른 사유로 계약이 해제 또는 해지되거나 계약이행이 완료된 경우에는 제4조에 따라 납부된 계약이행보증금을 지체없이 방염업자에게 반환하여야 한다.

제6조 (선급금) 발주자는 계약서에 따라 방염업자에게 선급금을 지급하여야 하며, 방염업자는 이를 계약목적 외에 사용할 수 없다. 이 경우 방염업자는 선급금을 노임지급 및 자재확보에 우선 사용하여야 한다.

제7조 (지급재료와 대여품) ① 계약에 따라 발주자가 지급하는 재료와 대여품은 방염처리일정에 지장이 없도록 적기에 인도되어야 하며, 그 인도 장소는 따로 정한 바가 없으면 방염처리현장으로 한다.

② 방염업자는 지급재료 및 대여품의 품질 또는 규격이 방염처리에 적당하지 아니하다고 인정할 경우에는 즉시 발주자에게 이를 통지하고 그 대체를 요구할 수 있다.

③ 재료지급의 지연으로 방염처리가 지연될 우려가 있는 경우 방염업자는 발주자의 서면승낙을 얻어 자기가 보유한 재료를 대체 사용할 수 있다. 이 경우 발주자는 현품 또는 사용당시의 가격을 지체 없이 방염업자에게 지급하여야 한다.

④ 방염업자는 발주자가 지급한 재료와 대여품을 선량한 관리자의 주의로 관리하여야 하며, 계약의 목적을 수행하는 데에만 사용하여야 한다.

⑤ 방염업자는 방염처리내용의 변경에 따라 필요 없게 된 지급재료 또는 사용 완료된 대여품을 지체 없이 발주자에게 반환하여야 한다.

제8조 (방염처리기간의 연장) ① 발주자의 책임 있는 사유 또는 천재지변, 불가항력의 사태 등 방염업자의 책임이 아닌 사유로 방염처리기간이 지연되는 경우에 방염업자는 방염처리기간의 연장을 발주자에게 요구할 수 있다.

② 발주자는 제1항의 요구에 대하여 즉시 그 사실을 조사·확인하고 방염처리가 적절히 이행될 수 있도록 계약기간의 연장 등 필요한 조치를 하여야 한다.

③ 제2항에 따라 방염처리기간이 연장되는 경우에는 이에 따르는 추가경비는 발주자와 방염업자 간의 합의에 따라 조정한다.

④ 발주자는 제1항에 따라 방염처리기간의 연장을 승인하였을 경우에는 연장기간에 대하여 지체상금을 부과하여서는 아니 된다.

제9조 (불가항력에 따른 손해) ① 방염업자는 천재지변 기타 불가항력에 따른 손해가 발생한 경우에는 즉시 그 사실을 발주자에게 통보하여야 한다.

② 발주자가 제1항에 따라 통지를 받은 경우에는 즉시 그 사실을 조사, 확인하고 그 손해의 보전에 관하여 방염업자와 협의하여야 한다.

③ 제2항에 따른 합의가 성립되지 않은 경우에는 제18조에 따른다.

제10조 (계약내용의 변동에 따른 계약금액의 조정) 계약내용의 변경으로 계약금액을 조정하여야 할 필요가 있는 경우에는 그 변경된 내용에 대한 실비를 기준으로 발주자와 방염업자 간의 합의에 따라 조정한다.

제11조 (방염성능의 검사) ① 방염업자는 방염처리를 완료한 경우에는 발주자에게 통지하고, 「소방시설 설치·유지 및 안전관리에 관한 법률」 제13조에 따라 소방본부장 또는 소방서장에게

방염성능검사를 받아야 한다.

② 방염업자는 소방본부장 또는 소방서장에게 제출된 시료가 방염성능검사에 합격하지 못한 경우에는 지체 없이 이를 보완하여 다시 방염성능검사를 신청하여야 한다.

③ 방염업자가 제1항에 따라 발급된 방염성능검사 합격표시의 인수를 요청하면 발주자는 즉시 이를 인수하여야 한다. 이 경우 공사목적물이 인도되어 계약이행이 완료된 것으로 본다.

제12조 (대금지급) ① 방염업자는 제11조에 따라 발주자가 방염성능검사 합격표시를 인수하면 즉시 방염처리현장을 정리하고 방염처리대금의 지급을 발주자에게 청구할 수 있다.

② 발주자는 특약이 없는 한 공사목적물을 인도받음과 동시에 방염처리대금을 방염업자에게 지급하여야 한다.

③ 발주자가 방염처리대금을 어음으로 지급하는 경우에는 다음 각 호의 어느 하나에 해당하는 금융기관에서 어음 할인이 가능한 어음이어야 한다. 이 경우 발주자는 어음 만기일까지의 할인료를 방염업자에게 어음을 교부하는 날에 지급하여야 한다.

1. 「은행법」에 따른 은행
2. 「한국산업은행법」에 따른 한국산업은행
3. 「중소기업은행법」에 따른 중소기업은행
4. 「한국수출입은행법」에 따른 한국수출입은행
5. 「농업협동조합법」에 따른 농업협동조합중앙회 및 농협은행
6. 「수산업협동조합법」에 따른 수산업협동조합중앙회
7. 「보험업법」에 따른 보험회사
8. 「자본시장과 금융투자업에 관한 법률」에 따른 금융투자업자(겸영금융투자업자는 제외한다), 증권금융회사, 종합금융회사 및 자금중개회사
9. 「금융지주회사법」에 따른 금융지주회사
10. 「여신전문금융업법」에 따른 여신전문금융회사
11. 「상호저축은행법」에 따른 상호저축은행 및 그 중앙회
12. 「산림조합법」에 따른 산림조합중앙회
13. 「새마을금고법」에 따른 새마을금고연합회
14. 「신용협동조합법」에 따른 신용협동조합중앙회
15. 제1호부터 제14호까지의 기관에 준하는 외국 금융기관

④ 발주자가 방염처리대금을 지급기한내에 지급하지 못하는 경우에는 그 미지급금액에 대하여 지급기한의 다음날부터 지급하는 날까지의 일수에 계약서에서 정한 대가지급 지연이자율(시중은행의 일반대출시 적용되는 연체이자율 수준을 감안하여 상향 적용할 수 있다)을 적용하여 산출한 이자를 가산하여 지급하여야 한다.

제13조 (지체상금) ① 방염업자는 완공기한 내에 방염처리를 완성하지 아니한 경우에는 매 지체일수마다 계약서에 따른 지체상금율을 계약금액에 곱하여 산출한 금액(이하 "지체상금"이라 한다)을 발주자에게 납부하여야 한다. 다만, 천재지변, 전쟁, 항만봉쇄, 전염병 방역을 위한 출입제한, 기타 방염업자의 책임으로 돌릴 수 없는 사유로 지체된 경우에는 그 해당일수에 상당하는 지체상금을 지급하지 아니하여도 된다.

② 발주자는 방염업자에게 지급하여야 할 방염처리대금에서 지체상금을 공제할 수 있다.

제14조 (계약의 해제 또는 해지) ① 발주자는 다음 각 호의 어느 하나에 해당하는 경우에는 계약의 전부 또는 일부를 해제 또는 해지할 수 있다.

1. 방염업자가 특별시장·광역시장·특별자치시장·도지사 또는 특별자치도지사에게 등록취소 처분 또는 영업정지 처분 등을 받아 계약이행이 불가능한 경우
2. 방염업자가 금융기관의 거래정지 처분, 어음 또는 수표의 부도, 제3자에 따른 가처분·강제집행·파산선고 또는 회사정리 신청 등으로 계약이행이 어려운 경우
3. 방염업자가 발주자의 승낙 없이 계약상의 권리 또는 의무를 이행하지 않거나 양도한 경우
4. 사망, 실종, 질병 및 그 밖의 사유로 계약이행이 불가능한 경우

② 방염업자는 다음 각 호의 어느 하나에 해당하는 경우에는 계약의 전부 또는 일부를 해제 또는 해지할 수 있다.

1. 발주자가 방염업자의 업무를 방해하거나 그 대가의 지불을 지연시켜 방염업자의 업무가 중단되고 이를 재개할 수 없다고 판단된 경우
2. 발주자가 정당한 이유 없이 계약내용을 이행하지 아니함으로써 방염처리의 적정이행이 불가능하다고 명백히 인정되는 경우
3. 사망, 실종, 질병 및 그 밖의 사유로 계약이행이 불가능한 경우

③ 제1항 및 제2항에 따라 계약을 해제 또는 해지하고자 하는 경우에는 그 뜻을 미리 상대방에게 14일 전까지 통지하여야 한다.

④ 제1항 및 제2항에 따른 계약의 해제 또는 해지는 상대방에게 서면으로 계약의 이행기한을 정하여 통보한 후 기한 내에 이행되지 아니한 경우 계약의 해제 또는 해지를 상대방에게 통지함으로써 효력이 발생한다.

⑤ 천재지변 등 부득이한 사유로 계약이행이 곤란하게 된 경우에는 상대방과 협의하여 계약을 해제 또는 해지할 수 있다.

제15조 (손해배상 등) 제14조에 따라 계약의 해제 또는 해지된 경우 발주자와 방염업자는 지체 없이 기성부분의 방염처리금액을 정산하여야 한다. 이 경우 손해가 발생하였을 때에는 상대방에게 손해배상을 청구 할 수 있다.

제16조 (보증인) 이 계약에 보증인을 세우는 경우에 보증인은 발주자와 방염업자 간의 계약 불이행에 따른 손해에 대하여 연대하여 책임을 진다.

제17조 (관리의무의 양도) 이 계약에 따라 발생하는 권리 또는 의무는 제3자에게 양도하거나 위임할 수 없다. 다만, 상대방의 서면승낙과 보증인의 동의를 얻었을 경우에는 그러하지 아니하다.

제18조 (분쟁조정) ① 이 계약과 관련하여 업무상 분쟁이 발생한 경우에는 관계기관의 유권해석이나 관례에 따라 발주자와 방염업자가 협의하여 정하여야 한다.

② 발주자와 방염업자가 협의하여 정하지 못한 경우에는 「중재법」에 따른 중재기관에 중재를 신청할 수 있다.

제19조 (특약사항) 이 계약에서 정하는 사항 외에 발주자와 방염업자는 특약사항을 정할 수 있다.

[서식 187] 설비공사도급계약서

설 비 공 사 도 급 계 약 서

본 계약서에 관하여 도급인 ○○○(이하 "갑"이라 한다)와(과)수급인 △△△ (이하 "을"이라 한다)은(는) 아래와 같이 계약을 체결한다.

-공 사 개 요-

1) 계약명칭 :
2) 계약수량 :
3) 계약금액 : 금 ______________원(₩______________)
4) 계약기간 : ______________ 부터 ______________ 까지
5) 보증기간 :
6) 계약이행보증금 :
7) 지급보증 :
8) 하자보증 :
9) 대금지급방법 :

제 1 조 (목적) 본 계약은 __________________공사에 관한 갑과 을의 권리 및 의무를 정함을 그 목적으로 한다.

제 2 조 (공사의 착수) "을"은 계약 체결일로부터_____일 이내에 착공하여야 하며, 착공(착수)전에 착공(착수)계, 현장대리인신고서를 "갑"에게 제출하여야 한다.

제 3 조 (현장대리인) "을"은 현장대리인을 선임하고 이를 미리 "갑"에게 서면통지 하여야 하며 현장대리인은 공사 현장에 상주하여 "을"을 대리하여 일체의 사항을 처리한다.

제 4 조 (지시서 및 도면) 본 공사 및 제작에 있어서 필요한 기타 세부사항은 지시서, 도면 등 별지에 명시하고 도면 및 시방서에 명시되지 않은 사항은 "갑", "을"이 협의하여 결정하고 필요한 사항과 경미한 것은 "갑"의 지시에 따른다.

제 5 조 (안전관리) ① "을"은 "을"의 종업원에게 작업성격을 파악하여 안전교육을 시켜야 하며 안전관리 규정 및 안전수칙을 준수하여야 한다.
② "을" 또는 "을"의 위임을 받은 자는 "을"의 작업원의 일체의 작업에 대해 관리감독을 해야 하며 안전관리 책임을 진다.
③ "을"은 "을"의 작업원에게 안전상의 위해 위험이 있다고 판단될 시는 즉시 "갑"의 안전관리자 및 관계자와 협의하여 조치를 취해야 한다.

제 6 조 (권리·의무의 양도 및 재하도급 금지) "을"은 이 계약의 일부 또는 전부를 "갑"의 승인 없이는 제3자에게 양도 또는 하도급 시킬 수 없다. "갑"의 승인하에 하도급을 주었을 경우에도 이에 따른 제반사항은 "을"이 책임진다.

제 7 조 (화재보상) ① "을"은 이 계약에 관련되는 설비 및 자재 등을 "갑"으로부터 인수 후 천재지변 등 불가항력을 제외한 파손, 멸실, 망실, 도난, 또는 훼손 되었을 경우 "을"의 부담으로 하며 "갑"의 선택에 따른 대체품을 충당하거나, "갑"이 인정하는 대가를 지체 없이 변상하여야 한다.

② "을"은 이 계약에 관련되는 계약기간 및 하자보증 기간 중 "을"의 귀책사유로 야기되는 "갑"과 "을"의 종업원 또는 제3의 생명, 신체, 재산에 관한 상해 또는 피해에 대하여 민형사상 일체의 책임을 부담하여야 하며 "갑"에 대하여 청구가 있을 때에도 "을"의 부담으로 지체 없이 처리한다.

제 8 조 (보험가입) "을"은 계약체결 즉시 산업재해 보상보험 또는 "갑"이 요구하는 보험에 가입하고 산업재해 발생시 "을"에 대한 "갑"의 구상권 행사를 위하여 "갑"이 요구하는 담보를 제공하여야 한다. 만일, 정당한 사유 없이 보험가입 및 보험제공을 지체할 경우 "갑"은 이 계약을 해제할 수 있다.

제 9 조 (공사의 완공) ① 공사를 완성하였을 때에는 "을"은 모든 설비, "을"에 속한 일체의 가설물, 폐기물 등을 즉시 철거 반출하여 원상회복 하여야 한다.

② "을"은 공사를 완성하였을 때에는 "갑"의 검사를 받아야 한다. 일부가 완성돼 "갑"이 이의 인도를 요구할 때에도 또한 같다.

③ 검사를 합격하지 못했을 때에는 지체 없이 이를 보수 또한 개조하여 다시 "갑"의 검사를 받아야 한다.

제10조 (인도 및 인수거절) ① "을"은 최종적으로 설치 완료한 장소에서 "갑"의 입회하에 "을"이 시운전을 필한 후 "갑"이 만족하다고 판단할 때 인도하여야 한다.

② "갑"은 "갑"이 요구한 사항이 미비 되었거나 성능 보장이 어렵다고 판단될 때에는 인수를 거부할 수 있다.

제11조 (하자보수) ① "갑"은 본 공사 완료 후 사용도중 하자보증 기간 내에 발생한 하자에 대해 즉시 "을"에게 통보하여야 하며, "을"은 지체 없이 하자보수에 임하여야 한다.

② "을"이 정당한 사유 없이 하자보수에 불응할 경우 "갑"은 "을"이 예치한 은행도 약속어음을 행사할 수 있으며 제3자에게 시공 시킬 수 있다.

③ "을"은 하자보증을 위해 은행도 어음 또는 하자이행보증보험증서 등을 제출하여야 한다.

제12조 (인허가 및 이행비용) "을"은 시공 및 시공완료 후에도 "갑"이 사용함에 있어서 해당관계법규 및 기준에 적합하게 사용할 수 있도록 인허가에 따른 제반의 설치를 하여야 한다.

제13조 (대금지급) ① "갑"은 목적물 인수일로부터 30일 이내의 기한으로 정한 지급기일까지 "을"에게 대금을 지급하여야 한다.

② "갑"이 상수급인으로부터 준공금을 받은 때에는 하도급 대금을, 기성금을 받은 때에는 을이 시공한 분에 상당한 금액을 그 지급받은 날로부터15일 이내(어음지급시 지급일 기준

으로 한다)에 "을"에게 지급하여야 한다. 단, 어음으로 지급하는 경우에는 금융기관에서 할인이 가능한 것이어야 하며 할인료를 "을"에게 지급하여야 한다.

③ "갑"은 공사의 진척에 따라 기성금을 지급할 수 있으며 "을"의 기성금 청구에 따라 "갑"의 검사 후 이상 없음이 확인될 때15일 이내에 공사금액을 지급하기로 한다.

제14조 (지체상금) ① "을"이 계약서에서 정한 준공기한 내에 공사를 완성하지 못하였을 때에는 계약금액에 계약서에서 정한 지체상금률과 지체일수를 곱한 금액(이하 '지체상금')을 "갑"에게 현금으로 납부한다.

② 제1항의 경우 기성부분에 대하여 검사를 거쳐 이를 인수한 때에는 그 부분에 상당하는 금액을 계약금액에서 공제한 금액을 기준으로 지체상금을 계산한다. 이 경우 기성부분의 인수는 성질상 분할할 수 있는 공사의 완성부분으로서 인수하는 것에 한한다.

③ 다음 각호의1에 해당되는 사유로 공사가 지체되었다고 인정될 때에는 그 해당일수에 상당한 일수를 지체일수에 산입하지 아니한다.

1. 태풍, 홍수, 기타 악천후, 전쟁 또는 사변, 지진, 화재, 폭동, 항만봉쇄, 방역 및 보안상 출입제한 등으로 인한 경우
2. "갑"이 지급키로 한 지급재료의 공급이 지연되어 공사진행이 불가능하였을 경우
3. "갑"의 귀책사유로 인하여 착공이 지연되거나 시공이 중단된 경우
4. 기타 "을"의 책임에 속하지 아니하는 사유로 인하여 지체된 경우

④ "갑"은 제1항의 지체상금을 을에게 지급하여야 할 공사비 또는 기타 예치금에서 공제할 수 있다.

제15조 (상계) "을"이 "갑"에게 지급하여야 할 지체상금, 손해배상금, 기타 일체의 채무는 "갑"이 "을"에게 지급할 계약금액, 공사대금 채무 등과 대등한 금액의 범위 내에서 상계할 수 있으며, 이 경우 각자의 채권은 상계적상(상계할 수 있는 상태)에 있어야 상계가 가능하다.

제16조 (계약해제 또는 해지) ① "갑" 또는 "을"은 다음 각호의1에 해당하는 사유가 있을 경우 서면으로 계약의 이행을 정하여 최고한 후 동 기간 내에 계약이 이행되지 아니한 때에는 당해 계약의 전부 또는 일부를 해제 또는 해지 할 수 있다.

1. "갑" 또는 "을"이 계약조건에 위반하여 그 위반으로 인하여 계약의 목적을 달성할 수 없다고 인정될 때
2. 부도 또는 도산 등 "을"의 귀책사유로 공기 내에 공사를 완성할 수 없는 것이 명백히 인정될 때
3. "갑"이 정당한 이유없이 계약내용을 이행하지 아니하고 그 위반으로 공사를 완성하는 것이 불가능한 때
4. "을"이 정당한 이유없이 약정한 착공기간을 경과하고도 공사에 착공하지 아니한 때
5. "갑"이 공사내용을 변경함으로써 계약금액이 당초의40/100 이상 감소하거나 공사의 정지 또는 중단기간이 전체공사 기간의50/100 이상인 때

② 계약이 해제 또는 해지 된 경우 "을"은 기성부분 검사를 필한 부분에 대한 하자보수보증금을 제11조의 규정에 의거 "갑"에게 납부한다.

③ "을"은 제2항의 하자보수보증금을 현금으로 납부한 경우 공사 준공검사후 하자보수보증서로 대체할 수 있다.

④ "갑"이 제1항 각호의 사유로 계약을 해제 또는 해지한 경우 "을"은 다음 각호의 사항을 이행한다.

1. 해약통지서를 받은 부분에 대한 공사를 지체 없이 중지하고 모든 공사관련시설 및 장비 등을 공사현장으로부터 철거한다.
2. 대여품이 있을 때에는 지체 없이 "갑"에게 반환한다. 이 경우 당해 대여품이 "을"의 고의 또는 과실로 인하여 멸실 또는 파손되었을 때에는 원상회복 또는 그 손해를 배상한다.

⑤ "을"은 제1항에 의한 계약의 해제 또는 해지로 손해가 발생한 때에는 "갑"에게 손해배상을 청구할 수 있다.

제17조 (분쟁의 해결) 본 계약과 관련하여 분쟁이 발생한 경우 당사자의 상호 협의에 의한 해결을 모색하되, 분쟁에 관한 합의가 이루어지지 아니한 경우에는 (　　　　)을 합의관할로 하여 소송을 통해 분쟁을 해결하기로 한다.

본 계약의 체결사실 및 계약내용을 증명하기 위하여 본 계약서를2통 작성하여 계약 당사자가 각(전자)서명 또는 날인한 후 각1통씩 보관한다.

20○○년　○월　○일

도급인("갑")

주　소:

상　호:

성　명:　　　　　　　　　　(인)

수급인("을")

주　소:

상　호:

성　명:　　　　　　　　　　(인)

[서식 188] 표준계약서(국제기술용역)

국제기술용역 표준계약서

아래의 계약은 20○○년 ○월 ○일 다음 당사자에 의하여

용역위탁자 : 한국국제협력단 (이하 "협력단"이라 한다)

용역수행자 : 계약상대자명 (이하 "계약상대자"라 한다)

* "계약상대자"는 계약당사자적격이 있는 국가의 사업자로서 20○○년 ○월 ○일 공고된 경쟁입찰의 결과 낙찰자로 지정된 자임

협력단이 수행하는 아래 사업에 대하여 계약상대자가 용역명 용역을 수행하는 데 필요한 제반 사항을 정하기 위하여 신의와 성실의 원칙에 입각하여 다음과 같이 계약을 체결하고,

계약명 : 용역명 용역 계약

- 용역수행계획서는 별첨
- 수원국(사업장) 및 프로젝트(사업)명 : 수원국명(사업장명)/프로젝트명

계약금액 : 계약금액(아라비아숫자)원(일금가나다원정)

계약기간 : YYYY.MM.DD ~ YYYY.MM.DD

용역수행기간

- A과업 : YYYY.MM.DD ~ YYYY.MM.DD
- B과정 : YYYY.MM.DD ~ YYYY.MM.DD

아래의 일반조건과 특수조건에 따르기로 합의하였다.

본 계약의 성립을 증거하기 위하여 계약서 2부를 작성하여 당사자의 대표가 기명날인 또는 서명한 후 각각 1부씩 보관한다.

한국국제협력단	계약상대자 업체(기관)명
성명 계약관 성명	성명 계약상대자 대표명
직책 계약관	직책 직책명 기재
주소 경기도 ○○시 ○○구 ○○	주소 주소 기재

국제기술용역계약 일반조건

제1장 총 칙

제 1 조 (목적) 본 계약은 계약당사자간에 이행하여야 할 용역에 관한 계약조건을 정함을 목적으로 하며, 계약당사자는 본 계약에서 정한 계약문서에 따라 신의와 성실의 원칙에 입각하여 계약을 이행하여야 한다.

제2장 일반 용역계약조건(공통)

제 2 조 (정의) 본 계약에서 사용하는 용어의 정의는 다음 각 호와 같다.

1. "계약상대자"란 협력단과 용역계약을 체결한 자연인 또는 법인을 말하며, 계약상대자는 협력단과 독립적인 지위의 계약자로서의 지위를 가진다. 계약상대자 소속의 인력이나 하도급자는 어떠한 경우에도 협력단의 고용인이나 지사로서의 지위를 가지지 아니한다.
2. "계약금액"이란 본 계약의 표지에 기재되어 있는 금액을 말한다.
3. "기술용역"이란 전문가파견, 국내초청연수, 물자조달, 타당성조사, 각종 설계·개발방안 및 정책개발 등의 형태로 수원국에 제공하는 기술자문 및 관련사업의 수행을 의미한다.
4. "날(day)"이란 역법상의 날을 말하며, 기간계산에 있어서 만기가 토요일이나 일요일, 공휴일인 경우에는 만기를 그 다음 영업일로 한다.
5. "불가항력(Force Majeure)"이란 천재지변, 전쟁, 내란, 폭동, 화재 등 당사자가 본 계약체결 당시에 예측할 수 없었던, 그 외 통제범위를 벗어난 사유로 인하여 본 계약의 목적을 달성할 수 없는 경우를 말한다.
6. "사업계획"이란 한국국제협력단법에 의하여 협력대상국의 경제, 사회발전 및 복지향상에의 기여 등 특정 개발목적의 달성을 위하여 지원하는 사업에 대한 협력단의 계획을 의미한다.
7. 그 밖의 용어는 이 조건에서 따로 정하는 경우를 제외하고는 대외무상협력사업에 관한 조달 및 계약규정, 동 시행세칙, 협력단 회계규정 및 동 시행세칙(이하 각각 "조달 및 계약규정", "조달 및 계약규정 시행세칙", "회계규정", "회계규정 시행세칙"이라 한다) 및 국제용역입찰유의서(이하 "유의서"라 한다)에 정하는 바에 의한다.

제 3 조 (계약문서)

① 계약문서는 과업지시서, 제안요청서, 계약서, 일반조건, 특수조건, 용역수행계획서, 계약금액내역서로 구성된다.

② 협력단은 일반조건 외에 해당 계약의 적정한 이행을 위하여 필요한 경우 용역계약특수조건을 정하여 계약을 체결할 수 있으며, 이 경우 특수조건이 일반조건에 우선한다.

③ 이 조건에서 정하는 바에 의하여 계약당사자간에 행한 통지문서 등은 계약문서로서의 효력을 가진다.

제 4 조 (통지 등)

① 계약상대자는 계약일정, 원가, 품질 등에 중대한 영향을 미칠 수 있는 사안에 대해 일방

적인 결정을 하여서는 안 되며, 반드시 협력단에 서면으로 보고하고, 협력단과 협의 후 결정하여야 한다.

② 제1항을 포함하여 본 건 계약과 관련된 통지방법은 직접 전달, 우편 또는 특송 서비스, 협력단의 전자조달시스템, 수신확인이 가능한 이메일 또는 팩스에 의하며, 각 당사자의 담당자 및 연락처는 서면에 기재하여 교환하기로 한다.

제 5 조 (사용언어)

① 계약문서에 사용하는 언어는 한국어 또는 영어를 원칙으로 한다. 다만, 필요한 경우 기타 외국어를 병행하여 사용할 수 있다.

② 제1항 단서에 따라 외국어와 한국어를 병행하여 사용한 경우에, 외국어로 기재된 사항이 한국어와 상이한 경우에는 한국어로 기재한 사항이 우선한다. 단, 영어와 기타 외국어를 병행하여 사용한 경우에는 영어로 기재한 사항이 우선한다.

제 6 조 (용역범위 및 내용)

① 계약상대자의 용역업무 범위는 제3조의 계약문서상에 명시된 내용을 기준으로 한다.

② 협력단은 계약의 목적상 필요한 경우 계약문서에 추가하여 용역을 지시 또는 승인할 수 있다.

제 7 조 (계약보증금, 선금보증, 하자보수보증금 등)

① 계약을 체결하고자 하는 자는 계약체결일까지 계약금액의 100분의 20 이상을 계약이행보증금으로서, 조달 및 계약규정 제26조에 정한 바에 따라 조달 및 계약규정 시행세칙 제26조 제1항, 제50조 제1항 및 제2항에 규정된 현금 또는 보증서 등의 방법으로 납부하여야 한다.

② 계약을 체결하려고 하는 자가 조달 및 계약규정 제36조 및 시행세칙 제50조 제3항에 의하여 계약보증금의 전부 또는 일부의 납부를 면제받은 경우에는 제8조 제1항에 의하여 협력단 귀속사유가 발생할 때에 계약보증금에 해당하는 금액을 현금으로 납입할 것을 보장하기 위하여 그 지급을 확약하는 내용의 문서(이하 "계약보증금 지급보증확약각서"라 한다)를 제출하여야 한다.

③ 계약보증기간은 계약 개시일로부터 계약기간 종료 후 60일 이상으로 한다.

④ 계약상대자는 이 조건에 의하여 계약금액이 증액된 경우에 이에 상응하는 금액의 계약보증금을 제1항 및 제2항에 따라 추가로 납부하여야 하며, 계약금액이 감액된 경우 협력단은 이에 상응하는 금액의 계약보증금을 반환해야 한다.

⑤ 협력단이 계약상대자의 용역수행과 관련하여 선금을 지급하는 경우에는 계약상대자는 협력단의 선금지급기준 제3조 및 조달 및 계약규정 시행세칙 제26조 제1항에 따라 선금환급보증서를 제출하여야 한다.

⑥ 계약상대자는 하자보수가 필요한 용역의 경우 용역완료일까지 계약금액(당초 계약금액이 조정된 경우에는 조정된 계약금액을 말한다)의 100분의 3 이상을 하자보수보증금(이하 "하자보수보증금"이라 한다)으로서, 조달 및 계약규정 시행세칙 제26조 제1항에 정한 현금 또는 보증서 등의 방법으로 납부하여야 한다.

⑦ 하자보수보증기간은 용역 완료일로부터 본 계약서 제33조에서 정의하는 하자담보책임기간 종료 후 60일 이상으로 한다.

⑧ 계약상대자의 책임 없는 사유로 기간이 연장되어 당초 제출한 계약보증서·선금보증서등

의 보증기간을 연장함에 따라 소요되는 추가비용은 계약상대자로부터 제출받은 보증수수료의 영수증 등 객관적인 자료에 의하여 확인된 금액을 기준으로 금액을 산출하여, 그 변경된 내용에 따라 실비를 초과하지 아니하는 범위 내에서 지급한다.

제8조 (보증금 반환 및 귀속)

① 협력단은 계약상대자가 정당한 이유 없이 계약상의 의무를 이행하지 아니한 때에는 계약보증금을 귀속하고 당해 계약을 해제 또는 해지할 수 있다. 계약보증금 지급보증확약각서를 제출한 경우로서 계약보증금의 귀속사유가 발생하여 협력단의 납입요청이 있을 때에는 계약상대자는 당해 계약보증금을 지체 없이 현금으로 납부하여야 한다.

② 협력단은 협력단 「선금지급기준」 제6조에 정한 선금반환청구 사유가 발생할 시 반환을 청구하여야 한다.

③ 협력단은 계약보증금 및 하자보수보증금의 보증목적이 달성되어 계약상대자가 보증금의 반환을 요청할 때에는 해당 보증금을 계약상대자에게 반환한다.

제9조 (계약금액의 집행) 계약금액은 용역수행계획서 및 계약금액내역서에 따라서 협력단 "기술용역사업 용역비 집행 및 정산기준"에 의거하며, 동 기준에 정해지지 않은 항목의 집행은 계약문서에서 정한 바에 의한다.

제10조 (협력단 사업계획의 변경)

① 협력단은 수원국 또는 국제기구의 요청이 있는 경우 및 그 외 사업의 목적상 필요하다고 인정되는 경우 사업계획을 변경할 수 있다. 이에 따라 사업계획이 변경된 경우에는 계약상대자와 협의하여 필요한 조치를 취할 수 있으며, 계약금액내역서 및 용역수행계획서의 변경이 필요한 경우에는 이를 계약상대자에게 통지하여야 한다.

② 계약상대자는 이 계약체결 후 다음 각 호의 사유가 계약기간 내 발생한 경우에는 지체없이 협력단에게 그 내용을 서면으로 통보하여야 한다.

1. 본 사업의 중간평가결과, 사업의 효율성 제고를 위해 사업계획 변경이 필요하다고 판단할 경우
2. 양국정부의 특수한 정치적인 여건 변화와 사회적인 장애사항 발생
3. 기타 본 사업의 수행에 상당한 영향을 미치는 내·외부적 상황의 발생 등

③ 제2항의 통보가 있을 때 협력단은 이를 조사하여 본 사업의 기간을 가감하거나 본 사업을 중단 하는 등 사업계획을 변경시킬 필요가 있다고 판단할 때에는 계약상대자와 협의하여 필요한 조치를 취할 수 있다.

④ 계약상대자는 제2항 각 호의 사유로 용역수행계획서 및 계약금액내역서를 변경하고자 하는 경우, 사유발생일로부터 15일 이내에 구체적인 사유와 내역을 첨부하여 협력단에 요청하여야 한다.

⑤ 협력단은 제4항의 요청을 받은 경우 이를 조사·확인하고 그에 대한 승인 여부를 계약상대자에게 통지하여야 한다.

⑥ 계약상대자가 제2항의 보고를 지연하였다고 인정되는 경우 협력단에 제4항의 계약금액내역서 변경 요청을 할 수 없다.

⑦ 사업계획의 변경으로 인한 용역 정지기간 중 협력단의 요청에 의하여 계약상대자가 인력을 투입하는 경우 발생하는 비용은 실비범위 내에서 지급한다.

제11조 (계약상대자가 수행하는 과업내용의 변경)

① 협력단은 계약의 목적상 필요하다고 인정될 경우에는 다음 각호의 과업내용을 계약상대자에게 지시할 수 있다.

1. 추가업무 및 특별업무의 수행
2. 용역공정계획의 변경
3. 특정용역항목의 삭제 또는 감소

② 제1항에 의한 과업내용의 변경은 그 변경이 필요한 부분의 이행 전에 완료하여야 한다. 다만, 협력단은 계약이행의 지연으로 품질저하가 우려되는 등 긴급하게 용역을 수행하여야 할 필요가 있는 때에는 계약상대자와 협의하여 그 변경시기 등을 명확히 정하고, 과업내용의 변경을 완료하기 전에 우선 과업내용을 이행하게 할 수 있다.

③ 계약상대자는 계약의 기본방침에 대한 변동없이 용역수행계획서상의 용역항목을 변경하는 것이 협력단에 유리하다고 판단될 경우에는 제1항 각호에 해당하는 제안을 할 수 있다. 이 경우 협력단은 제안요청을 받은 날부터 14일 이내에 그에 대한 승인여부를 계약상대자에게 통지하여야 한다.

④ 제1항 및 제3항에 의하여 협력단이 계약상대자가 수행하는 과업내용의 변경을 지시하거나 승인한 경우의 계약금액 조정은 회계규정 시행세칙 제121조 제1항 내지 제6항을 준용한다.

제12조 (인원투입계획의 변경)

① 계약상대자는 용역수행계획서에 의거 인력을 투입, 운용하되, 용역수행과정에서 발생한 불가피한 사유로 용역수행계획서상의 인원투입계획을 변경하고자 하는 경우, 구체적인 사유와 내역을 첨부하여 협력단에 인원투입계획의 조정을 요청하여야 하며, 협력단은 이를 조사·확인하고 그에 대한 승인 여부를 통지하여야 한다.

② 계약상대자는 인력교체 10일전까지 협력단의 사전승인을 얻어야 하며, 인력교체로 인해 본 용역수행에 차질이 없도록 최선을 다하여야 한다.

③ 계약상대자는 협력단의 요청 또는 동의가 없는 한 용역수행계획서에 명시된 프로젝트 관리자를 용역수행기간 중 교체할 수 없다.

④ 제1항에 의하여 인원투입계획 변경 승인 시 제경비와 기술료는 당초 계약된 비율에 따라, 직접경비 중 항공료는 실비, 기타경비는 계약 시의 단가를 기준으로 체재기간에 비례하여 조정하는 것을 원칙으로 한다.

제13조 (기타 계약내용의 변경으로 인한 계약금액의 조정)

① 협력단과 계약상대자는 제10조 내지 제12조에 의한 경우 이외에 기타 계약내용의 변경으로 인하여 계약 금액을 조정할 필요가 있는 경우 변경된 내용에 따라 실비를 초과하지 않는 범위 내에서 이를 조정할 수 있다.

② 제1항에 의하여 계약금액을 조정하는 경우에 협력단은 계약상대자의 계약금액조정 청구를 받은 날부터 30일 이내에 계약금액을 조정하여야 한다. 이 경우 예산배정의 지연 등 불가피한 경우에는 계약상대자와 협의하여 그 조정기한을 연장할 수 있으며, 계약금액을 조정할 수 있는 예산이 없는 때에는 업무량 등을 조정하여 그 대가를 지급할 수 있다.

③ 협력단은 계약상대자의 계약금액조정 청구내용이 부당함을 발견한 때에는 지체없이 보완요구 등의 필요한 조치를 하여야 한다. 이 경우 계약상대자가 보완요구 등의 조치를 통보

받은 날부터 협력단이 그 보완을 완료한 사실을 통지받은 날까지의 기간은 제2항의 기간에 산입하지 아니한다.

④ 제2항에 의한 계약상대자의 계약금액조정 청구는 제21조에 의한 완료대가 수령 전까지 하여야 한다.

⑤ 제2항 내지 제4항은 제10조 내지 제12조에 따른 계약금액 조정의 경우에 준용한다.

제14조 (계약금액 장부 등의 보존)

① 계약상대자는 계약금액의 집행에 대하여 별도의 장부에 항목별로 정리하여 기록 유지하여야 하며, 정산 시 협력단에 제출하여야 한다.

② 계약상대자는 협력단이 본 사업과 관련된 장부 등에 대한 열람 또는 제출을 요청할 경우 이에 응하여야 한다.

제15조 (계약금액의 절감) 계약상대자는 본 사업이 정부의 원조사업임을 유념하여 계약금액을 최대한 절감하여 집행하도록 하고, 성공적인 용역수행과 기대효과의 제고로 양국 간의 실질적인 국제협력에 기여할 수 있도록 하여야 한다.

제16조 (지체상금)

① 계약상대자가 계약문서에 정한 기간 내에 기성분을 완료하지 아니한 때에는 매 지체일수마다 계약금액의 1,000분의 2.5에 해당하는 지체상금을 협력단에 현금으로 납부하여야 한다. 단, 계약잔금이 존재하는 경우에는 잔금 지급 시 해당 지체상금을 공제하고 지급받는 방법을 택할 수 있다.

② 협력단은 다음 각 호에 해당되어 용역수행이 지체되었다고 인정할 때에는 그 해당일수를 제1항의 지체일수에 산입하지 아니한다.

1. 천재지변 등 불가항력적인 사유에 의한 경우
2. 협력단의 서면요청에 의해 사업 착수가 지연되거나 사업이 중단된 경우
3. 기타 계약상대자의 책임에 속하지 않는 사유로 인하여 지체된 경우

③ 계약상대자는 제2항의 지체사유가 발생한 경우 지체없이 협력단에 통지하여 위 사유에 대한 승인을 받아야 하며 위 통지를 이행하지 않거나 지연한 경우 협력단은 제1항에 의거하여 지체상금을 부과한다.

④ 제1항의 경우, 기성부분 또는 기납부분은 검사를 거쳐 인수한 때에는 그 부분에 상당하는 금액을 계약금액에서 공제한 금액을 기준으로 지체상금을 계산하여야 한다. 이 경우 기성부분 또는 기납부분의 인수는 성질상 분할할 수 있는 공사·물품 또는 용역에 대한 완성부분으로서 인수하는 것에 한정한다.

⑤ 공사, 기술용역, 물품의 제조 및 구매 등이 혼합된 계약의 경우, 지체가 발생한 부문의 계약금액에 아래 각 호에 해당하는 요율 및 지체일수를 곱하여 산출한다. 단, 소프트웨어용역사업의 경우 제51조에 정한 바에 의한다.

1. 공사: 계약금액의 1000분의 1
2. 물자의 제조 및 구매: 물자대금의 1000분의 1.5
3. 기술용역 및 기타: 계약금액의 1000분의 2.5

제17조 (계약기간의 연장)

① 계약상대자는 제16조 제2항 각 호의 사유가 계약기간 내에 발생한 경우에는 계약기간

종료 전 지체 없이 협력단에게 서면으로 계약기간 연장을 신청하여야 한다.
② 협력단은 제1항의 신청을 접수한 즉시 사실을 조사·확인하고 당해 용역이 적절히 이행될 수 있도록 계약기간의 연장 조치를 할 수 있다.
③ 협력단은 제2항의 경우 동 연장기간에 대하여는 제16조 제1항의 지체상금을 부과하지 아니한다.
④ 제2항에 의거하여 계약기간을 연장한 경우에는 계약금액을 조정하지 아니한다.

제18조 (검사)

① 계약상대자는 용역수행계획(용역수행계획은 제3조의 용역수행계획서에 의한다)에 따라 기성분을 완료하였을 때에는 그 사실을 협력단에게 서면으로 통지하고 필요한 검사를 받아야 한다. 기성부분에 대하여 완성 전에 대가의 전부 또는 일부를 지급받고자 할 때에도 또한 같다.
② 협력단은 제1항의 통지를 받은 때에는 계약서 기타 관계서류에 의하여 통지를 받은 날부터 14일 이내에 그 이행을 확인하기 위한 검사를 하여야 한다. 다만, 천재·지변 등 불가항력적인 사유로 인하여 검사를 완료하지 못한 경우에는 당해 사유가 존속되는 기간과 당해 사유가 소멸된 날로부터 3일까지는 이를 연장할 수 있다.
③ 협력단은 제2항의 검사에 있어서 계약상대자의 계약이행내용의 전부 또는 일부가 계약에 위반되거나 부당함을 발견한 때에는 필요한 시정조치를 하여야 한다. 이 경우에는 계약상대자로부터 그 시정을 완료한 사실을 통지받은 날로부터 제2항의 기간을 계산한다.
④ 제3항에 의해 계약기간이 연장될 때에는 협력단은 제16조 제1항에 의한 지체상금을 부과하여야 한다.
⑤ 계약상대자는 제2항의 규정에 의하여 검사에 입회하여야 하는 경우에는 이에 따라야 한다. 계약상대자가 입회를 거부하거나 검사에 협력하지 아니함으로써 발생하는 지체에 대하여는 제3항 및 제4항의 규정을 준용한다.
⑥ 협력단은 검사를 완료한 때에는 그 결과를 서면으로 계약상대자에게 통지하여야 한다. 이 경우 계약상대자는 검사에 대한 이의가 있을 때에는 재검사를 요청할 수 있으며 협력단은 필요한 조치를 하여야 한다.

제19조 (인수)

① 협력단은 해당 용역의 특성상 계약목적물의 인수가 필요한 경우, 계약상대자가 서면으로 인수를 요청하였을 시 제18조의 규정에 의한 검사를 실시하여 용역의 완성을 확인한 후 즉시 당해 용역목적물을 인수하여야 한다.
② 협력단은 계약상대자가 제1항의 요청을 아니한 때에는 해당용역물의 인도를 요구할 수 있다. 이 경우 계약상대자는 지체없이 해당 목적물을 인도하여야 하며, 협력단은 제18조의 규정에 의한 검사를 실시하여 용역의 완성을 확인한다.

제20조 (기성부분의 인수)

① 협력단은 전체 계약목적물이 아닌 기성부분(성질상 분할할 수 있는 용역에 대한 완성부분에 한한다)에 대하여 이를 인수할 수 있다.
② 제1항의 경우에는 제19조를 준용한다.

제21조 (대가의 지급)

① 계약상대자는 제18조에 의한 검사에 합격한 때에는 대가지급청구서(하수급인에 대한 대금지급 계획을 첨부하여야 한다)를 제출하여 대가지급을 청구할 수 있다.

② 협력단은 제1항의 청구를 받은 때에는 그 청구를 접수한 날로부터 14일 이내에 이를 지급한다. 다만, 계약상대자와 합의에 의하여 14일을 초과하지 않는 범위 내에서 대가의 지급기간을 연장할 수 있다.

③ 협력단은 제2항에 따른 대가지급 시 제1항의 대금지급 계획상의 하수급인에게 대가지급 사실을 통보하고 대금 수령내역(수령자, 수령액, 수령일 등) 및 증빙서류를 제출하게 하여야 한다.

④ 천재·지변 등 불가항력의 사유로 인하여 대가를 지급할 수 없게 된 경우에는 해당 사유가 존속되는 기간과 해당 사유가 소멸된 날로부터 3일까지는 대가의 지급을 연장할 수 있다.

⑤ 협력단은 제1항의 청구를 받은 후 그 청구내용의 전부 또는 일부가 부당함을 발견한 때에는 그 사유를 명시하여 계약상대자에게 해당 청구서를 반송할 수 있다. 이 경우에는 반송할 날로부터 재청구를 받은 날까지의 기간은 제2항의 지급기간에 이를 산입하지 아니한다.

제21조의 2 (하도급대금 지급 확인)

① 계약상대자는 제21조에 따른 대가를 지급받은 경우 15일 이내에 하도급 대금을 하수급인에게 현금으로 지급하여야 하며, 하도급대금의 지급 내역(수령자, 지급액, 지급일 등)을 5일(공휴일 및 토요일은 제외한다) 이내에 협력단에 통보하여야 한다.

② 협력단은 제1항에 따른 대금지급내역을 제21조 제3항에 따라 하수급인으로부터 제출받은 대금 수령내역과 비교·확인한다.

제22조 (계약금액의 정산)

① 협력단은 제21조 제1항의 청구를 받은 경우, 협력단 "기술용역사업 용역비 집행 및 정산기준"에 따라 집행 및 정산하며, 동 기준에 정해지지 않은 기타 비용의 경우 계약문서에 정한 바에 따라 집행 및 정산한다.

② 협력단은 제1항에 따라 용역비용을 정산하되, 잔액이 있을 시 잔액을 가감하고, 초과집행분은 인정하지 아니한다.

③ 계약상대자는 용역비 정산 시 아래의 기준에 따른다.

1. 정산 시 기준환율은 분기별로 나누어 적용
2. 분기별 정산 기준환율은 협력단의 거래은행이 매월 15일자 고시하는 외국환 현찰 매도율을 적용
3. 기타 정산관련 사항은 협력단 관련 기준을 준용

④ 정산서는 개요, 정산내역, 증빙서류로 구성하되, 협력단은 추후 별도의 정산서 작성 양식을 요청할 수 있다.

⑤ 영수증 등 증빙서류는 식별 가능토록 첨부하여야 하며, 각 페이지 별로 정산금액이 정리되어야 한다.

제23조 (채권 양도 및 하도급금지)

① 계약상대자는 협력단의 사전 서면승인 없이 본 계약에 대하여 제3자에게 채권을 양도하

거나 담보로 제공할 수 없다.

② 계약상대자는 본 계약의 이행에 대하여 제3자에게 위임 또는 하도급을 줄 수 없으며, 부득이한 사유로 인하여 위임 또는 하도급이 불가피한 경우에는 협력단의 사전 서면승인을 얻어야 한다. 이 경우, 계약상대자는 하도급자를 선정하고 관리함에 있어 청렴하고 공정하게 선정하고 관리하여야 하며, 하도급 계약의 조건은 본 계약조건에 부합하여야 한다.

③ 하수급인은 하도급받은 용역을 다른 사람에게 다시 하도급할 수 없다.

제24조 (시정요구사항)

① 협력단은 계약상대자의 용역업무가 부실하게 수행되고 있다고 판단될 경우 시정지시를 할 수 있으며, 계약상대자는 협력단의 의견을 존중하고 즉시 필요한 개선조치를 취해야 한다.

② 협력단은 계약상대자의 인력이 업무를 태만히 하여 협력단의 업무추진에 지장을 초래하였다고 명백히 판단될 경우 해당 인원의 교체를 요구할 수 있으며, 계약상대자는 특별한 사유가 없는 한 이에 응하여야 하고, 인원의 교체로 인하여 용역업무수행에 지장이 발생하지 않도록 조치하여야 한다.

③ 계약상대자는 본 사업 수행을 원활히 하기 위하여 수원국 또는 그 인접국 주재 우리나라 공관(또는 협력단 사무소)과 긴밀한 협조관계를 유지하여야 한다.

④ 협력단은 필요한 경우 계약상대자에 대한 시정요구 권한의 전부 또는 일부를 수원국 또는 그 인접국 주재 협력단 사무소(또는 공관)에게 위임할 수 있으며, 이 경우에 계약상대자는 협력단 사무소장(또는 우리나라 공관장)의 시정요구에 따른다.

제25조 (진술 및 보장) 계약상대자는 특수조건에 달리 정하지 않는 한 다음 각 호의 사항을 진술하고 보장한다.

1. 계약적격 : 계약상대자는 본 계약의 당사자가 될 수 있는 국가의 관련 법령에 따라 적법하게 설립되었고, 사업을 충분히 수행할 수 있다.
2. 정부의 인허가 : 계약상대자는 본건 용역을 수행하는 데 관련된 국가의 인허가를 득하였다.
3. 절차상 의무 : 계약상대자는 본건 계약을 수행하기 위하여 협력단이 요구하는 적격심사, 전자조달, 청렴의무 등 절차에 관한 사항을 성실히 이행한다.
4. 보증 : 계약상대자는 공급된 용역의 품질을 보장하며 하자가 있을 시에는 협력단의 요구에 따라 새롭게 용역을 제공하거나 현금으로 반환한다.
5. 가격통제 : 계약상대자는 계약금액이 정상적인 시장가격을 넘지 않음을 보장한다.
6. 경비 : 계약상대자가 국외에서 경비를 지출하는 경우 그 금액은 계약금액에 포함되며, 협력단에 별도의 비용 지급을 요구할 수 없다.
7. 주권면제의 포기 : 본 계약에 관한 한 계약상대자가 수원국의 국영회사인 경우 주권면제를 포기한다.

제26조 (서약) 계약상대자는 특수조건에 달리 정하지 않는 한 그에 해당되는 범위에서 다음 각 호의 사항을 서약한다.

1. 허위·기망·부정한 방법 : 용역을 제공함에 있어서 허위·기망·부정한 방법을 사용하지 아니한다.

2. 하도급 : 협력단의 사전 서면동의가 없는 한 제3자에게 하도급을 하지 아니한다.
3. 권리의무의 양도 : 협력단의 사전 서면동의가 없는 한 계약상의 지위, 권리·의무를 제3자에게 양도하지 아니한다.
4. 조세공과 : 본 계약과 관련하여 국내외에서 발생하는 조세공과금은 계약상대자가 부담한다.
5. 보고의무 : 계약의 이행에 중대한 영향을 미칠 수 있는 사태의 발생은 협력단에 즉시 보고한다.

제27조 (채무불이행 및 손해배상)

① 계약상대자가 제25조, 제26조를 포함한 본 계약상의 의무 위반, 기타 협력단의 정당한 요구를 이행하지 않은 경우, 채무불이행 사유를 구성한다.
② 계약상대자가 제1항의 의무를 이행하지 못하여 협력단이 손해를 입은 경우에는 계약상대자는 협력단이 입은 손해를 배상하여야 하며, 특별손해는 계약상대자가 알았거나 알 수 있었던 경우 배상하여야 한다.

제28조 (보험 및 재해보상)

① 계약상대자는 본 계약의 이행을 위하여 투입되는 인력에 발생할 수 있는 사고에 대비하여 그의 비용으로 보험에 가입하여야 한다.
② 협력단은 필요하다고 인정되는 경우 계약의 목적물 등을 대상으로 하여 손해보험에 가입하거나, 당해 계약상대자로 하여금 손해보험에 가입하게 할 수 있다.
③ 계약상대자가 제1항과 제2항에 의하여 보험에 가입한 후 이를 입증하는 보험증권 사본을 협력단에 제출하여야 한다.
④ 계약상대자는 본 계약과 관련하여 발생하는 계약상대자 또는 계약상대자의 대리인, 종업원 및 고용원의 질병, 부상, 사망 등의 재해와 용역수행 과정에서 발생하는 일체의 분쟁에 대하여 전적으로 책임을 진다.

제29조 (불가항력에 의한 손실과 손해)

① 불가항력에 의해 발생한 손실 또는 피해는 계약상대자의 귀책사유로 보지 아니한다.
② 계약상대자는 불가항력에 의해 손실 또는 피해가 발생하였을 경우에는 지체없이 그 사실을 협력단에 통지하여야 하며 협력단은 즉시 그 사실을 조사하고 그 손해의 상황을 확인한 후 그 결과를 계약상대자에게 통지하여야 한다.

제30조 (계약상대자의 책임있는 사유로 인한 계약의 해제 또는 해지)

① 협력단은 계약상대자가 다음 각 호에 해당하는 경우에는 해당 계약의 전부 또는 일부를 해제 또는 해지할 수 있다. 다만, 3호의 경우 계약상대자의 계약이행 가능성이 있고 계약을 유지할 필요가 있다고 인정되는 경우로서 계약상대자가 계약이행이 완료되지 아니한 부분에 상당하는 계약보증금을 추가 납부하는 때에는 계약을 유지할 수 있다.

1. 정당한 이유없이 약정한 착수기일을 경과하고도 용역수행에 착수하지 아니할 경우
2. 계약상대자의 귀책사유로 인하여 용역수행기한까지 해당 용역을 완료하지 못하거나 완료할 가능성이 없다고 인정될 경우
3. 제16조 제1항의 지체상금이 해당 계약의 계약보증금 상당액에 달한 경우
4. 계약의 수행 중 뇌물수수 또는 정상적인 사업관리 및 계약관리를 방해하는 불법·부정행

위가 있는 경우
5. 입찰에 관한 서류 등을 허위 또는 부정한 방법으로 제출하여 계약이 체결된 경우
6. 계약상대자의 직원 및 고용인이 정당한 사유 없이 협력단이 당해 사업과 관련하여 요청한 정당한 요구를 이행하지 아니하거나 협력단의 직무수행을 방해 또는 부정행위를 한 경우
7. 계약상대자가 관할 행정기관으로부터 면허 또는 등록의 취소, 영업정지 등의 처분을 받은 경우
8. 기타 계약조건을 위반하고 그 위반으로 인하여 계약의 목적을 달성할 수 없다고 인정될 경우

② 협력단은 제1항에 의하여 계약을 해제 또는 해지한 경우 그 사실을 계약상대자에게 통지하여야 한다.

③ 협력단은 제1항에 의하여 계약을 해제 또는 해지한 경우 기성부분을 검사하여 인수하는 때에는 인수한 날로부터 14일 이내에 해당 부분에 상당하는 대가를 계약상대자에게 지급하여야 한다.

④ 제1항에 의하여 계약이 해제 또는 해지되는 경우 계약상대자는 지급받은 선금에 대하여 미정산잔액이 있는 경우에는 그 잔액에 대한 약정이자상당액을 가산하여 협력단에 상환하여야 한다. 이 경우 협력단은 상환할 금액과 기성부분의 대가를 상계할 수 있다.

제31조 (사정변경에 의한 계약의 해제 또는 해지)

① 협력단은 제30조 제1항 각 호의 경우 외에 아래 각 호의 사정이 발생한 때에는 계약을 해제 또는 해지할 수 있다.
1. 대한민국의 정책이 변경된 경우
2. 수원국의 정책이 변경된 경우
3. 천재지변, 전쟁 기타 불가항력적인 사유로 인하여 용역수행이 불가능할 경우
4. 기타 계약상대자의 책임 없는 사유로 인하여 사업추진이 현저히 곤란할 경우
5. 제10조의 사업계획 변경 등 기타 객관적으로 명백한 협력단의 불가피한 사정으로 인한 사업계획 변경으로 본 계약의 전부 또는 일부를 해제 또는 해지할 필요가 있는 경우

② 협력단은 제1항에 의하여 계약을 해제 또는 해지한 때에는 그 사실을 계약상대자에게 통지하여야 한다.

③ 협력단은 제1항에 의하여 계약을 해제 또는 해지할 경우에는 다음 각 호에 해당하는 금액을 해제 또는 해지한 날부터 14일 이내에 계약상대자에게 지급하여야 한다. 이 경우 제7조의 계약보증금을 동시에 반환하여야 한다.
1. 제18조의 검사를 완료한 기성부분 및 검사를 완료하지 아니한 부분 중 객관적인 자료에 의하여 이미 수행되었음이 판명된 부분 중 대가를 지급하지 아니한 금액
2. 전체용역의 완성을 위하여 계약의 해제 또는 해지일 이전에 투입된 계약상대자의 인력·자재 및 장비의 철수비용

④ 계약상대자는 선금에 대한 미정산잔액이 있는 경우에는 이를 협력단에 상환하여야 한다. 이 경우 미정산잔액에 대한 이자는 가산하지 아니한다.

제32조 (계약상대자에 의한 계약의 해제 또는 해지)

① 계약상대자는 제10조에 의하여 사업계획이 변경되고 그에 따라 계약내용을 변경됨으로

써 계약금액이 100분의 40이상 감소된 경우에는 당해계약을 해제 또는 해지할 수 있다.
② 제1항에 의하여 계약이 해제 또는 해지되었을 경우에는 제31조 제3항 및 제4항의 규정을 준용한다.

제33조 (하자담보책임)
① 계약상대자는 하자보수가 필요한 용역의 경우, 용역완료 후 2년간(이하 "하자담보책임기간"이라 한다) 용역의 하자에 대한 일체의 보수책임이 있다. 다만, 하자담보책임기간이 경과되었을 지라도 협력단이 그 기간 내에 하자보수를 요청한 경우에는 협력단이 하자보수가 완료되었음을 확인한 날에 하자담보책임기간이 종료된다.
② 계약상대자는 협력단으로부터 하자보수를 요청 받은 때에는 즉시 보수작업을 하거나, 당해 용역 성과물 또는 그 이상의 용역 성과물을 제공하여야 한다.
③ 계약상대자는 제1항에 정한 하자보수를 보증하기 위하여 제7조 제6항에 정한 하자보수보증금을 현금 또는 보증서 등으로 협력단에게 납부하여야 한다.
④ 계약상대자가 하자담보책임기간 중 협력단 또는 최종이용자로부터 하자보수 요청을 받고 정당한 사유 없이 이에 불응한 때에는 하자보수보증금은 협력단에게 귀속한다.
⑤ 하자보수보증금은 제1항에 정한 기간이 종료된 후 계약상대자의 청구에 따라 반환한다.

제34조 (사후관리 등) 계약상대자는 동 사업이 종료되고 제33조의 하자담보책임과는 별개로 2년 동안 해당 과업부분에 대한 사후관리를 제공하여야 하며 소요비용은 협력단과 계약상대자의 합의에 의하여 처리한다.

제35조 (준거법) 본 계약에 관한 준거법은 [관련법(대한민국의 법령 또는 수원국의 법령)]으로 한다.

제36조 (계약조항의 독립성과 불포기)
① 계약의 일부가 무효·취소가 되더라도 나머지 조항은 유효하다.
② 협력단이 계약상의 권리를 불행사하는 경우라도 권리의 포기가 아니며, 아무런 지장 없이 해당 권리를 행사한다.

제37조 (지식재산권 및 비밀유지)
① 계약상대자가 본 계약에 따라 생산하는 각종 자료 및 보고서 기타 문서의 지식재산권을 포함한 일체의 권리는 당사자 간에 달리 정하지 않는 이상 협력단에게 귀속되며, 계약상대자는 협력단의 사전승인 없이 이를 제3자에게 제공하거나 다른 목적으로 사용하지 못한다. 제30조 내지 제32조의 규정에 의하여 본 계약이 해제 또는 해지된 경우에도 또한 같다.
② 계약상대자는 해당 계약을 통하여 얻은 일체의 정보, 국가의 기밀사항, 수원국의 기밀사항 등을 계약이행의 전후를 막론하고 외부인사, 정부, 수원국·제3국 정부 등 협력단의 외부에 누설할 수 없다.
③ 계약상대자는 본 계약을 통하여 취득한 영업비밀과 노하우는 비밀로 하고, 협력단의 사전동의가 없는 한 제3자에게 유출할 수 없다.
④ 계약상대자는 용역을 수행함에 있어 발생한 제반 문제점 및 개선방안 등을 문서로 작성·비치하고, 발주기관의 제출요구가 있을 경우에는 이에 따라야 한다.

제38조 (제3자의 지식재산권의 존중)
① 계약상대자는 본 계약을 이행함에 있어서 타인의 특허권, 상표권, 디자인권 등 지식재산

권을 침해하여서는 아니된다.

② 계약상대자가 제1항을 위반하여 분쟁이 발생한 경우에는 어떠한 경우에도 그의 책임하에 협력단을 면책시킨다.

제39조 (경고 및 입찰참가자격 제한)

① 계약상대자가 다음 각 호의 어느 하나에 해당하는 경우 협력단은 조달 및 계약규정 시행세칙 제71조에 의거, 경고조치를 취한다.

1. 기술용역계약(공통)
   가. 투입인력의 등급, 투입기간 및 인원을 협력단의 사전승인 없이 변경한 경우
   나. 용역의 원가, 품질, 일정에 영향을 미치는 중대한 사안을 협력단의 사전승인 없이 일방적으로 결정한 경우
   다. 기타 당해 계약서상의 조건을 이행하지 아니한 경우
2. 물품의 제조·구매가 포함된 용역계약의 경우
   가. 검정일정 통보의무 불이행
   나. 물품의 미포장 및 상태 불량
   다. 부품일부 누락·사용설명서 누락
   라. 협력단 기증문구(공여마크) 미부착
   마. Shipping 마크 미부착 및 불량 부착
   바. 동일업체가 협력단과 체결한 일체의 계약과 관련하여 대외무상협력사업에 관한 조달 및 계약규정 시행세칙 제72조에 따른 입찰참가자격 제한 조치 해당 사유를 제외하고 최초 검수불합격 발생일로부터 2년 이내 2회 검수 불합격 발생시
   사. 당해 계약서상의 조건을 이행하지 아니한 경우
   아. 기타 입찰, 계약체결 및 조달 등 과정에서 업체 측 귀책사유로 인해 조달 업무에 지장을 초래한 경우

② 협력단은 계약상대자가 조달 및 계약규정 시행세칙 제72조 및 동 시행세칙 별지17의 각 사유에 해당하는 경우, 계약상대자에 대하여 입찰참가자격제한조치를 한다.

제40조 (정보공개 및 용역관련 자료의 제출 등)

① 협력단은 「공공기관의 정보공개에 관한 법률」외 기타 필요하다고 판단되는 경우 입찰 및 계약정보를 공개할 수 있다.

② 협력단은 필요 시 경우 계약상대자에게 산출내역서의 기초가 되는 단가산출서 및 기타 용역관련 자료의 제출을 요구할 수 있으며 이 경우 계약상대자는 이에 따라야 한다.

제41조 (기술평가관련사항 이행)

① 용역을 수행함에 있어 계약상대자는 「기술평가기준」에 규정된 사항에 대하여 기술평가시 제출한 내용대로 이행하여야 한다.

② 협력단은 제1항에 따른 이행사항의 준수여부를 수시로 확인하여야 하며, 제출된 내용대로 이행이 되지 않고 있을 때에는 즉시 시정토록 조치하여야 한다.

제42조 (청렴의무이행)

① 계약상대자는 협력단과의 상호신뢰를 바탕으로, 본 계약의 "청렴계약특수조건"에 의거 입찰, 낙찰, 계약, 계약이행과정에서의 담합 등 불공정행위나 협력단의 관계직원 및 공무원

에게 금품, 향응 등 부당한 이익을 제공하지 않고, 이를 위반 시 계약해제 등을 감수하겠다는 데 동의한다.

② 계약상대자는 제1항의 "청렴계약특수조건"을 수용하는 "청렴계약이행각서"(별지 제1호 서식)를 제출하여야 한다.

제43조 (분쟁의 해결)

① 계약의 수행 중 계약당사자간에 발생하는 분쟁은 협의에 의하여 해결한다.

② 제1항에 의한 협의가 이루어지지 아니할 때에는 법원의 판결 또는 「중재법」에 의한 중재에 의하여 해결한다.

③ 계약상대자는 제1항 및 제2항에 의한 분쟁기간 중 용역의 수행을 중지하여서는 아니된다.

제44조 (기타)

① 본 계약은 계약당사자가 서명한 날로부터 효력이 발생한다.

② 본 계약서에 명기되지 않은 사항에 대해서는 관계 법령, 협력단 조달 및 계약규정 및 동 시행세칙, 회계규정 및 동 시행세칙, 기타 관계 규정 및 기준, 그리고 일반 상관례에 따라 상호 협의하여 결정한다.

제3장 소프트웨어용역 계약조건

제45조 (정의) 이 장에서 사용하는 용어의 정의는 다음과 같다.

1. "소프트웨어사업"이라 함은 「소프트웨어산업진흥법」 제2조 제3호에 의한 소프트웨어의 개발·제작·생산·유통 등과 이에 관련된 서비스, 「국가정보화기본법」 제3조 제2호에 의한 정보화에 관한 사업 및 「전자정부법」 제2조 제13호에 의한 정보시스템에 관한 사업과 관련된 경제활동을 말한다.
2. "계약목적물"이라 함은 제1호의 소프트웨어사업 수행을 통해 산출되는 소프트웨어, 정보시스템 및 이와 관련된 서비스, 기타 부수하는 조작 설명서 등으로 계약에 의하여 협력단이 최종적으로 인수하는 계약의 목적물을 말한다.
3. "용역수행계획서"란 협력단과 계약상대자가 최종적으로 합의한 소프트웨어사업의 범위를 구체적으로 기재한 문서로서, 계약상대자의 업무범위를 설정하고, 과업내용 변경의 기준서로서의 역할을 한다.
4. "하자보수"라 함은 하자보수기간 중에 발견한 소프트웨어 또는 정보시스템 등의 결함 등을 수정하는 것을 말한다.

제46조 (계약이행의 관리·감독 및 사업의 품질 확보)

① 협력단은 해당 계약의 적정한 수행여부와 산출물 등의 품질을 확보하기 위하여 「소프트웨어산업진흥법」 제20조 제5항에 의하여 사업의 수행과정이나 계약이행상황을 관리·감독하여야 한다. 다만, 전문적인 지식 또는 기술을 필요로 하거나 기타 부득이한 사유로 인하여 감독을 할 수 없는 경우에는 전문기관을 따로 지정하여 필요한 감독을 하게 할 수 있다.

② 협력단은 해당 계약의 원활한 이행과 사업완료 후의 원활한 유지보수를 위하여 부품·기

기에 대한 공급과 기술지원 확약에 관한 서류의 제출을 요구할 수 있으며, 계약상대자는 특별한 사유가 없는 한 이에 따라야 한다.

③ 제1항 단서에 의하여 전문기관이 감독을 하도록 할 경우, 협력단은 전문기관에게 감독조서의 작성 및 그 결과를 문서로 제출하도록 하여야 한다.

제47조 (소프트웨어 용역의 착수 및 보고)

① 계약상대자는 계약문서에서 정하는 바에 따라 소프트웨어사업을 착수하여야 하며, 협력단이 관련 법령에서 정한 서류 및 다음 각 호의 사항이 포함된 착수신고서의 제출을 요구하는 경우에는 이를 제출하여야 한다.

1. 용역수행계획서(사업범위, 사업추진일정계획, 인력 및 장비 투입계획, 표준화 및 보안대책 등)
2. 사업품질보증계획서
3. 역할분담에 따른 협력단 협조사항

② 계약상대자는 과업내용의 변경으로 인하여 제1항에 의하여 제출한 서류의 변경이 필요한 때에는 관련서류를 변경하여 제출하여야 한다.

③ 협력단은 제1항 및 제2항에 의하여 제출된 서류의 내용을 조정할 필요가 있다고 인정될 경우에는 계약상대자에게 이의 조정을 요구할 수 있다.

④ 협력단은 용역의 전부 또는 일부의 진행이 지연되어 소정의 기간 내에 수행이 불가능하다고 인정되는 경우에는 주간공정현황을 제출토록 하는 등 계약상대자에게 필요한 조치를 할 수 있다.

제48조 (작업장소 등)

① 계약당사자는 소프트웨어용역수행을 위하여 필요한 장소 및 설비 기타 작업환경(이하 “작업장소 등”이라고 한다)을 상호 협의하여 정한다. 다만, 핵심 개발인력이 아닌 지원인력의 근무장소는 보안 등 특별한 사유가 있는 경우를 제외하고는 계약상대자가 달리 정할 수 있다.

② 협력단이 작업장소 등에 정한 비용을 사업예산 또는 예정가격에 계상하지 아니한 경우에는 협력단이 작업장소 등을 제공한다.

③ 계약상대자는 해당 계약의 이행을 위하여 필요한 경우 그 사유 및 기간 등을 정하여 협력단의 승인을 얻은 후 해당 사업에 투입되는 인력을 제1항의 작업장소 이외에서도 근무하게 할 수 있다.

제49조 (과업내용의 변경) 소프트웨어 사업의 경우에 과업내용의 변경 및 계약금액조정은 제11조에 정한 바에 의하되 계약상대자는 다음 각 호의 사항을 준수하여야 한다.

1. 제11조 제1항 및 제3항에 의한 과업내용의 변경지시 및 변경제안 시에는 「과업내용변경요청서」(별지 제2호 서식)에 의하여야 한다.
2. 협력단은 제1호에 따른 과업내용 변경의 적정성 여부를 심의하기 위하여 계약상대자 및 외부 전문가가 참여하는 계약심의위원회(이하 “위원회”라 한다)를 설치할 수 있다.
3. 협력단은 과업내용 변경에 따라 계약금액을 조정하는 경우 그 결과를 「과업내용변경관리내역서」(별지 제3호 서식)를 작성하여 관리하여야 한다.

4. 계약금액의 조정은 제10조 내지 제13조를 준용하여 조정한다. 단, 노임단가의 경우 소프트웨어산업진흥법 시행령 제16조의 소프트웨어노임단가를 준용한다.

제50조 (인력투입의 종료) 용역을 완성(계약기간 내에 용역을 완성한 경우를 포함한다)한 후 제18조에 따른 검사가 완료된 때에는 인력의 투입도 종료된다.

제51조 (지체상금율) 제16조에 따른 지체상금을 부과할 경우, 소프트웨어 사업에 적용하는 지체상금율은 다음 각호와 같다.

1. 소프트웨어 사업 시 물품과 용역을 일괄하여 입찰에 부치는 경우 : 1000분의 1.5
2. 제1호 이외의 경우 : 1000분의 2.5

제52조 (계약목적물의 지식재산권 귀속 등)

① 해당 계약에 따른 계약목적물 중 "소프트웨어"에 대한 지식재산권은 원칙적으로 협력단과 계약상대자가 공동으로 소유하며, 별도의 정함이 없는 한 지분은 균등한 것으로 한다. 다만, 개발의 기여도 및 계약목적물의 특수성(국가안전보장, 국방, 외교관계 등)을 고려하여 계약당사자간의 협의를 통해 지식재산권 귀속주체 등에 대해 공동소유와 달리 정할 수 있으며, 이 경우 지식재산권은 본 계약 제37조에 의한다.

② 제1항에 따라 지식재산권을 공동으로 소유하는 경우에는 국가안전보장, 국가의 방위계획 및 정보활동, 외교관계 등의 사유에 의해 지식재산권의 상업적 활용을 제한할 수 있는 경우를 당사자 간에 별도로 협의하여 정하지 않는 한 공유자 일방은 지식재산권의 복제, 배포, 개작, 전송 등의 사용·수익을 할 수 있다.

③ 제2항에 의한 지식재산권의 사용·수익 등에 따른 이익은 별도의 정함이 없는 한 지식재산권을 행사한 당사자에게 귀속하는 것으로 한다.

④ 제1항 및 제2항에도 불구하고, 협력단이 개발된 소프트웨어를 타기관과 공동으로 활용하는 경우에 협력단은 그 대상기관의 범위 등을 입찰공고에 명시하고 이를 계약서에 반영하여야 한다.

⑤ 공유자 일방이 지분을 제3자에게 양도하는 등 지식재산권을 처분하고자 하는 경우에는 반드시 타공유자의 동의를 받아야 한다.

⑥ 제1항에 의하여 지식재산권이 협력단에 귀속된 경우 협력단은 국가 안전보장, 국가의 방위계획 및 정보활동, 외교관계, 수원국의 안전보장 그 밖에 이에 준하는 경우로서 국가기관의 행위를 비밀리에 할 필요가 있을 경우 등 특별한 사유가 없는 한 계약상대자에게 계약목적물을 개작할 수 있는 권리를 부여하여야 하며, 계약상대자는 이를 상업적으로 활용할 수 있다. 이 경우 개작권을 부여받은 계약상대자는 협력단의 승인을 받아 제3자에게 개작권을 양도할 수 있다.

⑦ 제1항에 의하여 지식재산권이 계약상대자에게 귀속된 경우라 하더라도 계약상대자는 협력단이 계약목적과 관련되어 해당 계약목적물을 사용(기능개선, 재개발, 유지보수를 포함한다. 이하 "계약목적물의 사용"이라 한다)함에 있어서는 어떠한 제한을 하여서도 아니된다.

제53조 (계약목적물의 기술자료 임치 등)

① 계약상대자는 제52조 제3항에 따른 계약목적물의 사용을 보장하고, 지식재산권을 보호하기 위해서 계약상대자의 용역수행에 따른 계약목적물의 "기술자료"를 제3의 기관(이하

"임치기관"이라 한다)에 임치하여야 한다. 이 경우 협력단은 계약상대자에게 기술자료의 제출을 요구할 수 없다.

② 제1항에서 "기술자료"라 함은 아래의 각호의 것을 의미하고, 계약상대자는 계약목적물의 기능수행에 있어 중요한 변경사항이 발생한 경우 발생일로부터 30일 이내에 추가 임치하여야 하고, 임치기관은 이를 협력단에게 즉시 통보하여야 한다.

1. 소스코드 및 오브젝트 코드의 복제물
2. 기술정보(매뉴얼, 설계서, 사양서, 플로우차트, 유지보수자료 등)

③ 임치기관은 「저작권법시행령」 제39조의2 및 「대중소기업 상생협력 촉진에 관한 법률 시행령」 제15조의2에 의한 기관 중에서 계약상대자가 선정하며, 임치수수료는 계약상대자가 부담한다.

④ 협력단은 계약목적물의 사용을 위하여 필요한 경우 그 사유를 명시하여 계약상대자에게 통지한 후 임치기관에 기술자료의 교부를 요청할 수 있다. 다만, 다음 각 호의 경우에는 계약상대자에게 통지없이 기술자료의 교부를 요청할 수 있다.

1. 계약상대자가 파산선고를 받거나 해산결의를 하여 그 권리가 민법 또는 기타 다른 법률에 의하여 소멸된 경우
2. 그 밖에 계약상대자가 협의하여 정한 경우

⑤ 제4항과 관련하여 계약당사자간 다르게 정한 사항이 있는 경우에는 그에 따른다.

제54조 (하자보수보증금) 계약상대자는 제55조의 하자보수를 보증하기 위하여 계약서에서 정한 하자보수보증금율(100분의 3)과 계약금액(당초 계약금액이 조정된 경우에는 조정된 계약금액을 말한다)을 곱하여 산출한 금액(이하 "하자보수보증금"이라 한다)을 조달 및 계약규정 시행세칙 제65조에 따른 보증서 또는 증권 등으로 협력단에 납부하여야 한다.

제55조 (하자보수 등)

① 계약상대자는 협력단이 제18조의 검사에 의하여 용역의 완성을 확인한 후 1년간 계약목적물 중 "소프트웨어"의 하자에 대한 보수책임이 있다.

② 제1항에서 정한 기간 내에 하자가 발생하여 협력단이 하자보수를 요청한 경우 계약상대자는 요청을 받은 즉시 그 하자를 보수하여야 하며 해당 하자의 발생원인 및 기타 조치사항을 명시하여 협력단에게 제출하여야 한다. 다만, 다음 각 호의 경우는 유상 유지보수 또는 재개발로 본다.

1. 장애 및 하자보수 기간 경과 후 발생된 하자에 대한 복구 및 지원
2. 이미 구매한 물품 또는 이와 연동된 제품을 기초로 추가되는 개발·구축(사용방법 및 환경개선을 위한 요구사항 추가를 포함한다)
3. 계약서에 명시되지 않은 예방을 위한 현장방문, 상시 근무에 소요되는 인력투입 등
4. 계약서에 명시되지 않은 사용자에 대한 교육 및 기술지원

③ 계약상대자는 다음 각 호의 어느 하나의 사유로 인하여 발생한 하자에 대해서는 제1항에도 불구하고 하자보수책임이 없다. 다만, 계약상대자가 그 물품 또는 지시의 부적당함을 알고 협력단에게 고지하지 아니한 경우에는 그러하지 아니하다.

1. 협력단의 유지·관리소홀이나 사용상 부주의로 인한 경우
2. 협력단이 제공한 시스템, 장비, 프로그램 등의 하자로 인한 경우
3. 협력단이 임의로 산출물 등을 변경한 경우

4. 협력단의 지시에 따라 구축한 경우
5. 천재지변 등 불가항력에 의한 경우

④ 제2항 각호에 해당하는 유상 유지보수 또는 재개발에 대해서는 협력단이 계약목적물을 인수한 직후부터 계약을 체결하여 시행하여야 한다. 다만, 당초 소프트웨어 사업 내용에 유지보수 또는 재개발이 이미 포함된 경우에는 그러하지 아니하다.

제56조 (하도급 관리 등)

① 계약상대자는 해당 소프트웨어사업의 일부를 제3자에게 하도급하거나, 승인을 받은 하도급 조건을 변경하고자 하는 경우에는 「하도급거래 공정화에 관한 법률」 제3조의 2에 의한 소프트웨어사업표준하도급계약서 등 관련 자료를 첨부하여 협력단에 사전승인을 요청하여야 한다.

② 제1항의 요청을 받은 협력단은 계약의 품질확보 등 적정성 여부를 판단하여 14일 이내에 그 승인여부를 계약상대자에게 통지하여야 한다. 다만, 협력단은 정당한 사유에 의하여 통지기간을 연장하고자 할 경우에는 그 연장사유와 통지예정기한을 지체없이 계약상대자에게 통지하여야 한다.

③ 협력단이 계약상대자에게 제2항의 하도급 승인여부를 기간 내에 통지하지 아니하거나 통지기간연장을 통지하지 아니한 경우에는 제1항의 하도급을 승인한 것으로 본다.

④ 계약상대자는 하도급계약과 관련 「하도급거래 공정화에 관한 법률」을 준수하여야 하며, 협력단의 요청이 있는 경우에는 하도급계약의 준수실태 등을 확인할 수 있도록 표준하도급계약서상의 주요내용을 협력단에 보고하여야 한다.

⑤ 협력단은 제2항에 따른 하도급 승인 시 제4항에 따른 하도급계약의 준수여부에 대한 보고주기를 정할 수 있다.

제4장 물품공급이 포함된 용역 계약조건

제57조 (정의) 본 계약에서 사용하는 용어의 정의는 다음과 같다.

1. "물품"이란 본 계약에 따라 계약상대자가 공급하기로 한 물품을 말한다.
2. "최종이용자"란 수원국에서 물품을 사용하기로 한 사람 또는 단체를 말한다.
3. "사업장"이란 본 계약의 표지에 기재한 장소를 말한다.
4. "납품기한"이란 계약상대자가 본 계약에서 정한 바에 따라 물품을 협력단이 요구하는 장소에 인도하는 것을 완료하여 본 계약에서 정한 바가 완전히 이행되는데 소요되는 기간으로 본 계약의 표지에 기재된 바에 따른다.

제58조 (계약문서)

① 물품구매가 포함된 용역의 계약문서는 제3조의 계약문서 외에 국제물품구매입찰유의서, 물품공급계획서를 포함한다.

② 제1항의 물품공급계획서는 물품공급내역(품명, 단가, 세부규격, 제조회사명, 모델명, 수량)을 포함하여야 한다.

제59조 (업무의 범위) 계약상대자의 업무 범위는 본 계약서에 규정된 내용 및 계약문서에 명시된 내용을 기준으로 하되, 계약서상으로 물품의 설치 및 초청연수를 요하는 경우에는 동

설치작업 및 연수계획의 실시까지 포함하는 것으로 한다.

제60조 (하자보수보증금 등)

① 계약상대자는 물품계약금액의 100분의 3 이상을 하자보수보증금으로서, 협력단이 정한 내용과 형식에 부합하는 방식으로 납부하여야 한다.

② 하자보수보증기간은 제73조에서 정의하는 하자담보책임기간 종료 후 60일 이상으로 한다.

제61조 (계약이행의 감독)

① 협력단은 계약의 적정한 이행을 확보하기 위하여 필요하다고 인정하는 경우에는 물품의 제조를 위하여 사용하는 재료 및 기타 제조공정에 대하여 조사할 수 있으며 계약상대자에 대하여 필요한 조치를 요구할 수 있다.

② 계약상대자는 협력단의 감독업무수행에 협력하여야 하며, 협력단은 감독업무를 수행함에 있어서 계약상대자의 업무를 부당하게 방해하여서는 아니 된다.

제62조 (납품)

① 계약상대자는 계약서에 정한 선적(또는 인도) 기일까지 해당 물품(검사에 필요한 서류 등을 포함한다)을 협력단이 지정한 장소에 납품하여야 한다.

② 제1항의 규정에 의하여 납품된 물품을 검사, 수령하기까지 협력단의 책임 없는 사유로 인하여 발생된 물품의 망실, 파손 등은 계약상대자의 부담으로 한다.

③ 협력단이 필요에 따라 분할납품을 요구하거나, 계약상 분할납품이 허용된 경우를 제외하고, 계약상대자는 물품을 분할납품할 수 없다.

제63조 (물품의 일반규격, 설치 및 사용설명서)

① 공급 물품의 규격은 특별히 정하는 경우 외에는 본 계약상의 과업지시서, 규격명세서(사양서), 규격번호 및 부품의 규격과 합치되어야 하며, 구매목적에 맞는 신품이어야 한다.

② 계약상 규격이 명시되어 있지 아니한 경우에는 상관습과 기술적 타당성 및 구매규격 등에 부합되는 견고하고 손색없는 물품이어야 한다.

③ 예비부품도 동일 규격이어야 하며 완성품을 만드는 데(다른 약정이 없는 한 그에 필요한 조립비는 물품가격에 포함되어있는 것으로 봄) 차질이 없어야 한다.

④ 계약상대자는 공급물품의 설치 및 사용설명서를 영어 또는 현지어로 제작하여야 하며, 물품공급과 동시에 해당 사용설명서를 인도하여야 한다.

⑤ 계약상대자는 사용 및 취급상의 주의가 필요한 물품을 공급하는 경우에는 제4항의 사용설명서 외에 해당 물품의 사용, 보관, 수리 등의 요령과 주의사항을 명기한 주의서를 영어 또는 현지어로 작성, 제출하여야 한다.

제64조 (물품검사)

① 계약상대자는 제58조의 물품공급계획서에 따라 검사 14일 전에 물품검사일정을 협력단에게 통지하여 협력단의 승인을 받고 협력단이 지정하는 기관으로부터 물품검사를 받아야 한다. 다만, 불가항력인 사유로 인하여 검사를 완료하지 못한 경우에는 당해 사유가 존속되는 기간과 당해 사유가 소멸된 날로부터 3일까지 검사일자를 연장할 수 있다.

② 계약상대자는 검사 5일 전에 협력단이 지정하는 기관 및 협력단이 지정한 운송업자와

사전에 원활한 검사와 물품의 선적을 위한 협의를 하여야 하며, 관련하여 자체물품검사확인서를 작성, 제출하여야 한다.
③ 계약상대자는 물품운송 과정에서 각 물품이 변질 변색되지 않도록 각 제품마다 방습제 등 필요한 조치를 하여야 한다.
④ 물품검사는 외관·수량·규격·도장 등의 일반검사와 시험검사를 거쳐 종합판정하는 방법으로 행하되, 다량의 동일물품에 대한 시험검사는 샘플 검사로 대체할 수 있다. 다만, 물품을 신규로 제조할 필요가 있거나 물품의 성질상 제조과정이 중요한 경우에는 제조과정에서 검사를 할 수 있다.
⑤ 공급물품의 품질검사 결과, 전부 또는 일부가 불량인 경우에는 재검사를 받아야 하며, 재검사결과 합격된 물품만 인도하여야 한다. 이 경우 재검사 등으로 인한 물품인도의 지연에 대해서는 지체상금을 납부하여야 하며, 재검사에 소요되는 비용은 계약상대자가 부담한다.
⑥ 검사를 하기 위한 변형, 소모, 파손 또는 변질로 생기는 손상은 계약상대자의 부담으로 한다.
⑦ 물품검사는 별도로 정하는 경우를 제외하고 협력단 「물품검수요령」에 의하며, 계약상대자는 검사 전 동 요령을 숙지하여야 한다.
⑧ 계약상대자는 수원국 또는 제3국에서 구매하여 납품하는 경우, 별도로 정한 절차에 따른 검사에 통과하여야 하며, 납품 전 협력단에 납품일정을 통보하고 검사를 준비하여야 한다.
⑨ 수원국 사업장 내 설치가 포함된 물품공급의 경우, 사업장 내 설치 및 운용교육 후 이상이 없음을 확인한 후 현지 검사가 완료된 것으로 간주한다.

제65조 (지체상금)
① 계약상대자가 물품의 인도를 지체하였을 경우, 지체일수 당 물품계약금액의 1000분의 1.5에 해당하는 금액을 현금으로 납부하여야 한다. 다만, 인도의 지체원인이 계약상대자의 귀책사유 없이 다음 각 호에 해당하는 경우에는 그 해당일수는 지체일수에 산입하지 아니한다.
1. 불가항력 사태
2. 관계법령 또는 정부의 명령에 의한 수출금지
3. 기타 계약상대자에게 책임 없는 사유로 인하여 그의 업무수행이 불가능할 경우

② 계약상대자는 제1항 각 호의 사유가 발생한 경우, 지체 없이 협력단에게 서면으로 그 사실을 통지하여야 하고, 사유 발생사실을 보고하지 않았을 경우, 협력단은 제1항에 의거 지체상금을 부과한다.
③ 계약상대자에게 책임없는 사유로 인하여 현지 검사가 지연되어 납품기한을 경과하였을 때는 검사 소요기간을 지체일수에 포함하지 아니한다. 다만, 현지 검사의 지연사유가 계약상대자에게 책임이 있을 경우에는 그러하지 아니하다.

제66조 (진술 및 보장) 계약상대자는 특수조건에서 달리 정하지 않는 한 다음 사항을 진술하고 보장한다.
1. 수량 : 공급 물품은 협력단의 요청 등 특별한 사정이 없는 한 분할하여 납품하지 아니하며 계약에서 정한 수량에는 변동이 없다.
2. 검사 : 공급물품의 품질은 협력단 또는 협력단이 지정하는 독립된 검사인으로 하여금

검사하게 하며, 품질미달 물품은 협력단이 수령을 거절할 수 있다.

제67조 (서약) 계약상대자는 특수조건에서 달리 정하지 않는 한 그에 해당되는 범위에서 다음 사항을 확약한다.

1. 제작도면 및 제작자의 지시사항: 본건 계약이 제작도면을 필요로 하는 경우 그 내역을 기술하여 제공하기로 한다.
2. 제작도면의 승인: 제작 전에 도면의 승인을 필요로 하는 경우 협력단에게 소정 부수를 제공한다.
3. 도색 및 보호피막: 물품의 재질에 따라 도색 또는 보호피막으로 처리한다.
4. 부품의 안정적 공급: 기자재의 부품을 계약 종료 후에도 상당 기간 안정적으로 공급하기로 한다.

제68조 (채무불이행 및 손해배상의 청구) 계약상대자가 납품기한 내 협력단이 요구하는 장소에 공급물품을 인도하지 못하거나 진술 및 보장, 확약사항을 포함한 본 계약상의 의무를 위반한 경우, 청렴의무 기타 협력단의 정당한 요구를 이행하지 않는 경우는 채무불이행 사유를 구성하는 것으로 본다.

제69조 (계약의 해지 및 해제) 계약상대자가 다음 각 호의 1에 해당하여 계약의 목적을 달성할 수 없다고 인정될 때에는 협력단은 계약의 전부 또는 일부를 해제 또는 해지할 수 있다.

1. 계약서상의 납품기한(또는 연장된 납품기한) 내에 계약상대자가 계약서에 정한 규격의 물품을 납품하지 못하였거나 이를 거부한 경우
2. 계약상대자가 정당한 사유 없이 검사계획에 따라 검사를 받지 아니한 경우
3. 계약상대자의 검사상의 과실로 발생한 클레임의 사안이 중대한 경우
6. 제66조 및 제67조 기타 본 계약의 규정을 위반하고 그 위반으로 인하여 계약의 목적을 달성할 수 없다고 인정될 경우

제70조 (물품납품 조건의 변경)

① 계약상대자는 다음 각 호의 1에 해당하는 사항이 발생한 때 물품규격, 수량, 계약상대자의 물품 조달처 등 계약조건의 변경을 협력단에게 신청할 수 있으며, 협력단은 이에 대하여 승인 또는 거절할 수 있다.

1. 수원국 측의 공식 요청
2. 계약상대자의 물품 조달처의 도산, 해산 등 계약상대자의 물품 조달처의 변경이 불가피한 경우
3. 공급물품의 단종
4. 기타 계약상대자에게 책임이 없는 불가항력적인 사유

② 제1항의 계약조건의 변경은 납품기한 3주 전까지 신청하여야 하며, 변경된 물품규격은 변경 전의 것과 동등하거나 상위의 것이어야 한다.

③ 협력단이 제1항의 계약조건의 변경을 승인한 경우, 계약상대자는 승인일로부터 5일 이내에 변경조건에 따라 물품공급계획서를 수정하여 제출하여야 한다.

제71조 (물품납기의 연장)

① 사정변경에 의한 납품기한의 연장은 다음과 같이 한다.

1. 계약상대자는 수원국의 사정 및 불가항력적인 사유가 납품기한 내에 발생한 경우에는 지체없이 협력단에게 서면으로 납품기한의 연장을 청구하여야 한다.
2. 협력단은 제1호의 규정에 의한 납품기한 연장 신청이 접수된 때에는 조속한 시일 내에 그 사실을 조사확인하고 당해 구매가 적절히 이행될 수 있도록 납품기한의 연장 등 필요한 조치를 하여야 한다.
3. 협력단은 제1호에서 규정한 연장청구를 승인하였을 경우 동 연장기간에 대하여는 제65조의 규정에 의한 지체상금을 부과하지 않는다.
4. 제3호의 규정에 의하여 납품기한을 연장한 경우에는 계약금액을 조정하지 않는다.

② 계약상대자의 귀책사유로 인한 납품기한의 연장은 다음과 같이 한다.

1. 계약상대자는 자신의 귀책사유로 인해 납품기한의 연장이 필요한 경우, 사유 발생일로부터 지체없이 협력단에게 서면으로 납품기한의 연장을 청구하여야 한다.
2. 계약상대자의 귀책사유에 따른 납품기한 연장의 경우에는 제65조의 규정에 의한 지체상금을 부과한다.

제72조 (품질보증)

① 계약상대자는 물품대금을 청구할 때 공급물품에 대한 품질보증서(계약상대자의 물품조달처의 것 포함)를 협력단에 제출하여야 한다.

② 계약상대자는 제64조에 의한 물품검사와는 별도로 납품 후 1년간 공급물품의 규격과 품질이 계약내용과 일치함을 보증한다.

③ 협력단은 납품 후 1년 이내 공급물품의 규격과 품질이 계약내용과 상이함을 발견한 때에는 그 사실을 계약상대자에게 통지하고 당해 물품의 교환 또는 해당 물품대금의 반환을 청구할 수 있다.

④ 계약상대자는 제3항의 통지를 받으면 조속히 당해 물품을 계약내용에 따라 교환하여야 하며, 이 경우 물품의 교환에 따른 경비는 전액 계약상대자의 부담으로 한다.

⑤ 제4항에 따라 교환된 물품에 대하여는 제2항의 규정을 적용한다.

⑥ 계약상대자가 협력단이 요구한 물품의 교환을 거부하거나, 협력단의 통지를 받은 후 소정 기일 내에 물품을 교환하지 못할 경우에는 계약상대자는 해당 물품대금을 협력단에게 반환하여야 한다.

제73조 (하자보수)

① 계약상대자는 별도로 정하지 않는 한 납품기한으로부터 2년간(이하 "하자담보책임기간"이라 한다) 공급물품의 하자에 대한 일체의 보수책임이 있다. 다만, 하자담보책임기간이 경과되었을 지라도 협력단이 그 기간 내에 하자보수를 요청한 경우에는 협력단이 하자보수가 완료되었음을 확인한 날에 하자담보책임기간이 종료된다.

② 계약상대자는 협력단으로부터 하자보수를 요청 받은 때에는 즉시 보수작업을 하거나, 당해 물품 또는 그 이상의 물품으로 교환해주어야 한다.

③ 하자담보책임기간 동안 행하여진 사후관리에 따른 비용은 계약상대자가 전액 부담한다.

제74조 (공급물품의 설치 및 운용교육)

① 협력단과 계약상대자가 필요하다고 인정하는 경우에는 계약상대자는 협력단과의 사전협의 하에 별첨 물품공급계획서상에 명시된 소정 자격을 갖춘 설치기술자를 현지에 파견하

여 공급물품의 설치 및 운영교육을 효율적으로 수행할 수 있도록 하여야 한다.

② 계약상대자는 파견자의 인적사항·출장일정·현지 활동계획서 등을 포함하는 "물품설치 및 운용교육계획서"를 설치기술자의 파견 2주 전에 협력단에게 제출하여야 한다. 파견에 따른 제비용(왕복항공료, 체재비, 해외여행보험료 등) 및 신변안전(파견기간 중의 질병·부상 및 사망 등의 재해, 범법행위 등에 따른 문제의 해결)은 전적으로 계약상대자의 책임으로 한다.

③ 설치기술자는 공급물품의 설치에 필요한 공구·재료 등을 계약상대자와 협조하여 사전에 준비 확보하여야 한다.

④ 계약상대자는 현지 작업 전에 협력단의 해외사무소 직원(해당 직원이 없는 경우에는 주재공관 직원을 말하며, 이하 같다) 또는 협력단이 지정하는 전문가 및 수원국 책임자의 입회 하에 도착물품의 이상 유무를 확인하는 현지검사를 실시하여야 한다. 만일 도착물품이 분실 또는 파손되었을 경우에는 지체 없이 협력단의 해외사무소를 통하여 협력단에게 통지하여야 한다.

⑤ 설치기술자는 협력단의 해외사무소 직원, 협력단이 지정하는 전문가 및 수원국 책임자의 입회 하에 물품 설치 및 시운전, 최종이용자의 운용에 필요한 교육훈련을 실시하고, 물품설치 및 시운전, 교육훈련의 상세한 결과를 각 입회자의 확인을 받아 협력단에게 제출하여야 한다.

⑥ 계약상대자는 설치기술자의 귀국 후 14일 이내에 결과보고서 2부를 협력단에게 제출하여야 한다. 동 보고서에는 설치기술자의 출장일정, 설치작업 및 운용교육 내용, 물품 설치 및 교육운용 확인서, 효과적인 사후관리를 위한 기술제안, 현장사진, 입·출국 사항 등을 수록하여야 한다.

제75조 (정형거래조건의 해석) 정형거래조건의 해석은 그 당시에 유효한 국제상업회의소(ICC)가 정하는 INCOTERMS에 의한다.

제76조 (기증문구 및 Shipping 마크표시) 계약상대자는 납품물자에 협력단이 정하는 기증문구(또는 공여마크)를, 포장박스에 Shipping마크표식 및 위험(또는 안전)표식 등을 부착해야 한다.

청렴계약특수조건

제 1 조 (목적) 이 청렴계약 특수조건은 한국국제협력단(이하 "협력단"이라한다) 계약담당자와 계약상대자가 체결하는 물품구매·용역·공사계약에 있어 계약일반조건 외에 청렴계약을 위한 내용을 특별히 규정함을 목적으로 한다.

제 2 조 (청렴계약이행 준수의무)

① 협력단의 계약 관계 직원(계약업무담당자, 감독자 등)은 협력단 임직원 윤리실천기준에 의거, 동 계약을 위한 입찰, 계약체결 및 이행이 관계 법령에서 정한 절차에 따라 공정하고 투명하게 이루어지도록 관리·감독에 철저를 기함은 물론 거래상의 우월적인 지위를 이용하여 어떤 형태의 금품이나 향응 등 부당한 이익제공을 요구하거나 받을 수 없으며, 불공정한

거래 조건의 강요나 경영간섭 등 부당한 요구를 해서는 아니 된다. 이를 위반 시에는 징계 등 관계 규정 및 법에 따라 책임을 진다.

② 입찰·계약체결 및 이행과정에 참여하는 모든 업체(기관)의 임직원과 대리인은 입찰, 낙찰, 계약, 계약이행과정에서의 담합 등 일체의 불공정 행위나 관계 직원 및 국제상거래에 있어서 외국공무원에 대한 뇌물방지법상의 외국공무원등(이하 "외국공무원"이라 한다)에게 금품·향응 등 부당한 이익을 제공하지 않고, 이를 위반 시 입찰참가자격 제한, 계약해제 등 동 청렴계약특수조건을 수용하는 "청렴계약이행각서"를 제출한다.

③ 협력단의 전자입찰시스템을 통한 입찰·계약체결 시에는 전자시스템상의 "청렴계약 이행각서"에 전자서명하고, 비전자적 입찰 및 계약체결 시에는 "청렴계약 이행각서(별지 제1호 서식)"를 업체대표자가 서명하여 별도로 제출하여야 하며, 동 각서는 계약문서의 일부가 된다.

제 3 조 (부정당업자의 입찰참가자격 제한 및 입찰보증금 납부)

① 입찰에 참가하는 자가 입찰가격이나 특정인의 낙찰을 위하여 담합 등 불공정 행위를 하였을 때에는 다음 각 호의 1에서 정하는 바에 의하여 입찰참가 제한을 받게 된다.

1. 경쟁입찰에 있어서 특정인의 낙찰을 위하여 담합을 주도한 자는 입찰참가 자격 제한 처분을 받은 날로부터 2년 동안 참가하지 못한다.
2. 경쟁입찰에 있어서 입찰가격을 서로 상의하여 미리 입찰가격협정을 하거나 특정인의 낙찰을 위하여 담합한 경우에는 입찰참가자격 제한 처분을 받은 날로부터 1년 동안 참가하지 못한다.

② 입찰담합 등 불공정행위를 한 경우에는 제1항과 병행하여 독점규제 및 공정거래에 관한 법령에 따라 공정거래위원회에 고발 등 조치를 하는데 일체 이의를 제기하지 않는다.

③ 입찰·낙찰 및 계약체결 또는 계약이행 과정에서 관계 직원 및 외국공무원에게 뇌물을 제공한 경우에는 다음 각 호의 제재조치를 취할 수 있다

1. 입찰 참가자격제한 처분을 받은 날로부터 1년 이상 2년 이하의 기간 동안 입찰참가 제한
2. 입찰참가자격 제한기간 만료 후 2년간은 협력단에서 시행하는 입찰에는 협력단대외무상협력사업에관한조달에관한규정 제36조에 의한 입찰보증금 납부 면제 대상에서 제외
3. 사법기관 및 조달청 통지

④ 제1항 내지 제3항의 규정에 의하여 입찰참가자격을 제한하는 처분을 받은 자는 손해배상을 청구하거나 배제하는 입찰에 관하여 민·형사상 이의를 제기하지 않는다.

제 4 조 (계약해지 등)

① 입찰, 낙찰, 수의 시담, 계약체결 및 계약이행과 관련하여 관계 직원 및 외국공무원에게 뇌물을 제공한 자는 다음 각 호의 1에서 정하는 바에 의하여 당해 계약에 대한 조치를 받는다.

1. 계약체결 이후 사업착수 전의 경우에는 당해 계약을 해제한다. 다만, 사업수행 상 부득이 한 경우에는 그러하지 아니할 수 있다.
2. 계약이행 이후에는 계약의 전부 또는 일부를 해제 또는 해지한다. 다만, 계약대상물의 성격, 진도, 규모, 이행기간 등을 감안하여 부득이한 경우에는 그러하지 아니할 수 있다

② 계약상대자는 제1호 내지 제2호의 규정에 의한 처리에 대하여 민·형사상 일체 이의를

제기하지 않는다.

제 5 조 (기타사항) 계약상대자는 임·직원(하도급업체 포함)과 대리인 등이 관계직원 및 외국공무원에게 뇌물을 제공하거나 담합 등 불공정행위를 하지 않도록 하는 업체윤리강령과 내부비리 제보자에 대하여도 일체의 불이익 처분을 하지 않는 사규를 제정하도록 적극 노력한다.

[별지 제1호 서식] 청렴계약이행각서(비전자적으로 입찰 및 계약체결시 사용)

청렴계약이행각서

□ **용역명 :**

당사의 임직원과 대리인은 표제용역 계약 참여와 관련하여 다음 사항을 확약합니다.

- 다 음 -

1. 당사는 입찰가격의 유지나 특정인의 낙찰을 위한 담합을 하거나 다른 업체와 합의하여 입찰의 자유경쟁을 부당하게 저해하는 일체의 불공정한 행위를 하지 않을 것임.
2. 당사는 「국제상거래에있어서외국공무원에대한뇌물방지법」(제정 : 법률 제5588호, 1998. 12.28 공포)의 내용을 충분히 숙지하고 동법에서 규제하고 있는 사항을 정히 준수하겠음.
3. 당사는 회사 임·직원이 담합 등 불공정 행위 및 협력단 계약관계직원 및 외국공무원에게 뇌물을 제공하지 않고 회사윤리강령과 내부비리 제보자에 대해서도 일체의 불이익처분을 하지 않는 사규를 제정토록 노력하겠음.
4. 당사는 불공정행위, 뇌물제공행위가 확인될 경우 협력단이 다음의 조치를 취하더라도 이의를 제기하지 않겠음.
   가. 입찰참가자격의 제한
   나. 사법기관 및 조달청 통지
   다. 입찰보증금 납부면제대상 제외
   라. 낙찰자 결정 취소
   마. 계약취소, 당해 계약의 전부 또는 일부계약을 해제 또는 해지

20○○년 ○월 ○일

회사명 :

대표자 : (인)

한 국 국 제 협 력 단 귀중

[별지 제2호 서식] 과업내용 변경요청서(SW용역)

<table>
<tr><td>사업명
(추진단계)</td><td colspan="2"></td><td>변경요청일자
및 처리기한</td><td colspan="2"></td></tr>
<tr><td>변경요청 번호</td><td colspan="2"></td><td>변경요청자</td><td colspan="2">인</td></tr>
<tr><td>요구사항 유형</td><td colspan="5">□ 기능요구 □ 성능요구 □ 품질요구 □ 기타 제약사항</td></tr>
<tr><td rowspan="2">과업내용서 관련 사항</td><td colspan="2">기존</td><td colspan="3">변경</td></tr>
<tr><td colspan="2"></td><td colspan="3"></td></tr>
<tr><td>변경요청 내용</td><td colspan="5"></td></tr>
<tr><td>변경요청 사유</td><td colspan="5"></td></tr>
<tr><td>변경 영향평가</td><td colspan="5"></td></tr>
<tr><td rowspan="2">변경 소요비용</td><td>소요비용</td><td></td><td>변경규모</td><td colspan="2"></td></tr>
<tr><td>산출근거</td><td colspan="4"></td></tr>
<tr><td>변경 요청 결과</td><td colspan="3">사업담당자
사업책임자</td><td colspan="2">인
인</td></tr>
<tr><td>의사결정</td><td colspan="5">□ 승 인 □ 기 각</td></tr>
<tr><td>검토의견</td><td colspan="5"></td></tr>
</table>

[별지 제3호 서식] 과업내용관리내역서(SW용역)

<table>
<tr><td>사업명</td><td colspan="8"></td></tr>
<tr><td>요청 번호</td><td>추진 단계</td><td>변경 요청자</td><td>요구사항 유형</td><td>변경 규모</td><td>소요 비용</td><td>변경요청 일자</td><td>처리 기한</td><td>처리일</td></tr>
<tr><td></td><td></td><td></td><td></td><td></td><td></td><td></td><td></td><td></td></tr>
<tr><td></td><td></td><td></td><td></td><td></td><td></td><td></td><td></td><td></td></tr>
<tr><td></td><td></td><td></td><td></td><td></td><td></td><td></td><td></td><td></td></tr>
<tr><td></td><td></td><td></td><td></td><td></td><td></td><td></td><td></td><td></td></tr>
<tr><td></td><td></td><td></td><td></td><td></td><td></td><td></td><td></td><td></td></tr>
<tr><td></td><td></td><td></td><td></td><td></td><td></td><td></td><td></td><td></td></tr>
<tr><td></td><td></td><td></td><td></td><td></td><td></td><td></td><td></td><td></td></tr>
</table>

[서식 189] 공사계약서(건물도장)

건물도장 공사계약서

발주자인 ○○아파트 관리소장(이하 "갑"이라 칭하다)과 시공회사 주식회사 ○○○○(이하 "을"이라 칭한다) 간에 다음과 같이 건물도장공사계약을 체결한다.

제1조【공사명】 ○○아파트 도장공사

제2조【공사금액】 금 ○○○○○○원(부가세 포함)

제3조【공사기간】 20○○년 ○월 ○일부터 20○○년 ○월 ○일까지(　　일간)

제4조【공사방법】 시방서에 의거 "갑"의 감독관의 지시에 순응하며 시공한다.

제5조【공사 대행금지】 "을"은 도급받은 공사의 일부 또는 전부를 제3자에게 양도하여 하도급을 줄 수 없으며 반드시 "을"은 공사현장 책임자를 선정하여 상주시켜 작업하여야 한다.

제6조【납입자재 검수방법】

1. 자재 납품에 있어서는 "갑"에게 예보한 후 반입하되 시방서에 지시된 지정회사 제품과 규격. 수량 등을 "갑"이 지정한 검수원의 검사를 받아야 한다.
2. 물품 검사결과 불합격품은 즉시 반품하며 "갑" 과 "을"이 상의 후 기간 내에 완전 대체하여 재검사를 받아야 한다.
3. 현장에 반입된 자재는 감독관의 승인을 얻어 반출하여 사용하여야 한다.

제7조【피해보상】 "을"의 무성의 또는 고의로 "갑"에게 손해를 끼쳤을 때에 "을"은 그에 따른 상당액의 배상을 "갑"에게 지불한다. 이 경우 "갑"은 공사대금이 지불될 금액에서 공제할 수 있다.

제8조【공사중지 등】 "갑"은 아래와 같은 사유가 발생시 공사중지 요구 또는 해약할 수 있다.

1. 소정 기일 내에 착공하지 않을 때
2. 납품한 물품이 "갑"이 제시한 견본 또는 시방서에 적합하지 않을 때
3. "을"의 사용인이 부정행위가 있을 때
4. "을"의 본 계약을 이행할 수 없다고 "갑"이 인정할 때
5. "을"의 무성의 또는 고의로 예정공정 또는 기간 내에 준공이 불가능하다고 인정될 때
6. 자재 및 기구의 사용방법, 관리방법이 불량하고 훼손율이 높고 시공이 조잡할 때
7. "갑"의 감독관의 지시, 감독에 순응하지 않을 때

제9조【공사금액의 변경 및 해약】 "을"은 공사계약체결 후 견적계산, 착오, 물가품귀, 소요사용량 효과 등 사유로 공사금액 변경 및 해약을 요구할 수 없다(단, 천재지변 및 기타 불가항력적인 경우는 제외).

제10조【지체배상금 징수】 "을"이 소정기간까지 공사를 완료하지 못할 시(단, 천재지변 및 기

타 불가항력의 요인으로 지체될 때는 그러하지 아니한다))에는 지체상금으로 매일 3/1000에 해당하는 금액을 "갑"에게 배상하기로 한다.

제11조【채권양도금지】 "을"은 "갑"의 승인없이 본 계약에 관한 채권을 제3자에게 양도하거나 담보의 목적으로 제공할 수 없다.

제12조【공사비 지불방법】

1. 전체 작업 공정의 20% 진척시 10% 지불
2. 전체 작업 공정의 40% 진척시 30% 지불
3. 전체 작업 공정의 70% 진척시 30% 지불
4. 준공 후 1주일 이내(준공승인 득한 후) 30%(잔금) 지불

제13조【하자보수기간】

1. "을"은 공사 완료 후 즉시 공사 금액의 5/100 상당한 금액을 현금 또는 보증보험증권을 "갑"에게 예치하고 하자보수기간은 1년으로 한한다(건설공제조합 보증서도 가능함).
2. 계약보증금은 10/100에 상당하는 현금 또는 은행지급보증으로 "갑"에게 예치한다.

제14조【하자보증금 처리】 "을"은 하자보증금 기간 중 하자에 대한 책임보수를 이행하지 아니할 때에는 보증금의 일부 또는 전부는 "갑"에게 귀속한다(단, 천재지변 및 기타 불가항력일 경우에는 그러하지 않는다).

제15조【산재보험 가입】 "을"은 본 공사를 계약과 동시에 산업재해보험을 가입하여야 하며, "을"은 공사 중 발생한 재해 및 인사사고에 대하여도 민,형사상의 모든 책임을 진다.

제16조【기타 조건】 본 계약서에 명시되지 않은 모든 사항은 "갑", "을"이 합의하에 처리한다.

본 계약 체결을 증명하기 위하여 본 계약서 2통을 작성하여 각각 서명(또는 기명) 날인한 후 "갑"과 "을"이 각각 1통씩 보관한다.

20○○년 ○월 ○일

갑	㊞	주민등록번호		주 소	
				전화번호	
을	㊞	사 업 자 등 록 번 호		사 무 소	
				전화번호	

[서식 190] 운반도급계약서(레미콘)

건설레미콘 운반도급계약서

수원메이저㈜ 안양공장 공장장 홍길동(이하 "갑"이라 칭한다)과 (이하 "을"이라 함)간에 "갑"이 출하하는 레미콘의 운반에 관하여 다음과 같이 계약을 체결한다.

제 1 조【계약의 목적】 "을"은 "갑"의 출하 요청에 따라 자신이 보유한 레미콘 트럭(이하 "차량"이라 한다)으로 "갑"이 출하하는 레미콘을 신의와 성실을 다하여 "갑"의 수요자(처)에게 신속, 정확하게 운반, 공급함을 목적으로 한다.

제 2 조【계약의 범위】

1. "갑"의 공장에서 출하되는 레미콘의 운반
2. "갑"의 요청에 의한 수원메이저㈜의 타 공장 지원
3. 기타 본 계약에 명시된 사항 및 운반업무 수행에 따른 일체의 부대사항

제 3 조【"을"의 책임과 의무】

1. "을"은 "갑"의 출하 요청에 따라 물품을 소정의 목적지까지 안전하게 운송하여야 한다.
2. "을"은 차량에 대한 사전 점검 및 예방수리를 철저히 하여 레미콘 운반도급 업무에 지장이 없도록 하여야 한다.
3. "을"은 "갑"이 정하는 절차와 방법에 따라 성실한 자세로서 레미콘을 운송하고, 운송장소, 운송거리, 운송물량, 운송시간 등 "갑"의 운송요청에 정당한 이유없이 불응하여서는 아니되며 "갑"에게 손해를 끼쳐서는 아니된다.
4. 본 계약수행 중 "갑"의 책임없이 "을"로 인하여 발생하는 모든 사고, 재해 및 위법사항에 대한 민·형사상의 책임은 "을"이 부담한다.
5. "을"은 책임보험과 대인, 대물사고에 대한 종합보험에 필히 가입하여야 하며 보험가입증명서 사본을 계약과 동시에 "갑"에게 제출하여야 한다.
6. "을"은 본인이 직접 차량을 운행하여야 하며 부득이한 사유가 있을 때에는 "갑"의 사전 승인하에 일정기간 대리운전을 시킬 수 있다.
7. "을"은 제3자를 운전원으로 채용할 수 있고 제3자의 운반비 등 제비용은 "을" 이 전적으로 부담하며 제3자로 하여 운행하게 할 때에는 "갑"의 사전승인하에 일정기간 운행하게 할 수 있다. 이때 "갑"은 제3자의 자격과 기능이 이 업무에 적합한자의 여부를 판단한다.
8. 대리운전원, 제3자 운행은 그 운전자가 "을"과 동일한 책임과 의무를 부담한다.

제 4 조【운반단가 및 운반비 지급】 운반차량의 기준운반단가는 다음과 같다.

1. 운반단가 : 기본단가 1㎥당 금 ○○○○원
2. "을"은 매월 말일마다 마감하여 다음날 5일 이내에 세금계산서를 발행하여 청구하고, "갑"은 이를 확인한 후 다음달 10일에 대금을 지급한다.
3. 1회 운반물량이 6㎥ 이하일 경우는 계산물량을 6㎥로 하여 운반비를 지급한다.

4. 운반현장별 거리(㎞)는 "갑"이 측정한 기본거리를 기준으로 한다.
5. "을"이 "갑"의 타 공장을 지원할 시 운반비 책정은 "을"의 소속공장과 피 지원 공장의 운반단가 중 높은 쪽의 단가를 적용하며, 차량 이동시 발생하는 유류비, 통행료 및 숙박비 등은 실비로 계산하여 "갑"이 부담한다.

제 5 조 【 비용부담 】

1. "을"은 본 계약을 수행함에 따라 발생하는 일체의 비용(각종 보험료, 부가세, 소득세 등 제세공과금, 유류비, 범칙금, 타이어비용 등 일체)을 부담하며 모든 관리는 "을"의 독자적인 계산하여 운영한다.
2. 다음의 경우에 한하여 발생비용을 "갑"이 부담한다.
   가. 수요처 현장의 주차위반 및 통행금지구역 주행 시 발생한 범칙금
   나. 수요처 현장사정에 의한 차량 침하 등의 비용("을"의 귀책사유는 제외함)
3. "을"은 제법규 및 행정지시에 의한 차량검사 및 교육훈련에 당연히 참가하여야 하며 이로 인한 비용은 "을"이 전적으로 부담한다.

제 6 조 【 손해배상 】

1. "을"이 "갑"의 운반요청에 따른 제반주의를 소홀히 하거나 차량에 대한 정비 불량 등 운행에 필요한 준비 부족으로 인하여 제품이 반송되거나 불량품이 발생하였을 시는 그 손해액을 "을"이 부담해야 한다. 단, "갑"의 제품이 불량품이었다고 판명되거나, 수요처의 현장사정 및 과다배차에 기인할 경우는 제외한다.
2. 폐 레미콘 발생시 "을"은 즉시 "갑"에게 통보하여 조치를 받아야 하며, 통보 및 폐기처리 지연으로 인하여 발생된 손해액은 "을"이 부담한다.
3. "을"의 고의, 과실 또는 해태 등으로 인하여 레미콘 출하에 지장을 초래함으로써 "갑"의 손해 및 영업상의 손실이 발생하였을 시는 손해액을 "을"이 부담한다.
4. 위 각호에 해당하는 손해액 산출방법은 아래 각 호와 같다.
   가. 손해액이 명확할 때 : 손해액 전액을 적용함.
   나. 손해액이 명확하지 않을 때
      ① 출하가 중단된 경우: "을"의 귀책사유로 인하여 출하가 중단된 기간 중의 기간 중의 물량을 중단 직전 1개월 동안의 일평균 물량으로 추정하여 산출한 후 평균 판매단가를 적용함.
      ② 일부 출하가 진행된 경우 : 전월 일평균물량에 당해기간의 일수 곱하여 산출한 달성 가능물량과 당해기간의 실제 운반물량의 차이물량에 평균 판매단가를 적용함.
5. "을"이 "갑"에게 손해배상을 하여야 할 사유가 발생하였을 시는 "을"에게 지급할 운반비 중에서 우선 공제한다.

제 7 조 【 금지사항 】

1. "을"은 "갑"의 사전 동의 없이 본 계약의 권리와 의무를 제3자에게 양도하거나 이 계약서상의 권리를 제한하게 할 수 없다.
2. "을"은 "갑"의 레미콘 운송물량이 부족하여 소득이 현저하게 감소할 경우에는 "갑"의 사전협의 및 동의를 얻어 독자적으로 운송물량을 개척하여 사업을 영위할 수 있다.

제8조【계약기간】 본 계약의 기간은 20○○년 5월 1일부터 20○○년 4월 30일까지로 하며 만료 시 "갑"과 "을"간에 이의가 없을 때에는 1년 단위로 계약이 자동 연장된 것으로 본다.

제9조【계약변경】 본 계약의 내용에 대하여 "갑"과 "을" 상호간에 변경 및 수정의 필요성이 있다고 인정할 때는 쌍방이 충분히 협의한 후 문서에 의해서만 할 수 있다.

제10조【계약해지】 "갑"은 "을"이 본 계약을 성실히 수행하지 않거나 위약하였을 경우 5일의 기한을 주는 1회의 최고를 거쳐 본 계약을 해지할 수 있으며 이에 대하여 하등의 이의를 제기할 수 없다.

1. "갑"은 "을"의 다음사항에 대하여 운반계약 해지를 할 수 있다.
   가. 운송장소, 운송거리, 운송물량, 운송시간 등 "갑"의 운송요청에 정당한 이유없이 운행을 거부하여 레미콘 출하에 지장을 초래하는 경우
   나. 현장에서 거래처 상대방에게 금품을 수수하거나 회사의 지시없이 회차하는 경우
   다. 현장에서 거래처 상대방에게 폭력 및 타설조작 거부 등 불미스러운 행동을 하여 회사에 피해를 주었을 경우
   라. 도박, 음주, 고성방가, 폭행 등 계약자로서의 풍기를 문란하게 하는 경우
   마. 운행종료 후 공장 구내에 폐수나 쓰레기를 방류하는 경우
   바. "갑"의 사전 승인 없이 대리운전이나 제3자로 운전하게 하는 경우
   사. 레미콘출하에 지장을 주는 제반 행위를 위한 타계약자 선동 및 담합 행위
   아. 교통사고나 기타의 형사사건으로 구속되어 운송을 위한 면허가 취소되었을 경우
   자. 기타 "을"이 본 계약상의 책임과 의무를 이행하지 않거나 약정을 위반 하였을 경우 (단, 위 사. 아. 항목은 최고 없이 운반계약 해지를 할 수 있다)
2. "을"은 "갑"의 다음사항에 대하여 운반계약 해지를 할 수 있다.
   가. "을"이 성실한 운행을 하였음에도 불구하고 수원메이저㈜가 운반비를 지급하지 않았을 때
   나. "갑"이 정당한 사유없이 조출 및 야간운행, 장거리물량 및 소량물량출하 배차순서 등의 고의적 순서조작으로 타 운반계약자들과 다른 불공평한 대우를 할 경우
   다. 기타 "갑"이 본 계약상의 약정을 위반하였을 경우

제11조【이행보증】 "을"은 본 계약이행을 보증하기 위하여 보증보험회사에서 발행하는 이행(계약)보증보험증권을 "갑"에게 계약시점으로부터 1주일 이내에 제출하여야 한다.

제12조【기타사항】 본 계약에 명시되지 않은 사항에 대해서는 일반 상관례에 준하며, 조문해석에 의견이 있을 경우에는 "갑"과 "을"이 상호 협의하여 결정한다.

본 계약을 증하기 위하여 계약서 2부를 작성하여 각각 서명(또는 서명) 날인한 후 "갑"과 "을"이 각각 1통씩 보관한다.

20○○년 ○월 ○일

갑	㊞	사 업 자 등 록 번 호		사 무 소	
				전화번호	
을	㊞	사 업 자 등 록 번 호		사 무 소	
				전화번호	

[서식 191] 계속적 공사하청계약서

계속적 공사하청계약서

시공업자 주식회사 ○○○○(이하 "갑"이라 칭한다)와 하청업자 ○○ 주식회사(이하 "을"이라 칭한다)는 상호간에 다음과 같이 계속적 공사하청계약을 체결한다.

제1조【목 적】 본 계약은 "갑"이 시공하는 공사에 대하여 "을"이 수행하는 부분의 작업의 하청을 본 계약기간동안 지속적으로 "을"에게 하청하는 것과 관련된 사항의 협의를 정함을 목적으로 한다.

제2조【대상작업】

1. "갑"은 "을"이 사업을 영위하는 ○○○○공사의 수주가 있을 시 우선적으로 "을"에게 당해 공사의 하청을 의뢰한다.
2. "을"은 "갑"의 공사에 대하여 "을"이 수행하는 여타의 공사수주보다 우선적으로 작업기일의 준수 등의 선순의 진행을 하도록 하여야 한다.

제3조【결제조건 】

1. "갑"은 원칙적으로 "을"에 대한 공사대금의 결제를 원칙적으로 현금결제를 하도록 한다.
2. 당사자 쌍방은 어음결제는 하지 아니하는 것으로 하되 하청금액이 금 ○○○원(₩○○○)을 초과하는 경우에는 70%는 현금으로 30%는 어음으로 결제할 수 있다.

제4조【작업점검】

1. "갑"은 하청공사 수행도중 수시로 "을"의 작업장을 방문하여 작업의 원활한 진행상황을 점검할 수 있으며 "을"은 이에 적극 협력하여야 한다.
2. 작업의 점검도중 미흡한 사항이나 기타 수정되어야 할 사항이 있을 시 "갑"은 즉시 "을"에게 해당 작업의 수정을 요구하고 "을"은 이를 반영하여야 한다. 다만, "을"의 전문적 관점에서 당해 지시가 부실을 가져오거나 기타의 하자의 위험이 있는 경우에는 이를 "갑"에게 고지하여 상호 협의하도록 한다.

제5조【개별계약】 당사자 쌍방은 본 계약 기간동안 상호간에 수주되는 작업에 따른 개별 하청업무마다 당해 계약서를 작성하기로 하되 별도의 계약서를 작성하지 아니하는 경우에는 본 계약서에 따르기로 한다.

제6조【결제방법】

1. "갑"은 공사의 하청에 있어서 하청시 총 하청대금의 ○○%를 선지급하고 공사의 완료 후에 잔금을 지급하기로 한다.
2. 제1항의 공사기간이 ○개월을 초과하는 경우에는 별도의 대금지급 사항을 상호 협의하여 결정하며 원칙적으로 "갑"의 기성금 수급 단계와 동일하게 "을"에게 결제가 이루어지도록 한다.

제7조【사정변경】

1. 당사자 사이의 거래관계 지속 도중에 시장상황의 급격한 변화로 인하여 기존의 거래조건의 변경이 필요할 경우 상호간의 협의에 의하여 변경할 수 있다.
2. 계약의 유효기간이라도 "을"이 "갑"에 대하여 신의에 어긋나는 행위를 하여 "갑"의 회사 이미지를 훼손한 경우 또는 "갑"의 소속원이나 시설물에 대한 손해를 발생하게 한 경우에는 "갑"은 본 계약의 효력상실을 서면으로 통지한다.

제8조【유효기간】

1. 본 계약의 유효기간은 20○○년 20○○월 ○일부터 20○○년 ○월 ○일로 한다.
2. 제1항의 기간만료일부터 ○일 이전에 어느 일방의 계약종료 통지가 없는 한 계약은 동일 조건으로 매 ○년씩 자동연장되는 것으로 한다.

제9조【해 지】

1. 당사자 일방에 대하여 다음 각 호의 사유가 발생할 시 상대방은 즉시 계약을 해지할 수 있다.
   가. 일방에 대하여 가압류, 가처분, 경매 등의 사업의 불투명 사유가 발생할 시
   나. 일방에 대하여 파산, 회사정리, 화의신청 등의 사업 불가능 사유가 발생할 시
2. 당사자 일방에 대하여 다음 각 호의 사유가 발생할 시 상대방은 ○○일 이상의 시정기간을 두고 사유를 명시하여 시정을 최고하며, 그럼에도 불구하고 시정이 이루어지지 아니할 시 즉시 계약의 해지를 통지한다.
   가. 일방이 본 계약상의 의무 이행을 하지 아니한 때
   나. 일방이 본 계약상의 명시된 규정 이외에 상대방 회사의 명예를 손상시키는 행위를 하였을 때
   다. 일방의 회사재정의 급격한 악화를 인지하고 이에 대한 해명요구에 불응한 때

제10조【기타사항】

1. 계약의 당사자는 본 계약의 내용을 신의성실에 의거하여 준수하여야 한다.
2. 계약기간 중 계약의 변경은 당사자의 서면 합의에 의해서만 변경될 수 있으며 서명(또는 기명)날인 된 문서를 본 계약서의 말미에 첨부한다.
3. 본 계약서에서 명시되지 않은 부분에 대하여는 관련 법규 및 상관습에 따르기로 한다.

제11조【분쟁해결】 본 계약과 관련하여 양 당사자 간의 분쟁이 발생한 경우, 원칙적으로 "갑"

과 "을" 상호간의 합의에 의해 해결한다.

제12조【특약사항】 상기 계약일반사항 이외에 "갑"과 "을"은 아래 내용을 특약사항으로 정하며, 특약사항이 본문과 상충되는 경우에는 특약사항이 우선하여 적용된다.

위와 같이 본 계약이 유효하게 성립하였음을 증명하기 위하여 본 계약서 2통을 작성하여 각각 서명(또는 기명) 날인한 후 "갑"과 "을"이 각각 1통씩을 보관한다.

20○○년 ○월 ○일

갑	㊞	사 업 자 등 록 번 호		사 무 소	
				전화번호	
을	㊞	사 업 자 등 록 번 호		사 무 소	
				전화번호	

[서식 192] 공사계약서(장비교체)

장비교체설치공사계약서

편의상 주식회사 ○○ 관리인 ○○○(이하 "갑"이라 칭한다)와 ○○○○기공 대표 ○○○(이하 "을"이라 칭한다) 간에 다음과 같이 장비교제설치공사계약을 체결한다.

제1조【명 칭】 주식회사 ○○ 포항 제1공장의 교체설치작업 명칭은 다음 각 호와 같다.

1. 제4호 전기로 노체후렘 해체, 제작, 설치작업
2. 제4호 전기로 스커트 해체, 제작, 설치작업
3. 제4호 전기로 노내슈트 교체작업

제2조【공사범위】 교체설치작업의 세부지침은 다음과 같다.

1. 노체후렘
   가. 설계도면 시방서에 의거하여 제작함
   나. 제작완료된 후렘은 3분할하여 작업장소(4호기 2층 설치할 장소)에 납품함

다. 문짝 내화몰탈작업은 운반도중 파손 등을 감안하여 현장 작업장소에서 작업하여 설치 전일까지 건조 마감되어야 함
라. 해체된 기 후렘재는 지정된 장소에 처리하여야 함
마. 납품 전에 은분 도포하되 현장용접, 절단부위 등에 2차 부분 도포하여야 함
바. 설치완료 후 통수, 누수 시험하되 이상시 즉시 보정하여야 함
사. 상기의 작업이 완료되면 작업장 주변에 청소와 부수작업공구, 자재를 원위치에 처리하여야 함

2. 스커트
가. 철판은 전용접으로 함
나. 앵글 등의 보강재는 지그재그 용접을 하여야 함
다. 상하 분할부분과 상부 스라브 접촉부위, 하부에 현장에서 볼트체결 작업을 할 수 있게 미리 볼트홀 작업이 되어 있어야 함
라. 3분할하여 작업장소에 납품, 설치함
마. 설치 후 은분을 1회 도포함
바. 해체된 기 스커트재는 지정된 장소에 폐기함
사. 작업완료 후 주변청소를 깨끗이 함

3. 노내슈트
가. 마모상태가 비교적 원만한 위치에서 절단하여 신자재를 용접 접합하고 구자재와 신자재의 용접부위를 보강하기 위하여 3개소에 보강재를 설치함
나. 해체된 기 노내슈트는 지정한 장소에 처리함

제3조【공사금액】 금 ○○○○○○원(부가가치세 별도)

제4조【대금지불방법】 계약시 ○○%(현금), 검수완료 후 당사가 지불(○○%)

제5조【공사일자】 본 계약체결 후 ○○일 이내

제6조【사용자재】 본 공사에 필요한 자재는 K.S품으로 시급하되 누락되거나 부족한 자재는 '갑'에게 즉시 통보하여 조치를 취하도록 한다.

제7조【검 사】 "을"의 작업에 대한 검사는 "갑"의 검수보고서로 한다.

제8조【하자보증】 "을"은 공사완료 후 설비에 이상이 없어야 하며 이상 발생시에는 작업의 대소를 막론하고 즉시 보수(변상)하여야 한다. 단, 하자보증기간은 검수보고서 작성일로부터 ○년으로 하며, 하자보증은 공사금액의 ○○%에 해당하는 하자이행보증을 "갑"에게 제출한다.

제9조【재해보상】
1. "을"은 본 공사현장에서 발생하는 모든 인적, 물적 사고 및 훼손일체에 대한 책임을 져야 하며, "갑"에게 끼친 손해는 대소를 막론하고 보상하여야 한다.
2. "을"은 산재보험에 가입하여야 하며 보험증서를 "갑"에게 제출하여야 한다.

제10조【관례의 준용】 본 계약체결로 "갑", "을"간의 이의가 있을 때는 "갑"의 해석과 일반상관례에 준한다.

본 계약을 증명하기 위하여 계약서 2부를 작성하여 각각 서명(또는 기명) 날인 한 후 각각 1부씩 보관한다.

20○○년 ○월 ○일

갑	㊞	사 업 자 등 록 번 호		사 무 소	
				전화번호	
을	㊞	주민등록번호		주 소	
				전화번호	

[서식 193] **운반도급계약서**(건설레미콘)

건설레미콘 운반도급계약서

주식회사 ○○○○(이하 "갑"이라 한다)와 ○○○주식회사(이하 "을"이라 한다)간에 "갑"이 출하하는 레미콘의 운반에 관하여 다음과 같이 계약을 체결한다.

제1조【계약의 목적】 "을"은 "갑"의 출하 요청에 따라 자신이 보유한 레미콘트럭(이하 "차량"이라 한다)으로 "갑"이 출하하는 레미콘을 신의와 성실을 다하여 "갑"의 수요자(처)에게 신속, 정확하게 운반, 공급함을 목적으로 한다.

제2조【계약의 범위】

1. "갑"의 공장에서 출하되는 레미콘의 운반
2. 기타 본 계약에 명시된 사항 및 운반업무 수행에 따른 일체의 부대사항

제3조【"을"의 책임과 의무】

1. "을"은 "갑"의 출하요청에 따라 물품을 소정의 목적지까지 안전하게 운송하여야 한다.
2. "을"은 차량에 대한 사전 점검 및 예방수리를 철저히 하여 레미콘 운반도급 업무에 지장이 없도록 하여야 한다.
3. "을"은 "갑"이 정하는 절차와 방법에 따라 성실한 자세로서 레미콘을 운송하고, 운송장소, 운송거리, 운송물량, 운송시간 등 "갑"의 운송요청에 정당한 이유없이 불응하여서는 아니되며 "갑"에게 손해를 끼쳐서는 아니 된다.
4. 본 계약수행 중 "갑"의 책임없이 "을"로 인하여 발생하는 모든 사고, 재해 및 위법사항

에 대한 민·형사상의 책임은 "을"이 부담한다.

5. "을"은 책임보험과 대인, 대물사고에 대한 종합보험에 필히 가입해야 하며 보험가입증명서 사본을 계약과 동시에 "갑"에게 제출하여야 한다.
6. "을"은 본인이 직접 차량을 운행하여야 하며 부득이한 사유가 있을 때에는 "갑"의 사전 승인하에 일정기간 대리운전을 시킬 수 있다.
7. "을"은 제3자를 운전원으로 채용할 수 있고 제3자의 운반비 등 제비용은 "을"이 전적으로 부담하며 제3자로 하여 운행하게 할 때에는 "갑"의 사전 승인 하에 일정기간 운행하게 할 수 있다. 이때 "갑"은 제3자의 자격과 기능이 이 업무에 적합한자의 여부를 판단하다.
8. 대리운전원, 제3자 운행은 그 운전자가 "을"과 동일한 책임과 의무를 부담한다.

제 4 조【운반단가 및 운반비 지급】 운반차량의 기준운반단가는 다음과 같다.

1. 운반단가 : 기본단가 1㎥당 ○○○원
2. "을"은 매월 말에 월 마감하여 다음달 5일 이내에 세금계산서를 발행하여 청구하고, "갑"은 이를 확인한 후 다음달 10일에 대금을 지급한다.
3. 1회 운반물량이 6㎥이하일 경우는 계산물량을 6㎥로 하여 운반비를 지급한다.
4. 운반현장별 거리(㎞)는 "갑"이 측정한 기본거리를 기준으로 한다.
5. "을"이 "갑"의 타 공장을 지원할 시 운반비 책정은 "을"의 소속공장과 피지원 공장의 운반단가 중 높은 쪽의 단가를 적용하며, 차량 이동시 발생하는 유류비, 통행료 및 숙박비 등은 실비로 계산하여 "갑"이 부담한다.

제 5 조【비용부담】

1. "을"은 본 계약을 수행함에 따라 발생하는 일체의 비용(각종 보험료, 부가세, 소득세 등 제세공과금, 유류비, 범칙금, 타이어비용 등 일체)을 부담하며 모든 관리는 "을"의 독자적인 계산하여 운영한다.
2. 다음의 경우에 한하여 발생비용을 "갑"이 부담한다.
   가. 수요처 현장의 주차위반 및 통행금지구역 주행시 발생한 범칙금
   나. 수요처 현장사정에 의한 차량침하 등의 비용("을"의 귀책사유는 제외함)
3. "을"은 제법규 및 행정지시에 의한 차량검사 및 교육훈련에 당연히 참가하여야 하며 이로 인한 비용은 "을"이 전적으로 부담한다.

제 6 조【손해 배상】

1. "을"이 "갑"의 운반요청에 따른 제반주의를 소홀히 하거나 차량에 대한 정비불량 등 운행에 필요한 준비 부족으로 인하여 제품이 반송되거나 불량품이 발생하였을 시는 그 손해액을 "을"이 부담해야 한다. 단, "갑"의 제품이 불량품으로 판명되거나, 수요처의 현장사정 및 과다 배차에 기인할 경우는 제외한다.
2. 폐 레미콘 발생시 "을"은 즉시 "갑"에게 통보하여 조치를 받아야 하며, 통보 및 폐기처리 지연으로 인하여 발생된 손해액은 "을"이 부담한다.
3. "을"의 고의, 과실 또는 해태 등으로 인하여 레미콘 출하에 지장을 초래함으로써 "갑"의 손해 및 영업상의 손실이 발생하였을 시는 손해액을 "을"이 부담한다.
4. 위 각 호에 해당하는 손해액 산출방법은 아래 각 호와 같다.

가. 손해액이 명확할 때 : 손해액 전액을 적용함.
나. 손해액이 명확하지 않을 때
(1) 출하가 중단된 경우 : "을"의 귀책사유로 인하여 출하가 중단된 기간 중의 물량을 중단직전 1개월 동안의 일평균 물량으로 추정하여 산출한 후 평균 판매단가를 적용함.
(2) 일부출하가 진행된 경우 : 전월 일평균물량에 당해기간의 일수 곱하여 산출한 달성 가능물량과 당해기간의 실제 운반물량의 차이물량에 평균 판매단가를 적용함.

5. "을"이 "갑"에게 손해배상을 하여야 할 사유가 발생하였을 시는 "을"에게 지급할 운반비 중에서 우선 공제한다.

제7조【금지사항】
1. "을"은 "갑"의 사전 동의없이 본 계약의 권리와 의무를 제3자에게 양도하거나 이 계약서상의 권리를 제한하게 할 수 없다.
2. "을"은 "갑"의 레미콘 운송물량이 부족하여 소득이 현저하게 감소할 경우에는 "갑"의 사전협의 및 동의를 얻어 독자적으로 운송물량을 개척하여 사업을 영위할 수 있다.

제8조【계약기간】 본 계약의 기간은 20○○년 ○월 ○일부터 20○○년 ○월 ○일까지로 하며 만료 시 "갑" 과 "을"간에 이의가 없을 때에는 1년 단위로 계약이 자동 연장된 것으로 본다.

제9조【계약변경】 본 계약의 내용에 대하여 "갑"과 "을" 상호간에 변경 및 수정의 필요성이 있다고 인정할 때는 쌍방이 충분히 협의한 후 문서에 의해서만 할 수 있다.

제10조【계약해지】 "갑"은 "을"이 본 계약을 성실히 수행하지 않거나 위약하였을 경우 5일의 기한을 주는 1회의 최고를 거쳐 본 계약을 해지할 수 있으며 이에 대하여 하등의 이의를 제기할 수 없다.
1. "갑"은 "을"의 다음사항에 대하여 운반계약 해지를 할 수 있다.
가. 운송장소, 운송거리, 운송물량, 운송시간 등 "갑"의 운송요청에 정당한 이유없이 운행을 거부하여 레미콘출하에 지장을 초래하는 경우
나. 현장에서 거래처 상대방에게 금품을 수수하거나 회사의 지시없이 회차하는 경우
다. 현장에서 거래처 상대방에게 폭력 및 타설조작 거부 등 불미스러운 행동을 하여 회사에 피해를 주었을 경우
라. 도박, 음주, 고성방가, 폭행 등 계약자로서의 풍기를 문란하게 하는 경우
마. 운행종료 후 공장구내에 폐수나 쓰레기를 방류하는 경우
바. "갑"의 사전 승인 없이 대리운전이나 제3자로 운전하게 하는 경우
사. 레미콘 출하에 지장을 주는 제반 행위를 위한 타계약자 선동 및 담합 행위
아. 교통사고나 기타의 형사사건으로 구속되어 운송을 위한 면허가 취소 되었을 경우
자. 기타 "을"이 본 계약상의 책임과 의무를 이행하지 않거나 약정을 위반 하였을 경우
* 단, 위 사. 아. 항목은 최고 없이 운반계약 해지를 할 수 있다.
2. "을"은 "갑"의 다음 사항에 대하여 운반계약 해지를 할 수 있다.
가. "을"이 성실한 운행을 하였음에도 불구하고 "갑"이 운반비를 지급하지 않았을 때

나. "갑"이 정당한 사유없이 조출 및 야간운행, 장거리물량 및 소량물량출하 배차순서 등의 고의적 순서조작으로 타 운반계약자들과 다른 불공평한 대우를 할 경우
다. 기타 "갑"이 본 계약상의 약정을 위반하였을 경우

제11조【이행보증】 "을"은 본 계약이행을 보증하기 위하여 보증보험회사에서 발행하는 이행(계약)보증보험증권을 "갑"에게 계약시점으로부터 1주일 이내에 제출하여야 한다.

제12조【기타사항】 본 계약에 명시되지 않은 사항에 대해서는 일반 상관례에 준하며, 조문해석에 의견이 있을 경우에는 "갑"과 "을"이 상호 협의하여 결정한다.

본 계약을 증하기 위하여 이 계약서 2부를 작성하여 각자 서명(또는 기명) 날인한 후 각각 1통씩 보관한다.

20○○년 ○월 ○일

갑	㊞	사 업 자 등 록 번 호		사 무 소	
				전화번호	
을	㊞	사 업 자 등 록 번 호		사 무 소	
				전화번호	

[서식 194] 계약조건(공사하도급)

계 약 조 건

제1조【하도급자】

1. "을"은 이 계약조건과 설계도면, 시방서, 현장설명서 및 공정계획표 등에 의하여 계약기간 내에 공사를 완성하여야 한다.
2. "을"은 계약체결 후 5일 이내에 공사착공계, 공사계획서 등을 "갑"에게 제출하여 그 승인을 받아야 한다.
3. "을"은 근로기준법, 산업재해보상보험법 및 기타 법령에 규정된 사업주 또는 사용자로서의 책임을 지며 관계법령에 규정된 보상금 이외의 비용을 부담하고 시공 중에 발생하는 민, 형사상의 제반문제를 책임진다.
4. "을"은 공사를 시공함에 있어 "을"의 책임있는 사유로 제3자에게 미친 손해에 대하여 그 배상책임을 진다.

제2조【재하도급 금지】"을"이 하도급 받은 공사의 전부 또는 일부를 제3자에게 재하도급할 수 없다.

제3조【권리·의무의 양도금지】

1. "을"은 이 계약으로부터 발생하는 권리 또는 의무를 제3자에게 양도 또는 승계시킬 수 없다.
2. "을"은 공사목적물 또는 공사현장에 반입하여 검사완료된 공사자재를 제3자에게 양도하거나 대여 또는 담보목적물에 제공할 수 없다.

제4조【공사의 이해보증】"을"은 이 계약의 이행을 보증하기 위하여 계약체결과 동시에 계약금액의 100분의 10 이상이 해당하는 현금 또는 이에 상당하는 유가증권, 이해보증보험증권 등으로서 "갑"이 인정하는 증권 또는 증서를 "갑"에게 예치하여야 한다.

제5조【현장대리인】

1. "을"은 공사 현장대리인을 선정하여 "갑"에게 통지하고 대리인을 현장에 상주하여 공사에 관한 모든 책임을 진다.
2. "갑"은 "을"의 현장대리인이나 "을"의 사용자가 공사수행상 부적당하다고 인정될 때에는 "을"에게 이들의 교체를 명할 수 있고 "을"은 이에 응하여야 한다.

제6조【공사재료】

1. 공사재료는 "갑"의 검사에 합격된 것을 사용하여야 한다.
2. 검사결과 불합격된 공사재료는 지체 없이 공사현장으로부터 이를 반출하여야 한다.
3. 공사재료 중 시방서 등에 품질이 명시되어 있지 아니한 것은 "갑"이 인정하는 최상급의 것을 사용하여야 한다.

제7조【지급재료, 대여품】

1. "을"은 지급재료 또는 대여품에 대하여 선량한 관리자로서의 의무를 보관 또는 사용하여야 하며 고의 또는 과실에 의한 감소 또는 파손이 있을 경우에는 "을"이 배상책임을 진다.
2. 사용하고 남은 지급재료는 설계도서에 명시되어 있지 아니한 때에는 "갑"의 지시에 따른다.
3. 공사내용의 변경으로 말미암아 사용할 수 없게 된 지급재료 또는 사용완료된 대여품은 지체 없이 "갑"에게 반환하여야 한다.

제8조【공사의 변경】"갑"은 공사내용을 변경 또는 추가할 수 있으며 "을"은 시공도중 다소의 증감에 대하여는 정식 설계변경으로 증감이 생기지 않는 한 당초 내용대로 시공하여야 한다.

제9조【준공검사】

1. "을"은 공사를 완료한 준공계를 "갑"에게 제출하고 "갑"의 준공검사를 받아야 한다.
2. 전항의 검사에 합격하지 못한 때에는 "을"은 지체 없이 이를 보수 또는 개수하여 "갑"의 검사를 다시 받아야 한다.

제10조【기성지불방법】

1. "을"은 공사의 기성부분 검사 또는 준공검사에 합격한 때에는 도급대금의 지급을 "갑"

에게 청구할 수 있다.

2. "을"은 매월 말 기준 기성부분 검사요청을 할 수 있으며 그 기성부분에 대한 대가의 100분의 90 이내에서 지급한다. 단, 준공불은 준공정산 후 지불한다.
3. 기성부분의 공사대금지불은 "갑"의 현지에서 지급한다.

제11조【 선급금의 지불방법 】

1. "갑"은 공사집행을 원활하게 하기 위하여 "을"의 청구에 의하여 계약금액의 ○% 이내에서 선급금을 지급할 수 있다.
2. 제1항의 규정에 의하여 "을"이 선급금을 신청하고자 할 때에는 "을"은 선급금 사용계획서, 지급보증서(은행의 지급보증서) "갑"을 피보험자로 한 이행보증보험보증을 "갑"에게 제출하여야 한다.
3. "을"은 수령한 선급금을 당해공사 이외의 타용도에 사용할 수 없으며, 선급금액의 사용에 대하여 "갑"의 확인 요구가 있을 때에는 언제든지 성실하게 이에 응하여야 한다.
4. 선급금의 공제는 ○회로 나누어 분할 공제한다.

제12조【 지체보상금 】 "을"은 계약기간 내에는 "을"의 사유로 인하여 공사를 완성치 못하였을 때에는 지체된 매 1일에 대하여 계약금액의 1000분의 3 이상을 "갑"에게 납부하여야 한다.

제13조【 하자보증 】

1. "을"은 "갑"의 하자기간 중 발생되는 이 계약상의 모든 하자에 대하여 보수 및 재시공의 책임을 지고 이를 보증하기 위하여 계약금액의 100분의 5에 상당하는 현금을 예치하여야 한다. 단, 유가증권, 하자보증보험증권 등으로 대체할 수도 있다.
2. 하자기간은 "갑"이 발주관서와 체결한 기간과 동일하게 한다.

제14조【 계약의 해제 】

1. "갑"은 "을"이 다음 각 호에 해당되어 계약을 이행할 수 없다고 인정될 때에는 제4조에 의한 이행보증금을 위약금으로 취득하고 계약의 전부 또는 일부를 해제 또는 해지할 수 있다.
   가. 정당한 사유 없이 약정된 착공 기일까지 공사를 착수하지 아니하였을 때
   나. 공사가 공정표와 같이 추진되지 아니하거나 공사를 소홀히 하여 공기 내 준공할 가능성이 없다고 인정될 때
   다. "갑"의 승인 없이 재하도급을 하여 제2조의 규정을 위반하였을 때
   라. "을"이 기타 계약조건을 위반하였을 때
2. 전항에 의한 계약해제에 있어 "을"은 이의신청이나 손해배상을 청구할 수 없으며 해약으로 인하여 "갑"이 손해를 당하였을 때에는 "을"이 배상책임을 진다.
3. 연대보증인 "을"은 본 공사에 관하여 보증인 2인 이상을 선정하여 연대보증케 하며 본 시공에 관한 일체의 책임에 대하여 연대보증인으로서의 의무 및 책임을 진다.

제15조【 기 타 】 이 계약에 명시되지 아니한 사항은 관례에 따르고 계약사항에 대한 이의가 있을 때에는 "갑"의 의견에 따른다.

[서식 195] 시설관리 및 청소용역도급계약서

시설관리 및 청소용역 도급 계약 일반조건

시설관리 용역건물의 표시

1. 위 치 : 청주시 흥덕구 예체로 149 (사창동 242-1)
2. 명 칭 : 대한지적공사 충청북도본부
3. 층 수 : 전층 (지하1층, 지상4층)
4. 대지면적 : 1,279.20㎡ (386.96평)
5. 연 면 적 : 2,421.90㎡ (732.62평)

대한지적공사 충북지역본부 (이하 "갑"이라 칭함)과 (주)○○○○○○ 대표이사 ○○○(이하 "을"이라 칭함)간에 위 표시건물에 시설관리업무의 효율적 완성을 위하여 다음과 같이 시설관리용역 도급계약을 체결한다.

제 1 조 (도급업무의 범위)

1. "을"은 이 계약서의 각 조항에 명시된 시설 및 부대설비의 관리 및 유지 보수 업무를 "갑"으로부터 도급받아 업무를 수행한다.
2. 도급업무의 명세는 이 계약서의 각 조항과 별첨의 시설관리 업무 "시방서"에 따르며, 동 시방서도 이 계약서와 동일한 효력을 갖는다.
3. 가스배관, 기계실, 저수조, 물탱크실등의 설비장비에 대한 유지보수계약은 "갑"으로부터 위임받아 "을"이 관리하며, 필요한 계약조건 등은 분야별 "을"과의 별도 계약서로 작성하며 계약시 계약서(안)을 제출한다.
4. 도급업무에 필요한 자재비 등은 "갑"의 허가 하에 "을"이 구입하여 도급업무를 수행하고 취합하여 "갑"에게 청구한다.

제 2 조 (도급계약기간, 도급금액 및 지급방법)

1. 계약기간은 2015년 3월 1일부터 2015년 12월 31일까지로 한다.
2. 도급금액은 시설관리 및 청소용역비 포함 월 ○○○○원(₩○○○○) 년간 총액 ○○○○○원정(부가세 포함)으로 하며 매월 25일 "을"의 청구에 의하여 "갑"은 당월말일에 지급한다. 단, 공휴일인 경우 전 영업일로 한다.
3. 이 계약이 해지 또는 종료, 및 기타 사정으로 인하여 시설관리 용역제공 일수가 1개월 미만인 경우에는 일할 계산하여 지급한다. (청구금액 = 월도급금액 ÷ 31일 × 용역제공일수)
4. 이 계약기간의 만료로 인한 해지 또는 종료시에도 "갑"이 요구 할 때에는 "을"은 종전 계약조건으로 최소 3개월간 계속 용역을 제공하여야 하며, 또한 "갑"과 "을"의 쌍방의 합의하에 1년간 자동연장이 가능토록 한다. 이 경우 용역비의 지급은 제2조 각 항에

준용한다.

제3조(계약조건의 변경) 계약조건의 변경은 "갑", "을"쌍방의 합의 하에 의한다.

제4조(특별근무) "갑"은 이 계약에 명시된 업무와 관련하여 특히 필요한 경우 "을"에게 특별근무를 시킬 수 있다.

제5조(보전수리의 책임)

1. "을"은 건물 및 제반시설 등을 항상 완전한 상태로 보전 유지하기 위하여 필요한 최선의 조치를 취하여야 한다.
2. 전 항의 소요되는 물품 중 소모품을 제외한 물품은 사전에 "갑"의 승인을 득한 후 사용하여야 한다.

제6조(응급조치 업무) 긴급 또는 예측할 수 없는 사태의 발생으로 시설에 대하여 응급조치를 하여야 할 때에는 "을"은 그 책임 하에 필요한 모든 조치를 취하여야 하며, 조치사항을 지체없이 "갑"에게 통보하여야 한다.

제7조(고압가스관리 등 협조) "갑"의 고압가스관리업무에 대하여 "을"은 적합한 인원을 채용하여 고압가스관리 업무를 충실히 수행할 수 있도록 하여야 하며, "갑"은 "을"의 업무에 충분한 지원과 협조를 하여야 한다.

제8조(용역관리자의 주의 의무)

1. "을"은 선량한 관리자의 주의 의무로서 청사관리에 대한 지시 감독에 따르며 계약서에 명시된 목적물을 완전한 상태로 예방 보전하고 항상 청결한 환경을 유지하여야 한다.
2. "을"은 계약서에 기재되지 아니한 사항 중 자기의 판단으로 필요하다고 인정되는 사항에 대하여 계약서에 준하여 성실히 수행할 수 있다.

제9조(채권양도) "을"은 이 계약에 따른 채권의 양도를 할 수 없다.

제10조(손해보상책임)

1. "을"또는 그의 종업원이 다음 각호의 1에 해당하는 때 "을"은 "갑"또는 피해자에게 손해를 배상하여야 한다.
   가) "을"측의 귀책사유로 인하여 "갑"의 건물 또는 시설에 손해를 끼쳤을 경우
   나) "을"측의 귀책사유로 인하여 건물 내 "갑"의 직원 또는 출입자에게 손해를 끼쳤을 경우
   다) "을"측이 "갑"의 물품 또는 "갑"으로부터 대여받은 물품을 망실 또는 훼손하였을 경우
   라) "을"이 본 계약서에서 정한 사항 및 "갑"의 정당한 요구사항에 대한 이행을 게을리하여 "갑"의 업무에 지장을 초래하였을 경우
2. "을"에게 노사분규가 발생할 경우 "을"은 그 책임 하에 이를 해결하여야 하며, 그로 인하여 이 계약에 따른 업무수행에 지장을 초래하거나 "갑"이 손해를 입은 경우 "을"은 배상책임을 진다.

제11조(종업원 배치)

1. "을"은 각 업무 분야별로 일정한 자격과 시설관리 능력이 있는 자를 인력 배치기준과

같이 배치하여야 하며 결원이 발행하였을 때에는 지체 없이 이를 보충하여야 한다. 단, 본 계약 제13조 제2항 및 공가 또는 휴가 등의 사유로 인하여 결원이 발생할 경우에는 인력을 대체 배치하여야 한다.

2. "을"은 종업원의 인사기록사항 등 "갑"이 요구하는 일체의 서류를 제출하여야 한다.

제12조 (종업원에 대한 책임) "을"은 "을"의 전 종업원에 대한 신원, 건강, 위생, 풍기, 안전관리 및 작업규율 등의 유지에 관한 사항은 물론 근로기준 및 민·형사상의 문제 등에 대하여 일체의 책임을 진다.

제13조 (근태관리)

1. "을"은 종업원의 근태관리를 철저히 이행하여야 하며 "갑"이 요청하는 경우에는 근무상황 기록부 등 필요서류를 제출하여야 한다.
2. 다음 각호의 1에 해당하는 자는 결근자로 보지 아니하되, 다른 인력으로 대체 배치한다.
   1) 예비군 또는 민방위 관련 훈련 및 교육 소집기간
   2) 자격소지자에 대한 법정교육 및 훈련 소집기간
   3) 근로기준법에 의한 유급휴일 및 유급휴가로 인한 휴무기간(하기휴가)
   4) 각종 국경일, 공휴일의 휴무자
   5) 기타 "을"의 요청에 의하여 "갑"이 인정하는 경우

제14조 (복 장) "을"은 종업원에게 통일된 복장을 착용케 하여야 하며 시설관리업무에 종사하는 자로서 품위를 유지케 하여야 한다.

제15조 (근무보고서의 제출) "을"은 업무분야별로 청사관리에 관한 제 보고서를 "갑"이 동의하는 양식으로 제출하여야 한다.

1. 정기(특별) 점검보고서 : 서면으로 제출
2. 고장(수리) 보고서 : 서면으로 제출

제16조 (근무지침 교육) "을"은 전 종업원에게 근무지침 등 업무수행을 위한 충분한 교육을 실시하여야 한다.

제17조 (업무감독 및 금지사항)

1. "을"또는 그 종업원은 시설관리 업무수행에 관하여 감독을 철저히 한다.
2. "을"또는 그 종업원은 업무수행과 관련여부를 막론하고 건물 내에서 다음의 행위를 하여서는 안된다.
   1) 건물 내 근무자의 업무수행에 지장이나 불편을 초래하는 행위
   2) 직무상 필요한 경우를 제외하고 건물 내의 설비현황을 외부에 누설하는 행위
   3) 담당 아닌 업무분야에 간섭하는 행위
   4) 사전 허가없이 제한, 통제구역에 출입하는 행위
   5) 근무를 태만히 하거나 건물 내에서 소란한 행동을 하는 행위
   6) 건물 내에서 습득한 문서, 물품에 대하여 "갑"에게 신고하지 않는 행위
   7) 기타 "갑"이 금지하는 행위

제18조 (협조사항)

1. "을"은 이 계약서에 의한 업무를 수행함에 있어서 도급대상 이외의 시설을 관리하는

자의 요청에 최대한 협조함으로서 "갑"의 시설관리에 최선을 다하여야 한다.
2. "을"은 이 계약서에 명시되지 아니한 이유로 "갑"의 시설관리를 해태함으로써 "갑"의 업무 수행에 지장을 주어서는 아니 된다.

제19조 (사무실 등 제공) "을"이 도급업무의 효율적 수행을 위하여 본 건물 내에서 사용하는 사무실, 대기실, 창고, 전력 및 용수 등은 "갑"이 제공한다.

제20조 (계약의 해지)
1. "갑", "을" 쌍방 중 일방이 본 계약을 해지하고자 할 때에는 1개월 전에 상대방에게 서면 또는 구두로 통보하여야 한다.
2. "을" 또는 그 종업원이 다음 각 호의 1에 해당하는 경우에는 "갑"은 계약의 전부 또는 일부를 즉시 해지할 수 있으며 "갑"은 "을"에 대하여 일체의 배상책임을 지지 아니한다.
   1) "갑"의 기밀을 누설하거나 업무수행에 지장을 초래하는 행위를 하였을 때
   2) 건물 내의 물품 또는 문서 등을 부당 반출하였을 때
   3) 고의 또는 과실로 선량한 관리자로서의 의무를 태만히 하여 각종 시설물을 손괴하거나 중대한 사고를 발생케 하였을 때
   4) "을"이 본 계약조항을 위반 또는 불이행하거나 건물 및 시설관리용역 업체로 부적당하다고 "갑"이 인정할 만한 상당한 사유가 발생하였을 때
3. 계약이 해지되었을 때 "을"은 목록을 첨부하여 "갑"으로부터 지급받은 자재 및 부속품을 "갑"에게 인계하여야 한다.
4. 전 항의 인계가 완료될 때까지는 "갑"은 "을"의 소유물에 대한 반출을 제한 할 수 있다.

제21조 (문서 등의 귀속) "을"이 이 계약서에 의한 업무의 수행을 위하여 작성한 도면, 문서 등 일체의 물건은 "갑"에게 귀속한다.

제22조 (업무처리방식) 이 계약에 의한 업무처리는 문서로 함을 원칙으로 한다. 다만, 통상적이거나 경미한 사항은 구두로 할 수 있다.

제23조 (기 타)
"갑"은 "을"종업원의 근무상태에 정한 관련 자료의 제출을 요구할 수 있고 필요한 경우 현장 점검을 실시할 수 있다.

제24조 (계약조항의 해석)
1. 제1조 (도급업무의 범위) 3, 4항에 명시된 분야별 "을"과의 별도 계약서상으로 명시된 부분은 건물유지 보수, 관리에 해당하는 사항은 "을"의 책임으로 하며 그 외의 사항은 "갑"의 책임으로 한다.
2. 이 계약 각 조항의 해석에 의문이 있을 때에는 "갑", "을"협의에 의하여 협의가 성립되지 않을 때에는 "갑"의 해석에 따른다.

제25조 (관할법원) 본 계약에 관한 소송은 "갑"의 주소지를 관할하는 법원으로 한다.

청소용역 건물의 표시

도급자 대한지적공사와 수급자 (주)○○○○○○○은 다음과 같이 청소 도급계약을 채결

하고 이를 성실하게 이행한다.

제1조 계약기간은 2015년 3월 1일 ~ 2015년 12월 31일로 한다.

제2조 "을"은 청사 건물 내부, 외부, 외곽청소를 하며 여기에 필요한 인원과 기·자재, 일반용품을 구비하고 청소업무를 성실하게 수행한다.

제3조 청소 범위는 청사 전층 연건평 732.62평 및 건물 내·외부와 외곽청소를 담당한다.

제4조 1. 도급금액은 시설관리 및 청소용역비 포함한 매월 일금 ○○○○원정(₩○○○○) 부가세 포함으로 하며 매월 25일 "을"의 청구에 의하여 "갑"은 당월말일에 지급한다. 단, 공휴일인 경우 전 영업일로 한다.
2. 이 계약이 해지 또는 종료, 및 기타 사정으로 인하여 청소 용역 제공 일수가 1개월 미만인 경우에는 일할 계산하여 지급한다(청구금액 = 월도급금액 ÷ 31일 × 용역제공일수).
3. 이 계약기간의 만료로 인한 해지 또는 종료시에도 "갑"이 요구 할 때에는 "을"은 종전 계약조건으로 최소 3개월간 계속 용역을 제공하여야 하며, 또한 "갑"과 "을"의 쌍방의 합의하에 1년간 자동연장이 가능토록 한다. 이 경우 용역비의 지급은 제2조 각 항에 준용한다.

제5조 도급비 지급은 매월 25일 수급자의 청구에 의하여 당월 말일에 지급한다.

제6조 "을"은 본 계약을 이행함에 있어서 도급자의 제반규정 및 안전관리 규정을 준수할 책임을 진다.

제7조 "을"은 본 계약 존속기간 중에는 "갑"의 재산을 선량한 관리자의 의무로 보호하여야 하며 "갑"에게 손해를 가했을 경우에는 "갑"이 정하는 바에 따라 그 손해를 변상하여야 한다. 단, 면책사유가 있어 "갑"이 인정하는 경우에는 그 변상의 일부 또는 전부를 면제할 수 있다.

제8조 "을"은 "갑"에게 도급이행(계약)보증보험증권(계약금액의 10%)를 제출하여야 한다.

제9조 계약업무를 수행함에 있어 파견된 사원의 명단을 제출하여야 하며 "갑"은 이를 검토하고 신원이 부적격하다고 판단될 때는 교체를 요구할 수 있으며 신원조회 완료 전에는 취업시키지 못함을 원칙으로 한다.

제10조 파견인원은 1명(여자)으로 상주근무를 시킨다.

제11조 "을"의 시무 및 종무시간은 08 : 00 ~ 17 : 00이며 중식시간, 휴게시간을 포함하여 도급업무 종무 전에 반드시 담당자의 확인을 받고 휴일 및 일과 후에 작업을 요하는 경우에는 담당자의 의견에 따라야 한다.

제12조 "을"의 휴일은 주휴와 국경일 국가가 정하는 임시 공휴일 및 공사가 정하는 휴일로 한다.

제13조 본 수급에 수반되는 모든 기·자재의 반출, 반입 시 입고전표와 출고전표를 작성 담당자의 승인을 받아야 하며 자재관리는 일일대장에 의한 재고관리를 하여야 한다.

제14조 "을"은 자사의 직원에 관한 일체의 행위 및 업무수행으로 인한 제반재해에 대한 책임을 지며 "갑"은 청소업무에 필요한 사무실, 전력, 상수도, 통신, 창고 등의 편의를 제공할 수 있다.

제15조 "갑"은 다음 각 호에 해당할 경우에는 계약중이라도 "을"에게 문서로 통보함으로 본 계약을 해약할 수 있다.

1. "을"이 본 계약을 수행하기가 불가능하다고 판단될 경우
2. "갑"의 사유로 본 계약을 계속 유지 존속시킬 수 없을 경우

제16조 "을"이 본 계약을 수행하기 위한 파견사원의 출·퇴근 관리를 책임지며 파견사원이 결근(병가, 휴가)시에는 대체 인력을 파견한다.

제17조 "을"은 본 계약의 존속기간 중 다음과 같은 청소를 하여야 한다.

※ 청소 구역

청소구역은 실시하는 장소에 따라 다음과 같이 구분한다.

1. 공용구역 : 현관, 출입구, 로비, 계단, 화장실, 세면장, 엘리베이터 등 공동으로 사용하는 구역으로서 언제나 사람이 많고 더러워지기 쉬우므로 계속 청소원이 상주해야 하는 구역.
2. 관리구역 : 기계실, 사무실, 탈의실, 휴게실 등 관리에 필요한 근무자가 사용하고 있는 구역.
3. 청소구역 : 1명 (여자)
   - 청소작업의 방법

   가. 현관

   ㉠ 바닥은 기름걸레를 사용하여 계속적인 광택을 유지하며 비나 눈으로 인해 젖은 상태에서는 마포로 계속 닦아 물기를 제거한다.

   나. 내부 및 복도

   ㉠ 재떨이와 휴지통은 수시로 청소하고 물걸레로 닦아낸다.

   다. 복도 및 기타

   ㉠ 복도 내의 유리창은 수시 닦아 광택을 발할 수 있도록 한다.
   ㉡ 복도 내 거미줄이나 먼지는 진공흡수기를 이용해서 제거한다.
   ㉢ 각층 복도 바닥은 [내부 및 복도]의 1항에 준한다.
4. 화장실

   가. 화장실내에는 벽, 바닥, 세면대등은 매일 오전, 오후 2회 이상 세척제를 이용해서 청결을 유지한다.

   나. 대·소변기도 매일 약품을 사용하여 악취를 최대한 제거한다.

다. 화장실내의 화장지는 부족함이 없도록 한다. (단, 쓰레기봉투(종량제봉투 및 화장지)는 "갑"측이 부담한다)

5. 주차장

가. 각종 오물 제거 및 주변정리를 실시한다.

나. 눈이나 빗물도 항상 제거된 상태이어야 한다.

6. 엘리베이터

가. 엘리베이터의 바닥은 수시 청소하여 오물 및 흙 등이 없도록 한다.

나. 엘리베이터의 벽면은 주 2회 이상 광택제를 사용, 광택을 유지하고 매일 마른 걸레로 닦아낸다.

7. 특별청소

가. 행사 등의 청소가 필요한 경우에는 횟수 시간에 불구하고 도급자의 지시에 따라서 청소에 응하여야 한다.

나. 쓰레기 및 오물처리는 도급자의 지시에 따른다.

다. 거미줄은 월2회 이상 제거한다.

라. 물품운반에 협조하며 옮긴 장소의 청소를 즉시 한다.

제18조 "갑"과 "을"은 본 계약수행이 불가능하다고 판단될 경우에는 계약기간 중이라도 문서로 통보하면 1주일의 기간을 두고 본계약을 해지할 수 있다.

제19조 본 계약에 명시되지 아니한 사항은 "갑", "을" 쌍방이 상호협의하여 결정하며 이는 일반관례에 따른다.

제20조 본 계약의 이행과정에서 쟁송이 발생시에는 "갑"의 소재지 관할법원으로 한다.

제21조 "을"은 별첨의 "외부용역업체 보안관리 의무사항"을 철저히 지켜야 하며, 불이행시 본 용역사업 수행 및 사업종료 후 보안 규정 위반사실 확인시, 사업자 및 용역참여인력은 법령에 따른 모든 손해배상의 책임을 감수한다.

제22조 "을"의 경영악화를 이유로 청소에 수반되는 소모품의 품질을 하향시킬 수 없다.

본 계약을 증명하기 위하여 청소 재도급 계약서 2부를 작성하여 "갑"과 "을" 쌍방이 각각 서명 날인하여 1부씩 보관한다.

20○○년 ○월 ○일

도급자 : 청주시 흥덕구 예체로 149(사창동 242-1)
대한지적공사 충북지역본부

본 부 장

수급자 :

[서식 196] 공급계약서(제작물)

제작물 공급계약서

○○○○주식회사(이하 "갑"이라 한다)와 ○○○○주식회사(이하 "을"이라 한다)는 다음과 같이 제작물공급계약을 체결한다.

제1조【목 적】 "갑"은 "을"에 대해서 ○○○ (이하 "본 제품"이라 한다)을 제작하여 납품할 것을 약정하고 "갑"은 "을"에 대해서 대금을 지불할 것을 약속하였다.

제2조【개별계약】

1. 본 제품의 제작에 관해서는 본 계약의 결정 외에 그때 "갑", "을" 간에 체결된 개별계약(이하 "개별계약"이라 한다)의 결정에 의하고 본 계약의 결정과 개별계약의 결정에 차이가 있을 경우는 개별계약의 결정이 우선한다.
2. 개별계약은 "갑"의 신청에 대해 "을"의 승낙한 경우에 성립한다.
3. 앞 항의 신청 및 승낙은 각각 "갑"의 주문서 및 을의 청구서로 행해진다. 단 "갑", "을" 협의 후 별도 방법에 의할 수도 있다.

제3조【사 양】 "을"은 본 계약, 개별계약 및 "갑"이 "을"에게 교부하는 사양서, 도면 그 밖의 도서 및 "갑"의 지시에 따라서 본 제품을 제작한다.

제4조【하청금지】 "을"은 본 제품을 스스로 제작하고 사전에 "갑"의 승낙이 없는 한 본 제품 또는 일부의 제작을 제3자에게 하청을 주어서는 안된다.

제5조【납 품】

1. "을"은 개별계약에 정해진 납기에 본 제품을 "갑"이 지정한 장소에 납품해야 한다.
2. "을"은 납기 전에 본 제품을 납품하려고 할 경우 사전에 "갑"의 승낙을 얻어야 한다.
3. "을"은 납기에 본 제품을 납품할 수가 없을 우려가 발생한 때에는 곧바로 그 사실을 "갑"에게 통지하고 "갑"의 지시에 따라야 한다.
4. "을"은 납기지연으로 "갑"이 손해를 입은 경우는 손해배상을 해야 한다.

제6조【검사 및 검수】

1. "갑"은 본 제품이 납품되었을 때는 지체 없이 제품검사를 실시하고 납품된 제품이 제품

검사에 합격하였을 때에는 "을"에 대해 검수통지를 발송해야 한다.

2. 납품검사로 품종, 수량, 품질에 대해서 개별계약의 결정과 차이가 발견되었을 때에는 "갑"은 곧바로 그 사실을 "을"에게 통지하고 아울러 그 처리에 대해서 지시를 내린다.
3. "을"은 앞항에 기초하여 "갑"으로부터 지시를 받았을 때에는 곧바로 그 지시에 따라 처리를 해야 한다. 단, "을"이 곧바로 처리를 하지 않은 경우 "갑"은 스스로 그 처리를 할 수가 있다. 이 경우 처리에 소요된 비용은 "을"이 부담한다.
4. "갑"으로부터 검수통지가 이루어졌다고 해도 제8조에 정한 "을"의 책임은 경감되지 않는다.

제7조【소유권 및 위험부담】 본 제품의 소유권 및 위험부담은 검수통지가 이루어졌을 때에 "을"로부터 "갑"에게 이전한다.

제8조【보 증】

1. "을"은 "갑"에게 납품한 본 제품이 "갑"이 지시한 사양에 합치하고 정해진 품질, 성능을 구비할 것을 보증한다.
2. "을"이 "갑"에게 납품한 본 제품에 숨겨진 하자가 발견되었을 때 "을"은 무상으로 하자 있는 제품의 수리, 대체품의 납품, 기타 "갑"이 요구하는 조치를 강구해야 한다. 단, 검수 후 ○년이 경과되었을 때에는 이에 해당되지 않는다.
3. "을"은 "갑"에게 납품한 제품의 숨겨진 하자에 기인하여 "갑"이 손해를 입은 경우는 손해배상을 해야 한다. 단, 검수 후 ○년이 경과하였을 때는 이에 한하지 않는다.

제9조【지불방법】

1. 본 제품의 제작대금 및 그 지불방법은 "갑", "을" 협의 후 별도로 정한다.
2. "갑"은 "을"에 대해서 금전채권을 가질 경우는 제작대금과 해당 금전채권을 해당금액으로 상계할 수가 있다.

제10조【제공자료 등의 정리】

1. "을"은 본 제품의 제작에 관해 "갑"으로부터 자료, 도면, 그 밖의 서류 제공을 받았을 경우는 이것들을 선량한 관리자의 주의의무를 갖고서 보관, 관리하고 사전에 "갑"으로부터 서면에 의한 승낙 없이 이것들을 제3자에게 개시 또는 누설해서는 안 된다.
2. "을"은 본 계약이 종결하거나 해제되었을 때 곧바로 앞 항의 서류원본 및 모든 복사본을 "갑"에게 반환해야 한다.

제11조【계약해제】 "갑" 또는 "을"이 본 계약 또는 개별계약의 결정에 위반하여 상대방이 상당한 기간을 정하여 시정을 최고하였음에도 불구하고 그 기간 중에 시정이 이루어지지 않은 경우 상대방은 곧바로 본 계약을 해제할 수 있다.

제12조【유효기간】 본 계약의 유효기간은 20○○년 ○월 ○일부터 ○년간으로 한다. 기간만료 ○개월 전까지 "갑", "을" 누구로부터 별도의 신청이 없을 때는 다시 ○년간 연장하는 것으로 하고 이후에도 동일하다.

제13조【협 의】 본 계약에 정해지지 않은 사항 또는 해석에 이의가 발생한 사항에 대해서는 "갑", "을"이 협의 후 해결하기로 한다.

20○○년 ○월 ○일

갑	㊞	사 업 자 등록번호		사 무 소	
				전화번호	
을	㊞	사 업 자 등록번호		사 무 소	
				전화번호	

[서식 197] 제작물공급계약서

제작물 공급계약서

○○주식회사(이하 "갑"이라 함)와 ○○주식회사(이하 "을"이라 함)는 다음과 같이 계약을 체결한다.

제1조 [목적] 을은 갑에 대해서 ○○○(이하 "본 제품"이라 함)을 제작하여 납품할 것을 약정하고 갑은 을에 대해서 대금을 지불할 것을 약속하였다.

제2조 [개별계약] ① 본 제품의 제작에 관해서는 본 계약의 결정 외에 그때 갑·을 간에 체결된 개별계약(이하 "개별계약"이라 함)의 결정에 의하고 본 계약의 결정과 개별계약의 결정에 차이가 있을 경우는 개별 계약의 결정이 우선한다.
② 개별계약은 갑의 신청에 대해 을이 승낙을 한 경우에 성립한다.
③ 앞 항의 신청 및 승낙은 각각 갑의 주문서 및 을의 청구서로 행해진다. 단 갑,을 협의 후 별도의 방법에 의할 수가 있다.

제3조 [사양] 을은 본 계약, 개별계약 및 갑이 을에게 교부하는 사양서, 도면 그 밖의 도서 및 갑의 지시에 따라서 본 제품을 제작한다.

제4조 [하청금지] 을은 본 제품을 스스로 제작하고 사전에 갑의 승낙이 없는 한 본 제품 또는 전부 또는 일부의 제작을 제3자에게 하청을 주어서는 안된다.

제5조 [납품] ① 을은 개별계약에 정해진 납기에 본 제품을 갑이 지정한 장소에 납품해야 한다.
② 을은 납기 전에 본 제품을 납품하려고 할 경우 사전에 갑의 승낙을 얻어야 한다.
③ 을은 납기에 본 제품을 납품할 수 없을 우려가 발생하였을 때는 곧바로 그 사실을 갑에게 통지하고 갑의 지시에 따라야 한다.
④ 을은 납기지연으로 인해 갑이 손해를 입은 경우는 손해배상을 해야 한다.

제 6 조 [검사 및 검수] ① 갑은 본 제품이 납품되었을 때 지체없이 제품검사를 실시하고 납품된 제품이 제품검사에 합격하였을 때는 을에 대해서 검수통지를 통보해야 한다.
② 납품검사로 품종, 수량 품질에 대해서 개별계약의 결정과 차이가 발견되었을 때 갑은 곧바로 그 사실을 을에게 통지하고 아울러 그 처리에 대해서 지시를 내린다.
③ 을은 앞 하에 기초하여 갑으로부터 지시를 받았을 때에는 곧바로 그 지시에 따라서 처리를 해야 한다. 단, 을이 곧바로 처리를 하지 않을 때에는 갑은 스스로 그 처리를 할 수가 있다. 이 경우 처리에 소요된 비용은 을이 부담해야 한다.
④ 갑으로부터 검수통지가 이루어졌다고 해도 제8조에 정한 을의 책임은 경감되지 않는다.

제 7 조 [소유권 및 위험부담] 본 제품의 소유권 및 위험부담은 검수 통지가 이루어졌을 때 을로부터 갑에게 이전한다.

제 8 조 [보증] ① 을은 갑에게 납품한 본 제품이 갑이 지시한 사양에 합치하고 정해진 품질, 성능을 구비할 것을 보증한다.
② 을이 갑에게 납품한 본 제품에 숨겨진 하자가 발견되었을 때 을은 무상으로 하자있는 제품의 수리, 대체품의 납품, 기타 갑이 요구하는 조치를 강구해야한다. 단 검수 후 1년이 경과되었을 때에는 이에 해당되지 않는다.
③ 을은 갑에게 납품한 제품의 숨겨진 하자에 기인하여 갑이 손해를 입은 경우는 손해배상을 해야 한다. 단, 검수 후 1년이 경과 하였을 때는 이에 한하지 않는다.

제 9 조 [지불방법] ① 위탁업무의 대가 및 그 지불방법은 갑, 을 협의 후 별도로 정한다.
② 갑은 을에 대해서 금전채권을 가질 때는 위탁업무의 대가와 해당 금전채권을 해당금액으로 상쇄할 수가 있다.

제10조 [제공자료] ① 을은 위탁업무에 관해 갑으로부터 자료, 도면 그 밖의 서류(이하 "제공자료"라고 함)제공을 받은 경우는 이것들을 선량한 관리자의 주의의무를 갖고서 보관, 관리하여 갑이 사전에 서면에 의한 승낙없이 제3자에게 개시, 누설해서는 안된다. 단, 제4조에 기초하여 위탁업무를 제3자에게 재위탁하는데 필요한 경우는 이에 해당되지 않는다.
② 을은 본 계약이 종결하거나 해제된 경우는 곧바로 제공자료 원본 및 모든 복사본을 갑에게 반환해야 한다.

제11조 [계약해제] 갑 또는 을이 본 계약 또는 개별계약의 결정에 위반하여 상대방이 상당한 기간을 정하여 시정을 최고하였음에도 불구하고 그 기간 중에 시정이 이루어지지 않은 경우 상대방은 곧바로 본 계약을 해제할 수가 있다.

제12조 [유효기간] 본 계약의 유효기간은 19 년 월 일부터 19 년 월 일까지로 ○○년간으로 한다. 단, 기간만료 3개월 전까지 갑을 누구로부터 별도 신청이 없을 경우는 다시 1년간 연장하는 것으로 하고 이후에도 동일하다.

제13조 [협의] 본 계약에 정해지지 않은 사항 또는 해석에 이의가 발생한 사항에 대해서는 갑·을 간 협의 후 해결한다.

이상 본 계약의 성립을 증명하기 위해 본서 2통을 작성하고 갑, 을 기명날인 후 각각

1통씩을 보관한다.

20○○년 ○월 ○일

갑 : 경기도 ○○시 ○○로 ○○○
○○주식회사
대표이사 (인)

을 : 서울시 ○○구 ○○로 ○○○
○○주식회사
대표이사 (인)

[서식 198] 제작계약서(인쇄물)

인쇄물 제작계약서

○○○○주식회사(이하 '갑'이라 한다)와 ○○○(이하 '을'이라 한다)은 기획 인쇄물(이하 '인쇄물'이라 한다)을 제작하는데 있어 납품 계약을 다음과 같이 체결하고 신의와 성실로 본 계약을 이행한다.

제 1 조 (계약목적) 본 계약은 '갑'의 인쇄물을 '을'이 제작, 납품하는 데 있어 권리와 의무를 규정하는데 목적이 있다.

제 2 조 (계약작품) '을'이 제작, 납품할 '인쇄물'은 다음과 같다.
1) 제작물명 : ○○○○주식회사 브로슈어
2) 형식 및 수량
○ 규격 : 국배판
○ 제작부수 : 10,000부
○ 인쇄도수 : 양면 8도
단, 상기 제작사양은 '갑'의 요청에 따라 변경될 수 있다.

제 3 조 (납품방법 및 이행기간) '을'은 제작, 납품시 다음 사항을 준수하여야 한다.
○ 납품처 : ○○○○주식회사

○ 납품일자 : 20○○년 ○월 ○일
○ 이행기간 : 계약일로부터 ~ 20○○년 ○월 ○일

제 4 조 (작품권료) 제작 납품에 관한 계약금액은 다음과 같다.

1) 총계약금
   ○ 제작비 一金 貳仟貳百貳拾萬원 整
   ₩22,200,000원 (부가세 포함)

단, 갑의 변경 요청이 있을 시에 변동될 수 있다.

제 5 조 (작품권료 지불방법 및 지불일)

1) 지불방법 : 계약금(총계약금의 1/3)을 계약일로부터 2일 내에 지급하고 인쇄물 완료 후 14일 이내에 잔금 지급을 완료한다.
2) 지 불 일 : 계약일로부터 2일 이내, 제작완료 후 14일 이내

제 6 조 (제작원칙)

1) '을'은 '갑'이 의뢰한 '인쇄물'을 제작함에 정보 전달력과 홍보성이 조화된 '인쇄물' 제작, '갑'에게 인도하여야 한다.
2) '을'은 '인쇄물'의 원고 편집디자인 작업 후 '갑'에게 제풀하여 '갑'의 승인을 득한 후 인쇄한다.

제 7 조 (작품의 수정 및 납품완료)

1) '을'은 제3조에 따라 납품한 '인쇄물'에 대하여 '갑'의 수정 요구(인쇄상의 하자)가 있을 때, 이에 응하여야 하며, 이때 소요되는 추가 제작비는 '을'이 부담한다. 단, '갑'의 승인된 기획안과 원고의 골격을 벗어나는 새로운 요구사항에 의해 발생되는 경비는 '갑'이 부담한다.
2) 수정요구가 없을 때는 납품이 완료된 것으로 본다.

제 8 조 (책임의 귀속) 본 계약 '인쇄물'의 제작부터 완성까지 제작과정에서 발생하는 모든 민·형사상의 책임은 '을'에게 있다.

제 9 조 (권리의 양도) '을'은 '인쇄물'에 대한 각호의 권리를 '갑'에게 양도한다.

1) 국내외에서 사이버상의 복제, 배포하는 권리
   (단, 본 계약 이외의 목적에 사용할 경우 저작권에 관한 문제는 예외로 한다)
2) '인쇄물'을 구성하는 타이틀명, 등장 캐릭터의 형상, 명칭 심벌 등 일체 상품에 사용하는 권리 및 CF 등에 사용하는 권리 등

제10조 (취험부담 및 계약보증금)

1) '을'은 '갑'의 제9조 권리를 행사함에 있어 제3자의 어떠한 권리도 침해하지 않음을 보증하며 제3자에 의해 이의 등이 제기되었을 경우 '을'은 자신의 책임과 비용으로 이를 해결한다.
2) '을'은 이 계약을 보증하기 위하여 계약금액의 100분의 10에 해당하는 00,000,000원을 현금 또는 시중 은행의 보증수표로 '갑'에게 납부해야 한다. 단, '갑'과 '을'의 쌍방 협의하에 국채 또는 계약이행보증보험증권으로 이를 대체 납부할 수 있다.

3) '을'이 계약을 이행하지 아니한 때에는 계약이행보증금은 '갑'에게 귀속한다.

제11조 (지체상금)

1) '을'이 제3조의 기한까지 물품을 납부하지 아니한 때에는 지체상금으로 지연일수 1일에 대하여 계약금액의 1,000분의 15에 상당하는 금액을 "갑"에게 납부하여야 한다. 다만, 천재지변 등 기타 부득이한 사유로 '갑'이 인정할 때에는 이를 면제할 수 있다.
2) 지체상음은 제작물품 납품 후 현금 또는 시중은행의 보증수표에 의하여 납부하며 물품제작 대금과 상계할 수 있다.

제12조 (계약해지 사유)

1) '을'이 본 계약을 이행하지 않거나 계약사항을 위반했을 시
2) '을'은 '갑'의 승인없이 본 계약을 타인에게 위임 또는 양도했을 경우
3) '을'이 계약사항을 이행할 수 없는 상황이 발생한 경우
4) 작품의 품질이 현저히 낮은 경우
5) 상기 각항 사유가 발생시 '을'은 기지급한 금액을 전액 배상한다.

제13조 (일반사항 및 분쟁의 해결)

1) 본 계약서에 명시되지 아니한 사항이나 추가 변경 사항이 있을 경우 '갑'과 '을'이 협의하여 결정하고, 별도의 협의가 필요한 사항에 대해서는 협의서를 첨부한다.

제14조 기타

1) 본 계약에 명시되지 아니한 사항은 일반 상관례에 준하여 시행한다.
2) 본 계약을 증명하기 위하여 계약서 2부를 작성하여 '갑'과 '을'이 각 1부씩 보관한다.

20○○년 ○월 ○일

'갑'

주 소 : ○○시 ○○구 ○○로 ○○○
회사명 : ○○○○주식회사
대 표 : ○ ○ ○ (인)

'을'

주 소 : ○○시 ○○구 ○○로 ○○○
회사명 : ○○○
대 표 : ○ ○ ○ (인)

[서식 199] 공급계약서(레미콘)

레미콘 공급계약서

레미콘업자(주)○○○○(이하 "갑"이라 칭한다)와 건설업체 (주)○○○○(이하 "을"이라 칭한다)는 상호간에 다음과 같이 레미콘공급계약을 체결한다.

제1조【목 적】 본 계약은 "을"이 시공하는 건설현장에 사용되는 레미콘타설 작업과 관련하여 "갑"이 레미콘을 공급하는 사항과 관련된 상호 권리의무사항을 규율함을 목적으로 한다.

제2조【사전테스트】

1. "갑"은 "을"의 건설현장에 적합한 레미콘 점성 및 강도의 유지를 위한 적절한 원료의 배합을 통한 레미콘 공급을 수행하여야 하며 "을"은 사전에 당해 점성 등 제품의 테스트를 실시할 수 있다.
2. "갑"은 공급 레미콘의 품질기준을 엄격히 관리 시공하여 "을"의 건설품질에 차질이 없게 하여야 한다.

제3조【대금결제】

1. "을"은 공급레미콘의 거래명세표를 기준하여 공급대금의 결제를 매월 정산하여 다음달 ○일에 "갑"의 계좌로 현금으로 입금하며, 루베당 금 ○○○원(₩○○○)으로 산정한다. 단, 가격의 증감이 본 계약서의 루베당 가격기준 ○% 이상일 경우 당해 비율을 반영한 가격조정을 실시한다.
2. "갑"은 당월의 공급레미콘의 총 결제액에 대한 정산 세금계산서를 "을"에게 다음달 ○일까지 발행한다.
3. 대금의 연체시에는 연 ○%의 연체이자가 가산된다.

제4조【발주 등】

1. "을"은 건설현장에 소요되는 레미콘의 공급량을 산출하여 "갑"에게 발주서를 교부하며 동 발주서에는 타설일자, 타설시간, 공급가격을 기재하도록 한다.
2. "갑"은 "을"의 발주서에 따른 가격이 본 계약서 제3조에 의거하여 적정하지 아니하다고 판단될 시 "을"과 상호 협의하여 당해 증감분을 감안한 가격의 조정을 하도록 한다. 본문의 경우 사전에 "갑"이 견적서를 제출하는 경우 당해 증감사유의 발생시 "을"도 본문에 따른 가격조정을 할 수 있다.

제5조【품 질】

1. "갑"은 공급하는 레미콘의 배합에 있어서 바다모래의 사용 또는 기타 "을"의 작업상 요구되는 품질기준에 미흡하는 일체의 배합을 통한 레미콘의 공급을 하여서는 아니 된다.
2. "을"이 본 계약서에 기재된 테스트를 합격조치 하였다고 하여 향후 발견된 "갑"의 공급 레미콘의 품질불량에 대한 책임을 면책시키는 것은 아니다.

제6조【기일준수】

1. "갑"은 "을"이 지정한 타설 기일을 준수하여 공급함으로써 "을"의 시공일정에 지장을 초래하지 아니하여야 한다.
2. "갑"이 정당한 이유 없이 지정된 기일에 타설하지 아니하는 경우 지체 1일당 당해 작업에 소요되는 총 공급액의 ○%에 해당하는 지체이자가 가산되며 지체가 ○일 이상이 경과되는 경우 "을"은 공급중단을 통지하고 제3자에게 공급받을 수 있다. 단, "갑"의 회사 내부사정에 의한 공급지체는 정당한 사유에 해당되지 아니한다.
3. 제2항의 경우 "갑"은 "을"이 제3자에게 지급한 비용 일체를 변상하여야 한다.

제7조【타설 등】 "을"은 고층타설 등의 경우 관련 중장비 일체를 "을"이 비용을 부담하여 사전 준비함으로써 "갑"의 레미콘 타설작업이 용이하게 이루어지도록 하여야 한다.

제8조【이행보증서】

1. "갑"은 "을"에 대하여 레미콘 공급의 안정성을 보증하기 위하여 "을"을 위한 신용보증서를 제출한다.
2. 제1항의 보증서는 "갑"이 레미콘 불수급 사태 발생시 "을"이 입은 손해의 배상에 우선적으로 사용된다.

제9조【품질불량】 "갑"이 공급한 레미콘이 품질불량이 발견될 시 타설작업 중의 발견 시 즉시 작업중지 및 반품과 재배합 타설 공급하여야 하며, 타설작업 이후 발견 시 "을"의 선택에 따라 기 작업의 폐기 및 재작업을 하고 당해 작업에 소요되는 일체의 레미콘은 "갑"이 무상 재공급하여야 한다. 다만, 후자의 경우에는 "갑"은 불량품공급에 따른 공기지연 등으로 인한 "을"이 입은 손해의 배상책임을 부담한다.

제10조【계약기간】 당사자 쌍방은 본 계약체결일로부터 ○년간 "을"의 건설현장에 소요되는 레미콘 타설작업 일체와 관련하여 "갑"이 이를 수행하도록 한다. 다만, 기간만료일부터 ○일 이전에 어느 일방의 계약 종료통지가 없는 한 계약은 동일조건으로 매 ○년씩 자동 연장되는 것으로 한다.

제11조【해 지】

1. 당사자 일방에 대하여 다음 각 호의 사유가 발생할 시 상대방은 즉시 계약을 해지할 수 있다.
   가. 가압류, 가처분, 경매 등의 사업의 불투명 사유가 발생할 시
   나. 파산, 회사정리, 화의신청 등의 사업불가능 사유가 발생할 시
   다. 레미콘의 공급지체사유가 월 ○회 이상 발생 시
2. 일방이 본 계약상의 의무이행을 하지 아니한 때 상대방은 ○일 이상의 시정기간을 두고 사유를 명시하여 시정을 최고하며, 그럼에도 불구하고 시정이 이루어지지 아니할 시 즉시 계약의 해지를 통지한다.

제12조【기타사항】

1. 계약의 당사자는 본 계약의 내용을 신의성실에 의거하여 준수하여야 한다.
2. 계약기간 중 계약의 변경은 당사자의 서면 합의에 의해서만 변경될 수 있으며 서명날인된 문서를 본 계약서의 말미에 첨부한다.

3. 본 계약서에서 명시되지 않은 부분에 대하여는 관련 법규 및 상관습에 따르기로 한다.

제13조【분쟁해결】

1. 본 계약과 관련하여 양 당사자 간의 분쟁이 발생한 경우, 원칙적으로 "갑"과 "을" 상호간의 합의에 의해 해결한다.
2. 제1항에도 불구하고 분쟁이 해결되지 않을 경우 "갑"의 주소지 관할 지방법원을 그 관할로 하여 재판함으로써 해결한다.

제14조【특약사항】 상기 계약일반사항 이외에 "갑"과 "을"은 아래 내용을 특약사항으로 정하며, 특약사항이 본문과 상충되는 경우에는 특약사항이 우선하여 적용된다.

위와 같이 본 계약이 유효하게 성립하였음을 각 당사자는 증명하면서 본 계약서 2통을 작성하여 각각 서명(또는 기명) 날인한 후 "갑"과 "을"이 각각 1통씩을 보관한다.

20○○년 ○월 ○일

갑	㊞	사업자 등록번호		사무소	
				전화번호	
을	㊞	사업자 등록번호		사무소	
				전화번호	

[서식 200] 공급계약서(간식)

간식공급계약서

제조업체 (주)○○○○(이하 "갑"이라 칭한다)와 제과업체 (주)○○○○(이하 "을"이라 칭한다)는 상호간에 다음과 같이 간식공급계약을 체결한다.

제1조【목 적】 본 계약은 "갑"의 생산현장에서 필요한 간식의 공급을 위하여 "을"이 생산하여 납품하는 제반 관련사항을 규율함에 있다.

제 2 조【 공급시간 】

1. "갑"이 주문하는 제품은 다음 각 호와 같다.
   가. 품　　명 : 소보루(월), 카스테라(화), 단팥빵(수), 햄버거(목)
   나. 공통적용 : 우유
   다. 공급시간 : 오후 ○○:○○
2. 제1항의 주문은 24시간 이전에 "갑"이 주문 수량을 유선으로 통지하며 별도의 통지가 없는 한 기본 ○수량을 공급한다. 다만, 여유분으로 ○수량은 추가 공급한다.

제 3 조【 대금결제 】

1. "갑"은 매월 말일을 기준으로 공급간식을 정산하여 다음달 ○일에 "을"의 계좌로 현금으로 입금한다.
2. 제1항의 결제 지연 시 연체원금의 월 ○% 이자를 가산하여 지급하여야 한다.

제 4 조【 간식품질 】

1. "을"은 공급하는 간식의 품질을 최상품으로 유지하여 "갑"의 근로자들이 간식과 관련된 불만이 제기되지 아니하도록 하여야 한다.
2. 품질불량이 있을 시 "갑"은 서면의 경고를 발하고 동 경고가 월 ○회 이상 누적될 시 해지사유가 된다.

제 5 조【 시간준수 】 "을"은 "갑"의 휴식시간인 제2조 제1항 제3호에 정한 시간에 정시에 간식이 공급되도록 하여야 하며 공급시간의 지체로 인하여 작업에 차질이 발생할 경우 "갑"은 당일의 공급품의 가격 결제를 공제할 수 있다.

제 6 조【 대체공급 】

1. "을"이 부득이한 사유로 인하여 간식의 공급을 하지 못할 경우 즉시 "갑"에게 해당 사유를 통지하고 "갑"이 임시로 대처하거나 또는 "갑"의 위임에 따라 "을"이 책임지고 다른 업체를 섭외하여 간식의 공급에 차질이 없도록 하여야 한다.
2. 제1항의 경우 "을"은 간식의 품질 및 수량에 차별이 없도록 조치를 취하여야 한다.

제 7 조【 부패 등 】

1. "을"이 공급한 간식이 부패 등 훼손이 되었을 시 "을"은 전량 수거 폐기처분 하여야 하며 당일분의 간식의 무료 재공급 및 추가로 5일치의 간식을 무료로 공급하여야 한다.
2. "갑"의 근로자가 제1항의 부패한 간식을 섭취하여 입원 등의 피해가 발생 시 "을"은 관련 입원비 등 전액을 손해배상 하여야 하며 또한 "갑"의 근로손실에 대해 보상을 하여야 한다.

제 8 조【 계약기간 】

1. 본 계약의 유효기간은 20○○년 ○월 ○일부터 20○○년 ○월 ○일까지로 한다.
2. 제1항의 기간만료일부터 ○일 이전에 어느 일방의 계약 종료통지가 없는 한 계약은 동일조건으로 매 ○년씩 자동 연장되는 것으로 한다. 다만, 일방의 계약조건의 변경통지가 있을 시에는 기간의 만료일까지 협의가 되지 아니하면 계약은 자동 종료되는 것으로 한다.

제9조【해 지】

1. 당사자 일방에 대하여 다음 각 호의 사유가 발생할 시 상대방은 즉시 계약을 해지할 수 있다.
   가. 가압류, 가처분, 경매 등의 사업의 불투명 사유가 발생할 시
   나. 파산, 회사정리, 화의신청 등의 사업불가능 사유가 발생할 시
2. 일방이 본 계약상의 규정에 위배한 때 상대방은 ○일 이상의 시정기간을 두고 사유를 명시하여 시정을 최고하며, 그럼에도 불구하고 시정이 이루어지지 아니할 시 즉시 계약의 해지를 통지한다.
3. 계약해지에 귀책사유 있는 당사자는 상대방에 대하여 손해배상의 책임이 있다.

제10조【기타사항】

1. 계약의 당사자는 본 계약의 내용을 신의성실에 의거하여 준수하여야 한다.
2. 계약기간 중 계약의 변경은 당사자의 서면 합의에 의해서만 변경될 수 있으며 서명날인된 문서를 본 계약서의 말미에 첨부한다.
3. 본 계약서에서 명시되지 않은 부분에 대하여는 관련 법규 및 상관습에 따르기로 한다.

제11조【분쟁해결】

1. 본 계약과 관련하여 양 당사자 간의 분쟁이 발생한 경우, 원칙적으로 "갑"과 "을" 상호간의 합의에 의해 해결한다.
2. 제1항에도 불구하고 분쟁이 해결되지 않을 경우 "갑"의 주소지 관할 지방법원을 그 관할로 하여 재판함으로써 해결한다.

제12조【특약사항】 상기 계약일반사항 이외에 "갑"과 "을"은 아래 내용을 특약사항으로 정하며, 특약사항이 본문과 상충되는 경우에는 특약사항이 우선하여 적용된다.

위와 같이 본 계약이 유효하게 성립하였음을 각 당사자는 증명하면서 본 계약서 2통을 작성하여 각각 서명(또는 기명) 날인한 후 "갑"과 "을"이 각각 1통씩을 보관한다.

20○○년 ○월 ○일

갑	㊞	사 업 자 등 록 번 호		사 무 소	
				전화번호	
을	㊞	사 업 자 등 록 번 호		사 무 소	
				전화번호	

[서식 201] 공급계약서(도시락)

도시락 공급계약서

도시락 판매업체인 (주)○○○○ (이하 "갑"이라 칭한다)와 도시락 제조업체 (주)○○○○(이하 "을"이라 칭한다)는 상호간에 다음과 같이 도시락 공급계약을 체결한다.

제1조【목 적】 본 계약은 "갑"이 판매하는 도시락의 공급을 "을"이 제조·공급하는 제반사항의 절차를 규율함을 목적으로 한다.

제2조【공급도시락】 "을"은 "갑"이 요구하는 밥, 국, 반찬의 3가지를 제조·공급하도록 하고 쌀의 품종 및 국과 반찬의 메뉴에 대하여는 개별적으로 "갑"이 주문하는 주문명세표에 따른다.

제3조【제조단가】

1. "을"은 "갑"의 주문 명세표에 대하여 본 계약상 "갑"이 정한 가격범위에서 공급하여야 하며 "갑"은 본 계약체결과 동시에 도시락의 각 재료별 단가를 책정하여 "을"에게 통지한다.
2. 재료가격의 급등 또는 급감으로 단가조정이 필요한 경우 "을"은 사전에 "갑"에게 이를 통지하고 "갑"의 서면 동의를 얻은 경우에 단가의 조정이 가능하다. 다만, 가격의 변동폭이 기존 공급단가의 ○% 이상일 경우에는 "갑"은 단가의 조정을 하여야만 한다.

제4조【결제절차】 "갑"은 매월 납품된 도시락의 거래명세표를 기준으로 하여 납품액을 산정 후 다음달 ○○일에 "을"의 지정 계좌로 현금으로 입금하도록 한다(부가세별도).

제5조【주문 등】

1. "갑"은 메뉴의 주문명세서를 사전에 ○일 이상의 여유를 두고 "을"에게 주문발주하고 "을"은 공급 도시락을 매일 오전 ○○시까지 "갑"의 영업장에 배달완료 하여야 한다.
2. "을"은 "갑"에게 공급되는 시간을 기준으로 당해 제조 도시락은 ○시간 이내에 제조된 도시락을 공급하여야 하며 이를 위반한 도시락은 "갑"이 반품조치 시킬 수 있다.
3. "갑"은 기본적으로 매일 ○수량 이상의 도시락을 공급받도록 하고 "을"은 동 수량에 대하여는 "갑"의 별도 주문요청이 없어도 매일 지정된 시간에 배달 공급하여야 한다.

제6조【영양평가 등】

1. "을"은 정규직 영양사를 고용하여 공급 도시락에 대한 영양평가 및 위생관리를 철저히 하도록 하여야 한다.
2. "을"은 제조공장의 식품위생 관리에 각별한 주의를 기울여야 하며 이에 위반 시 "갑"은 즉각 계약의 해지 및 그로 인한 손해의 발생 시 손해배상을 청구한다.

제7조【방문검사】 "갑"은 수시로 "을"의 제조공장을 방문하여 위생상태 및 제조공정의 적정성 등에 대한 검사를 실시할 수 있으며 "을"은 이에 대하여 어떠한 검사방해 및 은폐, 조작의

행위를 하여서는 아니 된다.

제8조【산지표시】

1. "을"은 "갑"에게 공급하는 도시락의 재료의 산지를 반드시 명시하여 산지의 변경이 있을 때마다 "갑"에게 서면으로 별도 제공하여야 하며 산지의 허위표시 및 기타 조작이 발생한 경우 모든 손해의 배상을 "갑"에게 하여야 한다.
2. "을"은 원칙적으로 국내산의 재료만을 사용하여야 하나 부득이한 사유가 있는 경우 사전에 품목별 예외를 신청하여 해외산 재료를 사용할 수 있다. 다만, "갑"의 서면 동의를 득하여야 한다.

제9조【공급자 책임】

1. "을"이 공급한 도시락으로 인하여 구매고객이 식중독, 오염물질의 검출 기타 하자있는 도시락으로 인한 피해의 발생 시 "을"이 전적인 보상 및 분쟁처리의 책임을 부담한다.
2. 제1항의 경우 "갑"이 이에 대한 처리 및 보상을 한 경우 "을"은 즉시 "갑"에 대해 모든 배상을 하여야 한다.

제10조【위험부담】 "을"의 도시락이 "갑"의 영업장에 납품되기 이전의 도시락에 대한 분실, 훼손 등의 사유발생에 대해 "갑"은 책임이 없다. 다만, "갑"이 직접 "을"로부터 도시락을 수령하여 이송 중에 분실, 훼손 등의 사유가 발생한 경우는 "갑"이 책임을 진다.

제11조【해 지】

1. 당사자 일방에 대해 다음 각 호의 사유가 발생할 경우에는 타방 당사자는 상대방에 대하여 보완을 요구하고 그럼에도 불구하고 해결되지 아니할 시 계약을 해지할 수 있다.
   1) 본 계약의 의무사항을 이행하지 아니한 때
   2) (가)압류, 가처분 등의 담보권 실행이나 파산, 청산, 회사정리 사유가 발생한 때
   3) 지급정지, 지급불능 등의 사유가 발생한 때
   4) 기타 고의 또는 중과실로 상대방에게 손해를 끼치는 행위를 한 때
2. 본 해지조항 이외에 본문에서의 해지규정이 별도로 있는 경우 해당 본문의 규정이 본 해지 조항에 우선한다.

제12조【유효기간】

1. 본 계약의 효력은 20○○년 ○월 ○일부터 20○○년 ○월 ○일까지로 한다.
2. 제1항의 기간 종료 시 종료일로부터 ○개월 이전에 어느 일방으로부터도 계약의 갱신여부에 대한 통지가 없는 한 본 계약은 자동적으로 동일조건으로 ○년씩 연장되는 것으로 한다. 다만, 계약의 금액부분은 다시 협의 조정한다.

제13조【기타사항】

1. 본 계약에서 정하지 아니한 사항은 관련 법률규정이 있을 시에는 그에 의하며, 그것이 없을 시에는 일반적인 상관습에 의하여 해결한다.
2. 본 계약체결 이후 당사자 쌍방의 합의로 계약의 내용에 대해 변경사항의 발생 시 본 계약서 말미에 서명날인하여 첨부하도록 하며 본 계약서에 우선하여 효력을 인정한다.

제14조【분쟁해결】 본 계약에 관하여 분쟁이 발생할 시에는 당사자 상호간에 원만하게 해결을 위하여 노력하도록 하며, 그럼에도 불구하고 분쟁이 해결되지 아니하는 경우에는 대한상사

중재원의 중재규칙에 따라 중재로 최종해결 한다.

제15조【특약사항】 상기 계약일반사항 이외에 "갑"과 "을"은 아래 내용을 특약사항으로 정하며, 특약사항이 본문과 상충되는 경우에는 특약사항이 우선하여 적용된다.

위와 같이 본 계약이 유효하게 작성 성립하였음을 당사자들은 확인하면서 계약서 2통을 작성하여 각각 서명(기명) 날인 한 후 각 1통씩 보관한다.

20○○년 ○월 ○일

갑	㉑	사 업 자 등 록 번 호		사 무 소	
				전화번호	
을	㉑	사 업 자 등 록 번 호		사 무 소	
				전화번호	

[서식 202] 공급계약서(김밥)

김밥 공급계약서

분식 체인점 (주)○○○○(이하 "갑"이라 칭한다)와 김밥업체 (주)○○○○(이하 "을"이라 칭한다)는 상호간에 다음과 같이 김밥공급계약을 체결한다.

제 1 조【목 적】 본 계약은 "갑"이 영업하는 분식 체인점의 김밥을 "을"이 공급하는 것과 관련된 사항을 규율함을 목적으로 한다.

제 2 조【공급김밥】

1. "을"은 "갑"이 품목과 종류를 정한 김밥류 일체의 공급을 하고 "을"이 취급하지 아니하는 김밥류는 사전에 "갑"에게 통지하여 "갑"의 영업에 차질이 발생하지 아니하도록 한다.
2. 제1항의 경우 "을"이 취급하지 않는 김밥류를 "갑"이 제3자에게 주문하는 경우 "을"은 이의를 제기할 수 없으며, "을"의 보유 물량 부족으로 인한 공급 차질의 경우에도 그러

하다.

제3조【대금결제】

1. "을"은 "갑"이 공급한 김밥을 매월 정산하여 익월 ○일 "갑"의 계좌로 현금으로 입금하는 방식으로 대금결제를 하고 매회 거래 시마다 주문서에 따른 거래명세표를 교환한다.
2. "을"의 대금 연체 시 총 결제금액의 ○%에 해당하는 연체이자가 매 1일당 가산된다.

제4조【사용재료】

1. "을"은 김밥에 사용되는 재료(쌀, 단무지, 계란, 야채, 소시지, 햄 등)일체는 반드시 국산재료를 사용하여 공급하여야 한다.
2. "을"은 제조일로부터 ○시간 이내의 김밥을 공급하여야 하며 동 시간이 경과한 공급은 반품 조치한다.
3. 제2항의 위배사유가 ○회 이상 발생하는 경우 "갑"은 매 1회당 금 ○○○원정(₩○○○)을 공제하고 잔액을 정산 시 지급한다.

제5조【신선도 등】

1. "을"은 공급 김밥의 신선도가 유지되도록 유의하여야 하며 특히 여름철 상하지 아니하도록 하여야 한다.
2. "갑"은 "을"의 제조공장을 필요한 경우 방문하여 청결상태 및 제조상의 원재료의 품질상태 등을 검사하고 "을"은 이를 방해하여서는 아니된다.

제6조【계약기간】 본 계약은 계약체결일로부터 ○년간 존속하며 기간만료 ○개월 이전에 종료 통지가 없는 한 자동 연장되는 것으로 한다. 다만, 이러한 경우 기간의 정함이 없는 계약으로 하고 당사자 일방은 ○일 이전에 통지하면 언제든지 해지가능하다.

제7조【해 지】: [서식 201] 도시락공급계약서 참조.

제8조【기타사항】

1. 계약의 당사자는 본 계약의 내용을 신의성실에 의거하여 준수하여야 한다.
2. 계약기간 중 계약의 변경은 당사자의 서면 합의에 의해서만 변경될 수 있으며 서명날인된 문서를 본 계약서의 말미에 첨부한다.
3. 본 계약서에서 명시되지 않은 부분에 대하여는 관련 법규 및 상관습에 따르기로 한다.

제9조【분쟁해결】

1. 본 계약과 관련하여 양 당사자 간의 분쟁이 발생한 경우, 원칙적으로 "갑"과 "을" 상호간의 합의에 의해 해결한다.
2. 제1항에도 불구하고 분쟁이 해결되지 않을 경우 "갑"의 주소지 관할 지방법원을 그 관할로 하여 재판함으로써 해결한다.

제10조【특약사항】 상기 계약일반사항 이외에 "갑"과 "을"은 아래 내용을 특약사항으로 정하며, 특약사항이 본문과 상충되는 경우에는 특약사항이 우선하여 적용된다.

위와 같이 본 계약이 유효하게 성립하였음을 각 당사자는 증명하면서 본 계약서 2통을 작성하여 각각 서명(또는 기명) 날인 후 "갑"과 "을"이 각각 1통씩을 보관한다.

20○○년 ○월 ○일

갑	㊞	사 업 자 등록번호		사 무 소 전화번호	
을	㊞	사 업 자 등록번호		사 무 소 전화번호	

[서식 203] 공급계약서(화분)

화분 공급계약서

화분 임대자 (주)○○○○(이하 "갑"이라 칭한다)와 제조업체 (주)○○○○(이하 "을"이라 칭한다)는 상호간에 다음과 같이 화분공급계약을 체결한다.

제1조【목 적】 본 계약은 "을"이 운영하는 회사에 "갑"이 일정한 관상용 화분의 임대제공 및 관리를 하는 것과 관련된 사항을 규율함을 목적으로 한다.

제2조【임대 화분】 "갑"은 "을"의 회사에 대하여 ○○○○, ○○○○, ○○○, ○종류의 화분(단, 생화)을 임대제공하고 임대기간 동안 지속적인 유지관리, 영양보충 등의 조치를 취한다.

제3조【대여료】 "을"은 화분의 임대사용료로서 매월 금 ○○○원(₩○○○)을 "갑"에게 현금으로 지급하기로 한다. 다만, 본 계약의 임대화분 이외에 특별히 주문하는 화분의 경우 "갑"이 산정한 견적가격으로 임대 사용할 수 있다.

제4조【유지관리】

1. "갑"은 임대화분의 임대기간 동안 지속적인 방문을 통하여 화분의 고사 및 질병이 발생하지 아니하도록 영양공급 및 기타의 유지관리를 하여야 한다.
2. 제1항과 별도로 "갑"은 매 ○개월마다 화분의 종류를 전면 교체하여 단일 종류로 인한 식상함이 발생하지 아니하도록 한다. 다만, 이러한 경우 "을"이 계속적인 사용을 요청한 종류에 대하여는 그러하지 아니한다.

제5조【구매 등】 "을"은 "갑"의 임대공급 화분에 대하여 구매를 할 수도 있으며 구매 시에는 "갑"은 정가보다 할인된 혜택을 제공하도록 하고 할인율은 별도의 구매 할인율표에 따른다.

제6조【운 반】 본 계약에 따른 화분의 운반은 "갑"이 전적으로 담당하며 운반과 관련된 위험 부담도 그러하다.

제7조【계약기간】

1. 본 계약의 유효기간은 20○○년 ○월 ○일부터 20○○년 ○월 ○일로 한다.
2. 제1항의 기간만료일부터 ○일 이전에 어느 일방의 계약 종료통지가 없는 한 계약은 동일 조건으로 매 ○년씩 자동 연장되는 것으로 한다.

제8조【해 지】

1. 당사자 일방에 대하여 다음 각 호의 사유가 발생할 시 상대방은 즉시 계약을 해지할 수 있다.
   가. 가압류, 가처분, 경매 등의 사업의 불투명 사유가 발생할 시
   나. 파산, 회사정리, 화의신청 등의 사업 불가능 사유가 발생할 시
2. 일방이 본 계약상의 규정에 위배한 때 상대방은 ○일 이상의 시정기간을 두고 사유를 명시하여 시정을 최고하며, 그럼에도 불구하고 시정이 이루어지지 아니할 시 즉시 계약의 해지를 통지한다.

제9조【기타사항】

1. 계약의 당사자는 본 계약의 내용을 신의성실에 의거하여 준수하여야 한다.
2. 계약기간 중 계약의 변경은 당사자의 서면 합의에 의해서만 변경될 수 있으며 서명날인된 문서를 본 계약서의 말미에 첨부한다.
3. 본 계약서에서 명시되지 않은 부분에 대하여는 관련 법규 및 상관습에 따르기로 한다.

제10조【분쟁해결】

1. 본 계약과 관련하여 양 당사자 간의 분쟁이 발생한 경우, 원칙적으로 "갑"과 "을" 상호간의 합의에 의해 해결한다.
2. 제1항에도 불구하고 분쟁이 해결되지 않을 경우 "갑"의 주소지 관할 지방법원을 그 관할로 하여 재판함으로써 해결한다.

제11조【특약사항】 상기 계약일반사항 이외에 "갑"과 "을"은 아래 내용을 특약사항으로 정하며, 특약사항이 본문과 상충되는 경우에는 특약사항이 우선하여 적용된다.

위와 같이 본 계약이 유효하게 성립하였음을 양 당사자는 증명하면서 본 계약서 2통을 작성하여 각각 서명(또는 기명) 날인 후 "갑"과 "을"이 각각 1통씩을 보관한다.

20○○년 ○월 ○일

갑	㊞	사 업 자 등 록 번 호		사 무 소	
				전화번호	
을	㊞	사 업 자 등 록 번 호		사 무 소	
				전화번호	

[서식 204] 공급계약서(독점)

독점 공급계약서

주식회사 ○○○○(이하 "갑"이라 한다)와 주식회사 ○○○○(이하 "을"이라 한다) 하기 조항에 의거하여 국내 독점공급계약을 체결한다.

제1조【목 적】 본 계약은 "갑"이 "을"에게 제2조에 정하는 물품을 독점 공급하고 "을"은 국내 유통망을 형성하여 시장기반을 안정적으로 확장시키고 공동의 번영을 위해 상부상조의 바탕하에 상호이익을 도모함을 목적으로 한다.

제2조【품명 및 수량】

1. 품 명 : ○○○○○
2. 수 량 : ○○개

제3조【판매지역】 "을"의 판매지역은 전 지역으로 하고 부득이한 경우 "갑"은 "을"과 상의하여 변경할 수 있다.

제4조【인도가격 및 판매가격】

1. 제품원가, 기타 제반사항으로 인한 증감이 필요할 경우 "갑"과 "을" 협의 하에 조절할 수 있다.
2. 판매가격은 "갑"과 "을" 상호협의 국내유통망 형성을 위한 최선의 가격으로 출고 조절한다.

제5조【결제조건】

1. 대금청구방법은 "갑"이 "을" 창고인도와 동시 "을"은 공급된 물품대금을 지급한다.
2. "갑"의 양해에 따라 "을"은 계약금 50%를 지불하고 물품입고시 잔금 50%를 결재한다.
3. "갑"이 공급한 물품에 하자 발생시에는 "갑"은 그 책임을 지고 "을"의 요청에 따라 변상 또는 교환조치를 즉시 행한다.

제6조【계약기간 및 종료】
1. 계약기간은 계약체결일로부터 2년으로 하되 "갑"과 "을" 쌍방의 이의가 없는 한 만료 후 계약기간 만큼 자동 연장된다.
2. 계약의 종료는 계약사항에 대한 위반 또는 불이행으로 인한 당사자에게 다른 당사자가 그러한 위반사항을 시정 요구하는 내용을 구두 또는 서면으로 통보한 후 30일이 경과하도록 계속 위반할 경우 다른 당사자는 그에 대하여 등기우편으로 계약의 효력을 종료시킬 수 있으며 그에 대한 손해배상을 청구할 수 있고 본 계약은 그러한 통지를 발송한 일자로 종료된다.

제7조【정보제공 및 기밀유지】 "갑"과 "을"은 거래를 실시하는 과정에서 얻은 각종 시장정보를 성실하게 상호 교환하는 한 영업사의 각종 비밀을 준수하고 이를 제3자에게 누설하여서는 아니 된다.

제8조【기 타】 이 계약에 명시되지 않은 사항은 일반 상관례에 준한다. 본 계약을 후일에 증하기 위하여 본 계약서 2통을 작성하고 각자 서명 날인하여 1통씩 보관한다.

위와 같은 합의하고 이를 증명하기 위하여 "갑", "을"은 계약서 2통을 작성하여 각각 서명날인 후 각 1통씩을 보관한다.

20○○년 ○월 ○일

갑	㊞	사업자 등록번호		사무소	
				전화번호	
을	㊞	사업자 등록번호		사무소	
				전화번호	

[서식 205] 공급계약서(제작물)

제작물 공급계약서

○○○○ 주식회사(이하 "갑"이라 한다)와 ○○○○ 주식회사(이하 "을"이라 한다)는 다음과 같이 계약을 체결한다.

제1조【목 적】"갑"은 "을"에 대해서 ○○○ (이하 "본 제품"이라 한다)을 제작하여 납품할 것을 약정하고 "갑"은 "을"에 대해서 대금을 지불할 것을 약속하였다.

제2조【개별계약】

1. 본 제품의 제작에 관해서는 본 계약의 결정 외에 그때 "갑", "을"간에 체결된 개별계약(이하 "개별계약"이라 한다)의 결정에 의하고 본 계약의 결정과 개별계약의 결정에 차이가 있을 경우는 개별계약의 결정이 우선한다.
2. 개별계약은 "갑"의 신청에 대해 "을"의 승낙한 경우에 성립한다.
3. 앞 항의 신청 및 승낙은 각각 "갑"의 주문서 및 "을"의 청구서로 행해진다. 단 "갑", "을" 협의 후 별도 방법에 의할 수도 있다.

제3조【사 양】"을"은 본계약, 개별계약 및 "갑"이 "을"에게 교부하는 사양서, 도면 그 밖의 도서 및 "갑"의 지시에 따라서 본 제품을 제작한다.

제4조【하청금지】"을"은 본 제품을 스스로 제작하고 사전에 "갑"의 승낙이 없는 한 본 제품 또는 일부의 제작을 제3자에게 하청을 주어서는 안된다.

제5조【납 품】

1. "을"은 개별계약에 정해진 납기에 본 제품을 "갑"이 지정한 장소에 납품해야 한다.
2. "을"은 납기 전에 본 제품을 납품하려고 할 경우 사전에 "갑"의 승낙을 얻어야 한다.
3. "을"은 납기에 본 제품을 납품할 수가 없을 우려가 발생한 때에는 곧바로 그 사실을 "갑"에게 통지하고 "갑"의 지시에 따라야 한다.
4. "을"은 납기지연으로 "갑"이 손해를 입은 경우는 손해배상을 해야 한다.

제6조【검사 및 검수】

1. "갑"은 본 제품이 납품되었을 때는 지체 없이 제품 검사를 실시하고 납품된 제품이 제품 검사에 합격하였을 때에는 "을"에 대해 검수통지를 발송해야 한다.
2. 납품검사로 품종, 수량, 품질에 대해서 개별계약의 결정과 차이가 발견되었을 때에는 "갑"은 곧바로 그 사실을 "을"에게 통지하고 아울러 그 처리에 대해서 지시를 내린다.
3. "을"은 앞 항에 기초하여 "갑"으로부터 지시를 받았을 때에는 곧바로 그 지시에 따라 처리를 해야 한다. 단 "을"이 곧바로 처리를 하지 않은 경우 "갑"은 스스로 그 처리를 할 수가 있다. 이 경우 처리에 소요된 비용은 "을"이 부담한다.
4. "갑"으로부터 검수통지가 이루어졌다고 해도 제8조에 정한 "을"의 책임은 경감되지 않는다.

제7조【소유권 및 위험부담】본 제품의 소유권 및 위험부담은 검수통지가 이루어졌을 때에 "을"로부터 "갑"에게 이전한다.

제8조【보 증】

1. "을"은 "갑"에게 납품한 본 제품이 "갑"이 지시한 사양에 합치하고 정해진 품질, 성능을 구비할 것을 보증한다.
2. "을"이 "갑"에게 납품한 본 제품에 숨겨진 하자가 발견되었을 때 "을"은 무상으로 하자있는 제품의 수리, 대체품의 납품, 기타 "갑"이 요구하는 조치를 강구해야 한다. 단, 검수

후 ○년이 경과되었을 때에는 이에 해당되지 않는다.

3. “을”은 “갑”에게 납품한 제품의 숨겨진 하자에 기인하여 “갑”이 손해를 입은 경우는 손해배상을 해야 한다. 단, 검수 후 ○년이 경과하였을 때는 이에 한하지 않는다.

제9조【지불방법】

1. 본 제품의 제작대금 및 그 지불방법은 “갑”, “을” 협의 후 별도로 정한다.
2. “갑”은 “을”에 대해서 금전채권을 가질 경우는 제작대금과 해당 금전채권을 해당 금액으로 상계할 수가 있다.

제10조【제공자료 등의 정리】

1. “을”은 본 제품의 제작에 관해 “갑”으로부터 자료, 도면 그 밖의 서류제공을 받았을 경우는 이것들을 선량한 관리자의 주의의무를 갖고서 보관, 관리하고 사전에 “갑”으로부터 서면에 의한 승낙 없이 이것들을 제3자에게 개시 또는 누설해서는 안 된다.
2. “을”은 본 계약이 종결하거나 해제되었을 때 곧바로 앞 항의 서류원본 및 모든 복사본을 “갑”에게 반환해야 한다.

제11조【계약해제】 “갑” 또는 “을”이 본 계약 또는 개별계약의 결정에 위반하여 상대방이 상당한 기간을 정하여 시정을 최고하였음에도 불구하고 그 기간 중에 시정이 이루어지지 않은 경우 상대방은 곧바로 본 계약을 해제할 수 있다.

제12조【유효기간】 본 계약의 유효기간은 20○○년 ○월 ○일부터 ○년간으로 한다. 기간만료 ○개월 전까지 “갑”, “을” 누구로부터 별도의 신청이 없을 때는 다시 ○년간 연장하는 것으로 하고 이후에도 동일하다.

제13조【협 의】 본 계약에 정해지지 않은 사항 또는 해석에 이의가 발생한 사항에 대해서는 “갑”, “을”이 협의 후 해결하기로 한다.

20○○년 ○월 ○일

<table>
<tr><td rowspan="2">갑</td><td rowspan="2">㊞</td><td rowspan="2">사 업 자
등록번호</td><td rowspan="2"></td><td>사 무 소</td><td></td></tr>
<tr><td>전화번호</td><td></td></tr>
<tr><td rowspan="2">을</td><td rowspan="2">㊞</td><td rowspan="2">사 업 자
등록번호</td><td rowspan="2"></td><td>사 무 소</td><td></td></tr>
<tr><td>전화번호</td><td></td></tr>
</table>

[서식 206] 공급계약서(원단)

원단공급계약서

계약번호 :

"갑" 주 소 :
회 사 :
대표자 :(인)

"을" 주 소 :
회 사 :
대표자 :(인)

상기 "갑"을 구매자로 하고 "을"을 공급자로 하여 다음과 같이 물품공급계약을 체결한다.

– 다 음 –

제 1 조 【 계약내용 】

품명	SPEC	수량	단가	금액	납기	비고

제 2 조 【 대금결제 】 "갑"은 "을"이 납품한 물건이 "갑"의 검사기준에 의거 외관 및 이화학검사에 하자가 없다고 판명되었을 경우 납품일 기준일 만기 은행도 약속어음으로 결제한다.

제 3 조 【 규격 및 품질기준 】

1. 필장(ROLL LENGTH)은 ○○○를 기준으로 하며 ○○○를 10% 이하로 하고, 불량은 출고치 아니하며 미만은 원칙적으로 납품하지 아니한다.
2. TRADE MARK, SELVGE는 넣지 않는다.
3. 색상당 및 총물량에 대한 허용 불량률은 ORDER량의 幅5% 이내로 한다.
4. 포장은 국내 내수 판매분에 준하고 OPEN ROLL로 한다.
5. 흠(DEFECT)의 허용한계는 10YDS당 1개(STRING 표시)이하로 한다.
6. 원단 DEFECT에 대한 보상은 직단 경우 0.5YD, 일반 DEFECT 0.25YD로 하며 2YDS내 2개 이상의 DEFECT 경우는 2YDS를 보상한다.

★ 기타 품질 및 규격상의 하자 사항에 대해서는 "갑", "을"간에 긴밀한 협의를 거쳐 "갑"의 작업에 지장이 없도록 조치한다.

제 4 조 【 검사 및 변상 】

1. 원단 납품시 검사는 공인기관 시험성적서 및 내수복지 검사기준에 의거한 "을"의 자체검사에 의한다.

2. 납품 후 "갑"의 외관검사시 발생된 하자분에 대해서는 "갑"은 "을"에게 반품 조치할 수 있다.
3. 본 물품에 대한 소비자 CLAIM의 발생시 원단상의 하자(이화학 검사기준에 의거한 하자)에 대해서는 "을"의 책임으로 한다.
4. 원단상의 하자로 인한 문제 발생시 최종적으로 국가 공인기관의 판정에 따르며 이로 인한 "갑"의 보상요청이 있을 경우 "을"은 "갑"에게 실손실을 변상한다.

제5조【물품 인도 및 납기】

1. 물품 인도 : "을"은 "갑"이 지정하는 장소에 납품을 하여야 하며 납품시 비용은 "을"의 부담으로 한다.
2. 납기는 제1조 계약내용에 의거하여 "갑"의 작업에 지장이 없도록 전량 납품한다.

제6조【손해배상】

1. "을"은 납기를 준수하며 납기 지연으로 인하여 "갑"의 작업에 지장을 초래했을 경우 1일당 지역분 물대의 3/1,000씩 지체 배상금으로 공제한다.(단, 천재지변, 기타 불가항력으로 인한 납기 불이행 사유 발생시에는 "갑", "을"이 별도 협의하여 결정한다)
2. "을"은 "갑"이 제시한 동일제품, 동일 PATTERN을 타사에 누설하거나 시판하지 못하며 이의 위약시 "을"은 "갑"이 제시한 손해액을 변상하여야 한다.

제7조【양도금지】 "을"은 "갑"의 사전승인 없이 본 계약에 기한 "을"의 지위를 제3자에게 양도, 이전하지 아니한다.

제8조【상 계】

1. 계약의 해제·해지 사유가 발생하여 계약이 종료될 때 본 계약과 관련하여 "을"이 "갑"에게 채무를 부담하고 있을 경우 본건 채권의 변제기도래 여부를 불문하고 "갑"은 본건 채권과 "갑"이 "을"에 대하여 부담하는 채무를 대등액에서 상계할 수 있으며 "을"은 이에 대해 이의를 제기치 아니한다.
2. 제1항의 계약종료시가 아니더라도 "을"의 채권자로부터 "갑"이 "을"에 대하여 지급할 채무에 대하여 가압류, 압류, 채권압류 및 추심명령이나 전부명령이 집행된 경우에는 집행 전에 상계할 수 있었던 것으로 복 상계한 후 서면으로 상계사실을 통지하기로 한다.

제9조【합의관할】 본 계약과 관련하여 분쟁이 발생하는 경우 "갑"과 "을"은 상호신뢰를 바탕으로 원만히 해결하기로 하되 합의가 이루어지지 아니하여 "갑"이 소송을 제기하는 경우에는 "갑"의 주된 사무소 소재지 관할법원에, "을"이 소송을 제기하는 경우에는 "을"의 주된 사무소소재지 관할법원에 소송을 제기할 수 있기로 한다.

제10조【계약기간】

1. 이 계약의 존속기간은 계약체결일로부터 1년간이다.
2. "갑" 또는 "을"이 계약기간 만료 60일 전에 상대방에게 서면에 의한 계약해지의 의사표시를 하지 않는 한 제1항의 규정에 불구하고 본 계약은 동일한 조건으로 갱신된 것으로 본다.
3. 연장된 계약의 갱신도 전항에 의한다.

제11조【계약의 해석】 이 계약의 각 조항의 해석에 관하여 이의가 생겼을 때 "갑"과 "을" 간에

체결한 개별계약이 있을 때에는 그 개별계약에 의하고 개별계약이 없을 때에는 일반 상관례에 따른다. 이상과 같이 "갑", "을" 양 당사자 간에 충분한 고려와 상호이해를 바탕으로 합의에 이르러 본 계약을 체결하고 본계약서에 명시되지 않은 사항은 일반 상관례에 따르기로 하며, 후일에 발생될지도 모를 법적 분쟁을 방지하기 위해 계약서 2통을 작성하여 쌍방이 날인한 후 각각 1통씩 보관한다.

20○○년 ○월 ○일

갑	㊞	사 업 자 등 록 번 호		사 무 소	
				전화번호	
을	㊞	사 업 자 등 록 번 호		사 무 소	
				전화번호	

[서식 207] 공급계약서(자재물품)

자재물품 공급계약서

○○○○(이하 "갑"이라 함)과 주식회사 ○○○○(이하 "을"이라 함)은 다음과 같이 물품공급계약을 체결한다.

제1조【자 재】

품 명	규 격	단 위	수 량	단 가	금 액	비 고
총 액						

제2조【물품인도】 "을"은 현장 요구에 의해 "갑"에게 물품을 인도한다.

제3조【대금결제】 "갑"은 납품 전에 자재요청서를 "을"에게 송부하며, 납품이 완료된 후 "을"은 매출세금계산서를 발행하고, "갑"은 인수증을 발행하여 "을"에게 물품대금이 결제되도록 한다.

제4조【절차수행】 물품인도는 현장 도착도로 한다.

제5조【품질 및 납기】 물품납품에 따른 품질 및 납기는 "을"의 책임으로 한다.

제6조【상호협의】 본 계약서의 기재되지 않은 사항은 관련 법규 및 자재용 물품공급확약서에 관한 상관례에 따라 상호 협의하여 결정한다.

상기와 같이 계약을 체결하고 이를 증명하기 위하여 본 계약서 2통을 작성하여 각각 1통씩을 보관한다.

20○○년 ○월 ○일

갑	㉞	주민등록번호		주 소	
				전화번호	
을	㉞	주민등록번호		주 소	
				전화번호	

[서식 208] 공급계약서(골재)

골재공급계약서

골재업자 주식회사 ○○○○(이하 "갑"이라 한다)와 레미콘업자 ○○○○ 주식회사(이하 "을"이라 한다)는 다음과 같이 골재공급계약을 체결한다.

제1조【목 적】 본 계약은 "을"의 레미콘(Ready-Mixed Concrete ; 이하 "레미콘"이라고 약칭한다) 제조공정에 사용되는 골재의 공급을 "갑"으로부터 제공받고 이와 관련된 제반 권리의무 사항을 규율함을 목적으로 한다.

제2조【골 재】

1. "갑"은 "을"에게 매월 ○○○○톤의 골재를 최소한으로 하여 공급하도록 하며 톤당 가격은 금○○○원(₩○○○)으로 계산한다.
2. "갑"은 여하한 사유로도 바다에서 골재를 채취하여 "을"에게 공급하거나 그 밖의 사유로 염분이 포함된 골재를 공급하여서는 아니된다.

제3조【대금결제】

1. "을"은 매월 납품받은 물량을 정산하여 다음달 ○○일에 "갑"에게 현금으로 입금하도록 한다(부가세 별도).
2. "갑"이 대금 지급을 연체할 경우 총 연체금액의 ○○%의 이자가 매 1일당 가산되며 동 기일이 ○○일을 초과하는 경우 계약해지 사유가 된다.

제4조【골재인도】

1. "갑"은 본 계약에서 정한 최소물량은 특별한 사유가 없는 한 공급하도록 하며 추가물량이 필요한 경우 "을"은 ○○일 이전에 통지하여 공급받도록 한다.
2. "갑"은 채취한 골재를 "을"이 지정한 사업장에 공급인도하며 운반비는 "갑"이 부담한다. 단, "을"의 지정 장소에 안전하게 골재를 인도하기 이전에 발생하는 제반 위험부담은 "갑"이 부담하기로 한다.

제5조【납품골재 크기】 "을"은 "갑"이 지정한 크기(○○○○)의 골재를 납품하여야 하며 납품과 동시에 "갑"이 이를 검수하여 당해 굵기를 초과하거나 미달하는 골재를 납품한 경우에는 반입의 거절 및 재반입을 통지한다.

제6조【납기지연】

1. "갑"이 지정된 기일에 골재를 인도하지 아니할 경우 지체 1일당 총 주문대금의 ○○%에 해당하는 지체이자가 가산되며 "을"은 이자를 공제한 잔액을 결제 지급한다. 다만, 천재지변으로 인한 불가항력("을"의 귀책사유로 인한 화재 등과 같은 불가항력은 제외한다)으로 인하여 지체가 된 경우에는 그러하지 아니하다.
2. 제1항의 납품 지연이 ○○일을 초과하는 경우에는 "을"은 기 지급한 주문대금의 전액 반환요청과 동시에 납품인수를 거절하고 계약을 종료할 수 있다.

제7조【인수거절】 "갑"의 지정된 납품에 대하여 "을"이 정당한 사유없이 골재의 인수를 거절할 경우 "갑"은 "을"이 기 지급한 결제대금을 반환할 의무가 없으며 거절한 골재에 대하여 임의로 처분할 수 있다. 단, "갑"은 의무 이행에 소요된 경비를 별도로 "을"에게 청구한다.

제8조【계약기간】

1. 본 계약의 유효기간은 20○○년 ○월 ○일부터 20○○년 ○월 ○일로 한다.
2. 제1항의 기간만료일부터 ○○일 이전에 어느 일방의 계약 종료통지가 없는 한 계약은 동일조건으로 매 ○년씩 자동 연장되는 것으로 한다. 다만, 일방의 계약조건의 변경통지가 있을 시에는 기간의 만료일까지 협의가 되지 아니하면 계약은 자동 종료되는 것으로 한다.

제9조【우선 공급권】 "갑"은 "을"에게 여타 제3의 골재 공급처보다 우선적으로 공급량을 충원하도록 하며 본 계약의 유효기간 동안 가격의 등락에 무관하게 계약상의 단가로 공급한다. 다만, 가격의 등락이 최초 계약시보다 ○○% 이상이 차이가 날 경우에는 당해 단가를 반영하도록 한다.

제10조【해 지】

1. 당사자 일방에 대하여 다음 각 호의 사유가 발생할 시 상대방은 즉시 계약을 해지할

수 있다.

가. 가압류, 가처분, 경매 등의 사업의 불투명 사유가 발생할 시

나. 파산, 회사정리, 화의신청 등의 사업 불가능 사유가 발생할 시

2. 일방이 본 계약상의 규정에 위배한 때 상대방은 ○○일 이상의 시정기간을 두고 사유를 명시하여 시정을 최고하며, 그럼에도 불구하고 시정이 이루어지지 아니할 시 즉시 계약의 해지를 통지한다.
3. 계약해지에 귀책사유 있는 당사자는 상대방에 대하여 손해배상의 책임이 있다.

제11조【기타사항】

1. 계약의 당사자는 본 계약의 내용을 신의성실에 의거하여 준수하여야 한다.
2. 계약기간 중 계약의 변경은 당사자의 서면 합의에 의해서만 변경될 수 있으며 서명날인한 문서를 본 계약서의 말미에 첨부한다.
3. 본 계약서에서 명시되지 않은 부분에 대하여는 관련 법규 및 상관습에 따르기로 한다.

제12조【특약사항】 상기 계약일반사항 이외에 "갑"과 "을"은 아래 내용을 특약사항으로 정하며, 특약사항이 본문과 상충되는 경우에는 특약사항이 우선하여 적용된다.

위와 같이 본 계약이 유효하게 성립하였음을 각 당사자는 증명하면서 본 계약서 2통을 작성하여 각각 서명(또는 기명) 날인한 후 "갑"과 "을"이 각각 1통씩을 보관한다.

20○○년 ○월 ○일

갑	㊞	사 업 자 등 록 번 호		사 무 소	
				전화번호	
을	㊞	사 업 자 등 록 번 호		사 무 소	
				전화번호	

[서식 209] 공급약정서(물품)

물품 공급약정서

"갑" 판매원 : "을" 제조원 :

위 당사자는 "갑"이 판매원, "을"이 제조원으로서 계속적으로 거래관계를 유지하기 위하여 다음과 같이 물품공급약정을 체결하고 신의성실로써 준수하기로 한다.

제1조【물품의 공급】
1. "을"이 생산하는 물품의 판권은 전량 "갑"이 갖는다.
2. "을"은 "갑"의 판매에 지장이 없도록 물품을 주문 후 일정기간 내에 납품하여야 한다(주문 후 납품기간은 추후 쌍방합의에 의하여 결정한다).

제2조【공급단가】
1. 공급단가의 결정은 공급단가내역을 산출한 후 쌍방합의에 의하여 결정한다.
2. 공급단가의 결정은 년 1회 실시하며, 원가상승 또는 하락요인 등을 고려하여 쌍방합의에 의하여 결정한다.

제3조【대금결제】
1. 물품대금의 결재는 납품 후 최대 2개월을 넘기지 않는다.
2. 결재방법은 현금 또는 은행도 어음으로 결재하여야 한다.

제4조【물품하자의 발생】
1. 물품하자 발생시 제조과정에서 그 원인이 있다면 "을"은 "갑" 또는 선의의 제3의 피해자에게 물품의 반환, 반제, 배상 등의 책임이 있다.
2. 물품의 유통과정에서 발생된 물품하자는 "갑"에게 그 책임이 있다.

제5조【계약기간】 계약기간은 1년을 원칙으로 하나, 양 당사자가 계약해제의 의사표시가 없는 한 1년간 갱신된 것으로 하며, 이후에도 또한 같다.

제6조【책임사항】
1. "을"은 물품의 상태를 최상의 상태로 "갑"에게 납품할 책임이 있다.
2. "갑"은 유통과정에서의 변질 등을 방지하기 위하여 냉장차를 확보하여야 한다.
3. "갑"은 "갑"이 보유한 유통망을 적극 활용 판매에 최선을 다하여야 한다.

제7조【추가계약】 사정변경으로 추가계약사항이 있을 경우 동 사항은 이 계약의 일부로 하며, 이 계약서에 첨부한다.

제8조【상관례】 이 계약에 정하지 않은 사항이나, 계약의 해석에 이견이 있을시 상관례에 따라 상호협의에 의하여 처리하기로 한다.

제 9 조【계약의 실효발생】
1. 본 계약의 실효는 공장가동 후 정식 계약서 작성 이후부터 실효가 발생된다.
2. "을"의 공장가동이 성립되지 않았을 경우 본 가계약은 무효로 한다.

제10조【계약의 해지】 계약의 해지는 계약해지일로부터 6개월 전에 상대방에게 통보하여야 한다.

위와 같은 사항을 합의하고 이를 증명하기 위하여 기명날인한 후 "갑", "을" 각자 1통씩 보관한다.

20○○년 ○월 ○일

갑	㉞	주민등록번호		주　　소	
				전화번호	
을	㉞	주민등록번호		주　　소	
				전화번호	

[서식 210] 공급계약서(물품)

물품 공급계약서

매도인 주식회사 ○○○○(이하 "갑"이라 한다)와 매수인 주식회사 ○○○○(이하 "을"이라 한다)은 계약당사자간 아래와 같은 물품공급계약서를 체결한다.

제 1 조【매매물 내역】

품 목	수 량	단 가	금 액	비 고

제 2 조【계약금액】 금 ○○○원 (₩ ○○○) ※ 부가세포함

제 3 조【납품기한】 발주 후 ○일 이내

제4조【인도조건】 물품의 인도장소는 "을"의 지정장소로 하며 당해 장소까지 운임 및 기타 소요비용 일체는 "갑"의 부담으로 한다.

제5조【지체배상금】 납품기일 내에 물품의 전량 또는 일부를 납품할 수 없을 때는 사전에 "을"에게 납품연기 승인을 서면 상으로 신청해야 하며, 이때 지체일수 1일에 대하여 해당 계약금액에 대해 1/1000의 지체배상금을 물품대금에서 공제하기로 한다.(단, 천재지변 기타 불가항력에 인한 것이라고 "을"이 인정할 때는 지체배상금을 면제할 수 있다)

제6조【검 수】 물품의 검수는 "을"이 지정하는 검수인이 "을"의 지정장소에서 행한 것으로 한다.

제7조【대금 지급방법】 을은 본 건 납품과 동시에 선금 ○○○원(₩ ○○○)을 갑에게 지불한다. 을은 전조의 검사완료 후 1개월 후 금 ○○○원(₩ ○○○), 2개월 후 금 ○○○원(₩ ○○○)을 지급하는 조건으로 한다.

제8조【하자보증】

1. "갑"은 계약물품의 검수완료일로 부터 12개월간 하자보증의 책임을 진다. 또한 비용은 "갑"의 부담으로 한다.
2. 하자보증 기간이 경과한 후 "계약물품"에 고장이 발생하는 경우 "갑"은 "을"의 요청에 따라 물품을 수리하는데 필요한 부품을 "을"에게 공급한다. 단, 비용은 "을"의 부담으로 한다. 또한 "을"의 요청이 있을 경우 유상으로 계약물품에 대한 정비, 보수 용역을 제공한다.

제9조【물품의 안전책임】 물품의 안전책임은 물품을 인도 시까지는 "갑"이 모든 책임을 지며, 물품인도 후 검수가 완료된 후는 "을"의 책임으로 한다.

제10조【계약의 해제】

1. 물품내용이 계약과 상이할 때
2. 납기 내에 완납하지 못하고, 장기간 시간이 경과되어 양 당사자가 인정하는 경우
3. "갑"이 본 계약을 위반하였을 때
4. 본 건의 진행 중 "을"의 사유에 의한 계약의 파기 시 "갑"에게 기 지불된 계약금, 중도금 및 계약과 관련하여 "을"이 "갑"에게 지불한 대금은 "갑"에게 귀속된다.

제11조【기 타】

1. 본 계약에 의한 분쟁의 해결은 "갑"의 본점 소재지 관할법원으로 한다.
2. 본 계약상 "갑", "을" 간에 이의가 있을 시는 일반 상관례에 의한다.

위와 같이 본 계약이 유효하게 성립하였음을 각 당사자는 증명하면서 본 계약서 2통을 작성하여 각각 서명(또는 기명) 날인한 후 "갑"과 "을"이 각각 1통씩을 보관한다.

20○○년 ○월 ○일

갑	㊞	사 업 자 등 록 번 호		사 무 소	
				전화번호	
을	㊞	사 업 자 등 록 번 호		사 무 소	
				전화번호	

[서식 211] 공급계약서(차량유류)

차량유류공급계약서

차량용 유류를 공급함에 있어 수요자인 주식회사 ○○○○(이하 "갑"이라 한다)와 공급자인 ○○○○ 주식회사(이하 "을"이라 한다)는 다음과 같이 차량 유류공급계약을 체결한다.

제1조【유류납품】
1. "갑"은 유류 실수요자로서 소요량을 "을"로부터 공급받기로 하며, "을"은 "갑"이 소유하는 차량에 유류공급을 하여야 한다.
2. 수방 및 제설 등 비상재해시에 "갑"이 원하는 장소(현장, 차고지)에 "을"의 장비로 유류를 이동 납품하여야 한다.

제2조【계약기간】 유류납품기간은 20○○. ○. ○.부터 20○○. ○. ○.까지로 하며 "갑"과 "을"이 상호 협의하여 연장 또는 단축할 수 있다.

제3조【공급유종 및 방법】
1. "을"이 "갑"에게 제공하는 유류는 저유황경유(○○%)로 한다.
2. 유류는 "을"이 발행하고 "갑"이 제시하는 주유카드에 의하여 "갑"의 차량에 공급(주입)한다.
3. "을"은 "갑"에게 유류공급시 주유량에 해당하는 영수증을 발급하며 영수증에 운전자의 서명을 받은 후 부본을 운전자에게 발급한다.
4. "을"은 주유카드의 부정사용 방지를 위하여 주유카드상의 차량번호를 확인 후 주유하며 차량번호가 불일치시 주유를 거부하여야 한다.
5. "을"의 차량번호 확인 소홀로 "갑"의 소유차량이 아닌 차량에 주유하는 경우 "갑"에게 대금청구 또는 이의제기를 할 수 없다.
6. "갑"은 주유카드 분실시 지체 없이 "을"에게 통보하여야 하며 "을"은 분실 주유카드에 대하여 지체 없이 사용을 정지하여야 한다.

제4조【납품가격 및 자료제출】

1. "을"은 "갑"에게 공급하는 유류단가(리터당)는 유가연동제를 적용하되 쌍방합의하에 따로 정할 수 있다.
2. "을"은 "갑"이 요구하는 유류대금 청구자료를 지체 없이 "갑"에게 제출하여야 한다.

제5조【대금지급 방법】

1. "을"이 납품한 유류대금은 매월 1일부터 말일까지의 금액을 다음달 초에 주유영수증을 첨부하여 "갑"에게 청구한다.
2. "갑"은 제1항에 의거 "을"이 청구한 유류대금을 정산 확인한 후 주유대금 청구를 받은 날로부터 10일 이내에 지급한다.

제6조【계약해지】

1. "갑"은 계약기간에 불구하고 다음 경우에는 "을"에게 서면 통보하여 본 계약을 해지할 수 있으며 "을"은 이에 대하여 이의를 제기할 수 없다.
   가. "을"이 불량품을 공급하여 "갑"에게 손해를 끼치게 된 경우
   나. "을"이 계약을 이행할 수 없다고 "갑"이 인정한 경우
   다. "갑"의 형편에 의하여 해지하고자 할 때
2. 전항의 "가" "나"호로 인하여 "갑"이 손해를 입었을 때에는 "을"은 이를 배상할 책임을 진다.

제7조【배상책임 면제】 천재지변 등의 불가항력적인 사태가 발생하여 본 계약을 이행할 수 없을 때에는 배상책임을 면제한다.

제8조【조문해석】 본 계약서에 명시되지 아니한 사항은 일반관례에 따르며 견해가 다를 경우에는 "갑" "을"간의 상호 협의에 의하여 결정한다.

위와 같이 본 계약이 유효하게 성립하였음을 각 당사자는 증명하면서 본 계약서 2통을 작성하여 각각 서명(또는 기명) 날인한 후 "갑"과 "을"이 각각 1통씩을 보관한다.

20○○년 ○월 ○일

갑	㊞	사 업 자 등 록 번 호		사 무 소	
				전화번호	
을	㊞	사 업 자 등 록 번 호		사 무 소	
				전화번호	

[서식 212] **공급구매약정서(물품)**

물품공급 구매계약서

본 물품공급계약은 ○○○(이하 "갑"이라 칭함)와 ○○○(이하 "을"이라 칭함) 간의 거래에 관하여 다음과 같이 물품공급구매계약을 체결한다.

제1조【계약목적】 상기 "갑"과 "을"은 본 계약을 신의에 따라 성실히 이행함으로서 상호간에 공정한 관계를 형성 지속하는 것을 그 목적으로 한다.

제2조【거래내용】 계약 품목, 수량 및 단가

제3조【대금지급방법】 대금지급 : "갑"은 금 ○○○원(VAT 포함)을 물품인도 시 "을"에게 하기와 같이 지급한다.

1. 계약금 : 총금액의 ○%인 금 ○○○원은 본 계약체결과 동시 "갑"은 "을"에게 지불한다.
2. 잔 금 : 총금액에서 계약금을 제외한 금 ○○○원은 계약 후 20○○년 ○월 ○일까지 "갑"은 "을"에게 지불한다.

제4조【A/S 및 불량품 대체】

1. "을"의 제품인도 후, "갑"의 판매 이전에 자체결함으로 발생하는 불량에 대하여 "을"이 신제품으로 교환 처리한다.
2. "을"의 제품인도 후, "갑"의 판매 이후에 발생하는 불량에 대하여 "을"의 A/S 규정에 의하여 처리한다.

제5조【계약의 성립과 해지 및 해약】

1. 본 계약은 "갑"이 "을"에게 계약금을 지불함과 동시에 계약이 유효한 계약으로 인정한다.
2. 본 계약의 해지는 계약 총금액의 완료 후 납품이 완료되면 자동 해지되며 이후 발생하는 A/S는 상호 협의대로 진행하며 A/S 규정에 의거 상호 협조한다.
3. "을"의 귀책으로 본 계약을 해약할 경우 "갑"이 지불한 계약금의 2배를 손해배상금으로 "갑"에게 해약과 동시 지불하여야 한다.
4. "갑"의 귀책으로 본 계약을 해약할 경우 "갑"이 지불한 계약금은 손해배상금으로 "을"에게 귀속된다.
5. 천재지변이나 기타 불가항력적인 사유에 대하여서는 "갑"과 "을" 간의 협의 하에 결정한다.

제6조【기 타】

1. "갑"과 "을" 쌍방은 상호간의 승인이 없이 계약내용의 일부 또는 전부를 제3자에게 양도할 수 없다.
2. 계약의 해석상 의문이나 이견이 있을 시 상호 합의 하에 결정한다.
3. 이하 본 계약서에 명시되지 아니한 사항에 대하여서는 일반 상관례에 준하여 처리한다.

본 계약서를 증명하기 위하여 계약서 2통을 작성하여 "갑"과 "을" 쌍방 간에 서명날인한 후 각각 1통씩 보관한다.

20○○년 ○월 ○일

갑	㊞	주민등록번호		주 소	
				전화번호	
을	㊞	주민등록번호		주 소	
				전화번호	

[서식 213] **공급계약서(급식)**

급식 공급계약서

급식공급에 있어 공급받는 자(○○○○)를 "갑"이라고 하고 공급하는 자(○○○식품)를 "을"이라 하여 다음과 같이 급식공급계약을 체결한다.

- 다 음 -

제1조 "을"은 교육기관 전문급식센터로써 급식을 담당하는 곳.

제2조 계약기간은 20○○년 ○월 ○일부터 시작하며 "갑"의 일방적인 의사에 따라 계약을 중단할 수 있다.

제3조 "을"은 "갑"에게 공식공급을 함에 있어서 정오 12시까지 위생적으로 적정한 온도를 유지하며 도착하도록 한다.

제4조 "을"이 공급한 부식이 조금이라도 신선하지 않을 시 즉각 반품 또는 교환을 원칙으로 한다.

제5조 "을"은 식품위생법 제22조 제1항 및 동법시행규칙 제22조의 규정에 의하여 식품영업을 허가받아 식품위생법 규정에 입각하여 위생적으로 부식을 제조하여 공급한다.

제6조 식품제조, 운반 및 공급과정에서 식품의 위생관리가 철저히 유지되도록 할 것이며 이에 야기된 사고의 책임은 일체 "을"이 진다.

제7조 "을"은 "갑"과의 합의없이 본 계약으로부터 발생하는 권리와 의무를 제3자에게 양도할 수 없다.

제8조 "을"은 보험회사에 식중독 보험을 필히 가입해야 한다.

제9조 기본 3찬으로 하되 "을"이 6개 이상의 식단을 제시하여 "갑"이 선택하도록 한다.

위와 같이 본 계약이 유효하게 성립하였음을 각 당사자는 증명하면서 본 계약서 2통을 작성하여 각각 서명(또는 기명) 날인한 후 "갑"과 "을"이 각각 1통씩을 보관한다.

20○○년 ○월 ○일

갑	㊞	사업자 등록번호		사무소	
				전화번호	
을	㊞	사업자 등록번호		사무소	
				전화번호	

[서식 214] 공급계약서(컨텐츠)

컨텐츠 공급계약서

(주)○○○○(이하 "갑"이라 함)와 (주)○○○○ (이하 "을"이라 함)은 "을"의 컨텐츠를 "갑"이 방송으로 사용하는데 대해 아래와 같이 계약한다.

제1조 (계약의 목적) 본 계약은 "을"이 소유하고 있는 컨텐츠를 "갑"이 방송하는데 적합하도록 가공하여 무상 공급함에 있어 필요한 사항을 정하는 것을 목적으로 한다.

제2조 (컨텐츠 정의) 컨텐츠라 함은 "을"이 제작하여 보유하거나 ON-LINE상에서 서비스하고 있는 내용들을 말한다.

제3조 (컨텐츠 무상공급기간) 을"이 소유하고 있는 컨텐츠의 무상공급 기간은 계약일로부터 20○○년 ○월 ○일까지로 정하고 그 연장은 상호 협의하에 결정한다.

제4조 (컨텐츠의 선정) "갑"의 편성방향에 따라 상호 협의하여 컨텐츠를 선정한다.

제5조 (컨텐츠의 구성)

가. "을"이 제공한 컨텐츠에는 상업적인 광고성 내용을 금하며 기타 컨텐츠의 내용과 무관한 내용을 노출해서는 안된다.

나. "을"의 로고(도메인) 노출시간은 각각의 컨텐츠가 끝나기 전에 아래의 시간동안 노출되도록 한다.

다. "을"의 로고(도메인) 위치는 우측하단에 위치한다.

라. "을"의 로고(도메인) 형태, 크기는 상호 협의하에 정한다.

제6조 (컨텐츠의 사용범위)

가. "갑"은 "을"로부터 공급받은 컨텐츠를 계약기간 동안 국내 열차 및 전동차(지하철)내에서만 상영한다.

나. 컨텐츠의 사용범위는 국내 열차 및 전동차(지하철) 이용 승객에 대해서만 한정하여 방송함을 원칙으로 한다(단, 방송횟수는 제한하지 않는다).

다. "갑"은 "을"이 제공한 컨텐츠를 제공한 목적 외의 다른 상업적인 목적으로 사용하지 않는다.

제7조 (컨텐츠의 공급방법) "을"은 "갑"의 방송 편성 주기에 맞추어 컨텐츠를 BETACAM TAPE(NTSC)이나 MPEG Type으로 가공하여 공급한다.

제8조 (컨텐츠 수정) "갑"의 편성방향과 "을"의 제작 의도에 벗어나지 않는 범위내에서 상호 협의하에 컨텐츠를 수정할 수 있다.

제9조 (이행사항) 다음사항을 준수해야 하며, 이의 위반시에는 계약해지 사유가 된다.

가. "갑"과 "을"은 상호 어떠한 경우에도 권리를 침해해서는 안된다.

나. "갑"과 "을"은 본 계약과 관련된 여하한의 권리, 의무를 전체 또는 일부라도 제3자에게 양도하거나 담보로 제공할 수 없다.

다. "을"은 "갑"의 경쟁사에 컨텐츠를 제공해서는 아니된다.

라. "을"은 자체제작인 컨텐츠만을 공급함을 원칙으로 하며 컨텐츠에 관계된 저작권 및 일체의 법률적 사항에 대해서는 "을"에게 책임이 있다.

바. "갑"과 "을"은 상호 업무상 알게된 사항들을 일절 공개하지 아니한다.

제10조 (계약해지) 본 계약서에 명시된 조항들을 위반할 경우에 계약을 일방적으로 해지할 수 있으며 위반사항에 대해 손해배상을 청구할 수 있다.

제11조 (기타) 본 계약에 명시되지 않은 사항에 관하여는 상관례에 따라 상호합의하여 원만히 처리하되, 소송상의 분쟁이 발생시에는 관할법원은 "갑"의 관할법원인 "○○지방법원"으로 한다.

제12조 (보칙) 본 계약의 내용 및 조건은 제3자에게 공개하지 아니한다. 또한 계약서에 명시된 조항 이외의 사항은 상호합의하에 시행한다.

"갑"과 "을"은 본 계약의 성법을 증명하고, 이의 충실한 이행을 위하여 계약서 2통을 작성, 날인한 후 각각 1통씩 보관한다.

20○○년 ○월 ○일

"갑" ○○시 ○○구 ○○로 ○○○
(주)○○○○
대표이사 ○ ○ ○ (인)

"을" ○○시 ○○구 ○○로 ○○○
(주)○○○○
대표이사 ○ ○ ○ (인)

[서식 215] 위탁공급계약서(급식)

급식 위탁공급계약서

위탁급식공급계약을 체결함에 있어 ○○학교 교장 ○○○를 "갑"이라 하고 운영자 ○○회사 대표 ○○○를 "을"이라 하여 다음과 같이 계약을 체결하고 "갑"과 "을"은 신의와 성실의 원칙에 입각하여 본 계약을 이행하여야 한다.

제1조【용어의 정의】

1. "운영위탁급식"이라 함은 학교급식소 시설물을 이용하여 운영자가 학생들에게 조리한 급식품을 제공하는 것을 말한다.
2. "시설운영위탁급식"이라 함은 학교 내에 운영자가 급식소 시설물을 설치하고 기부체납한 후 그 시설물을 이용하여 운영자가 학생들에게 조리한 급식품을 제공하는 것을 말한다.
3. "급식품"이라 함은 학교 내 조리실에서 조리·가공한 식품을 말한다.
4. "식자재"라 함은 급식품을 조리·가공하기 위하여 급식소에 반입되는 식품을 말한다.
5. "시설물"이라 함은 급식품 조리·가공·운반·배식 등에 필요한 건축물, 공작물 등을 말한다.
6. "기구"라 함은 급식품 조리·가공·운반·배식 등에 필요한 기구, 비품을 말한다.

제2조【계약기간】

1. 계약기간은 20○○년 ○월 ○일부터 20○○년 ○월 ○일까지로 한다.

제3조【위탁범위】

1. "을"이 학교 내에서 조리하여 학생들에게 제공하는 급식품에 한하며 급식회수는 "갑이 정한 식사회수에 한한다.
2. 정규식사가 아닌 분식 또는 간식 등을 조리 제공할 시는 "갑"의 승인을 받은 후 제공하여야 한다.

제4조【용역제공】

1. "을"은 학교급식법과 식품위생법에서 정한 자격을 갖춘 영양사와 조리사를 배치하여야 하며, 조리에 필요한 적정한 인원의 조리종사원을 배치하여야 한다.
2. "을"은 배치된 인력에 대한 근로조건, 산업재해보상 등 근로관계에서 발생하는 모든 책임을 져야한다.
3. "을"이 배치한 인력 중 "갑"이 교육 목적상 학교 내에 근무하는 것이 부적합하다고 인정될 때에는 "을"에게 인력교체를 요구할 수 있다. 특별한 사유가 없는 경우를 제외하고 "을"은 "갑"의 요구에 응하여야 한다.
4. "갑"은 학교급식품을 조리함에 있어 인력이 부족하다고 판단될 때에는 "을"에게 추가 인력배치를 요구할 수 있다.

제5조【식자재 공급 및 가공·조리】 "을"은 학교급식법시행규칙 제4조의3 학교급식공급업자의 준수사항을 성실히 지키되 다음 사항에 대하여는 각별이 유념하여 급식품 조리·가공에 임하여야 한다.

1. "을"은 급식품을 조리가공하기 위하여 반입되는 식자재는 매월 공급계획을 수립 "갑"의 승인을 받아 공급하여야 한다.
2. "을"은 반입하는 식자재는 위생적으로 안전하고 건강에 위해하지 않은 식자재로 선정하여야 하며, "갑"은 필요하다고 인정될 때 반입되는 식자재 검수에 "갑" 또는 "갑"이 지정한 소속직원으로 하여금 참가하게 할 수 있다.
3. "갑"이 검수한 결과 식자재가 급식품 조리에 부적합하다고 판단될 경우 이를 "을"에게 시정요구할 수 있다. "갑"의 시정요구가 있을 시에는 "을"은 즉시 이행하여야 한다.
4. "을"은 조리·가공한 급식품에 대한 위생 및 안전에 대하여 일체의 책임을 진다.
5. "을"이 조리·가공한 급식품은 학교급식법 시행령 제3조 제1항의 규정에 의한 영양기준을 준수하여야 하며, 염분·유지류 또는 식품첨가물 등을 과다하게 사용하지 않아야 한다.
6. "을"은 조리·가공에 사용되는 식자재는 다양한 종류의 자연식품을 사용하여야 하며, 부득이 가공식품을 사용할 경우에는 식품의 안전성이 확보된 가공식품을 일부에 한하여 사용하여야 한다.
7. 급식품은 반드시 급식소 내에서 조리·가공하여야 한다. 다만 부득이한 사유로 급식소 내에서 조리·가공이 불가능한 경우와 조리·가공이 부적합한 식품에 한하여 "갑"의 승인을 받아 완제품으로 제공할 수 있다.

제6조【시설 설치 및 사용】

1. "을"은 급식품 조리·가공에 필요한 시설물 또는 기구를 설치할 경우 "갑"의 허가를 받아 설치하여야 하며, 설치된 시설물 또는 기구는 "을"의 책임하에 유지·보수 및 관리하여야 한다. 이에 필요한 비용은 "을"의 부담으로 한다.

2. "갑"이 설치한 시설물 또는 기구를 "을"이 사용할 경우에도 "갑"의 허가를 받아 사용하되, 시설물 및 기구의 유지·보수 및 관리에 필요한 비용은 "을"이 부담하여야 하며, 망손 또는 훼손 시에는 원상복구하여야 한다.
3. "을"이 "갑"의 허가를 받지 아니하고 설치한 시설물 또는 기구에 대하여 안전에 위해가 있다고 판단될 경우 "갑"은 "을"에게 철거요구를 할 수 있다. "을"은 "갑"의 요구가 있을 경우 10일 이내에 철거하여야 한다. 허가를 받은 시설물 또는 기구에 대하여도 적용한다.

제7조【위생관리】

1. "을"은 급식소 내 조리과정에서 발생 가능한 위생사고에 대비하여 위생관리와 급식소 종사자 위생교육에 최선을 다하여야 한다(월 1회 이상 교육실시).
2. "을"은 급식으로 인한 사고(식중독 등)원인 조사를 위하여 급식품으로 제공한 1인분에 해당하는 량의 급식품을 72시간 이상 냉장보관(5℃ 이하)하여야 한다.
3. "을"은 급식소에 종사하는 직원(영양사, 조리사, 조리종사자, 배식직원 등)에 대하여 식품위생법 제26조 및 동법시행규칙 제34조의 규정에 의한 연 1회 이상 건강진단을 실시하고 그 결과를 "갑"에게 통보하여야 한다.
4. "을"은 전염병예방법시행령 제11조의2, 동법시행규칙 제20조의 규정에 의거, 급식소에 매 2개월마다 1회 이상 허가된 소독업체로부터 소독을 실시하고 소독필증을 비치하여야 하며, 사본을 "갑"에게 통보하여야 한다.

제8조【안전관리】

1. "을"이 사용하고 있는 시설물과 기구의 안전관리에 필요한 조치를 강구하고 "갑"이 정한 안전확보에 필요한 기기를 비치하여야 한다.
2. "을"이 사용하고 있는 시설물 또는 기구 중 다른 관계법령에 의하여 유자격자취급 또는 정기·수시 검사를 받아야 할 시설물 또는 기구에 대하여는 이를 이행하고 필요한 비용은 "을"이 부담한다.
3. "을"이 사용하고 있는 시설물 또는 기구의 안전사고에 대하여는 그 책임은 전적으로 "을"이 진다. 이에 따른 배상의 문제에 대하여도 또한 같다.

제9조【위생 및 안전점검】

1. "을"은 매일 위생 및 안전점검을 실시하고 그 내용을 기록 유지하여야 한다.
2. "갑"은 필요하다고 인정될 경우 수시로 시설물 및 급식기구와 급식품 조리과정에 대하여 위생 및 안전점검을 실시할 수 있다. "갑"이 위생 및 안전점검을 실시할 경우 "을"은 적극 협조하여야 한다.
3. "갑"의 감독관청에서 위생 및 안전점검을 실시할 경우에도 "을"은 적극 협조하여야 한다.
4. "갑" 또는 "갑"의 감독청에서 조리·가공한 식품의 위생 및 안전을 확인하기 위하여 검사기관에 의뢰할 수 있으며, 이에 필요한 경비는 "을"이 부담한다.
5. "갑" 또는 "갑"의 감독청에서 실시한 위생 및 안전점검결과 지적사항에 대해서는 즉시 시정하고 그 결과를 "갑"에게 통보하여야 한다.

제10조【급식단가】

1. 급식품의 1식당 단가는 금 ○○○원으로 한다.
2. 급식단가는 계약체결 후 향후 1년간 인상하지 못한다.

3. 1년경과 후 물가변동으로 급식비 인상요인이 발생시 물가상승률과 학부모의 부담능력을 감안하여 "갑"과 "을"이 협의하여 조정하되 그 금액은 최소한의 경비에 한하며 식품비의 비율이 부가가치세를 제외한 급식단가의 65% 이상 유지되도록 하여야 한다. 이를 증명하기 위하여 "을"은 신뢰할 수 있는 기관에서 인정한 원가계산서를 제출하여야 한다.

제11조【급식비의 수납 및 대금정산】 급식비의 수납 및 대금정산은 "갑"과 "을"이 협의하여 정한 사항을 명시한다.

제12조【영양기준의 적합】

1. 학생들에게 제공되는 급식품의 영양기준은 본 계약서 제5조제4호의 규정에 따르되 매일 제공되는 급식품의 영양량 산출표와 식단표를 급식개시 월 10일전에 1개월분의 급식품 영양량 산출표와 식단표를 "갑"에게 제출하여 "갑"의 승인을 받아야 한다.
2. "을"이 제출한 식단표와 영양량 산출표가 부적합하다고 판단될 경우 "갑"은 시정을 요구할 수 있으며, "을"은 시정하여야 한다.

제13조【급식회수 및 급식시간】 급식회수와 급식시간에 관한 사항을 명시한다.

제14조【대체 급식품 제공】 "을"은 천재지변 및 불가항력적인 사유로 학교 급식소에서 급식품을 조리·가공할 수 없을 경우 "갑"의 승인을 받아 대체 급식품을 제공할 수 있다.

제15조【급식운영 경비】

1. 급식과 관련한 공공요금(전기, 수도, 가스 등)은 별도의 계량기를 부착하여 "을"이 부담한다.
2. 급식과 관련하여 발생하는 음식물쓰레기처리는 적법한 절차에 따라 처리하여야 하며 처리비용은 "을"이 부담한다.

제16조【계약의 해지】

1. "갑"은 "을"이 본 계약의 조건 또는 아래 사항을 위반했을 경우 계약을 해지할 수 있다.
   가. 제공된 급식품이 유해하다고 판단되었을 경우
   나. 제공된 급식품으로 인하여 위생사고 발생 시
   다. 급식품의 질 저하로 급식공급이 더 이상 어렵다고 판단될 경우
   라. 정당한 이유없이 급식품 제공을 중단할 때
   마. 본 계약에 의하여 "갑"이 시정요구한 사항에 정당한 이유없이 불이행할 때
2. "갑"은 계약해지 사유가 발생하였을 경우 계약해지일로부터 1개월 전에 "을"에게 사전 통고함으로써 계약을 해지할 수 있다.
3. 계약해지시는 "을"이 설치한 시설물 및 기구는 회수하고 원상복구하여야 한다. 원상복구에 필요한 경비는 "을"이 부담한다. "을"이 원상복구 불이행할 시에는 "갑"이 원상복구 조치하고 그 경비를 "을"에게 청구한다.
4. 위와 같은 사유로 계약해지는 손해배상청구에 영향을 미치지 아니한다.

제17조【원상복구】

1. 계약기간 만료시 "을"은 원상복구를 하여야 한다. 단, 사용목적상 "갑"이 허가할 경우에는 원상복구를 하지 아니하여도 된다.
2. "갑"은 계약만료시 필요한 시설물 및 기구에 대하여 필요할 경우 감가삼각비를 고려한

가격으로 매수할 수 있다.

3. "을"은 "갑"에게 기부체납(또는 기증)한 시설물 및 기구에 대한 원상복구는 하지 아니하여도 된다.

제18조【손해배상 및 보험가입】

1. "을"이 제공한 급식품의 원인으로 이용자에게 손해를 입게 한 경우 "을"은 이로 인한 손해를 배상하여야 하고 그 손해배상을 위한 보험에 가입하여야 한다(보험금액은 학교장과 협의 결정).
2. "을" 또는 그 피고용자의 고의나 부주의로 인해 "갑"의 시설물 및 기구 등에 손해를 입게 한 경우에는 그 재산을 변상하여야 한다.
3. "을" 이 사용하고 있는 시설물 또는 기구에 의하여 "갑" 또는 "갑"의 이용자가 손해를 입게 되었을 때 "을"은 그 손해에 대하여 배상할 책임이 있다.
4. "을"은 "갑"으로부터 사용허가를 받은 재산에 대하여 물건가액의 손해보험을 가입하여야 한다.

제19조【공유재산 사용료】 공유재산 사용료는 "갑"이 관계규정에 의하여 정한 금액을 "을"은 납부하여야 한다.

제20조【권리양도 등】 "을"은 본 계약서에서 정한 권리를 타인에게 양도·전대·담보설정 등 일체의 행위를 할 수 없다. 이 의무를 위반할 시는 계약을 해지한다. 동 사유로 계약해지 시에도 본 계약서 제16조 제2항 내지 제4항을 적용한다.

제21조【기타사항】 본 계약서에 명시되지 아니한 사항은 상호 협의하여 결정하되 이용자의 불이익에 대한 사항은 "갑"의 결정에 따른다.

위와 같이 본 계약이 유효하게 성립하였음을 각 당사자는 증명하면서 본 계약서 2통을 작성하여 각각 서명(또는 기명) 날인한 후 "갑"과 "을"이 각각 1통씩을 보관한다.

20○○년 ○월 ○일

갑	㊞	사 업 자 등 록 번 호		사 무 소	
				전화번호	
을	㊞	사 업 자 등 록 번 호		사 무 소	
				전화번호	

[서식 216] 납품계약서(물품)

물품납품계약서

매입자 ○○○○건설 주식회사(이하 "갑"이라 칭한다)와 물품공급자(이하 "을"이라 칭한다) 간에 상호 호혜의 원칙에 입각하여 아래 조항과 특약조건에 따라 물품납품계약을 체결한다.

－아　　　래－

제1조 물품의 표시
1. 품　목 :
2. 규　격 :
3. 수　량 :
4. 단　가 :
(품목, 규격, 수량은 별송 첨부)

제2조

공 급 가 격	금　　　　　　원 (₩　　　　　　)
세　　　액	금　　　　　　원 (₩　　　　　　)
합 계 금 액	금　　　　　　원 (₩　　　　　　)

제3조 납품 (인도) 장소 :

제4조 대금지불방법 :

제5조 납기 및 물품인도방법
1. 물품의 납기는 "갑"의 청구(주문)일로부터 ○일 이내로 한다.
2. 물품의 인도는 "갑"이 지정한 장소에서 행하기로 하며 물품의 운반비 및 하역비, 검사비 등은 "을"이 부담키로 한다.
3. "을"은 "갑" 또는 "갑"이 지정한 대리인이 인도대상물에 대한 검수를 끝냄으로써 물품인도완료의 효력을 발하기로 한다. 단, "을"이 납품한 물품 중 내부 또는 부실여부를 세밀히 관찰하여 검수하기 어려운 부분에 대하여는 "갑"이 물품인수를 끝낸 후에 발견한 불량품이라도 "을"에 대하여 정상품과 교체 또는 수리를 요구할 수 있다.

제6조 검수 및 품질
1. "을"은 "갑"의 인도장소에 물품을 도착시킴과 동시에 "갑" 또는 "갑"의 대리인으로 하여금 수량 및 품질에 대한 검사를 받아야 한다.

2. “을”이 타당한 이유없이 제1항의 규정에 불응할 시에 이에 따라 발생한 제반사항은 “갑”의 청구에 따라 “을”이 배상키로 한다.
3. “갑”의 검사결과 불량품이 있을 때는 “을”은 불량품을 즉시 “갑”의 공사현장 밖으로 반출하여야 한다.
4. 제1항의 결과 불량품이 유할시 “을”은 이를 사유로 하여 납기를 연장할 수 없다.

제7조 납품 청구(주문)방법물품은 유선 또는 구두 주문을 원칙으로 하되, 사항에 따라 서면청구(주문)의 방법을 택할 수 있으며 1회 또는 수회로 분할하여 주문할 수도 있다.

제8조 물품의 소유권본 계약서 제5조 제3항에 의거 인도된 물품에 대한 소유권은 “갑”에게 속하기로 한다.

제9조 지체상금 “을”은 제5조 제1항에서 정한 납품기일을 엄수하여야 하며 만약 “을”이 기일내에 납품치 못했을 때는 “갑”은 그 경과된 1일에 대하여 물품대금(계약서 총액)의 3/1000에 상당하는 금액을 지체상금으로 공제키로 한다.
1. 천재지변의 경우
2. “갑”의 귀책사유로 인한 경우
3. 부득이한 사정으로 “갑”의 사전 승인을 득한 경우

제10조 사고책임 소재본 계약에 의해 납품할 “을”의 물품이 “갑”에게 인도되어 검수 완료되기 이전에 발생된 사고에 대한 민·형사상 일체의 책임은 “을”이 진다.

제11조 금지사항 “을”은 이 계약으로부터 발생하는 권리 또는 의무와 납품완료된 물품 등을 제3자에게 양도 또는 승계시킬 수 없으며 담보목적에 제공하거나 “을”의 어떠한 채무 변제에도 사용할 수 없다.

제12조 해약조건
1. “을”이 다음 각 항에 해당할 때에는 “갑”은 일방적으로 해약할 수 있고 그에 따른 제반사항은 “을”이 책임지기로 한다.
   가. 정당한 이유 없이 약정한 납기 내에 납품치 않은 경우
   나. “을”의 귀책사유로 인하여 약정한 납기 내에 납품이 불가능하다고 인정될 경우
   다. 검수결과 불량품의 교환에 불응했을 경우
2. “갑”이 다음 각 항에 해당할 때에는 “을”은 일방적으로 해약할 수 있고 그에 따른 제반사항은 “갑”이 책임지기로 한다.
   가. 정당한 이유 없이 물품의 인수를 거부하는 경우
   나. “갑”의 귀책사유로 인하여 약정한 납기 내에 납품이 불가능하게 된 경우
   다. “갑”이 제4조를 이행치 않을 경우

제13조 부 칙
본 계약에 명시되지 않은 사항에 대하여는 “갑”과 “을”이 협의하여 처리하고 그 외 협의되지 않은 사항은 일반 상관례에 따른다.

상기와 같이 계약을 체결하며 이를 증명하기 위하여 본 계약서 2통을 작성하여 서명

날인하고 각기 1통씩 소지 보관한다.

20○○년 ○월 ○일

갑	㉑	사 업 자 등 록 번 호		사 무 소	
				전화번호	
을	㉑	사 업 자 등 록 번 호		사 무 소	
				전화번호	

[서식 217] 납품계약서(상품)

납 품 계 약 서

○○○○주식회사(이하 "갑"이라 한다)와 ○○○주식회사(이하 "을"이라 한다)는 "갑"을 구매자로 하고 "을"이 공급자로 하여 아래와 같은 조건과 방법으로 거래할 것을 합의한다.

제1조【발주내역】

품 명	SPEC	NO.	단 가	수 량	금 액	납 기	비 고

단, 상기내역을 기본으로 하고 제품의 품종, 수량, 납기는 "갑", "을" 상호 합의 하에 변경할 수 있다.

제2조【원·부자재】 "을"은 제품을 제조함에 있어서 "갑"의 생산지시서에 의한 원·부자재를 자체 조달, 사용함을 원칙으로 하며 포장자재 및 LABEL, TAG은 "갑"이 공급한다.

제3조【견본승인】 "을"은 제품을 제조하기 전에 "갑"의 생산지시서에 의거하여 제조된 견본에 대한 "갑"의 승인을 득하여야 한다.

제4조【하도급금지】 "을"은 "갑"의 사전 승인 없이 "갑"이 제조 요청한 본 계약의 목적작업을

타인에게 하도급주거나 이와 유사한 행위를 하지 못하며, 이에 위반할 시는 “갑”의 처리에 따른다.

제5조【비밀유지의무】 “을”은 “갑”이 제조 요청한 제품의 DESIGN(PATTERN 포함) 및 KNOW-HOW에 비밀을 유지하여야 하며, 생산완료 후 “갑”이 제공한 SAMPLE이나 PATTERN을 “갑”에게 반드시 반환하여야 한다.

제6조【검 사】

1. “을”은 생산한 제품에 대하여 “갑”이나 “갑”이 지정하는 자 또는 기관의 검사를 필하여야 하며 수검을 위한 제반준비 및 편의를 제공하여야 한다.
2. 제품의 외형검사기준은 “갑”의 검사기준에 의한다.
3. 제품의 이화학 검사(원자재 혼용률, 세탁견뢰도, 땀 견뢰도, 수출용 등)는 “갑”이 지정하는 공공기관에 의뢰하여야 하며, “○○급” 이상이 되어야 합격함을 원칙으로 한다.

제7조【불합격품의 처리】

1. 생산된 제품은 “갑”의 검사기준에 의거 정상출하 가능한 A급과 정상출하는 불가능하나 불량상태가 경미한 B급, 정상출하가 불가능하며 불량상태가 심한 C급으로 분류된다.
2. 불합격품 중 B급은 “갑”이 선택적으로 계약단가의 ○%로 인수할 수 있으며 “갑”이 인수하지 않을 시는 “을”은 LABEL 및 TAG을 제거한 후 판매할 수 있다.
3. “을”은 불합격품 중 C급에 대하여는 폐기 처분함을 원칙으로 하며 LABEL 및 TAG을 제거하더라도 출고할 수 없다.

제8조【상표관리】

1. “을”은 “갑”이 요청한 제품에 “갑”이 요청하는 상표 및 상호를 명확히 부착하여야 하며 이를 외부에 유출하여서는 안 된다. 또한, “을”은 작업 완료 후 “갑”의 지시에 따라 LABEL 및 TAG 잔량분은 전부 반납하거나 “갑”의 입회하에 폐기하여야 한다.
2. “을”은 자사 또는 타인의 상품에 “갑”의 상표, 상호 또는 LABEL, TAG 및 이와 유사한 표지를 사용할 수 없다.

제9조【납 품】

1. 제품의 납품은 “갑”의 검사에 합격한 수량(B급 중 “갑”이 인수키로 한 수량을 포함한다)에 한하여 납품된 것으로 한다.
2. 납품은 LOT별로 ORDER된 전량을 납품하는 것을 원칙으로 한다.
3. 제품의 납품기일은 제1조에 의거하여 “을”은 납품기일을 엄수하여야 한다.
4. 납품장소는 “갑”이 지정하는 곳으로 한다.

제10조【대금결재】 “을”이 제품의 납품을 하자 없이 완료한 경우 “갑”은 납품된 수량에 대하여 계약된 금액을 결제하여야 한다. 단, 제품의 하자로 인한 소비자의 배상요구의 우려가 있는 경우 및 “을”의 계약사항 위반 등으로 “갑”에게 손실이 예상될 경우 하자담보의 제공을 요청할 수 있다.

제11조【손해배상】

1. “을”은 “갑”이 제공한 DESIGN과 동일 또는 유사한 제품을 판매할 목적으로 생산할 수

없다.

2. "을"은 검사 불합격품, 재고제품 또는 "갑"의 제품과 유사한 상품을 "갑"의 사전 승인 없이 시중에 유출하여 판매한 경우에는 유출된 양의 정상판매가격의 ○%를 손해배상금으로 "갑"에게 지급하여야 하며, 미유출 잔량분은 전량 "갑"에게 무상 귀속하기로 한다. 단, "갑"의 상표, 상호 또는 LABEL, TAG 및 이와 유사한 표지를 부착한 상태로 시중 유출하여 판매한 경우에는 정산판매가격의 ○%를 손해배상금으로 지급하여야 한다.

제12조【납품 불이행】

1. 수량 "을"의 납품수량이 계약 미달할 경우에는 미달된 수량에 대한 납품가격의 ○%를 손해배상으로 "갑"에게 지급하여야 한다.
2. 납기 "을"이 납기를 위반하였을 경우 지연배상금으로 1일당 납품가액의 3/1000씩 배상하며 10일 이상 지연시는 10일 단위로 지연배상률을 배증하여 적용한다.

제13조【담보제공】

1. "을"은 본 계약의 이행 및 "을"이 생산, 공급한 제품 또는 자체의 하자로 인한 사고, 기타 예상되는 모든 손실에 대비한 담보로서 "갑"의 요청에 의거 근저당 또는 기타 "갑"이 인정하는 담보를 "갑"에게 제공하여야 한다.
2. "을"이 본 계약의 조항을 이행하지 않거나, 제품하자로 인한 사고가 발생한 경우 등에는 "을"은 기한의 이익을 상실하고 "갑"은 최고 또는 이행의 제공 후 즉시 담보권을 행사할 수 있다.

제14조【유효기간】

1. 본 계약은 계약체결일로부터 본 계약에 정한 거래의 종료일까지 유효하며 쌍방 합의에 의하여 기간을 연장할 수 있다.
2. 본 계약에 대한 양 당사자 간의 손해배상의무 등이 완전히 이행되지 아니할 경우 본 계약은 그 범위 내에서 유효하다.

제15조【양도금지】 "을"은 "갑"의 사전 승인 없이 본 계약에 의한 "을"의 지위를 제3자에게 양도 또는 이전하지 아니한다.

제16조【분쟁해결】 본 계약으로 인하여 또는 본 계약과 관련하여 발생하는 모든 분쟁은 대한상사중재원의 중재로써 최종 해결한다.

제17조【기 타】 본 계약에 규정되지 않은 사항은 당사자 간의 합의로써 결정하고 합의가 이루어지지 않을 경우 일반적으로 인정되는 상관례에 의한다.

위와 같이 본 계약이 유효하게 성립하였음을 각 당사자는 증명하면서 본 계약서 2통을 작성하여 각각 서명 날인한 후 "갑"과 "을"이 각각 1통씩을 보관한다.

20○○년　○월　○일

갑	㊞	사 업 자 등 록 번 호		사 무 소	
				전화번호	
을	㊞	사 업 자 등 록 번 호		사 무 소	
				전화번호	

[서식 218] 납품계약서(의류)

의류 납품계약서

"갑"을 구매자로 하고 "을"을 공급자로 하여 아래와 같은 조건과 방법으로 거래할 것을 합의하고 의류납품계약을 체결한다.

제 1 조【발주내역】

품 명	SPEC	STYLE NO	단 가	수 량	금 액	납 기	비 고

단, 상기 내역을 기본으로 하고 제품의 품종, 수량, 납기는 "갑", "을" 상호 합의하에 변경할 수 있다.

제 2 조【원, 부자재】 "을"은 제품을 제조함에 있어서 "갑"의 생산지시서에 의한 원부자재를 자체 조달 사용함을 원칙으로 하며 포장자매 및 LABEL, TAG은 "갑"이 공급한다.

제 3 조【견본승인】 "을"은 제품을 제조하기 전에 "갑"의 생산지시서에 의거하여 제조된 견본에 대한 "갑"의 승인을 득하여야 한다.

제 4 조【하도급 금지】 "을"은 제품을 제조하기 전에 "갑"이 제조요청한 본 계약의 목적 작업을 타인에게 하도급주거나 이와 유사한 행위를 하지 못하며, 이에 위반할 시는 "갑"의 처리에 따른다.

제 5 조【비밀유지의무】 "을"은 "갑"이 제조요청한 제품의 DESIGN(PATTERN 포함) 및 KNOW-HOW에 대한 비밀을 유지하여야 하며, 생산완료 후 "갑"이 제공한 SAMPLE이나 PATTERN을 "갑"에게 반드시 반환하여야 한다.

제 6 조【검 사】

1. "을"은 생산한 제품에 대하여 "갑"이나 "갑"이 지정하는 자 또는 기관의 검사를 필하여야 하며 수검을 위한 제반 준비 및 편의를 제공하여야 한다.

2. 제품의 외형검사기준은 "갑"의 검사기준에 준한다.
3. 제품의 이화학 검사(원자재 혼용률, 세탁견뢰도, 땀 견뢰도, 수축률 등)는 "갑"이 지정하는 공공기관에 의뢰하여야 하며 "4급"이상이 되어야 합격함을 원칙으로 한다.

제7조【불합격품의 처리】

1. 생산된 제품은 "갑"의 검사기준에 의거 정상출하 가능한 A급과 정상 출하는 불가능하나 불량상태가 경미한 B급, 정상출하가 불가능하며 불량상태가 심한 C급으로 분류한다.
2. 불합격품 중 B급은 "갑"이 선택적으로 계약단가의 ○○%로 인수할 수 있으며 "갑"이 인수하지 않을 시는 "을"은 "갑"이 지정하는 자에게 LABEL 및 TAG을 제거한 후 판매할 수 있다.
3. "을"은 불합격품 중 C급에 대하여는 폐기 처분함을 원칙으로 하며, LABEL 및 TAG을 제거하더라도 출고할 수 없다.

제8조【상표관리】

1. "을"은 "갑"이 요청한 제품에 "갑"이 요청하는 상표 및 상호를 명확히 부착하여야 하며 이를 외부에 유출하여서는 안 된다. 또한 "을"은 작업 완료 후 "갑"의 지시에 따라 LABEL 및 TAG 잔량분은 전부 반납하거나 "갑"의 입회하에 폐기하여야 한다.
2. "을"은 자사 또는 타인의 상품에 "갑"의 상표 또는 LABEL, TAG 및 이와 유사한 표지를 사용할 수 없다.

제9조【납 품】

1. 제품의 납품은 "갑"의 검사에 합격한 수량(B급 중 "갑"이 인수키로 한 수량을 포함한다)에 한하여 납품된 것으로 한다.
2. 납품은 LOT 별로 ORDER된 전량을 납품하는 것을 원칙으로 한다.
3. 제품의 납품 기일은 제1조에 의거하며 "을"은 납품기일을 엄수하여야 한다.
4. 납품장소는 "갑"이 지정하는 곳으로 한다.

제10조【대금결제】 "을"이 제품의 납품을 하자 없이 완료한 경우 "갑"은 납품된 수량에 대하여 계약된 금액을 ○개월 은행도 어음으로 결제하여야 한다. 단, 제품의 하자로 인한 소비자의 배상요구의 우려가 있는 경우 및 "을"의 계약사항 위반 등으로 "갑"에게 손실이 예상될 경우 하자 담보의 제공을 요청할 수 있다.

제11조【손해배상】

1. "을"은 "갑"이 제공한 DESIGN과 동일 또는 유사한 제품을 판매할 목적으로 생산할 수 없다.
2. "을"은 검사 불합격품, 재고제품 또는 "갑"의 제품과 유사한 상품을 "갑"의 사전 승인 없이 시중에 유출하여 판매한 경우에는 유출된 양의 정상판매가격의 ○○○를 손해배상금으로 "갑"에게 지급하여야 하며 미유출 잔량분은 전량 "갑"에게 무상 귀속하기로 한다. 단, "갑"의 상표, 상호 또는 LABEL, TAG 및 이와 유사한 표지를 부착한 상태로 시중유출하여 판매한 경우는 정상 판매가격의 ○○○를 손해배상금으로 지급하여야 한다.

제12조【납품 불이행】

1. 수량 "을"의 납품 수량이 계약 수량의 10%를 초과할 경우 "갑"은 110% 초과 부분을

계약단가의 80%로 매입할 수 있으며, 미납량이 10% 이상일 경우 10~30% 미납시는 미납품 가액의 30%~50% 이상 미납품시는 미납품가액의 50%를 "을"은 "갑"에게 배상하여야 한다. 단, 미납품가액은 미납품 수량·단가(합격품 기준)로 한다.

2. 납기 "을"이 납기를 위반하였을 경우 지연배상금으로 1일당 납품가액의 3/1,000씩 배상하며 10일 이상 지연시는 지연 배상률을 5/1,000씩 적용한다.

제13조【담 보】

1. "을"은 본 계약상의 의무이행을 담보하기 위하여 다음의 담보를 "갑"에게 제공하여야 한다.
   가. "갑"의 여신관리지침에 의거 감정평가유효분 금 ○○○원 이상의 부동산 근저당 또는 은행·보증보험사의 지급보증
   나. "을"이 발행하고 "을"의 대표이사가 개인자격으로 연대보증한 액면금 ○○○원의 공증된 약속어음 1매
   다. 재산세 납부실적이 5만원 이상인 연대보증 ○○명 입보
   라. 점포(공장), 주택의 금 ○○○원 이상의 임차보증금 반환채권양도
   마. "갑"을 수익자로 하는 금 ○○○원 이상의 동산 종합보험 및 화재보험 부보
   바. "을" 발행 백지 당좌수표 또는 은행도 약속어음 1매 및 동 보충권 위임장
2. "갑"은 채권담보에 필요한 최소한의 담보를 요구하여야 하며 "을"의 채무불이행시 그 처분도 "을"의 이익을 고려하여 최소한의 범위 내에서 집행하여야 한다.
3. 채무자의 신용변동, 담보가치의 감소 기타 채권보전상 필요하다고 인정된 상당한 사유가 발생한 경우에 "갑"은 "을"에게 제1항의 담보 외에 추가로 담보제공을 요청할 수 있으며 "을"은 합리적인 대안제시가 없는 한 5일 이내에 추가담보를 제공하여야 한다.
4. 담보설정을 위한 감정평가·설정비용은 갑과 "을"이 균분하는 것을 원칙으로 한다.
5. "갑"은 본 계약에 따른 거래가 종료되고 "갑"과 "을"의 해지 요구가 있을 시 해지에 필요한 서류를 "을"에게 교부하여야 한다.
6. "을"이 본 계약의 조항을 이행하지 않거나, 제품 하자로 인한 사고가 발생한 경우 등에는 "을"은 기한의 이익을 상실하고 "갑"은 최고 또는 이행의 제공 없이 즉시 담보권을 행사할 수 있다.

제14조【유효기간】

1. 본 계약은 계약체결일로부터 본 계약에 정한 거래의 종료일까지 유효하며 쌍방 합의에 의하여 기간을 연장할 수 있다.
2. 본 계약에 대한 양당사자 간의 손해배상의무 등이 완전히 이행되지 아니할 경우 본 계약은 그 범위 내에서 유효하다.

제15조【양도금지】 "을"은 "갑"의 사전 승인 없이 본 계약에 기한 "을"의 지위를 제3자에게 양도, 이전하지 아니한다.

제16조【분쟁해결】 본 계약과 관련하여 분쟁이 발생하는 경우 "갑"과 "을"은 상호신뢰를 바탕으로 원만히 해결하기로 하되 합의가 이루어지지 아니하여 "갑"이 소송을 제기하는 경우에는 "갑"의 주된 사무소 소재지 관할법원에, "을"이 소송을 제기하는 경우에는 "을"의 주된 사무소 소재지 관할법원에 소송을 제기할 수 있기로 한다.

제17조【계약의 해석】 이 계약의 각 조항의 해석에 관하여 이의가 생겼을 때 "갑"과 "을"간에 체결한 개별계약이 있을 때에는 그 개별계약에 의하고 개별계약이 없을 때에는 일반 상관례에 따른다.

이상과 같이 "갑", "을" 양 당사자 간에 충분한 고려와 상호 이해를 바탕으로 합의에 이르러 본 계약을 체결하고 본 계약서에 명시되지 않은 사항은 일반 상관례에 따르기로 하며, 후일에 발생될지도 모를 법적 분쟁을 방지하기 위해 계약서 2통을 작성하여 쌍방이 기명(또는 서명) 날인한 후 각각 1통씩 보관한다.

20○○년 ○월 ○일

갑	㊞	주민등록번호		주 소	
				전화번호	
을	㊞	주민등록번호		주 소	
				전화번호	

[서식 219] 납품계약서(자재)

납 품 계 약 서

○○○주식회사(이하 "갑"이라 한다)와 ○○○주식회사(이하 "을"이라 한다)는 "갑"을 구매자로 하고 "을"이 공급자로 하여 아래와 같은 조건과 방법으로 납품계약을 체결한다.

제 1 조【발주내역】

종 류	품 명	규 격	단 가	수 량	금 액	납 기	비 고

단, 상기내역을 기본으로 하고 자재의 품종, 수량, 납기는 "갑", "을" 상호 합의 하에 변경할

수 있다.

제 2 조【원·부자재】 "을"은 제품을 제조함에 있어서 "갑"의 생산지시서에 의한 원·부자재를 자체 조달, 사용함을 원칙으로 하며 포장자재 및 LABEL, TAG은 "갑"이 공급한다.

제 3 조【견본승인】 "을"은 제품을 제조하기 전에 "갑"의 생산지시서에 의거하여 제조된 견본에 대한 "갑"의 승인을 득하여야 한다.

제 4 조【하도급금지】 "을"은 "갑"의 사전 승인 없이 "갑"이 제조 요청한 본 계약의 목적작업을 타인에게 하도급주거나 이와 유사한 행위를 하지 못하며, 이에 위반할 시는 "갑"의 처리에 따른다.

제 5 조【비밀유지의무】 "을"은 "갑"이 제조 요청한 제품의 DESIGN(PATTERN 포함) 및 KNOW-HOW에 비밀을 유지하여야 하며, 생산완료 후 "갑"이 제공한 SAMPLE이나 PATTERN을 "갑"에게 반드시 반환하여야 한다.

제 6 조【계약의 조건】 "갑"과 "을" 사이에 납품계약의 기간·수량·대금 및 대금지급 방법은 다음과 같다.

1. 기간 : 본 계약의 날로부터 만 ○년간
2. 수량 : 계약기간 중의 거래수량 총 ○○개
3. 대금 : 1개당 금 ○○○원

제 7 조【계약의 변경】 "갑"과 "을"은 제6조에 따라 본 계약을 매매하기로 하나, 거래의 수급관계에 따라 수량·대금에 관한 협의를 거쳐 이를 변경할 수 있다.

제 8 조【계약의 갱신】 본 계약기간만료의 ○개월 전까지 "갑" 또는 "을"로부터 갱신거절의 의사표시가 없을 때에는, 본 계약은 동일조건으로 갱신된 것으로 한다.

제 9 조【주문서】 "갑"은 매수할 때마다 주문서를 "을"에게 교부하고, "을"은 주문서에 따라 본 계약자재를 "갑"에게 납품한다. 주문서에는 품질, 규격, 종류 및 인도장소를 명기하여야 한다.

제10조【납 품】

1. 제품의 납품은 "갑"의 검사에 합격한 수량 (B급 중 "갑"이 인수키로 한 수량을 포함한다)에 한하여 납품된 것으로 한다.
2. 납품은 LOT별로 ORDER된 전량을 납품하는 것을 원칙으로 한다.
3. 제품의 납품기일은 제1조에 의거하여 "을"은 납품기일을 엄수하여야 한다.
4. 납품장소는 "갑"이 지정하는 곳으로 한다.

제11조【대금결재】 "을"이 제품의 납품을 하자 없이 완료한 경우 "갑"은 납품된 수량에 대하여 계약된 금액을 결제하여야 한다. 단, 제품의 하자로 인한 소비자의 배상요구의 우려가 있는 경우 및 "을"의 계약사항 위반 등으로 "갑"에게 손실이 예상될 경우 하자담보의 제공을 요청할 수 있다.

제12조【손해배상】

1. "을"은 "갑"이 제공한 DESIGN과 동일 또는 유사한 제품을 판매할 목적으로 생산할 수

없다.

2. "을"은 검사 불합격품, 재고제품 또는 "갑"의 제품과 유사한 상품을 "갑"의 사전 승인 없이 시중에 유출하여 판매한 경우에는 유출된 양의 정상판매가격의 ○%를 손해배상금으로 "갑"에게 지급하여야 하며, 미유출 잔량분은 전량 "갑"에게 무상 귀속하기로 한다. 단, "갑"의 상표, 상호 또는 LABEL, TAG 및 이와 유사한 표지를 부착한 상태로 시중 유출하여 판매한 경우에는 정산판매가격의 ○%를 손해배상금으로 지급하여야 한다.

제13조【납품불이행】

1. 수량 "을"의 납품수량이 계약 미달할 경우에는 미달된 수량에 대한 납품가격의 ○%를 손해배상으로 "갑"에게 지급하여야 한다.
2. 납기 "을"이 납기를 위반하였을 경우 지연배상금으로 1일당 납품 가액의 3/1000씩 배상하며 10일 이상 지연시는 10일 단위로 지연배상률을 배증하여 적용한다.

제14조【담보제공】

1. "을"은 본 계약의 이행 및 "을"이 생산, 공급한 제품 또는 자체의 하자로 인한 사고, 기타 예상되는 모든 손실에 대비한 담보로서 "갑"의 요청에 의거 근저당 또는 기타 "갑"이 인정하는 담보를 "갑"에게 제공하여야 한다.
2. "을"이 본 계약의 조항을 이행하지 않거나, 제품하자로 인한 사고가 발생한 경우 등에는 "을"은 기한의 이익을 상실하고 "갑"은 최고 또는 이행의 제공 후 즉시 담보권을 행사할 수 있다.

제15조【유효기간】

1. 본 계약은 계약체결일로부터 본 계약에 정한 거래의 종료일까지 유효하며 쌍방 합의에 의하여 기간을 연장할 수 있다.
2. 본 계약에 대한 양 당사자 간의 손해배상의무 등이 완전히 이행되지 아니할 경우 본 계약은 그 범위 내에서 유효하다.

제16조【양도금지】 "을"은 "갑"의 사전 승인 없이 본 계약에 의한 "을"의 지위를 제3자에게 양도, 이전하지 아니한다.

제17조【분쟁해결】 본 계약으로 인하여 또는 본 계약과 관련하여 발생하는 모든 분쟁은 대한상사중재원의 중재로써 최종 해결한다.

제18조【기 타】 본 계약에 규정되지 않은 사항은 당사자 간의 합의로써 결정하고 합의가 이루어지지 않을 경우 일반적으로 인정되는 상관례에 의한다.

상기 계약내용을 확인, 증명하기 위하여 본 계약서 2통을 작성하여 "갑", "을"이 기명(또는 서명) 날인한 후 각 1통씩 보관한다.

20○○년 ○월 ○일

갑	㊞	사 업 자 등 록 번 호		사 무 소	
				전화번호	
을	㊞	사 업 자 등 록 번 호		사 무 소	
				전화번호	

[서식 220] 납품계약서(제조설비)

제조설비 납품계약서

○○○○(이하 "갑"이라 한다)과 ○○○○(이하 "을"이라 한다)는 아래 각 조항의 내역과 같이 제조설비계약을 체결한다.

아 래

제1조【계약의 명칭】 제조설비 제작 및 설치 시운전

제2조【계약의 범위 및 납품기일】
1. 제작설비의 제작, 설치 시운전
2. 계약일로부터 ○일
3. 기계발주 후 사양 변동사항이 발생시는 "을"은 "갑"의 요구에 대하여 기히 계약된 내용 중 변경 및 추가사항을 "갑"과 "을"의 협의하에 설계승인 완료하고 "을"은 승인된 설계를 "갑"의 확인 후 진행토록 한다.

제3조【공사현장】 주식회사 ○○○○, ○○○도 ○○군 생산공장

제4조【공사금액 및 지불방법】
1. 공사금액 : 금 ○○○원 (₩ ○○○)(※ 부가가치세액 별도임)
2. 계약금 : 공사금액의 10%인 금 ○○○원(₩ ○○○)을 계약과 동시에 지급한다.
3. 중도금 및 잔금 : 기계기성 (금융)결재방식을 준한다.

제5조【하자의 보증】 하자보증기간은 12개월로 시운전 완료일부터로 하고 총공사비의 ○%를 유가증권 또는 하자이행보증증권으로 "갑"에게 예치한다. 단, 하자기간 중 "갑"측의 과실로 인한 하자 및 소모성 부품의 하자에 대해서는 "을"이 책임지지 아니하고 "갑"측의 요구에 의해 "을"은 이를 실비로 보수한다.

제6조【제작사항】 본 공사에 사용되는 기자재는 K.S 제품을 사용하여야 하며 부품의 교환, 수리, 보수가 용이하도록 제작되어야 하되 외관이 미려하게 제작되어야 하며 전문성을 요하는 기기는 전문업체에 하청 및 도급처리를 할 수 있다.

제7조【지체상금】 "을"은 제2조 2항에서 정한 납품 설치기일을 엄수하여야 한다. 만약, "을"이 납품 설치기일을 경과하여 제품을 납품설치 하지 못하였을 때는 "갑"은 경과일로부터 매 1일마다 총공사금액의 3/1,000에 해당하는 금액을 지체상금으로 삭감할 수 있다. 단, 천재지변이나 "갑"의 부득이한 사정으로 인한 경우는 제외하기로 한다.

제8조【PLANT의 설계】 "을"은 제품을 생산할 수 있도록 설계한 후 "갑"측의 승인을 득한 후 제작에 착수한다. 단, 제작과정 및 시운전과정에서 PL"갑"NT의 성능향상을 위하여 설계변경이 필요시 "갑"의 요구에 따라 기계의 규격 또는 내용을 변경하고자 할 때는 "을"은 이에 응해야 하며 이로 인한 대가는 "갑", "을"의 협의 하에 처리한다.

제9조【안전관리】 "을"은 본 계약기간 중 재해방지를 위하여 산업재해보험에 반드시 가입하여야하며, 이 기간 동안 발생되는 모든 재해에 대하여 책임을 진다. 단, 시운전 기간이 끝나고 정상가동이 실시된 후는 "갑"의 책임으로 한다.

제10조【현장대리인】 "을"은 현장대리인을 두며, 현장대리인은 상기 "갑"의 공사현장에 상주하여 일체의 사항을 위임 처리토록 하며, "갑"은 현장대리인에게 최대한 협조를 하여야 한다.

제11조【계약의 해제】 "갑"과 "을"은 아래와 같은 사항이 발생할 때는 본 계약을 해제 또는 해지할 수 있다.

1. "갑"이 정당한 사유 없이 계약내용을 이행하지 아니하며 이로 이하여 상기 "갑"의 공사를 "을"이 시공이 불가능할 때
2. "을"의 귀책사유를 인하여 계약의 목적을 달성할 수 없다고 "갑"이 인정할 때

제12조【손해의 배상】 제11조 1항의 사유로 인하여 계약해제가 되었을 시 "을"은 "갑"에게 계약금을 반환치 아니하며, 동조 2항의 사유로 계약 해제시 계약금의 100%를 "을"이 "갑"에게 변상하고 "을"은 "갑"의 피해액 전액을 산정하여 "갑"에게 변상토록 한다.

제13조【기타 발생되는 문제】 본 계약 이외에 발생하는 문제에 대해서는 일반 상관례에 따라 처리하며 이의가 있을 시 "갑", "을"의 협의하에 결정한다.

위와 같이 본 계약이 유효하게 성립하였음을 각 당사자는 증명하면서 본 계약서 2통을 작성하여 각각 서명(또는 기명) 날인한 후 "갑"과 "을"이 각각 1통씩을 보관한다.

20○○년 ○월 ○일

발주자 "갑"	㊞	사 업 자 등 록 번 호		사 무 소	
				전화번호	
수급자 "을"	㊞	사 업 자 등 록 번 호		사 무 소	
				전화번호	

[서식 221] 인수계약서(자재)

자재 인수계약서

자재보유자인 주식회사 ○○○○(이하 "갑"이라 한다)와 인수자인 ○○○○ 주식회사(이하 "을"이라 한다)는 상호간에 다음과 같이 자재인수계약을 체결한다.

제1조【목 적】 본 계약은 "갑"이 보유 사용하는 측정 기자재 일체를 "을"이 유상으로 인수하기로 하고 이와 관련된 권리의무사항을 규율함을 목적으로 한다.

제2조【측정기자재】

1. 본 계약상 인수하는 측정기자재는 "을"의 제조공정에 사용되는 정밀측정기계와 관련된 것으로서 공인기관에서 인증한 성능검사검정표가 첨부된 것을 지칭한다.
2. 본 계약상 측정기자재에 대해 "을"은 본 계약체결 이전에 "갑"의 현장을 방문하여 "갑"과 공동으로 작성한 측정기자재현황명세서에 근거한 관련 장비일체를 인수한다.

제3조【인수가격】

1. "을"은 본 계약체결 시 계약금으로 금 ○○○원(₩○○○)을 "갑"에게 현금으로 지급한다.
2. 잔금 ○○○원(₩○○○)은 20○○년 ○월 ○일까지 측정기자재의 최종 인도 후 ○○ 이내 검수 후 즉시 "갑"에게 현금으로 지급한다.
3. 대금의 연체 시 연 ○○%의 연체이자를 부담한다.

제4조【성능상태】

1. "갑"은 본 계약상 양도대상인 측정기에 대하여 권리관계에 있어서 하자가 없음을 보증한다.
2. "갑"은 측정기의 성능상태에 대하여 "을"이 사전 조사한 상태와 상위가 없음을 보증한다.

제5조【인 도】

1. 본 계약상의 장비의 인도는 "을"의 비용으로 하며 "을"이 직접 "갑"의 영업소를 방문하여

측정기의 인도를 받는다.
2. 측정기의 인도와 동시에 위험부담은 "을"이 부담한다.

제6조 【하자발생】
1. "을"이 장비를 인수한 후 검수결과 "을"이 최초 검사한 작성한 명세서의 장비상태와 상위함이 발견될 시 관련 사유의 해명을 "갑"에게 요구한다.
2. 제1항의 검수결과 측정기의 손실 등이 발견될 시 해당 가치의 감소분만큼 잔금의 지급액에서 공제하고 잔액을 지급한다.
3. 검수결과 측정기의 오차가 심하여 본 계약의 목적을 달성할 수 없을 정도로 인수의 의미가 없을 경우 "갑"은 계약금을 즉시 "을"에게 반환하여야 하고, "을"은 관련 장비 일체를 "갑"에게 반환하여야 한다. 이때 반환의 비용은 "갑"이 부담한다.

제7조 【선관의무】
1. "갑"은 본 계약 체결이후 측정기의 인도 전까지 선량한 관리자의 주의를 다하여 보관하여야 한다.
2. "을"은 위의 기간 동안 공인기관에 의한 측정기의 재측정을 요구하여 관련 검정표를 새로이 제출할 것을 요구할 수 있다.

제8조 【해제】
1. 당사자 일방은 물건의 인도 이전에 본 계약을 해제할 수 있으며, "갑"이 해제할 경우 계약금의 ○○배를 반환하며 "을"이 해제할 경우 계약금을 포기하고 해제한다.
2. "갑"이 정하여진 기일에 장비인도를 거부하거나 장비의 멸실이 심하여 장비의 인도가 의미 없을 경우 "을"은 계약을 해제하고 손해배상을 청구한다.
3. "을"이 검수기간이 경과 후에도 대금의 지급을 거절한 경우에도 "갑"은 계약을 해제하고 손해배상을 청구할 수 있다.

제9조 【기타사항】
1. 계약의 당사자는 본 계약의 내용을 신의성실에 의거하여 준수하여야 한다.
2. 계약기간 중 계약의 변경은 당사자의 서면 합의에 의해서만 변경될 수 있으며 서명날인된 문서를 본 계약서의 말미에 첨부한다.
3. 본 계약서에서 명시되지 않은 부분에 대하여는 관련 법규 및 상관습에 따르기로 한다.

제10조 【분쟁해결】 본 계약과 관련하여 양 당사자 간의 분쟁이 발생한 경우, 원칙적으로 "갑"과 "을" 상호간의 합의에 의해 해결한다.

제11조 【특약사항】 상기 계약일반사항 이외에 "갑"과 "을"은 아래 내용을 특약사항으로 정하며, 특약사항이 본문과 상충되는 경우에는 특약사항이 우선하여 적용된다.

별 첨 : 측정기자재명세서 1부

위와 같이 본 계약이 유효하게 성립하였음을 각 당사자는 증명하면서 본 계약서 2통을 작성하여 각각 서명(또는 기명) 날인한 후 "갑"과 "을"이 각각 1통씩을 보관한다.

20○○년 ○월 ○일

갑	㊞	사 업 자 등 록 번 호		사 무 소	
				전화번호	
을	㊞	사 업 자 등 록 번 호		사 무 소	
				전화번호	

[서식 222] 납품계약서(신발)

신발납품계약서

"갑"을 구매자로 하고 "을"을 공급자로 하여 아래와 같은 조건과 방법으로 거래할 것을 합의하고 의류납품계약을 체결한다.

제1조【계약의 내용】

품 명	모 양	규 격	단 가	수 량	금 액	납 기	비 고

단, 상기 내용을 기본으로 하고 제품의 품종, 수량, 납기는 "갑", "을" 상호 합의하에 변경할 수 있다.

제2조【원, 부자재】 "을"은 제품을 제조함에 있어서 "갑"의 생산지시서에 의한 원부자재를 자체조달 사용함을 원칙으로 하며 포장자매 및 LABEL, TAG은 "갑"이 공급한다.

제3조【견본승인】 "을"은 제품을 제조하기 전에 "갑"의 생산지시서에 의거하여 제조된 견본에 대한 "갑"의 승인을 득하여야 한다.

제4조【하도급 금지】 "을"은 제품을 제조하기 전에 "갑"이 제조 요청한 본 계약의 목적 작업을 타인에게 하도급주거나 이와 유사한 행위를 하지 못하며, 이에 위반할 시는 "갑"의 처리에 따른다.

제5조【비밀유지의무】 "을"은 "갑"이 제조요청한 제품의 DESIGN(PATTERN 포함) 및 KNOW-HOW에 대한 비밀을 유지하여야 하며, 생산완료 후 "갑"이 제공한 SAMPLE이나 PATTERN을 "갑"에게 반드시 반환하여야 한다.

제6조【검 사】
1. "을"은 생산한 제품에 대하여 "갑"이나 "갑"이 지정하는 자 또는 기관의 검사를 필하여야 하며 수검을 위한 제반준비 및 편의를 제공하여야 한다.
2. 제품의 외형검사기준은 "갑"의 검사기준에 준한다.
3. 제품의 이화학 검사는 "갑"이 지정하는 공공기관에 의뢰하여야 하며 "4급"이상이 되어야 합격함을 원칙으로 한다.

제7조【불합격품의 처리】
1. 생산된 제품은 "갑"의 검사기준에 의거 정상출하 가능한 A급과 정상 출하는 불가능하나 불량상태가 경미한 B급, 정상출하가 불가능하며 불량상태가 심한 C급으로 분류한다.
2. 불합격품 중 B급은 "갑"이 선택적으로 계약단가의 ○%로 인수할 수 있으며 "갑"이 인수하지 않을 시는 "을"은 "갑"이 지정하는 자에게 LABEL 및 TAG을 제거한 후 판매할 수 있다.
3. "을"은 불합격품 중 C급에 대하여는 폐기 처분함을 원칙으로 하며 LABEL 및 TAG을 제거하더라도 출고할 수 없다.

제8조【상표관리】
1. "을"은 "갑"이 요청한 제품에 "갑"이 요청하는 상표 및 상호를 명확히 부착하여야 하며 이를 외부에 유출하여서는 안된다. 또한 "을"은 작업완료 후 "갑"의 지시에 따라 LABEL 및 TAG 잔량분은 전부 반납하거나 "갑"의 입회하에 폐기하여야 한다.
2. "을"은 자사 또는 타인의 상품에 "갑"의 상표 또는 LABEL, TAG 및 이와 유사한 표지를 사용할 수 없다.

제9조【납 품】
1. 제품의 납품은 "갑"의 검사에 합격한 수량(B급 중 "갑"이 인수키로 한 수량을 포함한다)에 한하여 납품된 것으로 한다.
2. 납품은 LOT 별로 ORDER된 전량을 납품하는 것을 원칙으로 한다.
3. 제품의 납품 기일은 제1조에 의거하며 "을"은 납품기일을 엄수하여야 한다.
4. 납품장소는 "갑"이 지정하는 곳으로 한다.

제10조【대금결제】 "을"이 제품의 납품을 하자 없이 완료한 경우 "갑"은 납품된 수량에 대하여 계약된 금액을 ○개월 은행도 어음으로 결제하여야 한다. 단, 제품의 하자로 인한 소비자의 배상요구의 우려가 있는 경우 및 "을"의 계약사항 위반 등으로 "갑"에게 손실이 예상될 경우 하자담보의 제공을 요청할 수 있다.

제11조【손해배상】
1. "을"은 "갑"이 제공한 DESIGN과 동일 또는 유사한 제품을 판매할 목적으로 생산할 수 없다.

2. "을"은 검사불합격품, 재고제품 또는 "갑"의 제품과 유사한 상품을 "갑"의 사전 승인 없이 시중에 유출하여 판매한 경우에는 유출된 양의 정상판매가격의 ○○○를 손해배상금으로 "갑"에게 지급하여야 하며 미유출 잔량분은 전량 "갑"에게 무상 귀속하기로 한다. 단, "갑"의 상표, 상호 또는 LABEL, TAG 및 이와 유사한 표지를 부착한 상태로 시중 유출하여 판매한 경우는 정상 판매가격의 ○○○를 손해배상금으로 지급하여야 한다.

제12조【납품 불이행】

1. 수량 "을"의 납품수량이 계약수량의 10%를 초과할 경우 "갑"은 110% 초과 부분을 계약단가의 80%로 매입할 수 있으며, 미납량이 10% 이상일 경우 10~30% 미납시는 미납품가액의 30%~50% 이상 미납품시는 미납품가액의 50%를 "을"은 "갑"에게 배상하여야 한다. 단, 미납품가액은 미납품 수량·단가(합격품 기준)로 한다.
2. 납기 "을"이 납기를 위반하였을 경우 지연배상금으로 1일당 납품가액의 3/1,000씩 배상하며 10일 이상 지연시는 지연 배상률을 5/1,000씩 적용한다.

제13조【담 보】

1. "을"은 본 계약상의 의무이행을 담보하기 위하여 다음의 담보를 "갑"에게 제공하여야 한다.
   가. "갑"의 여신관리지침에 의거 감정평가 유효분 금 ○○○원 이상의 부동산근저당 또는 은행·보증보험사의 지급보증
   나. "을"이 발행하고 "을"의 대표이사가 개인자격으로 연대보증한 액면금 ○○○원의 공증된 약속어음 1매
   다. 재산세 납부실적이 3만원 이상인 연대보증 ○○명 입보
   라. 점포(공장), 주택의 금 ○○○원 이상의 임차보증금 반환채권양도
   마. "갑"을 수익자로 하는 금 ○○○원 이상의 동산종합보험 및 화재보험 부보
   바. "을" 발행 백지 당좌수표 또는 은행도 약속어음 1매 및 동 보충권 위임장
2. "갑"은 채권담보에 필요한 최소한의 담보를 요구하여야 하며 "을"의 채무불이행시 그 처분도 "을"의 이익을 고려하여 최소한의 범위 내에서 집행하여야 한다.
3. 채무자의 신용변동, 담보가치의 감소 기타 채권보전상 필요하다고 인정된 상당한 사유가 발생한 경우에 "갑"은 "을"에게 제1항의 담보 외에 추가로 담보제공을 요청할 수 있으며 "을"은 합리적인 대안제시가 없는 한 5일 이내에 추가담보를 제공하여야 한다.
4. 담보설정을 위한 감정평가·설정비용은 갑과 "을"이 균분하는 것을 원칙으로 한다.
5. "갑"은 본 계약에 따른 거래가 종료되고 "갑"과 "을"의 해지 요구가 있을 시 해지에 필요한 서류를 "을"에게 교부하여야 한다.
6. "을"이 본 계약의 조항을 이행하지 않거나, 제품 하자로 인한 사고가 발생한 경우 등에는 "을"은 기한의 이익을 상실하고 "갑"은 최고 또는 이행의 제공 없이 즉시 담보권을 행사할 수 있다.

제14조【유효기간】

1. 본 계약은 계약체결일로부터 본 계약에 정한 거래의 종료일까지 유효하며 쌍방 합의에 의하여 기간을 연장할 수 있다.
2. 본 계약에 대한 양당사자 간의 손해배상의무 등이 완전히 이행되지 아니할 경우 본 계약

은 그 범위 내에서 유효하다.

제15조【양도금지】 "을"은 "갑"의 사전 승인 없이 본 계약에 기한 "을"의 지위를 제3자에게 양도, 이전하지 아니한다.

제16조【분쟁해결】 본 계약과 관련하여 분쟁이 발생하는 경우 "갑"과 "을"은 상호신뢰를 바탕으로 원만히 해결하기로 하되 합의가 이루어지지 아니하여 "갑"이 소송을 제기하는 경우에는 "갑"의 주된 사무소 소재지 관할법원에, "을"이 소송을 제기하는 경우에는 "을"의 주된 사무소 소재지 관할법원에 소송을 제기할 수 있다.

제17조【계약의 해석】 이 계약의 각 조항의 해석에 관하여 이의가 생겼을 때 "갑"과 "을" 간에 체결한 개별계약이 있을 때에는 그 개별계약에 의하고 개별계약이 없을 때에는 일반 상관례에 따른다.

이상과 같이 "갑", "을" 양 당사자 간에 충분한 고려와 상호이해를 바탕으로 합의에 이르러 본 계약을 체결하고 본 계약서에 명시되지 않은 사항은 일반 상관례에 따르기로 하며, 후일에 발생될지도 모를 법적 분쟁을 방지하기 위해 계약서 2통을 작성하여 쌍방이 기명(또는 서명) 날인한 후 각각 1통씩 보관한다.

20○○년 ○월 ○일

<table>
<tr><td rowspan="2">갑</td><td rowspan="2">㊞</td><td rowspan="2">주민등록번호</td><td rowspan="2"></td><td>주 소</td><td></td></tr>
<tr><td>전화번호</td><td></td></tr>
<tr><td rowspan="2">을</td><td rowspan="2">㊞</td><td rowspan="2">주민등록번호</td><td rowspan="2"></td><td>주 소</td><td></td></tr>
<tr><td>전화번호</td><td></td></tr>
</table>

[서식 223] 제작계약서(금형)

금형 제작계약서

주식회사 ○○○○(이하 "갑"이라 한다)와 ○○ 주식회사(이하 "을"이라 한다)는 금형 제작을 위하여 다음과 같이 금형제작계약을 체결한다.

- 다 음 -

제 1 조 【 물품내용 】

No.	품 명	규 격	수 량	금 액	금형수명	비 고

제 2 조 【 인도 등 】

1. 본 계약에 따른 금형의 인도는 "을"이 담당하기로 하며 "갑"의 사업장에 인도하기 이전까지 발생하는 금형에 대한 위험부담은 "을"이 부담한다.
2. "을"은 "갑"이 요청한 납품 기일을 준수하여 금형제작을 하도록 하여 "갑"의 생산공정에 차질이 발생하지 않도록 한다.

제 3 조 【 사 양 】 "을"은 "갑"이 제시하는 제작사양 및 도면에 의하여 제작하여야 하며 사양의 변경은 "갑"과 "을"간에 상호 협의하여 결정한다.

제 4 조 【 검 수 】 물품의 품질, 구조, 제원 등은 사양서, 도면 또는 견본과 동일하고 "갑"의 검사 또는 "갑"이 지정하는 공인시험 기관의 검사에 합격하여야 한다(단, 검사 또는 시험으로 인하여 변경 또는 소모된 물품은 "을"의 부담으로 납입수량에 가산치 않으며 공인시험기관 검사비용은 "을"의 비용으로 한다).

제 5 조 【 납기의 위약 】 납기는 "을"의 임의대로 연장할 수 없으며 만약 이를 위약할 시는 연체일수 1일에 대하여 계약금액의 3/1,000에 상당한 지체상금을 "갑"에게 지급하여야 한다.

제 6 조 【 하 자 】 "을"은 "갑"에게 인도한 계약품에 하자가 있으므로 인하여 "갑"이 이를 반품하게 될 경우 "을"은 성실히 이를 보완 또는 재제작하여 최단 시일 내에 "갑"에게 재 인도하여야 한다.

제 7 조 【 보완사항 】 "을"은 본 계약에 이행전후 및 이행 중에 발생하는 모든 보완사항을 절대 준수하여야 하며, 이를 위배할시 전적으로 "을"의 책임으로 한다.

제 8 조 【 기 타 】 본 계약에 명시되지 않은 사항은 일반 상관례에 따른다.

본 계약의 성립을 증명하기 위하여 이 계약서 2통을 작성하고 각각 서명(또는 기명) 날인하여 각각 1통씩 보관한다.

20○○년 ○월 ○일

<table>
<tr><td rowspan="2">갑</td><td rowspan="2">㊞</td><td rowspan="2">사 업 자
등 록 번 호</td><td rowspan="2"></td><td>사 무 소</td><td></td></tr>
<tr><td>전화번호</td><td></td></tr>
</table>

을	㊞	사 업 자 등 록 번 호		사 무 소	
				전화번호	

[서식 224] 금형제작계약서

금형제작계약서

주식회사 ○○(이하 “갑”이라 칭한다)와 ○○ 주식회사(이하 “을”이라 칭한다) 간에 다음과 같은 금형제작계약을 체결한다.

제1조【물품내용】

No.	품 명	규 격	수 량	금 액	금형수명	비 고

(부가가치세 별도)

제2조【납 기】
1.
2.

제3조【인도장소】

제4조【지불조건】
1.
2.

제5조【사 양】 “을”은 “갑”이 제시하는 제작사양 및 도면에 의하여 제작하여야 하며 사양의 변경은 “갑”, “을” 상호 협의하여 결정한다.

제6조【검 수】 물품의 품질, 구조, 제원 등은 사양서, 도면 또는 견본과 동일하고 “갑”의 검사 또는 “갑”이 지정하는 공인시험 기관의 검사에 합격하여야 한다.(단, 검사 또는 시험으로 인하여 변경 또는 소모된 물품은 “을”의 부담으로 납입 수량에 가산치 않으며 공인시험기관 검사비용은 “을”의 비용으로 한다)

제7조【납기의 위약】 납기는 “을”의 임의대로 연장할 수 없으며 만약 이를 위약할 시는 연체일수 1일에 대하여 계약금액의 3/1,000에 상당한지체금을 “갑”에게 납부하여야 한다.

제8조【하 자】 “을”은 “갑”에게 인도한 계약품에 하자가 있으므로 인하여 “갑”이 이를 반품하게 될 경우 “을”은 성실히 이를 보완 또는 재제작하여 최단 시일 내 “갑”에게 재 인도하여

야 한다.

제 9 조【보완사항】"을"은 본 계약에 이행 전후 및 이행 중에 발생하는 모든 보완사항을 절대 준수하여야 하며, 이를 위배할시 전적으로 "을"의 책임으로 한다.

본 계약을 증명하기 위하여 본 계약서 2통을 작성하여 각각 서명(또는 기명) 날인한 후 각각 1통씩을 보관한다.

20○○년 ○월 ○일

갑	㊞	사 업 자 등 록 번 호		사 무 소	
				전화번호	
을	㊞	사 업 자 등 록 번 호		사 무 소	
				전화번호	

[서식 225] 금형외주계약서

금형외주계약서

부품업체 (주) ○○○○(이하 "갑"이라 한다)와 금형제작자 ○○○○ 주식회사(이하 "을"이라 칭한다)는 다음과 같이 금형제작계약을 체결한다.

제 1 조【목 적】 본 계약은 "갑"의 부품공정에 필요한 금형의 주문제작을 "을"이 전담하고 납품하는 사항을 규율함을 목적으로 한다.

제 2 조【금형제작】"갑"은 ○○○○ 부품제조를 위한 금형의 제작을 "을"에게 의뢰하고 그밖에 "갑"이 취급하는 모든 생산부품에 필요한 금형을 본 계약기간동안 "을"이 담당하기로 한다.

제 3 조【제작의뢰】

1. "갑"은 사전에 부품 설계도를 "을"에게 제공하고 "을"은 그에 적당한 금형의 제작가격을 산정하여 "갑"에게 통지한다.

2. "갑"은 "을"의 견적가 접수 후 적정성을 검토하고 부적당한 경우 상호 가격의 조정을 통한 가격합의 후 정식발주서를 "을"에게 제공한다.

제4조【대금결제】

1. 발주서에 따른 대금의 결제는 발주서 제공 시 총 발주금액에 대해 선금으로 ○○%를 지급하고 시제품의 완료와 동시에 ○○% 정식 금형제작 완료에 따른 양산과 동시에 ○○%를 지급하는 절차로 한다.
2. 제1항의 대금은 현금거래를 원칙으로 하며 대금의 지급되지 아니할 시 "을"은 금형의 인도를 거절할 수 있다.

제5조【시제품】

1. "을"은 금형의 최종 제작에 앞서 사전에 시제품을 생산하여 "갑"에게 당해 제품을 통한 테스트를 실시하여 오차 및 디자인 등의 수정을 하여야 한다.
2. 제1항의 시제품에 대하여 "갑"이 합격판정을 한 경우 당해 금형을 통한 양산품의 생산작업을 하며, "갑"의 수정요구 사항이 "을"의 귀책사유가 아닌 "갑"의 임의에 의한 새로운 수정 등으로 그 수정에 비용이 과다하거나 ○○일 이상의 시일이 소요될 경우 "을"은 별도의 비용을 "갑"에게 사전 청구하고 "갑"은 이를 선지급하여야 한다.

제6조【제작참여】 "갑"은 필요한 경우 "갑"의 기술자를 "을"의 영업소에 파견하여 "을"의 금형제작 과정에 있어서 필요한 조언 및 수정사항을 요구하도록 하며 "을"은 이를 적극 반영하여야 한다.

제7조【인도 등】

1. 본 계약에 따른 금형의 인도는 "을"이 담당하기로 하며 "갑"의 사업장에 인도하기 이전까지 발생하는 금형에 대한 위험부담은 "을"이 부담한다.
2. "을"은 "갑"이 요청한 납품기일을 준수하여 금형제작을 하도록 하여 "갑"의 생산공정에 차질이 발생하지 않도록 한다.
3. 금형의 인도지체가 정당한 사유없이 ○○일을 경과하는 경우 당해 경과일로부터 발주금액의 ○○%에 해당하는 지체이자가 매 1일당 발생한다.

제8조【비밀유지】

1. "을"은 "갑"이 의뢰한 금형에 대한 디자인, 제작금형 등 일체의 사항에 대해 비밀유지의무를 부담하며 제3자에게 관련 금형의 도면이나 금형이 유출되지 않도록 한다.
2. 제1항의 사항을 위배하여 경쟁사가 관련 모델 상품을 먼저 출시하거나 기타의 사유로 "갑"이 손해를 입을 경우 "을"이 일체의 손해를 배상하여야 한다.

제9조【원본보관】 제작금형은 원칙적으로 2벌 이상으로 제작하여야 하며 원본은 "을"의 영업장에 보관함을 원칙으로 한다. 다만, "갑"이 직접 보관을 하겠음을 표시한 경우에는 "갑"이 보관한다.

제10조【계약기간】 본 계약은 계약체결일부터 20○○년 ○월 ○일까지 효력을 발하며, 기간만료일부터 ○○일 이전에 어느 일방의 계약 종료통지가 없는 한 계약은 자동 종료되는 것으로 한다.

제11조【해 지】

1. 당사자 일방에 대하여 다음 각 호의 사유가 발생할 시 상대방은 즉시 계약을 해지할 수 있다.
   가. 가압류, 가처분, 경매 등의 사업의 불투명 사유가 발생할 시
   나. 파산, 회사정리, 화의신청 등의 사업 불가능 사유가 발생할 시
2. 일방이 본 계약상의 의무이행을 하지 아니한 때 상대방은 ○○일 이상의 시정기간을 두고 사유를 명시하여 시정을 최고하며, 그럼에도 불구하고 시정이 이루어지지 아니할 시에는 즉시 계약의 해지를 통지한다.

제12조【기타사항】

1. 계약의 당사자는 본 계약의 내용을 신의성실에 의거하여 준수하여야 한다.
2. 계약기간 중 계약의 변경은 당사자의 서면합의에 의해서만 변경될 수 있으며 서명날인된 문서를 본 계약서의 말미에 첨부한다.
3. 본 계약서에서 명시되지 않은 부분에 대하여는 관련 법규 및 상관습에 따르기로 한다.

제13조【특약사항】 상기 계약일반사항 이외에 "갑"과 "을"은 아래 내용을 특약사항으로 정하며, 특약사항이 본문과 상충되는 경우에는 특약사항이 우선하여 적용된다.

본 계약의 성립을 증명하기 위하여 이 계약서 2통을 작성하고 각각 서명(또는 기명) 날인하여 각각 1통씩 보관한다.

20○○년 ○월 ○일

갑	㊞	사 업 자 등 록 번 호		사 무 소	
				전화번호	
을	㊞	사 업 자 등 록 번 호		사 무 소	
				전화번호	

[서식 226] 기계제작계약서

기계제작계약서

매수자 ○○○(이하 "갑"이라 칭한다)와 제작공급자 ○○○(이하 "을"이라 칭한다)간에 다음과 같은 기계제작계약을 체결한다.

제1조【제작 납품기계의 표시】 "을"이 제작하여 "갑"의 지정장소에 납품하여야 할 기계의 종류와 수량 및 금액은 다음과 같다.

(부가세 별도)

품 명	규 격	수 량	금 액
총 계			

제2조【금액 및 대금 지불방법】 총 계약금액은 ○○○○○원(₩ ○○○○○원/부가세 별도)을 다음과 같이 지불하기로 한다.

1. 계약금 : 계약체결과 동시에 계약착수금조로 총 계약금액의 10%에 해당하는 ○○○○원(₩ ○○○○원)을 지불한다.
2. 중도금 : 계약물품의 작업 진척도가 70%정도 진척되어 "갑"이 그 사실을 인정할 때 계약금액의 ○○%에 해당하는 금 ○○○○원(₩ ○○○○)을 지불한다.
3. 잔금 : 계약물품이 "갑"의 지정장소에 인도 후, 설치 완료되어 시운전에 합격하였을 때 계약금액의 ○○%인 잔금 ○○○○원(₩ ○○○○)을 지불한다.

제3조【납기 및 인도 장소】

1. "을"은 계약물품 전부를 발주일로부터 ○○일 이내에 "갑"의 지정장소에 인도하여야 한다.
2. 인도장소까지의 일체의 비용은 "을"의 부담으로 한다.

제4조【하차, 설치 및 시운전】 본 계약 물품의 납품시 하차비용 및 시운전에 필요한 원/부재료, 인력자원에 대한 비용은 "갑"이 부담하고 설치 및 시운전은 "을"의 책임 하에 실시한다.

제5조【지체상금】 본 계약 제3조에서 정한 납기 내에 "을"이 계약목적물을 납품치 못했을 때에는 1일 지연에 대하여 계약금 총액의 2/1000에 해당하는 금액을 지체상금으로 "을"이 "갑"에게 지불하여야 한다.

제6조【하자보증】 "갑"이 기계 인수 후에 발생하는 하자에 대하여 "을"에게 그 보수를 요구할

수 있으며 그 기간은 "을"이 물품을 납품한 날로부터 12개월로 하고 그 하자의 원인이 천재지변 및 "갑"의 사용상 부주의 및 마모로 인한 것일 때에는 하자로 인정하지 아니한다.

제7조【보안유지】 본 계약 물품에 대하여 "을"의 협의 없이는 외부에 개방 또는 복사 제작을 할 수 없다.

제8조【해지대금 및 지불보증】

1. "갑"은 계약체결 후, 계약물품에 대하여 해약할 수 없으며, 부득이한 사정으로 인해 해약 시에는 계약물품의 제작공정에 따라 "을"이 청구하는 금액을 "갑"은 "을"에게 지불하여야 한다.
2. 계약물품 납품 후, 시운전에 합격하였을 때, "갑"은 "을"에게 대금잔액 전액을 지불하여야 한다. 만약, "갑"이 대금잔액 전액을 지불하지 않을 시, "을"은 물품 전량을 회수할 수 있으며 비용은 "갑"이 부담하여야 한다.

제9조【기 타】 본 계약서에서 정하지 아니한 사항에 대하여서는 일반 상관례에 준하여 "갑"과 "을" 쌍방이 협의하여 정하기로 한다.

본 계약을 증명하기 위하여 본 계약서 2통을 작성하여 각각 서명(또는 기명) 날인한 후 각각 1통씩을 보관한다.

20○○년 ○월 ○일

갑	㊞	주민등록번호		주 소	
				전화번호	
을	㊞	주민등록번호		주 소	
				전화번호	

[서식 227] 제조·공급계약서(종이컵)

종이컵 제조·공급계약서

자판기업체 (주)○○○○(이하 "갑"이라 칭한다)와 제조업체 (주)○○○○(이하 "을"이라 칭한다)는 상호간에 다음과 같이 종이컵 제조공급계약을 체결한다.

제1조【목 적】 본 계약은 "갑"의 의뢰에 따라 "을"이 종이컵을 제조하여 납품하는 내용을 규율함을 목적으로 한다.

제2조【종이컵】

1. "을"은 "갑"이 지시한 디자인 및 문구에 의거하여 종이컵을 제조하여 "갑"에게 공급한다.
2. "을"은 제1항의 종이컵 이외의 재질로 자동판매기 컵을 주문제작 의뢰할 경우 사전에 "을"에게 통지하여 관련 작업의 준비를 할 수 있도록 하되, 종이를 제외하고는 PVC에 한하여 컵 제조를 의뢰한다.

제3조【상표부착】

1. "을"은 생산공급하는 종이컵의 상표는 "갑"의 명의로 하며 "을"은 종이컵에 표시할 상표의 디자인 및 도안은 "갑"이 제시한 지시에 의거하여 작업하여야 한다.
2. "을"은 "갑" 이외의 사업자에 대하여 종이컵의 제조공급을 할 수 있다.

제4조【대금결제】

1. 종이컵 1개당 가격은 금 ○○○원(₩○○○)으로 정한다.
2. 본 계약에 따른 제작물의 대금결제는 매 분기별로 정산하여 다음달 말일에 대금을 현금으로 지급하도록 한다(부가세별도).
3. "을"은 대금지급월의 ○일까지 정산대금에 관한 세금계산서를 "갑"에게 통지하여야 한다.
4. 대금의 지체시 월 ○%의 연체이자가 가산된다.

제5조【발 주】

1. "갑"은 매월 기본적으로 ○개 수량 이상을 납품주문 하도록 한다.
2. 제1항을 초과한 주문량이 필요할 시에는 별도의 발주서를 ○일 이전에 "을"에게 통지하도록 한다.

제6조【납 품】

1. "을"은 매월 ○일 당월분 발주량을 "갑"의 사업장에 납품하도록 하고 거래명세표를 교환한다.
2. 납품 후 인도까지의 위험부담은 "을"이 부담하며, "갑"은 납품과 동시에 샘플검사를 실시한다.
3. 샘플검사를 통과하였다고 하여 후일 불량품에 대하여 "을"의 책임을 면책시키는 것은 아니다.

제7조【지적재산권】 본 계약에 의하여 "갑"이 "을"에게 제공한 디자인 및 도안 등에 대한 지적재산권은 "갑"에게 보유되어 있으며 "을"은 본 계약의 기간 동안 "갑"에게 납품공급하는 종이컵에 한하여 이를 사용할 수 있다.

제8조【품질준수】

1. "을"은 생산하는 종이컵의 규격이 "갑"의 자동판매기 규격과 일치하도록 하여야 한다.
2. "을"은 특히 종이컵의 하단부위에 대하여 세심한 주의를 기울이도록 하여 컵의 사용도중 내용물이 흘러내리지 않도록 하여야 한다.

3. "을"은 "갑"의 품질검사에 통과하지 못한 제품은 전량 반품 및 재 납품하여야 하며 그렇지 않고 "갑"이 금전으로의 배상을 요구한 경우에는 그에 따른다.

제9조【작 업】

1. "을"은 "갑"의 작업지시서에 따라 해당 물량을 적기에 "갑"에게 공급하여야 하며, 추후에는 작업지시서 만으로 거래를 하고 기본계약의 조항은 본 계약서를 적용한다.
2. 제조생산에 소요되는 재료는 "을"이 충당하며 별도의 주문품의 경우에는 "갑"이 재료를 공급할 수도 있다.

제10조【계약기간】

1. 본 계약의 유효기간은 20○○년 ○월 ○일부터 20○○년 ○월 ○일까지로 한다.
2. 제1항의 기간만료일부터 ○일 이전에 어느 일방의 계약 종료통지가 없는 한 계약은 동일조건으로 매 ○년씩 자동 연장되는 것으로 한다. 다만, 일방의 계약조건의 변경통지가 있을 시에는 기간의 만료일까지 협의가 되지 아니하면 계약은 자동 종료되는 것으로 한다.

제11조【해 지】

1. 당사자 일방에 대하여 압류, 가처분 등의 사업불투명 사유나, 파산, 해산 등의 사업불가능 사유발생 시 상대방은 계약의 해지를 통지할 수 있다.
2. "갑"의 대금지급이 ○기 이상 지연되거나, "을"의 제품불량률이 납품물량의 ○%를 초과하는 경우 상대방은 시정의 최고를 하고 그럼에도 불구하고 시정이 되지 않을 시 계약을 해지한다.

제12조【기타사항】

1. 계약의 당사자는 본 계약의 내용을 신의성실에 의거하여 준수하여야 한다.
2. 계약기간 중 계약의 변경은 당사자의 서면 합의에 의해서만 변경될 수 있으며 서명날인된 문서를 본 계약서의 말미에 첨부한다.
3. 본 계약서에서 명시되지 않은 부분에 대하여는 관련 법규 및 상관습에 따르기로 한다.

제13조【분쟁해결】

1. 본 계약과 관련하여 양 당사자 간의 분쟁이 발생한 경우, 원칙적으로 "갑"과 "을" 상호간의 합의에 의해 해결한다.
2. 제1항에도 불구하고 분쟁이 해결되지 않을 경우 "갑"의 주소지 관할 지방법원을 그 관할로 하여 재판함으로써 해결한다.

제14조【특약사항】 상기 계약일반사항 이외에 "갑"과 "을"은 아래 내용을 특약사항으로 정하며, 특약사항이 본문과 상충되는 경우에는 특약사항이 우선하여 적용된다.

위와 같이 본 계약이 유효하게 성립하였음을 각 당사자는 증명하면서 본 계약서 2통을 작성하여 각각 서명(또는 기명) 날인한 후 "갑"과 "을"이 각각 1통씩을 보관한다.

20○○년 ○월 ○일

갑	㊞	사 업 자 등 록 번 호		사 무 소	
				전화번호	
을	㊞	사 업 자 등 록 번 호		사 무 소	
				전화번호	

[서식 228] 임가공계약서

임가공계약서

주식회사 ○○○○(이하 "갑"이라 한다)와 주식회사 ○○○○(이하 "을"이라 한다)는 다음과 같이 임가공계약을 체결한다.

제1조【거래목적】 "갑"이 기획, 개발한 제품에 대하여 "을"에게 임가공용역을 위탁하며, "을"은 이를 수락하여 "갑"의 생산지시서 및 가공지침서에 따라 제품을 제조하며 "갑"에게 납품하고 "갑"은 이에 대한 가공임을 지급한다.

제2조【원·부자재】

1. "갑"은 제품의 임가공에 필요한 원·부자재를 "을"에게 "갑"의 비용부담으로 공급한다.
2. 전항의 사항은 "갑"과 "을"사이에 교환되는 생산지시서 및 기타 계약에서 가공수량, 가공명세, 납입기한, 납입장소, 가공임의 금액, 지급방법, 일자 등과 함께 따로 정할 수 있다.

제3조【하자통지】 "을"이 가공목적으로 "갑"으로부터 원·부자재를 인도받았을 때는 곧 검품하여 하자가 있는 경우에는 즉시 "갑"에게 통지하여 "갑"의 지시에 따라야 한다. 이 조치를 강구하지 아니함으로써 발생한 일체의 손해는 "을"이 부담한다.

제4조【소유권의 귀속】 "을"이 "갑"으로부터 인도받은 원·부자재 및 가공한 반제품·완제품은 모두 "갑"의 소유물이고, "을"은 이를 가공하기 위해서만 보관하고 있는 것임을 확인한다.

제5조【위탁물 보관】

1. "을"은 "갑"으로부터 인도받은 위탁품에 대하여 성실한 관리자의 주의의무로 보관 관리해야하며, 다른 것과의 혼동을 피하기 위하여 갑의 소유임을 타인이 알 수 있도록 명료한 표시를 하여야 한다.
2. 여하한 경우를 막론하고 "을"이 위탁 보관하고 있는 "갑"의 소유물에 대하여 제3자의

침해가 예상될 경우 이를 즉시 "갑"에 통지하여 "갑"의 지시에 따라 "갑"의 권리가 보호되도록 하여야 한다.

제6조【제품제조】

1. "을"은 "갑"의 생산지시서 및 기타 지시에 의해 양질의 제품을 제조하기 위해 "갑"이 파견한 직원 및 검사원의 기술지도진행에 최대한 협조하여야 한다.
2. "을"은 "갑"의 사전 승낙이 없이는 본 제품과 부정경쟁 또는 혼동을 가져올 우려가 있는 제품의 가공, 위탁, 주문을 제3자로부터 받아서는 아니된다.
3. 제품 제조 시 발생하는 원자재 LOSS율에 대하여는 IC류와 PCB는 1%, 그 외의 일반 CHIP 자재는 2%를 허용 LOSS율로 적용한다.

제7조【불량제품 처리】

1. 생산 LOT 불량에 대해서는 연속생산일 경우 0.5%, 연속생산이 아닐 경우 1%를 적용하여 인정하되 발생한 불량에 대하여는 임가공비를 지불하지 않는다.
2. 제품의 불량이 허용된 한계를 초과하여 발생하였을 경우 그 수량에 해당하는 원자재비용을 "을"이 "갑"에게 배상하여야 하며, 그 방법은 상호 협의하여 처리한다.
3. 불량품도 완제품(PBA) 상태로 "갑"에게 입고시켜야 한다.
4. "갑"은 "을"이 손·망실한 제품에 대해서는 전액 유상 처리하여 "을"에게 지불할 임가공비에서 공제한 후 LOT 마감한다.
5. 초도생산의 경우는 예외로 한다. 단, 여기서의 초도품이란 P.P 생산품 및 이에 준하는 시작품을 말한다.
6. 사용자 불량반품 발생시, 그 원인이 생산 및 시험 공정상의 문제로 발생된 것 일 경우, "을"이 수리하고, 설계불량으로 인한 경우이거나 사용자의 부주의로 인하여 발생한 경우는 "을"이 수리하고 일정 금액의 수리비용을 청구할 수 있다.
7. 생산된 제품을 납품하고 그 후 1년간을 무상 수리함을 원칙으로 한다.

제8조【제품검사】

1. "을"은 가공 완료된 제품을 "갑"이나 "갑"이 지정하는 자 또는 검사기관, 매수인이나 매수인이 지정하는 자의 검사를 필하여야 한다.
2. 전항의 검사를 필한 사실이 "을"의 제품하자에 대한 면책사유가 되지 않는다.

제9조【처분금지 및 재고통보】

1. "을"은 그 위탁품을 어떠한 사유로도 담보 기타의 목적으로 제3자에게 양도, 질권설정 등 일체의 처분을 하여서는 아니 된다.
2. "을"은 "갑"으로부터 인도받은 위탁품에 대해서 생산 후 3일 이내에 현재의 정확한 재고증명을 "갑"에게 제출하여야 한다.

제10조【공장조사】 "갑" 또는 "갑"이 지정한 자는 필요에 따라 언제든지 "을"의 공장이나 작업장 장부 등 일체의 서류를 열람할 수 있고, 위탁품의 검사를 행할 수 있다.

제11조【출하지시】

1. "을"은 가공제품의 납기를 엄수하여야 한다. 또, "을"은 위탁품의 이동을 생산지시서에서 표시된 경우 외에는 반드시 "갑"이 발행한 출하지시서에 기하여서만 실행하여야 한다.
2. "을"이 가공제품을 인도할 때는 원·부자재의 사용량 및 잔량을 명확히 하고 불량품이

있을 때에는 별도의 약정이 없는 한 "을"은 그 손해금을 "갑"이 정하는 바에 따라 "갑"에게 지급하여야 한다.

제12조【상호 및 상표】

1. "을"은 "갑"의 제품에 "갑" 또는 "갑"이 지정하는 자의 상호 및 상표를 명확히 부착하여야 하며, "을"은 "갑"의 상호를 외부에 유출할 수 없고 작업 종료 후 남은 상호, 상표, LABEL 등의 전량 "갑"에게 반환하여야 한다.
2. "을"은 자사 또는 타인의 제품에 "갑" 또는 "갑"이 지정한 자의 상호, 상표 또는 LABEL, TAG 및 이와 유사한 표지를 부착하거나 사용할 수 없다.

제13조【DESIGN 및 PATTERN】 "을"은 "갑"의 제품 DESIGN 정보 및 PATTERN을 외부에 유출할 수 없으며, 작업 종료 후 "갑"이 제공한 SAMPLE이나 PATTERN은 즉시 "갑"에게 반환하여야 한다.

제14조【손해배상】

1. "을"이 위탁품의 보관불량, 제품의 납기지연 및 불이행, 품질하자, 포장불량, 수량부족 등 기타 위 계약에 위반한 행위로 인하여 BUYER 및 UNPAID 또는 CLAIM이 제기되거나 "갑"에게 손해가 발생하였을 경우에는 "을"은 일체의 손해를 배상하여야 한다.
2. "을"은 납품수량이 합의된 소요량 변경도 없이 제조지시 수량에 미달될 경우 미달된 수량에 대하여 "갑"의 완제품 가격과 완제품 제조 시 소요되는 원·부자재 분을 변상한다. 단, 수량 미달의 원인이 "갑"이 공급한 원·부자재의 불량에 있을 때에는 그러하지 아니한다.
3. "을"측의 사유로 납품이 불가능하여 "갑"에게 손해가 발생한 경우 "을"은 지체 없이 "갑"의 손해를 배상하여야 한다.
4. "을"은 "갑"의 제품검사결과 불합격 판정되어 "갑"에 의하여 "을"에게 반품된 제품 및 재고제품을 "갑"의 사전승인 없이 타인에게 임의로 처분할 수 없다.
5. "갑"의 사전승인에 의하여 "을"이 전항의 제품을 처분할 시에는 제품에 부착된 "갑"의 라벨이나 장식 등을 "을"의 책임으로 제거하여야 한다.
6. "을"이 전 5항을 위반하여 제품을 판매한 경우 "을"은 손해배상액으로 "갑"이 "을"에게 반품한 하자제품 전체가액(정상 판매가격)의 3배에 해당하는 금액을 "갑"에게 지급하여야 한다.

제15조【가공임】

1. 가공임 금액은 원화를 기준으로 하여 지급한다. "갑"은 "을"로부터 가공제품의 납입을 받은 경우에는 그 수량에 별도로 정한 가공임을 지급하여야 한다.
   단, "을"이 계약에 위반하여 "갑"에게 손해를 주었을 경우 "을"이 동 손해배상을 할 때까지 동 손해금과 대등액에서 "갑"은 위탁가공임을 유보하거나 상계처리할 수 있다. 이 경우 지급유보 및 상계처리된 가공임에 대하여 "을"은 "갑"에게 지연이자 등 여하한 손해배상을 청구할 수 없다.

제16조【대금의 결재】 임가공 용역비용은 그 금액이 1,000만원 이하일 경우, "갑"이 매월 말 마감 후, 익익월 10일 현금을 은행 송금으로 지급하며, 그 금액이 1,000만원 이상일 경우

월 마감 후 2개월 후 익월 10일 동일한 방법으로 지급함을 원칙으로 한다.

제17조【계약의 해제, 해지】

1. "갑"은 "을"이 본 계약 또는 이에 기한 개개의 거래에 관한 약정에 위반하거나 "을"이 제3자로부터 가압류, 가처분, 압류 등을 받거나 "을" 스스로 또는 타인으로부터 회사정리, 화의, 파산 등의 신청이 있었을 때, 경제사정의 변동, "을"의 생산능력의 변동 등으로 "갑"이 본 계약을 존속하기 어려운 것으로 인정되었을 때는 이 계약 및 개별계약을 최고함이 없이 해지, 해제할 수 있다.
2. 전항의 사유 발생시 "을"이 "갑"에 대하여 부담하는 전 채무는 기한의 이익을 상실하며 "을"은 보관중인 "갑"소유 위탁품 일체를 즉시 "갑"의 지시에 따라 현 상태로 또는 가공한 다음 이를 "갑" 또는 "갑"이 지정한 자에게 인도하여야 한다.
3. 각 조항을 위반하였을 경우 "갑"과 "을"은 즉시 계약 해지를 요구할 수 있다.
4. 계약의 각항을 위반하지 아니 하더라도 "갑"과 "을"은 계약의 해지를 요구할 수 있으며, 이런 경우 계약의 해지 요구일로부터 1개월 전에 서면으로 통보한다.

제18조【분쟁해결】 이 계약과 관련하여 발생하는 분쟁은 상호신뢰를 바탕으로 원만히 해결하되 당사자 간에 화해가 성립되지 아니하여 "갑"이 소송을 제기할 때는 "갑"의 주된 사무소 소재지 관할법원에 "을"이 소송을 제기할 때는 "을"의 주된 사무소 소재지 관할법원에 소송을 제기할 수 있다.

제19조【계약의 해석 및 내용변경】

1. 본 계약에 관한 해석의 필요시 개별계약이 있으면 개별계약에 의하고, 개별계약도 없으면 상호 협의 후 결정한다.
2. 본 계약의 내용은 당사자 간 서면 합의로써 변경할 수 있다.

제20조【계약기간】

1. 이 계약의 유효기간은 이 계약체결일로부터 1년간으로 한다.
2. 계약만료일로부터 1개월 전까지 어느 일방으로부터 서면에 의한 해약통지가 없는 한 본 계약은 자동적으로 1년간 연장한다. 이후 순차연장의 경우에도 위와 같다.

위와 같이 계약을 체결하고 계약의 성립을 증명하기 위하여 계약서 2통을 작성하여 각 당사자가 각각 날인한 후 1통씩 보관한다.

20○○년 ○월 ○일

<table>
<tr><td rowspan="2">갑</td><td rowspan="2">㊞</td><td rowspan="2">사 업 자
등 록 번 호</td><td rowspan="2"></td><td>사 무 소</td><td></td></tr>
<tr><td>전화번호</td><td></td></tr>
<tr><td rowspan="2">을</td><td rowspan="2">㊞</td><td rowspan="2">사 업 자
등 록 번 호</td><td rowspan="2"></td><td>사 무 소</td><td></td></tr>
<tr><td>전화번호</td><td></td></tr>
</table>

[서식 229] 임가공계약서

임가공계약서

주식회사 ○○○○(이하 "갑"이라 한다)와 ○○○○ 주식회사(이하 "을"이라 한다)는 다음과 같이 임가공계약을 체결한다.

제1조【목적물 및 공임】 "을"은 "갑"에게 아래 물품을 가공 납품한다.

품 명	규 격	수 량	단 가	공임금액

제2조【원·부자재】

1. "갑"은 제1조의 물품 생산에 필요한 아래 원부자재를 "을"에게 공급한다.

품 명	규 격	수 량	단 가	공임금액

2. "갑"이 공급한 전항의 물품은 제1조의 목적물 제조가공에만 사용하여야 하며, "갑"의 허가 없이 공장 외로 반출할 수 없으며, "갑"의 요구에 의하여 즉시 반환하여야 한다.

제3조【자재관리】

1. "을"은 전조의 원·부자재가 "갑"의 소유임을 양지하며, 이를 임의로 타목적을 위하여 사용하거나 타인에게 양도, 교환할 수 없으며 선량한 관리자로 관리하여야 한다.
2. "을"은 보관중인 원·부자재와 제품에 대하여 자기의 비용으로 "갑"이 지정하는 보험회사에 일괄 부보하여야 한다.

제4조【작 업】

1. "을"은 "갑"이 제시한 견본과 사양서에 의하여 제품을 가공하여야 하며 사소한 변경에 대하여도 사전에 "갑"의 승인을 받아야 한다.
2. "을"은 본 건 가공위탁을 "갑"의 승락없이 하도급을 하여서는 아니 된다.
3. "갑"은 언제라도 제품의 가공, 포장, 수송 등에 대한 기술의 지도 또는 업무지시를 할 수 있으며 "을"은 이에 따라야 한다.

제5조【선 적】

1. "을"은 제1조의 물품을 생산하여 신용장 선적계획에 따른 "갑"의 지시에 의하여 소정의 검사를 필한 후 통관, 선적하여야 한다.
2. "을"의 창고로부터 출고한 후 선적 시까지의 비용은 "갑"의 부담으로 한다.

제6조【클레임】 "갑"은 "을"의 제품수출로 인하여 Buyer로부터 제기되는 일체의 클레임을 접수 시 즉시 "을"에게 서면 통지하여야 하며 동 클레임이 을의 귀책사유로 판명될 시, "을"

은 전적으로 책임진다. 이 경우 "갑"은 Buyer와의 클레임 해결에 "을"과의 협의를 통하여 Buyer의 클레임을 최소한으로 줄이도록 하여야 한다.

제7조【보 증】"을"의 귀책사유로 인한 선적서류의 하자로 은행에 보증장을 제출하였을 경우 Buyer Unpaid 및 대금결제의 지연은 "을"의 책임으로 한다.

제8조【가공임 정산】 원수출신용장에 의한 수출환어음 매입대전으로 지체없이 지급한다.

제9조【분쟁처리】 이 계약으로부터 발생하는 모든 분쟁은 대한상사중재원의 중재로써 최종 해결한다.

위와 같이 계약을 체결하고 계약의 성립을 증명하기 위하여 이 계약서 2통을 작성하고 각각 서명(또는 기명) 날인하여 각각 1통씩 보관한다.

20○○년 ○월 ○일

갑	㊞	사업자 등록번호		사무소	
				전화번호	
을	㊞	사업자 등록번호		사무소	
				전화번호	

[서식 230] 임가공기본계약서

임가공기본계약서

위탁자 주식회사 ○○○○(이하 "갑"이라 한다)와 수탁자 ○○○○ 주식회사(이하 "을"이라 한다)는 다음과 같이 임가공 기본계약을 체결한다.

제1조【거래목적】 본 계약은 "갑"이 "을"에게 임가공을 위탁함에 있어 "갑", "을" 쌍방의 준수사항을 약정함을 목적으로 한다.

제2조【원·부자재】 임가공 위탁품목 및 규정, 수량, 단가, 작업조건 등은 사전 쌍방 합의로 작성한 작업지도서에 준한다.

제3조【계약기간】

1. 임가공 계약기간은 20○○년 ○월 ○일부터 20○○년 ○월 ○일까지 ○년간으로 하고 계약일이 경과 후에도 특별한 사유가 없는 한 연장하는 것으로 한다.
2. 계약의 각 조항을 위반하지 아니하더라도 "갑"과 "을" 쌍방이 해약을 요구할 시는 1개월 전에 문서로써 통보한다.

제4조【제품인수 및 운송부담】 임가공에 소요되는 ○○은 "을"의 부담으로 "을"의 공장에 입고시키고 가공된 제품은 "갑"의 부담으로 출고한다(단, 갑의 시내 포장장소까지는 을의 부담으로 한다).

제5조【자재의 공급】 "갑"은 "을"에게 전기가공품에 소요되는 ○○을 공급하여(Order에 따라서 부자재도 공급) "갑"과 "을" 간의 합의 하에 소요되는 부자재의 인수가 완료된 후 부족되는 부자재는 "을"이 책임진다.

제6조【품질관리 및 재산보호】

1. "갑"은 가공공정현황 및 기타 제반실태파악을 위하여 수시로 "을"의 공장에 출입하여 자료제공을 요구할 수 있고, "을"은 "갑"의 요청에 적극 협조해야 하며, "갑"은 "갑"의 지정 검사기관 및 갑의 수출선에서의 검사합격품만을 인수하며, "을"은 "갑"이 공급한 ○○으로서 생산한 완제품을 본 계약 이외의 용도로 임의유출 또는 양도할 수 없으며 제품상의 손상을 방지해야 한다.
2. "갑"은 "을"이 가공상 결함을 발생시켰을 때에는 결함분에 대한 ○○을 "갑"이 추가로 공급하고 ○○의 시가에 해당하는 금액을 "을"의 가공료 지불시 공제하든지 "을"에게 판매 처리한다.

제7조【대금결제】 임가공료는 "갑"이 매월 말 마감 후 확정된 임가공료에 대하여 은행도 어음 또는 현금으로 지불함을 원칙으로 한다.

제8조【손해배상】 "을"은 아래의 경우 "갑"의 피해에 대한 손해를 즉시 책임 변상해야 한다.

1. "갑"이 요청한 납품기일을 지연하여 "갑"이 손해를 입었을 때
2. "갑"의 재산을 도난, 유출, 화재 기타 사고로 변질 또는 망실시켰을 때
3. 수출 후 "을"의 부실로 인한 불량생산품 또는 수출 후 "갑"의 수출선이 피해보상을 청구할 때 그 원인이 "을"의 부실로 확인될 때
4. 기타 계약사항을 위반하여 "갑"이 피해를 입었을 때

제9조【담 보】 "을"은 "갑"의 재산을 선의에 입각하여 관리를 하며 이를 증하기 위하여 부동산 담보 또는 어음을 "갑"에게 예치하여 "을"이 계약불이행으로 인한 "갑"의 피해에 대하여 책임보증하기로 한다.

제10조【기 타】 본 계약에 명시되지 않은 사항은 일반 상관례에 준한다.

위와 같이 계약을 체결하고 계약의 성립을 증명하기 위하여 이 계약서 2통을 작성하고 각각 서명(또는 기명) 날인하여 각각 1통씩 보관한다.

20○○년 ○월 ○일

갑	㊞	사 업 자 등 록 번 호		사 무 소 전화번호	
을	㊞	사 업 자 등 록 번 호		사 무 소 전화번호	

[서식 231] 수출임가공계약서

수출임가공계약서

주식회사 ○○○○(이하 "갑"이라 한다)와 ○○○○ 주식회사(이하 "을"이라 한다)는 다음과 같이 수출임가공계약을 체결한다.

제 1 조【임가공의 정의】 본 계약에서 임가공이라 함은 "갑"은 "을"에게 원자재를 공급하고 "을"은 "갑"의 작업지시서 등에 요구된 품질조건에 따라 제품을 생산하여 완성된 가공물품을 약정된 납기 내에 "갑"이 지정하는 장소에 납품한 후 해당 가공임을 수취하는 것을 말한다.

제 2 조【가공물품의 표시】

품 명	규 격	수 량	단 가	금 액	부가세	합 계	비 고
○○○	PCS	300	₩35,000	₩10,500,000	₩1,050,000	₩11,550,000	07/20 (OLD NAVY)

제 3 조【원자재의 공급】

1. "갑"은 작업지시서에 의거 "을"의 생산에 필요한 원자재를 공급하여야 한다.
2. "을"은 인수한 상기 원자재에 대하여 일체의 보관관리책임을 지며, "갑"의 승낙 없이는 동일품질이라 하더라도 타 자재와 교환 사용할 수 없다.

제 4 조【제조가공】

1. "을"은 "갑"의 작업지시서 등에 요구된 품질조건에 따라 제품을 생산하여야 하며 본 작업시작 전에 견본을 제작하여 "갑"의 승인을 득한 후 생산을 시작하여야 한다.
2. "을"은 "갑"으로부터 의뢰받은 작업에 대하여 임의로 "을" 이외의 제3자에게 재하청할 수 없다.

제5조【품질검사】

1. 품질검사는 "갑"의 규정에 의거 실시하며, 합격된 물품에 한하여 납품할 수 있다.
2. "갑"은 필요시 "갑"이 지정하는 외부기관의 검사를 요구할 수 있으며, "을"은 이를 성실히 이행하여야 한다.

제6조【납 품】 "을"은 다음과 같은 방법으로 "을"에게 물품을 납품하도록 한다.

1. 인도기일 : 20○○년 ○월 ○일까지
2. 인도방법 : 일시납품 또는 쌍방의 합의에 의하면 분할납품
3. 인도장소 : "갑"이 지정하는 장소

제7조【대금결재】

1. "을"은 납품대금 청구시 세금계산서를 첨부하여야 한다.
2. 납품된 제품에 하자가 발생한 경우에는 쌍방의 합의에 의하여 결정한다.

제8조【기 타】

1. 본 계약은 계약일로부터 발효하며, 본 계약의 의무가 완전히 이행될 때까지로 한다.
2. 본 계약서에 명시되지 아니한 사항은 일반 상관례에 따른다.

위와 같이 계약을 체결하고 계약의 성립을 증명하기 위하여 이 계약서 2통을 작성하고 각각 서명(또는 기명) 날인하여 각각 1통씩 보관한다.

20○○년 ○월 ○일

갑	㊞	사 업 자 등록번호		사 무 소	
				전화번호	
을	㊞	사 업 자 등록번호		사 무 소	
				전화번호	

[서식 232] 광고계약서

광 고 계 약 서

주식회사 ○○○○(이하 "갑"이라 한다)와 주식회사 ○○○○(이하 "을"이라 한다) 하기 조항에 의거하여 광고계약을 체결한다.

제 1 조 【 계약의 목적 】 "갑"은 제2조에 명시된 광고물을 "을"에게 위임하여 "을"이 관리자로서 의무를 성실히 이행하여 본 광고가 효과적으로 집행될 수 있도록 "갑", "을" 간의 책무관계를 명확히 하는데 있다.

제 2 조 【 계약목적물 】

매 체 명	매 체 종 류	광 고 위 치	수 량	기 타 사 항

제 3 조 【 광고료 및 지불방법 】

1. "갑"은 매월 광고료 금 ○○○원(₩ ○○○)(부가세별도)을 현금으로 "을"에게 지급한다.
2. "을"은 매월 날짜 식별이 가능한 사진을 첨부한 관리보고서와 함께 청구하며, "갑"은 광고료를 선불로 매월 말일까지 현금으로 지급한다.

제 4 조 【 계약기간 및 선급금 지급 】

1. 본 광고의 계약기간은 게첨일로부터 ○개월까지로 하며, 계약만료 ○개월 전에 "갑", "을" 협의 하에 연장키로 하며, 동일조건에서는 "갑"에게 광고 우선권을 주기로 한다. 단, 계약만료 시 광고대행업체가 바뀔 경우에 본 계약은 자동 만료되는 것으로 간주 한다.
2. "갑"은 2개월분의 광고비 금 ○○○원(₩ ○○○)(부가세별도)을 계약완료시 현금으로 지급하며, 이는 계약기간 중 마지막 ○개월분의 광고비로 대체한다.

제 5 조 【 광고면 제작 】 최초 "갑"이 제시한 시안에 의하여 "갑"의 비용으로 광고면을 제작하고, 계약기간 중 광고면 교체비용은 "갑"이 부담하고 모든 허가비용 및 관리비용은 "을"의 부담으로 한다. 단, 화면의 원고시안은 "갑"측에서 제공키로 한다.

제 6 조 【 "을"의 의무 】

1. 광고물의 법적. 사실적 존속에 대한 책임을 진다.
2. 매월 1회 사진을 첨부한 서면 관리보고서를 제출한다.
3. 광고물에 관련된 모든 인·허가사항의 해결에 대한 책임을 진다.
4. 광고물을 수시 점검하여 최상의 청결상태를 유지한다.
5. 광고물을 오염, 퇴색, 손괴 등의 하자가 발생할 시 신속한 조치를 한다.
6. 광고물로 야기되는 모든 민·형사상의 문제해결 및 책임을 진다.

제 7 조 【 계약의 중도해지 】 "갑"은 다음 각 항에 해당되는 경우 계약을 일방적으로 해지할 수 있다.

1. "갑"의 사전 허락 없이 광고물의 위치, 규격, 광고내용 등을 변경하였을 경우
2. 광고안 게첨이 계약개시일 이후 1개월 이내에 완료되지 않을 경우
   단, 허가청의 사정에 의하여 허가가 지연될 경우에는 제외한다.
3. 천재지변이나 행정명령에 의해 광고물이 철거되는 경우

4. 광고대금이 2개월 이상 연체할 경우 "을"은 광고를 해지할 수 있다.
5. "갑"의 사정으로 인하여 계약의 중도해지 시에는 3개월간의 영업기간을 준다.

제8조【광고물 철거에 의한 광고중단】
1. 천재지변이나 행정명령에 의해 광고물이 철거되는 경우 광고는 중단되며 계약은 해지된다.
2. 상기 조항에 의한 철거 시 "을"은 "갑"의 승인 하에 타 장소로 광고물을 이전할 수 있으며 이 경우 이전으로 인한 광고 미집행분의 광고료는 인정하지 않는다.
3. 내부시설물의 개·보수로 인하여 광고물이 일시철거 또는 중단될 경우에는 중단된 기간만큼 일할 계산하여 광고료를 삭감 조정키로 한다.
4. "을"의 사유에 의하여 광고물의 종류, 규격, 사양 등이 교체될 경우 "갑"과 "을"이 협의하에 재계약을 할 수 있으며, 동일한 조건에서의 광고 우선권은 "갑"에게 주기로 한다.

제9조【관할법원】 본 계약에 대하여 문제가 발생하였을 경우 관할 법원은 ○○지방법원으로 한다.

제10조【기 타】 본 계약에 명시되지 않았거나 불분명한 사항은 민·상법 및 일반 상관례에 따라 처리한다.

위와 같은 합의하고 이를 증명하기 위하여 "갑", "을"은 계약서 2통을 작성하여 각각 서명날인한 후 각 1통씩을 보관한다.

20○○년 ○월 ○일

갑	㊞	사 업 자 등 록 번 호		사 무 소	
				전화번호	
을	㊞	사 업 자 등 록 번 호		사 무 소	
				전화번호	

[서식 233] 온라인매체 영업대행 계약서

계 약 서

주식회사 ○○○○(이하 "갑"이라 한다) 및 주식회사 ○○○○(이하 "을"이라 한다)는

"을"이 운영하는 온라인 매체(사이트명-○○○, http://www.○○○.com,이하 "사이트"라 한다)의 광고 영업 대행을 위하여 포괄적인 상호 협력 관계를 맺기로 합의하여 이 계약을 체결한다.

제1조 (계약의 목적)

본 계약은 "사이트"의 광고영업 업무를 "갑"이 "을"을 대리하여 수행함에 있어서 필요한 상호간의 제반 권리와 의무를 규정함에 그 목적이 있다.

제2조 (서비스의 정의)

"을"이 "갑"에게 제공하는 "서비스"는 계약서 제3조 범위 안에서 이루어진다.

제3조 (서비스의 범위)

① "을"은 "갑"의 네트워크 회원사로서 "사이트"의 광고영업대행을 "갑"에게 위탁한다.

② 네트워크 회원사는 "사이트"의 운영자로서 "갑"과 광고영업대행계약을 체결하여 "을"의 미디어 네트워크에 가입한 자를 말한다.

③ "갑"은 광고주 또는 광고대행사로부터 광고를 수주하여 "사이트"에 광고를 게재하기 위하여 최선을 다하며, "을"은 "사이트"에 "갑"이 요청한 광고를 게재한다.

제4조 (계약 일반)

① 계약기간

본 계약의 유효 기간은 20○○년 ○월 ○일부터 20○○년 ○월 ○일까지로 한다. 단, 계약기간 만료 일(1)개월 전까지 당사자 일방이 상대방에 대하여 서면으로 갱신거절의 의사를 통지하거나 계약내용의 변경을 요청하지 아니하면, 본 계약은 계약만료 익일부터 일(1)년씩 동일 조건으로 자동연장된다.

② "갑"의 독점적 지위

"갑"의 독점적 지위는 광고진행세부내역에 의한다.

③ 업무의 내용

업무의 구체적인 내용은 본 계약외 별도의 문서(이하 "광고게재신청서"라 한다)를 통해서 확정하며 업무의 내용이 변경되는 경우에도 "광고게재신청서"를 수정하여 변경·확정한다.

제5조 ("갑"의 의무)

① "갑"은 계약기간 동안, 원활한 계약의 이행(수주한 광고의 게재 및 관리 등)을 위해 플레쉬(Flash) 및 HTML/Java 혹은 기타 다른 언어로 작성된 태그(Tag)를 "을"에게 제공한다. 단, 태그는 광고서버를 통해 광고를 운행, 관리하기 위한 것으로 태그에 대한 모든 권한과 책임은 "갑"에 속한다.

② "갑"은 1) Single - Site 판매, 2) Run of Channel 판매, 3) Run of Network 판매 등의 다양한 판매방법을 통해 "갑"과 "을"이 합의한 광고요금으로 "을"의 "사이트"에 광고를 수주하기 위해 최선을 다한다.

③ "갑"은 "을"의 "사이트"에 새로운 광고를 게재할 경우에는 전화, 팩스, 온라인 통지 등의 방법을 통해 통보해야 하며, "을"이 광고 게재를 거부할 경우 그 결정을 최대한 존중한다.

④ "갑"은 "을"의 "사이트" 페이지에 게재한 광고의 노출량 등을 모니터할 수 있도록 광고 게재와 관련된 데이터를 제공한다. 단, 광고데이터, 통계정보, 트래픽 분석자료 등 "갑"이 가공하여 제공한 모든 기록은 "갑"과 "을"이 공유하며, "갑"은 "을"의 허락 없이 제3자에게 제공할 수 없다.

⑤ "갑"은 "을"에게 광고집행 후 월별 정산내역을 제공한다.

⑥ "갑"은 "을"과의 계약을 효과적으로 수행하기 위해 적절한 인원을 배치한다.

제6조 ("을"의 의무)

① "을"은 계약기간 동안 "사이트"의 의도와 목적에 일치하도록 "사이트"의 운영 및 유지, 관리에 최선을 다하며, "갑"이 제공하는 태그를 광고가 게재될 "사이트"의 각 페이지에 삽입하고, 게재된 광고물이 완전하고 선명하게 보일 수 있도록 한다.

② "을"은 "갑"이 원활한 광고영업을 위해 활용할 수 있도록 "사이트" 소개서, "사이트"의 면별 트래픽 데이터(페이지뷰), 회원 프로화일, 광고게재 제한 조건 등 "을"의 "사이트"에 관한 각종 자료 및 정보를 월1회 이상 정기적으로 제공한다.

③ "을"이 새로이 게재되는 광고를 거부할 경우, 게재일 기준 3일전까지는 전화, 팩스, 온라인 통지 등의 방법을 통해 "갑"에게 통보하여야 하며, 거부 통보가 지체된 경우에는 "갑"은 "을"이 그 기간 동안 광고 게재를 받아들인 것으로 인정하고, 해지 통보를 받은 이후부터 광고해지에 최선을 다한다.

제7조 (광고료)

① "을"의 "사이트"를 통해 게재되는 모든 광고상품의 요금 및 단가체계는 "을"의 기준을 존중하되 사전에 상호 협의에 의해 결정한다.

② "갑"과 "을"은 상호 합의한 광고단가보다 낮은 가격으로 판매해서는 안 된다. 단, 단가의 조정이 필요한 경우에는 상호 협의하여 결정한다.

제8조 (광고비 지급조건)

① "갑"은 계약기간 동안 "을"의 "사이트"에 집행한 광고에 대한 광고비를 집행 월 말일을 기준으로 광고주 또는 광고대행사에 직접 청구한다.

② "을"는 광고에 대한 광고료를 집행 월 월말기준으로 "갑"에게 청구하고 "갑"은 "을"의 청구에 따른 광고료를 전액 현금으로 지급한다.

③ 제2항의 지급에 있어서 본조 제4항의 상계처리를 적용, 세금계산서 발행일을 기준으로 120일 이내에 지급함을 원칙으로 한다.

④ "갑"은 제3항의 광고비 지불 시 제9조의 수수료 부분을 제외한 나머지 광고비를 "을"에게 지급할 수 있다.

⑤ 광고주 또는 광고대행사가 "을"에게 직접 광고비를 지급하였을 경우에는 "을"은 "갑"에게 제9조의 수수료를 지급한다.

⑥ 광고주 또는 광고대행사가 "갑"에게 광고비를 지급하지 아니하더라도 "갑"은 "을"에게 광고비 지급에 관한 책임을 지며, 광고주 또는 광고대행사의 광고비 수취에 관계없이 "을"에게 제3조의 기준으로 광고비를 지급 하여야 한다.

제9조 (매체 영업 대행수수료)

① "갑"이 광고주가 지정한 광고대행사로부터 광고집행을 요청 받는 경우, "을"은 광고주가

집행하는 총 광고비 금액의 40%를 "갑"의 매체영업 대행수수료로 지급한다.
② "갑"이 광고주로부터 직접 광고집행을 요청 받는 경우, "을"은 광고주가 집행하는 총 광고비 금액의 20%에 해당하는 금액을 "갑"의 매체영업 대행수수료로 지급한다
③ "을"이 자체 수주한 광고에 대해서는 "갑"에게 매체영업 대행수수료를 지급하지 않는다.
④"을"은 본 계약 종료 또는 해지 이후에라도 계약 종료 전에 "갑"에 의해 수주 된 광고물량에 대해서는 본 조의 매체영업 대행수수료를 지급하여야 한다.

제10조 (지적재산권의 소유)
계약기간 동안 "갑"이 가 "을"에게 제공한 모든 하드웨어 및 소프트웨어, 매뉴얼 등을 포함한 각종 자료에 대한 지적재산권은 "갑"에게 있으며, 계약 만료 또는 해지 시에는 "을"은 이를 "갑"에게 반환하여야 한다.

제11조 (계약의 양도)
"을"은 "갑"의 서면승인 없이 본 계약의 권리 및 의무의 일부 또는 전부를 제3자에게 양도/이전하거나 담보물로 제공할 수 없다.

제12조 (계약의 해지)
① 계약 상대방(이하 "귀책당사자"라 한다)에게 다음 각호에 해당하는 사유가 발생할 경우 "갑" 또는 "을"(이하 "해지권자라 한다)은 "귀책당사자"에게 그 사유를 통지하고 본 계약을 해지할 수 있으며, 이의 효력은 서면 통지 즉시 발생하는 것으로 한다.
1. "귀책당사자"가 본 계약을 위반하여 "해지권자"가 10일 이상의 기간을 정하여 이행을 최고하여도 이를 시정하지 않는 경우
2. "귀책당사자"에게 발행 수표, 어음 등의 지급거절 또는 부도가 발생한 경우나 파산, 회사정리, 화의, 워크아웃 기타 이와 유사한 절차의 신청이 있는 경우
3. "해지권자"의 사전 서면 승인없이 "귀책당사자"가 본 계약상의 권리, 의무 등을 제3자에게 양도하였을 경우
② 본 계약상 목적을 달성하는 것이 현저히 불가능하여 본 계약의 해지를 양당사자가 서면으로 동의할 경우, 본 계약은 해지된다.

제13조 (자료제공 및 기밀 유지)
① "갑" 또는 "을"은 본 계약기간 중 본 계약의 체결 또는 이행과 관련하여 알게된 상대방의 영업비밀, 기술정보, 자료(이하 "비밀등"이라 한다)를 본 계약의 이행을 위해서만 사용하여야 하고, 계약기간 종료와 동시에 상대방에게 모든 "비밀등"을 반환하여야 한다.
② "갑" 또는 "을"은 본 계약기간은 물론 종료 후에도 상대방이 제공한 "비밀등"을 상대방의 사전 서면 승낙없이 제3자에게 누설•공개하여서는 아니되며 , 외부유출로 야기되는 민형사상 일체의 책임은 유출한 측이 진다.
③"갑" 또는 "을"은 그 임직원, 관련자로 하여금 위 각항과 동일한 의무를 부담하도록 하여야 한다.

제14조 (신의성실의 의무)
"갑"또는 "을"은 본 계약의 목적 달성을 위해 신의성실의 원칙에 따라서 상호관련 업무에 협력한다.

제15조 (회원 정보 사용)

① "갑"은 계약기간 중 "서비스"를 통해 얻어지는 회원 정보를 "서비스" 내용 전개를 위해 사용할 수 있으며, "서비스" 내용 전개 이외의 사용에 있어서는 "을"과 사전협의하여 회원 정보를 사용할 수 있다.

② "갑"은 계약기간 중 및 종료 후 "을"의 회원정보에 대한 소유권한을 가진다. 단, "을"의 회원정보를 "을"이 "갑"에게 이관할 경우 소요되는 경비는 "갑"이 "을"에게 지불하는 것으로 한다.

③ 기타 명시되지 않은 사항은 "을"의 회원개인정보보호정책에 준한다.

제16조 (손해 배상)

본 계약이 해지되거나 당사자 일방이 본 계약을 위반하는 경우, 귀책사유 있는 당사자는 이로 인하여 상대방에게 발생하는 모든 손해를 배상하여야 한다.

제17조 (불가항력)

천재지변, 전쟁, 내란, 폭동, 정부규제 또는 사회통념상 이에 준하는 당사자 일방이 책임질 수 없는 사유(노사분규 제외)로 인하여 그 일방이 본 계약상의 의무를 이행하지 못하는 경우에는 그 책임을 면한다.

제18조 (소송의 합의 관할)

본 계약이해에 있어 "갑", "을"간에 분쟁이 발생할 경우에는 서울중앙지방법원을 전속적 합의 관할 법원으로 하여 일체의 분쟁을 해결한다.

제19조 (효력 및 해석)

본 계약의 효력은 계약일로부터 발효하고, 계약서에 정한 사항 이외의 것에 대해서는 일반적인 상관습에 준한다.

제20조 (계약서의 보완)

본 계약서의 세부적인 이행사항에 관하여 내용 보완이 필요한 경우 "갑", "을"은 상호 협의하여 결정한다.

본 계약의 체결을 증명하기 위하여 본 계약서를 이(2)부 작성, 날인 후 "갑","을"이 각각 일(1)부씩 보관한다.

20○○년 ○월 ○일

"갑"	**"을"**
주식회사 ○○○○	주식회사 ○○○○
주소	주소
대표이사 (인)	대표이사 (인)

제3절 여행계약

1. 서 설

가. 의 의

여행계약이란 당사자 일방이 상대방에게 운송, 숙박, 관광 또는 그 밖의 여행 관련 용역을 결합하여 제공하기로 약정하고 상대방이 그 대금을 지급하기로 약정함으로써 성립하는 계약이다.

여행계약은 쌍무·유상계약이며, 낙성·불요식계약이다.

나. 효 력

(1) 계약해제

여행자는 여행 시작 전 언제든지 계약을 해제할 수 있다. 또 여행에 하자가 있는 경우에는 여행자는 여행주최자에게 하자의 시정 또는 대금의 감액을 청구할 수 있다. 다만, 그 시정에 지나치게 많은 비용이 들거나 그 밖에 시정을 합리적으로 기대할 수 없는 경우에는 시정을 청구할 수 없다. 이 시정 청구는 상당한 기간을 정하여 하여야 한다. 다만, 즉시 시정할 필요가 있는 경우에는 그러하지 아니하다.

(2) 손배청구 등

여행자는 시정 청구, 감액 청구를 갈음하여 손해배상을 청구하거나 시정 청구, 감액 청구와 함께 손해배상을 청구할 수 있다. 여행자는 여행에 중대한 하자가 있는 경우에 그 시정이 이루어지지 아니하거나 계약의 내용에 따른 이행을 기대할 수 없는 경우에는 계약을 해지할 수 있는데, 계약이 해지된 경우에는 여행주최자는 대금청구권을 상실한다. 다만, 여행자가 실행된 여행으로 이익을 얻은 경우에는 그 이익을 여행주최자에게 상환하여야 한다. 여행주최자는 계약의 해지로 인하여 필요하게 된 조치를 할 의무를 지며, 계약상 귀환운송 의무가 있으면 여행자를 귀환운송하여야 한다. 이 경우 상당한 이유가 있는 때에는 여행주최자는 여행자에게 그 비용의 일부를 청구할 수 있다.

2. 서 식 례

[서식 234] 여행계약서

여 행 계 약 서

제 1 조 (목적) 이 약관은 클럽코인여행(주)와 여행자가 체결한 국외여행계약의 세부 이행 및 준수사항을 정함을 목적으로 합니다.

제 2 조 (여행업자와 여행자 의무)
① 여행업자는 여행자에게 안전하고 만족스러운 여행서비스를 제공하기 위하여 여행알선 및 안내·운송·숙박 등 여행계획의 수립 및 실행과정에서 맡은 바 임무를 충실히 수행하여야 합니다.
② 여행자는 안전하고 즐거운 여행을 위하여 여행자간 화합도모 및 여행업자의 여행질서 유지에 적극 협조하여야 합니다.

제 3 조 (용어의 정의) 여행의 종류 및 정의, 해외여행수속대행업의 정의는 다음과 같습니다.
1. 기획여행 : 여행업자가 미리 여행목적지 및 관광일정, 여행자에게 제공될 운송 및 숙식서비스 내용(이하 '여행서비스'라 함), 여행요금을 정하여 광고 또는 기타 방법으로 여행자를 모집하여 실시하는 여행.
2. 희망여행 : 여행자(개인 또는 단체)가 희망하는 여행조건에 따라 여행업자가 운송·숙식·관광 등 여행에 관한 전반적인 계획을 수립하여 실시하는 여행.
3. 해외여행 수속대행(이하 수속대형계약이라 함) : 여행업자가 여행자로부터 소정의 수속대행요금을 받기로 약정하고, 여행자의 위탁에 따라 다음에 열거하는 업무(이하 수속대행업무라함)를 대행하는 것.
   1) 여권, 사증, 재입국 허가 및 각종 증명서 취득에 관한 수속
   2) 출입국 수속서류 작성 및 기타 관련업무

제 4 조 (계약의 구성)
① 여행계약은 여행계약서(붙임)와 여행약관·여행일정표(또는 여행 설명서)를 계약내용으로 합니다.
② 여행일정표(또는 여행설명서)에는 여행일자별 여행지와 관광내용·교통수단·쇼핑횟수·숙박장소·식사 등 여행실시일정 및 여행사 제공 서비스 내용과 여행자 유의사항이 포함되어야 합니다.

제 5 조 (특약) 여행업자와 여행자는 관계법규에 위반되지 않는 범위 내에서 서면으로 특약을 맺을 수 있습니다. 이 경우 표준약관과 다름을 여행업자는 여행자에게 설명해야 합니다.

제 6 조 (계약서 및 약관 등 교부) 여행업자는 여행자와 여행계약을 체결한 경우 계약서와 여행약관, 여행일정표(또는 여행설명서)를 각 1부씩 여행자에게 교부하여야 합니다.

제7조(계약서 및 약관 등 교부 간주) 여행업자와 여행자는 다음 각 호의 경우 여행계약서와 여행약관 및 여행일정표(또는 여행설명서)가 교부된 것으로 간주합니다.

1. 여행자가 인터넷 등 전자정보망으로 제공된 여행계약서, 약관 및 여행일정표(또는 여행설명서)의 내용에 동의하고 여행계약의 체결을 신청한데 대해 여행업자가 전자정보망 내지 기계적 장치 등을 이용하여 여행자에게 승낙의 의사를 통지한 경우
2. 여행업자가 팩시밀리 등 기계적 장치를 이용하여 제공한 여행계약서, 약관 및 여행일정표(또는 여행설명서)의 내용에 대하여 여행자가 동의하고 여행계약의 체결을 신청하는 서면을 송부한데 대해 여행업자가 전자정보망 내지 기계적 장치 등을 이용하여 여행자에게 승낙의 의사를 통지한 경우

제8조(여행업자의 책임) 여행업자는 여행 출발시부터 도착시까지 여행업자 본인 또는 그 고용인, 현지여행업자 또는 그 고용인 등(이하 '사용인'이라 함)이 제2조제1항에서 규정한 여행업자 임무와 관련하여 여행자에게 고의 또는 과실로 손해를 가한 경우 책임을 집니다.

제9조(최저행사인원 미 충족시 계약해제)

① 여행업자는 최저행사인원이 충족되지 아니하여 여행계약을 해제하는 경우 여행출발 7일전까지 여행자에게 통지하여야 합니다.

② 여행업자가 여행참가자 수 미달로 전항의 기일내 통지를 하지 아니하고 계약을 해제하는 경우 이미 지급받은 계약금 환급 외에 다음 각 목의 1의 금액을 여행자에게 배상하여야 합니다.

가. 여행출발 1일전까지 통지시 : 여행요금의 20%
나. 여행출발 당일 통지시 : 여행요금의 50%

제10조(계약체결 거절) 여행업자는 여행자에게 다음 각 호의 1에 해당하는 사유가 있을 경우에는 여행자와의 계약체결을 거절할 수 있습니다.

1. 다른 여행자에게 폐를 끼치거나 여행의 원활한 실시에 지장이 있다고 인정될 때
2. 질병 기타 사유로 여행이 어렵다고 인정될 때
3. 계약서에 명시한 최대행사인원이 초과되었을 때

제11조(여행요금)

① 여행계약서의 여행요금에는 다음 각 호가 포함됩니다. 단, 희망여행은 당사자간 합의에 따릅니다.

1. 항공기, 선박, 철도 등 이용운송기관의 운임(보통운임기준)
2. 공항, 역, 부두와 호텔사이 등 송영버스요금
3. 숙박요금 및 식사요금
4. 안내자경비
5. 여행 중 필요한 각종 세금
6. 국내 공항·항만 이용료
7. 관광진흥개발기금
8. 일정표내 관광지 입장료
9. 기타 개별계약에 따른 비용

② 여행자는 계약체결시 계약금(여행요금 중 10%이하 금액)을 여행업자에게 지급하여야

하며, 계약금은 여행요금 또는 손해배상액의 전부 또는 일부로 취급합니다.
③ 여행자는 제1항의 여행요금 중 계약금을 제외한 잔금을 여행출발 7일전까지 여행업자에게 지급하여야 합니다.
④ 여행자는 제1항의 여행요금을 여행업자가 지정한 방법(지로구좌, 무통장입금 등)으로 지급하여야 합니다.
⑤ 희망여행요금에 여행자 보험료가 포함되는 경우 여행업자는 보험회사명, 보상내용 등을 여행자에게 설명하여야 합니다.

제12조 (여행요금의 변경)
① 국외여행을 실시함에 있어서 이용운송·숙박기관에 지급하여야 할 요금이 계약체결시보다 5% 이상 증감하거나 여행요금에 적용된 외화환율이 계약체결시보다 2% 이상 증감한 경우 여행업자 또는 여행자는 그 증감된 금액 범위 내에서 여행요금의 증감을 상대방에게 청구할 수 있습니다.
② 여행업자는 제1항의 규정에 따라 여행요금을 증액하였을 때에는 여행출발일 15일 전에 여행자에게 통지하여야 합니다.

제13조 (여행조건의 변경요건 및 요금 등의 정산)
① 위 제1조 내지 제12조의 여행조건은 다음 각 호의 1의 경우에 한하여 변경될 수 있습니다.
1. 여행자의 안전과 보호를 위하여 여행자의 요청 또는 현지사정에 의하여 부득이하다고 쌍방이 합의한 경우
2. 천재지변, 전란, 정부의 명령, 운송·숙박기관 등의 파업·휴업 등으로 여행의 목적을 달성할 수 없는 경우

② 제1항의 여행조건 변경 및 제12조의 여행요금 변경으로 인하여 제11조제1항의 여행요금에 증감이 생기는 경우에는 여행출발 전 변경 분은 여행출발 이전에, 여행 중 변경 분은 여행종료 후 10일 이내에 각각 정산(환급)하여야 합니다.
③ 제1항의 규정에 의하지 아니하고 여행조건이 변경되거나 제14조 또는 제15조의 규정에 의한 계약의 해제·해지로 인하여 손해배상액이 발생한 경우에는 여행출발 전 발생 분은 여행출발이전에, 여행 중 발생 분은 여행종료 후 10일 이내에 각각 정산(환급)하여야 합니다.
④ 여행자는 여행출발 후 자기의 사정으로 숙박, 식사, 관광 등 여행요금에 포함된 서비스를 제공받지 못한 경우 여행업자에게 그에 상응하는 요금의 환급을 청구할 수 없습니다. 단, 여행이 중도에 종료된 경우에는 제16조에 준하여 처리합니다.

제14조 (손해배상)
① 여행업자는 현지여행업자 등의 고의 또는 과실로 여행자에게 손해를 가한 경우 여행업자는 여행자에게 손해를 배상하여야 합니다.
② 여행업자의 귀책사유로 여행자의 국외여행에 필요한 여권, 사증, 재입국 허가 또는 각종 증명서 등을 취득하지 못하여 여행자의 여행일정에 차질이 생긴 경우 여행업자는 여행자로부터 절차대행을 위하여 받은 금액 전부 및 그 금액의 100% 상당액을 여행자에게 배상하여야 합니다.
③ 여행업자는 항공기, 기차, 선박 등 교통기관의 연발착 또는 교통체증 등으로 인하여 여행

자가 입은 손해를 배상하여야 합니다. 단, 여행업자가 고의 또는 과실이 없음을 입증한 때에는 그러하지 아니합니다.

④ 여행업자는 자기나 그 사용인이 여행자의 수하물 수령, 인도, 보관 등에 관하여 주의를 해태(懈怠)하지 아니하였음을 증명하지 아니하면 여행자의 수하물 멸실, 훼손 또는 연착으로 인한 손해를 배상할 책임을 면하지 못합니다.

제15조 (여행출발 전 계약해제)

① 여행업자 또는 여행자는 여행출발전 이 여행계약을 해제할 수 있습니다. 이 경우 발생하는 손해액은 '소비자피해보상규정'(재정경제부고시)에 따라 배상합니다.

② 여행업자 또는 여행자는 여행출발 전에 다음 각 호의 1에 해당하는 사유가 있는 경우 상대방에게 제1항의 손해배상액을 지급하지 아니하고 이 여행계약을 해제할 수 있습니다.

1. 여행업자가 해제할 수 있는 경우
   가. 제13조제1항제1호 및 제2호사유의 경우
   나. 다른 여행자에게 폐를 끼치거나 여행의 원활한 실시에 현저한 지장이 있다고 인정될 때
   다. 질병 등 여행자의 신체에 이상이 발생하여 여행에의 참가가 불가능한 경우
   라. 여행자가 계약서에 기재된 기일까지 여행요금을 납입하지 아니한 경우
2. 여행자가 해제할 수 있는 경우
   가. 제13조제1항제1호 및 제2호의 사유가 있는 경우
   나. 여행자의 3촌 이내 친족이 사망한 경우
   다. 질병 등 여행자의 신체에 이상이 발생하여 여행에의 참가가 불가능한 경우
   라. 배우자 또는 직계존비속이 신체이상으로 3일 이상 병원(의원)에 입원하여 여행 출발 전까지 퇴원이 곤란한 경우 그 배우자 또는 보호자 1인
   마. 여행업자의 귀책사유로 계약서 또는 여행일정표(여행설명서)에 기재된 여행일정대로의 여행실시가 불가능해진 경우
   바. 제12조제1항의 규정에 의한 여행요금의 증액으로 인하여 여행 계속이 어렵다고 인정될 경우

제16조 (여행출발 후 계약해지)

① 여행업자 또는 여행자는 여행출발 후 부득이한 사유가 있는 경우 이 여행계약을 해지할 수 있습니다. 단, 이로 인하여 상대방이 입은 손해를 배상하여야 합니다.

② 제1항의 규정에 의하여 계약이 해지된 경우 여행업자는 여행자가 귀국하는데 필요한 사항을 협조하여야 하며, 이에 필요한 비용으로서 여행업자의 귀책사유에 의하지 아니한 것은 여행자가 부담합니다.

제17조 (여행의 시작과 종료) 여행의 시작은 탑승수속(선박인 경우 승선수속)을 마친 시점으로 하며, 여행의 종료는 여행자가 입국장 보세구역을 벗어나는 시점으로 합니다. 단, 계약내용상 국내이동이 있을 경우에는 최초 출발지에서 이용하는 운송수단의 출발시각과 도착시각으로 합니다.

제18조 (설명의무) 여행업자는 계약서에 정하여져 있는 중요한 내용 및 그 변경사항을 여행자가 이해할 수 있도록 설명하여야 합니다.

제19조 (보험가입 등) 여행업자는 이 여행과 관련하여 여행자에게 손해가 발생한 경우 여행자에게 보험금을 지급하기 위한 보험 또는 공제에 가입하거나 영업보증금을 예치하여야 합니다.

* 당사의 경우 한국관광협회중앙회 여행공제회에 금3천만원한도의 "공제영업보증"에 가입하였으며, "AIG손해보험사"에 "해외여행자보험"을 고객 서비스차원에서 금 1억원으로 사망. 휴유장애시 1억원. 상해시 치료비 3백만원 한도 내에서 보상받으실 수 있도록 전액 당사부담으로 제공하여 드리고 있습니다. 다만 이는 당사에서 양질의 여행서비스의 일환으로 실시하고 있는 것으로서 그외 여행참가고객이 예비적으로 별도의 보험을 개인부담으로 추가로 가입 하실 수 있습니다.

제20조 (기타사항)

① 이 계약에 명시되지 아니한 사항 또는 이 계약의 해석에 관하여 다툼이 있는 경우에는 여행업자 또는 여행자가 합의하여 결정하되, 합의가 이루어지지 아니한 경우에는 관계법령 및 일반관례에 따릅니다.

② 특수지역에의 여행으로서 정당한 사유가 있는 경우에는 이 표준약관의 내용과 달리 정할 수 있습니다.

위와 같이 본 계약이 유효하게 성립하였음을 증명하기 위하여 본 계약서 2통을 작성하여 각각 서명(또는 기명) 날인한 후 "갑"과 "을"이 각각 1통씩을 보관한다.

20○○년 ○월 ○일

갑	㉑	사 업 자 등 록 번 호		사 무 소	
				전화번호	
을	㉑	주민등록번호		주 소	
				전화번호	

[서식 235] 여행계약서

[계약서 양식 - 전면]

(□기획, □희망) 여행계약서

당사("갑")와 당사를 이용하는 여행자("을")는 다음 조건으로 여행계약을 체결합니다.

* 해당란에 기록하거나 ㅁ로 표기, ( )는 선택입니다.

<table>
<tr><td>여행상품명</td><td colspan="2"></td><td colspan="2">여행기간</td><td colspan="2">2000. O. O. ~ 2000. O. O.
(박 일)</td></tr>
<tr><td>보험가입등</td><td colspan="6">□공제 □영업보증 □예치금 금액: 보험기간: 피보험자: OOO</td></tr>
<tr><td>여행인원</td><td>O 명</td><td>최저행사인원</td><td>O 명</td><td>여행지역</td><td colspan="2">* 여행 일정표 참조</td></tr>
<tr><td rowspan="2">여행경비</td><td colspan="2">1인당: 원
총 액: 원</td><td colspan="2">계약금 : 원
* 계약과 동시 납부</td><td colspan="2">잔액 완납일 : 2000. O. O.
금액: 원</td></tr>
<tr><td colspan="6">* 영수증, 지로용지, 은행구좌 등은 여행사명이나 대표자명으로 작성시만 유효함</td></tr>
<tr><td>교통수단</td><td colspan="2">□항공기( )등석</td><td>□기차( )등석</td><td>□선박( )등석</td><td colspan="2">□캠핑카( )</td></tr>
<tr><td>숙박시설</td><td colspan="6">□관광호텔:( )등급 □일반호텔 □여관 □여인숙 □캠핑카 ( )인승
1실 투숙인원 (명)</td></tr>
<tr><td>식 사</td><td colspan="6">□일정표에 표시 □유 □무</td></tr>
<tr><td>캠핑카캡틴</td><td colspan="2">□유 □무</td><td colspan="2">현지안내원</td><td colspan="2">□유 □무 * 일정표 참조</td></tr>
<tr><td>현지교통</td><td colspan="2">□버스 □승용차 □캠핑카</td><td colspan="2">현지여행사</td><td colspan="2">□유 □무 * 일정표 참조</td></tr>
<tr><td rowspan="2">여행경비
포함여부</td><td colspan="3">필수포함항목</td><td colspan="3">기타선택항목</td></tr>
<tr><td colspan="3">□ 국내외 공항세
□ 관광진흥개발기금
□ 제세금
* 희망여행인 경우 해당란에 □로표시</td><td colspan="3">□ 여권발급비 □ 비자발급비 □ 봉사료
□ 포터비 □ 쇼핑
□ 여행보험료 (최고한도액 원)
□ 선택관광(*선택관광은 강요될 수 없으며 전적으로 여행자의 의사에 따른다)
□ 기타 ( )</td></tr>
<tr><td>기타사항</td><td colspan="3">□캠핑카 □버스</td><td colspan="3"></td></tr>
</table>

○ 기타 여행조건은 ㈜○○○○ 여행약관에 따릅니다.

○ 본 계약과 관련한 다툼이 있을 경우 문화관광부고시에 의거 운영되는 관광불편신고처리위원회(전화 : 02-779-6957)의 우선적인 중재를 상호 요청할 수 있습니다.

○ 본인은 뒷면의 계약내용을 숙지하였음에 서명날인하여 본 계약서를 작성합니다. (본 계약이 체결됨과 동시에 약관설명 의무를 다한 것으로 본다)

작성일 : 20○○년 ○월 ○일

"갑" 여행사

○ 상 호 : ㈜○○○○

○ 주 소 : ○○시 ○○구 ○○로 ○○

○ 대 표 자 : ○○○ (인) 전 화 : ○○○-○○○-○○○○

○ 등록번호 : 담당자 : ○○○ (인)

"정"	○ 상　　호 : ○○○○	
(최종행사	○ 주　　소 : ○○시 ○○구 ○○로 ○○	
대행업체)	○ 대 표 자 : ○○○ (인)	전　화 : ○○○-○○○-○○○○
	○ 등록번호 :	담당자 : ○○○ (인)
"을"	○ 이　　름 : ○○○ (인)	전　화 : ○○○-○○○-○○○○
여행자	○ 주　　소 : ○○시 ○○구 ○○로 ○○	
	(핸 드 폰 : ○○○-○○○○-○○○○)	

붙 임 : 여행일정표　1 부

[계약서 양식 - 후면]

국 외 여 행 약 관

(공정거래위원회승인 1999. 3.26)

제 1 조 (여행목적지), 제 2 조 (여행일정), 제 3 조 (출발), 제 4 조 (이동수단), 제 5 조 (숙박), 제 6 조 (안내자), 제 8 조 (최대행사인원), 제 9 조 (식사), 제12조 (현지여행업자 등), 제18조 (설명의무), 제 20조(기타사항) 일정표 또는 전면에 표기

제 7 조 (최저행사인원) 여행 최저인원이 필요한 경우,

1. 최저인원 전면에 표기
2. 갑은 최저인원충족여부 및 그에 따른 여행실시가능여부를 여행출발 7일 전까지 확정하여 을에게 통지하여야 한다.
3. 갑이 제2호의 통지기일을 지키지 아니한 경우에는 다음 각목의 1의 금액을 을에게 배상하여야 한다.
   가. 여행출발 1일전까지 통지시 : 여행요금의 20%.
   나. 여행출발당일 통지시 : 여행요금의 50%
4. 갑은 을에게 다음 각목의 1에 해당하는 사유가 있을 경우에는 을과의 계약체결을 거절할 수 있다.
   가. 다른 여행자에게 폐를 끼치거나 여행의 원활한 실시에 지장이 있다고 인정될 때
   나. 질병 기타 사유로 여행이 어렵다고 인정될 때
   다. 제8조제2항의 인원이 초과되었을 때

제10조 (여행요금) 전면에 표기 을은 계약체결시 제1항의 여행요금 중 10% 이하의 금액을 계약금으로 갑에게 지급하여야 하며, 계약금은 여행요금 또는 손해배상액의 전부 또는 일부로

취급한다.

③ 을은 제1항의 여행요금 중 계약금을 제외한 잔금을 여행출발 7일 전까지 갑에게 지급하여야 한다.

④ 을은 제1항의 여행요금을 갑이 지정한 방법으로 지급하여야 한다. 기타 요금에 포함된 사항? 전면에 표기

제11조 (여행요금의 변경) 국외여행을 실시함에 있어 이용운송·숙박기관에 지급하여야 할 요금이 계약체결시보다 5% 이상 증감하거나 여행요금에 적용된 외화환율이 계약체결시보다 2% 이상 증감한 경우 갑 또는 을은 그 증감된 금액범위 내에서 여행요금의 증감을 상대방에게 청구할 수 있다.

② 갑은 제1항의 규정에 따라 여행요금을 증액하였을 때에는 여행출발일 15일 전에 을에게 통지하여야 한다.

제13조 (여행조건의 변경) 여행조건은 다음 각호의 1의 경우에 한하여 변경될 수 있다.

1. 여행자의 안전과 보호를 위하여 여행자의 요청 또는 현지사정에 의하여 부득이하다고 쌍방이 합의한 경우
2. 천재지변, 전란, 정부의 명령, 운송·숙박기관 등의 파업·휴업 등으로 여행의 목적을 달성할 수 없는 경우

② 제1항의 여행조건변경 및 제11조의 여행요금변경으로 인하여 제10조제1항의 여행요금에 증감이 생기는 경우에는 여행출발 전 변경분은 여행출발 이전에, 여행중 변경분은 여행종료후 10일 이내에 각각 정산(환급)하여야 한다.

③ 제1항의 규정에 의하지 아니하고 여행조건이 변경되거나 제15조 또는 제16조의 규정에 의한 계약의 해제·해지로 인하여 손해배상액이 발생한 경우에는 여행 출발 전 발생분은 여행출발이전에, 여행 중 발생분은 여행종료 후 10일 이내에 각각 정산(환급)하여야 한다.

④ 을은 여행출발 후 자기의 사정으로 숙박, 식사, 관광 등 여행요금에 포함된 서비스를 제공받지 못한 경우 갑에게 그에 상응하는 요금의 환급을 청구할 수 없다. 단, 여행이 중도에 종료된 경우 제16조에 준하여 처리한다.

제14조 (손해배상) 제12조의 현지여행업자 등의 고의 또는 과실로 을에게 손해를 가한 경우 갑은 이를 을에게 배상하여야 한다.

② 갑의 귀책사유로 을의 국외여행에 필요한 여권, 사증, 재입국허가 또는 각종증명서 등을 취득하지 못하여 을의 여행일정에 차질이 생긴 경우 갑은 을로부터 절차대행을 위하여 받은 금액전부 및 그 금액의 100% 상당액을 을에게 배상하여야 한다.

③ 갑은 항공기, 기차, 선박 등 교통기관의 연발착 또는 교통체증 등으로 인하여 을이 입은 손해를 배상하여야 한다. 단, 갑이 고의 또는 과실이 없음을 입증한 때에는 그러하지 아니하다.

④ 갑은 자기나 그 사용인이 을의 수하물의 수령, 인도, 보관 등에 관하여 주의를 해태(懈怠)하지 아니하였음을 증명하지 아니하면 을의 수하물의 멸실, 훼손 또는 연착으로 인한 손해를 배상할 책임을 면하지 못한다.

제15조 (여행출발 전 계약해제) 갑 또는 을은 여행출발 전 이 여행계약을 해제할 수 있다. 이 경우 발생하는 손해배상액은 소비자피해보상규정(재정경제부고시)에 따라 지급되어야 한다.

(* 배상액 : 여행당일취소 시 : 50%, 여행개시 1일전 : 20%, 여행개시 8일전 : 10%, 여행개시 10일전 : 5%, 여행개시 20일전 : 계약금 환급)

② 갑 또는 을은 여행출발 전에 다음 각호의 1에 해당하는 사유가 있는 경우 상대방에게 제1항의 손해배상액을 지급하지 아니하고 이 여행계약을 해제할 수 있다.

1. "갑"이 해제할 수 있는 경우	2. "을"이 해제할 수 있는 경우
가. 제13조 제1항 제1호 및 제2호의 사유가 있는 경우 나. 다른 여행자에게 폐를 끼치거나 여행의 원활한 실시에 현저한 지장이 있다고 인정될 때 다. 질병 등 을의 신체에 이상이 발생하여 여행에의 참가가 불가능한 경우 라. 을이 계약서에 기재된 기일까지 여행요금을 지급하지 아니하는 경우	가. 제13조 제1항 제1호 및 제2호의 사유가 있는 경우 나. 을의 직계 존비속이 사망한 경우 다. 질병 등 을의 신체에 이상이 발생하여 여행에의 참가가 불가능한 경우 라. 갑의 귀책사유로 계약서에 기재된 여행일정대로의 여행실시가 불가능해진 경우 마. 제11조제1항의 규정에 의한 여행요금의 증액으로 인하여 여행계속이 어렵다고 인정될 경우

제16조 (여행출발 후 계약해지)

① 갑 또는 을은 여행출발 후 부득이한 사유가 있는 경우 이 여행계약을 해지할 수 있다. 단, 이로 인하여 상대방이 입은 손해를 배상하여야 한다.

② 제1항의 규정에 의하여 계약이 해지된 경우 갑은 을이 귀국하는데 필요한 사항을 협조하여야 하며, 이에 필요한 비용으로서 갑의 귀책사유에 의하지 아니한 것은 을이 부담한다.

제17조 (여행의 시작과 종료) 이 여행의 시작은 탑승수속(선박인 경우 승선수속)을 마친 시점으로 하며, 여행의 종료는 을이 입국장 보세구역을 벗어나는 시점으로 한다. 단, 계약내용상 국내이동이 있을 경우에는 최초출발지에서 이용하는 운송수단의 출발시각과 도착시각으로 한다.

제19조 (보험가입등) 갑은 이 여행과 관련하여 을에게 손해가 발생한 경우 을에게 보험금을 지급할 것을 내용으로 하는 보험 또는 공제에 가입하거나 영업보증금을 예치하여야 한다(피보험자 : 한국일반여행업협회장).

[서식 236] 관광버스 지입계약서

관광버스 지입계약서

운송회사 (주)○○○○(이하 "갑"이라 칭한다)와 관광버스 보유자 ○○○(이하 "을"이라 칭한다)는 상호간에 다음과 같이 관광버스 지입계약을 체결한다.

제 1 조【 지입차량 】 "을"이 "갑"에게 지입하는 관광버스는 다음과 같으며 본 계약서 말미에 차량등록증 사본 및 보험영수증 사본을 첨부한다.

1. 제조회사 : (주)○○○○
2. 차량 제조연월일 : 20○○년 ○월 ○일
3. 운행거리 : ○○km
4. 최대인원 : ○○인
5. 보유대수 : ○○대

제 2 조【 지입료 】

1. "을"은 "갑"의 명의차용에 대하여 지입료로서 매월 ○일 금 ○○○원(₩ ○○○)을 "갑"에게 현금으로 지급한다.
2. 제1항의 지입료는 명의차용료 및 기본관리비 항목이 포함된 것으로 하며 이를 제외한 관광버스 운행으로 발생하는 소득은 "을"이 전적으로 수취한다.
3. "갑"은 지입료 지급에 있어서 "을"에 대해 개인사업소득에 대한 과세에 대해 원천징수를 실시한다.

제 3 조【 관광지 운행 】

1. "을"은 국내의 모든 관광 명소를 운행하도록 하며 "갑"의 관광버스 배정일정이 없는 경우에는 "을"이 개인적 운행을 통한 운행수익을 득할 수 있다.
2. "을"은 일정한 범위에서 운행 관광지에 대한 기본 정보를 습득하여 승객의 질문에 대하여 또는 서비스 차원에서 설명을 하여 주도록 한다.

제 4 조【 친절 및 청결 】

1. "을"은 관광버스의 운행에 있어서 승객에게 항상 친절하고 청결한 차량관리를 하도록 하여 "갑" 회사의 이미지를 실추하지 아니하도록 한다.
2. "을"은 만취자 또는 다른 승객에게 피해를 야기하는 등의 부적절한 승객에 대하여는 승차를 거부할 수 있으며 "갑"은 이를 이유로 "을"과의 계약을 해지할 수 없다.

제 5 조【 운행책임 】

1. "을"은 관광운행 도중 발생하는 안전사고에 대하여 "갑"과 무관하게 "을"이 독자적으로 제반 안전사고에 대한 전적인 책임을 부담한다.
2. "을"은 운행에 지장을 초래하지 아니하도록 운행 이전 또는 운행기간 중 금주를 하여야 하며 충분한 수면을 취하도록 하여 안전운행에 만전을 기하도록 한다.
3. "을"이 차량 및 기타 사고를 발생시켜 제3자에게 인적·물적 손해를 발생시킨 경우에 "갑"은 이에 대하여 일체의 민·형사적 책임을 지지 않으며 "갑"이 이를 책임진 경우에는 해당 구상권을 "을"에게 청구한다.

제 6 조【 차량관리 등 】

1. "을"은 차량의 정비를 "을" 스스로 하여야 하며 정비불량으로 야기되는 제반 사태에 대하여 "갑"은 면책되며 "을"이 전적인 책임을 부담한다.

2. “을”은 안전사고 등에 대비하여 “을”이 제반 보험에 가입하여야 하며 보험비 납부의 의무를 부담한다. 다만, “갑”이 보험가입을 한 경우에는 해당 보험료를 지입료에 가산하여 지입료의 납부와 동시에 수금한다.

제7조【계약해지 등】

1. “을”이 “갑”의 명의를 더 이상 이용하지 아니할 경우 ○일 이전에 미리 “갑”에게 통지하도록 하여 “갑”의 배차일정에 차질을 주지 아니하도록 한다.
2. 당사자 일방에 대하여 다음 각 호의 사유가 발생할 시 상대방은 즉시 계약을 해지할 수 있다.
   가. 가압류, 가처분, 경매 등의 사업의 불투명 사유가 발생할 시
   나. 파산, 회사정리, 화의신청 등의 사업불가능 사유가 발생할 시

제8조【계약기간】

1. 본 계약의 유효기간은 20○○년 ○월 ○일부터 20○○년 ○월 ○일까지로 한다.
2. 제1항의 기간만료일부터 ○일 이전에 어느 일방의 계약종료 통지가 없는 한 계약은 동일 조건으로 매 ○년씩 자동 연장되는 것으로 한다. 다만, 일방의 계약조건의 변경통지가 있을 시에는 기간의 만료일까지 협의가 되지 아니하면 계약은 자동 종료되는 것으로 한다.
3. 일방이 본 계약상의 의무이행을 하지 아니한 때 상대방은 ○일 이상의 시정기간을 두고 사유를 명시하여 시정을 최고하며, 그럼에도 불구하고 시정이 이루어지지 아니할 시 즉시 계약의 해지를 통지한다.

제9조【기타사항】

1. 계약의 당사자는 본 계약의 내용을 신의성실에 의거하여 준수하여야 한다.
2. 계약기간 중 계약의 변경은 당사자의 서면 합의에 의해서만 변경될 수 있으며 서명날인된 문서를 본 계약서의 말미에 첨부한다.
3. 본 계약서에서 명시되지 않은 부분에 대하여는 관련 법규 및 상관습에 따르기로 한다.

제10조【분쟁해결】

1. 본 계약과 관련하여 양 당사자 간의 분쟁이 발생한 경우, 원칙적으로 “갑”과 “을” 상호간의 합의에 의해 해결한다.
2. 제1항에도 불구하고 분쟁이 해결되지 않을 경우 “갑”의 주소지 관할 지방법원을 그 관할로 하여 재판함으로써 해결한다.

제11조【특약사항】 상기 계약일반사항 이외에 “갑”과 “을”은 아래 내용을 특약사항으로 정하며, 특약사항이 본문과 상충되는 경우에는 특약사항이 우선하여 적용된다.

위와 같이 본 계약이 유효하게 성립하였음을 증명하기 위하여 본 계약서 2통을 작성하여 각각 서명(또는 기명) 날인한 후 “갑”과 “을”이 각각 1통씩을 보관한다.

20○○년 ○월 ○일

갑	㊞	사 업 자 등 록 번 호		사 무 소	
				전화번호	
을	㊞	주민등록번호		주 소	
				전화번호	

[서식 237] 여행대리점 계약서

여 행 대 리 점 계 약 서

○○○ ○○투어
알선수수료 지급계약서
(○○○ Co., Ltd)

○○○과(이하 "갑"이라 칭한다) ○○여행(주)(이하 "을"이라 칭한다)는 ○○의 관광상품 및 "관련상품"의 판매대리업무에 관하여 아래와 같이 계약을 체결한다.

제1조 계약목적 "갑"은 "을"이 제공하는 ○○상품 및 기타 관련상품을 고객에게 대리판매하고 "을"은 이에 필요한 제반자료를 제공하여 "갑"과 "을"은 상호의 수익증대를 도모한다.

제2조 상품의 종류
1. 관광상품
2. 항공권

제3조 상품의 가격 및 조건 고객에게 제공하는 상품별 관광안내 브로셔에 명시된 판매가격 및 조건에 의하고 그렇지 못한 경우는 별도로 정한 바에 의한다.

제4조 예약 및 변동사항 "갑"은 "을"의 상품을 대리 판매함에 있어 "을"이 정한 바에 따라 예약 및 판매를 하여야 한다.

제5조 판매대금의 정산
1. (여행 상품) "갑"은 관광상품판매대금을 성수기시에는 계약금을 계약과 동시에 잔금은 출발 7일전에 비수기시에는 계약금을 계약과 동시에 잔금은 출발 3일전으로 입금하여야

하며 작성한 국외관광계약서를 첨부하여 "을"에게 통보, 입금하여야 한다.

2. (항공권) "갑"은 "을"에게서 항공권 발권과 함께 항공료를 입금하여야 한다.
3. (환율 적용) "갑"은 "을"의 외화표시 상품을 판매함에 있어 적용환율은 항공권 판매 환율에 따른다.

제6조 알선 수수료

1. "은"은 "갑"이 판매알선한 상품에 대하여 별첨이 정한바에 의하여 알선 수수료를 지급하여양 한다.(알선수수료 지급약정표 참조).
2. "갑"은 전항 제5조에 의거 "을"에게 알선수수료 청구시는 "갑"사 발행의 대금계산서를 "을"에게 발행하여야 한다.

제7조 지불 조건 "을"은 "갑"이 대행판매한 상품에 대한 알선수수료를 "갑"에게 지체없이 지급하여야 한다.

제8조 수속 대행(여권 및 VISA 수속) "갑"이 판매알선한 고객의 제반여권 및 VISA 수속은 "갑"의 책임하에 수속을 완료하도록 한다.

※ 부대비용 및 제반경비는 "갑"이 부담한다.

제9조 기 타 본 계약에 명시되지 아니한 사항은 일반적인 거래관행 및 상호협의하여 처리하기로 한다.

제10조 계약의 유효기간 본 계약은 계약일로부터 효력이 발생되며 유효기간은 20 년 월 일까지 한다. 또한 쌍방 당사자의 해지 통지가 없는 한 계속하여 1년마다 자동적으로 연장된다.

본 계약을 증명하기 위하여 계약서를 2통 작성하여 서명 날인하고 "갑" "을" 각각 1통씩 보관하기로 한다.

20○○년 ○월 ○일

(갑)
주 소 :
상 호 :
대표자 :

(을)
주 소 :
상 호 :
대표자 :

제4절 현상광고계약

1. 서 설

현상광고계약이란 광고자가 어떤 행위를 한 자에게 일정한 보수를 지급할 의사를 표시하고, 이에 응한 자가 그 광고에서 정한 지정행위를 완료함으로써 성립하는 계약이다(민법 675조). 현상광고계약은 편무·유상계약이며, 요물계약이다.

2. 성립요건

가. 광 고

현상광고계약을 체결하고자 하는 광고자의 확정적인 의사가 광고에 포함되어 있어야 하며, 응모자가 해야 할 행위 역시도 그 안에 구체적으로 지정되어 있어야 한다. 그리고 지정행위를 한 자에게 일정한 보수를 지급한다는 내용이 포함되어 있어야 한다.

나. 지정행위

광고자가 정한 지정행위의 내용을 행위자가 완료함으로써 현상광고는 성립한다(675조). 행위자가 광고 있음을 알지 못하고 지정행위를 한 경우에는 이를 준현상광고라 하여 현상광고의 규정을 준용한다(677조).

3. 효과 : 보수지급의무

가. 보수의 내용

보수는 금전에 한하지 않고 상품권, 해외여행권, 항공권, 직원으로 채용될 수 있는 권리 등의 형태를 띨 수 있다. 그림동화에서처럼 '공주와 결혼하여 임금의 사위가 될 수 있는 권리'도 지정행위('공주를 웃게 만들 것')에 대한 보수로서 약속되는 것이 가능하다.

나. 보수지급의무의 발생시기

응모자가 지정행위를 완료하고 그 사실을 광고자에게 통지한 때 보수지급의무가 발생한다.

4. 현상광고의 특수문제

가. 광고의 유효기간

지정행위의 완료기간을 정한 경우 광고자가 그 기간 내에 지정행위를 완료한 자의 통지를 받지 못하면 광고는 효력을 잃는 것으로 추정된다(528조). 기간의 정함이 없는 경우 상당기간 내에 지정행위자가 나타나지 않으면 광고는 효력을 잃는다(529조).

나. 광고의 철회

지정행위의 완료기간을 정한 경우 광고자는 그 기간만료 전에 광고를 철회하지 못한다(679조 1항). 완료기간을 정하지 않은 경우 그 행위를 완료한 자가 있기 전에는 그 광고와 동일한 방법으로 철회할 수 있다(679조 2항). 전광고와 동일한 방법으로 철회할 수 없을 때에는 그와 유사한 방법으로 철회할 수 있다(679조 3항 전단). 이러한 철회는 철회한 것을 안 자에게만 효력이 있다(679조 3항 후단).

다. 행위를 완료한 자의 관계

광고에 정한 행위를 완료한 자가 수인인 경우 먼저 그 행위를 완료한 자가 보수를 받을 권리가 있다(676조 1항). 수인이 동시에 완료한 경우 각각 균등한 비율로 보수를 받을 권리가 있으나, 보수가 그 성질상 분할할 수 없거나 광고에 1인만이 보수를 받을 것으로 정한 때에는 추첨에 의하여 결정한다(676조 2항).

5. 우수현상광고

가. 의 의

응모기간 내에 응모를 하거나 지정행위를 완료한 자 가운데 우수한 자에게만 보수를 지급한다는 뜻의 현상광고를 말한다(678조 1항). 예를 들어 '신춘문예'나 '백일장', '가요제', '미쓰코리아대회' 같은 것이 이에 해당한다. 이 경우 현상광고는 단지 '청약의 유인'일 뿐이며, 응모자가 지정행위를 완료하는 행위가 비로소 '청약'으로 이해될 수 있고, '승락'은 이러한 청약에 대해 심사로써 보수의 지급대상을 정하는 행위가 그에 해당된다.

나. 보수수령권자의 결정

우수현상광고에서 우수의 판정은 광고에서 정한 자(예를 들어 심사위원)가 해야 한다. 광고

중에 판정자를 정하지 않은 때에는 광고자가 판정한다(678조 2항).

다. 판정에 있어서의 제한

우수한 자가 없다는 판정은 할 수 없으나, 다만 예외적으로 광고 중에 다른 의사표시가 있거나 광고의 성질상 판정의 표준이 정하여져 있는 경우에는 우수한 자가 없다는 판정을 내릴 수 있다(678조 3항). 응모자는 판정에 대하여 이의제기를 하지 못한다(678조 4항).

6. 서 식 례

[서식 238] 광고매체 운영계약서

○○○몰 광고매체 운영 계약서

사단법인 ○○○○회로부터 적법한 위임을 받은 주식회사 ○○○(이하 "발주자"라 한다)와 ○○○○(이하 "운영자"라 한다) 및 ○○○○(이하 "운영자공동계약구성원"이라 한다)는 ○○○몰 광고매체 (이하 "광고매체"라고 한다) 구축 및 운영에 대한 계약을 다음과 같이 체결한다.

제 1 조 (계약의 목적) 본 계약의 목적은 운영자가, 발주자의 관리 하에 있는 ○○○몰 내에 "광고매체"를 설치 운영함에 있어서 발주자와 운영자의 권리와 의무를 정하는데 있다.

제 2 조 (계약 기간)

1. 계약기간은 본 계약체결일로부터 "사업개시일" 이후 5년까지로 정한다.
   "사업개시일" 이란 본 사업 운영관련 입찰을 통해 확정된 광고매체 전체가 정상가동되는 그 시작일을 말하며, 이는 "광고매체" 설치 후 테스트기간을 거쳐 계약당사자상호간 협의에 의해 결정한다.
2. 운영자는 아래 3항의 사유가 없는 한 발주자와 합의 된 모든 "광고매체"를 계약체결일로부터 4개월 이내에 정상가동 해야 한다.
3. 다음 각 호에 해당하는 사유로 본 계약의 이행이나 공사연기의 필요가 있을 시에는 운영자는 지체 없이 그 사유를 발주자에게 통보하고 일정을 연기할 수 있으며, 발주자는 운영자에게 그 책임을 묻지 아니한다.
   가. 천재지변, 내란, 소요사태 등 불가항력적인 사유에 의한 경우.
   나. 운영자의 책임에 속하지 않는 사유에 의한 설치 장소와 관련된 공사지연 사유 발생, 기타 발주자의 귀책사유로 인하여 운영자가 설치 공사를 시행할 수 없을 경우

제 3 조 (계약대상 및 장소사용료)

1. 계약대상은 ○○○몰 내에 설치되는 별첨한 계약대상 "광고매체"로 정한다.
   [별첨 1. 계약대상 광고매체내역]
2. 운영자가 발주자에게 납부하여야 할 장소사용료는 계약기간 동안 총 금액 일금 ○○○○원(₩ ○○○○ / VAT 포함)으로 한다.
3. 사업개시일 이전 일부 매체가 우선가동 될 경우는 해당 매체의 월 장소사용료를 정산하여 납부해야한다. 이 경우 사용료는 입찰제안서 내에 표기된 예산내역 중 매체별 장소사용료 납부금액을 기준하여 산정한다.
4. 만일 사업개시일이 계약체결일로부터 4개월을 경과하는 경우에는 계약체결일로부터 4개월 되는 날 익일부터 장소사용료 총액을 기산하여 부과한다. 단, 제2조 3항의 사유가 있다고 발주자와 운영자간에 합의가 된 경우에는 당사자 간에 협의하여 일정을 조정할 수 있다.

제 4 조 (장소사용료의 청구 및 지급방법)

1. 청구 : 발주자는 "광고매체" 사업개시일로부터 기산하여 매월 장소사용료로 일금 ○○○○원(₩ ○○○○ / VAT 포함)을 해당 월 5일자에 운영자에게 청구한다. 한 달이 채되지 않는 해당월의 장소사용료는 그 해당월 말일자로 일할 정산하여 청구한다.
   단, 제3조 3항에 의한 경우에도 발주자는 그 일부매체의 장소사용료를 그 매체의 우선가동일부터 기산하여 해당월 말일자로 일할정산 청구한다.
2. 지급 : 운영자는 발주자의 청구 해당 월 말일까지 아래 계좌로 입금 한다.
   (※ 입금계좌 : ○○은행 004-05-000019 예금주 : ○○○○○ 전시장)
3. 연체료 : 운영자가 상기 2항의 지급기한 내에 정당한 사유 없이 장소사용료를 지급하지 않을 경우 발주자는 지급기한 경과일로부터 일할 계산하여 월 2%의 연체료를 부과한다.

제 5 조 (계약보증금 및 지급보증금)

1. 운영자는 계약체결 시에 계약이행보증금으로 5개월분의 장소사용료인 일금 ○○○○원(₩ ○○○○ / VAT 포함)을 이자 없이 발주자의 지정계좌에 현금 예치하거나 또는 이에 상응하는 금액의 계약이행보증보험증권으로 발주자에게 제출한다. 동 보증금의 보증기간은 계약체결일로부터 5년 4개월 경과시점까지로 한다.
2. 본 계약이 "운영자"의 귀책사유로 계약해지되는 경우 1항의 계약이행보증금은 전액 "발주자"에 귀속되며 이에 대해 "운영자"는 이의를 제기하지 못한다.
3. "운영자"는 역시 계약체결시에 본 계약에 의해 "운영자"가 부담해야 할 모든 지급의무를 담보 및 충당하기 위하여 지급이행보증금으로 15개월분의 장소사용료인 일금 ○○○○원(₩ ○○○○ / VAT 포함)을 이자 없이 발주자의 지정계좌에 현금예치하거나 또는 이에 상응하는 금액의 지급이행보증보험증권으로 발주자에게 제출한다. 동 보증금의 보증기간은 계약종료 마지막 월의 장소사용료 납입일이 월말임을 감안하여 계약체결일로 부터 5년 5개월 경과시점까지로 한다.
4. 상기 3항의 지급이행보증금은 제3,4조의 장소사용료와 연체료, 제13조의 원상복구비 및 명도소송비, 제14조 손해배상금 등의 미납액을 충당하며 만일 미납액이 동 지급이행보증금잔액을 초과하는 경우에는 "운영자"는 그 초과액을 "발주자"에게 추가 납부하여야 한다.

5. 공동수급참가의 경우엔 상기 계약보증금과 지급보증금은 공동수급대표회사인 운영자가 운영자의 명의로 발급받아 발주자에게 제출한다.

제 6 조 (발주자의 역할 및 의무)

1. 발주자는 본 사업의 시설 설치 및 운영과 관련하여 감독 권한을 가지며, 부실시공 방지 또는 공사의 원활한 시행을 위하여 필요 시 운영자에게 지시할 수 있다.
2. 발주자는 "광고매체" 설치 대상이 되는 공간을 운영자에게 제공한다.
3. 발주자는 다음 각 호에 해당하는 사유가 발생한 경우 필요한 제한조치를 취하거나 요청할 수 있으며 운영자는 이에 대하여 이의 없이 요청에 따라야한다.
   가. 안전사고 또는 기타 타인에게 재산상의 피해가 발생한 경우
   나. 공익 목적을 위해 일시적으로 매체가동을 중지해야 할 경우
   다. 기타 고객의 편익을 현저히 저해할 우려가 있다고 판단될 때
   단, 위 가,나,다의 경우라도 운영자의 귀책사유가 아닌 사유로 인해 광고노출을 중단해야 할 경우는 해당일자만큼의 장소사용료 면제 또는 그 외 적절한 방법으로 운영자에게 보상이 될 수 있도록 운영자와 협의한다.
4. 발주자는 필요 시 "광고매체" 주변공간에 운영자이외의 사업자를 통하여 운영자 이외의 사업자를 통한 타 광고시설을 운영할 수 있다. 단, 설치이전에 이 사항에 대해 운영자와 충분히 협의함으로써 운영자의 광고영업에 지장이 없도록 한다.

제 7 조 (운영자의 역할 및 의무) 운영자가 본 계약을 이행함에 있어서 수행해야할 역할 및 의무는 아래와 같다.

1. "광고매체" 하드웨어 기획, 설치, 운영, 유지관리
2. "광고매체"의 공공정보 컨텐츠, 상업광고의 운영
3. 장소사용료 납부
4. 그 외 운영자가 제안한 사항. 이와 관련하여 상세한 내용은 [별첨 2. "○○○몰 광고 매체 운영제안서"]의 내용에 따른다.

제 8 조 ("광고매체"의 제작 및 광고표출) 운영자는 "광고매체"의 제작 및 표출과 관련하여 운영자의 책임 하에 아래 내용을 시행한다.

1. "광고매체"의 제작, 설치 및 운영 등에 소요되는 일체의 비용을 부담한다.
2. "광고매체" 설치공사 시 주변 환경을 항상 청결하게 유지하여야 하며 기타 발주자가 보완을 지시(정비, 청소 등)하는 경우 정당한 사유가 없는 한 지체 없이 개선한다.
3. "광고매체"의 디자인, 광고내용, 설치 관련사항(설치방법, 안내도 구현 방법, 사용자재, 마감방법 등) 등을 발주자의 승인을 득한 후 시행한다.
4. "광고매체"에서 표출되는 광고물 내용은 옥외광고관리법 및 동법 시행령 등 관계 법령과 발주자의 광고물 관리규정을 준수하여야 한다. 광고물로 인한 민원이 발생할 경우 또는 ○○○ 및 무역센터 이미지에 적합하지 않다고 객관적으로 판단될 경우, 발주자는 운영자에게 광고물의 개선 및 보완을 요구할 수 있으며 운영자는 즉시 시정해야한다.
5. 광고물 내용으로 인한 일체의 민, 형사 상 책임은 운영자에게 있다.
6. 계약 기간 중 광고도안 변경 및 설치에 필요한 모든 비용을 부담 한다.
7. "광고매체"의 설치 및 운영에 필요한 모든 관계법령상의 인허가를 해결해야한다. 이를

해결치 못함으로써 발생하는 모든 법적, 금전적 책임을 부담한다.
8. "광고매체" 화면의 상업컨텐츠와 공익컨텐츠는 사전에 발주자와 합의된 비율로 송출한다.
9. "광고매체" 설치 및 운영과 관련하여서는 [별첨3 "○○○ 미디어 운영 매뉴얼"]의 내용을 따르도록 한다.

제9조("광고매체"의 유지관리) 운영자는 "광고매체" 유지관리와 관련하여 운영자의 책임 하에 아래 내용을 시행한다.
1. "광고매체" 및 광고표출이 항상 청결하고 양호한 상태를 유지하도록 관리하여야 한다.
2. 안전조치와 관련하여 발주자의 요구에 따라야 하며, "광고매체" 운영상 운영자의 귀책사유로 발생 또는 "운영자"가 설치한 광고시설물로 인해 발생하는 제반 안전사고로 발주자 또는 제3자의 신체, 재산상에 일체의 손해가 발생하였을 때에는 운영자가 책임을 진다.

제10조(상호협력의무)
1. 발주자는 운영자에게 "광고매체" 설치운영 및 광고물 노출에 관한 제반 업무를 성실히 지원하고 운영자의 권익을 최대한 보호하며, 운영자의 광고영업에 지장이 없도록 광고환경 유지에 최선을 다한다.
2. 운영자는 영업환경 변화로 인한 영업이익 감소의 사유로 장소사용료 조정을 요구할 수 없으며, "광고매체"에 대한 부분적인 반납은 불가하다. 또한, 이를 사유로 발주자에게 손해배상 등 일체의 손실보전을 요구할 수 없다.
3. "광고매체" 운영 시 ○○○몰 내의 환경, 입점업체의 민원 등의 사유로 인해 부득이 설치장소가 일부 변경될 수도 있으며 이런 경우 양사는 각종 상황을 고려하여 적합한 장소로 이전 설치함에 동의한다.

제11조(계약 해지 등)
1. 발주자는 다음 각 호에 해당하는 사유가 발생할 경우, 일정한 기간을 정하여 운영자에게 그 시정을 요구하고 그 기간 내에 시정하지 않으면 계약기간중이라도 본 계약을 해지할 수 있다. 이 때 운영자는 발주자에게 하등의 이의를 제기할 수 없을 뿐만 아니라 일체의 배상을 요구할 수 없으며, 운영자와의 계약이 해지되는 경우에도 본 계약의 광고운영권이 운영자공동계약구성원에게 이전되지 않고 계약종료된다.
   가. 운영자의 무성의 또는 고의적인 태만, 역량부족 등으로 인하여 "광고매체"의 상태나 컨텐츠 내용 등 서비스 수준이 명백하게 저하된 경우
   나. 운영자의 고의 또는 선량한 관리운영자로서의 주의 의무를 태만히 하여 중대한 사고를 야기 시켰을 때
   다. 운영자의 귀책사유로 정상적인 계약이행이 불가능하다고 명백히 인정 될 경우
   라. 운영자가 발주자에게 장소사용료 지급을 2개월 이상 연체할 때
   마. 운영자가 본 계약을 위하여 발주자에게 제출한 "○○○몰 광고매체 운영 제안서"의 내용 을 정당한 사유 없이 충실히 이행하지 못했을 경우
   바. 운영자가 제3자에게 사업운영권을 일부 혹은 전부 양도(전대)·매각하거나 담보설정을 하는 경우
   사. 발주자가 요구하는 각종 협조요청사항에 대해 정당한 사유 없이 불응할 때

2. 천재지변, 불가항력적 사유의 발생, 관할 구청 등 지자체에서의 철거명령이나 발주자의 사정 등으로 인해 더 이상 "광고매체"를 유지 및 운영할 수 없을 때, 발주자는 본 계약만료전이라도 "광고매체"의 일부 이전을 요구하거나 본 계약을 해지할 수 있다.
3. 본조 1,2항 이외에 발주자의 사정으로 계약을 해지해야 할 경우 발주자는 해지확정일로부터 3개월 이전까지 운영자에게 서면으로 통지토록 하며, 각종 투자비손실을 고려하여 타당한 수준의 손해배상을 운영자에게 해주도록 한다.
4. 운영자가 부득이한 사유로 본 계약을 중도 해지하고자 할 경우는 반드시 서면으로 발주자에게 통지해야 하며 통지일로 부터 6개월 이후에 해지를 할 수 있다.
   이 6개월 동안 "광고매체"는 정상적으로 운영되어야 하며, 장소사용료도 정상 납부해야 한다.
5. 발주자 또는 운영자의 사정으로 인하여 "광고매체" 일부를 이동 또는 철거해야 할 경우 그 이동 또는 철거비용은 사정이 있는 해당 당사자가 부담한다.
6. 발주자와 운영자의 상호합의에 의하여 계약이 중도 해지되는 경우 장소사용료는 기집행된 계약기간에 따라 일할 정산한다.

제12조(계약의 변경)
1. 발주자와 운영자는 쌍방의 서면합의에 의해 본 계약을 변경할 수 있다.
2. "광고매체"의 증감이 필요 한 경우는, 설치위치, 광고노출효과, 기기제작비 등을 고려하여 쌍방의 협의에 의해 반영토록 한다.

제13조(원상복구 및 강제명도 등)
1. 계약기간이 만료되거나 운영자의 귀책사유로 계약이 중도 해지된 경우 운영자는 만료 및 해지일로부터 30일 이내에 "광고매체"를 철거하여 설치공간을 원상복구하고 이와 관련 한 대외적인 모든 법적, 금전적 책임을 지며 이에 대해 발주자에게 하등의 보상을 청구할 수 없다. 다만, 발주자의 사정으로 계약이 중도 해지되는 경우의 원상복구 비용은 발주자가 모두 부담한다.
2. 상기 1항의 기한 내에 정당한 사유없이 "광고매체"의 철거 및 원상복구가 이루어지지 않을 경우 발주자는 "광고매체"를 임의로 철거 및 원상복구하고 이에 대한 비용을 운영자 에게 청구한다.
3. 운영자가 설치한 "광고매체" 및 광고물은 모두 운영자의 고유한 영업을 위하여 설치된 것으로 간주되므로 운영자는 발주자에 대하여 제반 비용의 상환청구 및 부속물의 매수청구를 아니하기로 한다.

제14조(운영자의 손해배상 책임) 운영자는 다음 각 호의 1에 해당하는 경우에는 발주자에 대하여 원상복구 또는 배상의 책임을 진다.
1. 본 계약에서 정한 운영자의 의무를 이행하지 아니하여 발주자에게 손해를 끼쳤을 때
2. 운영자 또는 그 종업원의 귀책사유로 인하여 발주자 또는 그가 관리하는 건물 또는 시설에 손실을 입혔을 때
3. 운영자 또는 그 종업원이 발주자의 시설물, 용품 또는 발주자로부터 대여 받은 물품을 훼손 또는 망실하였을 때
4. 운영자 또는 그 종업원의 귀책사유로 인하여 ○○○몰 운영에 지장을 초래하였을 때

5. 운영자의 관리부실로 인한 장치물의 파손, 붕괴, 화재 기타 하자 또는 '운영자'의 시설물 설치자책임(비과실책임)으로 발주자 또는 제3자에게 발생한 인적, 물적 손해를 끼친 경우. 단, 천재지변 및 그에 준하는 외적요인 또는 운영자가 아닌 제3자의 고의로 인해 발생한 손해에 대해서는 운영자의 귀책사유가 아닌 것으로 간주한다.

제15조 (권리, 의무의 양도 금지, 하도급,하청 금지)

1. 운영자는 본 계약으로부터 발생되는 권리와 의무를 발주자의 사전 서면동의 없이 제3자에게 무단으로 양도하거나 승계할 수 없다.
2. "운영자"는 본 계약내용을 이행함에 있어서 업무의 전부 또는 일부를 "발주자"의 사전서면동의 없이 제3자에게 하청 또는 하도급할 수 없다.

제16조 (비밀 유지) 발주자와 운영자는 이 계약과 관련하여 알게 된 상호의 업무상 비밀을 제3자에게 누설하여서는 안 된다.

제17조 (유보 사항)

1. 본 계약의 조항에 관하여 발주자와 운영자간의 해석상의 차이가 있을 경우, 발주자와 운영자가 상호 협의하여 결정하며, 이 계약서에 명기되지 아니한 사항은 관련 법규 또는 일반 상관례에 준하기로 한다.
2. 본 계약의 내용과 제안 입찰자 유의서 등 발주자와 운영자간에 본 계약 체결 전에 제안, 제출된 서면의 내용이 상이한 경우에는 본 계약의 효력이 우선한다.

제18조 (관할 법원) 본 계약과 관련하여 발주자와 운영자간에 분쟁이 발생하는 경우에는 서울중앙지방법원을 1심 관할 법원으로 한다.

제19조 (운영자공동계약구성원 책임)

1. 운영자가 공동계약(컨소시움)으로 참여하여 발주자와 본 계약을 체결한 경우엔 본 계약에 따른 발주자에 대한 운영자의 제반 의무이행에 있어서는 운영자가 발주자에 대해 계약상대방 대표자로 제반 의무이행을 전적으로 부담한다.
2. 단, 1항에 불구 운영자의 공동계약구성원(컨소시움 구성회사)들은 발주자에 대한 운영자의 본 계약상 제반채무이행에 있어서는 운영자를 연대보증하여 발주자에게 연대책임을 진다.

제20조 (계약서의 보존) 본 계약서는 3부를 작성하여 발주자, 운영자, "운영자의 연대보증인"이 각 1부씩 보관한다.

※붙임: 1. 계약대상 매체내역 1부
2. ○○○몰 광고매체 운영제안서 1부
3. ○○○미디어 운영 매뉴얼 1부. 끝.

20○○년 ○월 ○일

"발주자"	**"운영자"**
서울 ○○구 ○○대로 ○○○	서울 ○○구 ○○로 ○○○
주식회사 ○○○	(주) ○○○○○
대표이사 변 보 경 (인)	대표이사 (인)
	"운영자공동계약구성원" (컨소시움 구성원)
	서울 ○○○○○○
	(주) ○○○○○○
	대표이사 (인)

제5절 위임계약

1. 서 설

가. 의 의

위임계약이란 당사자 일방이 상대방에 대하여 사무의 처리를 위탁하고, 상대방이 이를 승낙함으로써 성립하는 계약이다(민법 680조). 위임계약은 편무·무상계약이 원칙이나, 보수지급의 특약이 있을 경우 쌍무·유상계약이다. 그리고 낙성·불요식계약이다.

나. 효 력

수임인에게는 위임사무처리의무와 함께 부수적 의무로서 보고의무, 취득물인도의무, 취득권리이전의무 등을 부담하게 되며, 위임인에게는 보수지급의무 외에 비용선급의무, 필요비상환의무, 채무대변제의무 및 담보제공의무, 손해배상의무 등이 발생한다.

2. 당사자의 권리의무

가. 수임인의 의무

- 사무처리의무 : 선관주의로, 복수임인 사용 許否(복대리와 동일)

- 보고의무 : 위임인 요구시, 위임 종료시
- 취득물인도의무 : 취득한 것 전부임. 그대로 수임인이 대체물을 받았더라도 이는 위임인과의 관계에서는 특정물로 본다는 것이 判例의 태도.
- 취득권리이전의무 : 대리관계와의 차이점
- 금전소비책임 : 소비한 날 이후의 이자와 손해까지(금전채무불이행의 특칙)

나. 위임인의 의무

- 비용선급의무 : 보수선급의무가 없다.
- 필요비상환의무 : 필요비에 이자까지 상환. 수임인은 비용이나 보수에 대해 유치권 취득가능하다.
- 채무대변제의무 및 담보제공의무(688조 2항)
- 손해배상의무(688조 3항) : 수임인이 위임사무 처리시 과실없이 받은 손해가 있다면 위임인은 그 손해를 배상할 책임이 있다. 이는 위임인의 무과실법정책임이다.
- 보수지급의무 : 특약이 없는 한 보수지급의무 없는 것이 민법의 원칙. 단, 명시적 특약이 없다고 할지라도 유상성이 추정된다는 것이 학설과 판례의 일반적인 태도. 특약이 없으면 위임사무종료시(일처리를 마쳐야) 지급. 기간으로 정한 보수는 기간 지난 후 지급. 사무처리 도중 위임이 종료되면 수임인에게 귀책사유 없는 경우에 처리한 사무비율에 따라 보수청구 가능하다.
- 변호사에게 계쟁 사건의 처리를 위임함에 있어서 그 보수 지급 및 수액에 관하여 명시적인 약정을 아니하였다 하여도, 무보수로 한다는 등 특별한 사정이 없는 한 응분의 보수를 지급할 묵시의 약정이 있는 것으로 봄이 상당하다(1995.12.5. 94다50229).
- 의사가 환자를 치유하기 위해 선관주의의무를 다하여 현재 의학 수준에 맞는 진료조치를 하였다면 질병이 치유되지 아니하였더라도 치료비를 청구할 수 있을 것이나, 선관주의의무를 다하지 않은 탓으로 질병이 악화된 것이라면 이는 채무의 본지에 따른 채무의 이행이라고 할 수 없어서 치료비나 수술비의 청구를 하지 못한다(92다15031).

3. 위임의 종료와 해지

가. 위임의 임의해지

(1) 당사자 쌍방은 기간약정 유무, 유무상 여부, 유불리 여부 무관하게 언제든지 할 수 있다.

(2) 상대방이 불리한 시기에 해지할 때는 손해를 배상하면 된다.

(3) 다만, 그 불리한 시기의 해지가 부득이하다면 손해배상책임이 없다.

나. 당사자 쌍방의 사망시 종료

다. 당사자 쌍방의 파산시 당연 종료

해지사유가 아니라 당연 종료임을 주의해야 한다.

라. 수임인의 피성년후견

- 이것도 당연히 종료
- 위임인의 금치산은 종료사유 아니고
- 한정치산도 종료사유 아님을 주의한다.

4. 종료의 특칙

가. 수임인의 긴급사무처리의무

위임관계가 종료되더라도 급박한 사정이 있을 때 수임인이나 수임인의 상속인 또는 법정대리인은 위임인이나 그의 상속인 또는 법정대리인이 사무를 처리할 수 있을 때까지 그 사무처리를 계속하여야 한다.

나. 위임종료에 대한 대항요건

위임종료의 사유는 이를 상대방에게 통지하거나 상대방이 안 때가 아니면 이로써 상대방에게 대항하지 못한다. 즉, 위임종료의 효과를 주장하지 못한다.

5. 서 식 례

[서식 239] 위임계약서(지식재산권업무)

위 임 계 약 서

○○대학교 ○○협력단(이하 '갑'이라 함)과 특허법인 ○○(이하 '을'이라 함)은 지식재산권 업무에 관해 아래와 같이 위임계약을 체결한다.

-아 래-

제 1 조 (위임 업무)

본 계약의 위임범위는 '갑'이 위임하고 '을'이 승낙한 아래의 위임업무에 한한다.

1. 국내 산업재산권(특허, 실용신안, 의장, 상표)의 출원에서 등록까지의 관련업무
2. 해외 산업재산권(특허, 실용신안, 의장, 상표)의 출원에서 등록까지의 관련업무
3. 각종 심판에 관련된 업무
4. 각 권리의 등록 유지관리와 관련된 업무
5. 특허 분쟁에 대한 권리범위 해석 및 기타 '갑'이 의뢰한 자문업무 등

제 2 조 (의무)

1. '을'은 '갑'이 위임한 제1조의 위임업무에 대하여 '갑'의 지식재산이라는 가치를 충분히 인식하고 출원에서 등록까지 관련 업무를 성실히 수행한다.
2. '을'은 위임받은 업무에 대하여 '갑'과 사전 합의 없이 일방적으로 위임을 해제할 수 없다.
3. '을'은 본 계약기간 또는 그 이후에도 '갑'과의 업무 수행중 지득한 '갑'의 모든 정보의 비밀을 유지하여야 하며, '을' 또는 '을'의 종업원이 '갑'의 업무상 비밀을 누설하여 '갑'에게 손해를 끼친 경우에는 '을'이 전적으로 책임을 진다.
4. '갑'은 '을'이 위임업무를 원활히 수행하는데 도움이 되는 자료 및 정보의 제공에 적극적으로 협조한다.

제 3 조 (위임 비용)

1. '갑'은 제1조의 위임업무에 대해 관련 비용을 아래와 같이 '을'에게 지급하며 적용은 별첨의 항목별 대리인 수수료 지불기준에 의함을 원칙으로 한다.
2. '갑'이 위임한 국내사건 및 해외사건에 대한 관납료 및 현지대리인 비용은 '갑'이 실비로 부담하는 것을 원칙으로 한다.

제 4 조 (비용지불방법)

1. 제3조에서 규정한 비용은 사건 수임 후 비용청구서를 '을'이 '갑'에게 청구하고, '갑'은 '을'이 청구한 비용청구서 수령 후, 1개월 이내에 현금 정산하는 것을 원칙으로 한다.
2. '을'은 '갑'의 위임업무와 관련하여 제3자로부터 발생한 비용청구서를 '을'의 사무소에 접수한 날로부터 1개월 이내에 '갑'에게 신속하게 송부해서 정산하는 것으로 한다.

제 5 조 (계약의 발효, 기간 및 소멸)

1. 본 계약은 20○○년 ○월 ○일부터 발효하며 계약기간은 1년으로 하며, 쌍방 협의하여 이를 갱신할 수 있으며, 갱신하지 않을 경우 계약기간이 1년 자동 연장되는 것으로 본다.
2. '갑'과 '을' 양 당사자는 서면 합의에 의해서만 본 계약을 수정 및 변경할 수 있다.
3. 본 계약은 계약발효일자 이후 어느 일방 당사자가 타 당사자에 대하여 서면으로 계약의 해지를 통보할 수 있고, 해지 통보를 받은 경우 본 계약은 계류중인 업무에 대한 업무협의를 거친 후 효력을 상실한다.

제 6 조 (통지 의무)

'갑'과 '을'은 본 계약의 이행과 관련된 사항이 발생하였을 경우에는 상대방에게 이를 즉시

통보하여야 한다.

제 7 조 (기타 사항)

본 계약의 해석상에 쌍방간의 이견이 있을 시나, 본 계약에 명시되지 않은 사항은 통상의 거래관행에 따라서 합리적으로 처리함을 원칙으로 하고 본 계약을 증명하기 위해서 계약서를 2통 작성하고 '갑'과 '을'이 날인하여 각각 1통씩 보관한다.

20○○년 ○월 ○일

갑 : 서울시 ○○구 ○○로 ○○길 ○○○
○○대학교 ○○협력단
단장 이 ○ ○

을 :

[서식 240] 위임계약서(지식재산권업무)

위 임 계 약 서

○○○○ (주) 대표이사 박○○(이하 "갑"이라 한다) 주식회사 ○○○○ 대표이사 정○○(이하 "을"이라 한다)은 인사관리 아웃소싱과 관련하여 다음과 같이 위임계약을 체결한다.

제 1 조 (위임사무)

갑은 을에게 다음 각 호의 사무를 아웃소싱한다.

1. 사회보험의 관리대행
   고용보험·산재보험·국민연금·건강보험의 적용관리, 자격관리, 보험료관리 등
2. 급여관리대행
   급여의 계산, 제 수당 및 공제관리, 급여대장 및 이체명세관리 등
3. 자 문
   노동관계법률, 사회보험 관계법령, 임금에 대한 자문 등

제 2 조 (사무처리방법)

① 을은 전 조의 사무를 처리하기 위하여 계약일로부터 ○일 이내에 갑의 업무체계를 진단·개선하여 업무이관을 하기 위한 제반 활동을 수행한다.

② 을은 전항의 업무가 완료된 때부터 다음과 같은 방법에 따라 사무를 처리한다.

1. 사회보험관리 처리방법
   (1) 성립신고는 제반 구비서류를 을에게 제출한 날로부터 7일 이내에 처리한다.
   (2) 자격관리는 입퇴사자 정보 등을 을에게 통보한 날로부터 7일 이내 에 처리한다.
   (3) 보험료보고는 “갑”이 제공한 임금자료를 근거로 을이 법정기일 내에 보고하며, 보험료는 “을”이 보고한 내역에 따라 갑이 직접 납부한다.
   (4) 표준보수월액 또는 임금총액의 변동사실을 통보하면 을은 적정성 검토를 통해 변경신고 또는 증가개산보험료보고 및 감액신청 등을 한다.
2. 급여관리 처리방법
   (1) 갑은 급여지급일 7일전까지 급여대상자의 근태정보를 을에게 제공하여야 한다.
   (2) 급여의 계산은 갑이 제공한 근태정보에 따라 을의 시스템을 통하여 관리한다.
   (3) 제 수당 및 공제관리는 갑이 제공한 기준정보에 따라 을이 관리한다.
   (4) 을은 급여계산을 하여 급여지급일 3일전까지 급여대장, 개인별 내역서 및 계좌이체 명세서를 제공한다.
   (5) 을은 급여에서 원천징수액 및 각종 사회보험료를 산정하여 갑에게 통보한다.

③ 전조의 사무중 노동관계법령에 의한 각종 신고·신청·보고·작성·확인 등의 사무(공인노무사법 제2조 제1항 1, 2, 4호의 업무)는 “을”이 처리한다.

제 3 조 (관리체계의 수립)

을은 전 조의 사무처리를 위하여 다음과 같은 관리방안을 수립한다.

1. 관리책임자(정)은 임금대장 전달방법에 대한 결정에 따라 우편발송 또는 방문을 통하여, 갑에게 업무현황을 보고한다.(회사의 정당한 요구에 의한 긴급 방문요청이나, 갑사의 특별한 보고사항이 있을시 3일안에 방문한다)
2. 관리책임자(부)를 선임하여 상시적 업무협조체계를 구축한다.
3. 을은 공인노무사를 선임하여 인사·노무관리에 대한 자문체계를 구축한다.

제 4 조 (보 수)

① 갑은 을에게 전조의 위임사무에 대한 보수로 금 원정 (₩ ,부가가치세별도)을 매월 20일까지 갑에서 발송하는 MICR로 지급한다.

② 이 약정과 동시에 계약금으로 금 원정을 지급하며, 이 금액에는 당월의 보수가 포함되어 있다.

③ 을은 계약금을 수령한 이후부터 위임사무를 개시한다.

제 5 조 (특약보수)

갑은 다음 각 호의 1에 해당하는 경우 을(2)와의 별도 약정을 통하여 특약보수를 지급한다.

1. 보험관계를 신규로 성립 신고하는 경우
2. 임금체계 등 인사제도의 개선을 위한 컨설팅을 요구할 경우
3. 고용보험관련 각종 지원금 및 장려금신청과 산재보험 보상업무 대행의 경우

4. 기타 위임사무와 관련하여 상당한 시간이나 특별한 용역을 필요로 하는 업무나 사건대리의 경우

제 6 조 (자료제출 및 편의제공)

① 갑은 위임사무를 원활히 수행하는데 필요한 각종 자료의 제출 요구에 적극 조력하여야 하며, 을은 갑이 제시한 자료에 근거하여 위임사무를 처리한다.

② 갑은 위임사무의 원활한 수행에 필요한 갑 소유의 시설물의 이용과 사무기기의 사용 등에 협조하여야 한다.

③ 갑은 위임사무를 원활하게 수행하는데 필요한 (개인, 법인)의 인장을 이용할 수 있도록 한다. 단, 을은 갑의 인장을 위임사무이외의 목적에 사용해서는 안된다.

제 7 조 (자료의 보관)

갑이 사무처리를 위하여 제공한 서류와 자료는 위임사무가 종료된 때 을은 이를 반환하여 갑의 책임하에 관리한다.

제 8 조 (계약기간)

① 상기 위임사무를 수행하는 계약기간은 계약일로부터 1년간으로 한다

② 계약 만료일 30일 전까지 당사자 일방이 해지의 의사표시를 하지 않으면 본 계약은 만료일로부터 1년간 자동 갱신하는 것으로 한다.

③ 본 계약을 갱신하는 경우에는 제4조의 보수에 대하여 갑과 을이 협의한다.

제 9 조 (계약의 해지)

갑과 을은 다음 각 호의 1에 해당하는 경우 본 계약을 해지할 수 있다.

1. 갑과 을이 이 약정서에 정한 의무를 이행하지 않거나 정당한 이유 없이 해태한 경우
2. 갑이 제공한 자료나 진술한 사항이 허위인 경우
3. 을이 고의나 중대한 과실로 위임사무를 지연 처리한 경우
4. 갑이 제4조의 보수를 3개월 이상 연체한 경우
5. 기타 사회통념상 계약해지사유가 발생한 경우

제 10 조 (계약의 해지의 통보)

갑과 을은 제9조의 1, 2, 3, 4 항의 사유에 의한 계약해지와 기타 계약해지의 사유가 있다고 판단될 때 상호 서면을 통하여 계약해지를 통보하여야 한다.

제 11 조 (계약해지시의 보수)

① 을의 귀책사유가 아닌 이유로 본 계약이 중도에 해지된 경우에는 을은 그 동안에 이미 처리된 사무의 비율에 의한 보수를 갑에게 청구할 수 있다.

② 을의 귀책사유가 아닌 이유로 계약기간 중도에 계약을 해지할 경우에 다음 각호에 정한 업무를 처리한 경우 전항과 별도의 보수를 갑은 을에게 지급한다.

1. 사회보험의 신규성립신고 업무를 한 경우 일금 원
2. 임금체계의 개선과 근로계약서, 취업규칙 등의 업무를 한 경우 일금 원
3. 고용보험과 산재보험관련 지원금, 장려금, 보상업무 등의 사무대행을 한 경우 각 건 일금 원

제 12 조 (비밀준수)
을은 위임사무를 통하여 지득한 갑의 업무상 비밀을 준수하여야 하며, 갑은 을이 대외비를 요구한 각종 문건 및 보고서를 제3자에게 제공하여서는 아니된다.

제 13 조 (기타사항)
본 계약서에 정함이 없는 사항은 관계 법령 및 통상 관례에 따른다.

갑과 을은 이 약정서 2부를 작성하여 서명 날인하여 계약당사자가 각각 1부씩 보관한다.

20○○년 ○월 ○일

갑 ○○○○ (주)
대표이사 박 ○ ○

을 ○○○○ 주식회사
대표이사 정 ○ ○

[서식 241] 위임계약서(사무위임)

업무위탁계약서

○○○건설업보증주식회사(이하「갑」이라 함)와 ○○○○(이하「을」이라 함)와의 사이에 수급인 (이하「보증계약자」라 함)으로부터 을에게 예탁된 지불금(이하「예탁금」이라함)의 적정한 지출에 관한 관리 및 지출의 감사에 관하여 다음의 위탁계약을 체결한다.

제 1 조 갑은 보증계약자가 을을 예탁금융기관으로 선정했을 때는 을에 대하여 지체없이 전불금의 지출내역명세서의 사본을 송부하기로 한다. 보증계약의 변경 또는 본조 전단에 규정하는 서류의 내용에 변경이 있을 때에도 동일하다.

제 2 조
1. 예탁금의 수입과목은 별도구좌의 보통예금으로 한다.
2. 전항의 별도구좌 보통예금은 전불금보증계약 1건마다 1구좌를 설치하기로 한다.

제 3 조 을은 보증계약자로부터 예탁금의 지출내역 및 설명자료를 첨부하여 예탁금지출의 청구를 받았을 경우 그 내용이 제1조에 규정한 지출내역명세서에 부합할때는 보증계약자에게 그 청구금액을 지출하기로 한다.

제 4 조 예탁금의 지출에 관하여는 수취인 앞으로 자기앞수표를 교부하거나 수취인의 예금계정에 불입키로 한다. 단 직용노무자의 임금, 보증료 및 갑이 현금지급을 서면에 승인한 의하여 승인한 경비에 관하여는 현금지급을 할 수 있다.

제 5 조 갑은 필요가 있을 때는 을에게 이 계약에 따른 위탁업무에 관한 정기 또는 임시의 보고 및 장부·서류 등의 열람을 요구할 수 있다.

제 6 조 갑은 보증계약자가 그 지출된 예탁금을 적정하게 사용하고 있지 않다고 인정했을 때는 을에 대하여 이후의 예탁금 지출의 중지 기타 필요한 조치를 의뢰할 수 있다.

제 7 조 갑은 필요에 응하여 을에 대하여 예탁금의 지출에 관한 감사의 대행을 위탁할 수 있다.

제 8 조 당사자의 일방이 이 계약에 위반함으로서 상대방에게 손해를 주었을 경우에는 그 상대방에게 대하여 책임을 부담한다.

제 9 조 이 계약에 따른 을의 관리사무에 관하여 을은 갑에게 수수료 기타 일체의 비용을 청구하지 않기로 한다.

제 10 조

1. 이 계약은 갑. 을 협의에 따라 언제라도 이것을 변경. 해제하거나 일정기간 그 효력을 정지할 수 있다.
2. 당사자의 일방이 이 계약에 위반하였을 때는 전항의 규정에 불구하고 상대방은 이 계약을 해제하거나 일정기간 그 효력을 정지할 수 있다.
3. 전항에 의하여 이 계약이 해제 또는 정지되었을 경우에는 을은 그 위탁업무의 잔무가 종결할 때까지 이 계약에 따른 책임을 면하지 못한다.

상기 계약을 증명하기 위하여 본증서 2통을 작성하며 갑 및 을이 이에 기명날인하고 각자 1통씩 보유하기로 한다.

20○○년 ○월 ○일

갑 (인)

을 (인)

[서식 242] 위임계약서(건축설계)

건축설계위임계약서

위촉자 주식회사(이하 「갑」이라 함)는 건물 신축공사를 맡아 건축설계를(이하 「을」이라 함)에게 다음과 같이 위촉한다.

1. 갑이 을에게 위촉하는 건축설계의 범위는 다음과 같다.
   (1) 설계도 작성
   (2) 공사내역명세서 작성
   (3) 구조강도계산서 작성
   (4) 부대설비공사(전기급배수위생)
   (5) 도면작성
   (6) 건축확인신청서 작성

2. 을은 제1조의 업무를 20○○년 ○월 ○일까지 완성하여 갑에게 제출해야 한다.

3. 본 설계에 대한 보수액과 지급시기 및 지급방법은 다음과 같다.
   (1) 보수액 : 금 원
   (2) 지급시기 및 방법(을의 청구에 따라 갑은 현금을 지참하고 지급해야 한다)
      ① 기본설계의 제출과 동시에 30%
      ② 설계도면의 제출과 동시에 70%

3. 제1항의 보수액에는 현장감독보수액을 포함하지 아니한다.

4. 본서에 명기되지 아니한 사항에 대하여는 업무규정을 참고로 하여 갑,을 협의한 다음 결정 한다.

이상은 후일을 위하여 본서 2통을 작성 당사자 각 1통씩을 보유한다.

20○○년 ○월 ○일

위탁인(갑)
상호 :

주소 :
대표(이사) : (인)

수탁인(을)
상호 :
주소 :
대표(이사) : (인)

[서식 243] 부동산매매위임계약서

위 임 계 약 서

_______를 '갑'이라 칭하고 ________를 '을'이라 칭하여 갑·을 양 당사자는 다음과 같이 위임계약을 체결한다.

제1조 위임자 갑은 수임자 을에게 제2조 이하의 약정에 따라 갑의 소유인 아래 부동산을 타에 매각할 것과 이에 관한 일체의 행위를 위임하며 수임자 을은 이를 승낙한다.

– 아 래 –

시 동 번지

1. 택지 평
건물 가옥번호 동 호

1. 건물구조
건평 평 이층평 평
및 위 지상의 정원수, 정원석 및 건물의 등 현장일절

제2조 수임자 을은 전후의 부동산을 20 년 월 일까지 대금 원 이상으로 타에 매도한다. 단, 월 일까지 매도하지 못하였을 때 수임자 을은 즉시 그 취지를 위임자 갑에게 통보하여야 한다.

제3조 위임사무처리에 관한 비용은 위임자 갑의 부담으로 하고 위임자 갑은 수임자 을의 청구가 있을 때는 을에게 선급한다.

제4조 수임자 을에 대한 보수는 원으로 하고 동 목적물이 매각되었을 때는 성공보수로서 다시 매각대금의 백분율에 상당하는 금액을 위임자 갑이 위임사무처리와 동시에 수임자 을에게 지급한다.

제5조 수임자 을은 필요한 경우 자기의 책임으로 복대리인을 선임할 수 있다.

위의 계약을 증명하기 위하여 본 증서 2통을 작성, 날인하여 각각 1통씩을 보관한다.

20○○년 ○월 ○일

주 소 :

위임자 (갑) : ㊞

주 소 :

수임자 (을) : ㊞

[서식 244] 판매위탁계약서

판매위탁계약서

"갑"은 목적물의 원활한 판매를 위하여, "을"은 위탁받은 "갑"의 물건을 판매, 관리하여 줌으로써 발생되는 수수료를 받기 위하여 "갑"과 "을" 상호간에 다음과 같이 계약을 체결한다.

제1조【"을"의 지위】 "을"은 "갑"의 물건을 위탁받아 판매대행 및 사후관리의 전반에 대하여 일체의 책임을 지는 자유직업 소득자로써 "갑"과 계약된 내용에 대한 권리의 발생과 동시에 이에 따르는 책임을 진다.

제2조【위탁내용】

1. "갑"의 위탁 물건에 대한 판매대행 및 사후관리

2. 분양대금(계약금, 중도금, 잔금 등)의 입금에 대한 조력
3. 조력관리

제3조【위탁수수료】
1. "갑"은 "을"이 본 계약의 내용에 대한 책임을 지고 이행하였을 때, 이에 대한 수수료를 지급하며 수수료의 기준은 위탁물건에 따라 "갑"과 "을"이 약정한 금액으로 한다.
2. 전항의 수수료는 고객으로부터 입금이 완료되었을 경우에 지급하되, "을"의 개인적인 사유에 의하여 계약이 해지되거나 본 계약내용에 위배되어 계약이 해지되는 경우에는 해지일 이후에 지급될 일체의 수수료는 "을"이 포기한다.
3. 수수료는 지급일 현재 본 계약을 성실히 이행하고 있는 경우에만 지급하며, 고객의 입금 확인 후 30일 이내에 지급한다.

제4조【위탁수수료의 내용】 위탁수수료는 아래에 대한 대가로써 지급한다.
1. 분양판매를 위한 제반 활동비와 홍보물 제작비용 및 홍보비용
2. 분양판매에 따른 수수료
3. 고객 홍보를 위한 판공비
4. 분양판매 후의 고객 관리비용
5. 기타 분양판매에 따르는 필요비용 일체

제5조【특별활동 지원금】
1. "갑"은 "을"이 판매대행 활동을 함에 있어 필요한 최소한의 경비로써 교통비, 식대, 담배값 등을 감안하여 특별활동 지원금을 지급한다.
2. 지원금은 판매실적 및 "갑"과의 판매위탁 계약기간의 지속여하에 따라 "갑"과 "을"이 정하는 금액으로 한다.
3. 지원금은 판촉활동을 한 날에 대하여만 지급하기로 하며, 판촉활동의 사실관계는 판매현황전달로 파악한다.

제6조【세금공제】 "갑"은 "을"에게 수수료를 지급할 경우에는 자유직업 소득자에 대한 세금을 우선 공제한 후 지급한다.

제7조【제3자에 대한 관리책임】 "을"이 판매대행을 함에 있어 제3자를 고용 또는 위탁하여 판매활동을 하는 것은 "을"의 재량으로 하되 이로 인하여 발생되는 제반 문제에 대하여 "갑"은 일체의 책임을 지지 아니하며, 이에 대하여는 "을"이 전적으로 모든 책임을 진다.

제8조【민, 형사책임】 "을"은 "을" 또는 "을"이 사용하는 자로 인하여 다음 각 호의 행위가 발생되어 "갑" 또는 고객에게 손해를 발생케 하였을 경우에는 계약이 즉시 해지됨은 물론 이로 인한 민, 형사상의 모든 책임을 진다.
1. 계약금 또는 1차 중도금만 납입하면 재분양하여 주겠다는 약정을 하여 계약을 체결하는 행위
2. 분양대금을 임대나 융자로 충당하는 조건으로 약정하여 계약을 체결하는 행위
3. "갑"과 합의 없이 임의로 고객의 영업 업종을 지정하여 계약을 체결하는 행위
4. "갑"과 계약된 위탁판매인의 고객을 가로채는 행위
5. "갑"과 "을"이 합의한 자료 및 설계도면, 면적표 등에 의하지 아니하고 임의적으로 이를

수정, 변경하여 계약을 체결하는 행위
6. 판매활동이나 분양계약체결 과정에서 예치금 및 분양대금 등 일체의 금품을 직접 수령하거나 사용하는 행위
7. 계약서에서 약정한 대금 납부조건을 임의로 변경하여 계약의 이행을 지체하게 하는 행위
8. 고객과 계약서 이외의 사항에 대하여 구두 또는 문서로 약정하여 계약을 체결하는 행위
9. 기타 위와 준하거나 사회통념상 계약의 일반원칙 및 신의칙에 위배되는 행위

제9조【계약의 해지】 "갑"과 "을"은 다음 각 호에 해당하는 경우에는 계약이 자동 해지되는 것으로 한다.
1. "갑"이 파산한 경우
2. "을"이 사망한 경우
3. 계약기간이 만료된 경우
4. "을"이 90일간 계약실적이 없어 갱신계약이 체결되지 아니한 경우
5. "을"이 정당한 사유 없이 물건의 인도 및 판매현황 전달을 1주 2회 이상 하지 않을 경우
6. 판매현황 전달을 허위로 작성한 경우
7. 제8조에 의한 행위를 하였을 경우
8. 기타 위에 열거하지 아니하는 사항으로 본 계약의 취지를 훼손하는 행위를 하였을 경우

제10조【계약기간】 "갑"과 "을"은 본 계약에 의한 해지사유가 발생하지 아니하는 한 계약체결일로부터 분양이 완료될 때까지로 한다.

제11조【기타】 본 계약에 의한 약정을 변경하거나 수정하고자 할 경우에는 "갑"과 "을"의 합의하에 행한다.

본 계약을 증명하기 위하여 본 계약서 2부를 작성하여 "갑" 과 "을"이 날인하여 1부씩 보관한다.

20○○년 ○월 ○일

갑	㉑	사 업 자 등 록 번 호		사 무 소	
				전화번호	
을	㉑	사 업 자 등 록 번 호		사 무 소	
				전화번호	

[서식 245] 판매대행계약서(정수기)

판매대행계약서

(주)정수기를 위탁자(이하 "갑"이라 한다)로 하고 (주)판매대행사(이하 "을"이라 한다)로 하여 "갑"과 "을"은 아래의 각 조와 같이 판매대행계약을 체결한다.

제1조【판매대행사 설립목적】

1. 판매경영체제 전환으로 효율적 운영
2. 기업경영체제 전환
3. 유통체제 개방으로 유통구조개선
4. 판매대행사의 특집채산제 운영

제2조【판매관할지역】 "갑"은 시즌별 제품기획 및 생산을 통하여 "을"에게 적기적시에 이관하며 "을"은 "갑"이 공급하는 제품을 판매사(전국총판)에서 직접 관장하여 판매행위를 대행한다.

제3조【취급브랜드 빛 제품공급】

1. "갑"은 "을"에게 "갑"이 사용하고 있는 기존의 브랜드 중 정수기 외 향후 생산되는 모든 제품을 공급한다.
2. "갑"은 "을"이 공급하는 전국 농·축협에 "을"의 동의 없이 1.의 브랜드를 판매할 수 없다.
3. "을"은 "갑"으로부터 공급받을 품목별 수량을 매년 초에 제시하여야하며, 쌍방의 사업계획협의에 준한다.

제4조【자본금】 "갑"은 "을" 회사의 담보물을 보유하고 "을"은 담보물건 범위 내에서 이를 소유하여 "을"의 기초자본금은 5천만원으로 한다.

제5조【판매대행 수수료】 "갑"은 "을"이 매월 판매한 매출금액의 수수료를 별도로 책정하여 "을"에게 지급하여 "을"에게 지급하여 "을"은 "갑"으로부터 받은 자금으로 직원급료 및 관리에 소요되는 제반비용을 운영한다.

제6조【수 금】 "을"은 농협으로부터 받은 물품대금 중 수수료를 차감한 전액을 농협으로부터 정산한 날로부터 5일 이내에 "갑"에게 송부한다.

제7조【기존 시설물의 사용】 "갑"은 "을"의 편의를 위해 "갑"의 창고 및 사무실 등의 기존시설물을 가능한 최소의 금액으로 "을"이 임대하여 사용할 수 있도록 한다.

제8조【브랜드 사용 및 광고】 "갑"의 사업목적 이외의 브랜드사용 및 광고에 대해서는 "갑"의 동의를 선행하여야 한다.

제9조【기존 담보권】

1. 판매사 설립 전 "갑"이 보유한 담보권에 대하여 회수에 어려움이 없도록 "을"은 적극

협조하여야 한다.

2. "을"의 설립 이후에 발생된 담보권은 "을" 명의로 설정하되 신용보증기금의 발생한 보증서는 기간만료일 1월 이전에 해지하고 다른 담보물건으로 대체하여야 한다.

제10조【기 타】

1. 본 계약과 관련하여 "갑"소속 직원 중 관련해당 직원은 전부 "을"이 수용한다.
2. 위항과 관련하여 해당직원의 퇴직금은 "갑"이 전액일시불로 관련 직원에게 지급하여야 한다.
3. "갑"의 영업조직 변경으로 인하여 "을"이 사용하게 될 집기, 비품 등은 "을"이 "갑"으로부터 "갑"의 계약당시 장부가액으로 구입한다.
4. 기존의 매출채권과 관련된 제반비용은 합리적인 기준(발생주의의 원칙)에 의거 "갑"이 부담하며, 향후 "을"의 매출로 인하여 발생되는 비용은 전액 "을"이 부담한다.
5. "을"의 주식회사 외부감사에 관한 법률에 의거 외부감사는 "갑"이 지정하는 자로 한다.

제11조【계약기간】 본 계약서는 유효기간은 계약체결 후 5년으로 한다.

본 계약을 증명하기 위하여 본 계약서 2부를 작성 "갑"과 "을"이 날인하여 1부씩 보관한다.

20○○년 ○월 ○일

갑	㉑	사 업 자 등 록 번 호		사 무 소	
				전화번호	
을	㉑	사 업 자 등 록 번 호		사 무 소	
				전화번호	

[서식 246] 판매대행계약서(상품권)

상품권판매대행계약서

○○○○사업에 관하여 ○○○(이하 "갑"이라 한다)과 ○○주식회사(이하 "을"이라 한다)는 다음과 같이 상품권판매대행계약을 체결한다.

제 1 조 【 목 적 】 이 계약은 "을"이 의뢰한 상품권의 판매관리업무 일부를 "갑"에게 위탁함에 있어서 이에 필요한 사항을 정함에 있다.

제 2 조 【 상품권의 판매 】 "갑"은 본 계약에서 정한 바에 따라 "갑"의 사업장에서 "을"이 발행한 상품권을 "을"이 정한 판매가격으로 판매하여야 한다.

제 3 조 【 위탁판매 상품권의 종류 】

1. "갑"이 위탁판매(이하 "판매"라 한다)할 수 있는 상품권의 권종은 "을"이 별도 지정하는 상품권에 한한다.
2. 제1항의 상품권 권종은 ○○만 원권, ○○만 원권, ○○만 원권, ○○만 원권, ○○만 원권의 5종으로 한다. 단, 권종은 필요에 따라 다양화 할 수 있다.

제 4 조 【 판매시간 】 상품권 판매시간은 "갑"의 영업시간 범위 내에 한한다.

제 5 조 【 위탁업무의 양도 및 위임금지 】 "갑"은 "을"과 체결한 위탁업무를 타인에게 양도하거나 위임할 수 없다. 다만 "을"에게 사전에 신고하여 협의하였을 때에는 그러하지 아니한다.

제 6 조 【 상품권의 청구 및 교부관리 】

1. "갑"은 상품권을 판매하기 위하여 수시 또는 일정일에 소요량을 "을"에게 청구한다.
2. "갑"은 "을"에게 교부받은 상품권을 매일 점검하여 수불상태 및 재고관리를 한다.

제 7 조 【 교부된 상품권에 대한 책임 】

1. "을"로부터 교부받아 "갑"이 보관 판매중인 상품권의 분실, 도난의 경우 "갑"은 그로 인한 책임이나 손해를 감수하여야 한다. 다만 분실, 도난된 상품권에 관련한 정보가 노출되어 상품권이 사용되기 이전에 분실, 도난신고를 "을"에게 통지하였을 경우에는 그러하지 아니한다.
2. "갑"은 상품권의 분실, 도난 사실을 발견하는 즉시 분실 도난된 내용을 유선이나 기타 가능한 통신수단으로 "을"에게 신고한다.
3. 교부받은 상품권이 하자가 발생할 시는 "을"은 새 상품권으로 재교부한다.

제 8 조 【 판매대행 수수료율 】 "갑"의 상품권 판매대행의 수수료율은 ○%로 한다. 이때 부가가치세는 별도로 한다.

제 9 조 【 매대금의 납입 】

1. "갑"은 상품권 판매대금 중 제8조에서 정한 판매 수수료율을 제외한 금액을 "을"이 지정한 은행예금계좌에 다음 각 호와 같이 입금하기로 한다.
   - 매주 ○요일부터 ○요일까지 상품권 판매대금을 다음주 ○요일에 입금한다.
   - 매주 ○요일부터 ○요일까지 상품권 판매대금을 다음주 ○요일에 입금한다.

   위의 제1호 및 제2호의 입금일이 공휴일이나 휴무일인 경우에는 그 다음 영업일에 입금한다.
2. 상품권 판매대금이 정상적으로 확정되었는데도 "갑"의 착오로 상품권 판매대금을 지정된 일자에 지급하지 않고 지급일자를 경과한 경우에는 상품권 판매대금의 연 ○%에 해당하는 이자금액을 경과일 수만큼 "을"에게 지급한다.
3. "갑"은 상품권 판매대금을 정산하기 위하여 "을"이 제공하는 상품권 거래내역서와 "갑"

이 보유한 상품권을 관리번호별로 관리하여 상호 확인한 다음, 상품권 판매대금의 정산 금액을 확정한다.
4. "갑"은 "을"의 상품권 위탁판매량에 대한 담보를 "을"에게 제공한다.
5. 담보금액은 상품권 수량의 금액과 동일하며 보증보험증권으로 담보금액을 대신할 수 있다. 또한 양사 합의에 의해 담보금액은 증액할 수 있다.

제10조【분쟁해결의 책임 및 상계】
1. 아이캐시 상품권의 위탁판매와 관련된 고객과의 분쟁이 발생한 경우 분쟁해결의 책임은 "을"에게 있다.
2. 제1항에 의한 손해에 대하여 "을"은 "갑"에게 배상한다.

제11조【계약의 해지】
1. "을"은 다음 각 호에 해당하는 경우에는 판매계약을 해지할 수 있다.
   - 동 계약에 의한 판매자의 준수사항을 이행하지 아니할 때
   - 제5조의 약정에 의한 위탁업무를 타인에게 양도하거나 위임할 수 없음에도 불구하고 위임 또는 양도한 때
2. "갑"은 다음 각 호에 해당하는 경우에는 판매계약을 해지할 수 있다.
   - 본 계약의 약정을 준수하지 않을 때
   - "을"의 신용상태가 현저히 악화되었다고 판단되는 경우
   - 상품권의 위탁판매와 관련된 사항에 대한 고객의 항의로 인해 "갑"의 이미지가 손상되었다고 판단될 때
3. 계약을 해지할 경우에는 그 사유 및 일시 등을 명시하여 지체 없이 통지한다.
4. 기타 부득이한 사정으로 해지할 경우, 그 내용을 통지하고 상당 기간 후 계약을 해지할 수 있다. 이 경우 손해가 있으면 이를 배상해야 한다.

제12조【대행 판매금액 제한】 "을"은 자체의 판단에 따라 "갑"의 신용상태 등을 고려하여 상품권의 판매한도를 정할 수 있다. 이때는 그 사유와 한도액을 "갑"에게 통보한다.

제13조【협력의무】
1. "갑"과 "을"은 본 계약에 기재된 업무의 제공 및 발전을 위해 협력할 의무를 진다.
2. 기타 협의되지 않은 사항은 문서로써 협의하고 상호 동의하에 시행한다.

제14조【해 석】 이 계약에 명시되지 아니한 사항 또는 해석상의 이의에 관하여는 "갑", "을" 쌍방의 협의에 의하여 정한다.

제15조【계약기간】
1. 이 계약의 유효기간은 시행일로부터 ○년으로 한다.
2. 계약기간만료 ○개월 전까지 계약해지에 대한 의사표시가 없을 때에는 ○년씩 계약기간이 연장되는 것으로 본다.

이 계약의 성립을 증명하기 위하여 계약서 2통을 작성하여 기명날인하고 각각 1통씩 보관한다.

20○○년 ○월 ○일

갑	㊞	주민등록번호		주 소	
				전화번호	
을	㊞	주민등록번호		주 소	
				전화번호	

[서식 247] 판매대행계약서(제지)

제지판매대행계약서

제조사 (주)○○○○(이하 "갑"이라 칭한다)와 판매대행사 (주)○○○○(이하 "을"이라 칭한다)는 상호간에 다음과 같이 제지판매대행계약을 체결한다.

제1조【목 적】 본 계약은 "갑"이 생산하는 제지에 대하여 "을"이 판매대행하는 제반사항의 규율을 목적으로 한다.

제2조【제 지】

1. "갑"은 인쇄용 제지 및 기타 ○○○○용, ○○○○용 제지를 "을"에게 판매대행위탁하고 판매계약 성사에 대하여 수수료를 지불하기로 한다.
2. 구체적 종류별 제지의 사양 및 품질은 별도의 명세서에 따른다.

제3조【판매대행】

1. "을"은 국내 및 국외 제지구매회사에 대한 판매대행 업무를 수행하고 업무의 진행을 매번 보고하여야 한다.
2. 판매대행이라 함은 "갑"의 제지에 대한 가격협상(단, "갑"이 정한 가격범위 내에서 가능) 및 가격합의에 따른 구체적 거래조건에 대한 계약서 초안의 구성, 계약체결 시의 지원업무를 지칭한다.

제4조【대리권 수여】 "갑"은 본 계약체결과 동시에 "을"에게 판매대행에 대한 대리권을 설정하는 위임장을 "을"에게 교부한다.

제5조【대행료】

1. "을"은 "갑"의 제지의 판매대행 수수료로서 판매대행 거래처의 총 제지 판매금의 ○%를

대행수수료로서 현금으로 지급받는다.

2. "갑"은 제1항의 수수료를 거래 계약의 성사와 동시에 "을"에게 현금으로 지급하여야 하며 연체 시에는 연체금에 대하여 월 ○%의 연체이자가 가산된다.
3. 본 조의 수수료와 별도로 "갑"은 매월 금 ○○○원(₩○○○)을 업무활동비로 "을"에게 현금으로 지급한다.

제6조【서면보고】

1. "을"은 업무수행의 진척상황을 매일 일지를 작성하고 매월 말일에 당월의 판매대행업무의 관리보고서를 작성하여 "갑"에게 보고한다.
2. "갑"은 언제라도 "을"에게 업무의 진행상황에 대한 문의 및 관련 자료의 요청을 할 수 있으며 "을"은 이에 응하여야 한다.

제7조【비밀유지】 "을"은 본 계약상 지득한 "갑"의 영업정보 및 판매수익 정보 일체에 대하여 외부에 유출하여서는 아니되며 비밀유지의무를 부담한다.

제8조【가격조정 금지】

1. "을"은 개별재지당 "갑"이 설정한 가격범위에서 협상을 하여야 하며 이에 대한 부당한 조정 또는 허위조작 등을 하여서는 아니 된다.
2. 제1항의 사항이 사후 발견될 경우 당해 계약으로 "을"이 수익한 금액 일체의 배상 및 별도로 위약금으로서 동 거래 총액금의 ○배에 해당하는 금액을 배상하여야 한다.

제9조【계약기간】 본 계약의 유효기간은 20○○년 ○월 ○일부터 20○○년 ○월 ○일까지로 하되 기간만료일로부터 ○일 이전에 어느 일방의 계약종료통지가 없는 한 계약은 동일조건으로 매 ○년씩 자동 연장되는 것으로 한다.

제10조【해 지】

1. 당사자 일방에 대하여 다음 각 호의 사유가 발생할 시 상대방은 즉시 계약을 해지할 수 있다.
   가. 가압류, 가처분, 경매 등의 사업의 불투명 사유가 발생할 시
   나. 파산, 회사정리, 화의신청 등의 사업불가능 사유가 발생할 시
2. 일방이 본 계약상의 규정에 위배한 때 상대방은 ○일 이상의 시정기간을 두고 사유를 명시하여 시정을 최고하며, 그럼에도 불구하고 시정이 이루어지지 아니할시 즉시 계약의 해지를 통지한다.

제11조【기타사항】

1. 계약의 당사자는 본 계약의 내용을 신의성실에 의거하여 준수하여야 한다.
2. 계약기간 중 계약의 변경은 당사자의 서면 합의에 의해서만 변경될 수 있으며 서명날인된 문서를 본 계약서의 말미에 첨부한다.
3. 본 계약서에서 명시되지 않은 부분에 대하여는 관련 법규 및 상관습에 따르기로 한다.

제12조【분쟁해결】

1. 본 계약과 관련하여 양 당사자 간의 분쟁이 발생한 경우, 원칙적으로 "갑"과 "을" 상호간의 합의에 의해 해결한다.
2. 제1항에도 불구하고 분쟁이 해결되지 않을 경우 "갑"의 주소지 관할 지방법원을 그 관할

로 하여 재판함으로써 해결한다.

제13조【특약사항】 상기 계약일반사항 이외에 "갑"과 "을"은 아래 내용을 특약사항으로 정하며, 특약사항이 본문과 상충되는 경우에는 특약사항이 우선하여 적용된다.

위와 같이 본 계약이 유효하게 성립하였음을 각 당사자는 증명하면서 본 계약서 2통을 작성하여 각각 서명(또는 기명) 날인한 후 "갑"과 "을"이 각각 1통씩을 보관한다.

20○○년 ○월 ○일

갑	㊞	사 업 자 등 록 번 호		사 무 소	
				전화번호	
을	㊞	사 업 자 등 록 번 호		사 무 소	
				전화번호	

[서식 248] 인터넷위탁판매서비스계약서

인터넷위탁판매서비스계약서

주식회사 ○○○(이하 "갑"이라 한다)와 ○○○○ 주식회사(이하 "을"이라 한다)는 "갑"의 통신판매서비스 중 신용카드 관련 업무를 "을"이 수탁함에 있어 다음과 같이 계약을 체결한다.

제1조【목 적】 본 계약은 "갑"이 운영하는 인터넷위탁판매서비스를 이용하여 신용카드거래로 상품 또는 서비스를 판매함에 있어, "을"이 신용카드거래승인업무, 매입업무 및 상호대금 정산업무를 수행하는 데 필요한 제반사항을 규정함에 그 목적이 있다.

제2조【용어의 정의】

1. 인터넷위탁판매서비스 : "갑"이 통신매체를 통하여 상품 및 서비스를 상업적 목적으로 판매하여 통신상에서 대금결제를 수반하는 형태의 서비스

2. 신용카드거래승인서비스 : 인터넷위탁판매서비스를 이용한 상품 또는 서비스 판매시 고객이 신용카드로 대금을 결제하는 경우, "을"의 신용카드조회시스템을 이용하여 해당 신용카드의 도난분실, 연체, 한도초과, 기타 거래정지 등의 불량유무를 해당 카드사로부터 확인하여 제공하는 서비스
3. 매입서비스 : 신용카드판매내역에 대하여 "을"이 판매의 당사자 "갑"을 대신하여 "을"의 명의로 카드사에 가맹점을 개설하고 매입을 수행하는 서비스
4. 상호대금정산서비스 : "을"이 매입을 처리하여 카드사로부터 가맹점수수료를 선공제하고 지급받은 결제대금을 물품판매의 당사자인 "갑"에게 지급함에 있어 "을"의 제수수료 및 가맹점수수료 등을 상호 정산하는 서비스

제 3 조【공동사업의 인식 및 상호존중】
1. "갑"과 "을"은 본 계약에 의하여 제공되는 인터넷위탁판매서비스가 공동사업임을 인식하여 신뢰와 성실의 원칙에 입각하여 상호 협조하여야 한다.
2. 본 계약의 적용 및 기타 사항에 관하여 각자 업무영역의 고유성과 특수성을 상호 존중하여 최대한 협조한다.

제 4 조【서비스의 범위】 본 계약에서 정하는 서비스의 범위는 다음과 같다.
1. 신용카드거래승인서비스
2. 신용판매대금 매입서비스
3. 상호대금 정산서비스
4. 기타 계약당사자가 합의한 추가 서비스

제 5 조【서비스의 제공】
1. "갑"은 고객이 인터넷 및 통신매체를 이용하여 "갑"이 개설한 통신판매서비스에서 취급하는 상품 또는 서비스의 검색 및 구매가 가능하도록 인터넷 위탁판매서비스를 제공하여야 한다.
2. "갑"은 고객의 물품구매시 신용카드결제가 가능하도록 관리하여야 하며, 신용카드에 의한 물품구매시 "을"과 접속된 신용카드조회시스템을 이용하여 해당 신용카드의 불량유무를 확인하여야 한다.
3. "갑"은 신용카드거래승인 확정거래에 대하여 거래 발생일로부터 7일 이내에 구매자에게 해당 물품이 인도될 수 있도록 배송의 책임을 지며, 배송이 완료된 거래는 "을"에게 즉시 데이터로 전송하여 매입의 누락을 사전에 방지하여야 한다.
4. "갑"은 물품의 배송시 인수인도의 증빙을 위하여 소정양식의 증빙자료(물품수령증 또는 주문접수부 등)를 작성, 보관해야 하며 카드사로부터 비정상매출과 관련하여 "을"로부터 서면 또는 유선으로 자료요청을 받을 경우 "갑"은 "을"에게 해당 증빙자료를 즉시 제출하여야 하며, 증빙자료는 매출일로부터 2년 간 보관하여야 한다.
5. "을"은 신용카드판매내역에 대한 대금을 지급받으면, "갑"에게 상호 협의된 주기 단위로 매출대금 및 제수수료지급에 관한 상호 정산을 실시하여야 하며, 증빙자료와 관련하여 "을"의 요청이 있을 경우 자료를 제출하여야 한다.
6. 위 5항과 관련하여 "을"의 증빙자료 요청을 거절 또는 정당한 사유없이 제출하지 않을 경우 해당 지급금액에 대해 지급보류를 할 수 있다.

7. “을”은 “갑”의 정산주기에 대한 기간 중 공휴일이 있을 경우 지급금액을 카드사의 지급기일과 연동하여 차주로 자동 연기된다.
8. “갑”은 기 매입처리 완료된 거래에 대하여 반품 및 구매취소시 “을”과 카드사간에 체결된 가맹점규약 및 할부거래에 관한 이용약관에 준용하여 처리하되, 반품 및 구매취소가 가능한 거래에 대하여 즉시 “을”에게 온라인으로 통보하여 “을”이 해당 카드사에 매입 취소할 수 있도록 하여야 한다. 단, 해외발행카드의 경우는 매입처리 후 취소가 불가능하다.
9. 기 매입처리 완료된 거래에 대한 반품 및 구매취소시 “을”은 “갑”의 차기 지급금액에서 해당금액을 차감하며, 그 금액이 부족할 경우 “을”이 정하는 방법으로 상환한다.
10. “갑”이 물품을 판매하고, 배송에 대한 책임을 불성실하게 이행하여 소비자로 하여금 “을”에게 손해가 예상될 경우 “갑”은 “을”이 정한 방법에 의해 패널티를 준수하도록 한다.

제 6 조 【 자료의 제공 및 개발/통신비용의 부담 】 상호 제공하게 되는 각종 자료 등은 온라인 파일 전송 방식을 원칙으로 하며, 구체적인 방법은 상호 협의를 통해 결정한다. 단, “갑”의 귀책사유로 승인 관련 자료의 멸실로 발생된 자료의 복구 요청시에 “을”은 처리비용을 징수하기로 한다.

제 7 조 【 부도반환의 처리 】
1. 물품대금의 수납 후 회원의 이의제기로 인한 부도반환시 “갑”과 “을”은 동 내역을 상대방에게 자료 또는 서면으로 통보한 후, 차기 청구금액에서 해당금액을 차감하며, 그 금액이 부족할 경우 “을”이 정하는 방법으로 상환해야하며 미 상환시 “을”은 제3기관에 의뢰하여 채권추심 조치를 취할 수 있다.
2. “갑”의 부도시 “을”은 손해배상청구를 위해 채권 1순위의 지위를 갖으며 소비자민원에 대비해 부도 후 3개월 간 대금지급을 보류한다.

제 8 조 【 책임의 귀속 및 손해배상 】
1. “갑”이 “을”에게 전송한 신용카드판매내역이 다음 각 호 중의 1에 해당하는 경우에 “을”은 그 신용카드판매내역을 불량 또는 부정내역으로 간주하여 대금지급을 보류하거나 해당 매출을 취소 또는 본 계약을 해지할 수 있으며, 관계법령의 위반내용에 따라 제반 조치를 취할 수 있다. 또한 이로 인하여 “을”에게 손해가 발생한 경우에 “갑”은 그 손해를 배상하여야 한다.
   가. “갑”의 귀책사유로 인하여 카드소지자 본인이 아닌 제3자의 부정사용에 의한 거래가 발생한 경우
   나. 물품배송이 완료되지 않았음에도 불구하고, “갑”이 고의 또는 과실로 신용카드판매내역을 “을”에게 전송한 경우
   다. 최종 물품인수를 확인하지 않거나 허위로 ‘물품인수증’ 등을 작성하여 신용카드판매내역을 “을”에게 전송한 경우
   라. 회원제정보서비스의 경우, 고의 또는 과실로 서비스를 중단하여 발생하는 이용자의 이의제기 및 이에 따른 환불요구가 발생하였을 경우
   마. “을”의 동의없이 카드정보를 유출하는 경우
   바. 예약서비스의 경우 “갑”의 귀책사유로 인하여 예약이 정확히 이루어지지 않아 환불

요구가 발생하는 경우
사. "갑" 및 "갑"의 서비스를 활용한 부정매출이 발견되거나 예상이 되는 경우
아. 기타 "갑"이 제공하는 물품 및 서비스제공과 관련한 각종 소비자민원으로 "을"에게 손해가 발생한 경우

2. "을"은 인터넷 통신판매서비스상의 신용카드거래시 해당 카드의 정확한 불량유무를 확인하여야 하며 오류 거래승인에 대한 책임을 진다. 단, 본인이 아닌 제3자에 의한 기타 부정사용거래에 대해서는 면책한다.
3. "갑"에서 발생한 비정상매출로 인하여 신용카드사에서 "을"의 정산대금 가운데 일부 및 전부를 지급보류 하였을 경우, "을"은 "갑"에게 정산하여 줄 정산대금에서 지급보류금액에서 해당하는 금액만큼 지급 보류할 수 있으며, 지급보류금이 부족할 경우 "갑"은 "을"이 지정한 방법에 따라 "을"의 손실을 보전하여 주어야 한다.

제9조【담보의 제공】 "갑"은 본 계약의 위반에 의해 발생할 수 있는 "을"의 손해를 배상하고, "을"의 손실금액을 배상하지 못할 경우 이를 보전하기 위하여 담보금 금 ○○○원(₩○○○)을 현금(현금적립)이나 보증보험으로 제공하여야 한다. 단, 제공된 보증보험가액에 한정하여 월 승인한도를 정하도록 한다.

제10조【담보의 반환】 "갑"의 계약위반에 의한 계약해지 및 "갑"의 요청에 의한 계약해지시 "갑"이 제공한 손해담보물을 반환해야 한다. 단, 계약기간 내 발생한 거래에 대하여 민원발생 또는 비정상매출의 요소가 있을 경우 "갑"이 제공한 손해담보물의 반환을 보류할 수 있다.

제11조【신용카드 및 가상계좌서비스 수수료】

1. 을"의 신용카드 위탁판매수수료는 카드사 수수료포함 ○%로 하며, VAT는 별도로 한다.
2. 각 카드사의 가맹점수수료와 무이자할부수수료는 무이자할부 수수료에 의해 각 카드사에서 선 공제하며, VAT는 별도로 한다.
3. 가상계좌서비스는 건당 ○원, 월 사용료 ○만원으로 하며 VAT는 별도로 한다.

제12조【매출의 귀속 및 수수료 처리방법】

1. 인터넷위탁판매서비스를 통한 신용카드매출은 "을"의 가맹점 명의로 매입처리 되더라도 "갑"의 매출로 귀속된다.
2. 이를 위하여 "을"은 신용카드 인터넷 위탁업무처리수수료와 각 카드사별 가맹점수수료를 포함하는 통합수수료를 공제하고 "갑"에게 지급한다.
3. "갑"과 "을" 각 사는 관련법에 의거 각 사의 매출신고의무를 성실히 수행하여야 하며, "을"은 이의 신고여부를 확인할 수 있으며, 이의 불이행시 계약해지의 조치를 취할 수 있다.

제13조【로고 및 등록상표의 사용】

1. "갑"은 "을"이 지정한 로고 및 등록상표를 사용할 수 있으며, "갑"의 인터넷 위탁 판매서비스에서 잘 보이는 위치에 삽입해야 한다.
2. "갑"은 고객에게 "을"과의 본 계약에 따라 구매대금은 "을"의 가맹점명인 '○○○○'로 청구된다는 사실을 공지하여야 한다.

3. "갑"은 이 계약이 해지되거나 종료된 경우에 "을"의 로고 및 등록상표와 통신판매 신용카드업무서비스 문구를 "갑"의 통신판매서비스에서 즉시 제거하여야 한다.

제14조【효력발생】 본 계약은 양사가 기명(또는 서명) 날인을 완료하는 날로부터 효력을 발생한다.

제15조【계약의 변경 및 계약기간】

1 본 계약은 일부 또는 전부에 대하여 "갑"과 "을"이 상호 협의하여 변경할 수 있다.
2. 본 계약은 일방의 중대한 과실이나 불성실한 업무수행으로 인하여 해지할 수 있다.
3. "을"은 계약해지시 "갑"의 고객카드정보를 회수하여야 하며 "갑"은 고객의 카드정보를 보관하여서는 안된다.
4. 계약기간은 계약체결일로부터 1년으로 하며, 계약만료 1개월 전까지 쌍방간의 서면통보가 없을 경우 계약기간은 1년 단위로 자동 연장한다.

제16조【계약의 해지】

1 "갑"은 계약해지요청시 "을"에게 해지요청일 15일 전까지 서면으로 통보하여야 한다.
2. "갑"의 계약해지요청일 이전의 카드 할부거래 중 해지요청일 이후의 할부기간 건이 잔존할 경우 위 건의 원 거래 총액을 "을"에게 지급하여야 한다. 단, "을"은 잔존할부 건이 만료된 이후 미지급금액을 지급하도록 한다.

제17조【본 계약에 정하지 않은 사항】 본 계약에서 정하지 아니한 사항이나, 해석상 그 내용이 불분명한 사항들은 "을"이 신용카드사와 체결한 신용카드가맹점 규약 및 특약을 준용한다.

제18조【분쟁의 조정】 본 계약내용에 대한 이의 발생시 "갑"과 "을"은 관계법령 및 상관례에 따라 협의하여 호혜적 차원에서 결정한다.

위와 같이 계약을 체결하고 계약의 성립을 증명하기 위하여 계약서 2통을 작성 양 당사자가 각각 기명(또는 서명) 날인한 후 1통씩 보관한다.

20○○년 ○월 ○일

<table>
<tr><td rowspan="2">갑</td><td rowspan="2">㉿</td><td rowspan="2">사 업 자
등 록 번 호</td><td rowspan="2"></td><td>사 무 소</td><td></td></tr>
<tr><td>전화번호</td><td></td></tr>
<tr><td rowspan="2">을</td><td rowspan="2">㉿</td><td rowspan="2">사 업 자
등 록 번 호</td><td rowspan="2"></td><td>사 무 소</td><td></td></tr>
<tr><td>전화번호</td><td></td></tr>
</table>

[서식 249] 경영위탁계약서

경영위탁계약서

주식회사 ○○○○(이하 "갑"이라 한다)와 주식회사 ○○○○(이하 "을"이라 한다)라 하고 "갑"과 "을"간에 다음과 같이 경영위탁계약을 체결한다.

제1조【목 적】 "갑"은, 별지 목록 기재한 점포(이하 "본 건 점포"라 한다)에서 주식회사 ○○○○라는 명칭으로 경영하는 ○○○○의 경영을 아래 조항의 약정에 의거 "을"에게 위탁하고 "을"은 이를 승낙한다.

제2조【명 의】 "을"은 "갑"의 경영명의를 이용하여 "을"의 계산으로 앞 조항의 ○○○○의 경영을 하는 것으로 한다.

제3조【현상인도 및 변경】 "갑"은 본 건 점포를 그 안에 설치·부가된 경영용 모든 설비비품 등과 함께 모든 것을 그대로 "을"에게 인도하기로 하고, "을"은 현장을 유지하여 경영에 임하는 것으로 한다. 단, "갑"은 "을"이 식품판매의 경영을 함에 있어, 본 건 점포를 개축·개조·모양을 바꾸어야 필요가 있다는 의견이 나온 경우는, 본 건 점포의 임대인에게 승낙을 얻었을 때에 한해 그 범위 내에서 개축 등을 인정하는 것으로 한다.

제4조【계약기간】 본 계약의 기간은 금일 이후 만 1년으로 한다. 단, 이 기간은 "갑"의 사정에 의해 연장할 수 있는 것으로 하고, "갑"이 연장을 요구할 때는 기간 만료 2개월 전까지 "을"에 대해 연장기간을 명시하여 신청하는 것으로 한다.

제5조【해 약】

1. "갑"은 앞 조항 본문의 기간 중에도 2개월 전에 예고하여 본 계약을 해약할 수 있는 것으로 하고, 이 경우 "을"은 이에 대해 이의를 제기하지 않는 것으로 한다.
2. "을"은, 언제라도 1개월 전에 예고하고 본 계약을 해약할 수 있다.

제6조【보 수】 "을"은 "갑"에 대해 본 계약에 따른 보수로서 1개월 금 ○○○원을 매월 말일까지 "갑"에게 지참 또는 송금에 의한 방법으로 지급하는 것으로 한다.

제7조【자금의 조달】 본 계약기간 중, 본 건 식품판매경영에 대해 필요한 자금의 조달은 일체 "을"의 책임 하에 이루어지는 것으로 하고, "을"은 이유 여하를 막론하고 "갑"에 대해 자금 조달을 요구하지 않는 것으로 한다.

제8조【비용부담】 본 계약기간 중 식품판매경영에 관해 지출해야하는 인건비 이외 모든 경비(제3조 조건이 붙은 문서의 개축비 등을 포함)는 식품판매경영에서 얻는 수입에서 지급하고, 그래도 부족한 경우에는 일체 "을"의 책임부담으로 처리하고, "을"은 어떤 이유가 있더라도 "갑"에 대해 자금출처를 요구하지 않음은 물론, 어떤 손해도 입히지 않는 것으로 한다.

제9조【예탁금】 "을"은 앞 조항의 모든 경비 중 매월 정기적으로 지급해야 하는 점포 임차료·

광열비·전화료의 지급을 확실히 하기 위해 "갑"에 대해 이익의 유무에 관계없이 매월 말일까지 1개월 금 ○○○원의 분할에 따른 금전을 "갑"에게 지참 또는 송금하여 선불로서 예탁해야 한다. 단, "갑"은 이 예탁금에 의해 전 단계의 비용을 지급 후 돈이 남았다 하더라도 청산하여 지급할 의무를 부담하지 않는 것으로 하고, 부족분이 생겼을 때는 "을"은 "갑"에 대해 즉시 그 부족분을 지급해야만 한다.

제10조【세금의 납부】 제8조의 모든 경비를 공제한 후의 이익금으로 이에 대한 공과금을 공제한 잔액은 "을"의 소득으로 한다. 단, "을"은 앞 조항의 공과금 상당액을 "갑"이 하는 소득세 신고기일까지 "갑"에게 교부하고, "갑"의 납세에 지장을 초래하지 않도록 해야 한다.

제11조【장부보고】 "을"은 "갑"의 요구가 있는 경우에는 "갑"에 대해 언제라도 경리장부 및 증빙서류를 제시하여 경리명세를 보고해야 한다.

제13조【계약의 해지】 "을"이 다음 각 호의 1에 해당하는 행위를 했을 경우에는 "갑"은 통지 최고의 절차를 취하지 않고 즉시 본 계약을 해지한다.

1. 본 건 점포에서 식품판매 이외의 경영을 개시한 경우
2. 본 '○○상사주식회사'의 명칭을 변경했을 경우
3. 타인으로 하여금 식품경영을 하게 했을 때
4. 타인으로 하여금 본 건 점포를 점유사용하게 했을 때
5. 제7조에 정한 보수, 제10조에 정한 예탁금의 지급을 1회라도 소홀히 한 경우
6. 이유여하를 불문하고 10일 이상 휴업한 경우
7. 본 건 점포를 무단으로 개축·개조·모양을 바꾼 경우
8. "을"의 경영불능을 "갑"이 인정한 경우
9. "갑"에 직간접으로 손해를 끼치려는 행위를 한 경우

제14조【계약의 종료】 기간만료 또는 해약에 의해 본 계약이 종료했을 때는, "을"은 즉시 식품판매의 경영을 중지하고, 또한 모든 경비의 청산을 끝내고, "갑"에게 손해를 끼치지 아니한 다음 "갑"에 대해 본 건 점포 및 본 건 점포 내에 설치된 영업용 모든 설비 및 비품 등 일체를 현상 그대로 유지시키고 인도해야 한다.

제15조【비용상환청구의 금지】 "을"은 앞 조항에 의해 본 건 점포를 "갑"에게 인도할 때는 "갑"에 대해 본 건 점포에 한 개축·개조·모양교체 등의 경비 상환청구는 물론 입퇴료·이전료 그 외 어떤 명목으로도 일체의 금품을 청구하지 않는 것으로 한다.

위와 같은 합의하고 이를 증명하기 위하여 "갑", "을"은 계약서 2통을 작성하여 각각 서명날인한 후 각 1통씩을 보관한다.

20○○년 ○월 ○일

갑	㊞	사 업 자 등 록 번 호		사 무 소	
				전화번호	

을	㊞	사 업 자 등 록 번 호		사 무 소	
				전화번호	

[서식 250] 부동산컨설턴트 업무계약서

부동산 컨설턴트 업무계약서

○○○(이하 甲이라 한다)과 ○○주식회사(이하 乙이라 한다)는 아래 표시의 부동산(이하 '본 물건'이라한다) 의 효율적 이용과 관련한 컨설턴트 업무(이하 '위탁업무'라 한다)수행에 있어서 아래의 내용(조항)대로 합의한다.

[본 물건의 표시]

- 생 략 -

제 1 조 (위탁업무의 내용) ① 甲이 乙에게 위탁하는 업무내용은 다음과 같이 정한다.

1. 본 물건의 개요 (공법상의 조사)
2. 본 물건의 적정용도 및 건물의 적정한 규모
3. 2.의 입주자 모집의 예정 및 인근의 상황
4. 2.의 수지상 예상과 자금 회전의 예상
5. 상속세 평가에 관한 조언

② 乙은 전 항의 의무를 수행함에 있어서 甲에게 서면으로 보고하지 않으면 안 된다.

제 2 조 (계약기간) 본 계약의 기간은 20○○년 ○월 ○일부터 20○○년 ○월 ○일까지로 한다. 다만 甲 또는 乙이 계약기간만료 3개월까지 계약갱신 또는 계약의사를 표시하지 않는 한 이 계약은 동일한 조건으로 갱신된 것으로 본다.

제 3 조 (부동산컨설턴트의 보수) 甲은 제1조의 위탁의무에 대한 보수로서 매월 20일에 금○○○원을 계약기간만료일까지 乙에게 지급한다.

제 4 조 (시공책임 및 애프터서비스) 甲은 본물건과 관련된 건축 시공을 수주한 경우, 그 시공책임 및 애프터 서비스면에 있어서 최대한 성의를 갖고 수행할 것이며 이 건과 관련해서 고장이 발생했을 경우에도 모든 것을 甲이 책임지고 乙에게 일체의 불편을 주지 않는다.

제 5 조 (고충처리) 제3조의 시공과 관련해서 주변 거주자의 불편사항 처리, 완공 지연에 따른 발주자의 손해배상, 발주자 또는 입주자와의 문제 등은 모두 甲이 책임지고 이를 해결해야 하며, 乙에게 일체의 부담이 가지 않아야 한다.

제 6 조(비밀유지) ① 甲과 乙은 서로 동의하지 않는 한 상대방에게 제시한 자료나 정보, 계약과 관련된 상대방의 기술상, 경영상의 비밀을 제3자에게 누설해서는 안 된다.
② 甲과 乙은 이 계약기간중은 물론 계약의 만료 또는 해제 후에도 제1항의 의무를 가지고 있으며, 이 규정에 위반하여 상대방에게 손해를 입힌 경우에는 이를 배상하여야 한다.

제 7 조(계약의 해제 및 해지) ① 乙이 정당한 이유 없이 제1조의 규정에 대한 위탁업무를 성실히 이행하지 않을 경우에는 甲은 乙에게 ○○일의 예고기간을 거쳐 문서에 의한 사전 통보로써 계약을 해지하고 乙에게 피해배상을 청구할 수 있다. 단, 乙이 예고기간 내에 당해 의무를 이행한 경우에는 甲의 해지권 및 손해배상 청구권은 소멸된다.

제 8 조(계약외사항) 본 계약에서 체결되지 않은 사항에 있어서는 甲 및 乙은 성의를 가지고 협조하며 일을 해결해 나간다.

제 9 조(관할) 이 계약에 관한 소송의 관할 법원은 "甲"과 "乙"이 합의하여 결정하는 관할법원으로 하며, 합의가 이루어지지 아니한 경우에는 甲의 사무소 소재지를 관할하는 법원으로 한다.

본 계약을 증명하기 위해 본서 2통을 작성하여 甲과 乙이 각각 1통씩 보관한다.

20○○년 ○월 ○일

업무위탁자	주 소					
	성 명 또 는 상 호	인	주민등록번호 또 는 사업자등록번호	–	전 화 번 호	
업무수탁자	주 소					
	성 명 또 는 상 호	인	주민등록번호 또 는 사업자등록번호	–	전 화 번 호	

[서식 251] 부동산컨설팅 계약서

부동산 컨설팅 계약서

_________ (이하 "갑"이라 한다)와 _________ 주식회사(이하 "을"이라 한다)는 본

계약에 첨부된 별지목록의 부동산(이하 "물건"이라 한다)과 관련하여 다음과 같이 부동산 컨설팅 계약을 체결한다.

제 1 조 [컨설팅의 범위]

1. 갑이 을에게 위탁하는 컨설팅 업무의 범위는 다음과 같다.
   (1) 물건의 적정용도 및 건물의 적정한 규모
   (2) 입주자 모집 예상 및 인근의 상황
   (3) 위 2항과 관련한 수지 예상과 자금 회전의 예상
   (4) 상속세 평가에 관한 조언
2. 을은 전 항의 업무결과를 정기적으로 갑에게 서면보고 하여야 한다.

제 2 조 [보수]

컨설팅에 대한 보수는 금 ________원으로 한다.

제 3 조 [비밀유지]

갑과 을은 상대방의 동의가 없는 한 상대방에게 제시한 자료나 정보, 계약과 관련된 상대방의 기술상, 경영상의 비밀을 제3자에게 누설하지 않아야 한다.

제 4 조 [계약기간]

본 계약의 기간은 20____ 년 ____월 ____일부터 20____ 년 ____월 _____일까지로 한다.

본 계약을 증명하기 위해 갑과 을은 계약서 2통을 작성하여 각각 서명 날인 후 1통씩을 보관한다.

20_____ 년 _____월 _____일

"갑" 주소 :
성명 :

"을" 주소 :
성명 :

[서식 252] **컨설팅계약서(부동산)**

부동산컨설팅계약서

"갑"과 "을"은 상호 협의하에 아래와 같이 부동산컨설팅계약을 체결한다.

제1조 계약당사자

의뢰인(갑) (성명)

용역인(을) (상호) (대표자)

제2조 용역의뢰대상물 및 의뢰내역

대상물의 표시

용역의뢰내용

제3조 용역금액 및 지불시기

계 약 금 금 원은 계약체결시 지불한다.

중 도 금 금 원은 20○○년 ○월 ○일에 지불하며.

잔 금 금 원은 20○○년 ○월 ○일에 지불한다.

제4조 갑과 을은 본 계약내용에 대하여 신의, 성실 의무를 진다.

제5조 용역기간은 20○○년 ○월 ○일부터 20○○년 ○월 ○일까지로 한다.

제6조 용역대금 지불완료 후 용역계약서의 소유권은 갑에 있으며 갑의 허락없이 외부에 공개하지 못한다.

제7조 갑의 귀책사유로 인한 계약의 해제시에는 갑은 을의 용역의 진행정도에 따른 비용을 보상해 주어야 하며, 을의 귀책사유로 인한 계약해제시에는 을은 갑에게 계약금의 배액을 보상해 주어야 한다.

제8조 계약기간이나 용역대금 등 주요사항의 변경은 상호 협의하여 결정하여야 하며, 기타 본 계약에서 정하지 아니한 사항에 대하여는 일반관례에 따르기로 한다.

제9조 본 계약을 확고히 하고 후에 이를 증명하기 위하여 서명(또는 기명) 날인한 후 각각 1통씩 보관한다.

특약사항 :

20○○년 ○월 ○일

계약당사자 및 중개업자의 인적사항						
의뢰인	주 소					
	주민등록번호		전 화		성 명	인
용역인	주 소			허가번호		
	상 호		전 화		성 명	인

[서식 253] 부동산(컨설팅) 용역계약서

부동산(컨설팅) 용역계약서

제 1 조【의뢰인과 용역인 인적사항】

용역(用役)의뢰인 "갑" 주 소 :
성 명 : ○ ○ ○ (인)
전 화 :

용역인(用役人) "을" 주 소 :
성 명 : ○ ○ ○ (인)
전 화 :

※ 용역의뢰인 "갑"과 용역업자(용역인) "을"은 다음부동산에 대한 용역계약을 체결한다.

제 2 조【用役대상과 用役내용】

"갑" 은 "을"에게 아래용역을 의뢰하고 "을"은 이를 수락한다.

용역내용(대상) :

제 3 조【용역금액지급방법(총액)】

계약금 : ○○○원정은 계약일에 지급한다. (영수함)
중도금 : ○○○원정은 20○○년 ○월 ○일에 지급한다.
잔 금 : ○○○원정은 20○○년 ○월 ○일에 지급한다.

※ 필요에 따라 2차 중도금이 필요할 때는 보고서를 제출하고 지급을 요청할 수 있다.

제 4 조【용역 수행 등】

1. "갑"은 "을"에게 신뢰를 바탕으로 제2조에서 의뢰한 용역에 대하여 "을"은 성실과 신의로 용역업무를 수행하여 계약 이행을 하여야 한다.
2. "을"은 용역업무의 수행에 따른 개괄적 내역(진행중인용역내역)에 대하여 "갑"과 상호 의논 할 수 있다.
3. 중간보고서는 "갑"과 "을"의 합의로 제출할 수도 있으며, "중도금" 수령 시에 진행사항을 보고하여야 하며, 최종조사 분석보고서는 계약만료 시 잔금 수령 시에 제출한다.
4. 용역기간은 20　　년　　월　　일 ~ 20　　년　　월　　일까지로 한다.

제 5 조【이행약정(특약)】

1. "을"은 "갑"의 사전 승인 없이 본 계약에서 발생되는 권리 의무를 제3자에게 양도 등을 할 수 없으며 수행과정에서 취득한 지식과 정보 또는 보고서 등을 "갑"의 동의 없이 외부에 공개하지 못한다.
2. 본 계약과 관련하여 "을"이 제공한 각종 수집 또는 분석 자료 등은 "갑"에게 귀속된다.
3. "을"의 귀책사유나 태만으로 계약기간이 ○일을 경과할 때마다 용역금액의 5/100씩 지체상금을 "갑"이 지불할 금액에서 공제 후에 지불한다.
4. "갑"은 "을"의 귀책사유나 태만으로 계약기간 ○월 경과하여도 계약목적 달성의 가망이 없을 때에는 "갑"은 계약 해제를 통보할 수 있으며, "을"은 계약금으로 받은 금액의 배액을 배상하여야 한다.
5. 계약기간의 연장의 사유가 발생하였을 때에는 사전에 "갑"에게 그 사유를 보고하고 상호 협의하여 연장할 수 있다.
6. "갑"이 어떠한 사유를 들면서 계약의 해제를 요구할 때에는 "을"이 용역업무의 진행(진도) ○%는 보고서를 제출하여야 한다.
7. 계약금 지불 이후에 "갑"이 해약을 요구할 때에는 계약금을 포기하고 해약을 요구한 것이므로 "을"의 것으로 되며 또한 "을"이 해약을 요구할 때에는 계약금의 배액을 배상해 주어야 한다.
8. 본 계약서에 기재되지 않는 사항은 일반관례에 따른다.
9. 본 계약을 확고히 하기 위하여 이행각서를 작성하고 계약서 2통을 작성하고 기명날인한다.

〈이 행 각 서〉

■ 계 약 명 : 용역(부동산)내용

■ 계약(용역)금액 : ○○○원정

■ 계 약 기 간 : 20　　년　　월　　일 ~ 20　　년　　월　　일

상기와 같이 부동산용역계약을 체결함에 있어 본 계약서 제5조 이행 약정(특약)에서 약정한 내용에 따라 본 계약을 중간에 해약을 요구할 때에는 용역진도 ○○%에 따라 용역금액으로 지불하고 또한 계약 직후 해약은 계약금을 포기한다.

상호합의가 되지 않는 한 계약을 끝까지 종료시킨다는 것을 원칙으로 하고 "을"은 용역업무에 신의성실로 조사 분석 하여 "갑"에게 보고서를 제출해 주어야 한다.

20○○년 ○월 ○일

(갑) 주 소 :
성 명 : (인)
연락처 :

(을) 주 소 :
성 명 : (인)
연락처 :

[서식 254] 토지매입컨설팅계약서

토지매입컨설팅계약서

본 계약서는 ○○○(이하 "갑"이라고 한다)가 ○○에 소재한 ○○(이하 "매입건물"이라고 한다)을 매입하는 것과 관련하여 아래에 기재된 조건에 따라 ○○(이하 "을"이라고 한다)와 본 물건의 매입컨설팅을 체결하는 계약서이다.

제1조【계약의 명칭】
본 계약의 명칭은 「매입컨설팅계약」이라 한다.

제2조【매입물건의 표시】
본 계약체결에 따라 "을"이 수행하는 매입물건의 표시는 다음과 같다.
1. 위 치 :
2. 대지면적 :
3. 건물면적 :
4. 건물규모 : 지하1층, 지상3층

제3조 【컨설팅업무의 범위】
본 계약체결에 따라 "을"이 수행하는 매입컨설팅업무의 범위는 다음과 같다.

1 매입물건에 대한 토지현황 조사
2. 매일물건 권리분석
3. 매입물건 입지여건 조사 및 분석
4. 적정매입방안의 검토
  - 적정매입조건(대금지불조건)
  - 매입자금조달 및 활용방안
  - 매입에 따른 세제검토
5. 토지이용효율 제고방안의 검토
  - 토지활용방안
  - 개발방향의 개략적 컨셉

제 4 조 【계약의 기간】
본 토지매입컨설팅 계약기간은 계약 체결일로부터 "갑"의 토지매매계약 체결일까지로 한다. 단 계약기간 중에 "갑"과 "을"이 기간변경의 필요성을 인식하고 합의한 경우는 그렇지 아니하다.

제 5 조 【조사보고서의 제출】
"을"은 "갑"이 본 토지매입의 의사결정 자료로 활용될 수 있는 '토지조사보고서'를 작성하여 본 계약체결일로부터 10일 이내에 "갑"에게 제출한다.

제 6 조 【토지매입금액】
본 매입물건의 총 매입금액은 원으로 한다.

제 7 조 【토지대금의 지급방법】
제5조에서 정한 토지대금의 지급방법 즉 계약금, 중도금, 잔금의 지급시기 및 금액 등은 향후 토지매도자와의 협의에 따라 결정한다. 단, 지급방법의 협의시에 "을"은 "갑"을 대리하여 최상조건의 지급방법이 결정될 수 있도록 최선을 다한다.

제 8 조 【매입컨설팅 수수료】
본 컨설팅에 따른 수수료는 기본수수료와 성공수수료로 구분되며, 수수료의 금액은 다음 각호와 같다.
1. 기본수수료 : 본 계약에 따라 "갑"이 "을"에게 지급하는 기본수수료는 매입물건에 대한 조사업무에 대한 수수료로서 그 금액은 원으로 한다. (부가세 별도)
2. 성공수수료 : "갑"은 "을"의 조사결과에 따라 본 물건을 매입하였을 때는 성공 수수료 명목으로 "을"에게 원정을 지급한다.

제 9 조 【수수료의 지급방법】
1. 기본수수료 : "갑"은 매입컨설팅계약의 체결시에 "을"에게 현금 지급한다.
2. 성공수수료 : "갑"은 토지매매계약의 체결시 총 토지대금의 %, 중도금 지급시 %, 잔금 지급시 %를 "을"에게 현금 지급한다.

제10조 【"을"의 책임과 의무】
1. "을"은 컨설팅업무의 성공적 수행에 필요한 지식, 경험, 전문성을 보유하고 있음을 보증하며, 본 계약업무를 충실히 수행하고 최선의 성과를 낼 수 있도록 노력한다.

2. "을"은 본 컨설팅업무의 수행과 관련하여 직간접적으로 취득한 "갑"의 기밀에 속하는 일체의 자료나 정보를 계약기간중이나 계약기간 후에도 "갑"의 사전 서면합의 없이는 제3자에게 공개하지 않기로 한다.

제11조【면 책】
"갑"은 본 매입컨설팅계약 업무의 진행에 있어 "을"의 명백한 과실 또는 고의에 의하여 야기되진 않는 한, 본 분양업무와 관련하여 발생하거나, 입거나 주장되는 모든 멸실 및 손해로부터 "을"을 면책한다.

제12조【해 약】
1. "갑"은 "을"이 본 계약업무를 수행함에 있어서 제10조에서 정한 "을"의 책임과 의무를 준수하지 않았거나 "을"의 귀책사유로 계약업무의 착수 및 진행을 현저히 지연시킨 경우 본 계약을 해약할 수 있다.
2. "을"은 "갑"이 본 계약 제9조에서 정한 분양대행 수수료의 지급기간을 이행하지 않는 경우에는 본 계약을 해약할 수 있다.

제13조【협 의】
본 계약에 정하지 아니한 사항은 "갑"과 "을"의 상호 협의에 의하여 결정한다.

제14조【기 타】
본 계약서의 효력은 기명날인 즉시 발생한다.

"갑"과 "을"은 본 계약을 증명하기 위하여 계약서 2부를 작성하고, 서명날인 후 각각 1부씩 보관한다.

20○○년 ○월 ○일

"갑" 주 소 :
상 호 :
대표자 : (인)

"을" 주 소 :
상 호 :
대표자 : (인)

[서식 255] 기술이전 컨설팅계약서

기술이전 컨설팅계약서

○○회사(이하 "갑"이라 함)와 ○○ 회사(이하 "을"이라 함)는, 갑이 보유하고 있는 __________기술, 특허권, 노하우(이하 '계약기술'이라 총칭함)의 이전 등 사업화를 위하여 다음과 같이 계약을 체결한다.

다 음

제 1 조 (목적) 갑은 계약기술을 보유하고 있고 나아가 이러한 계약기술의 도입을 희망하는 자에게 이를 이전하기 위한 자문 및 중개에 관한 계약을 을과 체결하였는바, 이에 보다 효율적인 기술이전중개의 실현을 위하여 필요한 전문용역을 을에게 의뢰하고 이에 관한 갑과 을의 구체적인 권리·의무를 규정하기 위하여 본 계약을 체결하기로 한다.

제 2 조 (이전희망 계약기술의 특정) 갑이 이전을 희망하는 계약기술의 구체적인 내용은 별첨 1 기재와 같다. 을은 이전 희망 계약기술의 내용이 불분명할 경우 또는 관련하여 의문이 있는 경우는 수시로 갑에게 이를 문의하여 그 구체적인 내용을 특정할 수 있다. 계약기술 내용의 불특정으로 인한 위험부담은 갑에게 있다.

제 3 조 (용역제공)

1항 : 갑은 을에게 계약기술에 대한 기술성, 사업성, 가치평가 등 별첨 2에서 상세히 규정한 내용의 컨설팅을 의뢰하며, 이에 대해 을은 자신의 전문 역량을 발휘하여 갑의 의뢰 내용에 부합하는 컨설팅 보고서(사업계획서)를 본 계약 체결일로부터 ( )월 이내에 갑에게 제출하여야 한다.

2항 : 을은 갑의 요청에 따라 ( )회에 걸쳐 중간 보고서를 갑에게 제출하여야 한다. 갑은 을로부터 제출받은 중간 보고서를 검토하여 ( )일 내에 검토 의견을 제시하여야 한다.

3항 : 을은 제2항에 따라 갑으로부터 받은 검토 의견을 참작하여 최종 보고서를 위 1항의 기간 내에 제출하여야 한다. 다만 갑의 검토 의견을 참작할지 여부는 을이 신의성실의 원칙과 자신의 전문적인 판단에 따라 독자적으로 결정하도록 한다. 갑은 을이 제출하는 최종 보고서에 대해 거래 관행과 신의성실의 원칙에 위배되게 부당한 이유를 들어 그 납품을 거절하거나 이의를 제기하지 않는다.

제 4 조 (용역대가 및 보수 등)

1항 : 보수 : 갑은 을의 제3조 용역제공의 대가로 금 _____원을 보수로 지급하기로 한다. 위 보수의 지급방법은 선금(계약 체결 시 지불)을 원칙으로 하되 갑과 을이 협의 하에 별도로 정할 수 있다.

2항 : 경비 : 상기 기술한 보수 이외에 갑은 제3조 용역제공과 관련하여 을이 지출한 실제 발생비용(예컨대 출장비, 식대, 교통비, 통신비, 인쇄비, 대외지급수수료 등)을 실비로 정산 및 보상하기로 한다. 단, 을은 위와 같은 비경상비용의 발생이 예상되는 경우 원칙적으로 사전에 동의를 얻어야 한다.

제5조 (면책) 을은 갑의 이익을 위하여 효율적인 계약기술 이전 및 이에 따른 제반 효과를 극대화하기 위해 상기 용역을 제공하는 것으로서, 위 용역에 따른 갑의 결정 및 판단은 순전히 갑의 책임 아래 이루어진 것으로 하고, 판단 및 결정의 모든 결과에 대한 책임은 갑에게 귀속한다.

제6조 (상호협조) 을은 제3조 소정의 용역 제공과 관련된 업무연락사항을 수시로 갑에게 보고하여야 하며, 갑은 을이 위 용역을 제공함에 있어 갑에게 요청하는 정보나 자료를 적극적으로 제공하는 등 상호 신의성실로써 협조한다.

제7조 (비밀유지의무) 본건 관련 모든 자료 및 정보는 갑이 을에게 의뢰한 용역 수행의 목적으로만 사용되어져야 하고, 갑과 을은 그에 따른 비밀을 유지하여야 한다. 본 계약서상의 비밀준수를 요하는 관련 자료의 범위에는 본 계약에 따라 제공된 문서, 자료를 포함한다.

제8조 (계약의 해지)

1항 : 갑 또는 을은 상대방이 본 계약을 위반하는 경우 [15]일 이상의 상당한 기간을 정하여 그 이행을 서면으로 최고하고, 그러함에도 상대방이 그 이행을 하지 아니하는 경우 본 계약을 해지할 수 있다. 그러나 본 계약 체결 후 어느 일방이 본 계약상의 의무를 위반하여 더 이상 본 계약의 목적을 달성할 수 없다고 객관적으로 판단되는 경우에 한해 계약 일방 당사자의 통보로 본 계약을 해지할 수 있다.

2항 : 본 계약이 해지되는 경우에도 을의 귀책사유로 본 계약이 해지되는 것이 아닌 한 을은 자신이 갑으로부터 지급받은 일체의 보수(대가)나 비용을 반환할 책임을 지지 않는다.

3항 : 본 계약이 적법하게 해지되는 경우 그 때까지 작성된 보고서와 관련한 저작권은 (갑)(혹은 을)에게 있다.

제9조 (불가항력) 본 계약의 어느 일방도 본 계약을 이행함에 있어 천재지변 또는 불가항력으로 발생하거나 기타 일방의 고의, 과실 또는 태만에 의하지 아니한 하자로 인하여 발생한 여하한 성격의 손실 또는 손해에 대하여도 그 일방은 상대방에게 책임을 지지 아니한다.

제10조 (분쟁해결) 본 계약과 관련하여 혹은 쌍방의 의무이행과 관련하여 분쟁이나 이견이 발생하는 경우 갑과 을은 이를 상호 협의하여 원만히 해결토록 노력하여야 하며, 이러한 분쟁이나 이견이 해결되지 않은 경우에는 ________법원을 제1심 관할법원으로 한다.

제11조 (계약의 효력) 본 계약의 효력은 쌍방이 서명 또는 기명날인한 날(계약체결일)부터 유효하고, 용역수행 최종보고서가 갑에게 유효하게 접수되는 시점에서 종료한다.

제12조 (해석) 본 계약에 명기되지 아니하거나 본 계약상의 해석상 이의가 있는 사항에 대하여는 쌍방의 합의에 의하여 결정한다.

본 계약의 체결을 증명하기 위하여 본 계약서 2통을 작성하여 양 당사자가 각 기명날인을 한 후 각각 1통씩 보유하기로 한다.

20○○년 ○월 ○일

갑 : ______________________________

을 : ______________________________

[서식 256] 비즈니스컨설팅 계약서

비즈니스컨설팅 계약서

Project 단위로 업무를 진행하는 의뢰인 ○○○(이하 "갑"이라 한다) 과 ○○소프트(이하 "을"이라 한다)와의 컨설팅 계약을 다음과 같이 체결한다.

제1조【계약의 목적】 본 계약의 목적은 "갑"과 "을" 간의 컨설팅 의뢰 및 서비스공급 후 필요한 계약에 대한 책임과 권리 의무의 한계를 명확히 하고 쌍방이 계약 내용을 성실히 이행할 것을 약정함에 있다.

제2조【계약내용】 "갑"의 비즈니스 항목을 "을"이 컨설팅[프로젝트 코디네이터]하기로 한다.

제3조【계약의 범위】
1. "을"은 "갑"이 사업하고자 하는 비즈니스에 대한 SI (시스템통합) 업무, 시장조사, 관련 법규 등 제반 절차를 컨설팅 한다.
2. 유지보수와 노무에 대한 내용은 별도로 취급한다.

제4조【계약 기간】
1. 프로젝트 단위로 갱신한다. (1개월)

제5조【컨설팅 수수료】 제4조 컨설팅 의뢰 계약금은 전체 투자금액의 10% 또는 월(○○○만원)으로 한다. 또한 계약금은 되돌려 받을 수 없다.

제6조【"갑"의 의무】
1. "갑"은 비즈니스 항목에 대한 전반적 업무를 수행하는 담당자를 "을"에게 알려주어야 한다.
2. "갑"은 "을"이 필요로 하는 모든 "을"과 계약 체결한 해당 내용에 대해서는 "을"에게 수수료를 지급하여야 한다.
3. "갑"은 "을"과 계약 체결한 내용이외의 계약은 임의로 가능하다. 단, 이때에는 계약금

반환은 하지 아니한다.

제7조【"을"의 의무】

1. "을"은 "갑"의 담당자에게 절차에 대한 내용과 변경사항 발생시 "갑"의 담당자에게 알려 주어야 한다.
2. "을"은 업무 진행결과를 "갑"에게 통보한다. 브리핑 또는 문서, 이메일로 대체할 수 있다.

제8조【계약취소】

1. 제6조 2 규정에 따라 기한 내에 "을"에게 발생한 수수료를 납부하지 못하였을 경우 "을"은 이를 사유로 본 계약을 취소 할 수 있다.
2. 계약을 취소하고자 할 경우 1주일 전 해당 사유를 서면으로 통지하여야 한다. 계약취소가 없을 경우 자동 갱신한다.

제9조【계약파기】 "을"은 "갑"이 요구하는 내용이 특정인이나 사업체에 유해한 영향을 주거나 사회질서에 유해하다고 인정될 경우 계약을 파기할 수 있다.

제10조【기밀유지】 "갑"과 "을"은 업무상 또는 이와 관련하여 알게 된 양사, 혹은 양자 간의 기밀을 제3자에 게 발설하여서는 안 된다.

제11조【추가합의사항】 "갑"과 "을"은 추가 약정 사항이 필요하다고 인정할 경우 계약 조항에 위배되지 않는 범위 내에서 쌍방이 합의한 사항을 본 계약에 첨가할 수 있다.

제12조【계약해석】 본 계약의 이행에 있어서 양자 간의 이견이 있을 경우 상호 협의에 의하여 결정하며, 그 이외의 사항은 "민법"의 규정을 적용한다. 이에도 합의가 이루어지지 않을 경우는 국내법이 적용되는 "을" 소재지 법원에 의뢰하여 이의 판결을 따르도록 한다.

제13조 【기 타】 인감이 날인되지 아니한 계약은 "을"이 책임지지 아니한다. 단, 온라인 계약서는 통장 입금으로 인정한다.

* 도내에 거주하지 않아 직접 계약서 작성을 내사. 직접 하지 아니한 온라인 계약은 아래에 명시된 내용으로 인정하고 계약 여부는 온라인 입금 계좌 번호의

컨 설 팅 : 주택은행 000000-00-000000 예금주 : ○○○

유 지 보 수 : 주택은행 000000-00-000000 예금주 : ○○소프트

임금 (노 무) : 조흥은행 000-00-000000 예금주 : ○○○

명세표로 대신한다. "을"은 온라인 입금 계좌 번호로 입금한 금액을 판단하고 업무를 시작한다.

※ 선불이 아닌 작업은 하지 않습니다.

계약일자 : 20○○년 ○월 ○일

(갑) 주 소 :

회사명 :

대표자 : (인)
연락처 :

(을) 주 소 :
회사명 :
대표자 : (인)
연락처 :

[서식 257] 자문계약서

자 문 계 약 서

제 1 조【목 적】 본 계약은 ○○○(이하 "갑"이라 한다)에 대한 제반 경영자문을 실시함에 있어서 ○○○(이하 "을"이라 한다)를 자문회사로 지정하고 자문을 수행함에 있어 "갑"과 "을" 상호간의 권리의무 및 협력사항을 분명히 함으로써, 상호신뢰 하에 성공적인 자문을 수행하는데 있다.

제 2 조【자문내용】 "을"은 "갑"과 다음과 같은 자문내용을 협의하여 제공한다.
① "을"은 다음과 같이 전략적 자문을 "갑"에게 제공한다.
1.
2.
3.
4.
5.
② 기타 "갑"이 요구하는 서비스의 제공.

제 3 조【계약의 기간】
① 자문계약기간은 계약체결일로부터 1년을 유효기간으로 한다.
② "갑"과 "을" 중 일방이 계약의 해지를 원할 때는 계약만료일 30일 이전에 서면에 의하여 해지의사를 표시하여야 하고, 서면에 의한 의사 표시가 없는 한 계약기간은 자동으로 1년 연장된다.

제 4 조【자문의 수행장소 및 장비】
① 자문의 수행장소는 "갑"이 제공하는 장소나 "을"의 사무실로 한다.
② 자문수행에 필요한 설비 및 기자재는 "을"의 요청에 따라 "갑"이 자문수행장소에 설치한다. 설비 및 기자재는 책상, 전원장치, 컴퓨터, 통신장비 등의 업무 기본 장비를 말한다.

제5조【계약자의 상호의무】
① "갑"과 "을" 쌍방은 원활한 자문수행을 위하여 상호협조하며, "갑"은 "을"로부터 자문수행에 필요로 하는 제반자료나 업무를 요청 받을 경우 적극적으로 협조해야 한다.
② "갑"은 "을"이 자문수행시 필요한 인원을 요청하였을 경우 "갑"이 그 요청을 인정 하면 지원팀을 구성하여 "을"의 자문팀과 협력한다.
③ "갑"은 "을"이 회의소집, 임직원 면담 등을 요청할 경우 적극적으로 협조하여야 한다.
④ "을"은 "갑"으로부터 자문수행과 관련한 제반 자료나 관련 서류, 국내외 타사 현황 및 참고문헌 등을 요청받을 경우 적극적으로 협조하여야 한다.

제6조【자문수행태도 및 비밀유지】
① "갑"은 자문수행기간 동안 "을"의 자문 이행 과정을 수시로 검토할 수 있으며, "을"은 시기적절하게 자문을 완료할 수 있도록 최선을 다한다.
② "을"은 자문수행 과정이나 자문서비스 제공이 완료된 후에도 자문업무를 통해 입수하거나 교환한 "갑"의 업무기밀 정보를 비밀유지하며 "갑"의 사전승인 없이 제3자에게 공개 또는 유출하지 아니한다.
③ 자문수행과정에서 사용되는 "을"의 방법론과 분석도구 및 자문결과는 "갑"의 내부목적을 위한 경우에만 사용될 수 있다.
④ "을"이 본조 ②항을 위반한 경우 그에 따른 합리적 수준의 손해에 대한 보상책임은 "을"이 부담한다.
⑤ "갑"이 본조 ③항을 위반한 경우 그에 따른 합리적 수준의 손해에 대한 보상책임은 "갑"이 부담한다.

제7조【자문료의 내용 및 지급 방법】 "갑"은 "을"의 자문대가로 아래와 같이 자문료를 "을"에게 지급한다.
① 자문용역계약 체결시 지급하는 자문료는 일금 ○○○원으로 하며 (부가가치세 별도), 자문기간 동안 매월 ○○일 일금 ○○○을 (부가가치세 별도) 자문비로 지급한다.
② 제2조 ①항의 전략적 자문의 제공과 관련한 자문료는 자문 수행 전에 상호 서면 협의하여 결정한다.
③ 자문수행과 관련하여 발생하는 재비용은 "갑"과 "을"이 합의하여 정해진 금액을 "갑"이 부담한다.
④ "갑"은 "을"의 청구서를 수령한지 2주 이내에 해당 금액을 "을"에게 지불해야 한다. "갑"이 청구서 수령일로부터 2주 이내에 지불하지 않는 금액에 대해서는 지급기한의 다음 날로부터 지급하는 날까지의 일수에 대하여, 은행의 일반자금대출시 적용되는 연체이자율을 곱하여 산출한 금액을 이자로 지급하여야 한다. 청구서의 일부 금액에 대해 분쟁이 발생할 경우, 분쟁이 발생되지 않은 부분의 금액에 대해서는 청구서 수령일로부터 2주 이내에 지불되어야 한다.

제8조【계약의 종료】 본 계약기간의 만료일을 계약종료일로 본다.

제9조【계약의 변경】 본 계약의 내용은 양 당사자 간의 서면 동의에 의하여서만 변경할 수 있다.

제10조 【 계약의 해제 및 해지 】

① "갑"은 다음 각 호의 1에 해당하는 사실이 명백하게 발생한 경우, 본 계약을 해제 또는 해지할 수 있다.

1. "을"이 본 계약을 불이행하거나 계약사항을 위반하여 그 시정을 요구하는 "갑"의 서면 통지를 받고도 30일 이내에 이를 시정하지 아니한 경우.
2. "을"의 태만 또는 계약불이행으로 계약을 이행할 가능성이 없는 경우.

② "을"은 다음 각 호의 1에 해당하는 사실이 명백하게 발생한 경우, 본 계약을 해제 또는 해지할 수 있다.

1. "갑"의 태만 또는 계약불이행으로 인하여 "을"이 더 이상 계약을 수행할 수 없게 된 경우.
2. "갑"에 관하여 회사정리, 파산, 화의, 청산절차 등의 개시신청이 있거나, "갑"의 주요한 재산에 대하여 압류, 가압류, 기타 강제집행 또는 그 보전을 위한 신청이 있거나, "갑"의 재정상태에 중대한 영향을 끼칠 수 있는 소송이 제기된 경우.

③ 본조 제①항에 의해 계약이 해제 또는 해지된 경우, "을"은 기성분에 대한 자문료를 "갑"에게 청구하지 아니한다.

④ 본조 제②항에 의해 계약이 해제 또는 해지된 경우, "을"은 계약해지 시점까지의 기성정도에 따라 정산된 자문료를 즉시 "갑"에게 청구할 수 있다.

제11조 【 양도불가 】 "갑"과 "을"은 상호간에 사전 서면 동의 없이 본 계약상의 각각의 권리와 의무를 제3자에게 양도할 수 없다.

제12조 【 상호책임 】

① "갑"은 "을"의 사전 서면 동의없이 "갑"의 행위로 인해 "을"에게 어떠한 법적의무도 발생시키지 않으며, "갑"의 행위로 인해 발생하는 모든 손해 및 비용을 "을"에게 즉시 보상한다.

② "을"은 "갑"의 사전 서면 동의없이 "을"의 행위로 인해 "갑"에게 어떠한 법적의무도 발생시키지 않으며, "을"의 행위로 인해 발생하는 모든 손해 및 비용을 "갑"에게 즉시 보상한다.

제13조 【 불가항력 】 어느 일방 당사자도 천재지변 등의 불가항력으로 인한 서비스 이행의 지연, 중단 또는 실패에 대하여 책임을 지지 않는다

제14조 【 기 타 】 본 계약서에 규정되지 않은 사항과 계약 내용의 해석에 관한 문제에 대해서는 "갑"과 "을"이 상호 협의하여 처리한다.

이상과 같이 계약을 체결하고 이 사실을 증명하기 위하여 계약서 2통을 작성, 당사자가 기명날인 하고 "갑"과 "을"은 각각 원본 1통씩을 보관하기로 한다.

계약일자 : 20○○년 ○월 ○일

(갑) 주　소 :
회사명 :
대표자 : (인)
연락처 :

(을) 주　소 :
회사명 :
대표자 : (인)
연락처 :

[서식 258] 경영자문계약서

경영자문계약서

(갑)__________과 (을)__________은 (갑)__________의 경영함에 있어 (을)________을 (갑)__________의 경영 자문 인으로 한다.

제 1 조 (경영자문계약의 목적) (을)__________은 (갑)__________의 경영이 원활히 이루어질 수 있도록 (을)________은 계약서의 체결 내용과 같이 (갑)의 경영에 필요한 자문 등을 이행하는 것을 목적으로 한다.

제 2 조 (경영자문업무의 내용)

1. 사업전략 및 인적자원관리전략 수립
2. 회사소개서 및 사업계획서 작성
3. 유가증권발행에 관한 업무
4. 중장기 경영계획 및 사업전략의 수립자문
5. 기업경쟁력 제고를 위한 사업자원 및 역량의 활용방안 자문
6. 자금유치를 위한 투자설명회 개최
7. 기업구조 조정 및 신규사업 추진에 필요한 전략자문
8. 마케팅, 광고 및 판매망 구축
9. 기타(갑)의 경영향상에 필요한 종합 경영자문
10. 법인 지분의 매입 또는 보유 지분의 매각

제 3 조 (계약기간) (갑)__________는 (을)___________의 자문계약에 의거하여 갑의 경영에 따라 갑과 을과의 계약기간을 서로 상의하여 재계약 할 수 있으며 또한 계약조건에 대해 불성실 할 경우에도 계약기간을 재 조절 할 수 있다.

제 4 조 (비밀준수의 의무) (을)________은 (갑)_________의 경영자문에 대해 제공한 자료에 대해 다른 것으로 이용하거나 다른 제3자에게 누설할 수 없다. 또한 누설하여서 (갑)__________에 사업에 피해가 갈 경우 보상을 청구할 수 있다.

제 5 조 (보수총액 및 보수 지급방법) (갑)__________은 (을)_____________에게 다음과 같이 보수를 지급한다.

1. 보수 총액은 년 금_________원을 현금으로 지급한다.
2. 매월 말 분할하여 지급한다.
3. 특별수당에 따른 금액은 _____%로 하고 그 금액은 현금으로 지급하기로 한다.

제 6 조 (협조사항) (갑)______은 (을)______가 경영 자문을 위한 자료를 청했을 경우 (갑)____은 (을)______에게 최대한 자료를 제공하여 경영자문을 하기에 어려움이 없도록 한다.

제 7 조 (기타사항) 경영함에 있어 계약하지 않은 사항은 (갑)_______과 (을)________과의 협의안에 결정하기로 하며 협의를 거쳐 도정해지지 않은 사항은 일반적인 상 관례에 따라 해석한다.

갑:

1. 상 호:
2. 대 표 자: (인)
3. 사 업 자 번 호:
4. 주 소:

을:

1. 상 호:
2. 대 표 자: (인)
3. 사 업 자 번 호:
4. 주 소:

[서식 259] 경영컨설팅계약서

경영컨설팅계약서

컨설팅 의뢰자 주식회사 ○○○○(이하 "갑"이라 한다)와 컨설팅 주식회사 ○○○○(이하 "을"이라 한다)는 상호간에 다음과 같이 경영컨설팅계약을 체결한다.

제1조【목 적】 본 계약은 "갑"의 의뢰하는 경영컨설팅업무를 "을"이 본 계약에서 정한 바에 따라 성실히 수행함으로써 "갑"의 사업활동에 도움을 주도록 상호 협력함을 그 목적으로 한다.

제2조【컨설팅】 "을"은 본 계약에 의거하여 다음 각 호의 업무를 컨설팅한다.

1. "갑"의 제품 개발계획의 사업타당성 수립
2. "갑"의 기업가치 제고를 위한 공시 및 자문
3. 신규사업 진출에 대한 사업타당상 자문
4. "갑"이 수시로 필요로 하는 경영의뢰 컨설팅 전반

제3조【업무수행】

1. "을"은 매주 ○회 ○시간 이상을 "갑"의 사업장 또는 "갑"이 지정한 장소에 방문하여 현장 컨설팅업무를 수행하여야 하며 사전에 관련 자료의 준비를 하여 원활한 컨설팅 업무가 이루어지도록 하여야 한다. 다만, 자료의 준비 등이 방대하여 장시간을 요하는 경우에는 별도의 비용을 청구하도록 한다.
2. "갑"은 수시로 "을"에 대하여 본 계약상의 컨설팅 관련 업무의 질문을 행할 수 있다.

제4조【수수료】

1. "갑"은 본 계약체결과 동시에 계약금으로 금 ○○○원(₩○○○)을 현금으로 지급하고 매월 ○○일 컨설팅 비용으로 금 ○○○원(₩○○○)본 계약의 종료 시까지 지급한다.
2. 제1항의 대금지급의 연체 시 매 1일당 연체 원금의 ○%에 해당하는 연체이자가 변제 시까지 가산된다.

제5조【자료제공】

1. "갑"은 "을"이 필요로 하는 자료의 제공을 통하여 컨설팅 자문보고서의 내용이 최대한 정확하게 반영되도록 한다.
2. "을"은 제반 수집증거를 객관적으로 수집하여 보고서의 객관성을 유지하도록 한다.

제6조【비밀유지】 당사자 쌍방은 본 계약과 관련하여 취득한 상대방의 경영정보와 자료를 법령에 의하지 아니하고는 제3자에게 누설하지 않는다.

제7조【의사결정과 면책】

1. 본 계약에 따라 "을"이 행한 보고서 및 자문업무에 대하여 최종 결정권자는 "갑"으로서 모든 결정에 대한 책임은 전적으로 "갑"이 부담한다.

2. 제1항에 불구하고 "을"이 명백히 고의로 허위의 자료를 근거로 하여 보고서 및 자문을 행한 경우에는 "을"은 그에 대해 책임을 진다.

제8조【양도금지】 본 계약상 권리와 의무는 당사자 쌍방의 합의 없이 제3자에게 양도할 수 없다.

제9조【계약기간】

1. 본 계약의 유효기간은 20○○년 ○월 ○일부터 20○○년 ○월 ○일로 한다.
2. 제1항의 기간만료일부터 ○일 이전에 어느 일방의 계약종료 통지가 없는 한 계약은 동일조건으로 매 ○년씩 자동 연장되는 것으로 한다. 다만, 일방의 계약조건의 변경통지가 있을 시에는 기간의 만료일까지 협의가 되지 아니하면 계약은 자동 종료되는 것으로 한다.

제10조【해 지】

1. 당사자 일방에 대하여 다음 각 호의 사유가 발생할 시 상대방은 즉시 계약을 해지할 수 있다.
   가. 가압류, 가처분, 경매 등의 사업의 불투명 사유가 발생할 시
   나. 파산, 회사정리, 화의신청 등의 사업불가능 사유가 발생할 시
2. 일방이 본 계약상의 규정에 위배한 때 상대방은 ○일 이상의 시정기간을 두고 사유를 명시하여 시정을 최고하며, 그럼에도 불구하고 시정이 이루어지지 아니할 시 즉시 계약의 해지를 통지한다.
3. 계약해지에 귀책사유 있는 당사자는 상대방에 대하여 손해배상의 책임이 있다.

제11조【기타사항】

1. 계약의 당사자는 본 계약의 내용을 신의성실에 의거하여 준수하여야 한다.
2. 계약기간 중 계약의 변경은 당사자의 서면 합의에 의해서만 변경될 수 있으며 서명날인된 문서를 본 계약서의 말미에 첨부한다.
3. 본 계약서에서 명시되지 않은 부분에 대하여는 관련 법규 및 상관습에 따르기로 한다.

제12조【분쟁해결】

1. 본 계약과 관련하여 양 당사자 간의 분쟁이 발생한 경우, 원칙적으로 "갑"과 "을" 상호간의 합의에 의해 해결한다.
2. 제1항에도 불구하고 분쟁이 해결되지 않을 경우 "갑"의 주소지 관할 지방법원을 그 관할로 하여 재판함으로써 해결한다.

제13조【특약사항】 상기 계약일반사항 이외에 "갑"과 "을"은 아래 내용을 특약사항으로 정하며, 특약사항이 본문과 상충되는 경우에는 특약사항이 우선하여 적용된다.

위와 같이 본 계약이 유효하게 성립하였음을 양 당사자는 증명하면서 본 계약서 2통을 작성하여 각각 서명(또는 기명) 날인한 후 "갑"과 "을"이 각각 1통씩을 보관한다.

20○○년 ○월 ○일

갑	㊞	사 업 자 등 록 번 호		사 무 소	
				전화번호	
을	㊞	사 업 자 등 록 번 호		사 무 소	
				전화번호	

[서식 260] 컨설팅계약서

컨 설 팅 계 약 서

○○○○주식회사(이하 "갑"이라 한다)와 주식회사 ○○○○(이하 "을"이라 한다)는 신규사업을 위한 컨설팅에 관하여 다음과 같이 계약을 체결한다.

제1조【목 적】 본 계약은 "을"이 "갑"에게 컨설팅용역을 제공하고 "갑"이 "을"에게 그 대가를 지급함에 있어서 각각의 권리와 의무를 정함을 그 목적으로 한다.

제2조【컨설팅의 범위】 "을"이 갑에게 제공할 컨설팅의 범위 및 내용은 다음 각 호와 같다.

1. ○○○○○○○○○○○
2. ○○○○○○○○○○○
3. ○○○○○○○○○○○

제3조【보고서의 제출 및 검사】

1. "을"은 계약기간 내에 최종보고서를 "갑"에게 제출한다.
2. "갑"은 "을"의 최종보고서 제출일로부터 ○일 내에 검사를 완료하며, 그 기간 내에 "갑"이 이의를 제기하지 아니하면 그 기간만료일에 검사가 완료된 것으로 본다.

제4조【대가의 지급】 "갑"은 본 계약상의 컨설팅 및 그에 따른 일체의 부수업무와 자료작성에 대한 대가로 금 ○○○원(₩○○○)을 제3조의 검사가 완료된 후 "을"이 청구한 날로부터 ○일 이내에 현금, 수표 또는 ○개월 만기의 은행도 약속어음으로 지급한다.

제5조【용역결과물의 소유권】 본 계약상 "을"에 의하여 작성되어 "갑"에게 제공된 컨설팅 용역결과물 및 모든 관련 문서에 대한 소유권은 "갑"이 본 계약상의 컨설팅의 용역에 대한 대가를 지급함과 동시에 "을"로부터 "갑"에게 이전된다.

제6조【정보제공】

1. "갑"은 "을"이 본 계약수행을 위하여 필요로 하는 제반정보 및 자료를 제공해야 한다. "을"이 요청한 정보 및 자료의 제공을 지연하여 용역결과물 제출이 늦어질 경우, 이는 "갑"의 책임으로 한다.
2. "갑"은 "을"이 파견하는 인원의 출입을 자유롭게 허락하고, "을"이 컨설팅 용역을 수행하는데 최대한 협력하여야 한다.

제7조【"을"의 의무】

1. "을"은 협의된 컨설팅 용역일정을 지키도록 최대한 노력하며, 지연이 발생하거나 예상될 경우 즉시 갑에게 통지하여야 한다.
2. "을"은 수행한 컨설팅 용역업무에 관하여 "갑"에게 그 결과를 보고해야 하며, "갑"이 동 업무와 관련된 각종 자료를 요청할 경우 신속히 이에 응하여야 한다.
3. "을"은 컨설팅 용역업무 수행에 필요한 최소인원을 2인 1조로 편성한다.

제8조【비밀준수의무】

1. "갑"과 "을"은 본 계약기간 중은 물론 본 계약의 종료나 해지이후에도 본 계약의 이행과정에서 알게 된 상대방의 영업비밀 또는 고객관련정보를 상대방의 서면동의 없이 제3자에게 유출하거나 본 계약의 이행 이외의 목적으로 이용하여서는 아니 된다.
2. "갑"과 "을"은 자신의 임직원, 대리인, 사용인 등 기타 관련자로 하여금 제1항과 동일한 비밀준수의무를 지도록 한다.

제9조【통지의무】 "갑"과 "을"은 본 계약체결 당시에 알고 있는 상호, 대표자, 소재지, 업종 및 기타 계약당사자의 주요사항이 변동되거나 합병, 영업양도, 부도, 화의, 회사정리, 파산 등 신용상태에 변경이 있거나 변경될 우려가 있는 경우 이를 지체없이 상대방에게 통지하여야 한다.

제10조【불가항력】

1. 천재·지변·전쟁·사변 그밖에 불가항력으로 인하여 컨설팅용역이 중단된 때에는 "갑"과 "을"은 문제해결을 위하여 최선을 다하여야 한다.
2. 제1항의 불가항력으로 인해 발생한 손실에 대하여는 서로 책임을 묻지 아니한다.

제11조【계약기간】 본 계약의 유효기간은 계약체결일부터 1년으로 하고, 계약기간 만료일 1월 전까지 별도 서면에 의한 의사표시가 없는 한 동일한 조건으로 1년씩 자동 연장되는 것으로 한다.

제12조【계약의 변경】 본 계약의 일부 또는 전부를 변경할 필요가 있는 경우에는 "갑"과 "을"의 서면합의에 의하여 이를 변경하고, 그 변경내용은 변경한 날 그 다음날부터 효력을 가진다.

제13조【권리와 의무의 승계】 본 계약상의 모든 권리와 의무는 "갑" 또는 "을"의 합병, 영업양도, 경영 위임 등의 경우에도 "갑" 또는 "을"의 합병회사, 영업양수인, 경영수임인 등에게 승계되며, "갑" 또는 "을"은 그들로 하여금 본 계약상의 권리와 의무를 승계하는 것에 동의하도록 할 의무를 진다.

제14조【권리 등의 양도 등 금지】 "갑"과 "을"은 상대방의 서면동의 없이 본 계약상의 일체의 권리와 의무 등을 제3자에게 양도·증여·대물변제·대여하거나 담보로 제공할 수 없다.

제15조【해 지】

1. "갑" 또는 "을"은 다음 각 호의 사유가 발생한 경우에는 계약기간에 관계없이 상대방에 대한 서면통지로써 본 계약을 해제 또는 해지할 수 있다.
   가. 상대방이 정당한 사유없이 본 계약에서 정한 사항을 위반하고 서면으로 시정요구를 받은 날로부터 7일 이내에 해당 위반사항을 시정하지 않은 경우
   나. 자신 또는 상대방의 주요재산에 대한 보전처분결정 및 강제집행, 화의, 회사정리, 파산 등의 개시로 더 이상 계약유지가 곤란한 경우
   다. 기타 본 계약을 수행하기 어려운 중대한 사유가 발생한 경우
2. 제1항의 해제 또는 해지는 "갑"과 "을"의 손해배상 청구에 영향을 미치지 아니한다.

제16조【계약의 유보사항】

1. 본 계약에서 정하지 아니한 사항이나 해석상 내용이 불분명한 사항에 대해서는 관계법령 및 상관습에 따라 상호 협의하여 결정한다.
2. 제1항과 관련하여 필요한 경우 "갑"과 "을"은 별도의 약정을 할 수 있으며, 이는 본 계약의 일부를 이룬다.

본 계약의 성립을 증명하기 위하여 이 계약서 2통을 작성하고 각각 서명(또는 기명)날인하여 각각 1통씩 보관한다.

20○○년 ○월 ○일

갑	㊞	사 업 자 등록번호		사 무 소	
				전화번호	
을	㊞	사 업 자 등록번호		사 무 소	
				전화번호	

[서식 261] **제조위탁계약서**

제 조 위 탁 계 약 서

○○합자회사(이하 “갑”이라 한다)와 ○○유한회사(이하 “을”이라 한다)는, 갑의 제품의 제조 등(이하 “제품”이라 한다)의 제조위탁 등에 관해 다음과 같이 계약한다.

제1조(목 적) 갑은 을에 대해 제품의 제조 및 그에 따른 가공, 포장, 보관, 운송업무를 을에게 위탁하고, 을은 이것을 인수할 것을 약정한다.

제2조(원재료 등의 공급) ① 갑은 제1조의 위탁업무에 필요한 일체의 원재료 및 포장재료를 을에게 공급한다.
② 을은 공급받은 원재료로서 해당 위탁업무를 수행한다.
③ 원재료의 비용, 포장재료, 잉여공급분의 취급에 대해서는 별도로 정한다.

제3조(업무지시) 갑은 ○월 ○일 까지 을에 대해 다음 달 제조 제품의 수량, 제품의 포장량, 포장모양, 보관량을 지시하고 그에 필요한 포장재료를 공급한다.

제4조(기술지도) 갑은 전문기술원을 파견하고, 을에 대해서 제품의 제조, 가공, 포장, 운송 등에 관한 기술지도를 하는 것으로 한다.

제5조(자료제출의무) ① 을은 미리 갑의 지시보고서를 매월 ○ 일에 갑에게 제출하기로 한다.
② 갑의 요구가 있는 경우에 을은 즉시 그 장부를 열람할 수 있게 한다.

제6조(위탁료) 위탁료는 제품 1개당 금 ○○ 원으로 하고, 매월 ○○ 일에 마감한 을의 청구서에 의거 다음 달 ○○ 일까지 갑은 을에 대해 현금, 약속어음으로 지급하기로 한다.

제7조(비용부담) ① 을은 을의 원료창고에서 갑이 공급한 원재료, 포장재료를 수령한 뒤 제품을 출고하기까지의 일체의 비용을 부담한다.
② 제1항 이외의 부담은 갑의 부담으로 한다.

제8조(운송방법) 을이 제품의 운송업무를 이행함에 있어서, 제3자와 운송계약을 체결할 때는, 사전에 갑의 승인을 얻는 것으로 한다.

제9조(담보책임) 을이 제품의 품질, 규격, 양, 포장모양, 운송방법의 하자에 의해 제3자로부터 반품, 교환의 요구 등이 있을 경우, 그 손해는 일체 을의 부담으로 한다.

제10조(손해배상) 을이 갑이 지시한 납기에 맞추지 못하고 그외 그 계약상의 의무이행을 소홀히 한 경우는, 갑은 아무런 최고를 요하지 않고 즉시 그 계약을 해제하고 지급한 원재료 및 이에 따라 제조, 가공된 모든 것의 즉시반환을 요구할 수 있다.

제11조(보수의무) 사유여하를 불문하고 갑이 공급한 재료가 줄거나 없어지거나 또는 훼손했을 때는, 을은 즉시 갑에 대해서 그 상황을 통지하고 갑의 지시에 따르기로 한다.

제12조 (해제권의 유보) 갑이 시장경제의 변동 등에 의해, 그 제품의 제조를 정지하거나 제조에 제한을 가할 때는 을은 그 지시에 충실히 따르기로 한다.

제13조 (비밀의 유지) ① 을은 이 계약의 수행으로 알게 된 갑의 비밀을 타인에게 누설해서는 안된다.

② 을이 전 항에 위반되는 행위가 있을 때는, 갑은 즉시 이 계약을 해제하고 손해배상을 청구할 수 있다.

제14조 (지위 양도의 금지) 을은 이상과 같은 계약상의 지위를 제3자에게 양도할 수 없다.

제15조 (유효기간) 이 계약의 유효기간은 만 ○ 년으로 한다.

이 계약을 증명하기 위해 본 계약서 2통을 작성하여, 각자 서명하고 날인한 뒤에 1통씩 보관한다.

20○○년 ○월 ○일

<table>
<tr><td rowspan="2">제조위탁자</td><td>주 소</td><td colspan="5"></td></tr>
<tr><td>성 명
또 는
상 호</td><td>인</td><td>주민등록번호
또 는
사업자등록번호</td><td>–</td><td>전 화
번 호</td><td></td></tr>
<tr><td rowspan="2">제조수탁자</td><td>주 소</td><td colspan="5"></td></tr>
<tr><td>성 명
또 는
상 호</td><td>인</td><td>주민등록번호
또 는
사업자등록번호</td><td>–</td><td>전 화
번 호</td><td></td></tr>
</table>

[서식 262] OEM 기본계약서

OEM 기본계약서

○○주식회사(이하 甲이라고 한다)와 ○○공업주식회사(이하 乙이라고 한다)는 에어컨(이하 '본 제품'이라고 한다)의 OEM거래와 관련해서 본 제품의 구조를 乙에게 위탁하고 완성한 제품을 乙에게서 구입하는 것에 대하여 다음과 같은 계약을 체결한다.

제 1 조 (목적) 甲은 다음과 같은 조건을 정함에 있어서 본 제품의 구조를 乙에게 위탁하고 완성

한 제품을 乙에게서 구입하는 것으로 한다.

제 2 조 (기본원칙) ① 거래는 상호이익 존중 및 신의성실의 원칙에 따라 하여야 한다.
② 이 계약의 내용과 배치되는 개별계약 및 기타 부수 협정에 대해서는 이 계약에 의한 내용을 우선하여 적용한다.

제 3 조 (개별계약) 본 계약은 본 제품의 각각에 있어서 거래계약에 공통으로 적용되며 개별계약은 甲이 乙에게 주문서를 발행하고 乙이 그것을 승낙하는 형식을 취한다. 단, 乙은 승낙 거부 의사가 있을 때에는 甲의 주문서를 접수한 날로부터 10일 이내에 거부의사 표시를 하여야 하며 이 기간 내에 거부의사 표시를 하지 않은 경우에는 계약이 성립한 것으로 한다.

제 4 조 (개별계약의 내용) ① 개별계약에는 주문 년 월 일, 주문부품의 명칭, 수량, 단가, 납기, 납품장소, 검사방법 및 시기, 기타 주문조건 등을 정하여야 한다.
② 전항의 규정에 불구하고 개별계약의 내용의 일부를 甲과 乙이 협의하여 미리 부속협정서 등을 정할 수 있다.

제 5 조 (개별계약의 효력) 본 계약이 해지 또는 기간만료에 의해서 종료한 경우에도 본 계약에 의거해서 체결한 개별계약에 있어서는 甲, 乙 어느 쪽에서도 별도의 의사표시가 없는 한, 본 계약은 유효하다.

제 6 조 (사용법) ① 본 제품의 사용법은 별도로 甲이 승인한 제품사용 설명서에 의한 것이다. 다만 법령의 개정과 그 외의 사정에 의해 본 제품의 사용상의 변경이 요구 될 때는 甲과 乙이 협의하여 사용법을 변경할 수 있다.
② 전 항의 납품가격, 납기 등 계약조건을 변경할 필요가 있다고 인정될 때는 甲, 乙의 협의 하에 정할 수 있다.

제 7 조 (상표) ① 乙은 본 제품 및 포장 등에 甲의 상표를 표시한다. 상표 표시의 형태 및 방법은 甲이 정한대로 을이 표시한다.
② 乙은 甲의 상표를 부착한 본 제품을 甲 이외의 제3자에게 판매하거나 甲의 상표를 본 계약의 목적 이외에 유용해서는 안 된다.

제 8 조 (상표보증) 甲은 ○연도에 ○개 이상의 본 제품을 乙에게 발주하는 것을 증명하고 乙은 이 발주 보증 개수에 대해 甲에 대한 발주 사실을 증명한다. ○년 이후의 발주 보증 개수에 대해서는 별도로 甲, 乙의 협의로 정한다.

제 9 조 (납품가격) 본 제품의 납품가격은 포장비 및 甲이 지정한 납품장소까지의 운송비를 포함해서 별도로 甲, 乙의 협의 하에 정한다.

제10조 (납품전조사) ① 乙은 본 제품의 납품 전에 甲, 乙간의 별도로 정한 조사기준에 의거하여 조사를 행한다.
② 甲은 乙과의 협의상 협력을 얻어 乙의 공장에서 본 제품의 검사를 하고 본 제품이 甲, 乙 간의 정한 규칙이나 기준에 합치되는가를 확인한다.

제11조 (납품) ① 乙은 본 제품을 개별계약의 기준에 의거해서 甲이 지정하는 장소로 지정된 납기 안에 납품한다.
② 乙은 본 제품을 납기 안에 납품할 수 없는 경우가 발생하면 지체 없이 그 사실을 甲에게

통보하고 甲의 지시를 따른다.

제12조 (납기) 납기란 개별계약에 의하여 발주부품을 甲이 지정하는 장소에 납품할 기일을 말하며 개별계약마다 甲과 乙이 협의하여 정한다.

제13조 (납품) ① 乙은 발주부품을 甲과 乙이 협의하여 별도로 정하는 납품절차에 따라 甲이 정하는 수량을 납품하여야 한다.
② 乙은 납기의 선행, 지연 또는 수량의 과부족 등 이상납품이 발생한 경우 신속하게 갑의 지시를 받아 필요한 조치를 강구하여야 한다.
③ 乙은 제2항의 이상납품이 乙의 귀책사유로 인하여 발생된 때에는 甲이 입은 손해를 배상하여야 한다.
④ 甲은 乙에게 책임을 돌릴 사유가 없음에도 불구하고 乙의 납품에 대한 수령을 지연하거나 거부하여서는 아니 되며, 부당한 수령지연 및 거부로 인하여 乙이 손해를 입은 경우 이를 배상하여야 한다.

제14조 (수입검사) ① 甲은 본 제품의 납품 후 ○일 이내에 별도로 합의한 것에 따라 수입검사를 실시하고 그 결과를 신속하게 乙에게 통보한다. 단, 제8조의 2항의 검사에 의거해서 외관 및 수입검사를 실시한다.
② 전 항의 수입검사에 합격하지 못한 경우, 乙은 지체 없이 대금을 납품하고 무상으로 수리를 해야 한다.

제15조 (소유권이전) 본 제품의 소유권은 전 조에서 정한대로 수입조사 합격과 함께 甲에게로 이전된다.

제16조 (위험부담) 본 제품의 수입검사 합격(또는 납입)까지는 본 제품의 전부 혹은 일부가 甲의 책임을 물릴 수 없는 사유에 의한 소실, 파손 또는 변질이 되었을 때는 乙이 그 손해를 배상한다.

제17조 (지급) 乙은 제11조에서 정한 수입검사에 합격한 본 제품의 대금을 매월 말일까지 甲에게 청구하고 甲은 다음 달 말일까지 乙의 지정은행 계좌에 입금시켜야 한다.

제18조 (하자담보책임) ① 甲은 본 제품의 수입검사 합격에서 1년 이내에 다른 하자가 발견되었을 때는 乙에게 부담시키며 상당기간 내에 수리 및 교환이나 대금감액 및 하자에 기인한 손해배상 등의 책임을 진다.
② 전 항의 수리 및 교환은 甲이 제3자에게 출하한 후의 본 제품의 경우에는 甲이 부담하는 것으로 하고 乙은 이를 위한 교환부품이나 기술지도를 행한다.
③ 숨겨진 하자의 책임여부에 대해 甲과 乙이 합의하지 못하는 경우에는 공신력 있는 제3자의 판정 등 객관적으로 입증되는 절차와 방법에 따라 따르도록 한다.

제19조 (애프터서비스) ① 甲 및 甲의 거래처에 있어서 본 제품의 애프터서비스는 전 조가 정한 것을 제외하고 甲의 책임 하에 진행한다. 단, 甲이 수선불능인 경우에는 乙로 하여금 유상의 수리를 의뢰할 수 있으며 상세한 것은 甲과 乙의 협의 하에 정한다.
② 乙은 전 항의 애프터서비스에 필요한 기술자료를 甲에게 제공함과 동시에 甲의 의뢰에 응해야 하며 서비스와 관련된 기술교육 및 기술지도를 실시한다.

③ 乙은 본 제품의 보수용 부품을 甲에게 최종 납품 후 ○년간 보유하고 있어야 하며, 甲이 보수를 위해서 필요로 할 때 유상으로 제공할 수 있도록 甲, 乙의 협의 하에 정한다.

제20조(제조물책임) ① 乙은 甲이 주문한 부품에 결함이 발생하지 않도록 최선을 다하여야 하며 제조물 책임에 관한 모든 의무에 다하여야 한다.
② 甲에게 납품한 본 제품이 제3자의 재산상이나 신체상의 피해를 입힐 것으로 예상되는 경우 을은 신속하게 甲에게 연락해서 甲과 협의 하에 처리, 해결한다.
③ 甲이 손해를 확인한 경우, 乙은 甲의 지시에 따라 甲의 처리, 해결에 협력하고 이들 처리, 해결에 드는 비용부담은 甲, 乙의 협의 하에 정한다.

제21조(공업소유권의 실시 및 출원) ① 본 제품과 관련, 제3자와의 사이에서 공업소유권상의 분쟁이 발생했을 경우, 乙은 그 책임을 지고 해결에 나서야 하며 이로 인해 甲이 손해를 입었을 경우는 乙이 그 손해를 배상한다. 단, 甲이 지정한 사용법이나 상표 등으로 인한 공업소유권의 분쟁은 甲이 책임진다.
② 본 계약을 이행할 때, 본 제품에 대해 갑이 제공한 기술정보에 기초해서 乙이 발명을 했을 경우는 그 발명에 관한 공업소유권의 출원을 할 것 인지의 여부, 혹은 출원할 경우 그 귀속을 어디로 할 것인지 甲, 乙의 협의 하에 정한다.
③ 본 조항의 규정은 본 계약 종료 후에도 유효하다.

제22조(비밀유지) ① 甲 및 乙은 본 계약 및 개별계약의 수행상 알게 된 상대방의 기술이나 업무상의 비밀을 상대방의 승낙이 없는 한 제3자에게 본 계약의 유효 기간 중에는 물론이고 본 계약 종료 후 ○년 간 다른 곳에 누설해서는 안 된다.
② 甲과 乙은 이 규정에 위반하여 상대방에게 손해를 입힌 경우에는 이를 배상 하여야한다.

제23조(생산중지) 乙이 본 제품을 상업적으로 생산하는 것이 현저하게 부진을 보이거나 불가능하다고 판단될 때, 그 사유를 생산중지 ○개월 전까지 甲에게 연락해서 최종 발주량 및 이후의 대책에 대해 협의한다.

제24조(해지) 甲 또는 乙에게 다음과 같은 사유가 있을 시에는 상대방은 본 계약 및 개별계약의 전부 혹은 일부를 해지하고 이에 따른 손해배상을 청구 할 수 있다.
1. 본 계약 및 개별계약의 조항을 위반하고 상당기간에 거쳐 최고를 해도 위반사실이 시정되지 않을 때
2. 감독관청에서 영업정지 및 영업면허 또는 영업등록의 취소처분을 받았을 때
3. 가압류, 가처분, 강제집행, 담보권 실행 등으로 경매에 넘어가거나 파산, 화의, 회사정리 등에 놓여 있어 청산에 들어갔을 때
4. 지급정지, 지급불능 등의 사유가 발생했을 때

제25조(기한의 이익상실) 甲 또는 乙에게 전조 각 조항에 해당하는 사유가 발생했을 때, 甲 또는 乙은 거래로 인해 발생하는 일체의 채무에 대해 기간 내의 이익을 상실한다.

제26조(계약의 유효기간) 본 계약의 유효기간은 본 계약 체결일로부터 ○년으로 한다. 단, 기간 만료 ○개월 전 까지 甲, 乙 어느 쪽으로부터 아무런 신청이 없는 경우에는 다시 1년간 연장하도록 하며, 그 이후는 이전과 동일하다.

제27조 (협의사항) 본 계약에서 정하지 않은 사항이나 해석상의 이의를 불러일으키는 사항에 대해서는 甲, 乙이 우호적으로 협의하여 해결한다.

제28조 (관할) 이 계약에 관한 소송의 관할 법원은 甲과 乙이 합의하여 결정하는 관할법원으로 하며, 甲과 乙간에 합의가 이루어지지 아니한 경우에는 甲사무소 소재지를 관할하는 법원으로 한다.

본 계약성립의 증명으로써 본서 2통을 작성하고 甲, 乙이 기명·날인한 본서를 1통씩 보관하다.

20○○년 ○월 ○일

甲	주 소					
	성 명 또 는 상 호	인	주민등록번호 또 는 사업자등록번호	–	전 화 번 호	
乙	주 소					
	성 명 또 는 상 호	인	주민등록번호 또 는 사업자등록번호	–	전 화 번 호	

[서식 263] 영업위탁계약서

영업위탁계약서

주식회사 ○○○클리닝(이하 "갑"이라 한다)와 ○○○(이하 "을"이라 한다)은 다음과 같이 영업위탁계약을 체결한다.

제1조【목 적】

1. "갑"은 "을"에 대해 "갑"이 임대한 ○○시 ○○구 ○○대로 ○○○ 스토아 소재의 "갑"의 점포 내의 크리닝영업(이하 "본 위탁영업"이라 한다)을 "을"에게 위탁한다.
2. 본 위탁영업장소의 위치 지정 및 변경은 "갑"에게 이를 행사하고, "을"은 이에 따르는 것으로 한다.

제2조【명 의】 본 위탁경영은 "갑"의 명의로서 이를 행사한다. 단, "을"의 명칭을 사용하는 경우라 하더라도, 이로써 본 위탁영업장소에 따라 "을"의 임대권 등이 발생하는 것이 아님을 확인한다.

제3조【신용유지의무】 "을"은 본 위탁영업을 함에 있어서 "갑"의 신용을 손상시키지 않도록 유의하여야 한다.

제4조【승인사항】 "을"은 본 위탁영업에 따른 판매품목, 판매가격, 그 외 기본적인 사항에 대해서는 미리 "갑"의 승인을 얻는 것으로 한다.

제5조【내장설비】 "을"이 본 위탁영업을 행사하기 위해 필요한 내장 및 설비 등은 원칙적으로 "갑"이 설치하여 "을"에게 사용하게 한다.

제6조【기타비용】 "을"이 본 위탁영업을 행사하기 위하여 필요로 하는 집기 그 외 비품 등은 "갑"과 "을"이 협의하여 결정한 것을 "을"의 부담하에 사용한다.

제7조【공공요금의 부담】

1. "을"이 본 위탁영업을 행사하기 위하여 필요로 하는 전기, 수도, 가스청소, 전화 등의 요금에 대해서는 원칙적으로 "을"의 부담으로 한다.
2. 냉난방비는 "갑"의 부담으로 한다.

제8조【광고비용】 본 위탁영업에 관한 광고, 선전, 장식 및 이에 필요한 비용부담은 그 때마다 "갑"과 "을"이 협의하여 이를 행한다.

제9조【종업원의 사용】

1. "을"은 본 위탁영업에 종사하는 종업원에 대해서, "갑"의 승인을 얻어야 하고 또 그 근무에 대해서는 "갑"의 지시에 따르기로 한다.
2. "갑"이 전 항의 "을"의 사용인에 대하여 영업상 그 외의 이유에 따라 부적합하다고 인정할 경우는 언제라도 이를 변경할 수 있다.

제10조【위반시 조치사항】 "을"은 미리 "갑"의 승인을 얻지 않으면, 본 위탁영업을 폐지 또는 휴지하는 것은 물론, 제3자에게 대행시킬 수 있다.

제11조【손해배상】 "을" 또는 "을"의 사용인이 본 위탁영업에 관하여 "갑" 또는 제3자에게 피해를 준 경우는, 그 이유를 불문하고 "을"은 본인의 책임하에 이를 처리하며 손해배상을 하는 것으로 한다.

제12조【위험부담】 영업시간중은 물론, 영업시간 외의 화재·도난 등의 원인에 의해 "을"이 손해를 입은 경우라 하더라도, "갑"은 그 원인을 불문하고 손해보상 등의 책임을 부담하지 않는다.

제13조【보 수】

1. "을"은 본 위탁영업의 매상대금의 일체를 "갑"이 지정하는 방법에 의해 "갑"에게 지급하기로 한다.
2. 전 항의 매상대금은 "갑"이 별도로 정한 기일마다 마감일에 계산하여 매상총액에서 제세공과금을 공제한 후, 그 잔액의 ○%에 상당하는 금액을 보수(위탁료)로서 "을"에게 지급

하는 것으로 한다.
3. 본 영업에 관한 부가가치세는 "갑"이 납부한다.

제14조【표준매상액】 "갑"과 "을"은 협의하에 매월 표준매상고를 결정하는 것으로 한다.

제15조【계약의 해제】
1. "갑" 및 "을"은 그 상황에 따라 2개월 전의 예고를 통해 이 계약을 해제할 수 있다.
2. "을"이 본 계약의 각 조항 중 어느 것을 위반했을 때, 또는 "을"의 매상고가 6개월 이상 계속하여 제14조의 표준매상고에 미치지 못한 경우, "갑"은 최고통지 없이 본 계약을 해제할 수 있다.
3. 제1항 또는 제2항의 경우는, "갑"과 "을" 모두 상대방에 대해 본 계약해제를 이유로 손해배상의 청구를 하지 않는다.

제16조【원상복구】 "을"은 본 계약이 효력을 상실한 경우, "을" 소유의 설비 및 물품을 즉시 "갑"의 점포 내에서 수거해야 한다. 만일, "을"이 이를 수거하지 않는 경우에 "갑"이 "을"의 비용으로 이를 수거하더라도 "을"은 어떤 이의를 제기할 수 없다.

제17조【규정외 사항】 본 계약에 정하지 않은 사항에 대해서는, 그 때마다 "갑"과 "을"이 협의하여 정한다.

제18조【계약기간】 본 계약의 유효기간은 20○○년 ○월 ○일부터 20○○년 ○월 ○일까지로 한다. 단, 본 계약기간만료 2개월 전에 "갑" 또는 "을"에게서 별다른 의사표시가 없는 경우, 다음 1년을 유효한 것으로 하고 이후 이 예에 따른다.

본 계약의 성립을 증명하기 위하여 이 계약서 2통을 작성하고 각각 서명(또는 기명) 날인하여 각각 1통씩 보관한다.

20○○년 ○월 ○일

갑	㉿	사 업 자 등 록 번 호		사 무 소	
				전화번호	
을	㉿	주민등록번호		주 소	
				전화번호	

[서식 264] 가공위탁계약서

가공위탁계약서

○○주식회사(이하 "갑"이라 한다)와 주식회사 ○○(이하 "을"이라 한다)는 다음과 같이 가공위탁계약을 체결한다.

제1조【목 적】 "갑"은 "을"에 대해서 ○○○○○○(이하 "본 제품"이라 한다)의 가공(이하 "위탁업무"이라 한다)을 위탁하고 "을"은 이것을 수탁한다.

제2조【개별계약】
1. "갑"과 "을" 간에 개개위탁업무의 수탁 및 위탁에 관해서는 본 계약의 결정에 의하는 외에 그때 "갑"과 "을" 간에 체결된 개별계약(이하 "개별계약"이라 한다)의 결정에 의한 것으로 하고 본 계약의 결정과 개별계약의 결정에 차이가 있을 경우는 개별계약의 결정이 우선한다.
2. 개별계약은 "갑"의 신청에 대해 "을"의 승낙한 경우에 성립한다.
3. 전 항의 신청 및 승낙은 각각 "갑"의 주문서 및 "을"의 청구서를 갖고 성립하는 것으로 한다. 단 "갑"과 "을"의 협의 후 별도 방법에 의할 수도 있다.

제3조【사 양】 "을"은 본 계약, 개별계약 및 "갑"이 "을"에게 교부하는 사양서, 도면 그 밖의 도서 및 "갑"의 지시에 따라 위탁업무를 한다.

제4조【재위탁】
1. "을"은 위탁업무의 전부 또는 일부를 제3자에게 재위탁하려고 할 때는 사전에 "갑"으로부터 서면에 의한 동의를 얻어야 한다.
2. "을"은 위탁업무의 전부 또는 일부를 제3자에게 재위탁할 때는 해당 제3자를 본 계약 및 개별계약의 결정을 준수시켜야 한다.
3. "을"은 위탁업무의 전부 또는 일부를 제3자에게 재위탁한 경우도 본 계약 및 개별계약에 정한 "을"의 의무를 피하지 않는다.

제5조【납 품】
1. "을"은 개별계약에 정해진 납기에 본 제품을 "갑"이 지정한 장소에 납품한다.
2. "을"은 납기 전에 본 제품을 납품하려고 할 경우는 사전에 "갑"의 승낙을 얻어야 한다.
3. "을"은 납기에 본 제품을 납품할 수가 없을 우려가 발생한 때에는 곧바로 그 사실을 "갑"에게 통지하고 "갑"의 지시에 따르기로 한다.
4. "을"은 납기지연으로 "갑"이 손해를 입은 경우는 손해배상을 하여야 한다.

제6조【검사 및 검수】
1. "갑"은 본 제품이 납품되었을 때는 지체없이 제품검사를 실시하고 납품된 본 제품이 제품검사에 합격하였을 경우는 "을"에 대해 검수통지를 발송해야 한다.

2. 제품검사로 품종, 수량, 품질에 대해서 개별계약의 결정과 차이가 발견되었을 때에는 "갑"은 곧바로 그 사실을 "을"에게 통지하고 아울러 그 처리에 대해서 지시를 내린다.
3. "을"은 전 항에 기초하여 "갑"으로부터 지시를 받았을 때에는 곧바로 그 지시에 따라 처리를 해야 한다. 단 "을"이 곧바로 처리를 하지 않은 경우 "갑"은 스스로 그 처리를 할 수가 있다. 이 경우 처리에 소요된 비용은 "을"이 부담한다.
4. "을"은 "갑"에게 납품한 본 제품이 개별계약의 결정과 차이가 있음으로써 "갑"이 손해를 입은 경우는 손해배상을 하여야 한다.
5. 본 제품의 납품 후 14일 이내에 "갑"이 검수의 통지 또는 제2항에 정한 통지를 하지 않은 경우는 납품한 때에 검수된 것으로 간주한다.
6. "갑"으로부터 검수의 통지가 있었거나 전 항에 기초하여 검수된 것으로 간주되었다고 해도 제8조에 정한 "을"의 책임은 경감되지 않는다.

제7조【소유권 및 위험부담】 본 제품의 소유권 및 위험부담은 검수의 통지가 이루어졌을 때에 을로부터 "갑"에게 이전한다.

제8조【보 증】

1. "을"은 "갑"에게 납품한 본 제품이 "갑"이 지시한 사양에 합치하고 정해진 품질, 성능을 구비할 것을 보증한다.
2. "을"이 "갑"에게 납품한 본 제품에 숨겨진 하자가 발견되었을 때 "을"은 무상으로 하자있는 제품의 수리, 대체품의 납품, 기타 "갑"이 요구하는 조치를 강구하여야 한다. 단, 검수 후 1년이 경과되었을 때에는 이에 해당되지 아니한다.
3. "을"은 "갑"에게 납품한 제품의 숨겨진 하자에 기인하여 "갑"이 손해를 입은 경우는 손해배상을 해야 한다. 단, 검수 후 1년이 경과하였을 때는 이에 한하지 아니한다.

제9조【공업소유권】 본 제품에 관해 제3자와의 사이에 공업소유권을 둘러싼 분쟁이 발생하였을 경우 "을"이 그 비용부담이 있어서 분쟁해결을 맡음과 동시에 이것으로 인해 "갑"이 입은 손해를 배상해야 한다. 단 그 분쟁이 "갑"의 책임에 기초한 사유에 기인할 때는 이에 해당되지 아니 한다.

제10조【지불방법】

1. 위탁업무의 대가 및 그 지불방법은 "갑"과 "을"간에 협의 후 별도로 정한다.
2. "갑"은 "을"에 대해서 금전채권을 가질 때는 위탁업무의 대가와 해당 금전채권을 해당금액으로 상쇄할 수가 있다.

제11조【경합금지】

1. "을"은 사전에 "갑"으로부터 서면에 의한 승낙을 얻은 경우를 제외하고 본 제품 또는 본 제품과 동종의 제품을 "갑" 이외의 제3자에게 판매하거나 제3자로 하여금 판매시켜서는 아니 된다.
2. "을"은 사전에 "갑"으로부터 서면에 의한 승낙을 얻은 경우를 제외하고 본 제품과 동종의 제품을 스스로 제조하거나 제3자로 하여금 제조시켜서는 아니 된다.

제12조【성과의 귀속】

1. 위탁업무를 함으로써 얻어진 공업소유권, 노하우 등의 성과(이하 "성과"라 한다)는 모두

"갑"에게 귀속하여야 한다.

2. "을"은 성과를 얻었을 때는 곧바로 그 내용을 "갑"에게 통지하고 "갑"이 요구하는 도면, 데이터 그 밖의 자료를 "갑"에게 교부하여야 한다.
3. "을"은 성과에 대해서 공업소유권의 출원을 해서는 아니 된다.

제13조【비밀유지】

1. "갑"과 "을"은 본 계약 또는 개별계약에 기초하여 얻은 상대방의 비밀 또는 정보를 엄히 지키며 이것들을 제3자에게 개시 또는 누설하여 위탁업무 이외의 목적으로 사용하거나 제3자에게 사용하게 해서는 아니 된다. 단, 다음의 각 항 중 하나에 해당될 경우는 이에 해당되지 아니 한다.
   가. 사전에 상대방으로부터 서면에 의한 동의를 얻은 경우
   나. 얻은 상대방의 비밀 또는 정보가 공지의 사실인 경우
   다. 상대방으로부터 개시를 받기 전에 다른 정당한 수단으로 입수한 비밀 또는 정보인 것을 증명한 경우
   라. 제4조에 기초하여 "을"이 제3자에게 위탁업무를 재위탁하는데 필요한 경우
2. "갑" 또는 "을"은 전 항의 결정에 위반하여 상대방에게 손해를 미친 경우에는 손해배상을 하여야 한다.

제14조【제공자료】

1. "을"은 위탁업무에 관해 갑으로부터 자료, 도면 그 밖의 서류(이하 "제공자료"라 한다)제공을 받은 경우는 이것들을 선량한 관리자의 주의 의무를 갖고서 보관, 관리하며 "갑"이 사전에 서면에 의한 승낙 없이 이것들을 제3자에게 개시, 누설하여서는 아니 된다. 단, 제4조에 기초하여 위탁업무를 제3자에게 재위탁하는 데 필요한 경우는 이에 해당되지 아니 한다.
2. "을"은 본 계약이 종결하거나 해제된 경우는 곧바로 제공자료원본 및 모든 복사본을 "갑"에게 반환하여야 한다.

제15조【손해배상】 "갑" 또는 "을"은 본 계약 또는 개별계약의 결정에 위반하여 상대방에게 손해를 끼쳤을 경우 손해배상을 하여야 한다.

제16조【유효기간】

1. 본 계약의 유효기간은 20○○년 ○월 ○일부터 ○년간으로 한다. 단, 기간만료 3개월 전까지 "갑"과 "을" 누구로부터 별도의 신청이 없을 경우는 다시 1년간 연장하는 것으로 하고 이후에도 동일하다.
2. "갑" 또는 "을"이 본 계약 또는 개별계약의 결정에 위반하여 상대방이 해당기간을 정하고 시정을 최고하였음에도 불구하고 그 기간 중에 시정이 이루어지지 않은 경우 상대방은 곧바로 본 계약을 해제할 수가 있다.
3. 본 계약의 종결 또는 해제의 경우에 이미 성립된 개별계약이 있는 경우 본 계약은 해당 개별계약에 정한 "갑" 및 "을"의 채무이행이 완료할 때까지 해당 채무이행의 목적 범위 내에서 효력을 갖는다.

본 계약의 성립을 증명하기 위하여 이 계약서 2통을 작성하고 각각 서명(또는 기명)

날인하여 각각 1통씩 보관한다.

20○○년 ○월 ○일

갑	㉑	사 업 자 등 록 번 호		사 무 소	
				전화번호	
을	㉑	사 업 자 등 록 번 호		사 무 소	
				전화번호	

[서식 265] 유지보수계약서(제품)

유지보수계약서

의뢰사 주식회사 ○○○○(이하 "갑"이라 한다)와 서비스제공사 주식회사 ○○○○(이하 "을"이라 한다)는 상호간에 다음과 같이 유지보수계약을 체결한다.

제1조【목 적】 본 계약은 "을"이 "갑"에게 판매한 ○○○○에 대한 유지보수 업무를 "을"이 담당하고 이와 관련된 사항의 규율을 목적으로 한다.

제2조【업무범위】 "을"은 "갑"의 영업장에서 사용하는 ○○○○제품 및 관련 부속기기의 유지 및 이동에 따른 유지보수 업무를 담당한다.

제3조【서비스 가격】 "갑"은 매월 금 ○○○원(₩○○○)을 유지관리 비용으로서 "을"에게 현금으로 지급하도록 하되 부품실비는 별도로 지급한다(VAT 별도). 다만, 부품 및 관련 주변용품의 비용이 금 ○○○원 미만의 경우에는 무상으로 공급하도록 한다.

제4조【업무수행】

1. "을"은 ○주 ○회 "갑"의 사무실로 방문하여 사무실내 지정된 장소에서 업무를 수행하여야 한다.
2. 제1항 이외에 불시에 고장 또는 "갑"의 요청이 있을 경우 "을"은 즉시 긴급보수에 임하여야 한다.

제5조【기록작성】

1. "을"은 매 업무 수행일마다 유지보수일지를 작성하여 "갑"에게 제출하고 "갑"의 확인을 받아야 한다.

2. 제1항의 "갑"의 확인이 없는 경우 업무를 수행하지 아니한 것으로 간주한다.

제6조【비밀유지】

1. "을"은 본 계약에 따른 업무수행 중 지득한 "갑"에 관한 일체의 경영 및 영업, 판매정보를 여하한 경우라도 외부에 누설하여서는 아니되며 이에 위반 시 "갑"은 일방적으로 계약을 해지할 수 있다.
2. "을"이 본 계약과 관련하여 "갑"으로부터 도면, 복사본, 기타의 서면 및 자료를 제공받은 경우 계약의 종료와 동시에 반환하여야 한다.

제7조【업무책임】

1. 본 계약의 작업 중 고의 또는 과실로 발생된 사고에 대하여는 "을"이 전적으로 책임을 지며 "갑"에 대한 재산상의 손해를 입혔을 경우 "을"이 이를 전액 보상하여야 한다.
2. "을"은 본 계약 하의 "을의 종업원의 모든 행동에 대하여 전적으로 책임을 지며 그들에 대한 감독 및 작업지시 및 근로자 보상의 책임을 진다.

제8조【계약기간】

1. 본 계약의 유효기간은 20○○년 ○월 ○일부터 20○○년 ○월 ○일까지로 한다.
2. 제1항의 기간만료일부터 ○일 이전에 어느 일방의 계약종료 통지가 없는 한 계약은 동일조건으로 매 ○년씩 자동 연장되는 것으로 한다. 다만, 일방의 계약조건의 변경통지가 있을 시에는 기간의 만료일까지 협의가 되지 아니하면 계약은 자동 종료되는 것으로 한다.

제9조【해 지】

1. 당사자 일방에 대하여 다음 각 호의 사유가 발생할 시 상대방은 즉시 계약을 해지할 수 있다.
   가. 가압류, 가처분, 경매 등의 사업의 불투명 사유가 발생할 시
   나. 파산, 회사정리, 화의신청 등의 사업불가능 사유가 발생할 시
2. 일방이 본 계약상의 규정에 위배한 때 상대방은 ○일 이상의 시정기간을 두고 사유를 명시하여 시정을 최고하며, 그럼에도 불구하고 시정이 이루어지지 아니할 시 즉시 계약의 해지를 통지한다.
3. 계약해지에 귀책사유 있는 당사자는 상대방에 대하여 손해배상의 책임이 있다.

제10조【기타사항】

1. 계약의 당사자는 본 계약의 내용을 신의성실에 의거하여 준수하여야 한다.
2. 계약기간 중 계약의 변경은 당사자의 서면 합의에 의해서만 변경될 수 있으며 서명날인된 문서를 본 계약서의 말미에 첨부한다.
3. 본 계약서에서 명시되지 않은 부분에 대하여는 관련 법규 및 상관습에 따르기로 한다.

제11조【분쟁해결】

1. 본 계약과 관련하여 양 당사자 간의 분쟁이 발생한 경우, 원칙적으로 "갑"과 "을" 상호간의 합의에 의해 해결한다.
2. 제1항에도 불구하고 분쟁이 해결되지 않을 경우 "갑"의 주소지 관할 지방법원을 그 관할로 하여 재판함으로써 해결한다.

제12조【특약사항】 상기 계약일반사항 이외에 "갑"과 "을"은 아래 내용을 특약사항으로 정하며, 특약사항이 본문과 상충되는 경우에는 특약사항이 우선하여 적용된다.

위와 같이 본 계약이 유효하게 성립하였음을 증명하기 위하여 본 계약서 2통을 작성하여 각각 서명(또는 기명) 날인한 후 "갑"과 "을"이 각각 1통씩을 보관한다.

20○○년 ○월 ○일

갑	㊞	사 업 자 등 록 번 호		사 무 소	
				전화번호	
을	㊞	사 업 자 등 록 번 호		사 무 소	
				전화번호	

[서식 266] 유지보수계약서(장비)

유지보수계약서

○○주식회사(이하 "갑"이라 한다)와 주식회사 ○○(이하 "을"이라 한다)는 다음과 같이 장비유지보수계약을 체결한다.

제1조【유지보수 계약의 정의】 장비유지보수계약이란 "을"이 "갑"에게 계약한 장비가 정상적으로 사용될 수 있도록 "을"은 장비 가동에 필요한 보수를 행하며, "갑"은 이에 대하여 소정의 비용을 "을"에게 지불하는 것으로 한다.

제2조【유지보수】 유지보수란 대상장비에 대하여 원활한 가동상태를 유지할 수 있도록 아래와 같은 서비스를 제공하는 것을 말한다.

1. "을"은 분기당 1회 이상 정기점검을 실시한다.
2. "갑"의 요청이 있을 때에는 신속히 방문하여 수리하여야 한다.

제 3 조【 계약기간 】 본 계약의 유효기간은 20○○년 ○월 ○일부터 20○○년 ○월 ○일까지 (○○년)으로 한다.

품 명	모 델 명	S/No	비 고
○○○○	○○○○	○○○-○○○-○○○	
○○○○	○○○○	○○○-○○○-○○○	
○○○○	○○○○	○○○-○○○-○○○	
○○○○	○○○○	○○○-○○○-○○○	

제 5 조【 유지보수비용 】

1. 유지보수비용은 연 금액 ○○○원/대당으로 한다.
2. 보수에 소요되는 부품은 별도로 청구한다.

제 6 조【 비용의 지불 】 유지보수비용은 계약일로부터 7일 이내에 지불하여야 한다.

제 7 조【 계약조항의 해석 】 본 계약서에 명시되어 있지 아니한 사항이나 각 조항과 다른 조항을 특약할 경우에는 "갑"과 "을"이 따로 서명으로 합의함으로서 그 효력이 발생하며 본 계약에 명시되지 않은 사항은 일반 상관례에 따른다.

본 계약의 성립을 증명하기 위하여 이 계약서 2통을 작성하고 각각 서명(또는 기명) 날인하여 각각 1통씩 보관한다.

20○○년 ○월 ○일

갑	㊞	사 업 자 등 록 번 호		사 무 소	
				전화번호	
을	㊞	사 업 자 등 록 번 호		사 무 소	
				전화번호	

[서식 267] 유지정비보수계약서

유지정비보수계약서

○○○○(이하 "갑"이라 한다)와 ○○○○(이하 "을"이라 한다) 업체간에 컴퓨터 및

하드웨어(이하 "장치"라 한다)에 대한 유지보수 서비스제공을 목적으로 하는 계약을 다음과 같이 체결한다.

제 1 조【유지정비보수의 정의】 유지정비보수란 "을"이 "갑"에게 대상품목에 대하여 "을"이 항상 기계의 성능을 정상상태로 유지정비보수하는 서비스를 시행하고, "갑"은 "을"에게 그 대가로 유지보수료를 지급하는 것을 말한다.

제 2 조【계약의 목적】

1. 본 계약은 "갑"과 "을" 간의 회원 계약에 관한 전반적인 사항을 규정하고 상호 협조와 신뢰로써 이를 성실히 준수하고 공동의 번영과 발전을 도모함을 그 목적으로 한다.
2. "갑"이 보유하고 있는 전산장비 일체의 유지보수에 관한 제반계약 사항을 규정함을 목적으로 한다.

제 3 조【보수계약대상】 본 계약의 대상내용은 별첨 정비보수계약장비 명세서에 한한다.

제 4 조【계약기간】 계약기간은 20○○년 ○월 ○일부터 가산하여 1년으로 한다.

제 5 조【유지보수료】

1. "갑"이 "을"과 계약하여 도입한 컴퓨터의 유지보수에 대한 수수료를 월 유지보수료라 한다.
2. 유지보수료라 함은 유지비, 정비보수에 대한 수수료, 교환하는 부품비와 관련된 기술료 등을 정비유지보수료라 한다.
3. 월 유지보수료는 월 ○○○원으로 한다.
4. 유지보수료는 "을"이 "갑"의 컴퓨터에 대하여 실시하는 유지보수 외에 전산소모품 및 이에 소요되는 특별한 경비는 "갑"의 비용으로 한다.
5. 유지보수료라 함은 상기 1, 2항과 본 계약 제15조 사항의 모든 비용을 말하며 부가가치세는 별도로 한다.

제 6 조【청구 및 지불】

1. 유지보수료는 선납을 원칙으로 한다.

2 "을"은 본 계약 개시와 동시에 유지보수료를 청구하며, "갑"은 이 청구에 이의가 없는 한 약정된 날짜(매월 ○일)에 "을"이 현금 또는 지정계좌번호로 지불하여야 한다.

지정계좌번호	○○은행	○○○-○○-○○○○○○○	예금주 : ○○○ 인

3. 제15조 사항에 따른 유지보수료는 매 발생 시마다 "을"은 별도 청구하며 "갑"은 이를 제6조 가항과 동일한 방법으로 지불한다.
4. 입금이 지연될 경우 지연되는 기간동안 지원을 일시 중단하거나 지연일 수 1일당 월 유지보수료의 3%에 해당하는 지체보상금을 "갑"은 "을"에게 지불한다.
5. "을"이 제2장 8조 유지보수사항의 규정을 위반하여 "갑"의 운영에 지장을 초래하는 경우 해당 컴퓨터의 지체시간당 월 유지보수료의 3%에 해당하는 금액을 당월 유지보수에서 상계 처리한다.

제7조【계약금액의 변경】

1. 대상기기가 증가되었을 경우 보수기간, 요율금액 등은 현 계약유지보수요율 기준에 따라 쌍방 협의하여 조정한다.
2. 대상기기가 감소하였을 경우 감소되는 해당 월부터 대상정비보수료를 감한다.

제8조【유지보수의 내용】

1. "갑"은 "을"의 유지보수 요원이 유지보수를 위하여 컴퓨터 설치장소의 출입이나 컴퓨터 사용을 허가하며, 서비스기계 및 도구의 보관, 작업에 필요한 장소, 환경 및 기타제반사항의 편의를 제공하여야 한다.
2. "을"은 "갑"의 컴퓨터 시스템이 최적의 상태로 동작할 수 있도록 최선을 다하여 보수에 임하여야 한다.
3. "을"은 유지보수의 내용은 필요한 부품의 교환을 포함하고, 교환부품의 제공은 성능상 동질품 및 동등품의 부속품을 유지보수를 위해 항상 노력하여야 한다.
4. "을"은 고장수리가 완료된 즉시 "갑"에게 통보해야 하며 "갑" 또는 "갑"이 지정한 자의 입회하에 테스트로 확인시킴으로 수리가 완료된 것으로 한다.
5. 정기점검 일정은 상호협의(최소 1주일 전)후 정하며 정해진 정기검진일자는 임의로 변경할 수 없다(단, 상호 협의된 경우는 그러지 아니한다).
6. 정기점검일은 1개월에 1번으로 한다.

제9조【부대설비의 하자】 "갑"이 컴퓨터에 선택 품목으로 타사 제품을 부착하고자 할 경우 "을"과 협의해야 하며 "을"은 컴퓨터의 성능 내지 기능이 저하되지 않는 한 이를 거절할 수 없으며, 협의없이 부착시는 장비의 고장에 "을"이 책임지지 않는다.

1. "갑"은 "을"의 요원이 제시하는 사용방법과 시설조건을 준수하되 컴퓨터에 대하여는 "을"과 협의없이 부속품의 부착이나 수리를 하여서는 안된다.

제10조【장소의 변경】 "갑"이 컴퓨터의 설치장소를 이전코자 할 경우 "을"에게 통보하여야 하며, "을"의 책임하에 컴퓨터를 이전하여야 한다,

제11조【유지보수시간】

1. "을"은 고장통보를 받은 후 다음날까지 "을"의 요원을 장치의 설치장소에 도착시키며 고장 통보한 날의 다음날이 공휴일이나 연휴인 경우는 그 다음날까지 도착하여 조치한다.
2. "을"은 고장통보를 받고 설치장소에 도착하여 유지보수에 최선을 다하며 24시간 내에 정비보수를 한다.
3. 유지보수는 "갑"의 고장통보에 의해 행하며, 고장통보는 정규근무시간(월~금요일은 ○○:○○~○○:○○시까지, 토요일은 ○○:○○~○○:○○시까지) 중으로 행한다.

제12조【부품의 소유권】 "을"이 정비보수시 교환한 유상불량부품의 소유권은 "갑"에게 귀속된다.

제13조【계약의 변경】

1. 본 계약은 본 계약 제4조에 정한 계약기간이 종료될 때까지 어느 일방에 의해 전체 혹은 일부분을 변경할 수 없다.

2. 정부시책의 변경, 경제여건의 현저한 변동 등 천재지변 및 기타 부득이한 사유가 발생할 경우에는 "갑"과 "을"은 합의하에 본 계약의 일부 또는 전부를 변경할 수 있다.

제14조【계약의 해지】

1. 다음에 해당하는 경우 "갑" 또는 "을"은 서로에게 통보 후 본 계약을 해지할 수 있다.
   가. "갑"이 영업상에 있어 "을"의 명예를 실추시키거나 불이익을 초래할 때
   나. "갑"이 "을"에게 지불해야 할 채무의 변제를 2개월 이상 지체한 때
   다. "갑"이 강제집행을 받았거나 파산, 회사정리 신청이 있을 때
   라. "을"이 사전 통보없이 서비스를 3회 이상 연기 또는 지체했을 때
   마. "을"이 "갑"과의 사전 협의없이 부당한 금액을 요구할 때
   바. "을"이 "갑"과의 상의없이 "갑"의 영업을 방해할 때
2. "갑"과 "을"이 본 계약을 해지하고자 할 경우 계약종료 1개월 전에 문서에 의한 요청으로 가능하다.

제15조【유지보수 예외사항】 다음 각 항에 해당하는 사고가 발생했을 때에는 "을"은 "갑"에 대한 의무가 면제되며, 이로 인하여 발생되는 손해를 "을"이 책임지지 않는다.

1. "갑"의 컴퓨터 운영자 및 그 외 사람에 의한 고의 및 과실로 발생한 고장의 경우
2. "갑"이 규격 외 소모품을 사용함으로 인하여 발생한 고장의 경우
3. 낙뢰 등 천재지변에 준하는 경우(단, 기술적 소명자료 제출은 "을"의 책임)
4. 타 업체에서 개조 및 수리 등으로 고장을 발생하거나 파손한 경우
5. 기준적인 환경 외 조건하에서 장치를 운용함으로써 발생한 고장의 경우(단, 문제 발생시에는 "을"은 "갑"에게 사전 통보해야 한다)
6. HDD/모니터/프린터/HEAD등의 치명적인 불량으로 재생(수리)이 불가능한 경우는 "갑"은 교체에 따른 비용을 별도로 부담하며 "을"은 이를 실비용으로 제공한다.
7. 소프트웨어는 정품을 항상 사용해야 하며 원본디스크를 컴퓨터 자료보관실에 항상 비치해야 하며 소프트(데이터)는 유지보수 할 수 없으며 항상 사용자가 백업을 하여야 한다.
8. 데이터 유실시 복구전문업체에 의뢰하며, 모든 비용은 "갑"이 부담한다.
9. 제품자체의 개발, 생산의 결함으로 인하여 오동작, 작동불능일 경우 유지보수에 해당되지 않으며 제품의 신뢰성을 검토하여 그 자료를 "갑"에게 제출한다. 이때 제품의 하자가 있으면 제품을 즉시 교체해야 하며 비용은 "갑"이 부담한다.

제16조【정비보수 및 정기점검 불이행에 대한 조치】

1. "을"이 정비보수에 관한 규정을 위반하여 "갑"의 운영에 지장을 초래하여 동일기기당 사용불가능 누적시간이 월 48시간 이상일 때에는 월 정비 보수료의 1/31씩 공제한다.
2. 자연재해로 인한 교통두절 등 특수사정으로 지연될 경우에는 예외로 한다.
3. 시스템의 상황에 따라 추가적인 시간이 필요로 할 시 쌍방간의 합의에 따라서 임의적인 시간을 정할 수 있다(단, 정해진 시간은 철저히 준수해야 한다).
4. "갑"의 메인컴퓨터 또는 단말기의 사용 불가능이 기기운영자 및 그 외 사람에 의하여 고의로 발생하였거나 낙뢰 등 천재지변에 준하는 고장일 경우의 손해는 "을"이 책임지지 않는다.

제17조【계약의 해석】 본 계약의 각 조항 해석에 이의가 있을 시 "갑"과 "을"의 양자의 합의에

의하여 결정하되 합의에 이르지 못할 때에는 일반 상관례에 따르기로 한다.

1. 본 계약에서 정하지 아니한 사항 또는 본 계약 내용에 대하여 분쟁이 발생하였을 때에는 "갑"과 "을"이 상호 협의하여 해결한다.
2. 본 계약에서 정하지 아니한 사항 또는 본 계약의 각 조항과 다른 사항을 특약 할 경우에는 "갑"과 "을"이 따로 서면으로 합의함으로서 그 효력을 발휘한다.

제18조【기 타】 "갑"은 "을"이 장비를 외부로 반출하고자 할 때 "갑"의 관리지정자와 협력해서 장비를 반출할 수 있도록 책임진다.

본 계약의 성립을 증명하기 위하여 이 계약서 2통을 작성하고 각각 서명(또는 기명) 날인하여 각각 1통씩 보관한다.

20○○년 ○월 ○일

갑	㊞	사업자 등록번호		사무소	
				전화번호	
을	㊞	사업자 등록번호		사무소	
				전화번호	

[서식 268] 시설관리운영계약서

시설관리운영계약서(시설관리 운영보증금)

○○○○(이하 "갑"이라 한다)와 ○○○○ 주식회사(이하 "을"이라 한다)는 기 체결한 "분양(입회)계약"에 의거 "갑"과 "을"간에 다음과 같이 시설관리운영계약을 체결한다.

제1조【목 적】 본 계약은 콘도에 대하여 회원과 회사간에 합리적이고 효율적인 시설관리 및 운영 전반에 대한 기본사항을 정하는데 목적이 있다.

제2조【계약기간】 본 계약은 별도로 체결한 분양(입회)계약의 물건취득일로부터 20년간으로 하며, 동기간 경과 후 재계약을 체결한다.

제3조【시설관리 운영보증금】

1. "갑"은 제2조에 의한 계약기간 동안 "을"에게 위탁한 시설의 원활한 관리 운영을 위하여

시설관리 운영보증금을 지불하여야 한다.
2. 시설관리 운영보증금은 금 ○○○원이다.
3. 전 항의 보증금은 20년간 무이자로 예치하며 계약기간 만료 후 원금만을 반환한다. 단, 천재지변 등 불가항력의 사태가 발생할 경우에는 일정기간 동안 반환을 연기할 수 있다.

제4조【보증금 지급방법】 "갑"은 제3조의 보증금을 다음과 같이 "을"에게 납입한다.

구 분	금 액	지 급 일
계 약 금		
중 도 금		
잔 금		

제5조【위탁업무의 범위】 "갑"이 "을"에게 위탁하는 업무의 범위는 다음과 같다.
1. 콘도의 관리운영, 유지보수 및 "시설이용약관"에 정하는 업무
2. 콘도의 안전, 방화, 방범업무
3. 부지내의 정원, 수록, 주차장 등의 시설 유지관리업무
4. 청소 오물수거 및 위생소독에 관한 업무
5. 제세공과금 및 비용 등의 지불업무
6. 콘도의 화재보험 및 기타 손해보험계약업무 및 보험금 이용방법에 관한 업무
7. 대 관공서 대행업무
8. 콘도이용에 따른 예약업무
9. 기타 본 콘도의 유지관리에 필요한 일반적 업무

제6조【시설사용의 분담금】 "갑"은 콘도를 사용함으로써 발생되는 다음 비용을 부담하는 것으로 한다.
1. 공동으로 사용하는 전기료, 연료비, 청소비, 보수비, 소독비, 오물수거료, 일반관리비
2. 콘도에 대한 제세공과금, 보험료, 수선충당금, 제수수료 등의 비용
3. 콘도 이용시 발생하는 소모품비, 청소비, 가스료, 전기료, 수도료, 연료비, 일반관리비

제7조【연체료 및 할인료】
1. "갑"이 본 계약에 따라 지불하여야 할 금액을 소정일까지 지불하지 아니한 때에는 지불기일의 다음날부터 지불시까지 해당 지불금액에 대해 시중은행의 18% 연체요율에 준한 연체료를 "을"에게 지불하여야 하고, 지불기일 전에 선불할 시는 시중은행 이자율 범위 내에서 이자를 공제받을 수 있다.
2. 전 1항의 할인료, 연체료의 산입은 잔금 납부시에 적용 처리한다.

제8조【"갑"의 권리】 회원은 회사에 대하여 다음 각 호의 권리를 갖는다.
1. 회원은 별도의 분양(입회)계약에 의한 년 30박의 시설이용권을 갖는다(1실 10구좌 기준).
2. 입회계약을 체결한 회원의 경우에는 제2조의 계약기간 경과 후 회원과 회사간에 재계약 또는 별도의 상호 합의가 없는 경우 보증금의 반환 청구권을 갖는다.

제9조【"갑"의 의무】 회원은 이 계약상의 제반조항과 "시설이용약관" 및 콘도사업장내의 규정 기타 상호 협의된 사항의 준수의무를 갖는다.

제10조【"을"의 권리】

1. "갑" 또는 "갑"의 동반자 및 "갑"이 승인한 이용자가 본 계약 및 "시설이용약관" 동의 각 조항을 위반했을 경우 또는 위반할 우려가 있는 경우 "을"은 그 이용을 중지시킬 수 있다.
2. 화재의 발생, 콘도의 재보수 등 기타 이용곤란으로 여겨지는 사태가 발생했을 때 "을"은 "갑"의 이용을 중지시킬 수 있다.
3. "을"은 관리운영의 수탁자로서 공동의 이익을 위해 필요하다고 인정되는 경우, 콘도를 보수 또는 개축할 수 있다.
4. 이용자 전원의 안전 및 편의제공에 필요하다고 인정되는 예산사업을 편성, 진행할 수 있다.

제11조【"을"의 의무】

1. "을"은 모든 시설에 관리요원을 배치하여 이용자에게 불편함이 없도록 최선을 다한다.
2. 콘도는 년 중 무휴를 원칙으로 하고 부득이한 사정으로 휴무를 할 경우에는 그 요지를 "갑"에게 미리 통보하여야 한다.

제12조【계약해제】

1. "갑"은 본 계약체결 후에 "을"의 귀책 사유없이 "갑"이 본 계약을 해제한 경우, 기 불임한 계약금은 위약금으로서 "을"에게 귀속하고 그 이외의 "갑"이 납입한 금액을 "갑"에게 반환한다.
2. 본 계약의 체결이후 "갑"이 제3조의 입회금을 납입약정일까지 납입하지 아니하여 "을"이 납입 독촉을 하였음에도 불구하고 "갑"이 이를 이행하지 아니하는 경우 "을"은 본 계약을 해제할 수 있고 "갑"은 기납입한 입회금 중 계약금의 반환을 청구할 수 없다.

제13조【기 타】

1. 본 계약 이외의 사항에 대하여는 별도의 분양(입회)계약서 및 시설이용약관 및 사업장내 비치된 제반규정에 의한다.
2. 회원은 분양(입회)계약에 의거 콘도회원권을 양도하고자 할 경우 본 계약의 채권, 채무사항들은 자연 승계되며 그 기간은 양도인의 잔여기간으로 한다.
3. 전 항에 정하지 아니한 사항에 대하여는 "갑", "을" 쌍방 상호 합의에 의하여 결정하고 합의되지 아니한 사항은 일반관례에 따른다.

본 계약의 성립을 증명하기 위하여 이 계약서 2통을 작성하고 각각 서명(또는 기명) 날인하여 각각 1통씩 보관한다.

20○○년 ○월 ○일

<table>
<tr><td rowspan="2">갑</td><td rowspan="2">㊞</td><td rowspan="2">사 업 자
등 록 번 호</td><td rowspan="2"></td><td>사 무 소</td><td></td></tr>
<tr><td>전화번호</td><td></td></tr>
</table>

을	㊞	사 업 자 등 록 번 호		사 무 소	
				전화번호	

[서식 269] 폐기물 위탁처리(운반포함)계약서

폐기물 위탁처리(운반포함)계약서

폐기물관리법 제25조와 관련하여 배출자 "○○○"(이하 "갑"이라 한다)과 수집운반자 "주식회사 ○○ 대표이사 ○○○"(이하 "을"이라 한다)과 처리업자 "○○ 주식회사 대표이사 ○○○"(이하 "병"이라 한다) 간의 폐기물 위탁처리계약을 다음과 같이 체결한다.

제1조【위탁운반처리】"갑"의 사업장에서 발생되는 폐기물을 "을"이 수집운반하여 "병"이 위탁처리한다.

제2조【폐기물 종류 및 수수료 지불】"갑"과 "을"과 "병"의 폐기물 종류 및 수수료는 다음과 같다.

구 분	폐기물종류	발생량(년/톤)	성상	단위	운반비	처리비	처리방법
수집운반 ("을")	폐흡착제 (폐활성탄)	(발생시)	고상	kg			차량운반
처 리 ("병")	폐흡착제 (폐활성탄)	(발생시)	고상	kg			재활용

제3조【계약기간】본 계약기간은 20○○년 ○월 ○일부터 20○○년 ○월 ○일까지로 하며, 본 계약만료 1개월 전까지 "갑", "을", "병" 어느 쪽에서도 서면으로 계약내용의 변경 또는 해약에 대한 의사표시가 없을 때에는 계약만료일로부터 년간 계약을 연장하는 것으로 간주한다.

제4조【준수사항】

1. "갑"은 "을"과 "병"이 요구하는 서류(사업장폐기물배출자신고필증, 폐기물처리계획서, 분석결과서 등)제출에 적극 협조하여야 한다.
2. "을"은 "갑"이 지정하는 장소에 차량을 배치하여 폐기물을 수집하고 수집 즉시 "병"의 장소에 운반함을 원칙으로 한다.
3. "을"은 운반시 적재중량 및 높이를 준수하며 폐기물이 흩날리지 않도록 결속하거나 덮개로 덮는다.

4. "을"과 "병"은 폐기물 수거 처리함에 있어 폐기물관리법을 준수하여 적법하게 운반 및 처리해야 한다.
5. "을"과 "병"은 사업장에서 안전사고에 유의하여야 하며 "을"의 잘못으로 인하여 발생한 사고에 대하여 "을"은 전적으로 책임을 진다.

제 5 조 【 재위탁금지 】 "을"과 "병"은 계약기간 중 위탁받은 폐기물을 정당한 사유없이 위탁받은 성상 그대로 재위탁할 수 없다.

제 6 조 【 계약해지 】 "을"과 "병"이 본 계약을 위반하거나 기타 불법행위로 "갑" 또는 제3자에게 손해를 입히거나 "갑"의 명예나 이미지를 실추시킨 때 또는 환경감사결과 정상적으로 처리할 수 없다고 판단될 때에는 "갑"은 계약을 해지할 수 있다.

제 7 조 【 환경감사 】 "갑"은 환경경영시스템의 규정에 준하여 "을"과 "병" 회사에 대한 정기 및 불시 환경감사를 실시할 수 있으며, "을"과 "병"은 이에 성실히 협조해야 한다.

본 계약의 성립을 증명하기 위하여 이 계약서 3통을 작성하고 각각 서명(또는 기명)날인하여 각각 1통씩 보관한다.

20○○년 ○월 ○일

갑	㊞	사 업 자 등 록 번 호		사 무 소	
				전화번호	
을	㊞	사 업 자 등 록 번 호		사 무 소	
				전화번호	

[서식 270] 위임계약서(건물매도)

위 임 계 약 서

위임인 ○○○(이하 "갑"이라 한다)와 수임인 ○○○(이하 "을"이라 한다)는 다음과 같이 합의하여 위임계약을 체결한다.

다 음

제 1 조 【 계약의 목적 】 "갑"은 "을"에게 "갑" 소유의 ○○시 ○○구 ○○대로 ○○(○○동)

소재 철근콘크리트조 ○○평의 건물 1동을 대금 ○○○○○○원 이상으로 매각하는 일과 이에 관련된 일체의 행위를 위임한다.

제2조【계약기간】 계약기간은 20○○년 ○월 ○일까지로 한다.

제3조【비용의 부담】 위임사무에 관한 비용은 위임자가 부담하고 수임자의 청구가 있을 때에는 이를 선급한다.

제4조【보 수】 수임자에 대한 보수는 금 ○○○○○원으로 하고 위임사무가 완결한 때에 이를 지급한다.

제5조【복대리인】 수임자는 필요 있을 경우에는 수임자의 책임으로 복대리인을 선임할 수 있다.

제6조【계약의 해지】 "갑" 또는 "을"은 언제든지 계약을 해제할 수 있다.

제7조【"을"의 보고의무】 "을"은 "갑"의 청구가 있는 때에는 위임사무의 처리상황을 보고하고 위임이 종료한 때에는 지체 없이 그 전말을 보고하여야 한다.

제8조【규정외 사항】

1. 이 계약에 정하지 않은 사항 또는 이 계약조항의 해석에 대하여 이의가 발생한 때에는 "갑"과 "을"이 협의하여 해결하기로 한다.
2. 당사자간에 협의가 이루어지지 아니할 경우에는 일반적인 상관례에 따른다.

본 계약에 대하여 계약당사자가 이의 없음을 확인하고 각자 기명(또는 서명) 날인한다.

20○○년 ○월 ○일

갑	㊞	주민등록번호		주 소	
				전화번호	
을	㊞	주민등록번호		주 소	
				전화번호	

[서식 271] **변호사 사건위임계약서**(민사, 행정)

사건위임계약서(민사, 행정 등)

위임인(갑) :

수임인(을) : 변호사 / 법무법인

사건의 표시

사건번호		사 건 명	
당 사 자		상 대 방	

위 당사자들은 위 표시 사건의 제___심에 있어서의 사건처리에 관한 위임계약을 다음과 같이 체결한다.

제1조【목 적】 갑은 을에게 위 표시 사건의 처리(이하 "위임사무"라 한다)를 위임하고, 을은 이를 수임한다.

제2조【위임한계】 갑이 을에게 위임하는 위임사무의 한계는 당해 심급에 한하고, 파기 환송된 사건이나 상소의 제기, 강제집행, 강제집행정지, 보전처분 등 부수적 절차에 관한 사항은 따로 정한다. 보전처분 사건의 경우, 이의사건 또는 취소사건은 별개의 위임사무로 한다.

제3조【수권범위】 갑은 을에게 따로 작성하여 교부하는 위임장 또는 선임서에 적은 자격과 권한을 수여한다.

제4조【수임인의 의무】 을은 변호사로서 법령에 정한 권리와 의무에 입각하여, 위임의 내용에 따라 선량한 관리자의 주의를 다하여 위임사무를 처리한다.

제5조【자료제공 등】 을이 위임사무를 처리하는데 필요하다고 인정하여 요구한 자료 또는 조회한 사항에 대하여 갑은 지체 없이 이에 응하여야 한다.

제6조【착수보수】

① 갑은 을에게 위임계약의 성립과 동시에 착수보수로 금 ______________원(부가가치세 별도)을 지급한다.

② 제1항의 착수보수는 을이 위임사무에 관한 연구, 조사, 서면작성을 하는 등 위임사무에 착수한 후, 을에게 책임 없는 사유로 인한 당사자의 소의 부제기 또는 취하, 상소의 부제기 또는 취하, 청구의 포기, 인낙, 소송상 화해, 조정, 소송물의 양도, 당사자의 사망 등의 경우에는 갑이 그 반환을 청구하지 못하는 것을 원칙으로 하되, 필요한 경우 갑과 을의 협의하에 이를 조정할 수 있다.

③ 을이 위임사무를 착수하기 이전이라도 을에게 책임 없는 사유로 인한 갑의 일방적인 위임계약 해지, 또는 제9조에 의한 위임계약의 해지 등의 사유가 발생한 경우에는 이로 인하여 을이 입거나 입게 되는 손해 혹은 손실에 해당하는 금액을 공제한 나머지 금액을 반환하기로 한다.

④ 갑과 을이 합의로 위임계약을 해지 또는 을이 부득이한 사유로 위임계약을 해지하는 경우에는, 당시까지 을의 변호사 및 전문보조인력들이 갑을 위하여 일한 일체의 시간(수임을 위하여 상담하거나 연구한 시간 포함)에 을이 정하고 있는 시간당 보수율을 곱하여 산출된 금액을 착수보수에서 공제하고 잔액이 있을 경우 이를 반환한다.

제 7 조【성과보수】

가. 성과보수

위임사무가 판결, 재판상 내지 재판외 화해(화해권고결정 포함), 조정(조정에 갈음한 결정 포함) 등으로 성공한 때에는 다음 구분에 의하여 성과보수를 지급하기로 한다.

① 전부 승소한 경우 : 금 ______________원(부가가치세 별도)
일부 승소한 경우 : 위 금액을 승소비율로 계산한 금액(부가가치세 별도)

② 승소로 얻은 경제적 이익가액의 _______%에 해당하는 금액(부가가치세 별도)

③ 상소심의 경우 달리 정함이 없는 한 상소심의 심판의 대상 전부를 기준으로 하여 승소 비율을 정한다.

나. 승소로 보는 경우 : 다음의 경우에는 승소로 보고, 위 가항에 정한 성과보수액을 지급하여야 한다.

① 을이 위임사무처리를 위하여 상당한 노력을 투입한 후 갑이 임의로 청구의 포기 또는 인낙, 소의 취하, 상소를 취하한 경우

② 을의 소송수행 결과로 인하여 상대방이 청구의 포기 또는 인낙, 소의 취하, 상소를 취하한 경우(상대방이 이러한 사정으로 청구취지 또는 항소취지를 감축하는 경우에도 감축된 부분에 관하여 성공한 것으로 본다)

③ 을의 소송수행 결과로 인하여 소송대상인 행정처분이 직권취소되거나 경정처분된 경우

④ 을이 위임사무 처리를 위하여 상당한 노력을 투입한 후 갑이 정당한 사유 없이 위임계약을 해지하거나, 제9조에 따라 을이 위임계약을 해지한 경우

다. 전항 제1호 사유 중 갑이 아무런 경제적인 이득 또는 기타 이득이 없이 청구의 포기, 소의 취하, 인낙, 상소를 취하한 때에는 을의 노력 및 업무 수행 경과를 감안, 갑과 을이 상호 협의하여 성과보수를 조정할 수 있다.

제 8 조【비용부담】

① 을이 위임사무를 처리하는데 필요한 인지대, 송달료, 감정료, 예납금, 보증금, 등사료, 여비, 기타 필요한 실비는 그 전액을 갑이 부담한다.

② 갑은 제1항의 비용에 충당하기 위하여 금 ______________원을 예치한다.

③ 출장 일당으로 1일 금 ______________원을 비용 발생 때 지급한다.

④ 전항의 비용은 제2항의 예치금 중에서 충당할 수 있다.

제 9 조【계약해지】 갑이 이 위임계약에 정한 의무를 이행하지 아니하거나 위임사무의 내용에

관하여 진술한 사실이 허위인 때에는, 고의가 아닌 경우라도 을은 이 계약을 해지하고 사임할 수 있다.

제10조【통지의무】 을은 위임사무의 중요한 처리상황 및 그 결과를 갑에게 통지하고, 위임이 종료한 때에는 그 결과를 갑에게 지체 없이 통지하여야 한다.

제11조【보수지급의 지체】
① 갑이 이 위임계약에 정한 비용 또는 보수의 지급을 지체한 때에는, 을은 위임사무에 착수하지 않거나 그 위임사무의 처리를 중단하거나 사임할 수 있다.
② 전항의 경우 을은 신속하게 갑에게 그 취지를 통지하여야 한다.

제12조【자료의 보관책임】 을이 위임사무를 처리하기 위하여 갑으로부터 제공받은 자료는 위임 종료시 갑에게 수령할 것을 통지한 후 3개월 내에 별다른 의사표시가 없을 경우 을은 이를 임의로 폐기할 수 있다.

제13조【지급보장】
① 을은 이 위임계약에 정한 비용 또는 보수의 지급을 확실하게 보장하기 위하여 갑에게 필요한 조치를 요구할 수 있다.
② 을은 갑이 제1항의 비용 또는 보수의 지급의무를 이행하지 아니하는 때에는, 위임사무의 처리에 관련하여 보관하게 된 금전, 문서 또는 자료 등을 유치하거나 상계처리 할 수 있다.
③ 전항의 경우 을은 신속하게 갑에게 그 취지를 통지하여야 한다.

제14조【인장조각】 이 위임계약의 수행 상 필요한 경우, 을은 갑 또는 당사자의 인장을 조각하여 사용할 수 있다. 단, 을은 사후에 인장조각 및 사용사실을 통지하여야 한다.

제15조【비밀유지】 을은 업무상 취득한 갑의 모든 비밀정보를 비밀로 유지하고, 업무수행상 필요하거나 법적으로 공개가 요구되는 경우 이외에는 갑의 동의 없이 제3자에게 공개하지 아니한다.

제16조【민법과의 관계】 기타 위임사항에 관하여 이 위임계약서에 특별히 규정되어 있는 사항을 제외하고는 민법상 위임에 관한 규정이 정한 바에 의한다.

*** 특약사항**

이 계약의 성립을 증명하기 위하여 이 계약서 2통을 작성하고, 갑과 을이 각 1통씩 보관한다.

20○○년 ○월 ○일

갑 : 위임인 전화
주 소

주민등록번호 또는 사업자등록번호

을 : 수임인 변호사 / 법무법인
담당변호사

[서식 272] 공동경영계약서

공 동 경 영 계 약 서

○○○(이하 갑이라 한다)와 ◎◎◎(이하 을이라 한다)는 물품을 제조하여 판매하는 영업을 경영하여 생기는 이익을 공동으로 분배키 위하여 다음과 같은 계약을 체결한다.

제1조(갑의 출자의무) 갑은 현금 5,000만원을 20○○년 ○월 ○일에 을에게 지급함으로써 출자 의무가 완료되고 그 증명은 을이 발생한 영수증에 의한다.

제2조(을의 현존재산) 을이 현재 위 영업을 위해 공여하고 있는 설비는 별지 목록기재와 같은 바 그 가액은 금 3,000만원으로 갑, 을이 이의 없이 평가하였음을 확인한다. 단, 을의 현존 채권, 채무는 모두 평가되었다.

제3조(을의 영업경영의무) 을은 선량한 관리자의 주의로서 위 영업을 경영하고 재산을 관리해야 하여 갑에 대한 모든 의무를 성실히 이행하여야 한다.

제4조(을의 이익분배의무) 을은 20○○년 ○월 ○일부터 이 계약종료에 이르기까지 매월 이익 중 50%에 해당하는 이익금을 갑에게 분배하여야 하며, 동시에 대차대조표를 갑에게 제시하여야 한다.

제5조(을의 대표의무) 위 영업을 경영함에 필요한 제3자와의 거래, 영업명의, 기타 영업에 부수되는 행위는 을이 이를 대표하여 권리, 의무를 을이 부담 취득한다.

제6조(을의 보증의무) 을은 갑에 대한 이익분배의무를 보증하기 위하여 갑이 추천하는 □□□를 경리부장으로 채용하여야 한다.

제7조(손실에 대한 을의 책임) 을이 위 영업의 경영으로 인하여 손실을 보았을 지라도 갑의 출자액에 대하여 월2푼에 해당하는 금액을 갑에게 지급하여야 한다.

제8조(갑의 영업에 대한 감시권) 을은 갑의 요구에 따라 언제든지 서면으로 경리에 관한 사항과 영업 및 거래에 관한 대차대조표를 제시하고 영업전반에 관한 사항을 보고하여야 한다.

제 9 조 (계약의 존속기간) 본 계약은 특별한 사정이 없는 한 3년간 존속하며 기간만료의 경우 갑의 이의가 없으면 갑은 기간동안 위 계약은 연장된다.

제10조 (갑의 계약해지권) 갑은 각호의 경우에 을에 대한 최고기간 없이 계약을 해지할 수 있다.

1. 을이 제2조에 평가된 채권을 20○○년 ○월 ○일까지 회수하지 못하거나 이에 대체하는 현금을 출자하지 못하는 경우
2. 을이 제4조, 제6조, 제7조, 제8조의 의무를 이행치 않을 경우
3. 을이 영업으로 인하여 2월 이상 손실을 보고 있을 경우

20○○년 ○월 ○일

갑	주 소					
	성 명 또 는 상 호	인	주민등록번호 또 는 사업자등록번호	–	전 화 번 호	
을	주 소					
	성 명 또 는 상 호	인	주민등록번호 또 는 사업자등록번호	–	전 화 번 호	

[서식 273] 위임계약서(회사경영)

회사경영 위임계약서

위임자 주식회사 ○○○○(이하 "갑"이라 한다)와 수임자 ○○○○ 주식회사(이하 "을"이라 한다) 간에 다음과 같이 회사경영의 위임계약을 체결한다.

제 1 조 【 계약의 목적 】 "갑"은 자신이 대표이사이고, 또 본인 및 그 가족이 그 주식의 70%를 소유하는 ○○○○상사주식회사의 경영개선을 위해 다음 조항의 방법에 따라 그 경영을 "을"에게 위탁하고, "을"은 이를 승낙한다.

제 2 조 【 위임절차의 이행 】 "갑"은, 가능한 빨리 임시주주총회 및 이사회의 개최, 의결 등 필요한 절차를 진행하고, 현 이사의 전원 사임의 상태에서 새로이 "을"과 "갑" 및 "을"이 지명하는 자 1명을 대표이사로 선임하고, "을"을 대표이사 사장으로 선임할 것을 약속한다.

제3조【경과조치】 금일 이후 "을"이 대표이사로 선임되기까지의 기간동안 "갑"은 "을"에게 회사고문의 자격을 부여하고, 회사경영에 관한 일체의 행위에 대해 "을"에게 그 지시를 구하고 을의 지시에 따른다.

제4조【협력의무】

1. "갑"은 새 이사로서 이사회의 결의에 따라 "을"의 경영계획수행에 전적으로 협력한다.
2. "갑"은 "을"이 입안한 회사 경영개선계획이 그대로 주주총회에서 의결 내지는 승인되도록 노력한다. 단, 다음의 경우는 잘 검토한다.
   가. 제2회사의 설립에 의한 영업의 양도
   나. 80%를 초과하는 감자

제5조【계약의 해제】 이 계약은 체결일로부터 1년간에 한해 당사자를 구속하는 것으로 하고, 이 기간 중에는, "갑"은 사유를 불문하고 이 계약을 해제할 수 없다.

본 계약의 성립을 증명하기 위하여 이 계약서 2통을 작성하고 각각 서명(또는 기명) 날인하여 각각 1통씩 보관한다.

20○○년 ○월 ○일

갑	㉿	사 업 자 등 록 번 호		사 무 소	
				전화번호	
을	㉿	사 업 자 등 록 번 호		사 무 소	
				전화번호	

[서식 274] 위임계약서(선박매매)

선박매매 위임계약서

선박 소유자 (주)○○○○(이하 "갑"이라 칭한다)와 매매 중개인 (주)○○○○(이하 "을"이라 칭한다)는 다음과 같이 선박매매위임계약을 체결한다.

제1조【목 적】 본 계약은 "갑"의 선박에 대하여 "을"에게 매매를 위임하고 이와 관련된 사항

을 규율함을 목적으로 한다.

제2조【위임 선박】

1. "갑"이 소유권을 보유하고 매매를 위임하는 선박은 다음과 같다.
   가. 총중량 : ○○ton
   나. 마력수 : ○○○
   다. 제조일 : 20○○년 ○월
2. "갑"은 본 계약서 말미에 선박등록증 사본을 첨부하도록 한다.

제3조【매매가격 범위】

1 "을"은 다음 각 호의 범위에서 선박에 대한 매매위임을 수여받는다.
   가. 매매가격 : 금 ○○○원(₩○○○) ~ 금 ○○○원(₩○○○) 사이
   나. 매매기간 : 20○○년 ○월 ○일까지
2. 제1항의 기간 이후에라도 "을"은 선박의 매매가 이루어지지 아니할 시 위임료의 지급 없이 매매의 성사를 위해 업무처리 할 수 있으며 이러한 경우 당해 매매의 성사 시에는 제4조에 따른 성공보수금을 지급한다.

제4조【위임료】

1. 본 계약체결과 동시에 선급금으로 금 ○○○원(₩○○○)을 "을"의 계좌에 현금으로 입금한다.
2. 위임 목적에 일치하는 매매를 성사하였을 시 선박매매가격의 ○%를 성공보수금으로 지급한다.

제5조【보고의무】

1. "을"은 선박의 매수자에 대한 후보군을 선정하고 그 결과를 "갑"에게 통지하며, 선정된 후보군에 대한 개별 협상을 "을"이 진행하고 해당 결과를 "갑"에게 보고한다.
2. "갑"이 제1항의 매수자 가운데 직접 접촉하여 매매계약을 체결한 경우라도 "갑"은 제4조에 따른 성공보수금을 지급하여야 한다.

제6조【권리남용 금지】 "을"은 위임의 범위를 벗어나거나 기타 권리를 남용하여 업무를 처리할 수 없으며 이로 인하여 "갑"에게 손해가 발생한 경우 그로 인한 손해 일체를 "갑"에게 배상하여야 한다.

제7조【명의이전 등】

1. "을"은 매매의 성사 시 선박의 등록원부 상의 명의이전에 필요한 서류를 양자로부터 교부받고 관련 명의의 이전절차 일체를 대행한다.
2. 제1항의 명의 이전에 소요되는 비용 일체는 "갑"이 지불하도록 한다. 다만, "갑"은 매수인과 공동으로 당해 비용을 부담하기로 하고 "을"에게는 관련 비용을 전액 "갑"이 선지급하도록 한다.

제8조【해 지】

1. "을"에게 다음 각 호의 사유가 발생할 시 "갑"은 즉시 계약을 해지할 수 있다.
   가. 가압류, 가처분, 경매 등의 사업의 불투명 사유가 발생할 시
   나. 파산, 회사정리, 화의신청 등의 사업불가능 사유가 발생할 시

2. 당사자 일방에 대하여 다음 각 호의 사유가 발생할 시 상대방은 7일 이상의 시정기간을 두고 사유를 명시하여 시정을 최고하며, 그럼에도 불구하고 시정이 이루어지지 아니할 시 즉시 계약의 해지를 통지한다.
   가. 일방이 본 계약상의 의무이행을 하지 아니한 때
   나. 일방이 본 계약상의 명시된 규정 이외에 상대방 회사의 명예를 손상시키는 행위를 하였을 때

제9조【기타사항】

1. 계약의 당사자는 본 계약의 내용을 신의성실에 의거하여 준수하여야 한다.
2. 계약기간 중 계약의 변경은 당사자의 서면 합의에 의해서만 변경될 수 있으며 서명날인된 문서를 본 계약서의 말미에 첨부한다.
3. 본 계약서에서 명시되지 않은 부분에 대하여는 관련 법규 및 상관습에 따르기로 한다.

제10조【분쟁해결】

1. 본 계약과 관련하여 양 당사자 간의 분쟁이 발생한 경우, 원칙적으로 "갑"과 "을" 상호간의 합의에 의해 해결한다.
2. 제1항에도 불구하고 분쟁이 해결되지 않을 경우 "갑"의 주소지 관할 지방법원을 관할로 하여 재판함으로써 해결한다.

제11조【특약사항】 상기 계약일반사항 이외에 "갑"과 "을"은 아래 내용을 특약사항으로 정하며, 특약사항이 본문과 상충되는 경우에는 특약사항이 우선하여 적용된다.

위와 같이 본 계약이 유효하게 성립하였음을 증명하기 위하여 본 계약서 2통을 작성하여 각각 서명(또는 기명) 날인한 후 "갑"과 "을"이 각각 1통씩을 보관한다.

20○○년 ○월 ○일

갑	㊞	사 업 자 등 록 번 호		사 무 소	
				전화번호	
을	㊞	사 업 자 등 록 번 호		사 무 소	
				전화번호	

[서식 275] 업무위임계약서

업 무 위 임 계 약 서

○ ○ ○ 학원(이하 "갑"이라 한다)와 ______________(이하 "을"이라 한다)는 아래와 같이 업무위임 계약을 체결한다.

제 1 조 (목 적) "갑"과 합의한 위임 업무를 "을"이 성실하게 수행하고, "갑"은 일정한 금액을 "을"에게 지급함을 목적으로 한다.

제 2 조 (업무 내용 및 근무 장소)

1. "을"은 "갑"과 합의한 업무(영어회화강의)를 자신의 책임하에 자율적으로 수행하여야 하며, 강의시간은 (하루 4시간 / 월 80시간)으로 한다.
2. "을"은 "갑"과 합의한 장소(**어학원)에서 위임된 업무를 수행하여야 한다.

제 3 조 (계약 기간)

1. 본 계약은 20○○년 월 일부터 20○○년 월 일까지로 한다.
2. 위임 계약은 별도의 서면 재계약이 없는 한 종료된다.

제 4 조 (계약 금액 및 대금 지급 방법) 본 위임금액은 월 ____________원으로 하며, "갑"은 매월 말일을 기준으로 정산하여 이를 ____일에 지급한다.

제 5 조 (위임계약의 해지) "갑"은 "을"이 업무의 불성실한 이행으로 본 위임의 목적이 달성될 수 없다고 판단되는 경우에는 7일전에 통보한 후 본 위임계약을 해지할 수 있다.

제 6 조 (신의 성실 의무) "갑"과 "을"은 서로 이 위임 계약의 목적이 원만히 달성 될 수 있도록 신의와 성실로써 각자의 책임과 의무를 다하고 최대한 협조 노력한다.

제 7 조 (계약의 성격) 본 계약은 "갑"의 수업진행을 "을"이 위임받아 "을"의 책임하에 수업을 진행하고 그에 따른 대금을 받는 것이므로, 위 당사자 간에는 민법상 위임의 법리가 적용된다.

제 8 조 (세금) "갑"은 소득세법상 원천징수규정에 따라 "을"의 위임금액에서 원천징수한다.

제 9 조 (기밀유지계약의 성격) "을"은 본 위임기간 동안 및 해지 이후에도 "갑"의 영업상 비밀에 누설하지 않기로 동의한다.

제10조 (계약서의 보관) 본 계약을 증명하기 위하여 위임 계약서 2부를 작성하여 "갑"과 "을"이 서명날인한 후 각각 1부씩 보관한다.

20○○년 ○ 월 ○ 일

위임인	수임인
직책 :	
성명 :	성명 :

○○○ 어학원장

[서식 276] 채권추심위임계약서

채권추심위임계약서

「신용정보의 이용 및 보호에 관한 법률」에 의거 위임자 ○○○이(가) 상거래에서 발생한 채권(특수채권 포함)중 "별지"에 표시한 채권에 대한 추심을 신용보증기금에 위임함에 있어 위임자 ○○○(이하 "갑"이라 한다)와 수임자 신용보증기금(이하 "을"이라 한다) 간에 다음 사항을 약정한다.

제1조(추심위임) "갑"은 채권 추심에 관한 다음의 사항을 "을"에게 위임한다.
1. 채무자(연대보증인등 채무관계자 포함, 이하동일)에 대한 주소지 추적 및 재산조사
2. 전신, 서면 또는 면담에 의한 변제의 촉구
3. 채무자와의 채무의 분할상환 약정 또는 변제금의 수령
4. 관계법령에서 허용된 범위내의 기타업무

제2조(인계인수) ① "갑"은 채권의 추심에 필요한 채권의 권리관계 서류사본을 "을"에게 인계한다. 다만 "을"이 채권회수를 위하여 원본을 필요로 할 때에는 "갑"은 즉시 "을"의 청구에 응하여야 하며, "을"은 인수한 원본서류를 그 사유 해소 즉시 "갑"에게 반환하여야 한다.
② 제1항의 인계인수는 "갑"과 "을"이 합의한 장소에서 행한다.

제3조(협의사항) ① "을"이 채권추심에 필요한 다음 사항을 처리하고자 할 때에는 사전에 "갑"과 협의하여야 한다.
1. 채무의 감면 및 분할상환 허용
2. 채권의 일부변제 및 기타 변제 조건에 관한 사항
3. 기타 중요하다고 인정되는 사항

② "갑"은 제1항의 사항을 협의 받았을 때에는 10일 이내에 "을"에게 회보하여야 하며 그 기간이 경과하여도 회보가 없을 때에는 "을"은 "갑"이 협의내용에 응한 것으로 보고

업무처리를 할 수 있다.

제 4 조 (변제금 수령간주) 채권추심위임계약이후 다음 각호의 1에 해당하는 사유가 발생한 경우에는 추심에 성공하여 변제금을 수령한 것으로 간주한다.

1. "갑"이 채무자로부터 현금 또는 자기앞수표를 수령한 경우
2. "갑"이 채무자로부터 어음, 당좌수표, 가계수표, 국.공채 또는 회사채 등을 수령한 후 현금화 한 경우
3. "갑"이 채무자와의 대물변제, 채무인수, 경개계약을 체결한 경우
4. "갑" 또는 채무자가 상계 처리한 경우
5. 채무자가 변제공탁을 한 후 "갑"이 공탁통지서를 수령한 경우

제 5 조 (변제금의 인도시기) "을"이 변제금을 수령한 경우에는 변제금을 상환받은 날로부터 5영업일 이내에 "갑"에게 변제금을 인도한다. 다만, "갑"과 별도의 합의가 있는 경우에는 매월 말 정산하여 익월 5일까지 인도할 수 있다.

제 6 조 (기본실비부담) "갑"은 추심성공시에 제7조의 수수료 외에 "을"의 채권추심활동에 소요된 재산조사비용 등에 충당할 수 있도록 채권 1건당 _____원의 기본실비를 지급하기로 한다. 다만, 추심위임채권의 채무자가 동일한 경우에는 1건으로 계산한다.

제 7 조 (수수료) "갑"이 채권추심위임업무와 관련하여 "을"에게 지급할 수수료는 다음과 같다.

1. "을"이 재산을 발견하여 "갑"이 법적조치를 취한 물건으로부터 채권을 회수한 경우 또는 법적조치 후에 동재산관련 채무자가 법적조치된 물건과 관련하여 "갑" 또는 "을"에게 직접 변제한 경우, 또는 "을"이 채무자에 대한 재산조사, 면담, 변제촉구 등 회수노력을 하여 회수한 경우("갑"이 변제금을 수령한 경우 포함)
   가. 일반채권(특수채권을 제외한 모든 불량채권) : 회수금액의 ○%
   나. 특수채권(대손상각 처리한 채권, 채무자가 금융기관 등으로부터 신용불량자 로 규제중인 자의 채권) : 회수금액의 ○%
2. 다음의 경우에는 수수료를 면제한다.
   가. "갑"이 재산을 발견하여 압류, 가압류 기타 채권보전조치를 한 후 직접 회수한 경우
   나. 회사정리절차개시결정에 의하여 위임 해지하는 경우

제 8 조 (수수료 지급시기) ① "갑"이 "을"에게 지급할 채권추심수수료는 "을"이 변제금을 수령한 경우에는 "갑"에게 변제금을 인도할 때에는 해당금액을 공제하고 나머지 금액을 인도하며, "갑"이 변제금을 직접 수령한 경우에는 "을"의 채권추심수수료 청구서를 접수한 날로부터 ○영업일 이내에 해당금액을 지급한다.

② "갑"은 "갑"의 필요에 의하여 제10조 제1항 및 제2항 이외의 사유로 채권추심위임을 해지하고자 할 때에는 당해 채권에 대하여 채무의 분할상환 약정이 체결되어 있거나 채권보전 조치된 물건이 있을 경우 또는 제4조 각호의 1에 해당하는 변제금의 수령간주사유가 발생되어 있는 경우에는 그 회수예상금액에 대하여 제7조의 규정에 의한 채권추심수수료를 채권추심위임 해지 전에 "을"에게 미리 납부하여야 한다.

제 9 조 (과태료) "갑"은 채권추심수수료를 제8조의 규정에 의한 소정기간 내에 납부하지 아니하였을 경우에는 최종납부기일 익일부터 납부당일까지 미납된 채권추심수수료에 대하여

연 ○%에 해당하는 금액을 수수료와는 별도로 "을"에게 과태료로 지급하여야 한다.

제10조 (추심위임의 해지) ① 다음 각호의 1에 해당하는 추심위임채권은 "을"의 통지에 의하여 자동위임해지된 것으로 본다.

1. 채권이 원인 무효된 경우
2. 채무자가 채무를 부인하고 "갑"이 채권을 증명하지 못하는 경우
3. 채무자가 사망하고 추심실익이 있는 상속재산이 없을 때
4. 채무자의 주민등록이 말소되었거나 주민등록이 되어있는 주소지에 거주하고 있지 않아 사실상 계속 추적이 어려울 때
5. 채무자가 소유재산이 없는 것으로 파악되고 65세 이상 고령으로서 건강상태 등으로 보아 경제활동능력이 없는 것으로 인정될 때
6. 채권의 소멸시효가 완성된 경우

② "갑"과 "을"은 협의에 의하여 추심위임채권의 일부 또는 전부를 위임해지 할 수 있다.

③ 채권추심위임이 해지되면 "을"은 "갑"이 제출한 서류 중에서 원본이 있는 때에는 "갑"에게 반환한다.

제11조 (위임해지 수수료) "갑"의 필요에 의하여 제10조 제1항 및 제2항 이외의 사유로 추심위임을 해지하고자 할 경우에는 당초 위임채권금액에서 변제금 수령액을 차감한 금액에 대하여 2%에 해당하는 금액을 위임해지수수료로 "을"에게 지급하여야 한다.

제12조 (통지사항) ① "갑"은 다음 각호의 사항이 발생할 경우 즉시 "을"에게 그 내용을 통보하여야 한다.

1. 위임채권을 직접 수령한 경우
2. 위임채권을 포기 또는 감면한 경우
3. 재산을 발견하였을 경우
4. 발견재산에 대하여 가압류, 가처분 기타 채권보전조치 또는 강제집행을 하였을 경우
5. 채무명의를 얻은 경우
6. 채무자와 대물변제, 채무인수, 경개계약 등을 체결한 경우
7. 채권의 시효와 관련하여 변동사항이 발생한 경우
8. "갑"의 주소, 상호 또는 변제금수령 계좌번호 등이 변경된 경우
9. 기타 중요하다고 인정되는 사유가 발생한 경우

제13조 (위험부담) ① "갑"은 "을"에게 제출한 증서 또는 기타 문서가 사변, 재해, 수송도중의 사고 등 불가항력적인 사유로 인하여 분실, 손상 또는 멸실된 경우에는 "을"에게 책임을 묻지 않겠으며 "을"의 청구에 따라 곧 그에 대신할 증서 등을 제출하여야 한다.

② "갑"은 "을"이 "갑"의 귀책사유로 인하여 채무자나 제3자로부터 제소를 당하는 등의 명예훼손이나 금전적인 피해를 입었을 경우에는 그 피해액을 배상하여야 한다.

제14조 (소송관할 합의) 이 계약에 의한 권리의무에 관하여 소송의 필요가 생긴 때에는 소송의 1심법원은 법이 정하는 관할법원과 아래에 적은 법원 중 "을"이 선정하여 제소하는 법원의 관할로 하기로 합의한다.

1. 서울지방법원

2. "을"의 본점 소재지 관할법원
3. "을"의 이 약정에 의한 채권추심 거래 영업점 소재지 관할법원

20○○년 ○월 ○일

"갑" 주 소 : ○○시 ○○구 ○○로 ○○○
(신청인) 상 호 : ○○○○
성 명 : ○ ○ ○ (인)
(주민등록번호) -

"을" 주 소 : 서울특별시 마포구 마포대로 122
신용보증기금 이 사 장 이 종 성
위대리인 ○ ○ ○ (인)

[서식 277] 대리점 업무위임계약서

대리점 업무위임 계약서

(주) ○○○○○(이하 "회사"라한다)가 를(을) 대리점(통신, 방문판매업법상 대리점장)로 업무위임 계약을 함에 있어 쌍방은 아래와 같이 계약을 체결한다.

제 1 조 (목적) 본 계약은 회사와 대리점과의 업무위임 계약에 있어 대리점의 신분, 위탁업무의 내용 및 양 당사자의 권리, 의무, 기타 필요한 사항을 정함에 그 목적이 있다.

제 2 조 (신분 및 당사자 관계)
① 대리점은 통신 및 방문판매업이 정한 대리점 신분이며 독립사업자로서 본 계약에 의하여 회사로부터 위탁받은 업무를 수행한다.
② 대리점에는 회사 직원에게 적용되는 취업규칙 및 제반 규정은 적용하지 아니한다.

제 3 조 (계약기간)
① 본 계약의 계약기간은 계약 체결일로부터 1년으로 한다. 다만, 계약체결일이 1월 1일이 아닌 경우에는 계약 체결일로부터 첫 번째 도래하는 12월 31일까지를 계약기간으로 한다.

② 회사 또는 대리점이 계약연장 의사가 없음을 계약만료일로부터 1개월 전에 상대방에게 서면으로 통보한 경우를 제외하고 동일한 조건으로 1년간 자동 갱신된 것으로 본다.

제 4 조 (업무위임 계약 및 업무위임 계약 취소)

① 회사는 대리점으로써의 자격과 소양을 갖추었다고 판단되는 자에 대하여 소정의 절차를 거쳐 대리점으로 업무위임계약을 체결한다.

② 대리점은 업무위임 계약시 제출한 구비서류가 허위가 있거나 과거의 경력을 허위로 기재한 경우 회사는 즉시 대리점의 업무위임 계약을 취소할 수 있다.

제 5 조 (위탁업무) 회사가 대리점에 위탁하는 업무는 다음과 같다.

1. 통신, 방문판매업상 ○○○○○ 계약체결의 중개
2. ○○○○○ 회원 유지 및 관리
3. 회사 계약서, 약관 전달등 계약체결을 위한 부수 업무
4. 기타 상기업무 이외에 필요한 경우 대리점의 동의를 받아 추가로 위탁한 업무

제 6 조 (대리점의 준수사항)

① 대리점은 다음의 사항을 성실히 이행하여야 한다.

1. 위탁업무 수행시 통신 및 방문판매업상 관계법규 및 회사의 관련규정 지침 등을 준수하여야 한다.
2. 고객의 개인정보, 계약정보, 금융거래정보, 고객의 신용정보 등 제반 정보는 당사자(회사포함)의 서면동의 없이 제3자에게 누설, 유출, 제공해서는 아니되며, 본 계약이외의 목적으로 사용하여서는 아니된다.
3. 회사의 사전 승낙 없이 회사와 관련한 별도의 자료를 제작 배포 또는 인터넷 홈페이지에 게제하거나 광고를 하여서는 아니 된다.
4. 위탁업무 수행 이외의 목적으로 대리점신분을 이용하는 행위를 해서는 아니된다.
5. 위탁업무와 관련된 모든 장부, 안내자료, 영수증, 기타서류에 대하여 회사가 제시 또는 반납을 요구하는 경우 즉시 따라야 한다.
6. 콘텐츠 판매료를 수령한때에는 반드시 회사 소정의 영수증을 계약자에게 지체없이 교부하여야 하며, 수령한 판매료는 지체없이 회사가 정한 은행계좌에 입금하거나 회사에 직접 납입하여야 한다.
7. 회사의 경영정책 및 영업정책 관련 정보나 자료, 교육관련 자료등의 제반정보를 회사의 승인없이 제3자에게 누설, 유출, 제공해서는 아니 된다.

② 대리점이 본 계약에 따른 제반 대리점준수사항을 위반한 경우 회사는 관계법령 내지 회사의 관련지침에 따른 업무위임계약 해지 등을 포함한 불이익처분을 할 수 있으며, 이로 인한 회사에 손해발생시 회사는 대리점에게 손해배상을 청구할 수 있다.

제 7 조 (계약내용 변경)

① 회사는 본 계약서상의 계약내용을 변경할 경우 대리점이 변경내용을 확인할 수 있도록 통지하고 대리점의 동의를 받아야 한다.

② 회사는 위탁업무와 관련된 회사의 규정 지침 등을 변경할 합리적 사유가 있을 경우에는 이를 변경할 수 있다. 이 경우 회사는 대리점에게 개별적으로 통지하거나 사내 게시판을 통해 공지하는 방법을 통해 변경내용을 고지하며 변경내용을 점포 또는 대리점에 Agent가

상시 열람할 수 있도록 하여야 한다.

제 8 조 (수수료 지급)

① 회사는 회사의 "대리점 수당 규정 수수료 지급기준(별첨#1)"(이하 "수수료기준"이라한다)에 따라 대리점의 수수료를 정해진 기일 내에 지급하여야 한다.

② 회사는 본 계약의 체결시 대리점에게 ①항의 수수료 지급기준(별첨#1)을 충분히 설명하고 대리점의 동의를 받아야 한다.

③ 회사의 수수료 지급기준을 변경하고자 하는 경우에는 변경예정 내용을 시행예정일로부터 최소 1개월 전에 예고하고 대리점의 의견을 청취하여 이를 합리적으로 반영하여야 한다.

④ 회사는 대리점의 동의를 받아 수수료 지급 기준을 변경할 수 있다. 회사가 수수료 지급기준의 변경내용을 대리점에게 통지하고도 통지일로부터 1월 이내에 대리점의 부동의 의사를 밝히지 아니하는 경우에는 동의하는 것으로 본다.

⑤ 회사는 수수료 지급기준이 변경된 경우에는 지체 없이 사내 게시판 또는 대리점 우편발송을 통해 고지하며 대리점이 상시 열람할 수 있도록 하여야 한다.

제 9 조 (상품관련 교육)

① 회사는 상품의 판매교육 및 불완전 판매, 불공정 행위시 방지 등을 위한 교육을 실시하고 영업활동에 필요한 정보 및 자료를 제공할 수 있다.

② 회사는 필요시 대리점주에게 교육 참가를 요구할 수 있으며, 동 교육을 이수하지 않거나 불완전 판매율이 높은 대리점에 대하여 필요한 경우 신규 모집을 제한할 수 있다.

제10조 (위탁업무 일시중지)

① 대리점은 질병, 또는 불의의 사고 등으로 일시적으로 업무를 지속할 수 없을 경우 3개월 범위 내에서 회사에 위탁업무 전부 또는 일부 중지를 요청할 수 있다.

② 회사는 상기 사유로 위탁업무가 일부 중지된 경우에도 중지되지 않은 위탁업무에 대한 수수료를 지급하여야 한다.

제11조 (계약해지 및 계약해지 절차)

① 대리점은 대리점장의 요청시 언제든지 이 계약을 해지할 수 있으며 계약 해지 효력은 회사의 해지 절차가 완료된 때에 발생한다.

1. 대리점장은 본 계약을 해지하고자 하는 경우 회사에 서면으로 계약해지 의사를 통보하여야 한다. 회사는 해지요청을 접수 받은 날로부터 1월 이내에 해지절차를 완료하여야 한다.
2. 회사가 계약을 해지하고자 하는 경우에는 해고하고자 하는 날의 15일전에 업무위임 계약계약 해지 통지서를 대리점이 회사에 알린 최종주소지로 내용증명 우편으로 발송하여야 한다. 다만 대리점이 폐업 또는 방문 및 통신판매업상 등록취소 사유에 해당하는 경우에는 업무위임 계약계약 해지 통지서 발송을 생략할 수 있다.

② 회사는 다음 각 호의 1에 해당하는 경우 업무위임 계약 기간 중에라도 대리점에게 서면에 의한 통지로서 본 계약을 해지 할 수 있다.

1. 방문 및 통신판매업상 등록취소 사유에 해당하는 경우
2. 업무위임 계약 계약시 회사에 제출한 서류 또는 위탁업무 관련 문서를 위조, 변조하거나 허위로 작성하는 경우

3. 대리점이 고의 또는 중대한 과실로 이 계약서의 준수사항, 위탁업무와 관련된 회사의 규정 및 지침을 위반한 경우
4. 대리점의 기타 사항으로 3개월 이상 정상적인 위탁업무 수행이 현저하게 곤란한 경우
5. 대리점이 고의 또는 중대한 과실로 위탁업무 관련 소송 및 민원분쟁으로 인하여 회사에 손실을 발생시킨 경우.
6. 대리점의 모집 실적 등의 회사의 "대리점자격유지 최저기준"에 미달하는 경우
   - 최저기준 월 10건 이하 3개월 지속시
7. 기타 대리점이 상기항목에 준하는 위법, 부당한 행위로 인해 본 계약을 유지할 수 없다고 판단되는 경우.

제12조 (재정보증)

① 대리점은 회사와 업무위임 계약기간 별도의 재정보증 보험에는 가입하지 않는다. 단 회사가 정한 일정금액 이상의 월 보수 수령시에는 신원보증 보험과 회사가 요구하는 보증보험에 가입하고 위 보증보험증서를 회사에 제출하여야 한다.

② 보증보험에 가입하는 비용은 대리점에서 전액 부담한다.

③ 보증보험 가입을 원하지 않을 경우 보증금으로 대체 할 수 있으며 보증금은 성과수수료에 준하는 금액으로 산정한다.

제13조 (손해배상)

① 회사는 다음 각 호의 1에 해당하는 경우 대리점에게 손해배상을 청구할 수 있다.

1. 회사의 승인 없이 위탁업무와 관련이 없는 행위를 수행함으로써 회사에 대해 소송 등 분쟁이 제기되어 회사에 손해가 발생한 경우
2. 대리점이 회사의 정보 또는 자료를 임의로 공개하거나 유출하여 회사에 손해가 발생한 경우
3. 대리점의 불완전 판매행위, 고의 과실로 회사가 손해를 본 경우

제14조 (조세관련 본인책임) 본 계약과 관련하여 대리점이 회사로부터 지급받는 제 수당 및 수수료, 기타 제반 수입과 관련하여 대리점에게 부과되는 일체의 제세공과금은 대리점이 부담한다.

제15조 (계약효력 발생) 이 계약은 계약체결과 동시에 효력이 발생한다.

제16조 (상계) 회사는 대리점이 본 계약서 및 관계법령 등에 위반하는 행위로 회사에 손해를 입힌 경우 대리점의 회사에 대한 채권과 상계할 수 있다.

제17조 (관할법원) 본 계약과 관련된 소송에 대하여서는 회사의 본점 소재지인 수원지방법원 성남지청에서 한다.

제18조 (기타)

① 대리점은 본 계약 내용에 대해 회사로부터 정확한 설명을 받아 그 내용을 충분히 이해하였음을 확인한다.

② 대리점은 본 계약을 체결하면서 회사의 대리점 수당 규정에 대해서 충분한 설명을 듣고 이해하였음을 확인한다.

③ 본 계약서에 명시되지 아니한 사항 및 계약서의 해석에 관하여 다툼이 있는 경우에는

관련 법령 및 일반 상관례에 따른다.

본 계약을 증명하기 위해 회사와 대리점은 계약서 2통을 작성하고 각각 서명 날인한 후 각 1통씩 보관한다.

20○○년 ○월 ○일

회 사
경기도
사업자 번호 :
주식회사 ○○○○○ 대표이사

대리점
주 소 :
주민등록번호 :
성 명 : (서명)

제6절 임치계약

1. 서 설

가. 의 의

임치계약이란 당사자의 일방이 상대방에 대하여 금전이나 유가증권 기타의 물건의 보관을 위탁하고, 상대방이 이를 승낙함으로써 성립하는 계약이다(민법 693조).

임치계약은 편무·무상계약이 원칙이며, 보수지급에 관한 특약이 있는 경우 쌍무·유상계약이다. 그리고 낙성·불요식계약이다.

나. 효 력

수치인은 임치물보관의무를 부담함은 물론 부수적 의무로서 통지의무, 취득물인도의무, 취득권리이전의무, 금전소비의 책임 등 의무, 임치물반환의무 등이 있다. 이에 대비하여 임치인은 보수지급의무와 손해배상의무와 함께 위임인과 같이 비용선급의무, 필요비상환의무, 채무대변제 및 담보제공의무 등을 부담한다.

다. 특수한 임치계약

(1) 혼장임치

대체물의 임치에 있어서, 수치인이 임치된 물건과 동종·동질의 다른 임치물과 혼합하여 보관하고, 반환할 때에는 임치된 것과 동량을 반환하면 된다는 특약이 있는 임치를 말하는 것으로, 보관방법 상의 특색이 있다.

(2) 소비임치

임치인이 금전 기타 대체물의 소유권을 수치인에게 이전하여 수치인이 그것을 용익·처분할 수 있도록 하고, 임치계약 종료시 동종·동질·동량의 물건을 반환할 것을 내용으로 하는 계약이다.

2. 서 식 례

[서식 278] 임치계약서(식당 집기)

집기임치계약서

집기 보관의뢰자 (주)○○○○(이하 "갑"이라 칭한다)와 집기 보관자 ○○○(이하 "을"이라 칭한다)는 상호간에 다음과 같이 집기임치계약을 체결한다.

제1조【목 적】 본 계약은 "갑"이 영업하는 판매하는 식당의 집기를 "을"에게 보관을 의뢰하고 보관과 관련된 권리의무사항을 규율함을 목적으로 한다.

제2조【집 기】

1. 본 계약상 "집기"라 함은 "갑"의 식당에서 사용되던 시설물 일체를 지칭하며 구체적 품목 및 수량은 첨부한 집기명세서에 따른다.

2. "을"은 제1항의 "갑"의 집기명세서에 따른 집기 일체를 계약만료 시에 "갑"에게 반환하여야 한다.

제3조【임치료】

1. "갑"은 본 계약체결과 동시에 금 ○○○원(₩○○○)을 계약금으로서 "을"에게 현금으로 입금한다.
2. 본 계약의 종료와 동시에 금 ○○○원(₩○○○)을 집기의 상환과 동시에 잔금으로 지급한다.

제4조【관 리】

1. "을"은 집기명세서에 따른 품질상태 및 수량 기타 본 임치물에 대해 선량한 관리자의 주의의무로써 보관에 만전을 기하여야 한다.
2. "을"은 "갑"이 지정한 장소에 보관 중 제1항의 의무를 다한 이상 보관 중 발생한 집기의 멸실, 훼손 등에 대해 "갑"에 대하여 변상의 책임을 지지 아니한다.
3. "을"은 집기를 개인적 용도로 이용을 할 수 있으나 본 계약상의 보관 당시의 성능 및 상태대로 유지하도록 하여야 하며 파손 등 훼손 시에는 신규 집기로 대체하여야 한다.

제5조【보 고】

1. "을"은 보관 도중 집기에 대해 발생한 멸실, 훼손 등의 사태에 대해 즉시 "갑"에게 이를 통지하여 상호 협의하도록 한다.
2. 제1항의 사태가 "을"의 주의의무를 다하였음에도 발생하였다면 "을"은 면책되며 "갑"이 그로 인한 손실을 부담하여야 한다.

제6조【반출입】

1. "갑"은 보관중인 집기를 언제든지 자유롭게 "을"의 보관 장소로부터 반입 또는 반출할 수 있다.
2. 제1항의 경우 "을"이 사용 중인 경우에는 부득이한 경우가 아니면 "을"의 사용이 종료된 후에 반출을 하도록 한다.

제7조【하자발생】

1. 보관중인 집기의 손실 등 최초의 보관 당시의 형상에 변경이 초래되었을 때 그에 대한 귀책사유가 "을"에게 있다면 "을"은 관련 집기를 신품으로 교체하여 반환하여야 한다.
2. 제1항의 경우 신품으로의 교환이 해당 집기의 노후상태와 견주어 볼 때 부당하다고 판단될 경우에는 "을"은 동일 품질의 집기로 반환한다.
3. 보관 집기의 하자에 따른 교체는 통상인의 객관적 기준에서 합당한 품질 및 제품으로의 교체로 행하며 "갑"의 주관적 의미를 지니는 가치기준은 배제한다.

제8조【계약기간】

1. 본 계약의 유효기간은 20○○년 ○월 ○일부터 20○○년 ○월 ○일까지로 한다.
2. 제1항의 기간만료일부터 ○일이 경과하여도 "갑"이 반출을 행하지 아니할 시 "을"은 임치물의 보관에 대한 추가비용의 지불과 "을"의 자의에 따른 처분을 행한다.
3. 제2항의 경우 "을"은 처분에 소요된 비용 및 연장보관에 소요된 비용을 공제한 잔액을 "갑"에게 반환한다. 다만, 소요비용이 처분비용보다 과다할 경우 추가비용을 "갑"에게

요구할 수 있으며, 사전에 이러하리라고 "을"이 판단할 경우에는 "갑"에게 통지하고 처분 대신 직접 "을"이 집기를 본인에게 귀속시킬 수도 있다.

제9조【해 지】

1. 당사자 일방에 대하여 다음 각 호의 사유가 발생할 시 상대방은 즉시 계약을 해지할 수 있다.
   가. 가압류, 가처분, 경매 등의 사업의 불투명 사유가 발생할 시
   나. 파산, 회사정리, 화의신청 등의 사업불가능 사유가 발생할 시
2. 다음 각 호의 사유가 발생할 시 상대방은 7일 이상의 시정기간을 두고 사유를 명시하여 시정을 최고하며, 그럼에도 불구하고 시정이 이루어지지 아니할 시 즉시 계약의 해지를 통지한다.
   가. 일방이 본 계약상의 의무이행을 하지 아니한 때
   나. 일방이 본 계약상의 명시된 규정 이외에 상대방 회사의 명예를 손상시키는 행위를 하였을 때
   다. 일방의 회사재정의 급격한 악화를 인지하고 이에 대한 해명요구에 불응한 때

제10조【기타사항】

1. 계약의 당사자는 본 계약의 내용을 신의성실에 의거하여 준수하여야 한다.
2. 계약기간 중 계약의 변경은 당사자의 서면 합의에 의해서만 변경될 수 있으며 서명날인된 문서를 본 계약서의 말미에 첨부한다.
3. 본 계약서에서 명시되지 않은 부분에 대하여는 관련 법규 및 상관습에 따르기로 한다.

제11조【분쟁해결】

1. 본 계약과 관련하여 양 당사자 간의 분쟁이 발생한 경우, 원칙적으로 "갑"과 "을" 상호간의 합의에 의해 해결한다.
2. 제1항에도 불구하고 분쟁이 해결되지 않을 경우 "갑"의 주소지 관할 지방법원을 그 관할로 하여 재판함으로써 해결한다.

제12조【특약사항】 상기 계약일반사항 이외에 "갑"과 "을"은 아래 내용을 특약사항으로 정하며, 특약사항이 본문과 상충되는 경우에는 특약사항이 우선하여 적용된다.

위와 같이 본 계약이 유효하게 성립하였음을 증명하기 위하여 본 계약서 2통을 작성하여 각각 서명(또는 기명) 날인한 후 "갑"과 "을"이 각각 1통씩을 보관한다.

20○○년 ○월 ○일

갑	㊞	사 업 자 등 록 번 호		사 무 소	
				전화번호	

을	㊞	사 업 자 등 록 번 호		사 무 소 전화번호	

[서식 279] 임치계약서(물품 소비임치)

소비임치계약서

임 치 인 ○ ○ ○
○○시 ○○구 ○○대로 ○○-○

수 치 인 ○ ○ ○
○○시 ○○구 ○○대로 ○○-○

위 임치인 ○○○을 '갑'으로 하고 수치인 ○○○을 '을'로 하여 위 당사자는 아래 물건의 소비임치를 위하여 다음과 같은 내용의 계약을 체결한다.

• 임치한 물건 : ○○○ ○○개

- 약 정 내 용 -

제1조【임치의 승낙】 '갑'은 위 물품을 '을'에게 임치하고 '을'은 임치된 물품을 보관할 것을 약속하여 이를 수령하였다.

제2조【반환시기】 임치물은 20○○년 ○월 ○일까지 반환한다.

제3조【임치물의 소비】 '갑'은 '을'이 자유로이 임치물을 소비하여도 이의를 제기할 수 없다. 단, '을'이 임치물을 반환할 경우에는 '을'은 임치물과 동일수량의 동일규격품을 반환하여야 한다.

위 계약을 증명하기 위하여 본 증서 2통을 작성하여 계약당사자간 이의 없음을 확인하고 각 1통씩을 보관한다.

20○○년 ○월 ○일

갑	㉑	주민등록번호		주　소	
				전화번호	
을	㉑	주민등록번호		주　소	
				전화번호	

[서식 280] 임치계약서(냉동육)

냉동육 임치계약서

냉동육 판매자 (주)○○○○(이하 "갑"이라 칭한다)와 냉동창고 운영자 (주)○○○○(이하 "을"이라 칭한다)는 상호간에 다음과 같이 냉동육 임치계약을 체결한다.

제1조【목 적】 본 계약은 "갑"이 판매하는 냉동육의 보관을 "을"이 보유한 냉동창고에 임치하고 이와 관련된 사항을 규율함을 목적으로 한다.

제2조【냉동육】
1. "을"의 냉동창고에 보관의뢰하는 "갑"의 냉동육은 다음 각 호와 같다.
   - 종류 : 한우 쇠고기, 돼지고기, LA갈비
2. "갑"은 제1항의 보관품목 이외에 생선류 등과 같은 기타의 물품은 보관을 할 수 없다.

제3조【보관료】
1. "갑"은 본 계약기간 동안 매월 금 ○○○원(₩○○○)을 보관료로서 매월 30일에 "을"에게 현금으로 지급한다.
2. 제1항의 보관료는 "을"의 냉동창고에 "갑"의 보관을 의뢰한 물품이 일시적으로 없더라도 계약기간 동안 매월 지급한다.

제4조【위 생】
1. "갑"은 보관 의뢰하는 냉동육의 반입 및 반출 시 위생관리를 철저히 하여 반입 및 반출을 하도록 하여야 한다.
2. 반입된 냉동육이 행정기관 등 공신력 있는 기관으로부터 전염병의 의심이 있거나 기타의 사유로 폐기가 되어야 할 경우 "갑"은 즉시 반출하여 폐기하여야 하며, "갑"이 폐기하지 아니할 시 "을"이 직접 반출하여 폐기한다.
3. 제2항의 경우 관련된 소요비용 일체는 "갑"이 전적으로 부담한다.
4. "갑"은 본 계약상의 품목 이외의 혐오식품, 부패식품 등의 보관행위를 할 수 없다.

제5조【반출입】

1. "갑"은 언제든지 자유롭게 "을"의 냉동창고로부터 "갑"의 보관의뢰 냉동육을 반입 또는 반출할 수 있다.
2. "갑"은 제1항의 사유 발생 시 3시간 이전에 유선상의 통지를 "을"에게 하도록 한다.

제6조【냉동창고 관리】

1. "을"은 냉동창고의 적정한 온도관리를 통하여 보관중인 냉동육의 냉동상태가 해동되는 등의 사태가 발생하지 않도록 한다.
2. 냉동창고의 유지관리의 미숙으로 인하여 발생한 일체의 "갑"이 입은 손실에 대해 "을"이 변상하여야 하며, 변상액은 보관 당시의 현존한 냉동육의 시중 유통가격을 기준으로 하여 배상하여야 한다.

제7조【계약기간】

1. 본 계약의 유효기간은 20○○년 ○월 ○일부터 20○○년 ○월 ○일까지로 한다.
2. 제1항의 기간만료일부터 30일 이전에 어느 일방의 계약종료통지가 없는 한 계약은 동일 조건으로 매 1년씩 자동 연장되는 것으로 한다. 다만, 일방의 계약조건의 변경통지가 있을 시에는 기간의 만료일까지 협의가 되지 아니하면 계약은 자동 종료되는 것으로 한다.

제8조【해 지】

1. 당사자 일방에 대하여 다음 각 호의 사유가 발생할 시 상대방은 즉시 계약을 해지할 수 있다.
   가. 가압류, 가처분, 경매 등의 사업의 불투명 사유가 발생할 시
   나. 파산, 회사정리, 화의신청 등의 사업불가능 사유가 발생할 시
2. 다음 각 호의 사유가 발생할 시 상대방은 7일 이상의 시정기간을 두고 사유를 명시하여 시정을 최고하며, 그럼에도 불구하고 시정이 이루어지지 아니할 시 즉시 계약의 해지를 통지한다.
   가. 일방이 본 계약상의 의무이행을 하지 아니한 때
   나. 일방이 본 계약상의 명시된 규정 이외에 상대방 회사의 명예를 손상시키는 행위를 하였을 때
   다. 일방의 회사재정의 급격한 악화를 인지하고 이에 대한 해명요구에 불응한 때

제9조【기타사항】

1. 계약의 당사자는 본 계약의 내용을 신의성실에 의거하여 준수하여야 한다.
2. 계약기간 중 계약의 변경은 당사자의 서면 합의에 의해서만 변경될 수 있으며 서명날인된 문서를 본 계약서의 말미에 첨부한다.
3. 본 계약서에서 명시되지 않은 부분에 대하여는 관련 법규 및 상관습에 따르기로 한다.

제10조【분쟁해결】

1. 본 계약과 관련하여 양 당사자 간의 분쟁이 발생한 경우, 원칙적으로 "갑"과 "을" 상호간의 합의에 의해 해결한다.
2. 제1항에도 불구하고 분쟁이 해결되지 않을 경우 "갑"의 주소지 관할 지방법원을 그 관할

로 하여 재판함으로써 해결한다.

제11조【특약사항】 상기 계약일반사항 이외에 "갑"과 "을"은 아래 내용을 특약사항으로 정하며, 특약사항이 본문과 상충되는 경우에는 특약사항이 우선하여 적용된다.

위와 같이 본 계약이 유효하게 성립하였음을 증명하기 위하여 본 계약서 2통을 작성하여 각각 서명(또는 기명) 날인한 후 "갑"과 "을"이 각각 1통씩을 보관한다.

20○○년 ○월 ○일

갑	㉐	사 업 자 등 록 번 호		사 무 소	
				전화번호	
을	㉐	사 업 자 등 록 번 호		사 무 소	
				전화번호	

[서식 281] 임치계약서(계속적 상품보관)

임 치 계 약 서

임치인 : ○ ○ ○
주 소 : ○○시 ○○구 ○○길 ○○

수치인 : ○ ○ ○
주 소 : ○○시 ○○구 ○○길 ○○

임치인 ○ ○ ○(이하 '갑'이라 칭함)와 수치인 ○ ○ ○(이하 '을'이라 칭함)은 다음과 같은 내용의 임치계약을 체결한다.

제 1 조 (임치계약의 약정) '갑'은 그가 소유하는 아래 물품을 제2조 이하의 내용에 따라 '을'에게

임치하고, '을'은 이를 보관할 것을 수락한다.

〈아 래〉

가. 물 품 명 : ○○○○

나. 수 량 : ○개

제 2 조 (보관기간) : 20○○년 ○월 ○일부터 20○○년 ○월 ○까지

제 3 조 (보관장소) : ○○시 ○○구 ○○길 ○○

제 4 조 (보관비용지급) 임치물품의 보관비용은 금 ○○○원으로 정하고 '갑'은 매월○일까지 그 익월 분을 수치인 '을'의 주소에 지참하여 지급한다. 단, 본 계약성립의 ○월분은 계약성립과 동시에 지급키로 한다.

제 5 조 (계약의 해지) '을'은 '갑'이 제4조에 의한 보관료의 지급의무를 이행하지 아니하거나 계약상의 의무를 위반하였을 경우, 즉시 계약을 해지할 수 있다.

제 6 조 (계약의 종료) 계약의 해제 또는 해지로 인한 경우 이외에 '갑'이 사망하거나, 금치산, 파산의 선고 등을 받은 경우에는 본 계약이 당연히 종료된 것으로 본다.

제 7 조 (임치인의 의무) 본 계약이 해제 또는 해지된 경우 '갑'은 신속히 보관소재지를 변경하는 절차를 마치고 물품을 반출하여야 한다. 만일 '갑'이 물품을 반출하지 아니하는 경우 소정보관료상당의 손해금을 '을'에게 지급하여야 한다.

제 8 조 (수치인의 의무)

가. '을'은 '갑'이 보관을 의뢰한 물품의 보전을 위해 적극적으로 협력할 의무가 있다.

나. '갑' 또는 '갑'의 사용인 및 그 지정인은 전호에 필요한 조치를 강구하기 위하여 수시로 보관장내에 출입할 수 있다.

제 9 조 (통지의무) '갑'과 '을'이 보관계약의 기간 내에 본 계약을 해약하고자 할 경우에는 7일전 구두나 서면으로 그 통지를 하여야한다.

제10조 (보증인의 책임) '갑'의 보증인은 '갑'과 연대하여 본 계약에 기인한 '을'에 대한 채무이행에 대한 책임을 부담한다.

제11조 (성실의무등) 본 계약의 해석운영에 관한 의문이 생겼을 때 또는 본 계약의 규정에 없는 사항에 관하여는 쌍방이 성의를 가지고 협력하며 상관습 등에 의하고, 법적분쟁 발생시 소송법원은 '을'의 주소지를 관할하는 법원으로 한다.

본 계약의 성립을 증명하기 위하여 본 증서 2통을 작성 서명·날인한 후 각 1통씩 보관하기로 한다.

20○○년 ○월 ○일

임치인	주 소					
	성 명	인	주민등록번호	–	전화번호	
수치인	주 소					
	성 명	인	주민등록번호	–	전화번호	
연 대 보증인	주 소					
	성 명	인	주민등록번호	–	전화번호	

[서식 282] 임치계약서

임 치 계 약 서

임치인 ○○○을 '갑'으로 하고 수치인 ○○○을 '을'로 하여 '갑'이 '을'에게 임치하는 ○○의 취급에 관하여 다음과 같이 임치계약을 체결한다.

제1조【임치물의 보관 등】 '을'은 '갑'으로부터 임치받은 물건에 대해 선량한 관리자로서의 주의를 다하여 이를 보관 관리한다.

제2조【계약기간】 본 계약은 20○○년 ○월 ○일부터 20○○년 ○월 ○일까지 ○년간으로 한다. 단, 계약기간만료 전 1개월 이내에 양 당사자 간 특별한 의사표시가 없을 때에는 본 계약과 동일조건으로 재계약된 것으로 본다.

제3조【입·출고와 기타의 작업】 '을'은 임치물의 입·출고에 필요한 하역 및 임치물의 이동 등에 관한 제작업을 수급하고 이에 따른 사항을 지체 없이 '갑'에게 보고하여야 한다.

제4조【임치물의 출고】 임치물은 '갑'이 발행하는 소정의 출고지시서에 의하는 외에는 '을'은 임치물을 출고할 수 없다.

제5조【임치비용】 '을'은 임치물에 대한 보관료와 하역 및 임치물의 이동 등에 따른 비용을 계산하여 매월 ○일까지 청구하고 '갑'은 청구일로부터 ○일 이내에 '을'에게 지급하여야 한다.

제6조【보험 등의 가입】 '을'은 '갑'을 위하여 '을'의 비용으로써 '갑'이 통지하는 임치물의 가격에 상당하는 가액으로 화재보험 등에 가입하여야 한다.

제7조【손해배상】 '을'은 그의 귀책사유 등으로 인하여 '갑'의 임치물에 손해를 발생케 한

경우 이를 배상하여야 한다.

제8조【관할법원】 본 계약으로 인한 소송은 ○○지방법원을 그 관할법원으로 한다.

본 계약을 증명하기 위하여 본 증서 2통을 작성하여 계약당사자 간 이의 없음을 확인하고 각자 기명(또는 서명) 날인한 후 각 1통씩 보관한다.

20○○년 ○월 ○일

갑	㊞	주민등록번호		주 소	
				전화번호	
을	㊞	주민등록번호		주 소	
				전화번호	

[서식 283] 임치계약서(창고)

창고 임치계약서

○○○ (이하 "갑"이라 한다)와 ○○○(이하 "을"이라 한다)는 다음과 같이 창고임치계약을 체결한다.

제1조【임치대상 물건】 "갑"은 자신의 소유인 아래 표시 물건(이하 "물건"이라 한다)을 "을"에게 임치하고 "을"은 이를 보관한다.※ 임치대상 물건의 표시 : ○○상품 ○○개

제2조【보관료】 물건의 보관료는 월 ○○○원으로 하며 "갑"은 매월 ○일까지 익월분의 보관료를 "을"에게 지급한다. 단, 본 계약체결 월의 보관비는 본 계약체결 시에 지급한다.

제3조【입출고】 "갑"은 "을"의 입회하에 물건을 입출고 하여야 하며 입출고 비용은 "갑"의 부담으로 한다.

제4조【계약기간】 본 계약의 기간은 계약체결일로부터 20○○년 ○월 ○일까지로 하며, "갑"과 "을"의 합의로 연장할 수 있다.

제5조【임의처분】 "갑"은 제2조의 보관료를 연체한 경우 1일당 보관료의 ○%를 연체손해금

으로 "을"에게 지급하며, "갑"이 ○개월 이상 보관료의 지급을 연체한 때에는 "을"은 ○회 이상 "갑"에게 최고를 한 후 물건을 임의처분하여 보관료를 충당할 수 있다.

제6조【불가항력】 불가항력적인 사유로 물건이 훼손 또는 멸실되었을 경우 "을"은 그 책임을 부담하지 않으며 "을"의 고의 또는 과실에 의한 훼손 또는 멸실의 경우에는 물건의 시가로 "갑"에게 배상한다.

제7조【기 타】 본 계약에 규정되지 않은 사항에 대해서는 "갑"과 "을"이 상호 협의하여 결정한다.

이를 증명하기 위해 "갑"과 "을"은 계약서 2통을 작성하여 각각 기명(또는 서명) 날인한 후 각 1통씩을 보관한다.

20○○년 ○월 ○일

갑	㊞	주민등록번호		주 소	
				전화번호	
을	㊞	주민등록번호		주 소	
				전화번호	

[서식 284] 임치약관(창고보관)

창고보관 임치약관

제1장 총 칙

제1조【목 적】 본 약관은 화물유통촉진법 제48조 규정에 의하여 창고업자와 이용자 간의 물품보관에 관한 책임과 이용에 관한 사항을 규정함을 목적으로 한다.

제2조【용어의 정의】

1. "물품"이라 함은 화물유통촉진법 시행규칙 제31조 제2항에 의한 보관물품의 종류와 같다.
2. "임치"라 함은 창고물품을 위탁받은 창고업자가 임치인에게 그 물품을 보관하기로 계약하거나 또는 그렇게 함으로써 성립되는 계약을 말한다.

3. "보관증"이라 함은 창고업자와 임치인이 계약을 체결하고 이를 증명하기 위하여 작성한 물품증표를 말한다.

제3조【약관적용】

1. 본 약관은 화물유통촉진법상의 창고 보관물품의 임치청약 및 보관인수에 관한 계약에 적용한다.
2. 본 약관에서 정하지 아니한 사항에 대하여는 관계법령 및 관례에 따른다.

제4조【영업시간】

1. 당사의 영업시간은 평일 08:00부터 18:00, 토요일 08:00부터 15:00까지로 한다. 단, 쌍방 합의에 따라 기본 영업 외의 시간에도 연장할 수 있다.
2. 임시휴업을 하거나 또는 영업시간을 변경할 때에는 이를 영업장소에 게시한다.

제5조【공 고】 당사 영업에 관한 제반공고는 경기도 내에서 발행하는 일간 ○○일보에 게재함을 원칙으로 한다.

제6조【통지 및 의사표시】

1. 임치인 또는 보관증 소지인(이하 "창고 사용자"라 한다) 과 창고업자(이하 "당사"라 한다) 는 영업소 또는 주소, 상호 또는 성명 및 창고 이용 등에 따른 변경 등이 있을 경우에는 지체 없이 당사자에게 통지하여야 한다.
2. 창고사용자가 당사에 대하여 통보 및 기타의 의사표시를 하고자 할 때에는 서면으로 함을 원칙으로 한다.

제7조【입출고 작업】 임치물의 입출고 및 기타 작업은 당사가 수행한다. 다만, 특약이 있는 경우는 그러하지 않는다.

제8조【보관물품의 종류】 화물유통촉진법 시행규칙 제31조 제2항 별표2에 의한 제6종 물품

제2장 물품임치

제9조【임치계약】

1. 당사에 물품을 임치하고자 하는 자는 당사 소정의 임치청약서에 다음 사항을 기재하고 기명(또는 서명) 날인하여야 한다.
   가. 임치물의 종류, 품질, 수량, 포장의 종류 또는 기명 (부호)
   나. 임치인의 영업소 또는 주소, 상호 또는 성명, 전화번호
   다. 임치기간
   라. 물품의 보관 또는 취급에 있어서 특별히 주의를 요하는 사항 및 그 사유
   마. 임치청약 당시의 물품가격
   바. 기타 필요한 사항
2. 당사가 임치인의 청약을 승낙하였을 때에 임치계약이 성립한 것으로 본다.
3. 임치인의 물품을 보관함에 있어서 임치청약서에 기재된 사항이 사실과 상이함으로 인하여 발생한 손해에 대하여 당사에서는 책임을 지지 아니한다.

제10조【임치의 제한】 당사는 다음의 경우에는 임치청약을 거절할 수 있다.

1. 임치물의 선도가 불량하여 변질 및 손상하기 쉬운 물품일 때
2. 포장이 불완전하여 보관하기에 부적당한 물품일 때
3. 임치물을 보관하기에 적합한 창고시설이 없을 때
4. 임치물을 보관함에 있어 특별한 부담과 조건을 요구할 때
5. 임치물의 보관이 법령 또는 선량한 풍속과 사회질서에 위반된다고 판단되었을 때
6. 기타 부득이 한 사유가 있을 때

제11조【임치계약의 해지】

1. 당사는 임치계약 후 임치물을 입고 또는 보관 중에 다음의 사유가 발생하였을 경우에는 임치계약을 해지할 수 있다.
   가. 제10조 각 호의 1에 해당되었을 때
   나. 임치물의 가격이 보관료, 기타 제비용을 지급함에 부족할 때
   다. 임치인이 정당한 이유 없이 임치물의 검사에 불응할 때
2. 전항에 의하여 계약을 해지 하였을 때에는 임치인은 지체 없이 보관료, 작업비, 기타 제 비용을 당사에 납입하고 당사가 지정한 기일 내에 임치물을 인수하여야 한다.
3. 제1항에 의한 임치계약 해지 및 제2항에 의한 지정기간 경과 후에 발생한 손해에 대하여 당사는 책임을 지지 아니한다.

제 3 장 임치물의 보관

제12조【임치기간】

1. 임치물의 임치기간은 당사에 임치물을 입고한 날로부터 3개월로 한다.
2. 임치물의 임치기간을 연장하고자 할 때에는 창고사용자는 임치기간 만료일까지의 보관료, 작업료, 기타 제 비용을 당사에 지급하고 전항의 임치기간을 갱신하여야 한다.

제13조【임치물 가격】 임치청약서에 임치물의 가격이 명시되어 있지 않거나 또는 기재된 가격이 부적당하다고 인정될 때에는 임치인과 조정, 협의하여야 한다. 이 경우, 변경된 가격을 임치청약서, 보관증 등에 명기하여야 한다.

제14조【임치물 가격의 변동】

1. 창고사용자는 임치물의 가격이 현저하게 변동되었을 때는 지체 없이 임치물 가격의 변경을 당사에 통지하여야 하며, 이 경우에 보관증을 제출하여야 한다.
2. 전항의 경우, 당사는 창고사용자와 협의하여 적정하다고 인정되는 가격으로 변경할 수 있다. 이 경우 변경된 가격을 보관증에 명기하여야 한다.

제15조【보관방법】

1. 당사는 임치물의 입고당시 하자(荷姿)대로 당사가 정한 방법에 따라 보관한다.
2. 당사는 창고사용자의 동의 없이도 임치물 입고당시의 보관장소 또는 보관시설의 변경, 이적, 혼적, 환적 또는 보관방법을 변경할 수 있다. 단, 특약이 있을 때는 그러하지 아니한다.

제16조【재임치】 당사는 부득이 한 사유로 임치물을 보관할 수 없을 경우에 창고사용자의 동의 없이 당사의 비용으로 다른 창고업자의 창고에 재임치할 수 있다. 이 경우, 창고사용자

에게 그 취지를 통지하여야 한다.

제17조【계속 보관이 부적합한 화물의 조치】

1. 당사는 임치물 보관 중 다음 사유에 해당되었을 때에는 창고사용자에 대하여 조치 가능한 기간을 정하여 적절한 조치를 하도록 최고할 수 있다.
   가. 임치물이 변질의 우려가 있거나 부패하여 다른 보관품에 손해가 생길 우려가 있을 때
   나. 임치계약의 체결시 알 수 없었던 임치물의 특수한 성질로 인하여 타인의 임치물이나 당사에 손해나 위험한 사고가 발생할 염려가 있는 경우
   다. 기타 부득이한 사유로 인하여 계속 임치물을 보관할 수 없게 되었을 때
2. 창고사용자가 당사가 정한 기간 내에 전항의 최고에 불응할 때 또는 최고할 여유가 없을 때에는 당사는 임치물의 폐기, 기타 적당한 조치를 취할 수 있다.
3. 제2항의 조치로 인하여 발생한 손해 및 이에 소요된 비용은 당사의 귀책사유가 아니면 창고사용자가 부담하여야 한다.

제18조【보관증 등의 발행】

1. 당사는 창고증권을 발행하지 아니한 임치물에 대하여는 보관증 또는 입고 통지서를 발행하여야 한다.
2. 임치인은 전항의 보관증 등을 타에 양도하거나 담보물로 제공하지 못한다.

제19조【보관증의 멸실 등】

1. 임치인의 보관증을 도난, 분실 또는 멸실한 경우에는 당사에 서면신고와 동시에 관할법원에 공시최고 절차를 취하고 제권판결을 받아야 한다.
2. 임치인은 전항의 절차를 필하고 당사가 타당하다고 인정하는 담보물을 제공한 후에 임치물의 출고 또는 보관증 재발행을 청구할 수 있다.
3. 제2항의 경우 담보물의 제권판결이 확정된 후가 아니면 이를 반환하지 못한다.

제 4 장 임치물 검사

제20조【임치물의 검사】

1. 당사는 임치물의 입고시 또는 보관중이더라도 의심이 갈 때에는 창고사용자의 승인과 비용부담으로 임치물의 전부 또는 일부의 내용을 검사할 수 있다. 다만, 창고사용자의 동의를 얻을 시간적 여유가 없을 때에는 임의로 검사할 수 있으며, 이후 검사취지를 통지하여야 한다.
2. 전항의 경우에 의하여 임치물의 검사한 결과 신고한 물품과 상이한 때의 손해 및 검사로 인하여 발생한 비용은 창고사용자가 부담한다.

제21조【임치물 검사, 견품적취 및 보관】 창고사용자는 영업시간 내에 언제든지 임치물을 검사하거나 견품을 적취하여 보관에 필요한 조치를 요구할 수 있으며, 이에 필요한 비용을 부담하여야 한다.

제 5 장 임치물 출고

제22조【출고 수속】

1. 창고사용자가 임치물의 전부 또는 일부를 출고청구 하고자 할 때에는 당사의 소정 양식에 의한 청구사항을 기재하고 서명 날인 후 보관증 기타 임치를 증명하는 서류를 첨부하여 당사에 제출하여야 한다.
2. 전항의 경우, 창고사용자는 임치기간에 발생한 보관료, 작업료 및 기타 제비용을 당사에 지급하여야 한다.

제23조【질권설정 임치물의 일부 출고】

1. 당사는 창고증권 또는 보관증으로 질권설정을 한 임치물에 대하여 질권자의 승인이 있으면 임치물의 일부를 출고할 수 있다.
2. 전항의 경우, 질권자는 창고증권 등의 출고란에 임치물의 종류, 품질과 수량을 기재한다.

제24조【임치물의 인수 및 출고서류 유통금지】

1. 임치물에 대한 출고수속을 필한 창고사용자는 지체 없이 임치물을 인수하여야 한다.
2. 창고사용자는 출고에 관한 서류를 타에 양도하거나 담보물로 제공하지 못한다.

제25조【출고 거절】

1. 창고사용자가 보관료, 기타 제 비용을 지불하지 아니할 경우에는 당사는 출고의 청구에 불응할 수 있다. 이 경우, 출고의 청구에 응하지 아니하므로 인하여 발생한 손해에 대해서는 창고사용자가 부담한다.
2. 전항의 경우 유치기간 중의 보관료, 기타 제비용을 창고사용자의 부담으로 한다.

제26조【출고 최고】

1. 당사는 임치기간 만료 후에는 창고사용자에게는 임치물의 출고 또는 임치기간의 갱신절차에 대하여 일정한 기간을 정하여 최고할 수 있다.
2. 전항의 일정한 최고기간 내에 인수하지 않거나, 아무런 조치가 없을 때에는 임치물 인수를 거부하는 것으로 간주할 수 있다.

제27조【공 탁】

1. 당사가 제26조에 의하여 기간을 정하여 출고최고 하였음에도 불구하고 임치물 인수를 거절하거나 인수할 수 없을 경우 또는 당산의 과실이 없이 창고사용자를 확인할 수 없는 경우 당사는 임치물을 공탁할 수 있다.
2. 전항의 규정에 의하여 임치물을 공탁하였을 경우 지체 없이 그 취지를 창고사용자에게 통지하여야 한다. 다만, 창고사용자를 확인할 수 없는 경우에는 그러하지 아니한다.

제28조【경 매】

1. 당사가 제26조에 의하여 기간을 정하여 출고최고를 하였음에도 불구하고 임치물의 인수를 하지 않거나, 아무런 조치가 없을 때에는 상법 제165조 및 경매법에 의하여 경매할 수 있다.
2. 전항의 규정에 의하여 임치물을 경매하였을 경우에는 경매대금에서 보관료, 경매비용, 기타 제비용을 공제한 잔액은 창고사용자에게 지불하고 그러하지 못할 때에는 공탁하여

야 한다.

3. 창고업자가 임치물을 경매처분하였을 때에는 그 사유를 임치인에게 통지하여야 한다. 다만, 임치인을 확인할 수 없을 때에는 그러하지 아니한다.

제29조【임의매각】

1. 당사가 제26조에 의하여 기간을 정하여 창고사용자에게 출고최고를 하였음에도 불구하고 그 기간 내에 인수하지 않고 다음 사유가 발생하였을 때에는 경매에 대신하여 창고사용자의 위험 및 비용으로 임의로 임치물을 매각할 수 있다. 이 경우, 당사는 알고 있는 창고사용자에 대하여 미리 그 취지 및 매각기일을 통지하여야 한다.
   가. 임치물의 가격이 보관료, 기타 제비용에 경매비용을 더한 가격에 미달될 때
   나. 임치물이 손상될 우려가 있을 때
2. 전항에 의하여 임의매각한 임치물의 대가로부터 보관료, 기타 제비용을 공제한 후 그 잔액을 창고 사용자에게 지불하여야 한다.

제 6 장 보험가입

제30조【보험가입】

1. 당사는 창고증권을 발행하고자 하는 경우에는 임치물에 대한 화재, 도난으로 입은 임치인의 재산상 피해를 보상하기 위하여 보험에 가입하여야 한다. 단, 창고업법시행규칙 제15조 규정에 의한 임치물은 그러하지 아니한다.
2. 임치물의 보험가입에 관한 사항은 당사와 보험자와의 보험계약의 내용에 의한다.
3. 당사는 보험자를 변경할 수 있고 그 사실을 창고증권 소지인에게 통지하여야 한다.
4. 창고증권 소지인이 보험에 영향을 미칠만한 사실을 신고하지 아니하거나 또는 허위신고로 인하여 발생한 손해는 창고사용자가 부담하여야 한다.

제31조【보험금액 및 일부출고에 의한 금액】

1. 보험금액은 임치청약서에 표시된 임치금액을 보험금액으로 정한다.
2. 제14조에 의하여 임치가격이 변경되었을 때에는 그 변경된 가격을 보험금액으로 정한다.
3. 보험에 부보한 후 임치물의 일부를 출고할 때에는 재고 임치물에 대한 가격을 보험금액으로 정한다.

제32조【보험금의 지불 수속】 창고사용자는 당사를 경유하지 아니하면 보험금을 수령하지 못한다.

제 7 장 임치물의 손해배상

제33조【책임의 발생과 소멸】

1. 당사의 임치물에 대한 책임은 임치물을 인수받을 때에 발생하여 임치물을 인도하였을 때에 끝난다.
2. 임치물을 인도한 후에는 그 임치물이 당사의 창고 구내에서 잔존하는 동안에 발생하는 손해에 대하여 그 책임을 지지 아니한다.

3. 당사는 제16조에 의하여 타 창고업자에 임치물을 재임치 했을 경우에 있어서도 이 약관에 의하여 그 임치물에 관한 책임을 진다.

제34조【거증 책임】 창고사용자가 당사에 임치물에 대한 손해배상을 청구하고자 할 때에는 그 손해가 당사에 귀속할 만한 사유로 인하여 발생된 사실을 증명하여야 한다.

제35조【면책사항】 당사는 다음과 같은 사유로 인하여 손해가 발생하였을 때에는 그 책임을 지지 아니한다.

1. 천재지변, 기타 불가항력으로 인하여 재해사고가 발생한 때
2. 임치물의 성질의 하자, 해충 또는 포장의 불완전 등으로 인하여 손해가 발생한 때
3. 화재로 인한 임치물의 손해에 대하여 보험자가 보험금을 지불하였을 때
4. 임치기간만료 후 출고 또는 매각처분에 관한 최고장을 발송하고 그 기간이 만료된 이후에는 손해가 발생한 때
5. 제12조 1항에 의한 임치기간 경과 후 변질되어 손해가 발생한 때
6. 국가기관의 압류명령, 징발 등 기타 불가피한 사유로 인하여 손해가 발생한 때

제36조【내용 불검사 임치물에 관한 면책】

1. 당사는 다음의 경우에는 임치물의 내용, 품질, 수량 등을 검사하지 아니하고 보관증 또는 창고증권에 "임치물의 내용 불검사, 품질 불검사, 수량 불검사로 인한 임치물의 하자에 관한 책임을 지지 아니한다"라는 사유를 기재한다.
   가. 임치물의 포장이 내용을 검사하기 곤란하고 포장을 해장함으로 많은 비용과 시간을 요할 때
   나. 임치물의 포장을 해장함으로 인하여 그 품질과 상품으로서의 가격 등에 많은 영향을 미칠 우려가 있을 때
2. 당사는 전항의 경우에 임치물의 내용과 보관증 또는 창고증권에 기재된 종류, 품질, 수량의 불일치에 대한 책임을 지지 아니한다.

제37조【손해배상액 산정과 지급 및 임치물에 대한 권리】

1. 임치물의 멸실 또는 훼손 등으로 인하여 발생한 손해에 대한 배상금액의 산정기준은 손해발생 당시의 시가에 의하여 손해의 정도에 따라서 산정한다. 단, 시가가 임치물의 보험금액 또는 임치가격에 의한 금액을 한도로 손해의 정도에 따라 산정한다.
2. 손해배상은 현금 또는 현물로서 이를 변제할 수 있다.
3. 손해가 발생한 임치물에 대하여 배상을 변제하였을 때에는 변제품에 대한 취득권리는 당사에 귀속된다.

제 8 장 보관료, 작업료, 기타 수수료

제38조【요금의 적용】

1. 당사는 보관료, 작업료, 기타 제 비용은 관할 관청에 신고한 요금표에 의하여 징수한다.
2. 창고사용자가 출고시에 불입한 전항의 비용을 납입하지 아니할 때에는 출고시 이후의 연체금을 은행의 연체이율로 납부하여야 한다.
3. 당사는 신고된 요금을 변경했을 때에는 변경된 요금을 관할 관청에 신고한 날로부터

그 기분에 대하여는 신요금에 의하여 청구한다.

4. 당사는 관할 관청에 신고한 요금표를 영업소, 기타 이용자가 보기 쉬운 장소에 게시한다.

제39조【멸실 임치물의 요금부담】 당사는 임치물이 멸실되었을 때에는 멸실된 기간까지의 제 요금을 창고사용자에게 청구할 수 있다. 다만, 당사의 책임에 귀속된 사유로 인하여 멸실된 때에는 그 임치기간에 발생한 요금액에 대하여는 징수하지 아니한다.

제 9 장 약관의 명시 등

제40조【약관의 명시, 설명 등】 당사는 계약체결에 있어서 약관에 정하여져 있는 중요한 내용을 창고사용자가 이해할 수 있도록 설명하고, 창고사용자가 요구할 때에는 당해 약관의 사본을 교부한다.

[서식 285] 보관계약서(상품)

상품 보관계약서

○○○(이하 "갑"이라 한다)와 ○○○(이하 "을"이라 한다) 간에 다음과 같이 상품보관(임치)계약을 체결한다.

제1조【임치대상 상품】 "갑"이 "을"에게 임치할 상품(이하 "상품"이라 한다)은 다음과 같다.

상품의 표시

제2조【반입 반출】 "갑"은 필요할 때는 언제든지 상품을 반입 또는 반출할 수 있으며 "을"은 상품의 반입 반출과 관련하여 어떠한 책임도 지지 않는다.

제3조【보관료】 보관료는 상품의 유무 및 수량에 관계없이 월 금 ○○○○원으로 하며 "갑"은 매월 ○일 "을"에게 보관료를 지급한다.

제4조【계약의 해지】 "갑" 또는 "을"은 본 계약을 해지하고자 할 경우 해지 ○개월 전에 상대방에게 통보하여야 한다.

본 계약을 증명하기 위하여 본 계약서 2통을 작성하여 각각 서명(또는 기명) 날인한 후 각각 1통씩을 보관한다.

20○○년 ○월 ○일

갑	㉿	주민등록번호		주 소	
				전화번호	
을	㉿	주민등록번호		주 소	
				전화번호	

[서식 286] 보관계약서(과일)

과일 보관계약서

목장주 ○○○(이하 "갑"이라 칭한다)와 보관자 (주)○○○○(이하 "을"이라 칭한다)는 다음과 같이 과일보관계약을 체결한다.

제 1 조【목 적】 본 계약은 "갑"이 재배하는 과일의 보관을 "을"에게 의뢰하고 보관과 관련된 사항들을 규율함을 목적으로 한다.

제 2 조【보관대상】 "을"은 "갑"의 목장에서 생산되는 과일 ○○○, ○○○, ○○○(이하 단순히 과일은 별도의 호칭이 없는 한 전체를 지칭한다)의 저장창고 및 보관관리 업무를 수행한다.

제 3 조【냉장보관】

1. "을"은 "갑"의 과일을 "을"이 보유한 냉장창고에 개별과일의 적정 온도를 감안하여 냉장보관하고 "갑"의 반출요청 시 이를 반출하도록 한다.
2. "갑"은 보관 의뢰 시 장기간 보관용(○개월 이상)과 단기간 보관용(○개월 미만)의 보관용으로 구분하여 보관 의뢰하며 "을"은 당해 보관기간의 차이에 따른 온도조절, 기타 반출입의 용이 등을 고려하여 보관하도록 한다.

제 4 조【보관료】

1. "갑"은 본 계약의 체결과 동시에 보증금으로서 금 ○○○원(₩○○○)을 "을"에게 예치하고 매월 ○일 금 ○○○원(₩○○○)을 기본 보관료로서 "을"에게 현금으로 지급한다. 다만, 예치금은 계약의 종료와 동시에 반환받는다.
2. 제1항의 기본보관료에 따라 "갑"은 기본적으로 "을"의 냉장창고 ○개를 이용할 수 있으며 이를 초과 시 추가 비용을 지불하여야 한다. 다만, 동 수량을 모두 이용하지 아니하여

도 감액을 하지는 아니한다.

제5조【출입제한】

1. "을"은 "갑" 또는 "갑"이 사전에 유선통지하고 더불어 대리권을 부여하였음을 입증하는 서면을 제출하는 대리인이 아닌 한 관리보관 중인 과일의 반출입을 금지한다.
2. 보관 과일의 반출입 시에는 적어도 ○시간 이전에 "을"에게 통지하여야 하며 신속한 반출입을 통하여 여타의 보관중인 과일의 보관관리에 지장을 초래하지 아니하도록 한다.

제6조【관리보고】 "을"이 관리보관 도중 보관물에 대해 멸실 또는 훼손 기타의 예기치 아니한 사태가 발생한 경우 즉시 "갑"에게 통지를 하여야 하며 당해 사안이 "을"의 귀책사유가 아닌 한 "갑"은 어떠한 손해배상도 청구할 수 없다.

제7조【보험가입 등】 "을"은 항시 냉장창고의 보관상태가 적정한 온도가 유지되도록 관리하여야 하며 외부로부터의 도난 및 화재, 기타 불의의 사태에 대비한 관련된 보험에 가입하여야 하며 보험가입증서를 본 계약서의 말미에 첨부하도록 한다.

제8조【반출 시 품질검사】 "갑"은 과일의 반출 시 해당 과일의 보관상태의 양호를 검사하고 "을"의 귀책사유로 인하여 보관물에 대한 훼손 및 품질의 저하가 발생 시 이에 대한 배상을 요구한다.

제9조【계약기간】

1. 본 계약은 계약체결일부터 ○년간으로 하며 다만, 기간이 만료한 경우 동일조건으로 매 ○년씩 연장되는 것으로 한다.
2. 유효기간동안 보관하는 물량이 없어도 보관료 지급의무는 발생하며 "갑"이 보관료를 지급하지 아니하는 경우는 "을"은 해지할 수 있다.
3. 기간의 만료로 계약을 종료하거나 중도에 계약을 종료하는 경우 "을"은 보관중인 보증금을 즉시 반환하여야 한다. 다만, "을"이 지급받을 금전이 있는 경우에는 당해 금전을 공제한 잔액을 반환한다.

제10조【해 지】

1. 당사자 일방에 대하여 다음 각 호의 사유가 발생할 시 상대방은 즉시 계약을 해지통지하고 통지로부터 해지효과가 발생한다.
   가. 가압류, 가처분, 경매 등의 사업의 불투명 사유가 발생할 시
   나. 파산, 회사정리, 화의신청 등의 사업불가능 사유가 발생할 시
   다. "갑"의 보관과일이 전혀 없고 동 기간 동안 보관료 연체가 ○개월을 경과할 때
2. 일방이 본 계약상의 의무이행을 하지 아니한 때 상대방은 ○일 이상의 시정기간을 두고 사유를 명시하여 시정을 최고하며, 그럼에도 불구하고 시정이 이루어지지 아니할 시 즉시 계약의 해지를 통지한다.

제11조【기타사항】

1. 계약의 당사자는 본 계약의 내용을 신의성실에 의거하여 준수하여야 한다.
2. 계약기간 중 계약의 변경은 당사자의 서면 합의에 의해서만 변경될 수 있으며 서명 날인된 문서를 본 계약서의 말미에 첨부한다.
3. 본 계약서에서 명시되지 않은 부분에 대하여는 관련 법규 및 상관습에 따르기로 한다.

제12조【분쟁해결】
1. 본 계약과 관련하여 양 당사자 간의 분쟁이 발생한 경우, 원칙적으로 "갑"과 "을" 상호간의 합의에 의해 해결한다.
2. 제1항에도 불구하고 분쟁이 해결되지 않을 경우 "갑"의 주소지 관할 지방법원을 그 관할로 하여 재판함으로써 해결한다.

제13조【특약사항】 상기 계약일반사항 이외에 "갑"과 "을"은 아래 내용을 특약사항으로 정하며, 특약사항이 본문과 상충되는 경우에는 특약사항이 우선하여 적용된다.

위와 같이 본 계약이 유효하게 성립하였음을 증명하기 위하여 본 계약서 2통을 작성하여 각각 서명(또는 기명) 날인한 후 "갑"과 "을"이 각각 1통씩을 보관한다.

20○○년 ○월 ○일

갑	㊞	주민등록번호		주 소	
				전화번호	
을	㊞	사 업 자 등 록 번 호		사 무 소	
				전화번호	

[서식 287] 보관계약서(자동차)

보 관 계 약 서

○○○주차장(이하 "갑"이라 칭한다)와 ○○○(이하 "을"이라 칭한다)는 다음과 같이 차량보관계약을 체결한다.

제 1 조【차량보관의 약정】 "갑"은 "을"이 소유한 아래 표시된 바의 차량을 보관하며 "을"은 별지 보관장 사용세칙을 승인하고 차량의 보관을 의뢰한다.

제 2 조【보관료】 "을"은 금 ○○○원의 보관료를 매월 ○일에 "갑"에게 지급한다.

제3조【보관료의 양도, 전매 등의 금지】 보관권은 타인에게 양도 또는 전대할 수 없으며 타인으로 하여금 차고를 사용케 하는 것을 금한다.

제4조【계약의 해제】 "갑"은 "을"이 제2조에 따른 지급의무를 이행하지 않거나 제3조의 사항을 위반하였을 때, 또는 기타 "을"이 계약상의 의무를 위반하였을 경우 즉시 본 계약을 해제할 수 있다.

제5조【협력의무】 "갑"은 "을"이 보관을 의뢰한 차량의 보전을 위해(즉 불가항력에 의한 사고 또는 방범, 방화 등) 적극적으로 협력하여야 한다.

제6조【보관장 및 차량내의 출입】 "갑" 또는 "갑"의 사용인은 제5조에 필요한 조치를 강구하기 위하여 수시로 보관장 및 차량 내에 출입할 수 있다.

제7조【변경절차】 본 계약이 해제되었을 때에는 조속히 보관소재지에서 변경절차를 마치고 차량을 반출한다. 단, "을"이 변경절차를 취하지 않을 경우에는 차량의 보관여하에 불문하고 소정 보관료 상당의 손해금을 지급하여야 한다.

제8조【차량열쇠의 보관】 차량의 보관을 의뢰한 "을"은 언제든지 "갑"에게 그 차량의 열쇠를 보관시켜야 한다.

제9조【고의 또는 중대한 과실에 기인하지 않는 손해】 "갑"은 그 자신의 고의 또는 중대한 과실에 기인하지 않는 손해는 부담하지 않는다.

제10조【건물 등의 보수】 "을" 또는 "을"의 관계인(사용인, 동업자 포함)의 고의 또는 중대한 과실로 인한 본 보관장 또는 그 건물 및 부대설비에 손해가 있는 경우, 그 손해에 대해 보수를 행하여야 한다.

위와 같이 본 계약이 유효하게 성립하였음을 증명하기 위하여 본 계약서 2통을 작성하여 각각 서명(또는 기명) 날인한 후 "갑"과 "을"이 각각 1통씩을 보관한다.

(별지 사용세칙) : 생 략

20○○년 ○월 ○일

<table>
<tr><td rowspan="2">갑</td><td rowspan="2">㊞</td><td rowspan="2">주민등록번호</td><td rowspan="2"></td><td>주 소</td><td></td></tr>
<tr><td>전화번호</td><td></td></tr>
<tr><td rowspan="2">을</td><td rowspan="2">㊞</td><td rowspan="2">주민등록번호</td><td rowspan="2"></td><td>주 소</td><td></td></tr>
<tr><td>전화번호</td><td></td></tr>
</table>

[서식 288] 보관계약서(냉동보관)

냉동 보관계약서

아래 서명 날인한 동결작업 보관의뢰인을 "갑"이라 칭하고, 냉동보관하는 자를 "을"이라 칭하며 아래 이행에 따른 제반조건으로 하여 냉동보관계약을 체결한다.

제 1 조【총 칙】 "갑"은 본 계약기준에 의거 상호 신의와 성실의 원칙으로 상호 이익을 도모하기로 한다.

제 2 조【계약사항】

1. 1일 냉동 사료 작업 15kg 기준 팬
2. 1일 재고 수량 팬 이하
3. 동결 작업비 : 15kg팬 기준 원
4. 냉장료 : 1일 원
5. 냉장료(보관비) 결재조건 : 매달 말일(30일)로 정산하여 다음달 ○일까지 보관료를 정산하기로 한다. 보관료를 정산치 않을 시에는 보관된 물품에 대하여 출고를 할 수 없다.
   ※ 상기 3, 4는 V.A.T 별도임
6. 보관물품 및 입·출고 잔액은 ○○용 보관원장에 의한다.
7. 하루에 2차 이하는 2차 금액에 맞춘다.

제 3 조【계약금】

금 원(₩)으로 한다.

제 4 조【계약이행기간】

공장가동일로부터 20○○년 ○월 ○일까지

단, "갑", "을" 계약이행기간에 불가피한 변동요인이 발생시 상호 협의하여 조정할 수 있다.

제 5 조【준수사항】

1. "갑"은 제2조 1.항에 있어 우선적으로 "을"의 작업장에 차질이 없도록 노력해야 하며 증감에 따른 내용을 협의해야 한다.
2. "갑"은 제2조 2.항에 불이행시 "을"은 계약종료 및 계약을 포기할 수 있다.
3. "을"은 "갑"의 물품관리에 안전을 기하고 부족시 "을"은 책임을 지도록 한다.

제 6 조【위약규정】

1. "갑", "을"은 본 약정을 준수하며 위약한 자는 위약으로 인한 상대방이 손해를 100% 변상하거나 계약을 파기한다.
2. "갑"은 냉장료(보관료)를 3개월 이상 체불하였을 시에는 보관물을 임의 처분하여 보관료를 공제한 나머지 물품대금에 대해서는 "갑"에게 지급하기로 하며, "갑"은 이로 인하여 어떠한 민·형사상의 이의를 제기하기 않는다.

제 7 조【관할의 합의】 본 계약에 대하여 분쟁발생시 "갑", "을"간 상호 협의하여 해 결하기로 하되 만일 합의 불성립시 "을"의 관할 법원으로 한다.

위 계약조건을 확실히 이행하고 후일을 증명하기 위해 본 계약서를 작성하고 각 1통씩 보관한다.

20○○년 ○월 ○일

갑	㉑	주민등록번호		주 소	
				전화번호	
을	㉑	사 업 자 등 록 번 호		사 무 소	
				전화번호	

[서식 289] 보관계약서(송이)

송이 보관계약서

송이채취 조합 ○○○○(이하 "갑"이라 칭한다)와 저온창고 보유자 (주)○○○○(이하 "을"이라 칭한다)는 상호간에 다음과 같이 송이보관계약을 체결한다.

제 1 조【목 적】 본 계약은 "갑"의 회원들이 채취하여 집하된 송이에 대한 보관을 "을"이 보유한 냉장창고에 임시로 임치하는 것과 관련된 사항을 규율함을 목적으로 한다.

제 2 조【집하보관】

1. "을"은 "갑"의 송이만을 전용으로 보관하는 냉장창고를 배당하여 당해 냉장창고에는 "갑"의 송이 이외에는 여하한 물건의 보관을 하여서는 아니된다.
2. 보관 중 "갑"은 수시로 당해 송이에 대한 반입과 출하를 자유롭게 할 수 있으며 당해 창고에 대한 입출입은 "을"과 "갑" 또는 "갑"이 지정한 대리인만이 하도록 한다.

제 3 조【적정온도】 "갑"은 항상 냉장창고의 보관 온도를 섭씨 ○도에서 ○도 사이가 유지되도록 하여야 하며 창고의 관리부실로 인한 보관용 송이의 부패, 기타 훼손 일체에 대하여 관련 손상 송이금액에 해당하는 금액의 손해배상책임이 발생한다.

제4조【창고사용료】

1. "갑"은 창고사용료로서 총 금 ○○○원(₩○○○○)을 "을"에게 현금으로 지급하기로 하며 본 계약체결과 동시에 계약금으로 ○%를 "을"에게 현금으로 지급한다.
2. 잔금은 보관중인 송이의 총 보관량에서 ○%가 출하된 시점에 "을"의 잔액지급 청구에 따라 전액 현금으로 지급하여야 한다.

제5조【반출입 유의사항】

1. "갑"은 반출입 시 지정된 작업복의 착용 및 기타 관련된 위생관리를 철저히 하여 반출입 과정에서 유사병균의 침입으로 인한 보관용 송이의 변질이 발생하지 아니하도록 하여야 한다.
2. "갑"은 사전에 "을"에게 반출일자 및 시간을 통지하도록 하여 "을"이 필요한 준비를 할 수 있도록 하여야 한다.

제6조【도난방지】

1. "을"은 당해 냉장창고에 대해 도난 및 화재에 대비한 관련 보안설비 및 화재방지설비를 설치하여야 하며 이와 동시에 도난 및 화재에 대비한 보험에 가입하여야 한다.
2. 제1항의 설비는 "을"의 부담으로 하며 보험의 가입에 따른 비용의 증가는 "갑"의 부담으로 한다. 다만, 설비의 미설치를 제외한 "갑"이 보험의 가입을 보류한 경우에는 보험 미가입에 대한 책임은 전적으로 "갑"이 부담한다.

제7조【계약기간】 본 계약의 유효기간은 20○○년 ○월 ○일부터 20○○년 ○월 ○일까지로 하며 별도의 종료통지가 없는 한 매년 송이의 출하시기에 본 계약이 지속적으로 효력을 유지하는 것으로 한다. 다만, "갑"이 일체의 보관의뢰를 하지 아니하거나 다른 제3자의 냉장창고를 이용하는 경우에는 자동적으로 계약이 종료된 것으로 한다.

제8조【해 지】

1. 당사자 일방에 대하여 다음 각 호의 사유가 발생할 시 상대방은 즉시 계약을 해지할 수 있다.
   가. "갑"에게 가압류, 가처분, 경매 등의 사업의 불투명 사유가 발생할 시
   나. "갑"에게 파산, 회사정리, 화의신청 등의 사업불가능 사유가 발생할 시
2. 당사자 일방이 본 계약상의 의무를 이행하지 아니할 시 상대방은 ○일 이상의 시정기간을 두고 사유를 명시하여 시정을 최고하며, 그럼에도 불구하고 시정이 이루어지지 아니할 시 즉시 계약의 해지를 통지할 수 있다.
3. 계약해지에 대해 귀책사유 있는 일방은 상대방에 대하여 손해배상의 책임이 있다.

제9조【기타사항】

1. 계약의 당사자는 본 계약의 내용을 신의성실에 의거하여 준수하여야 한다.
2. 계약기간 중 계약의 변경은 당사자의 서면 합의에 의해서만 변경될 수 있으며 서명날인된 문서를 본 계약서의 말미에 첨부한다.
3. 본 계약서에서 명시되지 않은 부분에 대하여는 관련 법규 및 상관습에 따르기로 한다.

제10조【분쟁해결】

1. 본 계약과 관련하여 양 당사자 간의 분쟁이 발생한 경우, 원칙적으로 "갑"과 "을" 상호간

의 합의에 의해 해결한다.
2. 제1항에도 불구하고 분쟁이 해결되지 않을 경우 "갑"의 주소지 관할 지방법원을 그 관할로 하여 재판함으로써 해결한다.

제11조 【 특약사항 】 상기 계약일반사항 이외에 "갑"과 "을"은 아래 내용을 특약사항으로 정하며, 특약사항이 본문과 상충되는 경우에는 특약사항이 우선하여 적용된다.

위와 같이 본 계약이 유효하게 성립하였음을 증명하기 위하여 본 계약서 2통을 작성하여 각각 서명(또는 기명) 날인한 후 "갑"과 "을"이 각각 1통씩을 보관한다.

20○○년 ○월 ○일

갑	㊞	주민등록번호		주 소	
				전화번호	
을	㊞	사 업 자 등 록 번 호		사 무 소	
				전화번호	

[서식 290] 창고보관계약서(물품)

창고보관계약서

창고업자 (주)○○○○(이하 "갑"이라 칭한다)와 화물보관자 (주)○○○○(이하 "을"이라 칭한다)는 상호간에 다음과 같이 창고보관계약을 체결한다.

제 1 조 【 목 적 】 본 계약은 "갑"의 운영창고에 "을"이 물품을 반입 및 반출하는 것과 관련된 사항을 규율함을 목적으로 한다.

제 2 조 【 보관화물 】

1. "갑"의 창고에 보관이 가능한 화물은 상온에서 보관이 가능한 공산품으로서 농산품 및 부패의 가능성이 있는 물품은 보관이 불가하다.

2. 제1항의 위반사항 발생 시 "갑"은 "을"에게 통지 후 반출을 요구하고 기일 내에 반출하지 아니할 시 "갑"이 임의로 경매한다.

제3조【화물의 표시】

1. "을"은 다음 각 호의 사항을 화물에 표시하여야 한다.
   가. "을"의 상호, 영업소, 성명, 전화번호, 이메일
   나. 화물의 종류, 품질, 수량, 포장의 종류, 가격
   다. 보관기간
   라. 취급상의 주의사항 및 그 사유
   마. 기타 "갑"이 정하는 사항
2. "을"이 제1항의 기재 사실과 다른 물품을 보관함에 따른 손실에 대해서는 일체 "갑"은 책임을 지지 아니한다.

제4조【보관료】

1. 물품보관료는 보관 물품의 품목, 부피, 가격 등을 고려하여 "갑"이 설정한 품목별 보관기준표에 따라 보관료를 지불한다.
2. 보관료는 본 계약 체결 시 50%를 지급하고 반환 시 50%를 지불하도록 한다.

제5조【반출입 시간】

1. "을"은 보관물품을 오전 09:00부터 오후 18:00까지 반입 및 반출을 할 수 있으며 토요일은 오후 14:00까지로 한다. 다만, 급박한 상황의 경우 "을"의 사전 요청에 의해 예외를 둘 수 있다.
2. 일요일 및 국경일은 휴무를 함을 원칙으로 하며 기타의 휴무발생 시에는 사전에 이를 "갑"의 영업소에 공지한다.

제6조【반출입 작업】

1. "을"은 "갑"의 영업소의 지정된 장소에서 물품을 반출입하기에 적합한 상태로 준비를 하여 두며 창고에서의 반출입은 "갑"이 수행한다.
2. "을"은 화물의 반출입 시 24시간 이전에 "을"에게 이를 통지하여야 한다.
3. "갑"은 화물의 보관 시 창고증권 또는 보관증을 작성하여 "을"에게 교부한다.

제7조【반입거절】 "갑"은 다음 각 호의 경우에 화물의 반입을 거절하며 보관 후 이러한 사항이 추후 적발된 경우에는 즉시 반출의 요구 및 제2조의 절차를 준용한다.

1. 포장이 불완전하여 보관하기에 부적당한 화물
2. 보관에 있어서 지나치게 특별한 조건을 요구할 때
3. 법령 또는 선량한 풍속과 사회질서에 위반되는 화물로 판단될 때
4. 기타 부득이한 사유가 있을 때

제8조【검 사】

1. "갑"은 "을"의 반입 시 또는 보관 도중이라도 언제든지 "을"의 물품에 대한 검사를 실시할 수 있으며 검사의 실시 시에는 사전에 "을"에게 그 취지를 서면으로 통지하여야 한다.
2. 검사결과 부적합 물품이거나 내용표시와 상이한 물품임이 확인될 경우에는 물품의 즉시 반출을 명하거나, 새로운 비용의 지급 또는 상황이 여의치 않을 경우 폐기를 할 수 있다.

3. 본조에 따른 반출 시에는 "을"은 보관료의 50%에 상당하는 신뢰이익의 배신에 따른 손해금을 별도로 반출 시 지급하여야 반출할 수 있다.
4. 지정된 반출에 응하지 아니하거나, 새로운 비용의 제공 또는 담보물제공에 응하지 아니할 경우 해당 물품은 "갑"의 재량으로 경매를 한다.
5. 제품의 특성상 개봉검사가 불가능 하거나 기타의 사유로 검사가 불가능한 품목은 별도로 해당 제품에 검사 불가능 여부를 표시하며 해당 제품의 내용, 품질, 수량 등에 관해 생긴 손해에 대해서는 "갑"은 일체 책임을 지지 아니한다.

제9조【보관기간】 본 계약상의 보관기간은 원칙적으로 반입일로부터 ○개월로 하며 ○개월 경과 시에는 기간을 갱신하여야 한다. 다만, 사전에 관련 비용의 지급 및 특별히 허락된 기간이 있는 경우에는 그러하지 아니하다.

제10조【보관증 등】

1. "갑"은 발행한 창고증권 이나 보관증의 소지자에게 보관기간의 만료 시 이를 인도하면 소지자의 진실여부에 대해 책임을 지지 아니한다.
2. "을"이 보관증을 분실, 멸실 등을 당한 경우 즉시 "갑"에게 서면통지하고 법원에 공시최고 절차를 취하여 제권판결을 받도록 한다. 다만, "갑"이 명백하게 해당 사실을 확인 가능한 경우에는 그러하지 아니하다.
3. 제2항의 절차를 마친 후 "을"은 "갑"이 정한 상당한 담보물을 제공하고 창고증권 또는 보관증 등의 재발행을 청구한다.

제11조【보험 등】

1. "갑"은 보관물에 대한 화재, 도난 등의 피해를 보상하기 위해 보험에 가입하며 보험금액은 "을"이 보관 시의 보관가격으로 한다. 다만, 일부 반출 시에는 재고보관물의 가격을 보험금액으로 한다.
2. "갑"은 보험가입자를 자유로 선택할 수 있으며 보험가입에 관한 사항은 "갑"과 보험자와의 협의로 정한다.
3. 보험에 가입한 물품과 관련하여 "을"이 신고하지 아니하거나 허위 신고한 사항에 대한 손해는 전액 "을"이 부담한다.
4. 본조는 "을"이 창고증권을 발행 요청하는 물품에 대하여 적용되며 그렇지 아니한 물품은 예외로 한다.

제12조【반 출】

1. "을"은 반출 시 창고증권 또는 보관증을 제시하여야 하며 출고자와 보관자의 명의가 다른 경우에는 "갑"은 사전에 이에 관한 서면 통지가 없을 경우 진위확인이 되기 이전까지는 반출을 거부할 수 있다. "을"이 제반 보관관련 비용지급의무를 불이행한 경우에도 그러하다.
2. "을"이 보관기간의 만료 후에도 반출을 하지 아니할 경우 "갑"은 일정한 기간을 정하여 갱신 또는 반출을 하도록 최고를 행하며 최고에도 불구하고 해당 기일 내에 관련 절차를 취하지 아니할 경우 "갑"은 임의로 경매를 신청할 수 있다.
3. 보관기간의 만료로 반출을 할 시 "을"의 해산 또는 소재 불분명 기타의 사유로 "을"이 보관한 물품의 인수자를 확인할 수 없을 경우 "갑"은 공탁을 신청할 수 있다.

제13조【경 매】

1. 본 계약상의 규정에 의하여 "갑"이 경매를 할 경우 매각대금에서 보관료, 경매비용, 기타 제비용을 공제한 잔액은 "을"에게 지급하며 "을"에게 제반 사유로 지급할 수 없을 경우에는 공탁을 한다.
2. 제1항에 불구하고 보관 물품에 대해 "갑"이 지출한 보관료, 기타 제비용에 경매비용을 더한 가격에 미달이 되거나, 보관물이 손상될 우려가 있을 때에는 임의 매각을 실시한다.
3. 제2항의 경우 매각비용에서 보관료, 기타 제비용을 공제한 잔액을 "을"에게 지불한다. 다만, 부족분이 있을 경우에는 "을"에게 추가로 비용을 청구한다.

제14조【해 지】

1. "갑"은 "을"이 장기보관이 불가능한 물품의 수령거부 또는 "갑"의 정당한 검사 등의 업무를 방해하거나 기타 본 계약상의 의무규정에 위배되는 경우 계약의 해지를 통지하고 "을"은 즉시 보관료, 작업비 기타 제반비용을 "갑"에게 납입하고 "갑"이 지정한 기일 내에 보관물을 인수하여야 한다.
2. 제1항의 기일 이후에는 보관물에 대해 "갑"은 일체의 책임을 지지 아니하며 "을"이 후속조치를 기일을 도과하여도 하지 아니할 시 본 계약상의 경매 또는 처분의 절차에 따른다.

제15조【면 책】 다음 각 호의 사유 발생에 대해 "갑"은 관련 손해에 대해 책임을 지지 아니한다.

1. 홍수, 폭설, 폭염 등의 천재지변이나 행정청의 징발, 압류 등 불가항력적 사유 발생 시
2. 포장의 불완전, 물품의 하자 등으로 손해 발생 시
3. 화재로 인한 손해에 대하여 보험회사가 보험금을 지불하였을 시

제16조【기타사항】

1. 계약의 당사자는 본 계약의 내용을 신의성실에 의거하여 준수하여야 한다.
2. 계약기간 중 계약의 변경은 당사자의 서면 합의에 의해서만 변경될 수 있으며 서명날인된 문서를 본 계약서의 말미에 첨부한다.
3. 본 계약서에서 명시되지 않은 부분에 대하여는 화물유통촉진법 등 관련 법규 및 상관습에 따르기로 한다.

제17조【분쟁해결】

1. 본 계약과 관련하여 양 당사자 간의 분쟁이 발생한 경우, 원칙적으로 "갑"과 "을" 상호간의 합의에 의해 해결한다.
2. 제1항에도 불구하고 분쟁이 해결되지 않을 경우 "갑"의 주소지 관할 지방법원을 그 관할로 하여 재판함으로써 해결한다.

제18조【특약사항】 상기 계약일반사항 이외에 "갑"과 "을"은 아래 내용을 특약사항으로 정하며, 특약사항이 본문과 상충되는 경우에는 특약사항이 우선하여 적용된다.

위와 같이 본 계약이 유효하게 성립하였음을 증명하기 위하여 본 계약서 2통을 작성하

여 각각 서명(또는 기명) 날인 후 "갑"과 "을"이 각각 1통씩을 보관한다.

별첨 : 품목별 보관기준표 ○부

20○○년 ○월 ○일

갑	㊞	사 업 자 등 록 번 호		사 무 소	
				전화번호	
을	㊞	사 업 자 등 록 번 호		사 무 소	
				전화번호	

[서식 291] 창고임치 계약서

창고임치 계약서(화주명 :)

________ (이하 '임치인'이라 한다)와 가나냉장(이하 '수치인'이라 한다)은 다음과 같이 창고 임치계약을 체결한다.

제 1 조 (목적) 본 계약은 수치인이 운영하는 창고에 임치인이 임치물(제2조의 표시 물품,이하 '임치물'이라 한다)을 임치함에 있어서 필요한 제반 사항과 임치물의 입, 출고 등 일체의 관련 절차 및 내용에 관한 당사자 상호 간의 권리와 의무를 명확히 정하기 위하여 체결한다.

제 2 조 (임치물 내역 및 임치 장소) 본 계약에 의한 임치물의 내역 및 보관 장소는 아래와 같다.

① 임치물 내역 :

② 임치 장소 : 경기도 ○○시 ○○구 ○○로○○번길 ○○ ○○냉장 內

제 3 조 (임치 조건)

① 수치인은 업무시간 내에 임치인이 언제든지 임치물을 인수할 수 있도록 적절히 적재하고 관리하며 인도하기로 한다.

② 수치인은 수치인이 통제할수 없는 상황이 발생하지 않는 한, 임치물의 보관온도 및 임치방법을 임치인과 협의한(보관온도 : 냉동 -18℃(+-2℃)) 기준에 따라 일정하게 유지하기로 한다.

③ 수치인은 관계법령 및 미풍양속에 부적합한 임치물에 대하여 그 보관을 거절할 수 있다.

단, 이미 임치물을 보관 중인 경우, 수치인은 임치인에게 임치물의 출고 등을 요청할 수 있으며, 임치인이 수치인의 요청에 응하지 아니할 경우에는 수치인은 임치인에게 사전 통지한 후 5 영업일 이후 위 임치물을 사전 통지한 장소로 임의 출고할 수 있다. 이 경우 임치물의 분실, 망실, 부패, 기타 손상이 있는 경우라도 수치인은 어떠한 책임도 지지 아니한다.(단 이에 따른 비용은 임치인에게 사후 청구한다)
④ 수치인은 보관 중인 임치물이 이취, 변질 등에 의하여 타 임치물에 피해를 입힐 것으로 판단될 경우에는 즉시 임치인에게 그 임치물의 출고를 요청할 수 있으며, 임치인이 수치인의 요청에 응하지 아니하는 경우 수치인은 사전 통지하고 5 영업일 이후에 위 임치물을 사전 통지한 장소로 임의 출고할 수 있다. 이 경우 위 ③항 후단 규정을 준용한다.
⑤ 임치인이 본 계약을 위반하여 수치인에게 민, 형사, 행정적인 피해가 예상될 경우 수치인은 사전 통지한 후 5 영업일 이후에 임치물의 출고 정지 또는 임의 처분 등과 같은 조치를 취할 수 있다.
⑥ 한국전력의 전력공급 장애/사고 등 불가피한 사정으로 인하여 장기간 정전 시 임치물의 품질 유지를 위하여 상호 협의하여 긴급 입출고를 하거나 입출고를 제한할 수 있다.

제 4 조 (입출고)
① 임치인은 본 계약 체결시 또는 임치물의 입고 전에 **사용인감계**와 **사업자등록증 사본**을 수치인에게 제출하여야 하며, 임치물의 입출고와 관련된 모든 비용은 임치인이 부담한다.

본인감	사용인감

② 정규 입출고 시간은 08:00~17:00 을 기준으로 하며, 정규시간 외의 입출고는 추가 비용, 작업 시간, 물량을 사전에 상호 합의하여 진행한다.
③ 임치인이 임치물을 전량 출고하고자 할 경우에는 제6조에 따라 **미납된 제반 비용 및 대가를 모두 정산**하여야 한다.
④ 수치인은 임치인의 출고지시서에 의한 출고의무를 지며, 인감의 부정 사용에 대해서는 책임을 지지 아니한다.

제 5 조 (안전관리수칙 준수)
① 임치인 또는 임치인의 직원은 임치장소에서 발생할 수 있는 제반 안전사고에 대한 주의를 기울여 안전사고를 미연에 방지하여야 한다.
② 임치인 또는 임치인의 직원은 임치장소 내에서 수치인의 안전관리수칙을 철저히 준수하고, 안전관리자 및 수치인 직원의 지시에 따라야 한다. 이를 태만히 하여 발생한 손해에 대하여 수치인은 일체의 책임을 지지 않는다.

제 6 조 (대가 및 비용)
① 보관 및 입출고 업무에 대한 대가는 입고일부터 출고일까지를 기준으로, 임치인과 수치인이 협의한 바에 따라 산정하며, 입고일 및 출고일은 각각 1일로 계산한다.

품 명	보 관 료	입/출고료	비 고

* 시간외 작업, 선별작업등 별도 협의. 부가세 별도
② 보관 및 입출고 업무에 대한 대가 및 기타 비용의 합계가 10,000원 미만인 경우, 최소 관리비용을 고려하여 10,000원으로 정산한다. (부가세 별도)
③ 보관 및 입출고 대가 외 기타 비용은 임치물의 입고시점부터 월 단위로 정산하여 청구하기로 하며, 수치인은 제1항의 대가 및 기타 비용을 임치인과 수치인이 협의한 바에 따라 익월 1일까지 청구하고 임치인은 익월 15일까지 현금으로 지급한다.

제 7 조 (지연이자)
① 임치인이 정당한 사유 없이 제6조의 대가 및 비용 등을 변제기에 지급하지 않은 경우, 변제일 부터 실제 지급한 날까지 연 %의 지연이자율을 적용하여 산정한 금액을 가산하여 수치인에게 지급하여야 한다.
② 다만, 임치인이 수치인으로부터 사전 서면 동의를 받은 경우에는 전항을 적용하지 아니한다.

제 8 조 (유통기간 경과 시 처리)
① 유통기간이 임박하거나 경과한 임치물은 임치인의 책임과 비용으로 즉각 반출하거나 폐기하는 것을 원칙으로 한다. 수치인은 임치인에게 유통기간이 임박하거나 경과한 임치물의 폐기 또는 출고를 요청할 수 있고, 임치인이 이를 출고 또는 폐기하지 않을 경우에는 임치인이 임치물의 폐기를 승인한 것으로 간주하고, 임치인의 비용으로 수치인이 대신 폐기할 수 있다. 수치인의 임치물 임의 처분 권한은 본 계약에 의하여 임치인이 수치인에게 부여한 것으로 별도의 권한 위임 조치를 요하지 않는다.
② 임치물이 보세물품으로서 통관 전에 유통기간이 임박하거나 경과된 경우에도 전항에 준하여 처리한다.
③ 수치인이 본 조에 의거하여 임치물을 폐기할 경우, 수치인은 선량한 관리자의 주의의무로서 폐기 비용을 줄이도록 노력하여야 하고, 폐기처리 내역 제 증빙을 갖춰 임치인에게 폐기 비용을 청구하기로 한다.

제 9 조 (면책)
① 수치인이 제3조에서 정한 임치조건을 충실히 이행했음에도 불구하고, 임치물이 손상되었을 경우 수치인은 임치물의 손상에 대해서 책임을 부담하지 않는다.
② 수치인은 임치물이 보관장소에 보관되어 있는 경우에만 그 책임을 부담하고, 입고 시점 이전이나 출고 시점 이후에 발견된 임치물의 손상에 대해서는 책임을 부담하지 않는다.

제10조 (계약기간 및 해지)
① 본 계약의 계약기간은 계약일로부터 1년으로 하되, 본 계약 만료 30일 전까지 일방 당사자가 상대방에게 서면으로 계약의 종료를 통보하지 않는 한, 본 계약은 동일한 조건으로 1년씩 자동 연장된다. 다만, 단가 협상 등으로 계약 연장이 지체될 경우에는 일시적으로 기존 단가를 적용하되, 합의된 단가를 기준으로 소급 정산하기로 한다.
② 당사자 일방이 다음 각 호의 사유에 해당하는 경우, 상대방은 서면 통지로 본 계약을

해지할 수 있다. 당사자 일방이 임의로 주소지를 변경 후에 새로운 주소를 상대방에게 통보하지 않거나 폐문 부재 상태인 경우, 해지 통지를 발송한 후 일반적으로 도달 가능한 기간 후에 도달된 것으로 본다.

1. 본 계약 상 의무를 이행하지 아니하여 상대방으로부터 시정 요구를 받았음에도 불구하고 상당한 기간 내에 이를 시정하지 아니한 경우
2. 본 계약을 이행할 수 없는 객관적이고 명백한 사정이 발생한 경우
3. 회생, 파산, 워크아웃 절차 등의 개시 신청이 있거나, 기타 어음 또는 수표의 부도, 거래정지 등이 발생한 경우
4. 대가가 2개월 또는 2회 이상 연체된 경우

③ 계약이 해지 또는 만료되면 임치인은 대가 및 비용, 지연손해 등 모든 변제 대상 금액을 수치인에게 완납하고 즉시 전량 출고하여야 한다. 임치인이 임치물을 계약 해지 또는 만료 후 1개월 내에 출고하지 않을 경우 수치인은 수치인이 변제 받을 금액 및 처분 비용 한도 내에서 이를 임의 처분하여 수치인의 채권과 상계할 수 있으며, 남은 임치물이 있을 경우 임치인에게 임치물 수령을 통지한다.

④ 임치인이 수치인의 임치물 수령 통고 후 1개월 이내에 출고하지 않을 경우에, 수치인은 전항과 동일한 방법으로 남은 임치물 전량을 처분하여 상계한 후에 남은 대금을 정산할 수 있다.

⑤ 계약의 해지 또는 만료 시 수치인의 임의 처분권한은 본 계약에 의하여 임치인이 수치인에게 부여한 것이므로 별도의 위임 조치를 요하지 아니한다.

제11조 (손해배상)

① 수치인의 고의 또는 중대한 과실로 인하여 임치물에 도난, 손상 또는 화재 등의 피해가 발생한 경우, 수치인은 임치인에게 손해를 배상해야 한다.

② 일방이 통제할 수 없는 사유로 인하여 상대방에게 손해가 발생한 경우, 귀책사유 없는 당사자는 상대방에 대해서 배상 책임을 지지 않는다.

제12조 (권리 및 의무의 양도) 상대방의 사전 서면 동의 없이 본 계약 상의 권리와 의무 전부 또는 일부를 제3자에게 양도하거나, 하도급 또는 담보 제공 등의 행위를 할 수 없다.

제13조 (비밀유지) 본 계약 기간 중은 물론 계약의 해지 또는 종료 이후에도 본 계약으로 지득한 상대방의 업무 및 영업 상 비밀을 상대방의 사전 서면 동의 없이 이용하거나 제3자에게 누설하여서는 아니 된다. 단, 다음 각 호에 해당하는 경우에는 예외로 한다.

① 상대방에게 제공되기 전에 어느 일방이 인지하고 있던 정보

② 법령 상 강제(행정관청 및 사법기관 포함) 또는 법령 규정에 따라 제공하거나 취득한 정보

③ 해당 정보를 합법적으로 공개할 권한을 가진 제3자로부터 취득한 정보

④ 공지의 사실이 되어 있는 정보

제14조 (계약의 해석 및 변경)

① 본 계약에 명시되지 않은 사항 및 계약 해석 상 이견이 있을 경우, 원만히 합의하여 결정하기로 하며, 합의가 이루어지지 않을 경우에는 상관행에 따라 해결하기로 한다.

② 본 계약의 일부 또는 전부에 대한 변경 및 수정은 양 당사자의 서면 합의에 의하며,

서면에 기재된 합의 내용은 본 계약의 일부가 된다.

제15조 (관할 법원) 본 계약과 관련하여 발생한 분쟁이 상호 합의로 원만히 해결되지 않을 경우, 서울중앙지방법원을 제1심 관할 법원으로 하여 분쟁을 해결하기로 한다.

제16조 (기타)

① 계약기간, 대가 등 변경 요구 사항이 있을 경우에는 계약 종료 1개월 전에 서면으로 상대방에게 협의를 요구하고 상호 합의를 통해 변경 여부 및 변경 내용을 결정한다.
② 당사자 일방은 대표자의 변경, 상호, 주소, 영업장소 기타 중요한 사항 변경이 있을 경우, 지체 없이 상대방에게 서면으로 통지하여야 한다.
③ 본 계약의 어느 조항 또는 조건이 어떤 사유에 의하여 무효가 되거나 이행이 불가능하게 되더라도 여타 조항의 효력에는 영향을 미치지 않는다.

임치인과 수치인은 본 계약을 증명하기 위하여 계약서 2부를 작성한 후 기명날인하여 각 1부씩 보관한다.

20○○년 ○월 ○일

	임치인	**수치인**
주 소		
상 호		가 나 냉 장
대표자	○ ○ ○ (인)	대표 ○ ○ ○ (인)

[서식 292] 기술자료 임치계약서

기술자료 임치계약서(다자간)

본 기술자료 임치계약서(이하 '본 계약')는 다음 당사자들 사이에 체결되었다.

'갑' : 기업명

'을' : 대·중소기업·농어업협력재단

제 1 조 (목적) 본 계약은, 대·중소기업 상생협력 촉진에 관한 법률 및 그 하위법규(이하 '상생법령')에 근거하여 개발기업 기술을 보호하고 사용기업의 기술자료의 안정적 사용을 도모함으로써 개발기업과 사용기업간의 상생협력 기반 조성 등을 목적으로, '갑'이 '을'에게 별지 1. 임치물 목록 기재의 기술자료를 임치하고, '을'은 일정한 요건을 충족한 경우 등록한 사용인에게 위 기술자료를 교부하는 것과 관련된 제반 사항을 정하고자 '갑'과 '을'(이하 총칭하여 '당사자들', 각칭하여 '당사자') 사이에서 체결되었다.

제 2 조 (용어의 정의) 본 계약에서 사용하는 용어의 정의는 다음과 같다.

1. 기술자료 : 특허권, 실용신안권, 디자인권 등의 산업재산권과 관련된 정보 및 제조·생산 방법과 판매방법, 그 밖의 영업활동에 유용한 기술상 또는 경영상 정보
2. 임치물 : 본 계약에 따라 '갑'이 임치하고자 하거나 임치한 별지 1. 임치물 목록 기재의 기술자료가 구현된 CD, 하드디스크, Tape, 종이 등 유체물
3. 사용인 : 제5조의 절차에 의해 등록되어 제8조에 따라 임치물을 교부받을 자격이 있는 자
4. 보관장소 : 본 계약에 따라 '을'이 '갑'으로부터 인도받은 임치물을 안전하게 보관할 수 있도록 상생법령이 요구하는 저장설비를 구비한 장소
5. 기본확인 : 임치물의 가독성, 바이러스에 의한 훼손여부 등을 확인하기 위한 절차
6. 기술검증 : 임치물의 동일성 여부 및 정상적인 작동여부 등을 확인하기 위하여 전문인 또는 전문검증기관에 의한 검증

제 3 조 (임치물의 인도 및 보관)

① '갑'은 '갑'의 비용으로 임치물을 보관 장소에서 인도하여야 한다. 다만, 보관장소 및 보관비용의 부담은 당사자들 사이의 협의로 달리 정할 수 있다. 계약기간 동안 보관장소는 '을'의 선택에 따라 변경될 수 있다.

② '을'은 '갑'의 입회하에 인도받은 임치물에 대하여 '을'이 정하는 방법에 따라 임치물을 봉인하고, 계약기간 동안 보관장소에서 보관하여야 한다.

제 4 조 (임치료의 지급)

① '갑'은 본 계약의 체결과 동시에 '을'에게 계약기간(갱신되기 전 최초의 계약기간을 의미한다) 동안의 임치서비스 제공에 대하여 별지 2. 수수료 목록 기재의 신규 임치료를 7일 이내에 지급하여야 한다.

② '갑'과 '을'이 본 계약을 갱신하고자 하는 경우, '갑'은 갱신 전에 별지 2. 수수료 목록 기재의 갱신임치료를 추가로 지급하여야 한다.

③ 별지 2. 수수료 목록 기재의 임치료 및 수수료는 '을'의 비용증가, 정책 및 물가상승에 따라 '을'의 공지로써 변경될 수 있다. 다만, 계약기간 중 임치료가 인상되더라도 '갑' 또는 사용인은 당해 계약기간 갱신 전까지 증액된 금액을 추가로 지급할 의무는 없다.

④ 제15조에 의하여 환급하는 것을 제외하고, '을'은 그 사유를 불문하고 본 계약이 종료되는 경우 본 계약상 지급된 임치료 및 제반 수수료를 반환하지 아니한다.

⑤ '갑' 신청일로 부터 7일 이내에 해당 임치료가 지급하지 아니하는 경우, 본 계약은 별도의 의사표시 없이 효력이 상실되고, '을'은 해당 임치물을 즉시 폐기할 수 있다.

제 5 조 (사용인의 등록 및 말소)

① '갑'과 사용인으로 등록되고자 하는 자는 '을'이 준비한 소정의 양식에 사용인의 인적사

항 등을 기재하여 제8조에 의한 임치물을 교부받을 수 있는 사용인의 등록을 신청할 수 있다. '갑' 또는 사용인은 위 등록신청과 동시에 별지 2 수수료 목록 기재의 계약편입수수료를 지급하여야 한다.
② '을'은 본조 제1항의 등록신청을 제출받은 후 지체 없이 등록신청서를 본 계약서에 첨부함으로써 등록하고, 즉시 해당 사용인에게 등록사실을 통지하여야 한다.
③ 본조 제1항에 의한 등록신청 및 본조 제2항에 따른 통지에 의하여 해당 사용인은 본 계약의 조건 및 내용을 모두 수용한 것으로 본다.
④ '갑'이 다음 각 호중 어느 하나의 서류와 함께 등록말소를 요청하는 경우, '을'은 해당 사용인의 등록을 말소하여야 한다.
1. 해당 사용인의 말소동의서
2. 해당 사용인의 임치물에 관한 권한이 소멸되었음을 소명하는 서류(예컨대 임치물에 관한 사용권계약의 해지합의서 등)
3. 해당 사용인에 대하여 해산, 청산종료, 파산선고가 있음을 소명하는 서류
⑤ '을'은 본조 제4항의 말소신청을 받은 후 지체 없이 첨부된 등록신청서에 삭제 표시를 함으로써 등록을 말소하고, 즉시 해당 사용인에게 말소사실을 통지하여야 한다. 등록이 말소된 경우, '을'은 이미 지급받은 계약편입수수료를 반환하지 아니하고, 말소사유의 적법성에 관하여 책임지지 아니하며, 이는 '갑'과 해당 사용인 사이에서 해결한다.

제 6 조 (기본확인 및 기술검증)

① '을'이 본 계약 체결 전 본 계약에 의하여 기본확인 및 '갑'의 별도의 신청에 의한 기술검증을 완료하였음을 '갑'은 확인한다.
② 기본확인에 대한 수수료는 본 계약 체결시에 지급되는 임치료에 포함되고, 기술검증에 대한 수수료는 본 계약 체결전 '갑'이 별지 2 수수료 목록 기재의 기준에 의하여 기술검증시 지급하였음을 '을'은 확인한다.

제 7 조 (임치물의 업데이트 등)

① 계약기간 중 기술자료에 대하여 업데이트, 업그레이드 기타 변경이 있어 임치물의 변경이 필요한 경우, 사용인은 '갑'에게 위 변경이 반영된 수정본의 추가 임치를 요구할 수 있다.
② '갑'이 사용인의 본조 제1항의 요청서를 첨부하여 수정본의 추가 임치를 요청하는 경우, '을'은 '갑'으로부터 별지 2. 수수료 목록 기재의 업데이트 수수료를 받고 제3조의 절차에 따라 임치하여야 한다. '을'은 기존의 변경 전 임치물을 반환하지는 아니한다.
③ '을'은 본조 제2항의 임치 전 추가 임치물에 대하여 기본확인을 하고, '갑'의 별도의 신청이 있는 경우 기술검증을 하여야 한다. 이 때 기본확인의 수수료는 업데이트 수수료에 포함되고, 기술검증수수료는 '갑'이 해당 기술검증 전에 '을'에게 별지 2. 수수료 목록에 따라 지급하여야 한다.
④ 본조 제3항의 기본확인 또는 기술검증의 결과 추가 임치물의 가독성 등에 문제가 있는 경우, '을'은 '갑' 및 본조 제2항의 사용인에게 이를 통지하고, '갑'에게 추가 임치물의 교체 등 필요한 조치를 요구할 수 있다.
⑤ '갑'이 [60]일 이내에 본조 제4항의 요구를 이행하지 아니하거나 추가 임치물을 회수하지도 아니하는 경우, '을'은 추가 임치물을 폐기할 수 있다.

제 8 조 (임치물의 교부)

① 다음 각 호 중 어느 하나의 사유가 발생한 경우, 사용인(제1호 또는 제4호의 경우 해당 사용인에 국한된다)은 '을'에게 본조 제3항의 증빙자료를 첨부하여 제16조 제1항의 본 계약 종료시까지 임치물의 교부를 청구할 수 있다. 이 경우 '을'은 지체 없이 임치물을 사용인에게 교부하고 동시에 사용인은 수령증을 '을'에게 교부하여야 한다. 다만 중소기업 R&D 기술개발사업과 관련된 임치물에 대해서는, 아래의 각 호 중 어느 하나의 사유가 발생하는 경우 수치인이 해당 임치물을 인출하여 정부 또는 해당 구매기관 및 정부를 대리하여 해당 사업의 목적을 위해 임치물을 사용할 수 있다.

1. '갑'이 서면으로 교부를 동의한 경우
2. '갑'이 파산선고를 받거나 해산결의를 한 경우
3. '갑'이 사실상 사업장을 폐쇄하거나 폐업신고를 한 경우
4. '갑'이 사용인 등록신청시에 별도로 특정 사용인과 사이에 합의한 사유가 발생한 경우

② 본조 제1항의 임치물 교부시 제7조에 의한 추가임치물이 있는 경우, '을'은 사용인에게 추가임치물을 함께 교부하여야 한다.

③ '을'은 본조 제1항 해당 사유를 증명할 수 있다고 합리적으로 정하는 서류, 사진 기타 증빙자료를 사용인에게 요청할 수 있다.

④ 사용인이 2인 이상인 경우, '을'은 필요에 따라 임치물을 복제하여 교부할 수 있고, 그 범위 내에서 '갑'은 '을'에게 임치물에 관한 복제권을 부여한 것으로 보고, 본 계약에 기한 모든 사용인은 이에 관하여 일체의 이의를 제기하지 아니한다.

⑤ 사용인이 1인이고, '을'이 계약기간 중 본조 제1항 및 제2항에 따라 임치물을 사용인에게 교부한 경우, 본 계약은 종료된 것으로 본다.

⑥ '을'은 통상의 주의를 기울인 이상 본조 제3항의 증빙자료의 위·변조에 대하여 책임을 부담하지 아니한다.

제 9 조 (임치물의 임시적 제출) 만일 '을'이 법원, 수사기관 또는 기타 정부기관으로부터 관련 법령에 따라 임치물의 존재 또는 임치시기 등의 확인을 위하여 임치물의 제출을 요청받은 경우, '을'은 그 사전에 '갑' 및 사용인에게 통지한 후 임치물을 복제하여 해당 기관에 임시적으로 제출할 수 있다. '을'은 위와 같은 제출로 인하여 임치물에 발생하는 손해에 대하여 어떠한 책임도 부담하지 아니한다. 또한, 그 범위 내에서 '갑'은 '을'에게 임치물에 관한 복제권을 부여한 것으로 보고, 본 계약에 기한 모든 사용인은 이에 관하여 일체의 이의를 제기하지 아니한다.

제10조 ('갑'의 의무 및 책임)

① '갑'은 본 계약 체결시 별지1.의 양식에 따라 임치물의 종류, 성질 및 보관상의 특성 등에 대한 설명을 첨부하여야 한다.

② '갑'은 본조 제1항의 설명이 부적절하거나 임치물의 하자로 인하여 '을'이 임치물을 보관하던 중 또는 임치물의 교부시에 발생한 '을', 사용인 및 '을'에 대한 다른 임치인을 포함한 제3자의 손해에 대한 책임을 부담하여야 한다.

③ 보존기한의 경과 기타 여하한 사유로 인하여, 임치물이 멸실·훼손되는 경우, '갑'은 '갑'의 비용으로 임치물을 교체하여야 한다. 다만 '을'의 보관장소의 하자 기타 '을'의 귀책사유

로 인한 경우에는 '을'이 그 비용을 부담하여야 한다.

④ 임치물의 하자, 기술정보의 불완전성, 제3자의 지적재산권 침해 등의 사정이 있어 '을'이 사용인 또는 제3자로부터 이의제기, 배상청구, 소송 기타 법적 분쟁을 제기당한 경우, '갑'은 그 비용부담으로 '을'을 사용인 또는 위 제3자로부터 면책시킨다.

제11조 ('을'의 의무 및 면책)

① '을'은 임치물에 구현된 기술자료가 '갑'의 영업비밀에 포함된다는 점을 인식하고 선량한 관리자의 주의의무로써 계약기간 동안 임치물을 보관하고, 임치물을 사용할 수 없다.

② '을'은 임치물의 종류에 따라 통상적인 저장설비와 방법으로 임치물을 보관하여야 한다. 다만, '갑' 및 당시 사용인 전원이 원하는 경우에는, '을'은 '을'의 설비가 허용하는 범위 내에서 '갑'과 협의하여 정하는 추가비용을 받고 특별한 저장설비 또는 방법에 따라 보관할 수 있다.

③ 임치물에 대하여, 제3자가 소유권 기타 점유할 권리를 근거로 임치물의 인도를 청구하는 경우 또는 압류, 가압류, 가처분, 기타 체납처분 등이 있는 경우, '을'은 지체 없이 '갑'과 사용인에게 통지하여야 한다. 만일 위와 같은 청구 또는 처분 등으로 인하여 '을'에게 비용이 발생하는 경우, '갑'은 이를 부담하고 '을'을 면책시켜야 한다.

④ 임치물의 성질상 특별한 보관이 필요함에도 불구하고 '갑'이 미리 그 사실을 알리지 아니하는 경우, '을'은 그로 인하여 발생한 임치물의 훼손·멸실 등에 대한 책임을 부담하지 아니한다.

⑤ '을'은 임치물에 대한 완전·정확·유효성 여부, 타인의 지적재산권 침해여부, 기타 모든 기능·품질에 대한 책임을 부담하지 아니한다.

⑥ '을'이 본 계약에 따른 임치물의 보관 및 교부를 하더라도 임치물 자체 및 임치물에 구현되어 있는 기술자료의 소유권 및/또는 사용권 기타 권리의 귀속 및 이전에 관하여는 관여하지 아니한다. 다만 별지 1. 임치물 목록이 '을'의 등록부에 등록된 경우에는 '갑'이 기술자료의 소유권자로 추정된다.

제12조 (계약기간 및 계약의 갱신)

① 계약기간은 본 계약 체결일로부터 1년간으로 하고(추가임치물이 있다고 하더라도 계약기간 기산점에는 영향이 없다), 본조 제2항에 따라 갱신되는 경우 1년씩 연장된다.

② '갑'이 계약기간을 갱신하고자 하는 경우, '갑'은 계약기간(갱신된 경우 갱신된 기간을 의미하고, 본 계약에서 본 계약기간을 표시하는 경우 같다) 만료일로부터 [30]일 전까지 갱신신청서를 '을'에게 제출하여야 한다. '갑'은 위 갱신신청시 제4조 제2항 기재 갱신임치료를 추가로 지급하고, 만일 갱신임치료를 지급하지 않을 경우 '을'은 계약의 갱신을 거절할 수 있다.

③ 본조에 따라 계약을 갱신하는 경우, '갑' 또는 각 사용인은 제5조의 사용인 등록 시기에 상관없이 본조 제2항의 기간 내에 별지 2. 수수료목록 기재의 계약편입 수수료를 추가로 지급하여야 한다. 위 기간 내에 사용인의 일부 또는 전부에 대한 계약편입수수료의 추가지급이 없는 경우, '을'은 제5조 제5항에 따라 해당 사용인의 등록을 말소할 수 있다.

제13조 (임치물에 대한 지식재산권)

① '갑'과 사용인 사이의 임치물에 대한 소유권 및 임치물에 구현된 지적재산권의 귀속에

관해서는 '갑'과 사용인이 합의하여 정하고, '을'의 의무는 본 계약에 따른 임치물의 보관 및 교부에 국한된다.

② 사용인이 제8조에 따라 임치물을 교부받은 경우, 사용인은 '갑'과의 관계에서 임치물의 사용허락범위 내에서만 사용하여야 하고, '을'은 사용인의 임치물에 대한 사용 및 보관에 관하여 어떠한 책임도 부담하지 아니한다.

제14조 (양도의 제한) '갑'이 본 계약상의 권리·의무 또는 본 계약상의 지위를 제3자에게 양도·이전·신탁·담보제공 등 일체의 처분행위를 할 경우, '갑'은 그 일자까지 등록된 사용인 전원의 동의서를 첨부하여 '을'에게 사전서면통지를 하여야 한다. '을'은 '갑'과 사용인 전원의 사전서면동의 없이 본 계약상의 지위를 처분할 수 없다.

제15조 (계약의 중도해지)

① '을'이 법령의 변경, 임치사업의 포기 기타 사업정책상 부득이한 사유가 발생하는 경우, '을'은 계약기간 중에도 불구하고 본 계약 제18조 제4항에 따라 공지함으로써 본 계약을 중도에 해지할 수 있다.

② 본조 제1항에 따라 본 계약이 해지되는 경우, 다음 각 호에 따라 사후처리를 한다.

1. '을'은 위 공지일로부터 [2]개월 이내에 '갑'에게 임치물을 반환하여야 한다. 다만, 반환 전에 제8조 제1항의 교부청구가 있는 경우, 사용인에게 교부하여야 한다.
2. 만일 본항 제1호에서 '을'이 '갑' 또는 사용인의 소재를 파악할 수 없거나 '갑' 또는 사용인이 그 수령을 거부하는 경우,'을'은 임치물을 임의로 폐기할 수 있고, 다만 폐기에 소요되는 비용은 '을'이 부담하여야 한다.
3. 해당 수수료를 지급한 '갑' 또는 사용인이 본조 제1항의 공지일로부터 [1]개월 이내에 환급받을 계좌를 신고한 경우에 한하여, '을'은 위 신고한 당사자에게 위 신고기한의 말일로부터 [30]일 이내에 수수료 중 잔여 계약기간에 해당되는 부분을 환급하여야 한다.

③ 본조 제1항에 따라 본 계약이 해지되는 경우 본조 제2항의 환급 외에 '을'은 '갑' 및 사용인에게 어떠한 손해배상의무도 부담하지 아니한다.

④ '갑'은 그 일자까지 등록된 사용인 전원의 동의서를 첨부하여 '을'에게 해지요청서를 제출함으로써 본 계약을 즉시 해지할 수 있다.

제16조 (계약의 종료)

① 본 계약은 계약기간이 만료되거나 해지된 경우 종료된다.

② 본 계약이 종료되는 경우, '갑'은 지체 없이 임치물을 회수하여야 한다. 만일 '갑'이 본 계약 종료일로부터 1개월 이내에도 회수하지 아니하는 경우, '을'은 교부를 요청하지 아니한 사용인에게 어떠한 통지 없이도 임치물을 임의로 폐기할 수 있고, 폐기에 소요된 비용을 '갑'에게 청구할 수 있다.

③ '을'은 본 계약 종료 후에는 임치물에 대하여 보관 기타 어떠한 책임도 부담하지 아니하고, 본 계약 종료 후 본조 제2항에 따른 폐기 전에 제8조 제1항에 따른 사용인의 교부요청이 있어도 사용인에게 교부하지 아니한다.

④ 사용인은 본조 제2항 및 제3항의 처리에 관하여 어떠한 이의도 제기하지 아니한다.

제17조 (불가항력) 화재·홍수·지진 기타 천재지변, 전쟁, 내란, 폭동, 정부규제 또는 사회통념상 이에 준하는 '을'이 합리적으로 통제할 수 없는 사유로 인하여 본 계약상의 의무를 이행하지

못하는 경우, '을'은 그 책임을 면한다.

제18조 (통지 및 공지)

① 본 계약과 관련된 통지, 연락, 요청, 해지 등은 본 계약 말미의 연락처로 내용증명 우편 또는 모사전송(팩스)으로 한다. 다만, 사용인에 대한 통지는 제5조의 등록시 해당 사용인이 등록한 연락처로 한다.

② 본조 제1항의 통지는 내용증명의 경우에는 발송 다음날에, 모사전송의 경우에는 발송일에 통지된 것으로 보고, 통지를 수령하는 당사자가 그 도달하지 아니한 사실을 입증하여야 한다.

③ 일방 당사자가 허위의 연락처를 고지하거나 연락처를 변경하고서도 그 사실을 통지하지 아니한 경우, 그 상대방은 허위로 고지된 연락처 또는 변경전 연락처로 본조 제1항의 방법으로 통지함으로써 본조 제2항 일자에 통지된 것으로 본다.

④ 계약기간 중 '을'의 임치의 방법·장소·정책의 변경 또는 수수료의 인상 기타 '갑'을 포함한 임치인들 및/또는 사용인을 포함한 수익자들에게 공통되는 사항이 발생한 경우, '을'은 '을'의 홈페이지(www.win-win.or.kr)에 게재함으로써 본조 제1항의 통지에 갈음할 수 있다. 다만 이 경우 해당 사항에 관한 통지는 위 게재일로부터 7일이 경과한 일자에 도달한 것으로 본다.

제19조 (분쟁의 해결 등)

① 본 계약에서 정하지 아니한 사항이 있거나 그 해석에 관하여 당사자들 사이에 차이가 있는 경우, 상생법령, 상법 및 민법을 비롯한 관련 법령과 상관례에 의한다.

② 본 계약과 관련하여 분쟁이 발생하는 경우, 당사자들은 신뢰의 원칙 하에서 상호 협의로써 이를 해결하도록 최선을 다한다.

③ 본조 제2항에도 불구하고 분쟁이 해결되지 아니하는 경우, 서울중앙지방법원을 전속적 합의관할법원으로 한다. 다만, '갑'과 사용인의 분쟁에 대하여는 제소에 앞서 중소기업청장에게 분쟁의 조정을 신청하여야 한다.

제20조 (추가약정) 당사자 간의 별도의 추가약정사항이 있는 경우 추가약정사항의 효력은 본 계약에 우선한다.

〈추가약정사항〉

이상의 내용을 증명하기 위하여 본 계약 당사자들은 본 계약 첫머리 기재 일자에 본 계약서를 2부 작성하여 각자 기명날인 또는 서명 후 각각 1부씩 보관키로 한다.

20○○년 ○월 ○일

'갑' 회 사 명 : 법인등록번호 :

주 소 :

전화번호 : 팩스(FAX) :

대표이사 인

'을' 대·중소기업·농어업협력재단 법인등록번호 : 254122-0014825
주 소 : 서울시 구로구 디지털로32길 29
(구로동, 키콕스벤처센터 8층)
전화번호 : 02-368-8761~4 팩스(FAX) : 02-368-8787
이 사 장 안 충 인

별지 1.

임치물 목록

<table>
<tr><th>구 분</th><th colspan="3">내 용</th></tr>
<tr><td>명 칭(제 호)</td><td colspan="3">기술명칭 또는 사업명</td></tr>
<tr><td>임치물의
유형 및 목록</td><td colspan="3">ex) CD 2매 또는 USB 2개
*보관금고의 이중화로 같은 내용으로 2개씩 준비</td></tr>
<tr><td>주 요 기 능</td><td colspan="3">~하는 ~기술 또는 ~하는 ~제품 (간략하게 1~2줄)</td></tr>
<tr><td>추 가 자 료</td><td colspan="3">없음</td></tr>
<tr><td>임치물 특성 및
보관상 주의사항</td><td colspan="3">없음</td></tr>
<tr><td rowspan="5">개발자 정보</td><td>성 명</td><td>소 속</td><td>연 락 처</td></tr>
<tr><td>홍길동</td><td>기업명</td><td>휴대폰번호 기재</td></tr>
<tr><td></td><td></td><td></td></tr>
<tr><td></td><td></td><td></td></tr>
<tr><td></td><td></td><td></td></tr>
<tr><td>기 타</td><td colspan="3"></td></tr>
</table>

별지 2.

기술자료 임치제도 수수료

구 분	유 형		수수료	비 고
기본 서비스	신규	3자간	300,000원	
		다자간		
	갱신	3자간	150,000원	신규계약 1년 후 계약 갱신 시 납부
		다자간		
기술 서비스	기본 확인		임치수수료에 포함	바이러스, 가독성 등 기본사항 확인
	기술검증		실제검증비용	검증에 소요되는 시간·비용에 따라 수수료 납부
기타 서비스	계약편입 서비스		50,000원	다자간 임치계약의 사용인으로 편입
	임치물의 업데이트		50,000원	임치물이 업데이트 되었을 경우 최신본을 임치

[서식 293] 창고임치계약서(포장물)

포장물 창고임치계약서

제 1 조 【포장물의 임치】 의뢰자가 포장물을 임치할 때에는 내용물과 용기를 완전히 포장하고 자물쇠를 채우고 봉인한 다음 당사에 의뢰하여야 한다.

제 2 조 【임치할 수 없는 물건】 포장임치물의 내부에는 다음과 같은 내용의 물건이 들어 있을 때는 임치할 수 있다. 만약, 하기 각 호의1의 물건을 임치하여 당사나 임치인 등이 입은

손해는 모두 임치인에게 있다.

1. 위험성이 있거나, 부패 혹은 파손되기 쉽거나 그 우려가 있는 물건
2. 당사 또는 타인에게 손해를 끼칠 우려가 있는 물건과 불법유통 물건
3. 당사에서 보관하기에 부적합하다고 인정되는 물건

제 3 조【포장임치물의 입고】

1. 포장임치물의 입·출고는 당사의 담당자의 입회하에 하여야 하며 이때 반드시 포장물 임치증서를 담당자에게 교부받아야 한다.
2. 입고시의 하차비 등 모든 비용은 임치인이 부담하여야 한다.

제 4 조【포장임치물의 손해】 포장임치된 내용물에 대하여 천재·불가항력·임치의 과실이나 용품·포장 또는 내용물 자체의 원인으로 인하여 생긴 종류·품질·수량 등의 변화·변동·감실·훼손 그 밖의 사고에 대하여 당사는 일체의 책임을 지지 않는다.

제 5 조【손해배상 한도】 당사의 귀책사유로 인하여 임치인에게 손해가 생겼을 때에는 당사의 배상액은 기본예치금의 ○○○원을 한도로 한다.

제 6 조【통지사항】 임치인은 다음 각 호의 사항이 발생하는 즉시 당사에 그 사실을 서면으로 통지하여야 한다. 임치인이 그 통지를 게을리함으로써 발생한 손해는 임치인 자신의 책임으로 한다.

1. 임치인 주소의 변경·개명·개인(改印), 친권자·후견인 또는 대리인의 변경이 있었을 때
2. 법인·조합 그 밖의 단체조직의 변경 또는 그 대표자나 대리인의 변동이 있었을 때
3. 포장임치증서 또는 인감의 도난·분실·멸실이나 훼손이 있었을 때
4. 그 밖의 본 거래에 중요한 영향을 미칠 사항이 발생할 때

제 7 조【포장임치물의 출고】 임치인이 포장임치물의 반환, 그 포장임치물 또는 그 포장의 개폐, 장치품을 반출하고자 할 때는 본 포장물 임치약관과 포장물 임치증서를 당사에 제시하고 당사가 지정한 소정의 양식용지에 따라 계출한 인감과 동일한 인장을 날인하여 출고를 요구하여야 한다.

제 8 조【포장물 임치증서를 상실한 경우】 포장물 임치증서를 상실했을 때에는 임치인은 즉시 당사에 통지하여야 한다. 통지가 있은 후1개월이 경과하여도 증서를 발견하지 못했을 경우에는 당사가 적당하다고 인정하는 임치인의 보증인이 연서한 청구가 있으면 당사는 임치품의 반환 또는 임치증서를 재발행할 수 있다. 이 경우에 증서 재발행의 비용은 임치인의 부담으로 한다.

제 9 조【수수료의 지급】 임치인이 임치기간중 당사 내에서 포장의 개폐, 장치품의 반출을 할 때에는 별지에 정한 소정의 수수료를 지급하여야 한다.

제10조【임치요금】 포장임치요금은 선불로 먼저 지급하여야 한다. 단, 임치기간 중에 계약의 해지가 있을 경우, 임치인은 이미 지급한 요금에 대하여 반환을 청구할 수 없다.

제11조【인장의 분실·오용 등에 따른 손해】 영수증 그 밖의 서류에 사용한 인장이 당사에 계출한 인감과 부합하는 이상 그 인장의 분실·오용 그 밖의 사고로 인한 손해가 발생하여도 당사는 일체 그 책임을 지지 아니한다.

제12조【임치물 내용의 점검】 당사는 필요에 따라 임치인의 입회하에 포장임치물의 내용을 점검할 수 있다.

제13조【임치물의 반환】 계약 종료 후 ○○일이 경과하여도 임치인이 물건을 인수하지 않거나, 계약을 계속할 절차를 밟지 않을 때와 임치인이 당사의 점검 청구에 입회하지 않을 때에는 당사가 그 임치물을 처분할 수 있다. 당사가 위 처분으로서 임치물을 매각했을 경우에는 그 대금으로 요금 기타 임치인이 부담해야 할 제비용에 충당할 수 있다.

제14조【계약기간】 본 계약기간은 20○○년 ○월 ○일부터 20○○년 ○월 ○일까지로 한다.

제15조【계약의 해지】 당사는 사정에 따라 언제든지 본 계약을 해지할 수 있다. 이 경우 이미 지급된 요금에 대해서는1일 금 ○○○원으로 산정하며 해약한 이후분에 한해서 반환한다.

제16조【권리의 양도·입질 등의 금지】 포장물 임치증서에 따른 권리는 매각, 양도 또는 질권의 목적으로 할 수 없다.

제17조【손해배상의 청구】 임치인의 과실 또는 본 계약을 위반함으로 인하여 당사 또는 제3자에게 손해를 끼쳤을 때에는 당사는 본 계약을 해지하고 그 손해배상을 청구할 수 있다.

▌제6장▐ 조합(동업)·종신정기금·화해 관련 계약서

제1절 조합계약

1. 서 설

가. 의 의

조합이란 2인 이상의 특정인이 서로 출자하여 공동사업을 경영할 목적으로 결합한 단체를 말하는 것이고, 조합계약이란 2인 이상이 서로 출자하여 공동사업을 경영할 것을 약정함으로써 성립하는 계약이다(민법 703조).

나. 조합의 성립

조합은 2인 이상의 단체성을 가지고 있으며, 공동사업경영의 목적 및 출자의무의 부담이 있다.

2. 조합재산관계 쟁점

가. 조합재산의 독립성

조합재산은 독립적 권리주체로서의 조합에 귀속되는 재산이 아니라, 각 조합원들에게 귀속되는 재산이다.

다만 약한 정도의 독립성이 있다. 즉, 조합재산과 개인재산이 구별된다.

나. 조합재산과 개인재산의 구별

(1) 조합지분에 대한 압류

조합원의 채권자는 조합원의 합유지분에 대하여 압류할 수 있지만, 그 압류는 그 조합원이 장래 배당받을 이익 및 지분의 반환을 받을 권리에 대하여 효력이 있을 뿐이다(714조).

따라서 조합이 존립하고 있는 동안에는 집행할 수 없다.

이때 지분이란 전체로서의 조합재산에 대한 지분을 의미하는 것이므로, 개개의 합유물에 대한 지분에 대해서는 채권자가 압류할 수 없다.

(2) 조합채무자의 상계금지

조합의 채무자는 조합원 개인에 대한 채권으로 상계할 수 없다(715조).

반대로 조합의 채권자로부터 채무의 변제를 청구받은 조합원은 그 채권자에 대해 자신이 가지고 있는 채권으로 상계할 수 있다.

(3) 조합채무에 대한 책임

조합채권자는 조합재산 뿐만 아니라 조합원 개인재산에 대해서도 집행할 수 있다.

각 조합원은 조합의 채권자로 하여금 조합재산으로부터 먼저 변제받을 것을 항변할 수 없다.

(4) 개인재산에 의한 책임관계

- 분할채무의 원칙 : 각 조합원에게 손실부담의 비율에 따라 분담되는 분할채무인 것이 원칙이다(通,判). 상행위로 취득한 채무는 연대채무이다.
  손실분담비율은 조합계약에 따라 정해지나, 채권자가 손실분담비율을 알지 못한 경우에는 각 조합원에게 균등한 비율로 변제할 것을 청구할 수 있다(712조).
- 조합원 가운데 무자력자가 있는 경우 그 부분에 관하여는 다른 조합원이 균분하여 변제할 책임이 있다(713조).
- 자신의 분할채무만큼은 무한책임을 부담하고, 특히 조합이 해산되더라도 조합원으로 있는 동안에 발생하였던 조합채무에 관해서는 책임을 져야 한다(判).

다. 조합재산의 합유관계

민법 제704조는 조합원의 출자 기타 조합재산은 조합원의 합유로 한다고 규정하고 있다. 따라서 조합재산은 조합원 개인의 고유재산과 구별되며, 조합재산에 대하여 조합원 전원은 지분을 갖는다. 또한 조합원은 전원의 동의없이 조합재산에 대한 지분을 처분하지 못하며, 조합재산의 분할을 청구할 수 없다.

라. 손익분배

- 손익비율은 당사자들이 자유롭게 정할 수 있다.
- 이익분배와 손실부담의 비율이 다르더라도 관계없다.

- 조합계약에서 비율을 정하지 않은 경우에는 각 조합원의 출자가액에 비례하여 손익분배를 위한 비율이 결정된다(균등비율이 아님을 주의).
- 이익분배 혹은 손실부담 가운데 어느 한쪽만을 정한 경우에 그 비율은 양자에 공통된 것으로 추정된다.
- 일부 조합원만이 손실을 부담한다는 약정도 유효하지만, 일부 조합원에게는 이익을 분배하지 않는다는 약정은 무효이다.

3. 조합원의 탈퇴

가. 임의 탈퇴

- 존속기간이 없거나 종신까지로 존속기간을 정한 경우, 언제든지 탈퇴가 가능하다.
- 단, 부득이한 사유가 없는 한 불리한 시기에 탈퇴할 수 없다(위임과 차이점).
- 존속기간 있으면 부득이한 사유가 있어야 탈퇴가 가능하다.

나. 조합원의 사망

- 조합원의 지위는 원칙적으로 상속되지 않는다.
- 그러나 조합계약으로 달리 정한 경우에는 상속이 가능하다(通,判).

다. 제　명

- 나머지 조합원의 일치된 제명결정으로 제명할 수 있다.
- 즉, 조합원은 자기의 의사에 반해서 조합으로부터 탈퇴당할 수 있다.
- 다만, 제명된 조합원에게 이를 통지하여야 그에게 대항할 수 있다.

라. 탈퇴의 효과

- 탈퇴시부터 장래를 향하여 조합원으로서 권리 의무를 상실한다.
- 그러나 탈퇴 전에 이미 성립한 재산상의 채권이나 채무는 소멸하지 않는다.
- 탈퇴자의 조합재산에 대한 합유지분은 지분환급청구권으로 변경된다.
- 이때 환급은 그가 출자한 종류에 관계없이 금전으로 계산하여 반환될 수 있다(719조 2항).

마. 2인 조합에서 1인이 탈퇴한 경우의 효과

(1) 통　설

조합이 해산되고 청산되어야 한다.

(2) 판 례

- 조합자체는 성질상 소멸하더라도 당연히 해산되거나 청산되지는 않는다.
- 남은 조합원 1인이 해산청구하는 경우는 별론이다.
- 조합원의 합유였던 조합재산은 남은 조합원의 단독소유가 된다. 탈퇴자와 남은자 사이에 지분정산문제만 생긴다.

바. 조합원 지위의 양도

조합계약으로 조합원의 지위를 처분하는 약정을 하였거나 모든 조합원이 이에 대해 합의한 경우에는 조합원의 지위를 양도할 수 있다(通,判).

사. 조합의 해산과 청산

(1) 해산사유의 발생

약정 사유 달성시 또는 목적달성 불가능시 해산이 가능하다.

(2) 해산청구

부득이한 사유가 있을 때 각 조합원은 해산청구가 가능하다.

(3) 청 산

조합이 해산되면 청산절차를 거친다.

원칙적으로 모든 조합원이 청산인이 되나, 조합원의 과반수로 청산인을 선임할 수 있다.

4. 서 식 례

[동업계약서의 필수 구성내용]

1. 동업자별 **출자 방법** 및 **출자 금액, 납입 기한**
2. 사업이 **적자** 또는 **흑자**일 경우 각각 **손익 분배**를 어떻게 할 것인지
3. 동업자가 **지분을 양도**할 때는 어떻게 할 것인지
4. 사업을 그만둘 때 **잔여 재산 분배**는 어떻게 할 것인지

[서식 294] 동업계약서

동 업 계 약 서

갑: 성　　　명:
　주민등록번호:
　주　　　소:

을: 성　　　명:
　주민등록번호:
　주　　　소:

갑과 을은 ______________________ 소재의 ____________을 공동으로 경영하기 위하여 다음과 같은 계약을 체결한다.

제1조(출자의무) 갑과 을은 ____________을 경영하는데 필요한 자본금을 각각 50%씩 출자한다.

제2조(영업경영의무) 갑과 을은 선량한 관리자의 주의로서 위 영업을 경영하고 재산을 관리하여야 하며 모든 의무를 성실히 이행하여야 한다.

제3조(이익분배) 매년말 결산후 이익을 출자비율에 따라 분배한다.

제4조(대표) 위 영업을 경영함에 필요한 제3자와의 거래, 영업명의, 기타 영업에 부수되는 행위는 갑과 을이 이를 공동으로 대표하며 권리의무를 갑과 을이 부담 취득한다.

제5조(손실에 대한 책임) 갑과 을이 위 영업의 경영으로 인하여 손실을 보았을 때에는 출자비율에 따라 손실을 부담한다.

제6조(영업에 대한 감시권) 갑과 을은 상대방의 요구에 따라 언제든지 서면으로 경리에 관한 사항과 영업 및 거래에 관한 회계자료를 제시하고 영업전반에 관한 사항을 보고하여야 한다.

제7조(계약의 존속기간) 본 계약은 특별한 사정이 없는 한 1년간 존속하며, 기간만료의 경우 상대방의 이의가 없으면 같은 기간동안 위 계약은 연장된다.

제8조(계약해지권) 갑과 을은 3개월간의 사전통지기간을 두어 계약을 해지할 수 있다.

제9조(계약의 해지 및 종료로 인한 원상회복) 계약이 해지되거나 종료된 경우 출자액을 현금으로 지체없이 반환하여야 한다.

제10조(손해배상) 갑과 을은 이 계약이 당사자 어느 일방의 귀책사유로 해지 또는 종료된 경우

상대방에게 그 손해를 배상하여야 한다.

제11조 (관할법원) 이 계약으로 인하여 분쟁이 생긴 경우 관할법원은 갑의 주소지 법원으로 할 것을 합의한다.

이상의 계약을 준수하기 위하여 갑과 을은 계약서 2통을 작성하여 각 1통씩 소지한다.

20○○년 ○월 ○일

갑 : ____________________ (인감)

을 : ____________________ (인감)

별첨 : 인감증명

[참고]

계약자유의 원칙 상 동업계약서에 정해진 양식은 없다. 하지만, 아래와 같은 내용의 경우 동업계약서가 무효화되기도 하기 때문에 주의를 요한다.

1. 필수 사항이 기입되지 않았거나
2. 개인의 자유를 너무 심하게 제한하는 내용이거나
3. 계약자의 경제적 상황, 경험 부족, 경솔함 등 개인 사정을 이용해 공정성을 잃은 내용이 포함된 경우

[서식 295] 동업계약서

동 업 계 약 서

홍길동(이하 '갑'이라 한다)과 갑순이(이하 '을'이라 한다)는 노래방을 경영하여 생기는 이익을 공동으로 분배키 위하여 다음과 같은 계약을 체결한다.

제 1 조 [갑의 출자의무] 갑은 노래방을 경영하는 데 필요한 자본를 제공하여 을이 노래방을 개설

케 함으로써 출자의무가 완료된다.

제2조[을의 현존재산] 을이 현재 위 영업을 위하여 공여하고 있는 설비는 별지목록 기재와 같은바, 그 가액은 ____________________원으로 갑·을이 이의 없이 평가하였음을 확인한다. 단, 을의 현존 채권·채무는 모두 평가되었다.

제3조[을의 영업경영의무] 을은 선량한 관리자의 주의로서 위 영업을 경영하고 재산을 관리하여야 하며 갑에 대한 모든 의무를 성실히 이행하여야 한다.

제4조[을의 이익분배의무] 을은 20○○년 ○월 ○일부터 이 계약종료에 이르기까지 매월 이익 중 ______ %에 해당하는 이익금을 갑에게 분배하여야 하며 동시에 대차대조표를 갑에게 제시하여야 한다.

제5조[을의 대표의무] 위 영업을 경영함에 필요한 제3자와의 거래, 영업명의 기타 영업에 부수되는 행위는 을이 이를 대표하며 권리 의무를 을이 부담 취득한다.

제6조[을의 보증의무] 을은 갑에 대한 이익분배의무를 보증키 위하여 갑이 추천하는 감시원을 을이 채용하여야 한다.

제7조[손실에 대한 을의 책임] 을이 위 영업의 경영으로 인하여 손실을 보았을지라도 갑의 출자액에 대하여 월 _2_ %에 해당하는 금액을 갑에게 지급하여야 한다.

제8조[갑의 영업에 대한 감시권] 을은 갑의 요구에 따라 언제든지 서면으로 경리에 관한 사항과 영업 및 거래에 관한 대차대조표를 제시하고 영업전반에 관한 사항을 보고하여야 한다.

제9조[갑의 겸업금지의무] 갑은 을이 경영하는 위 영업의 동종 부류에 속하는 업을 경영할 수 없으며, 이를 위반한 경우 갑은 을이 입은 손해를 배상하여야 하고 제4조에 정한 이익분배를 청구할 수 없다.

제10조[계약의 존속기간] 본 계약은 특별한 사정이 없는 한 _5_년간 존속하며, 기간만료의 경우 갑의 이의가 없으면 같은 기간 동안 위 계약은 연장된다.

제11조[갑의 계약해지권]

① 갑은 다음 각호의 경우에 을에 대한 최고기간 없이 계약을 해지할 수 있다.

1. 이익에 대한 허위 고지
2. 협의 되지 않은 "을"의 일방적인 운영
3. "을"의 15일 이상 부재

② 을은 다음의 경우에 갑에 대하여 1개월간의 최고기간을 두어 계약을 해지할 수 있다.

1. "갑"고의 연락이 15일 이상 불가능할 때
2. 갑의 자본유입 불가시

제12조[계약의 해지 및 종료로 인한 원상회복] 을은 계약이 해지되거나 종료된 경우 위 갑의 출자액을 그 사유가 있는 날로부터 _30_ 일 이내에 현금으로 갑에게 지체없이 반환 하여야 한다.

제13조[손해배상] 갑·을은 이 계약이 당사자 어느 일방의 귀책사유로 해지 또는 종료된 경우 상대방에게 그 손해를 배상하여야 한다.

제14조 [관할법원] 이 계약으로 인하여 분쟁이 생긴 경우 관할법원은 갑 의 주소지 관할법원으로 할 것을 합의한다.

이상의 계약을 준수키 위하여 갑·을은 계약서 2통을 작성하여 각 1통씩 소지하며 갑이 소지하는 것에 공증을 행한다.

20○○년 ○월 ○일

"갑"
주 소 :
이 름 : ㊞
연락처 :

"을"
주 소 :
이 름 : ㊞
연락처 :

[서식 296] 동업계약서

동 업 계 약 서

○○○(이하 "갑"이라 한다)과 ○○○(이하 "을"이라 한다)는 ○○○을 경영하여 생기는 이익을 공동으로 분배키 위하여 다음과 같이 동업계약을 체결한다.

제 1 조 【"갑"의 출자의무】 "갑"은 ○○○을 경영하는 데 필요한 것을 제공하여 "을"이 ○○○을 개설케 함으로써 출자의무가 완료된다.

제 2 조 【"을"의 현존재산】 "을"이 현재 위 영업을 위하여 공여하고 있는 설비는 별지 목록 기재와 같은 바, 그 가액은 ○○○원으로 "갑"·"을"이 이의 없이 평가하였음을 확인한다. 단, "을"의 현존 채권, 채무는 모두 평가되었다.

제3조【"을"의 영업경영의무】 "을"은 선량한 관리자의 주의로서 위 영업을 경영하고 재산을 관리하여야 하며 "갑"에 대한 모든 의무를 성실히 이행하여야 한다.

제4조【"을"의 이익분배의무】 "을"은 20○○년 ○월 ○일부터 이 계약종료에 이르기까지 매월 이익 중 ○%에 해당하는 이익금을 "갑"에게 분배하여야 하며 동시에 대차대조표를 "갑"에게 제시하여야 한다.

제5조【"을"의 대표의무】 위 영업을 경영함에 필요한 제3자와의 거래, 영업명의, 기타 영업에 부수되는 행위는 "을"이 이를 대표하며 권리, 의무를 "을"이 부담 취득한다.

제6조【"을"의 보증의무】 "을"은 "갑"에 대한 이익분배의무를 보증키 위하여 "갑"이 추천하는 ○○○를 ○○○으로 채용하여야 한다.

제7조【손실에 대한 "을"의 책임】 "을"이 위 영업의 경영으로 인하여 손실을 보았을지라도 "갑"의 출자액에 대하여 월 ○%에 해당하는 금액을 "갑"에게 지급하여야 한다.

제8조【"갑"의 영업에 대한 감시권】 "을"은 "갑"의 요구에 따라 언제든지 서면으로 경리에 관한 사항과 영업 및 거래에 관한 대차대조표를 제시하고 영업전반에 관한 사항을 보고하여야 한다.

제9조【"갑"의 겸업금지의무】 "갑"은 "을"이 경영하는 위 영업의 동종 부류에 속하는 업을 경영할 수 없으며, 이를 위반한 경우 "갑"은 "을"이 입은 손해를 배상하여야 하고 제4조에 정한 이익분배를 청구할 수 없다.

제10조【계약의 존속기간】 본 계약은 특별한 사정이 없는 한 ○년간 존속하며, 기간만료의 경우 "갑"의 이의가 없으면 같은 기간 동안 위 계약은 연장된다.

제11조【"갑"의 계약해지권】

1. "갑"은 다음 각 호의 경우에 "을"에 대한 최고기간 없이 계약을 해지할 수 있다.
   가.
   나.
2. "을"은 다음의 경우에 "갑"에 대하여 1개월간의 최고기간을 두어 계약을 해지할 수 있다.
   가.
   나.
   다.

제12조【계약의 해지 및 종료로 인한 원상회복】 "을"은 계약이 해지되거나 종료된 경우 위 "갑"의 출자액을 그 사유가 있는 날로부터 ○일 이내에 현금으로 "갑"에게 지체 없이 반환하여야 한다.

제13조【손해배상】 "갑"·"을"은 이 계약이 당사자 어느 일방의 귀책사유로 해지 또는 종료된 경우 상대방에게 그 손해를 배상하여야 한다.

제14조【관할법원】 이 계약으로 인하여 분쟁이 생긴 경우 관할법원은 ○○○의 주소지 법원으로 할 것을 합의한다.

위와 같이 본 계약이 유효하게 성립하였음을 각 당사자는 증명하기 위하여 본 계약서 2통을 작성하여 각각 서명(또는 기명) 날인한 후 "갑"과 "을"이 각각 1통씩을 보관한다.

20○○년 ○월 ○일

갑	㊞	주민등록번호		주 소	
				전화번호	
을	㊞	주민등록번호		주 소	
				전화번호	

[서식 297] 동업계약서

동 업 계 약 서

○○○(이하 "갑"이라 한다)과 ○○○(이하 "을"이라 한다) 간에 물품을 제조하여 판매하는 영업에 대한 동업에 관하여 아래와 동업계약을 체결한다.

제1조【목 적】 "갑"은 "을"에게 현금을 출자하고, "을"은 물품을 제조하여 판매하는 영업(이하 "본 영업"이라 한다)을 경영하여 그로 인해 생기는 이익을 "갑"과 "을"이 공동으로 분배함에 있어 필요한 제반사항을 정함을 그 목적으로 한다.

제2조【출 자】

1. "갑"은 20○○년 ○월 ○일까지 금 오천만원(₩50,000,000)을, 20○○년 ○월 ○일까지 이천만원(₩20,000,000)을 각 현금으로 "을"에게 지급하여야 한다.
2. "을"은 제1항에 따라 "갑"으로부터 현금을 지급받는 즉시 "갑"에게 영수증을 교부하여야 한다.

제3조【"을"의 현존재산】 "을"이 현재 본 영업을 위해 공여하고 있는 설비 등 현존 재산은 별지 목록 기재와 같고, 그 가액은 금 일억오천만원(₩150,000,000)으로 평가한다.

제4조【경 영】 "을"은 선량한 관리자의 주의로써 본 영업을 경영하고 재산을 관리하여야 한다.

제5조【이익분배】

1. "을"은 20○○년 ○월 ○일부터 본 계약의 종료시까지 본 영업으로 인한 매월의 이익

중 50%에 해당하는 이익금을 "갑"에게 다음달 5일까지 지급하여야 한다.

2. "을"은 제1항의 이익금 지급 시 "갑"에게 매월의 대차대조표를 제시하여야 한다.

제6조【대 표】 본 영업을 경영함에 있어 필요한 제3자와의 거래, 영업명의 기타 본 영업에 부수되는 대외적인 행위는 "을"이 대표한다.

제7조【손실에 대한 책임】 본 영업의 경영으로 인하여 손실을 본 경우에도 "을"은 "갑"의 출자액의 3%에 해당하는 금액을 매월 제5조에서 정한 기일에 "갑"에게 지급하여야 한다.

제8조【보고의무】 "을"은 "갑"의 요구에 따라 언제든지 서면으로 경리에 관한 사항과 영업 및 거래에 관한 대차대조표를 제시하고 영업전반에 관한 사항을 보고하여야 한다.

제9조【경업금지의무】 "갑"은 "을"이 경영하는 본 영업과 동종부류에 속하는 업을 경영할 수 없으며, 이를 위반하는 경우 "갑"은 "을"이 입은 손해를 배상하여야 하고 제5조에서 정한 이익분배를 청구할 수 없다.

제10조【비밀준수의무】 "갑"과 "을"은 본 계약기간 중은 물론 본 계약의 종료나 해지이후에도 본 계약의 이행과정에서 알게 된 상대방의 영업비밀 또는 고객관련정보를 상대방의 서면 동의없이 제3자에게 유출하거나 본 계약의 이행 이외의 목적으로 이용하여서는 아니된다.

제11조【계약기간】 본 계약의 유효기간은 계약체결일로부터 1년으로 하고, 계약기간 만료일 1월 전까지 별도 서면에 의한 의사표시가 없는 한 동일한 조건으로 1년씩 자동 연장되는 것으로 한다.

제12조【계약의 변경】 본 계약의 일부 또는 전부를 변경할 필요가 있는 경우에는 "갑"과 "을"의 서면 합의에 의하여 이를 변경하고, 그 변경내용은 변경한 날 그 다음날부터 효력을 가진다.

제13조【권리 등의 양도 등 금지】 "갑"과 "을"은 상대방의 서면동의 없이 본 계약상의 일체의 권리·의무 등을 제3자에게 양도·증여·대물변제·대여하거나 담보로 제공할 수 없다.

제14조【해제·해지】

1. "갑" 또는 "을"은 다음 각 호의 사유가 발생한 경우에는 계약기간에 관계없이 상대방에 대한 서면통지로써 본 계약을 해제 또는 해지할 수 있다.
   가. 상대방이 정당한 사유없이 본 계약에서 정한 사항을 위반하고 서면으로 시정요구를 받은 날로부터 7일 이내에 해당 위반사항을 시정하지 않은 경우
   나. 자신 또는 상대방의 주요재산에 대한 보전처분결정 및 강제집행, 화의, 회사정리, 파산 등의 개시로 더 이상 계약유지가 곤란한 경우
   다. 본 영업으로 인하여 2개월 이상 손실이 발생하는 경우
   라. 기타 본 계약을 수행하기 어려운 중대한 사유가 발생한 경우
2. 제1항의 해제 또는 해지는 갑과 을의 손해배상 청구에 영향을 미치지 아니한다.

제15조【계약의 유보사항】

1. 본 계약에서 정하지 아니한 사항이나 해석상 내용이 불분명한 사항에 대해서는 관계법령 및 상관습에 따라 상호 협의하여 결정한다.
2. 제1항과 관련하여 필요한 경우 갑과 을은 별도의 약정을 할 수 있으며, 이는 본 계약의

일부를 이룬다.

본 계약의 성립을 증명하기 위하여 이 계약서 2부를 작성하고, 각각 서명(또는 기명) 날인하여 각각 1통씩 보관한다.

20○○년 ○월 ○일

갑	㉿	사 업 자 등 록 번 호		사 무 소	
				전화번호	
을	㉿	사 업 자 등 록 번 호		사 무 소	
				전화번호	

[서식 298] 동업계약서

동 업 계 약 서

동업자 ○○○(이하 "갑"이라 칭한다)와 동업자 ○○○(이하 "을"이라 칭한다) 간에 다음과 같이 동업계약서를 체결한다.

다 음

시업장소재지			
상 호		사업자등록번호	
업 체		종 목	

제1조【목 적】 위 사업장에 관한 영업전반에 대하여 "갑" 과 "을"은 모든 사항을 공동으로 책임지기로 하며, 위 영업으로 발생한 이익을 "갑"과 "을"이 공동으로 분배함에 있어 필요한 제반사항을 정함을 목적으로 한다.

제2조【투자금액의 결정】 본 동업에 필요한 총 동업자금 중 새로이 동업자가 된 "을"은 본 동업과 관련하여 금 "○○○○○○원"을 투자하기로 하며, "갑"은 기왕의 사업설비 일체를

"갑"의 부담으로 하기로 한다.

제3조【이익분배 등의 방법 및 이익분배의 비율】 본 건 동업과 관련하여 동업자 "갑" 과 "을"은 매월 말일에 영업사항을 월말결산하기로 하며, 본 영업장의 영업이익은 "갑"과 "을"이 각각 50%씩 분배하여 나누기로 한다.

제4조【종업원 모집 및 선발, 유지에 관한 사항】 본 영업과 관련한 종업원의 모집 및 선발, 유지에 관한 사항은 수시로 "갑" 과 "을"이 의논하여 결정하기로 하고, 그밖에 종업원의 해임에 관한 사항도 "갑"과 "을"이 의논하여 결정한다.

제5조【재료 등 구매결정에 관한 사항】 본 영업에 소모되는 야채, 과일, 생선 등 모든 재료의 구매에 관한 사항은 "갑"과 "을"이 공동으로 구매키로 하되, 필요한 경우에는 어느 한편에 일임하여 구매할 수도 있다.

제6조【동업계약 해지에 관한 사항】 "갑"과 "을" 어느 한쪽이 위 동업사항을 해지하려고 하는 경우에는 해지일 1개월 전에 상대편에 서면으로 통지하여야 하며, 만일 일방적인 해약인 경우에는 동업자로서의 제반권리를 행사할 수 없다.

제7조【기타 영업에 관한 사항】 상기에 명시하지 아니한 영업에 관한 사항은 "갑"과 "을"이 수시로 의논하여 시행하기로 한다.

본 계약을 증명하기 위하여 본 계약서 2통을 작성하여 각각 서명(또는 기명) 날인한 후 각각 1통씩을 보관한다.

20○○년 ○월 ○일

<table>
<tr><td rowspan="2">갑</td><td rowspan="2">㊞</td><td rowspan="2">주민등록번호</td><td rowspan="2"></td><td>주 소</td><td></td></tr>
<tr><td>전화번호</td><td></td></tr>
<tr><td rowspan="2">을</td><td rowspan="2">㊞</td><td rowspan="2">주민등록번호</td><td rowspan="2"></td><td>주 소</td><td></td></tr>
<tr><td>전화번호</td><td></td></tr>
</table>

[서식 299] 지분양도 및 동업계약서

지분양도 및 동업계약서

○○○회사(이하 "갑"이라 한다)과 ○○○○회사(이하 "을"이라 한다) 간에 다음과 같이 지분양도 및 동업계약을 체결한다.

다 음

제1조 상기인 "갑"은 "갑"이 소유하고 있는 ○○○○○(사업자등록번호 : ○○○-○○-○○○○○)의 지분 51%를 "을"에게 양도하고 "을"은 이를 양수한다.

제2조 "갑"이 "을"에게 양도한 지분의 대금은 금 ○○○○원(₩ ○○○○)으로 하고 "을"은 "갑"에게 20○○년 ○월 ○일까지 지불한다.

제3조 회사의 공식서류의 대표 기재 순서는 1번 "을", 2번 "갑"의 순서로 기재한다.

제4조 본 계약일 이전까지의 영업활동 및 기타 행위에 의하여 발생한 모든 세금은 "갑"이 책임진다.

제5조 본 계약서 작성일 이후의 영업활동으로 인하여 발생한 모든 세금은 "을"이 책임진다.

제6조 "갑"과 "을"은 본 계약서 체결이후 회사 운영중에 상호 합의하여 "갑"의 남은 지분을 "을"에게 양도할 수 있으며, 양도금액은 별도 상의하여 결정하도록 한다.

제7조 회사 대외적인 공문 및 계약서상의 대표자 날인 또는 서명은 "갑"과 "을"이 상호 합의하여 공동으로 하는 것을 원칙으로 한다.

본 계약의 성립을 증명하기 위하여 이 계약서 2부를 작성하고, 각각 서명(또는 기명) 날인하여 각각 1통씩 보관한다.

20○○년 ○월 ○일

갑	㊞	사 업 자 등 록 번 호		사 무 소	
				전화번호	
을	㊞	사 업 자 등 록 번 호		사 무 소	
				전화번호	

[서식 300] 공동사업계약서

공 동 사 업 계 약 서

○ ○ ○(이하 "갑"이라 한다)과 ○ ○ ○(이하 "을"이라 한다)은 다음과 같이 공동사업에 관한 계약을 체결한다.

제1조【"갑"과 "을"의 출자의무】 "갑"과 "을"은 ○○상가를 경영하는 데 필요한 "갑"의 소유 건물(건물의 ○%)과 소유한 토지(토지의 ○%) 및 건물(건물의 ○%)의 "을"이 소유한 토지(토지의 ○%)및 건물(건물의 ○%)를 공동으로 출자하여 공동사업을 시작함으로서 출자의무가 완료된다.

제2조【"갑"과 "을"의 출자 토지와 건물의 평가 등】 "갑"과 "을"이 소유한 건물의 평가는 본 건축물이 신축 건축물임으로 준공당시의 실지 취득가액(도급금액)으로 평가하고, 토지는 건축물 준공당시의 개별공시지가를 기준으로 하여 "갑"과 "을"이 서로 합의한 금액으로 평가하여 출자비율을 정한다.

제3조【"갑"의 영업 경영의무】 "갑"은 선량한 관리자로서 위 영업을 경영하고 재산을 관리하여야 하며 "을"에 대한 모든 의무를 성실히 이행하여야 한다.

제4조【"갑"의 이익분배의무】 "갑"은 공동사업 시작일로부터 이 계약종료에 이르기까지 매년 결산 후 "갑"과 "을"의 출자비율에 따라 이익을 분배한다.

제5조【"갑"의 대표의무】 위 영업을 경영함에 필요한 제3자와의 거래, 영업명의 기타 영업에 부수되는 행위는 "갑"이 이를 대표하며 권리와 의무를 "갑"이 부담 취득한다.

제6조【"갑"의 보장의무】 "갑"은 "을"과 "병"에 대한 이익분배의무를 충분히 보장한다.

제7조【손실에 대한 "갑"의 책임】 "갑"이 위 영업의 경영으로 인하여 손실을 보지 아니하도록 책임지고 경영에 임한다.

제8조【"을"의 영업에 대한 감시권】 "갑"은 "을"의 요구에 따라 언제든지 서면으로 경리에 관한 사항과 영업 및 거래에 관한 대차대조표를 제시하고 영업전반에 관한 사항을 보고하여야 한다.

제9조【계약의 존속기간】 본 계약은 특별한 사정이 없는 한 30년간 존속하며, 기간만료의 경우 "갑"과 "을"이 이의가 없으면 같은 기간 동안 위 계약은 연장된다.

제10조【계약의 해지 및 종료로 인한 원상회복】 "갑"은 계약이 해지되거나 종료된 경우 위 "을"의 출자액을 그 사유가 있는 날로부터 90일 이내에 현금 또는 부동산으로 "을"에게 지체없이 반환하여야 한다.

제11조【손해배상】 "갑"과 "을"은 이 계약이 당사자 어느 일방의 귀책사유로 해지 또는 종료

된 경우 상대방에게 그 손해를 배상하여야 한다.

본 계약의 성립을 증명하기 위하여 이 계약서 2부를 작성하고, 각각 서명(또는 기명) 날인하여 각각 1통씩 보관한다.

20○○년 ○월 ○일

갑	㉑	사 업 자 등 록 번 호		사 무 소	
				전화번호	
을	㉑	사 업 자 등 록 번 호		사 무 소	
				전화번호	

[서식 301] 공동사업계약서

공 동 사 업 계 약 서

(주민등록번호 :) (이하 "갑"이라 한다)과

(주민등록번호 :) (이하 "을"이라 한다)는

( )에 소재하는 상가를 공동으로 경영하여 생기는 이익을 각자 투자지분 비율로 분배키 위하여 다음과 같이 공동사업에 관한 계약을 체결한다.

제1조【갑과 을의 출자의무】 갑과 을은 ○○상가를 경영하는 데 필요한 갑의 소유 건물(건물의 ○○%)과 소유한 토지(토지의 ○○%) 및 건물(건물의 ○○%)의 을이 소유한 토지(토지의 ○○%)및 건물(건물의 ○○%)를 공동으로 출자하여 공동사업을 시작함으로서 출자 의무가 완료된다.

제2조【갑,을, 출자 토지와 건물의 평가등】 갑·을이 소유한 건물의 평가는 본 건축물이 신축 건축물임으로 준공당시의 실지 취득가액(도급금액)으로 평가하고, 토지는 건축물 준공당시의 개별공시지가를 기준으로 하여 갑, 을이 서로 합의한 금액으로 평가 하여 출자비율을

정한다.

제3조【갑의 영업 경영의무】 갑은 선량한 관리자로서 위 영업을 경영하고 재산을 관리하여야 하며 을에 대한 모든 의무를 성실히 이행하여야 한다.

제4조【갑의 이익분배의무】 갑은 공동사업 시작일부터 이 계약종료에 이르기까지 매년 결산 후 갑, 을의 출자비율에 따라 이익을 분배한다.

제5조【갑의 대표의무】 위 영업을 경영함에 필요한 제3자와의 거래, 영업명의 기타 영업에 부수되는 행위는 갑이 이를 대표하며 권리 의무를 갑이 부담 취득한다.

제6조【갑의 보장의무】 갑은 을과 병에 대한 이익분배의무를 충분히 보장한다.

제7조【손실에 대한 갑의 책임】 갑이 위 영업의 경영으로 인하여 손실을 보지 아니하도록 책임지고 경영에 임한다.

제8조【을의 영업에 대한 감시권】 갑은 을의 요구에 따라 언제든지 서면으로 경리에 관한 사항과 영업 및 거래에 관한 대차대조표를 제시하고 영업전반에 관한 사항을 보고하여야 한다.

제9조【계약의 존속기간】 본 계약은 특별한 사정이 없는 한 30년간 존속하며, 기간만료의 경우 갑과 을이 이의가 없으면 같은 기간 동안 위 계약은 연장된다.

제10조【계약의 해지 및 종료로 인한 원상회복】 갑은 계약이 해지 되거나 종료된 경우 위 을의 출자액을 그 사유가 있는 날로부터 90일 이내에 현금 또는 부동산으로 을에게 지체 없이 반환하여야 한다.

제11조【손해배상】 갑과·을은 이 계약이 당사자 어느 일방의 귀책사유로 해지 또는 종료된 경우 상대방에게 그 손해를 배상하여야 한다.

제12조【관할법원】 이 계약으로 인하여 분쟁이 생긴 경우 관할법원은 서울지방법원으로 할 것을 합의한다.

이상의 계약을 준수키 위하여 갑·을은 계약서 2통을 작성하여 각 1통씩 보관한다.

20○○년 ○월 ○일

(갑) 주 소 :
성 명 :

(을) 주 소 :
성 명 :

[서식 302] 공동사업계약서

공 동 사 업 계 약 서

(주민등록번호 : -) (이하 "갑"이라 한다)과

(주민등록번호 : -) (이하 "을"이라 한다)는

"갑"과 "을"은 ○○○○ 사업에 관하여 쌍방 합의하에 상호 선의와 성실에 입각하여 다음과 같은 공동사업계약서를 작성한다.

\- 다 음 -

제1조【목적】 본 계약은 ○○○○을 공동으로 운영함에 있어 "갑", "을" 간의 권리, 의무에 관한 기본적인 사항을 규정함을 목적으로 한다.

제2조【사업지분율】 본 사업의 지분은 "갑"과 "은" 각 ○○:○○으로 하는 것을 원칙으로 하며, 사업운영에 따른 법인세 및 제세공과금등을 취우선 집행하는 것으로 한다.

제3조【사업 수익금 지급】 본 사업의 수익금 중 "갑"과 "을"지분에 해당하는 수익금은 분양 후 계약금 회수부터 "갑"과 "을"을 지분에 따라 사업 청산시까지 안분하기로 한다.

제4조【사업 수익금 지급시기】 본 사업의 수익금 지급시기는 매월 25일로 하되 상호 협의하에 변경가능키로 한다.

제5조【수익금 관리】 본 사업과 관련하여 예상 수익금관리는 원칙적으로 "갑"과 "을"이 공동관리 하는 것을 원칙으로 하며, 사업에 따라 쌍방 협의 하에 결정하기로 한다.

제6조【세금】 본 사업과 관련하여 발생하는 세금은 원칙적으로 "갑"과 "을"이 공동관리 하는 것을 원칙으로 하며, 사안에 따라 쌍방 협의 하에 결정하기로 한다.

제7조【손실에 대한 갑의 책임】 갑이 위 영업의 경영으로 인하여 손실을 보지 아니하도록 책임지고 경영에 임한다.

제8조【공동사업의 폐업】 본 사업이 폐업할 경우 수익과 지출은 상호 협의하에 하되 원칙적으로 각 지분율로 나누기로 한다.

제9조【기타】 본 계약에 명시되지 아니한 사항은 추후 사업을 진행하면서 "갑"과 "을"이 협의하여 처리하는 것으로 한다.

제10조【관할법원】 본 계약으로 인하여 분쟁이 생긴 경우 관할법원은 서울중앙지방법원으로 할 것을 합의한다.

이상의 계약을 준수키 위하여 갑·을은 계약서 2통을 작성하여 각 1통씩 보관한다.

20○○년 ○월 ○일

(갑) 주 소 :
성 명 :

(을) 주 소 :
성 명 :

[서식 303] 영화투자계약서

영화 제작 및 투자, 수익 분배에 관한 계약서

________(투자사) ______ (이하 "투자사"라 한다)와 ________ (제작사)_______ (이하 "제작사"라 한다)는 다음과 같이 영화 제작 및 투자·수익분배에 관한 계약(이하 "본 계약"이라 한다)을 체결한다.

다 음

제 1 조 (계약의 목적) 본 계약은 "투자사"와 "제작사"가 서로의 이익과 발전을 위하여 적극적으로 협력하는 것을 전제로, 제2조에 명시된 영화 "○○○"(이하 "본건 영화"라 한다)에 대하여 "제작사"는 최선의 노력을 통해 양질의 영화를 제작하고, "투자사"는 본건 영화의 제작비 투자 및 배급, 판매와 수익분배를 함에 있어 계약 당사자의 권리와 의무 및 제작비의 정산기준과 수익에 따른 분배기준을 명확히 함으로써 상호 이익을 도모함에 그 목적이 있다.

제 2조 (계약의 대상물) 본 계약의 대상물인 "본건영화"의 개요는 다음과 같다.

작 품 명 : (가제)
제 작 사 :
규 격 :
감 독 :

주　　연 :

개봉시기 : 20　　년　　　　　　예정

순제작비 : 일금　　　　　원(₩　　　　　원, 부가가치세 별도, 예산서 별첨)

P&A비용 : 일금　　　　　원(₩　　　　　원, 부가가치세 별도, 예산서 별첨)

총제작비 : 일금　　　　　원(₩　　　　　원, 부가가치세 별도)

제 3 조 (용어의 정의)

1. 권리관련 용어

가. 영화관 상영권 : “본건 영화”를 영화관을 통해(Theatrical), 비상설영화관을 통해(Non-Theatrical) 상영할 수 있는 권리를 말한다.

나. 부가판권

(1) 홈비디오 판매권 : “본건 영화”를 홈비디오(Home Video(H/Video)]로 대여용(Rental) 또는 직접판매용(Sell-through)으로 제조 및 판매할 수 있는 권리를 말한다. 비디오에는 국내 배급자들이 일반적으로, 상업적으로 사용하는 모든 종류의 테이프 방식(VHS, Beta등)과 DVD계열을 포함한다.

(2) TV 방송권 : “본건 영화”를 모든 형태의 지상파 방송과 모든 형태의 유선방송, 위성방송(pay & free), DMB방송 및 Pay-per-view(non-residential & residential) 등을 통하여 방송할 수 있는 권리로 아래 각 목의 권리를 포함한다.

1) 지상(공중)파 방송권 : “본건 영화”를 모든 형태의 지상파방송 (공영, 국영, 민영방송국 전부 포함)을 통하여 방송할 수 있는 독점적 권리를 말하며, 케이블, 위성방송, IPTV, DMB 등을 통한 지상파 방송 재송신 권리도 포함한다.

2) 유선(CATV) 방송권 : “본건 영화”를 모든 형태의 케이블방송(디지털케이블 포함), 위성방송, 인터넷멀티미디어방송(IPTV) 등을 통하여 기본가입자채널(Basic Subscription Channel)/유료가입자채널(Premium Subscription Channel 또는 Pay Channel)/유료프로그램채널(Pay Per View Channel, PPV) 등에서 방송할 수 있는 독점적 권리를 말한다.

3) DMB 방송권 : “본건 영화”를 모든 형태의 위성DMB, 지상파DMB 등을 통하여 기본가입자채널(Basic Subscription Channel)/유료가입자채널(Premium Subscription Channel 또는 Pay Channel)/유료프로그램채널(Pay Per View Channel, PPV) 등에서 방송할 수 있는 독점적 권리를 말한다.

4) 기타 방송 및 전송권 : “본건 영화’를 비디오/DVD 감상실, 숙박업소(호텔, 모텔 등), 비행기, 선박, 기차, 버스 등에서 방송 또는 전송할 수 있는 독점적 권리를 말한다.

(3) 유무선 전송권 : “본건 영화”를 케이블TV(디지털케이블 포함), 위성TV, IPTV를 포함하여, 모든 형태의 개방형 또는 폐쇄형 유/무선 인터넷 등을 통하여 주문형 비디오(VOD)/스트리밍/다운로드 방식으로 전송할 수 있는 독점적 권리를 말한다.

다. 기타 부가판권 : “본건 영화”에 대한 영화관 상영권 및 부가판권, 2차 저작물 권리를 제외한 모든 저작권법상의 권리로 “본건 영화”로부터 현재 및 향후 발생 또는 파생 가능한 직접적, 간접적인 모든 지적재산권을 사용 허락하는 권리를 말한다.

라. 해외수출권 : 국내를 제외한 세계 전 지역에 "본건 영화"의 영화관 상영권, 부가판권, 기타 부가판권 등을 판매할 수 있는 권리를 말한다. 단 2차 저작물 권리는 제외한다.

마. 2차 저작물 권리 : "본건 영화"를 번역, 변형, 각색, 영상화, 공연(연극, 뮤지컬 등) 등의 방법으로 개작한 저작물을 제작·이용할 수 있는 권리 및 이를 국내나 해외에 판매할 수 있는 권리로 캐릭터(Character) 상품 사용권, Sponsor사용권(TV adaptations), 서적 및 기타 출판물 판매권, 영화의 국내·해외 리메이크 및 전/후편 저작물의 작성권, 국내외에서 공연 및 전시로 제작할 수 있는 권리, 게임판권, 기타 머천다이징 판권 등을 말한다.

바. 음반 및 음원 권리 : "본건 영화"의 오리지날사운드트랙(OST) 또는 관련된 음반을 제작, 발매할 수 있는 독점적인 권리와 그 음원을 디지털화하여 사용허락 또는 양도할 수 있는 권리를 말한다.

2. 비용관련 용어

가. 총제작비

아래 각 목의 순제작비, P&A비용을 합한 금액을 말한다.

(1) 순제작비 : 배우 출연료, 스태프 인건비, 장비사용료, 촬영진행비, 보험료, 필름비, 현상료, 제작사 경상비 등 본건 영화의 기획 및 제작과 관련하여 직접적으로 소요되는 비용의 총계(부가가치세 포함)를 말한다.

(2) P&A(Print & Advertising)비용 : "본건 영화"에 대한 "마케팅비"와 "배급비"를 합한 금액을 말한다.

1) 마케팅비 : 영화관 개봉을 위해 광고 및 홍보하는데 발생하는 비용을 말한다.

2) 배급비 : 본건 영화의 영화관 개봉 및 배급, 판권판매를 위하여 발생하는 비용으로 프린트 제작비용, 입회비, 배급진행 경비, 발송비, 영화관 디지털 배급을 위한 비용 등을 포함한다.

나. 총비용

본 항의 총제작비에 아래 각 목의 배급수수료, 관리수수료, 해외수출 판매비용, 금융비용, 인센티브, 기타 비용을 합한 금액을 말한다.

(1) 배급수수료 : 영화관배급수수료, 해외수출 배급수수료, 부가판권 등과 관련된 대행수수료(이하 "기타 배급수수료"라 한다)와 같이 "본건 영화"의 배급·판매·수출 등 수익창출을 "투자사"가 직접 또는 대행사를 통해 수행함에 따라 그 대가로 발생하는 수수료를 말한다.

(2) 관리수수료 : "본건 영화"의 총제작비 투자/조달, 제작 관리, 수익 정산 및 분배와 관련한 업무에 대한 용역수수료를 말한다.

(3) 해외수출 판매비용 : "본건 영화"의 해외수출을 위하여 발생하는 모든 비용으로 선재제작비, 번역료, 프린트비, 자막 작업비, 홍보물 제작비 및 해외 광고·홍보비, 마켓·영화제 참가 등 진행성 경비를 포함한다.

(4) 금융비용 : "본건 영화"의 투자지분율에 영향을 미치지 않고, "투자사", 모든 부분투자자(제3조 제4항 바호에서 규정됨), "제작사"가 상호 합의하여 제3자로부터 조달한 차입금(채무금액)에서 발생되는 이자를 말한다.

(5) 인센티브 : 배우, 감독, 스태프 등에게 본건 영화가 일정 이상 흥행할 경우 지급하기로

사전에 약속한 상여금을 말한다.

(6) 기타 비용 : "본건 영화"와 관련하여 지출하는 송금수수료, 회계감사수수료, 법률자문비용, 문화산업전문회사 관련 비용 등을 말한다.

3. 수익관련 용어

가. 총수익

아래 각 목의 영화관상영 수익, 부가판권 수익, 기타 부가판권 수익, 해외수출 수익, 협찬금 수익 등 "본건 영화"의 매출로 산출된 모든 매출액을 합한 금액을 말한다. 단, 음반 및 음원 수익, 2차 저작물 수익은 권리자와 별도로 합의된 경우에 한하여 포함된다.

(1) 영화관상영 수익 : "본건 영화"의 국내 영화관 상영으로 발생한 영화관 입장권 총매출액에서 부가가치세, 영화발전기금, 영화관 몫의 수익분배금을 공제한 이후의 수익으로 영화관에서 발행한 부금계산서의 금액으로 한다.

(2) 부가판권 수익 : 국내에서 부가판권을 이용하여 발생한 수익으로 매출발생 과정에서 발행한 세금계산서의 공급가액으로 한다.

(3) 기타 부가판권 수익 : 국내에서 기타 부가판권을 이용하여 발생한 매출액을 말한다.

(4) 해외수출 수익 : 해외수출권을 이용하여 발생한 매출액을 말한다.

(5) 협찬금 수익 : "본건 영화"의 제작 및 배급 등의 과정에서 제3자가 광고목적이나 지원목적으로 "투자사"나 "제작사"에게 지불하는 협찬금 또는 지원금, PPL(Product Placement) 대금 등으로 그 명칭을 불문한다.

(6) 2차 저작물 수익 : 2차 저작물 권리를 이용하여 발생한 저작권료, 로열티 등 매출액을 말한다.

(7) 음원 및 음반 수익 : 국내에서 음반 및 음원을 이용하여 발생한 수익으로 매출발생 과정에서 세금계산서의 공급가액으로 한다.

나. 순이익

총수익에서 총비용을 차감한 금액을 말한다.

4. 기타 용어

가. 지불유예금 : 감독, 배우, 작가, 기타 스태프와 "제작사"의 계약에 의거하여 이들의 인건비 전부 혹은 일부의 지불을 "본건 영화"의 제작완성 이후로 유예한 금액으로 "제작사"와 "투자사", 모든 부분 투자자가 합의하여 인정한 금액을 말한다.

나. 프린트 : 필름, 또는 CD, Disk, Network Download 방식의 데이터 등 영화관 상영에 필요한 "본건 영화"의 가능한 모든 형태를 말한다.

다. 불가항력적 사유 : 폭동, 내란, 테러, 전쟁, 국가 간의 교전상태, 본 계약 체결 당시 예상할 수 없었던 관련 법령의 개폐나 정부의 행위, 지진, 홍수 기타 천재지변, 노동쟁의, 화재, 사고, 폭발 등 각 당사자의 합리적인 지배를 넘어서는 사건을 말한다.

라. 문화산업전문회사 : "본건 영화"의 기획, 제작 및 관련 권리와 자산, 비용, 수익 등의 관리 목적으로 문화산업진흥기본법에 의거하여 설립된 특수목적회사를 말한다.

마. 최초 상영일 : 영화관입장권전산망 상의 "본건 영화"의 개봉일을 말한다.

바. 부분 투자자 : "본건 영화"에 대하여 본 계약과 별도로 "본건 영화"의 총제작비 일부를 투자하고 총수익으로부터 투자지분율에 따라 투자 원금을 회수할 권리와 수익지분율

에 따라 순이익을 분배받을 권리를 가지는 제3자를 말한다.

사. 투자지분율 : "본건 영화"의 총제작비에서 각 투자자의 투자 원금이 차지하는 비율을 말한다.

아. 수익지분율 : "본건 영화"의 순이익 발생 시 그 순이익의 분배 비율로, 본 계약 제8조 제(6)항, 제(7)항에서 정하는 순이익 분배 방식에 따라 계산한다.

제 4 조 ("투자사"의 권리와 의무)

1. 투자사의 권리

(1) "투자사"는 "본건 영화"에 대한 영화관 상영권, 홈비디오 판매권, TV방송권, 유무선 전송권, 기타 부가판권, 해외수출권 등을 이용하여 수익을 창출 하고 수령할 수 있는 독점적인 권리를 "본건 영화"의 최초 상영일로부터 (　　)년 동안 가지며, 이러한 권리를 이용하여 국내 및 해외에서 "본건 영화"의 수익 창출에 필요한 제반 홍보 및 판매 전략을 결정하고 적절한 수익창출방법을 결정할 권리를 갖는다. 단, 수익창출권리를 독점하는 기간은 반드시 특정해야한다. 다만, 본문의 투자사의 독점적인 권리 기간과 별도로 "투자사"와 "제작사"는 "본건 영화"의 최초상영일로부터 매 5년(본문의 독점적인 권리 기간이 이보다 짧은 경우에는 그 권리 기간)마다 부분 투자자를 포함한 수익분배 대상자들과 함께 "투자사"의 수익창출·정산·지급 등과 관련된 의무 이행 정도를 평가하고 수익지분율에 따른 의결권을 행사하여 그 결과에 따라 별도의 서면 합의를 통해 본문의 독점적인 권리 기간을 단축·유지·연장하거나 본문의 독점적인 권리를 "제작사"가 가지는 것으로 정할 수 있다.

(2) "투자사"는 제(1)호의 수익활동과 관련된 업무를 직접 수행하거나 "제작사"와 협의하여 대행사를 지정할 수 있으며, 다음 각 목의 배급수수료를 지급받는다.

1) 영화관배급수수료 : 영화관상영 수익의 (　　)%. 단 영화관배급수수료는 지방배급 대행(또는 위탁) 관련 용역비용을 포함하여 10%를 기준으로 하되, 개별 합의하여 영화관배급수수료 비율을 조정할 수 있다.

2) 해외수출 배급수수료 : 해외수출수익에서 해외수출 판매비용을 공제한 금액의 (　　)%, 해외수출수익의 (　　)% 또는 양자를 결합한 방식 중 "투자사"와 "제작사"가 합의한 방식에 따른 금액

3) 기타 배급수수료 : 영화관상영수익, 해외수출수익을 제외한 부가판권수익, 음반 및 음원 수익, 기타 부가판권 수익 등에 따른 수수료는 "투자사"와 "제작사"가 개별 합의하여 정할 수 있다.

(3) "투자사"는 "본건 영화"의 총제작비 조달, 제작 관리, 수익 정산 및 분배와 관련한 업무에 대한 책임과 권한을 가지며, 해당 업무에 대한 대가로 총제작비의 (　　)%에 해당하는 금액을 관리수수료로 지급 받는다.

(4) "투자사"가 "본건 영화"의 총제작비 중 일부를 직접 투자할 경우 "투자사"는 "본건 영화"의 총수익에 대하여 투자지분율에 따라 투자 원금을 회수할 권리와, "본건 영화"의 순이익이 발생하는 경우 수익지분율에 따른 순이익을 분배받을 권리를 가진다.

(5) "투자사"는 "본건 영화" 제작 전 과정에 "투자사"의 인력을 파견하여 순제작비의 집행을 관리·감독할 수 있다.

(6) "본건 영화"의 마케팅은 "투자사"가 "투자사"의 책임 하에 진행하는 것을 원칙으로

하되 마케팅 진행의 주요 사항(마케팅 기획, 포스터, 예고편)에 대해서 "제작사"와 상호 협의하기로 한다. 다만, 주요 사항에 대하여 양 당사자 간 이견이 있을 경우에는 "투자사"의 결정에 따르기로 한다.

(7) "투자사"는 "본건 영화"의 홍보, 마케팅 대행사/관련업체 선정, 마케팅 컨셉 결정, 포스터 선정, 보도메일/관련 문서의 크레딧 순서 결정, 문서의 발송, 마케팅 선재 발주 등 홍보, 마케팅 업무와 관련한 제반 사항의 결정 및 진행 권한을 가지며, 대외적으로 배포되는 홍보자료(홍보메일, 보도자료 등)의 주체로서의 권한과 책임을 가진다.

2. 투자사의 의무

(1) "투자사"는 "본건 영화"의 총제작비를 조달할 책임을 진다. 총제작비 조달 방법으로 "투자사"는 직접 투자 이외에도 부분 투자자를 포함한 제3자로부터 제작비를 투자받거나 조달할 수 있다.

(2) "투자사"는 제3자로부터 총제작비를 투자받거나 조달하는 계약 내용에 "제작사"의 손익에 영향을 미치는 내용이 포함될 경우 "제작사"와 합의하여 제작사의 의견을 반영해야 한다.

(3) "투자사"는 "본건 영화"를 이용한 수익창출을 극대화하기 위하여 정기적으로 "제작사"와 협의하여야 하며, "제작사"의 수익창출과 관련된 의사를 적극적으로 반영하여야 한다.

(4) "투자사"는 "본건 영화"와 관련된 저작재산권 이용허락 및 판매 계약을 한 해당 사업자의 계약이행준수 상황 및 판매촉진활동 사항, 수익과 관련된 상세 정보 등을 성실히 수집, 감독, 관리해야 하며, 관련 정보를 "제작사"에게 제공해야 한다.

제 5 조 ("제작사"의 권리와 의무)

1. 제작사의 권리

"제작사"는 "본건 영화"의 순이익으로부터 제8조 제(6)항의 수익지분율 따라 순이익을 분배 받을 권리를 갖는다.

2. 제작사의 의무

(1) "제작사"는 "본건 영화"의 제작사로서 영화 완성을 위하여 제작에 최선을 다하며, "투자사"와 합의한 순제작비 및 개봉일정을 준수해야 한다. 개봉일정을 준수한다 함은 영화관에서 상영될 프린트 1벌 이상이 "본건 영화"의 최초 상영일 (　　)주 전에 "투자사"에게 제공됨을 의미한다.

(2) "제작사"는 "투자사"가 총제작비 조달을 위하여 필요한 "제작사" 정보 제공 등 기타 협조 요청 시 이에 최대한 협조한다.

(3) "제작사"는 "본건 영화"의 제작에 참가하는 모든 개별적 저작물의 저작권자 및 이해관계인으로부터 저작권 양도 또는 사용허락을 득하여 "투자사"의 권리행사에 장애가 없도록 하여야 하며 "투자사"로부터 저작권 관련 확인서 요청이 있을 시 해당 확인서를 즉시 제공하여야 한다.

(4) "제작사"는 "투자사"의 사전 서면 동의 없이는 "본건 영화"와 관련하여 발생하는 수익을 직접 수령할 수 없다.

(5) "제작사"는 (　　　　　)까지 본 계약 체결 전 "본건 영화"와 관련하여 제3자와 사이에

체결된 모든 계약의 목록과 각각의 주요 내용을 "투자사"에게 제공하여야 하고, "투자사"에게 체결 사실을 알리지 않은 계약에 대하여는 "투자사"의 의무를 면제하며, 자신의 책임과 비용으로 이를 완전히 해결하기로 한다.

(6) "제작사"는 "본건 영화"의 제작사로서 제작을 완수할 책임이 있으며 이를 사전 동의 없이 제3자에게 위임·위탁할 수 없다.

(7) "제작사"는 "본건 영화"의 현장 편집본을 매 (　　)회 차 촬영이 끝날 때마다 "투자사"에게 성실히 제공하여야 하며, "본건 영화"의 편집본을 개봉예정일로부터 최소 (　　)개월 이전까지 "투자사"에게 제공하도록 한다. "투자사"는 "제작사"가 제공한 편집본 시사 후 "제작사"에게 수정을 요구할 수 있으며 이 수정 요구에 "제작사"는 최대한 협조하여 상호 합의하에 편집을 완료하기로 한다.

제 6 조 (총제작비의 집행 및 관리)

(1) "제작사"는 본 계약 체결과 동시에 "본건 영화"의 전용 계좌(이하 "전용 계좌"라 한다)를 개설하여 "투자사"에게 통보한다. "투자사"는 전용 계좌를 통해 순제작비의 지급 및 관리를 하는 것을 원칙으로 한다. "제작사"는 "투자사"로부터 지급받는 순제작비를 "본건 영화"의 제작을 위한 용도로만 사용하여야 하며, "제작사"의 운영자금 등 다른 자금과 분리하여 보관, 관리하여야 한다.

(2) "제작사"는 "본건 영화"의 제작진행에 따라 순제작비 집행 최소 (　　)일전에 "투자사"에게 서면으로 예상 집행 금액을 청구하고 "투자사"는 청구일로부터 (　　)일 이내에 전용 계좌로 해당 금액을 입금하여야 한다. "제작사"는 순제작비 집행일로부터 최소 (　　)일 이내에 비용의 용도 및 명세, 피지급인, 지급일, 지급방법, 순제작비 누계 집행 실적을 증빙자료와 함께 "투자사"에 서면으로 통보하기로 한다. "투자사"의 지급지연으로 인해 발생하는 추가 비용 등 모든 손해는 "투자사"가 책임진다.

(3) 제(1)항과 (2)항에 불구하고, "제작사"는 주조연급을 제외한 배우와 스태프의 인건비를 지급하기 위한 계좌를 별도로 개설하여 "투자사"에게 통보해야 하며, "투자사"는 '인건비 계좌'를 통해 해당 배우와 스태프의 인건비를 지급한다.

(4) "제작사"는 "본건 영화"의 순제작비에 대한 일체의 증빙서류 및 회계기록을 유지·보관해야 하며, "투자사"가 관련 자료의 제출 및 열람을 요청할 경우 정당한 이유가 없는 한 이에 응해야 한다.

(5) "투자사"는 "제작사"의 순제작비 지출에 심각한 문제가 있다고 판단될 시에는 제작비 지급을 중단하고 그 지출 내역을 감사할 수 있다.

(6) "제작사"는 "본건 영화" 최초 상영일로부터 (　　)일 이내에 순제작비 정산 내역을 "투자사"에게 제공하여야 하고, "제작사"가 이를 게을리 하여 발생한 정산 지연에 따른 이자비용 등 모든 책임은 "제작사"가 부담한다.

(7) "투자사"는 "본건 영화"의 수익 및 비용의 입출금을 성실히 집행·관리하고, P&A비용을 포함한 일체의 증빙서류와 회계기록, "본건 영화"와 관련된 저작재산권 이용허락 및 판매 계약을 한 해당 사업자로부터 받은 수익 관련 정보 등을 보관하며, "제작사"가 관련 자료의 제출 및 열람을 요청할 경우 요청을 받은 날로부터 (　　)일 이내에 제공해야 한다.

(8) "투자사"는 본 계약 제9조 제(1)항의 1차 수익 정산 시점 (　　)일 전까지 총제작비

정산 내역을 "제작사"에게 제공하여야 하며, "투자사"가 이를 게을리 하여 발생한 정산 지연에 따른 이자비용 등 모든 책임은 "투자사"가 부담한다.

제 7 조 (예산)

(1) "본건 영화"의 순제작비 예산은 (　　　　)에 확정하기로 하며, 사전 합의 없이 순제작비 예산을 초과할 경우 그 초과분은 비용으로 인정하지 않는다.

(2) 제(1)항에도 불구하고, 순제작비 예산에 항목으로 편성되는 예비비와 별도로, "투자사"와 "제작사"는 확정된 순제작비 예산의 (　　)% 범위 이내의 예비비(이하 "순제작비 예비비"라 한다)를 정할 수 있다. 그 액수 범위 내에서 "투자사"와 "제작사"간 상호 합의하여 집행된 금액에 한해서는 총비용에 포함시키기로 하며, "투자사"가 선 조달한 후 "본건 영화"의 총수익에서 제8조 제(1)항의 순서에 따라 회수하고, 이 경우 상기 금원은 투자지분율에 영향을 미치지 않는다.

(3) 제(2)항의 순제작비 예비비를 초과하여 "본건 영화"의 제작을 위하여 지출되는 금액(이하 "순제작비 초과분"이라 한다)에 대해서는 "제작사"가 책임지며 비용으로 인정하지 아니한다. 단 불가항력적 사유로 인하여 순제작비 초과분의 집행이 필요한 경우 "투자사"와 "제작사"가 서면 합의 하에 이를 총비용에 포함시키기로 하며, "투자사"가 선 조달한 후 "본건 영화"의 총수익에서 제8조 제(1)항의 순서에 따라 회수하고, 이 경우 상기 금원은 투자지분율에 영향을 미치지 않는다.

(4) "제작사"가 본 계약 체결 이전에 "본건 영화"의 제작을 위하여 기지출한 순제작비가 있을 경우, "제작사"는 기 지출된 순제작비의 집행내역과 증빙서류를 "투자사"에게 제출하고, "투자사"의 실사 후 순제작비로 인정된 금액은 "본건 영화"의 순제작비에 포함된다.

(5) "본건 영화"의 P&A비용 예산은 (　　　　)에 확정하기로 하되, "투자사"의 "본건 영화"에 대한 흥행 예측에 따라 최초상영일로부터 (　　)일 전까지 P&A규모를 축소하거나 초과할 수 있으며, P&A예산이 최소 P&A 금액을 의미하는 것은 아니다. 단, 본문에 따라 확정되거나 변경된 P&A비용 예산을 초과할 경우 "투자사"와 "제작사"의 협의로 초과액(이하 "P&A 초과분"이라 한다)을 총비용에 포함시키기로 하며, P&A 초과분은 "투자사"가 선 조달한 후 "본건 영화"의 총수익에서 제8조 제(1)항의 순서에 따라 회수하고, P&A비용이 축소되거나 초과될 경우라도 상기 금원은 투자지분율에 영향을 미치지 않는다.

(6) "투자사"와 "제작사"는 필요하다고 인정되는 경우 상호 합의에 의해 순제작비 예산 범위 내에서 각 항목별 제작비 액수 변경 및 항목 추가를 허용할 수 있다. 이때 "제작사"는 변경 사유 및 내역을 "투자사"에게 사전에 보고하여야 한다.

(7) 순제작비의 입출금 과정에서 발생되는 은행 수수료와 기타 업무 수행상 발생하는 수수료, 배우 및 스태프에 대한 인건비 지급 과정에서 발생하는 원천징수세액과 4대 보험료 등은 순제작비 예산의 관련 항목에 포함되어야 한다.

제 8 조 (수익 정산 및 분배의 원칙)

(1) "본건 영화"의 총비용은 총수익에서 우선적으로 회수되며, 회수 순서는 아래 각호의 순서에 따른다.

1) 배급수수료

2) 관리수수료
3) 기타 비용(해외수출 판매비용 포함)
4) 지불유예금(발생시)
5) 차입금 및 금융비용(발생시)
6) 순제작비 예비비(발생시)
7) 순제작비 초과분(발생시) 및 P&A 초과분(발생시)
8) 투자원금(총제작비)
9) 인센티브(발생시)
10) 총비용 회수 후 순이익 발생 시 수익지분율에 따라 순이익 분배

(2) "투자사"가 "본건 영화"와 관련하여 지출하는 해외수출 판매비용은 "투자사"가 선 지출한 후, "본건 영화"의 해외수출 수익에서 해외수출 배급수수료와 함께 우선 회수하되 "본건 영화"에 대한 해외수출 배급수수료 및 해외수출 판매비용의 합계 금액은 해외수출 수익을 초과할 수 없다. 단 광고홍보비, 홍보물 제작비, 마켓·영화제 참가경비 등을 포함하여 본건 영화와 본건 영화 외 영화를 대상으로 한꺼번에 집행한 후 각 작품별로 배분되는 해외수출 판매비용에 대해 "투자사"와 "제작사"는 사전에 일괄 집행 대상이 되는 영화의 포함 기준, 관련 비용을 각 작품별로 배분하는 기준, 해외 출장 여비와 업무추진성 경비의 인정 범위를 합의하여야 한다. 또한 "투자사"는 해외수출 판매비용 정산 시 "제작사"에게 일괄 집행을 한 영화 목록과 각 작품별로 배분된 비용의 구체적인 내역을 제공하여야 한다.

(3) "본건 영화"의 순제작비로 "제작사"가 구입한 물품 중 "제작사"가 "본건 영화"의 촬영 종료 후에도 계속하여 소유·사용하고자 하는 물품이 있는 경우 "제작사"는 해당 물품에 대하여 구입 가격의 (　　)%로 계산한 금액을 "투자사"에게 지급하여야 하고, 만약 위 물품 중 제3자에게 판매한 물품이 있는 경우에는 구입가격에서 판매가격을 공제한 금액을 "투자사"에게 지급하여야 하며, "투자사"는 순제작비 합산 시 위 금액을 공제하여야 한다.

(4) 총제작비는 제9조 제(1)항의 1차 정산 시 그 액수를 확정하며, 이때 총제작비가 예산에 미달할 경우, "투자사"는 예산에서 확정된 총제작비를 공제한 금액을 1차 정산 시 부분투자자들에게 각자의 투자지분율에 따라 계산하여 반환한다.

(5) "본건 영화"의 총비용에 산입되고 제(1)항 제9)호에 따라 회수되는 인센티브는 "투자사"와 "제작사"가 본 계약의 부속계약서 형태로 서면 합의한 것에 국한된다.

(6) "본건 영화"의 총수익이 총비용을 초과하여 순이익이 발생할 경우, "투자사"는 "제작사"에게 순이익의 (　　)%를 수익지분으로 지급한다. 단, "제작사"의 수익지분은 순이익의 40%를 기준으로 하되, 개별합의에 따라 분배 방식과 비율은 조정할 수 있다

(7) "투자사"는 "본건 영화"의 순이익 중 제(6)항의 금액을 공제한 나머지 금액을, 부분투자자에게 그 투자지분율에 따라 분배한다.

(8) "투자사"는 본 조에 따라, 제4조 제1항 제(1)호 본문에서 정한 수익창출 독점기간 동안 발생하고 수령한, 총수익의 정산 및 지급 의무를 이행하여야 한다. 단 제4조 제1항 제(1)호 단서에 따라 "투자사"의 수익창출 독점기간이 변경되는 경우 본 조의 의무 이행기간도 같은 기간으로 변경되고, 반면 "제작사"가 수익창출 독점권리를 가지게 되는

경우 "본건 영화"에 대한 총수익의 정산 및 지급 의무는 "제작사"가 부담하며, "투자사"가 그 수익창출 독점기간 동안 체결한 "본건 영화"에 대한 수익창출과 관련된 각종 계약상의 권리·의무 이전에 관하여는 별도의 서면 합의로 정한다.

제9조 (수익 정산 및 분배의 방법)

(1) "투자사"는 서울 시내 ( )영화관 상영 종료 후 60일을 기준으로 그때까지 발생한 총수익(이하 "1차 수익")에 대한 정산을 실시하여 정산일이 속한 달의 익월 말일까지 부분 투자자 및 "제작사"에게 투자지분율에 따른 투자원금 및/또는 수익지분율에 따른 순이익 분배금을 지급한다.

(2) 1차 수익 정산 시 영화관상영 수익뿐 아니라 기 수령한 유무선 전송권 수익을 포함한 기타 부가판권 수익 등을 합산하여 함께 정산한다.

(3) "투자사"는 1차 정산 이후 발생하는 수익을 다음 일정에 따라 해당 월의 말일을 기준으로 정산을 실시하며, 이때 1차 정산 이후 추가로 지출된 비용은 총비용으로 산입하여 제8조 제(1)항의 순서에 따라 공제 후 정산한다.

1) 1차 정산 후 ~ 최초상영일이 속한 해의 익년까지 : 년 4회 정산(분기별 정산)

2) 제1)호의 기간 후 ~ 최초상영일이 속한 해의익익년까지 : 년 2회 정산

3) 제2)호의 기간 이후 : 년 1회 정산

(4) 제(1)항~제(3)항의 수익 분배 시 총수익의 산정은 "투자사"가 "제작사"에게 제공한 정산서를 기준으로 하며, 정산기준일이 속한 달의 익월 말까지 지급한다. 단, 각 항목별 수익정산에 따른 지급 시기는 상호 합의 하에 조정할 수 있다.

(5) "투자사"와 "제작사"는 영화진흥위원회, 지방자치단체 등을 통한 현금 또는 현물 지원이 발생할 경우 이에 대한 사항을 즉시 상대방에게 통지하여야 하며, 이로 인해 발생한 현금 또는 현물에 대해서는 "투자사"와 "제작사"가 합의하여 처리하도록 한다.

(6) "투자사", "제작사" 또는 "본건 영화"의 배우 및 스태프의 노력으로 협찬금 수익이 현금으로 발생한 경우, 그 협찬금 수익의 ( )%를 협찬을 유치한 당사자가 협찬수수료(협찬 진행을 위탁한 제3자가 있을 경우 이에 대한 수수료 포함)로 공제한 후, 나머지 ( )%를 총수익에 포함시키기로 한다. 제작 과정에서 PPL을 진행할 경우 "투자사"와 "제작사"가 상호 협의하여 결정하며, 현물 협찬의 경우는 협찬 유치 대가로 수수료를 지급할 수 있으나 총수익에 포함시키지 않는다.

(7) 각종 영화제 및 기타 행사를 통한 수상으로 인하여 발생한 상금은 "제작사" 또는 해당 수상자에게 귀속된다.

(8) "본건 영화"의 수익 분배금에 대하여 각 당사자에게 부과되는 제반 세금은 각자의 부담으로 한다.

제10조 (저작재산권)

(1) "제작사"는 "본건 영화"의 제작완료시까지 "본건 영화"에 대한 법률상·사실상 하자가 없는 저작재산권을 취득하여야 한다.

(2) "제작사"는 영화제작 과정에서 직접 취득하는 저작재산권 외에 "본건 영화" 제작에 관여한 개별 저작물의 저작권자(시나리오 작가, 미술 관련 저작권자, 음악 관련 저작권자 등)가 취득하는 저작재산권에 대하여는 해당 개별 저작권자로부터 양도 또는 이용허락 등의 방법으로 정당한 사용권한을 확보하여야 한다. 단, 메이킹 필름, 스틸사진

등을 "본건 영화"와 관련이 없는 상업적 용도로 사용할 경우 발생하는 배우의 초상권에 대한 이용허락 및 음반 및 음원저작권 이용허락 등은 해당 권리자와 별도 합의하기로 한다.

(3) "제작사"가 취득하여야 할 제반 권리와 관련한 저작권 침해나 "본건 영화"의 내용 상 명예훼손, 인격권침해 등 법규 위반으로 인하여 "본건 영화"의 정상적인 상영·배급 등 수익 창출이 어려워진 경우, "제작사"는 자신의 책임과 비용으로 문제를 해결하여야 하며 "투자사"를 면책시킨다.

(4) "본건 영화"의 제작완료시까지 제작사가 취득한 저작재산권 등은 "투자사"와 "제작사"의 공동 소유로 한다. 단, 이러한 저작재산권 등을 이용하여 수익을 창출하고 수령할 수 있는 독점적 권리에 대하여는 제4조 제1항 제(1)호에 정한 바에 따른다.

(5) 제(4)항에 따라 "투자사"와 "제작사"가 공동 소유하는 "본건 영화"에 대한 저작재산권 등은 일방이 해산이나 기타 어떠한 이유로든지 그 법인격이 소멸(인수나 합병의 경우처럼 양도가 가능한 경우는 제외)하여 더 이상 저작재산권자가 되기 어려운 상황이 발생할 경우 상대방에게 귀속된다.

제11조 (2차 저작물 권리 등)

(1) "제작사"가 "본건 영화"의 제작에 참여한 감독, 스태프, 작가 등과 특약과 대가 지불을 통해 음반 및 음원권리 또는 2차 저작물 권리의 일부 또는 전부를 취득하고 제7조 (4)항에 따라 해당 비용을 순제작비에 포함한 경우, 음반 및 음원 수익 또는 2차 저작물 수익은 총수익에 포함하여 계산한다.

(2) 제(1)항과 같이 총수익에 추가로 포함하여 계산되는 수익을 창출하고 수령할 수 있는 권리는 제4조 제1항 제(1)호에 따라 "투자사"가 보유하며, 제8조 (8)항에 따라 "투자사"는 음반 및 음원수익 또는 2차 저작물 수익의 정산 및 지급 의무를 이행해야한다.

제12조 (크레딧)

(1) "투자사"는 "본건 영화"의 모든 프린트 시작 부분에 '제공'이라는 크레딧과 동영상으로 된 "투자사"의 로고 크레딧을 부여 받고, "본건 영화"의 모든 프린트 및 광고, 홍보물에 "투자사"와 부분 투자자의 크레딧을 부여할 수 있다.

(2) "제작사"는 "본건 영화"의 모든 프린트 시작 부분에 '제작'이라는 크레딧과 동영상으로 된 "제작사"의 로고 크레딧을 부여 받고, "본건 영화"의 모든 프린트 및 광고, 홍보물에 "제작사"의 크레딧을 부여할 수 있다.

(3) "본건 영화"의 모든 프린트 및 광고, 홍보물에 명기되는 크레딧은 "투자사"와 "제작사"가 상호 합의하여 정한다.

제13조 (계약의 해제·해지)

(1) 양 당사자는 상대방에 대하여 다음 각 호 중 하나의 사실이 발생할 경우 별도의 최고 없이 서면으로 본 계약을 해제·해지할 수 있다. 단, 계약의 해제·해지는 손해배상 청구에 영향을 미치지 않는다.

1) 스스로 또는 제3자에 의하여 회사정리, 화의, 파산이나 청산 절차의 신청이 있는 경우
2) 압류, 경매신청, 조세경과의 체납처분 등을 받아 본 계약의 내용을 이행하지 못하거나 못할 우려가 명백할 경우

3) 일방이 이유 없이 본 계약상의 의무를 이행하지 않을 의사를 명백히 한 경우
4) "제작사"가 "투자사"로부터 지급받은 순제작비를 "본건 영화"의 순제작비 이외의 용도로 사용하거나, "투자사"가 "본건 영화"의 총제작비 조달 명목으로 제3자로부터 금전을 투자받거나 차용하여 제3자가 "본건 영화"의 수익에 대한 권리를 주장할 수 있게 되었으나 "투자사"가 이를 "본건 영화"의 총제작비 용도로 사용하지 아니한 경우

(2) 일방이 본 계약의 의무를 이행하지 않은 경우 상대방은 (　　)일 이내에 의무를 이행할 것을 서면으로 최고하고, 그 기간 내에 이행이 되지 않을 경우 서면으로 계약을 해제·해지할 수 있다.
(3) 불가항력적 사유로 인해 본 계약의 이행이 불가능한 경우 양 당사자는 상호 합의 하에 서면으로 본 계약을 해제·해지할 수 있다.

제14조 (계약해제·해지에 따른 조치)

(1) "제작사"의 귀책사유에 의하여 본 계약이 해제 또는 해지된 경우, "제작사"는 "투자사"가 지출한 총비용 및 이에 대한 계약 해제·해지일부터 전액 상환시까지 연 (　　)% 비율의 이자를 "투자사"에게 상환해야 하며, 상환이 완료된 경우 "본건 영화"에 대한 모든 권리는 "제작사"에게 귀속한다. 상환이 이루어지지 않을 경우 "본건 영화"에 대한 모든 권리는 "투자사"에게 귀속되며, "제작사"는 해제 또는 해지 후 "투자사"의 동의 없이 이를 사용하여서는 아니 된다.
(2) "투자사"의 귀책사유에 의하여 본 계약이 해제 또는 해지된 경우, "제작사"는 "투자사"가 지출한 총비용을 반환할 책임이 없으며 이 경우 "본건 영화"에 대한 모든 권리는 "제작사"에게 귀속되며, "투자사"의 "본건 영화"에 대한 기 지출 총비용은 "투자사"의 투자지분으로 계약 해제 또는 해지 후에도 인정한다.
(3) "본 계약"의 해제 또는 해지에 대한 귀책사유가 있는 당사자는 그 상대방에 대하여 법률비용을 포함한 일체의 손해를 배상하여야 한다.
(4) 불가항력적 사유로 인해 본 계약이 해제 또는 해지될 경우 계약 불이행의 책임이 "투자사"와 "제작사" 양자에게 없는 것으로 한다.

제15조 (보험과 면책)

(1) "본건 영화"의 제작과정에서 발생할 수 있는 위험을 예방하기 위해 "제작사"는 촬영시작 전까지 "투자사"에게 보험대상명단을 제공하여 합의된 출연배우, 스태프 등에 대한 산재보험과 고용보험 등 법에 정한 보험 및 상해보험에 가입하여야 하며 이와 관련된 비용은 순제작비에 모두 포함된다.
(2) "본건 영화" 제작을 위해 구입 또는 조성한 시설 및 설비와 세트의 손실에 대비하기 위하여 관련 손해 보험에 "제작사"는 가입하여야 하며, 이와 관련된 비용은 순제작비에 모두 포함된다.
(3) "투자사"는 "본건 영화"의 제작 과정 중 발생한 배우, 스태프 등의 상해·사망이나 대여장비, 소품, 세트 등의 파손, 분실 등과 같은 모든 사고에 대한 민·형사상 책임을부담하지 않고, "제작사"는 자신의 비용과 책임으로 "투자사"를 면책시키기로 한다.

제16조 (양　도)

(1) "투자사" 또는 "제작사"는 원칙적으로 상대방의 사전 서면 동의 없이 본 계약상의 권리

와 의무를 제3자에게 양도할 수 없으며, 본 계약에 관한 채권을 양도하거나 담보로 제공할 수 없다.

(2) "투자사" 또는 "제작사"가 다른 법인과 합병하는 경우에는 존속되는 법인에게, "투자사" 혹은 "제작사"가 둘 이상의 법인으로 분할되는 경우에는 본 계약에 관한 업무를 주관하는 분할 법인에게 본 계약상의 제반 권리, 의무 및 계약상 지위를 승계한다.

제17조 (비밀유지의무) 양 당사자는 본 계약의 내용을 비롯하여 본 계약의 체결 및 이행 과정에서 상대방으로부터 제공받거나 상호 공유·교환한 자료, 정보 등을 쌍방의 합의 없이 본 계약과 다른 목적으로 사용하거나 타인에게 공개 또는 누설하여서는 안되며, "투자사", "제작사"는 이를 위해 필요한 적절한 보안조치를 강구하여 시행한다. 단 "본건 영화"의 총제작비를 투자한 부분투자자에게 "본 계약" 체결 정보를 제공하는 것은 예외로 한다.

제18조 (신의성실 및 상호협조) 양 당사자는 신의를 가지고 본 계약의 각 조항을 성실하게 이행하여야 하며, 본 작품의 기획, 완성, 배급, 기타 전 과정을 상호 협조하여야 한다.

제19조 (문화산업전문회사)

(1) 부분투자 유치 및 관련 법령 개정 등에 따라 문화산업전문회사 설립 운영이 요구될 경우 "본건 영화"의 제작, 자금 관리, 수익 분배 등 일체의 업무는 문화산업전문회사로 이관하여 진행한다.

(2) 제(1)항의 경우 "본건 영화"의 기획·제작, 비용과 일정을 포함한 제작관리, "본건 영화"의 저작재산권을 기반으로 한 수익활동 등 관련된 사업을 위탁계약을 통해 진행하며, 사업위탁계약을 맺은 사업관리자는 기획·제작 및 제작관리, "본건 영화"와 관련된 수익활동을 문화산업전문회사 명으로 수행한다.

제20조 (분쟁해결)

(1) 본 계약에 명시되지 아니한 추가 합의사항은 부속계약서로 정할 수 있다. 단, 추가합의사항은 본 계약의 취지와 달리 계약 상대방의 권리를 침해하거나 계약상대방의 권한과 능력 범위에서 벗어난 의무를 부과해서는 아니 된다.

(2) 본 계약 및 부속계약서에 명시되지 아니한 사항이나 계약의 해석에 대하여 상호 의견이 일치하지 않는 경우 양 당사자는 민법, 상법, 저작권법 등 대한민국 법령 및 한국영화계의 관례에 따라 상호 협의하여 결정한다.

(3) 본 계약과 관련하여 발생하는 일체의 분쟁에 대한 소송은 민사소송법의 일반원칙에 따른다.

제21조 (유효기간) 본 계약은 계약체결일로부터 효력을 발생한다.

양 당사자는 위 사실을 증명하기 위해 계약서를 2통 작성하여 서명 날인한 후, 각기 1통씩 보관한다.

20○○년 ○월 ○일

"투자사" "제작사"

[서식 304] 프로젝트 투자계약서

프로젝트 투자계약서

본 계약은 ○○○(이하 '투자자'라 한다)과 주식회사 (이하 '투자기업'이라한다) 사이에 체결되었다.

제1장 진술 및 보장

제1조(계약의 목적) 본 계약은 투자기업이 컨텐츠 개발이나 출판사업을 하는데 소요되는 재원 조달의 일환으로 시행하는 자금모집에 투자자가 참여함에 있어 투자자와 투자기업 사이에 발생하는 권리·의무를 확정시키는데 목적이 있다.

제2조(사업의 범위와 영역)

① 사업의 범위라 함은 모바일 인터넷 망을 이용해 저작권 합의가 끝난 연예인에 초상권 배포, 유선 인터넷 망을 이용한 배포가 있으며 연예인 화보집 인쇄 출판물 판권 사업까지를 일반적 범위로 한다.

② 작가 "○○○", "○○○", "○○○", "○○○" 등 1군 사진작가를 통해 파생되는 사업에 관해서는 특별한 이의가 없는 경우 자동으로 사업에 범위에 추가 되는 것으로 한다.

③ 단, 특별히 별개의 사업권이라고 상호 인정되는 경우 그 영역을 정하고 개별 계약을 추가하는 것을 원칙으로 한다.

제3조(업무분담) 투자기업은 본 계약의 성실한 이행을 위하여 다음과 같이 업무를 분담하고 상호 협력 한다.

(주)	투자자

제4조(투자자의 투자의무) 투자기업은 본 계약의 성실한 이행을 위하여 투자기업의 요청에 따라 일금사억원정(₩400,000,000)을 아래의 조건으로 투자한다.

1. 20○○년 ○월 ○일까지 일금일억오천만원정(₩150,000,000)을 ○○○ 화보집 서비스 건에 관하여 현금 투자한다.
2. 투자자는 출판을 위한 재료비나 출판사업권 유통망 확보를 위하여 투자기업의 요구시

일금이억오천만원정(₩250,000,000)을 추가 투자한다.

제5조(수익배분) 투자기업은 본 계약의 성실한 이행을 위하여 다음과 같은 내용으로 본사업과 관련해 발생한 수익을 분배한다.

① 모바일 수익은 매출에 ____%를 수익으로 투자자에게 분배한다.

② 유선서비스는 매출에 ____%을 수익으로 투자자에게 분배한다.

③ 출판사업과 관련해서는 재료비 및 기타 경비를 제외한 순수익의 ___%를 투자 이익으로 투자자에게 분배한다.

④ 단, 원금 보장의 내용에 합의 하였을 경우 매출 분배율을 현실에 맞게 상호 합의 하에 조정키로 한다.

제6조(정관등 내용 변경) 투자기업은 본 계약의 성실한 이행을 위하여 투자기업의 정관 및 내부규칙 등 회사 운영에 관한 사항 중 본 계약에 반하는 부분은 본 계약 내용에 따라 변경하여야 한다.

제7조(투자기업의 진술과 보장) 투자기업의 진술과 보장은 본 계약서에 첨부되어 있는 부속명세에 기재되어 있는바, 동 부속명세는 본 계약과 불가분의 일체를 이룬다.

제8조(권리 및 의무의 양도) 투자기업 및 이해관계인은 투자자의 서면에 의한 사전 동의 없이 본 계약에 관한 권리 및 의무를 제3자에게 양도하지 않는 것으로 한다. 또한 투자자의 사전 서면동의 없이 실시된 양도는 무효로 일체의 효력이 없다.

제9조(계약의 변경) 본 계약의 내용을 변경하고자 할 경우에는 계약 당사자 간의 서면 합의에 의해서만 변경할 수 있다.

제10조(해석) 본 계약서 내용의 해석상 이견이 있는 사항 또는 본 계약서에 규정되지 아니한 사항에 관하여는 투자자와 투자기업이 협의하여 결정하기로 한다.

제11조(효력발생) 본 계약은 계약 당사자들이 서명 날인함과 동시에 그 효력을 발생한다.

제12조(선행조건) 투자자는 부속명세에 기재된 투자기업의 진술과 보장이 진실되고 정확한 경우에 한하여 투자기업에 프로젝트 투자금을 납입하기로 한다.

제13조(신회사 설립금지) 투자기업은 투자자의 사전 서면동의 없이는 현재 투자기업이 보유하고 있는 컨텐츠 및 향후 투자기업이 개발(외부기관에 의뢰하여 개발하는 경우 포함)하거나 도입하는 컨텐츠의 일부 또는 전부에 관한 사업에 대하여 신회사를 설립하거나, 현재 영위하는 사업의 전부 또는 일부를 분리하여 그 타회사를 통하여 영위하게 할 수 없다.

제14조(동의 사항) 투자기업은 다음 각호의 사항에 대하여 실행예정일로부터15일 이전에 투자자에게 서면통지를 하고 사전 서면동의를 받아야 하며, 그 결과를 즉시 투자자에게 통지하여야 한다.

1. 사업의 전부 또는 일부의 중단, 포기
2. 기타 투자기업의 경영에 중대한 영향을 미치는 사항

제15조(보고 및 자료제출)

① 투자기업은 투자자의 별도 요청이 없더라도 다음의 각호의 사항이 발생했을 경우에는

사유발생일로부터 10일 이내에 투자자에게 서면으로 보고하여야 한다.
1. 중요사업계획의 변경
2. 발행한 어음 또는 수표가 부도로 되거나 은행과의 거래가 정지된 때
3. 영업활동의 일부 또는 전부가 정지된 때
4. 투자기업에 대하여 중대한 영향을 미칠 소송이 제기된 때
5. 기타 투자자가 중요하다고 인정한 사항
② 투자기업은 투자자의 요구가 있을 경우 다음의 사항을 투자자가 정하는 기일 내에 제출하여야 한다.
1. 기타보고
가. 투자자의 소정 양식에 의한 영업보고서
나. 사업 또는 프로젝트 진행상황
다. 법인등기부 등본
라. 기타 투자자가 요청하는 사항

제16조(시정조치) 결과 또는 투자기업의 계획사업 수행 또는 경영상태 등에 관하여 시정을 요하는 사항이 있을 시에는 투자자는 일정기간을 정하여 투자기업에 대하여 그에 대한 시정을 요구할 수 있으며 투자기업은 동 기간 내에 이를 시정하고 그 결과를 투자자에게 보고하여야 한다.

제17조(직원의 파견)
① 투자기업의 경영상태, 재산 및 계획사업 수행에 대한 관리의 필요성이 있다고 인정되는 경우, 투자자는 투자자의 직원 또는 투자자가 지명하는 자를 투자기업에 파견하여 투자자가 요구하는 직무를 수행하거나 관리하게 할 수 있다.
② 제1항의 직원 파견에 따른 제 조건은 투자자와 투자기업이 협의하여 별도로 정하는 바에 따르는 것으로 한다.

제18조(투자기업 지원) 투자자는 투자기업의 성공적인 기업공개와 공개 후 지속적인 성장을 위해 필요한 경영자문과 금융지원 등의 지원에 최선을 다한다.

제4장 계약불이행 및 손해배상

제19조(투자금의 회수) 투자금 납입 후 다음 각호의 사유가 발생하였을 때에는 각각의 해당기일 어느 때라도 투자자는 투자기업 및 이해관계인에게 투자자소유 투자기업 및 이해관계인은 투자자가 투자한 원금과 투자일로부터 회수일까지 연 11.5%의 이율(투자자 일반대출금 기준금리)로 연복리계산에 의한 이자금을 지급하여야 한다.
1. 투자기업 및 이해관계인이 본 계약을 이행하지 않았을 때
2. 투자기업의 조업중단의 장기화
4. 투자기업과 이해관계인 및 제3자와의 분쟁 등으로 투자기업의 사업추진이 불가능할 경우
5. 기타 상법 또는 증권거래법 등 제반 법규를 위반하여 본 계약을 성실히 이행 할 수 없을 때.

제20조(계약의 해지 및 손해배상 청구)
① 투자기업, 이해관계인 및 그 관련 인이 본 계약 또는 투자기업의 경영과 관련하여 고의

또는 중대한 과실의 불법 행위로 본 계약을 이행할 수 없게 하거나 투자기업의 경영에 손해를 끼쳐 투자자에게 재산적 손실을 미치게 하였을 경우에는 투자자는 본 계약을 해지할 수 있으며 아래 제2항에 따라 투자기업 및 이해관계인은 연대하여 투자자에게 손해를 배상하여야 한다.

② 제1항에 따라 본 계약이 해지되어 투자자가 계약을 위반한 자에게 손해배상을 청구하는 경우, 투자기업 및 이해관계인은 본 계약 제19조에서 정한 투자원금 및 이자를 계약취소에 따른 손해배상금으로 투자자에게 지급해야 한다.

제21조 (불가항력) 불가항력에 의한 본 계약 조항의 불이행에 대하여는 계약당사자 모두가 그 책임을 부담하지 않으며, 불가항력이란 화재, 폭발, 천재지변, 전쟁, 정부의 조치, 기타 계약당사자가 지배할 수 없는 유사 원인을 의미한다.

제22조 (분쟁해결) 본 계약에 따른 당사자 간의 분쟁이 발생할 경우 계약 당사자는 신의와 성실로서 상호 원만한 합의에 의하여 해결하고자 노력하여야 하며, 위 분쟁이 원만히 해결될 수 없을 때에는 투자자의 선택에 따라 대한상사중재원의 중재에 회부하여도 투자기업과 이해관계인은 이의가 없기로 한다. 또한 소송 시에는 투자자의 본점 또는 지점을 관할하는 법원을 관할법원으로 한다.

제23조 (계약의 유효기간) 본 계약의 유효기간은 계약 당사자가 본 계약서에 날인한 날로부터 사업이 종료되는 시점으로 한다.

제24조 (특별조건)

계약당사자 간에 이상과 같이 계약을 체결하고 이를 증명하기 위하여 계약서 2통을 작성하여 투자자와 투자기업이 각 1부씩 보관하기로 한다.

20○○년 ○월 ○일

인감대조

본 계약서의 주요 내용에 대하여 충분한 설명을 듣고 이해하였음.	투자기업	(인)
	투자자	(인)

<table>
<tr><td rowspan="2"></td><td rowspan="2">이
해
관
계
인</td><td>(인)</td></tr>
<tr><td>(인)</td></tr>
</table>

부 속 명 세

제 1 조 (투자기업의 진술과 보장) 투자기업은 다음 사항에 관하여 투자자에게 진술하고 보장한다.

1) 투자기업은 대한민국의 법률에 따라 합법적으로 설립되어 사업을 수행하는데 필요한 제반 허가 및 승인을 받았으며 청산, 파산, 법정관리, 화의 등의 절차가 진행되고 있거나 개시되려고 하는 상태에 있지 않다.
2) 납입 마감일 이전까지 투자기업의 모든 세금 납부의무는 이행되어 있거나 이에 대비한 충분한 적립금이 확보되어 있다.
3) 현재 진행 중이거나 장래 예상되는 소송 또는 클레임으로서 투자기업의 재정상태 혹은 본 계약에 의한 거래 관계에 대하여 불리한 영향을 미치는 어떠한 성격의 소송 또는 클레임도 존재하지 않는다. 투자기업은 투자계약일 현재 이전의 행위로 인하여 계류 중이거나 장래 예상되는 모든 소송이나 클레임에 대하여 투자자가 손해를 입지 아니하도록 전적으로 책임을 진다.
4) 투자기업은 모든 지역 제한, 안전, 공해 및 환경보전 법규를 포함하여 투자기업과 투자기업의 생산 과정 및 제품에 적용되는 제반 법령, 규정 및 명령을 준수하였으며 투자계약일 현재 일체의 계약 불이행이 없다.
5) 투자기업이 보유하고 있는 모든 부동산, 동산, 기계, 차량 및 사무실 기기는 적법하게 투자기업의 소유로 되어 있거나 투자기업이 사용할 수 있는 권한을 보유하고 있으며 위 소유권 및 사용권을 중대하게 방해할 만한 어떠한 사유도 존재하지 않는다.
6) 투자기업은 투자기업의 운영에 중대한 영향을 줄 정도로 이례적인 부담을 주는 어떤 협정이나, 임대차 계약 혹은 기타 약정의 당사자가 아니고 그에 구속 받는 바가 없다.
7) 투자기업이 제출한 투자기업의 재무제표, 주주명부, 등기부등본, 정관 등의 모든 자료는 계약일 현재까지 변동사항이나 틀림이 없는 정확한 자료이다. 끝.

[서식 305] 공동관리경영계약서

공동관리경영계약서

주식회사 ○○○○(이하 "갑"이라 한다)와 ○○ 주식회사(이하 "을"이라 한다) 다음과 같이 공동경영에 관한 계약을 체결한다.

제 1 조【계약의 목적】 "갑"은 "을"에게 의료판매의 영업을 임대하여, 이를 공동경영할 목적으로 다음 점포를 인도하고, "을"은 이 점포에서 "을"의 명의로 의료판매의 영업을 한다.

1. 소재지 : ○○시 ○○구 ○○대로 ○○
2. 점　포 : 철근 2층 점포 ○○○㎡

제 2 조【기 간】

1. 점포의 공동경영기간은 20○○년 ○월 ○일부터 20○○년 ○월 ○○일까지로 한다.
2. 전 항의 기간은 "갑"과 "을"의 협의 하에 변경하여 계속할 수 있다.
3. 제1항의 기간 중에 "을"이 점포를 비워줄 때에는 위약금으로서 "을"은 "갑"에게 금 ○○○원을 지급하기로 한다.
4. 제1항의 기간 중에 "갑"의 요구에 의해 "을"이 점포를 비워줄 때는 위약금으로서 "갑"이 "을"에게 금 ○○○원을 지급하기로 한다.

제 3 조【임대료】

1. 공동경영에 의한 임대료는 1개월에 금 ○○○원으로 한다.
2. 전 항의 임대료는 매월 말일에 "을"로부터 "갑"에게 지급하는 것으로 한다.

제 4 조【전대금지】 "을"은 "갑"의 승낙없이 제1조의 점포를 타인에게 전대해서는 아니된다.

제 5 조【보증금】 "을"은 이 점포의 공동경영에 대해 "갑"에게 보증금 금 ○○○원을 지급하기로 한다.

제 6 조【비용부담 및 원상복구】

1. 조세 및 점포에 필요한 경영비는 "을"의 부담으로 하고, 점포의 시설 등은 계약종료시 "을"이 수리하고 원형으로 복원하는 것으로 한다.
2. "갑"은 계약체결당시의 그대로 점포를 인도하는 것으로 한다.

본 계약의 성립을 증명하기 위하여 이 계약서 2부를 작성하고, 각각 서명(또는 기명)날인하여 각각 1통씩 보관한다.

20○○년　○월　○일

갑	㊞	사 업 자 등 록 번 호		사 무 소	
				전화번호	
을	㊞	사 업 자 등 록 번 호		사 무 소	
				전화번호	

[서식 306] 투자계약서

투 자 계 약 서

투자자 ○○○(이하 "갑"이라 한다)와 ○○○(이하 "을"이라 한다)는 다음과 같은 조건으로 투자계약을 체결한다.

제1조 (계약의 목적) 본 계약은 "을"의 ○○○에 관하여 투자함에 따라 그 구체적인 내용과 필요한 제반사항을 결정하고 "갑"과 "을" 사이의 권리의무관계를 명확히 규정함을 그 목적으로 한다.

제2조 (투자의 전제조건) 갑은 본 계약에 따른 투자를 위해 우선 을이 다음의 조건을 충족할 것을 요구할 수 있으며, 그 조건이 충족되지 않을 경우 본 계약은 성립되지 못하고 파기되는 것으로 한다.

1.

2.

제3조 (투자금의 지급) "갑"은 아래의 내용으로 "을"에게 투자금을 지급하기로 한다.

1. 투자금액 : 일금 ○○○만원(₩○○○)
2. 지급시기 : 20○○년 ○월 ○일

제4조 (신주의 인수)

① "을"은 "갑"의 투자에 대한 대가로 설립한 회사의 발행가액 기준 ○○%의 주식을 "갑"에게 배정하기로 한다.

② 제1항에 따른 신주인수의 배정은 "갑"의 총 투자금액이 완불되는 날로부터 ○일 이내로 한다.

③ "을"은 갑이 신주를 인수하는데 필요한 모든 주식발행의 절차 및 인수절차를 갑의 책임으로 이행하여야 하며, 필요한 경우 정관 및 내부규칙 등 회사운영에 관한 규정을 본 계약의 내용 및 사실을 반영하여 변경하고, 등기를 필요로 하는 사항에 대하여는 지체 없이 등기하여야 한다.

④ "을"은 주식의 배정 후 ○일 이내에 주권을 발행하여 "갑"에게 교부하여야 한다. 다만 "갑"과 "을"이 협의하여 주권을 발행하지 않기로 한 경우에는 주식보관증으로 대신할 수 있다.

제5조 (투자금의 사용과 회계처리) "을"은 "갑"이 투자한 투자금을 오직 회사의 사업목적만을 위하여 사용하기로 한다.

제6조 (회계의 처리) "을"은 관계법령 및 기준이 정하는 바에 따라 투명하고 엄격한 회계처리를 하여야 하며, 경리장부를 비롯한 그에 관련된 사항을 비치하고 상법이 규정하는 기간 동안 보존하여야 한다.

제7조 (이익의 배당)

① "을"은 "을"의 정관 및 상법 기타 법률의 규정에 따라 회사의 재무 상태를 고려하여 "갑"에게 주식비율에 대한 배당금을 정기적으로 배당하여야 한다.

② "을"은 "갑"에게 공금리 수준 이상의 배당을 실시할 수 있도록 성실히 노력하여 회사를 경영하여야 한다.

제8조 (세무)

① "을"은 "갑"에게 지급할 배당금액에 대하여 "을"이 원천징수하여야 할 세금을 원천징수하여 즉시 관할 세무당국에 납부한다.

② "을"은 위 제1항의 원천징수세액과 관련하여 "갑"이 세법에 의해 납부세액의 공제를 받음에 있어 충분한 근거가 될 수 있는 세무당국 발행의 납세필 영수증 또는 기타 적절한 증빙을 "갑"에게 제공하여야 한다.

제9조 (주식의 양도)

① "갑"은 "을"의 승인을 얻어야 보유주식을 양도, 이전, 매각, 기타의 처분을 할 수 있다.

② 만일 "갑"이 소유하는 "을"의 주식 전부 또는 일부를 양도하고자 할 때에는 그 취지를 서면으로 "을"에게 통고함과 동시에 양도조건을 제시하여야 한다.

③ 제2항에 따른 통보를 받은 "을"은 지체 없이 갑을 제외한 잔여주주의 양수의사를 확인하여야 한다. 만일, 잔여주주가 양수의사를 표시한 경우에는 "갑"과 잔여주주 간에 주식매매계약이 체결된 것으로 보고, 잔여주주 사이의 주식보유비율에 따라 주식을 배분하기로 한다. 이 경우 단주가 발생하면 소수 첫째자리 이하에서 반올림한다.

④ 제2항에 다른 통지를 받은 잔여주주 모두가 양수의 의사표시를 보이지 않는 경우 "갑"은 제3자에게 자유롭게 보유주식을 양도, 이전, 매각 또는 처분할 수 있다. 다만, 주식을 취득하는 제3자는 본 투자계약의 모든 규정을 준수하고 매도당사자인 "갑"과 똑같은 범위로 본 계약에 따른 구속을 받는다는데 합의하는 약정서를 을에게 제출하여야 한다.

⑤ "을"은 본 조문에 의한 주식의 양도 시 필요한 경우 정부 혹은 관련기관의 인가를 받는 것을 조건으로 제시할 수 있다.

제10조 (주식양도 제한의 예외)

① "갑"은 전조에 의한 주식양도의 제한규정에 불구하고 다음 각호의 경우에는 제한규정에 상관없이 주식을 처분할 수 있다.

1. "을"의 주식이 증권거래소 시장 혹은 코스닥 시장 및 제3시장에 상장 혹은 등록되었을 때

2. "을"의 주주가 "갑" 소유의 주식을 매입할 의사를 표시하고 "을"이 이에 동의한 때
3. 투자기간이 5년이 경과한 후 "을"이 정상적으로 영업활동을 하고 있고 "갑"이 투자목적을 달성하였다고 인정할 때

제11조 (사업성과 보고의무) "을"은 "을"의 정관상의 회계기간이 종료하는 매년 ○월 말일 현재까지 사업성과를 결산하여 재산목록, 재무제표 및 대차대조표를 작성하여 "갑"에게 1개월 이내에 통보하여야 한다.

제12조 (기업공개 등의 의무) "을"은 관련 법규가 허용하는 가능한 빠른 기간 내에 "을"을 공개하고 그 주식을 한국증권거래소(KSE)에 상장하거나 코스닥시장 또는 제3시장에 등록하기로 한다.

제13조 (영업상황 설명 요구권)

① "갑"은 "을"의 대표이사에게 업무 및 영업상의 손익상황에 대해 설명할 것을 요구할 수 있다. 다만, "갑"의 위 설명요구권이 "을"의 업무를 고려하여 심히 부당하거나 경영간섭에 해당하는 경우 "을"은 이를 거부할 수 있다.
② "을"은 위 제1항의 요구를 받은 날로부터 7일 이내에 구두로 설명하거나, 서면 기타 적절한 방법으로 통보할 수 있다.

제14조 (통지의무) "을"은 사업수행에 심각하게 지장을 초래할 우려가 있는 사태가 발생한 때에는 지체 없이 그 사실을 "갑"에게 통지하여야 한다.

제15조 (경업금지 등)

① "갑" 및 증권거래법이 정하는 "갑"의 특수이해관계인은 "을"의 사전 서면동의 없이 "을"이 보유하고 있는 기술과 사업계획 또는 이 계약과 관련하여 "을"로부터 취득한 정보 및 기술의 일부 또는 전부를 제3자에게 제공하여서는 안된다.
② "갑" 및 증권거래법이 정하는 "갑"의 특수이해관계인은 "을"의 사전 서면동의 없이는 "을"이 경영하는 사업에 직접 또는 간접으로 중대한 영향을 미치는 사업에 종사할 수 없다.
③ "갑"은 자신이 본 건 계약을 통하여 지득한 "을"의 영업상의 비밀을 이용하여 그 자신이나 동종의 영업을 하는 다른 회사가 "을"과 경쟁이 될 영업을 직접 혹은 간접으로 국내는 물론이고 국외에서 영업하는데 유무형의 도움을 주어서는 아니된다.
④ 만일 "갑"이 본 규정을 위반하여 "을"에게 손해를 끼친 경우에는 그 손해를 배상하여야 한다. 이 때 손해배상액의 범위는 통상의 손해를 그 한도로 하며, 만일 "갑"이 특별한 사정으로 인한 손해를 알았거나 알 수 있었을 때에는 그에 대하여서도 배상책임을 진다.

제16조 (정보의 비밀유지)

① "갑"과 "을"은 본 계약의 이행과정에서 알게 된 상대방의 영업비밀 및 기타 모든 정보상의 비밀을 상대방의 서면동의 없이 제3자에게 유출하거나 본 계약의 이행 이외의 목적으로 이용하여서는 아니 된다.
② 본 계약에 따른 비밀준수의무는 본 계약의 유효기간 중은 물론 계약의 종료, 해지 이후에도 존속한다.

제17조 (권리의 양도) "갑"은 이 계약상의 어떠한 권리 또는 의무도 "을"의 사전 서면동의 없이는 직접 또는 간접으로 제3자에게 양도할 수 없다. "을"의 사전 서면동의 없이 이루어진

권리와 의무의 양도는 무효이며 일체의 효력이 없는 것으로 한다.

제18조 (계약의 해제 및 해지)

① "갑" 또는 "을"은 상대방이 본 계약 및 본 계약에 따라 체결한 협의 등을 위반한 경우 그 상당기간을 정하여 그 이행여부를 통지하고 상대방이 그 기간 내에 이행을 하지 않거나 이행을 거부하는 경우에는 본 계약을 해제 또는 해지할 수 있다.

② 제1항에 따른 이행여부의 최고 및 계약의 해지 또는 해지에 대한 통보는 반드시 서면으로 하여야 한다.

③ 제1항의 해제 또는 해지는 "갑"과 "을"의 손해배상 청구에 영향을 미치지 아니한다.

제19조 (해제와 해지의 효과)

① 전조의 규정에 의하여 "을"의 귀책사유로 인하여 본 계약이 해지되는 경우 "갑"은 계약으로 인해 얻게 된 지득을 "을"의 승인 없이 "을" 또는 "을"의 주주, 다른 투자자 및 제3자에게 양도할 수 있다.

② 전 조의 규정에 의하여 갑의 귀책사유로 인하여 본 계약이 해지되고 그로 인하여 "을"에게 손해가 발생한 경우 "을"은 "갑"에게 그 손해의 배상을 청구할 수 있다.

제20조 (계약의 변경)

① 본 계약 내용의 변경, 가감, 삭제, 정정 등은 반드시 서면에 의하여야 하고, 법률상의 대표자나 정당하게 수권을 받은 대리인이 서명을 하여야 한다.

② 변경계약이 정부나 관계기관의 인·허가가 필요한 경우에는 당해 인·허가 시점부터 효력이 발생한다.

제21조 (분쟁의 해결) 본 계약과 관련하여 분쟁이 발생한 경우 당사자의 상호 협의에 의한 해결을 모색하되, 분쟁에 관한 합의가 이루어지지 아니한 경우에는 1차로 대한 중재원 상사의 결정을 따르며 이에 굴복할 시에는 "을"의 소재지관할 법원을 합의관할로 하여 소송을 통해 분쟁을 해결하기로 한다.

제22조 (특약)

① "갑"은 "을"에게 투자함에 있어 "갑"의 투자금 완납 후 "을"이 계속적인 경영을 하고 있을 경우 최소 5년간 투자금 반환을 요구 할 수 없다.

② "갑"의 요구에 따라 5년 후 갑의 투자금을 반환할 시, "갑"과 "을"이 맺은 계약은 자동으로 계약해지가 됨을 전제로 한다. 따라서 "갑"에게 양도 되었던 주식은 "을"에게 무상 양도한다.

위 계약을 증명하기 위하여 본 계약서를 2통 작성하여 서명 또는 날인한 후 당사자가 각각1통씩 보관한다.

20○○년 ○월 ○일

(갑)

주 소 :

상호명 :
대　표 :　　　　　　　　　　　　(인)

(을)
주　소 :
상호명 :
대　표 :　　　　　　　　　　　　(인)

[서식 307] 투자계약서

투 자 계 약 서

○○○(이하 “갑”이라 칭한다)와 주식회사 ○○○○(이하 “을”이라 칭한다) 간에 다음과 같이 투자계약을 체결한다.

제1조【“갑”의 투자의무】 “갑”은 “을”에게 금　　　　원(₩　　　　)을 아래의 조건으로 투자한다.
1. 20○○년 ○월 ○일까지 금　　　　원(₩　　　　)을 현금으로 투자한다.
2. 20○○년 ○월 ○일까지 금　　　　원(₩　　　　)을 현금으로 투자한다.

제2조【“을”의 의무】 “을”은 “갑”이 제1조 제1항과 제1조 제2항의 투자의무를 완료 시, “을”의 회사주식 ○○%를 “갑”에게 지급한다.

제3조【“갑”의 영업에 대한 감사】 “을”은 “갑”의 요구에 따라 언제든지 서면으로 경리에 관한 사항과 영업 및 거래에 관한 대차대조표를 제시하고 영업전반에 관한 사항을 보고하여야 한다.

제4조【권리의 양도 및 처분금지】 “갑” 또는 “을”은 서로 상대방의 서면 동의가 있는 경우를 제외하고는 어떠한 이유로도 이 계약상의 자신의 권리나 의무를 다른 제3자에게 이전, 양도하거나 처분을 할 수 없다.

제5조【계약의 해지】
1. 정당한 사유 없이 “갑”이 위 제1조 제1항과 제1조 제2항의 의무를 이행하지 않을 경우, “을”은 서면통보 후 계약을 해제 또는 해지할 수 있다.
2. “갑” 또는 “을”은 계약해지에 해당하는 정당한 사유가 발생할 경우 서면의 통지로써

이 계약을 해지할 의사를 전해야 한다.

제6조【비밀유지】"갑"과 "을"은 투자협상 및 투자계약체결 등 투자와 관련하여 입수한 제반 정보에 대하여 비밀을 준수하며 이를 상호협의 없이 절대 누설할 수 없다.

제7조【일반조항】

1. 이 계약은 "갑"과 "을" 쌍방의 서면 합의에 의해서만 변경될 수 있다.
2. 이 계약에 규정되어 있지 않거나 해석상 이견이 있는 사항은 "갑"과 "을" 양 당사자의 상호 합의에 의하거나 일반 상관례에 따르기로 한다.

본 계약의 내용을 증명하기 위하여 본 계약서 2통을 작성하여 "갑"과 "을"이 각각 1통씩 보관한다.

20○○년 ○월 ○일

갑	㊞	주민등록번호		주 소	
				전화번호	
을	㊞	사 업 자 등 록 번 호		사 무 소	
				전화번호	

[서식 308] **투자계약서**

투 자 계 약 서

_____(투자사)_____(이하 "투자사"라 한다)와 ____(피투자사)_____(이하 "피투자사"라 한다)는 ○○프로젝트(이하 "프로젝트"라 한다)와 관련하여 다음과 같이 투자계약(이하 "본 계약"이라 한다)을 체결한다.

– 다 음 –

제1조(계약의 목적) "본 계약"은 "피투자사"가 "프로젝트"를 하는데 소요되는 재원 조달 및 프로젝트 성과 제고에 "투자사"가 참여함에 있어 "피투자사" 사이에 발생하는 권리와 의무 및 예산의 정산기준과 수익에 따른 배분기준을 명확히 함으로써 상호 이익을 도모함에 그

목적이 있다.

제 2 조 (사업의 범위와 영역)

(1) 사업의 범위라 함은 투자금이 투입된 "프로젝트"를 일반적 범위로 한다.

(2) 단, 특별히 별개의 사업권이라고 상호 인정되는 경우 그 영역을 정하고 개별 계약을 추가하는 것을 원칙으로 한다.

제 3조 (용어의 정의) (각 항은 개별 프로젝트에 따라 확정됨)

(1) 비용 : "투자사"가 지급한 투자금을 활용하여 승인된 예산 항목 내에서 "프로젝트" 수행을 위하여 "피투자사"가 지출한 비용을 말한다.

(2) 수익 : "투자사"가 지급한 투자금을 활용하여 "피투자사"가 "프로젝트" 수행을 통해 발생한 매출 및 기타 수입을 말한다.

(3) 이익 : "투자사"가 지급한 투자금을 활용하여 "피투자사"가 "프로젝트"를 통해 창출한 수익에서 비용을 차감한 금액을 말한다.

(4) 이익배분율 : "프로젝트"의 이익 발생 시 "투자사"와 "피투자사" 간의 이익배분 비율을 말한다. 이익배분금은 "본 계약" 제8조 제(3)항에서 정하는 이익 배분율에 따라 계산한다.

제 4 조 ("투자사"의 권리와 의무)

1. 투자사의 권리

(1) "투자사"는 "프로젝트"의 수익에 대하여 원금을 회수할 권리와, 이익이 발생하는 경우 제8조 제(3)항에 따라 이익을 배분받을 권리를 가진다.

(2) "투자사"는 "프로젝트" 이행 정도 및 사업이행 충실도를 파악하기 위해 "프로젝트" 월별 현금흐름표와 월별 사업이행보고 및 "프로젝트" 종료 시 최종보고를 받을 권리가 있다.

(3) "프로젝트" 기간 동안 제(2)항이 충실히 이행되고 있지 않다고 판단될 경우, "투자사"는 자체 인력을 파견하여 예산 집행을 관리·감독할 수 있다.

(4) "투자사"는 "피투자사"가 제출한 월별 현금흐름표와 월별 사업이행보고를 통해 "프로젝트"추진 계획 달성 현황을 평가하여 사업이행 불충실 판단 시 투자원금 회수 및 투자기간 동안 연 5%의 이자를 수령 할 수 있다.

2. 투자사의 의무

(1) "투자사"는 "본 계약"에 의해 약정된 "프로젝트"의 투자금을 지급할 의무를 진다.

(2) "투자사"는 "프로젝트"를 통한 수익창출을 극대화하기 위하여 "프로젝트" 기간 동안 "피투자사"에게 경영컨설팅 2회를 제공한다.

(3) "투자사"는 "피투자사"의 "프로젝트" 계약 이행 준수 상황 및 수익과 관련된 상세 정보 등을 성실히 수집, 감독 및 관리해야 한다.

제 5 조 ("피투자사"의 권리와 의무)

1. 피투자사의 권리

"피투자사"는 "프로젝트"의 이익으로부터 제8조 제(3)항에 따라 이익을 배분 받을 권리를 갖는다.

2. 피투자사의 의무

(1) "피투자사"는 "프로젝트"의 수행기관으로서 "프로젝트"의 예상 수익률 및 사회적 성과

달성을 위하여 “프로젝트” 이행에 최선을 다하며, “투자사”에 의해 승인된 예산 및 “프로젝트” 일정을 준수해야 한다.

(2) “피투자사”는 “프로젝트”의 수행기관으로서 “프로젝트”를 완수할 책임이 있으며 이를 사전 동의 없이 제3자에게 위임·위탁할 수 없다.

(3) “피투자사”는 제8조 제(3)항에 따라 “투자사”에게 이익을 배분할 의무가 있다.

(4) “피투자사”는 “투자사”가 “프로젝트” 이행 불충실 판단할 경우 투자원금 반납 및 투자기간 동안 연 5%의 이자를 지급해야 한다.

제 6 조 (예산)

(1) “프로젝트” 예산은 1차 컨설팅을 통하여 확정 한다.

(2) “피투자사”는 예산의 10% 범위 이내로 예비비를 편성할 수 있다.

(3) “피투자사”가 “본 계약” 체결 이전에 “프로젝트”를 위하여 기지출한 예산 내 비용이 있을 경우, “피투자사”는 기지출된 비용의 관련서류를 “투자사”에게 제출하고, “투자사”의 검토 후, 비용으로 인정된 금액은 “프로젝트”의 예산에 포함된다.

(4) “프로젝트” 수행에 필요하다고 인정되는 경우 “피투자사”는 예산 범위 내에서 각 항목별 액수 변경 및 항목 추가를 할 수 있다. 이때 “피투자사”는 변경 사유 및 내역을 “투자사”에게 사전에 승인받아야 한다.

(5) 예산의 입출금 과정에서 발생되는 은행 수수료와 기타 업무 수행상 발생하는 수수료, 직원 인건비 지급 과정에서 발생하는 원천징수세액과 4대 보험료 등은 예산의 관련 항목에 포함할 수 있다.

(6) “피투자사”가 “프로젝트” 종료 후에도 계속하여 소유 또는 사용하고자 하는 물품 구매의 경우 “프로젝트” 기간 동안의 해당 물품의 감가상각비에 한하여 예산 편성이 가능하다.

제 7 조 (예산 집행 및 관리)

(1) “피투자사”는 “본 계약” 체결과 동시에 “프로젝트”의 전용 수입계좌와 지출계좌(이하 “전용 계좌”라 한다)를 개설하여 “투자사”에게 통보한다. “투자사”는 전용 계좌를 통해 수입과 지출을 관리 하는 것을 원칙으로 한다. “피투자사”는 “투자사”로부터 지급받는 투자금을 “프로젝트”의 이행을 위한 용도로만 사용하여야 하며, “피투자사”의 운영자금 등 다른 자금과 분리하여 보관, 관리하여야 한다.

(2) “피투자사”는 “본 계약” 체결 전에 “투자사”에게 서면으로 예산안을 승인받고 “투자사”는 “본 계약” 체결일로부터 영업일 기준 5일 이내에 전용 계좌로 투자금의 100%를 입금하여야 한다.

(3) “피투자사”는 “프로젝트”의 수입, 지출에 대한 일체의 증빙서류 및 회계기록을 유지·보관해야 하며, “프로젝트” 종료 시 “투자사”에 제출해야 한다. “투자사”가 관련 자료의 제출 및 열람을 요청할 경우 이에 응해야 한다.

(4) “피투자사”는 “프로젝트” 종료일 또는 “본 계약” 종료일로부터 영업일 기준 5일 이내에 수입, 지출 정산 내역을 “투자사”에게 제공하여야 하고, “피투자사”에 의하여 발생한 정산 지연에 따른 이자비용 등 모든 책임은 “피투자사”가 부담한다.

(5) 예산 이외의 항목에 대한 “피투자사”의 지출은 비용으로 인정하지 않는다.

제 8 조 (정산 및 이익 배분)

(1) (비용의 정산 방법) "피투자사"는 "프로젝트" 또는 "본 계약" 종료 후 영업일 기준 5일 이내에 지출한 항목을 정산한다. 이때 지출된 비용이 예산에 미달할 경우, "피투자사"는 예산에서 지출된 비용을 공제한 금액을 제(3)항의 이익 배분 시 "투자사"에게 반환한다. 비용 정산 시에는 비용의 용도 및 명세, 피지급인, 지급일, 지급방법, 예산 누계 집행실적을 증빙자료와 함께 "투자사"에게 제출한다.

(2) (수익의 정산 방법) "프로젝트"로 인해 발생한 매출 및 기타 수입을 "프로젝트" 또는 "본 계약" 종료 후 영업일 기준 10일 이내에 정산하고 매출증빙 및 기타 수입증빙 서류를 "투자사"에게 제출한다.

(3) (이익의 정산 및 배분 방법) "프로젝트"의 수익이 비용을 초과하여 이익이 발생할 경우, "피투자사"는 이익에 대한 정산을 실시한다. "프로젝트" 또는 "본 계약" 종료 후 영업일 기준 15일 이내에 "투자사"에게 투자원금 및 투자금액에 대한 이익의 30%를 이익배분금으로 지급한다. "피투자사"의 이익배분율은 이익의 70%를 기준으로 하되 단, 개별합의에 따라 배분 방식과 비율을 조정할 수 있다.

(3-1) "프로젝트"의 수익이 비용보다 과소하여 이익이 발생하지 않는 경우, "투자사"는 정산잔액을 전액 회수 한다. "프로젝트" 또는 "본 계약" 종료 후 영업일 기준 15일 이내에 "피투자사"는 정산 잔액을 "투자사"에게 지급한다. 단, "피투자사"의 자산으로 인식되는 비용에 대해서는 "피투자사"가 해당금액에 대하여 정산 잔액과는 별도로 "투자사"에게 지급한다.

(3-2) "프로젝트"의 수익이 비용을 초과하여 이익이 발생할 경우, "피투자사"와 "투자사"는 이익에 대한 정산을 실시한다. "프로젝트" 또는 "본 계약" 종료 후 영업일 기준 15일 이내에 "피투자사"는 "피투자사"의 이익배분금 70%를 제외한 이익배분금 30%와 투자원금을 "투자사"에게 지급한다. 단, "피투자사"의 자산으로 인식되는 비용에 대해서는 "피투자사"가 해당금액에 대하여 이익을 우선 배분받은 것으로 하며, 자산으로 인식되는 비용이 "피투자사"의 이익배분금을 초과할 경우, 그 초과분에 대하여 이익배분금과는 별도로 "투자사"에게 지급한다.

(4) "피투자사"는 제(3)항에 의한 이익 정산 이후 발생하는 이익을 해당 월의 말일을 기준으로 정산을 실시하며, 이때 제(3)항에 의한 이익 정산 이후 추가로 지출된 비용을 공제 후 정산한다. 이때 이익 산정은 "피투자사"가 "투자사"에게 제공한 정산서를 기준으로 하며, 정산기준일이 속한 달의 익월 말까지 지급한다.

(5) "프로젝트"의 이익배분금에 대하여 각 당사자에게 부과되는 제반 세금은 각자의 부담으로 한다.

제 9 조 (보고 및 자료제출)

(1) "피투자사"는 다음의 각호의 사항이 발생했을 경우에는 사유 발생일로부터 영업일 기준 5일 이내에 "투자사"에게 서면으로 보고하여야 한다.

1) 중요사업계획의 변경
2) 발행한 어음 또는 수표가 부도로 되거나 은행과의 거래가 정지된 때
3) 영업활동의 일부 또는 전부가 정지된 때
4) "피투자사"에 대하여 중대한 영향을 미칠 소송이 제기된 때

5) 기타 "투자사"가 중요하다고 인정한 사항

(2) "피투자사"는 다음의 사항을 영업일 기준 5일 이내에 "투자사"에게 제출하여야 한다.

1) "프로젝트" 월별 사업이행보고서(월말일)

2) "프로젝트" 월별 현금흐름표(월말일)

3) "프로젝트" 최종보고서, 재무보고서, 매출 및 수입증빙서류("프로젝트" 종료 시)

(3) "피투자사"는 프로젝트 종료 후 성과보고회를 통해 "프로젝트" 진행 결과와 성과를 보고하여야 한다.

제10조 (계약의 해제·해지)

(1) 양 당사자는 상대방에 대하여 다음 각 호 중 하나의 사실이 발생할 경우 별도의 최고 없이 서면으로 "본 계약"을 해제·해지할 수 있다.

1) 스스로 또는 제3자에 의하여 회사정리, 화의, 파산이나 청산 절차의 신청이 있는 경우

2) 압류, 경매신청, 조세경과의 체납처분 등을 받아 "본 계약"의 내용을 이행하지 못하거나 못할 우려가 명백할 경우

3) 일방이 이유 없이 본 계약상의 의무를 이행하지 않을 의사를 명백히 한 경우

4) "피투자사"가 "투자사"로부터 지급받은 투자금을 "프로젝트" 이외의 용도로 사용한 경우

(2) 일방이 "본 계약"의 의무를 이행하지 않은 경우 상대방은 영업일 기준 15일 이내에 의무를 이행할 것을 서면으로 최고하고, 그 기간 내에 이행이 되지 않을 경우 서면으로 계약을 해제·해지할 수 있다.

제11조 (계약해제·해지에 따른 조치)

(1) "피투자사"의 귀책사유에 의하여 "본 계약"이 해제 또는 해지된 경우, "피투자사"는 민·형사상의 책임을 진다. 이때 "피투자사"는 "투자사"에게 투자원금 및 투자기간 동안 연 5%의 이자를 지급해야 한다.

(2) "본 계약"의 해제 또는 해지에 대한 귀책사유가 있는 당사자는 그 상대방에 대하여 법률비용을 포함한 민·형사상의 책임을 진다.

제12조 (보험과 면책)

(1) "피투자사"는 "투자사"에게 투자금 수령 전 계약이행보증보험을 자부담으로 가입하고 보험증권을 "투자사"에게 제공한다.

(2) "프로젝트"의 과정에서 발생할 수 있는 위험을 예방하기 위해 "피투자사"는 프로젝트 착수 전까지 "투자사"에게 보험대상명단을 제공하여 합의된 직원 등에 대한 산재보험과 고용보험 등 법에 정한 보험 및 상해보험에 가입하여야 하며 이와 관련된 비용은 예산에 모두 포함된다.

(3) "프로젝트"를 위해 구입 또는 조성한 시설 및 설비의 손실에 대비하기 위하여 관련 손해 보험에 "피투자사"는 가입하여야 하며, 이와 관련된 비용은 예산에 모두 포함된다.

(4) "피투자사"는 "프로젝트"의 과정 중 발생한 직원 등의 상해·사망이나 대여장비, 설비 등의 파손, 분실 등과 같은 모든 사고에 대한 민·형사상 책임을 부담한다.

제13조 (양도)

(1) "투자사" 또는 "피투자사"는 원칙적으로 상대방의 사전 서면 동의 없이 본 계약상의

권리와 의무를 제3자에게 양도할 수 없으며, "본 계약"에 관한 채권을 양도하거나 담보로 제공할 수 없다.

(2) "투자사" 또는 "피투자사"가 다른 법인과 합병하는 경우에는 존속되는 법인에게, "투자사" 혹은 "피투자사"가 둘 이상의 법인으로 분할되는 경우에는 "본 계약"에 관한 업무를 주관하는 분할 법인에게 본 계약상의 제반 권리, 의무 및 계약상 지위를 승계한다.

제14조 (신의성실 및 상호협조) 양 당사자는 신의를 가지고 "본 계약"의 각 조항을 성실하게 이행하여야 하며, "프로젝트"의 수행 및 기타 전 과정을 상호 협조하여야 한다.

제15조 (분쟁해결)

(1) "본 계약"에 명시되지 아니한 추가 합의사항은 부속계약서로 정할 수 있다. 단, 추가합의사항은 "본 계약"의 취지와 달리 계약 상대방의 권리를 침해하거나 계약상대방의 권한과 능력 범위에서 벗어난 의무를 부과해서는 아니 된다.

(2) "본 계약"에 관한 소송 시에는 "투자사"의 본점을 관할하는 법원을 관할법원으로 한다.

제16조 (유효기간) "본 계약"은 계약체결일로부터 효력을 발생한다.

양 당사자는 위 사실을 증명하기 위해 계약서를 2통 작성하여 서명 날인한 후, 각기 1통씩 보관한다.

20○○년 ○월 ○일

피 투 자 사		**투 자 사**	
대 표	(인)	대 표	(인)

[서식 309] 자금투자계약서

자금투자계약서

자금투자자 (주)○○○○(이하 "갑"이라 칭한다)와 자금수급자 (주)○○○○(이하 "을"이라 칭한다)는 다음과 같이 자금투자계약을 체결한다.

제1조【목 적】 본 계약은 "을"이 경영하는 사업에 대하여 "갑"이 자금을 투자하고 이에 대한

수익을 분배하는 내용을 규율함을 목적으로 한다.

제2조【투자사항】 "갑"은 "을"에게 현금으로 금 ○○○원(₩ ○○○), 무기명채권으로 금 ○○○원(₩ ○○○)을 지원하며 구체적 지원일정은 다음과 같다.

1. 현금선급금 : 금 ○○○원(₩ ○○○) - 본 계약체결시 현금으로
2. 현금잔금 : 금 ○○○원(₩ ○○○) - 20○○년 ○월 ○일
3. 무기명채권(무기명 국채) : 금 ○○○원(₩ ○○○) - 본 계약체결시
4. 무기명채권(무기명 수표) : 금 ○○○원(₩ ○○○) - 20○○년 ○월 ○일

제3조【투자수익】

1. "을"은 본 계약체결로 "갑"의 투자금 일부가 입금됨과 동시에 즉시 "을"의 회사주식 ○%를 지급한다.
2. 현금 잔금 및 무기명수표의 입금과 동시에 추가로 ○%를 지급한다.

제4조【감 사】 "갑"은 언제든지 필요한 경우 "을"의 영업전반에 대한 자료제출 요구 및 경영실적을 감사할 수 있다. 다만, "을"의 경영에 지장을 초래하는 빈번한 업무감사는 자제하도록 한다.

제5조【언론공표】 당사자 쌍방은 본 계약의 진행사항을 20○○년 ○월 ○일에 공동으로 발표하며 발표일 이전까지는 보안을 유지한다.

제6조【비밀유지 등】

1. 당사자 쌍방은 본 계약의 진행과 관련하여 지득한 상대방의 정보에 대하여 일체의 보안을 유지한다.
2. 당사자 쌍방은 일방의 서면 동의가 있는 경우를 제외하고는 본 계약상의 권리의무를 다른 제3자에게 이전, 양도하거나 처분을 할 수 없다.

제7조【자금회수】

1. "갑"은 투자일로부터 ○년간은 자금을 회수할 수 없다. 다만, 회수금지기간일지라도 "을"의 경영실책 사유가 명백하여 자금의 회수지체로 인하여 손해가 극심할 경우에는 그러하지 아니하다.
2. 제1항의 명백한 실책사태의 판단은 "을"의 매출실적이 전년도 동기대비 50%의 급감이 발생한 경우를 기준한다.

제8조【해 지】

1. "갑"이 정당한 사유 없이 본 계약상의 투자의무를 이행하지 않을 경우, "을"은 이행을 최고하고 그럼에도 불구하고 이행이 되지 아니할 시 계약을 해제할 수 있다.
2. "갑"이 잔여금 투자의무를 이행하지 않는 경우 "갑"은 계약을 해지할 수 없으며, "을"은 그 선택에 따라 계약의 유지 여부를 결정할 수 있다.

제9조【기타사항】

1. 계약의 당사자는 본 계약의 내용을 신의성실에 의거하여 준수하여야 한다.
2. 계약기간 중 계약의 변경은 당사자의 서면 합의에 의해서만 변경될 수 있으며 서명날인된 문서를 본 계약서의 말미에 첨부한다.

3. 본 계약서에서 명시되지 않은 부분에 대하여는 관련 법규 및 상관습에 따르기로 한다.

제10조【분쟁해결】

1. 본 계약과 관련하여 양 당사자 간의 분쟁이 발생한 경우, 원칙적으로 "갑"과 "을" 상호간의 합의에 의해 해결한다.
2. 제1항에도 불구하고 분쟁이 해결되지 않을 경우 "갑"의 주소지 관할 지방법원을 그 관할로 하여 재판함으로써 해결한다.

제11조【특약사항】 상기 계약일반사항 이외에 "갑"과 "을"은 아래 내용을 특약사항으로 정하며, 특약사항이 본문과 상충되는 경우에는 특약사항이 우선하여 적용된다.

위와 같이 본 계약이 유효하게 성립하였음을 증명하기 위하여 본 계약서 2통을 작성하여 각각 서명(또는 기명) 날인한 후 "갑"과 "을"이 각각 1통씩을 보관한다.

20○○년 ○월 ○일

갑	㊞	사업자 등록번호		사무소	
				전화번호	
을	㊞	사업자 등록번호		사무소	
				전화번호	

[서식 310] 수익분배계약서

수익분배계약서

공동사업자 ○○○(이하 "갑"이라 한다)와 공동사업자 ○○○(이하 "을"이라 한다)는 다음과 같이 수익분배계약을 체결한다.

제1조【목 적】 본 계약은 "갑"과 "을"이 공동 설립한 주식회사 ○○○○(이하 "회사"라고 약칭한다)에 대한 매출수익의 수익분배와 관련된 상호간의 권리의무사항의 규율을 목적으

로 한다.

제2조【지분확인】 당사자 쌍방은 회사에 대하여 지분의 구성이 "갑" "을" = ○○:○○로 구성되어 있으며 출자금은 "갑"이 금 ○○○○○○원(₩○○○○○○○), "을"이 금 ○○○○○○원(₩○○○○○○○)을 하였음을 상호 확인한다.

제3조【상환분】

1. 당사자 쌍방은 "갑"의 출자분 가운데 금 ○○○○○○원(₩○○○○○○○)은 회사로부터 본 계약체결이후 ○○년 후부터 상환하며 나머지 금액은 상환하지 아니하는 것으로 한다.
2. "을"은 출자금 전액을 상환받지 아니하는 것으로 한다.
3. 본 상환분은 회사의 종료 시 청산에 있어서 제2조의 지분의 비율에 따른 정산에 일체의 영향을 미치지 아니한다.

제4조【수익분배】 당사자 쌍방은 회사의 경영에 대하여 ○○년간은 급여 이외에 별도의 수익을 분배하지 않는 것으로 하며 동 기간의 경과와 동시에 매 ○○개월 마다 급여와 별도로 매출의 순이익에 대해 지분의 비율로 수익을 분배한다.

제5조【급여액】 당사자 쌍방은 동등한 급여액으로서 금 ○○○○○○원(₩○○○○○○○)을 지급받기로 하되 제4조에 정한 수익의 분배에 있어서는 분배율에 따르기로 한다.

제6조【기타사항】

1. 계약의 당사자는 본 계약의 내용을 신의성실에 의거하여 준수하여야 한다.
2. 계약기간 중 계약의 변경은 당사자의 서면 합의에 의해서만 변경될 수 있으며 서명날인된 문서를 본 계약서의 말미에 첨부한다.
3. 본 계약서에서 명시되지 않은 부분에 대하여는 관련 법규 및 상관습에 따르기로 한다.

제7조【특약사항】 상기 계약일반사항 이외에 "갑"과 "을"은 아래 내용을 특약사항으로 정하며, 특약사항이 본문과 상충되는 경우에는 특약사항이 우선하여 적용된다.

본 계약의 성립을 증명하기 위하여 이 계약서 2통을 작성하고 각각 서명(또는 기명) 날인하여 각각 1통씩 보관한다.

20○○년 ○월 ○일

갑	㊞	사 업 자 등 록 번 호		사 무 소	
				전화번호	
을	㊞	사 업 자 등 록 번 호		사 무 소	
				전화번호	

제2절 종신정기금계약

1. 서 설

가. 의 의

종신정기금계약이란 당사자의 일방이 자기나 상대방 또는 제3자의 종신 때까지 정기로 금전 기타의 물건을 상대방 또는 제3자에게 지급할 것을 약정함으로써 성립하는 계약이다(민법 725조). 종신정기금계약은 대가의 유무에 따라 쌍무·유상계약일 수도 있고, 편무·무상계약일 수도 있다.

나. 효 력

기본권으로서의 정기금채권과 매기의 지분권으로서의 정기금채권이 생긴다. 또한 약정의 해지사유가 없는 한 종신정기금계약은 해지로서 계약관계를 소멸시킬 수 없다.

2. 계약의 종료

특정인이 사망하면 종료하고 상속되지 않는 것이 원칙이다. 그러나 그 사망이 정기금채무자의 책임있는 사유로 인한 때에는 법원은 정기금 채권자 또는 상속인의 청구에 의하여 상당한 기간 채권의 존속을 선고할 수 있다. 이때 상당한 기간은 특정인이 생존할 수 있었을 기간이다. 그러나 이 경우에도 계약을 해제하고 원본의 반환을 청구할 수 있다(729조에 의한 727조의 준용).

3. 서 식 례

[서식 311] 종신정기금계약증서

종신정기금계약증서

종신 정기금 수급자 ○○○와 종신 정기금 채무자 ○○○ 양당사자는 다음과 같이 종신 정기금계약을 체결한다.

제1조 채무자는 수급자에 대하여 20○○년 ○월 ○일부터 수급자가 사망하기까지 제2조 이하에 따라 종신정기금을 급부할 것을 약속하며 수급자로부터 금 원을 수령한다.

제2조 채무자는 20○○년 ○월 ○일부터 수급자의 사망에 이르기까지 ____개월 마다 금 원을 지급 월의 말일 및 계약종료의 달은 일수로서 급부한다.

제3조 채무자가 정기금의 급부를 이행하지 아니하였을 때에는 수급자는 곧 계약을 해제하고 제1조의 원금에 대하여 년 _○_ 분의 비율에 의한 이자를 부가하여 반환할 것을 청구할 수 있다. 이 경우 수급자가 이미 급부를 받은 금액은 공제한다.

제4조 본 계약의 유효한 성립을 보증하기 위하여 채무자는 보증인 1명을 입보한다.

제5조 본 계약에 대해 분쟁이 생겼을 경우에는 수급자의 주소지 관할 법원을 전속관할로 한다.

위의 계약을 증명하기 위하여 본 증서 3통을 작성, 각각 서명 날인한 다음 당사자가 각 1통씩을 소지한다.

20○○년 ○월 ○일

정기금채무자
성명(주민번호) :
주 소 :
전 화 번 호 :

정기금채권자
성명(주민번호) :
주 소 :
전 화 번 호 :

증인
성명(주민번호) :
주 소 :
전 화 번 호 :

제3절 화해계약

1. 서 설

가. 의 의

화해계약은 당사자가 서로 양보하여 그들 사이의 분쟁을 종지할 것을 약정함으로써 성립하는 계약이다(민법 731조). 화해계약은 쌍무·유상계약이며, 낙성·불요식계약이다. 화해계약은 일종의 합의계약으로, 본 절에서는 화해계약서로 명명된 계약에 대하여 설명하고, 기타 합의에 따른 계약서는 제9장 합의서에서 다루기로 한다.

나. 효 력

당사자 사이에 다투어졌던 법률관계가 확정적으로 되어, 당사자는 화해계약의 내용에 따라 의무를 이행하게 된다.

2. 화해의 성립요건

당사자 사이에 분쟁이 있을 것을 전제로 하며, 당사자가 상호 양보해야 한다. 일방만이 양보한 경우는 민법상 화해가 아니다. 또한, 당사자가 처분권한이 있어야 하는데, 이는 화해가 분쟁이 된 법률관계에 대한 처분행위이기 때문이다.

3. 서 식 례

[서식 312] 화해계약서(빌딩인도)

화 해 계 약 서

명도인(갑) 주 소 : ○○시 ○○구 ○○길 ○○번지
성 명 : 주식회사 ○○
대표이사 ○ ○ ○
전화번호 : ○○○-○○○-○○○○

인수인(을) 주 소 : ○○시 ○○구 ○○길 ○○번지

성　　명 : ○○건설 주식회사
대표이사　○　○　○
전화번호 : ○○○-○○○-○○○○

○○시 ○○구 ○○길 ○○번지 소재 주식회사 ○○ 빌딩을 신축하는데 있어서 동 건물 15층의 ○○○㎡를 임차사용중인 ○○주식회사(이하 갑)와 ○○건설 주식회사(이하 을)는 아래와 같이 계약을 체결한다.

－ 아　　　래 －

제 1 조 (인도의 승인) 갑은 을이 주식회사 ○○ 건물을 철거하여 신축하기 위해 현재 임차 사용 중인 동 건물 15층 ○○○㎡의 사무실을 다음과 같은 조건하에 을에게 완전히 인도하는 것을 승인한다.

제 2 조 (인도대금) 갑의 인도와 관련된 보상비용 등을 총 금액 ○○○○원으로 정하고, 을로부터 위 금원을 지급 받음과 동시에 15층 빌딩을 을에게 완전히 인도하는 것을 승인하고 을은 갑에게 전체 금액 중 금 ○○○○원을 교부한다. 특히 잔금 ○○○○원에 있어서는 인도절차 완료와 동시에 을은 갑에게 지급하는 것으로 한다.

제 3 조 (인도기한) 갑의 전 조항에 규정하는 인도의 기한은 20○○. ○. ○.까지로 한다.

제 4 조 (권리의 포기) 갑은 ○○○으로부터 양도받은 본 건 건물 15층의 임차권 외에 모든 것을 을을 위해 포기하고 을을 위한 기한까지 완전하게 인도하는 것을 승인함과 동시에 이후 본 건 빌딩 15층에 대한 임차권과 관련해서는 제3자로부터 이의나 불만 등이 있어도 모든 것을 갑이 해결하고 을에 대해서는 일체의 피해가 없도록 약속한다.

제 5 조 (위험부담) 천재지변이나 화재로 인한 소실로 인해 본 건 빌딩 15층 ○○○㎡가 인도 절차완료 전에 불의의 재난을 만나더라도 본 계약은 효력을 가지며 을은 본 계약대금을 지급해야 한다.

제 6 조 (인수인의 의무) 을은 갑이 본 건 빌딩 15층에서 이전한 후에 갑의 앞으로 배달되는 각종 우편물, 화물 등에 대해서는 지체 없이 갑의 이전지로 전송해주어야 할 책임을 지며, 갑을 찾아오는 내방객들에 대해서도 갑의 이전지 및 약도를 명기한 간판을 알아보기 쉬운 장소에 게시하며 내방객들의 질문에 대해서도 친절하게 가르쳐 주어야 한다.

이상 이 계약의 성립을 증명하기 위해 본 계약서 3통을 각자가 서명·날인한 후에 갑·을·입회인이 각각 한 장씩 보관한다.

20○○년　○월　○일

인도인	주 소					
	성 명	인	주민등록번호	–	전 화 번 호	
인수인	주 소					
	성 명	인	주민등록번호	–	전 화 번 호	
입회인	주 소					
	성 명	인	주민등록번호	–	전 화 번 호	

[서식 313] **화해계약서**(교통사고, 인적 손해)

화 해 계 약 서

피 해 자(갑) ○ ○ ○

가 해 자(을) ○ ○ ○

사 용 자(병) ○○주식회사

대표이사 ○ ○ ○

1. 사고발생일시 ○○○○년 ○월 ○일 오후 ○시 ○○분경
2. 사 고 장 소 ○○시 ○○구 ○○길 ○○번지 ○○교차로 ○○미터 동쪽
3. 상해의 부위·정도 우상완 골절(右上腕 骨折), 좌하퇴 타박(左下腿 打撲)
(사망사고인 경우는 생략)
4. 차 량 번 호 ○○차○○○○호

제1조 (손해배상금) 위의 교통사고에 의하여 가해자 「을」과 그 사용자이며 자동차의 보유자인 「병」은 피해자 「갑」에게 손해배상으로 금 ○○만원을 연대하여 지급할 의무가 있다. 이에 「병」은 「갑」에게 위 금액을 지급하며 「갑」은 이를 수령하였다.

제2조 (청구의 포기) 「갑」은 「을」 및 「병」에게 그 나머지의 청구를 면제하여 「갑」은 금후 「을」 및 「병」에게 어떠한 청구도 하지 않을 것을 약속한다.

「갑」·「을」 및 「병」은 이상과 같이 합의한다.

20○○년 ○월 ○일

피해자	주 소					
	성 명	인	주민등록번호	-	전화번호	
가해자	주 소					
	성 명	인	주민등록번호	-	전화번호	
사용자	주 소					
	성 명	인	주민등록번호	-	전화번호	

[서식 314] 화해계약서(교통사고, 물적 손해)

화 해 계 약 서

피해자 (갑) 주 소 : ○○시 ○○구 ○○길 ○○번지
성 명 : ○ ○ ○(주민등록번호)
전화번호 : ○○○-○○○-○○○○

가해자 (을) 주 소 : ○○시 ○○구 ○○길 ○○번지
성 명 : ○ ○ ○(주민등록번호)
전화번호 : ○○○-○○○-○○○○

제 1 조 (사건발생 개요) 가해자 을은 20○○. ○. ○. 10:00경 을 소유의 자동차를 운전해서 ○○시 ○○구 ○○길 ○○번지 횡단보도를 접어들려고 할 때 갑자기 뛰어 든 성명불상의 무단횡단자를 피하려다 같은 방향으로 진행하던 피해자 갑 소유의 승용차의 옆면을 충돌하여 수리비 등 금○○○○원의 피해가 발생하였다.

제 2 조 (손해배상금) 이에 을은 을의 과실을 인정하고 위 차량수리비 등의 물적피해에 대한 손해배상금 ○○○○원 중 ○○○원을 20○○. ○. ○.까지 갑에게 지급할 것을 약속한다.

제 3 조 (청구의 포기) 위의 손해배상금은 갑 소유의 자동차 수리비등 일체의 손해를 포함하는 것으로 향후 물적피해에 대하여서는 상호 이의를 제기하지 않을 것을 확인한다. 단, 위 물적피해를 제외한 인적피해가 밝혀지는 경우에는 추후 별도로 갑과 을이 상호 협의를 통하여

해결하도록 한다.

20○○년 ○월 ○일

피해자	주 소					
	성 명	인	주민등록번호	–	전화번호	
가해자	주 소					
	성 명	인	주민등록번호	–	전화번호	
입회인	주 소					
	성 명	인	주민등록번호	–	전화번호	

[서식 315] 화해계약서(임대가옥인도)

화 해 계 약 서

임대인 ○○○을 「갑」, 임차인 ○○○을 「을」이라 하여 당사자 간에 다음과 같이 합의가 성립되어 화해계약서를 작성한다.

제 1 조 (임대차계약의 종료) 갑 소유의 수원시 ○○구 ○○길 ○○번지 소재 주상복합 건물의 1층 부분(갑과 을 간의 20○○년 ○월 ○일자 점포임대차계약 제1조 기재한 부분)에 대한 을의 임차기간은 그 만료일인 20○○년 ○월 ○일에 종료되었음을 당사자들은 확인한다.

제 2 조 (유예기간) 갑은 을에 대해 본 건 가옥의 인도를 20○○년 ○월 ○일까지 유예하고, 을은 같은 날에 본 건 가옥을 인도한다.

제 3 조 (유예기간중 사용료) 위 인도유예기간 중 을은 갑에게 임대료 상당액을 손해금으로 지급해야 하며 본 계약 월의 다음 달부터 매월 15일에 금○○○원을 지참 또는 송금하여 지급한다.

제 4 조 (유예기한의 이익상실) 을은 다음 각 호의 1에 해당하는 사유 발생시 제2조 인도유예기한의 이익을 상실하고 즉시 본 건 가옥으로부터 퇴거하여 갑에게 인도한다.

1. 제3조의 손해금의 지급을 ○회 이상 게을리 했을 때

2. 본 건 가옥을 ○○업 이외의 영업용도로 사용한 때
3. 본 건 가옥의 원상태를 변경할 때
4. 본 건 가옥의 일부 또는 전부를 제3자에게 점유 이전했을 때(이유 불문)
5. 을이 사용한 수도·전기·가스요금 등 공과금 지급을 게을리 했을 때

제 5 조 (합의관할) 갑과 을은 본 건 합의에 대한 분쟁이 발생할 경우 ○○법원에서 소를 제기하기로 한다.

이상과 같은 합의를 증명하기 위해 본 증서 2통을 작성하고 각자 1통씩을 보관한다.

20○○년 ○월 ○일

임대인	주 소					
	성 명	인	주민등록번호	–	전화번호	
임차인	주 소					
	성 명	인	주민등록번호	–	전화번호	
입회인	주 소					
	성 명	인	주민등록번호	–	전화번호	

[서식 316] 화해계약서

화 해 계 약 서

금번 ○○시 ○○구 ○○대로 ○○ 소재 ○○주식회사 건물을 개축하는데 있어서 동 건물 3층 ○○㎡를 임차중인 ○○○(이하 "갑"이라 한다)와 ○○○(이하 "을"이라 한다) 간에 다음과 같이 화해계약을 체결한다.

제 1 조 【인도의 승인】 "갑"은 "을"이 ○○ 주식회사 건물을 철거하여 신축하기 위해 현재 임차 사용 중인 동 건물 ○층 ○○㎡의 사무실을 아래와 같은 조건하에 "을"에게 완전히 인도하는 것을 승인한다.

제 2 조【인도대금】 "갑"의 인도와 관련된 보상비용 등 일절을 총 금액 ○○○○○원으로 정해, "을"로부터 지급 받음과 동시에 층 건물을 "을"에게 완전히 인도하는 것을 승인하고 "을"은 "갑"에게 전체금액 중 금일 ○○○○원을 교부한다. 특히 잔금 ○○○○○원에 있어서는 인도절차완료와 동시에 "을"은 "갑"에게 지급하는 것으로 한다.

제 3 조【인도기한】 "갑"의 전 조항에 규정하는 인도의 기한은 20○○년 ○월 ○일까지로 한다.

제 4 조【권리의 포기】 "갑"은 ○○상점으로부터 양도받은 본 건 건물 ○층의 임차권 외에 모든 것을 위해 포기하고 "을"을 위한 기한까지 완전하게 인도하는 것을 승인함과 동시에 이후 본 건 건물 ○층에 대한 임차권과 관련해서는 제3자로부터 이의나 불만 등이 있어도 모든 ○○을 "갑"이 해결하고 "을"에 대해서는 일절 피해를 입히지 말 것을 약속한다.

제 5 조【위험부담】 천재지변이나 화재로 인한 소실로 인해 본 건 건물 ○층 ○○㎡가 인도절차완료 전에 불의의 재앙을 만나더라도 본 계약은 효력을 가지며 "을"은 본 계약대금을 지급해야 한다.

제 6 조【인수인의 의무】 "을"은 "갑"이 본 건 건물 ○층에서 이전한 후에 "갑"의 앞으로 배달되는 전보, 우편, 화물 등에 대해서는 지체 없이 "갑"의 이전지로 전송해주어야 할 책임을 가지고 있으며, "갑"을 찾아오는 손님에 대해서도 "갑"의 이전지 및 약도를 명기한 간판을 알아보기 쉬운 장소에 게시하며 손님들의 질문에 대해서도 친절하게 가르쳐 주어야 한다.

본 계약을 증명하기 위하여 본 계약서 2통을 작성하여 각각 서명(또는 기명) 날인한 후 각각 1통씩을 보관한다.

20○○년 ○월 ○일

<table>
<tr><td rowspan="2">갑</td><td rowspan="2">㊞</td><td rowspan="2">주민등록번호</td><td rowspan="2"></td><td>주 소</td><td></td></tr>
<tr><td>전화번호</td><td></td></tr>
<tr><td rowspan="2">을</td><td rowspan="2">㊞</td><td rowspan="2">주민등록번호</td><td rowspan="2"></td><td>주 소</td><td></td></tr>
<tr><td>전화번호</td><td></td></tr>
</table>

[서식 317] 화해계약서

화 해 계 약 서

임대인 ○○○(이하 "갑"이라 한다)와 임차인 ○○○(이하 "을"이라 한다) 간에 다음과 같이 화해계약을 체결한다.

제1조【임대차계약의 종료】 "갑" 소유의 별지에 기재한 건물의 1층 부분("갑"과 "을" 간에 20○○년 ○월 ○일자 점포임대차계약 제1조 기재한 부분)(별지 도면 참조)에 있어 점포임대차계약서(확정일자 : 공증인 사무소 20○○년 ○월 ○일)에 의거 임대차기간 만료일인 20○○년 ○월 ○일에 종료된 것을 "갑"과 "을" 쌍방이 무조건 확인한다.

제2조【부분인도와 반환】 "을"은 "갑"에 대해 제1조의 가옥 중 1층 바닥(점포) ㎡(별지 도면 사선 부분 이하 "본 건 가옥"이라 한다)를 제외한 부분을 모두 퇴거하여 인도하고, "갑"은 "을"로부터 인도받는다.

제3조【유예기간】 "갑"은 "을"에 대해 본 건 가옥의 인도를 20○○년 ○월 ○일까지 유예하고, "을"은 같은 날에 본 건 가옥을 인도한다.

제4조【지연기간 사용료】 "을"은 "갑"에 대해 전 조에 본 건 가옥의 인도유예기간 중 임대료 상당액을 손해금으로 20○○년 ○월 ○일부터 20○○년 ○월 ○일까지 월 금 ○○○○원을 20○○년 ○월부터 본 건 가옥의 인도가 끝나기까지 매월 금 ○○○○원을 ○○일마다 "갑"에게 지참 또는 송금하여 지급한다.

제5조【공탁금반환청구권의 양도】 "을"이 법원에 납입했던 공탁금에 대한 공탁금반환청구권을 "을"은 제4조의 손해금 지급에 충당하기 위해 "갑"에게 양도한다. 단, 공탁금에 대한 양도절차는 을"이 이행하기로 한다.

제6조【유예기한의 이익상실】 "을"은 다음 각 호의 하나를 위반했을 때는 제3조 명도유예기한의 이익을 상실하고, 즉시 "을"은 본 건 가옥으로부터 퇴거하여 인도한다.

1. 차임상당 손해금의 지급을 3회 이상 게을리 했을 때
2. 본 건 가옥을 영업 이외의 영업용도로 사용한 때
3. 본 건 가옥에 자기가 만들어 넣거나 원상태를 변경할 때
4. 본 건 가옥의 점유 일부 또는 전부를 명목 여하를 불문하고 제3자에게 이전했을 때
5. 본 건 가옥에 대한 제세공과금을 제외한 수도료, 전기료, 가스료, 그 외 자기 영업에 의해 발생한 일체의 비용 지급을 게을리 했을 때
6. "을"이 본 건 가옥에 대한 수선비를 부담하지 않을 때

본 계약을 증명하기 위하여 본 계약서 2통을 작성하여 각각 서명(또는 기명) 날인한 후 각각 1통씩을 보관한다.

20○○년 ○월 ○일

갑	㊞	사 업 자 등 록 번 호		사 무 소	
				전화번호	
을	㊞	사 업 자 등 록 번 호		사 무 소	
				전화번호	

[서식 318] 화해계약서

화 해 계 약 서

○○○(이하 "갑"이라 한다)와 ○○○(이하 "을"이라 한다) 및 "을"의 지상건물 임차인 ○○○(이하 "병"이라 한다) 간에 다음과 같이 화해계약을 체결하고 "갑"과 "을"의 토지의 경계를 확정한다.

제 1 조【합의사항】 "갑" 소유의 아래 표시 "갑"의 토지와 "을" 소유의 아래 표시 "을"의 토지의 경계에 있어서 모든 분쟁을 본 화해계약에 의해 종결하는 것으로 "갑", "을" 및 "병"은 합의했다.

제 2 조【경계의 확정】 "갑"의 토지와 "을"의 토지와의 경계(이하 '경계선'이라고 한다)는 별지 첨부 도면 A점과 B점을 연결한 선으로 확정한다.

제 3 조【초과부분의 인도】

1. "을"은 "을" 소유의 건물 중 경계선을 넘는 부분(첨부 도면에 적색 사선으로 표시)은 본 계약을 체결한 날로부터 ○년 이내에 경계선을 넘은 부분의 토지를 "갑"에게 넘겨준다.
2. "병"은 전 항의 인도에 협력하며, "병"의 "을"에 대한 건물임차권은 전 항의 반환해야 할 부분에 있어서 금일 "을"과 "병" 간의 임차계약의 합의해제에 의해 소멸한 것을 확인하고, "을"의 경계선을 초과했던 부분의 토지에 대해 사용권이 없음을 확인한다.

제 4 조【철거비용】

1. "갑"은 "을"에 대해 전조 제1항의 건물 철거비용으로써 금 ○○○○○원을 동 항의 인도와 상환해서 지급한다.

2. "갑"은 "병"에 대해 전조 제1항의 건물철거 및 인도상환에 대하여 금 ○○○○○원을 퇴거비용으로 지급한다.

제5조【경계표의 시공】

1. 제3조를 근거로 해서 경계선을 초과한 건물의 철거와 "을", "병"의 토지인도가 완료된 날부터 ○개월 이내에 경계선상에 콘크리트 블록으로 된 담을 다음과 같은 요령으로 세우는 것으로 하며, "갑"은 이것을 시공한다.
   가. 높이 : ○미터
   나. 길이 : A점에서 B점까지 약 ○미터
   다. 두께 : ○○센티미터
2. 전항의 비용은 "갑"과 "을"이 각자 절반씩을 부담하는 것으로 하며, 담의 소유권은 "갑"과 "을"이 공유하는 것으로 한다.

제6조【화해절차】

1. 본 계약은 "갑"이 신청인이 되고, "을"과 "병"이 상대가 되어서 법원에서 제소전 화해를 체결하는 것으로 한다.
2. "을"과 "병"은 전 항 화해의 대리인으로서 변호사를 선임하고 화해 조항을 첨부한 위임장을 "갑"에게 예탁한다.
3. "을"과 "병"은 전 항의 위탁을 해제하지 않는다.

제7조【화해비용】 전 조의 화해비용은 "갑"이 부담한다.

제8조【기 타】 본 계약에서 규정한 것 이외에는 "갑"과 "을", "병" 간의 그 어떠한 채권채무도 없음을 확인한다.

본 계약을 증명하기 위하여 본 계약서 3통을 작성하여 각각 서명(또는 기명) 날인한 후 각각 1통씩을 보관한다.

20○○년 ○월 ○일

갑	㊞	주민등록번호		주 소	
				전화번호	
을	㊞	주민등록번호		주 소	
				전화번호	
병	㊞	주민등록번호		주 소	
				전화번호	

["갑"의 토지의 표시]

1. 지 번 :
2. 지 목 :
3. 지 적 :

["을"의 토지의 표시]

1. 지 번 :
2. 지 목 :
3. 지 적 :

["을"의 지상건물의 표시]

1. 지 번
2. 층 호실
3. 종 류
4. 구 조
5. 마루면적
6. 면 적

[서식 319] 화해계약서

화 해 계 약 서

주식회사 ○○○○(이하 "갑"이라 한다)과 ○○○○ 주식회사(이하 "을"이라 한다)는 임대차계약의 종료와 관련하여 발생한 분쟁을 해결하기 위하여 다음과 같이 화해계약(이하 "본 계약"이라 한다)을 체결한다.

제1조【목 적】 본 계약은 "갑"과 "을" 사이에 임대차계약의 종료와 관련하여 발생한 분쟁을 "갑"과 "을"이 상호 화해함에 있어 필요한 제반사항을 정함을 그 목적으로 한다.

제2조【화해의 대상】 본 계약에 따른 화해의 대상은 별지 임대차계약서의 기재와 같이 아래의 임대차계약(이하 "본 임대차계약"이라 한다)의 종료에 따른 임차보증금의 반환 및 임차목적

물(이하 "본 임대차목적물"이라 한다)의 인도와 관련하여 "갑"과 "을"의 견해가 상이한 보증금반환액수 및 임차목적물의 반환시기 등을 말한다.

1. 임대차의 목적물 : ○○시 ○○구 ○○동 ○○
2. 임대차 존속기간 : 20○○. ○. ○.부터 20OO. ○. ○.까지
3. 차임 : 월 금 ○○○원(₩ ○○○)
4. 차임지급시기 : 매월 첫째날
5. 보증금 : 금 ○○○○○원(₩ ○○○○○)
6. 계약당사자 : 임대인 "갑", 임차인 "을"

제 3 조 【본 임대차계약의 종료】 "갑"과 "을"은 본 임대차계약이 20○○. ○. ○. 종료된 것과 본 임대차계약이 갱신되지 않았음을 확인한다.

제 4 조 【본 임대차계약의 목적물 및 보증금의 반환】

1. "을"은 "갑"에게 본 임대차목적물을 20OO. ○. ○.까지 반환함과 동시에 "갑"으로부터 보증금 ○○○○○원(₩ ○○○○○)을 반환 받는다. 이 때 "을"은 본 임대차목적물을 본 임대차계약체결일 당시의 현상대로 원상회복하여 반환하여야 한다.
2. "을"은 "갑"에게 본 임대차계약의 존속기간 중 차임을 2회 지급하지 아니하였으나, 본 계약의 체결과 동시에 갑은 2회 연체된 "을"의 차임지급채무를 면제한다.
3. "을"은 20○○. ○. ○.부터 20○○. ○. ○.까지 이 사건 임대차의 목적물을 사용·수익할 수 있으나, 20○○. ○. ○. "갑"에게 그 사용수익의 대가 또는 부당 이득금으로서 금 ○○○○원을 지급한다. "을"이 "갑"으로부터 보증금을 지급받지 못한 채 20○○. ○. ○.을 경과하여 본 임대차목적물을 계속하여 사용 수익하는 경우 "을"은 매월 첫째날 "갑"에게 부당이득금으로서 월 금 ○○○원(₩ ○○○)을 지급하여야 한다.
4. "갑"은 "을"에게 제1항에 따른 보증금 ○○○○○원(₩ ○○○○○)에서 이 사건 임대차의 목적물의 원상회복비용 및 제3항에 따른 연체된 부당이득금을 공제한 금액을 지급할 수 있고, "을"은 이에 대하여 이의를 제기할 수 없다.

제 5 조 【부수적 약정】

1. "을"은 20○○. ○. ○. ○○지방법원에 차임변제조로 공탁함에 따라 발생한 공탁금 반환청구권을 "갑"에게 양도하고, 그 양도통지 등의 절차를 이행한다.
2. "을"은 "갑"에게 본 임대차목적물 반환과 관련하여 그 목적물에 대한 필요비, 유익비, 부속물설치비용, 인도보상비용, 이사비용 등 그 명목에 불구하고 일체의 비용을 청구하지 아니한다.
3. 본 임대차계약과 관련하여 제3자로부터 이의나 진정 등이 있는 경우 "갑"이 전적으로 책임을 지고 해결하며 "을"에게 피해가 발생하지 아니하도록 조치를 취하여야 한다.
4. "을"이 "갑"에게 본 임대차목적물을 반환한 날로부터 1개월 동안 본 임대차목적물의 주소지에 "을"에게 배달되는 전보, 서신, 화물 등이 도착하는 경우 "갑"은 지체 없이 "갑"의 비용으로 "을"의 이전장소에 이를 전달하여야 하고, "을"의 방문자 등을 위하여 "을"의 이전장소 및 약도를 명기한 간판을 보기 쉬운 장소에 게시하여야 한다.

제 6 조 【위험부담】 "을"의 책임 없이 천재지변, 실화 등으로 인하여 본 임대차목적물의 반환 이전에 "을"의 반환의무가 불능이 된 경우 "을"은 "갑"에게 제5조 제3항에서 정한 금 ○○

○○원을 지급한다.

제7조【"을"의 기한의 이익상실】 "을"이 다음 각 호의 1을 위반하는 경우 제5조에서 정한 본 임대차목적물의 사용수익기한의 이익을 상실하고, "을"은 지체 없이 본 임대차목적물로부터 퇴거하여 "갑"에게 본 임대차목적물을 인도하여야 한다.

1. 본 임대차목적물을 "을"의 영업 이외의 영업용도로 사용하는 경우
2. 본 임대차목적물의 원상태를 변경하는 경우
3. 본 임대차목적물의 점유 일부 또는 전부를 명목 여하를 불문하고 제3자에게 이전한 경우
4. 본 임대차목적물에 대한 제세공과금을 제외한 수도료, 전기료, 가스료, 기타 "을"의 영업에 의하여 발생하는 일체의 비용 지급을 게을리한 경우
5. "을"이 본 임대차 목적물에 대한 수선비를 부담하지 않은 경우

제8조【확 인】 본 계약에서 정한 사항 이외에는 "갑"과 "을" 간에 본 임대차계약의 종료와 관련하여 어떠한 채권채무도 없음을 확인한다.

제9조【계약의 변경】 본 계약의 일부 또는 전부를 변경할 필요가 있는 경우에는 "갑"과 "을"의 서면 합의에 의하여 이를 변경하고, 그 변경내용은 변경한 날 그 다음날부터 효력을 가진다.

제10조【권리 등의 양도 등 금지】 "갑"과 "을"은 상대방의 서면동의 없이 본 계약상의 일체의 권리·의무 등을 제3자에게 양도·증여·대물변제·대여하거나 담보로 제공할 수 없다.

제11조【해제와 취소】

1. "을"이 제5조 제3항에서 정한 을의 의무를 이행하지 않는 경우 갑은 별도의 최고 없이 즉시 본 계약을 해제할 수 있다.
2. "갑"과 "을"은 상대방의 파산, 화의, 부도, 거래정지 등 신용상태의 변경이 있거나 변경될 우려가 있는 경우 별도의 최고 없이 즉시 본 계약을 해제할 수 있다.
3. "갑"과 "을"은 본 계약의 당사자자격에 대하여 착오가 있거나 분쟁이 되어온 본 임대차목적물의 반환, 보증금반환, 보증금의 액수, 연체차임의 존재여부 등의 사항 이외의 사항에 대하여 착오가 있는 경우 본 계약을 취소할 수 있으나, 그 외의 사유로 인한 착오를 이유로는 본 계약을 취소할 수 없다.
4. 제1항, 제2항 및 제3항의 해제나 취소는 "갑"과 "을"의 손해배상청구에 영향을 미치지 아니한다.

제12조【계약의 유보사항】

1. 본 계약에서 정하지 아니한 사항이나 해석상 내용이 불분명한 사항에 대해서는 관계법령 및 상관습에 따라 상호 협의하여 결정한다.
2. 제1항과 관련하여 필요한 경우 "갑"과 "을"은 별도의 약정을 할 수 있으며, 이는 본 계약의 일부를 이룬다.

본 계약을 증명하기 위하여 본 계약서 2통을 작성하여 각각 서명(또는 기명) 날인한 후 각각 1통씩을 보관한다.

20○○년 ○월 ○일

갑	㊞	사 업 자 등 록 번 호		사 무 소	
				전화번호	
을	㊞	사 업 자 등 록 번 호		사 무 소	
				전화번호	

[서식 320] 화해계약서(토지경계확정)

화 해 계 약 서

A토지소유자 ○○○을「갑」, B토지 소유자 ○○○을「을」이라 하여 당사자 사이에 다음과 같이 화해계약을 체결하고 갑과 을의 토지의 경계를 확정한다.

제1조(합의사항) 갑 소유의 아래 표시 A토지와 을 소유의 아래 표시 B토지와의 경계에 관한 모든 분쟁을 본 화해계약에 의해 종결하는 것으로 갑과 을은 합의하였다.

제2조(경계의 확정) 갑의 토지와 을의 토지와의 경계(이하 '경계선'이라고 한다)는 별지 첨부 도면 '가'점과 '나'점을 연결한 선으로 확정한다.

제3조(경계선을 넘는 토지의 인도) 을은 을 소유의 건물 중 경계선을 넘는 부분을 철거하고 경계선을 넘은 토지(사선표시부분)를 본 계약 체결일로부터 ○○일 이내에 갑에게 인도한다.

제4조(철거비용) 갑은 을에 대해 제3조의 경계선을 넘는 건물의 철거비용 금 ○○○원을 토지를 인도받음과 동시에 지급한다.

제5조(경계선상 담의 설치)

① 갑은 경계선을 넘은 건물의 철거 및 토지인도가 완료된 날부터 ○○일 이내에 경계선상에 콘크리트 블록으로 된 담을 다음과 같이 설치한다.

○ 높이 : ○○미터

○ 길이 : '가'점에서 '나'점까지 약 ○○미터

○ 두께 : ○○센티미터

② 전항의 비용은 갑과 을이 각자 2분의1씩 부담하는 것으로 하며, 담의 소유권은 갑과 을이 공유한다.

제6조(화해절차) 본 계약은 ○○년 ○월 ○일까지 갑이 을을 상대로 ○○법원에 제소전화해신

청을 하기로 하며 그 비용은 갑이 부담한다.

제 7 조 (기타) 본 계약에서 규정한 것 이외에는 갑과 을 간의 그 어떠한 채권 채무도 없음을 확인한다.

이상과 같이 화해계약이 성립하였으므로 본 증서 2통을 작성하고 갑과 을은 각 1 통씩 보관한다.

20○○년 ○월 ○일

A토지소유자	주 소					
	성 명 또 는 상 호	인	주민등록번호 또 는 사업자등록번호	-	전 화 번 호	
B토지소유자	주 소					
	성 명 또 는 상 호	인	주민등록번호 또 는 사업자등록번호	-	전 화 번 호	

[서식 321] 화해계약서

화 해 계 약 서

○○○을 갑이라 하고, ○○○을 을이라 하며, 을의 지상건물 임차인 ○○○을 병이라 하여 각 당사자 사이에 있어서 다음과 같이 화해계약을 체결하고 갑과 을의 토지의 경계를 확정한다.

제 1 조 [합의사항] 갑 소유의 아래 표시 갑의 토지와 을 소유의 아래 표시 을의 토지의 경계에 있어서 모든 분쟁을 본 화해계약에 의해 종결하는 것으로 갑, 을 및 병은 합의했다.

제 2 조 [경계의 확] 갑의 토지와 을의 토지와의 경계(이하 '경계선'이라고 한다)는 별지 첨부 도면 A점과 B점을 연결한 선으로 확정한다.

제 3 조 [초과부분의 인도]

① 을은 을 소유의 건물 중 경계선을 넘는 부분(첨부 도면에 적색 사선으로 표시)은 본 계약을 체결한 날로부터 년 이내에 경계선을 넘은 부분의 토지를 갑에게 넘겨준다.

② 병은 전 항의 명도에 협력하며, 병의 을에 대한 건물임차권은 전 항의 반환해야 할 부분에 있어서 금일 을과 병간의 임차계약의 합의해제에 의해 소멸한 것을 확인하고, 을의 경계선을 초과했던 부분의 토지에 대해 사용권이 없음을 확인한다.

제 4 조 [철거비용]

① 갑은 을에 대해 전조 제1항의 건물 철거비용으로써 금 ______원을 동항의 명도와 상환해서 지급한다.

② 갑은 병에 대해 전조 제1항의 건물철거 및 명도상환에 대하여 금 ______원을 퇴거비용으로 지급한다.

제 5 조 [경계표의 시공]

① 제3조를 근거로 해서 경계선을 초과한 건물의 철거와 을, 병의 토지명도가 완료된 날부터 개월 이내에 경계선상에 콘크리트 블록으로 된 담을 다음과 같은 요령으로 세우는 것으로 하며, 갑은 이것을 시공한다.

1. 높이 : 미터
2. 길이 : A점에서 B점까지 약 미터
3. 두께 : 센티미터

② 전항의 비용은 갑과 을이 각자 절반씩을 부담하는 것으로 하며, 담의 소유권은 갑과 을이 공유하는 것으로 한다.

제 6 조 [화해절차]

① 본 계약은 갑이 신청인이 되고, 을과 병이 상대가 되어서 법원에서 제소전 화해를 체결하는 것으로 한다.

② 을과 병은 전 항 화해의 대리인으로서 변호사를 선임하고 화해 조항을 첨부한 위임장을 갑에게 예탁한다.

③ 을과 병은 전 항의 위탁을 해제하지 않는다.

제 7 조 [화해비용] 전 조의 화해비용은 갑이 부담한다.

제 8 조 [기타] 본 계약에서 규정한 것 이외에는 갑과 을, 병 간의 그 어떠한 채권채무도 없음을 확인한다.

이상과 같이 화해계약이 성립하였으므로 본 증서 3통을 작성하고 갑, 을, 병은 각 1통씩 보관한다.

20○○년 ○월 ○일

토지 소유자(갑) 주소 :
성명 : ㊞

토지 소유자(을) 주소 :
성명 : ㊞

을의 건물임차인(병) 주소 :
성명 : ㊞

[갑의 토지의 표시]

1. 소 재
2. 지 번
3. 지 목
4. 지 적

[을의 토지의 표시]

1. 소 재
2. 지 번
3. 지 목
4. 지 적

[을의 지상건물의 표시]

1. 소 재
2. 층 호실
3. 종 류
4. 구 조
5. 마루면적
6. 면 적

▌제7장▌ 보증·양도 관련 계약서

제1절 보증계약

1. 서 설

주채무자가 그 채무를 이행하지 않는 경우에 보증인이 이를 보충적으로 이행하여야 할 채무를 말한다(428조 1항). 보증계약은 채권자와 보증인 사이에 체결된다(주채무자는 당사자가 아님).

가. 분 류

보증은 사전적 의미 그대로 하면, 어떤 사물이나 사람을 책임지고, 그게 옳다고 증명하는 행위를 말한다. 이러한 보증이란 말이 쓰이는 곳은 대표적으로 보증, 연대보증 등 보증채무에 관한 것 외에도 신용보증기금, 기술보증기금, 대출보증, 1년 무상 보증 서비스 등 그 범위가 다양하다.

아래에서는 보증채무에 대하여 설명하고, 서식례에서는 '보증'이란 단어를 활용하여 작성된 계약서들을 나열하기로 한다.

나. 보증채무의 의의

보증채무란 주채무자가 그의 채무를 이행하지 않는 경우에 이를 이행하여야 할 채무를 말한다(민법 428조 1항). 보증채무는 인적 담보제도로서, 질권·저당권·양도담보 등을 설정하여 채무 없는 책임만 부담하는 물적 유한책임과 달리 보증인은 그의 전재산으로써 채무 및 책임을 부담하는 것에 차이가 있다.

다. 보증채무의 성질

보증채무는 주채무와 별개의 독립한 채무라는 독립성, 주채무와 그 내용이 동일하다는 동일성, 보증채무는 주채무와 독립한 채무이지만 주채무에 종속하는 부종성, 주채무에 대한 채권이 이전하는 때 보증인에 대한 채권도 원칙적으로 이전한다는 수반성, 주채무의 이행이 없는 경우에 이를 이행할 책임을 진다는 보충성 등이 있다.

라. 특수한 보증

(1) 연대보증

보증인이 주채무자와 연대하여 채무를 부담함으로써 주채무의 이행을 담보하는 보증채무를 말하는 것으로, 주채무자와 보증채무자가 연대관계에 서는 다수당사자의 채무이다.

연대보증은 일반적인 보증과 마찬가지로 부종성과 수반성이 인정되나, 주채무자와 연대하여 채무를 부담하는 결과 보충성이 인정되지 않는다.

(2) 공동보증

동일한 주채무에 관하여 수인이 보증채무를 부담하는 것을 말하는 것으로, 보통의 보증과 그 성질이 동일하다.

다만 보증인이 수인이라는 특이성으로 인해 대외관계에서 분별의 이익이 있고, 대내관계에서 출재보증인의 구상권이 주채무자와 타보증인에게 대하여 발생하는 특징이 있다.

(3) 계속적 보증(근보증)

일정한 계속적 거래관계 내지 법률관계로부터 발생하는 불특정채무에 대하여 행하여지는 보증을 말하는 것으로, 이에는 계속적 신용거래계약으로부터 발생하는 채무의 보증인 신용보증, 근로자 또는 피용자의 손해배상의무의 보증인 신원보증, 임대차계약으로부터 발생되는 임차인의 채무의 보증 등이 있다.

이러한 계속적 보증은 채무의 독립성, 보충성 등이 있으나, 계속적 증감변동하는 채무를 보증한다는 점에서 부종성과 수반성에 있어서 일반적인 보증과 다르다.

2. 보증채무의 보증범위

- 주채무의 이자·위약금·손해배상 기타 종속한 채무에 대해서도 보증채무가 보증한다.
- 본래의 급부가 손해배상채권으로 전환된 경우에도 동일성이 유지되기 때문에 손해배상에 대해 보증채무가 보증한다.
- 계약이 해제되어 본래의 급부가 원상회복의무와 손해배상채무로 전환된 경우에도 보증채무는 이를 보증한다.

- 보증의 이행을 확보하기 위해 보증채무만에 대해서 위약금 기타 손해배상예정, 담보설정 등을 따로 할 수 있다(이는 부종성에 반하지 않는다).

3. 보증채무의 대외적 효력

가. 채권자의 보증인에 대한 권리

- 주채무의 이행기가 도래하였으나 이를 주채무자가 이행하지 않는 경우에 채권자는 보증인에 대하여 보증채무의 이행을 청구할 수 있다.
- 채권자가 주채무자와 동시에 보증인에게 이행을 청구해도 되고
- 주채무자에게 청구하지 않고 보증인에게 먼저 이행을 청구하더라도 무방하다.
- 이때 보증인은 최고 검색의 항변권을 행사하여 이행을 거절할 수 있다(항변권행사 여부는 보증인의 자유. 행사하지 않으면 이행해야 한다).

나. 보증인의 권리

(1) 주채무자에게 항변권이 있는 경우

- 보증인은 채권자에 대한 주채무자의 항변권을 행사하여 채권자에게 대항할 수 있다(433조 1항).
- 주채무자가 항변권을 포기하더라도 이는 보증인에게 아무 효력이 없어 보증인은 여전히 항변권을 행사할 수 있다.

(2) 주채무의 부존재 소멸의 항변권

- 주채무가 처음부터 존재하지 않았거나 사후에 소멸된 경우 보증인은 보증채무의 소멸을 주장할 수 있다(부종성).
- 주채무가 시효소멸한 경우 보증채무도 시효로 소멸하고(부종성), 주채무자가 시효이익을 포기하더라도 보증인은 소멸시효의 완성을 주장할 수 있다.

(3) 주채무자에게 취소권, 해제권·해지권이 있는 경우

- 주채무자 아직 이러한 권리를 행사하지 않고 있는 경우라도 보증인이 직접 이러한 형성권을 행사할 수는 없다(이러한 권리들은 계약 당사자들만이 갖는 권리이므로).
- 채권자에 대해 채무의 이행을 거절할 수 있다(435조).

(4) 주채무자에게 상계권이 있는 경우

- 보증인은 주채무자의 상계권을 직접 행사할 수 있다(434조).

다. 최고 검색의 항변권

(1) 개 념

- 채권자가 주채무자에게 이행을 청구하지 않고 곧바로 보증인에게 이행을 청구한 경우 보증인은 주채무자에게 변제능력이 있다는 사실 및 그 집행이 용이하다는 사실을 증명하여 먼저 주채무자에게 청구할 것(최고의 항변권)과 주채무자의 재산에 대해 집행할 것(검색의 항변권)을 항변하여, 이행을 거절할 수 있다(437조 본문).
- 부탁 없는 보증인도 최고 검색의 항변권을 행사할 수 있다.

(2) 행사의 요건

(가) 주채무자에게 변제자력이 있다는 사실을 증명할 것

완제능력이 아니라 상당한 변제자력이 있다는 것만을 증명하는 것으로 족하다.

(나) 주채무자의 재산에 대한 집행이 용이하다는 사실을 증명할 것

최고의 항변권만을 행사하려 할 때에도 이 요건을 입증해야 한다는 것이 통설과 판례. 즉, 최고 검색의 항변권을 행사할 때에는 두 요건 모두를 입증해야 한다는 점에 주의하여야 한다.

(3) 최고의 항변권과 검색의 항변권의 관계

- 다수설은 두 항변권이 독립된 제도이므로
- 어느 일방만을 행사할 수도 있고
- 최고의 항변권을 행사하지 않고 곧바로 검색의 항변권을 행사해도 되고
- 채권자가 이미 사전에 또는 동시에 주채무자에게 최고하고 있었을 경우 최고의 항변권은 인정되지 않는다고 한다.
- 이에 대해 양 항변권은 일체적인 권리라는 소수설이 있다.

(4) 항변권행사의 효과

- 최고의 항변권을 행사하였을 경우 채권자는 주채무자에게 최고하지 않는 한 다시 보증인에 대하여 이행청구 할 수 없다.
- 검색의 항변권을 행사하였을 경우 채무자는 먼저 주채무자의 재산에 대하여 집행하지 않고서 다시 보증인에 대해서 이행을 청구할 수 없다.
- 집행하였으나 완제 받지 못한 경우 그 잔액에 대해서는 보증인에게 청구할 수 있다. 다만, 채권자가 주채무자에 대한 최고나 집행을 해태했기 때문에 주채무자로부터 전부나 일부의 변제를 받지 못한 경우에, 보증인은 채권자가 곧바로 최고나 집행하

였더라면 변제받았을 한도에서 그 의무를 면한다(438조).

(5) 최고 검색의 항변권을 행사할 수 없는 경우

- 보증인이 연대보증을 한 경우
- 주채무자가 파산선고를 받은 때(변제자력이 없기 때문)
- 주채무자가 행방불명인 경우(집행이 용이하지 않기 때문)
- 보증인이 최고 검색의 항변권을 포기한 경우

4. 서 식 례

[서식 322] 보증계약서

보 증 계 약 서

채권자 ○○○을 갑으로 하고 보증인 ○○○을 을로 하여, 양당사자 간에 보증채무에 관하여 다음의 계약을 체결한다.

제 1 조 (계약의 목적) 보증인 을은 20○○년 ○월 ○일 채권자 갑과 채무자 △△△(주소: ○○시 ○○구 ○○로 ○○번지) 간의 ○○계약서에 기재된 채무에 대해서 채무자가 이행을 하지 않을 때는 그 이행을 할 책임을 진다.

제 2 조 (검색의 항변권의 포기) 보증인은 검색의 이익을 포기한다.

제 3 조 (채무의 변제의무) 보증인은 채권자로부터 채무자가 그 채무를 이행하지 않은 취지를 통보 받은 후 ○일간 내에 제1조의 보증채무를 이행하지 않을 때는 채권자에 대하여 위약금 ○○○원을 지급한다.

이 계약을 증명하기 위해 이 증서 2통을 작성하여 각자 서명·날인하고 각 1통을 보관한다.

20○○년 ○월 ○일

채권자	주 소					
	성 명 또 는 상 호	인	주민등록번호 또 는 사업자등록번호	-	전 화 번 호	

<table>
<tr><td rowspan="2">보증인</td><td>주 소</td><td colspan="5"></td></tr>
<tr><td>성 명
또 는
상 호</td><td>인</td><td>주민등록번호
또 는
사업자등록번호</td><td>-</td><td>전 화
번 호</td><td></td></tr>
</table>

[서식 323] 보증계약서

보 증 계 약 서

채권자 ○○○을 "갑"으로 하고, 보증인 ○○○을 "을"로 하여, "갑"과 "을"은 다음과 같은 내용의 보증계약을 체결합니다.

제1조【 피담보채권의 범위 및 보증계약의 약정 】 보증인 "을"은 채권자 "갑"이 채무자 ○○○에 대하여 갖고 있는20 년 월 일자 금전소비대차계약에 따른 대부원금 ○천만원 및 년 ○할의 이자채권, 기한 경과후 년 ○할 ○푼의 비율에 의한 지연손해배상금채권에 관하여 채무자 ○○○이 그 채무를 이행하지 않는 경우에 이를 이행할 책임을 부담할 것을 약정한다.

제2조【 보증인의 채무이행 】 채무자 ○○○이 그 채무를 이행하지 않음으로써 "갑"으로부터 위에 기재한 채권의 범위 안에서 지급청구를 받았을 경우, "을"은1주간 이내에 그 청구 받은 금액 전부를 지급하여야 한다.

제3조【 최고 및 검색의 항변권 】 "을"은 최고 및 검색의 항변권을 포기기로 한다.

제4조【 위약금 】 "을"이 제2.에 정한 기간 내에 보증채무를 이행하지 않을 때에는, 본래 부담하는 원금, 이자 및 지연 손해금 외에도 별도로 위약금으로서 금 ○천만원을 지급하여야 한다.

위와 같은 내용의 본 계약 성립을 증명하기 위하여 본 증서2통을 작성하여 「갑」과 「을」이 각자 서명 날인한 후, 각각 이를1통씩 보관한다.

20○○년 ○월 ○일

채권자 주 소 :
(갑) 성 명 : (인)

연락처 :

보증인 (을) 주 소 :
성 명 : (인)
연락처 :

[서식 324] 보증인변경계약서

보 증 인 변 경 계 약 서

[채권의 표시]

채권자 ○○○(이하 갑이라고 함)으로부터 채무자 ○○○(이하 을이라 함)에 대한 20○○년 ○월 ○일자 금전소비대차계약에 따른 대부원금 ○○원 및 이에 대한 20○○년 ○월 ○일 이후 다 갚는 날까지 연 ○○%의 비율에 의한 이자채권과 기한 후 연 ○○%의 비율에 의한 지연손해배상금채권

제 1 조 (보증계약) ○○○(이하 정이라 함)은 갑의 을에 대한 위 표시 채권에 대하여 채무자가 그 채무를 이행하지 않을 때 채무자와 연대하여 이행할 책임을 부담할 것을 약정한다.

제 2 조 (보증계약해지) 갑은 정과 이건 연대보증계약을 체결함으로써 위 표시 채권의 연대보증인 ○○○(이하 병이라 함)과(와)의 20○○년 ○월 ○일자 체결한 연대보증계약의 해지에 동의한다.

이상의 계약으로써 정은 갑에 대하여 연대보증채무를 부담하고, 병은 연대보증채무를 면하였음을 당사자간 확인하며, 서명·날인한 후 2통을 작성하여 각 1통씩 보관한다.

20○○년 ○월 ○일

채권자	주 소					
	성 명 또 는 상 호	인	주민등록번호 또는 사업자등록번호	–	전화번호	

연대보증인	주 소					
	성 명 또 는 상 호	인	주민등록번호 또 는 사업자등록번호	–	전 화 번 호	

[서식 325] 연대보증계약서

연대보증 계약서

[주채무]

1) 채권채무 : 20○○년 ○○월 ○○일 금전소비대차 계약
2) 채 무 자 : ○○○○(서울특별시 ○○구 ○○동 ○○○)
3) 채 무 액 : 일금 ○○○○○(₩○○○○)
4) 변 제 일 : 20○○년 ○월 ○일
5) 이　　자 : 연 ○%

1. 위 채무에 대하여 채권자 ○○○와 연대보증인 ○○○는 상호간에 연대보증계약을 체결한다.
2. 연대보증인은 최고 및 검색의 항변권을 포기한다.
3. 연대보증인은 채무자의 채무에 대하여 채무자와 연대하여 채무이행의 책임을 부담한다.

본 보증계약의 유효 성립을 각 당사자는 증명하면서 계약서 2통을 작성하여, 각 서명(또는 기명)날인 후 각 1통씩을 보관한다.

20○○년　○월　○일

("갑") 상 호 : 주 소 : 대표이사 :　　　　(인)	("을") 상 호 : 주 소 : 대표이사 :　　　　(인)

[서식 326] 사채보증계약서(기술보증기금)

사 채 보 증 계 약 서

기술신용보증기금(이하 "갑"이라 한다)은 (이하 "을"이라 한다)가(이) 년 월 일자 이사회 결의에 의하여 발행하는 제 회 사채에 대하여 기술신용보증기금법에 의하여 그 원리금의 지급을 신용보증함에 있어 "갑"과 "을"간에 다음과 같이 계약을 체결하며, "을"과 연대보증인은 이 계약에서 정하는 의무를 연대하여 부담하고 이를 이행할 것을 확약합니다.

제 1 조 신용보증의 부탁과 승낙

을은 갑에게 사채의 원금 원과 그 이자 원, 총액 원에 대하여 신용보증을 부탁하고 갑은 이를 승낙합니다.

제 2 조 신용보증기간·보증채무이행청구기간

① 갑이 이 사채에 대하여 신용보증하는 기간은 년 월 일부터 년 월 일까지로 합니다.

② 사채권자가 갑에 대하여 사채원리금의 보증채무를 이행청구할 수 있는 기간은 원금에 대하여는 그 상환기일로부터, 이자에 대하여는 그 지급일로부터 각 3월 이내로 하고 이 기간내에 이행청구가 없으면 갑의 보증채무는 소멸합니다.

제3조 보증료 등의 납부

① 을은 갑이 신용보증을 하는 경우에는 아래의 기일에 보증료를 납부하겠으며, 보증료율(중소기업의 경우 최고 연율 3.0%)·계산 및 납부방법에 관하여는 법령이 허용하는 한도 내에서 갑이 정하는 바에 따르기로 합니다.

년 월 일　　년 월 일
년 월 일　　년 월 일
년 월 일　　년 월 일

② 을이 납부기일 내에 보증료를 납부하지 아니한 때에는 미납보증료에 대하여 연율 10%를 곱하여 산출한 연체보증료를 갑에게 납부하기로 합니다.

③ 을이 기한 내에 주채무를 이행하지 아니한 때에는 해지되지 아니한 보증채무에 대하여 갑이 정하는 보증료율에 연율 0.5%를 가산한 요율을 곱하여 산출한 추가보증료를 갑에게 납부하기로 합니다.

④ 갑과 을 간에 성과보증료 관련 별도약정을 체결한 경우 을은 보증금액의 10%를 초과하지 아니하는 범위 내에서 동 약정에서 정하는 성과보증료를 갑에게 납부하기로 합니다.

⑤ 제1항의 보증료 및 추가보증료는 을의 기업규모가 중소기업기본법에서 정한 기준에 의하여 중소기업이외의 기업으로 변경되는 경우에는 그 변경일 이후 최초 보증료 납부일부터

갑이 정한 중소기업 이외의 기업의 보증료율에 따라 납부하기로 합니다.
⑥ 갑이 제1항 내지 제5항의 요율과 계산방법 및 징수시기를 변경하였을 경우에는 그 변경일 이후 최초 보증료 납부일부터 그 변경된 사항이 적용되기로 합니다.

제 4 조 사채의 발행조건

이 계약에 의하여 발행하는 사채의 발행조건은 다음과 같습니다.

1. 사채의 명칭 : 제 회 사채
2. 사채의 발행총액 : 금 원
3. 사채의 종류 :
4. 사채권의 종류 :
5. 사채의 발행가액 :
6. 사채이율 :
7. 사채원금의 상환방법과 상환기한 :
8. 사채이자의 지급방법과 지급기일 :

년 월 일	년 월 일
년 월 일	년 월 일
년 월 일	년 월 일
년 월 일	년 월 일
년 월 일	년 월 일
년 월 일	년 월 일
년 월 일	년 월 일
년 월 일	년 월 일
년 월 일	년 월 일
년 월 일	년 월 일

9. 사채원리금의 지급장소 :
10. 사채의 납입기일 : 년 월 일
11. 사채의 발행일 : 년 월 일
12. 사채의 이자기산일 : 년 월 일
13. 사채의 발행방법(분할발행하는 경우 그 금액과 시기, 다수회사가 합동하여 발행하는 사채인 경우에는 그 사실과 각 회사의 부담부분 등)

제 5 조 사채권의 기재사항

사채권에는 제4조에서 정한 사항(제10호 제외)과 다음 사항을 기재하며 을이 기명날인 후 갑이 이를 확인하고 이에 기명날인합니다.

1. 갑의 명칭 : 기술신용보증기금
2. 을의 명칭 :
3. 사채에 대한 신용보증 총액
   사 채 원 금 : 금 원
   사채의 이자 : 금 원
4. 보증사채인 사실의 표시 : 사채권 앞면에 다음과 같은 문언을 기재합니다.

> 기술신용보증기금은 이 사채의 원리금 지급을 보증합니다.
>
> 20○○년 ○월 ○일
>
> 기 술 신 용 보 증 기 금
> (인)

5. 보증기간의 표시 및 청구기간 내에 그 사채원리금을 청구하지 아니한 때에는 보증채무가 소멸된다는 뜻의 표시 : 사채권 앞면에 다음과 같은 문언을 기재합니다.

> 기술신용보증기금이 이 사채를 보증하는 기간은 년 월 일부터 년 월 일까지로 합니다. 그러나, 사채권자는 원금에 대하여는 상환기일로부터, 이자에 대하여는 지급기일로부터 3개월 내에 보증채무를 이행청구할 수 있으며, 이 기간 내에 이행청구가 없으면 보증책임을 지지 아니합니다.

6. 사채보증을 위한 신용보증계약에 의하여 발행된 채권인 사실의 표시 : 사채권의 앞면에 다음과 같은 문언을 기재합니다.

> 이 사채는 년 월 일 기술신용보증기금과의 사채원리금 지급보증을 위한 보증계약에 따라 발행된 사채입니다.

7. 갑이 확인하지 아니한 채권이나 변조·위조 기타의 사고채권에 대하여는 보증책임을 지지 아니한다는 뜻의 표시 : 사채권 뒷면에 다음과 같은 문언을 기재합니다.

> 기술신용보증기금은 이 사채가 이 발행한 제 회 사채임을 확인하고 기명날인합니다. 이 확인이 없는 채권이나 변조·위조 기타의 사고채권에 대하여는 기술신용보증기금은 보증책임을 지지 아니합니다.

제 6 조 사채청약서의 기재사항

을은 사채청약서에 상법 제474조의 기재사항 이외의 다음 사항을 기재합니다.

1. 제5조 제4호, 제5호 및 제7호의 사항
2. 신용보증에 관한 조건은 따로 계약서를 작성하여 갑과 을이 비치, 공시한다는 뜻

제 7 조 사채권의 작성과 견양 제출

을은 사채권의 양식을 갑과 협의하여 작성하며, 사채권을 인쇄한 후 그 견양을 갑에게 제출합니다.

제 8 조 사채권의 분할·병합금지

을은 사채권의 분할 또는 병합을 하지 아니합니다.

제 9 조 주채무이행의무와 통지의무

① 을은 갑이 보증채무를 이행하는 일이 없도록 갑이 보증한 사채원리금의 주채무에 대하여 지급기일전에 그 지급자금을 지급대행자에게 인도하거나 기일에 직접 그 채무를 이행하여야 합니다.

② 을은 사채원리금 지급기일의 5일전까지 그 지급의 가능여부를 미리 갑에게 통지하여야 합니다.

③ 을은 제1항에 의한 사채원리금의 주채무를 이행한 때에는 그때마다 곧 그 내용을 갑에게 통지하여야 합니다.

제10조 사전구상

① 을에 대하여 다음 각 호에서 정한 사유중 하나라도 발생한 경우에는 갑은 사전통지나 독촉없이 사전구상할 수 있으며, 이 경우 을과 연대보증인은 이의없이 사전상환채무를 부담하기로 합니다.

1. 제9조 제1항(주채무이행의무)를 위반한 때
2. 압류, 가압류, 가처분 결정 또는 경매신청이 있는 때
3. 회생절차, 파산절차, 개인회생절차 개시의 신청이 있거나 청산에 들어간 때
4. 신용회복위원회에 개인 신용회복지원 신청이 있는 때
5. 폐업을 하였거나 조업중단 등으로 계속적인 영업이 곤란한 때
6. 사채원리금의 일부라도 기한에 변제되지 아니한 때
7. 법령에 의하여 기한의 이익을 상실한 때
8. 어음교환소로부터 거래정지처분을 받을 사유가 발생한 때
9. 전국은행연합회의 "신용정보 관리규약"에서 정한 연체정보·대위변제(대지급 포함)정보·부도정보·관련인정보, 금융질서문란정보 및 공공정보(해외이주신고확인서상 신고자 정보 제외) 등록사유가 발생한 때
10. 갑이 이 계약에 의한 신용보증의 채권자와 다른 신용보증의 채권자중 어느 하나의 채권자로부터 신용보증계약에 의한 신용보증사고통지 또는 보증채무이행청구를 받은 때
11. 법인기업의 대표자(실제경영자 포함), 개인기업의 공동경영자(실제경영자 포함)에 대하여 위 제2호 내지 제4호, 제8호 및 제9호의 사유가 발생하여 이로 인해 을의 신용상태가 악화된 때
12. 전 각호 외에 신용상태가 크게 악화되어 객관적으로 채권보전이 필요하다고 인정되는 때

② 을에 대하여 다음 각 호에서 정한 사유중 하나라도 발생한 경우에는 갑은 서면으로 그 사유의 해소 또는 채무상환을 통지하고, 그 통지의 도달일부터 10일 이상으로 갑이 정한 기간이 경과하면 을과 연대보증인은 이의없이 사전상환채무를 부담하기로 합니다.

1. 이 계약서 제 3 조 (보증료 등의 납부), 제12조 (담보·보험), 제22조 (자금용도 준수의무), 제23조 (경영상 중요변동사항 통지 의무)에서 정한 내용을 위반하여 정상적인 거래관계의 유지가 어렵다고 인정된 때
2. 보증거래와 관련하여 허위, 위·변조 또는 고의로 부실자료를 제출한 사실이 확인된 때

③ 제1항 및 제2항의 경우에 을과 연대보증인은 갑이 신용보증한 주채무 또는 갑에 대한 상환채무와 관련한 담보유무에 불구하고 갑이 보증채무이행 전에 구상권을 행사하여도 이

의를 제기하지 아니하며, 갑에 대하여 담보의 제공을 요구하거나 주채무의 면책을 청구하지 아니하기로 합니다.

④ 갑이 제1항 및 제2항에 의한 사전상환금을 받은 경우에는 아래 각 호의 어느 방법으로도 처분할 수 있기로 합니다.

1. 갑이 신용보증한 사채원리금의 변제에 사용
2. 갑이 보증채무를 이행한 경우 관련 구상채권의 변제에 충당

⑤ 제1항 및 제2항의 사전상환금을 제4항 제2호의 방법으로 사용하는 경우에는 그 사전상환금과 이에 대하여 사전상환일로부터 갑의 보증채무이행일까지 갑이 보증채무이행시 적용할 이자율에 의한 이자액의 합계액이 갑에 상환되는 것으로 합니다.

제11조 채권보전조치

제10조 제1항 및 제2항의 사유가 발생하였을 때에는 갑이 사전통지없이 을 및 연대보증인의 재산에 대하여 가압류 등 법적조치를 하더라도 이의를 제기하지 않기로 합니다.

제12조 담보·보험

① 을 및 연대보증인의 신용악화, 담보가치 감소 등의 사유로 갑이 채권보전상 필요하다고 인정하여 요청하는 경우 을은 갑이 인정하는 담보를 추가로 제공하거나 연대보증인을 추가로 세우기로 합니다.

② 담보물의 처분은 법정절차에 의함을 원칙으로 하되 갑이 일반적으로 적당하다고 인정되는 방법·시기·가격 등에 의하여 추심 또는 처분하고 그 취득금에서 모든 비용을 뺀 잔액을 제16조에 준하여 채무의 변제에 충당할 수 있기로 하며, 을은 나머지 채무가 있는 경우에는 곧 변제하기로 합니다.

③ 을은 담보에 대하여 갑이 요청하는 경우 갑이 정하는 종류와 금액의 보험에 가입하고 그 보험금 청구권에 갑을 위하여 질권을 설정하기로 하며, 이 약정이 존속하는 동안 보험계약을 계속 유지하기로 합니다.

제13조 사채원리금의 보증채무이행 및 통지 등

① 다음 각호의 1의 사유가 발생한 때에는 사채원리금 지급기일에 갑은 사채권자에게 당해 사채권과 상환으로 보증채무를 이행하기로 합니다.

1. 을이 갑에게 지급불능의 사실을 미리 서면통지한 때
2. 을이 원리금 지급기일의 업무개시 시각까지 사채권자에게 지급할 자금을 원리금지급대행기관에 인도하지 아니한 때
3. 어음·수표의 부도, 회생절차개시의 신청등 을이 순조롭게 원리금을 지급할수 없는 사정이 발생한 때

② 갑이 보증채무를 이행한 후 그 사실을 을과 연대보증인이 신고한 최종 주소(신고한 최종주소지와 공부상의 최종주소지가 다른 경우 공부상의 최종주소지)로 서면통지한 경우에는 그것이 연착되거나 도달되지 아니한 때에도 보통의 우송기간이 경과한 때에 도달한 것으로 보기로 합니다.

제14조 상환범위

① 갑이 보증채무를 이행한 때에는 을과 연대보증인은 아래 각 호에 해당하는 금액을 곧 갚기로 합니다.

1. 보증채무이행금액
2. 제1호의 금액에 대하여 이행일로부터 상환일까지 갑이 정하는 율과 계산방법에 의하여 산출한 손해금
3. 대위변제수수료등 보증채무 이행에 든 비용
4. 보증채무이행으로 취득한 권리의 보전, 이전 및 행사에 든 비용
5. 미납한 보증료, 연체보증료, 추가보증료 및 성과보증료
6. 제3호와 제4호의 지급금액에 대하여 지급일로부터 상환일까지 갑이 정하는 율을 곱하여 산출한 지연배상금

② 을과 연대보증인은 갑이 대신 지급한 아래의 비용과 이에 대하여 갑이 정하는 율을 곱하여 산출한 지연배상금을 함께 지급하기로 합니다.

1. 제12조 제3항에 의하여 갑이 대신 지급한 보험료
2. 채권의 집행보전(해지포함), 행사 및 이를 위한 법적절차에 소요되는 비용

③ 제1항과 제2항의 갑이 정하는 율이라 함은, 법령에서 정한 범위 내에서 금융회사의 연체대출금리를 참작하여 갑이 정한 율을 말합니다.

④ 법령이 변경됨에 따라 갑이 제1항 내지 제3항의 요율과 계산방법을 변경하였을 경우에는 그 변경일부터 그에 따르기로 합니다.

제15조 연대보증인의 책임 등

① 연대보증인은 이 계약에 의하여 을이 부담하는 채무에 대하여 을과 연대하여 채무이행의 책임을 부담합니다.

② 연대보증인은 갑과 을 사이에 이 계약에 의한 잔존채무가 있는 동안에는 갑에 대해 변제함으로써 대위취득한 권리를 갑에 앞서서 행사하지 아니하며, 갑과 동시에 그 권리를 행사할 경우에도 갑의 다음으로 변제받기로 합니다.

③ 보증인보호를위한특별법 제2조제1호에 해당하는 연대보증인의 보증채무최고액과 보증기간에 대하여는 별도의 연대보증서에서 정하는 바에 따르기로 합니다.

제16조 변제 등의 충당순서

① 을 및 연대보증인의 변제금액 또는 갑의 회수액이 채무전액을 소멸시키기에 부족한 때에는 모든 채권의 안전하고 확실한 보전을 위하여 갑이 정하는 순서와 방법에 따라 충당할 수 있기로 합니다.

② 충당대상 대위변제금이 수 개인 경우로서 채무전액을 소멸시키기에 부족한 때에는 물적담보나 보증의 유무, 소멸시효의 도래순서 등을 고려하여 갑이 정하는 순서와 방법에 따라 충당할 수 있기로 합니다.

제17조 위험부담, 면책조항 등

① 을과 연대보증인은 갑에게 제출한 증서, 기타 문서가 불가항력, 전쟁, 천재지변, 재해 또는 운반도중의 사고 등 갑의 책임이 없는 사유로 인하여 분실, 손상, 멸실 또는 연착된 경우에는 갑의 장부 및 전산매체 등의 기록에 의하여 채무를 변제하고, 갑의 청구에 따라 곧 그에 대신할 증서 등을 제출하기로 합니다.

② 증서, 기타 문서의 인영 또는 서명이 갑에게 신고한 인감 또는 서명과 상당한 주의로써 대조하여 틀림없다고 인정하여 거래한 때에는 그의 위조·변조·도용 등의 사고가 있더라도

이로 인하여 생긴 손해는 을과 연대보증인이 부담하며, 증서 또는 기타문서의 기재문언에 따라 책임을 지기로 합니다.

제18조 신고사항의 변경

① 을은 인감, 서명, 상호, 명칭, 대표자, 주소 및 기타 신고사항에 변경이 있는 때, 연대보증인은 인감, 서명, 주소의 변경이 있는 때에는 곧 서면으로 신고하기로 하며, 서면신고가 있기 전에는 갑이 변경 없는 것으로 처리하여도 이의 없기로 합니다.

② 제1항의 신고를 게을리함으로써 갑으로부터 통지 또는 송부된 서류 등이 연착하거나 도달하지 아니한 경우에는 보통의 우송기간이 경과한 때에 도달한 것으로 보기로 합니다.

제19조 협조의무

① 을의 재산, 경영, 업황 등에 대하여 갑의 요구가 있는 때에는 즉시 회보하며, 장부열람등 조사에 협조하기로 합니다.

② 을은 을의 요청 또는 갑의 필요에 의하여 을의 사업에 관한 경영지도를 갑이 실시하는 경우에는 적극 협조하기로 합니다.

③ 을은 매 결산기마다 결산재무제표를 작성하여 결산일이후 3월 이내 갑에게 제출하기로 합니다.

제20조 특별관리

을의 신용상태가 급격히 악화되어 갑이 보증채무를 이행할 우려가 있거나 보증채무를 이행한 경우, 갑의 권리보전을 위한 범위 내에서 갑은 직원 등을 파견하여 을의 재산 및 경영에 대하여 관리·감독할 수 있으며, 을은 이에 응하기로 합니다.

제21조 손해배상책임

① 갑은 사채원리금 지급보증에 대한 책임 외에 사채에 관련된 어떠한 책임도 지지 아니합니다.

② 사채의 발행, 관리 등과 관련하여 발생하는 손해의 배상책임은 모두 을이 지기로 합니다.

제22조 자금용도 준수의무

을은 갑의 신용보증에 의한 지원자금을 을이 보증신청시 제시한 자금사용 용도와 달리 사용하지 않기로 합니다.

제23조 경영상 중요변동사항 통지 의무

① 을의 재산, 경영, 업황 기타 거래관계에 중대한 영향을 미칠 아래 사유가 발생하거나 발생이 예상되는 경우에는 갑의 요구가 없더라도 곧 갑에게 통지하기로 합니다.

1. 대표자 또는 과점주주인 이사의 변경, 최대주주 또는 지분 30%를 초과하는 주주의 변경
2. 기업합병·분할, 영업 양수도, 기업공개, work-out 신청
3. 사업장의 매각 및 취득, 주사업장의 이전
4. 주력품목 변경 또는 신규사업 진출
5. 금융회사 차입금의 50%를 초과하는 자금의 신규차입, 자본의 증·감자
6. 기타 주요자산 매각 등 중요한 경영상 변동 내용

② 제1항에 의한 통지 또는 갑의 조사에 의하여 파악된 을의 경영상 중요변동사항 발생으로 인하여 을의 경영이 부실화되어 보증채무이행 우려가 있다고 갑이 판단한 때에는 10일 이상

의 기간을 정하여 을에게 서면으로 해소방안을 요구할 수 있으며, 을은 이에 적극 따르기로 합니다.

③ 제2항의 기간이 경과하도록 시정되지 아니한 경우 갑이 을에 대하여 보증기한 연장 제한, 보증금액 회수, 신규보증의 제한 등의 조치를 취할 수 있기로 합니다.

제24조 계약의 효력

을이 이 계약을 체결한 날로부터 60일 이내에 사채를 발행하지 아니한 때에는 이 계약은 당연히 그 효력을 상실합니다.

제25조 계약서의 비치·공시

갑과 을은 이 계약서 사본을 비치하여 을의 주주, 채권자, 사채응모자 또는 이 사채권자의 청구가 있을 때에는 이를 열람 또는 등사하게 합니다.

제26조 계약비용

이 계약체결에 소요되는 일체의 비용은 을이 부담합니다.

제27조 계약의 변경

갑은 채권의 보전 및 사채권자를 위하여 필요하다고 인정하는 경우에는 을과 합의하여 이 계약을 변경할 수 있습니다.

제28조 관할법원의 합의

이 계약에 의한 권리의무에 관하여 소송의 필요가 생긴 때에는 소송의 1심법원은 법이 정하는 관할법원과 아울러 아래 법원 중 갑이 선정하여 제소하는 법원의 관할로 하기로 합의합니다.

1. 갑의 본점 소재지 지방법원 본원
2. 갑의 이 계약에 의한 신용보증 거래영업점(거래영업점이 이관된 경우 이관받은 영업점) 소재지 관할법원
3. 갑이 채권관리를 위하여 다른 영업점으로 채권관리업무를 이관한 경우 이관받은 영업점 소재지 관할법원
4. 서울중앙지방법원

위 계약의 증거로 이 계약서 2통을 작성하여 당사자가 기명날인한 후 각자 1통씩 보관합니다.

20○○년 ○월 ○일

사 채 보 증 승낙인 (갑)	주 소		확인란
	상 호	기 술 신 용 보 증 기 금	
	대표자	㊞	

사 채 보 증 의뢰인 (을)	주 소				
	상 호				
	대표자 (성명)	㉢	주민등록번호		
연 대 보증인	주 소				
	성 명	㉢	주민등록번호		
	비 고				
연 대 보증인	주 소				
	성 명	㉢	주민등록번호		
	비 고				
연 대 보증인	주 소				
	성 명	㉢	주민등록번호		
	비 고				
연 대 보증인	주 소				
	성 명	㉢	주민등록번호		
	비 고				

[서식 327] 신원보증계약서

신 원 보 증 계 약 서

피고용자 주　　소 :
성　　명 :
생년월일 : 19　　년　　월　　일생

사용인　　　　와 위 피고용자의 신원보증인　　　　와의 사이에 신원보증계약을 체결합니다.

제1조 피고용자가 사용자와의 근로계약을 위반하거나 또는 고의나 과실로 사용자에게 중대한

금전상, 업무상, 신용상 피해를 주었을 경우에는 연대하여 책임을 진다.

제2조 다음의 경우에는 지체없이 신원보증인에게 통지한다.

1. 피고용자에게 업무상 부적합한 일이 있어서 그로 인해 신원보증인의 책임을 야기시킬 우려가 있음을 알았을 때
2. 피고용자의 임무 또는 임지의 변경으로 신원보증인에게 손해가 가중될 때

제3조

계약의 존속기간은 계약일로부터 　　년 동안으로 한다.

20○○년 ○월 ○일

사 용 자 주 소 :
회사명 :
성 명 : ㊞

신원보증인 주 소 :
본인과의 관계 :
성 명 : ㊞
생년월일 : 19 　년 　월 　일생

신원보증인 주 소 :
본인과의 관계 :
성 명 : ㊞
생년월일 : 19 　년 　월 　일생

참고 - 신원보증서 작성요령

신원보증계약서 작성요령

신원보증계약은 먼저 당사자(사용자와 피용인 및 신원보증인)를 특정하여 기재한 후 손해배상의 범위와 그 기간 및 사용인의 통지의무 등을 약정하여 기재한 후 각자 기명날인 하면 됩니다.

1) 신원보증 계약서의 내용

신원보증은 일반적으로 고용계약에 부수하여 체결되는 계약으로 피용자가 장차 고용계약상의 채무불이행으로 사용자에 대하여 손해배상의무를 부담하는 경우에 그 이행을 담보하는 것을 내용으로 합니다. 통상 신원보증계약의 내용은 사용자에 의하여 일방적으로 정해지므로 사용자에게 유리하게 정하여 집니다.

2) 신원보증인의 책임

신원보증인은 피용자에게 귀책사유가 있는 행위로 인하여 사용자가 입게 되는 손해에 대하여 배상책임을 지며 특약이 없는 한 장래의 사고에 대해서만 그 책임을 집니다.

3) 신원보증계약의 존속기간

신원보증계약의 존속기간은 그 기간의 약정이 없을 때에는 신원보증계약의 성립일로부터 3년(기능습득자는 5년)간 그 효력이 있고, 그 기간을 약정한 경우에는 5년을 넘지 못합니다. 그러므로 5년을 초과하여 약정한 경우에도 그 기간은 5년으로 단축합니다. 신원보증계약기간은 갱신할 수 있으나 기간을 갱신한 경우에도 갱신시로부터 5년을 초과하지 못합니다.

4) 신원보증계약의 해지

신원보증인은 계약서 제3조 각호의 사유의 통지를 받거나 이를 안 때에는 신원보증계약을 해지할 수 있고, 피용자의 고의 또는 과실이 있는 행위로 발생한 손해를 배상한 때에도 신원보증인은 신원보증계약을 해지할 수 있습니다.

[서식 328] 신원보증계약서

신 원 보 증 계 약 서

피고용자 주　　소 :
성　　명 :
생년월일 :　　　년　　월　　일생

사용인　　　와 위 피고용자의 신원보증인　　　와의 사이에 신원보증계약을 체결합니다.

제 1 조 피고용자가 사용자와의 근로계약을 위반하거나 또는 고의나 과실로 사용자에게 중대한 금전상, 업무상, 신용상 피해를 주었을 경우에는 연대하여 책임을 진다.

제 2 조 다음의 경우에는 지체없이 신원보증인에게 통지한다.

1. 피고용자에게 업무상 부적합한 일이 있어서 그로 인해 신원보증인의 책임을 야기시킬 우려가 있음을 알았을 때
2. 피고용자의 임무 또는 임지의 변경으로 신원보증인에게 손해가 가중될 때

제 3 조 계약의 존속기간은 계약일로부터 년 동안으로 한다.

20○○년 ○월 ○일

사 용 자 주 소 :
회 사 명 :
성 명 : 서명 또는 인

신원보증인 주 소 :
본인과의 관계 :
성 명 :
생 년 월 일 : 년 월 일생

신원보증인 주 소 :
본인과의 관계 :
성 명 :
생 년 월 일 : 년 월 일생

[서식 329] 품질보증계약서

품질보증계약서

생산자 (주)○○○○(이하 "갑"이라 칭한다)와 판매자 (주)○○○○(이하 "을"이라 칭한다)는 다음과 같이 품질보증계약을 체결한다.

제1조【목 적】 본 계약은 "갑"이 "을"에게 공급하는 모든 제품에 대한 기본적인 품질보증사항을 규율함을 목적으로 한다.

제2조【보증품목】 본 계약에 따른 보증품목은 "갑"이 생산하는 모든 제품에 해당되며 다만, 개별제품에 따른 특별한 보증항목이 있는 경우 본 계약서에 우선한다.

제3조【성능보증】

1. "갑"은 "갑"이 생산하는 제품의 기본적인 성능을 동일 종류의 경쟁사 제품과 비교하여 그 이상의 성능을 보유함을 보증한다.
2. "을"이 제1항의 성능검사결과 이에 미진하다고 판단될 경우 "갑"은 즉시 해당제품의 구입비를 "을"에게 환불하고 해당 제품의 수거를 행한다. 다만, 성능검사는 공인된 기관에서 실시하여 그 결과에 따른다.

제4조【고객피해】 "갑"은 "을"에게 공급한 "갑"의 제품을 구매한 고객이 제품의 하자로 인하여 사용도중 손해가 발생한 경우 그에 대해 "을"을 대신하여 피해의 배상을 한다. 다만, "을"이 사전에 손해금을 지급한 경우에는 즉시 "을"에게 관련 손해금을 보상한다.

제5조【서비스】

1. 제품의 수리 및 교환, 환불 등 일체의 서비스는 "갑"이 수행하며 다만, "을"이 1차적으로 해당서비스를 수행하는 경우 "갑"은 관련 수리소모비 등 "을"이 지출한 비용일체를 지불한다.
2. 제1항의 경우 "을"이 서비스팀을 가동하는데 소요되는 인건비 등은 "갑"이 부담하지 않는다. 다만, "갑"이 명시적으로 서비스를 위탁한 경우에는 그러하지 아니하다.

제6조【보증기간】

1. "갑"이 공급하는 모든 제품에 대해 기본적으로 ○년간 품질보증을 한다.
2. 본 조의 규정은 당사자 간의 계약이 종료하여도 판매된 제품에 대하여는 효력이 존속한다.

제7조【유효기간】 본 계약의 효력은 "갑"과 "을"이 상품공급 관계를 지속하는 한 유효하게 적용된다.

제8조【분쟁해결】 본 계약과 관련하여 양 당사자 간의 분쟁이 발생한 경우, 원칙적으로 개별상품 공급계약서상에 명시된 관할법원을 그 관할로 하여 재판함으로써 해결한다.

위와 같이 본 계약이 유효하게 성립하였음을 증명하기 위하여 본 계약서 2통을 작성하여 각각 서명(또는 기명) 날인한 후 "갑"과 "을"이 각각 1통씩을 보관한다.

20○○년 ○월 ○일

<table>
<tr><td rowspan="2">갑</td><td rowspan="2">㊞</td><td rowspan="2">사 업 자
등 록 번 호</td><td rowspan="2"></td><td>사 무 소</td><td></td></tr>
<tr><td>전화번호</td><td></td></tr>
</table>

을	㉤	사 업 자 등 록 번 호		사 무 소	
				전화번호	

[서식 330] 하자보증계약서(상품)

하자보증계약서

제품 생산자 (주)○○○○(이하 "갑"이라 칭한다)와 제품 판매자 (주)○○○○(이하 "을"이라 칭한다)는 다음과 같이 하자보증계약을 체결한다.

제 1 조 【목 적】 본 계약은 "갑"이 "을"에게 공급하는 제품에 대하여 기본적인 하자보증관련 권리의무사항을 규율함을 목적으로 한다.

제 2 조 【보증품목】 본 계약상 하자보증의 대상품목은 다음 각 호에 한정된다.

1. 전기 그라인더 : 휴대용에 한함
2. 전기 연마기 : 초벌, 중간, 마감 다듬질용
3. 전기 둥근톱
4. 전기 지그톱

제 3 조 【하자보증】

1. "갑"은 본조의 보증품목에 대하여 제반법규 및 "갑"의 품질보증서상의 규정에 의거하여 하자보증책임을 부담하며, 고객 및 "을"의 수리, 교환, 환불 요청에 신속히 처리한다. 이 때, 물품의 회수 및 반송에 소요되는 비용은 "갑"의 부담으로 한다.
2. "갑"의 품질보증서가 없는 경우 고객에 대한 무상 품질보증기간을 고객에 대한 매매일로부터 1년으로 하며, "갑"의 품질보증서에 무상품질 보증기간이 1년 미만으로 되어 있는 경우에도 "을"이 판매한 상품에 대한 무상 품질보증기간을 1년으로 한다.
3. 본 조의 규정은 당사자 간의 계약이 종료하여도 판매된 제품에 대하여는 효력이 존속한다.

제 4 조 【손해배상】

1. "갑"의 제품의 결함으로 인하여 고객에게 손해를 야기한 경우 "갑"과 "을"이 연대하여 배상의 책임이 있으며, "을"은 "을"이 부담한 손해배상금액을 "갑"에게 구상권을 행사한다.
2. "갑"의 귀책사유로 인해 "을"이 소비자나 소비자단체, 관공서, 기타 제3자로부터 손해배상의 청구, 제소, 행정조치 기타 민, 형사상 책임을 부담하게 될 경우 "갑"은 "을"을 방어

하고, 면책시키며 일체의 피해손실에 대해 배상책임을 진다.

제5조【유효기간】 본 계약의 효력은 당사자 사이에 체결된 기본 상품공급계약서에 따르며 계약의 해지도 특별한 규정이 없는 한 그러하다.

제6조【해 지】 "갑"이 본 계약상의 하자보증책임의 성실한 이행을 하지 아니할 시 "을"은 이에 대한 성실이행을 최고하고 그럼에도 불구하고 "갑"이 의무이행을 준수하지 아니할 경우 "을"은 본 하자보증 책임의무의 위반을 이유로 하여 당사자 간에 체결된 기본 상품공급계약의 해지를 통지할 수 있다.

제7조【기타사항】

1. 계약의 당사자는 본 계약의 내용을 신의성실에 의거하여 준수하여야 한다.
2. 계약기간 중 계약의 변경은 당사자의 서면 합의에 의해서만 변경될 수 있으며 서명날인된 문서를 본 계약서의 말미에 첨부한다.
3. 본 계약서에서 명시되지 않은 부분에 대하여는 기본 상품공급계약서에 일차적으로 따르며 그밖에 관련 법규 및 상관습에 따르기로 한다.

제8조【분쟁해결】

1. 본 계약과 관련하여 양 당사자 간의 분쟁이 발생한 경우, 원칙적으로 "갑"과 "을" 상호간의 합의에 의해 해결한다.
2. 제1항에도 불구하고 분쟁이 해결되지 않을 경우 "을"의 주소지 관할 지방법원을 그 관할로 하여 재판함으로써 해결한다.

제9조【특약사항】 상기 계약일반사항 이외에 "갑"과 "을"은 아래 내용을 특약사항으로 정하며, 특약사항이 본문과 상충되는 경우에는 특약사항이 우선하여 적용된다.

위와 같이 본 계약이 유효하게 성립하였음을 증명하기 위하여 본 계약서 2통을 작성하여 각각 서명(또는 기명) 날인한 후 "갑"과 "을"이 각각 1통씩을 보관한다.

20○○년 ○월 ○일

갑	㊞	사 업 자 등록번호		사 무 소	
				전화번호	
을	㊞	사 업 자 등록번호		사 무 소	
				전화번호	

제2절 양도양수 계약

1. 서 설

가. 총 설

일반적인 양도란, 목적물에 따른 본인의 권리나 의무를 상대방과 계약을 통해 이전하는 것을 뜻하고, 일반적인 양수란 목적물에 대한 권리와 의무를 이전 받는 것을 말한다. 양수양도 거래는 개별 거래의 형태마다 일반법인 민법은 물론 개별법 특별법 등의 법률이 적용되며, 각 양수양수 과정의 많은 문제의 소지로 인해 반드시 계약문서를 통해 거래가 이루어지도록 하는 것이 좋다.

흔히 볼 수 있는 주식이나 채권을 양도하거나 양수하는 경우에 양도양수계약서가 사용되고, 양수양도 목적물에 따른 금액도 함께 거래된다. 부동산의 경우 양도가 성립되기 위해 등기를 통해 이전하여야 물권변동에 대한 효력이 적용된다.

주식이나 채권에 대해 양수양도 계약을 체결하고 양도인으로부터 양수인에게 내용의 동일함을 유지하면서 이전할 때 하는 계약문서를 양수 양도 계약서라고 한다. 상호 간 협상을 통해 결정된 거래 내용을 기록하여 양수양도에 대한 지불 금액과 거래 조건 등을 명시하도록 한다. 계약 내용을 모두 작성한 후 반드시 양도인과 양수인은 상호 서명날인을 통해 계약 성립을 증명할 수 있도록 한다.

아래에서는 채권의 양도를 먼저 설명하고, 영업양도에 대하여 설명한 후 특이한 양도양수는 서식례에서 확인하도록 한다.

나. 채권양도

(1) 의 의

채권양도란 채권을 그 동일성을 유지하면서 이전하는 계약을 말하는 것으로, 이는 채권이 귀속하는 주체를 직접 변경하는 처분행위이다. 채권양도와 채무인수는 경개와 구별이 곤란한데, 채권양도와 채무인수는 채권 채무의 동일성이 유지되는 반면에 경개는 동일성을 상실한다는 데에 차이가 있다. 당사자의 의사가 분명하면 그에 따르고, 의사가 불분명한 경우에는 채권자에게 유리한 채권양도나 채무인수로 보아야 한다는 것이 통설과 판례의 태도이다(동일성이 상실되면 담보도 소멸하고 항변권도 상실하기 때문이다).

(2) 지명채권의 양도

(가) 개 념

지명채권이란 채권자가 특정되어 있는 채권을 말하는 것으로, 민법 제449조에서 양도성의 원칙을 규정하고 있다. 그러나 채권자가 변경되면 급부의 내용이 전혀 달라지는 채권, 채권자가 변경되면 권리의 행사에 큰 차이가 생기는 채권 등은 채권의 성질상 양도에 제한을 받으며, 또는 당사자의 의사표시에 의해 제한을 받을 수 있다.

(나) 양도성의 제한

① 채권의 성질에 의한 제한

- 부양청구권, 위임, 고용, 종신정기금채권, 조합계약상의 채권 등
- 임차권, 사용차주의 채권 등은 채무자(임대인 등)의 승낙이 있으면 양도성이 인정된다.
- 부동산소유권이전등기청구권도 이에 해당한다는 것이 판례이다.
- 근로자의 임금채권도 양도는 가능하나 임금청구는 근로자가 직접해야 하므로 임금채권의 양수인이 청구할 수는 없고 양도인인 근로자가 청구하여야 한다.

② 법률의 규정에 의한 제한

- 법률상 양도금지채권 : 부양청구권, 재해보상청구권, 연금청구권 등
- 양도금지채권은 모두 압류가 가능하지만, 압류금지채권이라 해서 반드시 양도할 수 없는 것은 아니다.

③ 의사표시에 의한 제한(양도금지특약)

- 당사자의 합의로 채권의 양도성을 배제할 수 있다.
- 그러나 이와 같은 양도금지특약은 선의의 제3자에게 대항할 수 없다. 판례는 이 때 중과실이 있는 자는 선의자에 포함될 수 없다는 태도이다(99다67482 판결).
- 당사자 사이에 양도금지의 특약이 있는 채권이라도 압류 및 전부명령에 따라 이전될 수 있고, 양도금지의 특약이 있는 사실에 관하여 압류채권자가 선의인가 악의인가는 전부명령의 효력에 영향이 없다(2002.8.27. 2001다71699 판결).
- 임차인과 임대인 사이의 약정에 의하여 임차권의 양도가 금지되어 있다고 하더라도 그러한 사정만으로 임대차계약에 따른 임차보증금반환채권의 양도까지 금지되는 것은 아니므로, 임대인과 임차권 양도금지특약을 한 임차인이 임차권과 임차보증금반환채권을 원고에게 양도하고 임대인에게 임차보증금반환채권이 양도되었다는 통지를 한 이상, 그 후 위 임대차계약이 종료된 경우 원고는 임차보증금반환채권의 양수인으로서 임대인이 위 임차권 양도에 동의하였는지의 여부에 상

관없이 임대인에게 임차보증금의 반환을 구할 수 있다(1993.6.25. 93다13131 판결).

(3) 증권적 채권의 양도

(가) 지시채권의 양도

지시채권은 특정인 또는 그가 지시한 자에게 변제하여야 하는 증권적 채권으로서, 그 증서에 배서하여 양수인에게 교부하는 방식으로 양도할 수 있다.

(나) 무기명채권의 양도

무기명채권이란 특정의 채권자의 이름을 기재하지 않고, 그 증권의 정당한 소지인에게 변제하여야 하는 증권적 채권을 말하는 것으로, 무기명채권은 양수인에게 그 증서를 교부함으로써 양도의 효력이 있다.

(다) 지명소지인출급채권의 양도

지명소지인출급채권이란 증서에 특정한 채권자를 지명하는 한편, 그 증서의 소지인에 대해서도 변제할 수 있다는 뜻을 기재한 증권적 채권으로, 무기명채권과 동일하게 그 증서의 교부만으로 양도의 효력이 생긴다.

(라) 면책증권

면책증권이란 채무자가 증서의 소지인에게 변제를 하면 소지인이 정당한 권리자가 아닌 경우에도 채무자에게 악의 또는 중대한 과실이 없는 한 면책되는 효력을 가지는 증권을 말하는 것으로, 면책증권은 채권이 화체된 증서가 아니므로 이 증서를 가지고 권리를 양도할 수는 없다.

다. 영업양도

(1) 의 의

영업이란 일정한 영리활동을 목적으로 소유하고 있는 조직적 재산을 뜻한다. 따라서 영업양도는 영업의 동일성을 유지할 수 있도록 일괄하여 이루어지는 것이 바람직하다. 그러나 영업양도는 합병 또는 상속과 같은 포괄적 승계와 다르기 때문에 영업의 동일성을 해치지 않은 범위 안에서는 약간의 재산 이전을 제외해도 무방하다.

(2) 영업양도의 당사자

영업양도의 당사자는 양수인과 양도인이다. 양도인은 개인상인이나 회사, 양수인은 상인 또는 비(非)상인도 될 수 있다. 회사는 청산중이더라도 영업양도를 할 수 있고, 영업을 양도하더라도 해산되지 않는다. 비상인은 영업을 양수함으로써 상인자격을 얻는다. 양도인은 계약에 따라 양수인에게 영업에 속한 각종 재산을 이전할 의무가 있다. 특별한 조건을 붙인 약속이 없는 한 모든 영업재산을 이전하는 것으로 추정한다.

(3) 영업양도의 적용법규

영업양도는 대표적으로 상법에서 규율하고 있다. 상법은 영업양도의 실효성을 위해 양도인에게 일정범위의 경업피지의무를 지운다. 이는 양수인에게 양도인이 종전에 누리던 영업관계를 이용할 수 있도록 하기 위해서이다. 양도인은 다른 약정이 없으면 10년 간 동일한 특별시·광역시·시·군과 인접한 특별시·광역시·시·군에서 동종의 영업을 하지 못한다(상법 41조 1항). 양도인이 동종의 영업을 하지 않을 것을 약정한 때에는 동일한 특별시·광역시·시·군과 인접한 특별시·광역시·시·군에 한하여 20년을 넘지 않는 범위 안에서만 효력을 갖는다(상법 41조 2항).

양수인이 양도인의 상호를 계속 사용하는 경우에는 양도인의 영업으로 인한 제3자의 채무에 대하여 양수인도 변제할 책임이 있지만, 양도인의 채무에 대한 책임이 없음을 등기한 경우는 예외로 한다(상법 42조). 양수인이 상호를 계속 사용하지 않는 경우에 양도인의 영업으로 인한 채무를 인수한 것을 광고한 때에는 양수인도 변제할 책임이 있다(상법 44조). 이 경우 양도인의 제3자에 대한 채무는 영업양도 또는 광고 후 2년이 지나면 소멸한다(상법 45조).

2. 채무자에 대한 대항요건

가. 채무자에 대한 통지(450조 1항)

(1) 통지의 주체와 상대방

- 반드시 양도인이 채무자에 대해 하여야 한다.
- 양수인에 의한 통지는 통지로서 효력이 없다.
- 양수인이 채권자 대위권을 행사하여 통지할 수는 없다.
- 양수인이 양도인으로부터 수권을 받아 통지를 대리하는 것은 무방하다.
- 양수인이 사자로서 양도사실을 통지할 수도 있다.
- 지명채권의 양도계약이 해제된 경우 해제사실의 통지는 양수인이 해야 한다(判).

(2) 통지의 법적 성질

- 관념의 통지
- 일방적 행위이므로 조건이나 기한을 붙일 수 없다(승낙에는 조건을 붙일 수 있다).

(3) 양도 통지의 철회

원칙적으로 불가능하다.

예외적으로 양도통지를 하였으나 아직 양수인에게 채권을 양도하지 않은 경우와 양도를 하였으나 양도가 무효인 경우 양도인은 양수인의 동의를 얻어 통지를 철회할 수 있다(452조 2항).

(4) 통지의 시기

사전통지는 불가능하다(사전승낙은 가능하다).

나. 채무자에 의한 승낙(450조 1항)

(1) 주체와 상대방

채무자가 양도인 또는 양수인에게 할 수 있고(양수인에게도 가능하다는 점을 주의), 채무자가 양수인을 특정하지 않고 승낙하더라도 유효하다.

(2) 법적 성질

- 관념의 통지
- 승낙에는 조건을 붙일 수 있다(이의를 유보한 승낙).

(3) 승낙의 시기

통지와는 달리 사전승낙도 가능하다.

다. 입증책임

채무자에 대한 통지나 승낙이 있었음은 양수인이 입증해야 하다(判).

라. 통지 또는 승낙이 없는 동안의 효력

양수인은 채무자에 대하여 채권양도의 효력을 주장할 수 없다. 즉, 채무자가 양도인에게 변제해도 유효한 변제임을 양수인에게 주장할 수 있다.

이때 채무자의 선, 악의는 불문한다. 단, 채무자가 양도를 인정하여 양수인에게 변제한다면 이것 역시 유효한 변제이다(비체변제가 아니다). 채권의 귀속상 양수인과 양도인 사이의 양도합의에 의해 양수인에게 이전되었기 때문에다.

마. 통지의 효력

(1) 기본적 효력

양도인이 채권양도의 통지를 한 때에는, 채무자는 그 통지를 받은 때까지 양도인에 대하여 생긴 사유로서 양수인에게 대항할 수 있다. 즉, 채무 부존재, 채무소멸, 기타 양도인에 대한 항변권 등을 양수인에게도 행사할 수 있다.

(2) 채권의 가장양도 등의 경우

양도인이 실제로는 채권을 양도하지 않았거나, 또는 그 양도가 무효인 경우에도 양도인이 채권양도의 통지를 한 때에는 선의의 채무자는 양수인에게 대항할 수 있는 사유(통지를 믿고 선의로 양수인에게 변제)로 양도인에게 대항할 수 있다(452조 1항).

채권양도의 하자를 치유하는 효력이다.

(3) 상계와 관련된 채권양도의 효력

(가) 문제의 소재

채무자가 양도인에게 상계할 수 있는 반대채권이 있었고 아직 상계권을 행사하지 않았는데 채권이 양도된 경우 양수인에게 상계권을 행사할 수 있는지 여부가 문제된다.

이와 달리 양도 전에 이미 상계권을 행사하였었다면 이는 상계항변의 문제가 아니라 채권이 소멸되었다는 항변이다. 위 문제와는 무관하다.

채무자의 반대채권의 성립시기와 변제기 도래시기에 따라 경우를 나누어 판단한다.

참고로 다수설은 채무자의 반대채권이 통지 전에 성립만 하고 있었다면 양수인에게도 상계권을 행사할 수 있다는 태도이다.

(나) 채무자의 반대채권이 통지 후 성립한 경우

견해 대립 없이 채무자는 양수인에게 상계할 수 없다(83다카2288 판결).

(다) 통지 당시에 상계적상에 있었던 경우

당연히 양수인에게도 상계할 수 있다.

(라) 통지 당시 채무자의 반대채권의 이행기가 도래하고 있었던 경우

당연히 양수인에게도 상계할 수 있다.

자동채권(반대채권)의 이행기가 도래하면 수동채권은 아직 이행기 도래하지 않았더라도 상계가 가능하므로 상계권이 발생해 있었다고 볼 수 있다.

(마) 통지 당시 채무자의 반대채권이 성립은 하고 있었으나 아직 이행기 도래하지 않았던 경우

다수설은 이행기 도래의 선후를 불문하고 그 후 상계적상이 생기면 양수인에게 상계할 수 있다는 태도(1999.8.20. 99다18039 판결도 같은 취지. 채권양도에 있어서 채무자가 양도인에게 이의를 보류하지 아니하고 승낙을 하였다는 사정이 없거나 또는 이의를 보류하지 아니하고 승낙을 하였더라도 양수인이 악의 또는 중과실의 경우에 해당하는 한, 채무자의 승낙 당시까지 양도인에 대하여 생긴 사유로써 양수인에게 대항할 수 있다고 할 것인데, 승낙 당시 이미 상계를 할 수 있는 원인이었던 경우에는 아직 상계적상에 있지 아니하였다 하더라도 그 후에 상계적상이 생기면 채무자는 양수인에 대하여 상계로 대항할 수 있다).

소수설은 반대채권의 이행기가 수동채권의 이행기보다 먼저 도래할 경우이거나 적어도 동시에 도래할 경우인 때에는 양수인에게 상계할 수 있다는 태도이다.

참고로 상계의 제한 사유 중 압류된 채권(지급금지채권)의 경우에는 위의 소수설과 같이 해석하는 것이 통설과 판례의 태도이다.

바. 승낙의 효력

(1) 이의를 유보한 승낙

통지의 효력과 동일하다.

(2) 이의를 유보하지 않은 승낙

채무자는 양도인에게 대항할 수 있는 사유로 선의, 무과질의 양수인에게 대항할 수 없다. 따라서 채권이 부존재이거나 무효이거나 이미 변제되어 소멸되어 있었어도 선의 무과실의 양수인에게 변제하여야 한다.

채권양도에 있어서 이의를 유보하지 않은 승낙의 공신력을 인정한 경우이다(채권의 하자 치유). 이와 같은 하자 치유의 효력(항변절단의 효력)은 채무자와 양수인 사이에서만 발생하고 제3자의 권리에는 영향을 주지 않는다.

▸ **중요판례** : 이의를 유보하지 않은 승낙의 효력은 채권의 하자를 치유하는 효력만이 있는 것이지 채권의 귀속관계에는 영향을 줄 수 없는 바, 채권이 이중양도된 경우

양도인 사이의 우열은 확정일자부 통지의 유무를 가지고 판단하는 것이지 채무자가 이의를 유보하지 않은 승낙을 하였다고 하여 이러한 우열에 어떠한 영향을 주는 것은 아니다(93다35551). 즉, 이중양도에 있어서 제1양수인은 확정일자부 통지를 갖추었고, 제2양수인에게는 채무자가 이의를 유보하지 않은 승낙을 한 경우 이때 양수인 사이의 우열은 확정일자를 기준으로 하는 것이지 이의를 유보하지 않은 승낙은 어떠한 영향도 줄 수 없어, 확정일자를 갖춘 제1 양수인만이 진정한 채권양수인이 된다.

3. 채무자 이외 제3자에 대한 대항요건

가. 제3자의 범위

여기서 제3자란 그 채권에 대하여 법률상의 이익을 가지는 자로서 '그 채권에 관하여 양수인의 지위와 양립할 수 없는 법률상의 지위를 갖는 자를 의미한다(通,判. 제한설).

- ▸ 채권의 이중양수인
- ▸ 양도채권 위의 채권질권자
- ▸ 양도인이 파산한 경우 파산채권자
- ▸ 양도되는 채권을 (가)압류한 양도인의 (가)압류채권자(일반채권자 ×, 양수인의 압류채권자 ×)

나. 대항요건

(1) 확정일자 있는 증서에 의한 승낙 또는 통지

(2) 확정일자 있는 증서의 범위

확정일자란 특정일자를 말하는 것이 아니라, 증서에 대하여 그 작성한 일자에 관한 완전한 증거가 될 수 있는 것으로 법률상 확정되는 일자를 말하며 당사자가 나중에 변경하는 것이 불가능한 확정된 일자를 가리킨다(87다카2429).

- ▸ 공증인 또는 법원서기가 절차에 따라 찍은 확정일자
- ▸ 공정증서의 일자
- ▸ 내용증명우편

확정일자에 의하지 아니한 채권양도가 있은 후 채권양수인이 채무자를 상대로 제기한 양수금 청구소송에서 승소의 확정판결을 받으면, 이로써 채권의 양도인, 양수인 및 채무자가 통모하여 통지일 또는 승낙일을 소급하여 제3자의 권리를 침해하는 것이 불가능하게

되므로, 이 경우 그 확정일자가 기재된 판결서, 즉 확정판결은 민법 제450조 제2항, 부칙(1958.2.22. 법률 제471호) 제3조 제4항의 확정 일자 있는 증서에 해당한다(1999.3.26. 97다30622 판결).

공법인인 농지개량조합이 채권양도통지서를 접수하면서 그 우측 상단에 기입한 접수일자가 민법 부칙 제3조 제4항 소정의 확정일자에 해당한다(1999.12.28. 99다8834).

(3) 확정일자 증서가 아닌 것(전부판례)

- 배달증명우편
- 특정일자
- 특별증명우편

다. 채권양도의 유형과 대항관계

(1) 채권양도만 있는 경우

채무자에 대한 통지 승낙이 전혀 없는 경우에는 채무자에게도 대항할 수 없다. 따라서 이중 양수인 상호간에도 대항할 수 없다.

채무자는 양도인에게 변제하면 된다.

(2) 채권양도와 함께 채무자에게 단순통지만이 행하여진 경우

이중 양도를 하였으나 1인의 양수인에게만 단순통지가 행하여진 경우 통지가 있은 양수인은 채무자에게 대항할 수 있다.

이중 양도를 하였으나 각 양도에 대해 모두 단순통지가 행하여진 경우 양수인 상호간에 대항할 수 없어 우열이 없다. 단, 채무자는 임의로 1인의 양수인에게 유효한 변제를 할 수 있다(多).

(3) 채권양도와 확정일자부 증서에 의한 통지가 행하여 진 경우

1인에 대해서만 확정일자부 증서에 의한 통지가 있는 경우, 그 양수인만이 진정한 권리자이다.

이중 양도가 있고 둘 다 확정일자를 갖춘 경우가 문제 : 어떤 기준을 가지고 우열을 정할지에 대해 견해가 대립하고 전원합의체 판결이 이에 관하여 정리하고 있다(후술).

4. 서 식 례

[서식 331] 채권양도계약서

채 권 양 도 계 약 서

양 도 인 : ○ ○ ○
서울 ○○구 ○○로 ○○○ ○○맨션 ○○○호

양 수 인 : ○ ○ ○
서울 ○○구 ○○로 ○○○ ○○맨션 ○○○호

채 무 자 : ○ ○ ○
서울 ○○구 ○○로 ○○○ ○○프라자 ○○○호

1. 채권양도금액 : 일금 삼백만원(₩ 3,000,000원)
2. 양수인이 양도인에 대하여 가지고 있는 채권 금 3,000,000원을 담보하기 위하여 양도인이 채무자에 대하여 가지는 금 3,000,000원의 소송비용청구권을 양수인에게 양도한다.
3. 양도인은 지체 없이 전항의 채권양도에 관하여 채무자의 통지 또는 승낙을 얻어야 하고 위의 통지 또는 승낙은 확정일자가 있는 증서로써 하기로 하며 양도인은 양수인에게 위 통지권능을 부여한다.

첨 부 서 류

1. 결정문 1부

20○○년 ○월 ○일

양도인 ○ ○ ○ (인)

양수인 ○ ○ ○ (인)

[서식 332] 채권양도통지서

채권양도통지서

양 도 인 : ○ ○ ○
서울 ○○구 ○○로 ○○○ ○○맨션 ○○○호

채 무 자 : ○ ○ ○
서울 ○○구 ○○로 ○○○ ○○프라자 ○○○호

본인이 수신인인 채무자에 대하여 서울중앙지방법원 20○○카기○○○○ 소송비용 확정결정에 따라 가지는 소송비용은 본인이 수신인으로부터 지급받아야 하나, 본인의 채권자인 다음의 채권양수인 ○○○에게 본인이 가지는 위 채권 3,000,000원을 양도하였음을 통지하오니, 수신인께서는 다음의 채권양수인에게 금 3,000,000원을 지급하여 주시기 바랍니다.

다 음

채권양수인 : ○ ○ ○
서울 ○○구 ○○로 ○○○ ○○맨션 ○○○호

첨 부 서 류

1. 채권양도계약서사본 1통

20○○년 ○월 ○일

채권양도인 ○ ○ ○ (인)

[서식 333] 채권양도양수계약서(채권 및 근저당권)

채권양도양수계약서

양 도 인　　○ ○ ○ (000000 - 0000000)
　　　　　　○○시 ○○대로 ○○○

양 수 인　　○ ○ ○ (000000 - 0000000)
　　　　　　○○시 ○○대로 ○○○

제3채무자　　○ ○ ○ (000000 - 0000000)
　　　　　　○○시 ○○대로 ○○○

위 양도인과 양수인은 아래와 같이 채권양도양수계약을 체결한다.

제1조 양도인이 제3채무자에 대하여 가지는 20○○. ○. ○.자 금 ○○○원의 차용증서에 기하여 현재 및 장래에 부담하게 될 채무를 담보하기 위하여 ○○시 ○○동 ○○○ 임야 ○○○㎡, 20○○. ○. ○. 채권최고액 금 ○○○원으로 한 근저당설정계약을 체결하고, 20○○. ○. ○. ○○지방법원 ○○등기소 접수 제○○호로서 등기를 마쳤는 바, 위 채권 및 근저당권을 ○○○에게 양도하고 양수인은 이를 양수한다.

제2조 양도인은 제1조에 따라 양도한 채권 및 근저당권에 대하여 하자담보책임을 진다.

제3조 양도인이 제3채무자인 ○○○에게 채권양도통지를 하여야 하고, 이를 하지 않았을 경우에는 이 채권양도양수계약은 무효로 한다.

제4조 제3채무자인 ○○○가 양도인이 발송한 채권양도통지를 수령함과 동시에 이건 양도인이 양수인에게 이전하는 금 ○○○원의 채권 및 근저당권은 소멸한다.

제5조 양도인이 제3채무자인 ○○○에게 발송한 채권양도통지가 적법히 도달한 이후에는 법률이 규정한 경우를 제외하고 제3채무자의 무자력 등을 이유로 양수인에게 대항할 수 없다.

이 계약을 증하기 위하여 채권양도양수계약서를 2통 작성하여 양도인과 양수인이 각 1통씩 보관한다.

20○○. ○. ○.

양 도 인 ○ ○ ○ (인)
○○시 ○○대로 ○○○

양 수 인 ○ ○ ○ (인)
○○시 ○○대로 ○○○

[서식 334] 채권양도양수계약서(대여금)

채권양도양수계약서

양 도 인 ○ ○ ○ (000000-0000000)
○○시 ○○대로 ○○○

양 수 인 ○ ○ ○ (000000-0000000)
○○시 ○○대로 ○○○

제3채무자 ○ ○ ○ (000000-0000000)
○○시 ○○대로 ○○○

위 양도인과 양수인은 아래와 같이 채권양도양수계약을 체결한다.

제1조 20○○. ○. ○. 현재 양도인이 제3채무자에게 가지는 금 ○○○원의 대여금 채권

제2조 양도인은 제3채무인 ○○○에게 채권양도통지를 하여야 한다.

제3조 양도인이 제3채무자인 ○○○에게 채권양도통지를 하지 않았을 경우에는 이 채권양도양수계약은 무효로 한다.

제4조 제3채무자인 ○○○가 양도인이 발송한 채권양도통지를 수령함과 동시에 양수인이 양도인에 대하여 가지는 채권 중 이건 채권양도양수계약으로 양수인에게 이전하는 금 ○○○원에 해당하는 부분의 채권은 소멸한다.

제5조 양도인이 제3채무자인 ○○○에게 발송한 채권양도통지가 적법히 도달한 이후에는 법률이 규정한 경우를 제외하고 제3채무자의 무자력 등을 이유로 양수인에게 대항할 수 없다.

이 계약을 증하기 위하여 채권양도양수계약서를 2통 작성하여 양도인과 양수인이 각 1통씩 보관한다.

20○○. ○. ○.

양 도 인 ○ ○ ○ (인)
○○시 ○○대로 ○○○

양 수 인 ○ ○ ○ (인)
○○시 ○○대로 ○○○

[서식 335] 채권양도계약서

채권양도계약서

주식회사 ○○○○(이하 "갑"이라 칭한다)와 ○○○○ 주식회사(이하 "을"이라 칭한다)는 "갑"의 주식회사 ○○○○(이하 "병"이라 칭한다)에 대한 채권양도에 관하여 다음과 같이 채권양도계약(이하 "본 계약"이라 칭한다)을 체결한다.

제1조【목 적】 본 계약은 "갑"이 "병"에 대하여 보유하고 있는 채권을 "을"에게 양도함에 있어 필요한 제반사항을 정함을 그 목적으로 한다.

제2조【목적물】

1. 채무자 "병"은 다음 각 호와 같다.
   (1) 대표이사 ○○○
   (2) 주소 : ○○시 ○○구 ○○대로 ○○
2. 본 계약의 대상은 별지 금전소비대차계약서에 기재되어 있는, "갑"이 채무자 "병"에 대해 가지고 있는 원금 ○○○○○원, 변제기 20○○. 5. 31. 이율 연 15%, 이자지급시기 매월 1.로 정한 20○○. 10. 1.자 원금채권과 이에 대한 이자채권 전부(이하 "본 계약 채권"이라 한다)를 말한다.

제4조【주된 의무】

1. "갑"은 "을"에게 본 계약 채권을 양도하고, 본 계약 체결일로부터 3일 이내에 "병"에게

본 계약에 따른 채권양도의 취지를 확정일자 있는 증서로써 통지한다.
2. "을"은 "갑"에게 제1항에 대한 양수대금으로 금 ○○○○○원을 지급한다.
3. "갑"의 제1항에 따른 통지의무와 "을"의 제2항에 따른 대금지급 의무는 동시이행의 관계에 있다.

제5조【부수적 의무】 "갑"은 "을"에게 금 ○○○○○원의 한도에서 채무자 "병"의 자력을 보증한다.

제6조【계약의 변경】 본 계약의 일부 또는 전부를 변경할 필요가 있는 경우에는 "갑"과 "을"의 서면 합의에 의하여 이를 변경하고, 그 변경내용은 변경한 날 그 다음날부터 효력을 가진다.

제7조【해 제】
1. "을"은 채무자 "병"이 본 건 양도통지를 받기까지 "갑"에 대하여 가지는 사유로써 "을"에게 대항했을 경우 별도의 최고없이 즉시 본 계약을 해제할 수 있다.
2. "을"이 제1항에 따라 해제의 의사표시를 하는 경우 "을"은 즉시 "갑"에게 본 채권을 양도하고 "병"에게 확정일자 있는 증서로써 채권양도통지를 하며 이와 동시에 "갑"은 "을"에게 금 ○○○○○원과 이에 대하여 지급일로부터 반환일까지 연 15%의 비율에 의한 이자를 반환한다.
3. 제1항의 해제는 손해배상청구에 영향을 미치지 아니한다.

제8조【계약의 유보사항】
1. 본 계약에서 정하지 아니한 사항이나 해석상 내용이 불분명한 사항에 대해서는 관계법령 및 상관습에 따라 상호 협의하여 결정한다.
2. 제1항과 관련하여 필요한 경우 "갑"과 "을"은 별도의 약정을 할 수 있으며, 이는 본 계약의 일부를 이룬다.

본 계약을 증명하기 위하여 본 계약서 2통을 작성하여 각각 서명(또는 기명) 날인한 후 각각 1통씩을 보관한다.

20○○년 ○월 ○일

갑	㉿	사 업 자 등 록 번 호		사 무 소	
				전화번호	
을	㉿	사 업 자 등 록 번 호		사 무 소	
				전화번호	

[서식 336] 채권양도양수계약서

채권 양도양수계약서

양 도 인	성 명	
	주민등록번호	
	주 소	
양 수 인	성 명	
	주민등록번호	
	주 소	

〈양도할 채권의 표시〉

양도인이 (주)○○○○에 대하여 가지는 용역미수금 청구채권
금 ○○○원(₩ ○○○)

양도인은 위 표시 용역미수금 청구채권에 대하여 양수인의 채무금의 변제조로 이를 양도 양수하기로 양 당사자 간에 합의 하에 다음과 같이 본 계약을 체결한다.

– 다 음 –

1. 본 계약은 20○○년 ○월 ○일 양도인과 양수인이 체결한 「○○○」과 관련하여 양도인이 양수인에게 기 수령한 용역대금 중 반환하여야 하는 금 ○○○원(₩ ○○○)에 대한 양수인의 채권확보를 위함이다.

2. 반환금의 변제방법양도인은 20○○년 ○월 ○일까지 ○개월간 매월말 ○○○원(₩ ○○○)씩 현금으로 양수인에게 반환금을 변제한다.

3. 양수인은 양도인이 2항의 조건을 이행치 않을 경우에는 양도인이 (주)○○○에 대해 가지는 받을 채권을 양수인에게 반환금으로 우선 변제하여야 하며, 만일 받을 채권을 양도인이 타 용도로 사용 또는 전용할 경우 어떠한 민·형사상의 책임도 감수하기로

한다.

4. 본 계약을 확실히 하고 후일 이를 입증하기 위하여 각자 서명(또는 기명) 날인 한 후 쌍방 1통씩 보관한다.

20○○년　○월　○일

채권양도인 :　　　　　(인)

채권양수인 :　　　　　(인)

[서식 337] 채권양도계약서

채권양도계약서

채권양도인 ○○○(이하 "갑"이라 한다)와 양수인 ○○○(이하 "을"이라 한다)는 상호간에 다음과 같이 채권양도계약을 체결한다.

제1조【채권매매에 의한 양도】 양도인 "갑"은 양수인 "을"에 대해 다음의 채권을 이하의 약정으로 대금 ○○○원으로 매도하고 양수인 "을"은 이를 매수하여 그 대금을 지급하여 당해 채권증서를 인수받았다.

1. "갑"으로부터 채무자 ○○○에 대한 20○○년 ○월 ○일 금전소비대차계약서에 근거하여 대부원금 ○○○원과 이에 대하여 20○○년 ○월 ○일부터 다 갚는 날까지 연 ○할의 비율에 의한 이자채권의 전부

제2조【채권양도의 통지와 승인】

1. "갑"은 채무자에 대하여 이 계약성립일로부터 ○일 이내에 채권양도의 통지를 발하든지 채권자의 승인을 얻지 않으면 안된다.
2. "갑"이 전항의 통지를 하고 또 승낙을 얻으려면, 확정일자가 있는 증서로서 하지 않으면 안된다.
3. "갑"이 소정의 기간 내에 제2항의 통지를 하지 않을 때는 "을"은 아무런 최고를 요하지 않고 즉시 이 계약을 해제할 수 있다.

제3조【채무의 보증】 "갑"은 채무자로부터 "갑"에 대항할 아무런 이유가 없는 것을 보증하고

아울러 본 건 매매대금 ○○○원의 한도에서 채무자의 자력(資力)을 담보한다.

제4조 【계약의 해제】 채무자가 본 건 양도통지를 받기까지 "갑"에 대하여 가지는 사유로써 "을"에 대항했을 때는 "을"은 아무런 최고절차를 요하지 않고 즉시 이 계약을 해제할 수 있다.

제5조 【손해배상금】 제4조의 경우에는 "을"은 "갑"에 대하여 본 건 채권의 양도절차를 밟고 이와 동시에 "갑"은 "을"에 대하여 매매대금 및 여기에 대하여 이 계약성립일부터 반환일까지 연 ○할의 비율로 이자를 가산하여 반환한다.

제6조 【부족액의 지급의무】 "을"이 채무자에 대해 강제집행을 하여 취득한 금액이 본 건 매매대금에 미치지 못할 때는 "갑"은 즉시 그 부족액을 "을"에게 지급하지 않으면 안 된다.

위와 같이 본 계약이 유효하게 성립하였음을 증명하기 위하여 본 계약서 2통을 작성하여 각각 서명(또는 기명) 날인한 후 "갑"과 "을"이 각각 1통씩을 보관한다.

20○○년 ○월 ○일

갑	㊞	주민등록번호		주 소	
				전화번호	
을	㊞	주민등록번호		주 소	
				전화번호	

[서식 338] **채권양도통지서(채권 및 근저당권)**

채권양도통지서

본인(양도인)이 귀하에 대하여 가지고 있는 20○○. ○. ○.자 금 ○○○원의 차용증서에 기하여 현재 및 장래에 부담하게 될 채무를 담보하기 위하여 ○○시 ○○동 ○○○답 ○○㎡ 부동산에 대하여 20○○. ○. ○. 채권최고액 금 ○○○원으로 한 근저당권설정계약을 체결하고, 20○○. ○. ○. ○○지방법원 ○○등기소 접수 제○○○호로서 등기를 마쳤는 바, 위 채권 및 근저당권을 ○○시 ○○동 ○○○번지, ○○○에게 20○○. ○. ○. 양도하였음을 통지하는 바입니다.

20○○. ○. ○.

통지인(양도인) ○ ○ ○ ㊞
○○시 ○○대로 ○○○

○ ○ ○ 귀 하
○○시 ○○대로 ○○○

[서식 339] **채권양도통지서**(저당권 및 가등기)

채권양도통지서

당 금고가 귀하에 대하여 갖는 하기 채권을 저당권 및 소유권이전청구권보전의 가등기와 함께 금반 다음과 같이 양도하였으므로 승낙하여 주시기 바라오며 민법 제450조의 규정에 따라 통지합니다.

- 다 음 -

1. 채권액 : 금 ○○○원
   (단, 당초의 대부금 ○○○원에 대한 잔액)
   금 ○○○원
   위는 20○○년 ○월 ○일부터 20○○년 ○월 ○일까지의 채무액 원금에 대한 이자임
   단, 20○○년 ○월 ○일 공증인 ○○○가 작성한 공정증서 제○○호에 규정된 채권임
2. 저당권 및 소유권이전청구권보전의 가등기위는 20○○년 ○월 ○일 ○○지방법원 ○○등기소 접수 제○○호로 등기된 것임.
3. 양수인 : ○ ○ ○○○시 ○○구 ○○대로 ○○○번지

20○○. ○. ○.

○○ 상호신용금고
○○시 ○○대로 ○○○
대표이사 ○ ○ ○ ㊞

○ ○ ○ 귀하
○○시 ○○대로 ○○○

[서식 340] 채권양도통지서(대여금)

채권양도통지서

20○○. ○. ○. 현재 본인이 귀하에 대하여 갖는 금 ○○○원의 대여금 채권을 ○○시 ○○동 ○○○, ○○○에게 20○○. ○. ○. 양도하였음을 통지하는 바입니다.

20○○. ○. ○.

통지인(양도인) ○ ○ ○ ㊞
○○시 ○○대로 ○○○

○ ○ ○ 귀하
○○시 ○○대로 ○○○

[서식 341] 채권양도통지서(계금)

채권양도통지서

20○○. ○. ○. 현재 본인이 귀하에 대하여 가지고 있는 계금 ○○○원과 이에 대하여 20○○. ○. ○.부터 다 갚는 날까지 연 15%의 비율로 계산한 채권을 ○○시 ○○동 ○○○번지 ○○○에게 20○○. ○. ○. 양도하였음을 통지하는 바입니다.

20○○. ○. ○.

통지인(양도인) ○ ○ ○ ㊞
○○시 ○○대로 ○○○

○ ○ ○ 귀하
○○시 ○○대로 ○○○

[서식 342] 양도양수계약서(주식)

주식양도양수계약서

주식매도인 ○○○(이하 "갑"이라 한다)와 주식매수인 ○○○(이하 "을"이라 한다)는 다음과 같이 주식양도양수계약을 체결한다.

제 1 조 【목 적】 본 계약은 "갑"이 소유한 주식을 "을"에게 양도하는 것을 목적으로 한다.

제 2 조 【양도주식】

1. 주식발행사 : 주식회사 ○○○○

2. 주식종류 및 양도수량 : 보통주 ○○주
3. 총양도가액 및 액면가 : 총액 금 ○○○원(₩ ○○○) - 액면가 금 ○○○원
4. 양도양수일 : 20○○년 ○월 ○일

제3조【대금지급】 20○○년 ○월 ○일에 양도양수대금을 "을"에게 현금으로 지급한다.

제4조【협력의무】 "갑"은 양도주식에 대하여 "을"이 제반 권리를 행사함에 필요한 관련 이전 절차에 적극 협력한다.

제5조【보증책임】 양도주식의 진위 및 권리에 대하여 "갑"은 전적으로 보증을 하며, 양도 이후 주식의 모든 권리는 "을"에게 귀속된다.

위와 같이 본 계약이 유효하게 성립하였음을 증명하기 위하여 본 계약서 2통을 작성하여 각각 서명(또는 기명) 날인한 후 "갑"과 "을"이 각각 1통씩을 보관한다.

20○○년 ○월 ○일

갑	㉵	주민등록번호		주 소	
				전화번호	
을	㉵	주민등록번호		주 소	
				전화번호	

[서식 343] 양도양수계약서(주식)

주식양도양수계약서

양도인(이하 "갑"이라 한다)과 양수인(이하 "을"이라 한다)은 아래와 같이 주식의 양도와 양수에 관한 계약을 체결한다.

제1조【양도조건】 양도의 목적물("양도물")과 그 조건은 다음과 같다.
1. 양도할 주식의 종류 : 주식회사 ○○○○ 발행 기명식 보통주
2. 양도할 주식의 수량 : 3,000주
3. 액면가 : 금 5,000원
4. 총양도가액 : 금 15,000,000원

제2조【대금지급】 주식대금은 20○○년 ○월 ○일에 현금으로 일시에 지급한다.

제3조【주권교부】 주권교부는 20○○년 ○월 ○일에 증권사를 통해 증권계좌로 입고한다.

제4조【효력발생】 당사자가 본 계약서에 기명 후 날인 또는 서명하면 본 계약은 계약일로부터 그 효력이 있다.

제5조【협력의무】 양도인은 계약일 이후 양수인이 주주로서의 권리 내지 권한을 온전히 취득하고 행사할 수 있도록 적극 협력한다.

제6조【보증사항】

1. 양도인은 양도물의 정당한 소유권자로서 그 처분 등에 완전한 권리가 있음과 양도물에 하자가 없음을 보증한다.
2. 양도인은 본 계약에 따른 명의개서 및 세무신고 기타 업무를 그 책임과 비용으로 신속히 처리한다.

본 계약의 성립을 증명하기 위하여 이 계약서 2부를 작성하여 각각 서명(또는 기명) 날인하여 각각 1통씩 보관한다.

20○○년 ○월 ○일

갑	㊞	사 업 자 등 록 번 호		사 무 소	
				전화번호	
을	㊞	사 업 자 등 록 번 호		사 무 소	
				전화번호	

[서식 344] 양도양수계약서(영업)

양 도 양 수 계 약 서

○ 소 재 지 :
○ 명 칭 :
○ 대 표 자 :

상기 __________을 양도·양수함에 있어서 계약의 편의상 양도자를 '갑'이라 칭하고 양수자를 '을'이라 칭하여 '갑'은 상기 소재지의 기관(명칭 : _______________)의 일체의 권한을 쌍방 합의하에 '을'에게 양도함

20○○년 ○월 ○일

○ '갑'(양도자) 성 명 : (서명 또는 인)
주민등록번호 :
주 소 :
전 화 번 호 :

○ '을'(양수자) 성 명 : (서명 또는 인)
주민등록번호 :
주 소 :
전 화 번 호 :

[서식 345] 양도양수계약서(영업)

양도·양수계약서

양도인 ○○회사 (이하 "갑"이라 한다)와 양수인 ○○회사(이하 "을"이라 한다)는 다음과 같이 양도·양수 계약을 체결한다.

- 다 음 -

제 1조 (양도·양수대상)

(1) 아래표의 안전인증서(자율안전확인신고확인증)의 모든 법적 권리 및 의무

공산품명	안전인증(자율안전확인신고확인증)번호	비 고

(2) 제조·검사(시험)설비 일체(선택사항 : 제조업자인 경우에 한함)

제 2 조(양도·양수 의무) "갑"은 제1조의 양도·양수대상품을 "을"에게 양도 체결 이후, 안전인증서(자율안전확인신고확인인증)의 모든 법적 권리 및 의무를 "을"에 양도하며, "을"은 안전인증서(자율안전확인신고확인인증) 변경을 안전인증기관에 즉시 신고하고 이에 따른 제반비용을 지불한다.

제 3 조(사후관리) "을"은 "갑"의 제1조의 양도·양수대상품에 대하여 A/S 및 리콜 등 제반적인 법적의무를 책임을 진다.

제 4 조(기타) 위와 같이 계약·체결하고 이를 입증하기 위하여 계약서 2부를 작성하여 "갑"과 "을"이 각 1부씩 보관한다.

20○○년 ○월 ○일

"갑" 상 호 (명 칭) :
사업자등록번호 :
주 소 :
성 명 (대 표 자) : (인)

"을" 상 호 (명 칭) :
사업자등록번호 :
주 소 :
성 명 (대 표 자) : (인)

[서식 346] 사업포괄양도양수계약서

사업포괄양도양수계약서

1. 양도인(갑)
성 명 :
주민등록번호 :
주 소 :

2. 양수인(을)

성 명 :

주민등록번호 :

주 소 :

현재 '갑'이 운영하고 있는 ______________________소재 ___________약국에 관한 일체의 권리와 의무를 '을'에게 포괄적으로 양도·양수하여 사업을 승계함에 있어 다음과 같이 계약을 체결한다.

다 음

제 1 조 (목적) 본 계약은 '갑'이 운영하고 있는 ________ 약국의 사업에 관한 일체의 권리와 의무를 '을'에게 포괄적으로 양도양수하는데 목적이 있다.

제 2 조 (사업의 포괄승계) '갑'은 201 년 월 일 현재 확정된 평가자산·부채 총액을 '을'에게 포괄적으로 양도하고 '을'은 이를 포괄적으로 양수한다. 다만, 사업양수도일 이전에 발생한 제세공과금(국세, 지방세 기타 공과금 등) 일체는 '갑'이 책임지기로 한다.

제 3 조 (자산·부채의 평가 및 확정) ① 양도·양수한 자산가액의 평가는 201 년 월 일 현재 당사자 간의 합의된 [별첨1]의 승계자산목록 평가액으로 한다.

② 양도·양수한 부채의 평가는 동일자 현재 [별첨 2]의 잔액양수도명세서에 의한 평가액으로 한다.

제 4 조 (양도·양수의 대금지급) '을'은 제3조에 의하여 평가한 금액을 기준으로 자산총액에서 부채총액을 공제한 금액 ____________원(₩ ____________)을 '갑'에게 지급하기로 한다.

제 5 조 (양도·양수 대금의 지급방법) '을'은 '갑'에게 다음과 같이 양수도대금을 지급하기로 한다.

금 액	지 급 일 자
계약금 : 금 원(₩)	201 년 월 일
중도금 : 금 원(₩)	201 년 월 일
잔 금 : 금 원(₩)	201 년 월 일

제 6 조 (효력) 본 계약은 전조에 불구하고 201 년 월 일부터 효력이 발생하며, '을'은 동 일자로부터 '을'의 계산에 의한 사업을 영위하기로 한다.

제 7 조 (권리의무이행등) ① '갑'은 '을'에게 사업양도를 위하여 제5조에 의한 효력발생일자로 동 사업장에 관한 모든 업무를 사실상 종료하고 동 일자로 관할세무서에 폐업신고를 하여야 한다.

② '을'은 '갑'이 양도할 사업에 대한 권리의무를 성실히 이행하여야 하며, '갑'은 '을'이 본 사업의 양도양수에 따르는 제반업무 수행에 필요한 일체의 협조를 하여야 한다.

제8조(기타) 기타 본 계약조건에 정하지 아니한 사항은 '갑'과 '을'이 상호 협의하여 정하기로 한다.

위 각조항의 사항을 승인하고 계약내용을 확정하기 위하여 본 계약서 2통을 작성하여 '갑'과 '을'이 각각 1통씩 보관한다.

20○○년 ○월 ○일

양도인(갑) : (인)

양수인(을) : (인)

[별첨 1]

승계자산목록

Ⅰ. 승계자산평가액

자 산 명	평 가 액	비 고
Ⅰ. 유동자산	원	
1. 외상매출채권	(원)	
2. 전문의약품	(원)	
3. 일반의약품	(원)	
Ⅱ. 고정자산	원	
1. 시설자산	(원)	
2.	(원)	
3.	(원)	
합 계	원	

Ⅱ. 승계채무평가액

부 채 명	평 가 액	비 고
1. 외상매입채무 2.	원 원	제약회사 또는 도매상 의약품 매입액
합 계	원	

양도인 : (인)

양수인 : (인)

[별첨 2]

잔액양수도명세서

채 권 자		잔 액	비 고
제약회사			
소 계(Ⅰ)		(원)	
도매상			

소 계(Ⅱ)		(원)	
총 계(Ⅰ+Ⅱ)		원	

양도인 : (인)

양수인 : (인)

[서식 347] 양도양수계약서(영업)

영업양도양수계약서

○○○(이하 "갑"이라 한다)와 ○○○(이하 "을"이라 한다)는 다음과 같이 영업양도양수계약을 체결한다.

제1조【계약의 목적】 "갑"은 "을"에게 아래의 영업 및 상호를 본 계약의 규정에 따라 "을"에게 양도하며 "을"은 이를 양수한다.

1. ○○시 ○○구 ○○대로 ○○, ○○○건물 ○층 점포(이하 "점포"라 한다)에서 경영하는 ○○영업
2. ○○영업을 위하여 사용하는 상호 ○○○

제2조【양도의 대상】 본 계약에 의한 양도양수의 대상과 범위는 다음과 같다.

1. 점포에 현존하는 상품, 영업용 집기 및 비품
2. 전화번호 ○○○-○○○○번의 전화가입권
3. 제1조에 기재된 건물의 건구 등 공작물
4. 거래처에 대한 권리를 포함한 영업상의 권리
5. 점포의 임차권

제3조【양도양수대금】

1. 본 계약에 의한 양도양수대금은 총액 ○○○원으로 한다.

2. "을"은 본 계약체결시 계약금 ○○○원을 "갑"이 제4조와 제5조의 절차를 완료하였을 때 나머지 잔금을 "갑"에게 지불한다.

제4조【양도절차의 이행】 "갑"은 20○○년 ○월 ○일까지 점포를 임차권의 명의변경과 함께 "을"에게 인도하고, 동시에 제2조의 물품전부와 영업용 장부 및 서류를 인도하며, 영업승계에 필요한 모든 절차를 완료한다.

제5조【등기절차】 "갑"은 "을"에 대하여 20 ○○년 ○월 ○일까지 제1조의 상호양도등기신청을 종료하며 제2조의 전화가입권의 명의변경절차를 완료한다.

제6조【계약의 해지】 "갑" 또는 "을"은 상대방이 본 계약의 규정을 위반하였을 때는 최고절차 없이 본 계약을 해지할 수 있으며 이 경우 상대방은 제3조의 계약금과 동일한 금액의 손해배상을 해야 한다.

제7조【공조공과의 부담】 본 계약체결 전까지의 점포 영업 관련 공과금은 본 계약체결일 전일까지의 부분은 "갑"이, 그 후의 부분은 "을"이 부담한다.

제8조【동일영업의 금지】 "갑"은 본 계약체결일로부터 ○년간 본 계약상의 영업과 동일한 영업을 할 수 없다. 만약, 이를 어겼을 경우에는 그로 인하여 "을"이 ○○○원의 손해를 보았다고 확정하고 "갑"은 이 금액을 "을"에게 지불한다.

제9조【기 타】 본 계약에 정하지 않은 사항은 "갑"과 "을"이 상호 협의하여 결정한다.

위와 같은 합의하고 이를 증명하기 위하여 "갑", "을"은 계약서 2통을 작성하여 각각 서명(또는 기명) 날인한 후 각 1통씩을 보관한다.

20○○년 ○월 ○일

갑	㊞	주민등록번호		주 소	
				전화번호	
을	㊞	주민등록번호		주 소	
				전화번호	

[서식 348] 양도양수계약서(영업)

영업양도양수계약서

양도인 ○○○(이하 "갑"이라 한다) 양수인 ○○○(이하 "을"이라 한다)은 다음과 같이 영업양도계약을 체결한다.

제1조 "갑"은 ○○○○지에서 경영하고 있는 ○○○○업을 그 영업을 영위함에 필요한 제작기구 등 일체와 함께 대금 ○○○원으로 "을"에게 양도하며, 동시에 "을"은 이를 양수한다.

제2조 전후의 대금은 영업승계의 절차를 종료하고 "갑"이 전조의 가옥을 인도와 동시에 "을"로부터 "갑"에게 지급키로 한다.

제3조 제조 기타는 가옥인도와 동시에 "갑"으로부터 "을"에게 인도하기로 한다.

제4조 "갑"은 본 계약서 작성일로부터 ○년간 동일 시·읍·면 내에서 "을"과 동종의 혹은 유사의 영업을 하지 않기로 한다.

제5조 "갑"의 영업으로 인하여 발생한 채권은 "갑"의 권리로 하고 채무는 "갑"의 부담으로 한다. 단, 부담금·공조공과 등은 본 계약성립일 이전의 것이라도 "을"의 부담으로 한다.

위 계약을 입증하기 위하여 본 증서를 2통 작성하여 각자 기명(또는 서명) 날인하여 각각 1통씩 보관한다.

20○○년 ○월 ○일

갑	㊞	사 업 자 등 록 번 호		사 무 소	
				전화번호	
을	㊞	사 업 자 등 록 번 호		사 무 소	
				전화번호	

[서식 349] 권리의무승계계약서

권리의무승계계약서

<table>
<tr><td colspan="6">1. 부동산의 표시</td></tr>
<tr><td>소 재 지</td><td colspan="5"></td></tr>
<tr><td colspan="5">세 대 당 주 택 면 적 (㎡)</td><td rowspan="3">세 대 별
대 지
지분(㎡)</td></tr>
<tr><td colspan="3">공 급 면 적</td><td rowspan="2">기타공용면적
(법정초과
지하층면적)</td><td rowspan="2">계약
면적</td></tr>
<tr><td>전용면적</td><td>주거공용면적</td><td>합 계</td></tr>
<tr><td></td><td></td><td></td><td></td><td></td><td></td></tr>
</table>

2. 계약내용

제1조 양수인("병")은 사업주체("갑")과 양도인("을"), 간에 20○○년 ○월 ○일부터 당첨되어 분양계약을 체결한 상기 표시 주택의 분양계약에 관한 권리 의무일체를 승계한다.

제2조 본 권리의무승계계약은 20○○년 ○월 ○일부터 효력이 발생한다.

제3조 본 계약서 2부를 작성하여 사업주체("갑")과 양수인("병")이 각 1부씩 원분양계약서에 합철하여 보관한다.

※ 특약사항 :

20○○년 ○월 ○일

<table>
<tr><td rowspan="2">사업
주체
(갑)</td><td>주 소</td><td colspan="6"></td></tr>
<tr><td>상 호</td><td></td><td>전화</td><td></td><td>성명</td><td></td><td>(인)</td></tr>
<tr><td rowspan="2">양도인
(을)</td><td>주 소</td><td colspan="6"></td></tr>
<tr><td>주민등록번호</td><td></td><td>전화</td><td></td><td>성명</td><td></td><td>(인)</td></tr>
<tr><td rowspan="2">양수인
(병)</td><td>주 소</td><td colspan="6"></td></tr>
<tr><td>주민등록번호</td><td></td><td>전화</td><td></td><td>성명</td><td></td><td>(인)</td></tr>
</table>

[서식 350] 양도양수계약서(사업양도)

사업양도·양수계약서

갑 (양도인)	주 소	
	회사명	
	대표자	
	연락처	
(을) (양수인)	주 소	
	회사명	
	대표자	
	연락처	

갑과 을은 사업양도·양수계약을 다음과 같이 체결한다.

제1조 본 계약은 '갑'이 운영하고 있는 회사의 사업에 관한 일체의 권리와 일체의 의무를 '을'이 양수하고자 하는 데 그 목적이 있다.

제2조 갑은 부가가치세법 제6조 제6항의 규정에 의한 사업양도에 따른 부가가치세의 면제를 받기 위하여 20○○년 ○월 ○일 현재의 장부상 사업용 자산총액에서 부채총액을 차감한 잔액을 대가로 하여 '을'에게 사업일체를 포괄적으로 양도한다.

제3조 '을'은 '갑'이 제출한 20○○년 ○월 ○일 현재의 대차대조표를 감리한 후 특별한 사항이 없는 한 양수할 자산과 부채를 장부가액대로 평가해야 한다.

제4조 '갑'이 '을'에게 사업전부를 양도하는 기일은 20○○년 ○월 ○일로 하고 '을'은 사업양도가 종료되는 날까지 '갑'에게 대금을 완불하여야 한다. 다만, 기일까지 사업양도에 따른 제반 법적절차가 종료되지 않을 때에는 '갑', '을' 쌍방 협의로 이를 연장할 수 있다.

제5조 '갑'은 본 계약체결 후 사업인계를 완료할 때까지 그 재산의 관리운영에 있어 선량한 관리자의 주의를 게을리하지 말 것이며, 또한 정상의 거래를 제외하고 재산에 영향을 미치는 중요한 사항에 관하여는 '을'의 사전승인에 의하도록 한다.

제6조 '을'은 20○○년 ○월 ○일을 기하여 주주총회를 소집하고 본 계약의 승인과 사업양수에 따른 필요한 사항에 관하여 결의한다.

제7조 사업양수일 현재 '갑'과 거래중인 모든 거래처는 '을'이 인수하여 계속거래를 보장하

며, ‘을’이 기왕에 제조판매 한 제품이 사업양수일 이후 반품될 경우에는 ‘을’의 책임하에 인수처리토록 한다.

제8조 본 계약 규정 이외에 사업 양도·양수에 관하여 협정할 사항이 발생한 경우에는 본 계약서 조항의 본뜻에 위배되지 않는 한 ‘갑’, ‘을’ 쌍방 협의 하에 이를 시행한다.

제9조 ‘갑’은 ‘을’이 사업을 양수함에 따른 제반절차를 수행하는데 적극 협조하여야 한다.

제10조 ‘을’은 ‘갑’의 전 종업원을 신규채용에 의하여 전원 인수, 계속 근무케 함은 물론 ‘을’이 사업 양수한 이후 퇴직자가 발생할 경우에는 종전 ‘갑’의 사업에서 근무하던 근속연수를 통산 인정하여 퇴직금을 지급키로 한다.

제11조 ‘갑’은 본 사업양수일 이전에 발생한 제세공과금(국세 및 지방세 포함) 일체를 책임지며, ‘을’은 ‘갑’의 사업양도에 따른 비용전부를 부담키로 한다.

이상의 계약내용을 ‘갑’, ‘을’ 쌍방은 성실히 이행할 것을 약속하며 후일을 증명하기 위하여 본 계약서 2통을 작성하여 각 1통씩 보관한다.

20○○년 ○월 ○일

<table>
<tr><td rowspan="2">갑</td><td rowspan="2">㊞</td><td rowspan="2">사 업 자
등 록 번 호</td><td rowspan="2"></td><td>사 무 소</td><td></td></tr>
<tr><td>전화번호</td><td></td></tr>
<tr><td rowspan="2">을</td><td rowspan="2">㊞</td><td rowspan="2">사 업 자
등 록 번 호</td><td rowspan="2"></td><td>사 무 소</td><td></td></tr>
<tr><td>전화번호</td><td></td></tr>
</table>

[서식 351] 양도양수계약서(회사)

회사양도양수계약서

양도인 ○○○(이하 “갑”이라 한다)과 양수인 ○○○(이하 “을”이라 한다)은 다음과 같이 회사양수도계약을 체결한다.

다 음

제1조 상기인 “갑”은 “갑”이 소유하고 있는 회사(사업자등록번호 : ○○○-○○-○○○○

○)의 지분 100%를 "을"에게 양도한다.

제2조 "갑"은 지분 양도시 부채 및 기계, 부동산 등 유형의 자산은 양도하지 않으며 사업지와 실적만을 양도한다.

제3조 "을"은 "갑"에게서 양도받은 지분의 대금으로 금 ○○○원(₩○○○)을 계약일에 지급한다.

제4조 "갑"에게 대금을 지불하지 않고 양수인 명의로 무단 사용시 "을"은 민·형사상의 모든 책임을 진다.

제5조 "갑"은 이 계약서 작성일 이후(완불 이후)에는 위에 적은 회사의 사업자등록증을 사용한 어떠한 형태로 서류도 작성할 수 없다.

제6조 "갑"은 "을"이 이 계약과 관련하여 필요한 세무서 신고 및 신규등록에 필요한 절차를 20○○년 ○월 ○일까지 마쳐야 한다.

제7조 "을"은 "갑"의 사업자를 양도받은 이후 "갑"에게 회사와 관련해 금전적 손실이 없도록 하여야 한다.

제8조 위 회사에 관련한 각종 세금은 이 계약의 계약일 이전까지 양도인 "갑"이 완납하기로 한다(20○○년 5월 30일 신고분 종합소득세 까지).

제9조 이 계약일 이전에 위 회사와 관련한 문제로 인하여 새로운 문제가 계약일 이후에 발생시에는 "갑"이 모든 책임을 진다.

제10조 회사 대외적인 공문 및 계약서상의 대표자 날인 또는 서명은 "갑"과 "을"이 상호 합의하여 공동으로 하는 것을 원칙으로 한다.

위 계약을 입증하기 위하여 본 증서를 2통 작성하여 각자 기명(또는 서명) 날인한 후 각각 1통씩 보관한다.

20○○년 ○월 ○일

갑	㊞	사 업 자 등 록 번 호		사 무 소 전화번호	
을	㊞	사 업 자 등 록 번 호		사 무 소 전화번호	

[서식 352] 양수양수계약서(법인)

법인 양도양수계약서

양도인 주식회사 ○○○○(이하 "갑"이라 한다)과 양수인 ○○ 주식회사(이하 "을"이라 한다)은 다음과 같이 법인 양도양수계약을 체결한다.

다　　　　음

제1조 "갑"은 "갑"에게 속한 사업의 권리일체와 채권, 채무를 "을"에게 양도하고 "을"은 이를 양수한다(별첨내역서 첨부).

제2조 "갑"의 ○○○. ○○○ 주식전부의 양도 및 포기각서와 양도를 결정한 이사회의록 및 인감, 지급어음장, 통장, 회계장부 및 업무에 관련한 일체의 서류를 "을"에게 인계한다.

제3조 위 제1조 및 제2조의 양도, 양수금액을 금 일십이억구천오백만원(₩1,295,000,000)으로 한다. 단, 대차대조표상 ○○○회장 가수금 일십오억오천원(₩1,550,000,000)을 상기금액으로 평가한다.

제4조 양도 양수금액은 ○○시 ○○구 ○○동 ○○○○ 상의 (주)○○○○이 준공한 ○○아파트 (70)세대로(1,850만원 × 70세대 = 1,295,000,000원)하기로 하고 근저당을 설정한 후 일반분양시 권리를 이전한다. 단, 근저당설정비용은 반분하여 부담한다.

제5조 "갑"의 당좌대월에 관련한 ○○○의 개인소유 담보물은 "갑"의 명의로 발행한 약속어음 만기일 다음 달 말까지 해지하기로 하고 그 보증으로 "을"이 제공하는 약속어음 일억오천만원을 "갑"에게 견질 담보하기로 한다. 단, 약속이행 완료시 갑은 을이 제공한 약속어음(일억오천만원)을 을에게 즉시 반환한다.

제6조 ○○은행의 일반대출(현재 사억이천만원)의 공동담보된 ○○○ 개인소유대지(○○동 주차장 부지)는 대출상환시 즉시 해지하기로 하고 이에 대한 상세한 내역은 별첨 이행각서와 같다.

제7조 20○○. 1. 29 만기지급어음 156,000,000은 20○○. 3. 31.까지 연장하기로 하고, 20○○. 3. 29. 만기 지급어음 400,000,000을 20○○. 6. 30.까지 연장하기로 한다. 이는 양도인이 책임진다.

위 계약을 입증하기 위하여 본 증서를 2통 작성하여 각자 기명(또는 서명) 날인한 후 각각 1통씩 보관한다.

20○○년 ○월 ○일

갑	㊞	사 업 자 등 록 번 호		사 무 소	
				전화번호	
을	㊞	사 업 자 등 록 번 호		사 무 소	
				전화번호	

[서식 353] 인수계약서(음식점)

음식점 인수계약서

음식점 운영자 주식회사 ○○○○(이하 "갑"이라 칭한다)와 인수자 ○○ 주식회사(이하 "을"이라 칭한다)는 상호간에 다음과 같이 음식점인수계약을 체결한다.

제1조【목 적】 본 계약은 "갑"이 운영하는 ○○전문 음식점을 "을"이 인수하기로 하고 이와 관련된 인수비, 주방설비, 종업원 고용승계 등에 관한 사항을 규율함을 목적으로 한다.

제2조【인수비】

1. 당사자 쌍방은 본 계약의 인수비를 다음과 같이 정한다.
   가. 음식점 건물 및 대지 인수비 : 금 ○○○원(₩○○○)
   나. 주방설비 비품 일체의 인수비 : 금 ○○○원(₩○○○)
2. "을"은 금 ○○○원(₩○○○)을 본 계약체결과 동시에 계약금으로 "갑"에게 현금으로 지급한다.
3. 잔금 금 ○○○원(₩○○○)은 음식점의 소유권이전등기에 필요한 서류를 준비할 때에 상호 교환하여 지급한다.

제3조【인수일】

1. "갑"은 20○○년 ○월 ○일까지 "을"에게 음식점의 양도절차를 종료하여야 한다.
2. 양도에 소요되는 법무사비 그 밖에 부동산이전등기에 소요되는 제반경비는 상호 공동으로 부담하기로 한다.

제4조【주방설비】 "갑"은 본 계약 체결당시 음식점이 보유하고 있는 주방설비 일체를 현상대로 "을"에게 인도하기로 하고 별도의 주방설비 인도명세서를 본 계약체결과 동시에 "을"과 공동으로 작성한다.

제5조【고용인수】

1. "을"은 "갑"의 음식점에 근무하고 있는 근로자 가운데 ○○명을 고용승계하기로 한다.
2. 제1항에 포함되지 아니하는 인원은 본 인도일 이전까지 "갑"이 책임지고 해당 인원을 정리하여야 한다.
3. "갑"은 고용승계 인원을 음식에 관한 특별한 기술이 있는 종업원들을 우선적으로 존속시키도록 하여 "을"의 음식점 영업에 지장을 초래하도록 하지 않도록 한다.

제6조【음식 노하우】

1. "갑"은 보유한 음식제조의 비법을 "을"에게 전수하기로 하며 이를 위하여 본 계약체결이후 ○○개월간 "을"에게 해당 기술을 교육한다.
2. 제1항의 비법 전수는 본 계약상의 매매대금에 포함되는 것으로 한다.

제7조【거래처 유지】 "을"은 희망할 경우 기존에 "갑"이 거래하던 재료 제공처와 동일 조건으로 거래를 할 수 있으며 "갑"은 이에 적극 협력하여 거래선이 유지되도록 하여야 한다.

제8조【유사행위 금지】 본 계약체결이후 "갑"은 "을"의 영업소와 동일한 지역(광역시단위 이상)에서 "을"의 영업과 동일 또는 유사한 메뉴를 통한 음식점 개업을 할 수 없다.

제9조【조세공과금 등】 본 계약체결이후 음식점의 양도 이전에 발생하는 수도세, 전기세, 세금 등 제반 조세공과금 일체는 "갑"이 부담하기로 하고, 음식점의 양도절차가 종료된 시점 이후의 조세공과금은 "을"이 부담하기로 한다.

제10조【매입매출 정리】

1. 본 계약체결이후 음식점의 양도일 이전까지 "갑"은 매출금 및 매입금과 관련된 대금 일체를 정산하도록 하며, 향후 "을"이 인수할 당시에 이로 인한 손해가 발생하지 않도록 하여야 한다.
2. 제1항의 사유로 인한 "을"의 손실에 대해 전적으로 "갑"이 이를 배상하여야 하며, 관련 클레임의 처리도 그러하다.
3. 본 조의 경우 관련 대금을 "갑"과 "을"이 공동으로 인수대금의 산정에 반영하여 이에 대한 평가가 상호 종결된 항목의 경우에는 그러하지 아니하다.

제11조【해 제】

1. 본 계약체결 후 인수일까지 "갑"이 정당한 사유 없이 인도하지 아니할 때 "을"은 최고 후 계약을 해제하며, "갑"은 이때 기지급된 계약금의 2배를 "을"에게 반환하여야 한다.
2. "을"이 인수일 이전에 계약을 포기한 경우 "갑"은 계약금의 반환의무가 없으며 계약은 종료된다.
3. 당사자 일방이 본 계약상의 의무를 이행하지 아니하는 경우 상대방은 계약을 해제하고 손해배상을 청구한다.

제12조【기타사항】

1. 계약의 당사자는 본 계약의 내용을 신의성실에 의거하여 준수하여야 한다.
2. 계약기간 중 계약의 변경은 당사자의 서면 합의에 의해서만 변경될 수 있으며 서명(또는 기명)날인 된 문서를 본 계약서의 말미에 첨부한다.

3. 본 계약서에서 명시되지 않은 부분에 대하여는 관련 법규 및 상관습에 따르기로 한다.

제13조【분쟁해결】 본 계약과 관련하여 양 당사자 간의 분쟁이 발생한 경우, 원칙적으로 "갑"과 "을" 상호간의 합의에 의해 해결한다.

제14조【특약사항】 상기 계약일반사항 이외에 "갑"과 "을"은 아래 내용을 특약사항으로 정하며, 특약사항이 본문과 상충되는 경우에는 특약사항이 우선하여 적용된다.

위와 같이 본 계약이 유효하게 성립하였음을 증명하기 위하여 본 계약서 2통을 작성하여 각각 서명(또는 기명) 날인한 후 각각 1통씩을 보관한다.

20○○년 ○월 ○일

갑	㊞	사 업 자 등 록 번 호		사 무 소	
				전화번호	
을	㊞	사 업 자 등 록 번 호		사 무 소	
				전화번호	

[서식 354] 양도계약서(영업)

영업 양도계약서

○○○(이하 "갑"이라 칭한다)와 채무자 ○○○(이하 "을"이라 칭한다) 간에 다음과 같이 영업양도계약을 체결한다.

제1조 "갑"은 "을"에 대하여 다음 영업 및 상호를 제2조 이하의 조항에 따라 대금 ○○○○○원으로써 양도할 것을 약속하고 "을"은 이를 승낙한다.

1. "갑"이 ○○시 ○○구 ○○대로 ○○의 ○○에 대한 영업권 등 제반권리
2. "갑"이 위 영업을 위하여 ○○라고 명하는 등기된 상호

제2조 (양도자산)

~ 생 략 ~

제3조 "갑"은 "을"에 대하여 20○○년 ○월 ○일까지 제1조의 ○○○○를 인도함과 동시에 전후의 물건의 권리전부와 영업장부 및 서류를 인도하여 영업승계의 절차를 완료하여야 한다. "갑"은 "을"에 대하여 20○○년 ○월 ○일까지의 제1조에 의한 상호의 이전등기신청을 하여야 하고 "갑"의 영업으로 인하여 생긴 채무에 대해서는 "을"은 그 책임을 부담하지 않는다는 신청 및 전조의 ○○○의 명의변경의 모든 절차를 이행하여야 한다.

제4조 "갑"이 전조의 모든 행위를 함과 동시에 "을"은 제1조의 대금을 전기 ○○○에서 "갑"에게 지급하여야 한다.

제5조 본건 영업에 관한 공과금에 대한 본계약 성립일 전일까지의 분은 "갑"이 그 후의 것은 "을"이 부담한다.

제6조 "갑"은 본계약 성립일부터 만 ○○년간 본 영업양도내용과 같은 동일영업을 할 수 없다.

본 계약을 증명하기 위하여 본 계약서 2통을 작성하여 각각 서명(또는 기명) 날인한 후 각각 1통씩을 보관한다.

20○○년 ○월 ○일

갑	㉿	주민등록번호		주　　소	
				전화번호	
을	㉿	주민등록번호		주　　소	
				전화번호	

[서식 355] 양도계약서(공장장비)

공사장비 양도계약서

건설업체 (주)○○○○(이하 "갑"이라 칭한다)와 건설업체 (주)○○○○(이하 "을"이라 칭한다)는 상호간에 다음과 같이 공사장비 양도계약을 체결한다.

제1조【목 적】 본 계약은 "갑"이 보유 사용하는 공사장비 일체를 "을"에게 유상으로 양도하

기로 하고 이와 관련된 권리의무 사항의 규율을 목적으로 한다.

제2조【양도대상】

1. 본 계약에 따라 양도되는 공사장비는 구체적으로 다음 각 호와 같으며 본 계약서에서 공사장비라 함은 별도의 개별 명칭이 없는 한 각호의 전부를 지칭한다.
   가. 굴삭기 : (주)○○○○ (○○○○년식) - ○○대
   나. 패로더 : (주)○○○○ (○○○○년식) - ○○대
   다. ○○○○ : (주)○○○○ (○○○○년식) - ○○대
2. 제1항 이외에 공사장비 및 전체 공사장비 양도 목록은 별도로 작성하여 본 계약서 말미에 첨부한다.

제3조【양도대금】

1. 총 양도대금은 금 ○○○원(₩○○○)으로 하며 본 계약체결시 선급금으로 금 ○○○원(₩○○○)을 "갑"에게 현금으로 입금하고, 잔금 ○○○원(₩○○○)은 20○○년 ○월 ○일 공사장비 인도 및 관련 명의이전에 필요한 서류의 일체 이전과 동시에 현금으로 지급한다.
2. 제1항의 잔금지급 이전에 "을"은 공사장비에 대한 세부 성능검사를 실시하고 동 실시결과 하자가 있을 시에는 계약을 해제하며 "갑"은 해제와 동시에 즉시 기 지급받은 선급금을 "을"에게 반환하여야 한다.

제4조【운반 등】

1. "갑"은 모든 양도대상 공사장비의 운반비용을 지불하고 "을"이 별도로 지정한 적재장소로 20○○년 ○월 ○일까지 인도하여야 한다.
2. 공사장비가 "을"에게 인도되기 이전에 발생하는 제반 위험부담은 "갑"이 부담한다.

제5조【제한물권 등】

1. "갑"은 양도 공사장비에 제3자가 담보설정 또는 기타의 제한적 권리가 설정되어 있지 아니함을 보증하며 이에 위반 시 "을"의 계약해제 및 관련 손해를 배상하여야 한다.
2. "갑"은 공사장비의 성능상태에 대하여 "을"에게 사전공지 및 제출한 자료와 상위가 없음을 보증한다.

제6조【검사방해】 "을"이 본 계약 이후 잔금지급 이전에 공사장비에 대한 검수를 실시함에 있어서 "갑"이 이를 방해하거나 기타 불성실한 협조로 인하여 "을"의 검수업무가 지장을 받을 시 "을"은 계약을 해제하고 "갑"은 선급금을 반환하여야 한다.

제7조【선관의무】 "갑"은 본 계약체결 이후 공사장비의 인도 전까지 공사장비에 대해 선량한 관리자의 주의를 다하여 보관하여야 한다.

제8조【해 제】

1. 당사자 일방은 공사장비의 인도 이전에 본 계약을 해제할 수 있으며, "갑"이 해제할 경우 선급금의 2배를 반환하며 "을"이 해제할 경우 선급금을 포기하고 해제한다. 다만, "을"이 제6조 또는 검수결과 인수가 불가한 것을 이유로 해제한 경우에는 "갑"은 기 지급받은 선급금을 반환하여야 한다.
2. "갑"이 정하여진 기일에 공사장비 인도를 거부하는 경우 "을"은 계약을 해제하고 손해배

상을 청구한다.

제9조【기타사항】

1. 계약의 당사자는 본 계약의 내용을 신의성실에 의거하여 준수하여야 한다.
2. 계약기간 중 계약의 변경은 당사자의 서면 합의에 의해서만 변경될 수 있으며 서명날인된 문서를 본 계약서의 말미에 첨부한다.
3. 본 계약서에서 명시되지 않은 부분에 대하여는 관련 법규 및 상관습에 따르기로 한다.

제10조【분쟁해결】

1. 본 계약과 관련하여 양 당사자 간의 분쟁이 발생한 경우, 원칙적으로 "갑"과 "을" 상호간의 합의에 의해 해결한다.
2. 제1항에도 불구하고 분쟁이 해결되지 않을 경우 "갑"의 주소지 관할 지방법원을 그 관할로 하여 재판함으로써 해결한다.

제11조【특약사항】상기 계약일반사항 이외에 "갑"과 "을"은 아래 내용을 특약사항으로 정하며, 특약사항이 본문과 상충되는 경우에는 특약사항이 우선하여 적용된다.

위와 같이 본 계약이 유효하게 성립하였음을 증명하기 위하여 본 계약서 2통을 작성하여 각각 서명(또는 기명) 한 후 날인 "갑"과 "을"이 각각 1통씩을 보관한다.

20○○년 ○월 ○일

갑	㊞	사업자 등록번호		사무소	
				전화번호	
을	㊞	사업자 등록번호		사무소	
				전화번호	

[서식 356] 양도양수계약서(사무집기)

사무집기 양도양수계약서

사무집기의 양도, 양수를 위한 계약당사자는 첨부된 자료의 사무집기 및 비품을 아래의 내용에 의하여 양도, 양수하며 계약일(20○○년 ○월 ○일) 이후의 재산권에 대한 권리는 양수자인 ○○○측에 있으며, 향후 이로 인한 모든 문제의 발생은 양수자가 책임을 진다.

또한 집기의 양도, 양수는 (20○○년 ○월 ○일 이후에 사용가능하며, 양도, 양수한 이후의 모든 집기와 비품의 관리는 양수자인 ○○○측에서 책임을 진다.

※ 양도물건에 대한 법률적, 기능적 하자가 있는 경우에는 양도인의 책임으로 한다.

– 아 래 –

◈ 계약금액 : 금 ○○○원(₩ ○○○)
◈ 계약일자 : 20○○년 ○월 ○일
◈ 양도내용 : 사무집기 및 비품내역서에 명시된 내용(별첨 자료 참조)

20○○년 ○월 ○일

양도인	㊞	주민등록번호		주 소	
				전화번호	
양수인	㊞	주민등록번호		주 소	
				전화번호	

[서식 357] 사무집기 및 비품내역

사무집기 및 비품내역

번호	품 목	규 격	수 량	단 가	금 액
1					
2					
3					

4					
5					
6					
7					
8					
9					
10					
합 계					

[서식 358] 양도계약서(굴삭기)

굴삭기양도계약서

건설업체 (주)○○○○(이하 "갑"이라 칭한다)와 건설업체 (주)○○○○(이하 "을"이라 칭한다)는 상호간에 다음과 같이 굴삭기양도계약을 체결한다.

제1조【목 적】 본 계약은 "갑"이 보유 사용하는 공사굴삭기 일체를 "을"에게 유상으로 양도하기로 하고 이와 관련된 권리의무 사항을 규율함을 목적으로 한다.

제2조【대상굴삭기】 본 계약에 따라 양도되는 굴삭기는 구체적으로 다음 각 호와 같으며 관련 등록원부사본을 본 계약서 말미에 첨부한다.

1. 제조사 : (주)○○○○
2. 모　델 : ○○○○
3. 중　량 : ○○톤
4. 년　식 : 20○○년

제3조【양도가격】

1. 본 계약에 따른 굴삭기 양도대금은 총액 금 ○○○원(₩○○○)으로 산정하며 본 계약체결과 동시에 "을"은 선급금으로 금 ○○○원(₩○○○)을 "갑"에게 현금으로 지급하고, 잔금 ○○○원(₩○○○)은 20○○년 ○월 ○일 굴삭기 및 관련 명의이전에 필요한 서류의 일체 이전과 동시에 현금으로 지급한다.
2. 제1항의 잔금지급 이전에 "을"은 굴삭기에 대한 세부 성능검사를 실시하고 동 실시결과 하자가 있을 시에는 계약을 해제하며 "갑"은 해제와 동시에 즉시 기 지급받은 선급금을

"을"에게 반환하여야 한다.

제4조【제한물권 등】

1. "갑"은 양도굴삭기에 제3자가 담보설정 또는 기타의 제한적 권리가 설정되어 있지 아니함을 보증하며 이에 위반 시 "을"의 계약해제 및 관련 손해를 배상하여야 한다.
2. "갑"은 굴삭기의 성능상태에 대하여 "을"에게 사전 공지 및 제출한 자료와 상위가 없음을 보증한다.

제5조【인도방법】

1. "갑"은 양도굴삭기를 "갑"이 운반비용을 지불하고 "을"이 지정한 본 계약서 상의 주소로 20○○년 ○월 ○일까지 인도하여야 한다.
2. 굴삭기가 "을"에게 인도되기 이전에 발생하는 제반 위험부담은 "갑"이 부담한다.

제6조【검사방해】 "을"이 본 계약 이후 잔금지급 이전에 굴삭기에 대한 검수를 실시함에 있어서 "갑"이 이를 방해하거나 기타 불성실한 협조로 인하여 "을"의 검수업무가 지장을 받을 시 "을"은 계약을 해제하고 "갑"은 선급금을 반환하여야 한다.

제7조【선관의무】 "갑"은 본 계약 체결이후 굴삭기의 인도전까지 공사굴삭기에 대해 선량한 관리자의 주의를 다하여 보관하여야 한다.

제8조【해 제】

1. 당사자 일방은 굴삭기의 인도 이전에 본 계약을 해제할 수 있으며, "갑"이 해제할 경우 선급금의 2배를 반환하며 "을"이 해제할 경우 선급금을 포기하고 해제한다. 다만, "을"이 제6조 또는 검수결과 인수가 불가한 것을 이유로 해제한 경우에는 "갑"은 기 지급받은 선급금을 반환하여야 한다.
2. "갑"이 정하여진 기일에 굴삭기 인도를 거부하는 경우 "을"은 계약을 해제하고 손해배상을 청구한다.

제9조【기타사항】

1. 계약의 당사자는 본 계약의 내용을 신의성실에 의거하여 준수하여야 한다.
2. 계약기간 중 계약의 변경은 당사자의 서면 합의에 의해서만 변경될 수 있으며 서명날인된 문서를 본 계약서의 말미에 첨부한다.
3. 본 계약서에서 명시되지 않은 부분에 대하여는 관련 법규 및 상관습에 따르기로 한다.

제10조【분쟁해결】

1. 본 계약과 관련하여 양 당사자 간의 분쟁이 발생한 경우, 원칙적으로 "갑"과 "을" 상호간의 합의에 의해 해결한다.
2. 제1항에도 불구하고 분쟁이 해결되지 않을 경우 "갑"의 주소지 관할 지방법원을 그 관할로 하여 재판함으로써 해결한다.

제11조【특약사항】 상기 계약일반사항 이외에 "갑"과 "을"은 아래 내용을 특약사항으로 정하며, 특약사항이 본문과 상충되는 경우에는 특약사항이 우선하여 적용된다.

위와 같이 본 계약이 유효하게 성립하였음을 증명하기 위하여 본 계약서 2통을 작성하여 각각 서명(또는 기명) 날인한 후 "갑"과 "을"이 각각 1통씩을 보관한다.

20○○년 ○월 ○일

갑	㉑	사 업 자 등 록 번 호		사 무 소	
				전화번호	
을	㉑	사 업 자 등 록 번 호		사 무 소	
				전화번호	

[서식 359] 인수계약서(제조업체 설비라인)

설비라인 인수계약서

제조업체 (주)○○○○(이하 "갑"이라 칭한다)와 제조업체 (주)○○○○(이하 "을"이라 칭한다)는 상호간에 다음과 같이 설비라인 인수계약을 체결한다.

제 1 조 【목 적】 본 계약은 "갑"이 보유 사용하는 ○○○○제품 생산을 위한 설비라인 일체를 "을"이 유상으로 인수하기로 하고 이와 관련된 권리의무사항을 규율함을 목적으로 한다.

제 2 조 【설비목록】

1. 본 계약에 따라 "을"이 인수하는 ○○○○ 설비라인은 공인기관에서 인증한 성능검사 검정표가 첨부된 설비라인 및 기타 "을"이 인수를 지적한 라인을 지칭하며 구체적 목록은 당사자 쌍방이 참석한 상태에서 작성된 인수설비목록에 따른다.
2. 제1항의 인수설비 목록은 본 계약체결 이후 ○일 이내에 작성하여 본 계약서 말미에 첨부하도록 하되, 당해 인수설비 목록에는 각 설비라인의 상태 및 평가산정 금액이 기재되어야 한다.
3. 본 계약의 진행 시 "갑"은 일부 무료제공 품목서에 기재된 설비라인은 "을"에게 무료로 제공하도록 한다.

제 3 조 【인수가격】

1. "을"은 인수설비목록의 작성완료와 동시에 계약금으로 금 ○○○원(₩○○○)을 "갑"에게 현금으로 지급하되, 계약의 진행을 거부한 경우 인수설비목록 작성과 관련된 일체의

자료를 폐기 및 정보의 외부유출금지의 의무를 부담하여야 한다.

2. 잔금 ○○○원(₩○○○)은 설비라인의 최종인도일에 검수와 동시에 지급하기로 하되, 20○○년 ○월 ○일까지 인도하여야만 한다. 단, 대금의 연체시 연 ○%의 연체이자를 부담한다.

제4조【컨베이어벨트】 "갑"은 컨베이어 벨트의 인도 시 당해벨트에 설치된 정전기 제거장치 일체를 인도하여야 하며 당해 설비의 하자가 발생하지 아니하도록 주의하여야 한다.

제5조【설비권리】

1. "갑"은 본 계약의 거래대상 설비라인에 대하여 제3자에 대한 양도, 담보설정 등 제반 권리사항에 있어서 하자가 없음을 보증한다.
2. "갑"은 설비라인의 성능상태에 대하여 "을"과 공동조사시 고지하는 상태와 상위가 없음을 보증한다.

제6조【선관의무】

1. 본 계약상 거래되는 모든 설비라인에 대하여 그 유·무상을 불문하고 "갑"은 인도일까지 선관 주의의무를 부담한다.
2. 제1항의 경우 특별히 명세서 작성 시 품질상태가 규정된 경우에는 당해 품질상태에 따른 인도를 하면 되는 것으로 간주한다.

제7조【인 도】

1. 본 계약 설비라인의 인도는 "을"이 비용을 부담하여 직접 "갑"의 영업소를 방문하여 설비라인의 인도를 받으며 인도이전의 위험부담은 "갑"이 부담한다.
2. 제1항의 인도에 소요되는 비용 일체는 "갑"이 부담한다.

제8조【하자발생】

1. "을"이 최종 인수한 이후 최초 작성한 설비목록과 상이한 사항이 발견될 시 관련 사유의 해명을 "갑"에게 요구하고, 설비라인의 손실 등이 발견될 시 해당 가치의 감소분만큼 잔금의 지급액에서 공제한 잔액을 지급한다.
2. 검수결과 설비라인의 오차가 심하여 본 계약의 목적을 달성할 수 없을 경우 "갑"은 계약금을 즉시 "을"에게 반환하여야 하고, "을"은 관련 장비 일체를 "갑"에게 반환하여야 한다. 단, 반환에 소요되는 비용은 "갑"이 부담한다.

제9조【해 제】

1. 당사자 일방은 물건의 인도 이전에 본 계약을 해제할 수 있으며, "갑"이 해제할 경우 계약금의 ○배를 반환하며 "을"이 해제할 경우 계약금을 포기하고 해제한다.
2. "갑"이 정하여진 기일에 설비라인의 인도를 거부하는 경우 "을"은 계약을 해제하고 손해배상을 청구한다.

제10조【기타사항】

1. 계약의 당사자는 본 계약의 내용을 신의성실에 의거하여 준수하여야 한다.
2. 계약기간 중 계약의 변경은 당사자의 서면 합의에 의해서만 변경될 수 있으며 서명날인된 문서를 본 계약서의 말미에 첨부한다.
3. 본 계약서에서 명시되지 않은 부분에 대하여는 관련 법규 및 상관습에 따르기로 한다.

제11조【분쟁해결】
1. 본 계약과 관련하여 양 당사자 간의 분쟁이 발생한 경우, 원칙적으로 "갑"과 "을" 상호간의 합의에 의해 해결한다.
2. 제1항에도 불구하고 분쟁이 해결되지 않을 경우 "갑"의 주소지 관할 지방법원을 그 관할로 하여 재판함으로써 해결한다.

제12조【특약사항】 상기 계약일반사항 이외에 "갑"과 "을"은 아래 내용을 특약사항으로 정하며, 특약사항이 본문과 상충되는 경우에는 특약사항이 우선하여 적용된다.

위와 같이 본 계약이 유효하게 성립하였음을 증명하기 위하여 본 계약서 2통을 작성하여 각각 서명(또는 기명) 날인한 후 "갑"과 "을"이 각각 1통씩을 보관한다.

20○○년 ○월 ○일

갑	㊞	사업자 등록번호		사무소	
				전화번호	
을	㊞	사업자 등록번호		사무소	
				전화번호	

[서식 360] 양도계약서(근저당권)

근저당권양도계약서

주식회사 ○○은행(이하 "갑"이라 한다)은 ○○○(이하 "병"이라고 한다)과의 사이에 20○○년 ○월 ○일 증서대부, 어음대부 및 어음할인방법에 따라 "병"에게 신용을 공여할 근저당은행거래계약(이하 "원 계약"이라고 한다)을 체결하여 동일 채권최고액 금 ○○○만원, 계약기간 20○○년 ○월 ○일까지로 하는 근저당권을 설정하고 거래를 계속하여 왔으나, 금번 "갑"의 사정으로 인하여 원 계약에 기한 현종 채권을 포함하여 위의 원 계약을 근저당권부 그대로 주식회사 ○○은행(이하 "을"이라고 한다)에게 승계시키는 계약을

"갑", "을" 및 "병" 사이에 체결한다.

제1조 "갑"은 원 계약에 기하여 "병"으로부터 설정을 받은 아래에 기재한 부동산상의 근저당권(20○○년 ○월 ○일 ○○지방법원 ○○등기소 접수 제○○호로 된 근저당권)에 대하여 "을" 명의로 이전등기절차를 이행하여야 한다.

제2조 "갑"은 제1조에 따라 양도한 채권 및 근저당권에 대하여 하자담보의 책임을 진다.

제3조 "병"은 "을"에게 원 계약의 각 조항을 준수하고 채무를 이행한다.

제4조 "병"은 "을"의 청구가 있을 때에는 원 계약 및 이 계약에 기초한 채무의 승인 및 강제집행의 인낙이 있는 공정증서의 작성에 필요한 절차를 밟는다.

제5조 이 계약에 관하여 이 증서에 별도의 규정이 없는 한 모두 원 계약의 각 조항이 적용된다.

근저당권 부동산의 표시

○○시 ○○구 ○○동 ○○ 대 ○○○㎡

위와 같이 상위 없음을 확인하기 위하여 이 증서를 작성하고 다음과 같이 서명(또는 기명) 날인한다.

20○○년 ○월 ○일

갑	㊞	사업자등록번호		사무소	
				전화번호	
을	㊞	사업자등록번호		사무소	
				전화번호	
병	㊞	주민등록번호		주소	
				전화번호	

[서식 361] 사업포괄양수도계약서

사업포괄양수도계약서

○○ 주식회사(이하 "갑"이라 칭한다)와 주식회사 ○○(이하 "을"이라 칭한다) 간에 다음과 같이 사업포괄양수도계약을 체결한다.

제1조 본 계약은 "갑"이 운영하고 있는 회사의 사업에 관한 일체의 권리와 일체의 의무를 "을이 양수하고자 하는데 그 목적이 있다.

제2조 "갑"은 부가가치세법 제6조 제6항의 규정에 의한 사업양도에 따른 부가가치세의 면제를 받기 위하여 20○○년 ○월 ○일 현재의 장부상 사업용 자산총액에서 부채총액을 차감한 잔액을 대가로 하여 "을"에게 사업일체를 포괄적으로 양도한다.

제3조 "을"은 "갑"이 제출한 20○○년 ○월 ○일 현재의 대차대조표를 감리한 후 특별한 사항이 없는 한 양수할 자산(토지와 건물 제외)과 부채를 장부가액대로 평가해야 한다.

제4조 "갑"이 "을"에게 사업 전부를 양도하는 기일은 20○○년 ○월 ○일로 하고, "을"은 사업양도가 종료되는 날까지 "갑"에게 대금을 완불하여야 한다. 다만, 기일까지 사업양도에 따른 제반 법적절차가 종료되지 않을 때에는 "갑", "을" 쌍방협의로 이를 연장할 수 있다.

제5조 "갑"은 본 계약체결 후 사업인수를 완료할 때까지 그 재산의 관리운영에 있어 선량한 관리자의 주의를 게을리하지 말 것이며, 또한 정상의 거래를 제외하고 재산에 영향을 미치는 중요한 사항에 관하여는 "을"의 사전승인에 의하도록 한다.

제6조 사업양수일 현재 "갑"과 거래중인 모든 거래처는 "을"이 인수하여 계속거래를 보장하도록 한다.

제7조 본 계약규정 이외에 사업 양도, 양수에 관하여 협정할 사항이 발생한 경우에는 본 계약서 조항의 본뜻에 위배되지 않는 한 "갑", "을" 쌍방 협의하에 이를 시행한다.

제8조 "갑"은 "을"이 사업을 양수함에 따른 제반 절차를 수행하는데 적극 협조하여야 한다.

제9조 "을"은 "갑"의 전 종업원을 신규채용에 의하여 전원 인수, 계속 근무케 함은 물론 "을"이 사업양수한 이후 퇴직자가 발생할 경우에는 종전 "갑"의 사업에서 근무하던 근속년수를 통산 인정하여 퇴직금을 지급키로 한다.

제10조 "갑"은 사업양수일 이전에 발생한 제세공과금(국세 및 지방세 포함) 일체를 책임지며, "을"은 "갑"의 사업양도에 따른 비용전부를 부담키로 한다.

본 계약을 증명하기 위하여 본 계약서 2통을 작성하여 각각 서명(또는 기명) 날인한 후 각각 1통씩을 보관한다.

별첨 : ○○ 주식회사의 대차대조표(20○○. ○. ○. 현재)○○ 주식회사의 자산부채명세서(20○○. ○. ○. 현재)

20○○년 ○월 ○일

<table>
<tr><td rowspan="2">갑</td><td rowspan="2">㊞</td><td rowspan="2">사 업 자
등록번호</td><td rowspan="2"></td><td>사 무 소</td><td></td></tr>
<tr><td>전화번호</td><td></td></tr>
<tr><td rowspan="2">을</td><td rowspan="2">㊞</td><td rowspan="2">사 업 자
등록번호</td><td rowspan="2"></td><td>사 무 소</td><td></td></tr>
<tr><td>전화번호</td><td></td></tr>
</table>

대 차 대 조 표

20○○년 ○월 ○일 현재

○○ 주식회사 (단위 : 원)

자 산		부 채 와 자 본	
계정과목	금 액	계정과목	금 액
토 지		임대보증금	
건 물		자 본 금	
자산총계		부채와 자본총계	

자 산, 부 채 명 세 서

20○○년 ○월 ○일 현재

<table>
<tr><td colspan="2">○○ 주식회사</td><td colspan="2">(단위 : 원)</td></tr>
<tr><td>구 분</td><td>계정과목</td><td>내 역</td><td>금 액</td></tr>
<tr><td rowspan="2">자 산</td><td>토 지</td><td></td><td></td></tr>
<tr><td>건 물</td><td></td><td></td></tr>
<tr><td rowspan="4">부 채</td><td rowspan="4">임대보증금</td><td></td><td></td></tr>
<tr><td></td><td></td></tr>
<tr><td></td><td></td></tr>
<tr><td>합 계</td><td></td></tr>
</table>

[서식 362] 상호, 영업양도증서 및 승낙서

상호·영업양도증서 및 승낙서

양 도 인　　주식회사 ○○○○(000000-0000000)
　　　　　　○○시 ○○대로 ○○○
　　　　　　대표이사 ○ ○ ○

양 수 인　　주식회사 ○○○ (000000-0000000)
　　　　　　○○시 ○○대로 ○○○
　　　　　　대표이사 ○ ○ ○

위 양도인과 양수인은 아래와 같이 상호, 영업양도증서를 작성하고 양당사자는 이를 승낙한다.

제1조 20○○. ○. ○.까지 양도인이 위 회사의 영업으로 인하여 제3자에게 부담하는 모든 채무

제2조 양수인는 20○○. ○. ○. 상호 및 영업을 양수하였지만 양도회사의 모든 채무에 대하여 책임을 지지 아니한다.

이 계약을 증하기 위하여 상호, 영업양도증서 및 승낙서를 2통 작성하여 양도인과 양수인이 각 1통씩 보관한다.

20○○. ○. ○.

양 도 인　주식회사 ○○○○
　　　　　대표이사 ○ ○ ○ (인)

양 수 인　주식회사 ○○○
　　　　　대표이사 ○ ○ ○ (인)

[서식 363] 합병계약서(주식회사)

합 병 계 약 서

주식회사 ○○○○(이하 "갑"이라 한다)와 주식회사 ○○○○ (이하 "을"이라 한다)은 상호 간의 합병에 의한 계약을 다음과 같이 체결한다.

제1조【합 병】"갑"은 "을"을 합병해서 존속하며, "을"은 해산한다.

제2조【증 자】

1. "갑"은 합병에 의해 지금까지 발행하던 주식 총수를 ○○○주 증가한다.
2. 전 항에서 증가한 주식은 모두 액면 보통주식(1주의 액면금액 금 ○○○원)으로 한다.

제3조【합병비율】

1. "갑"은 합병시, 보통주식 ○○○○주(1주 액면금액 금 ○○○원)를 발행하고 합병기일 현재 "을"의 최종 주식에서 "을"이 소유하고 있는 액면 ○○○원의 보통주식 1주에 대해 "갑"의 보통주식 1주당 비율을 할당 교부한다.
2. 이 합병에 의해 "갑"은 자본금 ○○○원, 자본준비금 ○○○원, 이익준비금 ○○○원, 임의준비금 ○○○원으로 증가한다. 단, 자본준비금에 대해서는 병합기일을 기준으로 "을"의 자산상태에 따라 "갑"과 "을"이 협의하여 변경할 수 있다.

제4조【장부액인수】

1. "을"은 20○○년 ○월 ○일 현재의 회계장부, 대차대조표, 그 외 동일 계산을 기초로 해서 합병기일에 자산, 부채 및 권리의무 일체를 "갑"이 인수한다.
2. "을"은 20○○년 ○월 ○일 이후 합병기일까지 자산, 부채에 변동이 생길 경우에는 별도로 계산서를 첨부하고 그 내용을 즉시 "갑"에게 명시해야 한다.

제5조【관리의무】"을"은 계약체결 후에 합병기일까지 관리자의 주도하에 업무를 집행하고 모든 재산을 관리한다.

제6조【합병기일】"갑"과 "을"의 합병기일은 20○○년 ○월 ○일로 한다. 단, 동 기일까지 합병에 필요한 절차를 진행할 수 없는 경우에는 "갑"과 "을"은 협의하여 이를 연기할 수 있다.

제7조【신주의 배당】합병으로 인해 발행한 "갑"의 신 주식에 대한 배당은 합병기일로부터 기산한다.

제8조【종업원의 인수】"을"의 종업원은 합병기일로부터 "갑"이 인수하며, 근속연수는 전후 통산한다.

제9조【"을"의 해산】"을"의 해산에 필요한 비용은 전부 "을"이 부담한다.

제10조【계약의 조정】계약체결일로부터 합병의 실행에 이르기까지 천재지변이나 그 외의 이

유로 인해 "갑"이나 "을"의 자산상태나 경영상태에 중대한 변경을 가져왔을 경우, 또는 다른 하자가 발생했을 경우에는 "갑"과 "을"의 협의 하에 합병을 취소하고 합병조건을 변경할 수 있다.

제11조【기 타】 이 계약에서 정한 것 외에 합병과 관련해서 필요한 사항이 있는 경우, 그 계약의 취지에 기초해서 "갑"과 "을"의 각 대표자가 협의하여 결정한다.

제12조【주주총회의 소집】 "갑"과 "을"은 20○○년 ○월 ○일을 기해서 각각 주주총회를 소집하고 이 계약의 승인 및 실행에 필요한 사항에 있어서 결의를 거쳐야 하며 그 승인결정 후 "갑", "을"이 서로의 취지를 통보한다.

제13조【효력발생시기】 이 계약은 "갑"과 "을"의 주주총회의 승인을 얻어 주요 관청의 허가를 얻음과 동시에 효력이 발생한다.

위와 같이 본 계약이 유효하게 성립하였음을 증명하기 위하여 본 계약서 2통을 작성하여 각각 서명(또는 기명) 날인한 후 "갑"과 "을"이 각각 1통씩을 보관한다.

20○○년 ○월 ○일

갑	㊞	사 업 자 등 록 번 호		사 무 소	
				전화번호	
을	㊞	사 업 자 등 록 번 호		사 무 소	
				전화번호	

[서식 364] 합병계약서

합 병 계 약 서

○○○○ 주식회사(이하 "갑"이라 한다)와 주식회사 ○○○○(이하 "을"이라 한다)간에 경영합리화를 위하여 합병하기로 하고 다음과 같이 합병계약을 체결한다.

제 1 조【합병방법】 "갑"과 "을"은 합병하여 "갑"은 존속하고 "을"은 해산한다.

제 2 조【발행할 주식의 총수】 "갑"은 합병으로 인하여 회사가 발행할 주식의 총수를 기명식

보통주식 2천만주를 증가하여 총 3천만주로 한다.

제3조【증가할 자본금과 준비금 총액】 "갑"이 합병으로 인하여 증가할 자본금은 180억원으로 하고, 준비금은 제6조에서 정한 합병기일에 있어서 "을"의 대차대조표상 금액으로 한다.

제4조【합병시 발행신주 및 교부비율】 "갑"은 합병시 기명식 보통주식(1주의 금액 5천원) 36O만주를 발행하여 합병기일 현재 "을"의 주주명부에 기재되어 있는 주주에 대하여 그가 소유하는 "을"의 주식 1주에 대하여 "갑"의 주식 1주의 비율로 배정 교부한다.

제5조【합병승인 총회기일】 "갑", "을"은 이 계약의 승인 및 합병에 필요한 사항을 의결하기 위하여 20○○년 ○월 ○일에 각각 주주총회를 개최한다. 다만 합병절차의 진행상 필요한 경우에는 "갑", "을" 협의 하에 이 기일을 변경할 수 있다.

제6조【합병기일】 "갑", "을"의 합병 기일은 20○○년 ○월 ○일로 한다. 다만 합병절차의 진행상 필요한 경우에는 "갑", "을" 협의하여 이를 변경할 수 있다.

제7조【재산의 인수】 "을"은 20○○년 ○월 ○일 현재의 대차대조표 기타 동일의 계산서류를 기초로 하여 합병기일에 그 자산, 부채 및 권리 의무 일체를 "갑"에게 인계하고 "갑"은 이를 인수한다. 이 경우 "을"은 20○○년 ○월 ○일부터 합병기일에 이르기까지의 자산, 부채의 변동에 관하여 따로 계산 서류를 작성하여 그 내용을 명확히 하여야 한다.

제8조【선관주의 의무】 "갑", "을"은 이 계약체결 후 합병기일에 이르기까지 선량한 관리자의 주의로서 각 기의 업무 집행 및 재산의 관리운영을 하며 그 재산 또는 권리의무에 중대한 영향을 미치는 행위를 하는 경우에는 "갑", "을"이 협의하여 실행한다.

제9조【종업원의 인수】 "갑"은 "을"의 종업원을 합병기일에 "갑"의 종업원으로 인수하고 기타 사항에 관하여는 "갑", "을"이 협의하여 정한다.

제10조【신주 이익배당 기산일】 제4조에 의하여 발행하는 주식에 대한 이익배당의 계산은 20○○년 ○월 ○일부터 기산한다.

제11조【계약의 변경】 이 계약체결일로부터 합병기일에 이르는 사이에 천재지변 기타 "갑" 또는 "을"의 재산, 경영상태에 중대한 변동이 생긴 때에는 "갑", "을" 협의하여 합병조건을 변경하거나 또는 이 계약을 해제할 수 있다.

제12조【계약의 효력발생】 이 계약은 제5조에 규정하는 각 기의 주주총회의 승인을 얻은 때에 그 효력을 발생한다.

제13조【계약 외 사항】 이 계약에서 규정한 이외의 합병에 관하여 필요한 사항은 이 계약의 취지에 따라 "갑", "을" 협의하여 결정한다.

본 계약을 증명하기 위하여 본 계약서 2통을 작성하여 각각 서명(또는 기명) 날인한 후 각각 1통씩을 보관한다.

20○○년 ○월 ○일

갑	㊞	사 업 자 등 록 번 호		사 무 소	
				전화번호	
을	㊞	사 업 자 등 록 번 호		사 무 소	
				전화번호	

[서식 365] 부동산 및 사업권 양도양수계약서(대한토지신탁)

부동산 및 사업권 양도·양수 계약서

□ 대상 사업부지 및 사업권 매각 현황

1. 사 업 명 : ○○시 ○○2지구 지구단위계획구역 내 아파트 사업
2. 위　　치 : 경기도 ○○시 ○○동 ○○번지 일원
3. 대지면적 : 77,867㎡
4. 매각대상 : 사업부지 및 사업권 일체
5. 매각금액 : 일금○○○○○○○○억원(000,000,000,000원, 부가세 별도)
   ※ 사업부지 및 사업권 매각금액의 구체적 내역은 "별첨 1"과 같다.

제 1 조 [목적]

군인공제회(이하 "갑"이라 한다)와 ○○○○주식회사(이하 "을"이라 한다)는 "갑"이 사업시행을 위하여 매입한 "별첨2" 목록 기재 부동산과 진행 중인 사업권 등 일체의 권리·의무를 "을"에게 양도하고 상호 존중과 신뢰를 바탕으로 업무를 추진함으로써 서로간의 이익을 증진시키고자 본 계약을 체결한다.

제 2 조 [역할 및 책임]

① 본 계약에서 "갑"이 "을"에게 양도할 당해 부동산에 관하여는 "별첨2" 부동산 목록으로 "갑"과 "을"이 서로 확인한다. (기존 토지소유자들과의 토지매매계약서 및 계약조건 승계 포함, 별첨2 토지목록 중 7, 19, 23, 46, 64, 65, 106, 126번 참조)

② "갑"은 김포사우2지구 지구단위계획구역내의 토지에 공동주택인 아파트사업 (이하 "목적사업"이라한다)과 관련하여 매입한 토지와 토지의 소유권 및 인·허가와 관련된 제반서류를 포함한 사업권 일체를 "을"에게 양도한다.

③ "갑"과 "을"은 토지소유권 및 사업권의 이전 절차에 따라 본 계약서 제4조[업무진행방

법]에 의해 소유권을 이전하기로 하며, 본 계약에 명시되지 않은 사항은 상호 협의하여 처리한다.

④ "갑"의 사업권이라 함은 "갑"이 대상부지에 공동주택건설사업을 수행하기 위하여 기 진행되어온 다음 각호의 권리·의무를 말한다.

1. (2011-주택과-주택건설사업계획승인-5) 사업계획(변경)승인서상 사업주체 명의 및 사업주체로서 부담하는 일체의 권리·의무
2. (김포시 고시 제2013-39호) ㅇㅇ시 ㅇㅇ2지구 도시계획시설(도로 : 중로1-1호선, 중로1-10호선 외 5개 노선, 소공원 : ㅇㅇ마을숲공원) 사업시행자 지정(변경) 및 실시계획(변경)인가상 사업시행자 명의 및 사업시행자로서 부담하는 일체의 권리·의무
3. 기타 인·허가 관련서류 및 사업관련 기투입비용

⑤ 상기 사업권 양수도금액에는 사업추진과정에서 기집행된 사업비 일체가 포함된 것으로 한다.

⑥ 본 사업과 관련하여 "을"은 기존 토지소유자들과 기 체결된 "부동산 매매계약서 계약조건"과 부동산 및 사업권에 대한 현 실태를 상세히 조사·검토한 후 본 계약을 체결하는 것으로, "갑"은 매각대상물(매각대상물과 관련하여 "갑"이 부담하는 권리·의무를 포함한다)을 현상 그대로 인도하고, "을"은 이를 이의없이 인수 또는 승계한다.

⑦ "갑"과 "을"의 역할 및 임무 구분

구 분	역 할 및 임 무
"갑"	· 토지소유권 및 인·허가 관련서류 등을 포함한 사업권일체의 인계 ※ 소유권이전 대상부지 중 ㅇㅇ시 ㅇㅇ동 ㅇㅇ번지는 잔금 지급기일까지 "갑"이 다음 각 호의 처리방법 중 하나를 선택하여 "을"에게 통보하기로 하며, "을"은 해당 토지의 소유권미확보를 이유로 잔금 지급을 거절하거나, 계약해지 또는 손해배상 등을 요구할 수 없다. 1. 잔금 지급기일까지 "갑"이 소유권을 확보하여 "을"에게 소유권 이전 2. 잔금 지급기일 이후 "을"로 하여금 "갑"의 비용으로 매도청구 소송을 제기할 것을 요구
"을"	· 상가건물 우선분양 조건 이행 (별첨2 토지목록 중 7, 19, 23, 46, 64, 65, 106, 126번 참조) · 기존 토지소유자들과 체결한 기계약 사항 및 본 계약 체결 이후 기존 토지소유자들과의 사이에서 발생되는 사항 책임처리

제3조 [계약체결 및 대금지급]

① 본 계약의 계약체결일은 20ㅇㅇ년 ㅇ월 ㅇ일로 한다.

② 양수도대금은 "갑"이 지정하는 통장으로 다음과 같이 입금한다.

1. 입금통장 : ㅇㅇ은행(계좌번호ㅇㅇ-ㅇㅇㅇ-ㅇㅇㅇㅇ)/대한토지신탁(주)
2. 입금방법

구 분	양 수 도 대 금					지급기일
	사업부지	사업권			합 계	
		공급금액	부가세	소계		
계약금	₩0,000,000,000.-	₩000,000,000.-	-	₩000,000,000.-	₩0,000,000,000.-	계약 체결시
잔 금	₩00,000,000,000.-	₩0,000,000,000.-	₩000,000,000.-	₩0,000,000,000.-	₩00,000,000,000.-	계약일로부터 30일
합 계	₩00,000,000,000.-	₩0,000,000,000.-	₩000,000,000.-	₩0,000,000,000.-	₩00,000,000,000.-	

③ "을"이 약정한 지급금액을 제2항에서 약정한 지급기일까지 미입금하는 경우 "갑"은 계약을 해제할 수 있다.
④ "을"이 지정된 지급기일을 연체하여 계약 해제 전까지 대금을 납부하는 경우에는 지급기일 익일로부터 납입일까지의 기간 동안 미지급금액에 대하여 연 13.5%의 확정금리를 적용하여 계산한 연체이자를 약정금액과 함께 지급하여야 한다.
⑤ "갑"은 "을"로부터 받은 납입금을 체당지급비용, 연체이자, 매매대금 순으로 충당한다.
⑥ 잔금 지급기일 이전에 발생한 제세공과금은 "갑"이 부담하며, 잔금납부와 관계없이 잔금 지급기일 이후에 발생하는 제세공과금 등 비용은 "을"이 부담한다. 단, 재산세 또는 종합부동산세 등과 같이 과세기준일과 납기일 간에 차이가 있는 경우에는 과세기준일에 해당 제세공과금이 발생한 것으로 본다.

제4조 [업무진행방법]
① "갑"과 "을"은 본 계약상의 업무 진행 시 상대방이 자료나 업무협조를 요청하는 경우 적극적으로 협조한다.
② "을"은 매각대상물의 양수양도계약과 관련한 제반 행정업무(토지거래허가, 부동산거래계약신고 등)를 "을"의 책임과 비용으로 처리해야 하며, "갑"은 "을"에게 협조하기로 한다. "을"이 행정업무를 이행하지 않아 "갑"에게 손해가 발생하는 경우, "을"은 이를 배상하여야 한다.
③ "갑"의 토지소유권은 "을"이 상기 제3조에 정한 양수도대금을 완납하였을 때 "을"에게 소유권 이전등기에 필요한 서류를 교부한다.
④ "을"이 상기 제3항의 서류를 교부받은 때에는 30일 이내에 이전등기를 완료하여야 하며, 이를 지연함으로 인하여 발생하는 책임은 "을"이 부담한다.
⑤ "갑"의 사업권은 "을"이 상기 제3조에 정한 양수도대금을 완납하였을 때 "을"에게 사업권 명의변경에 필요한 서류를 교부한다.
⑥ 상기 제3항 내지 제5항과 관련하여 소유권이전등기 및 사업권 명의변경 등에 소요되는 일체의 비용은 "을"의 부담으로 한다.

제5조 [하자책임 및 위험부담]
① "을"은 매각대상물의 권리와 현상태 및 사용에 관한 제반사항에 관하여 상세히 조사·검토한 후 본 계약을 체결하는 것으로, "갑"은 다음 각 호의 사항에 관하여는 책임을 지지

아니하며, "을"이 책임을 부담한다.

1. "별첨2" 부동산목록 중 수량의 차이 및 품명, 규격, 품질, 현구조물의 안전상태(안전진단 등) 모든 물적하자
2. 공부 및 지적상의 흠결이나 환지로 인한 감평, 미등기건물, 행정상의 규제로 인한 구조, 수량의 차이
3. 권리의 일부가 타인에게 속함으로 받는 권리의 제한 및 제3자의 권리침해
4. 등기부상 표시내용과 현상과의 차이

② 본 계약 체결일 이후에 매각대상물의 공용징수, 도시계획의 변경, 건축제한, 도로편입 등 일체의 공법상의 부담이 부과되었을 경우 이에 따른 모든 책임은 "을"의 부담으로 한다.

③ 본 계약 체결 이후 "을"의 잔금 납부지정일까지 제1항 및 제2항 외에 추가적인 제3자의 권리 침해로 인하여 소유권이전 또는 사업권 명의변경이 불가할 경우에는 "갑"의 책임으로 정리하기로 하며, 잔금 납부지정일까지 "갑"이 정리하지 못할 경우에는 계약을 무효로 하고, "갑"은 "을"이 기납부한 대금을 이자없이 원금만 반환하며, 이 경우 "을"은 일체의 이의를 제기하지 못한다.

④ "을"은 "을"의 책임으로 잔금 지급기일("갑"과 "을"의 합의에 의해 잔금 지급기일을 조정하는 경우에도 조정전 최초 잔금 지급기일을 의미하며, 본 항에서 이하 같다) 이전까지 제2조 제4항 제1호 내지 제2호의 인허가 유효여부 및 인허가 명의변경 가능여부를 확인하기로 하며, 이와 관련하여 "을"의 요청이 있을 경우 "갑"은 협조하기로 한다. 만약 인허가가 유효하지 않거나 인허가 명의변경이 불가능할 경우 "을"은 잔금 지급기일 이전까지 서면으로 계약을 무효로 할 것을 요구할 수 있고, "갑"은 "을"이 기납부한 대금을 이자없이 원금만 반환하며, 이 경우 "을"은 일체의 이의를 제기하지 못한다. 만약 "을"이 잔금 지급기일 이전까지 본항에 따라 계약의 무효를 서면으로 요구하지 않을 경우, "을"은 사업권을 현상 그대로 인수하는 것에 이의없이 동의한 것으로 간주하며, 추후 인허가가 유효하지 않거나 인허가 명의변경이 불가하다는 사유로 잔금 지급을 거절하거나 계약해지 또는 손해배상을 요구하는 등 일체의 이의를 제기할 수 없다.

제6조 [명도 또는 인도]

① 매각대상물의 명도 또는 인도는 "을"이 그 책임을 부담한다.

② "갑"은 양수도대금을 완납받은 후에 매각대상물을 현상 그대로 "을"에게 인도하며 "을"은 조건없이 인수한다.

③ 계약체결 이후 매각대상물과 관련하여 기존 이해관계자들과의 분쟁 및 민원사항 등은 "을"의 책임으로 해결토록 하여야 하며, 그 정리결과를 이유로 "갑"에게 어떠한 권리주장이나 요구(계약의 무효, 취소, 해제 또는 해지, 대금지급의 조정 등)를 할 수 없다.

④ 매각대상물로 표시되지 않은 물건(건물, 공작물 등 일체)과 제3자가 시설한 지상물건 등이 있을 때에는 그에 대한 명도, 철거, 수거, 인도 책임 및 비용은 "을"이 부담한다.

제7조 [계약의 해제·해지 및 위약배상]

① "갑"과 "을"은 상대방이 정당한 사유없이 본 계약 내용을 이행하지 않을 경우 본 계약을 해지할 수 있다.

② "갑"의 위약으로 본 계약이 해제 또는 해지되는 경우 "갑"은 계약금에 해당하는 금액을 배상한다.

③ "을"의 위약으로 본 계약이 해제 또는 해지되는 경우 다음 각 호와 같이 한다.

1. "갑"이 이미 수취한 계약금은 위약벌로서 "갑"에게 귀속한다.
2. "갑"은 체당비용, 지연손해금 및 기타 제비용을 "을"이 별도의 변제충당금을 제시한 경우를 제외하고는 "을"로부터 이미 수령한 대금 중에서 공제하여도 "을"은 이의 없기로 한다.
3. "을"은 "갑"으로부터 기 납부한 매매대금 중에서 제2호 해당액을 공제한 잔여금수령과 동시에 매각대상물을 "갑"에게 반환하기로 한다. 그 반환이 지연되는 때에는 지연에 따른 손해금을 "갑"에게 지급하기로 한다.

제8조 [변경사항 신고] "을"은 계약 이후 "을"의 상호(성명) 및 주소지 등이 변경될 때에는 지체없이 "갑"에게 서면으로 통보하여야 하며 이를 이행하지 아니하여 발생한 손해는 "을"의 부담이며, "갑"이 책임지지 아니한다. 또한 본 계약서에 기재된 주소지 또는 "을"이 변경 통보한 주소지로 본 계약 관련 일체의 의사표시(이행최고 및 해지 포함)를 등기우편으로 발송한 경우, 발송 후 7일 경과시에 도달한 것으로 간주하며, "을"은 일체 이의제기 않기로 한다.

제9조 [권리양도의 금지] "갑"과 "을"은 상대방의 서면승인 없이는 어떠한 권리 또는 토지 및 사업권, 본 계약상 지위를 제3자에게 양도하거나 담보로 제공할 수 없으며, 이를 위반한 경우 그에 대한 민·형사상의 책임을 진다.

제10조 [기타사항]

① 본 계약과 관련된 소송은 서울중앙지방법원을 관할법원으로 한다.

② 이 사업을 원활히 수행하기 위하여 "을"이 신규법인을 신설하여 본 계약상의 명의자변경을 "갑"에게 요구하는 경우 "갑"은 "갑"의 권리에 변동이 없는 한 변경하여 주기로 한다.

③ 본 계약은 계약금 입금과 동시에 법적인 효력이 발생한다.

④ 입찰참가자 준수규칙, 공매공고 내용은 계약의 일부가 되며, 입찰참가자준수규칙 또는 공매공고의 내용이 본 계약과 상이한 경우 본 계약의 내용에 따른다.

⑤ 본 계약 내용과 매각대상물의 공부 내용이 상이한 경우 공부의 내용에 따르며, 이에 따른 양수도대금의 조정은 없는 것으로 한다.

"갑"과 "을"은 상기 사항을 계약하고 이를 증명하기 위하여 계약서 2부를 작성하여 각자 기명날인 후 각 1부씩 보관한다.

20○○년 ○월 ○일

"갑" (양도인) 상 호 : ○○
대 표 이 사 : ○○
주 소 : 서울특별시 ○○구 ○○로 ○○
법인등록번호 : ○○

"을" (양수인) 상　　　호 :
대 표 이 사 :
주　　　소 :
법인등록번호 :

▌제8장▌ 문화콘텐츠 관련 계약서

1. 개 념

문화콘텐츠(Culture Contents)를 “문화, 예술, 학술적 내용의 창작 또는 제작물뿐만 아니라 창작물을 이용하여 재생산된 모든 가공물 그리고 창작물의 수집, 가공을 통해서 상품화된 결과물들을 모두 포함하는 포괄적 개념”으로 정의한다.

2. 범 위

· 대한민국에서 문화콘텐츠로 인정되는 범위는 대체로 다음과 같다.
· 영화
· 드라마, 다큐멘터리 등을 포함한 방송콘텐츠
· 만화 · 웹툰 · 애니메이션, 캐릭터
· 문화원형을 이용한 콘텐츠
· 대중음악
· 뮤지컬, 오페라, 연극 등의 공연
· 컴퓨터 게임, 모바일 게임 등의 게임
· 인터넷, 모바일, 에듀테인먼트 콘텐츠
· 전시기획, 테마파크, 축제 등의 공간콘텐츠

[서식 366] 전속계약서

전 속 계 약 서

__________(이하 ‘甲’이라 한다)[과, 와] ___________(이하 ‘乙’이라 한다)[는, 은]

다음의 각 조, 항과 같이 전속계약을 체결함에 있어 상호 신의성실로서 이를 이행함은 물론, 나아가 문화산업으로서 우리 가용의 진정한 발전과 국민의 건전한 여가 선용 및 정서 함양에도 이바지하고자 한다.

제1조【목 적】 甲과 乙은 대등한 독립의 당사자로서 상호의 이익과 발전을 위하여 적극 협력함을 전제로, 乙은 연예인으로서 최선의 노력을 통한 재능과 자질을 발휘하여 자기 발전을 도모함은 물론, 공인으로서의 명예와 명성을 소중히 하여야 하며, 甲은 음반기획제작자로서 乙의 재능과 자질이 잘 발휘될 수 있도록 최선을 다함으로써 상호 이익을 도모함에 그 목적이 있다.

제2조【계약의 당사자】 乙이 그룹 기타 다수인으로 구성된 경우, 그 개개인을 이 계약의 당사자로 한다.

제3조【계약기간 및 효력범위】

1. 이 계약은 체결일로부터 효력이 있으며, 계약의 만료는 첫 번째 음반 출반일로부터 만 년(개월)까지로 한다. 단, 甲과 乙은 이 계약기간 동안 음반을 매(기획음반 예외) 이상 발매하여야 하며, 마지막 음반은 음반이라는 매체의 특수성을 감안하여 최소한 계약기간 만료일 6개월 전에 출반하여야 한다. 그러하지 않을 경우에는 마지막 음반의 출반시점을 기산점으로 하여 6개월을 더한 기간을 계약기간의 잔여기간으로 자동 산정한다.
2. 계약기간 중 乙이 장기 국외 출장이나 군복무 및 건강상의 요양, 기타 사유로 인하여 장기간 연예활동을 할 수 없는 경우에는 그 기간만큼 계약기간이 자동 연장된다. 단, 계약 당시에 乙의 사전 고지나 협의가 없음으로 인한 甲의 일방적 손해가 발생될 시에는 甲은 제9조 단서와 제1항 제1호를 연동하여 이를 선행 할 수 있으며, 제10조에 의한 손해배상을 청구할 수 있다.
3. 甲 또는 乙이 이 계약의 갱신을 원하지 아니하는 경우에는 계약기간 만료일 3개월 전까지 상대방에게 그 의사를 통지하여야 한다. 그러한 통지를 하지 아니한 경우에는 계약기간 만료일 다음날부터 1년간 이 계약과 동일한 조건으로 계약이 자동 연장되며, 그 후의 경우에도 동일하다.
4. 이 계약은 국내뿐만 아니라 국외에서도 유효하다.

제4조【甲의 의무】

1. 甲이 기획하고 제작하는 乙의 음반 및 연예활동 전반에 있어 가창, 저작(작사, 작곡, 편곡 등), 연주, 연기, 무용 등에 따른 재능과 자질의 발휘와 기능의 습득 및 향상을 위하여 필요한 적절한 교육의 기회와 장소를 지원한다.
2. 甲은 乙의 방송프로그램, 콘서트, 이벤트, 광고(CF), 영화, 연극, 사진촬영, 캐릭터, 출판물, 기타 연예활동에 대한 기획, 구성, 연출, 관리 등과 이에 따른 제3자와의 계약 체결 및 금액의 청구와 수령을 하여야 하며, 乙에 대하여 제8조를 준용한 이의 정산과 분배의 의무를 진다.
3. 甲은 乙에 대한 적극적인 홍보와 선전을 위한 활동을 하여야 한다.

제5조【甲의 권리】

1. 이 계약에서의 음반은 乙의 가창을 전제로 기획되고 제작되는 매체이며, 계약기간 중에 甲의 인적, 물적인 투자로 乙의 유형무형의 실연 및 저작을 담은 음반(음이 유형물에 고정되어 재생될 수 있도록 제작된 마스터 및 신소재를 포함한 일체)에 대하여 저작권법사의 음반제작자가 가지는 권리(복제, 배포, 대여 및 디지털 환경이 수용된 권리 포함) 및 영상저작물에 대한 제작자로서의 권리와 이의 편집과 재판매를 포함하여 이 계약서에 의해 생성되는 저작물 및 콘텐츠에 대한 사용과 수익처분에 있어 甲의 독점적 권리로 귀속한다.
2. 甲은 乙의 성명, 예명, 각인, 필적(서명), 사진 주민등록증 사본, 주민등록등본 등을 계약 및 이에 준한 것에 사용할 권리를 가진다.

제6조【乙의 의무】

1. 乙은 甲이 이 계약서에 있어서의 권리를 취함에 있어 성실히 임해야 할 의무를 진다.
2. 乙은 계약기간 중 甲과 계약을 체결하지 아니한 제3자를 위해 이 계약서에 있어서의 甲의 독점적 권리를 침해하는 활동을 하여서는 아니된다. 단, 甲과의 사전 협의에 의한 승낙을 얻은 경우에는 그러하지 아니한다.

제7조【乙의 권리】

1. 乙은 甲이 기획하고 제작하는 乙의 음반 및 연예활동 전반에 있어 가창, 저작(작사, 작곡, 편곡 등), 연주, 연기, 무용 등에 따른 재능과 자질의 발휘와 기능의 습득 및 향상을 위하여 필요한 경우 적절한 교육의 기회와 장소를 지원받을 권리가 있다.
2. 乙은 방송프로그램, 콘서트, 이벤트, 광고(CF), 영화, 연극, 사진촬영, 캐릭터, 출판물, 기타 연예활동에 대한 甲의 기획, 구성, 연출, 관리 등과 관련하여 甲이 행하는 제3자와의 계약 체결 및 금액의 청구와 수령에 있어 제8조를 준용한 이의 정산과 분배받을 권리를 가진다.

제8조【이익의 분배】

1. 이 계약서를 통해 얻는 모든 수입은 일단 甲에게 귀속되며, 甲은 그 수입금에서 제비용을 제한 나머지의 일정률을 乙에게 지급하여야 한다.
2. 이 조의 제1항 분배에 관한 구체적 합의사항은 별도의 보수 및 비용 부담 약정서에 의한다.

제9조【계약의 해제 또는 해지】

1. 甲은 다음 각 호의 사유로 이 계약을 해제 또는 해지할 수 있다. 단, 乙이 건강상의 이유로 이 계약의 이행을 하지 못하는 경우에는 甲은 이 계약을 해제 또는 해지하기 전에 6개월 이상의 예고기간을 둔다.
   가. 乙이 건강상이나 기타의 이유로 이 계약에 따른 의무를 이행하지 못할 경우
   나. 乙이 공인으로서 사생활이 불건전하거나 기타 품행이 나쁜 경우
   다. 乙이 甲의 신용과 명예를 훼손한 경우
   라. 乙이 이 계약을 고의로 위반한 경우
2. 乙은 다음 각 호의 사유로 이 계약을 해제 또는 해지할 수 있다.

가. 甲이 도산 및 폐업으로 말미암아 이 계약에 따른 의무를 이행하지 못할 경우
나. 甲이 乙의 신용과 명예를 훼손한 경우
다. 甲이 이 계약을 고의로 위반한 경우

제10조【손해배상】

1. 제9조 제1항 각 호의 1에 해당하는 경우 乙은 甲에 대하여 甲이 이 계약의 해제 또는 해지로 인하여 입게 된 모든 손해를 배상하여야 한다. 단, 위 계약의 해제 또는 해지사유가 乙의 귀책사유에 의한 것이 아닌 경우에는 그러하지 아니한다.
2. 제9조 제2항 각 호의 1에 해당하는 경우 甲은 乙에 대하여 乙이 이 계약의 해제 또는 해지로 인하여 입게 된 모든 손해를 배상하여야 한다. 단, 위 계약의 해제 또는 해지사유가 甲의 귀책사유에 의한 것이 아닌 경우에는 그러하지 아니한다.
3. 乙이 제6조를 위반하여 甲에게 손해를 입게 한 경우 乙은 甲에 대하여 그 모든 손해를 배상하여야 한다.

제11조【재판관할】 이 계약에 관한 분쟁이 있을 시 甲과 乙은 ____________를 합의관할로 한다.

제12조【기 타】

1. 乙은 이 계약서에 자필 서명과 자신의 인장을 날인하고 주민등록초본을 2부를 첨부하여야 한다.
2. 이 계약과 관련한 모든 통지와 청구 및 쌍방의 권리와 의무에 관한 확인은 문서로써 한다.

* 계약체결 일시 : 20○○년 ○월 ○일
* 계약체결 장소 :

* 甲의 상호 및 주소 :
* 甲의 성명 및 서명/날인 :

* 乙의 주소 :
* 乙의 성명 및 서명/날인 :
* 乙의 주민등록번호 :

(필요시)
* 乙의 보증인 주소 :
* 乙의 보증인 성명 및 서명/날인 :
* 乙의 보증인 주민등록 번호 :

[서식 367] 음악저작물 이용계약서

음악저작물 이용계약서

_______ (이하 "갑"이라 한다)와 ___________ (이하 "을"이라 한다) 사이에 다음과 같이 계약을 체결한다.

제1조【목 적】 이 계약은 갑이 을의 음악저작물을 이용함에 있어 갑, 을과 관련된 사항을 정함을 목적으로 한다.

제2조【계약기간】 본 계약기간은 계약체결일로부터 년 월 일까지 한다.

제3조【음악저작물의 제공 범위 등】

1. 을이 제공하는 음악저작물은 다음과 같다.

저작물명	구 분	을의 지분
	작사( )/작곡( )/편곡( )	%
	작사( )/작곡( )/편곡( )	%

2. 갑이 을의 음악저작물을 이용하여 제작할 앨범에 대한 정보는 다음과 같다.
   가. 아티스트 :
   나. 앨범발매 예정일 : 20 년 월 일

제4조【보 증】 을이 갑에게 이용허락 하는 음악저작물은 을이 순수 창작한 작품임을 확인·보증하며, 제3자로부터 을이 제공한 악곡의 저작권과 관련하여 갑에게 이의 제기 및 분쟁이 발생시 이에 대한 모든 책임은 을이 진다.

제5조【저작권료의 지급】

☞ KOMCA 회원인 경우갑이 을에게 지급할 저작권료는 (사)한국음악저작권협회(KOMCA)에 납부한다.

☞ KOMCA 비회원인 경우갑은 을의 악곡제공의 대가로 20 년 월 일까지 __________원을 지급하도록 한다.

제6조【협 의】 본 계약에서 규정하고 있지 않은 사항 및 본 계약의 각 조항 해석에 의문이 발생한 사항에 대해 갑과 을은 성의를 갖고 협의하며 해결하기로 한다.

제7조【재판관할】 이 계약에 관한 분쟁이 있을 시 갑과 을은 ________지방법원을 제1심 합의관할로 한다.

본 계약서는 갑, 을이 계약서에 서명 날인함으로써 유효하고 이를 증명하기 위해 계약서

2통을 작성하고 각각 서명 날인하여 1통씩 보관한다.

20○○년 ○월 ○일

갑	㊞	주 소	
을	㊞	주 소	

[서식 368] 편곡계약서

편 곡 계 약 서

_______ (이하 "갑"이라 한다)와 ________(이하 "을"이라 한다) 사이에 다음과 같이 계약을 체결한다.

제1조【목 적】 이 계약은 갑이 을에게 편곡을 의뢰함에 있어 갑, 을과 관련된 사항을 정함을 목적으로 한다.

제2조【계약기간】 본 계약기간은 계약체결일로부터 20 년 월 일까지 한다.

제3조【편곡대상 악곡 등】 을이 편곡할 곡은 다음과 같다.

1. 음반명 :
2. 아티스트 :
3. 작품명 등

작품명	작사자	작곡자

제4조【저작권의 승인】 갑은 본건 악곡의 편곡 및 개작에 대하여 원 저작자로부터 편곡에 대한 승인을 득하도록 한다.

제5조【편곡료의 지급】 갑은 을의 편곡작업에 대한 대가로 20 년 월 일까지 금 _______ 원을 지급하도록 한다.

제6조【완성기간】 을은 제3도와 관련된 작품에 대한 편곡을 20 년 월 일까지 완료하여 결과물을 갑에게 제공하도록 한다.

제7조【보완요청】 갑이 을에게 편곡에 대하여 보완을 요청하는 경우 을은 이에 성실히 응하여야 한다.

제8조【협 의】 본 계약에서 규정하고 있지 않은 사항 및 본 계약의 각 조항 해석에 의문이 발생한 사항에 대해 갑과 을은 성의를 갖고 협의하며 해결하기로 한다.

제9조【재판관할】 이 계약에 관한 분쟁이 있을 시 갑과 을은 ________지방법원을 제1심 합의관할로 한다.

본 계약서는 갑, 을이 계약서에 서명 날인함으로써 유효하고 이를 증명하기 위해 계약서 2통을 작성하고 각각 서명 날인하여 1통씩 보관한다.

20○○년 ○월 ○일

갑	㉐	주 소	
을	㉐	주 소	

[서식 369] 실연계약서

실 연 계 약 서

________(이하 “갑”이라 한다)과 ________(이하 “을”이라 한다) 사이에 다음과 같이 계약을 체결한다.

제1조【목 적】 이 계약은 갑이 을에게 실연을 의뢰함에 있어 갑, 을과 관련된 사항을 정함을 목적으로 한다.

제2조【계약기간】 본 계약기간은 계약체결일로부터 20 년 월 일까지 한다.

제3조【실연대상 악곡 및 실연범위 등】

1. 을이 실연할 곡에 대한 정보는 다음과 같다.

악곡명	작사자	작곡자	편곡자	가창자

2. 을이 실연할 부분은 다음과 같다.

악곡명	연주 악기(또는 가창부분)	연주(가창)파트
A	E.Guitar	전곡 백킹 및 애드립
B	코러스	후렴구

제 4 조【실연료의 지급】

1. 갑은 을에게 1Pro(3시간 기준)당/또는 1곡당/또는 전곡 금 ________원을 지급하며, 다음과 같이 계산하여 총 지급액을 산정하도록 한다.
   실연참여 프로횟수(또는 실연한 곡수) × 금 __________원
2. 갑은 을의 총 실연에 대한 대가로 20 년 월 일까지 금 ________원을 지급하도록 한다.

제 5 조【보완요청】 실연의 하자 등으로 갑이 을에게 실연에 대하여 보완을 요청하는 경우 을은 이에 성실히 응하여야 한다. 단, 갑의 고의·과실로 하여 녹음에 이상이 있는 경우는 그러하지 아니하다.

제 6 조【계약해제】

1. 갑 및 을은 상대방이 본 계약의 조항을 위반한 경우, 상당 기간을 정해 최고하고 그 기간 내에 해당 위반이 시정되지 않을 시에는 본 계약을 해제할 수 있다.
2. 상대방에게 다음 각 호에 해당하는 사유가 발생했을 경우, 갑 및 을은 최고 등의 절차없이 즉시, 본 계약을 해제할 수 있다.
   가. 수표, 어음이 부도 처리를 받는 등 지불정지상태에 이르렀을 경우
   나. 압류, 가압류, 가처분, 경매 또는 강제집행신청을 받은 경우
   다. 파산, 화의, 정리 혹은 회사 갱생절차개시신청을 받거나, 또는 스스로 이와 같은 신청을 한 경우
   라. 기타 당사자 간의 신뢰관계를 상당히 해치는 등 본 계약을 지속시키기 어려운 중대한 사유가 발생한 경우

제 7 조【협 의】 본 계약에서 규정하고 있지 않은 사항 및 본 계약의 각 조항 해석에 의문이 발생한 사항에 대해 갑과 을은 성의를 갖고 협의하며 해결하기로 한다.

제 9 조【재판관할】 이 계약에 관한 분쟁이 발생시, __________지방법원을 제1심 합의관할로

한다.

본 계약서는 갑, 을이 계약서에 서명 날인함으로써 유효하고 이를 증명하기 위해 계약서 2통을 작성하고 각각 서명 날인하여 1통씩 보관한다.

20○○년 ○월 ○일

갑	㉑	주 소	
을	㉑	주 소	

[서식 370] 프로듀싱계약서

프로듀싱계약서

______기획사(이하 "갑"이라 한다)와 ________(이하 "을"이라 한다) 사이에 다음과 같이 계약을 체결한다.

제1조【목 적】 이 계약은 갑이 을에게 프로듀싱을 위임함에 있어 갑, 을 상호간 업무의 범위 및 권리와 의무와 관련한 사상을 규정함을 목적으로 한다.

제2조【계약기간】 본 계약기간은 계약체결일로부터 20 년 월 일까지 한다.

제3조【위임사항 및 업무범의】
1. 을이 프로듀싱을 담당할 음반 및 아티스트 등은 다음과 같다.
   가. 음 반 명 :
   나. 아티스트 :
   다. 트 랙 수 :
2. 을이 프로듀싱을 함에 있어 수반되는 업무의 범위는 다음과 같다.
   가. 작곡·작사가를 통한 악곡 확보
   나. 편곡 작업 및 세션 섭외
   다. 녹음 및 믹스다운, 마스터링

제4조【권리처리 및 비용】

☞ **프로듀서에게 전부 위임하는 경우**

제3조에 의한 을이 프로듀싱하는 곡에 대한 비용 일체(작사·작곡비, 편곡비, 세션비,

녹음비 및 믹스다운 비용, 마스터링비)는 프로듀싱의 대가에 포함되며, 이에 대한 사무처리(작품계약 및 편곡계약 승인서 확보, 저작권사용료 등의 지급)는 을의 책임 하에 진행하며, 을이 직접 자금집행을 하는 것으로 한다. 그에 따라 저작권 등 권리 분쟁 발생시 을의 책임 하에 분쟁 해결을 하는 것으로 한다.

☞ **프로듀서에게 일부 위임하는 경우**

제3조에 의한 을이 프로듀싱하는 곡에 대한 비용 일체(작사·작곡비, 편곡비, 세션비, 녹음비 및 믹스다운 비용, 마스터링비)는 프로듀싱의 대가에 포함되지 않으며, 이에 대한 사무처리(작품계약 및 편곡계약 승인서 확보, 저작권사용료 등의 지급)는 갑의 책임 하에 진행하여, 갑이 직접 자금집행을 하는 것으로 한다. 그에 따라 저작권 등 권리 분쟁 발생시 갑의 책임 하에 분쟁 해결을 하는 것으로 한다.

제 5 조【대가지급】

☞ **선급 지급의 경우**

갑은 을의 프로듀싱의 대가로 20 년 월 일까지 금 원을 아래 계좌로 지급하도록 한다.

1. 은 행 명 :
2. 계좌번호 :
3. 예 금 주 :

☞ **로열티의 경우**

갑은 을의 프로듀싱의 대가로 장부터 장까지는 장당 원, 장부터 장까지는 장당 원의 로열티를 지급한다.

☞ **분할지급의 경우**

갑은 을의 프로듀싱의 대가로 금 을 계약체결 후 일 이내에 총금액의 %인 금 원을, 검수 후 %를 일 이내에 아래의 계좌로 지급하도록 한다.

1. 은 행 명 :
2. 계좌번호 :
3. 예 금 주 :

제 6 조【완성기간】 을은 제3조와 관련된 작품에 대하여 프로듀싱하여 완성된 마스터테이프를 20 년 월 일까지 갑에게 제공하도록 한다.

제 7 조【저작인접권의 귀속】

☞ **저작인접권의 양도의 경우**

을이 작업한 마스터테이프와 관련하여 저작권법상 발생되는 음반제작자로서의 권리는 제5조의 대가지급과 동시에 갑에게 양도되는 것으로 한다.

☞ **이용허락의 경우**

1. 을이 작업한 마스터테이프와 관련하여 저작권법상 발생되는 음반제작자의 권리는 을에게 귀속하며, 갑은 마스터테이프에 대하여 음반의 복제, 배포에 대하여 독점적으로 이용할 수 있다.
2. 전송 및 방송에 관한 제2차 사용보상금 청구권의 경우 을이 그 권리를 가진다. 단,

홍보를 위한 전송 및 방송의 경우 갑은 을에게 사전에 동의를 얻어 이용할 수 있다.

제8조【검 수】 갑은 을이 프로듀싱한 음반에 대하여 검수하여 이상이 있을 시 을에게 보완을 요청할 수 있으며, 을은 이에 충실히 응해야 한다.

제9조【비밀유지】 을은 프로듀싱하는 악곡 및 음원, 아티스트 등에 대한 정보를 제3자에게 누설하여서는 아니된다.

제10조【계약해제】

1. 갑 및 을은 상대방이 본 계약의 조항을 위반한 경우, 15일 이내에 이를 최고하고 그 기간 내에 해당 위반이 시정되지 않을 시에는 본 계약을 해제할 수 있다.
2. 상대방에게 다음 각 호에 해당하는 사유가 발생했을 경우, 갑 및 을은 최고 등의 절차 없이 즉시 본 계약을 해제할 수 있다.
   가. 수표, 어음이 부도 처리를 받는 등 지불정지상태에 이르렀을 경우
   나. 압류, 가압류, 가처분, 경매 또는 강제집행신청을 받는 경우
   다. 파산, 화의, 정리 혹은 회사갱생절차개시신청을 받거나, 또는 스스로 이와 같은 신청을 한 경우
   라. 기타 당사자 간의 신뢰관계를 상당히 해치는 등 본 계약을 지속시키기 어려운 중대한 사유가 발생한 경우

제11조【협 의】 본 계약서에서 규정하고 있지 않은 사항 및 본 계약의 각 조항 해석에 의문이 발생한 사항에 대해 갑을은 성의를 갖고 협의하며 해결하기로 한다.

제12조【재판관할】 본 계약으로부터 발생하는 분쟁의 해결은 _____지방법원을 제1심 합의관할로 한다.

본 계약서는 갑, 을이 계약서에 서명 날인함으로써 유효하고 이를 증명하기 위해 계약서 2통을 작성하고 각각 서명 날인하여 1통씩 보관한다.

20○○년 ○월 ○일

갑	㊞	주 소	
을	㊞	주 소	

[서식 371] 스튜디오 사용계약서

스튜디오 사용계약서

_____스튜디오(이하 "갑"이라 한다)와 ______(이하 "을"이라 한다) 사이에 다음과 같이 계약을 체결한다.

제1조【목 적】 이 계약은 갑의 스튜디오를 이용함에 있어 갑, 을과 관련된 사항을 정함을 목적으로 한다.

제2조【사용기간】 스튜디오의 사용기간은 20 년 월 일로부터, ___pro 사용 시까지 한다. 약정pro 이후에도 사용의 필요가 있는 경우는 상호 협의하여 기간 및 이용료를 정하도록 한다.

제3조【상호의무】

1. 을은 갑의 스튜디오 사용시 예약된 시간을 준수하고, 시설파손 등을 하여서는 아니된다. 시설파손 등에는 이에 대한 손해를 배상하도록 한다.
2. 갑은 을이 스튜디오를 정상적으로 사용할 수 있도록 스튜디오의 상태를 지속적으로 유지·보수·관리하여야 한다.

제4조【이용료의 지급】

1. 이용료는 다음과 같다.

구 분		단 가	단 위	금 액
스튜디오	A	원	pro	원
	B	원	pro	원
마스터테이프	MR	원	개	원
	AR	원	개	원
엔지니어	Main 엔지니어	원	명	원
	Assistance	원	명	원
멀티트랙	사양 종류 기재	원	개	원
기 타		원	개	원
총 계		원		

* 스튜디오 이용료는 1Pro(3시간 30분)당, 마스터테이프 등은 1개당, 엔지니어는 1명당 산정된 기준표임.

2. 을은 갑의 스튜디오 이용에 대한 대가로 20 년 월 일까지 금 원을 지급하도록

한다.

제5조【계약해제】

1. 갑 및 을은 상대방이 본 계약의 조항을 위반한 경우, 상당 기간을 정해 최고하고 그 기간 내에 해당 위반이 시정되지 않을 시에는 본 계약을 해제할 수 있다.
2. 상대방에게 다음 각 호에 해당하는 사유가 발생했을 경우, 갑 및 을은 최고 등의 절차 없이 본 계약을 해제할 수 있다.
   가. 수표, 어음이 부도 처리를 받는 등 지불정지상태에 이르렀을 경우
   나. 압류, 가압류, 가처분, 경매 또는 강제집행신청을 받은 경우
   다. 파산, 화의, 정리 혹은 회사갱생절차개시신청을 받거나, 또는 스스로 이와 같은 신청을 한 경우
   라. 기타 당사자 간의 신뢰관계를 상당히 해치는 등 본 계약을 지속시키기 어려운 중대한 사유가 발생한 경우

제6조【협 의】 본 계약에서 규정하고 있지 않은 사항 및 본 계약의 각 조항 해석에 의문이 발생한 사항에 대해 갑과 을은 성의를 갖고 협의하며 해결하기로 한다.

제7조【재판관할】 본 계약으로부터 발생하는 분쟁의 해결은 ____지방법원을 제1심 합의관할로 한다.

본 계약서는 갑, 을이 계약서에 서명 날인함으로써 유효하고 이를 증명하기 위해 계약서 2통을 작성하고 각각 서명 날인하여 1통씩 보관한다.

20○○년 ○월 ○일

갑	㊞	주 소	
을	㊞	주 소	

[서식 372] 스튜디오 사용계약서

스튜디오 사용계약서

_____(이하 "갑"이라 한다)와 ______(이하 "을"이라 한다) 사이에 다음과 같이 계약을 체결한다.

제1조【목 적】 본 계약은 갑의 스튜디오(소재지 :   )를 을이 이용함에 있어 갑과 을 간의 관계를 규명함을 목적으로 한다.

제2조【계약기간】 본 계약기간은 계약체결일로부터 1년간으로 하며 계약기간 만료 1개월 전까지 "갑", "을" 어느 일방이라도 해지하겠다는 서면의 의사표시가 없을 때에는 같은 조건으로 1년씩 자동 연장된다.

제3조【스튜디오 이용료】

1. 을이 갑의 스튜디오를 이용함에 있어 갑에게 지급하는 이용료는 다음과 같다.
   - "A" STUDIO :   원(1 PRO당)
   - "B" STUDIO :   원(1 PRO당)
2. 음반의 마스터링(MASTERING)에 대해서 을은 갑에게 다음의 금액을 지급하기로 한다.
   - 편집음반 :   원(마스터링 비용   원 포함) - 앨범당
   - 정규음반 :   원(마스터링 비용   원 포함) - 앨범당
3. 음반녹음에 참여한 녹음기사(Studio Engineer)에 대해서 을은 갑에게 다음의 금액을 지급하기로 한다.
   - Main Engineer : ________원
   - Assistance Engineer : ________원

제4조【이용료 지급】

1. 본 계약 제3조의 내용에 대한 정산은 갑이 매월 1일부터 말일까지 을이 이용한 금액을 청구하기로 한다.
2. 갑이 을에게 매월 청구한 금액에 대한 을은 다음달 말일까지 갑에게 현금으로 정산하기로 한다.

제5조【계약준수의무】 갑과 을은 신의 성실로 계약의 이행에 최선을 다한다.

제6조【기 타】 본 계약에 명시되지 않은 내용에 대해서는 갑과 을이 협의하여 결정하기로 한다.

제7조【소송관할 및 분쟁해결】

1. 본 계약에 관한 소송관할은 갑의 소재지 관할 법원으로 함을 원칙으로 하며, 을이 요구하는 경우에는 상호 협의하여 정할 수 있다.
2. 본 계약에 명시되지 않은 분쟁사항은 상호협의와 일방상거래에 따른다.

본 계약서는 갑, 을이 계약서에 서명 날인함으로써 유효하고 이를 증명하기 위해 계약서 2통을 작성하고 각각 서명 날인하여 1통씩 보관한다.

20○○년 ○월 ○일

갑	㊞	주 소	

을	㉧	주 소	

[서식 373] 선급금계약(PD Making)

선급금계약(PD Making)

음반제작사 ___________(이하 "갑")과 ___________(이하 "을"), "을"의 전속가수 ___________(이하 "병")간의 음반제작 및 판매계약에 관하여 다음과 같이 계약을 체결한다.

제 1 조【계약의 목적】 본 계약은 "을"이 기획한 녹음물(Sound Mastering)을 이용하여 "갑"이 음반을 제작, 판매하는 것을 목적으로 한다.

제 2 조【용어의 정의】 본 계약에서 사용하는 용어의 정의는 다음과 같다.

1. Master : "을"이 기획하고 고정한 음악을 음반 제작 및 그 음원으로 사용할 수 있는 녹음물(Sound Mastering)을 말하며 가창이 들어간 Master와 가창이 제외된 Master를 일컫는다.
2. 음반 : CD, LP, MC 이외에 Music Video, VCD, CDG, CD-Rom, CD-Plus, DVD 및 디지털 음악 파일 등을 포함한 음이 유형물에 고정되어 재생될 수 있도록 제작된 일체의 물체 및 현재 알려져 있거나 또는 장래에 알려질 모든 매체를 통한 복제, 배포가 가능한 형태를 말한다.
3. 저작인접권 : 현행 저작권법이 규정한 음반제작자로서의 일체의 권리를 말한다.
4. 선급금 : 음반제작에 필요한 제작비의 일부 혹은 전부를 "갑"이 "을"에게 선급하는 차용금을 일컫는다.

제 3 조【계약기간】 "갑"과 "을"간의 계약기간은 ___년 ___월 ___일로부터 ___년___월 ___일까지 계약하며, 계약만기일 1개월 이전에 "갑"과 "을"간의 서면에 의한 계약종료 의사표시가 없으면 계약은 ___년씩 자동 연장된다.

제 4 조【적용지역】 본 계약상 규정된 "갑"의 권리와 "을"의 의무는 특약이 없는 한 대한민국을 포함한 전 세계에 대해 적용한다.

제 5 조【Master의 기획·제작】

1. "을"은 "을"이 기획, 제작하는 　　　에 대해 "갑"이 독점적으로 음반의 복제 및 판매에 사용할 수 있도록 　　년 　　월 　　일까지 　　　의 Master(가창이 들어간 Master와 가창이 제외된 Master)를 "갑"에게 제공하여야 한다.

2. 본 계약에 의해 "을"이 기획·제작하는 본 건 Master는 "갑"으로부터 충분한 상업성이 있다는 승인을 받아야 한다. "갑"이 재녹음 혹은 재작업을 요청하는 경우 "을"은 "갑"과 상호 협의하여 다시 제작하여야 한다.

제6조【"갑"의 권리】

1. "갑"은 "을"이 기획, 제공하는 Master를 사용하여 "갑"의 상호로 음반을 제작, 판매할 배타적 권리를 독점적으로 갖는다.
2. "갑"은 본 계약에서 규정한 제반조항의 성실한 이행을 "을"로부터 보장받기 위하여 계약기간과 관계없이 이건 Master를 보관할 수 있다.
3. "갑"은 홍보를 목적으로 "을"과 협의 한 후에 녹음된 음반을 공연할 수 있고 라디오방송, TV방송 혹은 기타 대중매체를 통해 음반이 공연되도록 허용하는 권리를 갖는다.
4. "갑"은 계약기간 동안 이 건 Master Tape 및 음반과 관련하여 이를 광고, 거래하기 위해 "병"의 이름, 사진, 초상, 외양 등을 아무런 대가없이 이용하고 발표하거나 타인으로 하여금 이를 이용 또는 발표하게 할 수 있다.
5. "을"은 "갑"에게 음반제조, 판매를 위해 Master상의 일부 곡을 사용(또는 재편집)할 권리를 허용한다. 단, 판매를 목적으로 재편집되는 경우 인세정산은 별도 협의하여 결정한다.
6. "병"의 음성 및 연주능력이 중대한 정도로 손상되거나 혹은 "병"의 유고시 "갑"은 "을"에게 준하는 아티스트가 Master를 요구하거나 선급금의 잔여분 및 기 지급된 비용을 청구할 수 있다.
7. "갑"은 "갑"이 이 건 Master에 대해 "을"에게 지급한 선급금에 대해 계약체결 개월 후 선급금의 잔여분 및 기 지급된 비용의 정산을 요구할 수 있으며 "을"은 "갑"의 요구에 따라야한다.

제7조【"을"의 의무】 "을"은 "갑"에 대하여 아래의 사항을 보증하고 계약상의 의무로서 인정한다.

1. 본 계약기간 동안 "을"은 본 계약상의 "갑"의 권리를 해하는 이중계약을 체결하여서는 아니되며, 또한 "갑"의 허락없이 "갑" 이외의 다른 제3자와 본건 음반 이외의 음반 판권계약을 체결할 수 없으며 이를 위약시 손해를 배상하여야 한다.
2. 본 계약체결 후 계약기간과 관계없이 본 건 Master 수록곡의 전부 혹은 일부를 "갑"의 허락없이 제3자와 재가창, 편집하는 등의 행위를 포함하여 어떠한 형태로든 음반을 제작, 판매하고자 하는 계약을 체결해서는 안된다.
3. "을"은 본 계약시 "을"과 "병"간의 계약서 사본을 첨부하여야 하며, 본 계약기간동안 "병"은 "을"에게 전속되어 있어야 한다.
4. "을"은 "병"의 후속 앨범에 대해서 "갑"의 동의 없이 계약기간 내에 제3자와 음반판매에 따른 인세계약을 체결할 수 없다.
5. "을"은 본 건 음반에 관한 일체의 저작권 관련 사항을 본 계약 전에 해결하여야 하며, 이로 인해 "갑"의 권리행사에 반하는 제반문제에 대하여 "을"이 영구히 모든 책임을 진다.
6. "을"은 본건 음반에 대한 홍보에 최선을 다한다.

제8조【"병"의 권리와 의무】 "병"은 "을"의 홍보활동 등에 적극 동참하여야 하며 본 계약기간

동안 "갑" 및 "을"의 동의 없이 제3자와 음반출시 계약 또는 이와 유사한 형태의 계약을 체결할 수 없다. 또한 "병"의 권리에 대해서 "을"과 맺은 계약에 따라 자신의 인세를 포함한 제반권리는 "을"에게 청구해야 하며, "갑"에게 이를 행사할 수 없다.

제9조【선급금】

1. 선급금의 지급 및 공제는 별도로 협의하여 정한다.
2. 본 계약의 선급금은 본 계약 제2조와 제10조의 규정에 따라 "을"에게 지급될 인세 중 미리 지급되는 것으로서 "갑"은 동 조항의 규정에 따라 공제한다.

제10조【인세의 지급】

1. 본 계약에 따라 "을"에게 지급될 인세는 CD 원, MC 원으로 정한다.
2. 매출 발생시 매월 말일 "을"이 "갑"에게 인세에 관한 세금계산서를 발행하면 "갑"과 "을"에게 지급한 선급금에서 본조 제1항에 따라 공제한다.
3. 판매대금의 계산에는 도매상 또는 소매상으로부터 반품된 음반의 반품가약 및 반품과 관련하여 "갑"이 지출한 비용은 포함되지 않으며 반품분에 대해서는 매월 판매대금 계산시 이를 정산한다.
4. 홍보 및 판촉을 위해 무료로 제공된 음반에 대하여는 본조에 따른 판매량에 포함되지 않는다.
5. 본조 제1항에 따라 "갑"이 "을"에게 지급할 인세는 매월 말일 "을"이 발행하는 세금계산서에 따라 다음달 ___일까지 본조 제1항에 따라 인세를 지급한다.

제11조【디자인 및 인쇄물】

1. "을"은 Master의 제작비용과 디자인 및 인쇄물 비용을 부담한다.
2. "을"은 본건 음반과 관련된 제반 디자인에 있어서 저작권 관련사항에 대한 일체의 모든 책임을 진다.

제12조【홍보 및 판촉용 음반의 제공】 "갑"은 "을"의 판촉 및 홍보에 필요한 CD _____장을 제공한다.

제13조【재고 및 반품분의 처리】

1. "갑"과 "을"은 협의하여 재고 및 반품을 폐기 처리할 수 있다.
2. "갑"은 본 계약기간 만료 후의 반품에 대비하기 위하여 CD _____장, MC _____장을 예치할 수 있으며 추후 반품이 완료되면 상호 청산하기로 한다.

제14조【저작인접권】 이건 Master에 관한 "을"이 취득한 저작인접권은 본 계약의 효력발생과 동시에 "갑"에게 귀속한다.

제15조【담보제공】 "갑"은 "을"의 계약이행을 보증하기 위하여 담보제공 및 연대보증인의 보증을 요구할 수 있다.

제16조【계약의 해지】

1. "갑"은 "을"이 본 계약에서 규정한 조항을 위반할 시에는 최고없이 해지할 수 있다.
2. 본 계약이 해지될 경우 작품과 관련하여 "갑"에게 제공되거나 작품을 기초로 "을"이 제작하거나 제공한 산물 기타 모든 정보자료, 고유된 모든 관련정보, 서류등 기타 자료들

은 "갑"에게 귀속되며 "을"은 해지 후 사용하여서는 안된다.

제17조【해지의 효과】

1. 해지일 현재 이미 발생한 당사자들의 권리, 의무는 본 계약의 해지로 인하여 영향을 받지 않는다.
2. 본 계약이 "갑"에 의하여 해지된 경우, "을"은 "갑"에게 해지일 현재 선급금 잔액을 즉시 현금으로 지급해야 한다. 단, "을"이 고의로 계약을 위반하였을 때는 그 배액을 즉시 현금으로 지급하여야 한다. 또한 현재의 실손해액이 위 선급금 잔액을 초과하는 경우, "을"은 "갑"의 실손해액의 배액을 배상하여야 한다.
3. 만약 "을"이 제2항의 의무를 이행하지 않을 경우, "갑"은 계약의 해지 이후에도 이미 출반된 음반에 대하여 "을"에 대한 인세의 지급없이 이를 계속 복제, 판매할 수 있다.

제18조【불가항력】 천재지변 등의 불가항력에 의한 재난으로 인하여 본 계약 이행이 지체 또는 불능하게 된 경우에는 "갑"과 "을"이 협의하여 공평하게 처리한다.

제19조【계약의 종료 및 이적 추천】

1. "갑"은 "을"이 본 계약의 제반조항을 이행하였을 경우, 본 계약의 종료를 증명하고 "을"이 자유롭게 제3자와 여타의 음반제작 및 판매계약을 체결할 수 있도록 위의 사항을 문서로 작성하여 "을"에게 제공해야 한다. 단, "을"은 "갑"과의 선급금 등 금전문제에 대한 정산을 하기 전에는 이적추천을 "갑"에 요구할 수 없다.
2. "을"은 본조 제1항에 의해 제3자와 계약할 시 "갑"과의 계약상의 모든 권리와 의무가 해제되었음을 증명하고, 또한 제3자가 "을"과의 계약에서 "을"로 인한 선의의 피해를 입지 않도록 "갑"이 발행하는 이적 추천서를 새로운 계약 전에 제3자에게 제공해야 한다.

제20조【소송의 관할】

1. 본 계약에 명시되지 않은 분쟁사항은 상호협의와 일반상거래 관행에 따른다.
2. 본 계약에 의하여 분쟁이 발생시, ________지방법원을 제1심 전속 관할법원으로 한다.

본 계약서는 갑, 을이 계약서에 서명 날인함으로써 유효하고 이를 증명하기 위해 계약서 3통을 작성하고 각각 서명 날인하여 1통씩 통보한다.

20○○년 ○월 ○일

<table>
<tr><td rowspan="2">갑</td><td rowspan="2">㉿</td><td rowspan="2">회 사 명</td><td rowspan="2"></td><td>소 재 지</td><td></td></tr>
<tr><td>대 표</td><td></td></tr>
<tr><td>을</td><td>㉿</td><td>주민등록번호</td><td></td><td>주 소</td><td></td></tr>
<tr><td>병</td><td>㉿</td><td>주민등록번호</td><td></td><td>주 소</td><td></td></tr>
</table>

[서식 374] 음반유통계약서

음반유통계약서

본 계약은 ________(이하 "갑"이라 한다)와 ________(이하 "을"이라 한다) 사이에 다음과 같이 계약을 체결한다.

제1조【목 적】 본 계약의 대상은 "을"이 저작권법상의 저작물로 기획한 녹음물(Master Recording)인 ______(이하 "을의 녹음물"이라 한다)에 한하기로 하며, 갑은 을의 녹음물의 음반제조, 판매대행 결과로 얻어진 수익금에 대해 을에게 일정비율을 분배하는 것을 목적으로 한다.

제2조【계약기간】 본 계약기간은 계약체결일로부터 1년간으로 하며 계약기간 만료 1개월 전까지 "갑", "을" 어느 일방이라도 해지하겠다는 서면의 의사표시가 없을 때에는 같은 조건으로 1년씩 자동 연장된다.

제3조【출고가격】 음반의 출고가격은 CD는 ______원 이고, MC는 ______으로 하며 부가가치세(VAT)는 별도로 한다.

제4조【유통수수료】

1. 갑의 음반 제조, 판매대행으로 인해 얻어지는 수익에 대해 을에게 분배하는 비율은 CD의 경우 1매당 출고가격의 __%, MC의 경우 1매당 출고가격의 __%를 지급하기로 한다.
2. 홍보용 음반(CD 및 MC 등)의 경우에는 ___장까지 음반 ___장당 _____원으로 을에게 공급하기로 하며 _____장이 넘을 경우 을의 요청수량을 출고가로 을에게 제공하기로 한다.
3. 본 계약음반이 갑의 주최로 대한민국 이외의 지역에 판매될 경우에는 갑과 을이 협의하여 진행하기로 한다.
4. 계약시에 결정하지 않은 사항에 대해서는 쌍방의 합의하에 이익분배 내용을 결정하기로 한다.

제5조【지불방법】

1. 이익분배금은 매월 초일부터 말일까지의 출고수량에서 반품 및 증정, 홍보 등을 공제한 수량에서 제4조 제1항의 단가를 적용하여 산출한다.
2. 정규 CD 및 MC 이외의 유통에 대해서는 제4조 제1항의 지분율에 따라 월단위로 정산하여 제5조 제1항의 금액과 합산하여 정산하기로 한다.
3. 갑은 계산된 금액을 을에게 ___%는 현금지급, ___%는 지급일 기준 ___일자 어음으로 다음달 ___일까지 지급하기로 한다.

제6조【제조비용】

1. 음반제조(CD, MC)는 갑이 진행하기로 한다.

2. 음반의 Master 및 필름은 을이 갑에게 제공하기로 한다.

제 7 조 【 예치금 및 정산 】

1. 을은 반품 및 오손분 등을 감안하여 각각 MC ____매, CD ____매에 해당하는 금액을 갑에게 예치한다.
2. 을이 갑에게 예치한 예치금은 계약종료 후 ____개월이 되는 날에 반품 등과 상계하여 정산한다.

제 8 조 【 제고판매 】

1. 갑은 계약종료시 보유하고 있는 재고음반의 판매를 계속할 수 있다
2. 재고판매에 따른 분배금은 계약기간에 준해 계산 지급한다.
3. 계약기간 종료 후에는 추가 생산을 할 수 없다.

제 9 조 【 "갑"의 권리의무 】

1. 갑은 을이 기획한 녹음물을 이용하여 갑의 상호로 음반을 제작·판매할 배타적, 독점적 권리를 가진다.
2. 갑은 양질의 음반을 제작 판매할 수 있도록 최선을 다하여야 하며, 홍보, 판매시장 개척을 위해 아티스트의 이름과 사진 등을 사용할 수 있으며, 이를 원활히 사용할 수 있도록 을은 협조하여야 한다.
3. 갑은 을의 마스터테이프 및 필름을 관리함에 최선을 다해야 하고 계약해지 후 분배금 및 대여금에 대한 정산이 완료되면 을에게 반환해야 한다.
4. 갑의 판매 거래처로부터의 판매수금은 갑의 책임하에 한다.
5. 갑은 매월초 전월 매출액 및 재고수량을 을에게 통보한다.
6. 음반의 재고 부담은 갑이 책임지기로 한다.

제10조 【 "을"의 권리의무 】

1. 을은 을이 기획한 녹음물(자켓 포함)에 대하여 저작권 등에 대하여 법적분쟁이 발생시 이에 대한 법적인 책임을 진다.
2. 을은 을이 기획한 녹음물에 대하여 계약일로부터 __일 이내에 갑에게 입고 보관시켜야 한다.
3. 을이 2인 이상일 경우, 그 각자는 계약당사자의 권리 및 의무를 지며 계약의 모든 사항에 대하여 동일한 책임을 진다.

제11조 【 계약준수의무 】 갑과 을은 신의 성실로 계약의 이행에 최선을 다한다.

제12조 【 손해배상 】 갑과 을은 계약기간 중 일방 당사자가 계약을 위반하여 타방당사자에게 손해가 발생시 이에 대한 손해배상할 책임을 진다.

제13조 【 분쟁해결 】

1. 본 계약에 명시되지 않은 분쟁사항은 상호 협의하여 해결하도록 한다.
2. 본 계약에 의하여 분쟁이 발생시, ______지방법원을 제1심 전속 관할법원으로 한다.

본 계약서는 갑, 을이 계약서에 서명 날인함으로써 유효하고 이를 증명하기 위해 계약서

2통을 작성하고 각각 서명 날인하여 1통씩 보관한다.

20○○년 ○월 ○일

갑	㊞	주 소	
을	㊞	주 소	

[서식 375] 공동주관계약서

공동주관계약서

________(이하 "갑"이라 한다)와 ________(이하 "을"이라 한다)는 "A"가 주최하는 ○○○(이하 '공연'이라 함)를/을 개최함에 있어서 다음과 같이 계약을 체결한다.

제1조【공연 내용】 공연 내용은 다음과 같다

공연명 :
장 소 :
일 시 : 20 년 월 일

제2조【계약 기간】 본 계약은 계약일로부터 '공연'이 끝난 후 정산일까지로 한다.

제3조【계약 내용】

1. 티켓판매는 에서 판매하는 것으로 한다.
2. 티켓판매 대금은 "갑"의 지정 계좌로 입금하고 "갑"과 "을"이 공동 관리하며 "갑"의 매출로 한다.
3. '공연'제작은 "갑"과 "을"이 공동 주관하여 제작업체 등을 선정하여 "갑"과 "을"의 공동 비용으로 제작하며 필요한 제작비용은 사전 합의하여 결정한다.
4. "을"은 상기 '공연'의 모든 홍보를 제시된 계획안대로 진행하여야 하며, 그에 따른 비용 발생 및 계획에 차질이 발생할 경우 "갑"에게 즉시 통보하여야 하며 상호협의 후 진행상황을 결정한다.
5. "갑"과 "을"은 '공연'을 제작함에 있어서 공연에 들어가는 모든 비용(제작비, 티켓판매대행 수수료, 저작권료 외) 등을 공연 후 정산하며, 그 비용 분담은 "갑"과 "을"이 각각 ____% : ____%로 한다.

제4조【상호의무】"갑"과 "을"은 공연 제작 및 홍보에 관한 상호간의 의무를 성실히 수행하여 공연진행에 차질이 없도록 하여야 한다.

제5조【계약위반】

1. "갑"과 "을"은 상기에 명시한 합의 내용을 정당한 사유 없이 위반함으로써 발생하는 손해에 대한 배상을 타방 당사자에게 부담한다.
2. 불가항력이나 천재지변으로 인하여 본 계약의 이행이 불가능할 경우 "갑"과 "을"은 합의를 통하여 문제를 해결한다.

제6조【기타사항】기타 이 계약과 관련하여 명시되지 않은 사항은 "갑"과 "을"이 상호 협의하여 결정하여야 하며 제3조에 명시한 내용에 준하여 결정한다.

제7조【재판관할】본 계약에 의하여 분쟁이 발생시, ________을 제1심 전속 관할법원으로 한다.

제8조【신의칙】갑과 을은 본 계약에 정하여진 각 조항을 신의에 따라 성실히 이행하며, 본 계약에 정한 사항 및 본 계약의 각 조항의 해석에 이의가 있을 시 법에 정하는 것 이외 성의를 다하여 협의하여 해결하도록 한다.

본 계약서는 갑, 을이 계약서에 서명 날인함으로써 유효하고 이를 증명하기 위해 계약서 2통을 작성하고 각각 서명 날인하여 1통씩 보관한다.

20○○년 ○월 ○일

갑	㊞	주 소	
을	㊞	주 소	

[서식 376] 대관계약

대 관 계 약

예술의 전당(이하 "갑"이라 한다)과 대관자(이하 "을"이라 한다)는 상호 신의와 성실의 원칙에 입각하여 다음과 같이 공연계약을 체결한다.

- 다 음 -

1. "갑"은 "을"의 아래공연에 대한 대관자임을 인정하고 그 사용 권리를 보장한다.
   - 공연명 :
   - 공연장소 :
   - 공연준비기간 : 20 년 월 일 ~ 20 년 월 일(일간)
   - 공연기간 : 20 년 월 일 ~ 20 년 월 일(일간 회)
   - 공연시간 : 평 일 / 시 분, 시 분
토·일·공휴일 / 시 분, 시 분
2. "을"은 본 계약 제1조의 대관사용에 있어 "________공연장 대관규약"을 사전 숙지, 이에 동의하고 동 규약에 명시된 제반조항 및 본 계약을 준수할 것을 확인한다.
3. "을"은 대관자로서의 자격을 본 계약 체결시 기본대관료(원 : 부가세포함)의 정기대관은 ○○%, 수시대관은 ○○%를 계약금으로 입금함으로써 보유하며, 잔금은 입장권 검안 전까지 납부한다. 단, 연습실 대관은 계약체결시 사용료 전액을 납부하여야 한다.
4. 기본대관료 이외에 전당의 추가설비 사용료에 대한 계약은 전당의 "공연장 추가설비 사용신청서"로 갈음한다. 단, 사용료 납입은 공연종료일까지 납부해야 한다. 이후 추가 사용분은 사용신청 즉시 납입하고 본 계약의 일부로 간주한다.
5. 기타 본 계약의 원활한 수행을 위한 특별한 사항은 다음과 같다.
   1)
   2)
6. 본 계약에 명시되지 않은 사항은 "○○○ 공연장 대관규약"에 따르며, 동 규약에 명시되지 않은 사항은 "갑"의 공연장 대관 규정 및 일반 관행과 관례에 따르되 분쟁의 발생시에는 "갑"의 소재지 관할법원에서 조정한다.
7. 상기계약을 확충하기 위하여 본 계약서는 2통을 작성 "갑", "을" 쌍방이 기명날인 후 각각 1통씩 보관한다.

첨부 : ○○○ 공연장 대관규약 1부, 끝.

20○○년 ○월 ○일

갑	사 장	㉞	주 소	

을	대관단체		주 소	
	대 표 자	㉑		

[서식 377] 협찬계약서

협 찬 계 약 서

______협찬회사(이하 "갑"이라 한다)와 ______(이하 "을"이라 한다)은 을이 주최하는 콘서트 투어(이하 '본 공연'이라 한다)의 협찬에 관하여 아래와 같이 계약을 체결한다.

제 1 조【 스폰서십 】 갑은 제2조에 정하는 본 공연에 있어 독점적인 타이틀 스폰서로서, 본 협찬의 정식명칭을 __________라고 하는 것에 상호 동의한다.

제 2 조【 본 공연 내용 】 본 공연의 개요는 다음과 같다.

구 분	내 용
공연명	
개최장소	
개최일	
기 타	

제 3 조【 협찬표시 】 을은 본 공연의 홍보, 프로모션 중 아래의 매체 또는 광고형태에 갑은 제1조에서 정한 본 협찬의 정식명칭을 표시한다. 단, 광고매체 등에 공간 제약이 있을시 그 제약 내에서 표기한다.

1. TV
2. 신문광고
3. 포스터
4. 공연 타이틀 현수막
5. 공연 프로그램 인쇄물
6. 공연 공고 전단지
7. 공연 티켓

제 4 조【 광고이용 】 을이 독자적으로 본 공연의 홍보·프로모션을 할 때에는 반드시 제작물의 방송, 게재, 배포 등에 앞서 그 표현내용, 디자인 등의 형태·범위에 대하여 갑의 허락을 받는다.

제5조【"을"의 의무】

1. 을은 갑에게 본 공연 티켓 ____매(R석 매, S석 매, 일반석 매)를 제공하며, 추가 구매를 희망하는 경우 갑에게 이를 우선배분하고 좌석을 조정하여 준다.
2. 을은 공연 프로그램 인쇄물에 갑의 광고 선전을 위한 공간으로 1페이지를 무상으로 제공한다.

제6조【부가서비스】 갑이 각 공연회장 내에서 상품의 시제품, 샘플링, 장내 현수막 등을 희망하는 경우 을은 장소를 제공하여 준다. 실시에 있어서는 갑은 을의 지시에 따라 설치 및 운영을 한다. 이 경우 운반비, 운영비용 등의 비용은 갑이 부담한다.

제7조【대 가】 갑은 을에 대하여 본 계약의 대가로 금 ______원을 ____년 ___월 ___일까지 지급한다.

제8조【공연의 변경 및 중지】

1. 본 공연이 천재지변, 내란, 폭동 등 불가항력적인 사유로 인하여 행사 날짜, 시간 등의 변경이 있을 시에는 상호 협의하여 처리함을 원칙으로 한다.
2. 본 공연이 취소되는 경우에는 을은 제7조에 의하여 지급받은 금액 전부를 갑에게 반환하며, 미지급시에는 갑은 을에게 대금지급의 의무가 없다.

제9조【권리양도】 본 계약상 발생되는 권리 및 의무사항에 대하여 을은 제3자에게 이를 양도할 수 없다.

제10조【계약위반】 갑, 을의 어느 일방이 계약에 위반하는 경우, 다른 당사자는 ___월의 기간을 정하여 최고하고, 최고에 의하여도 계약 위반사항이 시정되지 않을 경우에는 본 계약을 해제한다. 위반자는 다른 당사자에 대하여 손해를 배상한다.

제11조【재판관할】 본 계약에 의하여 분쟁이 발생시, _____지방법원을 제1심 전속 관할법원으로 한다.

제12조【신의칙】 갑과 을은 본 계약에 정하여진 각 조항을 신의에 따라 성실히 이행하며, 본 계약에 정한 사항 및 본 계약의 각 조항의 해석에 이의가 있을 시 법에 정하는 것 이외 성의를 다하여 협의하여 해결하도록 한다.

이상 본 계약 체결을 증명하는 본 계약서를 2통 작성하고 갑과 을은 기명날인 하여 각 1통씩 보유한다.

20○○년 ○월 ○일

갑	㉿	주 소	
을	㉿	주 소	

[서식 378] 행사후원계약서

행사후원계약서

양판점 주식회사 ○○○○(이하 "갑"이라 칭한다)와 행사후원사 ○○○○ 주식회사(이하 "을"이라 칭한다)간에 다음과 같이 행사후원계약을 체결한다.

제1조【목 적】 본 계약은 "갑"이 실시하는 고객감사 사은 행사에 대하여 "을"이 일정한 경품 및 현금을 후원하고 이와 관련된 제반 절차의 규정을 목적으로 한다.

제2조【행사후원】 "을"은 "갑"이 실시하는 개점 ○○주년 기념 고객감사 사은행사(기간 20○○년 ○월 ○일부터 20○○년 ○월 ○일)에 대하여 다음 각 호의 경품 및 현금 ○○○○○원(₩○○○○○)을 후원하기로 한다.

1. ○○○○제품 ○○대 : 주식회사 ○○○○
2. ○○○○제품 ○○대 : ○○○○ 주식회사

제3조【인 도】

1. "을"은 "갑"에 대하여 행사기간 이전까지 해당 제품을 직접 인도하여 공급하도록 하며 "갑"의 매장에 배치된 "을"의 제품이 있는 경우에는 당해 제품의 비용처리를 통하여 인도에 갈음할 수 있다.
2. 제1항에 불구하고 "갑"이 행사기간 동안 당첨된 고객에게 당해 경품을 "을"이 직접 배송을 해 줄 것을 요청하는 경우 "을"은 당해 당첨고객에게 직접 제품을 배송하여 인도하여야 한다.
3. 본조의 경품에 대한 인도는 배송비는 "갑"이 부담하되 제세공과금은 경품의 수령자가 부담하도록 한다.
4. 현금은 행사 시작과 동시에 "갑"의 계좌에 현금으로 입금한다.

제4조【표시의무】

1. "갑"은 행사 기간 중 "을"의 상호를 행사 후원사로서 명시하여야 하며 행사관련 온라인 페이지에는 "을"이 희망하는 온라인 사이트로 링크가 되도록 조치하여야 한다.
2. 오프라인 상의 홍보물 기타 도안에는 "을"의 회사명 및 "을"이 희망하는 일정한 도안을 삽입하여야 한다.
3. "갑"은 이벤트 행사 안내 이메일을 "갑"의 회원에게 발송 시 안내 문구의 하단에 "을"의 상호 및 이미지 배너가 함께 표시되도록 안내페이지를 구성하여 메일 발송을 하여야 한다.

제5조【경품하자 등】

1. "을"은 본 계약상의 경품을 일반 거래계에서 통용되는 상등품의 품질로 공급하여야 하며 공품품의 포장 및 배송절차에 주의의무를 기울여 하자가 없는 상품을 공급하도록 하여야 한다.

2. “을”은 불량 등 하자에 대하여 반품조치 및 신규 제품의 인도 등을 하여야 하며 반품으로 인한 제반 경비의 지출은 모두 “을”이 부담하도록 한다.

제6조【배송일자】

1. “을”은 “갑”의 당첨고객에 대하여 “갑”이 당첨을 통지한 날짜로부터 ○○일 이내에 당해 경품이 도착하도록 배송을 하여야 하며 배송의 지연이 불가피하게 발생하는 경우라도 ○○일을 경과하여서는 아니된다.
2. 제1항의 기일이 경과하는 경우 “갑”은 우선적으로 “갑”의 비용으로 당해 경품을 구입하여 당첨고객에게 당해 경품을 배송하며 당해 경품 구입 및 배송에 소요되는 경비 일체는 “을”에게 구상한다.
3. “을”은 제2항의 경우 관련 비용 일체를 현금으로 즉시 “갑”에게 지불하여야 한다.

제7조【비통지】

1. 본 행사기간이 종료되는 날까지 “갑”이 “을”에게 경품 당첨자의 통지가 없는 경우 당해 경품제공 의무는 자동으로 효력을 상실한다.
2. 제1항의 경우 “갑”의 사무착오 등의 사유로 인하여 행사 기간의 종료 이후에 통지가 있는 경우에는 당해 경품제공 의무는 “갑”에게 발생하며 “갑”이 관련 경품의 구입 및 배송의무를 지며 이를 이유로 하여 일체 “을”에게 경비의 청구를 할 수 없다.

제8조【소 멸】 “갑”의 행사가 여하한 사유로도 진행이 되지 아니하는 경우 “을”은 본 계약상의 제반 의무가 자동으로 소멸되며 “갑”은 어떤 이유로도 “을”에게 당해 의무의 이행을 청구할 수 없다.

제9조【이익부여】 “갑”은 본 행사에 참여한 “을”에 대하여 향후 거래에 있어서 결제조건을 기존의 제품 납기일로부터 ○○일 이내의 결제조건에 대하여 새롭게 ○○일 이내의 현금결제 조건으로 변경하여 후원에 대한 이익을 부여한다.

제10조【기타사항】

1. 계약의 당사자는 본 계약의 내용을 신의성실에 의거하여 준수하여야 한다.
2. 계약기간 중 계약의 변경은 당사자의 서면 합의에 의해서만 변경될 수 있으며 서명(또는 기명) 날인 된 문서를 본 계약서의 말미에 첨부한다.
3. 본 계약서에서 명시되지 않은 부분에 대하여는 관련 법규 및 상관습에 따르기로 한다.

제11조【특약사항】 상기 계약일반사항 이외에 “갑”과 “을”은 아래 내용을 특약사항으로 정하며, 특약사항이 본문과 상충되는 경우에는 특약사항이 우선하여 적용된다.

본 계약을 증명하기 위하여 본 계약서 2통을 작성하여 각각 서명(또는 기명) 날인한 후 각각 1통씩을 보관한다.

20○○년 ○월 ○일

갑	㊞	사 업 자 등 록 번 호		사 무 소	
				전화번호	
을	㊞	사 업 자 등 록 번 호		사 무 소	
				전화번호	

[서식 379] 공연계약서(무대)

공 연 계 약 서

_________(이하 "갑"이라 한다)와 _________(이하 "을"이라 한다)은 "갑"이 주최 및 진행하는 공연에 대하여 무대장비 계약과 관련된 제반 사항을 명확히 함을 목적으로 한다.

제 1 조 【 공연개요 】

1. 공 연 명 :
2. 공연일시 :
3. 공연장수 :
4. 주 최 :

기타 자세한 내용은 기획서의 내용을 참조한다.

제 2 조 【 상호의무 】

1. "갑"은 "을"의 용역에 대한 비용 금 ____________원(부가세 포함)을 지급한다.
2. "을"은 "갑"의 공연에 필요한 무대장비 전반의 제작, 설치 및 철수를 책임진다.

제 3 조 【 작업과정 】

1. "을"은 행사에 대한 견적서를 계약 일주일 전 제출하여야 하며 "갑"의 승인을 받아야 한다.
2. "갑"은 제1항에 의한 승인 후에도 무대장비의 설치 및 변경을 요구할 수 있으며, 추가비용이 발생할 경우에는 "갑"이 그 비용을 지불한다.

제 4 조 【 계약금액 및 지급 방법 】 "갑"은 "을"에게 제2조제1항에 명시된 금액을 다음과 같이 지급한다.

1. 계약금 : 공연 ___일 前까지 전체 금액의 ___%인 금 _________원(부가세 포함)지급
2. 잔 금 : 공연 ___일 後까지 전체 금액의 ___%인 금 _________원(부가세 포함)지급

제5조【계약의 해지】

1. "갑"과 "을"은 계약당사자 상호 및 아티스트의 질병, 사고, 사망 등의 중대한 변동 발생으로 일정대로 공연이 진행될 가망이 없다고 판단될 경우 상호 협의하여 본 계약을 해지할 수 있다.
2. "갑"은 "을"이 본 계약서에서 정한 의무를 성실하게 수행하지 않아 공연 취소나 공연 일시 변동 등 원활한 진행이 이루어지지 않을 경우 "을"의 동의 없이 계약의 전부 또는 일부를 해지할 수 있다.
3. 제1항 및 제2항과 관련하여 일방당사자에게 손해 발생시 타방 당사자는 손해배상을 청구할 수 있다.

제6조【준수사항】 "을"은 "갑"과 합의하여 작성한 공연계획서와 동일한 내용 및 구성원, 기자재 등을 사용하여야 하며 변경이 불가피할 경우 사전에 "갑"의 동의를 얻어야 한다.

제7조【양도금지】 "을"은 "갑"의 사전승인 없이 본 계약의 권리의무를 제3자에게 양도할 수 없다

제8조【안전관리 및 사고책임】 "을"은 계약 기간 동안 "을"의 대리인 등의 행위에 대하여 책임을 지는 것은 물론, 공연 중 장비관리와 안전사고에 관해서는 조속히 처리하여 "갑"에게 피해가 없도록 하며 안전사고 및 기타 제반사고에 관하여 "을"에게 귀책하유가 있는 경우에는 "을"이 책임을 진다.

제9조【분쟁해결】

1. 본 계약에 명시되지 아니한 사항 및 계약 해석상 이의 발생시 상, 관례에 따라 상호 협의하여 해결하는 것을 원칙으로 한다.
2. 제1항에도 불구하고 분쟁이 해결되지 않을 시에는 본 계약에 의하여 분쟁이 발생시, 지방법원을 제1심 전속 관할법원으로 한다.

본 계약서는 갑, 을이 계약서에 서명 날인함으로써 유효하고 이를 증명하기 위해 계약서 2통을 작성하고 각각 서명 날인하여 1통씩 보관한다.

20○○년 ○월 ○일

갑	㉑	주 소	
을	㉑	주 소	

[서식 380] 공연 기획·제작계약서

공연 기획·제작계약서

________(이하 "갑"이라 함)과 _________(이하 "을"이라 함)는 공연행사에 관하여 다음과 같이 계약을 체결한다.

제1조【계약의 목적】 본 계약은 "갑"의 공연행사를 "을"에게 의뢰함에 있어 "갑"과 "을" 양자 간의 권리의무 등 제반사항을 규정함을 목적으로 한다.

제2조【행사의 내용】
1. 공 연 명 :
2. 공연일시 :
3. 장 소 :
4. 공연형식 및 내용 :

제3조【"갑"의 의무】 "갑"은 공연장소의 제공 및 시설사용 협조와 함께 공연개최에 따른 진행 업무를 지원한다.

제4조【"을"의 의무】 "을"은 다음과 같은 의무가 있다.
1. 출연자 섭외/출연 등을 포함한 행사의 총괄진행
2. 행사의 홍보 및 팸플릿 원본 지원(포스터 및 프로그램)
3. 행사 진행에 필요한 하드웨어(음향, 조명, 무대, 악기, 발전차 등)의 준비

제5조【공연금액 및 지급방법】
1. "갑"은 "을"에게 행사를 위한 공연금액으로 금 ________원을 지급한다.
2. 지급방법은 다음과 같다.
   가. 계약금 : 공연 ___일 前까지 전체 금액의 ___%인 금 ________원(부가세 포함)지급
   나. 잔 금 : 공연 ___일 後까지 전체 금액의 ___%인 금 ________원(부가세 포함)지급

제6조【계약의 해지】 다음 각 항에 해당하는 경우 "갑" 또는 "을"은 서면으로 계약을 해지할 수 있다.
1. "갑" 또는 "을"이 파산, 청산, 화의개시 신청, 회사정리 절차 개시신청 등으로 정상적인 영업활동을 할 수 없게 된 경우
2. "갑" 또는 "을"이 본 계약의 조항을 위반하여 상대방이 문서로써 그에 대한 시정을 요구한 날로부터 일 이내에 시정하지 않거나 고의적으로 이행하지 않는 경우
3. 전항의 해지 의사표시는 서면 통지가 상대방에게 도달한 때로부터 해지의 효력이 발생한다.

제7조【위약금】 "을"의 이유 없는 사유로 공연 행사의 취소 시 "갑"은 "을"의 공연준비 착수에 대한 위약금으로 제5조 제1항의 공연 금액의 ___%을 지급한다.

제8조【손해배상】 "갑" 또는 "을"은 어느 일방이 본 계약에 규정된 의무를 이행하지 않아 입은 손해에 대하여 상대방에게 이에 따른 배상을 청구할 수 있다.

제9조【천재지변】 천재지변 등 불가항력적 재난이나 전쟁, 소요, 파업 등 사회적 혼란 또는 관련법령의 개폐로 인한 계약 불이행은 "갑"과 "을" 상호간 면책된다.

제10조【분쟁의 해결】 본 계약에 관련하여 "갑"과 "을"간에 분쟁이 발생하는 경우, 쌍방은 상호 협의하에 원만히 해결하도록 노력하여야 한다. 단, 쌍방 합의로 분쟁이 해결되지 않아 소송이 불가피할 경우, ________지방법원을 제1심 전속관할법원으로 한다.

제11조【별도 약정】

1. 본 계약에 의한 통지, 청구, 지불 등에 관한 사항은 서면화되어야 하며 "갑"과 "을" 쌍방이 서명 또는 날인한 서면에 의하지 않고서는 수정되지 아니한다.
2. "갑"과 "을"은 이 계약서에 정하지 아니한 사항에 대하여 별도의 약정을 서면으로 체결할 수 있으며, 본 계약과 동일한 효력을 갖는다.

제12조【기타사항】

1. 본 계약과 관련하여 본 계약상에 약정되지 아니한 사항에 대한 판단 등은 관련법 및 일반관행에 따른다.
2. 본 계약은 당사자가 본 계약서에 서명 또는 날인한 날로부터 효력을 발생한다.

"갑"과 "을"은 본 계약의 내용을 신의성실에 따라 이행할 것을 확약하며, 본 "계약"을 증명하기 위하여 계약서를 2부 작성하여 쌍방이 서명 또는 날인한 후 각 1부씩 보관한다.

20○○년 ○월 ○일

갑	㉿	주 소	
을	㉿	주 소	

[서식 381] 방송권계약서

방송권계약서

본 계약은 __________(이하 "갑"이라 함)과 __________(이하 "을"이라 함) 간의

__________(이하 '공연'이라 칭함)의 방송에 관한 계약이다.

제1조【계약목적】 본 계약은 "을"이 주최하는 공연의 실황 녹화 및 방송, 중계에 있어 그 권리를 "갑"에게 양도함으로써 원활한 공연 녹화 및 중계를 도모함에 그 목적이 있다.

제2조【공연 내용】
1. 공 연 명 :
2. 공연일시 :
3. 공연장소 :
4. 주　　관 :

제3조【방송권료】 "갑"은 "을"에게 본 '공연'녹화에 따른 방송권료로 금 ______원을 공연 종료 __일 이내에 "을"에게 지급한다.

제4조【판권 및 방영권】
1. 본 '공연'에 방송권을 제외한 모든 판권은 "을"에게 속하며, "갑"은 본 '공연'을 사전 서면동의 없이 영리추구를 목적으로 TAPE, CD, VIR, DVD 등으로 제작, 판매할 수 없다.
2. "갑"은 '공연'을 녹화하여 녹화일로부터 1년 이내에 ___회 방영할 수 있다.

제5조【저작권의 보증】 "을"은 본 '공연'의 한국 내 방송과 관련하여 정당하고 완전한 권리자임을 보증하며, "갑"이 방송과 관련하여 피소 등 이의제기를 받을 때는 "을"의 책임과 비용으로 이를 해결해야 한다.

제6조【협조사항】
1. "갑"은 공연 녹화와 관련한 좌석을 "을"에게 요구할 수 있으며 "을"은 "갑"에게 녹화시 필요한 좌석을 제공해야 한다. 또한 본 공연의 녹화와 관련하여 "갑"의 요구가 있을 경우 필요한 자료에 대해 "을"은 제공하도록 한다.
2. '공연'의 녹화방송 후 "갑"은 "을"에게 전 '공연'이 녹화물 ___개를 제공하도록 한다.

제7조【공연의 취소】 전쟁, 내란, 천재지변이나 공연 연주자의 급성과 관련된 외과 수술, 교통사고 등 인간의 힘으로 불가항력적인 사고의 경우에는 "갑"과 "을"은 '공연' 녹화 취소의 책임을 묻지 않으며 이미 발생한 손해에 대해서는 "갑" "을"에게 녹화 취소에 대한 책임을 묻지 않는다.

제8조【분쟁의 해결】 본 계약에 의하여 분쟁이 발생 시, ______지방법원을 제1심 전속관할법원으로 한다.

제9조【신의칙】 갑과 을은 본 계약에 정하여진 각 조항을 신의에 따라 성실히 이행하며, 본 계약에 정한 사항 및 본 계약의 각 조항의 해석에 이의가 있을 시 법에 정하는 것 이외 성의를 다하여 협의하여 해결하도록 한다.

본 계약서는 갑, 을이 계약서에 서명 날인함으로써 유효하고 이를 증명하기 위해 계약서

2통을 작성하고 각각 서명 날인하여 1통씩 보관한다.

20○○년 ○월 ○일

갑	㊞	주 소	
을	㊞	주 소	

[서식 382] 저작권계약서

저작권계약서

□ **저작물의 제목**

국문 :

영문 :

□ **자작권자명** (지분율 /100)

□ **저작자명(작곡가, 작사가, 기타)**

필명 : 실명 : (지분율 /100)

영문 : 영문 :

필명 : 실명 : (지분율 /100)

영문: 영문 :

필명 : 실명 : (지분율 /100)

영문 : 영문 :

상기 저작권자(이하 "갑"이라 한다)와 '________'(이하 "을"이라 한다)은 상기 저작물(복수인 경우를 포함한다. 이하 '본건 작품'이라 한다)의 이용 및 개발을 도모하기 위하여 다음과 같이 계약을 체결한다.

제1조【저작권의 양도】 갑은 본 계약이 정하는 바에 따라 본건 작품의 저작권을 을에게 양도한다.

제2조【저작권의 보증】 갑은 을에 대하여 본건 작품이 상기 저작자의 창작에 의한 저작물로서 제3자의 권리를 침해하지 않으며, 완전히 권리자로서 저작권을 소유하고 있음을 보증한다. 또한 본건 작품의 저작권과 관련하여 현재 또는 장래 제3자로부터 이의가 제기되는 경우, 갑은 책임을 가지고 이를 해결하며 을에게 어떠한 지장이나 손해를 주지 않는 것을 보증한다.

제3조【저작물의 이용 및 개발】 을은 본 계약에 의해 갑으로부터 양도된 권리에 의거하여, 제6조에서 정하는 권리 양도지역 내에서 본건 작품이 최대한 이용 및 개발될 수 있도록 노력하여야 한다.

제4조【양도의 범위】 본 계약에 의해 갑이 을에게 양도하는 제작권에는 복제권, 공연권, 방송권, 전송권, 배포권 등 본건 작품에 대하여 현재 부여되어 있거나 또는 미래에 부여되는 일체의 권리를 현재 알려져 있거나 또는 미래에 개발되는 모든 방식으로 이용하는 것을 포함한다. 을은 본건 작품에 대하여 본 조에서 정한 권리를 독점적으로 행사하고, 제3자에게 허락하여 사용료를 징수하며, 외국 출판사에 대해서 특정지역, 기간을 정하여 재양도할 수 있다

제5조【계약기간】 본 계약의 유효기간은 계약 체결일로부터 __년간으로 하며, 계약기간 만료 ___개월 전까지 갑 또는 을로부터 문서에 의한 의사표시가 없는 한 본 계약은 자동적으로 ___년간 연장된다. 그 이후의 기간 연장에 대해서도 동일하다.

제6조【양도지역】 본 계약에 의해 갑이 을에게 양도하는 저작권 양도지역은 대한민국을 포함하는 전 세계로 한다.

제7조【완전원고의 제공】 갑은 본 계약체결과 동시에 본건 작품의 복제에 필요한 원고 또는 그 복제물을 을에게 제공하여야 한다. 갑이 을에게 제공하는 원고 또는 그 복제물은 을의 소유로 한다.

제8조【저작권 사용료】 을은 본건 작품의 사용에 대해 상기 지분율에 따른 저작권 사용료를 본조 가항에 의거 갑에게 지불하여야 한다(본건 작품 중 작사·작곡의 어느 하나만이 사용된 경우에도 동일하다). 단, 을이 본건 작품의 선전·보급을 위하여 무료로 배포하는 본건 작품의 복제물에 대하여는 저작권 사용료를 지불하지 아니한다.

1. 을이 사용형태를 불문하고 본건 작품에 대하여 제3자로부터 수령한 저작권 사용료(저작권 사용료 징수단체 및 그 외에 중개자가 게재한 경우에는 그 수수료를 공제한 후의 사용료)의 ___%를 지불한다.
2. 을이 외국의 출판사 또는 저작권사용료 징수단체로부터 징수한 저작권 사용료의 __%를

지불한다. 단, 외국의 당해 단체로부터 특히 출판사 지분으로 지정하여 을에게 분배된 금액에 대하여는 갑은 을에게 분배를 요구할 수 없다. 또한 당해 단체로부터 저작자 지분으로 지정하여 갑에게 분배된 금액에 대하여는 을은 갑에게 분배를 요구할 수 없다.

3. 을이 본건 작품에 대하여 저작권침해의 손해배상금으로 수령한 금액은 소송비용, 변호사 보수, 저작권 등록비 등을 공제한 나머지 금액의 ___%를 지불한다.

제9조【저작권 사용료의 계산 및 지불】

1. 을은 매분기별로 제8조에 따라 갑에게 지불할 사용료를 계산하여, 다음달 30일 이내에 해당 분기동안 발생된 사용료를 명세서와 함께 갑 또는 갑이 지정하는 대리인에게 지불해야 한다.
2. 을은 은행계좌 및 주소 등이 변경된 경우 즉시 갑에게 통지하여야 한다. 또한 갑에게 외국이주 등의 사태가 발생하는 경우 갑은 수령대리인을 지정하여 이를 을에게 통지하여야 한다. 을이 상기 통지를 수령하지 않는 한, 을은 본 계약에 기한 채무불이행 책임을 부담하지 않는다.

제10조【권리승계자의 협력의무】 상속 등에 의해 갑의 권리승계자가 새로 나타나 경우 당해 승계자는 을에게 상속 등에 의한 권리승계의 통지 및 은행계좌, 주소 등을 즉시 통지하여야 한다. 을이 상기 통지를 수령하지 않는 한, 을은 본 계약에 기한 채무불이행 책임을 부담하지 않는다.

제11조【장부의 열람】 을은 본건 작품에 관한 회계장부 기타 기록에 대해 갑으로부터 요구가 있는 경우 을의 영업시간 중에 한하여 갑에게 열람토록 하여야 한다. 단, 본 계약 제8조에 의해 저작권 사용료를 지불한 후 1년 경과한 것에 대하여는 그러하지 아니하다.

제12조【권리의 침해】

1. 본 계약 제1조의 규정에 불구하고 본건 작품의 저작권에 대해 제3자로부터 권리침해의 소송이 제기된 경우 을은 적당하다고 인정되는 바에 따라 소송에 대처하여야 하며, 이를 위해 갑은 해당국가에서 법적 절차를 취할 수 있는 권리를 을에게 위임하여야 한다. 이 소송의 처리, 해결에 필요한 소송비용, 변호사 보수, 제3자에 대한 배상금 기타 제반비용은 갑의 부담으로 한다.
2. 제3자가 본건 작품의 저작권을 침해한 경우 을은 적당하다고 인정되는 바에 따라 처리, 해결하여야 하며, 갑은 을을 위하여 성의를 가지고 협력하여야 한다. 을이 권리침해에 대해 제3자로부터 손해배상금으로 수령한 금액은 이 계약 제8조 제4항이 정하는 바에 따라 이를 분배한다.

제13조【제3자에의 권리양도】 을은 갑으로부터 문서에 의한 허락을 받지 않는 한 국내의 다른 출판사에게 본건 작품의 저작권을 매각·양도할 수 없다. 단, 을의 영업양도 또는 흡수 합병으로 인하여 저작권이 타인에게 이전되는 경우에는 그러하지 아니한다.

제14조【계약위반】

1. 을이 본 계약을 위반하는 경우, 갑은 ___일간의 기간을 정한 문서에 의해 계약의 이행을 최고하고 만일 이 기간 내에 이행하지 않은 때에는 본 계약을 해지할 수 있으며, 이 위반에 따라 발생한 손해배상을 을에게 청구할 수 있다.

2. 갑이 본 계약을 위반한 경우, 을은 본건 작품의 저작권에 대한 모든 대가의 지불 및 일체의 의무이행을 정지하고 계약위반에 따라 발생한 손해에 대해 배상을 청구할 수 있다. 또한 을은 갑에게 지불할 대가를 이 손해배상의 일부로 충당할 수 있다.

제15조【계약상 지위의 승계】 본 계약은 갑·을 이들의 권리승계자 또는 위탁자에 대하여 그 효력을 발생한다.

제16조【계약의 변경】 본 계약의 변경 또는 수정은 문서에 의한 갑·을 양당사자의 합의가 없으면 그 효력을 발생하지 아니한다.

제17조【당사자 간의 협의】 본 계약에 정하지 않은 사항이나 조항의 해석상 차이 기타 예기하지 않은 사태가 발생하는 경우에는 갑·을 양당사자가 협의하여 신의성실의 원칙에 따라 해결하여야 한다.

제18조【저작권사용료징수단체와의 관계】 갑·을 양당사자 또는 어느 일방이 저작권사용료징수단체와 저작권신탁계약을 체결하고 있는 경우에는 당해 단체와의 계약을 존중한다. 단, 갑·을 간의 관계에 있어서는 오로지 본 계약이 정하는 바에 따른다.

제19조【준거법 및 재판관할】 본 계약에 관하여 분쟁이 발생한 경우의 준거법은 대한민국법으로 하고, 서울중앙지방법원을 관할법원으로 한다.

본 계약이 양 당사자의 합의에 의해 적법하게 성립된 것임을 증명하기 위해, 계약서 2부를 작성하여 갑과 을이 각각 1부씩 보관한다.

20○○년 ○월 ○일

갑	㊞	주민등록번호		주 소	
을	㊞	주민등록번호		주 소	

[서식 383] 특허권의 통상실시권 설정계약서

특허권의 통상실시권 설정계약서

특허등록번호 제○○○호

발명의 명칭 <　　　　　>

상기 특허등록권(이하 상기특허권이라 한다)에 대하여 ○○○(이하 "갑"이라고 함)과 △△△(이하 "을"이라고 함)은 다음과 같은 통상실시권 설정계약을 체결한다.

제1조(실시권의 허락) 갑은 을에 대하여 을이 상기특허권을 실시한 제품을 생산 또는 판매하거나 기타의 처분을 하기 위한 상기특허권에 대한 통상실시권을 허락한다. 본 실시권은 비독점적이며, 제3자에게 양도할 수 없고 담보에 제공할 수 없으며 재실시 허락 권한이 없는 것으로 한다.

제2조(실시기간) 상기특허권에 대한 통상실시기간은 20○○년 ○월 ○일부터 20○○년 ○월 ○일까지로 한다.

제3조(실시지역) 상기특허권에 대한 실시지역은 ○○지역을 제외한 전 지역으로 한다.

제4조(실시권의 설정등록) 갑은 을이 자기의 비용으로 본계약에 의해 허락된 실시권을 설정등록하는 것에 동의하고, 을의 청구에 따라 이에 필요한 서류를 무상으로 을에게 제공하도록 한다.

제5조(실시료) 을은 상기특허권을 실시한 제품(이하 실시제품이라 한다)의 매출액을 기준으로 하여 매분기별(또는 당사자 간에 합의한 기간이나 회수) ○%에 해당하는 실시료를 현금으로 갑에게 분기종료 ○일내에 지급하여야 하며 을이 실시제품을 자기의 영업을 위하여 사용한 경우에는 그 사용개시 시에 제품이 판매된 것으로 본다.

제6조(실시료의 산정) 전조의 실시료의 산정을 위하여 을은 매 분기별(또는 당사자 간에 합의한 기간을 기준으로 하여) 실시제품의 생산실적, 판매실적, 매출액, 재고량 등에 관한 보고서를 갑에게 분기종료 ○일내에 제출하여야 한다. 갑은 필요한 경우 필요한 자료의 열람을 을에게 청구할 수 있으며 을은 정당한 이유 없이 갑의 청구를 거절하여서는 아니 된다.

제7조(실시료의 연체) 을은 제5조가 규정하고 있는 지급기한 내에 실시료를 지급하지 않는 경우 지급기일 익일부터 월 ○%의 지연이자를 지급한다.

제8조(책임) 갑은 상기특허권의 실시 및 실시제품으로 인하여 을이 입은 손해에 대하여 책임을 지지 아니하며 실시제품의 생산, 판매에서 발생하는 손해로 인하여 제3자가 을에 대하여 배상을 요구하는 경우에도 갑은 책임을 지지 아니한다. 단, 갑은 을에게 상기특허권의 실시 및 실시제품과 관련하여 제3자와의 소송 기타 법적분쟁이 발생하는 경우 그 해결을 위하여 을이 필요한 자료 및 정보의 제출을 문서로써 청구하는 경우 특별한 사유가 없는 한 을의 청구에 응하여야 한다.

제9조(실시료의 감액과 변경) 을이 실시제품의 생산, 판매에 있어 상기특허권에 대한 실시 이외에 제3자가 소유하고 있는 특허권을 실시하여야만 하는 경우에는 을은 갑에 대하여 실시료의 감액을 청구할 수 있다. 청구를 받은 갑은 을의 청구가 실시료의 부당한 감액을 목적으로 함을 이유로 을의 청구를 거절 할 수 있다. 이 경우 입증책임은 을에게 있다. 제5조에서 정하고 있는 실시료는 경제사정의 급격한 변동 기타 특별한 사정이 있는 경우에는 갑과 을이 협의하여 변경할 수 있다.

제10조 (해제, 해지) ① 갑과 을은 쌍방이 본 계약에서 정하고 있는 의무를 이행하지 않거나 정당한 이유 없이 이행을 거부하는 경우 계약을 해제할 수 있다. 해제의 의사표시는 확정일자 있는 문서로써 하며 해제의 효력은 그 의사표시가 상대방에게 송달된 때부터 발생한다.

② 갑과 을은 상당한 기간을 정하여 상대방에게 이행여부의 확답을 최고할 수 있으며 상대방이 상당한 기간 내에 확답을 하지 않는 경우에는 별도의 의사표시 없이 계약을 해제할 수 있다.

③ 갑과 을은 서로의 귀책사유에 의하지 않은 부득이한 사유로 인하여 더 이상 계약의 목적을 달성할 수 없게 되는 경우 상대방에게 손해를 배상하지 않고 계약을 해제할 수 있다. 단 입증책임은 그 사유를 주장하는 자에게 있다.

④ 계약 해지의 의사표시는 전조에서 규정하고 있는 기간만료일 6월 전까지 상대방에게 확정일자 있는 문서로 한다.

⑤ 갑과 을은 서로의 귀책사유에 의하지 않은 부득이한 사유로 인하여 더 이상 계약의 목적을 달성 할 수 없는 경우 상대방에게 손해를 배상하지 아니하고 계약을 해지할 수 있다. 단, 그 입증책임은 그 사유를 주장하는 자에게 있다.

제11조 (침해의 배제) 을은 제3자가 상기특허권을 침해하거나 침해하려 하는 경우에는 그 사실을 안 때로부터 즉시 그 사실을 갑에게 통지하여야 한다.

제12조 (특허표시) 을은 실시제품에 특허표시를 하여야 하며 갑의 사전동의를 얻어 실시제품에 본 제품이 갑의 실시권을 허락 받은 제품이라는 점을 표시할 수 있다.

제13조 (협의) 갑과 을은 신의성실의 원칙에 따라 본 계약을 이행하여야 하며 본 계약의 해석에 다툼이 있는 경우에는 쌍방 협의에 의하여 정하되 협의가 이루어지지 않는 경우 상관습이 있으면 그에 의하고 관습이 없는 경우에는 관계 법령과 판례의 해석에 따른다.

제17조 (준거법, 관할) 민사에 관하여 다툼이 있는 경우 준거법은 갑의 본점이 소재하고 있는 국가의 법으로 하며 법원의 관할은 갑의 본점소재지 관할 법원으로 한다.

본 계약 체결의 증거로써 갑과 을은 본 계약서 2통을 작성하여 쌍방이 서명(기명)·날인 한 후 각 1통씩 보관한다.

20○○년 ○월 ○일

<table>
<tr><td rowspan="2">등록권자</td><td>주 소</td><td colspan="5"></td></tr>
<tr><td>성 명
또 는
상 호</td><td>인</td><td>주민등록번호
또 는
사업자등록번호</td><td>-</td><td>전 화
번 호</td><td></td></tr>
<tr><td rowspan="2">전용실시권자</td><td>주 소</td><td colspan="5"></td></tr>
<tr><td>성 명
또 는
상 호</td><td>인</td><td>주민등록번호
또 는
사업자등록번호</td><td>-</td><td>전 화
번 호</td><td></td></tr>
</table>

[서식 384] 특허사용계약서

특허사용계약서

주식회사 ○○○○(이하 "갑"이라 한다)와 ○○○○ 주식회사(이하 "을"이라 한다)는 기술제휴에 관하여 다음과 같이 특허사용계약을 체결한다.

제1조【목 적】 본 계약은 ○○기술에 관한 특허권자인 "갑"이 "을"에게 "을"이 이를 독점적으로 실시하는 것을 허락함에 있어 필요한 제반사항을 정함을 그 목적으로 한다.

제2조【사용허락】 "갑"은 제○호 ○○기술(이하 "본 특허발명"이라 한다)의 특허권자로서 "을"이 이를 독점적으로 실시하여 ○○제품(이하 "본 제품"이라 한다)을 사용·판매·배포하는 것을 허락한다.

제3조【사용료】

1. "을"은 "갑"에게 본 특허발명의 사용대가로서 다음 각 호와 같이 사용료를 지급한다.
   가. 선금 : 본 계약체결일로부터 ○일 이내에 금 ○○○원
   나. 사용료 : 본 계약기간동안 매월 ○일 을이 매월 판매하는 본 제품의 매출금액 중 3%
2. 제1항 제2호의 매출금액은 고객에 대한 총 매출금액에서 수하물 포장비, 운임, 물품세 및 고객의 할인액을 제외한 금액으로 한다.

제4조【보고의무】 "을"은 매월 갑에게 본 제품에 관한 자가소비수량, 생산수량, 판매수량, 재고수량, 매출금액, 기타 사용료 정산과 관련된 사항을 보고하여야 한다.

제5조【장부검사】 "을"은 본 계약에 따라 최초 제작한 본 제품의 생산, 수주 및 판매에 관하여 상세하게 기록한 장부를 구비해 두어야 하며, "갑"은 필요한 경우 당해 장부를 검사할 수 있다.

제6조【통지의무】 "을"은 제3자가 본 특허발명을 침해하거나 침해하려고 하는 사실을 알았을 경우 지체없이 "갑"에게 통보하고 "갑"과 협력하여 침해를 배제하기 위하여 노력하여야 한다.

제7조【신규발명】 "을"의 직원이나 피용자가 특허발명의 개량이나 확장에 관계된 신규 발명 또는 고안을 한 경우에는 당해 발명 또는 고안에 관한 특허 및 실용신안등록을 받을 권리는 "을"이 보유한다.

제8조【비밀준수의무】

1. "갑"과 "을"은 본 계약기간 중은 물론 본 계약의 종료나 해지 이후에도 본 계약의 이행과정에서 알게 된 상대방의 영업비밀 또는 고객관련정보를 상대방의 서면동의 없이 제3자에게 유출하거나 본 계약의 이행 이외의 목적으로 이용하여서는 아니 된다.
2. "갑"과 "을"은 자신의 임직원, 대리인, 사용인 등 기타 관련자로 하여금 제1항과 동일한

비밀준수의무를 지도록 한다.

제9조【통지의무】 "갑"과 "을"은 본 계약체결 당시에 알고 있는 상호, 대표자, 소재지, 업종 및 기타 계약당사자의 주요사항이 변동되거나 합병, 영업양도, 부도, 화의, 회사정리, 파산 등 신용상태에 변경이 있거나 변경될 우려가 있는 경우 이를 지체없이 상대방에게 통지하여야 한다.

제10조【계약기간】 본 계약의 유효기간은 계약체결일로부터 1년으로 하고, 계약기간만료일 1월 전까지 별도 서면에 의한 의사표시가 없는 한 동일한 조건으로 1년씩 자동 연장되는 것으로 한다.

제11조【계약의 변경】 본 계약의 일부 또는 전부를 변경할 필요가 있는 경우에는 "갑"과 "을"의 서면합의에 의하여 이를 변경하고, 그 변경내용은 변경한 날 그 다음날부터 효력을 가진다.

제12조【권리·의무의 승계】 본 계약상의 모든 권리와 의무는 "갑" 또는 "을"의 합병, 영업양도, 경영위임 등의 경우에도 "갑" 또는 "을"의 합병회사, 영업양수인, 경영수임인 등에게 승계되며, "갑" 또는 "을"은 그들로 하여금 본 계약상의 권리와 의무를 승계하는 것에 동의하도록 할 의무를 진다.

제13조【권리 등의 양도 등 금지】 "갑"과 "을"은 상대방의 서면동의 없이 본 계약상의 일체의 권리·의무 등을 제3자에게 양도·증여·대물변제·대여하거나 담보로 제공할 수 없다.

제14조【해 지】

1. "갑" 또는 "을"은 다음 각 호의 사유가 발생한 경우에는 계약기간에 관계없이 상대방에 대한 서면통지로써 본 계약을 해지할 수 있다.
   가. 상대방이 정당한 사유없이 본 계약에서 정한 사항을 위반하고 서면으로 시정요구를 받은 날로부터 7일 이내에 해당 위반사항을 시정하지 않은 경우
   나. 자신 또는 상대방의 주요재산에 대한 보전처분결정 및 강제집행, 화의, 회사정리, 파산 등의 개시로 더 이상 계약유지가 곤란한 경우
   다. 기타 본 계약을 수행하기 어려운 중대한 사유가 발생한 경우
2. 제1항의 해지는 "갑"과 "을"의 손해배상 청구에 영향을 미치지 아니한다.

제15조【해 제】

1. "을"이 정당한 사유없이 본 계약체결일로부터 3월 이내에 본 특허발명을 실시하지 아니하는 경우 "갑"은 서면으로 즉시 본 계약을 해제할 수 있다.
2. 제1항의 해제는 "갑"의 손해배상청구에 영향을 미치지 아니한다.

제16조【계약의 유보사항】

1. 본 계약에서 정하지 아니한 사항이나 해석상 내용이 불분명한 사항에 대해서는 관계법령 및 상관습에 따라 상호 협의하여 결정한다.
2. 제1항과 관련하여 필요한 경우 "갑"과 "을"은 별도의 약정을 할 수 있으며, 이는 본 계약의 일부를 이룬다.

본 계약의 성립을 증명하기 위하여 이 계약서 2통을 작성하고 각각 서명(또는 기명)

날인하여 각각 1통씩 보관한다.

20○○년 ○월 ○일

갑	㊞	사 업 자 등 록 번 호		사 무 소	
				전화번호	
을	㊞	사 업 자 등 록 번 호		사 무 소	
				전화번호	

[서식 385] 특허권사용계약서(통상사용권)

특허권사용계약서(통상사용권)

○○○○ 주식회사(이하 "갑"이라 한다)와 주식회사 ○○(이하 "을"이라 한다)는 다음과 같이 특허권사용계약을 체결한다.

제1조【목 적】 "갑"은 "을"에 대해서 "갑"의 소유에 관한 아래의 특허권(이하 "본 건 특허"라 한다)에 대해 통상사용권을 설정한다.

특허번호	제○○○○호
발명명칭	○○○

제2조【사용권의 등록】 "을"은 본 계약체결 후 자기 비용으로 전 조의 사용권 설정등록수속을 할 수가 있으며 "갑"은 이에 협력한다.

제3조【사용권의 범위】 "을"이 본 건 특허를 사용하는 권리의 범위는 다음과 같이 한다.

1. 사용지역 : 대한민국
2. 사용기간 : 20○○년 ○월 ○일부터 ○년간
3. 사용내용 : 제조 및 판매

제4조【사용보고】 "을"은 "갑"에 대해서 매년 ○월 말일 및 ○월 말일로 종료하는 6개월간의 사용상황을 그 다음달 ○○일까지 문서로 보고한다.

제5조【사용료】

1. "을"은 "갑"에 대해 본 건 특허의 사용료로써 제품의 판매가격의 ○%에 해당하는 금액을

지불한다.

2. "을"은 전 조의 보고 후 ○일 이내에 전 항에 기초하여 계산한 사용료를 "갑"에게 송금하여 지불한다.

제6조【기록의 작성·열람】

1. "을"은 제품의 생산수량, 판매수량, 재고수량 기타 제4조 보고의 기초가 되는 사항에 대해 정확한 기록을 작성한다.
2. "을"은 "갑"의 청구가 있을 때에는 언제라도 전 항의 기록을 "갑" 또는 "갑"이 지정하는 제3자에게 열람시켜야 한다.

제7조【재사용권】 "을"은 사전에 "갑"으로부터 서면에 의한 동의가 없으면 제3자에 대해 본 건 특허사용권을 양도하거나 재사용권을 허락해서는 안된다.

제8조【개량발명】 "을"이 본 계약기간 중에 본 건 특허에 대해 개량발명 또는 개량고안을 하였을 경우는 "갑"에 대해 무상으로 통상사용권을 허락한다.

제9조【기술자료 등】 "갑"은 "을"에 대해서 본 계약체결 후 ○일 이내에 도면, 노하우 북 그 밖의 본 건 특허실시에 필요한 기술자료를 개시함과 동시에 "갑"의 기술자 ○명을 ○개월간 "을"에 파견하고 기술지도를 한다.

제10조【권리보전】

1. "을"은 제3자가 본 건 특허를 침해하였을 때 또는 침해할 우려가 있을 경우 곧바로 "갑"에게 그 사실을 통지함과 동시에 배제 또는 예방에 대해 "갑"에게 협력한다.
2. "을"은 어떠한 경우에도 본 건 특허의 유효성에 대해서 분쟁을 해서는 안된다.

제11조【특허표시】 "을"은 제품, 포장, 카탈로그 등에 본 건 특허의 특허번호를 표시한다.

제12조【비밀유지】 "갑"과 "을"은 본 계약에 기초하여 얻어진 상대방의 비밀을 제3자에게 누설해서는 안된다.

제13조【사용료의 불반환】 "갑"은 어떠한 경우에도 이미 수령한 사용료를 반환하지 않는다.

제14조【계약해제】 "을"에 대해 다음의 사유 중 어느 항목이 발생하였을 경우 "갑"은 통지 최고를 하지 않고 곧바로 본 계약을 해제할 수가 있다.

1. 사용료의 지불을 게을리 했을 때
2. 정당한 이유없이 본 계약체결 후 ○개월 이내에 본 건 특허실시를 하지 않았을 때
3. 스스로 발행하거나 배서한 어음 또는 수표가 1통이라도 부도처분을 받은 경우
4. 조세공과의 체납처분을 받은 경우
5. 스스로의 채무불이행으로 압류, 가압류, 가처분 등 강제집행을 받은 경우
6. 파산, 화의 또는 회사정리를 제기하거나 이들 제기가 이루어진 경우
7. 기타 본 계약을 위반한 경우

본 계약의 성립을 증명하기 위하여 이 계약서 2통을 작성하고 각각 서명(또는 기명) 날인하여 각각 1통씩 보관한다.

20○○년 ○월 ○일

갑	㉑	사 업 자 등 록 번 호		사 무 소 전화번호	
을	㉑	사 업 자 등 록 번 호		사 무 소 전화번호	

[서식 386] 특허실시권설정계약서

특허실시권설정계약서

본 계약은 20○○년 ○월 ○일, 대한민국 법에 의해 설립된 현존하는 법인이고, 주영업소가 ○○에 있는 ○○○○주식회사(이하 "갑"이라 한다)와 대한민국 법에 의해 설립된 현존하는 법인이고, 주영업소가 ○○에 있는 ○○○○주식회사(이하 "을"이라 한다) 사이에 "갑"이 보유하고 있는 특허권의 실시권 설정을 위하여 체결되었으며, 구체적인 계약내용은 다음과 같다.

다 음

제1조【정 의】

1. "제품"은 "을"이 "갑"의 특허권을 사용하여 생산하는 물품으로, 제품의 명세는 별지 1.의 기재와 같다.
2. "특허권"은 본 계약에서 위 제품에 적용되는 한, "갑"이 보유하고 있는 별지 2. 기재의 특허 및 특허출원을 의미한다.
3. "계약지역"은 ○○○를 의미한다.

제2조【특허권의 실시허락】 "갑"은 "을"이 특허권을 독점적으로 사용하여 계약지역 내에서 제품을 생산, 판매 및 배포하는 것을 허락한다.

제3조【실시료】 "을"은 제1조의 특허권 실시의 대가로서 다음과 같이 "갑"에게 실시료를 지급한다.

1. 일시금
   가. 금 액 : 금 ○○○원
   나. 지급기간 : 본 계약체결일로부터 ○일 이내

2. 실시료
   가. 금　　액 : "을"이 판매하는 '제품'의 매출금액의 ○%
   나. 지급기간 : 본 계약의 유효기간 중
   다. 지급방법 : 매월 말일에 그 달 중에 발생한 모든 특허실시료 지급한다.
   라. 위 가항의 매출금액은 총매출액에서 포장비, 운반비, 물품세 및 고객에 대한 할인액을 공제한 액수를 의미한다.

제4조【발명의 무효】 본 계약의 특허발명이 무효로 되는 경우에도 "을"이 이미 지급한 일시금 및 실시료는 반환하지 아니한다.

제5조【보고서】 "을"은 제3조의 지급에 있어서 별도로 정하는 양식에 따라 생산수량, 판매수량, 재고수량, 매출금액 등을 "갑"에게 보고하여야 한다.

제6조【장부검사】 "을"은 이 계약체결일 이후에 제조된 제품의 생산, 수주량 및 판매액을 기록한 장부를 비치하여야 하며, "갑"은 영업시간 내에 언제든지 "을"의 사업장을 방문하여 관련 장부를 검사할 수 있다.

제7조【사용권의 처분금지】 "을"은 특허권의 일부 또는 전부를 제3자가 사용하도록 허락하거나 담보로 제공할 수 없다.

제8조【통지의무】 "을"은 제3자가 특허권을 침해하거나 침해하려고 하는 사실을 알았을 때에는 지체없이 "을"에게 통보하여야 한다.

제9조【해지 및 손해배상】 다음의 경우 "갑"은 "을"에게 서면통보로 본 계약을 해지하고 손해배상을 청구할 수 있다.
1. "을"이 본 계약에 규정된 의무를 이행하지 아니할 때단, "갑"이 일정한 기간을 정하여 이행을 최고하고 "을"이 정해진 기간 내에 이를 이행한 경우에는 계약을 해지할 수 없고 손해배상만을 청구할 수 있다.
2. "을"이 정당한 이유 없이 계약체결일로부터 ○개월 이내에 특허권 실시에 착수하지 않거나 계속해서 ○개월 이상 특허권을 실시하지 아니할 때

제10조【유효기간】 이 계약의 유효기간은 본 계약체결일로부터 ○년간으로 한다.

제11조【중 재】 본 계약과 관련하여 "갑"과 "을" 사이에 해결할 수 없는 분쟁이 발생한 경우에는 대한상사중재원의 중재에 회부하여 결정한다.

본 계약의 성립을 증명하기 위하여 이 계약서 2통을 작성하고 각각 서명(또는 기명) 날인하여 각각 1통씩 보관한다.

20○○년　○월　○일

<table>
<tr><td rowspan="2">갑</td><td rowspan="2">㊞</td><td rowspan="2">사 업 자
등 록 번 호</td><td rowspan="2"></td><td>사 무 소</td><td></td></tr>
<tr><td>전화번호</td><td></td></tr>
</table>

을	㊞	사 업 자 등 록 번 호		사 무 소	
				전화번호	

[서식 387] 특허전용실시권 및 기술이전을 위한 계약서

특허전용실시권 및 기술이전을 위한 계약서

○○○○(이하 “갑”이라 한다)과 ○○○○(이하 “을”이라 한다)는 “갑”의 소유권인 ○○○제조기술(이하 “기술”이라 칭함)의 전용실시권허여 및 기술이전과 관련하여 “을”은 기술의 이용, 실시의 대가로서 기술료를 지급하기로 하고 다음과 같이 계약을 체결한다.

제1조【기 술】
1. 본 계약에서 “기술”이라 함은 다음 특허출원 내용을 포함한다.
   가. 대한민국 특허출원번호 제○○○○호
   나. 대한민국 특허출원번호 제○○○○호
2. 전 항의 국내 출원특허와 이와 관련된 외국출원특허가 등록시 본 기술의 범주에 포함시킨다.
3. “갑”은 상기 기술의 국내 및 외국출원특허의 등록을 위해 최선을 다하여야 하며 미국과 독일, 일본, 프랑스, 영국을 제외한 “을”의 요구에 의한 추가 지역의 특허 등록에 따른 제반비용은 “을”의 부담으로 한다.

제2조【전용실시권】 전용실시권의 내용은 다음과 같이 한다.
1. “갑”은 “을”에게 본 계약의 조건에 따라 기술을 독점적으로 실시할 권리(이하 “전용실시권”이라 한다)를 부여한다.
2. 전항의 전용실시권이라 함은 “갑”이 지도, 제공한 기술을 이용, 실시하여 “을”이 제품을 생산 판매 또는 이와 관련된 행위와 제3자에게 양도할 수 있는 권리이며 전용 실시권허여 지역은 대한민국을 포함한 전 세계지역으로 한다.

제3조【실시간】 전용실시권의 허여기간은 계약체결일로부터 제1조의 특허권 존속기간만료일까지로 한다. 다만, 출원 특허가 등록되지 않을 시에는 제품 매출액 발생시부터 10년간 실시권을 부여한다.

제4조【기술료 및 지급방법과 관련자료】 “을”은 동 전용실시권의 대가로서 선급기술료 및 경상기술료를 아래와 같이 “갑”에게 지급하여야 한다.
1. 선급기술료 : 금 ○○○○○○○원(₩ ○○○○○○○)지불방법 : 계약과 동시에 금 ○○○

○○○원(₩ ○○○○○○)지불형태 : 20○○. ○. ○.까지 현금으로 지급

2. 경상기술료 : 제품발매 후 5년간 순매출액(총매출액 중 광고비 제외)의 3%(여기에서 순매출액이란 정기주주총회시 보고하는 영업보고 및 감사보고 자료로 공인회계사가 공인하는 영업 총매출액에서 대중 및 전문매체광고비를 제외하는 금액으로 정의한다)이며 "을"은 대금지불시 순매출액 정산을 합리적으로 증빙할 수 있는 관련자료를 "갑"에게 제출함을 원칙으로 한다(광고비란 T.V, Radio, 일간지, 잡지, 약사공론, 약업신문 광고비만을 칭한다).지불방법 : 년 1회, "을"의 매 회계연도별로 익년도 2개월 이내 지불지불형태 : 20○○. ○. ○.까지 현금으로 지급
3. "을"은 제품발매일을 신속히 "갑"에게 서면 통보하여야 한다.
4. "을"은 지급하여야 할 경상기술료를 정산하여 "갑"에게 통보하여야 하며 "갑"의 요청이 있는 경우 관련 근거자료를 "갑"에게 제시하여야 한다.

제 5 조 【 기술이전의 범위 】 "갑"이 "을"에게 이전하여야 할 기술의 범위는 다음과 같다.

1. 제1조에 기재된 특허의 범위
2. 생산기술 및 시험기술(기준 및 시험방법과 안정성 시험에 관한 자문)
3. 생산자문(제조설비 및 현장 Demonstration 포함) 등

제 6 조 【 "갑"의 의무 】

1. "갑"은 기술과 관련하여 "을"의 권리에 영향을 미칠 수 있는 사실을 본 계약체결 이전에 "을"에게 충분히 인지시켜야 한다.
2. "갑"이 기술이전과 관련하여 현재 보유하고 있는 기술, 생산, 사용, 판매 등에 관한 모든 자료는 "을"이 제품생산과 관련된 주요 기계장비의 발주를 위해 취소불능신용장을 개설한 후 인도한다. 단, "갑"은 계약체결 후 즉시 제1조의 국내/국외 특허출원명세서와 제5조의 제조설비 및 시험방법과 시험기기 목록, 제조공정도와 원가계산서(감가상각비 제외)를 "을"에게 제공한다.
3. "갑"은 "갑"이 제시한 제조설비, 제조기술 및 재료를 사용하여 "을"이 부록 1에 명시한 성능을 가진 제품을 생산할 수 있도록 보증한다.
4. 본 계약의 기술의 이전 또는 기타 변동사항이 예상되거나 발생하게 되는 경우에는 "갑" 및 그 승계인은 지체없이 "을"에게 사전 통지하여야 한다.
5. "갑"은 본 계약의 기술에 대하여 "을"의 전용실시권 등록설정에 필요한 각종 법적서류의 제출과 교부에 응할 의무를 지닌다.
6. "갑"은 특허권을 존속 유지하기 위하여 특허권자로서의 의무를 성실히 이행하여야 하며 타인이 청구한 무효심판, 권리범위확인심판 등이 있을 시 "을"의 권리가 침해당하는 일이 없도록 적극적으로 대응할 의무를 지닌다.

제 7 조 【 "을"의 의무 】

1. "을"은 본 계약의 기술실시에 전력을 다하여야 하며 실시 실적이 현저히 부진하거나 실시 의사가 없을 시에는 "갑" 또는 "갑"이 허락하는 제3자에게 본 전용실시권을 양도한다.
2. 본 계약상의 전용실시권의 이전 또는 기타 변동 사항이 예상되거나 발생하게 되는 경우에는 "을" 및 그 승계인은 지체없이 "갑"에게 사전 통지하여야 한다.

3. "을"은 본 계약의 기술의 전용실시권과 관련하여 "갑"이 허락하는 제3자에게 '통상실시권'을 설정할 수 있으며 또한 "을"은 "갑"의 허락하에 이 특허권의 전용실시권에 담보권, 질권, 저당권을 설정할 수 있다.

제8조【비밀 보장】 "갑"과 "을"은 본 계약의 기술과 이에 수반하여 파생되는 특허발명, 발명제품, 기술과 관련하여 득한 정보나 자료 또는 상대방이 제공한 정보나 자료를 본 제품판매를 위한 영업활동의 경우를 제외하고는 일절 제3자에게 누설하거나 외부에 공개해서는 안되며 "을"은 제품발매 후 5년 이내에 본 계약제품과 유사한 제품을 직간접적으로 취급 또는 관여해서는 안된다.

제9조【상호 협력】

1. "갑"과 "을"은 제3자가 특허권이나 전용실시권을 침해하거나 또는 침해할 우려가 있을 경우 이를 지체없이 상대방에게 통보하고 협력하여 그 배제에 노력하지 않으면 안된다.
2. 본 계약기간동안 본 계약의 기술과 관련한 개량기술에 대하여 새로운 특허를 출원하는 경우에는 "갑"과 "을"은 미리 협의한다. 다만, 특별한 계약이 없는 한 개량 기술에 대한 실시는 본 계약에 의하여 실시되는 것으로 간주한다.
3. 본 계약서의 제 항목은 경제사정, 그밖에 현저한 변동 사유가 있는 경우에 "갑"과 "을" 상호 합의에 의해 변경할 수 있다.

제10조【계약의 해지】

1. 제1조의 기술과 그 전용실시권에 관하여 "갑" 또는 "을"의 허위 보고나 그 밖의 불법행위가 있을 경우 "갑"과 "을"은 본 계약을 파기할 수 있고 과실이 있는 상대방에게 손해배상의 청구를 할 수 있다.
2. "갑" 또는 "을"이 규정된 의무를 이행하지 않거나 계약사항을 위반했을 때에는 "갑" 또는 "을"은 본 계약을 파기할 수 있으며 파기를 희망할 경우 1개월 이전에 서면으로 상대방에게 사전 통고하여 계약을 파기하고 손해배상을 청구할 수 있다.
3. 본 계약의 기술이 타인이 청구한 무효심판, 권리범위확인심판 등의 사유에 의하여 본 기술의 실시가 불가능할 경우 "을"은 본 계약을 파기할 수 있고 이로 인하여 손해가 발생할 경우 "갑"에게 손해배상을 청구할 수 있다.

제11조【정보 등의 사용용도 한정】 "갑"과 "을"은 상호간 교환된 모든 정보와 자료를 "을"이 추진하는 거래 목적에만 한정적으로 사용하도록 한다. "을"의 주주, 임원, 종업원 등 어떤 관련 당사자에게 정보나 자료가 제공될 필요가 있을 때 본 계약서에서 제한된 대로 본래의 거래 목적에 관련되어서만 한정적으로 사용한다.

제12조【해 석】 본 계약에 규정되지 아니하거나 상호 이의가 있는 사항에 대해서는 상관례에 준하여 "갑"과 "을" 상호 협조의 정신으로 협의 결정한다.

본 계약의 성립을 증명하기 위하여 이 계약서 2통을 작성하고 각각 서명(또는 기명) 날인하여 각각 1통씩 보관한다.

20○○년 ○월 ○일

갑	㊞	사 업 자 등 록 번 호		사 무 소	
				전화번호	
을	㊞	사 업 자 등 록 번 호		사 무 소	
				전화번호	

[서식 388] 특허권(실용실안)양도양수계약서

특허권(실용신안)양도양수계약서

○○○(이하 "갑" 이라 한다)과 ○○주식회사(이하 "을" 이라 한다)는 "갑"이 개발하고 특허를 보유하는 ○○○(실용신안 등록번호 : ○○○○)의 실용신안특허권을 다음과 같이 양도양수계약을 체결한다.

제1조【정 의】
1. "갑"이 "을"에게 ○○○에 관한 권리 일체를 양도하는 것으로 한다.
2. "갑"은 "을"에게 실용신안권의 이전과 동시에 기술도 이전하는 것으로 한다.

제2조【기술이전】
1. "갑"은 "을"로부터 실용신안권의 이전료를 영수하면 연료절감장치 및 매연저감장치 제조에 관련된 노하우, 기술지도, 설계제도개요, 제조를 위한 자료를 "을"에게 수시제공 및 개종하여 필요한 기술이전을 개시한다
2. "을"은 "갑"의 기술이전, 기술지도를 받기 위한 공장과 기술원의 확보를 행하고 부품자재의 조달 등에는 "갑"과 "을"의 협의하에 연료절감 및 매연 저감장치 제조의 업무책임을 달성하는 것으로 하며 "갑"은 "을"이 ○○○제조를 할 수 있도록 기술이전, 기술지도를 행하고 협력한다.

제3조【권리 이전】
1. "갑"이 "을"에게 양도하는 ○○○의 실용신안권 양수에 대한 이전료는 ○억원으로 하며 국내세법에 준한 모든 제반비용을 포함한다. 또한 지급조건 및 시기에 관해서는 별도 "갑"과 "을"이 협의하여 본 계약 부속서로 한다.
2. 기술이전 및 제조판매를 원활하게 수행하기 위하여 ○○○을 당사 고문으로 추대하여 연구실을 제공하기로 한다(연구실의 소재지 및 조건은 별도 협의).

제4조【연료절감 및 매연 저감장치】 "갑"의 기술이전에 의하여 "을"이 제조한 ○○○의 판매

는 제조공장이 능률적이고 계획적인 생산을 하기 위하여 "을"의 요청이 있을 경우 "갑"은 제조판매활동에 적극 협력한다.

제5조【상 표】"을"은 ○○○를 판매함에 있어 "을"의 상표를 표시하는 것에 "갑"은 동의한다.

제6조【시장질서의 유지】"을"은 ○○○에 대한 권리이전을 받지 않은 제3자가 특허를 침해 또는 저촉하고 있는 사실을 발견하였을 때에는 조속히 "갑"에게 연락하여 "갑"과 "을"이 협의하여 침해 또는 저촉의 배제를 행한다.

제7조【비밀준수의 의무】

1. "갑"은 "을"에게 양도한 ○○○의 제조방법 및 기술자료 등을 제3자에게 개시 또는 누설해서는 안 된다.
2. "갑"과 "을"은 본 계약에 위반하여 상대방에게 손해를 끼친 경우는 손해배상의 책임이 있다.

제8조【발명, 의장】본 계약에 관련하여 발명, 의장이 생길 경우 "을"의 권리로 한다.

제9조【불가항력】본 계약에 있어서 "갑"과 "을"의 불가항력에 의한 의무불이행은 본 계약의 위반이 아니며 책임의 추궁은 하지 않는 것으로 한다.

제10조【기타 특약】본 계약에서 정한 바가 없는 사항 및 해석상의 의의가 생겼을 경우는 그때그때 "갑"과 "을"은 성의를 다하여 원만한 대화 협의로써 해결하기로 한다.

제11조【유효기간】본 계약은 20○○년 ○월 ○일 이후로 유효하며 "을" 의 요청이 없는 한 변경 또는 수정할 수 없다.

본 계약의 성립을 증명하기 위하여 이 계약서 2통을 작성하고 각각 서명(또는 기명)날인하여 각각 1통씩 보관한다.

20○○년 ○월 ○일

<table>
<tr><td rowspan="2">갑</td><td rowspan="2">㊞</td><td rowspan="2">주민등록번호</td><td rowspan="2"></td><td>주 소</td><td></td></tr>
<tr><td>전화번호</td><td></td></tr>
<tr><td rowspan="2">을</td><td rowspan="2">㊞</td><td rowspan="2">사 업 자
등 록 번 호</td><td rowspan="2"></td><td>사 무 소</td><td></td></tr>
<tr><td>전화번호</td><td></td></tr>
</table>

[서식 389] 광고음악·음원 사용허락서

광고음악·음원 사용허락서

본 사용허락은 "갑"이 "을"에게 다음의 조건으로 사용허락을 하기로 한다.

- 다 음 -

- 음반곡명 :
- 아티스트명 :
- 음원승인 지분율 :
- 사용지역 :
- 프로덕션명 :
- 광고명 :
- 사용기간 :
- 사용료 금액 :
- 사용료 지급 :
- 매체 이용분야 :
- 사용길이 :
- 사용허락권리 :

위의 범위를 벗어난 사용에 대해서 을은 갑의 승인을 득해야 하며, 본 사용허락의 이익을 제3자에게 양도할 수 없다. 본 허락서에 기재되지 않은 사항은 갑과 을이 상호협의 하에 결정하기로 한다.

20○○년 ○월 ○일

갑	(주)		을	(주)	
	대표이사	㉳		대표이사	㉳

[서식 390] 선급금지급계약

선 급 금 지 급 계 약

위탁업무 :

○○회사 ＿＿＿＿＿(이하 "갑"이라 함)과 ＿＿＿＿＿(이하 "을"이라 함)는 위의 작업을 함에 있어서 다음과 같이 약정하고 신의와 성실로 이 계약을 준수할 것을 다짐한다.

제1조【업무의 위탁】 "갑"은 "을"에게 위 작업을 위탁하고, "을"은 이를 수락한다.

제2조【출판권의 설정과 등록】 "갑"은 "을"의 위 작업의 결과물을(이하 '결과물'이라고 함)을 본 작업 내용에 사용 및 복제, 배포할 수 있는 독점적인 권리를 갖는다.

제3조【배타적 이용】 "을"은 '결과물'의 제호 및 내용의 전부 또는 일부와 같거나 매우 유사한 저작물을 출판하거나 다른 사람으로 하여금 출판하게 해서는 안된다.

제4조【저작권의 보증 및 책임】

1. '결과물'은 "을"의 순수창작품임을 확인·보증하며, 그 내용이 남의 권리를 침해하여 "갑" 또는 제3자에 대하여 손해를 입혔을 경우에는 "을"이 그 책임을 진다.
2. 저작권이 설정되어 있는 내용을 인용하거나 게재하는 경우, 그에 따른 게재비 등의 비용은 "을"이 부담한다.

제5조【'작품'의 인도】 "을"은 20 년 월 일까지 '결과물'을 "갑"에게 인도한다.

제6조【비용의 지불】

1. "갑"은 "을"에게 위탁업무에 대한 비용으로 총 원을 지불한다.
2. "갑"은 "을"에게 위 제1항의 작업비중 계약서 작성 ＿일 이내에 ＿%를 지불하고, '작업물' 발행월의 다음달 나머지 ＿%를 지불한다.

제7조【작업의 중단】

1. '결과물'이 출판사의 기획 의도나 협의된 내용과 다를 경우, "갑"은 "을"의 작업을 중단하게 할 수 있다.
2. 제1항의 경우, 작업의 진행 정도, 성실도 등을 감안하여 "갑"은 "을"에게 작업 비용 총액의 ＿% 한도에서 작업에 대한 비용을 지불한다. 단, "갑"과 "을"이 협의를 거친 작업 내용에 대하여 현저히 불가피한 사유가 없음에도 "을"이 그 작업의 진행을 지체 또는 중단한 경우에는 비용을 지불하지 않으며 "을"은 "갑"으로부터 기지급 받은 작업비를 반환한다.

제8조【협 의】 본 계약서에서 규정하고 있지 않은 사항 및 본 계약의 각 조항 해석에 의문이 발생한 사항에 대해 갑을은 성의를 갖고 협의한다.

제9조【재판관할】 제8조에도 불구하고 이 계약에 관한 분쟁이 해결되지 않을시 갑과 을은 ______지방법원을 합의관할로 한다.

본 계약서는 갑, 을이 계약서에 서명 날인함으로써 유효하고 이를 증명하기 위해 계약서 2통을 작성하고 각각 서명 날인하여 1통씩 보관한다.

20○○년 ○월 ○일

갑	㊞	주 소	
을	㊞	주 소	

[서식 391] 출판권설정계약서(업계)

출판권설정계약서

저작권자 성명 : 작가이름(주민번호)
저작물의 표시 : 제목 ________________ _____권

위 저작물에 관하여 저작권자 ________을(를) "갑"으로, 출판권자 ________를 "을"로 하여 다음과 같이 계약하고 신의와 성실로써 이 계약을 준수하기로 한다.

제1조【계약의 목적】 "갑"의 저작물 ________을(를) "을"이 단행본으로 출판하는데 필요한 독점적인 출판권을 설정한다.

제2조【저작권 사용료】

☞ A안) 매절 계약의 경우

1. 제1조에 의하여 설정되는 출판권의 사용료는 __________원으로 한다.

☞ B안) 매절+인세 계약의 경우

1. 제1조에 의하여 설정되는 출판권의 사용료는 ________원으로 하고, 단행본 발행부수 ____부를 초과하는 경우, 단행본 소매가격에 초과하는 부분의 발행부수를 곱한 금액의 ____%를 인세로 추가 지급한다.

☞ C안) 인세 계약의 경우

1. 제1조에 의하여 설정되는 출판권의 사용료는 단행본 소매가격에 발행부수를 곱한 금액의 ____%를 인세로 지급한다. 단, 단행본 각 권의 발행부수 ______만부를 초과하는 부분의 인세는 ___%로 하고, _______만부를 초과하는 부분의 인세는 ___%로 한다.
2. 본조 제1항의 사용료 중 __%는 계약서 작성일로부터 ___일 이내에 선급금으로 지급한다. 단 "갑"이 원고 인도 기한까지 "을"에게 원고를 인도하지 않거나, "갑"의 귀책사유로 출판 발행이 지연, 혹은 중단될 경우 "갑"은 "을"에게 받은 선급금을 즉시 반환하여야 한다.
   원고 인도일 ____________년 _______월 _______일
3. 본조 제2항의 선급금을 제외한 나머지 금액은 출판물이 발행된 다음달에 지급한다.

제3조 【계약의 존속기간 및 범위】

1. 제1조에 의하여 설정되는 출판권은 단행본의 완결편이 발행된 날로부터 ___개월간 존속한다.
2. 본 계약은 계약만료 30일전까지 계약당사자 중 일방의 해지에 관한 의사표시가 없는 한 위 기간은 자동적으로 ___년간 연장된다.
3. "갑"은 위 저작물의 제호 및 내용의 전부 또는 일부와 동일하거나 현저히 유사한 저작물을 본 계약과 유사한 목적으로 출판하거나 제3자로 하여금 출판하게 하여서는 안 된다.

제4조 【저작권 보증 및 침해책임】

1. "갑"은 위 저작물이 제3자의 여하한 권리를 침해하지 않음을 보증해야 한다.
2. "갑"과 "을"은 "갑"의 저작권을 침해하거나 위 저작물의 이용에 대해서 부당한 방법으로 경쟁하는 자를 발견하였을 경우 서로에게 통지하고 권리침해의 해소를 위해 협의하여 조치를 취해야 한다. 이 경우 "갑"은 즉시 "을"이 제3자에게 적절한 조치를 취할 수 있도록 협조해야 하며 필요한 경우 권리의 침해를 해소하는 데 필요한 일체의 권한을 "을"에게 위임해야 한다.

제5조 【저작권표시】

1. "갑"과 "을"은 이 계약으로 발생하는 모든 저작물에 아래와 같이 저작권 표시를 하여야 한다.

Ⓒ 홍길동 20__ / _____주식회사

2. 이 출판물과 관련된 원저작권자가 있을 경우에는 원저작권자의 저작권 표시 규칙에 따른다.

제6조 【저작물의 사용과 2차적 저작물】

1. "갑"은 위 저작물의 해외 수출, 유선 혹은 무선 통신으로 배포 및 2차적 저작물 제작에 관련된 사업을 진행할 시 "을"에게 그 사업의 우선권을 부여한다.
2. "갑"과 "을"은 본조 제1항에 해당하는 사업을 진행시 별도의 약정을 통해 사업의 형식, 내용, 로열티 등 제반 내용을 협의한다.
3. "갑"은 본조 제1항에 해당하는 사업을 제3자와 진행할 경우 사전에 "을"에게 통보하여야

한다. "을"은 통보 받은 후 30일 이내에 우선권 행사의 여부를 결정해 "갑"에게 통보하여야 한다.

제7조【계약의 해지】

1. "갑"과 "을"은 양측 중 일방이 계약서에 정한 사항을 위반하거나 본 계약에서 정한 이행의무를 지체한 경우 기간을 정하여 이행을 촉구할 수 있으며, 기간이 경과한 후에도 이행하지 않을 경우 계약을 해지할 수 있다.
2. "갑"의 귀책사유로 계약이 해지될 경우 "갑"은 "을"에게 손해를 배상하여야 한다. "을"의 귀책사유로 계약이 해지될 경우 "을"은 "갑"에게 허락받은 모든 권리의 사용을 중지하여야 한다.

제8조【준용 규정】 본 계약서에 정함이 없는 사항은 "갑"과 "을"이 성실히 협의하여 정하거나 업계의 관례에 따른다.

제9조【분쟁의 관할】 이 계약에 관한 분쟁이 해결되지 않을 시 "갑"과 "을"은 ________을 합의관할로 한다.

본 계약서는 갑, 을이 계약서에 서명 날인함으로써 유효하고 이를 증명하기 위해 계약서 2통을 작성하고 각각 서명 날인하여 1통씩 보관한다.

20○○년 ○월 ○일

갑	㊞	주 소	
을	㊞	주 소	

[서식 392] 출판권설정계약서(저작권위원회 모델계약)

출판권설정계약서

저작자 표시

성 명 ________________ 주민등록번호 ________________

주 소 ________________ 전 화 번 호 ________________

저작물 표시

제호

부제(또는 내용의 개요)

위 저작물을 (국내에서) 출판함에 있어서 저작권자 ___________을(를) 갑이라 하고, 출판권자 ___________을(를) 을이라 하여 다음 사항을 약정한다.

제1조【출판권의 설정】

1. 갑은 위 표시의 저작물(이하 "본 저작물"이라 한다)에 대하여 저작권법 제2장 제7절 소정의 출판권을 을에게 설정한다.
2. 을은 제1항이 규정하는 출판권 설정에 따라 본 저작물의 출판에 관한 독점적 권리를 가진다.
3. 갑은 이 계약의 유효기간 중에 본 저작물의 일부 또는 전부를 스스로 출판하거나 타인으로 하여금 출판하게 하여서는 아니 된다.

제2조【출판의 책임】 을은 본 저작물을 출판할 책임을 진다.

제3조【출판권의 존속기간】 제1조에서 규정하는 출판권은 이 계약일로부터 _____년간(또는 년 월 일까지)존속한다.

제4조【원고 인도와 발행기간】

1. 갑은 년 월 일까지 본 저작물의 출판에 적합한 원고(원고, 원화, 사진 등을 포함)를 을에게 인도하여야 한다.
2. 을은 제1항이 규정하는 원고를 인도 받은 날로부터 월 안에(또는 년 월 일까지) 출판하여야 한다.
3. 다만, 부득이한 사정이 있을 경우에는 갑과 을이 협의하여 제1항 및 제2항에서 규정한 기한을 변경할 수 있다.

제5조【저작물 내용상의 책임】 갑은 본 저작물의 복사·전송권의 관리를 을에게 위탁하고, 을은 이 권리의 관리를 을이 지정하는 자에게 위탁할 수 있다. 또한 갑은 을이 지정한 자가 이 권리의 관리를 그 규약에서 정한 바에 따라 사단법인 한국복사전송권관리센터에 재위탁하는데 대하여도 승낙한다.

제6조【비용부담】

1. 본 저작물의 저작에 필요한 비용(및 원고 인도비용)은 갑이 부담하고, 이 계약에 의한 출판물(이하 "본 출판물"이라 한다)의 제작, 발행 및 선전에 따른 비용(그에 따른 세금 포함)은 을이 부담한다.
2. 본 출판물의 조판 완성 후 원고의 대폭적인 수정으로 조·제판을 다시 하여야 할 경우에 그 추가비용 부담은 갑과 을이 협의하여 결정한다.

제7조【저작인격권의 존중】 을이 본 저작물을 출판에 적합하도록 내용, 형식, 제호 등을 변경

할 경우에는 반드시 저작자의 동의를 얻어야 한다.

제8조【교 정】 본 저작물의 출판을 위한 교정은 을이 행한다. 다만, 을은 갑에게 이에 대한 협력을 요청할 수 있다.

제9조【저작권의 표시 등】

1. 을은 갑의 저작권 표시를 위하여 갑의 성명과 발행 연월일을 표시하여야 한다.
2. 을은 갑의 저작권 표시를 위하여 ©표시(©표시, 갑의 성명, 최초 발행년도의 기재)를 하여야 한다.
3. 을은 본 출판물 발행부수를 매 판(쇄)마다 갑에게 통보하고, 이에 대한 갑의 확인요구가 있을 경우에는 이에 응하여야 한다(또는, 을은 본 출판물에 갑의 검인지를 첩부하여야 한다)

제10조【중쇄 통지의무 등】

1. 을이 본 저작물을 다시 출판하고자 할 경우에는 미리 저작자에게 그 사실을 통지하여야 한다.
2. 제1항의 규정에 의한 통지에 따라 저작자로부터 수정증감 요구가 있을 경우에는 을은 갑과 협의하여 이를 행하여야 한다.

제11조【계속출판의 의무】 을은 이 계약기간 중 본 출판물을 저작권법 제58조 제2항에 따라 계속하여 출판하여야 한다.

제12조【개정·증보판】 본 저작물의 개정판 또는 증보판을 발행한 경우에는, 그에 관한 조건은 갑과 을이 협의하여 결정한다.

제13조【정가, 부수, 장정 등】

1. 본 저작물의 정가, 발행부수, 장정은 다음과 같이 정한다.

(정가 1부당 원) 발행부수 부 장정판형 , 제책 , 면 , 지질

2. 본 출판물의 중판(쇄)시기, 선전 및 판매방법 등은 중판(쇄)을 달리할 때마다 을이 결정한다.
3. 을은 본 출판물을 선전함에 있어서 갑의 명예를 훼손하여서는 아니 된다.

제14조【증정부수 등】

1. 을은 초판 제1쇄 때에 부, 중판(쇄)때마다 부를 갑에게 증정한다.
2. 갑이 증정부수를 초과하여 본 저작물을 구입하는 경우에는 정가의 퍼센트에 해당하는 금액을 을에게 지급하여야 한다.

제15조【출판권 설정대가, 지급방법 및 시기】

1. 을은 갑에게 출판권 설정대가를 다음과 같이 지급한다.

출판권 설정 대가	지급방법 및 시기
선급금 원	계약과 동시
초판 제1쇄 정가의 퍼센트 (또는 금 원)	발행과 동시[또는 발행 후 월 이내, 또는 년 월 일 이내(또는 검인지 교부와 동시, 또는 검인지 교부 후 월 이내

2. 제1항이 규정하는 대가산정 방법은 정가에 대가율과 발행부수를 곱한 금액(또는 일정금액)으로 한다.
3. 선급금은 초판 제1쇄 발행시의 대가에서 공제한다.
4. 갑은, 납본, 증정, 비평, 선전 등을 위하여 제공되는 부수에 대하여는 제1항에서 규정하는 대가를 받지 못한다. 다만, 그 부수는 ___%를 초과할 수 없다.

제16조【출판권 소멸후의 배포】 을은, 출판권 소멸 후에도 제16조에서 규정하는 출판권 설정대가를 지급한 경우에는 제3조가 규정하는 기간 중에 제작된 본 출판물을 배포할 수 있다.

제17조【저작재산권의 양도 등】

1. 갑이 본 저작물의 저작재산권 또는 출판권의 전부 또는 일부를 제3자에게 양도하거나 이에 대하여 질권을 설정하고자 할 경우에는 이를 을에게 지체 없이 통고하여야 한다.
2. 을이 본 저작물의 출판권을 제3자에게 양도하거나 질권을 설정하고자 할 경우에는 갑의 동의를 얻어야 한다.

제18조【원고반환】 을은 본 저작물의 인쇄종료와 동시에 당해 원고를 갑에게 반환한다.

제19조【불가항력】 천재지변 등의 불가항력에 의한 재난으로 인하여 이 계약이 지체 또는 불능하게 된 경우에는 갑과 을이 협의하여 공평하게 처리한다.

제20조【계약의 위반】 갑 또는 을은 상대방이 이 계약서에 정한 사항을 위반하였을 경우에는 서면으로 그 이행을 최고하고, 그 후 ___월이 간과하여도 이를 이행하지 않는 때에는 이 계약의 전부 또는 일부를 해제할 수 있으며 그에 따른 손해배상을 청구할 수 있다.

제21조【분쟁의 해결】

1. 이 계약과 관련한 분쟁의 제1심법원은 ________지방법원으로 한다.
2. 갑과 을은 분쟁에 대한 제소에 앞서 저작권위원회의 조정을 받도록 한다.

[서식 393] 출판권설정계약(잡지연재 및 단행본)

출판권설정계약

저작권자 성명 : 작가이름(주민등록번호)

저작물의 표시 : 작품제목

위 저작물에 관하여 저작권자 _______을(를) "갑"으로, 출판권자 _______을(를) "을"로 하여 다음과 같이 계약하고 신의와 성실로써 이 계약을 준수하기로 한다.

제 1 조【계약의 목적】 "갑"의 저작물 __________을(를) "을"이 발행하는 정기간행물에 연재하거나 "을"이 단행본으로 출판하는데 필요한 독점적인 출판권을 설정한다.

제 2 조【저작권 사용료】

1. 제1조에 의하여 설정되는 출판권의 사용료는 정기간행물 연재시 페이지당 ___원의 원고료로 하고, 단행본 출판시 소매가격에 발행부수를 곱한 금액의 ___%를 인세로 한다. 단, 단행본 각 권의 발행부수가 ___부를 초과하는 부분의 인세는 ___%로 하고, ____부를 초과하는 부분의 인세는 ___%로 한다.
2. 본조 제1항의 사용료 중 잡지 원고료는 잡지 발행월 __일이나 말일에 지급하고, 단행본 인세는 단행본 발행 후 ___개월 후에 지급한다.
3. 본조 제1항의 사용료 중 잡지 원고료는 잡지 연재 이전에 제작된 원고에 한하여 각 회의 원고 인도 후 __일 이내에 선급금으로 지급할 수 있다. 단 "갑"의 귀책사유로 출판물 발행이 지연, 혹은 중단될 경우 "갑"은 "을"에게 받은 선급금을 즉시 반환하여야 한다.

제 3 조【계약의 존속기간 및 범위】

1. 제1조에 의하여 설정되는 출판권은 정기간행물에 연재될 경우 해당 정기간행물의 발행일로부터 ___년간 존속하며, 단행본의 형태로 출판될 경우 그 단행본의 완결편이 발행된 날로부터 ___년간 존속한다.
2. 본 계약은 계약만료 ___일 전까지 계약당사자중 일방의 해지에 관한 의사표시가 없는 한 위 기간은 자동적으로 ___년간 연장된다.
3. "갑"은 위 저작물의 제호 및 내용의 전부 또는 일부와 동일하거나 현저히 유사한 저작물을 본 계약과 유사한 목적으로 출판하거나 제3자로 하여금 출판하게 하여서는 안 된다.

제 4 조【저작권 보증 및 침해책임】

1. "갑"은 위 저작물이 제3자의 권리를 침해하지 않음을 보증해야 한다.
2. "갑"과 "을"은 "갑"의 저작권을 침해하거나 위 저작물의 이용에 대해서 부당한 방법으로 경쟁하는 자를 발견하였을 경우 서로에게 통지하고 권리침해의 해소를 위해 협의하여 조치를 취해야 한다. 이 경우 "갑"은 즉시 "을"이 제3자에게 적절한 조치를 취할 수 있도

록 협조해야 하며 필요한 경우 권리의 침해를 해소하는 데 필요한 일체의 권한을 "을"에게 위임해야 한다.

제5조【저작권 표시】

1. "갑"과 "을"은 이 계약으로 발생하는 모든 저작물에 아래와 같이 저작권표시를 하여야 한다.

Ⓒ 홍길동 20__ / ___주식회사

제6조【저작물의 사용과 2차적 저작물】

1. "갑"은 위 저작물의 해외 수출, 유선 혹은 무선 통신으로의 배포 및 2차적 저작물 제작에 관련된 사업을 진행할 시 "을"에게 그 사업의 우선권을 부여한다.
2. "갑"과 "을"은 본조 제1항에 해당하는 사업을 진행 시 별도의 약정을 통해 사업의 내용, 로열티 등 제반 내용을 협의한다.
3. "갑"은 본조 제1항에 해당하는 사업을 제3자와 진행할 경우 사전에 "을"에게 통보하여야 한다. "을"은 통보 받은 후 ___일 이내에 우선권 행사의 여부를 결정해 "갑"에게 통보하여야 한다.

제7조【계약의 해지】

1. "갑"과 "을"은 양측 중 일방이 계약서에 정한 사항을 위반하거나 본 계약에서 정한 이행의무를 지체한 경우 기간을 정하여 이행을 촉구할 수 있으며, 기간이 경과한 후에도 이행하지 않을 경우 계약을 해지할 수 있다.
2. "갑"의 귀책사유로 계약이 해지될 경우 "갑"은 "을"에게 손해를 배상하여야 한다. "을"의 귀책사유로 계약이 해지될 경우 "을"은 "갑"에게 허락받은 모든 권리의 사용을 중지하여야 한다.

제8조【준용규정】 본 계약서에 정함이 없는 사항은 "갑"과 "을"이 성실히 협의하여 정하거나 업계의 관례를 따른다.

제9조【분쟁의 관할】 이 계약에 관한 분쟁이 해결되지 않을 시 "갑"과 "을"은 ________을 합의관할로 한다.

본 계약서는 갑, 을이 계약서에 서명 날인함으로써 유효하고 이를 증명하기 위해 계약서 2통을 작성하고 각각 서명 날인하여 1통씩 보관한다.

20○○년 ○월 ○일

갑	㊞	주 소	
을	㊞	주 소	

[서식 394] 저작권양도계약서

저작권양도계약서

_______(이하 "갑"이라 함)와 주식회사 _______은(이하 "을"이라 한다) 갑이 저작권을 가진 별지 캐릭터「　　　」(이하 "본건 캐릭터"라 함)의 저작권 양도에 관하여 다음과 같이 계약을 체결한다.

제 1 조【저작권의 양도】 갑은 본건 캐릭터에 관하여 저작권을 정당하게 가지고 있음을 보증하며, 을에 대하여 본건 캐릭터에 대하여 갑이 가진 저작권("2차적 저작물 등의 작성권" 포함)을 양도한다.

제 2 조【저작인격권의 불행사】 갑은 을이 본 캐릭터를 이용함에 있어 저작인격권을 행사하지 않는다. 또한 을은 을의 인격을 훼손하는 형태로 본건 캐릭터를 사용하지 않는다.

제 3 조【대가의 지급】 본건 캐릭터의 저작권을 양도하는 대가는, 금 ________원으로 하며, 을은 갑에게 20　년　월　일까지 갑이 지정하는 은행계좌로 입금하도록 한다.

제 4 조【디자인 제작】 을은 본건 캐릭터의 원화 및 본건 캐릭터를 사용하여 디자인을 제작하는 경우에는 원칙적으로 갑에게 의뢰한다. 또한 해당 제작비용에 관하여 갑과 을이 별도로 협의한다.

제 5 조【관할법원】 본 계약에 의하여 분쟁이 발생시, ________지방법원을 제1심 전속 관할법원으로 한다.

제 6 조【신의칙】 갑과 을은 본 계약에 정하여진 각 조항을 신의에 따라 성실히 이행하며, 본 계약에 정한 사항 및 본 계약의 각 조항의 해석에 이의가 있을 시 갑과 을은 성의를 다하여 협의하여 해결하도록 한다.

본 계약서는 갑, 을이 계약서에 서명 날인함으로써 유효하고 이를 증명하기 위해 계약서 2통을 작성하고 각각 서명 날인하여 1통씩 보관한다.

20○○년　○월　○일

갑	㊞	주　소	
을	㊞	주　소	

[서식 395] 상품화허락계약서

상품화허락계약서

________주식회사(이하 "갑"이라 함)와 주식회사 ________은(이하 "을"이라 한다) 갑이 관리하는 저작물「 」(이하 "본건 저작물"이라고 함)의 상품화에 관하여 다음과 같이 계약을 체결한다.

제 1 조【상품화의 허락】

1. 갑은 본 저작물의 정당한 저작권관리자로서 을에 대하여 을이 제조 판매하는 본 계약서에 부속하는 <별표> 기재의 상품(이하 본 상품이라고 한다) 및 본 상품에 관련한 광고선전 및 판촉물 등에 저작물(제목 및 등장하는 모든 캐릭터의 명칭 및 형상을 포함)을 사용할 것을 허락한다.
2. 을이 본 계약에 의거해 제조판매하는 본 상품에 관한 허락조건의 명세는 본 계약서<별표>에 기재한 바와 같다
3. 갑은 본 계약의 유효기간 중 본 상품과 직접 경합할 가능성이 있는 제3자의 상품에 대해서는 본 저작물의 사용을 허락하지 아니한다. 단 을이 동의를 할 경우에는 가능하다.
4. 본 계약에 의한 본 저작물의 사용권은 을 자신이 사용하는 것으로 하며 을은 이 사용권을 제3자에게 양도 또는 재허락하거나 혹은 담보로 제공해서는 아니 된다.

제 2 조【판매지역】 을의 본 상품의 판매지역은 한국(또는 한국을 포함한 전 세계)(으)로 한다.

제 3 조【계약기간】

1. 본 계약은 갑을 양자가 기명날인한 날부터 효력을 발생해, 본 계약 제18조에 의해 해지되지 않는 한 본 계약서부속 <별표> 기재의 발매예정일이 포함되는 달의 1일(본 상품의 종류가 복수이고 발매예정일이 서로 다를 경우 가장 빠른 발매일이 포함되는 달의 1일)부터 만 ___년간을 경과한 날까지 효력을 갖는다. 단, 제10조에 의해 발매연기가 승인될 경우 연기된 발매예정일이 포함되는 달의 1일부터 만 ___년간을 경과한 날까지 효력을 갖는다.
2. 갑 및 을은 전항에 정한 계약기간만료일의 ___개월 전에 합의에 의해 별도 계약을 맺었을 경우 본 계약을 동일조건으로 다시 ___년간 갱신할 수 있다

제 4 조【사용료】

1. 을은 갑에게 본 계약서 말미에 기재한 바와 같이 최저보증사용료를 현금으로 지불한다.
2. 을이 본 계약서부속 <별표>에 기재한 최저책임 제조수량을 넘어 본 상품의 추가제조를 할 경우에는 제조를 개시하기 전에 그 취지를 갑에게 신청하고 갑의 승인을 얻어 추가제조수량에 대한 사용료를 갑이 지불한다.
3. 전항의 추가제조수량에 대한 사용료는 신청을 한 익월 말일까지 지불한다.
4. 을이 본 계약서부속 별표에 기재한 각 품목의 소매가격을 변경할 때에는 서면에 의해

그 취지를 갑에게 신청하고, 갑의 양해를 얻어야 한다. 가격을 인상할 경우에는 을은 갑에게 지체 없이 사용료의 차액을 지불하여야 한다.

5. 을이 본 조에 의하여 지불한 사용료는 어떠한 이유로도 반환을 청구할 수 없다.

제5조【계산보고 및 검수증지】

1. 을은 갑에게 매년 ___월 말일 및 ___월 말일의 연 2회, 지난 ___개월간의 본 상품의 제조판매 수량과 그 금액을 기재한 계산보고서를 제출해야 한다.
2. 을은 갑으로부터 문서에 의해 면제를 받지 않는 한 본 계약서에 의거해 제조하는 상품에 갑이 교부하는 검수증지를 부착하지 않으면 안 된다. 갑은 수시로 을에게 교부한 검수증지의 잔여 수를 확인할 수 있다.
3. 을이 제4조에 의거한 추가 제조신청서에 허위의 사실을 기재하거나 추가 제조신청 허가를 얻지 않고 본 상품의 제조를 개시해 본래 갑에게 지불해야 할 사용료를 지급하지 않음이 발각되었을 경우에는 갑에 의해 본 계약이 해지되거나 않거나에 관계없이 을은 갑의 청구가 있는 즉시 위약금으로서 사용료를 지급하지 않은 본 상품 1개 당 그 소매가격의 상당액을 지불하지 않으면 안 된다.

제6조【장부의 열람】 을은 갑의 신청이 있을 때에는 본 상품의 제조판매, 판매수량, 가격 등을 증명하기 위해 을의 영업시간 내에 한정해 본 상품과 관계되는 영업장부, 전표 등의 열람에 응하며 또한 복사본을 제출한다.

제7조【품질관리】

1. 을은 본 계약서에 의거해 본 상품을 제조, 판매 혹은 선전을 할 때에는 본 저작물로 사회적, 교육적으로 악영향을 끼치도록 해서는 안 된다. 또한 갑 및 본 저작물 저작권자의 명예, 사회적 평가, 품위와 신용을 훼손하지 않도록 유의하고 함부로 본 저작물을 개변하거나 이미지를 해치는 등의 취급을 해서는 안된다.
2. 을은 갑이 공급하거나 을이 제작해 갑이 승인하는 본 저작물의 원형, 원화, 원고 등의 사용해 본 상품을 제조해야 한다. 이러한 원형, 원화, 원고 등의 제작비용은 을이 부담하는 것으로 한다.
3. 을은 본 계약에 의거해 제조하는 본 상품의 견본을 라벨, 포장, 용기 등과 함께 갑에 각 2부 제출하여 갑의 감수 및 승인을 받지 않는 한 본 상품의 제조 및 판매를 개시해서는 안된다. 갑은 을이 제출한 본 상품의 견본을 감수하고 합리적인 범위에서 을의 비용부담에 의해 그 수정을 요구할 수가 있다.
4. 을은 전항에 정하는 갑의 승인을 받은 후 제조한 본 상품의 완성품 5부를 판매개시 전에 무상으로 갑에게 제출해야 한다.
5. 을은 본 상품의 제조에 사용한 본 저작물에 관한 원형, 원화, 원고 등을 제조 후 즉시 갑에게 인도하여야 한다.

제8조【판매촉진】

1. 을은 본 상품의 판촉물을 제작할 경우, 사전에 그 견본을 갑에게 제출해 갑의 승인을 얻지 않으면 안된다.
2. 을이 경품 기타 특정 판촉물에 본 저작물을 사용할 경우, 갑은 별도의 사용료를 징수할 수 있다.

제9조【저작권표시 및 출처의 명시】

1. 을은 본 계약에 의거해 제조 판매하는 본 상품 및 판촉물에 아래와 같은 저작권표시를 갑이 지정하는 방법으로 명시하여야 한다.
   Ⓒ ______________________________
2. 을은 본 계약에 의거해 제조판매하는 본 상품 및 판촉물에 갑의 승인을 얻어 을이 제조판매를 행한다고 하는 취지의 출처표시를 하여야 한다.

제10조【본 상품의 판매개시】 을은 본 계약 체결일로부터 6개월 이내에 본 상품의 판매를 개시해야 한다. 6개월 이내에 본 상품을 발표할 수 없을 경우에는 을은 그 이유를 명기한 문서로 갑에게 발매연기를 신청해야 하며 갑의 승인을 얻지 않는 한 을은 본 계약 제1조에 허락된 권리를 상실한다.

제11조【상표 및 디자인등록】 을이 본 저작물에 관계되는 상표 혹은 디자인등록을 자신의 필요에 의해 등록출원할 때에는 갑을 명의인으로 하고 을의 비용부담으로 행하며 그 권리는 갑에 귀속되는 것으로 한다. 이 경우 본 계약기간 중에 한하여 갑은 을에게 무상으로 그 통상실시권을 인정한다.

제12조【출판 및 텔레비전 방송에 의한 사정변경】

1. 본 저작물이 저작자 혹은 편집, 출판 상의 사정에 의해 연재중지 혹은 내용의 변경 등이 생기게 될 경우에도 을은 누구에게도 어떠한 이의를 제기하지 않는다.
2. 본 저작물이 텔레비전 프로그램으로 방송될 것이 결정되어 스폰서 등의 사유에 의해 어쩔 수 없는 상황이 발생할 경우, 갑은 을과 성의를 가지고 협의해 본 계약을 해지할 수가 있다.

제13조【제3자에 의한 권리침해】

1. 을은 본 저작물의 저작권을 침해 또는 본 계약에 의거한 상품화 사업에 대해 부정경쟁을 하는 자를 발견한 경우에는 즉시 이를 갑에게 통지하고 이에 대한 갑의 조치에 필요한 협력을 해야 한다.
2. 갑은 을로부터 전항에 의거한 통지를 받은 경우에는 해당 제3자의 침해행위에 대해 적절한 조치를 취하도록 최선의 노력을 해야 한다.

제14조【"을"의 권리침해】

1. 을은 이 계약에 의거한 본 상품의 제조판매에 있어서 제3자의 특허권, 실용신안권, 의장권, 상표권 기타 권리를 침해해서는 아니 된다.
2. 을이 제3자의 권리를 침해하여 제조자로서의 책임이 문제되거나 이에 관련한 분쟁이 발생했을 때에는 을은 자기의 책임하에 이를 해결하며 갑에게 누를 끼치지 않는다.

제15조【면책조건】

1. 을이 본 계약에 의거해 제조판매하는 본 상품에 관하여 본 저작물 자체에 근거하지 않는 영업상의 손해나 제3자에 의한 권리침해가 발생할 경우, 갑은 을에 대해 어떠한 책임도 지지 않는다.
2. 을이 본 계약에 의거해 제조판매하는 본 상품에 대해 제3자로부터 본 저작물이 제3자의 권리를 침해했다는 이유로 손해배상 혹은 금지청구 등을 받을 경우, 을은 즉시 이를 갑에

게 통지한다. 이 경우 갑은 을의 협력을 얻어 갑의 책임과 비용부담으로 그 청구를 처리하며 을에게 손해를 입히지 않는 것으로 한다.

제16조【 제조물배상책임 보험의 가입 】

1. 본 상품이 만일의 사고에 의해 제3자의 생명, 신체, 재산 등에 대해 입히는 손해를 보전하기 위해 을은 본 계약의 유효기간 중 및 기간종료 후 3년간 본 상품에 관계되는 제조물배상책임보험 등의 보험을 을의 비용과 책임 하에 필요 충분한 금액의 보험에 가입하여야 한다.
2. 을은 전항에 근거한 보험의 가입과 관계없이 만일 전항의 사고로 인하여 갑 및 본 저작물의 저작자에게 손해가 발생하였을 때에는 그 모든 손해를 즉시 배상해야 한다.

제17조【 비밀유지의무 】 갑 및 을은 본 계약의 내용 및 본 계약에 관해 알게 된 상대방의 업무상 비밀을 제3자에게 누설해서는 안된다.

제18조【 계약의 해지 】

1. 갑 또는 을은 상대방이 본 계약의 어느 조항이라도 위반하였거나 본 계약을 계속할 수 없는 중대한 배신행위가 있었을 때에는 상당한 기간 최고를 한 후, 기간 내에 해당 위반이 시정되지 않을 경우 본 계약을 해지할 수 있다. 본 항의 해지는 손해배상의 청구를 막지 아니한다.
2. 을이 다음의 각 호 중 하나에 해당할 경우 갑은 을에 대해 최고수속의 필요 없이 본 계약을 해지할 수 있다. 이 경우 갑이 손해를 입었을 경우에는 을은 갑에 대해 지체 없이 손해를 배상해야 한다.
   가. 을이 본 계약상의 지불채무에 대해 이행을 지체하였을 때
   나. 을이 본 계약 제10조에 의해 본 계약 제1조에 의해 허락된 권리를 상실하였을 때
   다. 을이 본 계약 제1조 2항 및 4항, 제2조, 제5조, 제6조, 제7조, 제8조, 제9조, 제11조, 제13조 1항, 제14조, 제15조 2항, 제16조, 제17조 중의 하나를 위반했을 때
   라. 을이 지불정지가 되거나 또는 을에게 파산, 화해, 회사정리, 회사갱생수속개시, 특별청산개시의 제기가 있었을 때
   마. 을이 부도어음을 내거나 은행으로부터 거래정지처분을 받았을 때
   바. 을이 감독관청으로부터 영업취소, 정지 등의 처분을 받았을 때
   사. 을이 압류, 가압류, 가처분, 강제집행 혹은 경매 등의 신청을 받거나 공매처분, 조세체납처분, 기타 공권력의 처분을 받았을 때
   아. 을이 자본감소, 합병, 해산, 영업의 폐지 혹은 영업의 전부 또는 중요한 일부의 양도를 결의하거나 자산, 신용 혹은 사업에 중대한 변경이 생겼을 때
   자. 전 각 호의 사유가 발생할 우려가 있는 것으로 갑이 판단해 그 취지의 통지를 을에게 발송했을 때
3. 본 계약이 해지될 경우, 갑은 을이 갑에게 지불한 금액을 을에게 반환하지 않는다.

제19조【 잔존채무의 지불 】 을에게 제18조 각 호의 하나가 생겼을 때 갑에 대해 잔존채무가 있는 경우에는 을은 갑에게 즉시 해당금액을 지불하는 것으로 한다.

제20조【 지연손해금 】 제4조 제1항, 제3항 및 제4항에 정하는 변제기한도래 후의 지연손해금은

연2할의 이율로 한다.

제21조【계약의 종료 후 혹은 실효 후 본 상품의 취급】

1. 을은 본 계약유효기간 종료 후 또는 해지 후에 본 상품을 제조, 판매, 배포할 수 없다. 단, 계약기간 만료시에 을이 본 상품의 제작중인 물건 또는 재고품을 가지고 있을 경우, 을은 그 수량을 문서로 갑에게 통지하고 기간만료 후 60일 이내에 한정해 본 상품을 판매할 수 있다.
2. 을이 본 계약 만료시부터 60일을 경과한 후에도 본 상품의 재고품을 가지고 있을 경우, 해당상품의 처리에 대해서는 갑의 지시에 따르지 않으면 안된다.

제22조【합의관할법원】 본 계약에 의하여 분쟁이 발생시, ______지방법원을 제1심 전속 관할법원으로 한다.

제23조【협 의】 갑과 을은 본 계약에 정하여진 각 조항을 신의에 따라 성실히 이행하며, 본 계약에 정한 사항 및 본 계약의 각 조항의 해석에 이의가 있을 시 갑과 을은 성의를 다하여 협의하여 해결하도록 한다.

본 계약서는 갑, 을이 계약서에 서명 날인함으로써 유효하고 이를 증명하기 위해 계약서 2통을 작성하고 각각 서명 날인하여 1통씩 보관한다.

20○○년 ○월 ○일

갑	㊞	주 소	
을	㊞	주 소	

[별표 1]

허 락 조 건

1. 작품명
2. 발매기한　　　　년　월　일까지 (계약일부터　　개월)
3. 판매허락기간　　　　년　월 말일까지 (발매월의 1일로부터 만　　년간)
4. 허락상품　　　　(명세는 별표기재)

5. 허락지역 한국(또는 한국을 포함한 전 세계)
6. 사용료 소매가격 × %
7. 최저보증사용료 (소매가격 × 사용료율 × 최저책임제조수량) 원(소비세별도)
8. 상기사용료지불방법 년 월 일 지불 현금입금 / 은행입금
9. 특약사항

[별표 2]

계약상품의 명세

품 명	규격 및 재료	소매가격	사용료 (%)	최저책임 제조수량	최저보증 사 용 료	발매 예정일
합 계						

[서식 396] 캐릭터사용계약서

캐릭터사용계약서

_________(이하 "갑"이라 함)와 _________은(이하 "을"이라 한다) 캐릭터의 사용과 관련하여 다음과 같이 계약을 체결한다.

제1조【보 증】 갑은 아래의 캐릭터 저작물(이하 "본건 저작물"이라 함)의 저작권을 보유하고 있음을 보증한다.
1. 저작자 :
2. 캐릭터의 제호 :

제2조【사용조건】 갑은 을에 대하여 다음의 조건에 따라 본건 저작물을 복제하여 _________ (이하 "본건 복제물"이라 함)을 제작하는데 사용하는 것을 허락한다.
1. 복제형태 :
2. 본건 복제물의 사용목적 :
3. 복제 수량 :

제3조【사용료의 지급】
1. 을은 갑에게 본건 저작물의 저작권사용료로 금 ___________원을 지급한다.
   가. 지급기일 : 20　년　월　일
   나. 지급방법 :
2. 을은 제2조의 소정 부수를 초과하여 복제하여 사용하는 경우에는 미리 갑에게 초과되는 복제 부수를 통지하여 허락을 받도록 하며, 복제 후에는 지체 없이 상당 사용료를 전항의 방법으로 지급하도록 한다.

제4조【사용범위】 을은 본건 저작물을 제2조에 기재한 이외의 용도로 사용할 수 없다.

제5조【양도금지】 을은 본건 저작물을 복제할 수 있는 권리를 제3자에게 양도할 수 없다. 단, 을의 책임 하에 관련 복제를 도급하는 경우는 예외로 한다.

제6조【디자인 감수】 을은 본건 저작물의 복제 상태를 유지하기 위하여 갑에게 그 견본을 제출하고, 갑의 승인을 받도록 하며, 견본과 재질, 사이즈, 배색 등이 다른 형태로 복제하여 사용하지 못한다.

제7조【감 독】 갑은 본건 저작물의 복제물의 복제 부수를 확인하기 위하여 희망하는 시기에 을의 장부 등을 열람할 수 있으며, 갑의 신청이 있는 때에는 을은 갑에게 신속히 협력하도록 한다.

제8조【샘플의 제공】 갑은 본건 복제물 __부를 복제 완료 후 지체 없이 갑에게 무상 제공한다.

제9조【계약의 해제】

1. 갑 및 을은 상대방이 본 계약의 조항을 위반한 경우, ___일 이내에 이를 최고하고 그 기간 내에 해당 위반이 시정되지 않을 시에는 본 계약을 해제할 수 있다.
2. 상대방에게 다음 각 호에 해당하는 사유가 발생했을 경우, 갑 및 을은 최고 등의 절차 없이 즉시, 본 계약을 해제할 수 있다.
   가. 수표, 어음이 부도 처리를 받는 등 지불정지상태에 이르렀을 경우
   나. 압류, 가압류, 가처분, 경매 또는 강제집행신청을 받은 경우
   다. 파산, 화의, 정리 혹은 회사갱생절차개시신청을 받거나, 또는 스스로 이와 같은 신청을 한 경우
   라. 기타 당사자 간의 신뢰관계를 상당히 해치는 등 본 계약을 지속시키기 어려운 중대한 사유가 발행한 경우
3. 갑과 을은 상대방이 전항 각 호의 1에 해당하여 손해가 발생한 경우 상대방에 대하여 해당손해의 배상을 청구할 수 있다.

제10조【유효기간】 본 계약의 유효기간은 20 년 월 일로부터 20 년 월 일까지로 한다. 단, 갑과 을은 협의하여 해당 유효기간을 연장할 수 있다.

제11조【관할법원】 본 계약에 의하여 분쟁이 발생시, _______지방법원을 제1심 전속 관할법원으로 한다.

제13조【신의칙】 갑과 을은 본 계약에 정하여진 각 조항을 신의에 따라 성실히 이행하며, 본 계약에 정한 사항 및 본 계약의 각 조항의 해석에 이의가 있을 시 갑과 을은 성의를 다하여 협의하여 해결하도록 한다.

본 계약서는 갑, 을이 계약서에 서명 날인함으로써 유효하고 이를 증명하기 위해 계약서 2통을 작성하고 각각 서명 날인하여 1통씩 보관한다.

20○○년 ○월 ○일

갑	㊞	주 소	
을	㊞	주 소	

[서식 397] 총판대리점계약서

총판대리점계약서

______주식회사(이하 "갑"이라 함)와 주식회사 ______은(이하 "을"이라 한다) 간에 캐릭터 상품의 유통에 관하여 아래와 같이 총판대리점 계약을 체결한다.

제 1 조【점포의 명칭】

1. 해당 점포의 명칭은 ___________대리점으로 한다.
2. "을"은 점포 및 창고의 확보과정에서 그 위치나 규모 등에 대하여 "갑"과 협의하여 진행하도록 한다.

제 2 조【담 보】 "을"은 거래의 개시 전 아래와 같이 "갑"에게 담보를 제공해야 한다.

1. 현금보증금 : ________________원
2. 부동산담보 : ________________원
3. ___________명의의 연대보증서
4. 부동산담보는 "갑"이 지정하는 감정평가기관의 평가금액으로 위 해당금액이상의 가치가 산출되어야 한다.
5. "갑"은 해당담보물을 "을"에 대한 채권확보의 목적으로만 사용하여야 하며, 거래규모의 증가나 담보가치의 하락 등 정당한 사유가 있을 시 "갑"은 "을"에게 담보를 추가 요구할 수 있으며, "을"은 이에 응해야 한다.

제 3 조【상품의 공급 및 판매】

1. "갑"이 "을"에게 공급하는 상품의 종류나 공급단가는 "갑"이 정하는 바에 의한다.
2. 초도상품 및 신상품의 공급은 상호 협의하여 진행하되 "을"의 여건을 감안하여 "갑"이 합리적으로 공급하도록 한다.
3. 상품의 공급 장소는 "을"이 지정한 장소에 공급할 수 있도록 하며, 상품의 공급을 위하여 발생되는 운송비는 "갑"의 부담으로 한다.
4. "을" 상품의 인수 시 검수하여 수량 및 품질 등에 하자가 있을 경우 7일 이내에 "갑"에게 이의를 제기할 수 있다.
5. "을"은 갑이 권장하는 판매가격을 준수하도록 한다.

제 4 조【반 품】

1. 생산상의 원천 하자가 있거나 납품과정에서 발생한 하자가 있는 상품 혹은 "갑"의 주문접수 착오라고 판단되는 상품에 대해서는 "을"이 서면 정리하여 "갑"에게 통보하여 정상제품과 교환하거나 반품을 할 수 있도록 한다.
2. 상호간에 필요에 의하여 반품에 관하여 별도의 합의를 통하여 약정을 한 경우에는 그 약정에 따라 반품에 관한 제반사항을 처리토록 한다.
3. 반품에 따른 운송비는 "을"이 부담하는 것을 원칙으로 하되 제1항에 대한 반품운송비는

"갑"이 부담한다.

제5조【상품대금의 결제 및 소유권의 유보】

1. "을"은 "갑"으로부터 공급받은 상품에 대하여 매월말 마감하여 다음달 ___일까지 전액결제하며, 해당 금액에 대하여 ___%는 현금결제하고 ___%는 발행일 기준하여 ___일 이내의 어음으로 결제한다.
2. "갑"은 판매 장려금 등 "을"에게 지급해야 할 금액이 있는 경우 이를 우선 "을"의 상품대금 결제할 금액과 상계 처리할 수 있다.
3. 상품대금이 전액 현금 결제되거나 "을"이 입금한 어음이나 수표가 전액 지급기일에 결제되기 전까지는 상품의 소유권은 "갑"에게 있다.
4. 제3항의 소유권의 유보는 세금계산서 발행 등에도 불구하고 오직 "갑"만이 가진다.

제6조【판매장려금의 지급】 "을"에 대한 판매장려금의 지급에 대하여 상호간 필요하다고 합의가 이루어진 경우 별도 약정에 의거하여 시행토록 한다.

제7조【권리의 보호】

1. "을"은 "갑"의 상호나 상표 등 "갑"의 지적재산권을 활용하여 간판 및 사인물, 판촉물 등을 포함하여 여하한 경우든 임의대로 제작하여 활용할 수 없으며, 이를 활용코자 할 시에는 반드시 "갑"의 사전 동의와 사용코자 하는 도안에 대한 승인을 득한 후에 사용하여야 한다.
2. "을"이 "갑"의 상품의 판매를 위하여 영업용 차량의 도색을 하는 경우 그 도안과 도색업체는 "갑"이 선정한다. 또한 "을"이 도색차량을 매매 혹은 폐차처분 등을 하는 경우에는 "갑"이 요구하는 방법에 따라 해당 도색을 완전 제거한 후 처분토록 한다.

제8조【영업상의 책임과 의무】

1. "을"은 "갑"의 동의 없이 "갑"과의 계약관계를 전부 혹은 일부 타인에게 양도할 수 없으며, 채무이행이나 담보의 수단으로 제공할 수 없고, 위탁 경영할 수 없다
2. "갑"은 "을"의 영업장의 매출 등 운영과 관련한 장부의 열람과 자료를 요구할 수 있으며, "을"은 이에 적극 협조해야 한다.
3. "을"은 "갑"의 상품을 판매함에 있어 "갑"의 상품의 운송("갑"의 책임 하에 운송되는 경우는 제외한다), 보관, 진열, 판매 등의 모든 과정에서 상품의 훼손이나 파손, 변질 등이 없도록 하여야 하며, 이 과정에서 발생한 상품의 훼손이나 파손, 변질 등으로 인하여 상품의 구매자나 제3자가 상품 또는 생명, 신체 또는 재산상의 손해를 입게 되어 "갑"이 구매자나 제3자로부터 손해배상의 청구나 기타 민·형사상의 청구를 당하게 될 경우 "을"의 책임과 비용으로 "갑"을 면책시키고 이로 인하여 "갑"이 입은 손해와 비용을 배상하여야 한다.

제9조【광고 선전 및 판촉물】

1. "갑"과 "을"의 영업의 활성화와 "갑"이 공급하는 상품의 판매촉진을 위하여 각종 대중매체를 통한 광고 선전이 필요하다고 "갑"과 "을"이 상호 합의한 경우 "갑"은 이에 대한 제반 업무를 주도적으로 진행하며, 비용의 부담은 상호 합의하여 정하기로 한다. "을"이 광고 선전비용의 전부를 부담하여 진행코자 하는 경우라 하더라도 그 내용 등에 대해서

는 "갑"의 승인을 득하여 진행하도록 한다.
2. "갑"과 "을"의 영업의 활성화와 "갑"이 공급하는 상품의 판매촉진을 위하여 각종 판촉물을 기획하여 "갑"이 무상으로 "을"에게 공급할 수 있으며, 이 때 "을"은 최선을 다하여 판촉물을 그 목적에 맞게 활용하여야 하고 비용의 분담이 요구되는 판촉물의 경우에는 상호 합의하여 따로 정하기로 한다.

제10조 【 계약의 해지 】

1. "갑"과 "을"은 양당사자는 다음의 각호에 해당하는 경우 최고없이 위약당사자에게 통지함으로서 계약을 해지할 수 있다.
   가. 감독관청에 의하여 영업 또는 허가의 취소 또는 정지 등의 처분을 받은 경우
   나. 파산, 법정관리, 화의, 또는 회사정리 절차의 신청이 있거나 스스로 이를 신청한 경우
   다. 제3자로부터 가압류, 가처분 또는 강제집행(이하 "강제집행 등")을 받고 그로부터 30일 이내에 강제집행 등의 정지 또는 해제신청이 받아들여지지 않는 경우
   라. 발행한 어음 또는 수표가 부도로 되거나 은행과의 거래가 정지 또는 금지된 경우
2. "갑"과 "을"은 다음 각 호의 경우 　일 이상의 기간을 정하여 최고하고 동기간 내에 시정되지 않을 경우에는 계약을 해지할 수 있다.
   가. 본 계약 및 본 계약의 일부를 이루는 부속계약상의 의무를 위반한 경우
   나. "을"이 종업원 임금을 체불하는 등 현격한 자금상태 및 신용상태의 악화를 보이는 경우
   다. "을"의 판매능력이 현격히 저하되어 본 계약의 목적이 달성되지 않을 것으로 판단되는 경우
3. "갑"과 "을"이 합의한 경우에는 계약기간중이라도 계약해지를 할 수 있다.

제11조 【 담보의 해지 】 계약의 해지 사유 발생으로 인하여 계약을 해지하는 경우 "을"은 "갑"에게 미수금, 미도래 어음 등 "갑"에 대한 제(諸)채무에 대하여 정확한 정산을 하여야 하며, 정산이 완료되면 "갑"은 "을"의 요구에 따라 담보로 제공한 부동산에 대한 근저당권의 해지 및 담보물의 반환을 이행한다.

제12조 【 계약 기간 】

1. 본 계약은 계약서의 체결일로부터 유효하며 그 기간은 ___년으로 한다.
2. "갑"과 "을" 쌍방이 계약만료 ___개월 이전에 재계약의 거부의사를 표시하지 않을 시에는 동일한 조건으로 ___년씩 자동으로 계약이 연장되는 것으로 본다.
3. 계약사항이 변경요인이 발생된 경우에는 "갑"과 "을" 상호간에 합의하여 재계약을 할 수도 있다.

제13조 【 비밀유지의무 】 갑과 을은 본 계약의 내용 및 본 계약에 관해 알게 된 상대방의 업무상 비밀을 제3자에게 누설해서는 안된다.

제14조 【 분쟁의 해결 】 본 계약에 의하여 분쟁이 발생시, _______지방법원을 제1심 전속 관할법원으로 한다.

제15조 【 협 의 】 갑과 을은 본 계약에 정하여진 각 조항을 신의에 따라 성실히 이행하며, 본 계약에 정한 사항 및 본 계약의 각 조항의 해석에 이의가 있을 시 갑과 을은 성의를 다하여

협의하여 해결하도록 한다.

본 계약서는 갑, 을이 계약서에 서명 날인함으로써 유효하고 이를 증명하기 위해 계약서 2통을 작성하고 각각 서명 날인하여 1통씩 보관한다.

20○○년 ○월 ○일

갑	㊞	주 소	
을	㊞	주 소	

[서식 398] 대리점계약서(화장품)

화장품업종 표준대리점거래계약서(재판매형)

◇ 계약기간 : 년 월 일부터 년 월 일까지 (년간)

◇ 담보금 : 납품금액의 ( )%, 일금 원정 (₩)

◇ 납품방법 및 장소
납품방법 :
납품장소 :

◇ 상품대금 지급시기 및 지급수단
지급시기 : 매월 ( )일
지급수단 :

◇ 지연이율 : 연 6% (상사법정이율)

__________(이하 '공급업자')와 __________(이하 '대리점')는(은) 신의에 따라 성실

히 계약상의 권리를 행사하고, 의무를 이행할 것을 확약하며, 그 증거로서 이 계약서를 작성하여 당사자가 서명 또는 기명날인한 후 각각 1부씩 보관한다.

20○○년 ○월 ○일

공급업자	대리점
상호 또는 명칭 :	상호 또는 명칭 :
전 화 번 호 :	전 화 번 호 :
주 소 :	주 소 :
대표자 성명 : (인)	대표자 성명 : (인)
사업자(법인)번호 :	사업자(법인)번호 :

별 지 : 납품조건

[서식 399] 대리점계약서(생활용품)

생활용품업종 표준대리점거래계약서(재판매형)

◇ 계약기간 : 년 월 일부터 년 월 일까지 (년간)

◇ 담보금 : 납품금액의 ( )%, 일금 원정 (₩)

◇ 납품방법 및 장소
납품방법 :
납품장소 :

◇ 상품대금 지급시기 및 지급수단
지급시기 : 매월 ( )일
지급수단 :

◇ 지연이율 : 연 6% (상사법정이율)

________(이하 '공급업자')와 ________(이하 '대리점')는(은) 신의에 따라 성실히 계약상의 권리를 행사하고, 의무를 이행할 것을 확약하며, 그 증거로서 이 계약서를 작성하여 당사자가 서명 또는 기명날인한 후 각각 1부씩 보관한다.

20○○년 ○월 ○일

공급업자		대 리 점	
상호 또는 명칭 :		상호 또는 명칭 :	
전 화 번 호 :		전 화 번 호 :	
주 소 :		주 소 :	
대표자 성명 :	(인)	대표자 성명 :	(인)
사업자(법인)번호 :		사업자(법인)번호 :	

별 지 : 납품조건

[서식 400] 원작사용계약

원작사용계약

_________(이하 "갑"이라 한다)와 _________(이하 "을"이라 한다)는 애니메이션의 제작 허락과 관련하여 다음과 같이 계약을 체결한다.

제1조【계약의 대상】 이 계약의 대상이 되는 원작(이하 '본건 원작'이라 한다)의 개요는 다음과 같다
1. 작품제목 :
2. 장 르 :
3. 저 작 자 :

제2조【계약기간】 이 계약은 이 계약 체결일로부터 효력을 발생하여 ___년간 유효하다.

제3조【보 증】 을은 자신이 제공하는 용역이 타인의 저작권 기타 지적 재산권, 명예, 프라이

버시를 침해하지 않는 것을 포함하여 대한민국의 어떠한 법령에도 위배되지 않는다는 것을 보증한다.

제4조【"을"의 이용허락 범위】

1. 을은 갑에 대하여 본건 원작의 애니메이션화를 허락한다.
2. 을은 본건 원작이 애니메이션화 되는 과정에서 제목, 스토리, 캐릭터 등 본건 원작의 모든 요소가 변형·각색될 수 있음을 인정하며, 이를 허락한다.
3. 본건 원작을 이용하여 이를 영화, 상품화 등 부가사업을 하는 경우 이에 대한 수익배분은 별도로 협의하여 정하도록 한다.

제5조【"갑"의 의무】

1. 갑은 을에게 본건 원작의 애니메이션화에 대한 대가로 금 ________원을 지급한다.
2. 본건 작품의 극장 상영, 비디오 출시(DVD 출시 포함), TV방영권 판매(공중파 TV 및 유료, 무료를 불문한 케이블 TV, 위성방송의 방영) 및 해외 수출로 인한 매출액에서 제작비, 홍보비, 배급비 등 관련 비용을 총망라한 비용을 공제한 후 순이익이 발생할 경우, 갑은 을에게 순이익 중 __%를 지급한다. 이 과정에서 을은 회계자료의 열람권과 자료요청권을 가진다.
3. 을은 본건 작품으로 인하여 만들어지는 원 매체에 "원작○○○"이라는 크레딧을 명기할 권리를 가진다. 다만 을이 본건 작품을 완성하지 못한 경우에는 그러하지 아니한다. 크레딧의 크기, 위치, 표시방법은 상호간의 합의와 애니메이션 업계의 관례에 따른다.

제6조【계약해제】

1. 갑 및 을은 상대방이 본 계약의 조항을 위반한 경우, 상당 기간을 정해 최고하고 그 기간 내에 해당 위반이 시정되지 않을 시정되지 않을 시에는 본 계약을 해제할 수 있다.
2. 상대방에게 다음 각 호에 해당하는 사유가 발생했을 경우, 갑 및 을은 최고 등의 절차 없이 즉시, 본 계약을 해제할 수 있다.
   가. 수표, 어음이 부도 처리를 받는 등 지불정지상태에 이르렀을 경우
   나. 압류, 가압류, 가처분, 경매 또는 강제집행신청을 받은 경우
   다. 파산, 화의, 정리 혹은 회사 갱생 절차 개시신청을 받거나, 또는 스스로 이와 같은 신청을 한 경우
   라. 기타 당사자 간의 신뢰관계를 상당히 해치는 등 본 계약을 지속시키기 어려운 중대한 사유가 발생한 경우

제7조【권리의 귀속】본건 원작을 기초로 하여 제작된 애니메이션에 대한 지적재산권과 판매에 관한 권한은 "갑"에게 귀속한다.

제8조【손해배상】"갑"과 "을" 중 일방당사자가 이 계약을 위하여 손해가 발생시 타방당사자에게 이에 대한 손해를 배상하여야 한다.

제9조【관할법원】본 계약에 의하여 분쟁이 발생시, ____지방법원을 제1심 전속 관할법원으로 한다.

제10조【비밀유지】"갑"과 "을"은 계약의 존속 중은 물론 만료 후에도 이 계약의 수행에 관련

한 업무상의 기밀을 "갑"에게 통보 없이 공표하거나 제3자에게 누설할 수 없으며, 이를 위반할 경우에는 계약 위반으로 간주한다. 단, 이미 공지된 것이거나 "갑" 또는 "을"의 책임에 의하지 않고 공지된 것은 제외한다.

제11조 【 신의칙 】 갑과 을은 본 계약에 정하여진 각 조항을 신의에 따라 성실히 이행하며 본 계약에 정한 사항 및 본 계약의 각 조항의 해석에 이의가 있을 시 법에 정하는 것 이외 성의를 다하여 협의하여 해결하도록 한다.

이 계약의 내용을 증명하기 위하여 계약서를 2부 작성하여 갑과 을이 서명 날인한 후 각 1부씩 보관한다.

20○○년 ○월 ○일

갑	㊞	주 소	
을	㊞	주 소	

[서식 401] 공용용역계약서(아트디렉터, 캐릭터 디자이너, 콘티작가, 애니메이터, 촬영·편집)

공용용역계약서

주식회사 __________(이하 "갑"이라 칭함)와 __________(이하 "을"이라 칭함)은 ________(이하 '본 작품'이라 한다)의 ______에 대하여 다음과 같이 계약을 체결한다.

– 다 음 –

제 1 조 【 계약의 원칙과 목적 】

1. "갑"과 "을"은 상호이익의 존중 이념에 입각하여 신의, 성실의 원칙에 따라 계약을 체결한다.
2. 본 계약은 "갑"과 "을"이 '본 작품'을 위한 계약을 체결함에 있어 쌍방 간의 역할분담, 권리와 의무 그리고 소유권을 정의하기 위한 것이다.

제 2 조 【 역할과 책임 】

☞ **아트디렉터의 경우**

"을"은 '본 작품'의 아트디렉터로서 다음과 같은 역할과 책임을 갖는다.

1. '본 작품'의 캐릭터, 대소도구, 배경설정, 색지정 등 디자인 설정 전반에 대한 미술 설정 감독
2. '본 작품'의 디자인에 대한 감수 및 관리의 역할

☞ **캐릭터 디자이너의 경우**

1. "을"은 '본 작품'의 캐릭터디자이너로서 다음과 같은 역할과 책임을 갖는다.
   가. '본 작품'의 캐릭터 디자인 설정 작업
   나. '본 작품'의 홍보용 캐릭터 이미지컷 작업
   다. '본 작품'의 캐릭터 설정작업이라 함은 인물을 그린 그림으로 MAIN 제작에서 필요한 턴어라운드, 바이레이션 작업을 포함한 것으로 규정한다.
2. "갑"은 '본 작품'의 디자인에 대한 감수 및 관리의 역할을 수행한다.

☞ **콘티작가의 경우**

"을"은 '본 작품'의 콘티작가로서 다음과 같은 역할과 책임을 갖는다.

1. '본 작품'의 콘티 작화
2. 감독이 제시한 연출방향과 디자인 설정에 근거하여 콘티 작화를 수행

☞ **애니메이터의 경우**

"을"은 '본 작품'의 작화 담당자로서 다음과 같은 역할과 책임을 갖는다.

1. '본 작품'의 레이아웃(원화, 모델링, 맵핑)

☞ **촬영·편집의 경우**

"을"은 '본 작품'의 촬영·편집 담당자로서 다음과 같은 역할과 책임을 갖는다.

1. '본 작품'의 촬영·편집
2. 감독이 제시한 연출방향에 근거하여 촬영과 편집을 수행

제3조【보 증】 을은 자신이 제공하는 용역이 타인의 저작권 기타 지적재산권, 명예, 프라이버시를 침해하지 않는 것을 포함하여 대한민국의 어떠한 법규에도 위배되지 않는다는 것을 보증한다.

제4조【개발기간 및 납기】

1. "을"이 작업하는 '본 작품'의 개발 기간은 20___년 ___월 ___일부터 20___년 ___월 ___일까지 ___년 간으로 한다.
2. "을"은 "갑"이 개발의 진척사항을 확인하기 위해 시안, 개발일정 체크 등을 요청할 경우 "갑"의 요구에 성실히 임한다.

제5조【검수 및 개발완료】 "갑"은 "을"이 제공한 결과물에 대해 ___일 이내에 검수하고 그 검수 결과를 "을"에게 통지하며 "을"은 검수 결과를 반영한 새로운 결과물을 "갑"에게 제공하되, 최종 검수 결과 통지 후 본 계약의 목적물 개발에 대한 의무를 다한 것으로 본다. 단, 수정사항이 납기일에 영향을 미칠 때는 "갑"에게 검수 내용에 대한 협의 및 납기 조절을 요청할 수 있다.

제6조【용역 금액 및 대금 지불 방법】 제2조에서 명시한 ____________작업 등의 개발 용역 금액은 금 ________원으로 정한다.

제7조【보존자료의 제작】
1. 별도 보존자료의 제작 시 필요하다고 판단되면 디자인 및 아트워크 재작업을 할 수 있으며, 이때 발행되는 제작비 등에 관하여는 별도 계약을 체결한다.
2. 보존자료 제작에 관해 필요하다고 판단될 시 "갑"은 "을"에게 사전 통보하여 이에 대하여 협의한다.

제8조【권리의 귀속】 본건 작품의 개발에 대한 지적재산권과 판매에 관한 권한은 "갑"에게 귀속한다.

제9조【위임 등의 금지】
1. 을은 자신의 디자이너로서의 고유한 용역의 제공을 위하여 제3자를 고용하지 않는다.
2. 을은 갑의 동의 없이 임의로 그 용역의 제공을 제3자에게 위임할 수 없다.

제10조【계약해제】
1. 갑 및 을은 상대방이 본 계약의 조항을 위반한 경우, 상당 기간을 정해 최고하고 그 기간 내에 해당 위반이 시정되지 않을 시에는 본 계약을 해제할 수 있다.
2. 상대방에게 다음 각 호에 해당하는 사유가 발생했을 경우, 갑 및 을은 최고 등의 절차 없이 즉시 본 계약을 해제할 수 있다.
   가. 수표, 어음이 부도 처리를 받는 등 지불정지상태에 이르렀을 경우
   나. 압류, 가압류, 가처분, 경매 또는 강제집행신청을 받은 경우
   다. 파산, 화의, 정리 혹은 회사갱생절차개시신청을 받거나, 또는 스스로 이와 같은 신청을 한 경우
   라. 기타 당사자 간의 신뢰관계를 상당히 해치는 등 본 계약을 지속시키기 어려운 중대한 사유가 발생한 경우

제11조【손해배상】 "갑"과 "을" 중 일방당사자가 이 계약을 위하여 손해가 발생시 타방당사자에게 이에 대한 손해를 배상하여야 한다.

제12조【관할법원】 본 계약에 의하여 분쟁이 발생시, _____지방법원을 제1심 전속 관할법원으로 한다.

제13조【비밀유지】 "갑"과 "을"은 계약의 존속중은 물론 만료 후에도 이 계약의 수행에 관련한 업무상의 기밀을 "갑"에게 통보 없이 공표하거나 제3자에게 누설할 수 없으며, 이를 위반할 경우에는 계약 위반으로 간주한다. 단, 이미 공지된 것이거나 "갑" 또는 "을"의 책임에 의하지 않고 공지된 것은 제외한다.

제14조【신의칙】 갑과 을은 본 계약에 정하여진 각 조항을 신의에 따라 성실히 이행하며, 본 계약에 정한 사항 및 본 계약의 각 조항의 해석에 이의가 있을 시 법에 정하는 것 이외 성의를 다하여 협의하여 해결하도록 한다.

본 계약서는 갑, 을이 계약서에 서명 날인함으로써 유효하고 이를 증명하기 위해 계약서 2통을 작성하고 각각 서명 날인하여 1통씩 보관한다.

20○○년 ○월 ○일

갑	㊞	주 소	
을	㊞	주 소	

[서식 402] 용역계약서(업무대행)

업무대행용역계약서

(갑) 서울우유 고객센터
사업자번호 :
대표자 :

(을) 상 호 :
사업자번호 :
대표자 :

"갑" 과 "을"은 업무대행용역계역서를 다음과 같이 체결한다.

제 1 조 (목 적)
본 계약은 제 2조의 계약내용에 의거 "갑"의 업무 일부를 업무대행을 이행하고 "갑"은 "을" 에게 계약내용대로 소정의 업무대행료를 지급하는 것을 목적으로 한다.

제 2 조 (계약조건)
가. 계약내용

적 요	세 부 내 용
대 행 업 무	
업 무 대 행 료	(부가가치세 포함)
계 약 기 간	년 월 일 ~ 년 월 일(년)
지 급 일	매월 일
기 타	사업자등록이 없을 경우 3.3% 사업소득세 등을 공제하고 지급한다.

나. 물품운송과 관련한 실제비용은(유류비, 도로비, 주차비 등) "을"의 부담으로 한다.
다. "갑" 과 "을"은 계약당사자간 특별한 이견이 없는 한 계약기간 종료시, 종료된 것으로 본다.

제 3 조 (업무내용)
업무대행은 사전에 계약된 내용대로 이행하여야 하며 변경사항이 있는 경우에는 상호 협의하여 정하기로 한다.

제 4 조 (권리의무관계)
"을"은 선량한 관리자로서의 성실하게 업무대행용역을 이행하여야 하며 그렇지 아니할 경우 "갑"은 그로 인한 손해배상을 "을"에게 청구할 수 있다.
특히 업무대행중 "을"의 부주의로 물품파손 등이 발생시 "을"은 "갑"에게 판매가로 배상하기로 하며 업무대행료에서 차감한다.

제 5 조 (기 타)
그 외의 사항은 관련 업종의 상관습에 따르기로 한다.

20○○년 ○월 ○일

[서식 403] 녹음스튜디오계약서

녹음스튜디오계약서

__________(이하 "갑"이라 함)와(과) __________(이하 "을"이라 함)은(는) "갑"이 제작하는 __________(이하 "본 작품"이라 함)의 애니메이션 후반작업(Post Production)의 수행과 관련하여 아래와 같이 계약을 체결한다.

- 아 래 -

제1조【목 적】 본 계약은 "갑"이 제작하려는 __________인 "본 작품"에 필요한 애니메이션 더빙 및 편집·BMG·Sound Effects·Mixing 용역을 "을"이 제공함에 있어, 이와 관련된 전반적인 사항을 규정하고 상호 신의에 따라 계약을 수행함을 그 목적으로 한다.

제2조【본 제작물의 내용】 "을"이 제작할 제작물은 다음과 같다.
1. 작품명 : ____________________

2. 제작형식 : 더빙 및 편집·BMG·Sound Effects·Mixing
3. 길 이 : ______________________
4. 편 수 : ______________편

제3조【납품규격 및 수량, 납품일시】
1. 납품규격 : Digi Beta Dubbing 마스터 제공
2. 납품일시 : 방영 ________일 이전
※ 위의 납기일은 방영 스케줄 및 화면 종합편집 스케줄에 의해 변경될 수 있음.

제4조【비용 및 지불방법】
1. "갑"은 본 작업에 대한 총비용으로 금 ________원(₩____________)(부가세별도)(________원 × ____편)을 "을"에게 지불한다.
2. "갑"은 "을"에게 매 ___개의 시리즈가 끝난 시점, Sound Master 제공 후 ___일 이내에 매회수별로 ______원을 측정(부가세별도), ___편의 금액 ________원(부가세별도)을 현금으로 지불한다.

제5조【제작방법 및 수정】
1. "을"은 "본 작품"의 최종 마스터테이프 완료작업과 관련하여 "본 작품"의 기획·제작 스태프 및 "본 제작물"의 제작스태프들과의 긴밀한 협의를 통해, 전체 후반 작업 중 더빙 및 편집·BGM·Sound Effects·Mixing 부분의 총괄책임을 담당한다.
2. 전항과 관련한 세부작업 내역은 다음과 같다.
가. 더빙 및 편집 - 해외 판매 및 국내 방영 수준에 적합한 더빙 및 편집
나. BGM - 세계적 Music Library 사용을 통한 배경음악 제작
다. Sound Effects - Sound Design, Foley 등을 통한 오디오 특수효과 제작
라. Mixing - Ment, BGM, Sound Effects의 Pre·Final Mixing 및 Separate 작업
3. 본 계약내용이 원활한 업무진행과 관련하여 "갑"은 "을"에게 세부 업무진행에 관련한 제반 사항을 최대한 지원할 의무가 있다.
4. "본 제작물"이 "갑"의 제작의도 등에 부합하지 않을 경우, "갑"은 "본 제작물"에 대한 수정 및 일부에 대한 재작업을 "을"에게 요구할 수 있으며, "을"은 이에 응해야 한다.

제6조【"본 제작물"에 대한 권리의 귀속】
1. "본 제작물"과 관련하여, 애니메이션 후반작업의 결과물(더빙 및 편집·BGM·Sound Effects·Mixing)의 최종 Sound Master의 일체의 권리는 "갑"이 소유한다.
2. 전항과 관련하여 "본 제작물"이라 함은 Sound Master의 일체의 권리를 소유함의 정의는 "본 작품"의 오디오 결과물의 권리 소유를 의미한다. 이의 소유는 "갑"이 "본 작품"에 관한 Master의 사용시 "을"은 언제든 이를 허락함을 의미한다.
3. "을"은 "본 제작물"에 사용되는 음악, 음향효과 등의 일체의 저작물의 저작권 및 감독, 엔지니어 등 제작에 관여하는 모든 자에 대한 권리 처리를 책임지며 제작참여자 및 제3자로부터 저작권에 대한 분쟁이 발생할 경우 책임지고 해결한다.

제7조【비밀준수】 "을"은 본 계약 체결일로부터 "갑"의 방송에 영향을 미칠 수 있는 기간까지 "본 작품"에 담긴 일체의 내용에 대하여 비밀을 준수해야 한다.

제8조【제작기간 준수】 "을"은 "본 작품"이 방영되는데 지장을 초래하지 않도록 최종 마스터 테이프를 "갑"에게 납품하여야 하며, 만일 "을"의 사유로 인하여 납품기간이 지연될 경우 "을"은 이에 대하여 일반적인 관례에 따라 손해배상을 해야 한다. 단, "갑"에 의해 화면 최종 편집이 늦어지는 경우는 제외된다.

제9조【계약의 해지 및 이행】

1. "갑" 또는 "을" 당사자 중 일방에게 다음 각 호의 1에 해당하는 사유가 발생한 경우에는 타방당사자는 최고없이 즉시 본 계약을 해지할 수 있다.
   가. 배서, 인수 또는 보증한 어음이나 수표가 부도 또는 거래 정지된 경우
   나. 파산, 회사정리절차신청을 하거나 당한 경우
   다. 법원 혹은 국가기관으로부터 압류진행, 가처분, 조세경과의 체납처분이나 경매신청 등을 당한 경우
2. "갑" 또는 "을" 당사자 중 일방에게 각 호의 1에 해당하는 사유가 발생한 때에는 서면으로 시정을 최고하고 ___일 이내에 시정되지 않을 경우, 본 계약을 해지할 수 있다.
   가. 본 계약조건을 위배한 경우
   나. "을"이 정당한 이유 없이 제작 납품일자까지 "제작작품"을 납품하지 못한 경우
   다. 본 계약 수행능력이 부족하여 계약목적 달성이 곤란하다고 판단될 경우
3. "갑"의 사유로 인하여 본 계약의 전부 또는 일부를 해지할 경우, "을"이 본 계약을 수행한 부분에 대하여 "갑"은 그 비용을 "을"에게 지불한다. 이러한 경우 비용을 지불한 부분에 대한 Sound Master의 권리는 "갑"의 소유로 한다.
4. "을"의 사유로 인하여 본 계약의 전부 또는 일부를 해지할 경우, "을"은 "갑"에게 관례에 따라 금전적인 손해배상금을 지급해야 한다.
5. "갑"과 "을"은 신의성실의 원칙에 따라 본 계약을 성실히 이행하여야 하며, 본 계약에 명시되지 않은 사항은 관례에 따르고 상호 협의하여 처리한다.

제10조【계약의 해석 및 관할】

1. 본 계약은 서면에 의하지 아니하고는 수정되지 않는다.
2. 본 계약으로부터 발생하는 권리의무에 관한 소송은 _______지방법원을 제1심 관할법원으로 한다.

이를 증명하기 위해 본 계약서 2통을 작성하고 각각 서명 날인하여 1통씩 보관한다.

20○○년 ○월 ○일

갑	㊞	주 소	
을	㊞	주 소	

[서식 404] DVD/비디오판권계약서

DVD/비디오판권계약서

________(이하 "갑"이라 한다)과 ________(이하 "을")는 "갑"의 작품(이하 '저작물'이라 한다)에 대하여 아래와 같은 내용으로 DVD.비디오 사용계약을 체결한다.

제1조【목 적】 본 계약의 목적은 "갑"이 "을"에게 본 저작물에 대한 비디오 사용사업과 관련하여 상호간의 권리와 의무를 정함에 있다.

제2조【계약의 대상】
1. "갑"의 저작물 : ________________
2. "을"의 상품화 대상 : 갑의 저작물을 교육용 비디오/DVD/CD로 상품화

제3조【계약기간】
1. "갑"과 "을"의 계약기간은 계약일로부터 ___년으로 한다.
2. "을"은 계약기간의 연장을 원할 경우 계약만료 ___개월 전에 "갑"에게 연장계약의 조건을 협의 요청하고 "갑"은 ___일 이내에 결정 사항을 "을"에게 통보하여야 한다.
3. 본 계약이 계약기간의 만료로 종료된 경우 "을"은 계약종료일로부터 ___개월 동안 이미 제조해 놓은 제품들을 판매할 수 있다. 이때 "을"은 부당히 낮은 가격으로 제품을 판매 또는 기타 처분하여서는 아니 된다. 계약종료일로부터 ___개월 이내에 판매하지 못한 제품들은 "갑"의 확인을 받고 폐기하여야 한다.

제4조【로열티 금액 및 지급방법】
1. "을"은 "갑"에게 로열티로 교육용 비디오/DVD/CD는 개당 _______원을 지급한다.
   ☞ 옵션 : 선급 지급의 경우<"을"은 "갑"에게 이용허락의 대가로 선급금으로 20 년 ___월 ___일까지 금 _______원을 지급하도록 한다.>
2. 로열티는 분기별로 지급하기로 하고, 매 분기 다음달 ___일까지 정산하여 익월 ___일까지 지급하기로 한다.

제6조【저작권 표시】
1. "을"은 저작물을 이용한 홍보, 광고, 판촉물, 상품에 "갑"의 저작권 표기, 저작권 내용 및 법적 제재문 내용을 표시하고 관리해야 한다.
2. "을"은 "본 저작물"을 표현한 "계약상품"의 디자인에 "저작권자"와 "갑"이 지정한 다음의 저작권 표시를 한다.

한글표기 : Ⓒ 20 (주) ____________, (주) ____________
영문표기 : Ⓒ 20 ____________Inc., ____________ Co.,Ltd.

제7조【권리 및 의무】

1. "갑"은 "을"에게 본 건 저작물이 "갑"의 소유임을 증명하는 증빙서류의 사본과 사업자등록증, 상품화에 필요한 자료를 제공하여야 한다.
2. "을"은 저작물과 관련하여 제작하는 상품에 "갑"의 저작권표시와 법적 제재문을 기입해야 하며, 또한 완제품 생산시 샘플 ____개를 "갑"에게 제출하여야 한다.
3. "갑"은 "을"과 계약한 상품화 물건을 제3자와 복수계약 할 수 없으며, 이를 위반하였을 경우 "갑"은 "을"에게 손해에 대한 배상을 하여야 한다.
4. "갑"과 "을"은 상호협의 하에 "을"이 제작하는 저작권이 양질의 결과가 나오도록 적극 협조하도록 한다.

제8조【권리이전 및 양도의 금지】 "을"은 본 계약으로 취득한 채권을 타인에게 양도할 수 없으며 그러한 사안이 발생시 본 계약은 자동으로 취소된다.

제9조【비밀유지】

1. 계약당자자 쌍방은 본 계약기간동안 계약과 관련하여 취득하게 될 상대방의 영업 비밀을 이용하거나 제3자에게 누설해서는 안 된다.
2. 계약당사자는 상대방의 사전 동의가 없는 한 제3자의 본 계약의 내용을 밝힐 수 없다. 다만 본 계약의 체결사실에 관해서는 그러하지 아니한다.

제10조【계약의 해지 및 책임의무】

1. "갑" 또는 "을" 당사자 중 일방에게 다음 각 호의 1에 해당하는 사유가 발생한 경우에는 타방 당사자는 최고없이 즉시 본 계약을 해지할 수 있다.
   가. 배서, 인수 또는 보증한 어음이나 수표가 부도 또는 거래 정지된 경우
   나. 파산, 회사정리절차신청을 하거나 당한 경우
   다. 법원 혹은 국가기관으로부터 압류진행, 가처분, 조세경과의 체납처분이나 경매신청 등을 당한 경우
2. "갑" 또는 "을" 당사자 일방에게 각 호의 1에 해당하는 사유가 발생한 때에는 서면으로 시정을 최고하고 ___일 이내에 시정되지 않을 경우, 본 계약을 해지할 수 있다.
   가. "갑" 또는 "을"이 본 계약 및 계약에 의한 개별 약정상의 규정을 위반할 경우
   나. "을"이 고의적으로 저작권 표기와 법적 제재문 등을 표시하지 않은 경우
   다. "을"이 서류를 허위 조작하거나 허위정산을 한 경우
   라. "갑"이 "을"과 약정한 상품품목에 대하여 제3자와 복수계약을 하였을 경우

제11조【계약의 해석 및 관할】

1. 본 계약은 쌍방의 완전한 합의를 의미하며, 쌍방의 합의에 의한 서면에 의하지 아니하고는 수정되지 않는다.
2. 본 계약으로부터 발생하는 분쟁의 해결은 ______지방법원을 제1심 관할법원으로 한다.

본 계약서는 갑, 을이 계약서에 서명 날인함으로써 유효하고 이를 증명하기 위해 계약서 2통을 작성하고 각각 서명 날인하여 1통씩 보관한다.

20○○년 ○월 ○일

갑	㊞	주 소	
을	㊞	주 소	

[서식 405] 만화출판권설정계약서

만화출판권설정계약서

__________(이하 "갑"이라 한다)과 __________(이하 "을")는 "갑"은 만화출판권의 설정과 관련하여 다음과 같이 계약을 체결한다.

제 1 조 【 계약의 목적 】 본 계약은 저작권자 "갑"이 제작한 ______________을(를) "을"이 만화출판물로 제작하고 배포하는데 있어 필요한 제반사항을 규정하는데 그 목적이 있다.

제 2 조 【 권리의 허락 】

1. "갑"은 ____________을(를) "을"이 출판만화로 제작해 "을"이 발행하는 정기 간행물에 연재하거나, 단행본으로 출판하는데 필요한 독점적인 만화출판권을 허락한다.
2. "갑"은 "을"이 제작한 출판만화를 한국 이외의 국가에서 번역 출판하는데 필요한 권한을 "을"에게 독점적으로 허락한다.
3. "갑"은 "을"이 제작한 출판만화를 유선 또는 무선 통신상으로 전송하는데 필요한 권한을 "을"에게 독점적으로 허락한다.
4. "갑"은 "을"이 발행하는 만화출판물의 홍보, 선전 등을 위해 기사, 광고, 홍보물 등을 제작하는 것을 허락한다.
5. "을"은 원저작권 이외 출판물에 첨가되는 별도 디자인을 상업적 용도로 활용할 경우 "갑"의 허락을 받는다.

제 3 조 【 만화출판물의 제작 】

1. "을"은 "갑"이 제작을 허락한 만화출판물을 국내외 만화가와의 계약을 통해 만화로 제작한다.
2. 본 계약을 통해 만들어지는 만화출판물의 제작주체는 "을"과 "을"이 계약한 만화가로 한다. 단, 만화출판물 제작시 "을"과 "을"이 계약한 만화가는 "갑"의 의견을 반영한다.
3. "을"은 각각의 만화출판물을 제작할 때마다, 그 만화출판물의 만화가, 연재잡지, 단행본의 정가 등을 별지의 형식으로 "갑"과 사전에 합의한다.

제 4 조【 계약의 존속기간 및 범위 】

1. 제2조 제1항에 의하여 설정되는 만화출판권 정기간행물에 연재될 경우 해당 정기간행물이 발행된 날로부터 ___개월까지 존속하며, 단행본의 형태로 출판될 경우, 그 단행본의 완결편이 발행된 날로부터 ___개월까지 존속한다.
2. 제2조 제2항에 의하여 허락되는 해외출판권은 해당 해외어판 단행본의 완결편이 발행된 날로부터 ___개월까지 존속한다.
3. 위 제2조 3항에 의하여 허락되는 유선 또는 무선통신 전송권은 전송서비스가 시작된 날로부터 ___개월까지 존속한다.
4. "을"은 계약기간의 연장을 원할 경우 계약만료 ___개월 전에 "갑"에게 연장계약의 조건을 협의 요청하고 "갑"은 ___일 이내에 결정 사항을 "을"에게 통보하여야 한다.
5. 본 계약이 계약기간의 만료로 종료된 경우 "을"은 계약종료일로부터 ___개월 동안 이미 제조해 놓은 제품들을 판매할 수 있다. 이때 "을"은 부당히 낮은 가격으로 제품을 판매 또는 기타 처분하여서는 아니 된다. 계약종료일로부터 ___개월 이내에 판매하지 못한 제품들은 "갑"의 확인을 받고 폐기하여야 한다.

제 5 조【 사용료 및 최저 보증 금액 】

1. 제2조 제1항에 의하여 설정되는 만화출판권의 저작권 사용료는 단행본의 발행인세(정가의 ___%)로 한다.
2. 제2조 제2항에 의하여 허락되는 해외출판권의 로열티는 "을"이 영업하여 수입한 총수입의 ___%로 한다.
3. 제2조 제3항에 의하여 허락되는 유선 또는 무선 통신상의 전송권의 사용료는 "을"이 영업하여 수입한 총수입의 ___%로 한다.
4. "을"은 "갑"에게 이 계약으로 발생하는 사용료의 최저보증금액으로 일금 ________원(₩______________)을 계약서 작성일의 다음달 말일까지 지불하기로 한다.

제 6 조【 판매보고서 및 초과 사용료 】

1. "을"은 위 제5조 제1항 내지 제3항의 사용료 내역을 3월 말일, 9월 말일에 판매보고서를 작성하여 "갑"에게 보고한다.
2. "을"은 "갑"에게 위 제5조 제4항에서 합의한 최저보증금액을 초과하는 사용료가 발생할 시에 판매보고서 작성일의 다음달 말일까지 지불하기로 한다.

제 7 조【 저작권의 표시 】 본 계약에 의해 제작된 만화출판물은 <별지>에서 합의한 대로 저작권 표기를 기재한다.

제 8 조【 분쟁의 관할 】 본 계약으로부터 발생하는 분쟁의 해결은 _____지방법원을 제1심 관할법원으로 한다.

제 9 조【 준용규정 】 본 계약서에 정함이 없는 사항은 "갑"과 "을"이 협의하여 정하거나 업계의 관례에 따른다.

본 계약서는 갑, 을이 계약서에 서명 날인함으로써 유효하고 이를 증명하기 위해 계약서

2통을 작성하고 각각 서명 날인하여 1통씩 보관한다.

20○○년 ○월 ○일

갑	㉑	주 소	
을	㉑	주 소	

[별지 1]

갑 :

을 :

본 별지는 "갑"과 "을"간에 ____년 ___월 ___일에 체결한 만화출판권 설정계약서에 의거해 작성된 것으로 본 계약과 동일한 법적 효력을 가진다.

제 1 조 【 만화가, 연재잡지, 단행본 정가 】

1. 만 화 가 : ______________________
2. 연재잡지 : ______________________
3. 단행본 정가 : 금 ____________원(₩ ______________)

제 2 조 【 저작권의 표시 】 본 계약에 의해 제작된 만화출판물에는 아래의 저작권 표기를 기재한다.

© ______________________________

제 3 조 【 만화출판물의 추가제작 】 이 별지의 합의 이외의 만화출판물을 제작할 시에는 계약서에 의거 이 별지의 형식으로 "갑"과 "을"이 사전에 합의한다.

제 4 조 【 합의의 변경 】 이 별지의 합의사항은 "갑"과 "을"의 합의로 변경할 수 있다.

20○○년 ○월 ○일

갑	㉑	주 소	
을	㉑	주 소	

[별지 2]

갑 :

을 :

본 별지는 "갑"과 "을"간에 ____년 ___월 __일 체결한 __________만화출판권 설정 계약서에 의거해 작성된 것으로 본 계약과 동일한 법적 효력을 가진다.

제1조【만화가, 제목, 단행본 정가, 최저보증금액】

1. 만화가 : ____________________________
2. 제 목 : ____________________________
3. 단행본 정가 : 금 _____________원(₩ ______________)
4. 최저보증금액 : 금 _______________원(₩_________________)(부가세별도)

제2조【저작권의 표시】 본 계약에 의해 제작된 만화출판물에는 아래의 저작권 표기를 기재한다.

Ⓒ ____

제3조【만화출판물의 추가제작】 이 별지의 합의 이외의 만화출판물을 제작할 시에는 계약서에 의거 이 별지의 형식으로 "갑"과 "을"이 사전에 합의한다.

제4조【합의의 변경】 이 별지의 합의사항은 "갑"과 "을"의 합으로 변경할 수 있다.

20○○년 ○월 ○일

갑	㉮	주 소	
을	㉮	주 소	

[서식 406] 게임개발허락계약서

게임개발허락계약서

주식회사 ________(이하 "갑"이라 함)과 주식회사 ________(이하 "을"이라 함)은 상호 신뢰를 바탕으로 다음과 같이 계약을 체결하고 본 계약에 규정된 모든 내용을 성실하게 이행하기로 합의한다.

제 1 조 【 계약의 목적 】 본 계약은 "갑"이 사업적 권리를 확보하고 있는 애니메이션 시리즈 __________(이하 '저작물'이라 함)을 활용한 사업을 수행할 수 있는 권리를 "을"에게 부여하는 것과 관련하여 "갑"과 "을"의 권리 및 의무 관계를 명확히 하는 것을 목적으로 한다.

제 2 조 【 저작물 】 본 계약에서 "갑"이 사업적 권리를 확보하고 있는 '저작물'의 내용은 다음과 같다.

제목 : ________________

형식 : TV애니메이션 시리즈

분량 : _______편/ _______분물

제 3 조 【 허가상품 및 범위 】

1. 본 계약에 이해 "갑"은 "을"에게 '저작물'을 활용한 PC온라인게임, 모바일게임, IPTV용 게임(이하 '허가상품')을 개발, 사업화할 수 있는 권리를 독점적으로 부여한다.
2. "을"이 본 계약체결일로부터 ___개월 이내에 '허가상품'의 기획개발을 완료하지 못하거나, 본 계약체결일로부터 ___년 이내에 '허가상품'의 상용화 서비스를 개시하지 못하는 경우 "을"에게 부여된 독점적 권리는 비독점적 권리로 전환되며, "갑"은 제3자와 '허가상품'의 개발, 사업화에 대한 계약을 체결할 수 있다.

제 4 조 【 허가지역 】 본 계약에 근거하여 "을"이 '허가상품'을 사업화할 수 있는 지역은 대한민국으로 한다. 단, "갑"과의 사전 서면승인에 의해 해외수출을 할 수 있으며, 별도의 계약을 체결하여 진행하기로 한다.

제 5 조 【 계약기간 】 본 계약의 계약기간은 년 월 일부터 년 월 일까지의 _____년으로 한다. 계약기간이 만료되기 ___일 전까지 "을"이 계약 연장 의사를 "갑"에게 통지할 경우, "갑"과 "을"은 서면 합의에 의해 본 계약을 연장할 수 있다.

제 6 조 【 최소보증금 】

1. "을"은 본 계약에 의해 '허가상품'을 개발 및 사업화하는 대가로 "갑"에게 금 _______원(부가세별도)를 최소보증금[이하 'M/G(Minimum Guarantee)'라 함]으로 '갑'에게 지급한다. "을"이 "갑"에게 지급하는 M/G는 "갑"의 귀책사유로 본 계약이 해지 또는 해제되는 경우를 제외하고는 "을"에게 반환되지 않는다.
2. "을"은 본 계약 체결일로부터 ___일 이내에 M/G를 "갑"의 지정계좌에 현금으로 입금한다.

제 7 조 【 로열티 】

1. "을"은 '허가상품'의 사업화를 통해 확보하는 순매출액에 대해 아래(표1)에 명시된 요율에 따라서 저작권료[이하 '로열티(Royalty)'라 함]를 "갑"에게 지불한다(부가가치세별도). 이때 순매출액은 '총매출액'(1에 명시함)에서 각종 수수료 및 "을"이 지출하고 "갑"에게 관련 증빙서류를 제출한 '제비용'(2에 명시함)을 차감한 금액을 의미한다.

(표) '허가상품'의 정산 요율

품 목	정산 요율	비 고
PC온라인게임	순매출의 %	
모바일게임	순매출의 %	
IPTV용 게임	순매출의 %	

1. '총 매출액'은 "을"이 직접 또는 제3자로부터 실제 수령한 금액으로서, 다음 금액들을 의미한다.
   - PC온라인게임 : 이용자 게임 사용료
   - 모바일게임 : 게임정보 이용료
   - IPTV용 게임 : 이용자 게임 사용료
2. '제비용'은 다음 금액들을 합계한 금액을 의미한다.
   - 결제대행업체에 지급하는 수수료
   - 이동통신사에 지급하는 수수료
   - 데이터방송채널사용사업자에 지급하는 수수료
   - 관련 법규 및 규정에 의하여 사용자, 총판, 대리점에서 지급하는 배상, 보상, 환불금액
   - "갑"과 "을"이 서면 합의하여 '허가상품'의 매출 증대를 위하여 이용자에게 지급하는 사이버머니 등의 마케팅 비용 및 제반 비용

제 8 조【로열티 지급】

1. "을"은 배분기(1~3월, 4~6월, 7~9월, 10~12월) 말일로부터 __일 이내에 로열티 정산보고서를 "갑"에게 제출하고, 로열티 정산보고서에 의하여 "을"이 지급해야 하는 로열티가 M/G를 초과한 시점부터 "갑"은 해당 로열티에 대한 세금계산서를 "을"에게 발행한다. "을"은 "갑"의 청구일이 속한 달의 다음달 말일까지 로열티를 현금으로 "갑"의 지정계좌에 입금한다.
2. "을"의 로열티 지급이 지체되는 경우, "갑"은 전항에 규정된 지급 마감일로부터 미지급금에 대해 연리 __%의 지체보상금을 부과하며, "을"의 지급이 2개월 이상 지체되는 경우에는 전항에 규정된 지급 마감일로부터 미지급금에 대해 연리 __%의 지체 보상금을 부과한다.

제 9 조【허가상품의 사업화 및 유지보수】

1. "을"은 '허가상품'의 서비스 기획을 수립하고, 서비스에 필요한 '허가상품'을 적극적으로 개발한다.
2. "을"은 '허가상품'의 사업화를 진행하기 위한 일체의 비용을 부담하며, '허가상품'의 개발 계획, 마케팅 및 홍보계획을 "갑"과 서면 협의 후에 진행하기로 한다.

3. "을"은 '허가상품'의 유지 보수를 "을"의 비용으로 수행한다.
4. "을"은 "갑"으로부터 공급받은 '허가상품'의 개발에 필요한 음원, 영상, 이미지, 소스 등 관련 콘텐츠를 '허가상품'의 개발과 서비스 이외에 용도로 사용할 수 없다.

제10조【 자료의 제공 】

1. "갑"은 "을"에게 '허가상품'을 개발할 수 있도록 '저작물'의 기초 데이터(캐릭터, 배경, 소품, 디자인 가이드, 시나리오)를 제공한다.
2. "을"은 '허가상품'의 광고, 홍보, 판촉을 위해 "갑"이 제공한 기초 데이터를 활용하며, 이외의 추가영상, 그림 및 기타 자료가 필요한 경우에는 "갑"에게 필요한 자료의 제작을 의뢰한다. "을"이 의뢰한 자료를 제작하는 데 비용이 소요되는 경우, "갑"은 "을"과 서면 합의하여 해당 비용을 "을"에게 별도로 청구한다.

제11조【 보고서 제출, 장부열람 】

1. "을"은 '허가상품'의 사업을 시작한 시점으로부터 매 분기별로 '허가상품'의 모든 사업에 대한 계약 및 매출, 수금현황을 정확하게 기재한 매출보고서를 증빙서류와 함께 매 분기의 다음달 ___일까지 "갑"에게 제출한다.
2. "을"이 "갑"에게 제출한 사업보고서 및 정산보고서가 허위로 작성 혹은 왜곡되었을 경우 이를 통보 즉시 시정하고, 차액이 발생한 경우 "갑"이 입은 손실에 대한 손해를 배상한다.

제12조【 저작권 표기 】 "을"은 '허가상품'에 접속 화면 및 모든 홍보물에 양사가 합의한 위치에 아래와 같이 '저작물'의 저작권을 표기한다.

원저작권의 표기 : © ______________________

제13조【 소유권 및 지적재산권 】

1. 본 계약 수행 중 또는 본 계약 수행과 관련하여 "을"이 개발한 시스템(하드웨어 및 소프트웨어) 및 이와 관련되어 내재된 설계, 구격, 자료, 기술, Know-How, 특허권, 실용신안 등의 소유권은 "을"에게 귀속된다.
2. "갑"이 "을"에게 제공하는 '저작물'의 원천소스의 지식재산권은 "갑"에게 2차 지적재산권은 "을"에게 있다.
3. "을"은 '허가상품'이 다른 지식재산권자의 권리가 침해되지 않도록 필요한 조치를 취하여야 한다.
4. "을"은 '허가상품'을 각종 정부 및 기관의 공모 및 지원사업에 출품할 수 있으며, "을"은 사전에 "갑"의 서면승인을 받아야 한다.
5. "을"은 "갑"으로부터 허가받은 '허가상품'의 권리를 양도 및 재허락할 수 없다.

제14조【 상호협력 】 "갑"과 "을"은 본 계약에 의해 개발되는 '허가상품'의 사업화가 원만히 수행될 수 있도록 상호 적극 협력한다.

제15조【 권리침해 】

1. "을"은 "갑"의 저작권을 침해하거나, 기타 방법으로 본 계약에 근거한 '허가상품'의 사업화에 대해서 부정경쟁을 하거나, 하고자 하는 자를 발견했을 때에는 즉시 이를 "갑"에게 통지하고, 증거물 및 증거현장의 제공 등 필요한 제반 협력을 다한다.

2. "갑"은 "을"로부터 전항의 통지를 받은 경우 해당 제3자의 행위에 대해 "을"과 협력하여 법적대응 등의 적극적 조치를 취한다.
3. "갑"은 "을"에게 제공하는 '저작물'의 자료와 타인의 저작권 및 기타 권리를 침해함으로써 분쟁이 발생하는 경우, "을"의 손해액 전액을 배상한다.
4. "을"이 '허가상품'에서의 순수 개발한 부분에서 타인의 저작권 혹은 기타 권리를 침해함으로써 분쟁이 발생하는 경우, "을"은 전적으로 "을"의 책임과 비용으로 이를 해결한다. 만약 이로 인해 "갑"에게 손해가 발생하는 경우, "갑"의 손해액 전액을 배상한다.

제16조【비밀유지의무】 "갑"과 "을"은 본 계약의 내용 및 본 계약에 따라 각자가 알게 된 계약상대방에 대한 정보를 제3자에게 공개하지 않는다. 다만 다음의 경우는 제외한다.
1. 법원, 세무서 그 외 법령에 근거해, 권한이 있는 당국이 정보 제공을 요구하는 경우
2. 공인회계사, 세무사, 변호사 그 외의 전문가로서 제3자에게 정보를 공개하지 않을 것을 합리적으로 신뢰할 수 있는 사람에게 정보를 제공하는 경우

제17조【계약의 해지 및 해제】
1. "갑"과 "을"은 다음 중 한 가지 이상의 사항에 해당될 경우 본 계약을 즉시 해제 또는 해지할 수 있으며 이 경우 "을"에 대한 모든 권리사용허가는 소멸된다.
   가. 계약당사자 중 일방이 파산, 회사, 정리, 화의, 부도 등에 처하거나 지급불능의 상황에 이른 경우
   나. 계약당사자 중 일방이 본 계약을 위반, 허위 혹은 왜곡된 자료 제출, 혹은 규정된 의무이행을 지체하여 계약상대방의 서면 시정요구를 한 날로부터 ___일 이내에 이를 시정하지 아니한 경우
   다. 계약 당사자 중 일방이 계약 상대방의 사전 서면 승인 없이 본 계약의 일부 또는 전부를 타인에게 위임, 양도하였거나 담보의 목적으로 제공한 경우
   라. "을"이 M/G의 지급을 지체하거나, 로열티의 지급을 ___개월 이상 지체하는 경우
2. 계약 당사자 일방의 귀책사유로 본 계약이 중도해제 또는 해지되는 경우 그 사실을 상대방에게 통지한다.
3. 본 계약이 해제 또는 해지되는 경우에 "갑"과 "을"은 본 계약의 이행을 중지하고 "을"은 "갑"이 제공한 일체의 관련자료 등을 지체없이 "갑"에게 반환하며, 귀책사유의 당사자는 본 계약의 해제 또는 해지로 인한 상대방의 손해를 배상한다.
4. 본 계약 해지의 효력은 서면으로 계약상대방에 해지의사 표시한 문서가 도착한 날로부터 발생한다.

제18조【불가항력】 전쟁, 폭동, 홍수, 지진 등의 천재지변이나 정부조치 및 기타 "갑" 혹은 "을"의 귀책이 아닌 불가항력적 사고로 인해 발생되는 계약불이행이나 이행의 지체에 대해서는 계약 일방은 본 계약에 규정된 계약상대방에 대한 의무에서 면책된다.

제19조【합의관할】 본 계약에 관하여 분쟁이 발생할 경우, 1차적으로 "갑"과 "을"이 합의하여 해결키로 하고 상호 합의가 이루어지지 아니할 때는 ________지방법원을 관할법원으로 한다.

제20조【우선협상권】 본 계약의 내용과 유사한 핸드폰용 게임이나 무선인터넷 사용 디바이스

및 모바일용 디바이스에 이식되는 라이선스 계약시에는 “을”에게 우선 협상권을 부여한다.

제21조【기 타】 본 계약서에 규정되지 않는 사항이 발생하는 경우는 “갑”과 “을”은 상호 계약 정신에 입각한 협의 및 일반 상관례에 따라 결정하기로 한다.

“갑”과 “을”은 본 계약의 체결을 증명하기 위해 본 계약서 2부를 작성하여 기명날인하고 각 1부씩 보관한다.

20○○년 ○월 ○일

갑	㊞	주 소	
을	㊞	주 소	

[서식 407] 소프트웨어개발위탁계약서

소프트웨어개발위탁 계약서

○○주식회사(이하 “갑”이라 한다)와 △△대학교 기계기술연구소 (이하 “을”이라 한다)는 “○○○”에 대한 소프트웨어개발위탁계약을 다음과 같이 체결한다.

제 1 조 (소프트웨어개발목적) 본 소프트웨어개발의 목적은 별첨 위탁 개발 계획서의 내용과 같다.

제2조 (소프트웨어개발의 범위) 본 소프트웨어개발의 범위는 별첨 연구개발계획서의 연구개발내용에 의하며, “을”이 연구개발완료 후 소프트웨어개발 위탁자인 “갑”에게 제공하는 소프트웨어개발의 결과는 동 위탁 연구개발계획서의 내용에 기술되어 있는 사항에 한한다.

제 3 조 (소프트웨어개발의 수행기간) 본 소프트웨어개발의 수행기간은 20○○년 ○월 ○일부터 20○○년 ○월 ○일 (12개월)로 한다.

제 4 조 (소프트웨어개발비) 본 소프트웨어개발비는 一金이천오백만원정(₩25,000,000)으로 한다.

제 5 조 (대금지불) “갑”은 “을”에게 다음과 같이 소프트웨어개발비를 지급한다.

가. 1차 기성고 (일천만원) 연구계획서 접수 및 계약 체결 후 20일 이내 현금지급.

나. 2차 기성고 (칠백오십만원) "을"이 "갑"에게 중간보고서 제출 후 20일 이내 현금지급 (20○○년 ○월 ○일내 지급)

다. 3차 기성고 (칠백오십만원) "을"이 "갑"에게 최종결과보고서 제출 후 20일 이내 현금지급 (20○○년 ○월 ○일 이내 지급)

제6조 (소프트웨어개발 결과의 귀속 및 보고서제출)

1. (소프트웨어개발 결과의 귀속) 본 계약에 의하여 취득한 산업재산권과 기타 연구성과, 기술성과 및 시작품 등의 제반사항은 "갑"의 소유로 한다.
2. (보고서제출) "을"은 중도금 신청시 소프트웨어개발진행사항 및 결과를 중간보고서 형태로 제출하며, 소프트웨어개발완료시 본 소프트웨어개발 결과에 관한 최종보고서 3부를 각각 "갑"에게 제출하여야 한다.

제7조 (기술이전) "을"은 소프트웨어개발의 연구성과 및 과정에 대하여 연구 기간 중 "갑"이 별도의 보고에 대한 요청이 있을 경우에는 최대한 협조한다.

제8조 (비밀보장) 소프트웨어개발위탁자 "갑"과 "을"은 본 계약과 관련된 일체의 기술적, 사업상의 제반사항에 대한 비밀을 유지하여야 하며, 본 소프트웨어개발로 인해 취득한 연구성과와 기술성과 등의 제반사항을 제3자에게 공개하거나 제공할 경우에는 사전에 반드시 "갑"의 서면 동의를 득하여야 한다.

제9조 (신의성실 및 상호협조)

1. (신의성실) "갑"과 "을"은 신의로써 본 계약의 각 조항을 성실히 이행하여야 한다.
2. (상호협조) "을"은 전 개발과정을 통하여 "갑"의 요청이 있을 때는 수시로 개발내용에 관하여 "갑"과 협의하여야 하며, "갑" 또한 필요사항을 "을"에 적극 협조하여야 한다.
3. (개발결과의 보완) "을"은 본 소프트웨어개발을 목표에 도달시키고 산업화하기 위해 연구결과의 추가, 수정, 보완이 필요한 경우에는 적극적으로 보완한다.

제10조 (산업재산권) 본 개발결과로써 취득하는 산업재산권(특허출원등)은 "갑"의 소유로 한다. 단, 이에 소요되는 제반적인 절차비용은 "갑"이 부담한다.

제11조 (권리양도의 제한) "을"은 "갑"의 동의 없이 본 계약에 의한 소프트웨어개발결과로 취득하는 제반권리를 제3자에게 제공하거나 양도할 수 없다.

제12조 (계약의 해지)

1. ("갑"의 해지) "을"이 본 연구를 수행할 능력이 없다고 인정될 경우, "갑"은 해지실시일 1개월 전에 "을"에게 해지의사를 통보하여 협의 후 본 계약을 해지할 수 있다.
2. ("을"의 해지) "갑"이 본 계약을 위배하여 원활한 소프트웨어개발 수행이 극히 곤란하다고 인정될 경우, "을"은 해지 실시일 1개월 전에 "갑"에게 이의 개선을 서면 통보한 후 그 기간 내에 "갑"의 현저한 개선사실이 없을 경우에는 본 계약을 해지할 수 있다.
3. (해지조치) 본 조항 1항과 2항에 의하여 계약이 해지 될 경우에는 "을"은 해지된 날로부터 20일 이내에 해지시까지의 소프트웨어개발집행정산서와 소프트웨어개발보고서 및 관련자료를 "갑"에게 제출하고, 기성부분에 한하여 개발비를 정산한다.
4. (기타) 기타 해지에 필요한 사항은 "갑"과 "을" 쌍방의 협의에 의한다.

제13조 (계약의 변경) "갑"과 "을"은 서면합의에 의하여 본 계약을 변경할 수 있다.

제14조 (계약의 효력) 본 계약은 쌍방이 서명·날인한 날로부터 유효하다.

제15조 (해석) 본 계약서상에 명시되지 않은 사항 및 계약의 해석상 이의가 있을 경우 쌍방의 협의에 의해 결정한다.

제16조 (기타사항)

1. 본 계약과 관련하여 분쟁이 발생하는 경우에는 "갑"과 "을"이 상호 합의하여 관할 법원의 판결에 따른다.
2. 본 계약의 수정 및 추가는 쌍방의 합의하에 합의서에 의해 할 수 있으며, 합의서는 본 계약과 동일한 효력을 갖는다.

본 계약서는 2부를 작성하여 "갑"과 "을"이 서명·날인한 후 각각 1부씩 보관한다.

유 첨　소프트웨어개발 계획서　1부 (17장)

20○○년　○월　○일

갑	주 소					
	성명 또는 상호	인	주민등록번호 또는 사업자등록번호	−	전화번호	
을	주 소					
	성명 또는 상호	인	주민등록번호 또는 사업자등록번호	−	전화번호	

[서식 408] 상품화사용허락계약서

상품화사용허락계약서

________주식회사(이하 "갑"이라 함)와 주식회사 ________은(이하 "을"이라 한다) 갑이 저작권을 가진 애니메이션 캐릭터의 상품화에 관하여 다음과 같이 계약을 체결한다.

제 1 조 【 상품화권의 허락 】

1. 갑은 을에게 계약기간 중, 부속문서상의 갑의 캐릭터 및 그 명칭(이하 '캐릭터'라 한다)을 복제 또는 기타의 방법으로 사용해서 이 계약에서 지정한 상품(이하 '지정상품'이라 한다)을 제조 및 판매(이하 '상품화')할 수 있는 독점적 이용허락권(이하 '상품화권')을 부여한다.
2. '지정상품'이란, 갑이 캐릭터를 상품화할 목적으로 설정한 상품분류에 대해 갑, 을이 합의한 종류의 상품을 지칭하며, 구체적인 사양은 이 계약의 부속문서 별지 2에 기재한다.
3. 갑은 을의 지정상품과 직접적으로 중복관계가 있는 상품에 대해서 상품화할 수 있는 권리를 계약기간 내에서는 제3자에게 허락하지 않는다. 갑은 을과 계약한 지정상품(재질 및 용도)에 대하여 타 업체에 중복으로 계약할 수 없고, 만일 갑이 타 업체와 계약할 경우 을은 본 계약을 파기할 수 있다.
4. 이 계약에 근거해서 갑이 을에게 부여한 상품화권은 을에게 전속되나, 을은 사전에 갑의 서면동의를 득하지 않고, 이를 제3자에게 양도 또는 재 허락이나 제3자를 위한 담보로 제공해서는 안 된다.

제 2 조 【 지 역 】

1. 갑이 본 계약에 근거해서 을에게 부여한 상품화권은 갑이 캐릭터에 대해서 소유하는 대한민국의 저작권법 등 법령에 근거한 것으로써, 을에 의한 상품화권의 행사는 대한민국 내에 한정된다.
2. 을은 이 계약에 근거해서 제조한 상품을 직접 혹은 간접적으로 갑의 캐릭터에 대해서 저작권을 가지고 있거나 또는 이것을 관리하는 다른 나라로 수출해서는 안된다.

제 3 조 【 계약기간 】

1. 본 계약은 당사자가 서명한 날로부터 효력을 발생하며, 별지 1에 명시한 계약기간까지 효력을 갖는다.
2. 당사자는 전항에서 정한 기간만료일로부터 ___개월 전에 서면으로 합의하여 계약의 연장 및 갱신에 대하여 정하도록 한다.
3. 본 계약 함께 별지 1, 별지 2는 계약의 한 부분으로 본 계약과 동일한 효력을 가진다.

제 4 조 【 사 용 료 】

1. 을은 갑에게 상품화권 허가의 대가로 별지 2에서 정한 소비자가격 대비 ___%를 지급하여야 한다.
2. 을은 갑에게 사용료의 최저보증금액에 해당하는 금액(미니멈 개런티) ______원을 계약일로부터 ___일 이내에 갑이 지정하는 계좌로 지급하기로 한다.
3. 제1항의 사용료 산정의 기준이 되는 출고가는 갑과 을 상호간에 협의된 가격이며, 지정상품의 가격변경이 필요한 경우가 발생시에는 갑의 승인을 득하도록 하며, 가격변경이 가격상승의 경우에는 상승된 만큼의 차액을 갑에게 지급하도록 한다.

제 5 조 【 계산서제출, 장부열람 등 】

1. 을은 사용료에 대하여 ___월 말일, ___월 말일에 판매보고서를 작성하여 갑에게 보고하고, 다음달 말일까지 사용료를 지급한다.

2. 을은 갑으로부터 별도의 서면에 의한 면제를 받지 않는 한, 본 계약에 근거하여 제조, 판매하는 지정상품에 갑이 교부한 증지를 부착하여야 한다.
3. 을은 제5조 제2항의 증지를 실비로(증지가격) 갑에게 지급하여야 하며, 갑은 을의 지급이 확인된 후 을이 요청한 수량만큼의 증지를 제공한다.

제6조【품질관리】

1. 을은 갑이 공급하는 또는 을이 개작해서 갑이 승인한 캐릭터의 원화 및 원고에 근거해서 지정상품을 제조하여야 한다.
2. 을은 본 계약에 근거해서 제조하는 지정상품의 견본을 라벨, 포장, 용기 등과 함께 갑에게 제출하여 그 검수 및 승인을 받지 않고서는 지정상품을 제조 또는 판매할 수 없다. 갑은 을이 지정상품의 견본을 감수하고, 을이 의뢰한 날로부터 ___일 이내에 승인 또는 수정 등의 결과를 통지하도록 하며, ___일 이내에 통지가 없는 경우에는 이의가 없는 것으로 간주된다.
3. 을은 전항에서 지정한 승인을 받은 후 제조한 지정상품의 완성품 ___개를 갑에게 제공해야 한다.

제7조【저작권 표시 및 출처의 표시】

1. 을은 본 계약에 근거해서 제조, 판매하는 지정상품 및 판매촉진 자료에 부속문서에서 밝힌 저작권 표시를 갑이 정하는 방법에 의해서 표시해야 한다.
2. 을은 본 계약에 근거해서 제조, 판매하는 지정상품 및 판매촉진자료에는, 사전에 갑의 승인을 얻은 방법에 의해서 을의 제조 판매에 대한 취지의 출처를 표시해야 한다.

제8조【비밀의무】 갑과 을은 본 계약에 의하여 상대방으로부터 듣거나 우연히 알게 된, 영업상 또는 기술상의 비밀정보, 자료 등에 대해서는 사전에 상대방의 서면에 의한 승낙을 얻은 경우를 제외하고, 본 계약의 기간 내 혹은 종료 후에도, 제3자에게 누설하여서는 안된다.

제9조【제3자에 의한 권리 침해】

1. 을은 본 계약에 근거하여 취득한 권리에 대해, 제3자가 이를 침해 혹은 침해할 우려가 있는 경우에는, 즉시 이를 방지함과 동시에 갑에게 통지하여, 갑과 을의 협력하에 이를 해결하기로 한다.
2. 갑은 을로부터 전항에 근거한 통지를 받은 후, 해당 제3자의 행위에 대해서 적절한 조치를 취하도록 최선의 노력을 해야 하며, 변호사 선임, 소송비용 등은 갑이 부담하기로 한다.

제10조【계약의 해제】

1. 갑, 을 중 일방당사자가 계약을 위반하거나 또는 본 계약에 근거한 의무이행을 지체했을 때는, 상대측은 그 당사자에게 위반 또는 이행지체를 통지해야 한다. 그 당사자가 이 통지를 받고 나서 ___일 이내에 위반 또는 이행지체상태가 해소되지 않을 때에는 상대측은 이 계약을 해제할 수 있다.
2. 을이 지불불능이 되거나 파산, 회사정리 또는 회사갱신신청을 받거나 기타 이유에 의해서 본 계약에 근거한 상품화 사업을 계속할 수 없게 되었을 때에는, 즉시 갑에게 통지할 의무가 있고, 이 통지에 의해 자동적으로 본 계약은 해제된다.

제11조【분쟁의 해결】 본 계약에 의하여 분쟁이 발생시, ______지방법원을 제1심 전속 관할법원으로 한다.

본 계약서는 갑, 을이 계약서에 서명 날인함으로써 유효하고 이를 증명하기 위해 계약서 2통을 작성하고 각각 서명 날인하여 1통씩 보관한다.

20○○년 ○월 ○일

갑	㊞	주 소	
을	㊞	주 소	

[별지 1]

캐릭터 : ____________________

__________는 __________와 ____년 __월 __일부로 본 계약을 체결한다. 본 계약의 규정에 따라, 이하의 조건으로 갑은 을에게 지정상품을 제조, 판매할 때에 상기의 캐릭터의 특정 명칭, 초상, 인물을 사용할 권리를 부여한다.

1. 지 적 재 산 : 갑의 별도의 서면동의가 없는 한, 지적재산의 정의는 캐릭터의 명칭, 부호, 초상 및 시각진열을 말한다.
2. 지 정 상 품 : 별지 2 참조
3. 판 매 지 역 : 대한민국
4. 계 약 기 간 : ________년 ____월 ____일 ~ ________년 ____월 ____일
5. 제고소진기간 : ________년 ____월 ____일 ~ ________년 ____월 ____일
6. 저작권표시 : Ⓒ____________________

7. 미니멈 개런티 : 일금 ___________원(₩___________)/부가세별도

8. 지불방법 : 계약일자로부터 _____일 이내

9. 판매예정일 : ________년 _____월

갑과 을은 본지에 기재된 날로 본 계약을 체결하였다.

20○○년 ○월 ○일

갑	㊞	주 소	
을	㊞	주 소	

[별지 2]

갑, 을은 본 계약의 제반 규정을 준수하면서 로열티 등에 대해 아래의 사항으로 계약을 체결하는 것을 합의한다.

상품명	소비자가	출고가	최소보증수량	로열티	합계금액
합 계					

1. 로열티 기준 : 소비자가 대비 ________%(부가세별도)

2. 미니멈 개런티 : 금 ____________원(₩______________) / 부가세별도

3. 로열티 정산기준은 미니멈 개런티(₩___________ / 부가세별도)를 우선적으로 공제한 후 추가적으로 발생하는 비용은 본 계약에 근거하여 청구하기로 한다.

갑과 을은 본지에 기재된 날로 계약을 체결하였다.

20○○년 ○월 ○일

갑	㊞	주 소	
을	㊞	주 소	

[서식 409] 캐릭터 리뉴얼 디자인 제작계약서

캐릭터 리뉴얼 디자인 제작계약서

____________(이하 "갑"이라 한다)와 ____________(이하 "을"이라 한다)는 다음과 같이 계약을 체결한다.

제1조【목 적】 본 계약은 "갑"의 애니메이션 사업에 활용되는 "____________"의 캐릭터 매뉴얼 작업(이하 '캐릭터'라고 한다)을 통하여 "갑"의 캐릭터 사업전개 및 수익을 극대화하기 위하여 본 캐릭터 제작계약을 체결한다.

제2조【캐릭터 제작】

1. "을"은 "갑"의 요구와 지시사항을 충실히 반영하여 그림, 문자, 도형, 로고, 기타 각종 표현 방식을 활용하여 기조의 캐릭터를 발전, 제작한다.
2. "을"이 제작할 캐릭터에는 다음과 같은 것들이 포함한다.
   가. 메인캐릭터와 서브캐릭터
   나. 시놉시스 (캐릭터 스토리)
   다. 메인 어플리케이션과 서브 어플리케이션
   라. 각 캐릭터 별 네이밍

마. 각 캐릭터 별 로고
바. 포토샵, 페인터, 도트작업을 이용한 각 캐릭터 별 스타일 이미지 작업
사. 포스터, 스틸이미지, 배경
아. 로고, 패턴을 합성한 어플리케이션 작업

3. "을"은 전항의 캐릭터뿐만 아니라 확정된 캐릭터의 개발, 제작과정에서 부수적으로 개발되거나 제작되거나 발생하는 모든 산출물(이하 '산출물')도 "갑"에게 제공하여야 한다.

제3조【권리의 귀속】 산출물과 관련된 지적재산권에 관한 모든 권리는 "갑"에게 귀속된다.

제4조【디자인 개발비】 "갑"은 "을"에게 캐릭터 제작 개발비(이하 '개발비')로서 총금액 금 __________원으로 한다.

제5조【납 품】

1. "을"은 본 제작개발에 관하여, 제2조에 의거하여 결과물을 "갑"에게 제출하여야 한다. 납품완료일은 ________년 ___월 ___일로 한다.
2. "을"은 캐릭터 제작개발 완료시 개발기간 중 개발된 캐릭터 일체에 대하여 관련 데이터 및 자료를 "갑"에게 제출한다.

제6조【재위탁의 금지】 "을"은 캐릭터 개발업무의 전부 또는 일부를 제3자에게 위탁해서는 안된다.

제7조【업무협조】 "갑"은 "을"의 캐릭터 제작개발 수행에 필요한 정보, 인력, 재료, 기자재, 시설이용에 대하여 최대한 협조한다.

제8조【자료의 보관 관리】 "을"은 개발업무와 관련하여 "갑"으로부터 제공받은 서류, 도면, 정보, 데이터 기타 모든 자료를 선량한 관리자의 주의의무로 보관, 관리하고 사전에 "갑"으로부터 서면에 승낙을 얻지 않고 복제, 반출, 공개, 누설하거나 본 계약에 따른 개발업무 이외의 목적으로 사용해서는 아니된다.

제9조【제3자의 권리침해】

1. "을"은 본 건 캐릭터 제작 개발 결과물(이하 '결과물'이라 한다)이 제3자의 지적재산권 등 그 밖의 권리를 침해하지 않음을 보증한다.
2. "을"이 개발한 결과물이 제3자의 권리를 침해한다는 이유로 분쟁이 발생할 경우, "을"은 자신의 책임과 비용으로 이를 해결하여야 하며, 이로 인하여 "갑"이 입게 될 손해를 배상하여야 한다. 다만, "갑"은 "을"의 분쟁 해결을 위하여 최대한 협력한다.

제10조【수정 및 보완】

1. "을"은 캐릭터 제작개발의 결과물을 "갑"에게 납품하여 검수 받은 날로부터 ___일 동안은 수정·보완 의무를 부담한다.
2. 수정·보완기간 동안 "을"은 무상으로 수정·보완을 해야 한다. 전항의 기간이 경과한 이후에는 "을"은 유상으로 하자를 보상할 의무가 있으며, 하자보수의 대가 등 구체적인 내용은 양당사자가 별도로 협의하여 정하기로 한다.

제11조【겸업금지】 "을"은 본 계약체결일 이후에는 제2조에 의해 "갑"에게 납품한 것과 내용이나 유사한 것을 제작, 사용하거나 제3자에게 제공, 양도할 수 없다.

제12조【계약의 변경】 본 계약은 양당사자의 서면합의에 의하여 변경될 수 있다.

제13조【계약의 해지】 "갑"과 "을" 중 양 당사자중 아래 각 호의 1에 해당하는 경우 ___일 전의 사전 서면통지로서 본 계약을 해지할 수 있다. 다만, 제3호, 제4호의 경우에는 즉시 본 계약을 해지할 수 있다

1. 본 계약상의 의무를 위반하거나 계약에 따른 개발업무를 수행할 능력이 없다고 합리적으로 판단되는 경우
2. 일방 당사자가 개발한 캐릭터가 타인의 지적재산권을 침해하였거나, 침해하였다는 이유로 소송이 제기되어 본 계약의 목적을 달성할 수 없는 경우
3. 일방 당사자가 강제집행을 당하여 정상적인 영업활동을 할 수 없게 되거나 청산, 파산신청, 회사정리절차 개시신청, 화의신청을 한 경우
4. 일방 당사자가 발행하거나 인수한 어음 또는 수표가 부도처리 되는 경우 본 계약이 일방의 의무를 이행으로 인하여 해제되는 경우, 그 일방은 이로 인하여 상대방이 입은 손해를 배상하여야 한다.

제14조【비밀유지】 "갑"과 "을"은 계약의 존속 중은 물론 만료 후에도 이 계약의 수행에 관련한 업무상의 기밀을 "갑"에게 통보 없이 공표하거나 제3자에게 누설할 수 없으며, 이를 위반할 경우에는 계약 위반으로 간주한다. 단, 이미 공지된 것이거나 "갑" 또는 "을"의 책임에 의하지 않고 공지된 것은 제외한다.

제15조【신의칙】 갑과 을은 본 계약에 정하여진 각 조항을 신의에 따라 성실히 이행하며, 본 계약에 정한 사항 및 본 계약의 각 조항의 해석에 이의가 있을 시 법에 정하는 것 이외 성의를 다하여 협의하여 해결하도록 한다.

제16조【분쟁의 해결】 본 계약에 의하여 분쟁이 발생시, _____지방법원을 제1심 전속 관할법원으로 한다.

본 계약서는 갑, 을이 계약서에 서명 날인함으로써 유효하고 이를 증명하기 위해 계약서 2통을 작성하고 각각 서명 날인하여 1통씩 보관한다.

20○○년 ○월 ○일

갑	㊞	주 소	
을	㊞	주 소	

[서식 410] 공동제작계약(제작위원회 방식)

공동제작계약

________(이하 "갑"이라 함), ________(이하 "을"이라 함), ________(이하 "병"이라 함), ___________(이하 "정"이라 함)(4개사를 총칭하여 이하 "제작위원회"라 함)은 본 계약상에 명시된 작품 ________(이하 "본 작품"이라 함)의 공동제작 및 공동의 이익을 위해 상호 권리와 의무의 내용, 그 밖의 법률관계에 관하여 다음과 같이 계약을 체결한다.

제1조【계약의 목적】 본 계약은 "제작위원회"가 공동으로 투자하여 "본 작품"을 제작하고 전 세계에 본 작품의 이용 허락, 판매 등을 통해 투자비를 회수하고 수익을 창출하여 그 수익을 배분함에 있어서 상호 협력 사항과 당사자들의 권리, 의무 기타 필요한 제반사항을 명확히 하는 것을 목적으로 한다.

제2조【용어의 정리】 본 계약에 있어서의 용어의 정의는 다음과 같다.

1. 원작 : 본 작품 제작에 있어서의 원안이 되는 저작물을 말하며, 구체적인 내용은 다음과 같다.

제　목 :
형　식 :
저　자 :
원전(출판사 등) :

2. 본 작품 : 원작의 캐릭터, 스토리 등을 원안으로 하여, 개작 또는 각색하여 제작되는 작품을 말하며, 그 구체적인 내용은 다음과 같다.

1. 제　목 :
2. 형　식 : TV 시리즈 / 극장용 애니메이션
3. 제작편수 :
4. 장　르 :
5. 제작방식 :
6. 원　작 :

3. 제작위원회 : 본 작품의 제작 및 운용에 있어서의 총괄적인 협의 및 집행기관으로서, 본 계약에 참여하는 회사들을 총칭하며, "제작위원회"를 구성하는 자를 "제작위원"이라 한다.
4. "프로그램 판매" : 대가를 받고 방송 사업자에 대하여 "본 작품"의 방송을 허락하는 것을

말한다. 방송매체에는 지상파, 위성파, 유선방송 등을 포함하는 것으로 한다.

5. "비디오그램화" : "본 작품"의 저작물을 VHS 비디오카세트 테이프, DVD_Video 등의 영상고정매체로 복제하여, 배포하는 것을 말한다. 영상고정매체에는 현재 이용 가능한 것 외에도 장차 개발될 것을 포함한다.
6. "상영" : 극장(비디오극장 포함), 비극장을 불문하는 시설 등에서 "본 작품"의 저작물을 상영하는 것을 말한다.
7. "상품화" : "본 작품"에 대한 저작권, 상표권 등의 권리에 기초하여 그 제목, 등장 캐릭터의 명칭, 형상 등을 각종 상품 또는 선전, 서비스 등에 사용하는 것을 말하며, 모바일기기 및 인터넷을 통한 서비스에 사용하는 것을 포함한다.
8. "출판" : "본 작품"의 타이틀, 스토리, 등장하는 캐릭터 및 장면 등을 이용하여 소설, 만화 또는 애니메이션북 등의 출판물을 제작, 판매하는 것을 말한다.
9. "게임" : "본 작품"의 전부 또는 일부를 컴퓨터용 소프트웨어(인터넷을 통한 온라인 네트워크 게임용 또는 모바일용 소프트웨어를 포함) 또는 아케이드 및 비디오 게임의 소재로서 사용하는 것을 말한다.
10. "창구회사" : 회사의 설립국(이하 "자국지역"이라 한다) 및 일정한 국가(이하 "창구지역"이라 한다)에서 "본 작품"의 이용허락, 판매 등의 업무를 담당하는 회사를 말하며, 자국지역, 창구지역, 수수료는 아래와 같다.

창구회사	자국지역	창구지역	수수료
			____%
			____%
			____%

제 3 조【제작의 합의】

1. "제작위원회"는 제2조 제2호에 명시한 "본 작품"의 제작에 합의한다.
2. "제작위원회"는 "본 작품"의 제작 및 그 운용과 관련하여 ___를 "제작위원회"를 대표하는 간사회사로 임명하고, _____(이하 "간사회사"라 한다)는 이를 수락한다.
3. "간사회사"는 "제작위원회"를 대표하여 "본 작품"의 제작(이하 "본건 제작"이라 함) 및 운용에 최선을 다한다.

제 4 조【제 작】

1. "본건 제작"은 "간사회사"의 총괄 관리하에 "간사회사"와 ____, ____이 공동으로 담당한다.
2. "간사회사"와 ____, ____은 "본 작품"의 내용 결정, 스태프의 선정 등 "본건 제작"에 대해서 "제작위원회"와 합의하여 정하도록 한다.

구 분	담 당	예 산
Pre Production		금 원
Main Production		금 원
Post Production		금 원

	총 계	금 원

제5조【제작비 및 출자】

1. "제작위원회"는 "본건 제작"에 필요한 총 제작비를 제4조 제3항과 같이 정하고, 그 세부 내역은 별첨하도록 한다.
2. 상기의 제작비에 대한 각 "제작위원"의 출자 비율 및 금액, 출자 일정 등은 아래와 같다.

가. 출자 비율 및 금액

제작위원	출자비율	출자금액
	%	금 원
	%	금 원
	%	금 원
	%	금 원

나. 출자 일정

구 분	지급일
제1회 지급	년 월 일
제2회 지급	년 월 일
제3회 지급	년 월 일

3. "제작위원"이 출자금액을 지급기일까지 지정된 계좌로 입금하지 않는 경우, "간사회사"는 일정 기간을 정하여 지급을 최고할 수 있다. "제작위원"이 "간사회사"가 지정한 기한 내에 출자금액을 지급하지 않는 경우 당해 "제작위원"은 그 때부터 본 계약에서 정한 모든 권리를 상실한다. 이 경우, 해당 "제작위원"이 이미 지급한 출자금액은 어떠한 이유에서도 반환되지 않는다.
4. "간사회사"는 지정된 계좌에 입금된 제작비의 관리 및 집행을 책임지며, 제작비의 사용현황, 잔고내역 기타 필요한 사항을 매 분기말에 다른 "제작위원"에서 서면으로 보고한다.

제6조【권리표시】

1. "본 작품"에 대한 전 세계에서의 저작권은 "본 작품" 제작비 출자비율과 동일한 지분비율로 "제작위원"이 공유하는 것으로 한다.
2. "본 작품"에 관한 저작권, 상표권, 의장권 기타 지적재산권의 출원 및 등록은 각 "창구회사"가 자신의 창구지역에서 자신의 명의로 행하되, 출원 및 등록비용과 범위에 대해 반드시 "간사회사"와 사전에 합의하여야 한다.
3. "본 작품"에 관한 권리표시는 아래와 같이 하고, 로마자 표시 및 약식 표기 등에 대해서는 "제작위원회"의 합의에 따라 별도로 결정하기로 한다.

Ⓒ ______________________________

제7조【제작에 대한 보증】"본건 제작"에 관해 "간사회사"와 ______, ______은 "제작위원회"에 대해 이하의 사항을 보증한다.

1. 각자 제작경험과 노하우를 최대한 발휘하여 합의된 일정에 맞추어 본건 제작을 완료하도록 한다.
2. 적절한 제작비 관리를 제작예산을 초과하지 않도록 하며, 제작예산이 초과된 경우 해당 부분의 제작을 담당하는 회사의 책임과 비용으로 이를 처리한다. 단, 제작방식의 변경 등 "본 작품"의 제작과 관련하여 불가피하게 당초의 제작예산을 초과할 수밖에 없는 객관적인 사정이 발생하는 경우 "제작위원회"의 의결에 따라 추가 출자 등을 결정할 수 있다.

제8조【제작시 권리처리】"간사회사" 및 ______, ______은 감독, 작가, 성우 등 "본 작품"에 직접적으로 관여하는 자(이하 "제작 관계자"라고 함)와 별도의 계약을 체결하여 "본 작품"의 제작 및 이용과 관련한 제작관계자의 권리관계를 명확히 함으로써 추가적인 지출이나 분쟁의 발생없이 "본 작품"의 제작 및 판매가 적법하게 이루어지도록 한다.
☞ 원작이 있는 경우

제9조【원작의 권리처리】"본 작품" 제작에 사용되는 "원작"에 대한 사용료 지급 등 관련 권리 처리에 대한 구체적인 내용은 합의하여 정한다.

제10조【보고 및 협력】
1. "간사회사"는 각 "제작위원"과의 합의된 일정하에 "본건 제작"의 진척상황에 대하여 성실히 보고하여야 한다.
2. "본건 제작"과 관련하여 "간사회사"가 각 "제작위원"에 대해 관련 자료의 요청, 기타 협력요청이 있을시, "제작위원"은 이에 협력한다.

제11조【원판의 관리】
1. "본 작품"의 원판(오리지널 소재)은 ________어판으로 제작하며, "간사회사"가 보관, 관리한다.
2. 본 계약 부석서(4)에 명시된 "______지역" 중 ______국(國) 이외의 지역에서의 비용부담은 제작위원회와 합의하여 별도로 정한다.
3. "간사회사"는 ______국 이외의 "자국지역"을 담당하는 각 "창구회사"에 원판의 마스터테이프와 ME테이프 각 1세트씩과 _____어 또는 _____어로 된 시놉시스와 대본을 제작하여 제공한다.

제12조【창구회사의 의무】"창구회사"는 다음과 같은 업무(이하 "창구업무"라 한다)를 수행한다.
1. 담당하는 자국지역 및 창구지역에서 "본 작품"의 활용 등 제반사업의 책임
2. 사업수익의 회수 및 제작위원회에 입금
3. 기타 제작위원회와 협의하여 정하는 사항

제13조【수입분배】"창구회사"는 자신이 담당하는 "자국지역"과 "창구지역"에서 "본 작품"으로 인하여 취득한 모든 수입을 다음과 같이 정산하여 정산내역서와 함께 "제작위원"에게 투자지분대로 배분한다.

제14조【국세조세】
1. "창구회사"가 각 "제작위원"에 대한 "배분"을 함에 있어서 창구지역의 세무 당국이 제세

금을 부과하는 경우 해당 세금에 대해서는 "배분"을 받는 "제작위원"이 부담하는 것으로 한다.

2. "창구회사"는 "배분"에 대하여 부과되는 제세금을 과세대상인 "배분금액"에서 공제하여 세무당국에 납부하며, "배분"을 받는 "제작위원"이 자국에서 납세시에 공제받을 수 있도록 세금을 납부하였음을 입증할 수 있는 증거서류를 해당 "제작위원"에 송부하여야 한다.

제15조【유효기간】 본 계약은 "본 계약" 체결일로부터 만 ___년간 유효한 것으로 한다. 단, 본 계약종료일까지 전 "제작위원"이 본 계약이 종료를 합의하지 않는 한 본 계약은 ___년간 자동 연장된다.

제16조【비밀유지】 "제작위원"은 본 계약 및 "본 작품"의 제작 및 다른 "제작위원"에 관한 일체의 정보를 제3자에게 누설하지 않도록 한다.

제17조【권리 양도 등의 제한】 "제작위원"은 본 계약으로부터 발생하는 권리·의무 또는 지분을 제3자에게 양도 및 질권설정의 목적으로 할 수 없다. 단, "계약위원회"의 동의가 있을 경우, 자신의 지분을 제3자에게 매각하고자 하는 "제작위원"은 "제작위원회"의 다른 "제작위원"에게 매수 우선권을 부여하기로 하며, 매수하고자 하는 "제작위원"은 제3자가 제시한 금액 또는 그 이상의 금액으로 매수하되, 제안일로부터 ___일 이내에 해당 "제작위원"에게 매수 여부를 결정해 통보하기로 한다.

제18조【합의사항】

1. "제작위원회"는 본 계약의 조항을 신의를 가지고 성실히 이행하도록 한다.
2. 본 계약서에서 정하지 않은 사항을 결정하거나 또는 본 계약 조항의 해석에 대하여 의견대립이 있을 때에는 "제작위원"간의 협의를 통해 원만하게 해결하도록 하되, 협의가 이루어지지 않을 경우 출자총액의 과반수에 해당하는 "제작위원"의 찬성으로 결정한다.

제19조【감 사】 "제작위원"은 "간사회사" 또는 "창구회사"의 회계업무에 의문이 있을 경우, 통상 영업시간 중 "간사회사" 또는 "창구회사"의 사무소 또는 회계서류의 보관 장소에서 스스로 혹은 공인회계사에 위탁하여 본 사업에 관한 회계장부, 기타 회계서류를 열람, 복사할 수 있다. 단, 감사를 희망하는 "제작위원"은 감사실시 희망일로부터 영업일 ___일 이전에 서면으로 감사요구를 하여야 하고, 특별한 사정이 없는 한 감사는 1년에 1회를 넘지 않도록 한다.

제20조【계약의 해지 및 손해배상】

1. 다음 각 호의 사유가 발생하였을 경우에는 상호 서면통지에 의하여 계약을 해지한다.
   가. 당사자가 본 계약을 위반하고 상당기간을 정한 시정요청을 받았음에도 불구하고, 그 기간 내에 해당 위반사항을 시정하지 않는 경우
   나. 당사자가 발행 또는 배서한 유가증권의 부도, 파산, 화의, 회사정리절차의 개시 기타 이에 준하는 사정의 발생으로 당사자의 신용에 심각한 위험이 발생하였다고 인정되는 경우
   다. 당사자가 영업을 정지하거나 해산 결의를 할 때
   라. 기타 "본 계약"을 유지하기 어려운 중대한 사유가 발생한 경우
2. 일방당사자가 자신의 귀책사유로 다른 "제작위원", "간사회사", 제3자에게 손해를 입힌

경우 이에 대한 배상책임이 있다.

제21조【수정, 변경】본 계약은 "제작위원회"의 서면합의에 의해서만 수정, 변경될 수 있다.

제22조【준거법】본 계약의 효력과 해석은 대한민국 법률에 따른다.

제23조【합의관할】본 계약에 의하여 분쟁이 발생시, ______지방법원을 제1심 전속 관할법원으로 한다.

본 계약서는 갑, 을이 계약서에 서명 날인함으로써 유효하고 이를 증명하기 위해 계약서 4통을 작성하고 각각 서명 날인하여 1통씩 보관한다.

20○○년 ○월 ○일

갑	㊞	주 소	
을	㊞	주 소	
병	㊞	주 소	

[서식 411] 콘텐츠공급계약서

콘텐츠공급계약서

(주)______(이하 "갑"이라 한다)와 (주)______(이하 "을"이라 한다)은 을이 운영하는 콘텐츠 사이트인 www.XYZ.com(이하 "XYZ"라 한다)의 ○○콘텐츠를 갑에게 제공하고, 갑은 을이 제공한 ○○콘텐츠를 갑이 운영하는 인터넷 포털 사이트인 www.ABC.com(이하 "ABC"라 한다)에서 이용자의 검색결과로 제공함에 있어 당사자들이 각각 성실하게 계약내용을 준수하고 상호이익 증진을 위해 노력할 것을 확약하면서 다음과 같이 계약을 체결한다.

제1조【목 적】본 계약은 갑이 ABC에서 이용자에게 콘텐츠를 서비스하는데 필요한 갑과 을 간의 권리·의무 및 서비스 운영에 필요한 제반사항을 정함을 목적으로 한다.

제2조【정 의】본 계약서에서 사용되는 용어의 정의는 다음과 같으며, 정의되지 않은 용어는 관련법령 및 상관례에 따라 해석한다.

1. "정보"라 함은 부호, 문자 또는 이미지 등을 디지털화하고 구조화하여 자료형식으로 제작된 것 또는 그 집합물을 말한다.
2. "○○콘텐츠"라 함은 전자적 형태로 제작 또는 처리되어 있는 것으로, 을이 구축 및 운영하는 XYZ에서 보유하고 있는 부호, 문자, 음성, 음향 또는 영상으로 표현된 모든 자료 또는 정보를 말한다.
3. "서비스"라 함은 갑이 인터넷이 접속 가능한 모든 단말기를 통하여 이용자에게 ○○콘텐츠를 제공하는 행위를 말한다.
4. "인터넷"이라 함은 일반적으로 인터넷이라고 지칭되는 전세계 연결 네트워크(전화, 무선 및 제3자의 네트워크 등 포함)를 이용하여 서비스에 접속, 연결, 통신, 전송할 수 있는 것으로서, 현재 알려져 있거나 향후에 개발될 컴퓨터, 네트워크, 인프라, 연결 및 장치의 전세계적 집합을 의미한다.
5. "지적재산권"이라 함은 특허, 의장, 상표(서비스표 포함) 및 저작권(컴퓨터프로그램 포함) 등 갑 또는 을이 지적활동을 통하여 창작하거나 인적·물적자본을 투자하여 제작, 생산함으로써 발생하는 권리를 말하며, 갑 또는 을이 제3자로부터 이용허락을 득한 모든 이용권을 포함한다.
6. "정보사용료"라 함은 갑이 을의 ○○콘텐츠를 사용하는 대가로 을에게 지급하는 금전을 말한다.
7. "이용자"라 함은 ABC에 가입한 회원 또는 ABC에 가입하지 아니하고 서비스를 이용하는 자를 말한다.

제 3 조 【 계약기간 및 연장 】

1. 본 계약은 계약체결일로부터 효력이 발생하며, 계약기간은 정식서비스 제공일로부터 1년간으로 한다. 정식서비스 제공일[20 년 월 일]은 추후 본 계약서에 명기하기로 한다.
2. 본 계약은 당사자 일방이 계약종료 1개월 전까지 계약종료에 관한 별도의 의사표시가 없는 한 동일한 조건으로 1년간 자동 연장된 것으로 본다.

제 4 조 【 정보제공 등 】

1. 을은 갑에게 ○○콘텐츠를 갑의 검색서비스에서 사용 가능한 형태로 제공하여야 하며, 제9조 제2항에 따라 ○○콘텐츠를 업데이트 하여야 한다.
2. 을은 본 계약체결일로부터 ___일 이내에 ○○콘텐츠를 제1항의 형태로 갑에게 인도하여야 한다.

제 5 조 【 정보사용료 】

1. 을은 갑에게 ○○콘텐츠를 무상으로 제공함을 원칙으로 한다.
2. 갑과 을은 웹사이트 구축 및 운영이 소요되는 인적, 물적 비용 등 제반비용은 각자 부담하는 것을 원칙으로 한다.

제 6 조 【 "갑"의 보증사항 】

1. 갑은 을로부터 제공받은 ○○콘텐츠를 갑의 이용자에게 서비스할 목적으로만 사용한다.
2. 갑은 을로부터 제공받은 ○○콘텐츠를 을의 동의없이 이용자 외 제3자에게 제공하여서는 아니 된다.

제 7 조【 "을"의 보증사항 】

1. 을은 ○○콘텐츠에 대한 정당한 지적재산권자이며, 갑에게 ○○콘텐츠를 제공하는 것이 제3자의 권리를 침해하지 않음을 보증한다. 또한, 저작권자로부터 이용허락을 득하여 XYZ에서 제공하는 ○○콘텐츠 경우에는 당해 ○○콘텐츠의 저작권자로부터 ABC에서 당해 ○○콘텐츠를 서비스하는 것에 대해 이용허락을 득하였음을 보증한다.
2. 을은 갑이 계약기간동안 하자없이 ○○콘텐츠를 이용자에게 서비스할 수 있음을 보증하며, 하자가 발생한 경우에는 지체없이 그 하자를 치유하여 갑이 ○○콘텐츠를 서비스할 수 있도록 하여야 한다.
3. 을은 갑이 운영하거나 향후 운영하는 모든 사이트에서 갑 또는 이용자가 ○○콘텐츠를 이용하는 것에 대해 이의를 제기하지 아니한다.

제 8 조【 "갑"의 의무 】

1. 갑은 을이 제공하는 ○○콘텐츠를 이용자에게 제공하기로 한다.
2. 갑의 귀책사유로 인하여 제3자와의 사이에 분쟁이 생겼을 경우, 갑은 이로부터 을을 면책하고 방어하며, 갑의 비용 및 책임으로 해결한다.

제 9 조【 "을"의 의무 】

1. 을이 갑에게 제공하는 ○○콘텐츠는 XYZ에 수록된 정보와 동일한 정보이어야 한다.
2. 을은 ○○콘텐츠를 분기당/년간 ___회씩, 무상으로 업데이트하여 갑에게 제공하여야 한다.
3. 을이 갑에게 제공하는 ○○콘텐츠와 관련하여, ○○콘텐츠에 대한 저작권침해 등 을의 귀책사유로 인하여 갑이 분쟁의 당사자가 되는 경우, 을은 이로부터 갑을 면책하고 방어하여야 하며, 을의 비용 및 책임으로 이를 해결한다.

제10조【 지적재산권 】 ○○콘텐츠에 대한 지적재산권은 을에 귀속되고, 계약기간동안 갑과 을은 이를 공동으로 사용할 수 있으며, 갑 또는 을이 창작한 저작물 또는 인적·물적 자본을 투자하여 제작, 생산한 부분에 대한 지적재산권 등 소유권은 각 당사자에게 귀속된다.

제11조【 계약의 해제 또는 해지 】

1. 당사자 각각은 상대방이 본 계약상의 이무를 이행하지 아니하거나 위반한 경우에는 그 상대방에 대하여 시정을 요구할 수 있고, 시정요구일로부터 15일 이내에 시정하지 아니하는 경우에는 서면통지로서 계약해지할 수 있다. 다만, 제7조 및 제9조를 위반한 경우에는 최고없이 즉시 해지할 수 있다.
2. 제1항에 의하여 계약이 해지되는 경우에는 계약의 각 조항은 효력을 상실하나, 제13조의 비밀유지의무는 계약해지 또는 해제일로부터 ___년 간 효력이 유지된다.
3. 본조에 따른 해지의 효력은 이미 발생한 권리관계 및 일방 당사자의 귀책사유로 인한 손해배상청구권에 영향을 미치지 아니한다.

제12조【 손해배상 】

1. 갑 또는 을이 본 계약상의 의무를 성실히 이행하지 아니하거나 본 계약을 위반함으로 인하여 일방 당사자에게 손해가 발생한 경우에는 그 손해를 배상하여야 한다.
2. 을이 제4조를 위반함으로 인하여 갑에게 직·간접적인 손실이 발생하는 경우에는 이를 보상하여야 한다.

3. 갑은 자신의 시스템에 보관되어 있는 ○○콘텐츠의 멸실, 도난 또는 제3자에 의한 손괴의 경우에 대하여는 배상책임을 부담하지 아니한다.
4. 을이 제공하는 ○○콘텐츠와 관련하여, 제3자가 저작권주장, 이의제기 또는 소제기 등을 하는 경우에 그 상대방은 을이 되며, 을은 이와 관련한 민형사상의 책임 및 일체의 손해에 대한 배상책임을 진다. 만약 제3자가 갑을 상대로 위와 같은 권리주장, 이의제기 또는 소제기 등을 하여 갑에게 손실, 손해 또는 기타 비용지출이 발생하는 경우에는 을은 그 손실, 손해 또는 비용지출을 배상 또는 보상하여야 한다.

제13조【비밀유지의무】

1. 각 당사자는 본 계약의 체결 또는 이행과정에서 취득한 당사자, 당사자의 관계사, 이용자 등에 관련된 모든 정보(본 조에서의 정보는 제2조 제1호의 "정보"를 의미하지 아니하고, 부정경쟁방지법및영업비밀보호에관한법률상의 영업비밀을 의미한다)를 각 당사자의 비밀로 인정하며 제3자에게 제공하지 않는다.
2. 본 계약 이행을 위하여 불가피한 경우에 한하여 상대방의 사전 동의를 얻어 정보를 제공할 수 있으며, 이 경우에는 각 당사자는 당해 정보수령자가 동일한 비밀유지의무를 준수할 것을 상호 보증한다. 다만, 다음 각 호의 정보에 대하여는 비밀유지의무를 부담하지 아니한다.
   가. 정보수령당사자의 귀책사유 없이 이미 공공의 영역에 속하는 정보
   나. 비밀유지의무가 없는 제3자로부터 독자적으로 취득한 정보
   다. 정보수령당사자에 의해 정보제공 당사자와 상관없이 독자적으로 개발된 정보
   라. 법원 또는 기타 권한 있는 정부 기관의 명령에 의하여 공개가 요구된 정보

제14조【양도금지】 각 당사자는 상대방의 사전 서면에 의한 동의없이는 본 계약상의 권리 또는 의무의 일부 또는 전부를 제3자에게 양도, 담보 제공 등 어떠한 처분도 할 수 없다.

제15조【계약종료 후 정보처리】 본 계약이 기간만료 또는 해지 등의 사유로 인하여 종료된 경우, 을이 갑에게 제공한 ○○콘텐츠에 대한 처리는 계약종료일로부터 ___개월간의 경과기간을 두고 양당사자 간의 협의를 통하여 처리한다.

제16조【면 책】 갑 또는 을은 천재지변이나 국가비상사태, 폭동, 전쟁 등 불가항력의 사유로 상대방에게 발생시킨 손해 및 의무불이행에 대하여는 책임을 지지 아니한다.

제17조【계약의 유보조항】

1. 본 계약에서 정하지 아니한 사항이나 해석상 내용이 불분명한 사항에 대해서는 상호 협의하여 결정한다.
2. 제1항과 관련하여 필요한 경우 갑과 을은 별도의 약정을 할 수 있으며 이는 본 계약의 일부가 이룬다.

제18조【재판관할】 본 계약과 관련하여 당사자 간에 소송이 제기되는 경우에는 갑의 영업소재지를 관할하는 법원을 합의관할 법원으로 한다.

당사자들은 위 각 조항을 확인한 후 모든 조항에 합의하고 이를 증명하기 위하여 본 계약서 2통을 작성하여 당사자 서로의 책임 있는 대표자의 기명날인 후 각 1통씩

보관한다.

20○○년 ○월 ○일

갑	㊞	주 소	
을	㊞	주 소	

[서식 412] 쇼핑몰입점계약서

쇼핑몰입점계약서

_________(이하 "갑"이라 한다)와 _________(이하 "을"이라 한다)는 쌍방이 인터넷 등 정보통신네트워크상에서 행하는 온라인 쇼핑 등 전자상거래 제휴와 관련하여 다음과 같이 계약을 체결하고 신의성실의 원칙에 따라 성실히 이행할 것을 약정한다.

제1조【목 적】 본 계약은 갑이 운영하는 인터넷 사이트(이하 "A"라 한다)에 접속하여 서비스를 받는 갑의 이용자(이하 "고객"이라 한다)에게 을이 상품 및 서비스(이하 "상품 등"이라 한다)를 판매하기 위하여 운영하는 인터넷 사이트(이하 "______"이라 한다)에서 상품 등을 판매하는 데 필요한 제반상항 및 계약 당사자의 권리의무를 규정하여 상호이익의 증진을 도모함을 목적으로 한다.

제2조【정 의】

1. 본 계약에서 사용되는 용어의 정의는 다음 각 호와 같다.
   가. "A"라 함은 이용자에게 정보 및 검색 서비스를 제공하기 위하여 갑이 구축·운영하는 인터넷 사이트(www.AAA.com)를 말한다.
   나. "전자상거래"라 함은 상품 등을 거래함에 있어서 그 전부 또는 일부가 전자문서에 의하여 처리되는 거래의 방법으로 하는 상행위를 말한다.
   다. "쇼핑몰"이라 함은 컴퓨터 등과 정보통신 설비를 이용하여 재화 또는 용역을 거래할 수 있도록 설정된 인터넷상의 영업장을 말한다.
   라. "통신판매"라 함은 우편전기통신 등의 방법에 따라 재화 또는 용역의 판매에 관한 정보를 제공하고 이용자의 청약에 의하여 상품 등을 판매하는 것을 말한다.
   마. "통신판매업자"라 함은 통신판매를 업으로 하는 자 또는 그와의 약정에 따라 통신판매업무를 수행하는 자를 말한다.

바. “통신판매중개자”라 함은 통신판매업자에게 쇼핑몰을 운영할 수 있도록 단순하게 공간만을 제공한 자를 말한다.

2. 본 계약에서 정의된 용어의 적용범위는 본 계약에 한하며, 정의되지 않은 용어는 관련 법령 및 상관습에 따라 해석한다.

제3조【“갑”의 의무】

1. 갑은 A에 접속한 고객이 본 계약에서 정한 방법(링크방식)으로 쉽게 “____”에 접속하여 이용할 수 있도록 하기 위한 솔루션 및 시스템의 기획, 구축 및 개선변경보완운영을 수행키로 한다.
2. 갑은 다음 각 호에 따라 A를 운영하기로 하며, 각 호의 구체적 사항은 갑과 을의 상호협의에 따라 정하기로 한다.
   가. 갑은 A쇼핑 서비스를 통해 “______”를 소개하는 문구 등을 노출하고 이를 링크방식으로 연결하여 고객이 “________”에 직접 접속할 수 있도록 한다.
   나. 갑은 A외 갑이 운영하는 인터넷 사이트를 통해 을의 “______”를 홍보하는데 노력하기로 한다.
3. 갑은 전2항 외 쌍방의 상호 이익증진을 위해 필요하다고 판단될 경우 을에서 기획한 이벤트, 상품 등을 갑의 다양한 채널을 통해 홍보 또는 노출될 수 있도록 적극 노력하기로 한다.

제4조【“을”의 의무】

1. 을은 “______”를 통한 상품 등을 판매함에 있어 갑의 고객이 만족할 수 있도록 경쟁력 있는 상품 등의 구성, 전시 및 판매, 배송 및 고객관리 체계를 지속적으로 개발 운영하여야 한다.
2. 을은 고객이 을의 사이트에서 구매한 상품 등의 매출내역을 인식 및 기록할 수 있는 시스템 툴을 갑에게 제공하여야 한다.
3. 을은 “_______”에서 판매되는 상품 등에 대한 주문접수, 대금수납, 배송, 구매취소 및 환불, 사후 고객관리 등 상품 등의 판매와 관련된 모든 업무를 을의 책임과 판단하에 수행한다.
4. 을은 “_______”를 통한 상품 등의 판매와 관련하여 발생하는 모든 책임을 부담하며, 이러한 사실을 고객이 쉽게 알 수 있도록 고지하여야 한다.
5. 을은 갑이 요구하는 수준에 부합되도록 고객관리 및 서비스의 질을 유지하여야 한다.

제5조【수수료 등】

1. 을은 갑의 계약사항 이행의 대가로 매월 　　 원 (₩ 　　 /부가세별도)의 입점비와 총 매출의 　 %(부가세별도)를 수수료로써 갑에게 지급한다.
2. 전 항의 수수료는 매월 1일에서 말일까지의 총 판매금액을 대상으로 한다.
3. 을은 매월의 매출내역을 다음달 5일까지 갑에게 전달하고 갑은 매출 발생월 말일자로 세금계산서를 발행하여 을에게 전달하며, 을은 세금계산서 발행이로부터 20일 이내에 제1항의 입점비 및 수수료를 갑이 지정한 계좌로 현금으로 입금한다.
4. 전 항의 수수료 및 입점비의 정산에 있어 갑은 세금계산서 발행 등 제반업무를 담당하고, 신용카드, 무이자 할부 및 마일리지 적립 등 기타 필요한 사항의 처리방법은 을이 결정키

로 한다.

제6조【영업 및 홍보활동】 갑과 을은 영업 및 홍보활동이 쌍방의 공동이익을 위하여 필요하다고 판단될 경우 합의하여 이를 수행하기로 한다.

제7조【지적재산권】

1. 을은 상품 등을 홍보하기 위하여 제작한 상품 등에 관한 정보의 저작권을 가지며, 갑이 이를 본 계약상의 목적에 임의로 사용할 수 있으며, 계약목적 이외의 목적으로 사용하는 경우에는 사전에 을과 상호 협의하여야 한다.
2. 갑은 제1항의 권리를 이용함에 있어 위법 또는 부당한 방법을 이용하여서는 아니된다. 다만, 을의 상품 등을 "A" 서비스를 통하여 홍보하기 위한 이용인 경우에는 상품 등에 관한 정보를 수정, 가감 등을 할 수 있다.
3. 을의 상품 등에 관한 정보가 타인의 저작권 기타 권리의 침해 등을 이유로 갑이 제3자로부터 소송, 청구, 이의제기 등 법적 조치의 당사자가 된 경우 을은 자신의 비용과 책임으로 갑을 면책시켜야 하며, 이로 인하여 갑에게 손해가 발생한 경우에는 그 손해를 배상하여야 한다.

제8조【준수사항】

1. 갑과 을은 인터넷 사이트(갑의 A/을의 _______)운영과 관련하여 그 제공 정보의 정확성과 신뢰성 확보에 최선을 다하고, 관련 법규와 쌍방이 제시한 이용약관 및 사회윤리를 준수키로 하며, 이를 위반한 자는 자신의 운영사항에 관해 발생한 민·형사 및 행정상 문제에 대해 책임을 지기로 한다.
2. 갑은 단순히 을의 통신판매중개자로서 역할을 할뿐 직접적인 통신판매업자로서 판매행위를 한 것이 아님을 확인하며, 이용자의 손해 등에 대한 책임은 을이 진다.
3. 을은 통신판매업자로서 관련 법률상의 제반 규정을 준수하여야 하며, 을은 을의 ____에 갑은 을의 통신판매와 관련하여 책임이 없음을 고지하여야 한다.

제9조【고객정보 보호】 갑 또는 을은 인터넷 사이트(갑의 A / 을의 _______)운영과정에서 인지하게 된 고객의 개인정보를 당해 고객 또는 상대방의 사전 동의없이 본 계약의 목적 외의 용도로 이용하거나 제3자에게 누설 또는 제공하여서는 아니 되며, 이러한 사항의 위반으로 고객 또는 상대방에게 피해가 발생한 경우에는 이에 대한 모든 책임을 부담하고 그 손해를 배상하여야 한다.

제10조【양도금지】 갑과 을은 상호간 상대방의 사전 서면승낙을 받지 않고서는 본 계약상의 권리·의무에 대하여 제3자에게 양도, 담보제공, 기타 여하한 처분행위를 하여서는 아니된다.

제11조【계약기간】 본 계약은 계약일로부터 　　년 　월 　일까지로 하며, 계약 당사자가 계약만료 1개월 전까지 계약연장을 전제로 하여 계약내용의 변경을 요청하거나 또는 계약의 종료의사를 상대방에게 서면으로 통지하지 아니할 경우 동일한 조건으로 ___개월씩 자동 연장된다.

제12조【계약변경】 계약기간 중 계약내용을 변경하고자 할 경우, 갑과 을은 변경하고자 하는 내용 등에 대해 15일 이전까지 상대방에게 서면으로 통보하고, 상호 협의된 사항에 대해

서면 합의로 본 계약내용을 변경할 수 있다.

제13조【계약의 해제 및 해지】

1. 갑과 을은 쌍방의 합의에 의하여 본 계약을 해지할 수 있다.
2. 본 계약의 당사자 일방이 본 계약에 규정된 자신의 의무를 위반하거나 불성실하게 이행할 경우, 상대방은 서면 또는 유선으로 그 시정 또는 개선을 요구할 수 있으며, 그로부터 7일 이내에 귀책당사자의 시정 또는 개선조치가 없는 경우에 상대방은 서면통지로써 본 계약을 해제 또는 해지할 수 있다.
3. 본 계약의 당사자 일방이 다음 각 호의사유에 해당되는 경우 상대방은 최고없이 서면통지로써 본 계약을 해제 또는 해지할 수 있다.
   가. 당사자 일방이 (가)압류, (가)처분, 체납처분 또는 이와 유사한 처분을 받거나 화의, 회사정리 절차 또는 파산의 신청이 있거나 당한 경우
   나. 주요자산 또는 영업을 제3자에게 양도한 경우
   다. 관계기관에 의하여 영업정지, 영업허가 취소 등의 처분을 받은 경우
   라. 당사자 일방이 발행한 어음이나 수표가 지급정지된 경우
4. 본 계약을 해지하고자 하는 일방은 1개월 전까지 상대방에게 해지의 의사를 통지하여야 한다. 다만, 제1항에 해당하는 경우에는 본 계약을 즉시 해지할 수 있다.
5. 본 계약이 해지된 경우, 고객에 대한 책임과 의무 및 제4조의 수수료 등은 해지의 효력발생 전까지 정상적으로 이행하기로 한다.
6. 본조에 따른 해지의 효력은 이미 발생한 권리관계 및 일방 당사자의 귀책사유로 인한 손해배상의 청구에 영향을 미치지 아니한다.

제14조【손해배상】

1. 당사자 일방이 본 계약상의 의무를 위반함으로 인하여 상대방에게 손해가 발생하는 경우에는 귀책 당사자는 상대방에 대하여 그 손해(대외적인 명성, 이미지 등을 포함한다)를 배상하여야 한다.
2. 을이 본 계약 및 관련 법규를 위반함으로 인하여 갑이 집행처분, 손해배상, 고소·고발·기소 등의 당사자가 되는 경우, 을은 이로 인하여 갑에게 발생한 손해 또는 손실을 배상 또는 보상하여야 한다.

제15조【면 책】

1. 갑은 서버 등 설비의 관리, 점검, 보수, 교체 과정 또는 소프트웨어의 운용 과정에서 고의 또는 중대한 과실없이 발생할 수 있는 시스템의 장애, 제3자의 공격으로 인한 시스템의 장애 등 갑이 통제할 수 없는 사유로 인하여 을이 상품 등을 판매하지 못하는 경우 그에 대한 책임을 부담하지 않는다.
2. 계약당사자 일방이 천재지변, 전쟁, 내란, 폭동 또는 사회통념상 이에 준하는 불가항력적 사유로 인하여 본 계약상의 의무를 이행하지 못할 경우에는 그 책임을 부담하지 아니한다.

제16조【비밀유지의무】

1. 갑과 을은 본 계약기간 중은 물론 본 계약의 종료나 해제 또는 해지 후, 본 계약의 계약조건 및 본 계약의 이행과정에서 알게 된 상대방의 기술정보, 영업비밀, 유통정보, 자료

등을 상대방의 서면동의 없이 제3자에게 유출하거나 본 계약의 이행 이외의 목적으로 이용하여서는 아니 된다.

2. 갑과 을은 자신의 임직원, 대리인, 사용인 등 기타 관련자로 하여금 제1항과 동일한 비밀준수의무를 지도록 한다.
3. 당사자 일방이 전2항의 계약내용을 위반하여 갑 또는 을의 권리 또는 이익이 침해된 경우, 귀책 당사자는 이에 대해 상대방에 대해 그 손해를 배상하여야 한다.

제17조【분쟁해결 및 합의관할】

1. 본 약정에서 정하지 않은 사항 또는 계약의 해석에 다툼이 있는 경우에는 관계법령 또는 일반상 관례에 따라 상호협의로 원만히 해결토록 한다.
2. 전항의 협의에도 불구하고 분쟁이 해결되지 않을 경우에는 갑의 영업소재지를 관할하는 법원으로 한다.

제18조【추가합의】 본 계약에 정해지지 않은 사항에 대해서는 상호 협의 후 부속 약정서를 작성하여 추가, 변경, 삭제할 수 있으며, 그 밖의 내용에 대해서는 일반적인 상관례에 따른다.

상기 내용의 계약체결을 증명하기 위해 계약서를 2통 작성하여 갑과 을이 기명날인한 후 각 1부씩 보관키로 한다.

20○○년 ○월 ○일

갑	㊞	주 소	
을	㊞	주 소	

[서식 413] 인터넷 사이버몰 전자상거래 표준약관

인터넷 사이버몰 전자상거래 표준약관

제1조【목 적】 이 약관은 ○○회사(전자상거래 사업자)가 운영하는 ○○사이버 몰(이하 "몰"이라 한다)에서 제공하는 인터넷 관련 서비스(이하 "서비스"라 한다)를 이용함에 있어 사이버 몰과 이용자의 권리·의무 및 책임 사항을 규정함을 목적으로 한다.

※ 「PC통신, 무선 등을 이용하는 전자상거래에 대해서도 그 성질에 반하지 않는 한 이 약관을 준용한다.」

제2조【정 의】

1. "몰"이란 ○○회사가 재화 또는 용역(이하 "재화 등"이라 함)을 이용자에게 제공하기 위하여 컴퓨터 등 정보통신설비를 이용하여 재화 등을 거래할 수 있도록 설정한 가상의 영업장을 말하며, 아울러 사이버몰을 운영하는 사업자의 의미로도 사용한다.
2. "이용자"란 "몰"에 접속하여 이 약관에 따라 "몰"이 제공하는 서비스를 받는 회원 및 비회원을 말한다.
3. "회원"이라 함은 "몰"에 개인정보를 제공하여 회원등록을 한 자로서, "몰"의 정보를 지속적으로 제공받으며, "몰"이 제공하는 서비스를 계속적으로 이용할 수 있는 자를 말한다.
4. "비회원"이라 함은 회원에 가입하지 않고 "몰"이 제공하는 서비스를 이용하는 자를 말한다.

제3조【약관 등의 명시와 설명 및 개정】

1. "몰"은 이 약관의 내용과 상호 및 대표자 성명, 영업소 소재지 주소(소비자의 불만을 처리할 수 있는 곳의 주소를 포함), 전화번호·모사전송번호·전자우편주소, 사업자등록번호, 통신판매업신고번호, 개인정보관리책임자 등을 이용자가 쉽게 알 수 있도록 ○○사이버몰의 초기 서비스화면(전면)에 게시한다. 다만, 약관의 내용은 이용자가 연결화면을 통하여 볼 수 있도록 할 수 있다.
2. "몰"은 이용자가 약과에 동의하기에 앞서 약관에 정하여져 있는 내용 중 청약철회·배송책임·환불조건 등과 같은 중요한 내용을 이용자가 이해할 수 있도록 별도의 연결화면 또는 팝업화면 등을 제공하여 이용자의 확인을 구하여야 한다.
3. "몰"은 전자상거래 등에서의 소비자보호에관한법률, 약관의규제에관한법률, 전자거래기본법, 전자서명법, 정보통신망이용촉진등에관한법률, 방문판매등에관한법률, 소비자보호법 등 관련법을 위해하지 않는 범위에서 이 약관을 개정할 수 있다.
4. "몰"이 약관을 개정할 경우에는 적용일자 및 개정사유를 명시하여 현행약관과 함께 몰의 초기화면에 그 적용일자 7일 이전부터 적용일자 전일까지 공지한다.
5. "몰"이 약관을 개정할 경우에는 그 개정약관은 그 적용일자 이후에 체결되는 계약에만 적용되고 그 이전에 이미 체결된 계약에 대해서는 개정 전의 약관조항이 그대로 적용된다. 다만 이미 계약을 체결한 이용자가 개정약관 조항의 적용을 받기를 원하는 뜻을 제3항에 의한 개정약관의 공지기간 내에 "몰"에 송신하여 "몰"의 동의를 받은 경우에는 개정약관 조항이 적용된다.
6. 이 약관에서 정하지 아니한 사항과 이 약관의 해석에 관하여는 전자상거래 등에서의 소비자보호에관한법률, 약관의규제등에관한법률, 공정거래위원회가 정하는 전자상거래 등에서의소비자보호지침 및 관계법령 또는 상관례에 따른다.

제4조【서비스의 제공 및 변경】

1. "몰"은 다음과 같은 업무를 수행한다.
   가. 재화 또는 용역에 대한 정보 제공 및 구매계약의 체결
   나. 구매계약이 체결된 재화 또는 용역의 배송
   다. 기타 "몰"이 정하는 업무
2. "몰"은 재화 또는 용역의 품절 또는 기술적 사양의 변경 등의 경우에는 장차 체결되는

계약에 의해 제공할 재화 또는 용역의 내용을 변경할 수 있다. 이 경우에는 변경된 재화 또는 용역의 내용 및 제공일자를 명시하여 현재의 재화 또는 용역의 내용을 게시한 곳에 즉시 공지한다.

3. "몰"이 제공하기로 이용자와 계약을 체결한 서비스의 내용을 재화 등의 품절 또는 기술적 사양의 변경 등의 사유로 변경할 경우에는 그 사유를 이용자에게 통지 가능한 주소로 즉시 통지한다.
4. 전항의 경우 "몰"은 이로 인하여 이용자가 입은 손해를 배상한다. 다만, "몰"이 고의 또는 과실이 없음을 입증하는 경우에는 그러하지 아니한다.

제 5 조 【 서비스의 중단 】

1. "몰"은 컴퓨터 등 정보통신설비의 보수점검·교체 및 고장, 통신의 두절 등의 사유가 발생한 경우에는 서비스의 제공을 일시적으로 중단할 수 있다.
2. "몰"은 제1항의 사유로 서비스의 제공이 일시적으로 중단됨으로 인하여 이용자 또는 제3자가 입은 손해에 대하여 배상한다. 단, "몰"이 고의 또는 과실이 없음을 입증하는 경우에는 그러하지 아니한다.
3. 사업종목의 전환, 사업의 포기, 업체 간의 통합 등의 이유로 서비스를 제공할 수 없게 되는 경우에는 "몰"은 제8조에 정한 방법으로 이용자에게 통지하고 당초 "몰"에서 제시한 조건에 따라 소비자에게 보상한다. 다만, "몰"이 보상기준 등을 고지하지 아니한 경우에는 이용자들이 마일리지 또는 적립금 등을 "몰"에서 통용되는 통화가치에 상응하는 현물 또는 현금으로 이용자에게 지급한다.

제 6 조 【 회원가입 】

1. 이용자는 "몰"이 정한 가입 양식에 따라 회원정보를 기입한 후 이 약관에 동의한다는 의사표시를 함으로서 회원가입을 신청한다.
2. "몰"은 제1항과 같이 회원으로 가입할 것을 신청한 이용자 중 다음 각 호에 해당하지 않는 한 회원으로 등록한다.
   가. 가입신청자가 이 약간 제7조 제3항에 의하여 이전에 회원자격을 상실한 적이 있는 경우, 다만, 제7조 제3항에 의한 회원자격 상실 후 3년이 경과한 자로서 "몰"의 회원 제가입 승낙을 얻은 경우에는 예외로 한다.
   나. 등록 내용에 허위, 기재누락, 오기가 있는 경우
   다. 기타 회원으로 등록하는 것이 "몰"의 기술상 현저히 지장이 있다고 판단되는 경우
3. 회원가입계약의 성립 시기는 "몰"의 승낙이 회원에게 도달한 시점으로 한다.
4. 회원은 제15조 제1항에 의한 등록사항에 변경이 있는 경우, 즉시 전자우편 기타 방법으로 "몰"에 대하여 그 변경사항을 알려야 한다.

제 7 조 【 회원 탈퇴 및 자격 상실 등 】

1. 회원은 "몰"에 언제든지 탈퇴를 요청할 수 있으며 "몰"은 즉시 회원탈퇴를 처리한다.
2. 회원이 다음 각 호의 사유 해당하는 경우, "몰"은 회원자격을 제한 및 정지시킬 수 있다.
   가. 가입 신청시에 허위 내용을 등록한 경우
   나. "몰"을 이용하여 구입한 재화 등의 대금, 기타 "몰"이용에 관련하여 회원이 부담하는 채무를 기일에 지급하지 않는 경우

다. 다른 사람의 "몰" 이용을 방해하거나 그 정보를 도용하는 등 전자상거래 질서를 위협하는 경우
라. "몰"을 이용하여 법령 또는 이 약관이 금지하거나 공서양속에 반하는 행위를 하는 경우
3. "몰"이 회원 자격을 제한·정지 시킨 후, 동일한 행위가 2회 이상 반복되거나 30일 이내에 그 사유가 시정되지 아니하는 경우 "몰"은 회원자격을 상실시킬 수 있다.
4. "몰"이 회원자격을 상실시키는 경우에는 회원등록을 말소한다. 이 경우 회원에게 이를 통지하고, 회원등록 말소 전에 최소한 30일 이상의 기간을 정하여 소명할 기회를 부여한다.

제8조【회원에 대한 통지】
1. "몰"이 회원에 대한 통지를 하는 경우, 회원이 "몰"과 미리 약정하여 지정한 전자우편 주소로 할 수 있다.
2. "몰"은 불특정다수 회원에 대한 통지의 경우 1주일 이상 "몰" 게시판에 게시함으로서 개별 통지에 갈음할 수 있다. 다만, 회원 본인의 거래와 관련하여 중대한 영향을 미치는 사항에 대하여는 개별통지를 한다.

제9조【구매신청】 "몰" 이용자는 "몰"상에서 다음 또는 이와 유사한 방법에 의하여 구매를 신청하며, "몰"은 이용자가 구매신청을 함에 있어서 다음의 각 내용을 알기 쉽게 제공하여야 한다. 단, 회원인 경우 제2호 내지 제4호의 적용을 제외할 수 있다.
1. 재화 등의 검색 및 선택
2. 성명, 주소, 전화번호, 전자우편주소(또는 이동전호번호) 등의 입력
3. 약과내용, 청약철회권이 제한되는 서비스, 배송료·설치비 등의 비용부담과 관련한 내용에 대한 확인
4. 이 약관에 동의하고 위 3. 호의 사항을 확인하거나 거부하는 표시(예, 마우스 클릭)
5. 재화 등의 구매신청 및 이에 관한 확인 또는 "몰"의 확인에 대한 동의
6. 결제방법의 선택

제10조【계약의 성립】
1. "몰"은 제9조와 같은 구매신청에 대하여 다음 각 호에 해당하면 승낙하지 않을 수 있다. 다만, 미성년자와 계약을 체결하는 경우에는 법정대리인의 동의를 얻지 못하면 미성년자 본인 또는 법정대리인이 계약을 취소할 수 있다는 내용을 고지하여야 한다.
가. 신청 내용에 허위, 기재누락, 오기가 있는 경우
나. 미성년자가 담배, 주류 등 청소년보호법에서 금지하는 재화 및 용역을 구매한 경우
다. 기타 구매신청에 승낙하는 것이 "몰" 기술상 현저히 지장이 있다고 판단하는 경우
2. "몰"의 승낙이 제12조 제1항의 수신확인통지형태로 이용자에게 도달한 시점에 계약이 성립한 것으로 본다.
3. "몰"의 승낙의 의사표시에는 이용자의 구매 신청에 대한 확인 및 판매가능 여부, 구매신청의 정정 취소 등에 관한 정보 등을 포함하여야 한다.

제11조【지급방법】 "몰"에서 구매한 재화 또는 용역에 대한 대금지급방법은 다음 각 호의 방법 중 가용한 방법으로 할 수 있다. 단, "몰"은 이용자의 지급방법에 대하여 재화 등의 대금

에 어떠한 명목의 수수료도 추가하여 징수할 수 없다.

1. 폰뱅킹, 인터넷뱅킹, 메일 뱅킹 등의 각종 계좌이체
2. 선불카드, 직불카드, 신용카드 등의 각종 카드 결제
3. 온라인무통장입금
4. 전자화폐에 의한 결제
5. 수령 시 대금지급
6. 마일리지 등 "몰"이 지급한 포인트에 의한 결제
7. "몰"과 계약을 맺었거나 "몰"이 인정한 상품권에 의한 결제
8. 기타 전자적 지급 방법에 의한 대금 지급 등

제12조【수신확인통지·구매신청 변경 및 취소】

1. "몰"은 이용자의 구매신청이 있는 경우 이용자에게 수신확인통지를 한다.
2. 수신확인통지를 받은 이용자는 의사표시의 불일치 등이 있는 경우에는 수신확인통지를 받은 후 즉시 구매신청 변경 및 취소를 요청할 수 있고 "몰"은 배송 전에 이용자의 요청이 있는 경우에는 지체없이 그 요청에 따라 처리하여야 한다. 다만 이미 대금을 지불한 경우에는 제15조의 청약철회 등에 관한 규정에 따른다.

제13조【재화 등의 공급】

1. "몰"은 이용자와 재화 등의 공급시기에 관하여 별도의 약정이 없는 이상, 이용자가 청약을 한 날부터 7일 이내에 재화 등을 배송할 수 있도록 주문제작, 포장 등 기타의 필요한 조치를 취한다. 다만, "몰"이 이미 재화 등의 대금의 전부 또는 일부를 받은 경우에는 대금의 전부 또는 일부를 받은 날부터 2영업일 이내에 조치를 취한다. 이때 "몰"은 이용자가 재화 등의 공급절차 및 진행사항을 확인할 수 있도록 적절한 조치를 한다.
2. "몰"은 이용자가 구매한 재화에 대해 배송수단, 수단별 배송비용 부담자, 수단별 배송기간 등을 명시한다. 만약 "몰"이 약정 배송기간을 초과한 경우에는 그로 인한 이용자의 손해를 배상하여야 한다. 다만 "몰"이 고의·과실이 없음을 입증한 경우에는 그러하지 아니한다.

제14조【환 급】 "몰"은 이용자가 구매 신청한 재화 등이 품절 등의 사유로 인도 또는 제공을 할 수 없을 때에는 지체없이 그 사유를 이용자에게 통지하고 사전에 재화 등의 대금을 받은 경우에는 대금을 받은 날부터 2영업일 이내에 환급하거나 환급에 필요한 조치를 한다.

제15조【청약철회 등】

1. "몰"과 재화 등의 구매에 관한 계약을 체결한 이용자는 수신확인의 통지를 받은 날부터 7일 이내에는 청약의 철회를 할 수 있다.
2. 이용자는 재화 등을 배송받은 경우 다음 각 호의 1에 해당하는 경우에는 반품 및 교환을 할 수 없다.
   가. 이용자에게 책임 있는 사유로 재화 등이 멸실 또는 훼손된 경우(다만, 재화 등의 내용을 확인하기 위하여 포장 등을 훼손한 경우에는 청약철회를 할 수 있다)
   나. 이용자의 사용 또는 일부 소비에 의하여 재화 등의 가치가 현저히 감소한 경우
   다. 시간의 경과에 의하여 재판매가 곤란할 정도로 재화 등의 가치가 현저히 감소한 경우
   라. 같은 성능을 지닌 재화 등으로 복제가 가능한 경우 그 원본인 재화 등의 포장을 훼손

하는 경우
3. 제2항 제2호 내지 제4호의 경우에 "몰"이 사전에 청약철회 등이 제한되는 사실을 소비자가 쉽게 알 수 있는 곳에 명기하거나 사용상품을 제공하는 등의 조치를 하지 않았다면 이용자의 청약철회 등이 제한되지 않는다.
4. 이용자는 제1항 및 제2항의 규정에 불구하고 재화 등의 내용이 표시·광고 내용과 다르거나 계약내용과 다르게 이행된 때에는 당해 재화 등을 공급받은 날부터 3개월 이내, 그 사실을 안 날 또는 알 수 있었던 날부터 30일 이내에 청약철회 등을 할 수 있다.

제16조【청약철회 등의 효과】

1. "몰"은 이용자로부터 재화 등을 반환받은 경우 3영업일 이내에 이미 지급받은 재화 등의 대금을 환급한다. 이 경우 "몰"이 이용자에게 재화 등의 환급을 지연한 때에는 그 지연기간에 대하여 공정거래위원회가 정하여 고시하는 지연이자율을 곱하여 산정한 지연이자를 지급한다.
2. "몰"은 위 대금을 환급함에 있어서 이용자가 신용카드 또는 전자화폐 등의 결제수단으로 재화 등의 대금을 지급한 때에는 지체없이 당해 결제수단을 제공한 사업자로 하여금 재화 등의 대금의 청구를 정지 또는 취소하도록 요청한다.
3. 청약철회 등의 경우 공급받은 재화 등의 반환에 필요한 비용은 이용자가 부담한다. "몰"은 이용자에게 청약철회 등을 이유로 위약금 또는 손해배상을 청구하지 않는다. 다만, 재화 등의 내용이 표시·광고 내용과 다르거나 계약내용과 다르게 이행되어 청약철회 등을 하는 경우 재화 등의 반환에 필요한 비용은 "몰"이 부담한다.
4. 이용자가 재화 등을 제공받을 때 발송비를 부담한 경우에 "몰"은 청약철회 시 그 비용을 누가 부담하는 지를 이용자가 알기 쉽도록 명확하게 표시한다.

제17조【개인정보보호】

1. "몰"은 이용자의 정보수집시 구매계약 이행에 필요한 최소한의 정보를 수집한다. 다음 사항을 필수사항으로 하며 그 외 사항은 선택사항으로 한다.
   가. 성명
   나. 주민등록번호(회원의 경우) 또는 외국인등록번호
   다. 주소
   라. 전화번호
   마. 희망ID(회원의 경우)
   바. 비밀번호(회원의 경우)
   사. 전자우편주소(또는 이동전화번호)
2. "몰"이 이용자의 개인 식별이 가능한 개인정보를 수집하는 때에는 반드시 당해 이용자의 동의를 받는다.
3. 제공된 개인정보는 당해 이용자의 동의없이 목적 외의 이용이나 제3자에게 제공할 수 없으며, 이에 대한 모든 책임은 "몰"이 진다. 다만, 다음의 경우에는 예외로 한다.
   가. 배송업무상 배송업체에게 배송에 필요한 최소한의 이용자의 정보(성명, 주소, 전화번호)를 알려주는 경우
   나. 통계작성, 학술연구 또는 시정조사를 위하여 필요한 경우로서 특정 개인을 식별할 수 없는 형태로 제공하는 경우

다. 재화 등의 거래에 따른 대금정산을 위하여 필요한 경우
라. 도용방지를 위하여 본인확인에 필요한 경우
마. 법률의 규정 또는 법률에 의하여 필요한 불가피한 사유가 있는 경우

4. "몰"이 제2항과 제3항에 의해 이용자의 동의를 받아야 하는 경우에는 개인정보관리 책임자의 신원(소속, 성명 및 전화번호, 기타 연락처), 정보의 수집목적 및 이용목적, 제3자에 대한 정보제공 관련사항(제공받은 자, 제공목적 및 제공할 정보의 내용) 등 정보통신망이용촉진등에관한법률 제22조 제2항이 규정한 사항을 미리 명시하거나 고지해야 하며 이용자는 언제든지 이 동의를 철회할 수 있다.
5. 이용자는 언제든지 "몰"이 가지고 있는 자신의 개인정보에 대해 열람 및 오류정정을 요구할 수 있으며, "몰"은 이에 지체없이 필요한 조치를 취할 의무를 진다. 이용자가 오류의 정정을 요구한 경우에는 "몰"은 그 오류를 정정할 때까지 당해 개인정보를 이용하지 않는다.
6. "몰"은 개인정보 보호를 위하여 관리자를 한정하여 그 수를 최소화하며 신용카드, 은행계좌 등을 포함한 이용자의 개인정보의 분실, 도난, 유출, 변조 등으로 인한 이용자의 손해에 대하여 모든 책임을 진다.
7. "몰" 또는 그로부터 개인정보를 제공받은 제3자는 개인정보의 수집목적 또는 제공받은 목적을 달성한 때에는 당해 개인정보를 지체없이 파기한다.

제18조【"몰"의 의무】

1. "몰"은 법령과 이 약관이 금지하거나 공서양속에 반하는 행위를 하지 않으며, 이 약관이 정하는 바에 따라 지속적이고, 안정적으로 재화·용역을 제공하는데 최선을 다하여야 한다.
2. "몰"은 이용자가 안전하게 인터넷 서비스를 이용할 수 있도록 이용자의 개인정보(신용정보 포함)보호를 위한 보안시스템을 갖추어야 한다.
3. "몰"이 상품이나 용역에 대하여 「표시·광고의공정화에관한법률」 제3조 소정의 부당한 표시·광고행위를 함으로써 이용자가 손해를 입은 때에는 이를 배상할 책임을 진다.
4. "몰"은 이용자가 원하지 않는 영리목적의 광고성 전자우편을 발송하지 않는다.

제19조【회원의 ID 및 비밀번호에 대한 의무】

1. 제17조의 경우를 제외한 ID와 비밀번호에 관한 관리책임은 회원에게 있다.
2. 회원은 자신의 ID 및 비밀번호를 제3자에게 이용하게 해서는 안된다.
3. 회원이 자신의 ID 및 비밀번호를 도난당하거나 제3자가 사용하고 있음을 인지한 경우에는 바로 "몰"에 통보하고 "몰"의 안내가 있는 경우에는 그에 따라야 한다.

제20조【이용자의 의무】 이용자는 다음 행위를 하여서는 안된다.

1. 신청 또는 변경시 허위 내용의 등록
2. 타인의 정보 도용
3. "몰"에 게시된 정보의 변경
4. "몰"이 정한 정보 이외의 정보(컴퓨터 프로그램 등) 등의 송신 또는 게시
5. "물" 기타 제3자의 저작권 등 지적재산권에 대한 침해
6. "몰" 기타 제3자의 명예를 손상시키거나 업무를 방해하는 행위

7. 외설 또는 폭력적인 메시지, 화상, 음성, 기타 공서양속에 반하는 정보를 몰에 공개 또는 게시하는 행위

제21조【연결 "몰"과 피연결 "몰" 간의 관계】

1. 상위 "몰"과 하위 "몰"이 하이퍼링크(예 : 하이퍼링크의 대상에는 문자, 그림 및 동화상 등이 포함 됨)방식 등으로 연결된 경우, 전자를 연결 "몰"(웹 사이트)이라고 하고 후자를 피연결 "몰"(웹사이트)이라고 한다.
2. 연결 "몰"은 피연결 "몰"이 독자적으로 제공하는 재화 등에 의하여 이용자와 행하는 거래에 대해서 보증책임을 지지 않는다는 뜻을 연결 "몰"의 초기화면 또는 연결되는 시점의 팝업화면으로 명시한 경우에는 그 거래에 대한 보증책임을 지지 않는다.

제22조【저작권의 귀속 및 이용제한】

1. "몰"이 작성한 저작물에 대한 저작권 기타 지적재산권은 "몰"에 귀속한다.
2. 이용자는 "몰"을 이용함으로써 얻은 정보 중 "몰"에게 지적재산권이 귀속된 정보를 "몰"의 사전 승낙없이 복제, 송신, 출판, 배포, 방송 기타 방법에 의하여 영리목적으로 이용하거나 제3자에게 이용하게 하여서는 안된다.
3. "몰"은 약정에 따라 이용자에게 귀속된 저작권을 사용하는 경우 당해 이용자에게 통보하여야 한다.

제23조【분쟁해결】

1. "몰"은 이용자가 제기하는 정당한 의견이나 불만을 반영하고 그 피해를 보상처리하기 위하여 피해보상 처리기구를 설치·운영한다.
2. "몰"은 이용자로부터 제출되는 불만사항 및 의견은 우선적으로 그 사항을 처리한다. 다만, 신속한 처리가 곤란한 경우에는 이용자에게 그 사유와 처리일정을 즉시 통보한다.
3. "몰"과 이용자 간에 발생한 전자상거래 분쟁과 관련하여 이용자의 피해구제신청이 있는 경우에는 공정거래위원회 또는 시·도지사가 의뢰하는 분쟁조정기관의 조정에 따를 수 있다.

제24조【재판권 및 준거법】

1. "몰"과 이용자 간에 발생한 전자상거래 분쟁에 관한 소송은 제소 당시의 이용자의 주소에 의하고, 주소가 없는 경우에는 거소를 관할하는 지방법원의 전속관할로 한다. 다만, 제소 당시 이용자의 주소 또는 거소가 분명하지 않거나 외국 거주자의 경우에는 민사소송법상의 관할법원에 제기합니다.
2. "몰"과 이용자 간에 제기된 전자상거래소송에는 한국법을 적용한다.

20○○년 ○월 ○일

갑	㊞	주 소	
을	㊞	주 소	

[서식 414] 온라인 업무제휴계약서

온라인 업무제휴계약서

주식회사 ○○○○(이하 "갑"이라 한다)와 ○○○○ 주식회사(이하 "을"이라 한다)은 다음과 같이 업무제휴계약을 체결한다.

제 1 조【 계약의 목적 】 본 계약은 "갑"이 운영하는 사이트인 http://www.XXXX.co.kr 의 제휴사로 참여하는 "을"과의 업무제휴에 관한 제반사항을 규정함에 그 목적이 있다.

제 2 조【 사이트설명 】 "을"의 사이트 활성화를 목적으로 공동마케팅을 전개하며 상품 또는 용역서비스를 회원 및 일반고객에게 제공하기 위하여 "갑"이 운영하는 사이트에 제휴사로 참여하는 업체와의 업무협약을 체결하는 것을 말한다.

제 3 조【 제휴의 형태 】

1. "을"은 제휴형태(상품이미지, 상품공급, 배송방법, 로고사용, 배너제휴, 마케팅제휴 등)를 아래와 같이 진행하기로 한다.

아 래

가. "을"이 제공하는 인터넷 쇼핑몰의 상품이미지에 "갑"의 고유상표를 사용한다.
나. "을"의 소매 마진율은 20%로 결정한다.
다. "을"이 제공하는 인터넷 쇼핑몰의 소매가격은 "갑"의 인터넷 쇼핑몰의 소매가격과 동일하게 한다.
라. "갑"이 제공하는 도매쇼핑서비스를 "을"이 제공하고자 할 때는 월 20만원의 관리수수료를 "을"이 지급한다("을"이 도매쇼핑서비스를 할 경우 가격은 위 다항과 같이 한다).
마. "갑"이 운영하는 인터넷 사이트 내용을 "을"은 임의로 도용할 수 없다.
바. "을"의 사이트에 게재하는 상품 이미지는 "갑"으로부터 송부된 상품 이미지만을 사용한다(상품의 품절 또는 기타 사유로 제휴사에 공급할 수 없는 상품이 있을 수 있으므로 "을"이 임의적으로 사용할 수 없다).

2. 본 계약과 관련하여 상기 1.항을 준용, "갑"과 "을"은 (온라인 제휴) 의 제휴형태에 합의하며 본 제휴방식은 상호간에 동등하게 적용된다.

제 4 조【 제휴형태 게재 】

1. 제3조에 의거 "갑"은 "을"이 선택한 제휴형태를 "갑"의 사이트에 게재하며 "을"은 게재와 관련한 모든 사항에 적극 협조한다.
2. "갑"이 프로그램 운영상의 필요에 의하여 전산관련 및 기타 제반지원을 요청할 경우 "을"은 이에 협조하여야 한다.

제5조【서비스 절차】

1. 인터넷 상품이미지는 월 2회 이상 "갑"은 "을"에게 제공하며 상품의 품절 또는 기타 이유로 상품을 제공할 수 없는 상품이미지는 삭제를 요구할 수 있다
2. "을"의 사이트에서 구매활동이 이루어지면 "을"은 "갑"에게 물품대금 입금 후 배송정보를 공개한다.
3. "을"로부터 받은 배송정보에 따라 "갑"은 입금확인 2일~7일 내에 상품을 배송한다.
4. 최소, 환불, 반품 등의 제반 대고객서비스와 관련한 업무는 "을"이 처리한다("갑"은 "을"의 요구에 상호보완 협조한다).
5. "을"의 사이트가 도매서비스를 한 경우 도매상품은 반품을 받지 않는다.
6. 배송완료 시 "을"은 "갑"의 배송완료정보를 요구할 수 있다.
7. "을"이 제공하는 인터넷 쇼핑몰을 통해 Off-Line으로 연결, 이익 발생한 경우 초기 시는 위의 제3조 제휴의 형태와 동일하고 차후는 "갑"과 "을"이 협의해서 진행한다.
8. "을"의 판매형태(소매, 도매)는 "갑"이 승인, 권한을 부여한다.
9. "을"의 사이트 카테고리 중 프랜차이즈, 수출, 주문생산은 "갑"의 사이트에 Link를 시킨다.

제6조【계약기간 및 연장】 본 계약의 유효기간은 20○○년 ○월 ○일부터 20○○년 ○월 ○일까지의 ○년간으로 하며, 계약만료 1개월 전까지 "갑"과 "을"이 서면으로 계약종료에 관한 의사표시를 하지 않을 경우 동일한 조건으로 1년씩 자동 연장된다. 단, 계약갱신 시 변경이 필요한 사항에 대해서는 상호 합의하에 이를 계약내용에 반영한다.

제7조【상표사용】

1. "을"은 "갑"의 상표를 마케팅 활동 시(상품이미지) 사용 가능하나 그 형태나 내용을 변경할 수 없으며 업무제휴 고유의 목적 외에는 사용할 수 없다. 단, "을"이 특정 목적을 위하여 상표를 사용코자 하는 경우에는 사전에 "갑"의 승인을 득하여야 한다.
2. 위 1항은 "갑"이 "을"의 상표를 사용코자 할 경우에도 동등하게 적용된다.

제8조【권리·의무의 양도 금지】

1. "갑"과 "을"은 상호 동의 없이 본 계약의 권리 및 의무의 전부 또는 일부를 제3자에게 양도 또는 대여할 수 없다.
2. "을"은 "갑"과의 업무제휴를 통해서 얻은 권리를 이용하여 제3자와 유사한 형태의 제휴관계를 맺거나 정보를 제공할 수 있으며 반드시 "갑"의 서면 동의를 득함과 동시에 모든 매뉴얼은 본사규정과 동일하게 적용한다.

제9조【비밀준수 및 지적재산권에 관한 분쟁】

1. "을"은 본 계약과 관련한 특허권, 지적 재산권 및 기타 제반권리가 "갑"에게 있음을 보장한다.
2. "을"은 "갑"에게 업무제휴와 관련한 영업정책 등 제반정보를 제공하며, "갑"은 해당 정보가 누출되지 않도록 비밀유지를 할 책임을 진다.
3. "을"은 본 계약에 의하여 취득한 사항들이 제3자에 의하여 불법복제 되거나 누출되지 않도록 하고 "갑"의 저작권이 침해되지 않도록 협조한다.

4. 위 2, 3항과 관련, 상호 부주의로 상대측에 피해가 발생되었을 경우 해당 피해의 원인을 제공한 측에서 책임을 지고 그 손해를 배상한다.

제10조【 계약의 해지 】

1. 다음 각 호에 해당하는 사유가 발생한 경우 "갑"은 서면통지에 의하여 본 계약을 해지할 수 있다.
   가. "을"이 본 계약상의 의무를 위반하고, 이에 대한 "갑"의 시정요구를 받았음에도 이를 7일 이내에 시정하지 아니한 경우
   나. "을"이 갑의 사전 동의 없이 본 계약상의 권리를 타인에게 양도한 경우
   다. "을"에 대해서 파산, 화의, 회사정리절차 개시신청이 있는 경우
   라. "을"이 발행한 어음이나 수표가 부도난 경우
   마. 본 계약의 목적을 달성할 수 없는 사유가 발생한 경우
2. 위 1항에 해당하는 사유가 발생한 경우 "을"도 본 계약을 서면통지에 의거 해지할 수 있다.
3. "갑"과 "을" 중 어느 일방이 합리적으로 통제할 수 없는 화재, 홍수, 폭동, 군사행위, 노동쟁의 등으로 인한 계약상의 의무불이행의 경우에는 상호간 책임을 지지 아니한다.
4. 위 1, 2, 3항의 이유로 계약이 해지될 경우 "갑"이 "을"에게 제공한 모든 이미지와 내용을 "갑"에게 되돌려 주어야 한다.

제11조【 손해배상 및 손실보상 】

1. "을"이 본 계약상의 의무를 이행하지 아니하여 "갑"이 계약을 해지한 경우에는 "을"은 이로 인하여 "갑"이 입은 손해액을 손해배상금으로 지급하여야 한다.
2. "을" 또는 "을"이 고용한 직원이 본 계약사항을 위반하여 "갑"에게 업무처리장애 및 손해, 손실을 끼치게 된 경우에는 해당 손해액 및 손해보전에 필요한 부수비용과 손실액 일체를 지체없이 변상 및 보상한다.
3. 위 1, 2항은 "갑"에게도 동등하게 적용된다.

제12조【 기타 사항 】 본 계약서에서 규정하지 아니한 사항은 상거래 관련 법률 및 일반 상거래 관행에 따르며, 필요하다고 인정되는 사항에 대해서는 상호 합의하에 변경 또는 추가약정을 체결한다.

본 계약의 성립을 증명하기 위하여 이 계약서 2통을 작성하고 각각 서명(또는 기명) 날인하여 각각 1통씩 보관한다.

20○○년 ○월 ○일

<table>
<tr><td rowspan="2">갑</td><td rowspan="2">㊞</td><td rowspan="2">사 업 자
등 록 번 호</td><td rowspan="2"></td><td>사 무 소</td><td></td></tr>
<tr><td>전화번호</td><td></td></tr>
</table>

<table>
<tr><td rowspan="2">을</td><td rowspan="2">㊞</td><td rowspan="2">사 업 자
등 록 번 호</td><td rowspan="2"></td><td>사 무 소</td><td></td></tr>
<tr><td>전화번호</td><td></td></tr>
</table>

[서식 415] 입점제휴계약서

입점제휴계약서

주식회사 ○○○○(이하 "갑"이라 한다)과 ○○○○(이하 "을"이라 한다)는 "갑"이 운영하고 있는 중고세일쇼핑몰(이하 "쇼핑몰"이라 한다)을 통하여 중고세일이용자(이하 "고객"이라 한다)에게 "을"이 제공하는 상품 또는 용역(이하 "상품"이라 한다) 등의 관련 정보를 전시 또는 게재하고 상품을 판매하는 데 따른 제반사항 및 "갑"과 "을"의 권리와 의무를 규정하기 위하여 다음과 같이 거래계약을 체결한다.

제1조【목 적】

1. 본 약정은 "갑"의 쇼핑몰을 통한 판매를 위하여 일정한 조건으로 상품을 발주하고 "을"이 발주를 확인하여 공급하는 상품매매 거래에 대하여 제반기준과 원칙을 정하는 데 있다.
2. "갑"과 "을"은 본 약정을 시행함에 있어 상품을 구매하는 고객의 만족을 최우선으로 한다.

제2조【계약기간 및 기간연장】

1. 계약기간 : 20○○년 ○월 ○일부터 20○○년 ○월 ○일까지
2. 기간연장 : 기간만료 30일 전까지 쌍방간 계약만료 의사의 서면통보가 없을 경우, 본 계약과 동일한 조건으로 3개월씩 자동 연장되는 것으로 한다.

제3조【서비스명칭 및 정보】

1. "중고세일"을 통하여 제공되는 인터넷 쇼핑몰 서비스의 명칭에 대한 제반권리는 "갑"에게 있으며 "갑"은 이를 "을"에게 사전 통지한다.
2. 상기 쇼핑몰 내 정보는 "갑"이 관리하며 동 정보에는 "을"과 합의한 "을"의 상품에 대한 정보 및 기타 "을"의 사이트에서 제공하는 관련 정보를 포함한다.

제4조【상품정보 등의 제공】

1. "을"은 "갑"에게 판매상품과 배송정보, 상품관련정보를 DB형태 혹은 문서자료로 주기적으로 제공한다.
2. 제공되는 상품정보, 가격, 기타 모든 서비스는 "을"의 온-오프라인 영업채널에 제공되는 것과 동일한 것 또는 동일한 수준이어야 한다.

3. 전 1항과 관련 "을"의 정보제공의무 태만으로 고객이 잘못된 "정보"에 근거, 주문을 완료하였을 경우 상품가 차액보전, 손해배상청구 등은 "을"이 부담한다.
4. "을"은 배송 추적시스템이 "을"의 사이트 내에 제공되는 경우 "갑"의 쇼핑몰을 통해서도 고객이 배송단계를 확인할 수 있도록 협조한다.

제5조【관련 법규 준수】 "을"은 본 약정에 의하여 "갑"의 고객에게 상품을 공급함에 있어 공정거래법, 품질경영촉진법, 전기용품 안전관리법, 저작권법 기타 공급상품의 제조 및 판매에 관한 법규 및 본 약정의 이행과 관련된 제반 법규 또는 법령에서 정한 사항을 준수하여야 하며 해당법규를 준수하지 않음으로 인해 발생하는 모든 책임을 부담하여야 한다.

제6조【상품진열】 "을"이 공급한 상품의 판매를 위한 인터넷 쇼핑몰상의 상품진열 등은 "갑"이 디자인 및 유통여건 등을 감안하여 정하되 대내외적 환경변화에 따라 변경할 수 있다. 다만 변경이 불가피할 경우 "을"에게 충분한 기간 전에 고지토록 한다.

제7조【하자책임 및 보증】

1. 본 약정에 의해 판매한 상품의 배송지연, 하자 등과 관련하여 "을"은 품목별 소비자피해보상규정 등 제반법규와 상품보증서상의 규정에 의거하여 하자보증책임을 부담한다.
2. 전항과 관련하여 상품의 회수 및 반송에 소요되는 비용은 "을"의 부담으로 한다.
3. "을"의 품질보증서가 없는 경우 고객에 대한 품질보증기간은 상품인도일로부터 6개월로 한다.
4. 제품상의 하자 또는 사용자 안전상에 결함이 있는 경우 전량 리콜(수리, 교환, 환불)하여야 하며 "을"은 리콜에 다른 모든 비용을 부담하여야 한다.
5. 상품의 하자가 없더라도 고객의 상품을 인도받은 날로부터 7일 이내에 "갑" 또는 "을"에게 교환 또는 환불 요구를 하는 경우 "을"은 "을"의 부담으로 판매상품을 회수하여야 한다. 이 경우 "갑"은 "갑"의 부담으로 고객에게 비용을 선 지급하고 "을"에게 대금을 사후 정산 및 청구한다.
6. 기타 전항에 명기되지 않은 사항은 소비자보호법 및 기타 관련 법령에 따른다.

제8조【포장조건】

1. "을"은 고객에게 상품을 배송할 때 상품의 훼손을 방지하기 위한 충분한 포장재와 방법을 강구하여 고객에게 배송될 수 있도록 한다.
2. 포장미비로 인한 상품파손 및 훼손으로 인한 손실 및 제반비용은 "을"이 부담한다.

제9조【판매에 따른 역할】

1. "갑"은 "갑"의 컨텐츠, 커뮤니티서비스 등과 연계, 마케팅활동을 강화하여 매출증대에 노력한다.
2. "을"은 "갑"의 상품발주를 확인하고 입금 완료된 고객에 한하여 제품을 발송토록 한다. 주문사항 확인과 관련하여 "갑"은 "을"과 협의하여 시스템연동, 온라인 파일전송, 팩스전송 등 "을"의 편의를 고려하여 지원한다.
3. "을"은 상품포장 및 배송책임뿐 아니라 고객으로부터의 "을"의 상품에 대한 문의 및 불만사항 등을 접수하여, 메일문의는 고객의 발송시각을 기준으로, 전화나 fax 등의 문의는 접수시각을 기준으로, 24시간 이내에 처리하도록 한다.

4. 전 2, 3항과 관련하여, "을"의 고객서비스 담당자는 배송단계, 고객서비스 처리상황을 "갑"이 알 수 있도록 입력 혹은 고지해야 한다.
5. 상품 배송과 반송에 다른 배송료 등은 "을"의 부담으로 한다.

제10조【상품 판매에 따른 수수료】 "을"은 "갑"과의 거래에 있어 "갑"에게 제시한 각 상품판매 금액에 대하여 총 매출액(부가세 포함)의 ○%의 수수료를 "갑"에게 지급한다.

제11조【판매대금 결제 및 정산 등】

1. 판매대금 결제산정기준 : "을"은 배송완료 된 증빙을 첨부하여 "갑"에게 제시하고 "갑"은 이를 기준하여 결제금액을 산정한다.
2. 판매대금 결제 : 판매금은 월 일 ○회 "을"의 결제계좌로 현금으로 입금한다. 즉 매 월 ○일과 ○일 판매대금을 정산하며, 정산확인 후 ○일 내로 "을"의 계좌로 입금한다.
3. 세금계산서 발행 및 제출상기 2항에 의해 "을"은 총 매출액을 월 ○회 세금계산서를 "갑"에게 제출토록 한다.

제12조【상품의 배송기간 및 배송방식】

1. "을"은 자신이 제공하는 정보 및 know-how에 대한 제반권리를 갖는다.
2. "갑"은 "을"이 제공하는 정보에 대하여 "을"의 사전 승인없이 계약상의 정보제공 목적 이외의 용도로 사용하거나 이를 재가공하여 판매할 수 없다.
3. 전 2항으로 인하여 고객 혹은 "을"이 피해를 입었을 경우에는 "갑"은 이에 대하여 제반 법적인 책임을 부담한다.

제13조【의 무】

1. "을"은 지급되는 상품대금의 원활한 수령을 위하여 "갑"에게 판매분에 대한 세금계산서를 보내야 하며 누락된 판매분에 대하여는 재차 정산키로 한다.
2. "을"은 서비스를 통하여 판매하는 상품의 품질을 보증하고 배송기일 확보에 대한 책임을 져야 한다.
3. "을"은 서비스 운영상 인지하게 된 고객 개인정보를 "갑"의 사전 동의 없이 누설 또는 배송 이외의 목적으로 이용할 수 없으며 "을"의 누설 또는 이용으로 고객 혹은 "갑"이 피해를 입었을 경우에는 "을"은 이에 대하여 법적인 책임을 부담한다.
4. "을"은 "을"과 고객간의 상품의 하자, 배송지연 등으로 인한 분쟁발생시 "갑"이 면책됨을 보증한다. 다만 위 분쟁으로 인하여 "갑"이 고객에게 보상 또는 배상한 경우 "갑"은 "을"에게 구상권을 행사할 수 있다.

제14조【계약상의 지위 양도 금지】 "갑"과 "을"은 상대방의 사전 서면동의 없이는 자신의 본 계약상의 지위를 제3자에게 양도할 수 없다.

제15조【통지의무】 "을"은 다음 각 호에 해당하는 사실이 발생된 경우 지체 없이 필요서류를 첨부하여 "갑"에게 통지하여야 한다.

1. 주소, 상호, 대표자 등 사업자등록증에 명시된 사항이 변경된 경우
2. 자본구성에 대한 변경이 있는 경우
3. 개인사업자가 법인으로 변경되거나 법인이 개인사업자로 변경된 경우
4. 기타 본 약정의 이행과 관련 "을"에게 중대한 변경사항이 있는 경우

제16조【약정의 해지】

1. "갑" 또는 "을"이 본 약정서 혹은 합의서의 본질적 사항을 위반하는 경우 일방적인 의사 표시로써 본 약정을 중도에 해지할 수 있다.
2. 다음 각 호의 1에 해당하는 경우에는 자동적으로 본 약정이 해지된 것으로 본다.
   가. "갑" 또는 "을"이 제3자로부터 압류, 가압류, 가처분 등을 받는 경우
   나. "갑" 또는 "을"이 파산, 화의신청, 회사가 정리되는 경우
   다. "갑" 또는 "을"이 어음교환소에서 거래정지처분을 받았을 경우
   라. 기타 "갑"또는 "을"의 과실 또는 무과실로 본 약정을 이행하기 어렵거나 불가능한 명백한 사유가 존재하는 경우
3. 계약해지 이후에도 해지 전에 발생한 이용 고객에 대한 책임과 의무는 해지와 상관없이 수행되어야 한다.
4. 전 1 또는 2항의 사유로 본 약정이 중도 해지되는 경우 원인을 제공한 일방은 상대방의 손해를 배상할 책임을 부담한다.

제17조【계약의 효력】

1. 본 약정서는 "갑"과 "을"간의 거래에 있어 본 약정체결일로부터 효력을 가진다.
2. 상품의 명칭, 사양, 단가, 수량 등 거래에 따른 구체적인 사항은 "을"의 사이트와 동일한 조건으로 하되 공동구매 등 "갑"과 "을"이 매출확대 및 고객만족 차원에서 협의, 진행하는 공동마케팅 상품의 거래는 "갑"과 "을"이 별도로 협의하여 합의서를 작성한다.
3. 합의서의 효력발생은 "갑"과 "을"이 서명한 날로 하며 서명 원본 외에 제반 통신수단을 통하여 전달된 사본에 의해서도 효력을 갖는다.
4. 본 약정서의 규정과 별도 합의서의 내용이 서로 일치하지 아니하는 경우 합의서의 약정 내용을 우선으로 한다.

제18조【분쟁의 해결】 본 약정의 해석상 이견이 있거나 본 약정서에 명기되지 않은 사항에 대해서는 신의성실의 원칙에 따른 상호협의와 통상적인 상관습(례) 또는 관계 법령에서 정한 바에 의거하여 해결한다.

본 계약의 성립을 증명하기 위하여 이 계약서 2통을 작성하고 각각 서명(또는 기명) 날인하여 각각 1통씩 보관한다.

20○○년 ○월 ○일

갑	㊞	사 업 자 등록번호		사 무 소	
				전화번호	
을	㊞	사 업 자 등록번호		사 무 소	
				전화번호	

[서식 416] 가맹점 업무제휴계약서

가맹점 업무제휴계약서

주식회사 ○○○○(이하 "갑"이라 한다)와 ○○○○ 주식회사(이하 "을"이라 한다)는 다음과 같이 ○○○○ 가맹점 업무제휴계약을 체결한다.

제1조【목 적】 본 계약은 상호 공동 이익의 증진을 도모함에 있어 "을"의 신용카드회원(이하 "회원"이라 한다)에 포인트 제공과 관련하여 "갑" 과 "을" 간의 ○○○○ 가맹점 업무제휴 내용을 규정함에 그 목적이 있다.

제2조【용어의 정의】

1. "Top특별포인트"(이하 "포인트"라 한다)는 "갑"이 "을"의 회원이 이용한 신용판매대금에 대해 "갑"과 "을"이 정한 기준에 따라 회원에게 제공키로 한 포인트를 말한다.
2. "회원"이란 "을"이 정한 자격기준에 따라 신용카드를 발급받아 정상적으로 사용할 수 있는 권한을 부여받은 자를 말한다.

제3조【업무제휴 내용】

1. "갑"은 신용판매대금의 일정비율을 "을"에게 포인트로 제공하며, "을"은 동 포인트를 회원에게 적립한 후, 회원의 요청에 따라 포인트를 지급하기로 한다.
2. "갑"은 포인트를 제공하는 시점에서 포인트에 대한 일체의 권리관계가 "을"과 "회원"에게 이전됨에 동의한다.
3. "을"은 "갑"이 제공한 포인트를 회원에게 적립하기 위하여 필요한 각종 세부운영업무를 담당한다.
4. "갑"은 제공된 포인트에 대해 "을"과 ○○○○ TOP가맹점 업무제휴계약을 약정한 모든 가맹점에서 사용하는데 동의하고, 업무의 관리 목적상 포인트를 사용할 수 있는 가맹점을 지정할 권리는 "을"에게 있음을 이해하고, 이에 이의를 제기하지 않는다.

제4조【대상회원】 본 계약의 적용을 받는 대상 회원은 "을"의 모든 회원으로 한다.

제5조【포인트 제공율 및 정산방식】

1. "갑"은 "을"의 회원이 이용한 신용판매대금의 ○%를 포인트로 제공한다.
2. 전항의 포인트 정산은 "갑"의 신용판매대금 입금시 가맹점 수수료와 함께 선공제 하는 것을 원칙으로 한다.
3. "을"은 "갑"의 요청이 있을시 포인트 공제내역 및 회원의 사용진위 확인 등 필요한 자료를 제공키로 한다.

제6조【홍 보】 "을"은 "갑"과의 업무제휴 내용을 자체 매체(가맹점홍보지, 회원홍보지, 사내홍보지, 회원가입신청서, 포스터 등)를 통해 지속적으로 홍보키로 한다.

제7조【기타 업무】 본 계약서의 "○○○○"와 직접적인 관련이 없는 일반적인 신용판매 거래

에 관한 사항은 "갑"과 "을"간의 가맹점약관에 따라 처리한다.

제8조【사후 관리】 "갑"은 "갑"의 직원에 대하여 지속적인 교육을 통해 "을"의 회원이 불편없이 신용카드를 사용할 수 있도록 지원한다.

제9조【신의 성실】 "갑"과 "을"은 동 계약의 이행에 있어 상호 이미지와 명성을 손상시키는 일체의 행위를 하여서는 안되며 상호 계약내용을 신의 성실하게 이행하여야 한다.

제10조【변동사항 통보】

1. "갑"은 영업정보(상호, 주소, 대표자, 사업자등록번호, 전화번호 등)의 변동이 있을시 이를 즉시 "을"에게 반드시 통보하여야 한다.
2. "갑"과 "을"은 전항의 변동사항 이후에도 동 계약은 계속 유효한 것으로 한다.

제11조【기밀 유지】 "갑"과 "을"은 본 계약서상의 업무와 관련하여 알게 된 상대방의 영업상 기밀 및 고객정보에 대하여 상대방의 서면 동의 없이 제3자에게 유출하거나 계약서상의 업무 이외의 목적으로 이용 하여서는 않되며, 이를 위반하여 발생하는 모든 손해에 대해서는 그 위반 책임이 있는 자가 민, 형사상의 모든 책임을 진다.

제12조【계약의 유효기간】 본 계약의 유효기간은 20○○년 ○월 ○일부터 20○○년 ○월 ○일까지로 한다. 단, 계약만료일 ○개월 전까지 상대방에게 서면에 의한 별도 해지통보가 없을 시에는 동일 조건으로 매 ○년씩 자동 연장하는 것으로 본다.

제13조【계약의 해지】

1. "갑"과 "을"은 다음 각 호의 사유가 발생한 경우에는 계약기간에 관계없이 서면으로 본 계약을 해지할 수 있으며 해지의 효력은 해지일자로 한다.
   가. 본 계약의 책임사항 및 의무이행을 현저히 태만하거나 지연하여 상대방의 영업활동에 지장을 초래한 경우
   나. 파산, 화의, 부도처리, 회사정리절차 등 관계법령상의 하자발생으로 그 신용에 위험이 있어 계약의 정상적인 이행이 곤란하다고 판단되는 경우
   다. 일방의 고의 또는 과실로 인하여 상대방에게 손해가 발생한 경우
   라. 기타 본 계약을 이행하기 어려운 중대한 사유가 발생한 경우
2. "갑"은 본 계약이 해지된 경우에도 기적립된 포인트에 대한 일체의 권리를 주장할 수 없다.
3. 전 1항의 해지로 인하여 상대방에게 손해가 발생한 경우에는 상호 협의하여 그 손해액을 산정하고 산정된 손해액 전액을 배상하여야 한다.

제14조【계약의 해석】 본 계약에서 정하지 않은 사항이나 해석상 내용이 불분명한 사항에 대해서는 가맹점 약관을 준용하며, 그 외의 사항은 관계법령 및 일반 상관례에 따라 상호 호혜적 입장에서 협의하여 결정한다.

제15조【기　타】

1. 전 제5조 제1항에도 불구하고 "을"과 무이자할부특약을 기체결한 경우에는 일시불 신용판매대금에 한하여 포인트를 제공키로 한다.
2. 본 계약서에서 정한 사항 이외 추가 협의사항은 별도 협약서로 처리한다.

본 계약의 성립을 증명하기 위하여 이 계약서 2통을 작성하고 각각 서명(또는 기명) 날인하여 각각 1통씩 보관한다.

20○○년 ○월 ○일

갑	㊞	사 업 자 등록번호		사 무 소	
				전화번호	
을	㊞	사 업 자 등록번호		사 무 소	
				전화번호	

[서식 417] 전속방송출연계약서

전속방송출연계약서

__________(이하 "갑"이라 한다)와 __________방송국(이하 "을"이라 한다)은 방송의 전속출연과 관련하여 다음과 같이 체결한다.

제1조【정 의】 본 계약에 있어서의 용어의 정의는 다음과 같다.

1. '계약'이라 함은, 본 계약 이외에 첨부 또는 수정되는 계약 일체를 말한다.
2. '방송'이라 함은, 아래에서 규정하는 드라마, TV 등의 방송프로그램을 의미한다.
   방송프로그램의 표시
   (1) 제호(부제) :
   (2) 내 용 :

제2조【목 적】

1. 본 계약은 "을"이 "갑"에게 본 계약에서 규정한 조건에 따라 전속으로 "을"의 방송에 출연을 의뢰하고, "갑"은 본 계약서에서 정하는 바에 따라 전속으로 "을"의 방송에 출연해야 하는 의무를 규정함을 목적으로 한다.
2. 본 계약은 본조 제1항에서 규정하는 목적 달성에 필요하거나 부수되는 모든 업무, 사항 및 활동에 관한 사항들을 포함한다.

제3조【출연 기간 및 의무】

1. "갑"은 계약체결일로부터 ___년 __월 __일까지(____분 × ___회)출연한다.

2. "갑"은 본인의 귀책사유가 없는 불가항력의 경우를 제외하고, "을"의 사전 동의 없이 출연을 중단 또는 출연을 지연하여 "을"의 방송프로그램 제작에 지장을 주어서는 안 된다.
3. "갑"이 출연하는 방송의 시작일, 기간, 시간, 횟수 등의 세부사항은 별도의 약정서에 의한다.

제4조【방송시간 등의 변경】

1. "을"은 "갑"이 출연하는 방송의 시작일, 기간, 시간, 횟수 등을 임의로 변경할 수 있으며, 이러한 변경사항이 발생하는 경우에는 "을"은 "갑"에게 신속하게 이러한 변경사항을 사전에 서면으로 통지한다.
2. 본조 제1항에서 정한 변경사항이 발생하는 경우, "갑"과 "을"은 서로 협의하여 방송시작일, 기간, 시간, 횟수 등에 관한 변경이 가능하다.

제5조【당사자의 의무】

1. "갑"은 다음의 의무를 진다
   가. "갑"은 방송에 출연함에 있어서 가능한 한 "을"의 의사를 존중하기로 한다.
   나. "갑"은 연예인으로서 최선의 노력을 통한 재능과 자질을 발휘하여 자기 발전을 도모함은 물론, 공인으로서 명예와 명성을 소중히 하여야 한다.
   다. "갑"은 본 계약의 방송이 종료되기까지는 다른 방송사업자와 출연계약을 체결할 수 없다.
   라. "갑"은 계약기간 중 계약에 반하는 어떠한 형태의 출연거부를 할 수 없다.
   마. "갑"은 본인의 책임으로부터 야기되는 "을"의 불이익에 대해서는 책임지며, "을"의 독점적 권리를 침해하는 활동을 하지 않으며, "을"의 이익을 보호하기 위한 적절한 법적 조치를 취한다.
2. "을"은 다음의 의무를 진다.
   가. "을"은 "갑"이 방송에 출연함에 있어서 "갑"의 예술가적인 주장이나 조언을 존중하여야 한다.
   나. "을"은 본 계약서에서 규정하고 있는 "갑"의 권리를 보호하기 위하여 성실히 책임을 이행해야 할 의무를 진다.
   다. 방송의 상영에 관한 상항으로 방송 관례에 따라 적절한 방법으로 "갑"의 방송출연(credit)이 표시되어야 한다. 방송의 홍보물이나 신문광고 등에는 "갑"의 실명 또는 필명이나 예명을 명시한다.
   라. "을"은 프로그램 편성상 방송프로그램이 폐지되거나, "갑"의 부득이한 사정으로 출연이 불가능하다고 인정되는 경우, "갑"과 협의하여 적절한 조치를 취한다.
   마. "을"은 "갑"의 재능과 자질이 잘 발휘될 수 있는 방송을 기획 제작하도록 최선을 다한다.

제6조【출연료】

① "을"은 "갑"에게 본 계약에 따른 전속계약료로 _______원(회당 _____원 × ___회)을 지급한다.

② 야외 촬영 시 "을"은 별도로 "갑"에게 "을"의 제작비규정에서 정한 야외 수당을 지급

한다.

제7조【권리의 귀속】

1. 본 계약과 관련하여 "갑"이 제공한 아이디어, 제안, 캐릭터의 설정, 기타 모든 용역의 결과물은 "을"에게 귀속된다.
2. "을"은 본 계약에 따라서 제작한 방송프로그램으로부터 발생 및 파생 가능한 직접적, 간접적인 모든 지적 재산권의 유일하고, 독점적인 권리자가 된다.

제8조【계약의 수정 및 변경】

1. "갑"과 "을"은 법령의 개정 및 기타 사유로 인하여 본 계약의 일부 또는 전부를 수정 변경할 필요가 있을 때에는 그 상대방에게 통보하고 본 계약의 조속한 개정에 임해야 한다.
2. 본 계약에 관한 수정 및 변경은 "갑"과 "을"이 합의한 사항으로서 문서로서 작성한다.

제9조【계약의 해제 및 해지】

1. "갑"과 "을"은 그 상대방이 본 계약의 전부 또는 일부를 행하지 않을 경우에 __일 이상의 기간을 정하여 그 이행을 최고하고 그 기간 내에 이행하지 아니하는 때에는 계약을 해제 또는 해지할 수 있다.
2. 전 항의 규정에 의하여 계약의 해지를 통보한 경우에는 그 상대방이 통보를 받은 때에 해지된 것으로 본다.
3. 본 계약은 다음의 각 조의 경우에도 서면통지 방식으로 해제 또는 해지할 수 있다.
   가. 법원의 명령에 의하여 본 계약의 전부 또는 중요한 일부가 수행될 수 없으며 그러한 명령을 받은 날로부터 일 이내에 다른 적법한 해결방법을 당사자들이 합의할 수 없는 경우에는, 일방당사자에 의하여 계약을 해제 또는 해지할 수 있다.
   나. 당사자들이 계약의 종료를 합의한 경우
4. "갑"은 다음 각 호의 사유로 이 계약을 해제 또는 해지할 수 있다.
   가. "을"이 "갑"의 신용과 명예를 훼손한 경우
   나. "을"이 이 계약을 고의로 위반한 경우
5. "을"은 다음 각 호의 사유로 이 계약을 해제 또는 해지할 수 있다. 단, "갑"이 건강상의 이유로 이 계약의 이행을 하지 못하는 경우에는 "을"은 이 계약을 해제 또는 해지하기 전에 합의된 예고기간을 두어야 한다.
   가. "갑"이 건강상이나 기타의 이유로 이 계약에 따른 의무를 이행하지 못할 경우
   나. "갑"이 공인으로서 사생활이 불건전하거나 기타 품행이 나쁜 경우
   다. "갑"이 "을"의 신용과 명예를 훼손한 경우
   라. "갑"이 본 계약을 고의로 위반한 경우

제10조【비밀유지】

1. 본 계약의 당사자는 아래에 열거하는 사항을 제외하고는 다른 당사자가 갖는 기밀정보를 제3자에게 공개하거나 누설하지 못한다.
   가. 기밀정보를 제공한 당사자가 사전에 서면으로 동의한 경우
   나. 어느 당사자의 누설이 아니더라도, 일반인에게 이미 공개된 경우
2. 본 조항의 의무는 본 계약이 종료된 이후에도 지속적으로 유효하다.

제11조【손해배상】

1. "갑"과 "을"은 본 계약사항을 수행함에 있어서, 어느 당사자의 귀책사유로 인하여 상대방 당사자에게 손해를 발생시킨 경우에는, 그러한 손해를 배상하여야 할 의무가 발생하며, 본 계약의 어느 조항도 상대방 당사자가 그러한 권리를 법으로 규정하는 모든 유효한 구제수단을 통하여 주장할 수 있는 권리를 배제할 수 없다
2. 제9조 제4항 각 호의 1에 해당하는 경우 "을"은 "갑"에 대하여 "갑"이 이 계약의 해제 또는 해지로 인하여 입게 된 모든 손해를 배상하여야 한다. 단, 위 계약의 해제 또는 해지사유가 "을"의 귀책사유에 의한 것이 아닌 경우에는 그러하지 아니한다.
3. 제9조 제5항 각 호의 1에 해당하는 경우 "갑"은 "을"에 대하여 "을"이 이 계약의 해제 또는 해지로 인하여 입게 된 모든 손해를 배상하여야 한다. 단, 위 계약의 해제 또는 해지사유가 "을"의 귀책사유에 의한 것이 아닌 경우에는 그러하지 아니한다.
4. "갑"이 제9조 제5항을 위반하여 "을"에게 손해를 입게 한 경우 "갑"은 "을"에 대하여 그 모든 손해를 배상하여야 한다.
5. "갑"이 본 계약을 위반하여 "을"에게 피해가 발생한 경우, "을"은 손해배상을 청구할 수 있다.

제12조【불가항력】

1. 불가항력만으로 인하여 본 계약의 어떤 의무를 불이행하거나 지체한 경우, 이는 본 계약의 위반으로 간주하지 아니한다. 다만, 본 계약을 이행하지 못하는 당사자는 그 불가항력을 야기하지 않았어야 하고, 그러한 불가항력을 회피하거나 그 효과를 개선하기 위하여 합리적인 노력을 하였어야 하며, 본 계약의 규정을 가능한 충분히 이행하도록 계속적으로 그 능력 범위 내의 모든 조치를 취하였어야 한다.
2. 사고의 성질상 불가능한 경우를 제외하고, 불가항력에 처한 당사자는 그 불가항력이 발생한 후 ___주 이내에 서면으로 상대방 당사자에게 이를 통지하여야 하며, 모든 경우에 있어서 그 상황하에서 합리적이고 적법한 범위 내에서 가능한 한 신속히 그 원인을 제거하거나 치유하도록 최선의 노력을 다하여야 한다.

제13조【분쟁의 해결】 본 계약에 의하여 분쟁이 발생시, _______지방법원을 제1심 전속 관할법원으로 한다.

제14조【기 타】

1. 법원의 결정에 의하여 본 계약의 일부조항이 무효로 결정되더라도 본 계약의 효력에는 영향을 미치지 않는다.
2. 비록 당사자가 권리를 집행하지 않더라도, 그 당사자가 서면으로 그러한 포기의사를 표명하지 않는 한, 권리의 포기로 간주하지 않는다.
3. 어느 당사자도 본 계약상의 권리와 의무를 다른 당사자의 서면동의 없이는 양도할 수 없으며, 이는 승계인에게도 적용된다.
4. 본 계약은 모든 당사자의 서면동의에 의하여 변경이 가능하다.
5. 본 계약은 종전의 어떠한 계약과 관계없이 유효하다.
6. 본 계약에 의하여 당사자들은 어떠한 대리관계가 설정되지 않으며, 다른 당사자를 대신하여 또는 당사자의 명의로 어떠한 계약이나 채무도 체결하거나 인수할 수 없다.

7. 당사자들은 본 계약에 정하지 아니한 사항이나 문제가 발생할 경우에는 성의를 가지고 상호 협의하여 해결에 노력하여야 하며, 본 계약에 정한 사항을 신의를 가지고 성실히 이행하여야 한다.

계약서는 갑, 을이 계약서에 서명 날인함으로써 유효하고 이를 증명하기 위해 계약서 2통을 작성하고 각각 서명 날인하여 1통씩 보관한다.

20○○년 ○월 ○일

갑	㉠	주 소	
을	㉠	주 소	

[서식 418] 장소사용계약서

장소사용계약서

__________(이하 “갑”이라 한다)와 __________(장소 주인, 이하 “을”이라 한다)은 장소의 대여와 관련하여 다음과 같이 합의한다.

제1조【정 의】 본 계약에 있어서의 용어의 정의는 다음과 같다.

1. ‘장소’라 함은 “을”이 소유한 ___________ 위치한 ___________를 의미한다.
2. ‘방송’이라 함은 “갑”이 제작하는 방송 프로그램을 의미한다.

제2조【목 적】

1. 본 계약은 “을”이 소유한 장소를 “갑”이 방송제작의 목적으로 방송의 촬영을 진행하는 사항에 관하여 규정함을 목적으로 한다.
2. 본 계약은 제1항에서 규정하는 목적달성에 필요하거나 부수되는 모든 업무, 사항 및 활동에 관한 사항들을 포함한다.

제3조【계약기간】 본 계약은 계약체결일로부터 20___년 __월 __일까지 유효하다. 계약기간 동안 “갑”은 방송의 촬영에 필요한 방송세트, 도구 등을 장소에서 사용할 수 있다.

제4조【사용허락】 “갑”은 “을”의 장소를 사용함에 있어 다음과 같은 사항들을 준수하여야

한다.

1. "갑"은 "을"의 장소를 사용함에 있어 "을"의 기물을 파손하지 않도록 최선을 다하여야 한다.
2. "갑"은 계약기간의 종료 후 "을"의 장소를 사용 전의 상태대로 복구하여야 한다.
3. "갑"은 "을"의 피해보상을 대비하기 위한 적절한 보험에 가입하여야 한다.
4. 계약기간 중 방송의 촬영을 위하여 장소를 사용하던 중 제3자가 상해 및 피해를 입은 경우, "을"에게 발생할 수 있는 법적 소송에 대한 책임은 "갑"이 진다.

제5조【권리의 귀속】

1. 본 계약이 일컫는 장소에서 "갑"이 촬영한 사진, 비디오 등의 저작권에 대한 소유권은 "갑"에게 있다.
2. "갑"은 본조 제1항에서 의미하는 저작권의 방송, 복사, 배급, 판매 등에 관한 독점적 권리를 갖는다.
3. 본조 제2항과 관련하여 "을" 혹은 "을"의 대리인은 어떠한 법적 소송이나 청구를 할 수 없다.

제6조【보증사항】 "을"은 다음과 같은 사항들을 보증한다.

1. "을"은 본 계약에서 의미하는 장소의 소유주이다.
2. "을"은 "갑"에게 장소의 사용을 허가할 수 있는 적법한 권리가 있다.
3. "을" 혹은 "을"의 양도인은 "갑"의 방송 촬영과 관련하여 "갑" 혹은 "갑"의 양도인, "갑"이 사용권을 부여한 자를 상대로, 권리의 침해에 대한 법적소송 혹은 청구를 할 수 없다.
4. "을"은 "갑"이 방송을 제작하기 위하여 장소를 사용하며, 장소는 방송을 통하여 공개된다는 것을 인지하고 승인한다.

제7조【사용료의 지급】

1. "을"이 "갑"에게 지급해야 할 사용료의 산정 및 지급시기 등 세부사항은 별도의 협정서 및 약정서에 의한다.
2. "을"은 저작물의 사용료를 "갑"이 지정하는 방법으로 지급한다.

제8조【계약의 해제 및 해지】

1. "갑"과 "을"은 그 상대방이 본 계약의 전부 또는 일부를 행하지 않을 경우에는 ___일 이상의 기간을 정하여 그 이행을 최고하고 그 기간 내에 이행하지 아니하는 때에는 계약을 해제 또는 해지할 수 있다.
2. 전 항의 규정에 의하여 계약의 해지를 통보한 경우에는 그 상대방이 통보를 받은 때에 해지된 것으로 본다.
3. 본 계약은 다음의 각 조의 경우에도 서면통지 방식으로 해제 또는 해지할 수 있다.
   가. 법원의 명령에 의하여 본 계약의 전부 또는 중요한 일부가 수행될 수 없으며 그러한 명령을 받은 날로부터 ___일 이내에 다른 적법한 해결방법을 당사자들이 합의할 수 없는 경우
   나. 당사자들이 계약의 종료를 합의한 경우

제9조【손해배상】 "갑"과 "을"은 본 계약사항을 수행함에 있어서, 어느 당사자의 귀책사유로

인하여 상대방 당사자에게 손해를 발생시킨 경우에는, 그러한 손해를 배상하여야 할 의무가 발생하며, 본 계약의 어느 조항도 상대방 당사자가 그러한 권리를 법으로 규정하는 모든 유효한 구제수단을 통하여 주장할 수 있는 권리를 배제할 수 없다.

제10조【분쟁의 해결】 본 계약에 의하여 분쟁이 발생시, ＿＿＿＿＿지방법원을 제1심 전속 관할법원으로 한다.

제11조【기 타】

1. 법원의 결정에 의하여 본 계약의 일부조항이 무효로 결정되더라도 본 계약의 효력에는 영향을 미치지 않는다.
2. 비록 당사자가 권리를 집행하지 않더라도, 그 당사자가 서면으로 그러한 포기의사를 표명하지 않는 한, 권리의 포기로 간주하지 않는다.
3. 어느 당사자도 본 계약상의 권리와 의무를 다른 당사자의 서면동의 없이는 양도할 수 없으며, 이는 승계인에게도 적용된다.
4. 본 계약은 모든 당사자의 서면동의에 의하여 변경이 가능하다.
5. 본 계약은 종전의 어떠한 계약과 관계없음이 유효하다.
6. 본 계약에 의하여 당사자들은 어떠한 대리관계가 설정되지 않으며, 다른 당사자를 대신하여 또는 다른 당사자의 명의로 어떠한 계약이나 채무도 체결하거나 인수할 수 없다.
7. 당사자들은 본 계약에 정하지 아니한 사항이나 문제가 발생할 경우에는 성의를 가지고 상호 협의하여 해결에 노력하여야 하며, 본 계약에 정한 사항을 신의를 가지고 성실히 이행하여야 한다.

본 계약서는 갑, 을이 계약서에 서명 날인함으로써 유효하고 이를 증명하기 위해 계약서 2통을 작성하고 각각 서명 날인하여 1통씩 보관한다.

20○○년 ○월 ○일

갑	㊞	주 소	
을	㊞	주 소	

[서식 419] 영상저작물 외주계약서

영상저작물 외주계약서

________방송사(이하 "갑"이라 한다)와 ________제작사(이하 "을"이라 한다)는 방송프로그램의 제작 및 공급과 관련하여 다음과 같이 체결한다.

제1조【정 의】 본 계약에서 '프로그램'이라 함은 본 계약의 제3조에서 규정하는 방송프로그램을 의미한다.

제2조【목 적】 "갑"은 프로그램의 방송을 위하여 "을"에게 프로그램제작에 관련된 일을 위임하는 사항에 관하여 규정함을 목적으로 하며, 목적달성에 필요하거나 부수되는 모든 업무, 사항 및 활동에 관한 사항들을 포함한다.

제3조【제작내용】

1. 프로그램명
   (1) 메인타이틀 :
   (2) 서브타이틀 :
2. 형 식
   스튜디오 카메라 ( ) ENG ( ) ( ) mm ( )
3. 제작편수
   편당 ____분물 ____편(단, "갑"의 사정에 따라 변동될 수 있음)
4. 스태프
   (1) 연 출 :
   (2) 작 가 :
   (3) 음 악 :
5. 소 재
   ____분물 Beta Tape ____개, VHS Tape ____개

제4조【제공방법】

1. 방송일자 : ______년 ___월 ___일
2. 제공일자 : 방송 ___일전
3. 제공장소 : _____방송 사옥

제5조【보 증】

1. "을"은 본 계약에 합의, 체결할 수 있는 모든 권리와 허락권이 있으며, 다음과 같이 보증한다.
   가. 제공될 프로그램이 "을"의 고유한 창작물일 것과 그 프로그램의 전체 혹은 부분들이 다른 곳에서 복제하지 않았을 것

나. 제공될 프로그램이 제3자의 어떠한 저작권도 침해하지 않으며, 초상권침해, 명예훼손 등 대한민국 법령에 위배되지 않을 것

다. 제공한 소재들을 "갑"이 문제없이 사용할 수 있도록 관련 권리, 허가 그리고 라이선스 등을 취득하여 "갑"에게 제공할 것

2. 본조 제1항과 관련하여 분쟁이 발생하는 때에는 "을"은 자기의 책임과 비용으로 이를 해결하며 "갑"은 이에 협력한다.
3. 본조 제1항의 보증이 허위임으로 인하여 "갑"에게 손실이 발생하는 경우, "을"은 "갑"의 손실을 대신 변상할 의무를 진다.

제6조【대가지급】

1. 본 계약과 관련하여 "갑"은 "을"에게 __________원을 지급한다.
2. "을"은 "갑"이 청구서를 발송한 날로부터 ___일 이내에 "갑"에게 대가를 지불한다.

제7조【권리의 귀속】

1. 갑은 제작된 프로그램의 독점적 권리를 갖는다.
2. 본조 제1항에서 독점적 권리라 함은 방송 및 영상, 음악에 관한 저작권과 그 외 방송의 후속편, 리메이크 등을 포함하는 부수적 제작의 총체적, 독점적 권리를 포괄한 저작권 및 방송의 배포 및 홍보를 포함한 모든 권리를 말한다.
3. 갑은 프로그램의 제작과 관련하여 필요한 모든 승인 및 결정에 관한 사항 및 프로그램제작과 관련된 법적 소송 및 청구 등에 관한 사항에 대하여 최종적 결정권을 갖는다.
4. 본 계약에 의하여 발생할 수 있는 세부적 권리는 <별지>에 기재한다.

제8조【비밀유지】

1. 본 계약의 당사자는 아래에 열거하는 사항을 제외하고는 다른 당사자가 갖는 기밀정보를 제3자에게 공개하거나 누설하지 못한다.

가. 기밀정보를 제공한 당사자가 사전에 서면으로 동의한 경우

나. 어느 당사자의 누설이 아니더라도, 일반인에게 이미 공개된 경우

2. 본 계약이 종료되거나 해제되는 경우, 양당사자들은 상대방 당사자의 비밀에 관련된 자료를 되돌려 주어야 하는 의무를 부담한다.
3. 본 계약의 수행에 필요한 경우를 제외하고는, 어느 일방 당사자도 상대방 당사자의 비밀에 관련된 자료를 복사하여 소지할 수 없다.
4. 본 조항의 의무는 본 계약이 종료된 이후에도 지속적으로 유효하다.

제9조【당사자의 책임한계】

1. "갑"은 본 계약의 체결, 이행과 관련하여, "갑"에 의한 본 계약의 위반 등에 대하여 발생하는 손실, 소송, 피해청구 등에 대해서 "을"이 책임을 전혀 지지 않도록 보장하여야 할 의무를 지며, "갑"은 그러한 손실, 소송, 피해청구 등으로부터 "을"의 이익을 보호하기 위한 적절한 법적 조치를 취한다.
2. 본조 제1조의 규정에 따라 "을"의 책임은 본 계약에서 약정한 자금의 한도액에 한하며, 그 이상의 어떠한 책임도 지지 않으며, "갑"은 이러한 책임한계를 보호하기 위한 최대한의 적절한 조치를 취한다.

제10조【계약의 해제】

1. 갑 및 을은 상대방이 본 계약의 조항을 위반한 경우, ___일 이내에 이를 최고하고 그 기간 내에 해당위반이 시정되지 않을 시에는 본 계약을 해제할 수 있다.
2. 상대방에게 다음 각 호에 해당하는 사유가 발생했을 경우, 갑 및 을은 최고 등의 철차 없이 즉시 본 계약을 해제할 수 있다.
   가. 수표, 어음이 부도처리를 받는 등 지불정지상태에 이르렀을 경우
   나. 압류, 가압류, 가처분, 경매 또는 강제집행신청을 받은 경우
   다. 파산, 화의, 정리 혹은 회사 갱생절차개시신청을 받거나, 또는 스스로 이와 같은 신청을 한 경우
   라. 기타 당사자 간의 신뢰관계를 상당히 해치는 등 본 계약을 지속시키기 어려운 중대한 사유가 발생한 경우
3. "을"의 작업수준에 만족하지 못하거나, 작업수준이 부적격하다고 판단되는 경우. 다만, "갑"은 "을"에게 "을"이 제공한 만큼의 보수를 제공한 후 본 계약을 해제할 수 있다.
4. 당사자들이 계약의 종료를 합의한 경우에 계약을 해제할 수 있다.

제11조【손해배상】

1. "갑"과 "을"은 본 계약사항을 수행함에 있어서, 어느 당사자의 귀책사유로 인하여 상대방 당사자에게 손해를 발생시킨 경우에는, 그러한 손해를 배상하여야 할 위무가 발생하며, 본 계약의 어는 조항도 상대방 당사자가 그러한 권리를 법으로 규정하는 모든 유효한 구제수단을 통하여 주장할 수 있는 권리를 배제할 수 없다.
2. "갑"의 귀책사유로 본 계약이 더 이상 수행될 수 없고, 제10조에 의하여 본 계약이 해지된 경우, "을"은 "갑"에게 지급한 자금의 반환을 청구할 수 있다.
3. "갑"이 자금의 반환을 하기 어려운 경우, 반환청구일로부터 ___일 이후에 "을"은 "갑"에게 프로그램의 저작권에 대한 독점적 이용허락을 요구할 수 있으며, "갑"은 필요한 조치를 취하여야 한다.

제12조【불가항력】

1. 불가항력만으로 인하여 본 계약의 어떤 의무를 불이행하거나 지체한 경우, 이는 본 계약의 위반으로 간주하지 아니한다. 다만, 본 계약을 이행하지 못하는 당사자는 그 불가항력을 야기하지 않았어야 하고, 그러한 불가항력을 회피하거나 그 효과를 개선하기 위하여 합리적인 노력을 하였어야 하며, 본 계약의 규정을 가능한 충분히 이해하도록 계속적으로 그 능력 범위내의 모든 조치를 취하였어야 한다.
2. 사고의 성질상 불가능한 경우를 제외하고, 불가항력에 처한 당사자는 그 불가항력이 발생한 후 ___주 이내에 서면으로 상대방 당사자에게 이를 통지하여야 하며, 모든 경우에 있어서 그 상황하에서 합리적이고 적법한 범위 내에서 가능한 한 신속히 그 원인을 제거하거나 치유하도록 최선의 노력을 다하여야 한다.

제13조【분쟁의 해결】 본 계약에 의하여 분쟁이 발생시, _______지방법원을 제1심 전속 관할법원으로 한다.

제14조【기 타】

1. 법원의 결정에 의하여 본 계약의 일부조항이 무효로 결정되더라도 본 계약의 효력에는

영향을 미치지 않는다.
2. 비록 당사자가 권리를 집행하지 않더라도, 그 당사자가 서면으로 그러한 포기의사를 표명하지 않는 한, 권리의 포기로 간주하지 않는다.
3. 어느 당사자도 본 계약상의 권리와 의무를 다른 당사자의 서면동의 없이는 양도할 수 없으며, 이는 승계인에게도 적용된다.
4. 본 계약은 모든 당사자의 서면동의에 의하여 변경이 가능하다.
5. 본 계약은 종전의 어떠한 계약과 관계없이 유효하다.
6. 본 계약에 의하여 당사자들은 어떠한 대리관계가 설정되지 않으며, 다른 당사자를 대신하여 또는 다른 당사자의 명의로 어떠한 계약이나 채무도 체결하거나 인수할 수 없다.
7. 당사자들은 본 계약에 정하지 아니한 사항이나 문제가 발생할 경우에는 성의를 가지고 상호 협의하여 해결에 노력하여야 하며, 본 계약에 정한 사항을 신의를 가지고 성실히 이행하여야 한다.

계약서는 갑, 을이 계약서에 서명 날인함으로써 유효하고 이를 증명하기 위해 계약서 2통을 작성하고 각각 서명 날인하여 1통씩 보관한다.

20○○년 ○월 ○일

갑	㊞	주 소	
을	㊞	주 소	

[서식 420] 비디오배급계약서

비디오배급계약서

________(이하 “갑”이라 한다)와 ________(이하 “을”이라 한다)는 “갑”의 프로그램을 일정한 지역의 범위에서 “을”이 독점적으로 배급할 수 있는 권리에 대하여 다음과 같이 계약을 체결한다.

제1조【정 의】 본 계약에 있어서의 용어의 정의는 다음과 같다.
1. ‘프로그램’이라 함은 다음에서 규정하는 방송프로그램을 계약서에서 인정하는 방법을 통해 복제된 비디오프로그램을 의미한다.

프로그램의 내용 :

(1) 제 목 :

(2) 형 식 : 분용

2. '원본'이라 함은 "갑"과 "을"이 동의한 최종프로그램으로서, 복제본의 제작을 위해 배급자에게 인도되는 비디오프로그램을 의미한다.
3. '로열티'라 함은, 본 계약에 대한 대가로 "갑"에게 지급되는 저작권료를 의미한다.
4. '수익'이라 함은, 프로그램의 판매, 대여, 사용허가 등을 통해 "을"이 직접적으로 받게 되는 총금액에서 고객이나 하위 배급자에게 환불해준 총액수를 공제한 금액을 의미하며, 이러한 수익에는 세금, 포장비, 보험금, 배달비 등 프로그램의 배급을 위해 사용되는 경비내역은 포함되지 않는다.

제2조【목 적】 본 계약은 프로그램의 저작권을 소유하는 "갑"이 "을"에게 일정한 지역의 범위에서 프로그램을 독점적으로 배급할 수 있는 권리를 부여하는 사항에 관하여 규정함을 목적으로 하며, 목적달상에 필요하거나 부수되는 모든 업무, 사항 및 활동에 관한 사항들을 포함한다.

제3조【계약기간 및 배급지역】

1. 본 계약은 ______년 ___월 ___일부터 ______년 ___월 ___일까지 유효하다.
2. 본 계약의 배급허가 지역은 <별첨>에서 규정한다.

제4조【권리의 허가】

1. "갑"은 "을"에게 계약기간 동안 원본의 비디오테이프 및 DVD로의 복제를 허용하며 계약서의 명시된 배급영역 범위 이내에서의 판매, 대여 및 배급을 허용한다.
2. "을"은 비디오 및 DVD를 배급하기 위해 프로그램의 이름 및 음향 효과를 사용할 수 있으며, 광고, 판촉 활동 및 행사를 진행할 수 있다.
3. "을"의 권리에 대한 일부 또는 전부를 다른 개인 및 단체에게 양도 또는 사용을 허락하는 계약은 반드시 "갑"의 사전 서면동의를 얻어야 가능하다.
4. 본 계약서에서 구체적으로 명시되지 않는 한 다음 사항에 대해서는 "갑"이 그 권리를 갖는다.

   가. 프로그램을 판매권

   나. 방송매체, 케이블, 위성중계 및 인터넷 등의 복제, 방송, 전송 등을 통하여 프로그램을 방영할 권리

제5조【원본의 인도】 "갑"은 "을"에게 20__ 년 __월 __일까지 프로그램의 원본을 인도한다.

제6조【저작권의 명시】

1. 프로그램의 저작권과 소유권은 "갑"에게 있다.
2. "갑"의 저작권의 소유사항은 원본에 명시된다.
3. "을"이 복제본을 배급하는 경우, 반드시 저작권과 소유권이 명시된 원본의 복제본을 배급한다.

제7조【프로그램의 변경 등】

1. "을"은 어떠한 경우에도 "갑"의 사전 서면동의 없이는 프로그램을 변경, 편집, 삭제, 첨부,

변형할 수 없다.

2. "갑"은 "을"의 동의 없이도 프로그램의 변경 등에 대한 종전의 허가를 취소할 수 있다.

제8조【로열티의 지급방법】

1. "을"과 "갑"에게 지급해야 할 금액의 산정 및 지급 등에 관하여는 다음과 같이 정한다.
   가. "을"은 "갑"에게 계약금으로 금 ______원을 지급한다. 그 중 금 ________원은 본 계약서가 성립된 즉시, 그리고 나머지 금 _____원은 제5조에 따라 원본이 전달되는 즉시 지급한다.
   나. 계약금은 본 계약서에 의해 지불되는 로열티와는 별도로 지급된다.
   다. 본 계약서에 의해 지급된 계약금은 지불될 로열티의 전체 혹은 부분으로서 반환될 수 없다.
2. "을"은 "갑"에게 프로그램의 배급으로 인한 수익의 ___%를 로열티로 지급한다.
3. "을"은 로열티의 __% 범위 이내에서 당 회계년 기간 동안에 발생할 수 있는 환불 요구 등을 대비하기 위해 로열티의 지급을 연기할 수 있다.
4. 본조 제3항의 사항으로 지급이 연기된 경우라 할지라도, 해당사항의 회계자료에 대한 감사기간 전까지 로열티는 지급되어야 한다.

제9조【로열티의 지급면제】

1. 결함이 있는 비디오의 교환 및 홍보용 비디오의 배급은 제8조의 수익에 포함되지 않는다.
2. 홍보용으로 신문사, 방송사, 판매점 등에 무료로 배급된 비디오가 ____개 미만일 경우, "을"은 "갑"에게 이러한 홍보용 비디오에 대한 로열티를 지급할 의무가 면제된다.
3. 홍보용 비디오가 ____개 이상 배급될 경우, 추가되는 숫자의 비디오에 대하여 "을"은 "갑"에게 현재 시중 판매가의 ___%를 지불한다.

제10조【판매의무】

1. "을"은 원본을 받은 날로부터 　 개월 이내에 배급을 시작할 수 있도록 최선을 다한다.
2. "을"이 __개월 이내에 배급하지 못하였을 경우, "갑"은 본 계약의 해지를 서면으로 요구할 수 있다.
3. "을"이 "갑"으로부터 계약해지 의사를 서면으로 받은 이후 2개월 이내에 배급하지 못하였을 경우, 본 계약서의 제11조에 따라 계약은 종료되며, "갑"은 본 계약을 근거로 "을"이 지급한 금액을 반환하지 않는다.
4. 다음의 경우 본 계약서의 제12조에 따라 "갑"은 계약을 해제 또는 해지할 수 있다.
   가. "을"이 배급에 노력을 하지 않을 경우
   나. "을"이 약정한 최저 배급량에 도달하지 못한 경우
   다. 회계연도를 단위로 4년 동안, 수익이 약정한 금액에 도달하지 못한 경우

제11조【계약의 해제】

1. 상대방에게 다음 각 호에 해당하는 사유가 발생했을 경우, 갑 및 을은 최고 등의 절차 없이 즉시, 본 계약을 해제할 수 있다.
   가. 수표, 어음이 부도 처리를 받는 등 지불정지상태에 이르렀을 경우
   나. 압류, 가압류, 가처분, 경매 또는 강제집행 신청을 받은 경우

다. 파산, 화의, 정리 혹은 회사 갱생절차개시신청을 받거나, 또는 스스로 이와 같은 신청을 한 경우

라. 기타 당사자 간의 신뢰관계를 상당히 해치는 등 본 계약을 지속시키기 어려운 중대한 사유가 발행한 경우

2. "을"의 작업수준에 만족하지 못하거나, 작업수준이 부적격하다고 판단되는 경우. 다만, "갑"은 "을"에게 "을"이 제공한 서비스만큼의 보수를 제공한 후 본 계약을 해제할 수 있다.
3. 당사자들이 계약의 종료를 합의한 경우에 본 계약을 해제할 수 있다.
4. 제10조에 의하여 "갑"이 계약해지를 통보한 경우에 본 계약을 해제할 수 있다.
5. 계약이 종료된 경우, 본 계약에 명시된 "을"의 권리는 "갑"에게 이전된다.

제12조【복제본의 처분】

1. 본 계약이 종료하는 경우, "갑"은 "을"에게 남아있는 프로그램의 복제본을 구매할 수 있는 우선권이 주어진다. 남은 복제본이 "갑"에게 판매될 경우, 가격은 "을"이 복제본을 만드는데 소요된 가격을 기준으로 한다.
2. "갑"이 우선구매권을 행사하지 않았을 경우, "을"은 계약종료일로부터 ___개월 이내에 복제본을 판매하거나 대여할 수 있다.
3. 계약종료일로부터 ___개월 후 복제본은 폐기 처분한다.

제13조【보 증】

1. "갑"은 아래의 사항을 보증한다.

가. "갑"은 본 계약서에 명시된 권리와 의무를 이행한다.

나. "갑"은 프로그램의 비디오 및 DVD의 배급권을 소유하거나, 또는 배급권자에게 지시를 할 수 있거나, 혹은 배급권자를 대표할 수 있는 자이다.

다. "갑"은 본 계약서에서 "을"의 권리를 침해할 수 있는 다른 계약은 금지된다.

2. "을"은 아래의 사항을 보증한다.

가. "을"은 본 계약서에 명시된 권리와 의무를 이행한다.

나. "을"은 본 계약서에 명시된 권리와 의무를 침해하는 다른 계약은 금지된다.

다. "을"은 "갑"의 권리를 침해하지 않는다.

제14조【손해배상】

1. "갑"과 "을"은 본 계약사항을 수행함에 있어서, 어느 당사자의 귀책사유로 인하여 상대방에게 손해를 발생시킨 경우, 그러한 손해를 배상하여야 할 의무가 발생하며, 본 계약의 어느 조항도 상대방 당사자가 그러한 권리를 법으로 규정하는 모든 유효한 구제수단을 통하여 주장할 수 있는 권리를 배제할 수 없다.
2. 상대방으로 인해 피해를 입는 상황이 발생할 경우, 그 당사자는 상대방에게 즉시 그 사실을 통지해야 한다.
3. 상대방에게 피해가 가는 상황이 발생할 경우, 그러한 상황을 발생하게 한 당사자가 협상을 혹은 금전적 보상을 통하여 피해의 책임을 져야 한다.
4. 피해를 발생하게 한 계약자가 그 사실을 알고도 적절한 조치를 취하지 않을 경우, 피해를 입은 계약자는 본인 혹은 대리인을 통해 상대방으로부터 보상을 요구하도록 한다.

5. 어떤 상황에서도 제3자에게 저작권 혹은 소유권에 관한 청구를 요구할 수 있는 권리는 "갑"에게 있다.

제15조【불가항력】

1. 불가항력만으로 인하여 본 계약의 어떤 의무를 불이행하거나 지체한 경우, 이는 본 계약의 위반으로 간주하지 아니한다. 다만, 본 계약을 이행하지 못하는 당사자는 그 불가항력을 야기하지 않았어야 하고, 그러한 불가항력을 회피하거나 그 효과를 개선하기 위하여 합리적인 노력을 하였어야 하며, 본 계약의 규정을 가능한 충분히 이행하도록 계속적으로 그 능력 범위 내의 모든 조치를 취하였어야 한다.
2. 사고의 성질상 불가능한 경우를 제외하고, 불가항력에 처한 당사자는 그 불가항력이 발생한 후 ___주 이내에 서면으로 상대방 당사자에게 이를 통지하여야 하며, 모든 경우에 있어서 그 상황 하에서 합리적이고 적법한 법위 내에서 가능한 한 신속히 그 원인을 제거하거나 치유하도록 최선의 노력을 다하여야 한다.

제16조【분쟁의 해결】 본 계약에 의하여 분쟁이 발생시, ____지방법원을 제1심 전속 관할법원으로 한다.

제17조【기 타】

1. 법원의 결정에 의하여 본 계약의 일부조항이 무효로 결정되더라도 본 계약의 효력에는 영향을 미치지 않는다.
2. 비록 당사자가 권리를 집행하지 않더라도, 그 당사자가 서면으로 그러한 포기의사를 표명하지 않는 한, 권리의 포기로 간주하지 않는다.
3. 어느 당사자도 본 계약상의 권리와 의무를 다른 당사자의 서면동의 없이는 양도할 수 없으며, 이는 승계인에게도 적용된다.
4. 본 계약은 모든 당사자의 서면동의에 의하여 변경이 가능하다.
5. 본 계약은 종전의 어떠한 계약과 관계없이 유효하다.
6. 본 계약에 의하여 당사자들은 어떠한 대리관계가 설정되지 않으며, 다른 당사자를 대신하여 또는 다른 당사자의 명의로 어떠한 계약이나 채무도 체결하거나 인수할 수 없다.
7. 당사자들은 본 계약에 정하지 아니한 사항이나 문제가 발생할 경우에는 성의를 가지고 상호 협의하여 해결에 노력하여야 하며, 본 계약에 정한 사항을 신의를 가지고 성실히 이행하여야 한다.

계약서는 갑, 을이 계약서에 서명 날인함으로써 유효하고 이를 증명하기 위해 계약서 2통을 작성하고 각각 서명 날인하여 1통씩 보관한다.

20○○년 ○월 ○일

갑	㊞	주 소	
을	㊞	주 소	

[서식 421] 게임공동개발계약서

게임공동개발계약서

__________(이하 "갑"이라고 한다)와(과) __________(이하 "을"이라고 한다)는 ______________게임의 공동개발에 하여 다음과 같이 계약을 체결한다.

제1조【계약의 내용】 "갑"과 "을"이 개발하는 게임의 내용은 다음과 같다.

1. 제 목 :
2. 운영체제 플랫폼 :
3. 장 르 :
4. 게임의 진행 방식 :
5. 총 제작기간 : ____개월

제2조【적용 범위】

1. 제1조의 게임 내용은 "갑"과 "을"의 상호 합의하에 필요한 경우 일부 변경 및 개작을 할 수 있으며, 일부 변경 및 개작된 경우에도 본 계약의 적용을 받는 것으로 한다.
2. 본 계약이 적용되는 범위는 본 계약기간 중 "갑", "을" 간에 체결되는 일체의 계약서, 합의서, 각서, 주문서, 약정서 등에 미친다.

제3조【개발물에 대한 권리】

1. "갑", "을"은 개발물의 프로그램 등록시 공동저작자로 등록하기로 한다.
2. 개발물의 프로그램 등록 이전에 개발물을 공표할 시에도 "갑", "을"은 공동으로 개발물에 대한 공동저작자로 그 성명을 공표시 명시하여야 하며, 부득이하게 "갑"이나 "을" 어느 일방에 의한 공표 시에도 개발물에 대하여 "갑", "을"은 공동저작자임을 명시하여야 한다.
3. 개발물의 표출형태에 대하여도 일정한 등록절차가 존재할 시에는 개발물의 프로그램등록 절차를 준용하기로 한다.

제4조【개발의 완료】

1. 개발물의 제작완료일은 20 년 월 일로 한다.
2. "을"이 상기 1항의 제작 완료일을 준수하지 못하였을 경우에는 "을"이 완성된 개발물을 제시하여 "갑"이 최종검수를 완료하고, 개발물의 제작완료를 인정한 날로 한다.

제5조【공동저작자로서의 지위】

1. "갑", "을"은 개발물에 대한 공동저작자로서 컴퓨터프로그램보호법에서 규정하는 권리와 의무를 갖는다.
2. "갑", "을"은 개발물에 대한 공동저작자로서 합의에 의하지 아니하고는 공동저작권을 행사할 수 없으며, 동의가 없으면 그 지분을 양도하거나 질권의 목적으로 할 수 없다.
3. 또한 "갑", "을"은 개발물에 대한 공동저작자로서 상대방의 이익을 해하는 행위를 할

수 없으며, 신의에 반하여 합의를 방해하거나 동의를 거부할 수 없다.

4. 공동저작가로서 취득할 수 있는 권리의 범위는 컴퓨터프로그램보호법과 저작권법이 허용하는 모든 범위로 한다.

제6조【자료의 제공 및 협조】

1. "갑"은 "을"의 개발물 제작을 효율적으로 확인·감독하기 위하여 "갑"이 필요하다고 인정하는 자료를 "을"에게 요청할 수 있으며, "을"은 이에 성실히 응해야 한다.
2. 상기 제1항에 의거하여 "갑"은 "을"에게 정기적으로 일정한 양식에 의거 개발물 제작상황 보고를 요구할 수 있다.

제7조【개발자금】

1. "을"은 개발물의 제작에 필요한 경비(이하 "개발자금"이라 한다)를 투자함에 있어서 그 한도를 총 ______________원(₩______________)으로 한다.

제8조【개발물의 제작기간 엄수 및 제출】

1. "을"은 자신의 책임 하에 개발물을 제작하여야 한다.
2. "을"은 개발물 제작일정을 준수하여야 하며, 부득이하게 개발물 제작일정을 준수하지 못할 경우에는 사유발생일로부터 ___일 이내에 서면으로 그 사유를 "갑"에게 통보하여야 한다.
3. "을"은 개발물을 제작함에 있어 최종 마스터버전이 완성될 시에는 이를 "갑"에게 제출하여야 한다.
4. 개발완료기간까지 개발이 완료되지 못할 시에는 개발완료일로부터 7일 이내에 그 사유를 "갑"에게 통보하여야 하고, 해당 사유를 "갑"이 인정할 시에는 본 계약서상의 계약완료일에 대한 해석은 본 계약서 제6조 제2항을 따르기로 한다.

제9조【비밀유지】

1. "갑", "을"은 본 계약과 관련한 모든 사항과 개발물에 관련된 모든 사항을 합의 없이는 제3자에게 누설하지 아니하기로 한다.
2. "갑", "을"은 개발물의 제작과정에서 획득한 서로의 업무상 비밀을 제3자에 누설하지 아니하기로 한다.

제10조【수익의 배분】 수익 배분과 관련된 자세한 사항은 첨부된 세부 합의서의 내용에 따른다.

제11조【계약의 해지 및 해제】

1. "을"에게 다음 각 호의 1에 해당하는 이유가 발생한 때에 "갑"은 최고(催告)없이 본 계약을 해지/해제하고 손해배상을 청구할 수 있다. 단, 손해배상 청구액의 총액은 후첨한 세부합의서의 각사가 분담한 비용의 총액을 넘지 않는다.

   가. "을"의 사업이 휴·폐지되거나 해산한 때
   나. "을"이 파산, 화의, 정리 등을 신청하거나 기타 신용을 상실한 때
   다. "을"이 본 계약서 제10조 제4항과 관련된 통보의무를 정당한 사유없이 불이행 시
   라. "을"이 컴퓨터프로그램보호법상에 보장된 "갑"의 공동저작자로서의 권리를 침해하거나 권리행사를 정당한 이유 없이 방해할 때

마. 기타 "을"의 귀책사유로 개발물의 제작이 중단될 때

2. "갑"에게 다음 각 호의 1에 해당하는 이유가 발생한 때에 "을"은 최고없이 본 계약을 해지/해제하고 손해배상을 청구할 수 있다.

가. "갑"이 컴퓨터프로그램보호법상에 보장된 "을"의 공동저작자로서의 권리를 침해하거나 권리행사를 정당한 이유 없이 방해한 때

나. 기타 "갑"의 귀책사유로 개발물의 제작이 중단될 때

제12조【관할법원】 본 계약에 의하여 분쟁이 발생시, ___________을 제1심 전속 관할법원으로 한다.

제13조【비밀유지】 "갑"과 "을"은 계약의 존속 중은 물론 만료 후에도 이 계약의 수행에 관련한 업무상의 기밀을 "갑"에게 통보없이 공표하거나 제3자에게 누설할 수 없으며, 이를 위반할 경우에는 계약 위반으로 간주한다. 단, 이미 공지된 것이거나 "갑" 또는 "을"의 책임에 의하지 않고 공지된 것은 제외한다.

제14조【신의칙】 갑과 을은 본 계약에 정하여진 각 조항을 신의에 따라 성실히 이행하며, 본 계약에 정한 사항 및 본 계약의 각 조항의 해석에 이의가 있을 시 법에 정하는 것 이외 성의를 다하여 협의하여 해결하도록 한다.

계약서는 갑, 을이 계약서에 서명 날인함으로써 유효하고 이를 증명하기 위해 계약서 2통을 작성하고 각각 서명 날인하여 1통씩 보관한다.

20○○년 ○월 ○일

갑	㊞	주 소	
을	㊞	주 소	

[별지 1] 세부 합의사항

세부 합의사항

제1조【예산안】 기본 계약서에서 지칭하는 개발물(이하 "개발물"이라 한다)의 제작에 소요되는 예산의 총액은 금 ______________원(₩)으로 확정하기로 한다.

제2조【예산안의 구성】 기본 계약서에 따라 월 일정 지급액(___개월 분할)은 다음과 같이

한다(부가세별도).

(단위 : 원)

회 사 명			합 계
월지급액			
총지급액			

제3조【지급일】 _____년 __월부터 __월까지 __개월간, 매월 __일 지정된 ________계좌에 ________가 입금하기로 한다. 당일이 공휴일인 경우는 그 다음날로 한다.

제4조【투자 및 이익 배분】

1. 마케팅비용 투자는 전작인 ______________의 기준을 따른다.
2. 투자비용의 회수 전후의 이익배분율은 다음과 같이 정한다.

회 사 명	甲	乙	합 계
개발투자비율			
개발투자금액			
이익배분			
개발투자비용 회수 전			
개발투자비용 호수 후			

(번들, 쥬얼, 해외 판매 시 이익배분율도 위의 이익배분율에 의한다)

제5조【기타 합의 사항】

1. 국내외 유통사와의 계약 주체는 ________________로 한다.
2. 번들 및 쥬얼 판매는 협의 하에 진행한다.
3. 제작사 명기 방법 : ______________, ______________는 공동 개발사로 명시한다.
4. 국내외 게임 판매/저작권은 양사 공동 소유로 한다.
5. 사운드는 ______________가 외주 발주한다.

제6조【효 력】 본 세부합의서는 ____________와 ____________간의 기본 계약에 관련된 세부 합의서로 ____________와 ____________간에 협의되고, 약속된 사항들임을 확인함.

20○○년 ○월 ○일

갑	㊞	주 소	
을	㊞	주 소	

[서식 422] 온라인 게임 퍼블리싱계약서

온라인 게임 퍼블리싱계약서

__________(이하 “갑”이라 한다)와 __________(이하 “을”이라 한다)는 아래와 같이 게임 퍼블리싱계약을 체결하고, 신의성실의 원칙에 따라 성실히 이행할 것을 약정한다.

제1조【목 적】 본 계약은 을이 개발하는 온라인게임 __________ 갑이 대한민국 내에서 독점적으로 서비스하고, 쌍방의 공동이익을 창출하기 위하여 상호간의 권리·의무 및 제반협력사항을 규정함을 목적으로 한다.

제2조【정 의】 본 계약서에서 사용되는 용어의 의미는 다음과 같다.

1. “서비스”란 본 게임을 이용자에게 판매, 복제, 전송, 배포, 및 제공되는 모든 형태의 온라인 사업과 온라인 버전의 패키지를 유통하는 오프라인 사업을 말한다.
2. “베타 서비스”라 함은 이용자를 대상으로 “해당게임”에 관한 테스트, 홍보 및 회원모집을 목적으로 제공되는 무료 서비스를 말한다.
3. “유료 서비스”라 함은 이용자에게 “해당게임” 이용의 대가로 요금을 과금하여 진행되는 서비스를 말한다.
4. “총매출액”은 갑이 본 게임을 서비스하거나 제3자에게 공급 또는 재 라이선스를 하여 취득한 판매대금 및 로열티 총액 중 제세 및 공과금을 제외한 금액을 말한다.

제3조【“갑”의 업무범위】 본 게임을 서비스함에 있어서 갑은 다음 각 호의 업무를 수행한다.

1. 대한민국 내에서 본 온라인게임의 서비스제공과 관련하여 제휴 기회, 사업자 선정, 과금 등 게임서비스와 관련된 업무 일체
2. 게임에 대한 광고 등 홍보의 기획, 매체선정, 및 집행 등 마케팅 관련 업무일체
3. 게임서비스에 필요한 서버의 구축 및 회선의 구비
4. 게임서비스 제공을 위한 게임전용 홈페이지 구축, 관리 및 운영

제4조【“을”의 업무범위】 본 게임을 서비스함에 있어서 을은 다음 각 호의 업무를 수행한다.

1. 게임의 기획, 유지 및 보수
2. 게임의 업그레이드와 패치
3. 게임의 홍보를 위한 그래픽디자인 및 게임 매뉴얼 제작, 기술적 답변 지원
4. 게임의 심의에 관한 사항

제5조【비 용】 제3조 및 제4조에서의 각자의 업무를 수행함에 있어서 필요한 비용은 각자 부담하기로 한다.

제6조【권리의 귀속】

1. 본 게임의 저작권은 을에게 귀속한다.
2. 갑은 본 게임의 대한민국 내에서의 서비스에 대한 독점권을 가지며, 해외 서비스에 대하

여 우선적으로 독점권을 가진다.

제7조【"갑"의 권리와 의무】

1. 갑은 계약체결일로부터 ___월 이내에 본 게임서비스에 관한 전반적인 마케팅 기획안을 작성하여 을에게 제시하고, 상호합의에 의하여 확정한다.
2. 갑은 을에게 게임의 기본적인 성격을 해치지 않는 범위 내에서 게임의 구성, 진행방식 등 게임의 개선사항을 반영해 줄 것을 요구할 수 있다.
3. 갑은 홍보를 위하여 본 게임의 캐릭터와 이미지 등을 인터넷 사이트와 인쇄물 등에 사용할 수 있으며, 캐릭터 등을 상품화할 때에는 상호 협의하여 진행한다.

제8조【"을"의 권리와 의무】

1. 을은 20 년 월 일까지 갑이 오픈베타서비스를 제공할 수 있는 상태로 갑에게 게임을 인도하여야 한다.
2. 을은 전항에 따라 갑에게 인도하기 전에 게임에 대한 심의를 관할관청에 요청하여야 하고, 그 결과를 갑에게 통지하여야 한다.
3. 을은 갑이 진행하는 게임에 대한 홍보, 마케팅 등 게임서비스에 필요한 사항에 대하여 적극 협조하여야 한다.
4. 갑이 게임의 기본적인 성격을 해하지 않는 범위 내에서 업그레이드, 패치를 요청하는 경우 을은 이를 수용하여야 하며, 갑은 요청을 받은 날로부터 3개월 이내에 이를 완료하여 갑에게 인도하여야 한다.
5. 을이 개발한 본 게임(업그레이드 또는 패치 포함)이 타인의 지적재산권 등 권리를 침해하거나 기타 관련 법령을 위반함으로 인하여 발생하는 모든 책임은 을이 부담한다.

제9조【계약의 효력발생시기 및 존속기간】

1. 본 계약은 계약체결일로부터 발생하며, 계약기간은 베타 서비스를 제공한 날로부터 3년간으로 한다. 단, 게임의 중대한 하자로 인하여 서비스를 제공하지 못하는 경우 그 하자를 치유하기 위한 기간은 그 존속기간에 산입하지 아니한다.
2. 계약기간만료 ___개월 전까지 서면으로 계약조건의 변경을 요청하거나 계약의 종료를 통보하지 아니할 경우 전과 동일한 조건으로 ___년 단위로 자동 연장된다.
3. 갑은 계약의 만료시 이후 지속적인 게임서비스 제공을 할 권한에 대하여 우선적으로 협상할 권리를 가진다.

제10조【국내 판권료】

1. 갑은 을에게 본 계약에 기한 독점적 서비스 이용허락에 대한 대가로 금 ________원 (₩________ /부가세별도)을 지급하기로 한다.
2. 전항의 금액은 아래와 같이 을이 지정하는 계좌에 현금으로 입금하기로 한다.
   가. 선　금 : 계약체결일로부터 ___일 이내에 이용허락 대가의 ___%
   나. 중도금 : 베타서비스 시작일로부터 ___일 이내에 이용허락 대가의 ___%
   다. 잔　금 : 정식으로 서비스를 개시한 날로부터 ___일 이내에 이용허락 대가의 ___%

제11조【유료서비스 전환】 게임의 유료서비스 전환 시 그 시기와 가격 등에 관하여는 상호

협의하여 정하기로 한다.

제12조【 수익의 배분 】

1. 게임을 유료서비스로 제공함으로써 발생하는 수익은 총매출액을 기준으로 ____(갑) : ____(을)의 비율로 매 월단위로 배분한다.
2. 게임의 영업을 수행함에 있어서 제3자의 참여가 필요한 경우는 갑과 을이 모두 동의하여야 하고, 이 경우 발생한 매출에 대한 분배방식 및 비율은 갑, 을 및 제3자간의 합의에 의하여 별도로 정한다.
3. 갑은 게임의 유료서비스에 대한 매출집계자료, 내역서, 수익분배 계산서 등 매출관련자료(이하 "매출자료"라고 한다)를 매월 말일 기준으로 작성하여 다음달 ___일까지 을에게 제공하여야 한다.
4. 을은 제공받은 매출자료에 이의가 있는 경우 받은 날로부터 ___일 이내에 이의신청하여야 한다. 이의 신청기간을 도과한 경우에는 매출자료에 대하여 이의가 없는 것으로 본다.
5. 을은 매출자료에 이의가 없는 경우, 전항의 분배금의 지급을 청구하고, 갑은 을의 청구를 받은 날로부터 5일 이내에 을이 지정한 은행계좌로 입금한다.
6. 갑이 매출자료를 허위로 작성하거나 서류를 위조한 경우 을은 ___일 이상의 기간을 정하여 갑에게 이에 대한 소명을 요구할 수 있고, 갑이 그 기간 내에 소명하지 않는 경우에는 을은 본 계약을 해지할 수 있다.

제13조【 지체상금 】

1. 갑은 을이 제8조 제1항에서 정한 기한까지 게이을 인도하지 못하는 경우 을에게 지체상금(제10조 제1항의 국내판권료 × 연 ___% ÷ 계약체결일로부터 개발완료일까지의 일수 × 지체일수)을 부과하고 게임의 인도기간을 연장할 수 있다.
2. 을이 전항에 따라 연장된 인도기한까지도 게임을 인도하지 못하는 경우, 갑은 계약을 해지할 수 있고, 계약이 해지된 경우 을은 기 지급된 국내판권료 및 이에 대한 연 ___%의 이자를 가산금 금액을 갑에게 지급하여야 한다.

제14조【 계약의 해지 】

1. 당사자 일방이 계약에 규정된 의무를 위반하거나 불성실하게 이행하는 경우, 상대방은 그 시정이나 개선을 요구할 수 있으며, 그에 대하여 ___일 이내에 귀책당사자의 시정 또는 개선조치가 없는 경우에 상대방은 서면에 의한 통지로써 본 계약을 해지할 수 있다.
2. 다음과 같은 사유가 있는 경우 상대방은 최고없이 계약을 해지할 수 있다.
   가. 당사자 일방에게 화의, 회사정리절차의 개시 또는 파산의 신청이 있는 경우
   나. 당사자 일방이 발행한 어음이나 수표가 지급정지 된 경우
   다. 당사자 일방이 부도 또는 지급불능 등으로 인하여 회사의 정상적인 운영이 어렵다고 판단되는 경우
   라. 갑이 매출액이나 수수료 등을 허위로 작성하거나 위조한 경우
3. 본 조에 따른 해지의 효력은 이미 발생한 권리관계 및 일방의 귀책사유로 인한 손해배상 청구권 등에 영향을 미치지 않는다.

제15조【 손해배상 】

1. 당사자 일방이 본 계약상의 의무를 위반하거나 이행하지 아니함으로 인하여 타방에게

손해가 발생한 경우 이를 배상하여야 한다.

2. 을은 자신이 제공하는 게임이 타인의 저작권 기타 지적재산권, 명예, 프라이버시를 침해하지 않는 것을 포함하여 대한민국의 어떠한 법령에도 위배되지 않는다는 것을 보증하며, 을이 이를 위반함으로 인하여 갑이 강제집행, 손해배상이나 고소·고발 등의 당사자가 되는 경우, 을은 이로 인하여 발생한 손해를 갑에게 배상하여야 한다.

제16조【비밀유지의무】

1. 계약당사자 쌍방은 본 계약의 체결 및 이행과정에서 취득한 상대방의 영업비밀에 대하여 계약기간중은 물론이고 계약의 종료 후에도 제3자에게 유출하거나 다른 목적에 이용하여서는 안 된다.
2. 전항을 위반하여 상대방에게 피해가 발생한 경우, 피해당사자는 그 상대방에게 손해배상을 청구할 수 있다.

제17조【통지의무】

1. 각 당사자는 본 계약에 규정된 사항 이외에도 게임의 개발 및 서비스에 중대한 영향을 미칠 수 있는 사유가 예견되는 경우 지체 없이 상대방에게 통지하여야 한다.
2. 각 당사자는 본 계약의 체결 이후 본 계약의 이행에 영향을 미칠 수 있는 경영상의 변경이 있는 경우 이를 상대방에게 통지하여야 한다.

제18조【양도 등의 금지】 각 당사자는 상대방의 서면에 의한 동의를 얻지 않고는 당사자로서의 지위 또는 그 권리·의무를 제3자에게 양도하거나 담보제공 등 처분행위를 할 수 없다.

제19조【계약의 변경】 본 계약의 내용을 변경하고자 할 때에는 서면에 의한 합의에 의한다.

제20조【분쟁의 해결】 본 계약에 의하여 분쟁이 발생시, ________을 제1심 전속 관할법원으로 한다.

계약서는 갑, 을이 계약서에 서명 날인함으로써 유효하고 이를 증명하기 위해 계약서 2통을 작성하고 각각 서명 날인하여 1통씩 보관한다.

20○○년 ○월 ○일

갑	㉑	주 소	
을	㉑	주 소	

[서식 423] 온라인 게임서비스 제휴계약서

온라인 게임서비스 제휴계약서

__________(이하 "갑"이라 한다)와 __________(이하 "을"이라 한다)는 다음과 같이 온라인 게임에 대한 서비스 제휴계약을 체결하고, 신의성실의 원칙에 따라 성실히 이행할 것을 약정한다.

제1조【목 적】 본 계약은 을이 개발 중인(또는 개발한) 게임을 갑이 국내에서 독점적으로 서비스하고, 쌍방의 공동이익창출을 위해 필요한 상호간의 권리·의무 및 제반협력사항을 규정함을 목적으로 한다.

제2조【정 의】

1. 본 계약서에서 사용되는 용어의 정의는 다음과 같다

가. "온라인게임"이라 함은 이용자들이 온라인상으로 이용할 수 있도록 을이 개발중인(또는 개발한) 게임으로서 게임의 프로그램 및 클라이언트 프로그램 일체, 게임시스템, 스토리, 로고 및 심벌 등 게임을 구성하는 일체를 포함한다. 이하 '게임'이라 한다.

나. "국내판권"이라 함은 게임을 국내에서 서비스하는데 필요한 일체의 권리를 말한다.

다. "해외판권"이라 함은 게임을 국외에서 서비스하는데 필요한 일체의 권리를 말한다.

라. "오픈베타서비스"라 함은 갑이 게임을 유료서비스 이전에 게임에 대한 테스트를 목적으로 이용자에게 게임을 서비스하는 것을 말한다.

마. "서비스"라 함은 게임의 복제, 배포, 전송 등 이용자에게 게임을 이용하도록 하는 일체의 행위를 말한다.

바. "유료서비스"라 함은 이용자에게 게임의 이용대가(금전적인 대가)를 받는 서비스를 말한다.

사. "매출"이라 함은 갑이 게임의 전부 또는 일부를 유료로 서비스함으로 인하여 얻어지는 수익 중 부가가치세를 공제한 수익을 말한다.

아. "순매출"이라 함은 매출에서 지급수수료를 공제한 금액을 말한다.

자. "결제수단"이라 함은 갑이 게임을 유료서비스 하는데 필요한 수단을 말하며, 신용카드, 핸드폰 결제, 700ARS, 무통장입금, ADSL 등을 포함한다.

차. "지급수수료"라 함은 갑이 이용자에게 유료서비스를 제공함으로 인하여 과금대행기관에게 지급하는 수수료, 미결제금액 또는 환불금액 등 게임을 유료서비스하기 위해 채용한 결제수단을 운영하는데 소요되는 비용 일체를 말한다.

카. "지적재산권"이라 함은 산업재산권(특허권, 실용신안권, 의장권, 상표권), 저작권(컴퓨터프로그램저작권 포함), 기타 게임 및 이와 관련된 일체의 권리를 말한다.

타. "영업비밀"이라 함은 각 당사자가 본 계약과 관련하여 구두, 문서, 컴퓨터파일 등 그 형식과 방법을 불문하고 상대방으로부터 제공받거나 스스로 지득하게 된 상대방의 모든 영업정보 및 계약상의 조건 등을 말한다.

2. 본 계약에서 정의된 용어의 적용범위는 본 계약에 한하며, 정의되지 않은 용어는 관련 법령 및 상관습에 따라 해석한다.

제3조【"갑"의 업무범위】 게임을 서비스함에 있어 갑의 업무범위는 다음 각 호와 같다.

1. 국내 서비스 제휴 기획, 개인 및 사업자 대상 영업, 과금업무 등 게임 서비스와 관련된 업무일체
2. 게임에 대한 광고 및 홍보의 기획, 매체선정 및 집행 등 마케팅 전략수립 및 추진
3. 게임 서비스에 필요한 서버, 회선의 구비 및 증설
4. 게임 서비스 제공을 위한 홈페이지 구축 및 운영

제4조【"을"의 업무범위】 게임을 서비스함에 있어 을의 업무범위는 다음 각 호와 같다.

1. 게임의 기획, 개발, 유지보수
2. 게임의 Up-grade, Patch 업무
3. 게임의 광고 홍보용 그래픽 디자인 및 게임 매뉴얼 제작, 기술적인 답변지원
4. 게임심의에 관한 사항

제5조【"갑"의 권리 및 의무】

1. 갑은 자신의 비용으로 제3조의 업무를 수행하기로 한다.
2. 갑은 계약체결일로부터 __일 이내에 게임서비스에 관한 전반적인 마케팅 기획안을 을에게 제시하고 상호합의를 통하여 확정하기로 한다.
3. 갑은 을에게 게임의 기획범위를 벗어나지 않는 범위 내에서 게임의 구성, 진행방식 등 게임에 대한 개선사항 등을 요구할 수 있다.
4. 갑은 계약체결일로부터 게임에 대한 국내판권을 독점하며, 향후 개발작 및 해외판권에 대한 우선권을 가진다.
5. 갑은 온라인 게임의 캐릭터, 이미지 등을 갑의 사이트, 인쇄물 등에 사용할 수 있으며, 이를 캐릭터상품 등으로 상업화할 때는 상호협의하여 진행하기로 한다.

제6조【"을"의 권리 및 의무】

1. 을은 자신의 비용으로 제4조의 업무를 수행하기로 한다.
2. 을은 20　년　월　일까지 갑이 오픈베타서비스를 제공할 수 있는 상태로 게임을 갑에게 인도하여야 한다.
3. 을은 전항에 따라 갑에게 게임을 인도하기 이전에 게임에 대한 심의를 관할관청(또는 위원회)에 요청하고, 심의 결과를 갑에게 통지하여야 한다.
4. 을은 제5조 제3항 및 갑이 진행하는 게임홍보, 마케팅, 광고 등 서비스에 필요한 사항에 대해 적극 협조하여야 한다. 또한, 갑이 게임의 기본적인 성격을 해하지 않는 범위 내에서 Up-grade, Patch를 요청하는 경우 이를 수용하여야 한다.
5. 갑이 전항의 게임에 대한 Up-grade, Patch를 요청하는 경우, 을은 갑의 요청일로부터 [○개월] 이내에 이를 완료하여 갑에게 인도하여야 한다.
6. 을은 게임을 창작한 저작권자로서 지적재산권 등 타인의 권리를 침해하지 않았음을 보증하며, 갑이 하자없이 게임을 서비스할 수 있도록 하여야 한다.
7. 을이 개발하여 갑이 서비스하는 게임(게임의 Up-grade 또는 Patch 한 경우 포함)이 지적

재산권 등 타인의 권리를 침해하거나 기타 관련법령을 위반함으로 인하여 발생하는 모든 책임은 을이 부담한다. 또한, 이러한 문제로 인하여 갑이 분쟁의 당사자가 되는 경우, 을은 갑을 면책시켜야 하며, 자신의 비용과 책임으로 분쟁을 해결하여야 한다.

제7조【계약의 효력발생 및 기간】

1. 본 계약의 효력은 계약체결일부터 발생하며, 계약기간은 오픈베타서비스를 제공한 날로부터 [○년]간으로 한다. 다만, 게임에 대한 중대한 하자로 인하여 오픈베타서비스 또는 서비스를 지속할 수 없는 경우에는 그 하자를 치유하는 기간은 산입되지 아니한다.
2. 계약만료 1개월 전까지 계약연장을 전제로 하여 계약 당사자가 서면으로 계약조건의 변경을 요청하거나 또는 계약의 종료를 통보하지 아니할 경우 동일한 조건으로 1년씩 자동 연장된다.
3. 갑은 계약의 만료시점에서 이후 지속적인 서비스를 할 권한에 대한 우선 협상권을 가지는 것으로 한다.

제8조【국내판권료】

1. 갑은 을에게 게임에 대한 국내판권료로 총 금 ________원(부가세별도)을 지급하기로 한다.
2. 전항의 국내판권료의 지급은 다음 각 호에서 정한 바에 따라 을이 지정하는 계좌에 현금으로 입금하기로 한다.
   가. 선　금 : 계약체결일로부터 ___일 이내에 판권료의 ___%를 지급한다.
   나. 중도금 : 베타오픈시로부터 ___일 이내에 판권료의 ___%를 지급한다.
   다. 잔　금 : 베타오픈시로부터 ___일 이내에 판권료의 ___%를 지급한다.
3. 을은 제11조에 따라 부과된 지체상금을 베타오픈서비스일로부터 ___일 이내에 갑이 지정한 은행계좌로 입금하여야 한다.

제9조【유료서비스】 게임의 유료서비스에 대한 시기와 가격 정책은 상호협의를 통해서 결정하기로 한다.

제10조【매출배분 및 지급】

1. 게임의 유료서비스로 인하여 발생하는 매출에 대한 분배비율은 순매출을 기준으로 ___(갑) : ___(을)로 한다.
2. 게임의 영업방식에 있어서 제3자의 참여가 필요하여 갑과 을이 제3자의 참여를 동의하고, 제3자가 참여한 방식으로 매출이 발생한 경우, 해당 매출의 분배방식 및 비율은 갑, 을 및 제3자간의 합의에 따라 별도로 정하기로 한다.
3. 갑은 게임을 유료서비스 하는 경우, 매월 말일을 기준으로 게임의 매출집계자료 및 내역서, 계산된 수익분배 금액(이하 "매출자료"라 한다)을 다음달 __일까지 을에게 제공하며, 을은 갑으로부터 제공받은 매출자료에 이의가 있을 경우, 매출자료 수령일로부터 ___일 이내에 이의신청하여야 한다. 만약, 을이 이의신청기간을 도과한 경우에는 매출자료에 이의가 없는 것으로 본다.
4. 을은 매출자료에 이의가 없을 경우, 전항의 분배금에 대한 지급을 청구하고, 갑은 을의 지급청구일로부터 ___일(갑의 영업일 기준) 이내에 을이 지정한 은행계좌로 분배금을

지급하기로 한다.

제11조【 지체상금 】

1. 갑은 을이 제6조 제2항의 기한만료일까지 게임을 인도하지 못하는 경우 지체상금(제8조 제1항의 국내판권료 × 연 ___% ÷ 계약체결일로부터 개발완료일까지의 일수 × 지체일수)을 부과하고 게임의 인도기한을 연장할 수 있다.
2. 을이 전항의 인도기한을 연장한 경우에도 게임을 인도하지 못한 경우, 갑은 계약을 해지할 수 있으며 이에 따라 을은 기 지급된 국내판권료 및 이에 연 ___%의 이자를 가산한 금액을 갑에게 지급하여야 한다.

제12조【 계약해지 】

1. 갑과 을은 쌍방 합의에 의해 본 계약을 해지할 수 있다.
2. 본 계약의 당사자 일방이 본 계약에 규정된 자신의 의무를 위반하거나 불성실하게 이행할 경우, 상대방은 서면 또는 유선으로 그 시정 또는 개선조치가 없는 경우엔 상대방은 서면통지로써 본 계약을 해지할 수 있다.
3. 갑과 을은 타방이 다음 각 호의 사유에 해당되는 경우, 최고없이 계약을 해지할 수 있다.
   가. 당사자 일방이 (가)압류, (가)처분, 체납처분 또는 유사한 처분을 받거나 화의, 회사정리 절차 또는 파산의 신청이 있거나 당한 경우
   나. 당사자 일방이 발행한 어음이나 수표가 지급정지된 경우
   다. 당사자 일방이 부도 또는 지급불능 등으로 인하여 회사의 정상적인 운영이 어렵거나 불가능하다고 판단되는 경우
   라. 당사자 일방이 관계법령을 위반하여 계약이행에 차질을 빚은 경우
   마. 천재지변, 전쟁, 화재 등 불가항력으로 인하여 당사자 일방의 본 계약이행이 불가능하다고 판단되는 경우
   바. 갑이 매출액 및 지급수수료의 사항을 허위로 작성하거나 위조하였을 경우
   사. 게임내용이 기획 내용과 현저히 상이한 경우
4. 제3항 제5호 이외의 사유로 계약이 해지되는 경우 을은 기 지급된 국내판권료 전액과 계약체결일로부터 반환기일까지 연 ___%의 이자를 합산한 금액을 갑에게 반환하여야 한다.
5. 을이 제3항 제6호를 사유로 계약을 해지하기 위해서는 ___일 이상의 기간을 정하여 갑에게 이에 대한 소명을 요구하고, 갑이 동 기간 내에 소명을 하지 아니하는 경우 계약을 해지할 수 있다. 다만, 을이 허위 작성 또는 위조에 관한 충분한 증거를 제시하지 아니하는 경우에는 그러하지 아니하다.

제13조【 손해배상 】

1. 당사자 일방이 본 계약상의 의무를 위반하거나 이행하지 아니함으로 인하여 타방에게 손해가 발생하는 경우에는 그 손해(대외적인 명성, 이미지 등을 포함한다)를 배상하여야 한다.
2. 을이 본 계약 및 관련 법규를 위반함으로 인하여 갑이 집행처분, 손해배상, 고소·고발·기소 등의 당사자가 되는 경우, 을은 이로 인하여 갑에게 발생한 손해 또는 손실을 배상 또는 보상하여야 한다.

제14조【비밀유지】

1. 계약당사자 쌍방은 법률에 의하여 요구되는 경우를 제외하고 본 계약체결 및 이행하는 과정에서 취득한 상대방의 영업비밀에 대해서 계약기간의 만료 또는 해지 이후에도 상대방의 서면 동의 없이는 제3자에게 유출하거나 계약이행의 다른 목적으로 사용해서는 아니된다.
2. 전항을 위반하여 갑 또는 을의 권리 또는 이익이 침해된 경우, 피해당사자는 상대방에 대해 그에 상응하는 손해배상을 청구할 수 있다.

제15조【통지의무】

1. 각 당사자는 본 계약에 규정된 사항은 물론 게임 개발 및 서비스에 중대한 영향을 미칠 수 있는 사유가 예견되는 경우 지체없이 상대방에게 통지하여야 한다.
2. 각 당사자는 본 계약의 체결 이후 본 계약이행에 영향을 미칠 수 있는 경영상항의 변경이 있는 경우 지체없이 상대방에게 통지하여야 한다.
3. 제1항 및 제2항의 통지의 효력은 상대방에게 도달한 시점에 발생하며 통지의무 불이행으로 인한 책임은 통지의무자가 부담한다.

제16조【면 책】 계약당사자가 불가항력적인 사유(천재지변, 전쟁, 내란 등을 말한다)로 인하여 계약이행이 불가능하거나 현저히 곤란한 경우, 그 사유가 해소될 때까지 계약의 이행을 중지할 수 있으며, 그로 인한 손해는 각자의 부담으로 한다. 또한, 불가항력적 사유가 ___개월 이상 지속되는 경우 양당사자는 상호 협의하여 공동대처 방안을 강구한다.

제17조【양도금지】 갑과 을은 상대방의 사전 서면 동의 없이 본 계약상의 당사자로서의 지위 또는 권리·의무를 제3자에게 양도, 담보제공 및 기타 여하한 처분행위도 할 수 없다.

제18조【계약변경】 양 당사자는 사전 서면 합의로 본 계약의 내용을 변경할 수 있다.

제19조【추가합의】 본 계약에 정해지지 않은 사항에 대해서는 상호합의 후 부속약정서를 작성하여 본 계약 내용을 추가, 변경 및 삭제할 수 있으며, 그 밖의 내용에 대해서는 일반적인 상관례에 따르기로 한다.

제20조【분쟁해결】 본 계약의 해석상 이견이 있거나 다툼이 발생하는 경우 계약의 취지를 밝혀 당사자 간의 상호합의로 해결함을 원칙으로 하며 합의에 의하여도 해결이 여의치 않은 경우, ________지방법원을 제1심 전속 관할법원으로 한다.

계약서는 갑, 을이 계약서에 서명 날인함으로써 유효하고 이를 증명하기 위해 계약서 2통을 작성하고 각각 서명 날인하여 1통씩 보관한다.

20○○년 ○월 ○일

<table>
<tr><td rowspan="2">갑</td><td>상 호</td><td></td><td rowspan="2">주 소</td><td rowspan="2"></td></tr>
<tr><td>대표이사</td><td>㊞</td></tr>
</table>

을	상 호		주 소	
	대 표 자	㊞		

[서식 424] 전자상거래업무제휴약정서

전자상거래업무제휴약정서

주식회사 ○○○○(이하 "갑"이라 한다)과 ○○○○ 주식회사(이하 "을"이라 한다)는 "갑"이 제공하는 서비스를 이용하는데 다음과 같은 계약문서에 의하여 전자상거래업무제휴약정을 체결한다.

제1조【목 적】 본 계약의 목적은 "갑"이 제공하는 전자상거래서비스를 "을"이 이용하는데 있어 필요한 제반사항을 규정하는 데 있다.

제2조【약정기간】 본 약정은 1년간 유효한 것으로 규정한다. 단, "갑"과 "을"이 계약기간 종료일까지 계약의 변경 또는 거래의 중단 및 해약을 통지하지 아니하는 경우, 1년간 자동 연장되는 것을 원칙으로 한다.

제3조【상품의 공급】

1. "갑"의 공급상품은 "을"과 협의된 모든 상품을 기준으로 한다.
2. "갑"은 상품의 유통상 문제점이 발생할 소지가 있는 사항에 대해서는 최소 1일 전에 "을"에게 서면통지하고 상호 협의토록 한다.

제4조【초기구축 및 상품의 견적】

1. "갑"이 제공할 상품의 카테고리는 "을"과 합의하에 구축한다.
2. "갑"이 "을"에게 제공할 상품의 견적은 현금공급가로 제공한다.

제5조【제공되는 서비스】

1. ○○○종의 상품공급 및 배송
2. 상품주문 데이터베이스 이용
3. 주문, 교환, 배송, 환불 및 상품관리 대행

제6조【비 용】 "을"은 "갑"에게 다음과 같은 비용을 지급한다.

1. 연회비 : ○○○원(부가세포함)
2. 월 유지관리비용 : 무료

제7조【상품의 교환, 반품】 "을"은 "갑"이 공급한 상품의 품질 및 규격의 상이 또는 변질 등의

하자가 있는 경우에 제품의 교환 및 반품을 요청할 수 있다.

제8조【유통지역】

1. "을"은 "갑"의 공급상품을 "갑"과 약속된 "을"의 소비자에게 상품을 공급하는 것을 원칙으로 하며 이외의 지역 및 장소에 대한 유통을 하여서는 안된다.
2. "을"은 제8조 제1항 이외의 지역에 상품공급을 희망할 경우 "갑"과 반드시 협의하여야 한다.

제9조【손해배상】 거래에 있어 "갑" 또는 "을" 어느 일방이 본 약정을 위반하여 상대방에게 손해를 입힌 경우, 소비자로부터 손해배상청구 및 제소, 기타 관공서로부터의 행정 및 민·형사상의 조치 및 관계법령 위반으로 인한 행정조치에 대해 모든 책임을 지며, 또한 이로 인한 상대방의 손해에 대해서도 배상하여야 한다.

제10조【약정해지】 "갑"또는 "을"은 다음 각 호의 사항을 위반하였을 경우, 상대방에게 서면통보하고 약정의 일부 또는 전부를 해지할 수 있다.

1. "갑"또는 "을"이 본 약정을 위반하였을 경우
2. "갑"또는 "을"이 부도 등으로 계약관계를 존속할 수 없을 때
3. "을"의 유통(판매) 및 신용상실 등의 연유로 본 약정의 유지가 불가능 할 때
4. "을"의 판매부진이 2개월 이상 지속될 때

제11조【권리의 양도금지】 "을"은 "갑"의 서면에 의한 승인없이 계약상 권리 및 의무 등을 제3자에게 양도할 수 없다.

제12조【부 칙】

1. 본 제휴약정서와 관련하여 "갑"과 "을"은 별도 합의서 등을 채택할 수 있으며, 이러한 경우에도 본거래 약정서와 동일한 효력을 갖는다.
2. 본 약정서에 명시하지 아니한 사항은 "갑"과 "을"이 상호협의하여 해결하거나 관계법령 또는 상거래 관례에 따른다.

제13조【결제조건】 결재는 발주서와 같이 현금으로 입금한다(모든 배송료는 무료이다. 단, 일부 특정상품은 배송비 유료).

본 계약의 성립을 증명하기 위하여 이 계약서 2통을 작성하고 각각 서명(또는 기명)날인하여 각각 1통씩 보관한다.

20○○년 ○월 ○일

갑	㉿	사 업 자 등 록 번 호		사 무 소	
				전화번호	
을	㉿	사 업 자 등 록 번 호		사 무 소	
				전화번호	

[서식 425] PC방 운영계약서

PC방 운영계약서

○○○(이하 "갑"이라 한다)와 ○○○(이하 "을"이라 한다)는 다음과 같이 공동경영에 관한 계약을 체결한다.

제1조【계약의 목적】 "갑"은 "을"에게 PC방 운영의 영업을 임대하여, 이를 공동경영할 목적으로 다음 점포를 인도하고, "을"은 이 점포에서 "을"의 명의로 PC방 영업을 한다.

다 음

경기도 ○○시 ○○구 ○○동 ○○
철근콘크리트조 슬래브지붕 단층 점포 120㎡

제2조【기 간】
1. 점포의 공동경영기간은 20○○년 ○월 ○일부터 20○○년 ○월 ○일까지로 한다.
2. 전 항의 기간은 "갑"과 "을"의 협의하에 변경하여 계속할 수 있다.
3. 제1항의 기간 중에 "을"이 점포를 비워줄 때는, 위약금으로서 금 ○○○원을 지급하기로 한다.
4. 제1항의 기간 중에 "갑"의 요구에 의해 "을"이 점포를 비워줄 때는 위약금으로서 "갑"은 "을"에게 금 ○○○원을 지급하기로 한다.

제3조【임대료】
1. 공동경영에 의한 임대료는 1개월에 금 ○○○원으로 한다.
2. 전 항의 임대료는 매월 말일에 "을"이 "갑"에게 지급하는 것으로 한다.

제4조【전대금지】 "을"은 "갑"의 승낙없이 제1조의 점포를 타인에게 전대해서는 안된다.

제5조【보증금】 "을"은 이 점포의 공동경영에 대해 "갑"에게 보증금 ○○○원을 지급하기로 한다.

제6조【비용부담 및 원상복구】
1. 조세 및 점포에 필요한 경영비는 "을"의 부담으로 하고, 점포의 시설 등은 계약종료시 "을"이 수리하고 원형으로 복원하는 것으로 한다.
2. "갑"은 계약체결당시의 그대로 점포를 인도하는 것으로 한다.

본 계약의 성립을 증명하기 위하여 이 계약서 2통을 작성하고 각각 서명(또는 기명)날인하여 각각 1통씩 보관한다.

20○○년 ○월 ○일

갑	㊞	사 업 자 등 록 번 호		사 무 소	
				전화번호	
을	㊞	사 업 자 등 록 번 호		사 무 소	
				전화번호	

[서식 426] 디지털콘텐츠 중개 표준계약서

디지털콘텐츠 중개 표준계약서

표 지

통신판매중개의뢰자 ____________(이하 "중개의뢰자"이라 한다)와 통신판매중개자 __________(이하 "중개자"이라 한다)는 디지털콘텐츠(이하 "콘텐츠"라 한다)거래의 중개와 관련하여 양자간의 권리와 의무를 규정하기 위해 다음과 같이 계약을 체결한다.

구 분	내 용	
콘텐츠의 명칭 및 장르	명 칭	
	장 르	
콘텐츠의 사양*	콘텐츠의 이용기기	
	콘텐츠의 OS	
	콘텐츠의 용량	
계약기간(중개기간)	년 월 일 ~ 년 월 일	
중개수수료율 및 정산	중개수수료율	( )%.
	정산시기	매월 ( )일
	예 금 주	
	금융기관/계좌번호	

그 밖의 사항	

* 콘텐츠의 사양은 별지로 작성할 수 있음.

제1장 총 칙

제 1 조 (목적) 이 계약은 중개의뢰자가 중개자에게 의뢰하는 콘텐츠거래의 중개에 관하여 중개의뢰자와 중개자간의 권리와 의무를 정하는 것을 목적으로 한다.

제 2 조 (정의) 이 계약에서 사용하는 용어의 정의는 다음과 같다.

1. "오픈마켓"이라 함은 중개의뢰자와 이용자간 콘텐츠에 관한 거래가 이루어지는 중개자의 사이버몰을 말한다.
2. "시용상품"이라 함은 이용자가 콘텐츠의 내용을 알 수 있도록 그 콘텐츠의 일부로 구성되거나 한시적으로 이용할 수 있는 콘텐츠를 말한다.
3. "중개"라 함은 중개자가 운영하는 오픈마켓에서 중개의뢰자와 이용자간 콘텐츠거래를 알선하는 것을 말한다.
4. "지연이자"라 함은 대금 또는 손해배상금을 지급하여야 할 자가 지급시기에 지급하지 않을 경우 지급하여야 할 손해배상금을 말한다.

제 3 조 (계약의 기본원칙) 중개의뢰자와 중개자는 이 계약에 따라 콘텐츠거래를 알선 또는 중개하고, 중개수수료 및 판매대금을 청구 및 지급함에 있어 신의성실의 원칙에 따라 자신의 권리를 행사하고, 의무를 이행하여야 한다.

제 4 조 (채권·채무의 양도금지) 중개의뢰자와 중개자는 상대방의 동의가 없는 한, 이 계약상 채권·채무의 전부 또는 일부를 제3자에게 양도하거나 담보로 제공할 수 없다. 다만, 다음 각 호에서 정한 권리는 그러하지 아니하다.

1. 이 계약에서 발생한 손해배상청구권
2. 중개의뢰자의 대금청구권

제 5 조 (비밀유지) ① 중개의뢰자와 중개자는 이 계약으로 알게 된 상대방의 업무상 비밀을 상대방의 동의없이 이용하거나 제3자에게 누설해서는 아니된다.

② 제1항을 위반하여 상대방에게 손해를 입힌 경우에는 이를 배상한다. 다만, 손해배상책임을 지는 자가 고의 또는 과실없음을 증명한 경우에는 그러하지 아니하다.

제 6 조 (계약의 준거법) 이 계약에서 정한 것 이외의 사항에 대해서는 관련 법령의 강행법규에서 정한 바에 따르며, 그 이외의 사항에 대해서는 양당사자가 협의를 통하여 정한다. 다만, 협의가 성립하지 않은 경우 이 계약과 관련된 법령 또는 상관습에 의한다.

제2장 콘텐츠거래의 중개

제1절 중개의 의뢰

제 7 조 (판매자계정의 제공) ① 중개자는 이 계약이 체결된 후 지체없이 중개의뢰자에게 판매자

계정을 제공해야 하며, 중개의뢰자는 판매자계정을 접근하기 위한 ID와 패스워드를 설정해야 한다.

② 중개자가 제공하는 판매자계정은 중개의뢰자가 다음 각 호의 사항을 모두 등록할 수 있도록 설정되어야 한다.

1. 콘텐츠 및 시용상품. 다만, 아바타 등 시용상품이 필요없는 경우에는 그러하지 아니한다.
2. 「전자상거래 등에서의 소비자보호에 관한 법률」 제13조 제1항 및 제2항에서 규정한 사항
3. 기타 관련 법령에서 표시 또는 등록하도록 규정한 사항

③ 중개자는 중개의뢰자 이외의 제3자가 중개의뢰자의 판매자계정을 무단으로 접근할 수 없도록 선량한 관리자의 주의의무로 관리해야 한다.

제 8 조 (중개를 위한 거래정보의 등록) ① 중개의뢰자는 중개자로부터 판매자계정을 제공받은 날로부터 (   )일 이내에 다음 각 호에서 정한 사항을 등록해야 한다.

1. 콘텐츠 및 시용상품. 다만, 아바타 등 시용상품이 필요없는 경우에는 그러하지 아니한다.
2. 「전자상거래 등에서의 소비자보호에 관한 법률」 제13조 제1항 및 제2항 각호에서 규정한 사항
3. 기타 관련 법령에서 표시하도록 규정한 사항
4. 기타 중개에 필요한 사항

② 중개의뢰자는 제1항에 따라 등록한 사항이 변경된 경우 지체없이 이를 변경해야 한다.

③ 중개자는 중개의뢰자가 제1항 제2호 또는 제3호에 따라 등록한 사항이 중개사이버몰(이하 '오픈마켓'이라고 한다) 운영정책과 일치하지 않은 경우 5일 이내의 기한을 정하여 수정 또는 보완을 요구할 수 있다.

④ 중개의뢰자는 제3항에 따라 중개자가 요구한 사항을 수정 또는 보완한다. 다만, 그 기간 내에 수정 또는 보완이 곤란한 경우 중개자의 동의를 얻어 그 기간을 연장할 수 있다.

⑤ 중개자가 제3항 또는 제4항에 따라 중개의뢰자에게 수정 또는 보완을 요구하였음에도 불구하고, 그 기간 내에 수정 또는 보완이 이루어지지 않은 경우 이 계약을 해제할 수 있다.

제 9 조 (신원정보 등의 확인 및 정정) ① 중개자는 제8조 제1항에 따라 중개의뢰자가 등록한 정보 중 다음 각 호에서 정한 정보의 진위를 확인해야 한다.

1. 상호·대표자 성명(사업자가 법인이 아닌 경우 그 대표자의 성명을 갈음하여 사업자의 성명)
2. 주소·전화번호·전자우편주소
3. 「전자상거래 등에서의 소비자보호에 관한 법률」 제12조에 따라 공정거래위원회 또는 특별자치도지사·시장·군수·구청장에게 한 신고의 신고번호와 그 신고를 받은 기관의 이름 등 신고를 확인할 수 있는 사항
4. 사업자등록번호

② 중개자는 중개의뢰자에게 제1항 각호에서 정한 정보의 진위를 확인하기 위해 필요한 자료의 제공을 요구할 수 있다. 이 경우 중개의뢰자는 지체없이 중개자가 요구한 자료를 제공한다.

③ 중개자는 제1항 각 호에서 정한 정보가 누락되어 있거나 잘못 기재된 경우, 중개의뢰자에게 추가 또는 수정할 것을 요구한다. 이 경우에 중개자는 중개의뢰자가 추가 또는 수정할 때까지 콘텐츠거래에 대한 중개를 거절할 수 있다.

④ 중개자는 제2항에 따라 제공받은 자료를 다른 용도로 이용하여서는 아니되며, 이를 위반하여 중개의뢰자에게 손해를 끼친 경우 배상해야 한다. 다만, 중개자가 고의 또는 과실이 없음을 증명한 경우에는 그러하지 아니한다.

제10조 (콘텐츠의 검사) ① 중개자는 중개의뢰자가 등록한 콘텐츠 및 시용상품을 검사할 수 있다.
② 제1항에 따른 검사결과가 다음 각 호의 어느 하나에 해당할 경우, 중개자는 중개의뢰자에게 보수 또는 다른 콘텐츠로 교환하거나 그 내용을 정정할 것을 요구할 수 있다.
1. 콘텐츠 또는 시용상품에 하자가 있는 경우
2. 콘텐츠와 시용상품이 불일치하는 경우
3. 콘텐츠와 제7조 제1항 제2호의 내용이 불일치하는 경우
4. 콘텐츠 또는 시용상품의 판매를 위한 운영체계와 중개자가 운영하는 오픈마켓의 운영체계가 상이하는 것 등의 사유로 중개자의 오픈마켓에서 판매할 수 없는 경우
5. 콘텐츠 또는 시용상품이 선량한 풍속 기타 사회질서에 반하는 내용을 포함하고 있는 경우

③ 중개의뢰자는 제2항에 따라 중개자로부터 보수, 교환 또는 정정을 요구받은 날로부터 (　)일 이내에 보수 등을 하여 재등록해야 한다. 이 경우 중개자는 중개의뢰자가 보수 등을 완료할 때까지 콘텐츠거래의 중개를 거절할 수 있다.

제2절 중개서비스의 제공

제11조 (중개의 개시) ① 정당한 사유가 있는 경우를 제외하고, 중개자는 중개의뢰자가 등록을 완료한 경우, 지체없이 이용자가 콘텐츠를 구입 또는 이용할 수 있도록 중개서비스를 제공해야 한다.
② 위탁매매인이 제1항에서 정한 기한 내에 판매를 개시하지 않은 경우, 위탁인은 15일 이상의 기간을 정하여 판매를 개시할 것을 요구할 수 있다.
③ 위탁매매인이 제2항에서 정한 기간 내에 판매를 개시하지 않은 경우, 위탁인은 이 계약을 해제할 수 있다.
④ 위탁인은 제3항에 따른 해제와 별도로 위탁매매인에게 손해배상을 청구할 수 있다. 다만, 위탁매매인이 고의 또는 과실없음을 증명한 경우에는 그러하지 아니한다.
⑤ 중개자는 중개서비스를 계약기간 동안 24시간 제공해야 한다.
⑥ 중개자는 다음 각 호의 어느 하나에 해당하는 경우, 중개서비스를 일시적으로 중단할 수 있다.
1. 서비스용 설비의 보수 등으로 인한 부득이한 경우
2. 서비스 업그레이드 및 사이버몰 유지보수 등을 위해 필요한 경우
3. 정전, 제반설비의 장애 또는 이용량 폭주 등으로 서비스 이용에 지장이 있는 경우
4. 전시, 사변, 천재지변 기타 불가항력적 사유로 서비스를 제공하는 것이 현저히 곤란한 경우

⑦ 불가피한 경우를 제외하고, 중개자는 제6항 각 호의 사유로 중개서비스를 일시 중지할 경우에 최소 24시간 이전에 사유 및 일시 중지 시간 등을 중개의뢰자에게 통지한다. 다만, 사전에 통지하는 것이 불가능할 경우, 사후에 통지한다.

제12조 (정보 등의 무단변경금지) ① 중개자는 중개서비스를 제공할 때 중개의뢰자가 등록한 사항에 대해 중개의뢰자의 허락을 받지 않고 삭제, 변경 또는 추가 등을 해서는 아니된다.
② 제1항의 의무를 위반하여 중개의뢰자에게 손해가 발생한 경우, 중개자는 배상하여야 한다. 다만, 중개자가 고의 또는 과실없음을 증명한 경우에는 그러하지 아니한다.
③ 제1항의 의무를 위반하여 발생한 이용자의 손해를 중개의뢰자가 배상한 경우, 중개자에게 구상권을 행사할 수 있다.

제13조 (콘텐츠 등의 목적 외 이용금지) ① 중개자는 중개의뢰자가 등록한 콘텐츠 등을 이 계약에 따른 콘텐츠거래의 중개 이외의 목적으로 사용해서는 아니된다.
② 중개자는 중개의뢰자가 등록한 콘텐츠를 기술적으로 조작 또는 변경해서는 아니된다.

제14조 (중개서비스의 제3자 위탁금지 등) ① 중개자는 이 계약에 정한 콘텐츠의 중개서비스를 직접 제공해야 한다. 다만, 중개의뢰자의 동의를 받은 경우에 중개자는 중개서비스 전부 또는 일부를 제3자에게 위탁할 수 있다.
② 제1항 단서가 적용되는 경우에 중개자는 제3자와 계약을 체결하기 전에 중개의뢰자에게 다음 각 호의 사항을 제공해야 한다. 다만, 중개자의 책임없는 사유로 사전에 이를 제공할 수 없는 경우에는 사후에 제공한다.
1. 제3자의 성명(법인인 경우 상호 및 대표자 성명)
2. 제3자가 운영하는 중개사이트 명칭 및 주소
3. 중개수수료에 관한 사항(중개의뢰자가 추가적으로 중개수수료를 부담하는 경우에 한한다)

제15조 (전속중개의 제한) ① 중개의뢰자는 중개자 이외의 다른 중개사업자와 콘텐츠거래에 대한 중개계약을 체결할 수 있다. 다만, 중개의뢰자와 중개자는 중개의뢰자가 제3자와 중개계약체결을 금지하는 계약(이하 '전속중개계약'이라 한다)을 체결할 수 있다.
② 중개자는 중개의뢰자에게 전속중개계약을 체결하도록 강요하거나 제3자와 계약을 체결하는 것을 방해해서는 아니된다.
③ 중개의뢰자가 전속중개계약을 위반한 경우, 중개자는 다음 각 호에서 정한 하나 또는 복수의 조치를 취하거나 청구할 수 있다.
1. 제3자와의 중개계약의 해제 또는 해지
2. 이 계약의 해제 또는 해지. 다만, 중개의뢰자가 거절한 경우를 제외하고, 중개자는 중개의뢰자가 제3자와의 중개계약을 종료할 수 있도록 15일 이상의 기간을 정하여 최고하여야 한다.
3. 손해배상. 다만, 중개의뢰자가 고의 또는 과실없음을 증명한 경우에는 그러하지 아니한다.

제16조 (지식재산권의 보호) ① 중개자는 중개의뢰자의 콘텐츠 등에 대한 권리를 침해할 우려가 있거나 침해한 자(이하 '권리침해자'라 한다)를 알게 된 경우, 지체없이 그 사실을 중개의뢰자에게 통지해야 한다.
② 제1항에 따른 통지를 받은 중개의뢰자는 자신의 권리를 보호하기 위해 권리침해자를 상대로 그 침해행위의 정지 또는 침해행위로 인하여 발생한 콘텐츠의 파기 등을 청구하기 위해 중개자에게 협력을 요구할 수 있다. 이 경우 중개자는 불가피한 경우를 제외하고, 중개의뢰자에게 협력해야 한다.

③ 중개자는 자신의 권리가 침해됨을 주장하는 자(이하 '권리주장자'라 한다)가 그 사실을 소명하여 콘텐츠거래의 중개를 중단할 것을 요청받은 경우에 그 콘텐츠거래의 중개를 중단하고, 그 사실을 중개의뢰자 및 권리주장자에게 통지해야 한다. 이 경우 중개자는 권리주장자의 손해에 대해 책임을 지지 않는다.
④ 제3항에 따른 통지를 받은 중개의뢰자이 콘텐츠가 정당한 권리에 의한 것임을 소명하여 그 중개의 재개를 요구하는 경우, 중개자는 판매재개요구사실 및 판매재개예정일을 권리주장자에게 지체 없이 통보하고 그 예정일에 판매를 재개해야 한다.
⑤ 제3항 후문의 경우를 제외하고, 중개의뢰자가 공급한 콘텐츠가 타인의 저작권 및 기타 권리를 침해하여 중개자가 그 손해를 배상한 경우, 중개자는 중개의뢰자에게 구상권을 행사할 수 있다.

제3장 중개수수료 및 정산

제17조 (중개수수료) 중개수수료는 콘텐츠 판매대금의 (　　)%로 한다.

제18조 (대금의 정산) ① 중개자는 매월 (　)일에 중개의뢰자가 지정한 은행계좌로 제17조에서 정한 중개수수료를 제외한 나머지 금액을 입금한다.
② 대금을 정산하기 위한 콘텐츠 거래실적은 매월 1일부터 마지막 날까지의 거래로 한다. 다만, 다음 각 호에서 정한 거래는 제외한다.
1. 이용자가 「전자상거래 등에서의 소비자보호에 관한 법률」 또는 「콘텐츠산업진흥법」 등에 따라 청약을 철회한 경우
2. 이용자가 중복결제하여 이를 정정한 경우
3. 이용자가 계약을 해제 또는 해지한 경우
4. 미성년이용자 등이 취소한 경우
5. 이용자가 콘텐츠거래와 관련하여 중개자를 상대로 소송 또는 조정 등을 청구한 경우. 다만, 분쟁이 해결되어 이용자로부터 대금을 받은 때에는 그 월의 판매실적으로 포함한다.
6. 이용자로부터 대금을 지급받지 못한 경우. 다만, 추후 이용자로부터 대금을 받은 때에는 해당 월의 판매실적으로 포함한다.

③ 제1항에서 정한 정산시기에 대금을 지급하지 않은 경우, 중개자는 그 지연기간에 대해 연 10%를 곱하여 산정한 지연이자를 지급해야 한다.

제19조 (중개실적에 관한 자료의 제공) ① 중개자는 정산기간 동안 이루어진 콘텐츠거래의 중개실적에 관한 자료를 정산시기 이전에 중개의뢰자에게 제공해야 한다. 다만, 불가피한 경우에 한하여 대금을 입금한 후에 중개실적에 관한 자료를 제공할 수 있다.
② 중개자는 중개의뢰자가 언제든지 콘텐츠거래 중개실적을 확인할 수 있도록 판매자계정에 이에 필요한 조치를 설정해야 한다.
③ 중개의뢰자는 중개자가 제공한 콘텐츠거래 중개실적에 대해 이의가 있는 경우, 결제내역 등 중개자의 중개실적을 증명할 수 있는 자료를 요구할 수 있다. 이 경우 중개자는 중개의뢰자가 결제업자 또는 결제대행업자 등에게 직접 결제내역 등을 청구할 수 있도록 협력해야 한다.

제20조 (대금정산의 정정) ① 중개자가 중개실적을 잘못 산정하여 실제 중개수수료보다 과다하

게 수령한 경우, 그 과오금을 지체없이 중개의뢰자에게 지급해야 한다.
② 중개자가 중개실적을 잘못 산정하여 실제 중개수수료보다 과소하게 수령한 경우, 그 차액을 중개의뢰자에게 청구할 수 있다. 이 경우 중개자는 정확한 중개실적 또는 과소하게 산정한 중개수수료에 관한 증명자료를 중개의뢰자에게 제공해야 한다.

제4장 계약의 변경 및 계약기간

제21조 (계약내용의 변경) 중개의뢰자 또는 중개자는 중개실적의 현저한 저조 등과 같은 정당한 사유가 있는 경우에 한하여 상대방의 동의를 얻어 이 계약의 내용을 변경할 수 있다.

제22조 (계약기간 및 갱신) ① 중개의뢰자와 중개자가 계약기간을 정하지 않은 경우, 그 기간은 계약체결일로부터 6개월로 한다.
② 중개의뢰자 또는 중개자는 이 계약을 연장 또는 갱신하고자 하는 때에는 계약기간 종료일로부터 30일 전까지 상대방에게 통지해야 한다.
③ 중개의뢰자 또는 중개자가 제2항에 따른 연장 또는 갱신에 대한 통지를 받은 날로부터 7일 이내에 동의 또는 거절의 의사를 표시하지 않은 경우, 동의한 것으로 본다. 다만, 제2항에 따른 통지에 『이 기간(7일) 내에 동의 또는 거절의 의사를 표시하지 않으면 동의한 것으로 본다』는 내용을 명시한 경우에 한한다.
④ 제3항에 따라 갱신 또는 연장된 경우, 그 계약의 내용은 종전 계약의 내용으로 한다. 다만, 그 계약기간은 6개월로 하며, 최초 계약기간이 6개월 미만인 경우에는 그 기간을 연장된 계약의 기간으로 한다.

제5장 피해구제 및 분쟁해결

제23조 (손해배상) ① 중개의뢰자 또는 중개자는 이 계약을 위반한 상대방의 행위로 인하여 손해가 발생한 경우, 손해배상을 청구할 수 있다. 다만, 상대방이 고의 또는 과실없음을 증명한 경우에는 그러하지 아니하다.
② 중개자가 이 계약에 따른 의무를 이행하기 위해 제3자를 사용하거나 제3자를 통하여 재중개를 한 경우 그 제3자의 행위로 인하여 중개의뢰자에게 발생한 손해에 대해 제3자와 연대하여 책임을 진다. 다만, 중개자 및 제3자에게 고의 또는 과실이 없음을 증명한 경우에는 그러하지 아니하다.

제24조 (계약의 해제 또는 해지) ① 중개의뢰자 또는 중개자는 다음 각 호의 어느 하나에 해당하는 경우에 이 계약의 그 전부 또는 일부를 최고없이 해제 또는 해지할 수 있다.
1. 중개의뢰자와 중개자가 합의한 경우
2. 중개의뢰자가 금융기관으로부터 거래정지처분을 받은 경우
3. 중개의뢰자 또는 중개자가 감독관청으로부터 영업취소·영업정지 등의 처분을 받은 경우
4. 중개의뢰자 또는 중개자가 부도, 파산 또는 회생절차 개시 등을 이유로 정상적 영업활동이 불가능한 경우
5. 중개의뢰자 또는 중개자가 해산, 영업의 양도 또는 타 회사로의 합병을 결의한 경우. 다만, 영업의 양수인 또는 합병된 회사가 그 권리와 의무를 승계함에 대해 상대방이 동의

한 경우에는 그러하지 아니한다.

6. 중개자가 재해 기타 사유로 인하여 이 계약의 내용을 이행하기 곤란한 경우. 다만, 일시적인 경우에는 그러하지 않는다.
7. 중개자의 서비스 지연, 오류 등이 발생하여 중개의뢰자가 월 2회 이상 또는 누적하여 5회 이상 시정을 요구한 경우
8. 기타 당사자 사이의 신뢰관계를 현저히 해하는 등 이 계약을 유지할 수 없는 중대한 사유가 발생한 경우

② 제1항 각 호에서 정한 경우를 제외하고, 중개의뢰자 또는 중개자가 이 계약상의 의무를 이행하지 않은 경우, 중개의뢰자 또는 중개자는 상대방에게 15일 이상의 기간을 정하여 그 이행을 최고하고, 그 기간 내에 이를 이행하지 아니한 때에는 이 계약의 전부 또는 일부를 해제 또는 해지할 수 있다. 다만, 중개의뢰자 또는 중개자가 이행하지 않겠다는 의사를 표시한 경우 또는 지정한 기한 내에 이행해야 이 계약의 목적을 달성할 수 있는 경우에는 최고없이 해제 또는 해지할 수 있다.

③ 제2항에 따라 이 계약이 해제 또는 해지된 경우, 중개의뢰자와 중개자는 다음 각 호에서 정한 의무를 동시에 이행해야 한다.

1. 중개의뢰자는 판매자계정의 이용을 정지한다. 다만, 하나의 판매자계정을 통하여 복수의 콘텐츠를 판매하고, 그 중 일부의 콘텐츠거래에 대한 중개만을 해제 또는 해지할 경우, 해당 콘텐츠거래의 중개를 중지함에 필요한 조치를 취한다.
2. 중개자는 중개수수료를 제외한 판매대금을 중개의뢰자에게 지급한다. 다만, 제18조 제2항 각호에서 정한 경우에 해당하는 판매대금은 중개의뢰자와의 협의를 통하여 그 지급시기를 달리 정할 수 있다.

④ 중개의뢰자 또는 중개자는 해제 또는 해지의 원인을 제공한 상대방에 대해 이로 인하여 발생한 손해배상을 청구할 수 있다. 이 경우 상대방이 고의 또는 과실없음을 증명한 경우에는 그러하지 않는다.

⑤ 제3항 또는 제4항에 따라 대금 또는 손해배상금을 지급하여야 할 자가 이를 지연한 경우, 그 지연기간에 대해 지연이자(연 10%)를 더하여 지급해야 한다.

제25조 (분쟁해결) ① 이 계약과 관련하여 분쟁이 발생한 경우, 중개의뢰자와 중개자는 합의를 통하여 분쟁을 해결한다.

② 제1항의 규정에도 불구하고 분쟁이 해결되지 않은 경우, 중개의뢰자 또는 중개자는 「콘텐츠산업진흥법」에 따른 콘텐츠분쟁조정위원회, 「저작권법」에 따른 한국저작권위원회 또는 「독점규제 및 공정거래에 관한 법률」에 따른 한국공정거래조정원 등에 조정을 신청할 수 있다.

③ 제1항의 규정에도 불구하고 분쟁이 해결되지 않은 경우, 중개의뢰자 또는 중개자는 법원에 소송을 제기하거나 중재기관에 중재를 신청할 수 있다.

제26조 (재판관할) 이 계약과 관련된 소송은 소 제기 당시 중개의뢰자 또는 중개자의 주된 사무소를 관할하는 지방법원이 관할권을 갖는다.

이 계약을 확인하기 위해 계약서 2통을 작성하여 계약 당사자 간에 이의가 없음을 확인

하고 각자 서명 또는 날인한 후 쌍방이 각 1통씩 보관한다.

20○○년 ○월 ○일

중개의뢰자 주 소
상 호
대표자 ㊞

중 개 자 주 소
상 호
대표자 ㊞

▮제9장▮ 합 의 서

1. 서 설

가. 의 의

합의서란 상대방과 법률적 문제가 생긴 경우, 그에 대한 합의점을 찾아 그 내용을 증명하는 문서를 말한다.

합의서는 모든 법률분쟁의 소지가 있는 곳에서 활용되어지는데, 일반적으로, 이혼을 하는 경우, 그 합의를 위하여 작성되는 경우, 범죄나 기타 과실로 타인에게 피해를 준 경우, 그 합의를 위하여 작성되는 경우 등에 많이 활용된다.

나. 합의서의 기능

일반적으로 피해에 대한 금전적인 배상에 관한 합의를 하게 되는 경우, 손해배상책임의 유무나 범위가 불명확한 유동적인 상황인 경우가 많다. 따라서 합의 당시에 당사자가 인식을 하지 못하고 있는 손해라든가 합의 후 증대되는 손해에 대해서는 그 권리에 대한 포기조항의 효력을 인정하지 않는다. 합의에 대한 대법원의 입장을 보면 일단 합의의 성립은 인정하되 합의의 사항에 관한 의사표시의 합리적 해석을 통하여 합의 당시 인식하고서 포기하였던 손해만을 포기한 것이고, 이를 넘는 부분은 포기하지 않은 것으로 본다고 판시하고 있다. 그러나 합의의 성립이 부정되거나 그 효력의 일부만 인정되는 경우이더라도 합의 당시에 피해자가 받은 합의금은 손해배상의 일부로 보아 인정손해에서 제외한다.

합의를 하면 민사소송으로 손해배상을 청구하는 것보다 신속하게 손해배상금을 받을 수 있다. 그러나 합의를 한 이후에는 합의 내용에 대해서 변경이 쉽지 않으므로 성급하게 합의를 하게 되면 예상치 못한 손실을 볼 수도 있다.

아래에서는 일반적인 합의의 요건 및 효력 등에 대하여 설명한 후에 개별적으로 가장 빈번히 이루어지는 이혼에 따른 합의서를 설명하고, 그에 더하여 형사합의서 등에 대하여 설명하기로 한다.

2. 합의의 요건

합의가 성립하려면 당사자 서로 대립하는 수 개의 의사표시의 합치, 즉 '합의'가 있어야 하며, 의사표시의 객관적 합치와 주관적 합치가 있어야 한다. 이는 모든 합의의 성립에 공통적으로 요구되는 최소한도의 요건이다. 낙성합의는 이 요건만 갖추면 합의서를 작성하지 않아도 합의가 성립한다. 그러나 요물합의에 있어서는 그 밖에 일방의 합의 당사자가 일정한 급부를 해야 합의가 성립한다.

가. 합의의 성립요건

합의의 유효·무효는 합의의 성립을 전제로 하여 당사자가 합의한 대로 효과가 생기느냐 않느냐를 이야기 하는 것으로 합의가 불성립으로 끝난 경우 유효·무효의 문제는 생기지 않는다. 따라서 합의의 성립요건과 효력발생요건은 별개이다.

나. 합의의 효력발생요건

합의는 그 효력을 발생하려면 일반적 요건으로서 당사자가 권리능력 및 행위능력을 가지고 있어야 하고 의사표시의 의사와 표시가 일치하고 하자가 없어야 하며 또한 그 내용이 확정·가능·적법하고 사회적 타당성이 있어야 한다. 그리고 보통의 경우에는 합의는 성립과 동시에 효력이 발생하나 정지조건·시기와 같은 효력의 발생을 막게 되는 사유가 있으면 합의의 성립시기와 효력발생시기가 달라질 수 있다.

다. 대리인에 의한 합의

(1) 대리행위의 효력

합의서에 대리인이 그 권한 내에서 본인을 위한 것임을 표시한 의사표시는 직접 본인에게 대해 효력이 생긴다. 이때 대리인은 행위 능력자임을 요하지 않는데, 행위 무능력자를 대리인으로 선임하여 혹 불측의 손해를 입는다 하더라도 그 효과는 본인에게 귀속하여 본인이 손해를 감수하면 그만이기 때문이다. 또한 대리인이 수인인 때에는 각자가 본인을 대리한다. 그러나 법률 또는 수권행위에 다른 정하는 바가 있는 때에는 그러하지 아니하다. 한편, 대리행위는 최고, 채권양도의 통지, 채무승인 등에도 가능하다. 그러나 사실행위와 불법행위의 대리는 불가능하다.

(2) 대리행위의 하자

의사표시의 효력이 의사의 흠결, 사기, 강박 또는 어느 사정을 알았거나 과실로 알지 못한 것으로 인하여 영향을 받을 경우에 그 사실의 유무는 대리인을 표준으로 하여 결정한다. 특정한 합의를 위임한 경우에 대리인이 본인의 지시에 좇아 그 행위를 한 때에는 본인은 자기가 안 사정 또는 과실로 인하여 알지 못한 사정에 관하여 대리인의 부지를 주장하지 못한다.

(3) 대리권의 범위

권한을 정하지 않은 대리인은 대리의 목적인 물건이나 권리의 성질을 변하지 아니하는 범위에서 그 이용 또는 개량하는 행위만을 할 수 있다. 따라서 대리인과 합의를 체결할 때에는 대리권의 유무와 수권의 범위를 확인하는 것이 좋다. 보통 인감증명이 첨부된 위임장이 있으면 대리권과 수권의 범위를 확인할 수 있을 것이다. 대리인은 본인의 허락이 없으면 본인을 위하여 자기와 합의를 하거나 동일한 합의에 관하여 당사자쌍방을 대리하지 못한다. 그러나 채무의 이행은 할 수 있다. 이를 자기합의 및 쌍방대리 금지원칙이라 한다.

(4) 복 대 리

대리권이 합의에 의하여 부여된 경우에는 대리인은 본인의 승낙이 있거나 부득이한 사유가 있는 때가 아니면 복대리인을 선임하지 못한다.

이 규정에 의하여 대리인이 복대리인을 선임한 때에는 본인에게 대하여 그 선임감독에 관한 책임이 있다. 대리인이 본인의 지명에 의하여 복대리인을 선임한 경우에는 그 부적임 또는 불성실함을 알고 본인에게 대한 통지나 그 해임을 태만한 때가 아니면 책임이 없다. 임의대리인과는 달리 법정대리인은 그 책임으로 복대리인을 선임할 수 있다. 한번 선임된 복대리인은 위임관계가 종료할 때까지 그 권한 내에서 본인을 대리하며, 복대리인은 본인이나 제3자에 대하여 대리인과 동일한 권리의무가 있다.

라. 제3자를 위한 합의

합의당사자가 아닌 제3자로 하여금 직접 합의 당사자의 일방에 대하여 어떠한 권리를 취득하게 하는 것을 목적으로 하는 합의를 '제3자를 위한 합의'라 한다. 예컨대 A·B 사이의 합의로 A가 B에게 자동차 1대를 급부할 채무를 지고, B가 그 대가로서 100만원을 직접 제3자 C에게 지급할 채무를 부담하는 것과 같다. 이때에 A를 요약자, B를 청약자 또는 채무자, C를 수익자(제3자)라고 부른다. 널리 제3자(C)에게 채권을 발생시키는 일이 없이, 다만 제3자(C)에 대하여 급부할 것을 당사자의 일방(A)이 상대방(B)에게 청구할 수 있는 채권의 발생을 목적으로 하는 합의도 포함하나 본래의 엄격한 의미에 있어서의 제3자를 위한 합의는 그러한 합의를 포함하지 않고 제3자(C)가 직접 당사자의 일방(B)에 대하여 급부를 청구할 수 있게 되는 합의를 가리킨다.

3. 합의의 해제, 해지, 취소, 철회

가. 합의의 해제

유효하게 성립하고 있는 합의의 효력을 당사자 일방의 의사표시에 의하여 그 합의가 처음부터 있지 않았던 것과 같은 상태에 복귀시키는 것을 합의의 해제라고 한다. 그리고 그러한 일방적 의사표시에 의하여 합의를 해소시키는 권리를 해제권이라고 한다. 그러나 합의 후 당사자 쌍방의 합의실현 의사의 결여 또는 포기로 인하여 쌍방 모두 이행의 제공이나 최고를 하지 않고 장기간 이를 방치하였다면 그 합의는 당사자 쌍방이 합의를 실현하지 아니할 것이라고 묵시적으로 합의 해제되었다고 보아야 할 것이다.

나. 해제합의

해제는 해제권자의 일방적 의사표시로 성립하는 법률행위이다. 그것은 단독행위이며 이른바 '해제합의'와는 구별해야 한다. 해제합의는 합의당사자가 전에 맺었던 합의를 체결하지 않았던 것과 같은 효과를 발생시킬 것을 내용으로 하는 합의로서 반대합의 또는 합의해제라고 일컫는다. 실무상 종종 이면합의로 이러한 반대합의를 체결하는 것을 볼 수 있다. 어떻든 이러한 해제합의도 하나의 합의이고 해제와는 본질적으로 다르므로 합의자유의 원칙상 유효함은 물론이다. 그러나 만일 여기서 분쟁이 발생한다면 당사자 쌍방이 합의를 실현할 의사가 있었는지의 여부는 합의가 체결된 후에 여러 가지 사정을 종합적으로 고려하여 판단해야 한다.

합의를 맺지 않았던 것과 같은 효과가 발생함으로써 당사자 사이에 어떠한 법률관계가 인정되느냐는 해제합의의 내용과 부당이득에 관한 규정에 의하여 정해지게 된다. 즉, 합의에서 생긴 효과가 소급적으로 소멸하는 결과 아직 이행하지 않은 채무는 소급적으로 소멸하여 이행할 필요가 없게 되나 이미 이행되어서 소멸한 채무는 부활한다. 주의할 것은 해제합의의 소급효는 제3자의 권리의 해하지 못한다는 점이다. 원래 합의의 효력은 제3자에게 영향을 미치지 않는 것이 원칙이기 때문이다.

다. 해제와 해지

해제에 의하여 합의는 처음부터 있지 않았던 것과 같은 효과가 생긴다. 즉, 해제는 소급효가 있다. 따라서 아직 이행하지 않은 채무는 소멸하고 이미 이행한 것은 법률상의 원인을 잃게 되어 각 당사자는 원상회복의 의무를 부담하게 된다. 이처럼 합의의 해제는 소급효가 있으나 임대차·고용·위임·조합 등과 관련한 이른바 계속적 합의에 있어서는 채무불이행 등을 이유로 합의관계를 도중에서 소멸시키더라도 이미 완전히 목적을 달성하고 있는 기왕의 부분까지도 이를 처음부터 없었던 것과 같이 할 필요나 이유가 없다. 이때에는 이행되지 않은 부분을 이후에 한하여 장래에 향하여 소멸시키는 것으로 충분하다. 이와 같이 소급효 없이 장래에 향하여 합의를 소멸(종료)시키는 것을 민법은 특히 '해지'라고 한다.

라. 해제와 취소

해제는 '취소'와는 구별해야 한다. 권리자의 일방적 의사표시에 의하여 법률행위의 효력을 소급적으로 소멸시키는 점에서는 양자가 같다. 그러나 해제는 합의에 특유한 제도인데 대하여 취소는 합의에 한하지 않고 모든 법률행위에 관하여 인정되며 취소권의 발생원인은 무능력·의사표시의 하자·착오 등이 있는 때에 법률의 규정에 의거하여 발생하나 해제는 채무불이행을 원인으로 하는 법정해제권외에 당사자 사이의 합의에 의하여서도 발생한다. 또한 그 효과에 있어서도 취소의 경우에는 부당이득에 의한 반환의무가 생길 뿐이나 해제의 경우에는 원상회복의무가 생긴다.

마. 해제와 철회

해제는 '철회'와도 구별된다. 철회는 아직 종국적인 법률효과가 발생하고 있지 않은 법률행위나 의사표시의 효력을 장차 발생하지 않도록 막는 것이다. 그런데 해제는 이미 효력을 발생하고 있는 합의를 소멸시켜 그 효력을 소급적으로 소멸케 하는 것이므로 철회와는 본질적으로 다르다.

바. 해제의 효과

합의의 해제 제도는 합의 당사자를 상대방의 채무불이행으로부터 구제하기 위한 하나의 법적 수단이다. 합의의 해제는 합의를 해소시켜서 처음부터 그러한 합의가 있지 않았던 것과 같은 상태로 되돌아가게 하는 것을 목적으로 한다. 즉, 합의의 해제에 있어서의 기본적 효과는 합의상의 법률적 구속으로부터 해방·원상회복·손해배상의 3가지이다. 예컨대, 매매합의에서 매수인이 대금을 지급하지 않아 매도인이 합의를 해제하였다면 그 합의관계는 다음과 같이 해소된다.

4. 합의서 작성시 주의할 점

합의서는 주로 일방당사자의 과실 등에 의해 피해를 본 경우 가해자와 금전적인 합의를 보는 경우가 대부분이다. 이에 아래에서는 금전적 피해에 대한 배상으로 진행되는 합의서를 전제로 그 작성 시 주의할 점을 설명한다.

가. 피해자의 입장에서 주의할 점

(1) 상대방 확인의 문제

합의를 할 때 피해자 입장에서는 손해배상의 책임이 누구에게 있는지, 지급능력은 있는지, 또 대리인이 할 경우 그 대리권이 있는지에 대하여 명확히 확인하여야 한다.

(2) 책임의 분별

형사상의 책임이 있는 합의의 경우, 피해자 입장에서는 형사상의 합의는 물론 민사상의 합의 모두 가능하다. 이 때 주의할 점은 합의의 내용이 형사상의 고소·고발 등에 대한 합의로 형사처벌을 면하게만 하는 것인지, 민사상의 책임도 면하게 해주는 것인지에 대한 정확한 분별이 있어야 한다.

나. 가해자의 입장에서 주의할 점

가해자가 합의를 할 때에는 권한이 있는 자와 합의를 해야 하며 피해자가 가지고 있는 모든 청구권을 포기한다는 내용과 합의당시의 피해정도와 합의 후 발생할 수 있는 후유증에 대하여 예견하였다는 내용을 기재하는 것이 바람직하다. 이러한 점에 대하여 분설하면 아래와 같다.

① 가해자는 피해자에게 진심으로 사과하고 성의를 다하여 합의에 응해야 한다.

② 합의를 할 때에는 가능하면 변호사, 행정사나 법률관계를 잘 아는 사람이 주선하는 것이 유리하다.

③ 교통사고로 인하여 다수의 사상자가 발생한 대형사고인 경우와 같이 많은 손해배상 청구권자가 있는 때에는 그들 중 대표자와 합의를 하는 경우에는 대표자가 진정한 대리권의 수여여부와 대리권의 범위를 확인해야 한다. 대리권이 없는 무대리권자와 합의를 보았다면 본인(피해자)에 대해서는 무권대리이므로 효력이 발생하지 않을 수도 있기 때문이다.

④ 합의를 할 때에는 가해자와 피해자의 감정이 대립되지 않도록 조심해야 한다.

⑤ 합의를 할 때에는 피해자의 입장에서 손해의 정도, 범위, 피해자의 과실유무 등에 대하여 정확한 인식을 해야 한다. 필요한 경우에는 피해자에게 손해의 정도나 범위에 대한 자료를 제출하도록 요구해야 한다.

⑥ 가해자가 아무리 성의를 다한다 하더라도 피해자의 입장에서는 만족할 수가 없는 것이므로 가해자는 피해자를 설득시키는 데 전력을 다해야 한다.

⑦ 피해자와 여러 번 대화를 하다 보면 피해자의 주장도 명백해질 때가 있으므로 타협이나 양보를 할 때를 잘 파악해야 한다.

다. 미성년자와의 합의 시 주의할 점

미성년자란 만 19세 미만의 자를 말한다. 그런데 미성년자가 법률행위(합의를 하는 것)를 함에는 법정대리인의 동의를 얻어야 한다. 그러나 권리만을 얻거나 의무만을 면하는 행위는 그러하지 아니하다. 위의 규정에 위반한 행위는 취소할 수 있다. 그러나 법정대리인이 범위를 정하여 처분을 허락한 재산은 미성년자가 임의로 처분할 수 있다(용돈으로 100,000원을 주면서 마음대로 쓰도록 하는 경우). 또 미성년자가 법정대리인으로부터 허락을 얻은 특정한 영업에 관하여는 성년자와 동일한 행위능력이 있다.

(1) 법정대리인의 동의와 허락은 취소할 수 있다.

어떤 법률행위에 대하여 법정대리인의 동의를 하였다 하더라도 미성년자가 아직 법률행위를 하기 전에는 그가 한 동의와 허락을 취소할 수 있다. 따라서 합의체결시 상대방이 미성년자인 경우에는 법정대리인의 동의를 얻었는지 여부를 확인하는 것이 무엇보다도 중요하다.

(2) 미성년자와 합의를 체결한 상대방은 최고권을 행사하라.

미성년자와 합의를 맺은 상대방은 미성년자가 성인이 된 후에 이에 대하여 1월 이상의 기간을 정하여 그 취소할 수 있는 행위의 추인여부의 확답을 최고할 수 있다. 성인으로 된 자가 그 기간 내에 확답을 발하지 아니한 때에는 그 행위를 추인한 것으로 본다. 미성년자가 아직 능력자가 되지 못한 때에는 그 법정대리인에 대하여 최고를 할 수 있고 법정대리인이 그 기간 내에 확답을 발하지 아니한 때에는 그 행위를 추인한 것으로 본다. 특별한 절차를 요하는 행위에 관하여는 그 기간 내에 그 절차를 밟은 확답을 발하지 아니하면 취소한 것으로 본다. 최고와 확답의 의사표시는 내용증명우편을 이용하는 것이 좋다.

(3) 미성년자의 상대방은 철회권과 거절권이 있다.

미성년자와 체결한 합의는 추인이 있을 때까지 상대방이 그 의사표시를 철회할 수 있다. 그러나 상대방이 합의당시에 미성년자임을 알았을 때에는 철회할 수 없다. 합의와는 달리 미성년자의 단독행위는 추인이 있을 때까지 상대방이 거절할 수 있다. 위 철회나 거절의 의사표시는 미성년자에 대하여도 할 수 있다.

(4) 미성년자가 사술을 쓴 경우

미성년자가 사술로써 합의 상대방에 대하여 자신이 성인인 것으로 믿게 한 때에는 그 행위를 취소하지 못한다. 미성년자가 사술로써 법정대리인의 동의가 있는 것으로 믿게 한 때에도 위와 같다.

라. 기재사항

(1) 이행기를 명확하게 표시하라.

채무이행의 확정한 기한이 있는 경우에는 채무자는 기한이 도래한 때로부터 지체책임이 있다. 채무이행의 불확정한 기한이 있는 경우에는 채무자는 기한이 도래함을 안 때로부터 지체책임이 있다. 채무이행의 기한이 없는 경우에는 채무자는 이행청구를 받은 때로부터 지체책임이 있다. 그러므로 합의당사자는 합의서에 이행기를 명확하게 표시하는 것이 좋다.

(2) 기한의 이익이 상실되는 경우도 있다.

채무자가 담보를 손상, 감소 또는 멸실하게 한 때, 채무자가 담보제공의 의무를 이행하지 아니한 때에는 기한의 이익을 주장하지 못한다.

(3) 강제이행을 청구할 수 있다는 뜻을 기재하여 주의를 환기시켜라.

채무자가 임의로 채무를 이행하지 아니한 때에는 채권자는 그 강제이행을 법원에 청구할 수 있다. 그러나 채무의 성질이 강제이행을 하지 못하는 경우도 있다. 위의 채무가 법률행위를 목적으로 한 때에는 채무자의 의사표시에 갈음할 재판을 청구할 수 있고, 채무자의 일신에 전속하지 아니한 작위를 목적으로 한 때에는 채무자의 비용으로 제3자에게 이를 하게 할 것을 법원에 청구할 수 있다. 그 채무가 부작위를 목적으로 한 경우에 채무자가 이에 위반한 때에는 채무자의 비용으로써 그 위반한 것을 제거하고 장래에 대한 적당한 처분을 법원에 청구할 수 있다.

(4) "이행보조자의 고의, 과실은 채무자의 고의, 과실이 된다."라고 기재하라.

채무자의 법정대리인이 채무자를 위하여 이행하거나 채무자가 타인을 사용하여 이행하는 경우에는 법정대리인 또는 피용자의 고의나 과실은 채무자의 고의나 과실로 본다.

(5) 이행지체 중의 손해배상은 채무자의 책임이다.

채무자는 자기에게 과실이 없는 경우에도 그 이행지체 중에 생긴 손해를 배상해야 한다. 그러나 채무자가 이행기에 이행하여도 손해를 면할 수 없는 경우에는 그러하지 않는다.

(6) 손해배상의 범위와 방법을 미리 특정하라.

특별한 사정으로 인해 발생한 손해는 채무자가 그 사정을 알았거나 알 수 있었을 때에 한하여 배상의 책임이 있다. 다른 의사표시가 없으면 손해는 금전으로 배상한다. 그러므로 합의 당사자는 합의서에 손해배상의 범위와 방법을 미리 특정 하는 것이 좋다. 채권자가 그 채권의 목적인 물건 또는 권리의 가액전부를 손해배상으로 받은 때에는 채무자는 그 물건 또는 권리에 관하여 당연히 채권자를 대위한다.

(7) 이행지체와 전보배상에 대하여 약정하라.

채무자가 채무의 이행을 지체한 경우에 채권자가 상당한 기간을 정하여 이행을 최고하여도 그 기간 내에 이행하지 않거나 지체 후의 이행이 채권자에게 이익이 없는 때에는 채권자는 수령을 거절하고 이행에 갈음한 손해배상을 청구할 수 있다.

(8) 과실상계비율을 정하는 것도 생각해 보라.

채무불이행에 관하여 채권자에게 과실이 있는 때에는 법원은 손해배상의 책임 및 그 금액을 정함에 이를 참작해야 한다.

(9) 합리적인 범위 내에서 손해배상액의 예정을 하라.

합의 당사자는 채무불이행에 관한 손해배상액을 예정할 수 있다. 손해배상의 예정액이 부당히 과다한 경우에는 법원은 적당히 감액할 수 있다. 손해배상액의 예정은 이행의 청구나 합의의 해제에 영향을 미치지 않는다. 위약금의 약정은 손해배상액의 예정으로 추정한다. 당사자가 금전이 아닌 것으로써 손해배상에 충당할 것을 예정한 경우에도 위의 규정을 준용한다.

5. 협의이혼에 따른 합의서

가. 의 의

이혼을 하는 방식에는 협의에 의한 이혼과 재판에 의한 이혼이 있는 바, 그 신고방법 및 절차에도 각 이혼의 방식에 따라 진행방식에 약간의 차이가 있다. 본서에서는 이혼의 방식 중 협의이혼에 관하여 중점적으로 기술하고, 재판상이혼 중에도 양당사자간 합의에 의하여 조정 등으로 마무리 될 수 있으므로, 그 합의서에 대하여는 서식례에서 보여주기로 한다.

나. 협의이혼의 합의서

(1) 협의이혼 합의서 작성

이혼, 사망은 혼인의 해소의 원인이 된다. 그 중 이혼은 당사자가 생존하고 있으면서 혼인을 해소하는 것으로서 민법상 이혼에는 협의이혼과 재판상 이혼이 있는데 부부간 협의에 의하여 이혼하는 협의이혼(민법 834조)은 유효한 혼인을 협의에 의하여 해소하는 계약의 일종이다. 협의이혼이 성립하려면 부부가 이혼의사의 합치 하에(실질적 요건), 이혼의사확인 절차를 거쳐 이혼신고를 하여야 한다(형식적 요건).

이러한 협의이혼의 과정 중 양당사자의 의사의 합의점이 성립하는 경우, 그 내용을 기재하는 것이 협의이혼합의서인데, 협의이혼 합의서에는 이혼의 확정적인 의사표시, 이에 따른 위자료 지급의 문제, 재산분할의 문제, 자녀가 있는 경우 그 양육권 및 친권의 지정문제 및 양육비 산정의 문제 등을 각 합의하여 기재한다.

(2) 협의이혼 신고

이혼을 하고자 하는 사람은 가정법원으로부터 확인서 등본을 교부 또는 송달받은 날부터 3개월 이내에 그 등본을 첨부하여 신고를 행하여야 하고 3개월의 기간이 경과한 때에는 그 가정법원의 확인은 효력을 상실한다(가족등록법 75조 2항, 3항). 그리고 협의이혼신고서에 가정법원의 이혼의사확인서등본을 첨부한 경우에는 증인 2인의 연서가 있는 것으로 본다(동법 76조). 한편, 이혼의 신고서에는 다음 사항을 기재하여야 한다(동법 74조).

외국의 부부 역시 동일한 상거소지 또는 외국인 부부와 가장 밀접한 관련이 있는 곳이 대한민국이라면 대한민국 법에 의한 협의이혼신고를 할 수 있다(국제사법 39조, 37조).

(3) 효 과

이혼신고는 창설적 신고로 본다. 따라서 이혼의사 확인을 받았더라도 이혼신고를 하지 않는 한 이혼이 성립하지 않는다.

6. 형사합의서

교통사고 등 각종 형사사건에서 중요한 것은 가해자와 피해자, 상호간에 원만한 합의를 이루는 일이다. 양쪽이 원만한 합의점을 조율한 다음에는 사고 내용과 합의 조건의 내용으로 구성된 합의서를 작성한다. 형사합의서는 일반적으로 범죄 또는 기타 과실로 인하여 타인에게 피해를 입혔을 경우, 금전 등으로 적절히 피해를 보상해 주기로 하여 작성하는 문서를 의미한다. 합의서 작성 후에는 서명날인하고 인감증명서를 첨부한 후 해당 기관에 제출하도록 한다.

이에 대하여 작성 상 주의를 요하는 점 등에 대하여는 위 제4항으로 대신하기로 한다.

7. 서 식 례

[서식 427] 합의서(형사)

합 의 서

피 해 자 △ △ △
○○시 ○○구 ○○길 ○○
(000000 - 0000000)

가 해 자 ○ ○ ○

○○시 ○○구 ○○길 ○○
(000000 - 0000000)

가해자와 피해자간의 (죄명 입력) 사건에 관하여 피해자는 ○○○만원의 합의금을 지급받고[충분한 피해보상이 이뤄진 경우 합의금액 기재] 가해자에 대하여 추후 민·형사상 책임을 묻지 않기로 원만히 합의하였습니다. 가해자의 선처를 바라는 바입니다. [선택적으로 "가해자에 대한 형사 고소를 취하하는 바입니다."도 가능]

20○○년 ○월 ○일

가 해 자 ○ ○ ○ (인)

피 해 자 △ △ △ (인)

** 참고 : 합의서에는 피해자 측의 인감증명서를 첨부하는 것이 원칙이며, 부득이하게 받을 수 없는 경우에는 피해자 신분증 사본이라도 첨부하여야 합의서의 진위가 법원에서 인정될 수 있음.

[서식 428] 합의서(폭행)

합 의 서

고 소 인 ○ ○ ○ (000000 - 0000000)
○○시 ○○구 ○○로 12 (○○동)
(전화번호 : 000 - 0000)

피고소인 ○ ○ ○ (000000 - 0000000)
○○시 ○○구 ○○로 23 (○○동)
(전화번호 : 000 - 0000)

고소인은 피고소인을 폭행죄로 고소한 사건에 관하여 고소인은 피고소인으로부터 일체의 피해를 변제 받고, 민·형사상의 이의를 제기하지 않겠기에 본 합의서를 작성 각자 1통씩 나누어 가짐.

첨부서류 : 고소인의 인감증명서 1통

20○○년 ○월 ○일

고 소 인 ○ ○ ○ (인)

피고소인 ○ ○ ○ (인)

○○경찰서장 귀하

[서식 429] **교통사고합의서**

[별지 제1호의2 서식]

자동차교통사고합의서			
갑(가해자측)			
성 명		주민등록번호	
주 소			
자동차등록번호		소 속	
운전면허번호		전 화 번 호	
을(피해자측)			
성 명		주민등록번호	
주 소			
자동차등록번호		소 속	
운전면허번호		전 화 번 호	

상기 갑·을은　　년　　월　　일　　시　　분경

지점에서 발생한 교통사고(치상·물적피해)에 대하여 원만히 합의되어 향후 민·형사상 책임을 묻지 않기로 하였기에 상호 서명·날인한 합의서를 제출합니다.

20○○년　○월　○일

접수경찰관 확인	
이 합의서는 피해자(본인·직계존속·직계비속·배우자)가 제출한 것임을 확인함. (제출자 성명　　　㊞) (　　주민등록번호　　　) 접수자 계급　성명　　㊞	갑 :　　　　(인) 을 :　　　　(인) 입회 :　　　　(인)

경 찰 서 장　귀하

[서식 430] 합의서(교통사고)

합　　의　　서

사　　건　　20○○가단○○○○호　손해배상(자)

원　　고　　조　○　○

피　　고　　김　○　○

위 사건에 관하여 원고와 피고는 다음과 같이 합의한다.

다　　　음

1. 피고는 원고에게 위자료 및 손해배상금조로 금 ○○○,○○○원을 20○○. ○. ○.까지

지급한다.
2. 원고의 나머지 청구는 포기한다.
3. 원고는 추후 민·형사적 일체의 이의를 제기하지 아니한다.
4. 원고와 피고는 20○○. ○. ○. 10:00 변론기일에 상기 내용과 같이 법정화해 하기로 합의한다.
5. 소송비용은 각자 부담한다.

20○○년 ○월 ○일

원고 조 ○ ○ (인)

피고 김 ○ ○ (인)

○○지방법원 귀중

[서식 431] 합의서(형사)

합 의 서

가 해 자 ○ ○ ○
○○시 ○○구 ○○길 ○○
(000000 - 0000000)

피 해 자 △ △ △
○○시 ○○구 ○○길 ○○
(000000 - 0000000)

가해자와 피해자간의 (금전대여 사기고소) 사건에 관하여 아래와 같이 원만히 합의합니다.

아 래

1. 가해자는 위 사건과 관련하여 피해자에게 금○○○원을 20○○. ○. ○.까지 변제한다. 가해자가 이를 이행하지 않을 경우 20○○. ○. ○.부터 다 변제할 때까지 연 20%의 지연손해금을 지급한다.

2. 피해자는 위 합의서를 교부받고 위 사건 고소를 직접 취하하거나 고소취하 인감증명서를 가해자에게 교부하기로 한다.

3. 가해자가 합의서를 교부한 날부터 ○일 이내에 위와 같이 이행하지 않을 경우 피해자는 합의내용을 취소할 수 있다.

20○○년 ○월 ○일

가 해 자 ○ ○ ○ (인)

피 해 자 △ △ △ (인)

[서식 432] 합의서(학교폭력)

합 의 서

피 해 자 : ○ ○ ○
주민등록번호 :
주 소 : ○○시 ○○구 ○○동 ○번지
가 해 자 : ○ ○ ○
주민등록번호 :
주 소 : ○○시 ○○구 ○○동 ○번지

위 당사자는 20○○년 ○월 ○일 ○○:○○경 ○○시 ○○구 ○○동 ○번지 소재 ○○

에서 사소한 시비 끝에 발생된 치상사건에 관하여 다음과 같이 합의한다.

1. 가해자는 피해자에게 치료비와 위자료 등 기타 손해배상으로 금 ○○○원을 지급하되 본 합의와 동시에 금 ○○○원을 지급하고 피해자는 이를 영수하였다. 단, 잔여금 ○○○원은 20○○년 ○월 ○일까지 완급하기로 한다.
2. 이로써 피해자는 본 합의서 성립 이후 위 1.의 사항 이외에는 민·형사상 일체의 이의를 제기하지 아니한다. 단, 후유증 발생시 후유장애비 일체를 가해자가 부담한다.
3. 본 합의에 관하여 관련 제3자의 이의가 있을 시에는 이의자의 위 당해 당사자가 그 책임을 부담한다.
4. 본 합의를 일방이 위약 시에는 위약자는 위약으로 인하여 발생되는 상대방의 손해를 배상한다.

본 합의를 확실히 이행하기 위하여 본 증서 2통을 작성하여 양 당사자간 이의 없음을 확인하고 각자 기명날인하여 각 1통씩 보관한다.y

20○○년 ○월 ○일

위 피해자 ○ ○ ○ ㊞
가해자 ○ ○ ○ ㊞

[서식 433] 관할합의서

관 할 합 의 서

○ ○ ○ (000000 - 0000000)
○○시 ○○구 ○○길 ○○ (우편번호 ○○○○○)

◇ ◇ ◇ (000000 - 0000000)

○○시 ○○구 ○○길 ○○ (우편번호 ○○○○○)

위 당사자 사이에 20○○. ○. ○.자 체결한 임대차계약에 관한 소송행위는 ○○지방법원을 제1심의 관할법원으로 할 것을 합의합니다.

첨 부 : 임대차계약서 1통.

20○○년 ○월 ○일

위 합의자 ○ ○ ○ (서명 또는 날인)

◇ ◇ ◇ (서명 또는 날인)

[서식 434] 불항소합의서

불 항 소 합 의 서

사 건 20○○가합○○○ 근저당권설정등기말소

원 고 ○ ○ ○

피 고 ◇ ◇ ◇

위 사건 제1심 판결에 대하여 쌍방 당사자(원고, 피고)는 모두 항소하지 않기로 합의한다.

20○○. ○. ○.

위 원고 ○ ○ ○ (서명 또는 날인)

위 피고 ◇ ◇ ◇ (서명 또는 날인)

[서식 435] 계약변경합의서

계약변경 합의서

20 년 월 일 계약 체결한 ________________공사 건에 대하여 계약의 일부를 아래와 같이 변경함에 합의한다.

아 래

1. 계약금액 : * 당초계약금액 : 금 원정(₩)
   * 변경계약금액 : 금 원정(₩)

2. 공사기간 : * 변경전 : 20 년 월 일 ~ 20 년 월 일
   * 변경후 : 20 년 월 일 ~ 20 년 월 일

3. 기타변경사항 :

4. 본 합의서에 첨부한 서류는 계약서에 첨부한 내용과 동일한 효력을 가진다.

5. 본 합의서 이외 사항에 대해서는 당초 계약서 각 조항에 의한다.

6. 본 합의서를 입증하기 위하여 합의서 2부를 작성하여 "갑", "을" 쌍방이 서명날인하여 각 1부씩 보관한다.

20○○년 ○월 ○일

"갑" ○○○ ○○○

"을" 주 소 : "연대보증인" 주 소 :

상 호 : 상 호 :
대표자 : 대표자 :

[서식 436] 이혼합의서

이 혼 합 의 서

부(갑) ○ ○ ○
○○시 ○○구 ○○로 ○○○

처(을) ○ ○ ○
○○시 ○○구 ○○로 ○○○

위 갑과 을은 이혼, 위자료, 자녀의 양육 및 재산분할에 관하여 아래와 같이 합의한다.

1. 갑과 을은 20○○년 ○월 ○일까지 이혼한다.
2. 갑은 20○○년 ○월 ○일까지 을에게 위자료조로 금 ○○○○원을 지급한다.
3. 장남 ○○○은 갑이, 장녀 ○○○은 을이 각 양육한다.
4. 갑은 20○○년 ○월 ○일부터 20○○년 ○월 ○일까지 을에게, 을의 정에 대한 양육비조로 매월 말일 금 500,000원을 지급한다.
5. 갑은 20○○년 ○월 ○일까지 을에게, 을이 갑과 혼인시 지참하였던 혼수품 일체를 인도하고, 을은 이를 인수한다.
6. 갑은 20○○년 ○월 ○일까지 재산분할조로 갑 소유인 토지를 을에게 증여하고, 20○○년 ○월 ○일까지 을 앞으로 위 토지에 대한 소유권이전등기를 경료하여 주기로 한다.

위 합의를 증명하기 위하여 본서 2통을 작성하고 각자 서명 날인한 후, 각각 이를 1통씩 보관한다.

20○○년 ○월 ○일

[서식 437] 협의이혼의사확인신청서

[제2호 서식]

협의이혼의사확인신청서

당사자 부 ○ ○ ○ (주민등록번호: -)
등록기준지 :
주 소:
전화번호(핸드폰/집전화) :

처 ○ ○ ○ (주민등록번호 : -)
등록기준지 :
주 소:
전화번호(핸드폰/집전화) :

신 청 의 취 지

위 당사자 사이에는 진의에 따라 서로 이혼하기로 합의하였다.
위와 같이 이혼의사가 확인되었다.
라는 확인을 구함.

첨 부 서 류

1. 남편의 혼인관계증명서와 가족관계증명서 각 1통.
   처의 혼인관계증명서와 가족관계증명서 각 1통.
2. 미성년자가 있는 경우 양육 및 친권자결정에 관한 협의서 1통과 사본 2통 또는 가정법원의 심판정본 및 확정증명서 각 3통 (제출___, 미제출___)[2)]
3. 주민등록표등본(주소지 관할법원에 신청하는 경우) 1통.
4. 진술요지서(재외공관에 접수한 경우) 1통. 끝.

20○○년 ○월 ○일

확인기일		담당자
1회	년 월 일 시	법원주사(보)
2회	년 월 일 시	○○○ ㊞

신청인 부 ○ ○ ○ ㊞
처 ○ ○ ○ ㊞

○ ○ 가정법원 귀중

[제3호 서식]

자의 양육과 친권자결정에 관한 협의서

사 건 호 협의이혼의사확인신청

당사자 부 성 명
주민등록번호 -

모 성 명
주민등록번호 -

협 의 내 용

1. 친권자 및 양육자의 결정 (□에 ✔표시를 하거나 해당 사항을 기재하십시오)

자녀 이름	성별	생년월일(주민등록번호)	친권자	양육자
	□ 남 □ 여	년 월 일 (-)	□ 부 □ 모 □ 부모공동	□ 부 □ 모 □ 부모공동
	□ 남 □ 여	년 월 일 (-)	□ 부 □ 모 □ 부모공동	□ 부 □ 모 □ 부모공동
	□ 남 □ 여	년 월 일 (-)	□ 부 □ 모 □ 부모공동	□ 부 □ 모 □ 부모공동
	□ 남 □ 여	년 월 일 (-)	□ 부 □ 모 □ 부모공동	□ 부 □ 모 □ 부모공동

2. **양육비용의 부담** (□에 ✔표시를 하거나 해당 사항을 기재하십시오.)

지급인	□ 부 □ 모	지급받는 사람	□ 부 □ 모
지급방식	□ 정기금		□ 일시금
지급액	이혼신고 다음날부터 자녀들이 각 성년에 이르기 전날까지 미성년자 1인당 매월 금 원 (한글병기: 원)		이혼신고 다음날부터 자녀들이 각 성년에 이르기 전날까지의 양육비에 관하여 금 원 (한글병기: 원)
지급일	매월 일		년 월 일
기타			
지급받는 계좌	( ) 은행 예금주 : 계좌번호 :		

3. **면접교섭권의 행사 여부 및 그 방법** (□에 ✔표시를 하거나 해당 사항을 기재하십시오.)

일 자	시 간	인도 장소	면접 장소	기타(면접교섭시 주의사항)
□ 매월 ______째주 ______요일	시 분부터 시 분까지			
□ 매주 _____요일	시 분부터 시 분까지			
□ 기타				

첨 부 서 류

1. 근로소득세 원천징수영수증, 사업자등록증 및 사업자소득금액 증명원 등 소득금액을 증명하기 위한 자료 - 부, 모별로 각 1통
2. 위 1항의 소명자료를 첨부할 수 없는 경우에는 부·모 소유 부동산등기부등본 또는 부·모 명의의 임대차계약서, 재산세 납세영수증(증명)
3. 위자료나 재산분할에 관한 합의서가 있는 경우 그 합의서 사본 1통
4. 자의 양육과 친권자결정에 관한 협의서 사본 2통

협의일자 : 20○○년 ○월 ○일

부 : (인/서명) 모 : (인/서명)

○ ○ 가정(지방)법원		판사 확인인
확인일자	. . .	

자의 양육과 친권자결정에 관한 협의서 작성요령

※ 미성년인 자녀(임신 중인 자를 포함하되, 이혼에 관한 안내를 받은 날부터 3개월 또는 법원이 별도로 정한 기간 내에 성년이 되는 자는 제외)가 있는 부부가 협의이혼을 할 때는 자녀의 양육과 **친권자결정**에 관한 협의서를 확인기일 1개월 전까지 제출하여야 합니다.

※ 이혼의사확인신청후 양육과 친권자결정에 관한 협의가 원활하게 이루어 지지 않는 경우에는 신속하게 가정법원에 그 심판을 청구하여야 합니다.

※ 확인기일까지 협의서를 제출하지 아니한 경우 이혼의사확인이 지연되거나 불확인 처리될 수 있고, 협의한 내용이 **자녀의 복리**에 반하는 경우 가정법원은 보정을 명할 수 있으며 보정에 응하지 않는 경우 불확인 처리됩니다.

※ 이혼신고일 다음날부터 미성년인 자녀들이 각 성년에 이르기 전날까지의 기간에 해당하는 양육비에 관하여는 양육비부담조서가 작성되며, 이혼 후 양육비부담조서에 따른 양육비를 지급하지 않으면 양육비부담조서에 의하여 강제집행할 수 있습니다. 그 외 협의사항은 '별도의 재판절차'를 통하여 과태료, 감치 등의 제재를 받을 수 있고, 강제집행을 할 수 있습니다.

※ 협의서 작성 전에 가정법원의 상담위원의 상담을 먼저 받아 보실 것을 권고합니다.

1. 친권자 및 양육자의 결정

친권자는 자녀의 재산관리권, 법률행위대리권 등이 있고, **양육자**는 자녀와 공동생활을 하며 각종의 위험으로부터 자녀를 보호하는 역할을 합니다. 협의이혼시 친권자 및 양육자는 자의 복리를 우선적으로 고려하여 부 또는 모 일방, 부모 공동으로 지정할 수도 있으며, 친권자와 양육자를 분리하여 지정할 수도 있습니다(**공동친권, 공동양육의 경우는 이혼 후에도 부모 사이에 원만한 협의가 가능한 경우**에만 바람직하며, 각자의 권리·의무, 역할, 동거기간 등을 별도로 명확히 정해 두는 것이 장래의 분쟁을 예방할 수 있습니다).

임신 중인 자의 특정은 자녀이름란에 '모가 임신 중인 자'로 기재하고 생년월일란에 '임신 ○개월'로 기재함으로 하고, 성별란은 기재할 필요가 없습니다.

2. 양육비용의 부담

자녀에 대한 양육의무는 친권자나 양육자가 아니어도 부모로서 부담하여야 할 법률상 의무입니다. 양육비는 자녀의 연령, 자녀의 수, 부모의 재산상황 등을 고려하여 적정한 금액을 협의하여야 합니다. 경제적 능력이 전혀 없는 경우에는 협의에 의해 양육비를 부담하지 않을 수 있습니다. 이혼신고 전 양육비 또는 성년이후의 교육비 등은 부모가 협의하여 "기타"란에 기재할 수 있으나, 양육비부담조서에 기재되지 않으므로, 강제집행을 위하여는 별도의 재판절차가 필요합니다.

3. 면접교섭권의 행사 여부 및 그 방법

「민법」 제837조의2 규정에 따라 이혼 후 자녀를 직접 양육하지 않는 부모(비양육친)의 일방과 자녀는 서로를 만날 **권리**가 있고, 면접교섭은 자녀가 양쪽 부모의 사랑을 받고 올바르게 자랄 수 있기 위해 꼭 필요합니다. 면접교섭 일시는 자녀의 일정을 고려하여 **정기적·규칙적**으로 정하는 것이 자녀의 안정적인 생활에 도움이 되고, 자녀의 인도장소 및 시간, 면접교섭 장소, 면접교섭시 주의사항(기타 란에 기재) 등을 자세하게 정해야 장래의 분쟁을 방지할 수 있습니다.

4. 첨부서류

협의서가 자녀의 복리에 부합하는지 여부를 판단하기 위해 부, 모의 월 소득액과 재산에 관한 자료 등이 필요하므로 증빙서류를 제출합니다.

5. 기타 유의사항

법원은 협의서원본을 2년간 보존한 후 폐기하므로, 법원으로부터 교부받은 협의서등본을 이혼신고 전에 사본하여 보관하시기 바랍니다.

[제6호 서식]

협의이혼제도안내

1. 협의이혼이란

○ 부부가 자유로운 이혼합의에 의하여 혼인관계를 해소시키는 제도로, 먼저 관할 법원의 협의이혼의사확인을 받은 후 쌍방이 서명 또는 날인한 이혼신고서에 그 확인서등본을

첨부하여 시(구)·읍·면의 장에게 신고함으로써 이혼의 효력이 발생합니다. 여기서 "시"라 함은 "구"가 설치되지 않은 시를 말합니다.

2. 협의이혼절차

가. 협의이혼의사확인의 신청

① 신청시 제출하여야 할 서류

㉮ 협의이혼의사확인신청서 1통

- 부부가 함께 작성하며, 신청서 양식은 법원의 신청서 접수창구에 있습니다.
- 기일의 고지는 전화 등으로 할 수 있으므로, 신청서에 전화연락처를 정확히 기재하여야 하며, 전화연락처 변경시에는 즉시 법원에 신고하여야 합니다.

㉯ 남편의 가족관계증명서와 혼인관계증명서 각 1통
처의 가족관계증명서와 혼인관계증명서 각 1통

- 시(구)·읍·면·동사무소에서 발급

㉰ 주민등록등본 1통

- 주소지 관할 법원에 이혼의사확인신청을 하는 경우에만 첨부합니다.

㉱ 미성년인 자녀(임신 중인 자를 포함하되, 이혼에 관한 안내를 받은 날부터 3개월 또는 법원이 별도로 정한 기간 이내에 성년에 도달하는 자녀는 제외)가 있는 부부는 이혼에 관한 안내를 받은 후 그 자녀의 양육과 친권자결정에 관한 협의서 1통과 사본 2통 또는 가정법원의 심판정본 및 확정증명서 각 3통을 제출하되, 부부가 함께 출석하여 신청하고 이혼에 관한 안내를 받은 경우에는 협의서는 확인기일 1개월 전까지 제출할 수 있고 심판정본 및 확정증명서는 확인기일까지 제출할 수 있습니다. 자녀의 양육과 친권자결정에 관한 협의가 원활하게 이루어지지 않는 경우에는 신속하게 가정법원에 심판을 청구하여 심판정본 및 확정증명서를 제출하여야 합니다. 미제출 또는 제출지연 시 협의이혼확인이 지연되거나 불확인될 수 있습니다.

- 특히 이혼신고 다음날부터 미성년인 자녀가 성년에 이르기 전날까지의 기간에 해당하는 양육비에 관하여 협의서를 작성한 경우 양육비부담조서가 작성되어 별도의 재판없이 강제집행을 할 수 있으므로 양육비부담에 관하여 신중한 협의를 하여야 합니다.

㉲ 이혼신고서

- 이혼신고서는 법원에 제출하는 서류가 아니고 시(구)·읍·면사무소에 이혼신고할 때 제출하는 서류입니다. 그러나, 법원에 신청할 때 미리 이혼신고서 뒷면에 기재된 작성방법에 따라 부부가 함께 작성하여 서명 또는 날인한 후 각자 1통을 보관하고 있다가 이혼신고할 때 제출하면 편리합니다.

- 신고서양식은 법원의 신청서 접수창구 및 시(구)·읍·면사무소에 있습니다.

㉥ 부부 중 일방이 외국에 있거나 교도소(구치소)에 수감중인 경우

- 재외국민등록부등본 1통(재외공관 및 외교통상부 발급) 또는 수용증명서(교도소 및 구치소 발급) 1통을 첨부합니다.

② 신청서를 제출할 법원

○ 이혼당사자의 등록기준지 또는 주소지를 관할하는 법원에 부부가 함께 출석하여 신청서를 제출하여야 합니다.

- 부부 중 일방이 외국에 있거나 교도소(구치소)에 수감중인 경우에만 다른 일방이 혼자 출석하여 신청서를 제출하고 안내를 받으며, 첨부서류는 신청서 제출 당시에 전부 첨부하여야 합니다.

③ 이혼에 관한 안내

○ 법원으로부터 이혼에 관한 안내를 반드시 받아야 하고, 상담위원의 상담을 받을 것을 권고 받을 수 있습니다. 특히 미성년인 자녀의 양육과 친권자결정에 관하여 상담위원의 상담을 받은 후 협의서를 작성할 것을 권고합니다.

○ 신청서 접수한 날부터 3개월이 경과하도록 이혼에 관한 안내를 받지 아니하면 협의이혼의사확인신청은 취하한 것으로 봅니다.

④ 이혼숙려기간의 단축 또는 면제

○ 안내를 받은 날부터 미성년인 자녀(임신 중인 자를 포함)가 있는 경우에는 3개월, 성년 도달 전 1개월 후 3개월 이내 사이의 미성년인 자녀가 있는 경우에는 성년이 된 날, 성년 도달 전 1개월 이내의 미성년인 자녀가 있는 경우 및 그 밖의 경우에는 1개월이 경과한 후에 이혼의사의 확인을 받을 수 있으나, 가정폭력 등 급박한 사정이 있어 위 기간의 단축 또는 면제가 필요한 사유가 있는 경우 이를 소명하여 사유서를 제출할 수 있습니다. 이 경우 특히 상담위원의 상담을 통하여 사유서를 제출할 수 있습니다.

○ 사유서 제출 후 7일 이내에 확인기일의 재지정 연락이 없으면 최초에 지정한 확인기일이 유지되며, 이에 대하여는 이의를 할 수 없습니다.

⑤ 신청서의 취하

○ 신청서 접수 후에도 이혼의사확인을 받기 전까지 부부 일방 또는 쌍방은 법원에 신청을 취하할 수 있습니다.

⑥ 협의이혼의사의 확인

○ 반드시 부부가 함께 본인의 신분증(주민등록증, 운전면허증, 공무원증 및 여권 중

하나)과 도장을 가지고 통지받은 확인기일에 법원에 출석하여야 합니다.

○ 확인기일을 2회에 걸쳐 불출석한 경우 확인신청을 취하한 것으로 보므로 협의이혼 의사확인신청을 다시 하여야 합니다.

○ 부부의 이혼의사와 미성년인 자녀가 있는 경우 그 자녀의 양육과 친권자결정에 관한 협의서 또는 가정법원의 심판정본 및 확정증명서가 확인되면 법원에서 부부에게 확인서등본 1통 및 미성년인 자녀가 있는 경우 협의서등본 및 양육비부담조서정본 또는 가정법원의 심판정본 및 확정증명서 1통씩을 교부합니다.

○ 확인기일까지 협의를 할 수 없어 가정법원에 심판을 청구한 경우에는 확인기일에 출석하여 그 사유를 소명하여야 합니다.

○ 자녀의 복리를 위해서 법원은 자녀의 양육과 친권자결정에 관한 협의에 대하여 보정을 명할 수 있고, 보정에 불응하면 불확인 처리됩니다.

○ 불확인 처리를 받은 경우에는 가정법원에 별도로 재판상 이혼 또는 재판상 친권자 지정 등을 청구할 수 있습니다.

나. 협의이혼의 신고

○ 이혼의사확인서등본은 교부받은 날부터 3개월이 지나면 그 효력이 상실되므로, 신고의사가 있으면 위 기간 내에 당사자 일방 또는 쌍방이 시(구)·읍·면사무소에 확인서등본이 첨부된 이혼신고서를 제출하여야 합니다.

- 이혼신고가 없으면 이혼된 것이 아니며, 위 기간을 지난 경우에는 다시 법원의 이혼의사확인을 받지 않으면 이혼신고를 할 수 없습니다.
- 미성년인 자녀가 있는 경우 이혼신고 시에 협의서등본 또는 심판정본 및 그 확정증명서를 첨부하여 친권자지정 신고를 하여야 하며, 임신 중인 자녀는 이혼신고 시가 아니라 그 자녀의 출생신고 시에 협의서등본 또는 심판정본 및 그 확정증명서를 첨부하여 친권자지정 신고를 하여야 합니다.
- 확인서등본을 분실한 경우: 확인서등본을 교부받은 날부터 3개월 이내라면 이혼의사확인신청을 한 법원에서 확인서등본을 다시 교부받을 수 있습니다.
- 법원은 협의서원본을 2년간 보존한 후 폐기하므로, 법원으로부터 교부받은 협의서등본을 이혼신고 전에 사본하여 보관하시기 바랍니다.

다. 협의이혼의 철회

○ 이혼의사확인을 받고 난 후라도 이혼할 의사가 없는 경우에는 시(구)·읍·면의 장에게 확인서등본을 첨부하여 이혼의사철회서를 제출하면 됩니다.

- 이혼신고서가 이혼의사철회서보다 먼저 접수되면 철회서를 제출하였더라도 이혼의 효력이 발생합니다.

3. **협의이혼의 효과**

○ 가정법원의 이혼의사확인을 받아 신고함으로써 혼인관계는 해소됩니다.

○ 이혼 후에도 자녀에 대한 부모의 권리와 의무는 협의이혼과 관계없이 그대로 유지되나 미성년인 자녀(임신 중인 자 포함)가 있는 경우에는 그 자녀의 양육과 친권자 결정에 관한 협의서 또는 가정법원의 심판에 따릅니다.

○ 특히, 이혼신고 다음날부터 미성년인 자녀가 성년에 이르기 전날까지의 기간에 해당하는 양육비에 관하여 양육비부담조서가 작성되며, 이혼 후 양육비부담조서에 따른 양육비를 지급하지 않으면 양육비부담조서정본에 가정법원이 부여한 집행문을 첨부하여 강제집행을 할 수 있습니다.

○ 이혼하는 남편과 다른 등록기준지를 사용하기를 원하는 처는 별도의 등록기준지 변경신고를 함께 하여야 합니다.

<table>
<tr><td rowspan="2">법원명</td><td rowspan="2"></td><td rowspan="2">사건
번호</td><td rowspan="2"></td><td rowspan="2">담 당
재판부</td><td rowspan="2">전화 :</td><td>확인</td><td>1회 : . . .</td></tr>
<tr><td>기일</td><td>2회 : . . .</td></tr>
<tr><td colspan="6"></td><td>이혼안내
받은 사실
을 확인함</td><td>㊞</td></tr>
</table>

[서식 438] 이혼조정안

이 혼 조 정 안

최○○와 박○○은 다음과 같은 내용으로 조정절차에 의하여 이혼하기로 한다.

– 다 음 –

1. 최○○와 박○○은 이혼한다.

가. 최○○와 박○○은 각자 상대방에게 갖는 위자료 및 재산분할청구권을 포기한다.

나. 그 외에 이 조정 성립 당시 최○○와 박○○ 각각의 명의로 되어 있는 재산은 각자

2) 해당하는 란에 ○ 표기할 것. 협의하는 부부 양쪽이 이혼에 관한 안내를 받은 후에 협의서는 확인기일 1개월 전까지, 심판정본 및 확정증명서는 확인기일까지 제출할 수 있습니다.

※ 이혼에 관한 안내를 받지 아니한 경우에는 접수한 날부터 3개월이 경과하면 취하한 것으로 봅니다.

의 소유로 최종 귀속됨을 확정한다.

2. 사건본인 박○○(000000-0000000)에 대한 친권행사자 및 양육자로 최○○를 지정한다.

3. 박○○은 최○○에게 양육비로 20○○. ○.부터 사건본인 박○○이 성년이 될 때까지 매월 25일에 금 800,000원씩을 지급한다. 단, 사건본인들이 성장함에 따라 적절한 시기에 양육비 증액에 관하여 상호협의하여 결정하기로 한다.

4. 면접교섭에 관하여 다음과 같이 정한다.
   가. 박○○은 20○○. ○.부터 사건본인이 성년에 이르기까지 다음과 같이 사건본인을 면접교섭 할 수 있다.
      1) 매월 둘째, 넷째주 토요일 오전 10:00부터 그 다음날 일요일 18:00까지,
      2) 구정, 추석 연휴기간 중 각 1박 2일씩,
      3) 여름, 겨울방학기간 중 각 6박 7일씩
   나. 박○○은 사건본인의 거주지로 와서 사건본인을 데려가 면접교섭을 행하고, 면접교섭이 끝난 후 사건본인을 사건본인의 거주지에 데려다 주어야 한다.

5. 이 조정내용 위반하거나 불이행하는 당사자는 상대방에게 위약금으로 금 50,000,000원을 지급한다.

6. 이 조정의 내용은 협의상이혼 및 재판상이혼의 어느 경우에도 모두 유효하며, 양 당사자를 구속한다.

7. 이 조정내용의 위반이나 불이행으로 발생하는 분쟁의 1심 관할법원은 서울중앙지방법원으로 한다.

8. 소송비용 및 조정비용은 각자의 부담으로 한다.

첨 부 서 류

1. 인감증명서(최○○, 박○○)　　　　각 1통

20○○년　○월　○일

최○○(000000-0000000) ______________________ (인)

주　　소 : ______________________________

주민번호 : ____________________

박○○(000000-0000000) ______________________________ (인)
주　　소 : ____
주민번호 : ___________________________

[서식 439] 이혼조정안

합　　의　　서

사　　건　　20○○드단○○○○　이혼 등

원　　고　　○　○　○ (000000 - 0000000)

피　　고　　○　○　○ (000000 - 0000000)

20○○드단○○○○ 이혼등 청구의 소의 원고 ○○○와 피고 ○○○은 이혼 절차 및 내용에 관하여 합의하기 위하여 본 합의서를 작성한다.

제 1 조 (이혼)
○○○과 ○○○은 본 합의서의 내용에 따라 이혼한다.

제 2 조 (이혼합의금 및 그 지급방법)
① ○○○은 이혼 조정 기일 당일에 ○○○에게 금 이천만원(\20,000,000)을 지급하며, ○○○은 이를 지급받음과 동시에 ○○○에 대하여 20○○. ○. 특수상해·특수폭행·상습상해·상습폭행 등으로 고소한 사건의 고소를 취하한다.
② 제1항의 고소 취하는 ○○○이 ○○○에게 고소취하서를 교부하는 방식으로 한다.
③ 양 당사자는 본 합의서 내용 이외의 재산분할청구권·위자료청구권 등 일체의 청구를 포기한다.
④ 혼인 전 및 혼인 중 각자의 명의로 귀속되었던 재산은 이혼 후에도 각자의 명의로 유지된다.

제 3 조 (제소행위금지, 명예훼손금지 및 비밀유지)
① 양 당사자는 본 합의서 작성 이후 상대방이나 상대방의 친족을 포함한 모든 제3자에게 양 당사자의 혼인 전 및 혼인 중의 사실이나 이혼 과정의 사실을 기초로 하여 금전을 청구하거나 민사, 형사상의 제소(고소)행위를 하거나 기타 일체의 권리행사를 하지 아니한다.
② 양 당사자는 본 합의서 작성 이후 혼인 전 및 혼인 중에 있었던 사실이나 이혼 과정의

사실에 관하여 상대방이나 상대방의 친족을 포함한 기타 모든 제3자에게 발설하거나 연락하거나 대화하거나 통화하거나 기타 언어 또는 문자로 의사를 표현하거나 접촉하여서는 아니된다.
③ 양 당사자는 본 합의서 작성 이후 혼인 전 및 혼인 중에 있었던 사실이나 이혼 과정의 사실을 채증한 사진이나 녹음이나 기타 모든 자료들을 폐기하고 이를 어떤 용도로도 상대방이나 상대방의 친족을 포함한 기타 모든 제3자에게 사용하거나 제시하거나 제출하거나 공개하여서는 아니 된다.

이상의 내용을 증명하기 위하여 양 당사자는 본 합의서를 작성(공증)한다.

20○○년 ○월 ○일

장소 :

○ ○ ○ : (자필) (인)
주민번호 :
주소 :

○ ○ ○ : (자필) (인)
주민번호 :
주소 :

[서식 440] 이혼합의서

합 의 서

정 ○ ○

김 ○ ○

사건본인 정○○, 정○○

위 당사자는 자유로운 의사에 기하여 다음과 같이 합의한다.

- 다 음 -

1. 정○○과 김○○은 이혼한다.
2. 재산분할에 관하여 다음과 같이 정한다.
   가. 현재 정○○의 명의의 '경기 ○○군 ○○면 ○○리 ○○길 ○번길 ○○○-○○'은 정○○의 소유로, 현재 김○○의 명의의 '경기 ○○시 ○○로 ○○○-○○ ○○아파트 ○○○동 ○○○호'는 김○○의 소유로 확정한다.
   나. 정○○은 김○○에게 20○○. ○. ○.자 재산분할을 원인으로 ○○○○(○○○두○○○○호)차량의 1/2지분(정○○의 지분 전부)에 관하여 소유권이전등기절차를 이행한다.
   다. 그 외 각자 명의로 된 재산은 각자 소유로 확정한다.
3. 사건본인들의 친권자 및 양육자는 정○○으로 정한다.
4. 정○○은 김○○에 대하여 갖는 양육비청구권을 포기한다.
6. 김○○은 본건 합의 성립일이 속한 달로부터 아래와 같이 사건본인들을 면접교섭할 수 있다.
   가. 매월 2회, 당일 10:00부터 일요일 20:00까지,
   나. 여름, 겨울방학 동안 각 1일간,
   다. 구정, 추석 연휴기간 및 방학기간 중 하루를 정하여 당일 오전 10:00부터 20:00까지,
   라. 구체적인 면접교섭의 방법과 시기는 사건본인들의 복리를 우선적으로 고려하여 정○○과 김○○이 협의하여 정하고, 정○○은 김○○의 면접교섭이 원활하게 이루어질 수 있도록 적극 협조하여야 한다.
7. 정○○은 본 합의와 동시에 '경기 ○○시 ○○로 ○○○-○○ ○○아파트 ○○○동 ○○○호'에 대하여 행한 부동산처분금지가처분(의정부지방법원 20○○)을 취하한다.
8. 정○○과 김○○은 본 합의서에서 정한 것을 제외하고는 서로 향후 위자료, 재산분할, 양육비 등 어떠한 명목의 금전적인 청구도 할 수 없다.
9. 소송비용 및 조정비용은 각자 부담으로 한다.

20○○년 ○월 ○일 ○시

장소 : ____________________

____________________ (인)
주민번호 : ____________________________
주소 : ____

____________________ (인)
주민번호 : ____________________________
주소 : ____

[서식 441] 사실혼해소 합의서

합 의 서

김 ○ ○ (000000 - 0000000)

천 ○ ○ (000000 - 0000000)

사건본인 김 ○ ○

위 당사자들은 다음과 같이 **사실혼관계를 해소**하기로 한다.

— 다 음 —

1. 김○○와 천○○은 20○○. ○. ○.자로 둘 사이의 사실혼관계가 해소되었음을 확인한다.
2. 가. 김○○는 천○○에게 20○○. ○. ○.까지 위자료 및 재산분할로 금 50,000,000원 {김○○ 2,500만원(위자료 및 재산분할금), 박○○ 2,500만원(위자료)}을 지급하고, ○○○○(○○차○○○○호) 차량의 명의이전에 관한 일체의 서류를 교부한다.
   나. 위 가.항 외 각자 명의로 된 재산은 이 합의 성립일에 각자에게 확정적으로 귀속하는 것으로 한다.
3. 가. 천○○은 위 2의 가.항의 금원 등을 교부받음과 동시에 이 사건과 관련하여 가지게 된 김○○가 사용하던 휴대폰, CD, USB, 동영상테이프, 음성기록, 사진, 프린트물, 녹음, 기타 저장장치 등 증거기록의 원본과 사본을 전부 김○○에게 교부한다.

나. 천○○은 향후 위 모든 증거자료 및 그 관련 사실을 김○○(박○○ 및 그 가족, 친지, 지인 포함) 및 그 가족, 친지, 지인, 제3자에게 발설, 언급, 설명, 공표, 제시, 제공, 사용, 공개, 열람제공하지 아니한다.

4. 가. 사건본인에 대한 친권행사자 및 양육자로 천○○을 지정한다.

나. 김○○는 천○○에게 사건본인들에 대한 양육비로 사건본인이 성년(만 19세)에 달할 때까지 금 400,000원을 이 사건 합의성립 일부터 매월 말일에 지급한다.

5. 김○○는 사건본인이 성년이 될 때까지 다음과 같이 사건본인을 면접교섭할 수 있다.

가. 매월 2, 4주 토요일 오전 09:00부터 일요일 20:00까지,

나. 여름, 겨울방학 동안 각 7일간,

다. 구정, 추석 연휴기간 중에는 각 2일씩 오전 10:00부터 오후 18:00까지,

라. 면접교섭 방식

면접교섭은 교섭개시일에 김○○가 사건본인의 양육지로 와서 사건본인을 인도받아 면접교섭을 한 후 다시 교섭종료일에 양육지로 데려다 주는 방식으로 진행한다. 다만, 양당사자의 피치 못할 사정으로 면접교섭 시간 및 방법의 변경이 필요한 경우 최소한 1일전까지 변경에 관한 협의를 마쳐야 한다.

6. 김○○와 천○○은 이 사건 합의성립 이후 혼인 중의 사실 및 이혼과 관련하여 양당사자, 친척, 지인, 그와 관련된 제3자(박○○ 포함)에게 민사, 형사, 가사 등 일체의 청구나 이의제기, 권리행사를 하지 아니하고, 모든 이의제기권이나 권리를 포기한다(부제소합의).

7. 이 합의사항을 위반하거나 불이행하는 당사자는 상대방에게 위약금으로 위 2.의 가.항의 금원을 지급한다.

8. 이 합의서의 위반이나 불이행으로 발생하는 분쟁의 1심 관할법원은 서울중앙지방법원으로 한다.

이상의 내용을 증명하기 위하여 양 당사자는 본 합의서를 자필로 서명하여 작성(공증)한다.

20○○년 ○월 ○일 ○시

장소 : ______________________________

성 명 : ________________ (인)

주민번호 : ______________________
주 소 : ____

성 명 : ______________ (인)
주민번호 : ______________________
주 소 : ____

[서식 442] 상간(간통) 피해자 합의서

합 의 서

이 ○ ○ (-   )
  주 소 : 서울
  연락처 : 010

○ ○ ○ (-   )
  주 소 :
  연락처 :

이○○과 ○○○는 다음과 같이 합의한다.

– 다 음 –

1. 이○○은 ○○○에게 합의금으로 ○○○○○원을 지급한다. 다만 위 금원 중 ○○○○○원은 20○○. ○. ○.경까지 지급하고, 나머지 금 ○○○○원은 20○○. ○. ○.부터 20○○. ○. ○.까지 매달 ○○○○원 씩 지급키로 한다.
2. ○○○는 이 합의 후 다음과 같이 이○○의 직장생활 및 일상상활의 안정을 저해하는 행위를 하지 않기로 약속한다.
   가. ○○○는 향후 이○○, 그의 가족, 친지, 지인, 기타 제3자 등에게 이○○의 일상생활이나, 고용유지나, 직장생활의 안정이나 그 업무에 해가되는 내용을 발설, 언급, 설명, 연락, 기타 언어 또는 문자로 표현하지 않기로 한다.

나. ○○○는 이○○과 관련된 CD, USB, 동영상테이프, 음성기록, 사진, 프린트물, 녹음, 기타 저장장치 등 증거자료의 원본과 사본을 전부 폐기한다.

다. ○○○는 향후 위 모든 증거자료를 이○○ 및 그 가족, 친지, 지인, 제3자에게 제시, 제공, 사용, 교부, 공개, 열람제공하지 아니한다.

라. ○○○는 향후 이○○의 의사에 반하여, 100m 이내의 접근을 하거나, 주거지 또는 직장 등 일상생활 영위장소에 출입하거나, 이○○ 또는 그 친지나 관계 지인들에게 면담을 요구하거나, 평온한 생활을 침해할 수 있는 내용의 전화를 걸거나, 이메일 또는 문자메시지 또는 메신저 등의 통신수단으로 연락을 하거나, 각종 매체를 이용하여 악의적으로 이○○을 표현하여서는 아니된다.

마. ○○○는 위 가, 나, 다, 라항을 위반하여 이○○이 직장에서 징계를 당하거나 퇴사를 하거나 명예가 훼손되는 등 불이익을 받는 경우, 또는 일상생활의 평온함이 깨질 경우 이○○에게 위약금으로 ○○○○○원을 지급한다.

3. ○○○는 향후 이○○에 대해 민·형사상 일체의 권리를 포기한다. 또한 일체의 이의제기, 제소행위를 하지 아니한다(부제소합의).

본 합의 내용을 증명하기 위하여 당사자들은 본 합의서 2장을 자필 서명날인 후 각 1장씩 보관한다.

첨부서류 : 인감증명서 1부(　　　　)

20○○년 ○월 ○일

이 ○ ○ :____________________________ (인)
주민번호 :____________________________
주　　소 :____

○ ○ ○ :____________________________ (인)
주민번호 :____________________________
주　　소 :____

[서식 443] 이혼합의서

이 혼 합 의 서

사　　건　20○○드합○○○○　이혼 등
20○○드합○○○○(병합)　이혼 등

원　　고　최 ○ ○

피　　고　권 ○ ○

사건본인　1. 최 ○ ○
2. 최 ○ ○

위 사건에 관하여 원고와 피고는 다음과 같이 합의한다.

- 다　　　음 -

1. 원고와 피고는 이혼한다.

2. 원고와 피고는 각자 상대방에 대하여 갖는 위자료 청구를 포기한다.

3. 가. 원고는 피고에게 장래 양육비로 ○○○○원을 지급한다. 20○○. ○. ○.부터 20○○. ○. ○.까지 총 ○개월 동안 매월 ○○○○씩의 양육비로 충당한다. 다만, 이를 위해 원고는 소외 박○○{(481103-2000000, 주소 : 서울 ○○구 ○○로 9번길 74 ○○빌라 301호)}에 대하여 갖는 임대차보증금 반환채권 ○○○○○원 중 ○○○○원을 피고에게 양도하고, 박○○에게 위 채권양도 통지를 한다.
나. 박○○은 원고에게 20○○. ○. ○.까지 ○○○○원을 지급한다. 기한 도과시 연 12%의 지연이자를 가산하여 지급한다.
다. 위 가.항 외 현재 원,피고 쌍방이 보유하고 있는 적극재산 및 소극재산에 관하여는 각자 명의대로 각자에게 소유권 및 변제책임이 귀속됨을 확인한다.

4. 원고는 위 3의 나.항 기재 ○○○○원을 박○○으로부터 반환 받음과 동시에 피고 소유의 부동산에 한 서울가정법원 20○○즈단○○○○ 부동산가압류의 신청을 취하하고 집행을 해제한다.

5. 사건본인들의 친권행사자 및 양육자로 피고를 지정한다.

6. 가. 원고는 피고에게 사건본인들의 양육비로 20○○. ○.부터 사건본인들이 각 성년에 이르기까지 사건본인 1인당 각 ○○○원씩 매월 말일에 지급한다.
   나. 피고는 원고에 대하여 갖는 과거 양육비 청구를 포기한다.

7. 가. 원고는 20○○. ○.부터 사건본인들이 각 성년에 이르기까지 다음과 같이 사건본인들을 면접교섭 할 수 있다.
      1) 매월 둘, 넷째주 토요일 오전 09:00부터 일요일 20:00까지,
      2) 구정, 추석 연휴 기간 중 1박 2일씩,
      3) 여름, 겨울방학기간 중 7일씩,
   나. 원고는 사건본인들의 거주지로 와서 사건본인들을 데려가 면접교섭이 끝난 후 사건본인들을 피고의 거주지에 데려다 주어야 하고, 피고는 면접교섭에 적극 협조한다.
   다. 만일, 피고가 위 가., 나.항의 면접교섭사항을 준수하지 아니하거나 원고의 사건본인들에 대한 면접교섭을 방해하는 행위를 할 경우 그 각 행위 시마다 원고에게 위약벌로 금 1,000,000원씩을 지급한다.

8. 원고와 피고는 위에 정한 사항 이외에는 이 사건 조정성립일 이후 서로 상대방에 대한 위자료, 재산분할, 양육비 등 이 사건 이혼과 관련된 일체의 금전 기타 청구를 하지 아니하고, 그에 관한 일체의 분쟁(민사, 형사, 가사 등 모두 포함)을 제기치 하니 하며, 권리행사도 포기한다(부제소 합의).

9. 소송비용 및 조정비용은 각자의 부담으로 한다.

20○○년 ○월 ○일

원　　고 : ______________________ (인)
주민번호 : ______________________
주　　소 : ____________________________________

피　　고 : ______________________ (인)
주민번호 : ______________________
주　　소 : ____________________________________

안 ○ ○ : ______________________________ (인)

주민번호 : ______________________________

주　　소 : ____

제10장 기 타

1. 개 관

제10장 기타에서는 위 각장에서 언급한 증여, 매매, 교환, 소비대차, 사용대차, 임대차, 고용, 도급, 여행, 현상광고, 위임, 임치, 조합, 종신정기금, 화해, 보증, 양도, 문화콘테츠 등에 관한 각종 계약 서식 외에 우리 일상에서 중요하게 활용되고 있는 공유물분할계약서, 토지·건물·상가분양계약서, 애견계약서, 토지양도담보계약서 등 각종 계약서를 망라하여 수록하였다.

2. 서 식 례

[서식 444] 공유물분할계약서(부동산)

공유물분할계약서

○○○와 ○○○는 아래 부동산의 표시 기재 부동산을 분할하여 각 단독 소유로 할 것을 합의한다.

부 동 산 의 표 시

1.

2.

위 사실을 명확히 하기 위하여 이 계약서 2통을 작성하고 각자 기명(또는 서명) 날인하여 각 1통씩을 보관한다.

20○○년 ○월 ○일

갑	㊞	주민등록번호		주 소	
				전화번호	
을	㊞	주민등록번호		주 소	
				전화번호	

[서식 445] 공유물분할계약서(부동산)

공유물분할계약서

공유자 ○○○와 ○○○은 다음과 같이 합의한다.

제 1 조 【공유물의 표시】 ○○○와 ○○○가 균등한 지분으로 공유하고 있는 부동산은 다음과 같다.

1.

2.

제 2 조 【분할의 표시】 위 공유부동산은 기준으로 하여 분할하되 당사자간에 동일한 면적으로 하며 그 분할선은 별지 도면과 같다.

제 3 조 【분할의 절차】 분할로 인한 비용은 쌍방이 균분하여 부담한다. 분할로 인하여 소유권이 전등기절차에 필요한 서류는 20○○년 ○월 ○일에 상호 교환하여야 한다.

제 4 조 【분할의 시기】 분할절차는 20○○년 ○월 ○일까지 완료하고 동일 분할이 이루어지는 것으로 한다.

제 5 조 【담보책임】 분할된 이후 1년 이내에 분할된 부분에 관하여 공유로 인한 권리관계를 주장하는 자가 있을 경우 쌍방은 서로 책임을 진다.

제 6 조 【계약의 해제와 손해배상】 이 공유물의 분할절차를 진행하던 중 당사자일방이 그가 부담한 의무를 이행치 아니할 경우 손해액은 금 ○○○원으로 예정하고 상대방에게 이를 배상하여야 하며 그 이후는 위 공유물을 매매하여 가액으로 분할하기로 한다. 단 당사자 일방이 공유물을 매수하고자 할 경우는 평가액의 반액을 상대방에게 지급하고 단독명의로 소유권 이전등기를 완료하는데 필요한 의무를 이행하여야 한다.

위 사실을 명확히 하기 위하여 이 계약서 2통을 작성하고 각자 기명(또는 서명) 날인한 후 각 1통씩 보관한다.

20○○년 ○월 ○일

갑	㉿	주민등록번호		주 소	
				전화번호	
을	㉿	주민등록번호		주 소	
				전화번호	

[서식 446] **토지·건물분양계약서**

토지·건물분양계약서

□ 재산의 표시

소재지 :

건 물 : ㎡ (평)

대 지 : ㎡ (평)

□ 입주예정일 : 년 월

위 표시 재산을 분양함에 있어 매도인 ○○건설주식회사를 "甲"이라 칭하고 매수인 ○○○을 "乙"이라 칭하여 다음과 같이 분양계약을 체결한다.

제1조(분양금액) 위 표시 물건의 분양금액은 금 (₩)원정(부가세 포함)으로 하고, "乙"은 아래의 납부방법에 의하여 甲이 지정하는 장소에 납부하여야 한다.

① 납부일시 및 금액 :

◎ 계 약 금 : 년 월 일 원

◎ 1회 중도금 : 년 월 일 원

◎ 2회 중도금 : 년 월 일 원

· · ·

◎ 잔금(입주지정일) : 년 월 일 원

(당초의 입주예정일이 변경될 경우에는 확정된 입주지정일을 추후 개별통보하기로 함.)

② 납 부 장 소 :

제2조 (할인료, 연체료 및 지체상금) ① "甲"은 "乙"이 중도금과 잔금을 약정일 이전에 불입하는 경우에는 선납액에 대하여 년 (   )%의 할인율을 적용하여 선납일수에 따라 산정된 금액을 할인한다. 다만, 잔금에 대하여는 입주지정 최초일을 기준으로 하여 할인한다.

② "乙"은 중도금 및 잔금의 납부를 지연하였을 때에는 그 지연일수에 (   )%의 연체요율을 적용한 연체료를 납부하여야 한다. 다만, 연체요율은 시중은행 일반자금대출의 연체요율 범위를 초과할 수 없다.

③ "甲"이 "乙"로부터 받은 분양대금의 변제충당의 순서는 "乙"이 부담할 연체료, 선중도금, 잔금의 순으로 한다.

④ "甲"은 본 계약서 전문에서 정한 입주예정일을 지연하였을 경우 기납부한 대금에 대하여 제2항에서 정한 연체요율을 적용한 금액을 지체상금으로 지급하거나 잔여대금에서 공제한다.

⑤ 천재지변 또는 "甲"의 귀책사유에 의하지 아니한 행정명령 등의 불가항력적인 사유로 인하여 입주가 지연될 경우에는 "甲"은 이를 "乙"에게 통지하기로 하며, 이 경우 제4항을 적용하지 아니한다.

⑥ 입주예정일이 당초 입주예정일보다 앞당겨질 경우에는 미도래 중도금과 잔금을 납부하여야 입주할 수 있다.

제 3 조 (소유권 이전) ① "甲"은 본 건물의 사용승인일로부터 60일 이내에 소유권 보존등기를 하여야 한다.

② 공부정리가 완료되면 즉시 "乙"에게 통지하고 "乙"은 소유권 이전신청이 가능한 날로부터 60일 이내에 소유권 이전을 "乙"의 비용으로 완료하여야 한다.

③ "乙"이 제1항의 소유권 이전절차를 지체함으로써 발생하는 부동산등기특별조치법에 의한 과태료 등 제반피해는 "乙"이 전액 부담하여야 한다.

제 4 조 (제세공과금 등) ① 위 표시 재산에 대한 재산세 및 종합토지세는 과세기준일이 "甲"이 통보한 잔금납부지정일 이전인 경우에는 "甲"이 부담하고, 그 이후인 경우에는 "乙"이 부담한다.

② "乙"은 잔금 납부일로부터 30일 이내에 취득세를 납부하여야 한다. 단, 잔금납부일이 사용승인일 이전일 때에는 사용승인일(가사용 승인시는 그 승인일)을 기준으로 하여 30일 이내에 납부하여야 한다.

제 5 조 (계약 해제) ① "乙"이 아래 각호의 1에 해당하는 행위를 하였을 경우에는 "甲"은 상당한 기간을 정하여 이행의 최고를 한 후 그 이행이 없을 경우 본 계약을 해제할 수 있다.

가. "乙"이 제1조에서 정한 분양대금 (중도금, 잔금)을 납부기일까지 지급하지 아니하여 "甲"이 14일 이상의 기간을 정하여 2회 이상 최고하여도 "乙"이 납부치 않았을 때

나. "乙"이 상당한 이유없이 입주지정일 내에 입주하지 않을 때

② "乙"은 자신의 사정으로 인한 경우 스스로 본 계약을 해제할 수 있다. 다만, 중도금 납부후에는 "甲"이 인정하는 경우에 한한다.

③ "乙"은 "甲"의 귀책사유로 인하여 입주가 당초 입주예정일로부터 3월을 초과하여 지연된 경우 또는 계약기간중 "甲"의 계약이행이 불능하게 된 때에는 본 계약을 해제할 수 있다.

④ 제1항 내지 제3항에 해당하는 사유로 본 계약이 해제된 때에는 제1항 또는 제2항의

경우에는 "乙"이, 제3항의 경우에는 "甲"이 각각 그 상대방에게 위약금으로 분양대금 총액의 10%를 지급하기로 한다.

제6조 (하자담보책임) ① 갑이 위 조항에 의거 을에게 매매목적물을 인도할 때까지의 기간동안에 갑 또는 을의 책임이 아닌 사유로 상기 건물이 멸실 또는 심하게 훼손되었을 경우의 손실은 갑의 부담으로 하고, 본 계약은 당연 해제된 것으로 하며, 갑은 을에 대해 계약금을 포함한 기수령 매매대금을 반환한다.

② 위 ①항의 훼손의 정도가 경미할 경우에는 갑이 비용을 부담하여 수선하도록 한다.

제7조 (하자보수) 갑은 을에 대해 상기 건물 및 부대설비에 대해 인도일로부터 만 1년간 품질 및 기능을 보증하고, 자연히 발생한 고장 및 파손을 수선하도록 한다.

제8조 (기타) ① "乙"은 본 계약서상의 주소가 변경되었을 경우에는 10일 이내에 "甲"에게 서면으로 통보하여야 한다. 이를 이행하지 아니할 경우 "甲"의 "乙"에 대한 계약의 해제통고 등 제반통고는 종전 주소지로 발송후 7일이 경과함으로써 도달한 것으로 본다. 이에 대한 "乙"의 불이익은 "甲"이 책임지지 아니한다. 또한 계약서상의 주소가 부정확한 경우도 이와 같다.

② 표시재산의 지번 및 필지수는 토지의 합병, 분할 등으로 변경될 수 있다.

③ 본 계약에 관한 소송의 관할법원은 위 상가의 소재지를 관할하는 법원 또는 민사소송법에 의한 법원으로 한다.

④ 본 계약에 명시되지 않은 사항은 "甲"과 "乙"이 협의하여 결정하며 합의되지 아니한 사항은 관계법령 및 일반관례에 따른다.

본 계약의 내용을 증명하기 위하여 계약서 2통을 작성하여 "甲"과 "乙"이 각 1통씩 보관한다.

20○○년 ○월 ○일

<table>
<tr><td rowspan="2">매수인</td><td>주 소</td><td colspan="5"></td></tr>
<tr><td>성 명
또 는
상 호</td><td>인</td><td>주민등록번호
또 는
사업자등록번호</td><td>–</td><td>전 화
번 호</td><td></td></tr>
<tr><td rowspan="2">매수인</td><td>주 소</td><td colspan="5"></td></tr>
<tr><td>성 명
또 는
상 호</td><td>인</td><td>주민등록번호
또 는
사업자등록번호</td><td>–</td><td>전 화
번 호</td><td></td></tr>
</table>

[서식 447] 분양계약서

분 양 계 약 서

매도인 ○○○(이하 "갑"이라 한다)와 매수자 ○○○(이하 "을"이라 한다) 간에 다음과 같이 분양계약을 체결한다.

제1조【물건의 표시】
소재지 : ○○시 ○○구 ○○동 ○○○, ○○아파트 ○○층 ○○호

(단위 : ㎡)

구 분	공 급 면 적				비 고
	㎡ 형	전 용	공 용	공부상면적	

제2조【분양가격 및 납부기한】 분양대금 (부가가치세 포함)

총공급금액 : 금 원(₩)		
계 약 금 (20%)	중도금(년 월 일)	잔 금 (입주지정일)

제3조【납부장소】 중도금 및 잔금은 "갑"의 분양사무소 또는 "갑"이 지정하는 장소에 납부하여야 한다.

제4조【입주지정일 통보 및 입주절차】
1. "갑"이 "을"에게 입주지정일 통보는 서면으로 하며 본 계약서상 "을"의 주소지로 한다. 단, 2항의 경우는 "을"의 주소지로 한다.
2. "을"은 주소 및 계약사항의 변동이 있을 때에는 이를 지체 없이 "갑"에게 서면으로 통보하여야 한다. 단, 우편의 경우 등기우편으로 한다.
3. "갑"의 입주지정일 통보는 1항의 방법에 따라 "을"에게 등기우편으로 발송함으로써 이행한 것으로 본다. 단, "을"이 2항을 태만히 하여 발생하는 불이익에 대하여는 "갑"에게 이의를 제기하지 못하며 이로 인하여 "갑"에게 손해가 발생할 시에는 손해에 대해 "을"이 보상하여야 한다.
4. "을"은 "갑"이 지정한 입주지정일 또는 입주기간을 경과하여 입주하였을 경우 입주지정일 또는 입주기간이 경과한 날로부터 기본관리비 및 냉난방비 등 사용료와 관리에 소요되는 제반비용을 부담하여야 한다.

제5조【연체료 및 할인료】
1. "을"이 중도금 및 잔금을 약정기간 내에 납부하지 못하였을 때에는 그 연체 일수에 대하여 연 18%의 연체요율을 적용하여 계산한 연체료를 가산 납부한다.

2. "을"이 중도금 또는 잔금미납으로 연체가 발생할 경우 제1항의 연체료를 납부하고 중도금 또는 잔금을 납부하여야 한다.
3. "을"이 중도금이나 잔금을 납기일 전에 납입할 수 있다. 이 경우 "갑"은 "을"에게 납입금에 대하여 시중은행 1년 만기 정기예금 이자율을 적용, 분양가격을 할인하여야 한다.

제6조【권리의무의 양도】 "을"이 본 계약에 따른 권리를 타인에게 양도 또는 물권행위를 하고자 할 때에는 반드시 "갑"에게 사전에 서면승인을 받아야 한다.

제7조【공부정리 및 호수의 변경 등】
1. 분양한 층호의 위치는 임의로 변경할 수 없다.
2. 매매재산의 지번은 공부정리시 지번정리나 합필에 의하여 변경될 수 있다.
3. 평형구분은 "갑"이 공급하는 제반총면적으로 한다.

제8조【계약의 해제】 "갑"은 "을"이 다음 각 호에 해당되는 행위를 하였을 때에는 1회에 한하여 민법 소정의 최고를 통하여 시정을 요구하며 "을"이 이행하지 않을시 "갑"은 본 계약을 임의로 해제할 수 있다.
1. 중도금을 "갑"이 정한 기한 내에 계속하여 납부하지 않고 2회 이상 독촉, 최고시
2. "을"이 본 계약 제5조를 위반하였을 때
3. 입주 지정일로부터 1개월 이내에 분양대금을 완납하지 아니할 때

제9조【위약금】 제7조에 의거 본 계약이 해제된 때에는 "을"이 납부한 대금 중 계약금 일체는 "갑"에게 귀속되고 잔액은 "을"에게 반환한다.

제10조【기 타】
1. "갑"은 목적물의 시공상 하자에 대하여는 예산회계법 사무처리 규정에 의거 하자보수의 책임을 지며 "을"의 귀책사유로 인한 제반 훼손부분은 "을"이 보수 유지한다.
2. 본 계약의 명시되지 않은 사항은 "갑", "을" 협의하여 결정하되 합의되지 않은 사항은 일반 상관례에 따른다.
3. 본 계약의 당사자인 "갑", "을"간 분쟁이 있을 시는 관할 법원은 "갑"의 주소지 관할 법원으로 한다.

위와 같은 합의하고 이를 증명하기 위하여 "갑", "을"은 계약서 2통을 작성하여 각각 서명날인한 후 각 1통씩을 보관한다.

20○○년 ○월 ○일

<table>
<tr><td rowspan="2">갑</td><td rowspan="2">㊞</td><td rowspan="2">주민등록번호</td><td rowspan="2"></td><td>주 소</td><td></td></tr>
<tr><td>전화번호</td><td></td></tr>
<tr><td rowspan="2">을</td><td rowspan="2">㊞</td><td rowspan="2">주민등록번호</td><td rowspan="2"></td><td>주 소</td><td></td></tr>
<tr><td>전화번호</td><td></td></tr>
</table>

[서식 448] 분양약정서

분 양 약 정 서

부동산의 표시 :

분양위임자 주식회사 ○○건설을 "갑"이라 하고 분양대행자 주식회사 ○○유통을 "을"이라 하여 위 부동산에 대한 분양대행계약을 다음과 같이 체결한다.

제1조【계약목적】 이 계약의 목적은 "갑"이 분양대행 업무를 "을"에게 위임함에 있어 양 당사자간 권리와 의무를 정함에 있다.

제2조【위임범위】 "갑"은 위 부동산에 관한 아래 업무를 "을"에게 위임한다.

1. 분양전략의 수립
2. 분양사업의 추진
3. 분양수급자의 공급
4. 기타 분양사업 효과 증대를 위한 제반사항

제3조【분양계약체결 및 자금 관리】

1. 분양계약체결 및 대금의 수납, 관리는 "을"의 명의로 하고, "갑"의 요구시 "을"의 명의로 "갑"에게 송금한다.
2. "을"은 위 사항의 진행경과를 수시 파악 보고하며, "갑"은 이에 협조키로 한다.

제4조【분양금액】 상가 분양의 기본 금액은 아래와 같이 한다.

(금액 : 원)

층별/구분	평수	분양단가/평당
지하 2층	953평	8,500,000
1층	811평	16,000,000
지상 1층	531평	19,000,000
2층	753평	9,500,000
3층	766평	8,500,000
4층	766평	7,500,000
5층	754평	6,500,000
계	5,354평	

제5조【분양방법】 광고 및 일괄판매를 원칙으로 하되 개별판매도 병행한다.

제6조【계약기간】 본 계약은 계약체결일로부터 상가개장일까지로 한다.

제7조【홍보비용 등】“갑”은 분양을 위하여 홍보 등 기타 비용을 실비로 부담하고 이에 따른 전반적 사항은 “갑”과 “을”이 협의하여 시행한다.

제8조【하자담보 책임】분양대행 물건에 대한 하자담보책임은 “갑”이 부담한다.

제9조【계약해지 및 해지보수】

1. “갑”과 “을”은 본 계약서에서 약정한 사항을 이행하지 않을 시 또는 아래의 경우에 문서로 통보한 후 본 계약을 해지할 수 있으며, “갑”의 귀책사유에 의한 계약해지 시 “갑”은 “을”에게 제6조 제1항 단서조항에서 정한 보수 중 반액으로 한다(단, “갑”과 “을”의 합의 시에는 제외).
2. “갑”과 “을”의 분양분을 합하여 6개월 이내에 분양분이 전체 분양분의 30% 미만으로 저조할 경우 해지 보수없이 당 계약을 해지할 수 있다.

제10조【계약사항 이외의 처리】본 계약서에서 정하지 아니한 사항은 “갑” 과 “을”이 협의하여 처리한다.

제11조【특약사항】

1. 상가 분양대상 물건 중 임대로 계약할 시에는 임대금액에 대하여 분양약정 계약서 제6조 제1항의 보수를 적용한다. 단, 월세부분에 대하여는 ‘보증금액의 월 2%율’을 적용하고, 이를 역산하여 보수를 추가 산정한다.
2. “갑”의 사정을 감안하여 “을”이 운영자금을 기채하였을 시는 본 협약서에 불구하고 별도 협약을 하여 이에 따르기로 한다.
3. “을”은 분양관리자를 선정하여 분양사무실에 파견키로 하며, “갑”과 수시로 협의하는 조정기구를 둔다.

위 계약내용을 증명하기 위하여 이 계약서를 2통 작성하고 각자 기명(또는 서명) 날인하여 각각 1통식 보관한다.

20○○년 ○월 ○일

갑	㊞	사 업 자 등 록 번 호		사 무 소	
				전화번호	
을	㊞	사 업 자 등 록 번 호		사 무 소	
				전화번호	

[서식 449] 상가분양계약서

상가 분양계약서

■ **재산의 표시**

　　　층　　호

소재지 : ○○시 ○○구 ○○동 ○○

건　물 : 분양면적　　　㎡ (　　　　평) 전용면적　　　㎡

■ **준공예정일 :** 20○○년 ○월 ○일(공정에 따라 다소 변경될 경우 추후 개별 통지키로 함)

위 표시 재산을 분양함에 있어 매도인을 "갑"이라 칭하고 매수인을 "을"이라 칭하여 다음과 같이 분양계약을 체결한다.

제1조【분양금액】

1. 위 표시 물건의 분양금액은 금 ○○○원(₩ ○○○)(부가세 포함)으로 하고 "을"은 아래의 납부방법에 의하여 "갑"이 지정하는 장소에 납부하여야 한다. (건물분 70%, 토지분 30%)
2. 납부일시 및 금액

구　분	계 약 금	1차 중도금	2차 중도금	3차 중도금	잔　금
납 입 일	20○○. ○. ○.	20○○. ○. ○.	20○○. ○. ○.	20○○. ○. ○.	입점지정일
납입금액					

3. 당초의 준공예정일이 변경될 경우에는 확정된 입점지정일을 추후 개별통보하기로 한다.
4. 납부장소 : ○○은행, 계좌번호 : ○○○-○○-○○○○○, 예금주 : ○○○

제2조【할인료, 연체료 및 지체상금】

1. "갑"은 "을"이 중도금과 잔금을 약정일 이전에 납부하는 경우에는 선납액에 대하여 년 15%의 할인율을 적용하여 선납일수에 따라 산정된 금액을 할인한다. 다만, 잔금에 대하여는 입점지정 최초일을 기준으로 하여 할인한다.
2. "을"은 중도금 및 잔금의 납부를 지연하였을 때에는 그 지연일수에 20%의 연체요율을 적용한 연체료를 납부하여야 한다. 다만, 연체요율은 시중은행 일반자금대출의 연체요율 범위를 초과할 수 없다.
3. "갑"이 "을"로부터 받은 분양대금의 변제 충당의 순서는 "을"이 부담할 연체료, 선중도금, 잔금의 순으로 한다.
4. "갑"은 본 계약서 전문에서 정한 준공예정일을 지연하였을 경우 기 납부한 대금에 대하여

제2항에서 정한 연체요율을 적용한 금액을 지체상금으로 지급하거나 잔여대금에서 공제한다.

5. 천재지변 또는 "갑"의 귀책사유에 의하지 아니한 행정명령 등의 불가항력적인 사유로 인하여 입점이 지연될 경우에는 "갑"은 이를 "을"에게 통지하기로 하며, 이 경우 제4항을 적용하지 아니한다.
6. 입점지정일이 당초 입점지정일 보다 앞당겨질 경우에는 미도래 중도금과 잔금을 납부하여야만 입점할 수 있다.

제 3 조 【 소유권 이전 】

1. "갑"은 공부정리가 완료되면 즉시 "을"에게 통지하고, "을"은 소유권이전 신청이 가능한 날로부터 60일 이내에 소유권이전을 "을"의 비용으로 완료하여야 한다.
2. "을"이 제1항의 소유권 이전절차를 지체함으로써 발생하는 '부동산등기특별조치법'에 의한 과태료 등 제반피해는 "을"이 전액 부담하여야 한다.
3. 공유대지는 공부정리 완료 후에 공유지분으로 이전하되 "갑"은 "을"에게 위치를 지정하지 아니하고 "을"은 공유대지의 분할을 청구하거나 건물과 분리하여 처분할 수 없다.
4. 천재지변 또는 "갑"의 귀책사유에 의하지 아니한 행정명령, 기타 택지개발사업 미준공 및 공부 미정리 등의 부득이한 사정으로 소유권 이전절차가 지연되는 경우 "을"은 이에 대하여 이의를 제기하지 못한다.
5. "갑"은 본 건물의 사용승인일로부터 60일 이내에 소유권보존등기를 하여야 한다.
6. "을"은 택지개발지구의 경우 택지개발사업이 종료되어 지적공부정리가 완료될 때까지 공유대지에 대한 지분소유권이전 청구를 할 수 없다.
7. "을"의 고의 또는 과실로 상가시설을 훼손하거나 기타 행위로 "갑"에게 손해를 발생케 하였을 때에는 "을"은 그에 상당하는 손해액을 "갑"에게 변상하여야 한다.

제 4 조 【 계약해제 】

1 "을"이 아래 각호에 해당하는 행위를 하였을 경우에는 "갑"은 상당한 기간을 정하여 이행의 최고를 한 후 그 이행이 없을 경우 본 계약을 해제 할 수 있다.
   가. 분양대금(중도금, 잔금)을 납부기일로부터 1개월 이상 납부치 않았을 때
   나. 계약금을 분할하여 납입하기로 약정하였으나 이에 따른 이행을 3일 이상 완전히 이행하지 못했을 경우
   다. "을"이 상당한 이유 없이 입점지정일 내에 입점, 개점하지 않을 때
   라. "을"이 잔금납부 전에 "갑"의 승인 없이 사실상의 양도, 임대, 담보설정, 기타 제한물권을 설정하였을 때
   마. 위 상가 점포의 형상을 "갑"의 승인 없이 변경(모양변경 또는 증축)하여 상가전체의 운영에 지장을 줄 우려가 있을 때

2. "을"은 자신의 사정으로 인한 경우 스스로 본 계약을 해제할 수 있다. 다만, 중도금 납부 후에는 "갑"이 인정하는 경우에 한한다.
3. "을"은 "갑"의 귀책사유로 인하여 준공이 당초 준공예정일로부터 3월을 초과하여 지연된 경우 또는 계약기간 중 "갑"의 계약이행이 불능하게 된 때에는 본 계약을 해제할 수 있으며 "갑"은 제2조 2장에서 정한 연체요율을 적용한 연체료를 납부하여야 한다.
4. 제1항 내지 제2항에 해당하는 사유로 본 계약이 해제된 때에는 "을"은 "갑"에게 계약금

전액을 위약금으로 납부하여야 한다.

제 5 조【 제세공과금 등 】

1. 위 표시 재산에 대한 재산세 및 종합토지세는 과세기준일이 "갑"이 통보한 입점지정일 이전인 경우에는 "갑"이 부담하고, 그 이후인 경우에는 "을"이 부담한다.
2. "을"은 잔금납부일로부터 30일 이내에 취득세를 납부하여야 한다. 단, 잔금납부일이 사용승인일 이전일 때에는 사용승인일을 기준으로 하여 30일 이내에 납부하여야 한다.

제 6 조【 입점절차 및 화재보험 등 】

1. "갑"은 입점지정일을 입점 1개월 전에 "을"에게 통보하여야 하며 "을"은 입점지정일 10일 전까지 일체의 분양대금 및 연체료를 완납하고 "갑"이 요구하는 제반서류를 제출한 후 입점일이 명기된 입점증을 발급받아야 한다.
2. 입점지정일 이후 위 표시 상가에 발생하는 수선유지비, 특별수선충당금 및 공동시설의 유지, 관리에 필요한 제부담금은 "을"의 부담으로 한다. 다만, 준공 후 1년의 하자보수보증기간 내의 하자보수의 책임은 "갑"의 부담으로 한다.
3. "을"은 입점지정일 이후 화재로 인한 재해보상과 보험가입에 관한 법률에 의거하여 화재보험에 가입하여야 하며, 미가입으로 인한 제반 손해는 "을"이 책임진다.
4. 위 표시 상가의 시설기준은 사용승인 또는 가사용승인을 받은 상태대로 하고 "갑"이 시설기준에 따라 설치한 시설물 이외에 별도로 점포칸막이, 진열대, 상수도, 가스배관, 전기, 간판, 기타시설 등의 추가 또는 변경 설치가 필요할 경우 "을"이 부담하여야 함을 원칙으로 한다. 다만, 계약체결 전 별도의 분양안내서 또는 계약자에게 배포한 전단 등에 다른 표시나 내용 등이 있는 경우에는 그에 따른다.

제7조【 상가의 용도 】

1. "갑"은 사업계획승인 또는 건축허가 내용의 범위 내에서 작성한 분양계획에 따라 분양하고 "을"은 관련법규에 위반되지 않는 용도로 개점 영업되도록 하여야 한다.
2. "을"의 상가용도가 다른 상가의 용도와 중복되는 경우에는 전체 상가구성과의 조화 및 활성화를 저해하지 않도록 하여야 하며 상가용도의 협의, 조정은 "을"의 책임으로 한다.
3. "을"이 입점 후 용도를 변경하고자 할 경우에는 상가자치관리규정 등에서 정하는 바에 따른다.

제8조【 상가의 임대 】

1. "을"은 점포의 임대, 입점유무와 관계없이 "갑"이 통보한 입점지정일까지 잔금의 납입을 완료하여야 하며 이의, 불이행으로 인한 연체료, 입점지연 등 "을"의 불이익은 "갑"이 책임지지 아니한다.
2. "을"의 필요로 인하여 점포를 임대하고자 하는 경우 점포의 임대는 "을"의 비용과 책임으로 하며 임대의 지연으로 인하여 발생되는 제반 피해는 "을"의 부담으로 한다.

제9조【 관 리 】

1. 위 표시상가는 입점일 이후에는 "을"이 관리함을 원칙으로 하며 조속한 시일 내에 상가자치위원회를 구성하여 자치 관리한다.
2. 입점지정일 이후 발생되는 모든 관리비는 "을"의 부담으로 하며 입점시 소정의 관리비

예치금을 납부하여야 한다.

3. “을”의 영업종목에 따른 영업허가 및 허가조건에 따른 시설보완 등은 “을”의 책임과 비용으로 처리한다.
4. “을”은 관련 법규 및 행정당국에 의하여 영업관리를 위한 허가가 필요할 시는 상가자치관리위원회를 중심으로 즉시 법인을 설립하여야 한다. 만약, 법인설립 지연으로 인한 제반 문제 및 발생비용은 “을”의 책임으로 한다.

제10조【수인의무】 “을”은 “갑”의 승인 없이 기 설치된 시설물의 이전, 변형, 손괴 등 기존의 형상을 변경하는 일체의 행위를 할 수 없다.

제11조【간판부착】 상가의 간판설치는 “을”의 부담으로 하되 관련법규에 적합해야 하며 상가의 미관을 감안하여 “갑”과 협의하여 부착하여야 한다.

제12조【기 타】

1. “을”은 본 계약서상의 주소가 변경되었을 경우에는 10일 이내에 “갑”에게 서면으로 통보하여야 하며 이를 이행하지 아니할 경우 “갑”의 “을”에 대한 계약의 해제통고 등 제반통고는 종전 주소지로 발송 후 7일이 경과함으로써 도달한 것으로 본다. 이에 대한 “을”의 불이익은 “갑”이 책임지지 아니한다. 또한 계약서상의 주소가 부정확한 경우에도 이와 같다.
2. 기본 계약약관 이외의 별도 특약사항은 계약서에 단서로써 명기하여야 하며 계약서상에 명기되지 아니한 내용은 이를 인정하지 아니 한다.
3. 본 계약에 명시되지 않은 사항은 “갑”과 “을”이 협의하여 결정하며 합의되지 아니한 사항은 관계법령 및 일반 관례에 따른다.

본 계약의 내용을 증명하기 위하여 이 계약서 2통을 작성하고 각각 서명(또는 기명) 날인한 후 각각 1통씩을 보관한다.

20○○년 ○월 ○일

<table>
<tr><td rowspan="2">갑</td><td rowspan="2">㊞</td><td rowspan="2">사 업 자
등 록 번 호</td><td rowspan="2"></td><td>사 무 소</td><td></td></tr>
<tr><td>전화번호</td><td></td></tr>
<tr><td rowspan="2">을</td><td rowspan="2">㊞</td><td rowspan="2">사 업 자
등 록 번 호</td><td rowspan="2"></td><td>사 무 소</td><td></td></tr>
<tr><td>전화번호</td><td></td></tr>
</table>

[서식 450] 애견분양계약서

애견 분양계약서

본 계약서는 애견분양인과 입양인 사이의 계약을 명시하며, 분양인은 애견분양 이후 아래와 같은 문제 발생시 피해보상 규정에 따라 보상할 의무가 있습니다.

분양인 성 명		입양인 성명	
주민등록번호		주민등록번호	
연 락 처		연 락 처	
서 명		서 명	

* 애견피해보상규정 *

<table>
<tr><th>업 종</th><th colspan="2">피해유형</th><th>보 상 기 준</th></tr>
<tr><td rowspan="4">애완견 판매업</td><td colspan="2">① 판매 후 1일 이내 질병 발생 또는 3일 이내 폐사</td><td>동종의 애완견으로 교환 또는 구입가 환급
(단, 소비자의 중대한 관리 잘못에 의한 경우는 제외)</td></tr>
<tr><td rowspan="2">판매 후 14일 이내 폐사</td><td>② 사인이 불분명한 경우</td><td>소비자가 구입가의 50%를 부담하여 동종의 애완견 교환(단, 판매자가 질병 발생시 즉시 통보해 줄 것을 요청하였으나, 소비자가 이를 태만히 한 경우는 제외)</td></tr>
<tr><td>③ 명백한 소비자 또는 판매자의 귀책사유로 인한 경우</td><td>소비자의 귀책사유인 경우에는 보상 제외, 판매자의 귀책사유인 경우에는 동종의 애완견으로 교환</td></tr>
<tr><td colspan="2">④ 판매 후 14일 이내 질병 발생</td><td>판매업소 책임 하에 회복시켜 소비자에게 인도(다만, 판매업소 관리중 판매일로부터 3일 이내 폐사시에는 동종의 애완견으로 교환 또는 구입가 환급하고, 4일 이후에 폐사하는 경우에는 그 원인에 따라 ③의 보상기준에 준하여 보상</td></tr>
<tr><td>비고</td><td colspan="3">동종의 애완견이 없어 교환이 불가능한 경우에는 환급</td></tr>
</table>

[서식 451] 총판계약서(대리점)

총 판 계 약 서

주식회사 ○○○○(이하 "갑"이라 한다)와 주식회사 ○○○○(이하 "을"이라 한다) 당사자 간에 하기조항에 의거하여 국내 총판매 대리점계약을 아래와 같이 체결한다.

제1조【목 적】 본 계약은 "갑"이 "을"에게 제2조에 정하는 물품을 공급하고 "을"은 유통판매망을 형성하여 시장기반을 안정적으로 확장시키고 공동의 번영을 위해 상부상조하여 신뢰를 바탕으로 상호이익을 도모함을 목적으로 한다.

제2조【품 명】

1.

2.

3.

제3조【판매지역】 "을"의 판매지역은 전 지역으로 총괄하고 부득이한 경우 "갑"은 "을"과 상의하여 변경할 수 있다.

제4조【인도가격 및 판매가격】

1. 인도가격은 "갑"이 "을"의 창고인도로 하고 상기가격은 계약일로부터 1년간 준수하며 제품원가, 기타 제반사항으로 인한 증감이 유할 경우 "갑"과 "을"협의하에 조절할 수 있다.
2. 판매가격은 "갑"과 "을" 상호협의 국내 유통망 형성을 위한 최선의 가격으로 출고 조절한다.

제5조【결제조건】

1. 대금청구 방법은 "갑"이 "을" 창고인도와 동시 "을"은 공급된 물품대금을 지급한다.
2. "갑"의 양해에 따라 "을"은 계약금 50%를 지불하고 물품입고시 잔금 50%를 결재한다.
3. "갑"이 공급한 물품에 하자 발생시에는 "갑"은 그 책임을 지고 "을" 요청에 따라 변상 또는 교환조치를 즉시 행한다.

제6조【계약기간 및 종료】

1. 계약기간은 계약체결일로부터 2년으로 하되 "갑"과 "을" 쌍방의 이의가 없는 한 기간만료 후 계약기간 만큼 자동연장된다.
2. 계약의 종료는 계약사항에 대한 위반 또는 불이행으로 인한 당사자에게 다른 당사자가 그러한 위반사항을 시정요구하는 내용을 구두 또는 서면으로 통보한 후 30일이 경과하도록 계속 위반할 경우 다른 당사자는 그에 대하여 등기우편으로 계약의 효력을 종료시킬 수 있으며 그에 대한 손해배상을 청구할 수 있고 본 계약은 그러한 통지를 발송한 일자로 종료된다.

제7조【정보제공 및 기밀유지】 "갑"과 "을"은 거래를 실시하는 과정에서 얻은 각종 시장정보를 성실하게 상호 교환하는 한 영업사의 각종 기밀을 준수하고 이를 제3자에게 누설하여서는 아니 된다.

제8조【판매지원】 "을"의 시장기반 조성을 위한 각종 지원(SAMPLE BOOK, 카탈로그) 등을 "갑"은 최대한의 성의를 다하여 성실히 수행하여야 한다.

제9조【관할법원】 분쟁 발생시 재판관할권은 "갑"의 관할지역으로 한다.

제10조【기 타】 이 계약에 명시되지 않은 사항은 일반 상관례에 준한다.

제11조【특약사항】

1.
2.
3.

위와 같이 계약을 체결하고 계약의 성립을 증명하기 위하여 계약서 2통을 작성 양 당사자가 각각 기명(또는 서명) 날인한 후 1통씩 보관한다.

20○○년 ○월 ○일

갑	㊞	사업자 등록번호		사무소	
				전화번호	
을	㊞	사업자 등록번호		사무소	
				전화번호	

[서식 452] 질권설정계약서(전화가입권)

전화가입권 질권설정계약서

질 권 자 ○○시 전화사업협동조합
○○시 ○○구 ○○대로 ○○○
이사장 ○ ○ ○
○○시 ○○구 ○○대로 ○○-○○

질권설정자　　　○○주식회사
채 무 자　　　○○시 ○○구 ○○동 ○○
대표이사　　○ ○ ○

상기 당사자 간에 금전소비대차 및 전화가입권설정을 위하여 아래 계약을 체결하기로 한다.

1. 채무자는 질권자로부터 차용하여 이것을 수령한다.
2. 전기 금원의 변제기는 20○○년 ○월 ○일로 한다.
3. 제1항의 대여금의 이자는 일변 ○○○원(또는 1개월 ○○○원)으로 하고 30일마다 이것을 채권자에게 지급하기로 한다.
4. 채무변제의 장소는 변제당시의 질권자의 주소로 한다.
5. 채무자가 ○일 이상 제3항의 이자지급을 태만히 했을 경우, 질권설정자가 전기통신법에 의한 전화요금의 지급을 지체하며, 기타의 규정에 위반했을 때 및 타의 채무로 인하여 압류, 가압류, 가처분, 파산 등의 신청을 받을 때는 제2항의 기한의 이익을 상실한다.
6. 채무자(질권설정자)는 이 채무이행을 담보하기 위하여 하기 전화가입권에 대하여 질권을 설정하며, 전화가입권에 관한 등록청구절차의 완료를 확인하기로 한다.
7. 질권의 목적인 전화가입권의 표시 ○○국 ○○구 ○○○-○○○○번
8. 전항의 질권은 원금 및 이자 이외에 불이행으로 인하여 발생하는 손해의 배상질권실행의 비용 및 질물보존 비용을 담보한다.
9. 제7항의 전화가입권의 변경·이전·소멸은 전화가입권 등록신청서를 가지고 전화국에 이것을 청구한다.

상기 계약을 증명하기 위하여 본 증서 3통을 작성하여 각각 기명(또는 서명) 날인한 후 각 1통씩을 보존한다.

20○○년　○월　○일

채　권　자	
대표자 이사장	
질 권 설 정 자	
채　무　자	
대　표　자	

[서식 453] 동산질권설정계약서

동산질권설정계약서

질 권 자(대주) ○ ○ ○
○○시 ○○구 ○○대로 ○○○

질권설정자(차주) ○ ○
○○○시 ○○구 ○○대로 ○○○

대주 ○○○(이하 '갑'이라 한다)과 차주 ○○○(이하 '을'이라 한다) 간에 다음과 같이 금전대차 동산질권설정계약을 체결한다.

제1조【소비대차】 '갑'은 '을'에게 다음 조항 이하의 약정에 의하여 금 ○○○원을 대여하고, '을'은 이를 차용하여 수령한다.

제2조【이 자】 대여금에 대한 이자는 금 ○○○원에 대하여 1일 금 ○%의 비율로 정한다.

제3조【변제기한 및 장소】 '을'은 본 건 소비대차의 원리금을 20○○년 ○월 ○일까지 '갑'의 주소로 지참하여 지급하여야 한다.

제4조【질권의 목적물】 '을'은 본 채무의 이행을 담보하기 위하여 자신이 소유한 다음 목록 기재의 동산에 질권을 설정하고 '갑'은 그 인도를 받는다.<물건의 표시>

1. 컴퓨터(펜티엄 Ⅳ)
2. 오디오 1세트

제5조【피담보채권의 범위】 위의 질권은 본 대여금의 원금, 이자, 지연 손해금, 질권실행의 비용 및 질물 보존의 비용을 담보한다.

제6조【보관중의 사고】 질권자가 질물을 보관하던 중에 발생한 손해(천재지변, 질물의 하자, 포장의 불완전, 기타 불가항력적인 사유 등)에 대해서는 질권자 또는 그 피용인의 고의 또는 중대한 과실이 없는 한 책임을 부담하지 않는다.

본 계약의 성립을 증명하기 위하여 본 계약서 2통을 작성하여 각자 기명(또는 서명) 날인한 후 각 1통씩 보관한다.

20○○년 ○월 ○일

<table>
<tr><td rowspan="2">질권자</td><td rowspan="2">㊞</td><td rowspan="2">사 업 자
등 록 번 호</td><td rowspan="2"></td><td>사 무 소</td><td></td></tr>
<tr><td>전화번호</td><td></td></tr>
</table>

<table>
<tr><td rowspan="2">질 권
설정자</td><td rowspan="2">㉿</td><td rowspan="2">주민등록번호</td><td rowspan="2"></td><td>주 소</td><td></td></tr>
<tr><td>전화번호</td><td></td></tr>
</table>

[서식 454] 동산질권설정계약서

동산질권설정계약서

질 권 자	
주 소	
채 무 자	
주 소	

상기 당사자사이에 금전소비대차 및 동산질권설정을 위하여 다음과 같이 계약을 체결한다.

1. 채무자 ○○○는 금 ○○○원을 질권자 ○○○로부터 차용하여 이를 수령한다.
2. 전조의 원금의 변제기는 20○○년 ○월 ○일로 한다. 단 채무자는 변제기전에라도 전부 또는 일부의 변제를 할 수 있다. 이 경우 변제 시까지의 이자만을 변제한다.
3. 제1항의 원금의 이자는 연 ○%로 하고 매월말일 이를 질권자에게 지급하여야 한다.
4. 원금 및 이자의 변제장소는 변제당시의 질권자의 주소지로 한다.
5. 채무자가 1년 이상 이자의 지급을 해태한 때는 제2항에서 정한 기한의 이익을 상실한다.
6. 채무자는 그 채무의 이행을 담보하기 위하여 그 소유에 속하는 하기의 동산에 관하여 질권을 설정하고 질권자는 이를 인도를 받는다.
7. 전조의 질권은 원금 및 이자를 담보하는 외에 채무의 불이행에 의하여 발생하는 손실의 배상, 질권실행의 비용 및 질물보존에 요하는 비용 등도 담보하는 것으로 한다.
8. 질권자가 제6항의 질물을 반환할 장소는 반환당시에 있어서의 질물보관의 장소로 한다.

상기 계약을 증명하기 위하여 본 증서 2통을 작성하여 각각 기명(또는 서명) 날인한 후 각 1통씩 보관한다.

20○○년 ○월 ○일

질 권 자	
채 무 자	

[서식 455] 근저당권설정계약서

근저당권설정계약서

채권자 : ○○○(이하 "갑"이라 한다)와 채무자 : ○○○(이하 "을"이라 한다) 및 담보제공자 : ○○○(이하 '병'이라 한다) 간에 다음과 같이 근저당권설정을 체결한다.

제1조 근저당권설정자는 "을"이 채권최고액 범위 안에서 "갑"에 대하여 기왕 현재 부담하고 또는 장래 부담하게 될 혹은 연대채무자 증인으로서 서명 날인한 차용금증서, 각서, 지급증서의 채무와 발행배서, 보증인을 수반한 모든 어음채무 및 수표금상의 채무 또는 상거래로 인하여 생긴 모든 채무를 담보하고자 아래 기재의 부동산 표시 기재 부동산에 대하여 채권최고액 금 ○○○원으로 정하고 순위 제○번의 근저당권을 설정한다.

제2조 "을" 또는 "병"이 다음 각 호의 하나라도 해당되었을 때에는 전부 기한의 이익을 상실하며 즉시 현존하는 채무금액을 지연손해배상금과 함께 일시에 지급하여야 한다.
① 1회라도 채무의 지불을 지체하였을 때
② 다른 채무 때문에 가압류, 가처분, 강제집행, 경매, 조세공과의 체납처분 등을 받았을 때
③ 다른 채무 때문에 파산, 화의 또는 회사정리 등의 신청이 있었을 때
④ 담보물건을 멸실, 훼손 또는 가치를 상당히 감소시켰을 때
⑤ 기타 본 계약에 위반하는 행위가 있을 때

제3조 "갑"이 증담보 또는 대담보를 청구하면 "을"은 즉시 이를 제공하든가, 아니면 채무의 전부 또는 일부를 변제하여야 한다.

제4조 "을" 또는 "병"은 담보물건의 전부 또는 일부를 팔거나 또는 빌려주는 등, 그 형상을

변경하려고 할 때는 미리 "갑"의 동의를 얻어야 한다.

제5조 "갑"이 담보물건의 조사 또는 이에 관한 보고를 요구할 때에는 "을" 또는 "병"은 언제든지 이에 응하여야 한다.

제6조 제1조·제3조에 기준하는 등기는 "을"의 책임과 비용으로 한다.

위와 같은 계약을 증명하기 위하여 본 계약서 3통을 작성하여 각자 기명(또는 서명) 날인한 후 각 1통씩 보존한다.

20○○년 ○월 ○일

채 권 자(갑) 성 명 :
주민등록번호 :
주 소 :

채 무 자(을) 성 명 :
주민등록번호 :
주 소 :

담보제공자(병) 성 명 :
주민등록번호 :
주 소 :

- 아 래 -

부 동 산 의 표 시

[서식 456] 지상권설정계약서

지상권설정계약서

제 1 조 【 지상권설정의 목적 】 건물 소유

제 2 조 【 지상권의 범위 】 토지 전부

제 3 조 【 존속기간 】 20○○년 ○월 ○일부터 20○○년 ○월 ○까지 만 ○년

제 4 조 【 지 료 】 금 ○○○원 또는 없음

제 5 조 【 지료지급시기 】 매월 ○일

제 6 조 【 특약사항 】

1. 지상권자가 2년간 지료의 지급을 이행하지 못하였을 때나 파산의 선고를 받았을 때는 토지소유자는 지상권자의 소멸을 청구할 수 있다.
2. 토지의 일부가 지상권자의 과실 없이 멸실하였을 때에는 지상권자는 그 멸실한 부분의 비율에 따라 지료의 감액을 청구할 수 있다. 단 잔존 부분만으로 지상권의 목적을 달성하지 못할 경우에는 지상권자는 이 계약을 해제할 수 있다. 이 경우 지료는 해제하는 달까지의 분을 지급하여야 한다.
3. 지상권자는 지상권 소멸 시에 토지를 계약당시의 원상으로 회복하여 설치건물 및 수목을 제거하여야 한다. 단, 토지소유자가 시가를 제공하여 매입할 뜻을 통지하였을 때에는 정당한 이유 없이 이를 거절할 수 없다.
4. 이 계약을 체결할 당시의 토지의 원상은 말미에 첨부한 도면과 같다.

위의 계약을 증명하기 위하여 본 증서 2통을 작성하여 각자 1통씩 소지한다.

－ 부 동 산 의 표 시 －

20○○년 ○월 ○일

지상 권자	㊞	주민등록번호		주 소	
				전화번호	
토 지 소유자	㊞	주민등록번호		주 소	
				전화번호	

[서식 457] 근질권설정계약서

근질권

근질권설정계약서

담 당	부서장	임 원	사 장

■ 담보의 제공은 재산상 손실을 가져올 수도 있는 중요한 법률행위이므로 미리 뒷면 "담보제공자가 꼭 알아두어야 할 사항"과 계약서 내용을 잘 읽은 후 신중한 판단을 하시고,

■ 굵은 선 □으로 표시된 란(당사자란, 제1조 및 계약서 끝부분)은 담보제공자가 반드시 자필로 기재하시기 바랍니다.

20○○년 ○월 ○일

채 무 자 ______________________
주 소

근질권설정자
겸연대보증인 ______________________
주 소

본 인 확 인	
직 성명	

제 1 조 근질권의 설정·연대보증

① 근질권설정자(이하 "설정자"라 한다)는 중소기업은행(이하 "은행"이라 한다)의 은행여신거래기본약관을 승인하고, 이 계약서 끝부분 "담보목적물 목록"란에 기재한 채권·동산·증권 등(이하 "담보목적물"이라 한다)에 다음 내용으로 근질권을 설정하고, 은행 앞으로 그 담보목적물의 인도 절차를 마쳤다.

1. 피담보채무의 범위

은행은 피담보채무의 범위를 달리하는 다음의 세 유형 가운데 어느 하나를 설정자가 선택할 수 있음을 설명하였고, 설정자는 그 가운데 ㅁ에서 정한 채무(이자, 지연배상금 기타 부대채

무를 포함한다)를 담보하기로 한다.

특정근질권

채무자가 은행(본·지점)에 대하여 다음 약정서에 의한 거래로 말미암아 현재 및 장래에 부담하는 모든 채무

년 월 일자 약정서

년 월 일자 약정서

한정근질권

채무자가 은행(본·지점)에 대하여 다음 종류의 거래로 말미암아 현재 및 장래에 부담하는 모든 채무

거래, 거래

포괄근질권

채무자가 은행(본·지점)에 대하여 현재 및 장래에 부담하는 다음 채무

가. 어음대출, 증서대출, 당좌대출, 어음할인, 지급보증(사채보증 포함), 매출채권거래, 상호부금거래, 사채인수, 유가증권대여, 외국환거래 기타 여신 거래로 말미암은 모든 채무

나. 신용카드거래로 말미암은 채무(채무자 이외의 제3자가 담보를 제공한 경우 제외)

다. 은행과 제3자와의 위 '가'의 거래에 대한 보증채무

라. 은행이 제3자와의 위 '가'의 거래로 말미암아 취득한 어음 또는 수표상의 채무

2. 담보한도액

금 원

3. 근질권 결산기

은행은 근저당권 결산기를 정하는 다음의 세 유형 가운데 어느 하나를 설정자가 선택할 수 있음을 설명하였고, 설정자는 ㅁ에서 정한 날을 결산기로 하기로 한다.

장래지정형

정하지 아니한다.

이 경우 계약일부터 3년이 경과하면 설정자는 서면통지에 의하여 근질권 결산기를 지정할 수 있기로 하되, 그 결산기는 통지 도달일부터 14일 이후가 되어야 하며, 이에 미달하는 때에는 통지 도달일부터 14일이 되는 날을 결산기로 한다.

지 정 형

년　　월　　일

자동확정형

정하지 아니한다.
이 경우 계약일부터 3년이 경과하면 설정자는 서면통지에 의하여 근질권 결산기를 지정할 수 있기로 하되, 그 결산기는 통지 도달일부터 14일 이후가 되어야 하며, 이에 미달하는 때에는 통지 도달일부터 14일이 되는 날을 결산기로 한다. 다만, 5년이 경과할 때까지 설정자의 별도 의사표시가 없는 경우에는 계약일부터 5년이 되는 날을 결산기로 한다.

② 보증인은 채무자가 은행에 대하여 부담하는 이 계약에 의한 채무에 대하여 채무자와 연대하여 보증채무를 지며 보증채무의 이행에 관하여도 은행여신거래기본약관이 적용됨을 승인한다.

제2조　근질권의 효력범위

① 근질권의 효력은 담보목적물의 원금·수익권(이 계약 이후에 적립한 적립금을 포함한다)과 이에 부수하는 이자·수익 수익권, 특별이자, 장려금, 배당금, 상환금과 무상주에 미친다.
② 담보목적물에 대하여 기간연장·개서·갱신·분할·병합·증액·감액·종별변경 등을 한 때에는 그 위에도 근질권의 효력이 미친다.

제3조　위험부담·면책조항

① 설정자는 은행에 인도한 담보증서가 불가항력·사변·재해 등 은행의 책임없는 사유로 말미암아 분실·손실 또는 멸실된 경우에는 은행의 청구에 따라 곧 그에 대신할 증서(통장)를 제출하기로 한다.
② 담보증서(통장)·담보물수령증(통장) 등의 증서상의 인영·서명을 설정자가 미리 신고한 인감·서명과 상당한 주의로써 대조하고 틀림없다고 인정하여 거래한 때에는 증서 등과 인감·서명에 관하여 위조·변조·도용 등의 사고가 있더라도 이로 말미암은 손해는 설정자가 부담하며, 설정자는 증서의 기재문헌에 따라 책임을 지기로 한다.
③ 담보목적물이 유가증권인 경우, 설정자는 그 증권에 관한 상환공고·제출공고 등에 유의하고, 이들 공고가 있는 때에는 곧 은행에 통지하며, 이 통지가 없었기 때문에 은행이 증권의 추심이나 기타의 권리행사 또는 보전절차를 밟지 아니한 때에는 이로 말미암은 손해는 모두 설정자가 부담한다.

제4조　보험계약

① 담보목적물이 유체동산인 경우, 설정자는 담보목적물에 대하여 채권보전에 필요한 범위내에서 은행이 지정하는 종류와 금액으로 보험계약을 맺고, 그 보험계약에 따른 권리 위에 은행을 위하여 질권을 설정하여 보험증권을 은행에 교부하며, 이 근질권의 피담보채무가 존재하는 동안 이를 계속 유지한다.
② 설정자는 제1항에 의한 보험계약 외에 담보목적물에 대하여 따로 보험계약을 맺은 때에

는 이를 곧 은행에 통지하며, 은행이 채권보전상 필요에 따라 청구하는 경우에는 그 보험계약에 따른 권리에 대하여도 은행을 위하여 질권을 설정한다.

③ 설정자가 제1항, 제2항에 정하는 바에 따르지 아니함으로써 은행이 채권보전상 필요한 보험계약을 설정자를 대신하여 맺거나 계속하고 그 보험료를 지급한 때에는, 채무자와 설정자는 연대하여 은행이 지급한 보험료 기타의 제 비용에 대하여 은행여신거래기본약관 제4조에 준하여 곧 갚는다.

④ 제1항 내지 제3항에 의한 보험계약에 터잡아 은행이 보험금을 수령한 때에는, 다른 담보물의 제공 등 상당한 사유가 없는 한, 피담보채무의 기한도래전일지라도 은행은 그 수령금으로 은행여신거래기본약관 제12조에 준하여 채무의 변제에 충당할 수 있다.

제5조 담보목적물의 처분 등

① 피담보채무의 기한의 도래 또는 기한의 이익의 상실로 말미암아 채무의 이행을 하여야 할 때에는, 은행은 근질권을 실행하거나 또는 담보목적물이 예금 등의 채권인 경우에는 은행여신거래기본약관 제9조에 준하여 상계 등을 할 수 있다.

② 담보목적물을 법정절차에 의하여 처분하기 곤란하거나 법정절차에 의하여 처분할 경우 채권보전에 지장을 초래할 상당한 사유가 있다고 인정되는 때에는, 은행은 일반적으로 인정되는 시기·방법·가격 등에 의하여, 담보목적물을 처분하고 그 매각대금으로 채무의 변제에 충당하거나, 채무의 전부 또는 일부의 변제에 갈음하여 담보목적물을 취득할 수 있다. 이 경우에 은행은 담보목적물을 처분 또는 취득하기 10일 전까지 설정자에게 그 사실을 통지하기로 한다.

③ 제1항, 제2항의 경우 채무 전액을 소멸시키기에 부족한 때에는 은행여신거래기본약관 제12조에 준하여 채무의 변제에 충당할 수 있다.

제6조 비용부담

[은행의 이 계약에 의한 권리의 보전이나 행사 등에 관한 비용은 채무자와 설정자가 연대하여 부담하고, 은행이 이를 대신 지급한 때에는 은행여신거래기본약관 제4조에 준하여 곧 갚는다.

제7조 다른 담보·보증약정과의 관계

① 설정자가 채무자의 은행에 대한 같은 피담보채무에 관하여 따로 담보를 제공하고 있거나 보증을 하고 있는 경우에는 별도의 약정이 없는 한 그 담보나 보증은 이 계약에 의하여 변경되지 아니하며 이 계약에 의한 담보책임과 별개의 것으로 누적적으로 적용된다.

② 담보가치의 하락 등을 대비한 은행의 청구에 의하여 설정자가 같은 피담보채무에 관하여 담보제공과 동시에 같은 금액으로 연대보증을 한 경우, 그 중 어느 하나의 일부 또는 전부를 이행한 때에는 제1항에 불구하고 그 이행한 범위 내에서 다른 책임도 면한다.

제8조 담보 등의 변경·해지·해제

설정자가 동의를 한 때나, 동등한 가치 이상의 담보대체, 동등한 자력 이상의 보증인 교체 또는 일부 변제액에 비례한 담보나 보증의 해지·해제 등 설정자가 대위변제할 경우의 구상실현에 불리한 영향이 없을 때에는, 거래상 필요에 따라, 은행은 다른 담보나 보증을 변경 또는 해지·해제할 수 있기로 한다.

제9조 특약사항

	설 정 자	(인)

(예금용)

질권의 목적물인 예금·신탁 등의 목록 : (단위 : 원)

종 별	증서번호 계좌번호	명의인 (위탁자) 수익자	금 액 (계약액)	20 . . .까지 입 금 누 계 액	증서일자	지급기일
					. . .	. . .
					. . .	. . .
					. . .	. . .
					. . .	. . .

주의 : 신탁의 수익자와 위탁자가 다를 때에는 위탁자의 성명을 ( ) 안에 적으십시오.

(동산용, 지명채권용, 유가증권용)

담보물건목록 :

주의 : 담보목적물이 유체동산, 지명채권, 유가증권일 경우에는 그 물건 또는 권리를 구체적으로 특정할 수 있도록 적을 것

■ 설정자는 다음 사항을 읽고 본인의 의사를 사실에 근거하여 자필로 기재하여 주십시오. (기재예시 : 1. 수령함. 2. 들었음.)

1. 은행여신거래기본약관(가계용·기업용)과 이 계약서 사본을 확실히 수령하였습니까?	
2. 위 약관과 계약서의 중요한 내용에 대하여 설명을 들었습니까?	

상담내용	상담일자 : 상담장소 :	상담자 직위 : 성명 : (인)

담보제공자(질권설정자)가 꼭 알아두어야 할 사항

질권이란

- 채무자가 기일에 채무를 상환하지 않을 때 채권자가 담보로 취득한 예·적금 등의 지명채권을 직접 추심하거나, 유가증권·동산 등의 담보물을 처분하여 그 추심 또는 매각대금으로부터 우선적으로 변제받는 권리입니다.
- 따라서 자기 소유의 예·적금이나 유가증권·동산 등에 타인을 위하여 질권을 설정하는 것은 타인의 채무불이행으로 인하여 자기재산을 잃게 될 수 있는 위험을 부담하는 행위입니다.

담보종류에 따른 책임범위

「근 질 권」

채무자와 채권자 사이에 이미 맺어져 있거나 앞으로 맺게 될 거래계약으로부터 현재 발생되어 있거나 앞으로 발생할 채무를 채권최고액의 범위 내에서 담보하게 되는 것으로 세 가지 유형이 있으며, 각 유형에 따른 책임범위는 다음과 같습니다.

「특정근질권」

특정된 거래계약(예 : 년 월 일자 여신거래약정서)으로부터 계속적으로 발생하는 채무를 담보하며, 그 채무가 기한 연기된 때에도 담보합니다. 그러나 재취급 또는 다른 여신으로 대환된 때에는 담보하지 않습니다.

「한정근질권」

특정한 종류의 여신거래(예 : 당좌대출거래)에 대하여 이미 맺어져 있거나 앞으로 맺게 될 거래계약으로부터 현재 발생되어 있거나 앞으로 발생하게 될 채무를 모두 담보하며, 그 채무의 연기나 재취급은 물론 같은 종류의 여신으로 대환된 때에도 담보합니다. 그러나 다른 종류의 여신으로 대환된 때에는 담보하지 않습니다.

「포괄근질권」

채무자가 채권자에게 부담하는 현재 및 장래의 모든 채무(여신거래로 인한 채무뿐만 아니라 기타 다른 형태의 채무를 포함한다)를 담보하여 그 책임범위가 아주 광범위하므로 포괄근질권을 선택할 경우 다시 한 번 신중히 생각한 후에 결정하십시오.

담보제공자가 연대보증까지 서는 경우

- 담보제공자가 연대보증을 별도로서는 경우, 채권자는 담보 제공한 부동산 외에 담보제공자의 다른 일반재산에 대하여도 집행할 수 있습니다.

[서식 458] 전세권설정계약서

전세권설정계약서

부동산의 표시

아래 전세권설정자와 전세권자는 위 부동산에 대하여 다음과 같이 전세권설정계약을 체결한다.

전세금 ○○○원정(₩ ○○○)

제1조 전세권설정자는 위 전세금을 이 계약당일 정히 영수하고 그 소유인 위에 쓴 부동산에 대하여 전세권자로 하여금 사용 및 수익하기 위하여 아래와 같이 전세권설정계약을 체결한다.

제2조 전세권의 존속기간은 20○○년 ○월 ○일부터 20○○년 ○월 ○일까지 ○간으로 한다.

제3조 전세권의 반환시기는 20○○년 ○월 ○일까지로 한다.

제4조 전세권의 범위는 주거용 건물 전부로 하며 전세권자는 본건 부동산을 그 본질의 용도에 따라 사용하여야 한다.

제5조 전세권자는 목적물의 현상을 유지하고, 그 통상의 관리에 속한 수리를 하여야 한다.

제6조 전세권자가 전세권설정자의 승낙 없이 목적물의 원형을 변경하거나 개조함으로서 목적물의 가치가 현저하게 감소되었을 경우 전세권자는 전세권의 소멸을 청구할 수 있다.

제7조 전세권자가 사용·수익을 위하여 전세목적물의 현상을 변경하였을 경우에는 존속기간 만료 후 즉시 원상복구를 하여 전세권설정자에게 인도하여야 한다.

이 계약을 증명하기 위하여 계약서 2통을 작성하고, 각자 기명(또는 서명) 날인하여 1통씩 보관한다.

20○○년 ○월 ○일

전세권설정자 성 명 :
주민등록번호 :

주 소 :

전 세 권 자 성 명 :
주민등록번호 :
주 소 :

[서식 459] 대물변제계약서

대물변제계약서

채 권 자 성 명 : ○ ○ ○
주민등록번호 : 000000-0000000
주 소 : ○○시 ○○대로 ○○○

채 무 자 성 명 : ○ ○ ○
주민등록번호 : 000000-0000000
주 소 : ○○시 ○○대로 ○○○

상기 양 당사자 간에 있어서 대물변제를 위하여 다음의 계약을 체결한다.

제1조 1. 상기 양 당사자 간에 있어서 체결한 20○○년 ○월 ○일 계약에 의하여 채권자가 채무자에 대하여 가지고 있는 금 ○○○원의 변제에 갈음하여 채무자는 그가 소유하는 다음 부동산의 소유권을 채권자에게 이전한다.
2. 부동산의 표시 :

제2조 채권자는 전조의 부동산의 소유권이전에 의하여 전조에 게기한 채권은 모두 소멸하는 것을 승인한다.

제3조 상기 당사자 간에 있어서의 20○○년 ○월 ○일의 ○○계약서의 등본을 이 계약서에 첨부한다.

상기 계약의 성립을 증명하기 위하여 계약서 2통을 작성하여, 각자 기명(또는 서명) 날인한 후 각 1통씩 보관한다.

20○○년 ○월 ○일

채권자 ○ ○ ○ (인)

채무자 ○ ○ ○ (인)

[서식 460] 각서(근저당권설정시)

각 서

1. 각서인(채무자)과 귀사(채권자) 간에 20○○년 ○○월 ○일. 오리위탁생산계약을 체결함에 있어, 약정기간은 위 약정일부터 20○○년 ○월 ○일까지, 상환기일은 위탁일로부터 ○일 이내, 거래한도금은 금 ○○○원으로 정하여 거래계약을 하였습니다.
2. 위 약정에 따라 채무자는 위 채무를 담보하기 위하여 채무자 소유의 아래 부동산에 대하여 귀사를 근저당권자로 하고 채권최고액 금 ○○○원으로 한 근저당권설정등기절차를 이행하기로 하며, 만약 위 채무의 지급을 지체할 시는 언제든지 청구하더라도 이의 않기로 하고 각서합니다.

- 부 동 산 의 표 시 -

1. ○○시 ○○동 ○○○ 답 ○○㎡

20○○년 ○월 ○일

각서인(채무자) 성 명 : ○ ○ ○ ㊞
주민등록번호 : 000000-0000000
주 소 : ○○시 ○○대로 ○○○

주식회사 ○○
대표이사 ○○○ 귀하
○○시 ○○구 ○○대로 ○○○

[서식 461] 담보제공계약서(기계)

기계담보제공계약서

채권자 (주)○○○○(이하 "갑"이라 칭한다)와 채무자 (주)○○○○(이하 "을"이라 칭한다)는 상호간에 다음과 같이 기계담보제공계약을 체결한다.

제1조【채권채무】 "을"은 "갑"에게 다음의 채무를 지고 있으며 본 채무에 대하여 "을" 소유의 기계에 대하여 질권을 설정한다.

1. 계약명 : ○○○○계약
2. 채무액 : 금 ○○○원(₩○○○)
3. 효력일 : 20○○년 ○월 ○일부터 20○○년 ○월 ○일까지
4. 이 자 : 연 ○% (매월 ○일 현금 지급)
5. 연체이자 : 연 ○%

제2조【질권 설정물】

1. "을"은 채무의 담보를 위하여 "을"이 소유권을 보유한 다음의 기계를 "갑"에게 질권을 제공한다.
   가. 기계명(제조사) : ○○○○ (○○)
   나. 동 력 : ○○kw
   다. 제조일 : 20○○년 ○월 ○일
2. "갑"은 질권 제공된 기계에 대하여 제3자가 "갑"에게 제공된 담보물임을 인식할 수 있도록 소유권이 "을"에게 있음을 인식할 수 있는 표지를 부착하여야 한다.

제3조【대여 등】 "갑"은 질물 제공받은 본 계약의 기계를 제3자에게 대여, 양도, 기타 기계를 통한 수익을 수취할 수 있으나 이로 인하여 발생하는 제반 위험 일체에 대하여 "을"에게 책임을 부담하며 무과실 등을 이유로 면책을 주장할 수 없다.

제4조【선관주의】

1. "갑"은 질물 제공받은 기계를 "갑"의 점유에 따라 스스로 사용, 보존, 관리를 할 수 있으며 사용의 경우 그에 소요된 부품의 교체 등의 비용을 부담한다.
2. 특별한 규정이 없는 한 "갑"은 질물 제공 기계를 선량한 관리자로서의 주의의무를 다하여 관리하여야 한다.

제5조【담보교체 등】

1. "을"을 "갑"의 사전 동의가 있는 경우 본 계약의 기계를 반환받고 여타의 다른 물건을 담보 제공할 수 있다.
2. 제1항의 경우 "갑"이 이를 허용한 경우 담보교체에 소요되는 비용 일체는 "을"이 부담하여야 한다.
3. 본 조는 "갑"이 담보물의 교체를 요구한 경우에 준용한다.

제6조【멸실 등】

1. 담보기계가 멸실·훼손되거나 그러할 염려가 있는 경우에는 "갑"은 그 예방 또는 구제를 위한 절차를 취하고 "을"에게 즉시 그러한 사실을 통지하고 상호 대책을 강구하도록 한다.
2. 본 계약에 따른 제공담보물에 대하여 권리를 주장하거나 기타 법적 다툼이 발생한 경우에 "을"은 권리보전을 위한 법적절차를 밟아야 한다.

제7조【소유권반환】 "갑"은 "을"이 채무의 변제기에 채무변제를 완납할 경우 본 계약상의 담보기계의 소유권을 즉시 "을"에게 반환한다.

제8조【채무불이행】

1. "을"이 채무를 이행하지 아니할 경우 "갑"은 담보물을 처분하고 매각대금으로 채무의 변제에 충당하거나, 채무의 전부(또는 일부)의 변제에 갈음하여 담보목적을 취득할 수 있다. 단, "갑"은 담보물을 처분 또는 취득하기 ○일전까지 "을"에게 그 사실을 통지한다.
2. 처분매각의 경우 "을"은 지체 없이 담보물을 "갑" 또는 "갑"이 지정하는 자에게 양도한다.

제9조【비용부담】 매도담보권의 설정·보전·행사 및 담보물의 보존·관리에 드는 각종비용은 "을"이 부담하고, "갑"이 대신 지급한 때에는 그 지급금에 대하여 즉시 변상하여야 한다. 이때 잔여액에서 공제할 수 있다.

제10조【물상대위】 담보물에 대하여 멸실·훼손·공용징수, 기타의 원인으로 제3자에 대한 보험금·배상금·보상금 등의 청구권이 생긴 때에는, 타 담보물의 제공 등 상당한 사유가 없는 한, 피담보채무의 기한도래전일지라도, "갑"은 이를 수령하여 채무의 변제에 충당할 수 있다.

제11조【타 담보와의 관계】 담보가치의 하락 등을 대비하여 "갑"의 청구로 "을"이 타담보를 제공한 경우 그 중 어느 하나의 일부 또는 전부가 처분 실행된 때에는 그 범위 내에서 책임이 면제된다.

제12조【해 지】

1. 당사자 일방에 대하여 다음 각 호의 사유가 발생할 시 상대방은 즉시 계약을 해지할 수 있다.
   가. 가압류, 가처분, 경매 등의 사업의 불투명 사유가 발생할 시
   나. 파산, 회사정리, 화의신청 등의 사업불가능 사유가 발생할 시
2. 일방이 본 계약상의 의무이행을 하지 아니한 때 상대방은 ○일 이상의 시정기간을 두고 사유를 명시하여 시정을 최고하며, 그럼에도 불구하고 시정이 이루어지지 아니할 시 즉시 계약의 해지를 통지한다.

제13조【기타사항】

1. 계약의 당사자는 본 계약의 내용을 신의성실에 의거하여 준수하여야 한다.
2. 계약기간 중 계약의 변경은 당사자의 서면 합의에 의해서만 변경될 수 있으며 서명날인된 문서를 본 계약서의 말미에 첨부한다.

3. 본 계약서에서 명시되지 않은 부분에 대하여는 관련 법규 및 상관습에 따르기로 한다.

제14조 【 분쟁해결 】

1. 본 계약과 관련하여 양 당사자 간의 분쟁이 발생한 경우, 원칙적으로 "갑"과 "을" 상호간의 합의에 의해 해결한다.
2. 제1항에도 불구하고 분쟁이 해결되지 않을 경우 "갑"의 주소지 관할 지방법원을 그 관할로 하여 재판함으로써 해결한다.

제15조 【 특약사항 】 상기 계약일반사항 이외에 "갑"과 "을"은 아래 내용을 특약사항으로 정하며, 특약사항이 본문과 상충되는 경우에는 특약사항이 우선하여 적용된다.

위와 같이 본 계약이 유효하게 성립하였음을 증명하기 위하여 본 계약서 2통을 작성하여 각각 서명(또는 기명) 날인한 후 "갑"과 "을"이 각각 1통씩을 보관한다.

20○○년 ○월 ○일

갑	㊞	사 업 자 등 록 번 호		사 무 소	
				전화번호	
을	㊞	사 업 자 등 록 번 호		사 무 소	
				전화번호	

[서식 462] 저당권설정계약서(토지)

저 당 권 설 정 계 약 서

위 당사자 간에 다음과 같이 저당권설정계약을 체결한다.

제 1 조 저당권설정자는 채권자와 채무자 간에 체결된 아래와 같은 금전 소비대차 계약에 기한 채무자의 채무의 이행을 담보하기 위하여 본 계약서 말미에 기재한 저당권설정자 소유의 부동산에 대하여 순위 제○번의 저당권을 설정한다.

제2조 채권자와 채무자간에 체결한 금전소비대차계약의 내용은 다음과 같다.
1. 채무금액 : 금 ○○○원
2. 변제기한 : 20○○년 ○월 ○일
3. 변제방법 : 일시불
4. 이　　율 : ○○%
5. 이자지급 및 방법 : 매월 말일, 통장입금

제3조 채무자가 약정한 이행의무를 한 번이라도 지체하였을 때 또는 다른 채권자로부터 가압류, 압류경매를 당하든가 또는 파산선고를 당하였을 때는 기한의 이익을 잃고 즉시 채무금 전액을 완제하여야 한다.

제4조 저당 물건의 증축, 개축, 수리, 개조 등의 원인으로 형태가 변경된 물건과 부가 종속된 물건도 이 저당권의 효력이 미친다.

제5조 이 저당권에 관한 소송은 저당권의 목적인 부동산의 소재지를 관할하는 법원으로 한다.

제6조 본 저당권설정계약의 목적인 부동산은 다음과 같다.

부동산의 표시 : ○○시 ○○구 ○○동 ○○ 대 ○○○평방미터.

위 계약을 확실히 하기 위하여 이 증서를 작성하고 다음에 기명날인 한다.

20○○년 ○월 ○일

채권자 겸 저당권자	주 소					
	성 명	인	주민등록번호	–	전화번호	
채무자	주 소					
	성 명	인	주민등록번호	–	전화번호	
저당권설정자	주 소					
	성 명	인	주민등록번호	–	전화번호	

[서식 463] 근저당설정계약서(자동차)

근 저 당 권 설 정 계 약 서

채권최고액 일금 오백만원정(₩5,000,000원)

채권자 겸 근저당권자 ○○○, 근저당권설정자 ○○○, 채무자 ○○○ 사이에 다음과 같이 자동차 또는 건설기계(이하 "자동차"라 한다) 근저당권 설정계약을 체결한다.

– 다 음 –

제1조(근저당권설정) 근저당권설정자 ○○○은 채권자 겸 근저당권자 ○○○에 대해 상기금액을 채무의 최고액으로 하고 그 범위 내에서 채무자 ○○○의 자동차구입으로 인한 채무(할부금융대출금, 외상채무금, 어음금, 수표금, 각서금 등)와 병이 부담할 제비용, 채무자 ○○○이 채권자 겸 근저당권자 ○○○에게 지급해야 할 이자와 지연손해금 기타 각종의 원인으로 채무자 ○○○이 채권자 겸 근저당권자 ○○○에게 현재 또는 장래 부담할 채무를 담보하기 위해 근저당권설정자 ○○○ 소유인 별지목록 기재 자동차 및 그 부속물건에 순위 제2번의 근저당권을 설정한다. 위 한도 내의 원금에 대한 이자 등 종속된 채무는 위 한도 초과시라도 본 근저당권에 의해 담보될 것으로 한다.

제2조(근저당권의 효력범위) 이 근저당권의 효력은 현재 근저당 물건에 부속한 일체의 물품과 장래 수리 또는 개조 기타 사유로 부가 종속될 제 장치, 기계기구 등 일체의 부속물건에도 당연히 미치는 것으로 한다.

제3조(변제방법 및 이자) 채무자 ○○○은 제1조에서 정한 본 채무를 약정한 변제기일에 채권자 겸 근저당권자 ○○○이 지정한 방법에 따라 이행하여야 하며, 채무연체시 채무액 및 이에 대하여 연체일로부터 완제일까지 연25 %의 비율에 의한 지연손해금을 채권자 겸 근저당권자 ○○○에게 지급하여야 한다.

제4조(보험계약) 근저당권설정자 ○○○은 본 저당물건에 채권자 겸 근저당권자 ○○○이 지정한 보험회사와 채권자 겸 근저당권자 ○○○이 지정한 종류와 금액의 보험계약을 체결하고 본 계약이 존속하는 한 이를 계속하기로 하며 이 보험계약에 가입한 권리는 이를 채권자 겸 근저당권자 ○○○에게 양도 또는 질권을 설정한다.

제5조(저당물건의 경매 및 회수) 채무자 ○○○이 제1조에서 정한 본 계약상의 의무 불이행시 채권자 겸 근저당권자 ○○○은 즉시 본 저당물을 경매하거나 그 절차상 채권자 겸 근저당권자 ○○○이 임의로 회수하여 관리할 수 있다.

제6조(제 절차의 이행과 비용) 채권자 겸 근저당권자 ○○○이 본 계약에 의한 근저당권의 설정, 변경, 이전, 말소등에 관한 등록 및 기타 제절차를 요구할 때는 근저당권설정자 ○○○

과 채무자 ○○○은 자기의 비용으로 지체없이 이행하고 근저당물건에 대해 근저당권설정자 ○○○과 채무자 ○○○이 부담한 비용을 채권자 겸 근저당권자 ○○○이 대납하였을 때에는 근저당권설정자 ○○○과 채무자 ○○○은 대납금액을 즉시 채권자 겸 근저당권자 ○○○에게 지급한다.

제 7 조 (저당물건의 보고 조사) 채권자 겸 근저당권자 ○○○이 본 저당물건의 실황 조사 또는 통보를 청구할 때에는 채무자 ○○○과 근저당권설정자 ○○○은 언제든지 이에 응하여야 한다.

제 8 조 (합의관할) 본 계약에 대한 소송은 ○○지방법원을 관할법원으로 한다.

위 계약의 증거로 본 증서를 작성하고 당사자가 기명날인하여 이를 확인함.

자동차등록번호	차대번호	차 명	년 식	사용본거지

20○○년 ○월 ○일

채권자	주 소						
	성 명	인	주민등록번호	–	전 화 번 호		
채무자	주 소						
	성 명	인	주민등록번호	–	전 화 번 호		

[서식 464] **저당권설정계약서**(건설기계, 중기)

저 당 권 설 정 계 약 서

건설기계 소유자 ○○○(채무자)와 채권자 ○○○ 사이에 20○○년 ○월 ○일 건설기계(중기)담보의 저당권 설정에 관하여 다음과 같이 계약을 체결한다.

제 1 조 건설기계 소유자 ○○○은 채권자 ○○○에게 다음 건설기계(중기)(이하 중기라 함)

를 본 계약서의 조항에 의하여 담보로 제공하고 채권자 ○○○은 이에 대하여 저당권을 설정하며 제2조의 금원을 대여한다.

구 분	건설기계 등록번호	건설기계명	형 식 (년식을 포함)	중기번호	원동기의 형 식	사 용 의 본거위치

제2조 대여금 : 원(₩). 이자 : 연2할, 변제는 아래와 같이 ○회로 나누어 분할 변제하기로 한다.

금 액	지 급 기 일	금 액	지 급 기 일
금 원	년 월 일	금 원	년 월 일
금 원	년 월 일	금 원	년 월 일
금 원	년 월 일	금 원	년 월 일

제3조 건설기계 소유자 ○○○이 제2조의 변제기일에 변제를 지연하면 대여금원에 대한 이율은 제2조의 규정에도 불구하고 연 4할로 금원을 채권자 ○○○에게 지급하여야 한다.

제4조 ① 건설기계 소유자 ○○○은 본 계약에 따른 금전채무의 이행을 담보하기 위하여 제1조 기재의 등록건설기계(중기)에 채권자 ○○○을 저당권자로 하는 제1순위의 저당권을 설정한다.
② 건설기계 소유자 ○○○은 위에 설정한 저당권에 대하여 지체 없이 건설기계(중기)저당법에 의한 등록절차를 완료하여야 한다. 단, 저당권설정등록에 요하는 비용은 甲의 부담으로 한다.

제5조 위의 건설기계(중기)가 멸시 또는 훼손하거나 그 가격이 제2조에 의한 잔대금 채무액 이하로 하락되었다고 인정될 때에는 건설기계 소유자 ○○○은 채권자 ○○○의 청구에 의하여 언제라도 추가담보 또는 대체담보를 제공하여야 한다.

제6조 건설기계 소유자 ○○○은 채권자 ○○○의 승낙 없이 위 건설기계(중기)의 형상을 변경하거나 제물건을 부가하여 기필 또는 차대에 부과한 등록부호, 성명, 상표, 증명부호를 제거, 말소 은폐하여서는 아니 된다.

제7조 건설기계 소유자 ○○○은 제6조에 게재한 채무완제에 이르기까지 위의 차량을 채권자 ○○○의 승낙없이 타에 매매, 양도, 대여 또는 담보공여, 기타 채권자 ○○○에게 손해를 줄 우려가 있는 일체의 행위를 할 수 없다. 또한 건설기계 소유자 ○○○은 선량한 관리자의 주의로써 차량을 사용 보관하여야 하며 제3자로부터 압류, 가압류, 가처분 등을 당한 때에는 즉시 채권자 ○○○에게 그 사실을 통지하여야 한다.

제8조 다음 각호의 사유가 발생한 때에는 건설기계 소유자 ○○○은 변제기한의 이익을 상실한다. 이 경우, 건설기계 소유자 ○○○은 즉시 채권자 ○○○에게 그 시점의

채무금액을 일시에 지급하여야 한다.

1. 건설기계 소유자 ○○○이 본 계약에 정하는 채무 또는 의무를 일부라도 약속된 기일에 이행치 아니한 경우
2. 건설기계 소유자 ○○○이 압류, 가압류, 가처분, 파산의 신청, 형사소추, 어음교환소의 은행거래 정치처분을 받거나 기타 신용을 현저히 상실하였다고 인정할 사유가 생길 때
3. 건설기계 소유자 ○○○이 위의 차량에 관한 공조 공과를 체납한 경우
4. 건설기계 소유자 ○○○이 감독관청으로부터 그 영업의 정지·허가의 취소나 차량사용인가의 취소를 받거나 영업을 폐지·변경한 때
5. 건설기계 소유자 ○○○이 본 계약을 위반한 경우

제9조 ① 건설기계 소유자 ○○○이 본 계약에 정한 채무이행을 해태한 때에는 채권자 ○○○은 그 선택에 따라 채권자 ○○○이 선임한 감정인의 위 차량에 대한 감정가격으로 본 계약에 의한 건설기계 소유자 ○○○의 채무 중 그 상당액에 대하여 대물변제로서 위의 차량의 소유권을 무조건 종국적으로 취득할 수 있다. 건설기계 소유자 ○○○은 감정가격에 대하여 이의를 할 수 없으며 차량을 즉시 채권자 ○○○에게 인도하여야 한다.

② 전항에 의한 대물변제 예약완결의 의사표시는 채권자 ○○○이 건설기계 소유자 ○○○에게 내용증명우편으로 일방적으로 그 취지를 건설기계 소유자 ○○○의 현주소로 발신함으로써 이루어진다.

제10조 ① 제8조 각호의 1에 해당하는 사유가 발생한 경우에 채권자 ○○○은 아무런 최고절차 없이 즉시 본 계약을 해제할 수 있다.

② 전항의 계약을 해제할 수 있는 경우라 할지라도 건설기계 소유자 ○○○ 또는 건설기계 소유자 ○○○의 보증인으로부터 상당금액의 지급이 있거나, 담보의 제공 또는 적당한 보증인을 세웠을 때에는 채권자 ○○○은 계약해제권을 행사할 수가 없다.

제11조 건설기계 소유자 ○○○이 주소를 변경한 경우에는 3일 이내에 이를 통지하여야 하며 이를 해태한 때에는 채권자 ○○○로부터 건설기계 소유자 ○○○에게 구조소로 발송한 우편물의, 미도착 또는 연착에 의하여 생긴 손해 내지 불이익에 대하여 채권자 ○○○은 책임을 부담치 아니한다.

제12조 본 계약중 채권자 ○○○의 승낙이 필요한 경우나 채권자○○○에게 대한 통지는 모두 서면에 의하여야 한다.

제13조 본 계약에 관한 일체의 소송에 대하여는 ○○지방법원을 관할법원으로 할 것을 합의한다.

제14조 보증인들은 본 계약에 의한 채권자 ○○○의 금전채무에 대하여 연대보증한다.

제15조 ① 보증인이 압류, 가압류, 가처분, 파산의 신청 또는 형사소추를 받거나 기타 보증인으로서 부당한 사유가 생긴 때에는 건설기계 소유자 ○○○은 채권자 ○○○에게 신규로 적당한 보증인을 세울 것을 요구할 수 있다.

② 전항의 사유가 생긴 때, 건설기계 소유자 ○○○은 즉시 채권자 ○○○에게 통지하고 지체없이 채권자 ○○○이 요구하는 적당한 보증인을 세워야 한다.

제16조 건설기계 소유자 ○○○ 또는 보증인 등은 본 계약상의 금전채무(단, 제17조 2호에 의한 손해배상채무를 제외함)에 대하여 그 이행을 해태한 경우에는 위의 저당권실행의 전후를 불문하고 즉시 강제집행을 받아도 이의가 없음을 인낙한다.

위의 계약을 증명하기 위하여 본 증서 2통을 작성하여 각자 서명·날인하고 건설기계 소유자 ○○○·채권자 ○○○ 각 1통씩 소지한다.

20○○년 ○월 ○일

채권자	주 소					
	성 명	인	주민등록번호	–	전 화 번 호	
채무자	주 소					
	성 명	인	주민등록번호	–	전 화 번 호	
연 대 보증인	주 소					
	성 명	인	주민등록번호	–	전 화 번 호	

[서식 465] 근저당권설정계약서(물상보증)

근 저 당 권 설 정 계 약 서

채권자 ○○주식회사와 채무자 △△주식회사 및 담보제공자 □□□간에 근저당설정에 관하여 다음과 같이 계약한다.

제 1 조 20○○년 ○○월 ○○일자로 채권자 ○○주식회사와 채무자 △△주식회사 사이에 체결한 계속적 석탄매매 등 상거래 계약에 기준하여 위의 거래 및 그 파생거래에 따라, 채무자 △△주식회사가 채권자 ○○주식회사에게 이미 부담하였으며, 또한 장차 부담할 채무의 이행을 담보하기 위하여 별지목록1 채무자 △△주식회사의 소유에

속하는 부동산 표시 위에 제○○번, 별지목록2 담보제공자 □□□ 소유에 속하는 부동산표시에 순위 제○○번의 근저당권을 설정한다.

① 채권최고액 ○○○만원
② 약정기한 20○○년 ○월 ○일부터 20○○년 ○월 ○일까지
③ 이자는 년 2할로 하며 매월말일 지참 지급한다.

제2조 채무자 △△주식회사나 담보제공자 □□□이 다음 각 호의 하나라도 해당되었을 때에는 전부 기한의 이익을 잃으며 즉시 현존하는 채무금을 일시에 지불하여야 한다.

① 1회라도 거래채무의 지불을 지연시켰을 때
② 다른 채무 때문에 가압류, 가처분, 강제집행, 경매신청 등을 받았을 때
③ 담보물건을 멸실, 훼손 혹은 가치를 상당히 감소시켰을 때
④ 기타 본 계약에 위반하는 행위가 있었을 때

제3조 채무자 △△주식회사나 담보제공자 □□□은 담보물건의 전부나 일부를 팔거나 또는 빌려주는 등, 그 형상을 변경하려 하는 때에는 미리 채권자 ○○주식회사에게 동의를 얻어야 한다.

제4조 채무자 △△주식회사와 담보제공자 □□□이 기한의 이익을 잃고 또는 기한 내에 변제를 하지 못하였을 경우에는 채권자 ○○주식회사는 그 선택에 따라 담보물건의 경매와 바꾸어 대물변제로서 담보물건의 전부의 소유권을 돈○○만원으로 견적하고 취득할 수가 있는 것으로 하여 본 계약에 기준한 근저당권설정과 동시에 소유권이전 청구권보전의 가등기를 하는 것으로 한다.

제5조 제1항 및 제4항에 기준하는 등기는 채무자 △△주식회사의 책임과 비용으로 한다.

위와 같은 계약을 증명하기 위하여 본 계약서 3통을 작성해서 각각 서명·날인한 것을 1통씩 보존한다.

20○○년 ○월 ○일

<table>
<tr><td rowspan="2">채권자</td><td>주 소</td><td colspan="5"></td></tr>
<tr><td>성 명</td><td>인</td><td>주민등록번호</td><td>–</td><td>전 화
번 호</td><td></td></tr>
<tr><td rowspan="2">채무자</td><td>주 소</td><td colspan="5"></td></tr>
<tr><td>성 명</td><td>인</td><td>주민등록번호</td><td>–</td><td>전 화
번 호</td><td></td></tr>
<tr><td rowspan="2">담 보
제공자</td><td>주 소</td><td colspan="5"></td></tr>
<tr><td>성 명</td><td>인</td><td>주민등록번호</td><td>–</td><td>전 화
번 호</td><td></td></tr>
</table>

[서식 466] 토지, 건물 양도담보계약서

양 도 담 보 계 약 서

채권자 ○○주식회사와 채무자 △△주식회사는 다음과 같이 양도담보설정권계약을 체결한다.

제 1 조 (목적) 채무자 △△주식회사는 20○○년 ○월 ○일자로 채권자 ○○주식회사 와의 사이에 체결된 상품거래계약 (이하 기본계약이라 함)에 의하여 현재 장래에 한하여 부담할 매매대금 기타 일체의 채무이행의 담보로서 양도담보권의 설정을 약정하고 채무자 △△주식회사가 소유하는 하기물건 (이하 본물건이라 함)의 소유권을 채권자 ○○주식회사에게 이전하기로 한다.

물건의 표시

1) ○○도 ○○군 ○○면 ○○리 ○○ 대지 200평
2) 위지상건물 1동 50평

제 2 조 (사용대차) 채권자 ○○주식회사는 본 물건을 무상으로 채무자 △△주식회사가 사용케 하도록 한다. 채무자 △△주식회사는 본 물건을 선량한 관리자의 주의로써 사용하여야 하고, 본 물건에 관한 통상의 필요비용은 채무자 △△주식회사의 부담으로 한다.

제 3 조 (해제조항) 기본계약의 해제사유, 기타 이 계약의 이행에 대하여 채무자 △△주식회사의 불신행위가 있을 경우에는 전조의 사용대차는 당연히 해제되는 것으로 하고 채무자 △△주식회사는 사용중의 물건의 점유를 해제하고 즉시 이것을 채권자 ○○주식회사에게 반환인도 하여야한다.

제 4 조 (담보물의처분방법등) 전조의 경우 채권자 ○○주식회사는 즉시 물건을 임의로 매각하여 채무의 기한에 불구하고 임의의 순서방법에 의하여 변제에 충당할 수 있음은 물론, 그래도 부족할 때는 채무자 △△주식회사의 일반재산에 대하여 강제집행을 할 수 있다.

제 5 조 (완제후반환절차) 채무자 △△주식회사가 채무를 완제하였을 때는 제2조에 정한 사용대차는 당연 해제에 의하여 소멸되고, 채권자 ○○주식회사는 양도담보물건의 소유권을 채권자 ○○주식회사의 비용으로 채무자 △△주식회사에게 이전등기 한다.

제 6 조 (담보제약) 채권자 ○○주식회사는 취득한 권리를 채무변제기전에 제3자에게 양도하거나, 동 담보의 목적을 초과하여 행사하지 못한다.

제 7 조 (인도방법) 제1조, 제2조 및 제5조의 양도담보물건의 인도는 점유개정 및 간이인도방법에 의한다.

제 8 조 (담보물훼멸의처리) 을의 책임 있는 사유로 담보물건이 멸실 또는 훼손되었을 경우 채무자 △△주식회사는 채권자 ○○주식회사에게 다른 담보물을 제공하거나, 제3자로 하여금

연대보증하게 한다. 그러나 채무자 △△주식회사의 책임 없는 천재지변 또는 이에 준하는 사유일 때는 그러하지 아니하다.

제9조(관할법원) 본 계약에 의한 분쟁이 발생하였을 경우 관할법원은 물건 소재지 관할법원으로 한다.

제10조(규정외사항) 본 계약에 정함이 없는 사항은 채권자 ○○주식회사와 채무자 △△주식회사가 협의하여 결정한다.

이상 본 계약을 증명하기 위하여 2통 작성하여 채권자 ○○주식회사, 채무자 △△주식회사 1통씩 보관한다.

20○○년 ○월 ○일

채권자 ○○ 주식회사	주 소					
	성 명	인	주민등록번호 (사업자번호)	–	전 화 번 호	
채무자 △△ 주식회사	주 소					
	성 명	인	주민등록번호 (사업자번호)	–	전 화 번 호	

[서식 467] 양도담보계약서

양 도 담 보 계 약 서

채권자 ○○○과 채무자 ○○○은 별지 기재의 물건에 대하여 다음과 같이 계약한다.

제1조(목적) 채무자 ○○○은 양도담보의 목적으로 별지 물건을 금일 금○○○만원에 채권자 ○○○에게 매도하기로 하며, 위 담보물건의 소유권은 20○○년 ○월 ○일에 채권자 ○○○에게 이전됨을 확인한다.

제2조(대금지급방법) 채권자 ○○○은 채무자 ○○○에 대하여 제1조의 매매대금을 20○○년 ○월 ○일에 현금으로 채무자 ○○○의 주소지에서 지급하기로 한다.

제3조(사용권) ① 채무자 ○○○은 별지 물건을 사용할 수 있다.

② 채무자 ○○○이 별지 물건을 사용할 경우에는 사용료는 1개월에 금 ○○만원으로 하고

매월 말일 사용료를 채권자 ○○○에게 직접 지급하여야 한다.
③ 채무자 ○○○이 사용료의 지급을 2회 이상 연체하였을 경우 채권자 ○○○은 즉시 사용계약을 해제하고 별지 물건의 인도를 청구할 수 있으며, 채무자 ○○○은 채권자 ○○○의 인도청구를 받는 즉시 물건을 인도하여야 한다.

제4조(계약기간 등) ① 본 계약기간은 20○○년 ○월 ○일까지로 하며, 채무자 ○○○은 계약기간내에 채무자 ○○○이 제1조의 매매대금을 현금으로 갑에게 반환하면 별지 물건에 대한 소유권은 그 즉시 다시 채무자 ○○○에게 귀속한다.
② 채무자 ○○○이 계약기간 내에 위 매매대금을 채권자 ○○○에게 반환하지 못할 경우에는 별지 물건의 소유권은 확정적으로 채권자 ○○○에게 귀속되며 채무자 ○○○은 별지 물건을 다시 살 수 없으며 즉시 채권자 ○○○에게 별지 물건을 인도하여야 한다.

제5조(물건관리 등) ① 채무자 ○○○은 별지 물건을 사용함에 있어 선량한 관리자로서의 주의의무를 다하여야 하고, 물건관리에 필요한 모든 비용은 채무자 ○○○이 부담하기로 한다.
② 채무자 ○○○은 위 ①항에 의한 물건관리를 함에 있어 발생할 지 모르는 사고에 대비하기 위하여 채무자 ○○○의 비용부담으로 갑이 지정하는 보험회사와 손해배상보험에 가입하기로 하며, 이 경우 채무자 ○○○은 보험금지급청구권에 대하여 채권자 ○○○을 권리자로 질권을 설정해 주어야 한다.
③ 채무자 ○○○은 본 계약기간동안 양도담보된 별지 물건에 대하여 채권자 ○○○의 동의나 승낙없이 제3자에 대한 또다른 담보설정이나 임대 등의 일체의 처분행위를 하여서는 안된다.

제6조(분쟁 및 관할) 채권자 ○○○과 채무자 ○○○ 사이에 체결된 본 계약에 없는 사항의 문제가 발생되었을 때에는 민법 등의 법령을 참작하여 서로 협의로써 해결함을 원칙으로 하고, 협의가 되지 않을 경우 그 관할법원은 채권자 ○○○의 주소지를 관할하는 법원으로 한다.

채권자 ○○○과 채무자 ○○○은 이상과 같이 계약하고 본 계약서를 2통 작성하여 각 서명·날인한 후 공증하여 각 1통씩 이를 소유하기로 한다.

20○○년 ○월 ○일

<table>
<tr><td rowspan="2">채권자</td><td>주 소</td><td colspan="5"></td></tr>
<tr><td>성 명</td><td>인</td><td>주민등록번호</td><td>–</td><td>전화번호</td><td></td></tr>
<tr><td rowspan="2">채무자</td><td>주 소</td><td colspan="5"></td></tr>
<tr><td>성 명</td><td>인</td><td>주민등록번호</td><td>–</td><td>전화번호</td><td></td></tr>
</table>

[서식 468] 양도담보계약서(부동산)

양도담보계약서

채권자 ○○○(이하 "갑"이라 칭한다)와 채무자 ○○○(이하 "을"이라 칭한다) 간에 다음과 같이 양도담보설정계약을 체결한다.

제1조【목 적】

1. "을"은 20○○○년 ○월 ○일자로 "갑"과의 사이에 체결된 상품거래계약(이하 "기본계약"이라 한다)에 의하여 현재 및 장래에 걸쳐 부담할 매매대금 기타 일체의 채무이행의 담보로서 양도담보권의 설정을 약정하고 "을"이 소유하는 하기 물건(이하 "본 물건"이라 한다)의 소유권을 "갑"에 이전하기로 한다.

물 건 의 표 시

가. ○○시 ○○구 ○○동 ○○ 대 ○○○㎡

나. ○○시 ○○구 ○○동 ○○ [도로명주소] ○○시 ○○구 ○○대로 ○○
시멘트 블록조 스라브지붕 단층 주택 ○○㎡

2. 본 물건 중 그의 권리이전에 대하여 등기등록을 필요로 하는 것에 대하여는 "을"은 즉각 그의 절차이행에 협력하여야 한다.

제2조【사용대차】 "갑"은 본 물건을 무상으로 "을"에 사용케 하기로 한다. "을은 본 물건을 선량한 관리자의 주의로써 사용하여야 하고, 본 물건에 관한 통상의 필요비용은 "을"의 부담으로 한다.

제3조【해제조항】 기본계약의 해제사유, 기타 이 계약의 이행에 대하여 "을"의 불신행위가 있을 경우에는 전조의 사용대차는 당연히 해제되는 것으로 하고 "을"은 차용중의 물건의 점유를 해제하고 즉시 이것을 "갑"에게 반환 인도하여야 한다.

제4조【담보물의 처분방법 등】 전조의 경우 "갑"은 즉각 물건을 임의로 매각하여 채무의 기한에 불구하고, 임의의 순서방법에 의하여 변제에 충당할 수 있음은 물론, 그래도 부족할 때는 "을"의 일반 재산에 대하여 강제집행할 수 있다.

제5조【완제 후의 반환절차】 "을"이 채무를 완제하였을 때는 제2조에 정한 사용대차는 당연 해제에 의하여 소멸되고, 갑은 양도담보물건의 소유권을 "을"에 이전함과 동시에 등기 또는 등록의 절차를 이행하여야 한다.

제6조【담보제약】 "갑"은 취득한 권리에 대하여 본건 채무를 이행하기 전에 제3자에 양도하는 등 담보의 목적을 초월하여 행사하지 못한다.

제7조【인도방법】 제1조, 제2조 및 제5조의 양도담보물건의 인도는 점유개정 및 간이인도방

법에 의한다.

제8조【실정조사】 "갑"은 언제든지 "을"이 사용중인 양도담보물건의 실정에 대하여 조사하거나 보고를 요구할 수 있다.

제9조【담보 훼멸에 관한 처리】 양도담보물건이 원인의 여하에 불구하고 훼손멸실하였거나 그의 가격이 감소하였을 때는 "을"은 즉각 그 상황을 갑"에게 통지하여야 한다. 전항의 경우, "을"은 갑의 청구에 따라 지체없이 증담보 혹은 체당담보의 제공절차를 취득하거나 채무의 전부 혹은 일부를 변제하여야 한다.

제10조【소유권의 최종확인】 "갑"은 제4조의 규정에 불구하고 적당하다고 인정하였을 때에는 담보권을 실행하는 대신 양도담보물건의 전부 또는 일부의 소유권을 최종적으로 취득할 수 있다.전항에 의한 소유권의 취득에 대하여는 "갑"이 임의로 목적물건을 평가하고 그 평가액과 동액의 채권에 대하여 "갑"이 "을"에 대하여 의사표시를 하고 그의 의사표시의 도달로써 "을"의 갑에 대한 채무는 당해 금액만을 변제된 것으로 하며 소유권은 최종적으로 "갑"에 이전하는 것으로 한다.

제11조【일반재산에 대한 강제집행】 "을"에 있어서 거래상의 채무지급을 태만하였을 경우 "갑"은 즉각 최고 기타절차의 필요 없이 양도담보물건의 처분에 선행하여 "을"의 일반재산에 대하여 강제집행을 할 수 있는 것으로 하고, "을"은 이에 대하여 하등의 이의를 신청하지 못한다.

제12조【화재보험의 부보】 "을"은 갑"으로부터 청구가 있을 경우에는 양도담보물건에 대하여 화재보험을 부하여야 한다. 보험회사, 보험금액, 보험계약기간, 보험청구권의 입질 등에 대하여는 "갑"의 지시에 따라야 한다.

제13조【공조공과 등 부담방법】 전조의 보험 및 양도담보물건에 대한 공조공과는 "을"의 부담으로 한다.

제14조【계약서의 공증증서화】 "을"은 "갑"으로부터 청구가 있을 경우에는 언제든지 이 계약서의 각 조항을 집행수락 약관을 부한 공증증서로 하는 절차이행에 협력하여야 한다.

제15조【규정 외 사항】 본 계약에 정함이 없는 사항에 대하여는 법령의 정하는 바에 의하는 외는 "갑"과 을"이 협의하여 결정한다.

본 계약을 증명하기 위하여 본 계약서 2통을 작성하여 각각 서명(또는 기명) 날인한 후 각각 1통씩을 보관한다.

20○○년 ○월 ○일

<table>
<tr><td rowspan="2">갑</td><td rowspan="2">㊞</td><td rowspan="2">주민등록번호</td><td rowspan="2"></td><td>주 소</td><td></td></tr>
<tr><td>전화번호</td><td></td></tr>
</table>

을	㊞	주민등록번호		주 소	
				전화번호	

[서식 469] 토지양도담보계약서

토 지 양 도 담 보 계 약 서

양도담보목적토지 : ○○도 ○○군 ○○면 ○○리 ○○ 답 1,000㎡

채권자 ○○○과 채무자 ○○○은 을 소유의 위 양도담보목적토지(이하 담보토지라 함)를 양도담보로 하기로 하고 다음과 같이 계약한다.

제 1 조 (금전소비대차) 채무자 ○○○은 금○○○만원을 채권자 ○○○으로부터 차용하면서 위 담보토지를 양도담보의 목적으로 하기로 약정하고, 금일 위 금액을 지급받음과 동시에 위 원금 및 그 이자의 지급을 담보하기 위하여 담보토지를 채권자 ○○○에게 양도하기로 한다.

제 2 조 (변제기일 및 이자) 변제기일은 20○○년 ○월 ○일까지로 정하고, 이자는 매월 2%로 하며 이자의 지급기일은 매월 말일로 한다.

제 3 조 (소유권이전등기 등) ① 채무자 ○○○은 본 계약의 성립과 동시에 담보토지의 소유권을 채권자 ○○○에게 이전하는 등기절차를 취하여야 한다.
② 채권자 ○○○은 위 제①항의 소유권이전등기를 받은 후 즉시 채무자 ○○○을 위하여 매매예약의 소유권이전등기청구권의 가등기를 해주기로 한다.
③ 위 각 항의 각 등기에 소요되는 비용은 채무자 ○○○이 부담하기로 한다.

제 4 조 (담보토지의 사용권) 채무자 ○○○은 담보토지를 변제기일까지 무상으로 사용할 수 있다. 다만, 채무자 ○○○은 담보토지를 사용함에 있어 선량한 관리자로서 주의의무를 다하여야 하며, 사용기간 동안에 담보토지에 부과되는 세금 및 유지비 등 모든 경비는 채무자 ○○○이 부담하기로 한다.

제 5 조 (담보토지의 귀속관계) ① 채무자 ○○○이 제2조에서 정한 변제기한 내에 원금과 이자의 지급을 완료했을 때에는 담보토지의 소유권은 당연히 채무자 ○○○에게 다시 귀속되며, 이 경우 채권자 ○○○은 채무자 ○○○의 비용부담으로 제3조 제②항에 의하여 채무자 ○○○에 대하여 경료된 소유권이전등기청구권의 가등기를 본등기로 하는데 적극 협력하여야 한다.

② 채무자 ○○○이 제2조에서 정한 기한 내 원금 및 이자의 지급을 하지 않거나, 이자의 지급을 2회 이상 연체하였을 경우 채권자 ○○○은 즉시 담보토지를 임의로 환가할 수 있다. (다만, 채권자 ○ ○ ○이 임의로 환가할 경우에는 당해년도의 공시지가액 미만으로는 환가하지 못한다)

③ 채권자 ○○○이 환가할 경우 환가대금은 원금과 이자의 지급에 충당하고, 나머지 잔액이 있을 경우 즉시 채무자 ○○○에게 지급하고, 부족할 경우에는 채무자 ○ ○ ○은 즉시 채권자 ○○○에게 부족금액을 지급하여야 한다.

제 6 조 (분쟁 및 관할) 채권자 ○○○과 채무자 ○○○ 사이에 체결된 본 계약에 없는 사항의 문제가 발생되었을 때에는 민법 등의 법령을 참작하여 서로 협의로써 해결함을 원칙으로 하고, 협의가 되지 않을 경우 그 관할법원은 담보토지의 소재지를 관할하는 법원으로 한다.

채권자 ○○○과 채무자 ○○○은 이상과 같이 계약하고 본 계약서를 2통 작성하여 각 서명·날인한 후 각 1통씩 이를 소유하기로 한다.

20○○년 ○월 ○일

채권자	주 소					
	성 명	인	주민등록번호	–	전 화 번 호	
채무자	주 소					
	성 명	인	주민등록번호	–	전 화 번 호	

[서식 470] 양도담보계약서(자동차)

자동차양도담보계약서

양도담보설정자 ○○○(이하 "갑"이라 칭한다)와 양도담보권자 ○○○(이하 "을"이라 칭한다)은 다음과 같이 자동차양도담보계약을 체결한다.

다 음

자동차의 표시 :

1. 자동차등록번호 : 전남 ○○바 ○○○○

1. 제원관리번호 : A00-0-00000-0000-0000
1. 차 명 : 그랜저(GRANDEUR)
1. 차 종 : 승용
1. 차 대 번 호 : KMHFH41NBCA000000
1. 원동기형식 : L6DB
1. 용 도 : 영업용
1. 연 식 : 20○○년식
1. 최초등록일 : 20○○. ○. ○.
1. 최초접수번호 : 0000-000000-000000
1. 최종소유자 : ○ ○ ○(000000-0000000)
1. 사용본거지 : 전라남도 ○○시 ○○로 ○○(○○동). 끝.

제1조 "갑"은 "을"로부터 20○○년 ○월 ○일 금 ○○○원을 차용하고 변제기일은 20○○년 ○월 ○일, 이자는 연 15%로 정하고 그 담보로 "갑" 소유의 ○○가○○○○호 ○○○승용차의 명의를 "을" 명으로 이전하기로 한다.

제2조 "을" 명의로 자동차의 소유권이 이전되더라도 변제기일까지는 "갑"이 계속 사용하기로 한다.

제3조 "갑"이 "을"에게 차용금 ○○○○○○원을 변제기일인 20○○년 ○월 ○일에 반환하는 즉시 "을"은 "갑" 명의로 자동차의 소유권명의이전등록절차를 이행하여야 한다.

제4조 "을"은 "갑"으로부터 소유권을 이전 받더라도 차량을 제3자에게 담보로 제공할 수 없다.

제5조 "을"의 부채로 인하여 차량에 가압류 등이 되는 경우 "을"이 책임지고 이를 해결하기로 한다. 만약 "을"이 이를 해결하지 못하여 "갑"이 피해를 입게 될 경우에는 "을"이 이를 배상하기로 한다.

제6조 "갑"이 변제기일인 20○○년 ○월 ○일까지 차용금을 변제하지 아니할 경우에는 "갑"은 20○○년 ○월 ○일에 "을"에게 차량을 인계하고 "을"은 차량을 임의처분하여 매매대금에서 대여금 및 이자를 공제하고 나머지를 "갑"에게 지급하기로 한다.

제7조 본 자동차양도담보계약절차에 관한 모든 제반비용 및 등록세 등은 "갑"이 부담하기로 한다.

위 계약을 증명하기 위하여 이 계약서 2통을 작성하여 각각 서명(또는 기명) 날인한 후 각각 1통을 보관한다.

20○○년 ○월 ○일

갑	㊞	주민등록번호		주　　소	
				전화번호	
을	㊞	주민등록번호		주　　소	
				전화번호	

[서식 471] 양도담보계약서(자동차)

자동차 양도담보계약서

채권자 ○○○ (이하 "갑"이라 한다)와 채무자 ○○○ (이하 "을"이라 한다)는 상호 간에 다음과 같이 자동차양도담보계약을 체결한다.

제 1 조【채무금액】 "을"은 금일 현재 "갑"에 대해 외상대금채무 금 ○○○원을 부담하는 것을 확인한다.

제 2 조【변제기일 및 방법】 "을"은 제1조의 채무에 관하여 20○○년 ○월 ○일까지 금 ○○○만원을, 20○○년 ○월 ○일부터 채무변제에 이르기까지 매월 ○일까지 금 ○○○원씩 "갑" 회사에 지참 또는 송금하여 지급하기로 한다.

제 3 조【지연손해금】 제2조에 의한 분할변제기한을 지체했을 때는 일변 ○○○원의 비율로 지연손해금을 지급하기로 한다.

제 4 조【양도담보의 설정】 "을"은 본 계약에 따라 부담하는 일체의 채무를 부담하기 위해 "을" 소유의 아래 자동차 1대를 "갑"에게 양도하기로 한다. 아래 담보된 자동차(이하 "본 물건"이라 한다)는 금일 점유개정의 방법에 따라 "갑"에게 인도를 완료한다.
- 자동차의 표시 : (생략)

제 5 조【담보물건의 사용】 본 물건은 제8조에서 규정하는 사태가 발생하기까지는 "을"이 무상으로 사용하고, "을"은 선량한 관리자의 주의를 가지고 "갑"을 위하여 대리 점유하기로 한다.

제 6 조【비용부담】 본 건 물건에 대한 제세공과금과 차량검사 등에 요하는 일체의 제비용은 "을"이 부담하고 또 "을"의 사용에 의해 손해를 일으킨 때는 지체 없이 "갑"에게 통지하며, 원인 여하를 불문하고 "을"이 그 보수의 책임을 지기로 한다.

제 7 조【양도, 전대 등의 금지】 "을"은 본 물건을 타인에게 양도, 전대 등 "갑"의 권리를 해하는 행위는 일체 하지 않기로 한다.

제8조【기한이익의 상실】

1. 다음 각 호의 1에 해당하는 경우에 "을"은 분할변제의 이익을 잃고 남아있는 채무전액에 대해 일시에 청구받게 되어도 아무런 이의가 없는 것으로 한다.
   가. 제2조에 규정하는 분할변제를 1회라도 기한 내에 지급하지 않았을 때
   나. "을"이 본 계약에 위배되는 행위를 했을 때
   다. "을"에 대하여 외부로부터 강제집행, 보전처분, 파산 등의 신청이 있었을 때
   라. "을"에 불신행위가 있었다고 인정되어질 때
   마. "을"이 영업을 휴·폐업했을 때
2. 전 항의 경우, 본 물건의 사용대차계약은 아무런 최고를 요하지 않고 당연 해제되어 즉각 본 물건을 "갑"에게 반환하는 것으로 하며, 아울러 "갑"이 임의로 처분하여도 "을"은 아무 이의가 없는 것으로 한다.

제9조【연대보증인】 "갑"은 "을"이 본 계약에 따라 부담하는 채무에 대해 연대보증인으로서 그 책임을 진다.

본 계약을 증명하기 위해 본서 2통을 작성하여 각자 서명(또는 기명) 날인한 후 각 1통을 보관한다.

20○○년 ○월 ○일

갑	㊞	주민등록번호		주　소	
				전화번호	
을	㊞	주민등록번호		주　소	
				전화번호	

[서식 472] 사업운영계약서(지사)

지사 사업운영계약서

주식회사 ○○○○(이하 "갑"이라 한다)와 주식회사 ○○○○(이하 "을"이라 한다)는 상호간에 다음과 같이 사업운영에 관련한 계약을 체결한다.

제1조【목 적】 본 계약은 "갑"이 "을"에게 ○○○○시스템(이하 "시스템"이라 한다) 공급 및 사업운영에 관한 계약을 체결하고 "을"이 "시스템" 운영 및 지역권을 명시적으로 고정받아 필요한 제반사항을 보조하는데 그 목적이 있다.

제2조【계약당사자와 역할】

1. 본 계약의 당사자는 "갑"과 "을"로 한다.
2. "을"은 "시스템"운영이 원활히 수행될 수 있도록 협조한다.
3. "갑"은 "시스템" 공급 및 사업 운영에 관한 사업권을 가지며 "을"과의 지사영업권계약을 체결한다.
4. "을"은 "시스템"을 공급받아 대리점 사업권을 가지고 대리점을 할 업소, 업체를 모집하여 "시스템"을 운영한다.

제3조【계약당사자 간의 업무분담】

1 "갑"은 다음 각 호의 항목을 수행한다.
  가. "갑"은 ○○○○시스템 운영권을 갖는다.
  나. "갑"은 "을"과의 지사계약을 체결한다.
2. "을"은 다음 각 호의 업무를 수행한다.
  가. "을"은 대리점 모집시 "시스템"에 관한 정보를 제공하여 원활한 운영이 가능하도록 한다.
  나. "을"은 "갑"으로부터 "시스템"을 제공받아 대리점 모집 시 "갑"과 "을"과의 관계설정을 명확하게 설명하여야 한다.
  다. "을"은 "갑"이 "시스템"운영을 원활히 수행할 수 있도록 "시스템" 관리에 필요한 아낌없는 지원을 성실히 수행한다.
  라. "을"은 공급된 "시스템"이 원활히 진행될 수 있도록 영업확충에 최선을 다한다.
  마. "을"은 부여받은 영업권 보호를 위하여 관할 대리점의 이익에 최우선으로 협조한다.
3. 은행계좌를 활용한 승인은 가맹점이 입금한 부분 내에서만 승인을 부여하며 "갑"과 계약한 가맹점과의 승인, 거부 등 일체와 관련된 사항(고객 민원 등)에 대해서는 "을"은 책임을 지지 않는다. 단, 승인오류 등 은행전산망의 협조 사항에 대해서는 "갑"과 "을"이 신속 정확하게 협조한다.

제4조【영업범위 및 권한】

1. "을"의 지역대리점 개설 및 모집관리 영업권의 범위는 ○○지역으로 한정한다.
2. "을"은 산하 지역대리점으로부터 일체의 "시스템" 공급이나 권리금 등을 받아서는 아니된다. 이를 위반하였을 경우 계약해지사유가 된다.

제5조【계약내용 및 "시스템" 공급가격】

1. 계약내용 : ○○○○시스템 공급 및 전사운영대행
2. "갑"이 "을"에게 지급하는 수수료 조건은 (*별첨)
3. 영업개시일은 ○○일로 한다.

제6조【정산방법】 "갑"은 가맹점으로부터 받은 "시스템" 사용료를 주간(○월 ○일) 단위로 정산 후 약정된 수수료를 매주 수요일 "을"에게 지급한다.

제7조【계약기간】

1. "갑"과 "을"의 계약기관은 계약일로부터 1년으로 한다.
2. 계약만료일 1년간 자동으로 연장되는 것으로 한다.

제8조【사용의 제약】 "을"은 ○○○○대리점(매장, 업소) 이외의 장소에서의 위조, 허위, 과장 등 일체의 불법 영업을 하지 않으며 문제 발생시 "갑"은 서비스 중단할 수 있다.서비스가 중단될 경우 "시스템" 개발비와 지사운영권은 "갑"에게 귀속된다.

제9조【계약해지】

1. "갑"은 "을"이 본 약정의 내용을 위반한 경우에 "을"에게 그 시정을 요구할 수 있다.
2. "갑"은 "을"이 시정을 요구 받은 지 5일 이내에 위반사항을 시정하지 않을 때에는 본 계약을 해지할 수 있다.
3. "갑"은 "을"의 영업실적이 타 지사와 비교하여 현저히 저조할 시 계약을 해지할 수 있다.
4. "을"에게 주어진 책임(영업권 내의 대리점 관리)을 소홀히 하였을 시 계약을 해지할 수 있다.
5. "갑"과 "을"은 각 호 이 사유가 발생한 경우 최고 없이 본 계약을 해지할 수 있다.
   가. 파산신청을 하거나 화의 또는 회사정리절차신청을 한때
   나. 압류, 가압류, 가처분, 경매 등 강제 집행을 받은 때
   다. 행정관청으로부터 불법적인 영업행위로 제재를 받을 때
   라. ○○○포인트 카드를 도용하거나 위조 또는 변조하여 불법적으로 사용이 되었을 때
6. "을"이 "갑"에게 인정하지 않은 향응이나 뇌물성의 대가를 받았을 시 "갑"은 계약을 해지한다.

제10조【손해배상】

1. 본 계약의 내용을 불이행한 일반 당사자는 상대방 및 제3사에게 발생한 약정불이행으로 인한 민·형사상 손해의 대하여 배상하여야 한다.
2. "을"은 "을"에 속해있는 가맹점이 신용카드 결제 계좌를 변경하여 "갑"에게 어떠한 손실이 발생한 경우 전적으로 책임을 진다.

제11조【비밀보장】 "갑"과 "을"은 본 계약체결 이행으로 취득한 상대방의 업무상 비밀 및 고객 개인정보에 대해서는 제3자에게 유출하거나 타 목적에 사용해서는 안되며 상대방의 요구와는 비밀사항을 철저히 준수해야 한다.

제12조【신의성실】 "갑"과 "을"은 본 계약체결 및 이후에 추진되는 업무를 신의 성실에 따라 수행하며, 상호 적극 협조한다.

제13조【불가항력】 "갑"과 "을"은 천재지변, 파업, 법령의 변경, 관계기관 등의 명령 및 지침 또는 당사자의 외부로부터 발생하는 사건 등 불가항력적인 사유로 계약이행이 불가능 하거나 현저하게 곤란한 경우 즉시 상대방에게 통지하여 제반조치를 강구하여야 하며 불가항력으로 인하여 발생한 손실에 대하여는 서로 책임을 지지 아니한다.

제14조【분쟁해결 및 합의관할】 본 계약에 관한 분쟁이 발생할 경우 당사자 간의 합의로 해결

함을 원칙으로 한다. 다만 당사자 간의 합의할 수 없거나 합의가 이루어지지 않은 경우에는 "갑"의 본사 소재지 관할 법원에 소를 제기한다.

제15조【계약의 효력발생】 본 계약은 효력은 계약 즉시 발생한다.

위와 같이 본 계약이 유효하게 성립하였음을 증명하기 위하여 본 계약서 2통을 작성하여 각각 서명(또는 기명) 날인한 후 "갑"과 "을"이 각각 1통씩을 보관한다.

20○○년 ○월 ○일

갑	㊞	사 업 자 등 록 번 호		사 무 소	
				전화번호	
을	㊞	사 업 자 등 록 번 호		사 무 소	
				전화번호	

[서식 473] 휴대폰 렌탈 업무약정서

휴대폰 렌탈 업무약정서

㈜○○○○(이하 "갑"이라 한다)과 ○○○(이하 "을"이라 한다)은 휴대폰 렌탈에 관한 업무약정서를 다음과 같이 체결한다.

제1조【목 적】 본 약정서는 국내외 여행객들을 대상으로 하는 휴대폰 렌탈(○○○○ Phone Rental)에 관해 "갑"과 "을"간의 상호신뢰와 협조로 상호이익을 도모하는데 목적이 있다.

제2조【각 사의 역할과 의무】

1. "갑"은 휴대폰 렌탈(○○○○ Phone Rental) 서비스 제공하고 서비스를 지속적으로 발전시키며 "을"에서 신청한 고객에 대해 배송을 신속히 처리한다.
2. "을"은 자사의 고객들에 서비스를 모집하고 이를 "갑"에게 통보한다.
3. "갑"은 "을"이 모집한 고객에 대해 폰렌탈 일일 임대료와 통화료의 10%를 수수료로 지급한다.

제3조【약정기한 및 해지】 협정은 계약체결로 1년으로 하며, 계약만기일 전에 해지 요청이

없을 시 자동으로 1년씩 연장된다. 약정해지를 원할 경우 각 사는 해지희망일 최소 1개월 전에 서면으로 통지한다.

위와 같이 본 약정이 유효하게 성립하였음을 증명하기 위하여 본 약정서 2통을 작성하여 각각 서명(또는 기명) 날인한 후 "갑"과 "을"이 각 1통씩 보관한다.

20○○년　○월　○일

갑	㊞	사 업 자 등 록 번 호		사 무 소	
				전화번호	
을	㊞	주민등록번호		주　　소	
				전화번호	

[서식 474] 화물차 지입계약서

화물차 지입계약서

운송회사 (주)○○○○(이하 "갑"이라 칭한다)와 화물차량 보유자 ○○○(이하 "을"이라 칭한다)는 상호간에 다음과 같이 화물차지입계약을 체결한다.

제1조【목 적】 본 계약은 "을"이 보유한 화물차량을 "갑"의 명의를 빌려서 등록을 하여 운행하는 것과 관련된 제반사항을 규율함을 목적으로 한다.

제2조【지입차량】 "을"이 보유한 차량으로서 "갑"의 명의를 빌리는 차종은 다음과 같다.

1. 차　　종 : ○○○○
2. 적재중량 : ○○톤
3. 보유대수 : ○○대

제3조【지입료】

1. "을"은 "갑"의 명의 차용에 대하여 지입료로서 매월 ○○일 금 ○○○원(₩○○○)을 "갑"에게 현금으로 지급한다. 지입료의 계산에 있어서 "갑"은 지입기간 등의 요소를 고려하여 차별을 둘 수 있다.

2. 제1항의 지입료에는 유류대, 정비료, 보험료 등 일정범위의 차량운영비가 포함된 것으로 한다.
3. "갑"은 지입료 지급에 있어서 "을"에 대해 개인사업소득에 대한 과세에 대해 원천징수를 실시한다.
4. 본조의 비용 이외에 운행으로 인하여 발생되는 모든 수입은 "을"의 개인소득으로 한다.

제 4 조 【 운행책임 】

1. "을"은 "갑"의 운행위탁에 따른 차량운행에 있어서 "갑"과 무관하게 "을"이 독자적으로 운행에 따른 사태에 대한 전적인 책임을 부담한다.
2. "을"이 차량 및 기타 사고를 발생시켜 제3자에게 인적·물적 손해를 발생시킨 경우에 "갑"은 이에 대하여 일체의 민·형사적 책임을 지지 않는다.

제 5 조 【 보험가입 】 "을"이 "갑"의 명의로 차량을 등록하였더라도 "을"은 보험료 납부 등 일체의 지입차량 운영비를 부담한다. 다만, 지입료에 이를 계산한 경우에는 지입료의 납부로서 대체한다.

제 6 조 【 정비책임 】 "을"은 차량의 정비를 "을" 스스로 하여야 하며 정비불량으로 야기되는 제반사태에 대하여 "갑"은 면책되며 "을"이 전적인 책임을 부담한다.

제 7 조 【 운행배정 】

1. "갑"은 지입 차주들의 운행배차 일정을 지입차량의 종류와 무게를 고려하여 공정하게 배정하여 특정한 차주에 편중하여 배차하지 않도록 한다.
2. "을"은 정당한 사유가 없는 한 "갑"의 배차일정에 대하여 이의를 제기할 수 없다.
3. "갑"은 장거리 운행으로서 고정적인 배차일정이 있는 경우에는 지입기간이 가장 긴 차주에게 우선적으로 운송 일정을 할당한다.

제 8 조 【 휴가 등 】

1. "갑"의 경영사정의 악화로 "을"에 대해 정기적인 운행위탁을 할 수 없는 경우 "갑"은 계약의 해지 또는 지입료의 감면조치를 취할 수 있다.
2. 제1항의 사유 발생 시 "을"도 계약의 해지를 할 수 있다.

제 9 조 【 계약해지 등 】

1. "을"이 "갑"의 명의를 더 이상 이용하지 아니할 경우 ○일 이전에 미리 "갑"에게 통지하도록 하여 "갑"의 배차일정에 차질을 주지 아니하도록 한다.
2. 당사자 일방에 대하여 다음 각 호의 사유가 발생할 시 상대방은 즉시 계약을 해지할 수 있다.
   가. 가압류, 가처분, 경매 등의 사업의 불투명 사유가 발생할 시
   나. 파산, 회사정리, 화의신청 등의 사업불가능 사유가 발생할 시

제10조 【 계약기간 】

1. 본 계약의 유효기간은 20○○년 ○월 ○일부터 20○○년 ○월 ○일까지로 한다.
2. 제1항의 기간만료일부터 ○일 이전에 어느 일방의 계약종료 통지가 없는 한 계약은 동일 조건으로 매 ○년씩 자동 연장되는 것으로 한다.

제11조【기타사항】

1. 계약의 당사자는 본 계약의 내용을 신의성실에 의거하여 준수하여야 한다.
2. 계약기간 중 계약의 변경은 당사자의 서면 합의에 의해서만 변경될 수 있으며 서명날인 된 문서를 본 계약서의 말미에 첨부한다.
3. 본 계약서에서 명시되지 않은 부분에 대하여는 관련 법규 및 상관습에 따르기로 한다.

제12조【분쟁해결】

1. 본 계약과 관련하여 양 당사자 간의 분쟁이 발생한 경우, 원칙적으로 "갑"과 "을" 상호간의 합의에 의해 해결한다.
2. 제1항에도 불구하고 분쟁이 해결되지 않을 경우 "갑"의 주소지 관할 지방법원을 그 관할로 하여 재판함으로써 해결한다.

제13조【특약사항】 상기 계약일반사항 이외에 "갑"과 "을"은 아래 내용을 특약사항으로 정하며, 특약사항이 본문과 상충되는 경우에는 특약사항이 우선하여 적용된다.

위와 같이 본 계약이 유효하게 성립하였음을 증명하기 위하여 본 계약서 2통을 작성하여 각각 서명(또는 기명) 날인한 후 "갑"과 "을"이 각각 1통씩을 보관한다.

20○○년 ○월 ○일

갑	㉐	사 업 자 등 록 번 호		사 무 소	
				전화번호	
을	㉐	주민등록번호		주 소	
				전화번호	

[서식 475] 차량 지입계약서

차량 지입계약서

○ ○ ○(이하 "갑"이라 칭한다)와 ○ ○ ○(이하 "을"이라 칭한다)은 다음과 같이 차량지

입계약을 체결한다.

제1조【계약급료】"갑"은 본 계약을 체결함에 있어서 "을"에게 월 ○○○원을 지급하고 급료 지급기일은 매월 ○일로 정한다.

제2조【"을"의 책임과 의무】

1. "을"은 "갑" 또는 "갑"이 지정하는 자에 의하여 위임 또는 의뢰받은 일체의 화물에 대하여 신속, 정확, 안전하게 도착시까지 운송할 책임을 진다.
2. "을"은 "갑"의 위임 또는 의뢰가 있을 때 화물 출고일로부터 지정된 지역과 시간 이내에 납품을 완료하여야 한다.

제3조【근무 및 휴무】

1. 출근시간은 오전 ○시로 하고 퇴근시간은 오후 ○시로 한다.
2. "갑"의 업무상 출,퇴근 시간이 변경될 수도 있다.
3. ○○○○은 휴무를 원칙으로 하되 부득이한 근무자는 휴일근무수당을 지급한다.
4. 부득이한 근무란 "갑"이 필요로 하는 휴일근무를 일컫는다.
5. 개인의 부득이한 경우(경조사, 국가지정 교육)에는 사전 "갑"에게 서면으로 공식 통보하여야 한다.

제4조【운행경비】식대 및 주유비와 기타 자동차 수리비(○○○원 이하)는 영수증 및 기타의 방법에 의하여 "갑"이 지불한다.

제5조【사고책임 및 손해배상】"을"은 "을" 또는 "을"의 지정인이 고의, 과실 등 귀책사유에 기인된 화물에 손상, 화재 및 도난 등으로 화물의 부족 등이 발생시에는 "갑"의 손해배상 요구시 "을"은 1개월 이내에 변제하여야 하며, 변제의 범위는 공장 출고가로 한다.

제6조【"을"의 면책】

1. 제5조 이외의 화물 혹은 서류 및 기타 품목 등을 "을"에게 확인시키지 않은 손해는 "을"이 책임질 수 없다.
2. 천재지변 기타 불가항력적인 사고 및 서류상의 착오(수취인 오기 및 불명 등)가 발생시
3. "갑"의 과실(내용품의 변질, 파손품, 수량부족 등)도 거래처로부터 수취거부시

제7조【해약의 사유】

1. "을"이 본 계약을 수행할 수 없다고 "갑"이 판단하였을 때
2. "을"이 본 계약의 일부 또는 전부를 위반하였을 때

제8조【권리 의무의 위임금지】"을"은 본 계약에 관한 권리의 일부 또는 전부를 "갑"의 사전 승인없이 제3자에게 양도하거나 담보의 목적물로 사용할 수 없다.

제9조【해 석】본 계약서에 명시되지 않은 사항은 양 당사자 간의 협의에 의하여 계약에 명시되지 않은 사항은 관계법령 및 일반 상관례에 의한다.

제10조【계약기간】본 계약은 20○○년 ○월 ○일부터 20○○년 ○월 ○일까지로 한다.

제11조【재계약 및 계약연장】계약기간 중 "을"이 성실하게 계약의무를 이행하였을 경우 "갑"

과 "을"은 상호 협의하여 이를 연장할 수 있으며, "을"은 재계약(계약연장)의 의사가 있을 시에는 계약만료일 기준 1개월 전에 재계약요청서를 서면으로 제출하여 "갑"은 특별한 사유가 없는 한 이를 응함을 원칙으로 한다.

위와 같이 본 계약이 유효하게 성립하였음을 증명하기 위하여 이 계약서 2통을 작성하여 각각 서명(또는 기명) 날인한 후 각각 1통씩을 보관한다.

20○○년 ○월 ○일

갑	㉑	사 업 자 등 록 번 호		사 무 소	
				전화번호	
을	㉑	주민등록번호		주 소	
				전화번호	

[서식 476] 대리점계약서

대 리 점 계 약 서

○○○(이하 "갑"이라 한다)와 대리점◎◎◎(이하 "을"이라 한다)은 갑이 생산, 판매, 공급하는 제품(이하 "상품" 이라 한다)을 을이 판매하는 대리점 계약을 다음과 같이 한다.

제1조 (목적) ① 이 계약은 갑, 을 간의 대리점 계약에 관한 전반적인 사항을 규정하고 상호간에 이 계약을 성실히 준수하여 공동의 번영과 발전에 이바지함을 그 목적으로 한다.
② 갑은 을을 갑이 판매하는 상품의 대리점으로 지정하고 을은 이를 수락하여 이 계약이 정하는 바에 따라 판매업무를 성실히 수행하여야 하며 임의로 상품의 외양이나 용도를 변경하여 판매할 수 없다.
③ 을은 자신의 영업장소를 갑에게 사전 통보하여, 갑의 승인을 득하여야 하며, 사업장 이전 시에도 이에 준한다.

제2조 (상품종류, 규격) ① 을이 취급하는 상품의 종류, 규격은 갑의 사양에 의해 갑이 결정한다.
② 갑이 공급하는 물품의 종류 또는 규격에 관한 사양이 결정되거나 변경된 경우에는 사전에 을에게 통보한다.

③ 을은 갑이 공급하지 않는 상품을 취급하고자 할 때에는 갑과 사전에 합의하여야 한다.

제 3 조 (상품의 수량) 상품의 수량은 을의 요청에 의하여 갑이 정하되 을이 갑의 물품을 주문할 시에는 갑이 정한 소정의 양식에 따라 주문하여야 하며, 갑은 을의 주문에 따라 그때의 공급능력, 영업상황, 기타 제반사정 등을 감안하여 을과 협의하여 공급수량을 적의 조정할 수 있다.

제 4 조 (상품의 운송, 인도, 검수) ① 상품의 인도는 을의 영업장소에서 하며 이에 따른 운송비는 갑이 부담한다.

② 을이 갑으로부터 물품을 인도 받았을 때에는 인도일로부터 24시간 이내에 즉시 검수를 하여야 하며, 검수당시 수량 또는 품질에 하자가 있으면 갑에게 통보하여야 한다. 단, 검수 즉시 수량 및 품질에 대한 하자를 을이 통보하지 아니한 경우 갑은 책임을 지지 아니한다.

③ 출고된 상품에 대한 반품은 WARRANTY규정 이외의 경우에는 인정하지 않는다.

④ 을은 상품 인수 시 즉시 인수증을 갑에게 교부하여야 한다.

제 5 조 (판매가격) 갑이 을에게 판매하는 상품의 판매가격은 갑이 정하고, 을이 판매하는 상품의 가격은 갑이 별도로 표준가격을 정하여 이를 권장할 수 있다.

제 6 조 (대금결제) ① 상품대금은 상품인도와 동시에 지급한다.

② 을이 상품대금의 지급을 지체할 경우 갑은 지급기일로부터 ○○의 이율에 의한 지연손해금을 가산하여 을에게 청구할 수 있다

③ 상품대금에 대한 갑 을 간의 결제방법은 현금이나 자기앞수표 또는 당좌수표로 결제하는 것을 원칙으로 한다. 단, 갑의 승낙이 있을 경우 을은 약속어음으로 지급할 수 있으나 물품인도 일로부터 지급기일이 60일을 초과하여서는 안 된다.

④ 전항의 약속어음 또는 당좌수표의 경우 그 금액이 현금으로 결제 되었을 때 대금이 지급 완료된 것으로 한다.

⑤ 을은 갑에게 지불하여야 할 상품대금과 기타 채무의 변제를 연체할 경우 지급일자로부터 익일 ○시까지 연장하며, 만일 지불되지 않을 시에는 담보에서 물품대금을 공제한다.

⑥ 을은 미결제된 부분에 대하여는 발생일로부터 20일 이내에 담보가액을 충당하여야 한다.

제 7 조 (권리의무 양도금지) 갑 또는 을은 이 계약으로 인한 채권, 채무 기타 어떠한 권리나 의무도 타인에게 부여 또는 양도할 수 없다.

제 8 조 (담보제공 및 재정보증) ① 을은 갑과의 거래에서 발생된 현재 채무 및 장래에 발생될 모든 채무를 담보할 수 있도록 월별 최소 판매수량에 해당하는 현금(₩__________)을 갑에게 제공한다. 단, 물품공급이 을의 요청으로 월별 최소 판매수량을 초과할 경우, 을은 갑에게 초과분에 대한 대금을 현금으로 지급한다.

② 을은 갑과 을의 공동 마케팅 및 홍보비용으로 일천만원(₩10,000,000)을 대리점 계약 시 갑에게 현금으로 제공하고 그 비용은 소멸됨을 인지한다.

③ 갑은 공동마케팅 및 홍보비용 일천만원(₩10,000,000)에 대하여는 분기별로 결산, 공고한다.

④ 갑은 을이 제공한 담보에 대하여는 반드시 합법적인 방법으로 실행한다.

제 9 조 (지도육성 및 자료제공) ① 갑은 수시 을의 거래실적을 분석하여 지도 육성하고 상품판매

에 필요한 참고자료를 제공한다.

② 을은 항시 상품수불 및 판매에 관한 증빙서류를 비치하고 영업상황, 기타 업무현황을 갑이 요구할 경우 이를 제공하여야 한다.

③ 갑, 을 양자는 상호 이 계약의 이행과정에서 인지한 상대방의 기술상 및 업무상의 자료, 기밀을 본 계약목적 이외의 용도로 사용하지 아니하며, 상대방의 허가 없이 제3자에게 누설되지 않도록 상호 기밀유지에 대한 책임을 져야한다.

본 기밀유지 의무는 계약기간 만료 또는 중도해지 이후에도 유효하게 존속한다.

제10조 (After Service) ① 제품에 대한 무상보증기간은 제품판매 후 12개월로 하며 무상보증과 관련한 세부규정은 갑이 제정한 별도의 WARRANTY규정에 준거한다.

② 을은 소비자로부터 A/S를 요구받았을 경우 성실하게 이를 수행하여야 하며, 갑은 을에게 기술지도 및 A/S지원 방안을 제공한다.

③ 을은 소비자의 요구가 정당하다고 인정될 경우에는 지체 없이 상품을 교환하고 갑에게 통보하며, 갑의 승인을 받아야 한다.

④ 갑은 을의 A/S 소요제기 시 갑의 승인 하에 별도의 WARRANTY 규정에 따라 을에게 보상한다.

제11조 (공고 및 전시) ① 갑은 을의 상품판매를 촉진시키기 위하여 다음 사항을 요청할 수 있으며 을은 갑의 요청에 최대한 협조하여야 한다.

1. 을의 영업장 내/외부 장치, 간판 및 상품진열
2. 판매촉진에 관한 사항
3. 기타 갑이 판매를 수행함에 있어서 필요하다고 인정하는 사항

② 을이 단독 또는 연합광고를 하거나 갑 이외의 타인과의 공동광고를 할 경우 갑과 사전협의 후 시행하여야 한다.

제12조 (계약해지)

① 갑은 을에게 다음 각 호의 사유가 발생하였을 때에는 별도의 조치 없이 서면통지로서 본 계약을 즉시 해지할 수 있다.

1. 을이 제3자로부터 가압류, 가처분, 강제집행 등을 받거나, 파산 또는 회사 정리절차가 개시된 경우
2. 을이 감독관청으로부터 영업취소, 정지 등의 처분을 받았을 경우
3. 을이 발행 또는 배서한 수표나 어음이 부도처리되거나, 을이 금융기관으로부터 거래정지 처분을 받았을 경우
4. 을의 갑과의 거래실적이 월별 최소판매량을 2개월 이상 이행하지 못했을 경우
5. 을이 계약내용의 이행거절을 직, 간접적으로 표시하거나 또는 계약내용의 이행이 불가능한 경우
6. 을이 제1조, 제2조, 제6조, 제7조, 제9조 등 본 계약의 주요사항을 위반하고 이의 시정을 촉구하는 갑의 서면 요구에도 불구하고 30일 이내에 이를 시정하지 아니하는 경우
7. 기타 을이 영업권을 타인에게 향도하거나, 을이 법인일 경우 대표이사를 교체하면서 갑에게 사전 통보하지 않거나 갑의 채권보전에 필요한 보완조치를 취하지 아니한 경우
8. 을이 갑의 권장가격을 현저히 위반하여 시장질서를 교란하였다고 갑이 판단할 경우

9. 을의 관할지역외 타 대리점의 영역권을 갑과 사전협의 없이 침범하였을 경우

② 전항에 의한 해지의 경우, 을은 기한의 이익을 상실하고 채무액 전액을 즉시 갑에게 지급하여야 하고 본 계약에 따른 갑에 대한 모든 의무를 성실히 수행하여 계약해지에 따른 갑, 을 간의 업무를 종결시킨다. 본 계약해지는 갑의 을에 대한 손해배상청구권 행사에는 영향이 없다.

③ 기타 갑 또는 을이 부득이한 사정으로 본 계약을 중도에 해지하고자 할 때에는 상대방에게 1개월 전에 서면으로 통지하여야 한다. 단, 갑과 을은 상호 합의하여 언제라도 본 계약을 해지할 수 있다.

④ 을은 제8조 ①항에 의거, 담보로 제공된 금액이 소멸시점으로부터 10일 이내에 약정된 담보가액이 재입금되지 않을 시는 자동으로 계약은 중도 해지된다.

⑤ 여하한 사유로든 본 계약이 해지되거나 기타 기간만료 등으로 종료하는 경우, 을은 갑으로부터 수령한 모든 정보 및 자료(기밀사항, 기술자료 및 판매자료 등을 포함)를 즉시 갑에게 반환하여야 하며, 갑이나 갑의 상품과 관련한 모든 상표, 상호 및 로고의 전시 사용을 중지하고, 더 이상 갑의 대리점으로 자처하지 아니한다.

제13조 (손해배상) 을이 본 계약사항을 위배하여 갑에게 손해를 끼쳤을 경우 을은 이에 상응한 손실액을 갑에게 배상하여야 하며 배상방법은 갑에게 제공한 담보로 우선 조치키로 한다.

제14조 (계약기간) 본 계약의 계약기간은 계약 체결일로부터 1년으로 하되 단, 기간만료 1개월 전까지 어느 일방 당사자가 별도의 서면 통지를 상대방에게 하지 않는 한 만료일 익일부터 1년간 같은 조건으로 자동연장 되는 것으로 한다.

제15조 (관할법원) 이 계약에 관한 일체의 분쟁에 관한 사항은 갑의 사업장 소재지를 관할하는 법원을 그 관할법원으로 한다.

제16조 (기타사항) 본 계약의 해석에 의문이 있을 시는 상호 협의하고 계속 불일치 시는 관련 법령 및 상관례에 따른다.

위 계약을 확실히 증거하기 위하여 본 계약서를 2통 작성하여 상호 날인 후 갑과 을이 각 1부씩 소지한다.

20○○년 ○월 ○일

<table>
<tr><td rowspan="2">갑</td><td>주 소</td><td colspan="5"></td></tr>
<tr><td>성 명
또 는
상 호</td><td>인</td><td>주민등록번호
또 는
사업자등록번호</td><td>–</td><td>전 화
번 호</td><td></td></tr>
<tr><td rowspan="2">을</td><td>주 소</td><td colspan="5"></td></tr>
<tr><td>성 명
또 는
상 호</td><td>인</td><td>주민등록번호
또 는
사업자등록번호</td><td>–</td><td>전 화
번 호</td><td></td></tr>
</table>

[서식 477] 대리점계약서

대 리 점 계 약 서

○ ○ ○(이하 "갑"이라 한다)와 ○ ○ ○(이하 "을"이라 한다)는 다음과 같이 상품판매대리점계약을 체결한다.

제1조【계약의 목적】 "갑"은 "을"에게 상품을 공급하고 "을"은 "갑"의 대리점으로서 상품을 판매한다.

제2조【대리점 영업권】

1. "갑"은 이 계약에 따른 "을"의 대리점 영업권을 보호하여야 하며, 이 계약체결 후, "을"의 영업구역 내에 다른 새로운 대리점을 설치하려 할 때, 또는 대리점 이외의 제3자에게 상품을 직접 판매하고자 할 때에는, "을"의 사전 승인을 받아야 한다.
2. 대리점계약에 의한 판매지역은 원칙적으로 시 또는 군 단위로 한다.
3. 연속하여 ○개월간 "을"의 판매가 "갑"과 "을"이 협의하여 결정하는 최소 판매수량에 미치지 못하는 경우 "갑"은 "을"의 영업구역 내에 새로운 대리점을 설치를 할 수 있다.

제3조【취급상품의 범위와 가격】

1. 이 계약에 따라 "갑"이 "을"에게 공급하는 상품의 종류, 가격 등은 별도로 정한다.
2. 이 계약기간 중 별지 목록의 공급상품 이외에 "갑"이 새로운 상품을 개발하는 경우 "갑"은 "을"에게 최우선적으로 동 상품을 취급할 수 있는 기회를 부여한다.

제4조【 할인판매의 금지】 "을"은 "갑"이 동의하지 않는 한 "갑"의 상품을 부당하게 할인하여 판매할 수 없다.

제5조【상품의 인도】 "갑"과 "을"은 상품의 주문 및 납품 방법, 납품장소 및 검품 등 상품의 인도에 관한 사항을 별도로 협의하여 결정한다.

제6조【반 품】 "갑"은 "을"에게 공급한 상품은 아래의 각 호에 해당하는 경우를 제외하고는 반품할 수 없다.

1. 제조상의 불량품인 경우
2. 수송 중에 파손된 경우
3. 주문내용과 다른 상품이 잘못 인도된 경우

제7조【대금지급】 "을"이 "갑"으로부터 구입한 상품대금은 매월 ○일을 기준으로 계산하여 다음 달 ○일까지 현금 또는 ○일 이내의 어음으로 지급한다.

제8조【계약위반시의 조치】 "갑" 또는 "을"이 이 계약의 조항을 위반할 때에는, 그 위반의 정도에 따라 각각 상대방에게 다음의 조치를 취할 수 있다.

1. 경고
2. 일정기간 내의 거래 제한 및 정지

3. 대리점 거래계약의 해지
4. 손해배상의 청구

제9조【유효기간】 이 계약의 유효기간은 계약체결일로부터 ○년간으로 한다. 단, 계약기간종료 ○개월 전까지 "갑"과 "을"어느 쪽이든 계약해지 의사를 서면으로 상대방에게 통지하지 않으면 자동적으로 ○년간 갱신된다.

제10조【분쟁의 해결】 이 계약과 관련하여 발생하는 "갑"과 "을" 간의 모든 분쟁은 상호 협의하여 해결하며 협의에 의해 해결되지 않을 경우에는 대한상사중재원의 중재에 따른다.

위와 같이 본 계약이 유효하게 성립하였음을 증명하기 위하여 본 계약서 2통을 작성하여 각각 서명(또는 기명) 날인한 후 "갑"과 "을"이 각각 1통씩을 보관한다.

20○○년 ○월 ○일

갑	㊞	주민등록번호		주 소	
				전화번호	
을	㊞	주민등록번호		주 소	
				전화번호	

[서식 478] 대리점계약서

대 리 점 계 약 서

이 계약은 대한민국의 법에 의해 설립되고 주된 영업소가 [한국 ○○시 ○○구 ○○대로 ○○]인 ○○○○회사 (이하 "갑"이라 한다)와 [미합중국 뉴욕주법]에 의해 설립되고 주된 영업소가 [미합중국 뉴욕주 ○○시 ○○○ ○○가 ○○]인 ○○○○회사(이하 "을"이라 한다) 간에 [20○○년 ○월 ○일]에 체결한다.

"을"은 한국에서 [전자제품 등](이하 "상품"이라 한다)를 판매하기를 희망하여 "갑"과 계약을 체결하기를 바라며 또 한편 "갑"은 한국 내에서 상품을 판매하기를 원하여 "을"에게 판매용역을 제공하고자 하여 당사자들은 다음과 같이 상호 약정한다.

제 1 조【대리점 임명】

1. "을"은 이 계약에 규정된 조건아래 한국 내에서 상품을 판매하기 위하여 "갑"을 "을"의 독점대리인으로 선정하고 "갑"은 이를 수락한다.
2. "을"은 직접 또는 제3자를 통하여 한국 내에 있는 고객(이하 "고객"이라 한다)에게 상품을 판매하지 않으며 또한 고객에게 상품을 판매하거나 대여할 권한을 갖는 기타의 대표자, 대리인, 판매인 또는 이와 유사한 자를 임명하지 않으며, "을"은 기타의 판매인, 대리인, 대행인이 직접 또는 제3자를 통하여 한국내의 고객에게 상품을 판매하거나 대여하지 않도록 최선의 노력을 경주하며 필요한 법적인 조치를 취한다.

제 2 조【"갑"의 의무와 책임】 "갑"은 상품의 판매를 개발·촉진하도록 노력하여야 하며 한국 내에서 상품의 판매를 증가시키기 위하여 성실한 노력을 하여야 한다. 이러한 목적을 위하여 "갑"은 "을"에게 판매상황을 보고하여야 하며 "을"에게 조언, 제의 및 협력을 하여야 한다.

제 3 조【"을"의 의무와 책임】 "을"은 한국 내에서의 상품의 판매를 촉진시키기 위하여 "갑"에게 최대한의 지원과 협력을 다하여야 한다. "을"은 "을"의 비용으로 "갑"이 이 계약에 따른 이행을 위하여 필요한 견품, 판매광고, 시용품 및 기타 자료들을 "갑"에게 신속히 제공하여야 한다. "을"은 한국 내에서의 상품판매와 관련하여 "갑"과 이해관계가 있거나 또는 "갑"에게 유용, 유익한 모든 정보를 현재 가지고 있거나 또는 장래에 입수하게 될 때에는 "갑"에게 그것을 제공하여야 한다.

제 4 조【청약접수 대리인】

1. "갑"은 "을"이 제시한 최후의 가격을 바탕으로 상품을 판매하여야 한다.
2. "갑"은 고객으로부터 조회가 있거나 청약이 있는 경우에는 즉시 이를 "을"에게 송부하여야 하며 "을"은 이를 수령한 후 ○일 이내에 조회에 대한 청약을 하거나 고객의 청약을 승낙할 것인지의 여부를 "갑"에게 통지하여야 한다. 혹은 "을"이 고객의 청약을 승낙하지 아니한 때에는 그 이유를 개진하여야 한다.
3. "을"이 고객의 청약을 승낙하거나 또는 고객이 "을"의 청약을 승낙하는 경우에는 상품의 판매계약(이하 "판매계약"이라 한다)이 체결된 것으로 한다. "을"의 승낙 여부에 관한 통지가 이 조에 규정된 바에 따라 적시에 이루어지지 않은 경우에는 고객의 청약이 공식적으로 승낙되지 않았다 하여도 그 청약은 "을"에 의하여 승낙된 것으로 간주되며 동 청약은 그대로 판매계약이 된다.

제 5 조【청약대리인】

1. "을"은 "갑"을 "을"의 청약대리인으로 선정하여 "갑"에게 "을"을 대리하여 고객에게 청약서를 발행할 청약대리인의 권한을 부여한다. "갑"이 발행한 청약서가 "을"에 의하여 승낙된 경우에는 판매계약이 체결된 것으로 간주한다. "갑"은 자기 자신의 재량으로 특정 고객에 대하여 청약대리인의 역할을 거절할 수 있으며 그러한 경우 "을"은 다른 청약대리인을 선정한다.
2. "갑"은 "을"이 제시한 최후의 가격에 기하여 청약서를 발행하여야 한다. "갑"은 청약서를 발행한 이후에 통지받은 가격의 변동으로 인하여 발생되는 손실이나 손해에 대하여 책임

을 지지 않는다.

제6조【수수료】

1. 이 계약에 따라 "갑"이 제공한 판매용역에 대한 대가로서 "을"은 판매계약에 의한 상품의 송장가격의 총액의 5%에 상당하는 금액을 "갑"에게 지급한다. 수수료에 대한 "갑"의 권리는 이 계약 제4조 및 제5조에 따라 판매계약이 체결되는 시점에 발생한다. "을"은 상품대금의 수령여부에 관계없이 수수료 전액을 "갑"에게 지급하여야 한다.
2. 수수료는 이 계약 제4조 및 제5조에 따라 판매계약이 체결된 후 30일 이내에 미국통화로 지급되어야 한다.
3. 계약기간 중의 판매계약에 의하여 발생된 수수료에 관한 "갑"의 권리는 계약종료 후에도 존속한다. 또 계약종료 후 1년 기간 동안 "갑"은 계약기간 중 체결된 판매계약에 의하여 한국 내 고객에 판매된 상품의 송장가격의 총액의 4%를 수수료로서 지급받는다.
4. 계약종료 후에도 "갑"의 지원 하에 이루어진 "을"과 고객 간의 장기상품계약이 존속되는 경우에는 "갑"은 장기공급계약에 의하여 판매되는 상품의 송장가격의 총액의 3%를 수수료로서 지급받을 권리를 갖는다.

제7조【보 상】 "을"은 이 계약의 이행으로 인하여 또는 이행 중 발생하는 재산이나 인명의 사상에 따른 손실, 손해에 관한 성문법 상이나 보통법상의 비용, 책임, 손실, 클레임 또는 법적 절차에 대하여 보상하여야 한다. 다만, "갑"이나 "갑"의 고용인에 의한 고의 또는 전적인 과실에 의한 경우에는 그러하지 아니한다.

제8조【발효일 및 기간】 이 계약은 당사자가 계약서를 작성한 일자로부터 효력을 발생하여 이 계약 제9조에 따라 조기에 계약이 종료되지 않는 한, 5년간 계속되며 또 일방이 계약종료일 이전 최소한 60일 이전에 계약종료의 의사를 서면으로 통보하지 않는 한 1년간 자동 연장된다.

제9조【계약의 종료】

1. 이 계약은 다음 경우에 종료한다.
   가. 서면에 의한 당사자의 합의에 의하여
   나. 계약불이행 당사자가, 상대방의 서면에 의한 이행최고의 통지를 받은 후 30일 이내 구제조치를 하지 않았을 때, 그 상대방에 의하여,
   다. 일방이 일부 채권자들만의 이익을 확보해 주기 위한 사해행위를 하거나, 파산선고를 받거나, 지급불능인 상태가 되는 경우 또는 해산이나 청산을 구하는 소를 제기한 경우에는 그 상대방 당사자에 의하여,
   라. 이 계약 제13조의 불가항력적인 상황으로 인하여 예측 가능한 장래에 향하여 계약을 지속한다는 것이 불합리한 경우에 어느 일방 당사자에 의하여,
2. 이 계약이 종료되는 경우, 어느 일방도 상대방에 대하여 종료이전의 이 계약에 의한 의무 또는 책임을 지지 않는다. 다만, 당사자들이 서면으로 이와 달리 합의한 경우에는 그러하지 아니하다.

제10조【불가항력】 어느 당사자도 전쟁, 혁명, 폭동, 파업 또는 기타 노동쟁의, 화재, 홍수, 정부의 조치 기타 당사자가 통제할 수 없는 사유로 인한 계약불이행 또는 이행지체의 경우에는, 상대방에 대하여 그로 인한 책임을 부담하지 않는다. 위와 같은 불가항력적인 사유가

발생한 경우에는 그로 인하여 계약을 이행하지 못하는 당사자는 진전 상황을 통지하여야 하며, 또 불가항력적 사유가 소멸한 경우에는 이 계약 제9조에 의하여 계약이 종료되는 경우를 제외하고는 신속하게 그 의무를 이행하여야 한다.

제11조【중 재】 이 계약으로부터, 이 계약과 관련하여 또는 이 계약의 불이행으로 말미암아 당사자 간에 발생하는 모든 분쟁, 논쟁 또는 의견차이는 대한민국 서울특별시에서 대한상사중재원의 중재규칙에 따라 중재에 의하여 최종적으로 해결한다. 중재인(들)에 의하여 내려지는 판정은 최종적인 것으로 당사자 쌍방에 대하여 구속력을 가진다.

제12조【준거법】 본 계약의 유효성, 성립 및 이행의 문제는 대한민국 법률에 의하여 해석된다.

제13조【권리불포기】 이 계약에 따른 당사자의 클레임이나 권리의 전부 또는 일부는, 그러한 클레임이나 권리의 포기를 서면으로 인정, 확인하지 않는 한 포기한 것으로 간주되지 않는다.

제14조【조항의 독립성】 이 계약의 하나 또는 그 이상의 조항이 준거법에 의하여 무효, 부적법 혹은 집행불능인 경우에도 이 예약 잔여조항의 유효, 적법성, 집행가능성에 아무런 영향을 주지 않으며, 이와 같은 경우에는 양 당사자는 새로이 유효하고 적법한 조항을 규정함으로써 무효조항의 본래의 의도된 취지에 맞도록 하여야 한다.

제15조【제 목】 이 계약조항의 제목은 편의상 붙이는데 지나지 않으며, 이 계약을 해석하는데 있어서는 이용되어서는 아니 된다.

제16조【통 지】 당사자 간에 달리 합의하지 않는 한, 이 계약에 의한 모든 통지, 송달, 통신 등은 이 계약의 서두에 기재된 주소로 송부되어야 한다. 모든 통지는 등기우편으로 이뤄져야 하며 상황에 따라, 전신, 모사전보, 텔렉스로 통지하는 경우에는 항공등기우편으로 확인하여야 한다.

제17조【완전조항】 이 계약은 당사자가 합의한 모든 내용을 포함하는 완전합의로서 종전의 모든 표시는 이 계약에 통합되어 있으며 또 이 계약은 양 당사자 간의 정당한 권한을 가진 대리인의 서명이 있는 서면에 의하지 않고는 변경될 수 없다.

본 계약의 성립을 증명하기 위하여 양당사자는 정당히 수권된 대리인을 통하여 이 계약서 2통을 작성하여 각각 서명(또는 기명) 날인한 후 각각 1통씩 보관한다.

20○○년 ○월 ○일

갑	㊞	사 업 자 등록번호		사 무 소	
				전화번호	
을	㊞	사 업 자 등록번호		사 무 소	
				전화번호	

[서식 479] 토지개발기본약정서

토지개발기본약정서

○○○(이하 "갑"이라 칭한다)와 ○○○(이하 "을"이라 칭한다)는 "갑" 소유 토지의 개발에 대하여 다음과 같이 약정한다.

-사 업 개 요-

1. 공 사 명 :
2. 공사현장 :
3. 공사기간 :
4. 공사비 도급예정금액 :
5. 공사비 단가 :
6. 대지가격 :
7. 공사규모
   가. 대지면적 :
   나. 건축면적 :
   다. 연 면 적 :

-계 약 사 항-

제1조【총 칙】 "갑"과 "을"은 본 기본약정에서 "갑" 소유의 ○○○(이하 "사업자"라 칭함)의 개발업무에 관하여 개발의 기본원칙과 당사자 간의 권리, 의무 및 개발업무의 시행방법 등을 규정하고 세부적인 조건과 내용은 필요시 별도 계약 및 특약으로 정한다.

제2조【사업시행방법】

1. "갑"은 소유 사업부지를 제공하며 대지가격 ○○○○○○원(₩○○○○○○○)으로 결정한다.
2. "을"은 "갑"의 토지개발 총괄대리인으로 동 "사업부지"의 개발과 사후관리 업무일체에 관하여 선량한 관리자의 주의 의무로써 동 업무를 성실히 이행하고 이에 따른 일정 금액의 대가를 지급받기로 한다.
3. "을"은 본 개발사업의 개발계획수립, 설계업무관장, 시공사무일체의 업무를 책임지고 수행하되 개별업무시행 및 시공사를 지정하여 설계 및 시공계약을 대행할 수 있으며 "갑"에게 토지제공이외의 설계 및 시공관련자금 부담을 요구할 수 없다.

제3조【사업부지】 본 계약상의 사업부지는 다음과 같다.

위 치	지 목	면 적	소 유 자	비 고
계				

제4조【업무범위】 "갑"이 본인을 대리하여 "을"로 하여금 수행토록 하는 업무의 범위는 다음과 같다.

1. 사업부지의 입지여건 및 상권 분석
2. 적정 개발업종/업태의 선정
3. 개발 방향(CONCEPT)의 설정
4. 토지이용 및 MIX 전략
5. 수익성 극대화를 위한 마케팅 전략
6. 자금의 수지분석(CASH FLOW)
7. 설계업체 선정 및 설계감독
8. 견적심사 및 시공업체 선정, 건축공사 도급계약 대행
9. 공사감독
10. 분양계획 수립 및 분양업무 수행
11. 법률, 세무, 회계, 등기 등 사후관리
12. 기타 부대업무

제5조【사업계획 작성】

1. "을"은 본 계약 체결 후 30일 이내에 제4조의 사업계획 용역 내용에 따른 사업계획서를 "갑"에게 제출하기로 한다.
2. 동 사업계획 용역의 대가는 금 ○○○○○○원(₩○○○○○○○)으로 하되, 본 개발사업의 결과 신축건물의 분양시 우선 지급하기로 한다.

제6조【설계용역】

1. "을"은 본 계약상의 사업내용을 수행하기 위한 설계업무를 관장하기로 하며 설계업체의 선정, 설계감독의 역할을 담당한다.
2. 전 1항의 설계용역비는 "갑"이 지급하여야 하나 "을"이 선지원한 후 초기 분양대금에서 우선 정산하기로 한다.

제7조【시공용역】 "을"은 "갑"을 대신하여 동사업의 각종 공사 관련업무(시공업체 선정, 견적심사, 공사도급계약체결 대행)를 성실히 수행하도록 하며 본 시공용역의 자세한 내용은 별도 약정에 따르기로 한다.

제8조【공사원칙】

1. "을"은 동 개발사업과 관련하여 시공업체선정 기준을 분양성과에 관계없이 자신의 책임과 비용으로 공사를 완료할 수 있는 업체로 선정하기로 하며 이에 대한 연대책임을 진다.

2. 모든 공사의 공사비는 제9조의 요령으로 분야 수입금에서 선투자비와 분양대행 수수료 및 제경비를 우선하여 공제한 후 토지대금과 기성고의 비율에 따라 지급하기로 한다.

제9조【토지대금 및 공사비 지급】

1. "갑"의 토지대금의 지급방법은 분양업무 개시 후 분양수익금에서 사업계획작성 용역비, 설계비, 수수료 및 필수 제경비를 우선하여 공제한 후 토지대금과 기성고의 비율을 감안하여 배분키로 한다.
2. 전 1항의 규정에도 불구하고 신축건물의 분양이 저조하여 건물준공 후 2개월이 경과한 후에도 "갑"의 토지대금의 전액 회수가 이루어지지 않을 경우 "을"은 토지대금의 잔액을 즉시 현금으로 지급하기로 한다.
3. "을"은 "갑"이 본 사업부지를 담보로 토지대금 범위 내에서 금융기관으로부터의 대출을 받고자 할 경우 "갑"이 금융이자를 부담하는 조건으로 이를 인정하기로 하며, 이 경우 전 1항의 토지대금 분배금은 금융기관 대출금의 상환에 충당한다.

제10조【분 양】

1. "을"은 분양에 관한 일체의 업무를 책임지고 수행하되 사업시행 및 분양대행사를 지정하여 분양대행을 위임할 수 있으며 분양수수료는 분양금액의 ㅇㅇ%로 한다.
2. 분양에 따른 판촉 홍보비등은 "을" 또는 대행자가 선 지급하고 분양수입금에서 정산하기로 한다.
3. 분양수입금은 "갑"과 "을" 또는 시공사의 공동구좌에 적립하고 "갑"과 "을" 또는 시공사의 합의에 의하여 비용에 정산대금, 토지대금 및 공사비의 배분에 충당하기로 한다.

제11조【설계서의 확정과 기타 비용지출】

1. "을"은 본 계약 약정후 40일 이내에 계획설계안을 작성한 후 본 허가를 받도록 처리한다. 단, 부득이한 사유로 지연될 경우 사전에 "갑"의 양해를 구하여야 한다.
2. 상하수도 인입비, 도시가스 인입비, 한전수탁비, 현지측량비, 지질조사비, 보존등기비, 제세공과, 안전관리비, 산재보험료 등은 "을"이 선정할 시공업체의 시공경비로 정한다.

제12조【계약이행 보증】 "을" 또는 시공사는 본 계약상의 의무이행을 보증하기 위하여 연대보증사 1개사를 세우거나 보증보험에서 발급하는 보증서를 공사도급계약체결 후 30일 이내에 제시하며 보증요율은 공사도급계약금의 5/100로 한다.

제13조【계약 불이행 및 손해배상 등】 본 계약상의 권리, 의무이행과 관련하여 "갑", "을"은 상대방의 고의 또는 과실로 인하여 손해가 발생할 경우 상대방에게 그에 대한 손해배상을 청구할 수 있다.

제14조【분쟁의 해결】 본 계약내용의 해석에 관하여 "갑"과 "을" 사이에 분쟁이 발생할 경우 양당사자의 합의로서 해결하고, 합의가 이루어지지 않을 경우에는 일반 상관례에 따른다.

제15조【기 타】 본 계약 내용에 합의되지 않은 사항은 양 당사자 간의 별도 합의로서 정하기로 하며, 이 경우 동 합의는 본 계약의 일부를 이루는 것으로 한다.

본 계약을 증명하기 위하여 본 계약서 2통을 작성하여 각각 서명(또는 기명) 날인한 후 각각 1통씩을 보관한다.

20○○년 ○월 ○일

갑	㉤	주민등록번호		주 소	
				전화번호	
을	㉤	주민등록번호		주 소	
				전화번호	

[서식 480] 개발용역계약서(제품개발)

개 발 용 역 계 약 서

계약당사자 ○○○(이하 "갑"이라 한다)와 협력업체 ○○○○(이하 "을"이라 한다)는 목적물의 명칭 ○○○(이하 "개발제품"이라 한다)의 개발용역 및 공급에 관련하여 다음과 같은 내용으로 계약을 체결한다.

제1조【계약의 목적】 본 계약은 "갑"의 요구사양서가 요구하는 개발제품을 "을"의 자원을 투입하여 개발하고 납품목록과 같은 개발제품을 "갑"에게 공급하는데 있어 필요한 제반사항을 규정함에 그 목적이 있다.

제2조【계약의 이행】 "을"은 본 계약서, 계약특수조건, 요구사양서, 설계도면, 회로도 등 "갑"과 합의한 모든 사항을 이행하여야 하며, "갑"과 "을"은 계약 내용을 신의에 따라 성실히 이행하여야 한다.

제3조【검사 및 납품】

1. "을"은 본 계약서에 첨부한 납품목록에 명시된 개발제품을 표시된 납기에 따라 "갑"에게 납품하여야 한다.
2. "을"은 납품목록에 기재된 내역의 개발제품에 대한 성능을 입증하기 위하여 "갑"이 제시한 요구사양서의 검사항목 및 시험절차에 의거 납품일의 ○일 전에 자체 시험하여야 하고 성능입증이 완료된 때에 "갑"에게 검수를 요청하여야 한다.
3. 전 제2항에 의거 검수 요청된 개발제품은 "을"의 자체적인 검수를 완료함으로써 이에 관한 "갑"의 순수 검수기간이 7일을 초과하지 않도록 완벽한 기능을 갖추고 있을 것을

요한다.

4. “갑”의 검수결과 “을”이 납품할 개발제품의 전부 또는 일부에 기능상의 하자가 있을 경우, “을”은 “갑”의 통보에 따라 즉시 그 하자를 수정, 보완한 다음 ○일 이내에 재검사 실시를 요청하여야 한다.

제4조【최종납품일】 전 제3조 제2항의 검수에 대한 기준은 “갑”이 정하여 “을”에게 제시한 요구사양서 또는 시험절차서 등의 서면에 의하며, 동 기준에 따라 개발제품이 독립적으로 또는 관련 장비의 일부로서 정상적이고도 완전한 기능을 발휘한다는 것을 “갑”이 서면으로 인정하는 때에 최종납품이 완료된 것으로 본다.

제5조【지체상금】 “을”이 제3조 제1항의 규정을 위반했을 경우 또는 제3조 제4항의 규정에 따라 수정, 보완 또는 재제작함으로 인하여 지체되는 일수에 대해서 지연일수 1일당 미납품분에 해당하는 금액의 1000분의 ○○에 해당하는 지체상환금을 “갑”에게 지급하여야 한다. 다만, 지연사유가 “갑”에게 있을 경우, 천재지변 또는 불가항력적인 사유로 인하여 지연되었을 경우는 그러하지 아니하다.

제6조【계약금액】 총 계약금액은 ○○○원(부가세별도)으로 정하고 상세내역은 첨부의 납품목록에 기재한다.

제7조【계약 이행 보증】 “을”은 이 계약의 이행을 담보하기 위하여 “갑”의 선급금 지급과 동시에 계약이행보증금으로 제6조 계약금액의 ○○%에 해당하는 ○○○원의 금액을 “갑”을 피보험자로 하는 계약이행 보증보험증권으로 “갑”에게 예치하여야 한다.

제8조【지급방법 및 지급기일】

1. 선 급 금 : 계약체결 후 ○일 이내 금 ○○○원
2. 중도금(1차) : 20○○년 ○월 ○일 금 ○○○원
3. 중도금(2차) : 20○○년 ○월 ○일 금 ○○○원
4. 중도금(3차) : 20○○년 ○월 ○일 금 ○○○원
5. 잔 금 : 제4조 최종납품일 이후 ○일 이내 금 ○○○원

제9조【자료제출의무】 “을”은 이 계약의 규정에 따라 개발제품의 개발을 수행하고, 그 결과인 개발제품의 납품과 동시에 “계약특수조항”에 규정된 자료를 “갑”에게 제출하여야 한다.

제10조【생산감독】 “갑”은 개발제품의 설계 및 제작과정을 감독할 수 있으며, “을”은 “갑”의 감독원의 지시에 응하여야 한다.

제11조【위험부담 등】 개발의 수행 중 또는 완료 후에 있어서 개발제품 전부 또는 일부에 대한 점유가 “을”에 있는 동안 제3자의 압류나 가압류 및 기타 강제집행이 행하여지거나 또는 그 우려가 있을 경우, “을”은 그 사실을 즉시 “갑”에게 통보함과 아울러 동 집행으로 인하여 “갑”의 권리에 영향을 미치지 않도록 해야 한다.

제12조【산업재산권 등의 침해에 대한 면책】 “을”은 자신이 수행하는 개발의 수행방법 또는 개발제품에 적용한 기술이 제3자의 특허권, 실용신안권, 의장권 등(이하 “산업재산권”이라 한다)을 침해하지 않음을 보증함과 아울러 동 산업재산권과 관련하여 제3자로부터 제기되는 모든 침해, 기타 주장에 대하여 “을”의 비용과 책임으로 해결하기로 한다.

제13조【비밀사항 및 비밀보장】

1. "을"은 개발제품이나 이 계약의 이행에 관련하여 취득한 자료 일체를 비밀로 유지하여야 하며 이를 제3자에게 누설 또는 공개할 수 없다. 만일 비밀이 누설되었을 경우는 이로 인하여 "갑"이 입은 손해를 배상함은 물론 관계법령상의 모든 책임을 진다. 본 항의 규정은 본 계약종료 후에도 계속 유효하다.
2. "을"은 제2조에 의거 지급된 설계도면, 요구사양서, 견본품 등이 있을 경우 그 내용을 인가된 관계자 외에는 "갑"의 허가 없이 열람, 복사, 유출할 수 없다.
3. "을"은 본 계약과 관련하여 "갑"으로부터 지급된 설계도면, 견본품, 대여품 등이 있을 경우 이에 대한 보관관리를 철저히 하여야 하며 계약이 완료된 후에 제공자료와 사급품의 잔여량은 "갑"에게 반환하여야 한다. 만약, 원상을 변경 훼손하였을 경우에는 이의 복구를 위한 일체의 책임을 "을"이 부담해야 한다.
4. 계약과 관련하여 비밀로 분류된 사항일 경우에는 정부보안업무규범 및 동 시행규칙과 군사기밀보호법 및 동 시행령의 규정에 의거 취급한다.

제14조【권리의 귀속】 별도의 약정이 없는 경우 개발제품의 제작과정에서 발생하는 지적재산권은 "갑"의 소유로 하며 이는 납품과 동시에 "갑"에게 양도한다.

제15조【권리의 양도 및 처분금지】 "갑" 또는 "을"은 서로 상대방의 서면 동의가 있는 경우를 제외하고는 어떠한 이유로도 이 계약상의 자신의 권리나 의무를 다른 제3자에게 이전, 양도하거나 처분을 할 수 없다.

제16조【계약의 해제 및 해지】

1. 양 당사자는 다음 각 호에 해당하는 사유가 발생하거나 계약을 이행할 능력이 없다고 인정될 경우 책임있는 상대방에게 사전에 서면통보 후 계약을 해제 또는 해지할 수 있다.
   가. 계약 후 기술적 수행능력의 부재가 판정된 경우
   나. 입고된 개발제품의 상태가 제2조의 요구조건과 현저히 상이하고 납품 검사시 합의된 시험항목의 50% 이상이 불합격으로 판정된 경우
   다. 정당한 사유 없이 계약기간의 ○% 이상 최종납품일이 지연된 경우
   라. "갑" 또는 "을"이 발행한 어음 또는 수표가 부도를 당할 경우, 파산, 법정관리신청을 당한 경우
   마. "갑" 또는 "을"이 체납처분을 당하거나 주요 재산을 강제집행(압류, 가압류, 가처분 및 전부명령 포함) 또는 파산선고를 받아 회사 정리절차가 계속되어 지속적인 거래가 곤란할 때
2. 전항의 규정에 의해 계약이 해제, 해지된 경우에도 기 발생한 "갑" 또는 "을"의 권리나 손해배상청구권에는 영향을 미치지 아니한다.
3. 제1항에 의하여 "갑"이 이 계약의 일부 또는 전부를 해지할 경우는 "을"은 동 시점까지 수행한 개발의 결과물 및 기술자료를 "갑"에게 인도하여야 하며 이 경우 "을"에게 여하한 계약불이행 귀책사유가 없는 한 "을"이 제시하는 증빙서류에 따라 동 개발의 기성부분에 대한 대가를 지급하기로 한다.
4. "갑" 또는 "을"은 제1항 각 호에 해당하는 정당한 사유가 발생할 경우 서면의 통지로써 이 계약을 해지할 의사를 전해야 한다.

제17조【하자보증】

1. 하자보증기간은 개발제품의 납품완료 후 ○개월로 한다. 다만, 하자보증기간이 종료된 후라도 "을"의 고의 또는 중과실에 의한 하자가 발견 되었을 경우에는 "을"의 하자보증책임은 "갑"이 하자를 발견한 날로부터 ○개월간 연장된다.
2. 제1항의 기간 내에 발생하는 하자에 대하여 ○일 이내에 "을"은 이를 무상으로 수리하거나 교체납품 하여야 한다. 단, 하자발생 이유가 "갑"의 지시 또는 "갑"의 취급 부주의나 천재지변으로 인한 경우에는 그러하지 아니하다.
3. "을"이 전항의 지정기일 내에 보수를 완료하지 못하거나 보수상태가 불완전하다고 판단될 때에는 "갑"은 "을"에게 서면통지를 하고 자신이 보수를 완성할 수 있다. 이 경우 보수에 소요된 비용은 "을"이 부담해야 한다.

제18조【일반조항】

1. 이 계약은 "갑"과 "을" 쌍방의 서면 합의에 의해서만 변경될 수 있다.
2. 이 계약에 규정되어 있지 않거나 해석상 이견이 있는 사항은 "갑"과 "을" 양 당사자의 상호 합의에 의하거나 일반 상관례에 따르기로 한다.

위와 같은 합의하고 이를 증명하기 위하여 "갑", "을"은 계약서 2통을 작성하여 각각 서명(또는 기명) 날인한 후 각 1통씩을 보관한다.

20○○년 ○월 ○일

갑	㊞	주민등록번호		주 소	
				전화번호	
을	㊞	주민등록번호		주 소	
				전화번호	

[서식 481] 용역계약서

용 역 계 약 서

주식회사 ○○○○(이하 "갑"이라 한다)와 ○○○(이하 "을"이라 한다)는 다음과 같이 용역계약을 체결한다.

제1조【용역의 내용】

1. "을"은 "갑"이 지정한 장소에서 "갑"이 제공한 물품을 "을"의 책임하에 관리 및 판매하여야 한다.
2. "을"은 물품의 품질이 훼손되지 아니하도록 선의의 관리를 하여야 한다.
3. "갑"은 "을"이 판매용역을 제공하는데 지장이 없도록 적기에 물품을 공급하여야 한다.

제2조【용역에 대한 대가】 용역에 대한 대가는 "을"이 고객으로 부터 직접 그 전액 수령한다.

제3조【기술지도 및 홍보】 "갑"은 "을"이 물품판매에 필요한 기술 및 광고·홍보를 적극적으로 하여야 한다.

제4조【시설 및 기구사용료 및 용역수수료 정산】

1. "을"은 고객으로 부터 수령한 판매대금을 매일 "갑"의 통장계좌로 입금하여야 한다.
2. "갑"은 "을"에게 판매가 1일 ○○○○○원 미만일 경우는 ○○○○○원으로 하고 1일 ○○○○○원 초과 판매할 시는 ○○○○○원으로 그 후 ○○○○○원 초과시는 ○○○○○원의 용역수수료를 지급한다.
3. "을"은 "갑"의 시설 및 기구사용에 대한 대가로 상기 1항의 용역수수료를 제한 나머지 금액을 지불하여야 한다.
4. 상기 용역수수료 및 시설·기구사용료에 대한 정산은 "을"의 요구에 의하여 "갑"이 일괄관리, 정산하며 매월 1일부터 매월 말일까지 합계한 금액을 기준으로 하여 다음달 10일에 정산한다.

제5조【재고관리】 "을"은 "갑"이 제공한 물품의 재고관리를 철저히 하여야 하며, 관리태만으로 인한 손실을 판매가로 변상하여야 한다.

제6조【비밀유지】 "을"은 계약기간 중은 물론 계약종료 후에도 영업상 지득한 업무상 비밀을 유지하여야 한다.

제7조【계약의 해지 및 손해배상 등】

1. "갑"은 용역계약기간 중이라도 "을"이 용역업무를 함에 있어 "갑"의 명예를 훼손하였거나, 고의 또는 중대한 과실로 영업상 손실을 가져오게 하였을 때에는 계약해지를 할 수 있다.
2. "을"의 고의 또는 중대한 과실로 "갑"에게 손해를 끼쳤을 경우나 "을"의 계약기간 중 1개월 전에 계약해지 통보없이 일방적으로 계약을 해지함으로 인하여 발생한 손해에 대하여 "갑"은 "을"에게 손해배상을 청구할 수 있다.

제8조【용역계약기간】 본 용역계약은 계약체결일로부터 1년간으로 한다. 단, 계약기간이 종료된 후에는 쌍방의 합의하에 계약기간을 연장할 수 있다.

위와 같이 계약을 체결하고 계약의 성립을 증명하기 위하여 이 계약서 2통을 작성하고 각각 서명(또는 기명) 날인하여 각각 1통씩 보관한다.

20○○년 ○월 ○일

갑	㊞	사 업 자 등 록 번 호		사 무 소	
				전화번호	
을	㊞	주민등록번호		주 소	
				전화번호	

[서식 482] 청소용역계약서

청소용역계약서

서울시 ○○구 ○○대로 ○○○(○○아파트,○○동) 입주자대표회장 ○○○을 "갑"(이하 "갑"이라 한다)과 용역업체인 서울시 ○○구 ○○대로 ○○, ○○○○를 "을"(이하 "을"이라 한다)은 다음과 같이 청소용역계약을 체결한다.

제1조 "갑"은 아파트 ○○○평의 공용부분의 청소를 "을"의 책임전담 실시한다.

제2조 "을"이 전조의 작업을 시행하기 위하여 소요되는 청소용품 및 소모자개는 "을"의 부담으로 한다.

제3조 "갑"은 매월 청소용역비 ○○○원(평당 ○○○원 부가세 포함)을 "을"의 청구에 의하여 다음달 15일까지 지급한다.

제4조 "갑"은 "을"에게 작업에 필요한 전기나 용수를 무상으로 제공한다.

제5조 "을"이 작업중 건물, 전기, 비품 기타 기구 등이 파손될 때에는 "갑"의 요구에 따라 "을"은 지체없이 보상한다.

제6조 제5조에 대한 변상은 "을"이 신속히 이행하지 아니할 경우에는 용역대금 중에서 동 변상금액을 공제한다.

제7조 "을"이 작업중 발생한 모든 안전사고(대기실 등의 부주의로 인한 화재 등 포함)는 "을"의 책임하에 피해보상하고 "갑"은 어떠한 책임도 지지 않는다.

제8조 본 계약기간은 20○○년 ○월 ○일부터 20○○년 ○월 ○일까지로 하며 "을"이 청소용역을 성실히 이행치 않을 경우(별첨 시방에 의한 청소 등이 이루어지지 않을 경우 등 포함) 또는 "을"이 청소용역업 등을 수행할 능력이 없다고 인정된 경우에는 "갑"은 본 계약을 언제든지 해지할 수 있다. 단, 계약의 해지시에는 입주자대표회의의 승인을

얻어 시행한다.

제9조 청소의 범위, 작업시간, 작업인원, 청소의 시방 등은 별첨 시방서에 의한다.

본 계약의 성립을 증명하기 위하여 이 계약서 2통을 작성하고 각각 서명(또는 기명) 날인하여 각각 1통씩 보관한다.

20○○년 ○월 ○일

갑	㊞	사 업 자 등 록 번 호		사 무 소	
				전화번호	
을	㊞	주민등록번호		주 소	
				전화번호	

[서식 483] **웹디자인 기술용역계약서**

웹디자인 기술용역계약서

주식회사 ○○○○(이하 "갑"이라 한다)와 기술용역인 ○○○(이하 "을"이라 한다)은 웹사이트 디자인을 위하여 다음과 같이 계약을 체결한다.

다 음

계 약 명	계약금액	계 약 기 간
		20○○. ○. ○.부터 20○○. ○. ○.까지

제1조【목 적】 본 계약은 '갑'이 지정한 디자인을 '을'에게 위탁함에 있어 "갑"과 "을"의 권리, 의무 및 기타 필요한 사항을 규정함에 그 목적이 있다.

제2조【용역의 범위】

1. "을"은 "갑"이 지정한 용역 개발의 내용에 적합한 디자인을 하고, 그 결과물을 제작하여

계약기간 내에 제출하여야 한다.

2. “갑”이 지정한 용역 개발의 내용은 다음과 같다.
   가. ○○○○○○○○○
   나. ○○○○○○○○○

제3조【인도와 검수】 “을”은 계약에 따른 정해진 일정대로 용역개발의 결과물을 “갑”에게 제출해야 하며, 최종물품의 공급일은 20○○년 ○월 ○일로 한다. “갑”은 “을”로부터 물품을 공급받은 후 검수판정을 “을”에게 통보하여야 한다(단 7일 이내에 “갑”으로부터 별다른 통보가 없는 경우에는 검수에 합격한 것으로 본다).

제4조【지 원】 “갑”은 “을”의 원활한 용역수행을 위하여 필요한 장비 및 시설과 디자인 구성에 필요한 정보를 제공한다.

제5조【계약이행상의 감독】 “갑”은 필요하다고 인정되는 경우 “을”의 용역수행과정이나 계약이행상황을 감독할 수 있다.

제6조【대가의 지급】

1. “갑”은 제2조에 정한 용역에 대하여 정한 대가지급시 제작단가의 50%를 선금으로 지급하고 이를 공제한 잔액을 용역완료시 지급한다.
2. 대가의 지급방법 : “갑”은 “을”이 지정하는 금융기관의 예금계좌에 온라인으로 입금한다.

제7조【지급기일】 “갑”은 “을”에게 선금을 제외한 잔금을 제작완료 후 7일 이내에 지급하여야 한다.

제8조【소유권】 공급된 물품의 소유권은 “갑”이 “을”에게 대금지급을 완료한 시점에서 “갑”에게 전달하되 저작권은 공동소유이며 ○○○ 디자인 관련 파일 및 모든 출력물을 공유한다.

제9조【비밀의 준수】 ‘을’은 본 계약기간 전후를 막론하고 본 계약과 관련하여 취득한 “갑”의 사업내용에 대한 비밀사항을 제3자에게 누설하여서는 안되며, “갑”이 요구하는 보안사항을 철저히 준수하여야 한다.

제10조【계약양도 금지】 “갑”과 “을”은 본 계약에 의한 제반 권리, 의무를 제3자에게 양도하여서는 아니 된다.

제11조【상호 협의】 본 계약서에서 명시되지 아니한 사항에 대하여는 “갑”과 “을”의 협의 하에 결정한다.

제12조【계약의 해지】

1. 본 계약의 당사자 중 어느 일방이 본 계약서상의 의무를 태만 또는 불이행하여 계약의 지속이 어려울 경우에는 일정한 시정기간을 경과하여도 적정한 조치가 없으면 계약해지을 통보할 수 있다.
2. 본 계약이 어느 일방의 귀책사유로 해지될 경우 귀책사유가 있는 당사자는 해지로 인한 상대방의 손해를 배상해야 한다.

3. 부득이하게 계약을 지속시킬 수 없을 때는 쌍방의 협의하에 계약을 해지할 수 있다.

제13조【보장 및 업그레이드】 "을"이 납품한 시스템의 기능, 성능 등이 부적합, 불완전과 같은 기타 하자 등으로 인하여 "갑"의 정상적인 시스템 운영에 지장을 초래할 경우 "을"은 한 달간 유지 보수한다.

본 계약의 성립을 증명하기 위하여 이 계약서 2통을 작성하고 각각 서명(또는 기명) 날인하여 각각 1통씩 보관한다.

20○○년 ○월 ○일

<table>
<tr><td rowspan="2">갑</td><td rowspan="2">㊞</td><td rowspan="2">사 업 자
등 록 번 호</td><td rowspan="2"></td><td>사 무 소</td><td></td></tr>
<tr><td>전화번호</td><td></td></tr>
<tr><td rowspan="2">을</td><td rowspan="2">㊞</td><td rowspan="2">주민등록번호</td><td rowspan="2"></td><td>주 소</td><td></td></tr>
<tr><td>전화번호</td><td></td></tr>
</table>

[서식 484] 프랜차이즈 표준약관

[예시] 프랜차이즈계약서

프랜차이즈(외식업) 표준약관

제1조(목 적) 이 표준약관은 가맹사업자와 가맹계약자 간의 공정한 가맹사업(프랜차이즈)의 계약체결을 위해 그 계약조건을 제시함을 목적으로 한다.

※ 중간가맹사업자(sub franchisor)가 가맹사업자로부터 대리권을 얻어 가맹계약자를 모집할 경우 이는 별도의 가맹사업계약으로 이 약관이 표준이 될 수 있음.

제2조(용어의 정의) ① 가맹사업자(franchisor)라 함은 가맹계약자에게 자기의 상호, 상표, 서비스표, 휘장 등을 사용하여 자기와 동일한 이미지로 상품판매의 영업활동을 하도록 허용하고 그 영업을 위하여 교육·지원·통제를 하며, 이에 대한 대가로 가입비(franchise fee), 정기납입경비(royalty) 등을 수령하는 자를 말한다.

② 가맹계약자(franchisee)라 함은 가맹사업자로부터 그의 상호, 상표, 서비스표, 휘장 등을 사용하여 그와 동일한 이미지로 상품판매의 영업활동을 하도록 허용받고 그 영업을 위하여 교육·지원·통제를 받으며, 이에 대한 대가로 가입비, 정기납입경비 등을 지급하는 자를 말

한다.

제3조(권리의 부여) 가맹사업자는 그가 개발한 가맹사업을 영위하기 위하여 다음의 권리를 별표에 명시한 가맹계약자에게 부여한다.

1. 상호, 상표, 서비스표, 휘장 등의 사용권
2. 가맹사업과 관련하여 등기·등록된 권리
3. 각종 기기를 대여 받을 권리
4. 상품 또는 원·부자재(이하 '상품·자재'라 함)의 공급을 받을 권리
5. 기술(know-how)의 이전 등 경영지원을 받을 권리
6. 기타 가맹사업자가 정당하게 보유하는 권리로서 당사자가 협의하여 정한 사항

【별표】 가맹계약자의 표시

(1) 점 포 명 :
(2) 상호 및 대표자 :
(3) 점포 소재지 :
(4) 점 포 규 모 : ㎡(평)
(5) 영 업 지 역 : 첨부에 표시된 지역

제4조(영업지역) ① 가맹사업자는 영업지역을 구분하고 이를 가맹계약자가 선택한다.

② 가맹사업자는 가맹계약자의 동의를 얻어 영업지역을 변경할 수 있으며, 가맹계약자의 동의를 얻지 않고 한 영업지역의 변경은 효력이 없다.

③ 가맹사업자가 가맹계약자의 점포가 설치되어 있는 영업지역 내에 직영매장을 설치하거나 다른 가맹계약자의 점포의 설치를 허용하고자 하는 때에는 기존 가맹계약자의 동의를 얻어야 한다. 이 경우 가맹사업자는 기존 가맹계약자의 매출감소가 초래되지 않는다는 객관적 자료를 제시하여야 하며, 가맹계약자도 합리적인 사유없이 그 동의를 거부하여서는 아니된다.

제5조(계약기간) ① 계약기간은 특약이 없는 한 3년 이상으로 한다.

② 가맹사업자 또는 가맹계약자가 계약을 종료하고자 하는 때에는 기간 만료 2개월 전에 상대방에 대하여 계약의 종료를 통지하여야 한다.

③ 제2항의 계약종료의 통지없이 계약기간을 경과한 때에는 계약이 전과 같은 조건으로 갱신된 것으로 본다.

제6조(계약의 해지) ① 가맹사업자 또는 가맹계약자는 다음의 경우에는 2주일 이상의 기간을 정하여 서면으로 이행 또는 시정을 최고하고 그 이행 또는 시정이 이루어지지 아니하면 계약을 해지할 수 있다.

1. 가맹계약자에게 제25조 제1항 각호의 사유가 있는 경우
2. 가맹사업자가 약정한 상품·자재의 공급, 경영지원 등을 정당한 이유없이 하지 않거나 지체하는 경우

② 가맹사업자 또는 가맹계약자는 다음의 경우에는 최고없이 즉시 계약을 해지할 수 있다.

1. 가맹계약자에게 제25조 제2항 제1호 내지 제3호의 사유가 있는 경우
2. 가맹계약자가 영업을 계속할 수 없는 객관적인 불가피한 사유가 있는 경우
3. 가맹사업자가 파산하는 경우

4. 가맹사업자가 발행한 어음·수표가 부도처리되는 경우
5. 가맹사업자가 강제집행을 당하는 경우
6. 천재지변이 있는 경우

제7조(계약의 종료와 조치) ① 계약이 기간만료 또는 해지로 종료된 때에는, 가맹계약자는 계약이행보증금을 지급한 경우에는 가맹사업자로부터 제10조 제2항의 정산잔액과 정산서를 받은 때로부터(정산잔액이 없는 경우에는 정산서를 받은 때로부터), 계약이행보증보험증권이나 물적담보를 제공한 경우에는 잔존 채무·손해배상액의 통지서를 받은 때로부터, 즉시 상호·상표·서비스표·휘장·간판 등의 사용을 중단하고 이를 철거하여 원상으로 복구한다.

② 가맹사업자가 제8조 제3항에 의하여 가입비의 일부를 반환해야 하는 경우에는, 가맹계약자가 제1항의 상호 등의 사용중단·원상복구를 하기 위해서는 그 반환도 있어야 한다.

③ 제1항의 철거·원상복구의 비용은 계약이 가맹계약자의 귀책사유로 인해 종료되는 경우에는 가맹계약자가, 가맹사업자의 귀책 사유로 인해 종료되는 경우에는 가맹사업자가 부담한다.

제8조(가입비) ① 가맹계약자는 계약체결시에 가입비를 일시급으로 지급한다. 다만, 가맹사업자의 동의를 얻어 분할 지급할 수 있으며, 이 경우에는 ( )%의 이자를 가산한다.

② 가입비에는 점포개설에 따른 최초 훈련비·장소선정 지원비·가맹사업 운영매뉴얼 제공비·부가가치세 등을 포함하며, 가입비에 포함되는 사항은 가맹사업자와 가맹계약자가 협의하여 정한다.

③ 가맹계약자가 그의 책임없는 사유로 최초 계약기간 내에 영업을 중단하는 경우에는, 가맹사업자는 가입비를 최초 계약기간 중의 미경과 일수에 따라 일할 계산하여 반환한다.

④ 가맹사업자가 제3항에 의해 가입비의 일부를 반환해야 하는 경우에는 가맹계약자의 청구가 있는 날로부터 10일 이내에 반환해야 한다.

제9조(정기납입경비[Royalty, 로얄티]) ① 가맹계약자는 가맹사업자의 상호·상표·서비스표·휘장 등의 사용 및 경영지원에 대한 대가로 정기납입경비를 매 분기마다 가맹사업자에게 지급하며, 그 금액은 당해 분기 동안의 총매출액의 ( )%로 한다.

② 제1항의 분기는 ( )개월로 한다.

※ ( )개월은 3개월 이상이어야 함.

③ 가맹계약자는 다음 분기의 첫달의 말일까지 직전 분기의 총매출액을 가맹사업자에게 서면으로 통지하고 정기납입경비를 지급한다.

제10조(계약이행보증금) ① 가맹계약자는 상품·자재의 대금, 정기납입경비, 광고·판촉비(가맹계약자가 책임지기로 약정한 금액에 한함) 등의 채무액 또는 손해배상액의 지급을 담보하기 위하여 계약체결시에 계약이행보증금으로 ( )원을 가맹사업자에게 지급하거나 이에 상당하는 계약이행보증보험증권 또는 물적담보를 제공한다.

② 계약이 기간만료 또는 해지로 종료된 때에는 가맹사업자는 기간만료일 또는 해지일로부터 10일 이내에 계약이행보증금으로 잔존 채무·손해배상액을 정산하여 잔액을 상환하고 정산서를 교부한다.

③ 물적담보가 제공된 경우에는 가맹사업자는 가맹계약자가 잔존 채무·손해배상액을 지급하는 즉시 물적담보의 말소에 필요한 서류를 교부하여야 한다.

제11조 (교육 및 훈련) ① 가맹사업자가 정한 교육 및 훈련과정을 이수하지 아니하는 자는 가맹계약자의 점포 관리자로 근무할 수 없다.

② 교육은 개업시 교육, 정기교육, 특별교육으로 구분한다.

③ 정기교육은 이를 실시하기 1개월 전에 그 교육계획을 수립하여 가맹계약자에게 서면으로 통지한다.

④ 비정기교육은 이를 실시하기 1주일 전에 장소와 시간을 정하여 서면으로 통지한다.

⑤ 교육비용은 가맹사업자가 책정하고 가맹계약자에게 그 산출근거를 서면으로 통지한다.

⑥ 가맹계약자는 필요시 자신의 비용부담으로 가맹사업자에게 교육 및 훈련요원의 파견을 요청할 수 있다.

제12조 (경영지도) ① 가맹사업자는 가맹계약자의 경영활성화를 위하여 경영지도를 할 수 있다.

② 가맹계약자는 자신의 비용부담으로 가맹사업자에게 경영지도를 요청할 수 있다.

③ 제2항의 요청을 받은 가맹사업자는 경영지도계획서를 가맹계약자에 제시하여야 한다.

④ 경영지도계획서에는 지도할 내용, 기간, 경영진단 및 지도할 자의 성명, 소요비용 등을 기재하여야 한다.

⑤ 가맹사업자는 경영지도결과 및 개선방안을 가맹계약자에게 서면으로 제시하여야 한다.

제13조 (감독·시정권) ① 가맹사업자는 가맹계약자의 점포 경영상태를 파악하기 위하여 월(주) ( )회 점포를 점검하고 기준에 위반하는 결과에 대해 시정을 요구할 수 있다.

② 점포의 점검은 위생, 회계처리, 각종설비관리, 원·부자재관리 등의 상태를 점검한다.

③ 가맹사업자는 점포의 노후시설의 교체·보수를 명할 수 있다. 이 경우 가맹사업자는 가맹계약자와 협의하여 직접 교체·보수하거나 제3자에게 의뢰할 수 있다.

④ 가맹사업자는 첨부한 것과 같은 관리기준을 서면으로 가맹계약자에 제시해야 하고, 제시 후 ( )일 후부터 이 기준에 의거하여 점검한다. 기준을 변경하는 경우에도 같다.

제14조 (점포의 설치장소의 선정) ① 가맹사업자는 가맹계약자와 협의하여 점포를 설치할 장소를 선정한다.

② 장소의 선정은 통행인의 수·교통량 및 질·시장특성·통행인의 구매습성·주요한 근린시설·업종별 특성에 따른 매출성향 등을 항목별로 구분하여 종합적으로 판단한다.

③ 가맹사업자는 제2항의 분석결과에 대한 의견과 예상오차를 서면으로 가맹계약자에게 제시하여야 한다.

제15조 (점포의 설비) ① 가맹계약자의 점포설비(인테리어)는 가맹사업 전체의 통일성과 독창성을 유지할 수 있도록 가맹사업자가 정한 사양에 따라 설계·시공한다.

② 가맹사업자는 가맹계약자의 의뢰가 있는 경우에 직접 시공할 수 있다.

③ 가맹계약자는 가맹사업자가 정한 사양에 따라 직접 시공하거나 가맹사업자가 지정한 업체를 선정하여 시공할 수 있다. 이 경우 가맹사업자는 공사의 원활한 진행을 위하여 직원을 파견할 수 있다.

④ 점포설비에 따른 제반 인·허가는 이 계약체결일로부터 ( )일 이내에 가맹계약자가 자신의 책임과 비용으로 취득하는 것으로 한다.

⑤ 가맹계약자는 청결한 점포환경을 유지하기 위하여 노후된 시설을 교체·보수한다.

⑥ 가맹사업자는 가맹사업의 개선을 위하여 필요한 때에는 점포의 실내장식, 시설, 각종의

기기를 교체·보수할 것을 요구할 수 있다. 이 경우 가맹사업자는 비용분담에 관해 가맹계약자와 협의하여야 한다.

제16조 (주방기기의 설치 및 유지) ① 가맹계약자는 가맹사업자가 제시한 모델과 동일한 주방기기를 사용하여야 한다.
② 가맹사업자는 직접 주방기기를 공급할 수 있다.
③ 가맹계약자가 주방기기를 설치하는 경우에 공사의 원활한 진행을 위하여 가맹사업자는 직원을 파견할 수 있다.
④ 가맹계약자는 가맹사업자가 공급한 주방기기의 수리를 가맹사업자에 의뢰할 수 있다.
⑤ 제4항의 경우 가맹사업자는 수리비의 견적 및 수리에 소요되는 기간을 즉시 통지하여야 하고, 수리가 불가능한 때에는 이유를 명시하여 소정기일 내에 회수하여야 하며 이유없이 신품의 교체를 강요할 수 없다.

제17조 (설비 및 기기의 대여) ① 가맹사업자는 가맹계약자의 요청이 있는 경우 설비·기기의 전부 또는 일부를 대여할 수 있다.
② 가맹사업자로부터 대여 받은 설비·기기의 소유권은 가맹사업자에게 있다.
③ 가맹계약자는 대여 받은 각종의 설비·기기를 매매, 담보제공 또는 질권설정의 목적으로 할 수 없다.
④ 가맹계약자는 대여 받은 설비·기기를 자신의 비용으로 보존·관리한다.
⑤ 가맹계약자는 대여 받은 설비·기기에 대하여 가맹사업자의 반환요구가 있으면 현물로 반환할 수 있다.
⑥ 가맹계약자가 대여 받은 설비·기기를 분실·훼손한 경우에는 구입가격에서 감가상각한 잔액으로 배상한다.
⑦ 가맹계약자는 월 (   )원의 사용료를 지급한다. 단 면제의 합의가 있으면 그에 따른다.

제18조 (광 고) ① 가맹사업자는 가맹사업의 활성화를 위하여 전국규모 및 지역단위의 광고를 할 수 있다.
② 광고의 횟수·시기·매체 등에 관한 세부적 사항은 가맹사업 운영매뉴얼에서 정하는 바에 의한다. 단, 가맹사업자는 가맹사업의 원활한 운영과 필요에 따라 이를 조정할 수 있다.
③ 광고에 소요되는 비용은 가맹사업자가 (   )%, 가맹계약자측(전국규모의 광고의 경우에는 전국의 가맹계약자들, 지역단위의 광고의 경우에는 해당 지역의 가맹계약자들)이 (   )%씩 분담한다. 각 가맹계약자 간의 비용부담의 배분은 각각의 총매출액에 따른 비율에 의한다.
④ 가맹사업자는 매 분기 지출한 광고비 중에서 각 가맹계약자가 부담해야 할 광고비를 다음 분기 첫 달의 말일까지 그 명세서를 첨부하여 통지하고, 가맹계약자는 그 통지를 받은 날로부터 2주일 이내에 지급한다.

제19조 (판 촉) ① 가맹사업자는 가맹사업의 활성화를 위하여 전국규모 및 지역단위의 할인판매, 경품제공, 시식회, 이벤트 등과 같은 판촉활동을 할 수 있다.
② 판촉활동의 횟수·시기·방법·내용 등에 관한 세부적 사항은 가맹사업 운영매뉴얼에서 정하는 바에 의한다. 단, 가맹사업자는 가맹사업의 원활한 운영과 필요에 따라 이를 조정할 수 있다.

③ 가맹계약자가 직접 판매하는 상품의 할인비용이나 직접 제공하는 경품·기념품 등의 비용은 당해 가맹계약자가 부담하며, 판촉활동을 위한 통일적 팜플렛·전단·리플렛·카달로그의 제작비용 등은 가맹사업자가 부담한다.

④ 제3항에서 규정하지 아니하는 그 밖의 판촉행위에 소요되는 비용은 가맹사업자와 가맹계약자가 분담한다. 이 경우 가맹사업자는 산출근거를 서면으로 제시하여 가맹계약자의 동의를 얻어야 한다.

⑤ 가맹계약자는 자기의 비용으로 자기 지역 내에서 판촉활동을 할 수 있다. 이 경우 가맹계약자는 가맹사업자와 협의하여야 한다.

제20조 (영업양도 및 담보제공) ① 가맹계약자는 가맹사업자의 승인을 얻어 점포의 영업을 양도, 전대하거나 영업재산을 담보로 제공할 수 있다.

② 제1항의 승인은 2개월 전에 가맹사업자에 대하여 서면으로 청구하여야 한다.

③ 가맹사업자는 승인청구를 받은 날로부터 1개월 이내에 서면으로 승인 또는 거절을 하여야 한다. 단, 거절을 하는 경우에는 그 사유를 구체적으로 명시하여야 한다.

④ 양수인, 전차인은 가맹계약자의 가맹사업자에 대한 권리와 의무를 승계한다.

⑤ 양수인, 전차인에 대하여는 가입비가 면제된다. 단, 소정의 교육비는 부담한다.

⑥ 양수인이 요청하는 경우에는 가맹계약자의 잔여 계약기간 대신에 완전한 계약기간을 부여할 수 있다. 이 경우에는 신규계약으로 한다.

제21조 (영업의 상속) ① 가맹계약자의 상속인은 가맹계약자의 영업을 상속할 수 있다.

② 상속인이 영업을 상속할 경우에는 가맹사업자에게 상속개시일로부터 3개월 이내에 상속사실을 통지하여야 한다.

③ 상속인에 대해서는 가입비를 면제한다. 단, 소정의 교육비는 부담한다.

제22조 (지적소유권의 확보) ① 가맹사업자는 상호·상표·휘장 등에 대한 배타적 독점권을 확보하는데 필요한 절차를 갖춘다.

② 가맹사업자는 가맹계약자에게 상호·상표·휘장 등을 사용할 정당한 권한을 부여하였음을 증명하는 증서를 교부한다.

③ 가맹사업자는 가맹계약자에게 사용을 허가한 각종의 권리에 대하여 책임을 진다.

제23조 (상품의 조달과 관리) ① 가맹사업자는 브랜드의 동일성을 유지하는데 필요한 상품·자재를 가맹계약자에게 공급한다. 단, 상품·자재 범위에 이견이 있는 경우에는 가맹사업자와 가맹계약자가 협의하여 결정한다.

② 가맹사업자가 정당한 사유 없이 공급을 중단하거나 공급하지 않는 상품·자재는 이를 가맹계약자가 직접 조달하고 판매할 수 있다. 이 경우 가맹계약자는 브랜드의 동일성을 해치지 않도록 하여야 한다.

③ 가맹계약자가 제2항에 의해 직접 조달하는 상품·자재에 대해서는 가맹사업자는 품질관리기준을 제시하고 그 품질을 검사할 수 있다. 이 경우 가맹계약자는 가맹사업자의 품질검사에 협조하여야 한다.

④ 가맹사업자와 가맹계약자는 식품위생법과 기타 관련법률의 규정에서 정한 설비와 장비를 갖추어 상품·자재의 성질에 적합한 방법으로 상품·자재를 운반·보관하여야 한다.

⑤ 가맹사업자는 가맹사업의 목적달성을 위한 필요한 범위를 벗어나서 가맹계약자에게 상

품·자재를 자기 또는 자기가 지정한 자로부터만 구입하게 할 수 없다.
⑥ 가맹계약자는 가맹사업자의 허락 없이 공급받은 상품·자재를 타인에게 제공하거나 대여할 수 없다.

제24조 (상품의 하자와 검사) ① 가맹계약자는 상품·자재를 공급받는 즉시 수량 및 품질을 검사한 후 그 하자 유무를 서면으로 가맹사업자에 통지하여야 한다.
② 상품·자재의 성질상 수령 즉시 하자를 발견할 수 없는 경우에는 6개월 이내에 이를 발견하여 통지하고 완전물로 교환을 청구할 수 있다.
③ 가맹계약자가 검사를 태만히 하여 손해가 발생한 경우에는 반품·수량보충·손해배상을 청구할 수 없다. 단, 가맹사업자가 하자 있음을 알면서 공급한 경우에는 가맹계약자는 제2항의 기간과 상관없이 가맹사업자에게 손해배상 등을 청구할 수 있다.
④ 가맹사업자는 그의 상표를 사용하여 공급한 상품·자재의 하자로 인하여 소비자나 제3자가 입은 손해에 대하여 책임을 진다. 그러나 가맹사업자는 그가 공급하지 않은 상품·자재를 가맹계약자가 판매하여 제3자에게 손해를 가한 경우에는 책임을 지지 않는다.
⑤ 계약이 기간만료, 해지로 인해 종료한 때에는 가맹계약자는 공급된 상품·자재 중에서 완전물을 가맹사업자에 반환하여야 하며, 이 경우 가맹사업자는 출고가격으로 상환한다. 그러나 하자물에 대해서는 그 상태를 감안하여 가맹사업자와 가맹계약자의 협의로 상환가격을 정한다.

제25조 (상품공급의 중단)
① 가맹사업자는 다음의 경우에 1주일 전에 서면으로 예고한 후 가맹계약자에 대한 상품·자재의 공급을 중단할 수 있다. 이 경우 재공급조건을 지체 없이 가맹계약자에게 통지하여야 한다.
1. 가맹계약자가 (　)개월에 걸쳐 3회 이상 상품·자재의 대금지급을 연체하는 경우
2. 가맹계약자가 2회 이상 정기납입경비의 지급을 연체하는 경우
3. 가맹계약자가 정기납입경비의 산정을 위한 총매출액 또는 매출액 증가비율을 3회 이상 허위로 통지하는 경우
4. 가맹사업자의 품질관리기준을 3개월에 3회 이상 위반하는 경우
5. 가맹계약자의 채무액이 계약에서 정한 한도액을 초과하는 경우
6. 가맹계약자가 가맹사업자와의 협의 없이 점포 운영을 5일 이상 방치하는 경우
7. 가맹계약자가 가맹사업자와 약정한 판매촉진활동을 이행하지 않는 경우
8. 가맹계약자가 노후된 점포설비의 교체·보수의 요청에 따르지 않는 경우
9. 가맹계약자의 종업원이 규정된 복장을 착용하지 않는 경우

② 가맹사업자는 다음의 경우에는 즉시 상품의 공급을 중단할 수 있다.
1. 가맹계약자가 파산하는 경우
2. 가맹계약자가 발행한 어음·수표가 부도처리되는 경우
3. 가맹계약자가 강제집행을 당하는 경우
4. 천재지변이 있는 경우

제26조 (영　업) ① 가맹계약자는 주 (　)일 이상 월 (　)일 이상 개장하여야 하고 연속하여 (　)일 이상 휴업할 수 없다.

② 가맹계약자가 휴업할 경우에는 사전에 가맹사업자에 사유를 기재한 서면으로 통지하여야 한다.

제27조 (복 장) ① 가맹계약자 및 종업원은 가맹사업자가 지정한 복장을 착용한다.
② 가맹사업자는 종업원의 복장을 지정한 경우에는 복장의 색깔, 규격을 서면으로 통지한다.
③ 가맹사업자는 가맹계약자의 청구에 따라 종업원의 복장을 공급할 수 있다.

제28조 (보고의무) ① 가맹계약자는 년 ( )회 매출상황과 회계원장 등을 가맹사업자에 서면으로 보고하여야 한다.
② 가맹계약자는 가맹사업자가 파견한 경영지도위원의 서면에 의한 요구가 있을 때에는 장부 등 서류를 제시하여야 한다.
③ 가맹계약자는 가맹사업자로부터 사용허가를 받은 상호, 상표, 서비스표, 특허권 등에 대한 침해를 이유로 제3자가 소를 제기한 경우에는 이를 가맹사업자에 보고하여야 한다.

제29조 (보 험) ① 가맹사업자는 가맹계약자에게 그의 영업상의 과실, 상품의 하자, 점포의 화재로 인하여 소비자나 제3자가 입은 손해를 배상하기 위하여 보험가입을 권유할 수 있다.
② 가맹계약자는 자신의 책임으로 보험업자, 보험의 종류, 피보험자를 정한다.

제30조 (가맹계약자의 의무) ① 가맹계약자는 계약 및 경영상 알게 된 가맹사업자의 영업상의 비밀을 계약기간은 물론이고 계약종료 후에도 제3자에게 누설해서는 안 된다.
② 가맹계약자는 가맹사업자의 허락 없이 교육과 세미나자료, 편람의 내용 등을 인쇄 또는 복사할 수 없다.
③ 가맹계약자는 계약의 존속 중에 가맹사업자의 허락 없이 자기 또는 제3자의 명의로 가맹사업자의 영업과 동종의 영업을 하지 않는다.

제31조 (가맹사업자의 의무) ① 가맹사업자는 가맹사업계약을 체결하는 과정에서 가맹희망자들이 가맹 여부를 적정하게 판단할 수 있도록 필요한 자료 및 정보를 충분히 공개하여야 한다.
② 가맹사업자는 가맹희망자들의 요구가 있을 때에는 다음의 자료 및 정보를 서면으로 제공하여야 한다.
1. 가맹사업자의 재무상황, 등기부등본, 최근 5년간의 사업경력, 가맹사업과 관련하여 진행중인 소송
2. 계약체결시 또는 계약체결후 부담해야 할 가입비, 정기납입경비(로얄티), 계약이행보증금, 기타 공과금 등의 금전에 관한 내용
3. 상품·자재의 공급조건, 경영지원과 이에 대한 대가지급방법, 영업의 통제사항, 계약의 해제·해지
4. 가맹희망자가 운영할 점포 인근지역의 가맹계약자현황, 가맹사업자가 제시한 예상 매출액 산정내역

제32조 (지연이자) 제8조 제4항, 제10조 제2항 등에 의해 가맹사업자가 가맹계약자에게 금전을 지급해야 하는 경우나 제9조 제3항, 제18조 제4항 등에 의해 가맹계약자가 가맹사업자에게 금전을 지급해야 하는 경우에, 그 지급기간을 경과하면 미지급액에 대하여 지급기간 경과일의 다음날로부터 지급하는 날까지 연 이율 ( )%의 지연이자를 가산한다.

제33조 (재판의 관할) 이 계약에 관한 소송은 가맹계약자의 주소지나 점포소재지를 관할하는 법원으로 한다. 다만, 가맹사업자와 가맹계약자가 합의하여 관할법원을 달리 정할 수 있다.

20○○년　○월　○일

<table>
<tr><td rowspan="2">가 맹
사업자</td><td>주　소</td><td colspan="5"></td></tr>
<tr><td>성　명
또　는
상　호</td><td>인</td><td>주민등록번호
또　는
사업자등록번호</td><td>–</td><td>전 화
번 호</td><td></td></tr>
<tr><td rowspan="2">가 맹
계약자</td><td>주　소</td><td colspan="5"></td></tr>
<tr><td>성　명
또　는
상　호</td><td>인</td><td>주민등록번호
또　는
사업자등록번호</td><td>–</td><td>전 화
번 호</td><td></td></tr>
</table>

[서식 485] 프랜차이즈계약서

프랜차이즈계약서

주식회사 ○○○○사업부(이하 "본부"라 한다)와 ○○○은(이하 "가맹점"이라 한다)는 다음과 같이 가맹점계약을 체결한다.

제1조【가입 승인】

1. 본부는 가맹점에 대해 본부가 개발 제조하는 제품을 판매하는 것을 승인함과 동시에 가맹점의 판매활동에 대하여 적극적으로 협력한다.
   가. 점 포 명 : ○○○○
   나. 대 표 자 : ○ ○ ○
   다. 점포소재지 : ○○시 ○○구 ○○대로 ○○○○ 소재
   라. 점포규모 : ○○○㎡
2. 본부는 본부가 가지고 있는 및 기타 본부가 지정하는 상표 및 상호를 가맹점이 사용하는 것으로 승인한다.

제2조【계약기간】

1. 본 계약기간은 20○○년 ○월 ○일부터 20○○년 ○월 ○일까지로 한다.
2. 전항의 기간만료 2개월 전까지 본부 또는 가맹점의 어느 한쪽에서 갱신거절의 통지를

하지 않는 한 종전과 동일한 조건으로 다시 1년간 연장되는 것으로 하며 이후에도 전례에 따르는 것으로 한다.

제3조【가맹금】

1. 가맹점은 본부가 가맹점에게 영업과 관련한 각종 영업표지 및 ○○○○를 제공하는 대가로서 최초 계약체결시 가맹금을 납입하여야 하며, 동 가맹금은 반환되지 않는다. 단, 본부의 귀책사유로 인한 계약해지 시와 영업개시 전 계약해지 시 등에는 그러하지 아니한다.
2. 제2조 1항의 계약연장 시에는 가맹금의 추가납입은 없는 것으로 한다.
3. 계약기간 중 가맹금 대표자의 명의변경에 따르는 영업의 양도, 양수는 본부의 사전 승인을 받아야 하며 본조 4항의 경우를 제외하고는 가맹금을 본부에 납입하여야 하고 계약기간 만료시의 재계약은 제2조 2항에 따른다.
4. 계약기간 중 가맹점 대표자의 명의변경 시라도 다음 각 호의 경우에는 영업의 승계로 보아 가맹금 추가납입을 면제한다.
   가. 법인의 대표자 명의변경
   나. 직계 존비속간 또는 배우자간의 승계
   다. 동업자 간의 대표자 명의변경
   라. 개인이 법인을 설립하여 그 법인의 대표자가 될 때
   마. 법인사업자를 개인사업자로 변경하는 경우로서 그 대표자가 일치할 때
   바. 가맹점 대표자가 대표자 명의변경 없이 점포 소재지를 이전하여 계속 영업할 때.

제4조【권리이전의 금지】가맹점은 본부의 승인 없이 본 계약상의 권리를 제3자에게 양도하거나 담보로 제공할 수 없다.

제5조【용어의 정의】

1. 제품이라 함은 본부가 소비자에게 판매하도록 승인한 메뉴품목을 말한다.
2. 상품이라 함은 제품제조 및 판매에 소요되는 냉동품, 냉장품, 일반원료 포장재 등을 말한다.
3. 판촉물이라 함은 판매촉진을 위해 소요되는 가격 표시물 POP, 포스터, 전단지, 스티커, 행거 등을 말한다.
4. 판매장비라 함은 제품제조 및 판매에 필요한 기기류 등을 말한다.
5. 집기비품이라 함은 제품제조 및 점포운영에 소요되는 테이블류 및 기타 비품류를 말한다.

제6조【상품의 공급 등】

1. 가맹점은 가맹사업의 이미지 통일을 위하여 본부가 공급 또는 지정하는 상품을 취급하여야 한다.
2. 본부는 가맹점의 배송 신청서에 의거 본부가 정한 배송일정계획에 따라 차량 또는 기타의 방법으로 성실의 공급한다.
3. 본부는 다음 각 호의 경우 상품 공급의 일부를 제한하거나 중단할 수도 있다.
   가. 천재지변 또는 물품 공급처의 긴급한 사정이 발생할 때.
   나. 가맹점에 대한 채권이 본부가 정한 채권관리한도액을 초과할 때.
4. 가맹점이 공급 받은 상품에 대한 반품이나 교환은 본부가 정한 규정에 의거 처리한다.

제7조【대금납입】

1. 가맹점은 신규점포의 경우 판매장비 및 집기비품의 선수금으로 금 ○○○원(₩○○○)을 현금으로 계약체결 시 본부에 납입하여야 하며, 잔금은 점포개점일까지 납입 정산하여야 한다. 단, 본부의 사정이 아닌 가맹점의 귀책사유로 인해 점포 개점이 지연되는 경우에는 본 조항에도 불구하고 가맹점은 판매장비 시운전 완료일부터 10일 이내에 잔금을 납입하여야 한다.
2. 가맹점이 본부로부터 공급받은 상품 등의 대금정산은 상품을 인수함과 동시에 현금으로 결제한다.
3. 납입일이 일요일 또는 공휴일인 경우에는 다음날을 납입일로 한다.

제8조【계약해지】

1. 본부는 가맹점에 대하여 다음 각 호에 해당하는 경우가 발생할 때에는 계약을 해지할 수 있다.
   가. 본 계약상의 청구에 의한 대금납입이 연속 2회 이상 연체된 경우
   나. 본 계약 제4조 및 제6조 제1항을 위반한 경우
   다. 가맹점에서 발행 또는 배서한 수표, 어음 기타 유가증권 등이 부도가 확정되어 본부가 지정한 납기일 내 입금치 못한 경우
   라. 가맹점의 연체금액이 채권 관리 한도액을 초과하여 본부가 상당한 기간을 정하여 채권관리 한도액 범위 내로의 축소를 요청하였으나 이를 이행하지 아니한 경우.
   마. 가맹점이 가압류, 압류, 가처분 기타 강제집행 조치를 당하여 본부가 상당한 기간을 정하여 해제 등의 조치를 요구하였으나 이를 이행하지 아니한 경우.
2. 가맹점은 정당한 사유가 있을 때에는 계약기간 중이라도 2개월의 유예기간을 두고 본 계약을 해지할 수 있다.
3. 본 조에 의거 계약해지될 경우 가맹점은 계약해지일로부터 10일 이내 연체대금 전액을 본부에 납입하여야 한다.

제9조【대여장비】

1. 본부는 가맹점의 판매를 지원하기 위해 판매장비를 대여할 수 있으며, 대여 받은 장비는 본부가 정한 용도에 한하여 사용하여야 하며 판매 또는 질권설정 등 담보의 목적물로 사용될 수 없다
2. 가맹점의 고의 또는 과실로 분실 또는 파손되어 사용이 불가능할 경우에는 본부의 규정에 의한 감가상각비용을 제외한 잔존가액으로 배상함을 원칙으로 한다.
3. 본조 위반을 사유로 대여장비의 반환을 본부가 요청할 시에는 가맹점은 즉시 반환하여야 하며 도장이나 파손 상태로 반환할 수 없다.
4. 가맹점은 대여장비를 관리함에 있어 보수유지에 따른 비용은 가맹점이 부담하여 자체수리를 원칙으로 하고 필요 시 본부는 수리 업체를 지정할 수도 있다.

제10조【본 계약종료 후의 처리】 본 계약종료 후 가맹점은 ○○○가맹점으로 보이지 않도록 될 때까지 즉시 영업을 중지하여야 하며 제1조 2항의 상표 및 상호 사용을 즉시 중지하여야 한다.

제11조【기밀엄수의무】 가맹점은 본 계약상 및 점포 경영상 인지한 본부 및 본부에 관련된

기업의 기밀을 계약기간은 물론이고 계약종료 후에도 제3자에게 알려서는 안되며, 또 본부에 불리한 일을 해서는 안된다. 만일 본 조를 위반할 경우 그에 대한 손해를 배상하여야 한다.

제12조【교육의무 및 연수회의】

1. 가맹점의 점포관리자는 본부가 실시하는 점포관리자교육 기초과정을 교육 받아야 하며 본 교육 미수료자는 점포 근무자로 근무할 수 없다.
2. 본부는 가맹점 점포관리자 등에 대하여 교육 및 회의를 실시할 수 있으며 가맹점은 이에 응하여야 한다.

제13조【점포시설】

1. 가맹점의 판매장비 및 비품은 본부가 정하는 동종의 규격 및 모델로 설치하여야 한다.
2. 가맹점의 점포시설 및 판매장비 등의 배치는 본부가 지정하는 LAY-OUT에 의거 설계 시공되어야 하며 안전관리 등의 법규를 준수하여야 한다.
3. 점포시공에 따른 인허가 사항은 가맹점 책임과 경비로 한다.
4. 가맹점은 청결한 점포 환경 유지에 책임이 있으며 노후된 점포시설은 교체 또는 보수해야 한다.

제14조【경영지도】 본부는 필요한 경우 가맹점에 대해서 하기 경영지도를 실시한다.

1. ○○○○제품 소개와 판매 증진 지도.
2. 점포의 경영, 경리, 세무 등 점포 경영상 발생하는 여러 문제에 대한 분석지도.
3. 가맹점이 본부에 대해 본부 훈련요원의 파견을 요청하고 본부가 그 파견이 필요성을 인정할 경우, 또 본부가 독자적으로 본부 훈련요원의 파견이 필요하다고 판단할 경우, 본부는 즉시 본부 훈련요원을 파견할 수 있다. 파견에 소요되는 비용은 별도로 정한다.

제15조【보고의무】

1. 가맹점은 본부가 정하는 기준에 의거 지정한 기간 내에 성실하게 보고하여야 한다.
2. 가맹점은 본부가 파견한 SUPERVISOR 및 이에 준하는 경영지도요원의 요청이 있을 경우 즉시 장표류 일체를 제시하여야 한다.

제16조【영업시간준수】 가맹점은 본부와 협의 결정한 영업휴무일 및 영업시간을 준수하여야 한다.

제17조【위생관리 및 인허가 준수】 가맹점은 식품위생법 및 축산위생물처리법 등 관계 법규 및 행정지도를 준수하여야 하며 이를 위반 했을 경우 본부는 이에 대한 책임을 일절 부담하지 않는다.

제18조【피복관리】 점포 관리자 및 종업원은 본부가 지정한 피복을 착용하여야 하며 항상 청결을 유지하여야 한다.

제19조【광고선전】

1. 본부는 가맹점의 판매증진을 위하여 캠페인, 신문, TV, 잡지, 라디오, 극장 등의 광고선전 활동을 본부의 계획과 비용으로 집행한다.
2. 본부는 가맹점의 판매증진을 위하여 판촉물 등을 지원할 수 있으며 그 비용은 본부가

전부 또는 일부를 부담할 수 있다.

제20조 【보증금】

1. 가맹점은 본부에서 공급하는 상품 등에 대한 채무이행을 담보하기 위하여 보증금 ○○○○을 현금으로 계약체결 시 본부에 납입하여야 한다.
2. 점포개발 후 매출증대로 보증금이 본부의 규정에 미달될 경우에는 가맹점은 미달되는 보증금을 본부에 추가 납입하여야 한다.

제21조 【점포개발】 본부는 기존 점포의 상권에 영향을 미치지 않는 범위 내에서 직영점뿐만 아니라 가맹점을 추가로 개발 운영하는 권리 및 가맹점 방식 이외의 기타 방식으로도 상품을 판매할 권리를 갖는다.

제22조 【소유권 유보】 본 계약과 관련하여 가맹점에 인도된 판매장비, 집기 비품, 상품의 소유권은 제7조에 정한 대금납입이 완료될 때까지 본부의 소유물이며 대금완납과 동시에 가맹점에게 소유권이 이전된다.

제23조 【상 계】 가맹점은 제7조에 정한 대금을 계약 종료 후 연체하였을 때, 본부는 기 납입받은 보증금에서 선 발생채권부터 우선 상계할 수 있다.

제24조 【가맹점 운영규칙 준수의무】 본부는 성실한 계약이행을 위하여 가맹점 운영규칙을 제정하여 가맹점에 통보하며 가맹점은 이를 준수해야 한다. 단, 본부는 가맹점운영규칙 제정 또는 개정 시 가맹점의 사정을 충분히 검토해야 할 의무를 진다.

제25조 【계약내용의 변경 및 해석】

1. 계약내용의 변경
   가. 제1조 제1항 각 호 및 기타 본 계약의 내용을 부득이한 사유로 변경할 필요가 있을 경우 본부는 가맹점과 협의하여 계약내용의 전부 또는 일부를 변경할 수 있다.
   나. 가맹점은 본부가 전호에 의거 계약내용의 변경협의를 요구할 경우에는 특별한 사정이 없는 한 이에 응해야 한다.
2. 계약의 해석
   가. 본 계약의 제19조, 제24조 등을 시행함에 있어서 그 구체적인 사항은 본 계약에 위반되지 않는 범위 내에서 상호 협의 하에 정한다.
   나. 본 계약에 명시되지 아니한 사항은 일반 상관례에 따른다.

제26조 【점포 폐점시의 처리】 폐점 점포의 판매장비는 본부에서 판매한 기기에 한하여 감가상각에 의한 잔존가액으로 본부는 가맹점과 협의하여 인수할 수 있다.

제27조 【확인사항】 본부와 가맹점은 점포운영의 성공여부, 이윤발생, 매출액 등에 대하여 보장이나 보증을 서로 하지 않았음을 확인한다.

제28조 【기타사항】

위와 같이 본 계약이 유효하게 성립하였음을 각 당사자는 증명하면서 본 계약서 2통을

작성하여 각각 서명(또는 기명) 날인한 후 "본부"와 "가맹점"이 각각 1통씩을 보관한다.

20○○년 ○월 ○일

갑	㊞	사 업 자 등 록 번 호		사 무 소	
				전화번호	
을	㊞	주민등록번호		주 소	
				전화번호	

[서식 486] 프랜차이즈계약서

프랜차이즈계약서

가맹점 본부 주식회사 ○○○○(이하 "갑"이라 칭한다)와 개맹점 대표 ○○○(이하 "을"이라 칭한다) 간에 다음과 같은 프랜차이즈계약을 체결한다.

제1조【가맹점의 가입】 본부는 가맹점인 아래 점포에서 본부가 제공하거나 본부가 지정하는 상품을 판매하는 것을 승인함과 동시에 가맹점의 판매 활동에 대하여 본부는 적극적으로 협조키로 한다. 가맹점은 주방 기기, 집기 부품 기타 본부가 지정한 점포 운영 비품을 구입해야 하며 본부가 지정한 품목 이외의 제품은 판매할 수 없다.

1. 가맹점 소유자 :
2. 주소 :
3. 점포 규모 : ㎡( )평

제2조【상표, 상호의 변용】 본부는 가맹점에 대하여 본부가 소유한 상표 및 상호를 사용토록 하며 이를 사용함에 있어 본부가 승인하지 않는 범위에는 적용할 수 없다.

제3조【가맹금】 가맹점은 본 계약 체결과 동시에 가맹금조로 금 ○○○○○원을 현금으로 본부에 납입하여야 한다. 가맹금은 어떠한 경우에도 반환할 수 없으며 계약기간 종료 후 재계약의 경우 가맹금은 재계약일 현재의 타 가맹점이 입금시키는 가맹금의 ○○)%로 한다. 단, 점포 평수 ○○평 이상일 때의 가맹금은 ○○○% 추가 계산하여 본부에 납입하여야 하며 재계약시의 가맹금도 이 비율에 의해 계산한다.

제4조【로열티 지불】 가맹점은 매월 총 매출액의 ○○%를 로열티조로 본부에 지불하여야 한다. 지불기일은 다음달 15일까지로 하며 본부가 지정하는 은행 구좌에 입금토록 한다. 단, 개점일부터 월말까지 일자가 10일 미만일 때는 차월분과 합계하여 차차월 15일까지 입금키로 한다.

제5조【계약기간】 본 계약의 유효기간은 계약체결일로부터 ○년간으로 하며, 기간만료 6개월 전 본부 및 가맹점 쌍방의 해약신청이 없으면 ○년간 자동연장되는 것으로 하며, 그 이후도 동일한 방법에 의하여 계약기간을 연장한다.

제6조【권리 이전의 금지 등】 가맹점은 본부의 승인 없이 명의변경을 할 수 없으며, 본 계약서상에 결정된 권리를 제3자에게 양도하거나 담보로 제공할 수 없다.

제7조【대금지불】

1. 가맹점은 신규 개점의 경우 본부에 대하여 아래와 같이 해당대금을 지불하여야 한다.
   가. 주방기기, 집기, 비품 등 : 인도일까지
   나. 연수비 : 연수개시 전일까지
   다. 보험료 : 개점일까지
2. 가맹점이 본부로부터 공급받는 제품, 원재료, 소모품 기타의 용품에 대한 대금결제는 매월 ○○일을 기준으로 종합계산하고 차월 10일까지 본부가 지정하는 은행구좌에 입금시켜야 한다.

제8조【과태료 지급】 가맹점이 제4조 및 제7조에 정한 각종 대금을 지정한 일자까지 지불하지 않을 때는 지급일로 부터 15일까지는 5%, 지급일로부터 30일까지는 10%에 해당하는 과태료를 지불하여야 한다. 단 30일을 초과하여도 대금을 입금치 않을 때는 식자재공급 중단 등을 행할 수 있으며 가맹점은 이에 대해 이의를 제기할 수 없다.

제9조【계약의 해제】

1. 가맹점이 다음의 행위를 하였을 때 본부가 일정 기간을 두고 그 시정을 최고하여도 이를 이행하지 않을 때 본부는 본 계약을 해약할 수 있다.
   가. 계약상의 대금지불이 3회 이상 연체되었을 때
   나. 가맹점이 본부의 신용을 현저히 떨어뜨린 행위를 하였을 때
   다. 가맹점이 본부의 지시나 담당 직원의 지시를 위반하거나 이행하지 않을 때
   라. 계약상의 각 사항에 대한 위반 행위가 있을 때
2. 가맹점이 다음의 행위를 했을 때 본부는 최고 없이 즉시 본 계약을 해제할 수 있다.
   가. 가맹점이 발행한 수표, 어음 등에 부도가 발생할 때
   나. 가맹점이 가압류, 가처분, 강제집행, 경매, 대납처분 등을 받거나 파산, 회사정리, 특별청산 등의 신청을 했을 때
   다. 가맹점의 신용상태가 극히 악화되어 물품대금 등의 지불이 곤란할 때 단, 계약해제시에는 가맹점이 본부에 지불해야 하는 일체의 대금은 본부가 해약 통보를 한 날부터 3일 이내에 현금으로 본부에 입금시켜야 한다.

제10조【본 계약종료 후의 처리】 본 계약종료 후 가맹점은 다음의 의무를 이행하여야 한다.

1. 영업의 즉시 중지

2. 제2조에 정한 상표, 상호 기타 표시물의 사용 금지
3. 제21조에 정한 간판 등의 철거
4. 계약종료 후 2년간은 동일 장소에서 동종 또는 유사의 영업 행위 금지
5. 본부로부터 구입하거나 본부가 지정한 업체로부터 구입한 주방기기, 집기 비품, 영업용 비품 등의 처분은 반드시 본부와 합의한 후 하여야 한다.

제11조【비밀엄수 의무】 가맹점은 본 계약상 혹은 점포 운영상 체득한 본부의 영업에 관한 기밀사항을 계약기간 중이거나 종료 후에도 제3자에게 누설해서는 안된다. 만약 본부의 노하우에 관한 사항을 외부 제3자에 누설하여 본부가 불이익을 당하였다고 생각될 때는 본부는 손해배상을 청구할 수 있으며 가맹점은 이에 대해 이의를 제기할 수 없다.

제12조【해 석】 만약 본 계약 각 조항에 대한 이의가 있을 때 본부와 가맹점은 성의를 갖고 문제를 해결키로 한다.

제13조【종업원 스카웃 금지】 가맹점은 본부 직영 또는 타 가맹점으로부터 점포 관리자 및 파트타임 아르바이트 종사원을 사전 양해 없이 임의로 선발할 수 없다.

제14조【교육 훈련】

1. 가맹점은 경영자 및 점포 종사자를 선발하여 본부가 지정하는 장소와 지정하는 기간에 걸쳐 필요한 교육을 이수시켜야 한다.
2. 훈련에 소요되는 비용은 별도로 정한다.

제15조【개 점】 가맹점은 점포디자인, 내장공사, 레이아웃, 주방시설 등을 본부가 입안 설계한 내용대로 시행하여야 하며, 가맹점 임의로 제반 공사를 시행할 수 없다. 단 본부는 제반공사에 필요한 지도를 직접 행하거나 제3자에게 위임하여 지도할 수 있다.

제16조【경영지도 등】 본부는 필요한 경우 본부사원이나 수퍼바이저를 파견하여 아래와 같은 경영지도를 할 수 있다. 단 파견에 따르는 경비를 그 범위와 정액을 따로 정하여 시행한다.

1. 본부가 제공하는 각종 원재료 및 제품에 관한 특성 및 사용 방법
2. 당해 점포의 시장분석
3. 당해 점포의 매출 증진에 관한 사항
4. 당해 점포의 경영, 경리, 세무 담당
5. 기타 종업원 교육 지원 등

제17조【영업보고 의무】 가맹점은 본부가 지정하는 양식으로 영업보고서를 작성, 매월 단위로 다음달 5일까지 본부에 보고하여야 한다. 지역 수퍼바이저 또는 본부파견 직원이 가맹점의 장부를 열람할 수 있으며 가맹점은 이를 거부할 수 없다.

제18조【보험가입】 가맹점은 당해 점포에 대하여 본부가 지정하는 보험에 가입하여야 한다.

제19조【위생관리】 가맹점은 식품위생법 등 식품에 관한 각종 법규준수 사항을 철저하게 이행하여야 하며 위생상의 문제에 대한 책임은 전적으로 가맹점에 있다.

제20조【영업시간】 가맹점의 휴무 및 영업시간은 사전에 본부와 협의하여 결정하여야 하며 본부의 승인 없이 임의로 변경할 수 없다. 단, 종업원은 영업시간 중 본부가 지정한 유니폼을 착용하여야 한다.

제21조【광고, 선전】 가맹점은 판매촉진 등을 위한 캠페인 실시 신문, 잡지, 라디오, TV 등 광고매체를 이용해 광고, 선전 행위를 할 때에는 반드시 사전에 본부와 협의해야 한다. 또한 본부가 전국적으로 실시하는 광고, 선전 등에 대한 소요 비용은 본부의 방침에 따라 일부를 분담해야 한다. 단 본부는 사전에 광고 및 선전의 실시방법, 시기, 소요비용 및 당해 가맹점 분담금 내용 등을 사전에 가맹점에 통보하여야 한다.

본 계약을 증명하기 위하여 본 계약서 2통을 작성하여 각각 서명(또는 기명) 날인한 후 각각 1통씩을 보관한다.

20○○년 ○월 ○일

갑	㊞	사 업 자 등 록 번 호		사 무 소	
				전화번호	
을	㊞	주민등록번호		주 소	
				전화번호	

[서식 487] 프랜차이즈계약서

프랜차이즈계약서

주식회사 ○○○○(이하 "본사"라 한다)와 ○○○○ ○○점 대표 ○○○(이하 "가맹점"이라 한다)은 프랜차이즈에 관하여 다음과 같이 프랜차이즈계약(이하 "본 계약"이라 한다)을 체결한다.

제1조【목 적】 본 계약은 본사가 가맹점에게 본사가 제공하거나 본사가 지정하는 제품을 본사의 상호를 사용하여 판매할 수 있도록 동의함에 있어 필요한 제반사항을 정함을 그 목적으로 한다.

제2조【용어의 정의】 본 계약에서 사용하는 용어의 정의는 다음 각 호와 같다.

1. 제 품 : 가맹점이 본사의 동의를 받아 소비자에게 판매할 수 있는 품목
2. 부자재 : 제품의 제조 및 판매에 필요한 원료, 재료, 기타 소모품
3. 판촉물 : 포스터, 전단지, 책받침, 스티커, 기타 고객용 선물 등 제품의 판매촉진을 위한

일체의 홍보용품

4. 제조기기 : 제품의 제조에 필요한 일체의 기계 및 기기
5. 집기비품 : 제품의 제조나 판매, 점포의 운영에 필요한 일체의 비품

제3조【가맹점의 가입】 본사는 다음과 같은 가맹점에게 ○○○○ 및 기타 본사가 지정 또는 사용하는 등록상표 및 상호의 사용에 대하여 동의함과 동시에 가맹점의 판매 활동에 대하여 적극적으로 협조하기로 한다.

1. 점포명 : ○○○○ ○○점
2. 대표자 : ○○○
3. 점포 소재지 : ○○시 ○○구 ○○대로 ○○
4. 점포 규모 : ○○평

제4조【가맹금】 가맹점은 본 계약의 체결과 동시에 본사가 제공하는 상호, 상표 및 사업상의 노하우의 사용 대가로서 가맹금 ○○○○○원(₩ ○○○○○)을 현금으로 본사에 납입하여야 한다.

제5조【로열티 및 보증금】

1. 가맹점은 매월 로열티로 매출액의 5%를 다음달 15일까지 본사에 납입한다.
2. 본사는 가맹점에게 가맹점이 본사로부터 구입하는 부자재 또는 제품의 물품대금, 로열티, 기타 본사에 대한 채무 및 손해배상액을 담보하게 하기 위하여 본 계약 체결시 금 ○○○○○원(₩ ○○○○○)의 보증금을 예탁할 것을 청구할 수 있다. 이때 보증금에는 이자가 발생하지 아니하며, 본 계약이 해지 또는 종료된 경우 본사는 가맹점이 본사에 지급하여야할 모든 채무 및 손해배상액 등을 공제한 후 잔금은 지체없이 가맹점에게 반환하여야 한다.

제6조【초기시설투자비】

1. 가맹점은 점포의 인테리어공사비용, 본사가 제공하는 제조기기 및 집기비품의 대금 등을 포함하여 초기시설투자비로 금 ○○○○○원(₩ ○○○○○)을 본사에 납입한다.
2. 제1항에서 정한 초기시설투자비의 납입방법은 갑과 을이 협의하여 정한다.

제7조【점포시설】

1. 인테리어를 포함하여 가맹점의 점포시설 및 제조기기 등의 배치는 본사가 정하는 표준안에 따라 설계 및 시공하여야 한다.
2. 가맹점의 제조기기 및 집기비품은 본사가 정하는 규격 및 모델로 설치한다. 다만, 가맹점이 기존에 동종의 제조기기나 집기비품을 보유하고 있는 경우 본사와 협의하여 이를 그대로 사용할 수 있다.
3. 점포의 시공과 관련된 인허가에 필요한 비용은 가맹점이 부담한다.

제8조【부자재 및 제품의 공급】

1. 가맹점은 본사가 공급 또는 지정하는 부자재 및 제품만을 구입, 판매 또는 취급하여야 하며, 본사가 허가하지 아니하는 다른 부자재이나 제품을 구입, 판매 또는 취급하여서는 아니된다.
2. 본사는 본사의 배송일정계획에 따라 가맹점이 요청하는 부자재 및 제품을 적절하게 공급

하여야 한다.

3. 본사는 다음 각 호의 경우 가맹점에 대한 부자재 및 제품의 공급의 전부 또는 일부를 중단할 수 있다.
   가. 천재지변 또는 물품공급처에 긴급한 사정이 발생하는 경우
   나. 가맹점의 본사에 대한 채무가 본사가 정한 채권관리 한도액을 초과하는 경우
   다. 가맹점이 정당한 사유 없이 부자재이나 제품의 물품대금의 지급을 지연하는 경우
   라. 가맹점이 정당한 사유 없이 본 계약에서 정한 사항을 위반하는 경우
4. 가맹점이 제1항에서 정한 사항을 위반하는 경우 본사는 본 계약을 해지하기 전이라도 부자재 및 제품의 공급을 전부 중단할 수 있다.
5. 부자재 및 제품의 가맹점에 대한 공급가격 및 제품의 소비자에 대한 판매가격은 본사가 정한다.
6. 가맹점은 본사로부터 부자재이나 제품을 인수하면 지체 없이 부자재이나 제품의 물품대금을 본사에 납입하여야 한다.
7. 본사가 공급하는 부자재이나 제품의 관리책임은 가맹점이 당해 부자재이나 제품을 인수함과 동시에 가맹점에게 이전하며, 가맹점은 관련 법령 및 인허가상의 조건 등을 준수하여야 한다.
8. 가맹점은 본사의 서면에 의한 사전 동의없이 본사로부터 공급받은 부자재이나 제품을 제3자에게 제공하거나 대여할 수 없다.

제9조【영업의 승계】 가맹점은 다음 각 호와 같은 사유가 발생하는 경우 본사로부터 서면에 의한 사전 동의를 받아 본 계약에 따른 영업을 계속할 수 있다.

1. 가맹점이 법인인 경우 법인 대표자를 변경하는 경우
2. 개인사업체인 가맹점의 대표자의 직계존비속간에 영업을 승계하는 경우
3. 개인사업체인 가맹점의 동업자간에 대표자 명의를 변경하는 경우
4. 개인사업체인 가맹점을 법인으로 변경하는 경우
5. 법인인 가맹점을 개인사업체로 변경하는 경우
6. 점포를 다른 장소로 이전하여 영업을 계속하는 경우

제10조【보험가입】 가맹점은 개점일전까지 당해 점포에 대하여 본사가 지정하는 보험에 가입하여야 한다.

제11조【경영지도】

1. 본사는 필요한 경우 가맹점에 관리사원을 파견하여 다음과 같은 내용에 대하여 경영지도를 할 수 있다.
   가. 본사가 제공하는 각종 부자재 및 제품의 특성 및 사용방법
   나. 당해 점포의 시장분석
   다. 당해 점포의 판매증진을 위한 활동지도
   라. 당해 점포의 경영, 경리, 세무, 기타 점포경영상 발생할 수 있는 각종 문제에 대한 분석, 상담 및 지도
   마. 기타 종업원 교육지원 등
2. 가맹점은 본사에 훈련사원의 파견을 서면으로 요청할 수 있으며, 파견의 필요성이 인정될

경우 본사는 지체 없이 훈련사원을 파견한다. 훈련사원의 파견에 따른 비용은 본사가 정하는 기준에 따라 가맹점이 부담한다.

3. 가맹점은 본사에서 파견하는 관리사원 및 훈련사원의 경영지도 활동에 적극적으로 협조한다.
4. 본사가 관리사원 등을 통하여 취득한 정보를 토대로 하여 가맹점에게 영업, 제품의 판매방법, 컴퓨터 관리, 점포시설의 개·보수 등 제반업무에 관하여 개선지시를 내리는 경우 가맹점은 이를 준수하여야 한다.

제12조【영업보고】

1. 가맹점은 본사가 요청하는 사항에 대하여 본사가 정하는 기준과 일정에 따라 본사에 보고하여야 한다.
2. 본사가 파견하는 관리사원 및 이에 준하는 경영지도 요원은 필요한 경우 장부 등 가맹점의 일체의 서류를 열람할 수 있으며, 가맹점은 정당한 사유 없이 이를 거부할 수 없다.

제13조【영업시간】 가맹점의 휴무 및 영업시간은 사전에 본사와 협의하여 결정하여야 하며 본사의 동의 없이 임의로 변경할 수 없다.

제14조【복 장】 본사에서 지정하는 복장이 있는 경우 가맹점의 종업원 등 가맹점의 점포 내에서 소비자에게 서비스를 제공하는 자는 이를 착용하여야 한다.

제15조【광고 및 선전】

1. 본사는 지역정보지, 신문, 잡지, 라디오, 케이블TV, 공중파 TV, 기타 매체에 판매촉진을 위한 광고 및 선전활동을 적절하게 하여야 하며, 그 비용의 일부를 가맹점에게 청구할 수 있다.
2. 본사는 제1항과 같은 광고를 할 경우 광고 및 선전의 실시방법, 시기, 소요비용 및 당해 가맹점의 분담금 등을 사전에 가맹점에게 통보하여야 한다.
3. 가맹점이 판매촉진을 위하여 단독으로 제1항과 같은 매체를 이용하여 광고나 선전행위를 하고자 할 경우 반드시 사전에 본사와 협의하여야 한다.

제16조【판촉물】

1. 본사는 가맹점의 판매 증진을 위하여 필요한 경우 가맹점에게 판촉물을 제공할 수 있다.
2. 가맹점은 판매 증진을 위하여 본사와 미리 협의한 후 판촉물을 제작하여 배포할 수 있다.

제17조【운영규칙】 본사가 가맹점 운영규칙을 제정하여 가맹점에게 통보하는 경우 가맹점은 이를 준수하여야 한다.

제18조【비밀준수의무】 본사 및 가맹점은 본 계약의 이행과정에서 알게 된 상대방의 영업비밀이나 고객관련정보를 본 계약기간 중은 물론 본 계약의 종료 이후에도 제3자에게 유출하거나 본 계약의 이행 이외의 목적으로 사용하여서는 아니된다.

제19조【통지의무】 "갑"과 "을"은 본 계약 체결당시에 알고 있는 상호, 대표자, 소재지, 업종 및 기타 계약당사자의 주요사항이 변동되거나 합병, 영업양도, 부도, 화의, 회사정리, 파산 등 신용상태에 변경이 있거나 변경될 우려가 있는 경우 이를 지체 없이 상대방에게 통지하여야 한다.

제20조【계약기간】 본 계약의 유효기간은 계약체결일로부터 3년으로 하며, 기간만료 6월전까지 일방의 서면에 의한 별도의 의사표시가 없는 한 동일한 조건으로 3년씩 자동 연장된다.

제21조【계약의 변경】 본 계약의 일부 또는 전부를 변경할 필요가 있는 경우에는 "갑"과 "을"의 서면 합의에 의하여 이를 변경하고, 그 변경내용은 변경한 날 그 다음날부터 효력을 가진다.

제22조【권리·의무의 승계】 본 계약상의 모든 권리와 의무는 "갑" 또는 "을"의 합병, 영업양도, 경영위임 등의 경우에도 "갑" 또는 "을"의 합병회사, 영업양수인, 경영수임인 등에게 승계되며, "갑 또는 "을"은 그들로 하여금 본 계약상의 권리와 의무를 승계하는 것에 동의하도록 할 의무를 진다.

제23조【권리 등의 양도 등 금지】

1. 가맹점은 본사의 서면에 의한 동의 없이 대표자의 명의를 변경하거나, 본 계약에 따른 가맹점의 영업 등 본 계약상의 일체의 권리·의무를 제3자에게 양도·증여·대물변제·대여하거나 담보로 제공할 수 없다.
2. 가맹점은 본인 또는 제3자 명의로 본 계약에 따른 영업과 동종 또는 유사한 업종의 영업을 할 수 없다.

제24조【해제 및 해지】

1. 본사 또는 가맹점은 다음 각 호의 사유가 발생한 경우에는 계약기간에 관계없이 상대방에 대한 서면통지로써 본 계약을 해제 또는 해지할 수 있다.
   가. 상대방이 정당한 사유 없이 본 계약 또는 본 계약에 따라 별도로 체결한 약정에서 정한 사항을 위반하고 서면으로 시정요구를 받은 날로부터 7일 이내에 해당 위반사항을 시정하지 않은 경우
   나. 자신 또는 상대방에 대하여 주요재산에 대한 보전처분결정 및 강제집행, 국세 또는 지방세의 체납절차, 화의, 회사정리, 파산 등의 개시로 인하여 더 이상 계약유지가 곤란한 경우
   다. 기타 본 계약을 수행하기 어려운 중대한 사유가 발생한 경우
2. 제1항의 해제 또는 해지는 "갑과 을의 손해배상 청구에 영향을 미치지 아니한다.

제25조【종료 후의 처리】 본 계약이 해지 또는 종료된 경우 가맹점은 다음 각 호에 정한 사항을 이행하여야 한다.

1. 영업의 즉시 중지
2. 제3조에 정한 상표, 상호 기타 표시물의 사용 금지
3. 계약종료 후 2년간 동일 장소에서 동종 또는 유사 업종의 영업 금지
4. 본사로부터 제조기기, 집기비품 등을 구입한 경우 본사와 협의하여 이를 처분

제26조【계약의 유보사항】

1. 본 계약에서 정하지 아니한 사항이나 해석상 내용이 불분명한 사항에 대해서는 관계법령 및 상관습에 따라 상호 협의하여 결정한다.
2. 제1항과 관련하여 필요한 경우 "갑"과 "을"은 별도의 약정을 할 수 있으며, 이는 본 계약의 일부를 이룬다.

본 계약을 증명하기 위하여 본 계약서 2통을 작성하여 각각 서명(또는 기명) 날인한 후 각각 1통씩을 보관한다.

20○○년 ○월 ○일

갑	㊞	사 업 자 등 록 번 호		사 무 소	
				전화번호	
을	㊞	사 업 자 등 록 번 호		사 무 소	
				전화번호	

[서식 488] 프랜차이즈계약서

프랜차이즈 계약서

○○○(이하 "갑"이라 한다)와 ○○○(이하 "을"이라 한다)간에 "○○○○"의 경영에 관하여 다음과 같이 프랜차이즈계약을 체결한다.

제1조【프랜차이즈권 부여】

1. "갑"은 "을"에 대해서 "○○○○의 명칭 및 "갑이 개발한 "○○○○"의 경영 노하우(이하 "노하우"라고 한다)를 사용하여 통일적인 이미 지하에서 "○○○○"를 경영할 권리(이하 "프랜차이즈권"이라고 한다)를 부여하며, "을"은 "갑"의 지도와 지원을 받아 제3조에서 정한 점포에서 ○○○○를 경영하는 것으로 한다. 단, "을"은 어떠한 경우에서나 "갑"을 대리하는 것은 아니다.
2. "을"은 "갑" 또는 ○○○○의 신용 또는 이미지를 손상시키는 행위를 해서는 안된다.
3. "을"은 "갑"의 사전 서면에 의한 승낙 없이 다른 사업을 하거나 또는 "갑"이 인정하는 상품 이외의 물품을 판매하거나 또는 노무를 제공해서는 안된다.

제2조【노하우】

1. 본 계약에 있어서 노하우란 제6조에 근거하여 "갑"으로부터 "을"에게 대여되는 매뉴얼(이하 "매뉴얼"이라 한다), 그 외 "갑"이 "을"에게 부여 또는 제공하는 문서, 도면 기타 일절의 도서에 기재되어 있는 것은 물론, 문서 또는 구두로 "갑"으로부터 "을"에게 제공된 ○○○○의 경영에 관련된 일절의 사항을 말하며 다음의 사항을 포함한다.
   가. ○○○○의 명칭, 기타 "갑"의 상표 또는 서비스 마크

나. 점포의 구조, 내외장, 점포내 배열, 간판 등 ○○○○ 점포의 설치, 개수와 관련한 일절의 사항
다. 상품 매입가격, 매입방법, 기타 매입과 관련한 일절의 사항
라. 상품진열, 접객방법, 판매가격, 기타 판매와 관련한 일절의 사항
마. 종업원 교육, 훈련과 관련한 일절의 사항

2. "을"은 노하우를 준수하고 "을"의 종업원에게도 이것을 준수토록 해야 한다.

제3조【점 포】

1. "을"은 ○○시 ○○구 ○○대로 ○○에 ○○○○점포(이하 "점포"라고 한다)를 설치한다.
2. 점포의 구조, 내외장, 점포내 진열, 간판 등 "을"의 점포설치, 개수, 변경과 관련한 일절의 사항은 "갑"의 지시에 따라서 "을"의 비용부담으로 "을"이 실행한다.

제4조【비품 등】

1. "을"은 그 비용부담에 있어서 "갑"의 지시에 따라서 점포에 비품을 설치하고 "갑"의 승인을 얻어야만 한다. 이를 변경하는 경우도 마찬가지로 한다.
2. "을"은 "갑"이 지정하는 제복을 "갑으로부터 구입하고 점포 내에서는 이를 착용하며 "을"의 종업원에게도 이를 착용케 한다.

제5조【연 수】 "을은 "갑"이 지시하는 바에 따라서 "갑"이 주최하는 연수를 받도록 하고 "을"의 종업원에게 "갑"이 주최하는 연수를 받도록 해야 한다.

제6조【매뉴얼 대여·경영지도】 "갑"은 "을"에 대해서 노하우 일부를 기재한 매뉴얼을 대여하고 필요에 따라서, 또는 "을"로부터 요청이 있었을 시에는 "을"의 ○○○○경영에 대해 "갑"이 적당하다고 인정하는 범위 내에서 지도를 하기로 한다.

제7조【광고·선전】 "갑"은 그 비용부담에 있어서 ○○○○ 스토어 및 그 판매상품에 대해 광고·선전을 하기로 한다.

제8조【상품매입】

1. "을"은 점포에 있어서 판매하는 모든 상품을 "갑"으로부터 구입해야 한다.
2. "을"은 매일 오후 2시까지 익일 납입받아야 할 상품을 "갑"에게 주문하기로 하고 "갑"은 주문 들어 온 상품을 다음날 오전 8시까지 납입하기로 한다.
3. "갑"과 "을"간의 상품 매매가격은 "갑"이 정하는 바에 따르기로 하고 "을"은 매월 24일까지 전월 15일부터 당월 15일까지 "갑"으로부터 납입 받은 상품대금을 "갑"이 지정하는 은행계좌에 불입하기로 한다.
4. "을"이 "갑"으로부터 구입한 상품의 위험부담은 그 인도시를 기점으로 하여 "갑"으로부터 "을"에게 이전하는 것으로 하고 소유권은 그 매매대금이 완불될 때까지 "갑"에게 유보되는 것으로 한다.

제9조【상품 판매】

1. "을"은 "갑"이 지정하는 가격으로 상품을 현금으로 판매하는 것으로 한다.
2. "을"은 연중무휴이거나 적어도 오전 7시부터 오후 11시까지의 사이에 점포를 개점하여 영업을 실행해야 한다. 단, 점포수리 기타 사유에 따라서 미리 "갑"의 서면상 승낙을

얻은 경우는 제외된다.

제10조 【 로열티 】

1. "을"은 프랜차이즈권 부여 및 "갑"에 의한 경영지도의 대가로서 "갑"에 대해서 이니셜·로열티 및 런닝·로열티를 지불하기로 한다.
2. 이니셜·로열티는 금 ○○○원으로 하고 "을"은 본 계약 체결시에 그 금액을 현금으로 "갑"에게 지불하기로 한다.
3. "을은 "갑"에 대해서 매월 말일까지 전월 26일부터 당월 25일까지의 매상고(부가가치세 제외)의 8% 상당액 또는 금 ○○○원 중 어느 쪽이든 높은 금액을 런닝·로열티로서 "갑"이 지정하는 은행계좌에 불입한다.

제11조 【 보증금 】

1. "을"은 "갑"으로부터 구입한 상품의 매매대금 및 로열티 기타 "갑"에 대한 채무를 담보하기 위해 본 계약 체결과 동시에 금 ○○○원의 보증금을 "갑"에게 차입하기로 한다.
2. 전 항의 보증금에는 이자를 붙이지 않는다.
3. "을"이 "갑"에 대한 채무지불을 지연한 경우, "갑"은 언제나 제1항의 보증금을 이에 충당할 수 있는 것으로 한다. 이 경우, "을"은 바로 이로 인해 발생한 보증금 부족액을 보충해야 한다.

제12조 【 비밀유지 】

1. "을"은 노하우 기타 본 계약에 근거하여 알 수 있었던 "갑의 비밀을 엄격히 지키고 이를 제3자에게 개시 또는 누설하거나 또는 본 계약의 목적 이외의 목적을 위해 사용해서는 안된다.
2. "을"은 매뉴얼 기타 "갑"으로부터 대여 또는 제공받은 문서, 도면 기타 도서를 엄중히 관리하고 "갑"의 사전 서면에 의한 승낙 없이 이를 복사하고 제3자에게 열람케 하거나 또는 양도, 대여해서는 안된다.
3. "을"은 그 종업원에 대해서도 전 ②항의 의무를 준수토록 해야 한다.

제13조 【 권리의무의 양도 】 "을"은 "갑"의 서면에 의한 사전 동의가 없는 한 본 계약상의 지위, 본 계약에 근거한 권리의무 전부 또는 일부를 제3자에게 양도 또는 대여하거나 또는 담보목적으로 제공해서는 안되며 ○○○의 경영을 제3자에게 위임해서도 안된다.

제14조 【 손해배상 】

1. "갑" 또는 "을"이 본 계약에 위반하여 상대방에게 손해를 끼친 경우는 그 손해를 배상하기로 한다.
2. "을"이 전 ①항 규정에 위반했을 때는 "갑"은 그 손해 유무에 관계없이 제11조에 근거하여 "을"이 차입한 보증금을 몰수할 수 있는 것으로 한다.
3. "을"이 제17조 제2항 제2호 규정에 위반했을 때는 "갑"에 대하여 손해배상금을 지급하기로 한다.

제15조 【 해 약 】 "을"에 대해서 다음 각 호의 1에 해당하는 사유가 발생한 경우, "갑"은 어떠한 최고 통지할 필요 없이 즉시 본 계약을 해약할 수 있는 것으로 한다(해제사유 기재는 생략).

제16조【유효기간】

1. 본 계약은 "갑" 및 "을"이 본 서 2통에 서명날인하여 "을"이 "갑"에 대해서 제10조에 지정한 이니셜·로열티 전액을 지불하고 제11조에 지정한 보증금 전액을 차입했을 때에 효력을 발생하는 것으로 하고, 전 조에 근거하여 해약되지 않는 한 이후 ○○년간 효력을 가지는 것으로 한다.
2. 전 조에 근거하여 본 계약이 해약되거나 또는 전 항의 기간만료를 기점으로 본 계약이 종결한 후라 해도 제12조 내지 제14조 규정은 더욱 효력을 갖는 것으로 한다. 다음 조의 규정은 그 이행이 완료되기까지 동안 효력을 갖는 것으로 한다.

제17조【해약·종결시 조치】

1. 전 2조에 근거하여 본 계약이 해약되거나 또는 종결되었을 때는 "을"이 당연히 기한이익을 상실하고 "갑"에 대한 채무 전액을 즉시 지불하기로 한다.
2. 본 계약이 해약되거나 또는 종결되었을 때, "을"은 즉시 다음 각 호에서 지정한 조치를 실행하고 "갑"의 확인을 받아야 한다. 단, "을이 즉시 이러한 조치를 실행하지 않을 때는 "갑"이 직접 이러한 조치를 실행할 수 있는 것으로 하고 그 비용은 을의 부담으로 한다.
   가. 점포를 폐쇄하고 "갑"의 지시에 따라서 점포를 제3조 제2항에 근거하여 설치 또는 개수 이전의 원상태로 복구할 것
   나. 노하우 사용을 중지할 것
   다. 매뉴얼, 기타 "갑"으로부터 대여 받았거나 또는 제공받은 문서, 도면, 기타 도서 전부를 그 모든 사본과 함께 "갑에게 반환하거나 또는 "갑"이 지시하는 방법에 따라서 처분할 것
   라. "갑"으로부터 구입한 비품 및 제복을 "갑"의 지시에 따라서 처분할 것
3. "을"이 전 2항에 지정한 의무를 이행하지 않을 때, "갑"은 어떠한 최고통지도 필요없이 바로 제11조에 근거하여 차입한 보증금을 앞 2항에 지정한 변제에 충당할 수 있는 것으로 한다.
4. "갑"은 제1항 및 제2항에 지정한 "을"의 의무이행이 완료되었음을 확인한 경우는 지체없이 제11조에 근거하여 "을"이 차입한 보증금으로부터 전 항에 근거한 "을"의 변제에 대한 충당액을 공제한 잔액을 "을"에게 반환하기로 한다.

본 계약을 증명하기 위하여 본 계약서 2통을 작성하여 각각 서명(또는 기명) 날인한 후 각각 1통씩을 보관한다.

20○○년 ○월 ○일

<table>
<tr><td rowspan="2">갑</td><td rowspan="2">㊞</td><td rowspan="2">주민등록번호</td><td rowspan="2"></td><td>주 소</td><td></td></tr>
<tr><td>전화번호</td><td></td></tr>
</table>

을	㊞	주민등록번호		주　　소	
				전화번호	

[서식 489] 제품운송계약서

제품운송계약서

제조사 주식회사 ○○○○(이하 "갑"이라 한다)와 운송회사 주식회사 ○○○○(이하 "을"이라 한다)는 상호간에 다음과 같이 제품운송계약을 체결한다.

제1조【목 적】 본 계약은 "갑"이 생산한 제품을 "을"이 운반하는 것과 관련된 사항의 규율을 목적으로 한다.

제2조【전속계약】
1. "을"은 "갑"이 제조하는 제품 일체에 대한 운송업무를 본 계약의 유효기간 동안 전속으로 담당한다.
2. 제품의 운반과 관련한 일체의 책임은 "을"이 전적으로 부담하고 "갑"은 그에 대해 책임을 부담하지 아니한다. 다만, "갑"의 포장불량 기타 "갑"의 귀책사유가 명확한 경우에는 그러하지 아니하다.

제3조【프로그램 공유】
1. "을"은 "갑"의 제품의 운송 현황 및 화물의 위치 등에 관한 프로그램을 운용하여야 하며 해당 프로그램은 "갑"의 제품관리 프로그램과 연동이 가능하여야 한다.
2. 본 조의 원활한 업무를 위하여 상호 사용하는 프로그램의 연동화작업을 위하여 제3의 전문 프로그램 개발기관에 의뢰하고 관련 비용은 당사자 쌍방이 절반하여 부담한다.

제4조【대금결제】
1. "갑"은 매월 운송비를 정산하여 다음달 ○○일에 "을"에게 현금으로 지급하도록 하되 운송비의 산정은 유류대 및 차량 감가삼각비와 제세공과금, 기타 서비스료로 구분하여 산정한다.
2. 당사자 쌍방은 제1항의 산정액이 상호 차이가 발생할 경우 즉시 원인을 규명하되 분쟁이 해결되지 아니할 시 상호 서명날인된 배차일지를 기준으로 판단한다.

제5조【제품포장】
1. "을"은 각각의 제품에 대하여 진동 등으로 인한 흠집이나 마모가 발생되지 아니하도록 충분한 완충장치를 설치하여야 한다.

2. "을"은 우천으로 인하여 제품에 수분이 침투하지 아니하도록 방수포장에 만전을 기하여야 한다.
3. 제품의 고정끈에 대하여 운송도중 끊어지지 않도록 사전에 철저한 점검을 하여야 한다.
4. 본 조에 언급되지 아니하여도 "을"은 운송도중 발생할 수 있는 제품의 훼손 사태에 대비한 필요한 관련 조치를 취하여야 한다. 다만, 통상의 조치를 취한 경우에는 이를 모두 이행한 것으로 본다.

제6조【적재운반】 "을"은 제품의 상하차 시 안전한 상차 및 하차를 실시하도록 관련 장비 및 인력을 투입하여야 한다. 이 경우 전문요원의 지시가 필요한 경우 그의 지시에 따라 이행하여야 하며 "을" 단독의 적재운반을 할 수 없다.

제7조【안전운행】

1. "을"은 제품의 운송도중 전방 및 후방에 안전유도 차량을 배치하도록 하여야 한다.
2. 운송은 가급적 차량의 통행이 한적한 시간대를 이용하도록 하며 안전운행 규칙을 준수하여 안전사고를 미연에 방지하도록 한다.

제8조【대행금지】 "을"은 본 계약상의 운송 업무를 제3자로 하여금 대행하게 할 수 없으며 운송업무 전체는 "을"의 주관 및 감독 하에 이루어져야 한다.

제9조【계약기간】 본 계약의 유효기간은 20○○년 ○월 ○일부터 20○○년 ○월 ○일까지로 하되, 기간만료일로부터 ○일 이전에 어느 일방의 계약종료 통지가 없는 한 계약은 동일 조건으로 매 ○년씩 자동 연장되는 것으로 한다. 다만, 일방의 계약조건의 변경통지가 있을 시에는 기간의 만료일까지 협의가 되지 아니하면 계약은 자동 종료되는 것으로 한다.

제10조【해 지】

1. "을"이 운송 중 관리업무를 태만히 하여 사고가 발생하거나 본 계약상의 의무를 태만했을 경우 "갑"은 즉시 계약을 해지할 수 있고 이로 인하여 "갑"에게 손해가 발생 시에는 해당 손해의 배상을 청구할 수 있다.
2. "갑"이 운송대금을 지급하지 아니하는 경우에는 "을"은 지급을 최고하고 그럼에도 불구하고 이행하지 아니할 시 해지할 수 있다. 이러한 사유로 "을"이 운송계약을 해지한 경우 "갑"은 "을"에 대하여 본 미지급 금액의 ○배에 해당하는 금액을 손해금으로 보상하여야 한다.

제11조【기타사항】

1. 계약의 당사자는 본 계약의 내용을 신의성실에 의거하여 준수하여야 한다.
2. 계약기간 중 계약의 변경은 당사자의 서면 합의에 의해서만 변경될 수 있으며 서명날인된 문서를 본 계약서의 말미에 첨부한다.
3. 본 계약서에서 명시되지 않은 부분에 대하여는 관련 법규 및 상관습에 따르기로 한다.

제12조【분쟁해결】

1. 본 계약과 관련하여 양 당사자 간의 분쟁이 발생한 경우, 원칙적으로 "갑"과 "을" 상호간의 합의에 의해 해결한다.
2. 제1항에도 불구하고 분쟁이 해결되지 않을 경우 "갑"의 주소지 관할 지방법원을 그 관할로 하여 재판함으로써 해결한다.

제13조 【특약사항】 상기 계약일반사항 이외에 "갑"과 "을"은 아래 내용을 특약사항으로 정하며, 특약사항이 본문과 상충되는 경우에는 특약사항이 우선하여 적용된다.

위와 같이 본 계약이 유효하게 성립하였음을 증명하기 위하여 본 계약서 2통을 작성하여 각각 서명(또는 기명) 날인한 후 "갑"과 "을"이 각각 1통씩을 보관한다.

20○○년 ○월 ○일

갑	㊞	사 업 자 등록번호		사 무 소	
				전화번호	
을	㊞	사 업 자 등록번호		사 무 소	
				전화번호	

[서식 490] 화물운송계약서

화물운송계약서

○○주식회사(이하 "갑"이라 한다)와 주식회사 ○○(이하 "을"이라 한다)는 다음과 같이 화물운송계약을 체결한다.

제1조 【용어의 정의】

1. 본 계약에서 '운송'이라 함은 ○○일원으로부터 ○○지역으로 수송, 반송 기타 이에 수반되는 제반 부대행위를 말한다.
2. 본 계약서에 '화물'이라 함은 ○○를 말한다.

제2조 【운송의 위임】

1. "갑"은 "을"에게 별첨 양식의 화물운송지시서에 의하여 화물의 운송을 의뢰하며, 필요한 경우에는 운송에 필요한 부대작업을 의뢰한다.
2. "을"은 "을"이 "갑"으로부터 의뢰받은 사항을 각 출고분당 도착지를 명시구분하여 배차하여야 한다.

제3조【운송의 책임과 의무】

1. "을"은 "갑" 또는 "갑"이 지정한 자에 의하여 위임받은 일체의 화물에 대하여 선량한 관리자의 주의의무로써 화물의 특성에 맞는 적절한 조치와 아울러 정확·안전하게 목적지까지 운송할 책임을 진다.
2. "을"은 "갑" 또는 "갑"이 지정하는 자의 지시없이 화물적재운송이나 목적지의 임의변경 입고 등으로 "갑"에 손해를 끼쳤을 경우 이로 인한 모든 손해를 배상할 책임을 진다.
3. "을"은 "갑"의 사전 서면 동의없이 "갑"으로부터 의뢰받은 사항을 제3자에 재의뢰할 수 없으며, "갑"의 동의하에 재의뢰하는 경우도 이에 관한 일체의 책임을 연대하여 부담한다.
4. "을"은 항시 차량을 정비하여 "갑"의 위임 또는 의뢰가 있을 때 지체없이 운송을 개시하여야 하며, 상차완료 지점으로부터 약정시간(서울-부산 ○시간) 내에 운송을 완료하여야 한다. 단, 천재지변, 사변, 폭동 등 불가항력의 사유가 발생할 경우에는 예외로 한다.
5. "을"은 우천, 강설 등 기후조건에 관계없이 운송에 임하여야 하며, 유개차 및 여타 시설을 준비하여 화물을 안전하게 상차, 수송하여야 한다. 단, 폭우 등 기상조건에 의한 운송 불가능 여부는 "갑"의 판단에 의한다.
6. "을"은 목적지까지 화물을 운송하여 "갑" 또는 "갑"이 지정한 자에게 화물인수증과 교환하여 인도하여야 한다.
7. "을"은 각 공장 기타 창고로 적송되는 수종의 화물을 합적하였을 경우 목적지(서울)에서 소형차에 이적, 신속하게 이송하여 업무에 차질이 없도록 최선을 다하여야 한다.
8. "갑"은 1일 출고량이 소량이거나 적재장소가 3개처 이상인 경우 및 22시 이후 상차분은 20시까지 배차 의뢰한다.

제4조【이행의무】

1. "을" 또는 "을"의 사용인은 운송 및 부대작업에 관하여 "갑" 또는 "갑"이 지정한 자의 제반지시와 감독에 순응하여야 한다.
2. "을"은 매일 우송작업의 현황 및 경과보고를 당일 혹은 늦어도 다음날까지 "갑"에게 보고하여야 하며, 시급한 사항일 발생시에는 즉시 연락을 취하여 상호협조, 업무에 차질이 없도록 한다.
3. 제1항 및 제2항의 보고, 연락의 결여 및 지체로 인하여 발생되는 일체의 책임은 "을"에게 귀속된다.

제5조【기차운송】 "을"은 1일 출고량이 소량이거나 차량부족 기타 사유로 배차가 불가능한 경우 "갑"의 사전승인을 받아 기차로 운송할 수 있다. 단, 기차 운송의 경우도 본 별첨 요율표의 범위에 벗어날 수 없다.

제6조【우송료 및 기타 경비】

1. 우송료는 별첨 요율표에 의한다.
2. 상기 1항의 운송료와 사전에 "갑"의 동의를 받은 경비 이외의 기타 경비는 인정하지 않는다.
3. "을"은 계약기간 중 여하한 이율호도 운송료의 인상을 요구할 수 없다.

제7조【부대경비의 대불】 "을"은 업무 수행상 필요한 경우에는 "갑"을 위하여 제반경비를 대

불하여야 한다. 단, 대불경비가 고액이 예상될 때에는 "을"은 청구서에 산출근거를 명시하여 청구하고, "갑"은 예상금액의 일부를 선불할 수 있다.

제8조【운송료의 청구 및 지불】

1. "을"은 운송료 및 취급수수료를 운송완료 후 "갑"이 요구하는 관계증빙서류를 첨부하여 월 2회로 구분 청구한다.
2. "갑"은 "을"이 업무수행상 "갑"을 위하여 대불한 제경비는 "을"의 청구서가 제출될 때에 지체없이 지불한다.

제9조【사고책임 및 손해배상】 "을"은 "을" 또는 "을"의 사용인의 고의, 업무상의 과실 기타 "을" 또는 "을"의 귀책사유에 기인된 화물손상, 화재, 도난, 화물부족 등으로 이해 발생한 손해를 지체없이 "갑"에게 전액 보상하여야 하며, 정당한 사유없이 현금 배상을 지체할 때에는 송료의 지급을 "갑"이 일방적으로 중단할 수 있다. "을"의 "갑"에 대한 운임채권과 상계할 수 있다. 단, 천재지변, 사변, 폭동 등으로 인한 불가항력의 경우에는 예외로 한다.

제10조【계약의 해제·해지】

1. 다음 각 호 중 하나에 해당하는 사유가 발생할 경우 "갑"은 최고 없이 본 계약을 해제 또는 해지할 수 있다.
   가. "을"이 운송관리업무를 태만히 하여 사고가 발생하거나 본 계약상의 의무를 태만했을 경우
   나. "을"이 발행·배서·보증한 어음 또는 수표가 부도된 경우
   다. "을"이 조세체납처분을 받은 경우
   라. "을"이 가압류·가처분·압류·경매를 당하거나 "을"에 대하여 파산, 회사정리절차 등의 신청이 있는 경우
2. 전 항에 의한 계약해제 또는 해지는 "갑"의 "을"에 대한 손해배상 청구권행사에 영향을 미치지 아니한다.

제11조【담보제공】

1. "을"은 본 계약의 불이행과 화물사고, 배차거부행위 기타 "을"의 귀책으로 인하여 발생하는 "갑"의 손해를 배상하기 위하여 백지당좌수표를 "갑"에게 제출하여야 한다. "을"의 채무불이행이 있는 경우 "갑"은 위 백지당좌수표의 백지부분을 임의로 보충 행사할 수 있다.
2. "갑"은 본 계약기간 중이라도 "을"의 본 계약상의 의무불이행으로 이한 손해배상청구를 전 1항의 수표로 할 수 있다.

제12조【보험부보】 "을"은 화물운송을 의뢰받은 즉시 자기의 비용으로 "갑"을 피보험자로 하여 화물에 손해보험을 부보하고 동 보험증권을 "갑"에게 제공한다.

제13조【권리의 양도 등】 "을"은 본 계약에 관한 권리의 일부 혹은 전부를 "갑"의 사전 승인없이 양도, 저당 또는 질권설정을 할 수 없으며, "을"이 타사에 흡수 합병될 경우 "을"의 본 계약에 관한 일체의 권리는 박탈된다.

제14조【계약기간】 본 계약의 유효기간은 20○○년 ○월 ○일부터 20○○년 ○월 ○일까지

로 한다. 단, 계약기간만료 1개월 전 양방의 서면에 의한 해약통지가 없는 경우 동 조건으로 1년간 연장한 것으로 본다. 이후 순차연장의 경우에도 위와 같다.

제15조【해 석】 본 계약의 규정에 이의가 있을 때에는 신의성실의 원칙에 입각한 양당사자간의 협의에 의하며, 그 밖의 사항은 대한민국 관계법령 및 일반 상관례에 따른다.

본 계약의 성립을 증명하기 위하여 이 계약서 2통을 작성하고 각각 서명(또는 기명) 날인하여 각각 1통씩 보관한다.

20○○년 ○월 ○일

갑	㊞	사 업 자 등 록 번 호		사 무 소	
				전화번호	
을	㊞	사 업 자 등 록 번 호		사 무 소	
				전화번호	

[서식 491] 해상화물 운송계약서

해상화물 운송계약서

하주 ○○○○ 주식회사(이하 "갑"이라 한다)와 운송인 주식회사 ○○○○(이하 "을"이라 한다) 간에 다음과 같이 운송계약을 체결한다.

제1조【계약기간 및 계약금액지불조건】

1. 해상운임은 선적 후 즉시 지불한다.
2. 계약의 유효기간은 20○○년 ○월 ○일부터 20○○년 ○월 ○일로 한다. 단, 계약내용에 변경이 없을시 계약기간은 월 단위로 자동 연장한다.
3. 선박운임 예상금액은 첨부된 운임요율표에 따라 책정하여 청구한다.

제2조【운송인의 과실과 책임】

1. "갑"은 운송에 대한 모든 권리를 "을"에게 위탁한다. 이에 따라 "을"은 운송의 모든 구간·과정에 있어서 화재, 도난, 파손, 수량부족 등 위탁물품의 제반손실이 없도록 최선을 다해 서비스를 한다.

2. "을" "갑"의 화물에 대하여 운송지연 및 불필요한 경비의 발생방지를 위하여 상호 합의에 의해 정해진 "갑"이 요청하는 날짜에 화물이 인수될 수 있도록 한다.
3. "을"은 운송관련 제반상황을 수시로 성실하게 "갑"에게 통보하여 업무수행에 차질이 없도록 한다.
4. "을"은 본 계약과 관련하여 "갑"의 업무상비밀 및 제반사항을 제3자에게 누설해서는 안된다.
5. "을"은 본 계약상의 모든 권리 및 의무의 전부 또는 일부를 "갑"의 사전 서면 승인없이 제3자에게 양도, 대여 또는 담보로 제공할 수 없다.
6. 본 계약의 이행에 관계되는 "을"의 종업원을 포함하여 사람들에 대해서도 "을"은 자신과 동일한 정도의 의무를 부담, 이행하도록 하여야 한다.

제 3 조 【 특별책임 】

1. 제3조의 배상책임이 인정되는 사유(훼손, 지연 등)로 인하여 "갑"의 생산, 판매에 차질이 생길 경우, "을"은 정당한 사유가 없었더라면 가능했을 시기로부터 제반 기획비용 등을 포함한 "갑"의 전 손해율을 배상하여야 한다.
2. 전 항의 손해배상으로부터 타 규제에 의한 손해배상책임이 면제되지 아니한다.

제 4 조 【 책임의 특별소멸 사유 】 "을"의 책임은 "갑" 또는 "갑"의 거래선이 조건없이 물품을 영수하고 1년을 경과하거나 또는 운임, 기타의 비용을 지급하였을 때에는 소멸한다. 단, 물품에 즉시 발견할 수 없는 손해, 하자 또는 일부 멸실이 있을 때 "갑" 또는 "갑"의 거래선이 인도일로부터 30일 이내에 그 취지를 "을"에 통보할 경우에는 예외로 한다.

제 5 조 【 기간준수 】 "을"은 "갑"의 화물을 "갑"의 정당한 요구기일 내에 운송을 완료하여야 한다.

제 6 조 【 계약내용의 변경 】 본 계약의 내용은 "갑"과 "을"의 상호 서면합의에 의해서만 변경(추가, 삭제)할 수 있다.

제 7 조 【 계약의 해석 】 본 계약에 명시되지 아니한 사항 및 본 계약의 해석에 대하여 이의가 있을 경우에는 우리나라의 관계법령 및 상관례에 따라 협의 처리한다.

제 8 조 【 계약의 해지 】 본 계약에 대해 이의가 있을 시에는 서면통보 후 해지할 수 있다.

본 계약의 성립을 증명하기 위하여 이 계약서 2통을 작성하고 각각 서명(또는 기명) 날인하여 각각 1통씩 보관한다.

20○○년 ○월 ○일

<table>
<tr><td rowspan="2">갑</td><td rowspan="2">㊞</td><td rowspan="2">사 업 자
등 록 번 호</td><td rowspan="2"></td><td>사 무 소</td><td></td></tr>
<tr><td>전화번호</td><td></td></tr>
</table>

을	㊞	사 업 자 등 록 번 호		사 무 소	
				전화번호	

[서식 492] 해상화물 운송계약서

해상화물 운송계약서

하주 주식회사 ○○○○ (이하 "갑"이라 칭한)와 운송인 ○○○○ 주식회사(이하 "을"이라 칭한다) 간에 다음과 같이 운송계약을 체결한다.

제1조【계약의 목적】 본 계약의 목적은 "갑"이 수출입운송 의뢰한 화물에 대해 "을"은 위탁받은 화물을 최대한 안전하고 신속하게 운송하여 상호 신뢰를 바탕으로 거래를 하는데 있다.

제2조【계약기간 및 계약금액 지불조건】

1. 해상예상운임은 한달에 USD ○○○,○○○ 정도로 한다.
2. 20○○년 ○월 예상발생액 : USD ○○○,○○○
3. 본 계약의 유효기간은 20○○년 ○월 ○일부터 20○○년 ○월 ○일까지로 한다. 단만, 특별한 사유가 발생하지 않는 한 이 유효기간은 매월 자동적으로 연장된다.
4. 해상운임은 선적 후 한 달 안에 지불한다.

제3조【운송인의 과실과 책임】

1. "갑"은 운송에 대한 모든 권리를 "을"에게 위탁한다.
2. "을"은 운송의 모든 구간/과정에 있어서 화재, 도난, 파손, 수량부족 등 위탁물품의 제반 손실이 없도록 최선을 다하여 서비스를 한다.
3. "을"은 운송관련 제반 상황을 수시로, 성실하게 "갑"에게 통보하여 업무수행상 차질이 없도록 한다.

제4조【계약내용의 변경】 본 계약의 내용은 "갑"과 "을"의 상호 서면합의에 의해서만 변경(추가, 삭제)할 수 있다.

제5조【계약의 해 석】 본 계약에 명시되지 아니한 사항 및 본 계약의 해석에 대하여 이의가 있을 시 우리나라의 관련 법령 및 상 관례에 따라 협의 처리한다.

제6조【계약의 해지】 본 계약에 대해 이의가 있을 시는 서면통보 후 해지할 수 있다.

본 계약을 증명하기 위하여 본 계약서 2통을 작성하여 각각 서명(또는 기명) 날인한 후 각각 1통씩을 보관한다.

20○○년 ○월 ○일

갑	㊞	사 업 자 등 록 번 호		사 무 소 전화번호	
을	㊞	사 업 자 등 록 번 호		사 무 소 전화번호	

[서식 493] 용선계약서(선박)

선박용선계약서

선주 ○○○(이하 "선주"라 한다)와 용선자 ○○○(이하 "용선자"라 한다)와의 사이에 하기조항에 의하여 선박용선계약을 체결한다.

제1조【계약의 주요 내용】

① 선박표시	선 명		선박번호		제조 년월	년 월
			총 톤 수	톤		
	자 격 및 선 급		중간검사 기 일	년 월 일		
	하계적재 총량톤수	톤(을 일톤으로 한다)	정기검사 기 일	년 월 일		
	만재항해 속 력	1시간 약 리	연 료 소 비 고			
	기 관 의 종 류		공칭마력			
② 용선기간	20○○년 ○월 ○일부터 20○○년 ○월 ○일까지					
③ 인도기일	20○○년 ○월 ○일부터 20○○년 ○월 ○일까지					
④ 인도장소						

⑤ 반환장소	
⑥ 통지의무	선주의 인도장소 및 예정일을, 또 용선자는 그 반선장소 및 예정일을 각각 ○일 전 상대방에게 통지한다.
⑦ 항행구역	단, 보험증권면 기재의 구역 내로 한다.
⑧ 용선료지급 장소 방법	
⑨ 보험표시	일. 선박보험가액 금원 일. 전보의 범위 보 험 금 액 금 원 일. 보험기간 일. 선비보험금액 금원
본 계 약 특약조항	

제2조【기항능력】

1. 선주는 본선인도에 있어서 본선이 선체가 견고하며, 기관이 완전하고 법정속구 및 설비를 준비하여 항해에 지장이 없을 것을 보증하고 용선자는 본 계약기간만료시 본선 인도 당시의 원상대로 선주에 반환하여야 한다.
2. 용선자는 그가 보충한 속구에 관하여는 선주에게 하등의 청구를 할 수 없다.
3. 용선자는 선체·기관 및 명부의 속구비품으로서 그 사용에 따라 당연히 일어난 마손에 관하여는 배상의 책임을 지지 않는다.

제3조【수도시의 선저검사】 본선 인도의 때는 선주, 반선의 때는 용선자가 각각 자기의 비용으로 선저검사를 행한다. 그 검사의 결과 손상이 있을 때는 그 수리에 요한 일체의 비용은 선저검사를 행하는 자가 이를 부담한다.

제4조【1개월 미만의 용선료 계산방법】 1개월에 미달하는 기간의 용선료는 그 사용한 달의 일수의 비율로 계산하고, 1일(24시간)미만의 단수는 시간비율로서 계산한다.제11조의 경우에 용선료의 반환을 요할 때는 선주는 전항에 준하여 청산한다.

제5조【항행 및 화물에 관한 제한】 용선자는 미리 선주의 승낙을 얻지 않으면 본선을 보험계약에 의한 항행구역 외 또는 전쟁요란의 지역에 사용하거나 보험회사가 승낙하지 않은 화물을 적재할 수 없다.

제6조【선 원】 선원의 임면, 지휘 및 감독은 용선자가 이를 행한다.

제7조【설비개조】 용선자는 선주의 승낙을 얻어 자기의 비용으로 본선 내에 본선사용상 필요한 설비개조를 할 수 있다. 단, 반선의 경우 선주의 요구가 있을 경우에는 용선자는 이를 원상으로 복구시켜야 한다.

제8조【수선, 검사 및 제비용】

1. 용선자는 본 계약기간 중에 본선의 정기검사, 중간검사, 수선, 운항 및 선원에 관한 제비용, 기타 본선 사용 및 보존상 필요한 일체의 비용을 부담하여야 한다.
2. 정기 및 중간검사에 필요한 시간은 본 계약기간에 산입한다.

3. 용선자는 계약기간 중 법정검사를 받은 의무가 있고 법정검사의 기일이 본 계약기간만료 후가 된 경우라도 용선자가 계약기간 중 행하기로 되어 있었던 일체의 수선비 및 수선기간에 대한 용선료의 부담을 면할 수 없다.
4. 법정검사 및 공사시행의 경우에는 장소, 기일 및 방법 등에 관해 미리 용선자가 선주에게 통지하여야 한다.

제9조【보 험】

1. 용선자는 본선에 대하여 자기의 비용으로 선주를 보험금, 수취인으로 하는 제1조 표시의 보험계약을 체결하고 그 보험증권을 선주에게 교부하여야 한다. 단, 분손전보금은 선주가 보험회사로부터 직접 용선자에게 교부하도록 절차를 취하여야 한다.
2. 용선자가 본선운항상 제3자에게 가한 손해에 관해서는 용선자가 그 책임을 져야한다. 단 보험계약에 따라 전보된 손해에 관해서는 예외로 한다.
3. 황천 기타 선주의 책임으로 돌릴 수 없는 원인에 의하여 일어난 손상이 보험계약에 의해 전보되지 않은 것이 있을 때는 용선자의 부담으로 복구해야 한다.

제10조【소모품, 보험료, 톤세의 양도】

1. 인도시 및 반선시에 미개봉 소모품 및 식료품과 연료, 식료수의 잔존량을 당사자가 협의하여 가격을 결정하고 각각 용선자 및 선주가 매입한다.
2. 본선의 미경과 보험료 및 잔존 톤세를 이용할 경우는 일수의 비율로 계산한다.

제11조【사용불능】

1. 본 용선기간중 본선이 60일 이상 행방불명되었을 때는 최후에 존재한 시를 표준으로, 본 계약을 종료한다.
2. 본 계약 기간중 본선이 침몰, 화재, 좌초, 충돌, 선체 기관의 파손 기타 사유에 의해 전손 또는 수선불능이 되었을 때는 그 사고발생의 때로 본 계약을 종료한다.

제12조【공동해손】

1. 공동해손은 1950년 요크·안트워프 루울에 의해 처리한다.
2. 용선료는 공동해손을 분담하지 않는다.

제13조【위 부】 해난 기타의 사유에 의해 본선을 위부할 때는 당사자 협의한 후 이를 결정한다.

제14조【매각, 양도 또는 저당권의 설정】 선주는 용선자의 승낙을 얻지 않으면 본 계약기간 중 본선을 제3자에게 매각, 양도 또는 저당권을 설정할 수 없다.

제15조【재용선】 용선자는 선주의 승낙을 얻지 않으면 본선을 제3자에게 재용선할 수 없다.

제16조【강제사용】

1. 본선이 정부의 명령에 의하여 강제징수된 경우 수명자는 지체 없이 이를 상대방에 통지하여 용선자의 명의, 책임, 계산으로 이에 응한다. 위 강제사용기간은 본 계약기간에 산입한다.
2. 전항의 경우 전쟁위험에 기인한 손해에 관하여 용선자의 배상책임은 정부의 보상만으로

해결한다.

제17조【계약위반】

1. 본 계약에 위반한 것은 이로 인하여 일어난 일체의 손해금을 상대방에게 지급하여야 한다.
2. 전항의 계약위반이 당사자의 고의 또는 중대한 과실에 의한 경우에는 상대방은 하등의 최고 없이 즉시 본 계약을 해제할 수 있다.

제18조【중 재】

1. 본 계약에 관하여 당사자 간에 다툼이 생겼을 때는 쌍방은 사단법인 ○○○○에 중 재판단을 의뢰하고 그 선정에 관계되는 중재인의 재정을 최종의 것으로 하여 이에 따른다.
2. 전항의 중재판단의 의뢰는 당사자의 일방이 단독으로 이를 행할 수 있다.
3. 중재인의 선정 기타 중재 절차에 관한 일체의 사항은 사단법인 ○○○○의 정함에 따른다.
4. 본조에 관한 소송의 관할은 ○○지방법원으로 한다.

위 계약을 증명하기 위하여 본서 2통을 작성하여 각자 서명(또는 기명) 날인한 후 각각 1통씩 보유한다.

20○○년 ○월 ○일

갑	㊞	주민등록번호		주 소	
				전화번호	
을	㊞	주민등록번호		주 소	
				전화번호	

[서식 494] 수출대행계약서

수출대행계약서

수출대행자 주식회사 ○○○○(이하 "갑"이라 한다)와 수출위탁자 주식회사 ○○○○(이하 "을"이라 한다)은 상호 간의 수출대행에 관한 계약을 다음과 같이 체결한다.

제1조【수출상품】 "갑"은 "을"의 요청에 의하여 아래와 같이 수출대행한다.

품 명	규 격	단 위	수 량	단 가	금 액

제2조【수출절차 등】 본 건 수출에 관한 모든 절차(통관 선적 사후관리 관세환급 등 포함)는 "을"의 물품과 "을"이 행함을 원칙으로 한다. 단 "갑"은 "을"의 요청이 있을시 제반절차의 이행에 적극 협조하여야 한다.

제3조【수출비용부담】

1. 일체의 수출비용은 그 발생과 동시에 "을"이 부담한다.
2. 이 비용에는 원 신용장 NEGO 후 발생하는 지연이자 등도 포함한다.

제4조【수출업자에의 통보 등】 "을"은 수입업자에게 "갑"의 수출대행으로 상기상품을 수출하며, 선적서류 하자, 품질불량, 선적지연 등을 이유로 UNPAID CLAIM 등이 발생할 경우 전적으로 "을"의 책임임을 수입업자에게 선적 전에 서면 혹은 전문으로 통보하여야 한다.

제5조【선 적】 "을"은 원 신용장에 명기된 내용대로의 상품을 신용장조건과 동일하게 선적기일 내에 선적하여야 한다.

제6조【대금결재 및 수수료】 대금결재는 원 신용장 NEGO와 동시에 정산하여 정산시 "갑"은 수출대행수수료로서 원 신용장 NEGO금액의 ○% 또는 미화 1＄당 ○○○원을 공제한다.

제7조【손해배상】

1. T/S를 했거나 "갑"명의로 NEGO된 신용장이거나를 불문하고 수입상으로부터 제기된 제반 UNPAID CLAIM등에 대하여 "을"이 전적인 책임을 부당하여야 한다. UNPAID CLAIM 등이 "갑" 명의로 제기되었을 시 "갑"은 "을"을 대리하여 협상에 임할 수 있으며 협상결과가 확정되면 "을"은 즉시 변제 또는 이행하여야 한다. 다만 "갑"이 "을"을 위하여 지급한 금액에 관하여 "을"은 "갑"에게 지급일로부터 배상일까지의 기간에 대하여 금융기관의 연체이율을 적용한 원리금을 "갑"에게 배상하여야 한다.
2. 본 건 수출대행과 관련 편의상 "갑"의 명의로 관청 및 은행 등에 제출되는 각서 등 모든 서류에 대해서도 "을"이 책임을 부담한다. 전항의 단서는 이 경우에도 준용된다.

제8조【담 보】

1. 본 계약과 관련하여 "갑"이 "을"에게 담보를 요청할 경우 "을"은 "갑"에게 은행도 약속어음 또는 당좌수표를 담보로 제출하여야 하며 담보를 위한 대금의 지급유보조치에 따른다.
2. 제7조에 의한 UNPAID CLAIM 등의 제기 및 본 건 수출과 관련한 제반 분쟁의 발생시에 "갑"은 "을"에게 즉시 담보를 요청할 수 있다. 이에 "을"이 불응할 시 "갑"은 "을"에게 즉시 담보를 요청할 수 있다. 이에 "을"이 불응할 시 "갑"은 적당한 방법(가압류 등)으로 보전행위를 할 수 있다.

제9조【우선적 효력】 "갑"과 "을"간의 권리의무관계는 이 계약과 관련하여 작성되는 제반 부속서류에 대하여 본 "계약"이 우선한다.

제10조【해 석】 본 계약의 해석에 이견이 있을 시는 "갑"의 해석에 따른다.

제11조【합의관할】 본 계약에 관한 분쟁은 ○○지방법원을 관할로 한다.

제12조【특약사항】

위와 같이 본 계약이 유효하게 성립하였음을 증명하기 위하여 본 계약서 2통을 작성하여 각각 서명(또는 기명) 날인한 후 "갑"과 "을"이 각각 1통씩을 보관한다.

20○○년 ○월 ○일

갑	㉑	사 업 자 등록번호		사 무 소	
				전화번호	
을	㉑	사 업 자 등록번호		사 무 소	
				전화번호	

[서식 495] 업무대행계약서

업무대행계약서

○○○(이하 "갑"이라 한다)와 ○○○(이하 "을"이라 한다) 간에 업무대행을 위한 계약을 다음과 같이 체결한다.

제1조【계약범위】 "을"은 "갑"이 발주한 대행업무명 기입을 대행하기로 하고 상호 합의하에 본 계약서를 작성한다.

제2조【업무수행기관】 "을"은 "갑"의 업무대리인 자격으로 "갑"의 업무를 대행하는 것으로서 업무수행기간은 "갑"의 사정에 따라 서로간의 합의에 의해 계약서에 명시한 기한 내에서 단축 또는 연장 조정할 수 있다.

제3조【보 수】 본 계약의 작업보수는 계약금 총액기입을 현금으로 지급키로 하며 지급방법은

아래와 같이 지급한다.

1. 작업내용 :
2. 작업기간 : 20○○년 ○월 ○일 ~ 20○○년 ○월 ○일
3. 작업기간 외 수정 및 재수정 요구기한 : 작업 마감일로부터최대 10일 이내 ~ 20○○년 ○월 ○일까지
4. 계약금 총액 : 금 ○○○원(₩○○○)
5. 지급마감일 : 20○○년 ○월 ○일까지(작업 마감일로부터 최대 15일 안)

제4조【손해발생시】 "을"의 작업중도포기 등을 포함한 귀책사유로 "갑"에게 시간, 경제적 손해가 발생되었을 경우 이를 "을"이 배상하여야 한다(작업기한불이행 및 중도포기시, 총계약금액을 남은 계약일로 나눈 금액을 배상한다). 또한 작업결과물이 "갑"의 요구사항대로 지켜지지 않았거나 불만족 사항이 있을 경우에는 "을"은 기간 내에 재작업을 요구하거나 상호협의에 의해 처리토록 한다.

제5조【중도사직】 "을"은 본인의 명예를 걸고 책임감 있게 업무를 진행하여 "갑"의 업무진행에 차질을 빚지 않도록 최선을 다하며 중도 사직을 희망할 경우 "을"은 "갑"에게 최소 계약기간의 50%(일, 시간) 전에 통보를 하여야 한다.

제6조【상호협조】 "을"은 용역과정을 통하여 "갑"의 요청이 있을 때에는 수시로 업무내용에 대하여 "갑"에게 보고 할 수 있으며 "갑" 또한 "을"이 업무를 수행함에 있어 필요한 제반사항에 최대한 협조하여야 한다.

제7조【계약의 해지】 쌍방이 합의를 하였을 때는 부득이한 사유로써 본 계약을 해지 할 수 있으며, 이 경우에 "갑"은 해당 보수지급 총액을 작업 일로 나눈 후 정산 지급한다.

제8조【일방적인 발주해지】 "갑"은 정당한 사유없이 일방적으로 "을"과의 계약을 해지할 수 없으며, 해지 시에는 제7조에 따라 보수를 지급한다. "갑"이 "을"에게 지시한 작업물을 받은 후의 일방적인 계약파기는 불가하며, 이 역시 제7조에 따라 보수를 지급한다.

제9조【작업기간 외 수정 및 재수정】 작업계약기간 외 수정요구 가능기한

1. 작업 마감일로부터 최대 10일 이내 요구 가능
2. 수정작업 요구기한은 작업 완료 후 10일 이내, 실질적인 수정작업 범위는 총 작업의 10% 한해서 가능

본 계약의 성립을 증명하기 위하여 이 계약서 2통을 작성하고 각각 서명(또는 기명) 날인하여 각각 1통씩 보관한다.

20○○년 ○월 ○일

<table>
<tr><td rowspan="2">갑</td><td rowspan="2">㊞</td><td rowspan="2">사 업 자
등 록 번 호</td><td rowspan="2"></td><td>사 무 소</td><td></td></tr>
<tr><td>전화번호</td><td></td></tr>
</table>

을	㉑	주민등록번호		주 소	
				전화번호	

[서식 496] 업무대행계약서(광고)

광고업무대행계약서

광고주 ○○○(이하 "갑"이라 칭한다)와 광고회사 주식회사 ○○(이하 "을"이라 칭한다) 간에 다음과 같은 광고업무대행계약을 체결한다.

제1조【계약의 목적】 본 계약은 "갑"이 "을"에게 광고업무대행을 위임함에 있어 상호 신뢰로서 업무를 진행하며 "을"은 "갑"의 업무를 성실히 수행, 대행하기로 하고 상호 합의하에 본 계약서를 작성한다.

제2조【대행범위 및 광고품목】

1. 대행범위 : 광고의 송출 집행관리로서 그 지역은 ○○○의 지역(○○○ 전역)으로 한다.
2. 광고품목 : "갑"의 30초 SPOT광고물 1편.

제3조【전제조건】

1. 광고업무를 효과적으로 수행하기 위하여 "갑"은 "을"이 필요한 정보 및 자료를 제공하고 "을"은 이를 일절 외부에 누설하지 아니한다.
2. "을"은 광고업무 외에 "갑"의 기업PR 및 홍보활동이나 각종조사 자료의 수집. 분석 등 일반적인 서비스 업무에 대해 협조한다.(단, 이 경우에 소요되는 비용은 "갑"이 부담한다)

제4조【매체요금】

1. "갑"이 구입하는 매체단가는 규정단가 이상이어서는 안된다.
2. "을"은 "갑"에게 일체의 매체집행 수수료를 청구하지 않는다.

제5조【지불조건】

1. 매체 광고비는 매월 말일을 기준으로 월간 단위로 정산·청구함을 원칙으로 한다.
2. 매월 말일자 청구 세금계산서를 받은 "갑"은 청구 다음달 5일까지 현금으로 "을"에게 지불하여야 한다.

제6조【계약기간】 본 계약은 20○○년 ○월 ○일부터 20○○년 ○월 ○일까지로 한다.

제7조【손해발생시】 "을"의 작업중도포기 등을 포함한 귀책사유로 "갑"에게 시간, 경제적 손

해가 발생되었을 경우 이를 "을"이 배상하여야 한다(작업기한 불이행 및 중도포기시, 총 계약금액을 남은 계약일로 나눈 금액을 배상한다).또한 작업결과물이 "갑"의 요구사항대로 지켜지지 않았거나 불만족 사항이 있을 경우에는 "을"은 기간 내에 재작업을 요구하거나 상호협의에 의해 처리토록 한다.

본 계약을 증명하기 위하여 본 계약서 2통을 작성하여 각각 서명(또는 기명) 날인한 후 각각 1통씩을 보관한다.

20○○년 ○월 ○일

<table>
<tr><td rowspan="2">갑</td><td rowspan="2">㊞</td><td rowspan="2">주민등록번호</td><td rowspan="2"></td><td>주 소</td><td></td></tr>
<tr><td>전화번호</td><td></td></tr>
<tr><td rowspan="2">을</td><td rowspan="2">㊞</td><td rowspan="2">사 업 자
등 록 번 호</td><td rowspan="2"></td><td>사 무 소</td><td></td></tr>
<tr><td>전화번호</td><td></td></tr>
</table>

[서식 497] 업무제휴계약서

업무제휴계약서

○○○(이하 "갑"이라 한다)와 ○○○(이하 "을"이라 한다)은 다음의 사항을 상호 신뢰를 바탕으로 성실하게 이행키로 합의하고 아래와 같이 업무제휴계약을 체결한다.

제1조【계약의 목적】 본 계약은 "갑"이 운영하는 사이트인 "http://www.xxx.co.kr"의 제휴사로 참여하는 "을"과의 업무제휴에 관한 제반사항을 규정함에 그 목적이 있다.

제2조【사이트설명】 "갑"의 사이트 활성화를 목적으로 공동마케팅을 전개하며 상품 또는 용역서비스를 회원 및 일반고객에게 제공하기 위하여 "갑"이 운영하는 사이트에 제휴사로 참여하는 업체와의 업무협약을 체결하는 것을 말한다.

제3조【제휴의 형태】

1. "을"은 제휴형태(쇼핑몰LINK, 배너광고게재, TEXT삽입, 상품검색 삽입, 로고삽입 등)를 선택하여 "갑"과 상호 합의하여야 한다.

2. 본 계약과 관련하여 상기 1)항을 준용, "갑"과 "을"은 ○○○○○의 제휴형태에 합의하며 본 제휴방식은 상호간에 동등하게 적용된다.

제4조【제휴형태 게재】

1. 제3조에 의거 "갑"은 "을"이 선택한 제휴형태를 "갑"의 사이트에 게재하며 "을"은 게재와 관련한 모든 사항에 적극 협조한다.
2. "갑"이 프로그램 운영상의 필요에 의하여 전산관련 및 기타 제반지원을 요청할 경우 "을"은 이에 협조하여야 한다.

제5조【서비스 절차】

1. "갑"의 회원이 "갑"의 사이트상의 제3조에 정한 "을"과 관련된 여러 형태의 광고방식을 선택하면 "을"의 사이트 해당 화면으로 직접 연결된다.
2. "을"의 사이트로 연결되면 그 시점부터는 "을"은 "을"사이트 자체 약관에 의거 회원의 모든 요청사항에 대한 서비스를 제공하여야 한다.
3. 상품배송, 최소, 환불, 반품 등의 제반 대고객서비스와 관련한 업무는 "을"이 처리한다.
4. "을"은 "갑"의 사이트 고객번호를 인지하고 있어야 하며, "갑"의 고객번호가 회원이 물품구매시 "갑"에게 E-mail 또는 별도의 방법(상호 합의한 방법)에 의해 통보하여야 한다.

제6조【마케팅수수료 지급】

1. "을"은 "갑"의 마케팅 활동에 대한 대가로 "갑"의 사이트를 통하여 발생한 총매출액의 ○%(세액제외)의 마케팅비용을 "갑"에게 지급하여야 한다. 단, 계약이 해지된 이후는 이를 적용치 아니한다.
2. "을"은 "갑"의 사이트를 통하여 발생한 고객에 대한 상품판매 및 용역서비스 내역(취소, 반품, 환불 등 제외)을 "갑"에게 제공하여야 하며, 이에는 고객의 아이디, 구매일시, 구매품목 및 구매품목 단가 등이 포함된다.
3. 위 2항과 관련, "을"은 월말기준 해당 월 거래내역을 작성하여 다음달 5일한 "갑"에 제공한다.
4. "갑"은 위 3항의 상품판매 거래내역을 근거로 정산, 세금계산서를 발행하여 마케팅비용을 "을"에게 매월 7일한 청구하고 "을"은 10일한 "갑"에게 이를 지급한다.
5. 위 4항의 마케팅비용은 총매출액(배송비, 포장비등 부대비용 제외)대비 ○%(세액제외)의 고정비율을 적용한다.

제7조【계약기간 및 연장】본 계약의 유효기간은 20○○년 ○월 ○일부터 20○○년 ○월 ○일까지의 ○년간으로 하며, 계약만료 1개월 전까지 "갑"과 "을"이 서면으로 계약종료에 관한 의사표시를 하지 않을 경우 동일한 조건으로 1년씩 자동 연장된다. 단, 계약갱신시 변경이 필요한 사항에 대해서는 상호 합의하에 이를 계약내용에 반영한다.

제8조【상표사용】

1. "을"은 "갑"의 상표를 마케팅 활동시 사용 가능하나 그 형태나 내용을 변경할 수 없으며 업무제휴 고유의 목적에 부합하는 경우를 제외하고는 사용할 수 없다. 단, "을"이 특정목적을 위하여 상표를 사용코자 하는 경우에는 사전에 "갑"의 승인을 득하여야 한다.
2. 위 1항은 "갑"이 "을"의 상표를 사용코자 할 경우에도 동등하게 적용된다.

제9조【공동마케팅】

1. "갑"과 "을"은 상호이익의 극대화를 위하여 적극적인 공동마케팅을 상호 전개하여야 하며 과대 선전, 허위사실 등을 유포해서는 아니 된다.
2. 본 계약서에 규정치 않은 공동마케팅이 필요한 경우 "갑"과 "을"은 그 일정 및 방법에 대하여 상호 합의 후 시행한다.

제10조【권리의무의 양도금지】

1. "갑"과 "을"은 상호 동의없이 본 계약의 권리 및 의무의 전부 또는 일부를 제3자에게 양도 또는 대여할 수 없다.
2. "을"은 "갑"과의 업무제휴를 통해서 얻은 권리를 이용하여 제3자와 유사한 형태의 제휴관계를 맺거나 정보를 제공하여서는 안되며 필요시 "갑"의 서면 동의를 득하여야 한다.

제11조【비밀준수 및 지적재산권에 관한 분쟁】

1. "을"은 본 계약과 관련한 특허권, 지적재산권 및 기타 제반권리가 "갑"에게 있음을 보장한다.
2. "을"은 "갑"에게 업무제휴와 관련한 영업정책 등 제반정보를 제공하며, "갑"은 해당 정보가 누출되지 않도록 비밀유지를 할 책임을 진다.
3. "을"은 본 계약에 의하여 취득한 사항들이 제3자에 의하여 불법복제 되거나 누출되지 않도록 하고 "갑"의 저작권이 침해되지 않도록 협조한다.
4. 위 2, 3항과 관련, 상호 부주의로 상대측에 피해가 발생되었을 경우 해당 피해의 원인을 제공한 측에서 책임을 지고 그 손해를 배상한다.

제12조【계약의 해지】

1. 다음 각 호에 해당하는 사유가 발생한 경우 "갑"은 서면통지에 의하여 본 계약을 해지할 수 있다.
   가. "을"이 본 계약상의 의무를 위반하고, 이에 대한 "갑"의 시정요구를 받았음에도 이를 7일 이내에 시정하지 아니한 경우
   나. "을"이 "갑"의 사전 동의없이 본 계약상의 권리를 타인에게 양도한 경우
   다. "을"에 대해서 파산, 화의, 회사정리절차 개시신청이 있는 경우
   라. "을"이 발행한 어음이나 수표가 부도난 경우
   마. 본 계약의 목적을 달성할 수 없는 사유가 발생한 경우
2. 위 1항에 해당하는 사유가 발생한 경우 "을"도 본 계약을 서면 통지에 의거 해지할 수 있다.
3. "갑"과 "을" 중 어느 일방이 합리적으로 통제할 수 없는 화재, 홍수, 폭동, 군사행위, 노동쟁의 등으로 인한 계약상의 의무 불이행의 경우에는 상호간 책임을 지지 아니한다.

제13조【손해배상 및 손실보상】

1. "을"이 본 계약상의 의무를 이행하지 아니하여 "갑"이 계약을 해지한 경우에는 "을"은 이로 인하여 "갑"이 입은 손해액을 손해배상금으로 지급하여야 한다.
2. "을" 또는 "을"이 고용한 직원이 본 계약사항을 위반하여 "갑"에게 업무처리 장애 및 손해, 손실을 끼치게 된 경우에는 해당 손해액 및 손해보전에 필요한 부수비용과 손실액

일체를 지체없이 변상 및 보상한다.
3. 위 1, 2항은 "갑"에게도 동등하게 적용된다.

제14조【기타 사항】 본 계약서에서 규정하지 아니한 사항은 상거래 관련 법률 및 일반 상거래 관행에 따르며, 필요하다고 인정되는 사항에 대해서는 상호 합의 하에 변경 또는 추가약정을 체결한다.

본 계약의 성립을 증명하기 위하여 이 계약서 2통을 작성하고 각각 서명(또는 기명) 날인하여 각각 1통씩 보관한다.

20○○년 ○월 ○일

갑	㊞	사 업 자 등 록 번 호		사 무 소	
				전화번호	
을	㊞	사 업 자 등 록 번 호		사 무 소	
				전화번호	

[서식 498] 업무용역계약서

업무용역계약서

파산자 재단법인 ○○○○ 파산관재인 ○○○(이하 "갑"이라 한다)과 ○○○회계사무소(이하 "을"이라 한다)는 다음과 같이 업무용역계약을 체결한다.

제1조【용역의 목적】 본 용역은 재단법인 체신공제조합의 20○○년 ○월 ○일로 종료되는 사업년도분 법인세 부과처분에 대한 불복청구 업무를 수행하는데 그 목적이 있다.

제2조【용역의 수행범위】 본 계약에 의거 "을"은 다음업무를 수행한다.
1. 사실관계, 사례 및 관계법령의 면밀한 검토
2. 국세심판원 등에 대한 조세불복청구 및 심의 종료시까지 조세불복과 관련된 제반업무 수행

제3조【용역보수】 "갑"은 "을"에게 다음과 같이 본 용역과 관련된 보수를 지급한다.

1. 용역착수금 : 금 ○○○원(₩ ○○○○)
2. 성공보수 : 파산자의 관할법원이 추후 정하는 금액 × 성공률(* 성공률 : 승소금액 / 소가 ×100)

제4조【제비용의 부담】 위 계약에 따른 용역업무수행에 소요되는 제반비용은 "갑"의 부담으로 한다.

제5조【자료 등의 제출 및 반환】

1. 본 용역업무를 수행하는데 필요하다고 인정하여 "을"이 제출을 요구한 자료나 조회한 사항에 대하여는 "갑"은 신속히 이에 응하여야 한다.
2. 전 항의 자료 등은 용역업무 종료시 즉각 "갑"에게 반환하여야 한다.

제6조【보고 및 신의성실】

1. "을"은 업무수행시 발생하는 제반사항에 대하여 수시로 "갑"에게 보고하여야 한다.
2. "을"은 본 용역업무를 수행함에 있어 선량한 관리자로서 신의에 입각하여 성실히 수행하여야 한다.

본 계약의 성립을 증명하기 위하여 이 계약서 2통을 작성하고 각각 서명(또는 기명) 날인하여 각각 1통씩 보관한다.

20○○년 ○월 ○일

갑	㊞	사 업 자 등 록 번 호		사 무 소	
				전화번호	
을	㊞	사 업 자 등 록 번 호		사 무 소	
				전화번호	

[서식 499] 차량 지입계약서

차량 지입계약서

제조사 (주)○○○○(이하 "갑"이라 칭한다)와 차량소유주 (주)○○○○(이하 "을"이라 칭한다)는 상호간에 다음과 같이 차량지입계약을 체결한다.

제1조【목 적】 본 계약은 "갑"의 제조물품에 대한 운반 및 이와 관련된 업무처리 일반을 "을"이 담당하는 것과 관련된 사항을 규율함을 목적으로 한다.

제2조【이용범위】

1. "을"은 "갑"이 생산하는 ○○○○제품에 대한 거래처 공급 및 운반과 관련된 업무범위 이외의 용도로 차량을 운행할 수 없다.
2. "을"은 정당한 사유 없이 "갑"이 지정한 제1항의 업무수행을 거부할 수 없다.

제3조【대금결제】

1. "갑"은 매월 "을"의 운행에 대하여 대금을 정산하여 다음달 ○일에 "을"에게 현금으로 지급한다.
2. 제1항의 대금은 "을"의 운행횟수, 운행거리를 기준으로 하여 산정하며 운행거리 ○km당 금 ○○○원(₩○○○)으로 산정하여 지급한다.

제4조【차량관리 등】

1. 본 계약상의 대상차량은 "을"의 소유이어야 하며 "을"은 차량에 대한 전반적인 비용지출(수리, 보험 등)을 하여야 한다.
2. "을"은 항시 차량검사를 실시하여 본 계약에 따른 의무수행에 차질이 없어야 한다.

제5조【업무수행】

1. "을"은 "갑"이 지정한 조건으로 제품을 운반하여야 하며, 지정된 납기일을 준수하여 거래처에 인도하여야 한다.
2. "을"은 거래처에 대한 납품에 따르는 "갑"이 지정한 일정한 절차를 수행하여야 하며 당해절차는 별도로 "갑"이 지정하여 서면으로 제공한다.
3. "을"은 거래처에 대해 친절하게 업무를 수행하도록 하여 "갑"의 기업이미지의 훼손이 발생하지 아니하도록 하여야 한다.

제6조【운행배차】 "갑"은 매주 차량의 운행일정을 서면으로 작성하여 "을"에게 통지하며 특별한 사정이 있는 경우에는 즉시 운행을 요청하고 "을"은 이를 이행하여야 한다.

제7조【안전사고 등】 "을"은 운전자에 대한 주기적인 안전교육을 실시하여야 하며 차량으로부터 발생한 사고 및 기타 안전사고에 대해 보상 및 처리에 관한 일체의 민·형사상 책임을 부담한다.

제8조【납기지연】 "을"의 귀책사유로 인하여 거래처에 적기에 제품을 공급하지 못하여 "갑"이 클레임을 제기당한 경우 관련 손해금 일체를 "을"이 "갑"에게 변상하여야 한다.

제9조【계약기간】

1. 본 계약의 유효기간은 20○○년 ○월 ○일부터 20○○년 ○월 ○일로 한다.
2. 제1항의 기간만료일부터 ○일 이전에 어느 일방의 계약종료 통지가 없는 한 계약은 동일조건으로 매 ○년씩 자동 연장되는 것으로 한다. 다만, 일방의 계약조건의 변경통지가 있을 시에는 기간의 만료일까지 협의가 되지 아니하면 계약은 자동 종료되는 것으로 한다.

제10조【해 지】

1. 당사자 일방에 대하여 다음 각 호의 사유가 발생할 시 상대방은 즉시 계약을 해지할

수 있다.

가. 가압류, 가처분, 경매 등의 사업의 불투명 사유가 발생할 시

나. 파산, 회사정리, 화의신청 등의 사업불가능 사유가 발생할 시

2. 일방이 본 계약상의 규정에 위배한 때 상대방은 ○일 이상의 시정기간을 두고 사유를 명시하여 시정을 최고하며, 그럼에도 불구하고 시정이 이루어지지 아니할 시 즉시 계약의 해지를 통지한다.
3. 계약해지에 귀책사유 있는 당사자는 상대방에 대하여 손해배상의 책임이 있다.

제11조【기타사항】

1. 계약의 당사자는 본 계약의 내용을 신의성실에 의거하여 준수하여야 한다.
2. 계약기간 중 계약의 변경은 당사자의 서면 합의에 의해서만 변경될 수 있으며 서명날인된 문서를 본 계약서의 말미에 첨부한다.
3. 본 계약서에서 명시되지 않은 부분에 대하여는 관련 법규 및 상관습에 따르기로 한다.

제12조【분쟁해결】

1. 본 계약과 관련하여 양 당사자 간의 분쟁이 발생한 경우, 원칙적으로 "갑"과 "을" 상호간의 합의에 의해 해결한다.
2. 제1항에도 불구하고 분쟁이 해결되지 않을 경우 "갑"의 주소지 관할 지방법원을 그 관할로 하여 재판함으로써 해결한다.

제13조【특약사항】 상기 계약일반사항 이외에 "갑"과 "을"은 아래 내용을 특약사항으로 정하며, 특약사항이 본문과 상충되는 경우에는 특약사항이 우선하여 적용된다.

위와 같이 본 계약이 유효하게 성립하였음을 증명하기 위하여 본 계약서 2통을 작성하여 각각 서명(또는 기명) 날인한 후 "갑"과 "을"이 각각 1통씩을 보관한다.

20○○년 ○월 ○일

갑	㉿	사 업 자 등 록 번 호		사 무 소	
				전화번호	
을	㉿	사 업 자 등 록 번 호		사 무 소	
				전화번호	

[서식 500] 얼음조달계약서

얼음조달계약서

음식업자 (주)○○○○(이하 "갑"이라 칭한다)와 얼음조달자 (주)○○○○(이하 "을"이라 칭한다)는 상호간에 다음과 같이 얼음조달계약을 체결한다.

제1조【목 적】 본 계약은 "갑"이 영업용에 사용하는 얼음을 "을"이 조달하는 것과 관련된 사항을 규율함을 목적으로 한다.

제2조【조달얼음】
1. "을"은 매일 오전 ○○시까지 ○크기의 얼음 ○장을 "갑"의 냉장고에 입고시키도록 하여야 한다. 다만, "갑"의 사정에 의해 수요가 급증하거나 급감하는 경우 사전에 주문수량을 조정할 수 있다.
2. 제1항의 얼음은 음식장식용으로 사용되는 점을 감안하여 식용으로 가능한 얼음을 공급하여야 한다.

제3조【대금결제】
1. "갑"은 매월 공급물량을 정산하여 다음달 ○일 "을"의 계좌로 현금으로 지급하는 방식으로 대금결제를 하고(단, 부가세별도), 매회 거래 시마다 거래명세표를 교환한다.
2. "갑"의 대금연체 시 총 결제금액의 ○%에 해당하는 연체이자가 매 1일당 가산된다.

제4조【운반 등】
1. "을"은 얼음의 공급에 있어서 냉동창고를 이용하여 냉동상태가 훼손되지 아니하도록 유의하여야 하며 운송도중 파손된 얼음은 즉시 재공급하여야 한다. 다만, "갑"이 이를 용인하고 인수한 경우에는 그러하지 아니하다.
2. "을"은 "갑"의 냉동창고 입고 시 얼음이 손상되지 않도록 주의하여야 하며 입고 과정에서 파손된 얼음은 제1항에 준하여 처리한다.
3. "을"은 운반에 있어서 지정된 냉동차량을 이용한 납품을 하여야 한다.

제5조【대행금지】 "을"은 본 계약상의 조달 업무를 제3자로 하여금 대행하게 할 수 없으며 조달업무 전체는 "을"의 주관 및 감독 하에 이루어져야 한다.

제6조【해 지】
1. "을"이 얼음운반 및 본 계약상의 의무를 태만했을 경우 "갑"은 시정을 최고하고 그럼에도 불구하고 시정되지 아니할 시 해지할 수 있다. 단, 동일한 사유가 ○회 발생된 경우 자동 해지된다.
2. 제1항의 경우는 "갑"의 대금지급의무의 불이행에 준용한다.

제7조【기타사항】
1. 계약의 당사자는 본 계약의 내용을 신의성실에 의거하여 준수하여야 한다.

2. 계약기간 중 계약의 변경은 당사자의 서면 합의에 의해서만 변경될 수 있으며 서명날인된 문서를 본 계약서의 말미에 첨부한다.
3. 본 계약서에서 명시되지 않은 부분에 대하여는 관련 법규 및 상관습에 따르기로 한다.

제8조【분쟁해결】
1. 본 계약과 관련하여 양 당사자 간의 분쟁이 발생한 경우, 원칙적으로 "갑"과 "을" 상호간의 합의에 의해 해결한다.
2. 제1항에도 불구하고 분쟁이 해결되지 않을 경우 "갑"의 주소지 관할 지방법원을 그 관할로 하여 재판함으로써 해결한다.

제9조【특약사항】 상기 계약일반사항 이외에 "갑"과 "을"은 아래 내용을 특약사항으로 정하며, 특약사항이 본문과 상충되는 경우에는 특약사항이 우선하여 적용된다.

위와 같이 본 계약이 유효하게 성립하였음을 증명하기 위하여 본 계약서 2통을 작성하여 각각 서명(또는 기명) 날인한 후 "갑"과 "을"이 각각 1통씩을 보관한다.

20○○년 ○월 ○일

갑	㊞	사 업 자 등 록 번 호		사 무 소	
				전화번호	
을	㊞	사 업 자 등 록 번 호		사 무 소	
				전화번호	

[서식 501] 근저당상품거래계약서

근저당상품 거래계약서

1. 갑 주식회사는 을 주식회사에 대하여, 갑의 현재 및 장래 영업부류에 속하는 상품에 대하여 계속적으로 매매할 것을 약정하며 그 품명, 수량, 대금, 그 밖의 사항은 그 때마다 약정하여 정한다.

2. 갑은 을의 의뢰가 있을 때에는 을에게 대하여 그 소요자금을 대부하거나 또는 어음을 할인한다. 단 을의 사정에 의하여 위 대부 또는 할인을 정지할 수 있다.

3. 갑은 제1항의 매매계약에 의하여 생기는 상품매매대금 그 밖의 채무 및 제2항의 대부채무 또는 어음채무를 담보하기 위하여 을의 소유인 말미에 기재한 부동산에 대하여 채권최고액을 금 ○○○원으로 하는 근저당권을 설정한다.

4. 을이 제1항의 매매계약에 의하여 생기는 채무 또는 제2항의 대부 혹은 어음채무를 기일에 이행하지 않을 때에는 일변 ○○○원의 비율에 따르는 지연손해금을 지급하여야 한다.

– 이 하 생 략 –

20○○년 ○월 ○일

(갑) 공급자	
주 소	
(을) 수급자	
주 소	

[서식 502] 권장가격유지계약서

권장가격유지계약서

상품 제조자 (주)○○○○(이하 "갑"이라 칭한다)와 상품 판매자 (주)○○○○(이하 "을"이라 칭한다)는 다음과 같이 권장가격 유지계약을 체결한다.

제1조【목 적】 본 계약은 "갑"이 제조하는 상품에 대하여 "을"이 상품의 권장가격을 준수하는 것과 관련된 사항을 규율함을 목적으로 한다.

제2조【공급상품】 본 계약상 "갑"이 공급하는 상품은 다음 각 호와 같으며 세부 단가 및 관련

명세서는 본 계약서 말미에 별도로 첨부한다.

가. LCD 모니터 : 19인치, 20인치

나. PMP (Portable Multimedia Player)

다. MP3 Player

라. 전자수첩

제3조【가격준수】 "을"은 첨부한 가격명세서에 적시된 권장가격으로 판매하여야 하며 "갑"의 e-mail 또는 서면에 의한 사전 동의가 없는 한 할인판매를 할 수 없다.

제4조【"을"의 행사】

1. "을"은 특별한 행사상 일정한 할인이 필요한 경우 할인기간, 할인품목, 할인가격을 기재한 서면을 사전에 "갑"에게 제시하여 서면동의를 받아야 한다.
2. 할인기간이 종료한 경우 3일 이내에 할인행사 기간 동안의 판매내역에 대해 "갑"에게 e-mail 또는 서면보고를 하여야 한다.

제5조【자료조사】

1. "갑"은 필요한 경우 "을"에 대하여 판매관련 영수증의 제시를 요구할 수 있으며 "을"은 이에 적극 협력하여야 하며 거부할 수 없다.
2. "갑"은 자료 조사상 일부 영수증의 제시 및 확인을 할 수 있으며 이를 초과하여 "을"의 영업매출의 전반적인 현황파악을 위한 방편으로 모든 영수증의 제시를 요구할 수는 없다.

제6조【"갑"의 행사】 본 계약에 불구하고 "갑"이 자체적으로 실시하는 할인행사에 대하여 "을"에게 동참을 요구할 경우에는 "을"은 해당제품의 할인가격에 동참하도록 한다.

제7조【공급중지 등】

1. "을"이 본 계약상의 의무를 위배하였을 경우 "갑"은 제품의 공급량의 감소 또는 공급중단 등의 조치를 취할 수 있다.
2. 제1항의 경우 별도의 손해배상을 "을"에게 청구할 수 없는 것으로 한다. 다만, 고의로 "갑"의 영업 및 회사 이미지에 타격을 주기 위하여 본 계약의 의무를 위반한 경우에는 그러하지 아니하다.

제8조【유효기간 등】

1. 본 계약은 상호간의 거래가 지속하는 한 지속적으로 유효한 것으로 한다. 다만, 일부 품목의 제외나 추가는 할 수 있다.
2. 본 계약의 해지 등은 본 거래의 모태가 되는 상품거래계약서의 효력기간에 종속한다.

제9조【기타사항】

1. 계약의 당사자는 본 계약의 내용을 신의성실에 의거하여 준수하여야 한다.
2. 계약기간 중 계약의 변경은 당사자의 서면 합의에 의해서만 변경될 수 있으며 서명날인된 문서를 본 계약서의 말미에 첨부한다.
3. 본 계약서에서 명시되지 않은 부분에 대하여는 관련 법규 및 상관습에 따르기로 한다.

제10조【분쟁해결】

1. 본 계약과 관련하여 양 당사자 간의 분쟁이 발생한 경우, 원칙적으로 "갑"과 "을" 상호간

의 합의에 의해 해결한다.
2. 제1항에도 불구하고 분쟁이 해결되지 않을 경우 "갑"의 주소지 관할 지방법원을 그 관할로 하여 재판함으로써 해결한다.

제11조【특약사항】 상기 계약일반사항 이외에 "갑"과 "을"은 아래 내용을 특약사항으로 정하며, 특약사항이 본문과 상충되는 경우에는 특약사항이 우선하여 적용된다.

위와 같이 본 계약이 유효하게 성립하였음을 증명하기 위하여 본 계약서 2통을 작성하여 각각 서명(또는 기명) 날인한 후 "갑"과 "을"이 각각 1통씩을 보관한다.

20○○년 ○월 ○일

갑	㊞	사 업 자 등록번호		사 무 소	
				전화번호	
을	㊞	사 업 자 등록번호		사 무 소	
				전화번호	

[서식 503] 물품수리계약서

물 품 수 리 계 약 서

주식회사 ○○○○(이하 "갑"이라 한다)과 ○○○(이하 "을"이라 한다)는 다음과 같이 물품수리계약을 체결한다.

제1조【목적물】 "갑"은 아래 표시물품을 "을"로부터 수리 및 제작·납품하게 하고 "을"은 "갑"이 지정한 장소에 수리 및 제작·납품한다.

순 위	품 명	규 격	단 위	수 량	단 가	금 액

	합 계					

(※ 부가가치세 별도)

제 2 조 【 계약금액 】 계약금액은 금 ○○○원으로 한다.

제 3 조 【 계약보증금 】 계약보증금은 금 ○○○원으로 하고, "을"은 동 금액을 이 계약체결과 동시에 계약이행보증금조로 "갑"에게 예치한다. 단, "을"은 계약이행 보증보험증권으로 대체할 수 있다. 이 때 보증(보험)기간은 20○○년 ○월 ○일까지로 한다.

제 4 조 【 납품기일 】

1. "을"은 20○○년 ○월 ○일부터 20○○년 ○월 ○일까지 제1조의 물품을 "갑"의 공장 또는 "갑"이 지정하는 장소에 납품한다.
2. "갑"의 요구가 있을 때에는 "을"은 ○차 분할 납품한다.
3. "을"이 납기 내에 수리·납품하지 않았을 때는 연체 매 1일마다 계약금액의 1/1000의 연체료를 계산하여 "갑"이 지불할 대금에서 공제한다.
4. 천재지변 기타 "갑"이 인정할 때에는 연체료를 감면할 수 있다.

제 5 조 【 물품의 검수 】

1. "을"이 납품한 물품은 "갑"이 지정한 검수자가 계약사양에 의거 검수한다. 다만, 검사 또는 시험으로 발생하는 제비용 및 물량의 손실은 "을"의 부담으로 한다.
2. "을"은 검수시에 입회하고 검수에 합격함으로써 납품의 책임이 완료한 것으로 하며 검사 합격 전의 물품에 대한 책임은 "을"에게 있다.
3. 시운전을 요하는 품목은 납품 후 갑은 15일 이내에 시험을 하여야 하며 "갑"의 사정으로 인하여 시험검수가 지연될 경우에는 "을"의 요구에 의하여 기성고를 지불할 수 있다.
4. 검수완료 이전에 발생하는 제반사고(안전사고 포함)는 전적으로 "을"이 책임을 진다.

제 6 조 【 대금의 지불 】

1. 물품의 대금 및 계약보증금은 계약한 수량 전량을 납품, 검수완료한 후 을의 청구에 의하여 지불한다.
2. 분할납품된 물품에 대한 대금은 "갑"의 재량에 의하여 분할 지불할 수 있다.
3. "을"은 "갑"의 승인 없이 물품의 대금에 대한 채권을 제3자에게 양도하거나 질권으로 설정할 수 없다.

제 7 조 【 선급금 】

1. "갑"은 계약체결 후 선급금조로 금 ○○○원을 "을"에게 지불하고, "을"은 동 금액과 "갑"이 제공하는 수리 물품에 대한 보증금 ○○○원, 합계 금 ○○○원의 지급계약보증 보험증권을 "갑"에게 담보금조로 예치한다. 단, 보증(보험)기간은 20○○년 ○월 ○일까지로 한다.
2. 제8조에 따라 해약시에는 "을"은 "갑"으로부터 지불받은 1항의 선급금을 지체없이 "갑"

에게 반환하여야 한다.

제8조【해약의 조건】 다음의 경우에는 "갑"은 "을"에게 아무런 최고 등의 절차 없이 이 계약의 전부 또는 일부를 해약할 수 있다.

1. "을"이 이 계약의 전부 또는 일부를 이행하지 않을 때
2. 납품한 물건이 사양, 시공 또는 도면 및 견본과 상이하여 용도에 부적합할 때
3. "을"이 납기 내에 제1조의 목적물을 수리 및 제작납품 완료하지 아니하거나, 그 가능성이 없다고 갑이 인정할 때

제9조【위 약】 제8조의 각 조항에 의하여 해약되었을 때에는 계약보증금은 위약금으로 "갑"에게 귀속한다.

제10조【하자담보】

1. "갑"이 검수 완료한 날로부터 ○개월 이내에 발생하는 훼손, 고장, 변질 등으로 그 기능에 하자가 발생하였을 때 "갑"의 귀책에 속한 것을 제외하고는 "을"의 책임하에 수리 또는 대체 복구하고 그로 인한 제 손해를 "을"이 배상하기로 한다.
2. "을"은 하자보증금조로 금 ○○○원을 "갑"에게 예치한다. 다만, "갑"은 지불할 대금 중에서 공제예치하거나 하자이행보증보험증권으로 대체할 수 있다. 이 때 보증(보험)기간은 발생일로부터 ○개월간으로 한다.

제11조【보안 및 안전관리】

1. "을"은 "갑"이 제공한 도면, 기타 자료를 물품의 납품시 "갑"에게 반납하여야 한다.
2. "을"은 전항의 자료를 "갑"의 승인 없이 복사하거나 제3자에게 공개, 열람 기타 제작 이외의 목적에 사용하지 못하며 그 지득한 비밀은 엄수하여야 한다.

제12조【해 석】 이 계약의 해석에 이의가 있을 때에는 "갑"의 해석에 따르며 명시되지 않은 사항에 대하여는 일반관례에 준한다.

본 계약의 성립을 증명하기 위하여 이 계약서 2통을 작성하고 각각 서명(또는 기명) 날인하여 각각 1통씩 보관한다.

20○○년 ○월 ○일

갑	㊞	사 업 자 등 록 번 호		사 무 소	
				전화번호	
을	㊞	주민등록번호		주 소	
				전화번호	

[서식 504] 채무변제확인서

채 무 변 제 확 인 서

원 금 ○○○원
이 자 ○○○원
합계금 ○○○원

위 금원은 20○○년 ○월 ○일부터 20○○년 ○월 ○일까지 귀하께서 당 조합에 부담하고 있는 ○○대출금 및 이자에 대한 채무로, 귀하께서는 위 합계금 전부를 20○○. ○. ○. 당 조합에 변제하였음을 확인합니다.

20○○년 ○월 ○일

○ ○ 농업협동조합
조합장 ○ ○ ○(인)

○ ○ ○ 귀하
○○시 ○○구 ○○대로 ○○○

[서식 505] 대위변제확인서

대 위 변 제 확 인 서

변제금액 : 금 원 (₩)
(원금 :)
(이자 :)

20○○. ○. ○.자 채무자 ○○○의 채무액(대출과목 : ○○대출금, 계좌번호 : ○○○-

○○-○○)을 연대보증인 ○○○로부터 20○○. ○. ○. 전부 대위변제하였음을 확인합니다.

20○○년 ○월 ○일

확인자 채권자 ○ ○
농업협동조합조합장 ○ ○ ○ (인)

대위변제인 ○ ○ ○ 귀하

[서식 506] 대위변제확인서

대 위 변 제 확 인 서

변제금액 : 금 ○○○원

(내 역)

원 금 : ○○○원
이 자 : ○○○원
비 용 : ○○○원
계 : ○○○원

20○○년 ○월 ○일자 주채무자 ○○○(000000-000000)의 자 ○○대출금을 연대보증인 ○○○(000000-0000000)가 20○○. ○. ○. 전부 대위변제하였음을 확인합니다.

20○○년 ○월 ○일

확인자 채권자 ○ ○
농업협동조합조합장 ○ ○ ○ (인)

○ ○ ○ 귀하
○○시 ○○구 ○○대로 ○○○

[서식 507] 상계계약서

상 계 계 약 서

○○주식회사(이하 "갑"이라 한다)와 ○○○(이하 "을"이라 한다)는 서로 상대방에 대하여 가지고 있는 채권, 채무를 20○○년 ○월 ○일 현재 대등액으로 상계하고자 합의하고 이 계약을 체결한다.

제1조 "갑"과 "을"은 20○○년 ○월 ○일 현재 아래와 같이 채권, 채무를 부담하고 있음을 확인한다.

"갑" 채 권			"을" 채 권			비 고
일 자	발생사유	금 액	일 자	발생사유	금 액	
계			계			

제2조 1. "을"은 제1조의 채권, 채무에 관한 기한의 이익을 포기하고 이를 상계하는데 동의한다.
2. 상계의 시기와 방법은 "을"이 결정하며, 채권액이 다른 경우에는 상계한 후 잔여채권, 채무에 대하여 상호 즉시 정산하기로 한다.

제3조 "을"은 본 상계의 대상이 되는 채권과 관련하여 "갑"에 대한 동시이행의 항변권, 유치권 기타 일체의 항변권을 포기한다.

본 계약의 성립을 증명하기 위하여 이 계약서 2통을 작성하고 각각 서명(또는 기명)날인하여 각각 1통씩 보관한다.

20○○년 ○월 ○일

갑	㊞	사 업 자 등 록 번 호		사 무 소	
				전화번호	

<table>
<tr><td rowspan="2">을</td><td rowspan="2">㊞</td><td rowspan="2">주민등록번호</td><td rowspan="2"></td><td>주　　소</td><td></td></tr>
<tr><td>전화번호</td><td></td></tr>
</table>

[서식 508] 토지사용승낙서

토지사용승낙서

1. 부동산 및 소유권의 표시

가. 부동산의 표시

나. 소유자 성　　명 : ○ ○ ○

주민등록번호 : ○○○○○○-○○○○○○○

주　　소 : ○○시 ○○구 ○○대로 ○○○

2. 사용목적 :

3. 사용기간 : 20○○년 ○월 ○일부터 ○년간

4. 사용자의 인적사항

성　　명 : ○ ○ ○

주민등록번호 : ○○○○○○-○○○○○○○

주　　소 : ○○시 ○○구 ○○대로 ○○

상기와 같이 토지 사용을 승낙함.

첨부서류 : 소유자 인감증명서　　1통

20○○년 ○월 ○일

승낙인 ○ ○ ○ ㊞

○ ○ ○ 귀하

[서식 509] 토지사용승낙서

토 지 사 용 승 낙 서

1. 토지현황

구 분 소재지	용도지역	지 목	지적(㎡)	승낙면적(㎡)	비 고
합 계					

2. 토지사용자

주 소 :

상 호 명 : ○○주식회사

사업자등록번호 :

대표이사 :

본인은 상기 토지의 소유자로서 본 토지를 토지사용자가 제조업을 위한 공장부지로 사용함에 있어 하등의 이의가 없기에 부지사용을 승낙합니다.

20○○년 ○월 ○일

사용승락자 성 명 : (인)

주민등록번호 :

주 소 :

[서식 510] 토지사용승낙서

토 지 사 용 승 낙 서

○ 토지의 표시 : ○○시 ○○동 ○○○-○○
○ 지　　목 : 답
○ 지　　적 : ○○○㎡
○ 소유자 주소 : ○○시 ○○대로 ○○○
　　　성명 : ○ ○ ○ ㊞

상기 본인 소유 농지를 아래 사용자가 ○○○○○○○을 하는데 있어서 토지소유자로서 위의 시행을 승낙합니다.

20○○년 ○월 ○일

승낙인 ○ ○ ○ ㊞

○ 사용자 주 소 : ○○시 ○○대로 ○○○
　　　성 명 : ○ ○ ○ ㊞

[서식 511] 비품지원계약서

비 품 지 원 계 약 서

비품지원자 (주)○○○○(이하 "갑"이라 칭한다)와 양로원 (재)○○○○(이하 "을"이라 칭한다)는 다음과 같이 비품지원계약을 체결한다.

제1조【목 적】 본 계약은 "을"이 운영하는 양로원에 사용되는 비품일체를 일정기간 "갑"이

지속적으로 후원 지원하는 것과 관련된 사항을 규율함을 목적으로 한다.

제2조【지원비품】

1. "갑"은 양로원에서 사용하는 비품일체로서 구체적 지원품목은 다음 각 호로 정하며 이에 한정하지 아니한다.
   가. 주방용품
   나. 세탁기, 냉장고, TV, 김치냉장고 : 단, ○년에 1회로 한정
   다. 생활용품
2. "을"은 필요한 경우 지원요청 품목을 리스트화 하여 "갑"에게 제공하고 "갑"은 이를 검토 후 관련 물품을 지원하기로 한다. 다만, "갑"은 필요한 경우 당해 직원의 파견을 통한 현장조사를 실시하여 다른 품목의 지원을 하거나, 기타 조정을 할 수 있다.

제3조【지원기간】 "갑"은 특별한 사유가 없는 한 본 계약체결로부터 ○년간 "을"에 대한 지원업무를 실시한다. 다만, "갑"의 경영의 악화로 인하여 더 이상 지원이 불가한 경우 "을"에게 이를 통지하고 지원을 중단할 수 있다.

제4조【봉사활동】 "갑"은 소속 직원들로 하여금 "을"의 시설 및 보호 노인들에 대한 봉사활동을 장려할 수 있으며, 이에 동참한 직원들에 대하여 인센티브를 부과하여 인사고과에 반영하도록 한다.

제5조【사용범위】

1. "을"은 "갑"에 제공하는 비품일체에 대하여 반드시 "을"이 보호하는 노인들이 직접적으로 이용할 수 있도록 사용하여야 하며, "을"의 개인적 사용, 기타 "을" 이외의 제3자(가족 포함)에게 당해 지원 비품을 사용하게 하여서는 아니된다.
2. "갑"은 제1항의 준수여부의 이행확인을 위하여 불시에 "을"의 시설에 대한 방문 및 촬영을 할 수 있으며 "을"이 이에 대하여 거부 기타 조사의 방해를 하는 경우 사용의 범위를 벗어난 이용을 하고 있는 것으로 간주하여 즉시 지원을 중단한다.
3. 본조와 관련하여 제3자에게 이용을 제공한 비품에 대하여 "갑"은 필요한 경우 강제 회수 조치를 취할 수 있으며 "을"은 이에 이의를 제기할 수 없다.
4. 본조의 충실한 이행을 위하여 "갑"은 제공 비품에 대하여 일정한 비표를 부착할 수 있고 "을"은 이를 제거하여서는 아니되고 훼손으로 인한 제거 시 즉시 재부착하여야 한다.

제6조【분쟁해결】 본 계약 제5조와 관련하여 양 당사자 간의 분쟁이 발생한 경우 "갑"의 주소지 관할 지방법원을 그 관할로 하여 재판함으로써 해결한다.

제7조【특약사항】 상기 계약일반사항 이외에 "갑"과 "을"은 아래 내용을 특약사항으로 정하며, 특약사항이 본문과 상충되는 경우에는 특약사항이 우선하여 적용된다.

위와 같이 본 계약이 유효하게 성립하였음을 증명하기 위하여 본 계약서 2통을 작성하여 각각 서명(또는 기명) 날인한 후 "갑"과 "을"이 각각 1통씩을 보관한다.

20○○년 ○월 ○일

갑	㊞	사 업 자 등 록 번 호		사 무 소	
				전화번호	
을	㊞	사 업 자 등 록 번 호		사 무 소	
				전화번호	

[서식 512] 상속재산분할협의서

상속재산분할협의서

20○○년 ○월 ○일 ○○시 ○○구 ○○동 ○○에서 ○○○의 사망으로 인하여 개시한 상속에 있어 공동상속인 ○○○, ○○○, ○○○는 다음과 같이 상속재산을 분할협의한다.

– 다 음 –

1. 부동산의 표시

위 부동산은 상속인 ○○○ 소유로 한다.

위 협의를 명확히 하기 위하여 이 협의서 3통을 작성하고 아래 기명날인하여 각 1통씩 보유한다.

20○○년 ○월 ○일

공동상속인 ○ ○ ○ (인)
(-)

○○시 ○○구 ○○대로 ○○○

공동상속인 ○ ○ ○ (인)
(-)
○○시 ○○구 ○○대로 ○○○

공동상속인 ○ ○ ○ (인)
(-)
○○시 ○○구 ○○대로 ○○○

[서식 513] 운송단가계약서(임대차량)

임대차량 운송단가계약서

재단법인 ○○○○(이하 "갑"이라 한다)와 ○○○○(이하 "을"이라 한다)간에 임대차량 운송단가계약을 다음과 같이 체결하고 계약서 2부를 작성하여 각 1부씩 보관키로 한다.

제1조【목 적】 본 계약은 "갑"이 지정한 우편물을 "을"이 위탁받아 운송함에 있어 필요한 사항을 정하여 쌍방 간에 분쟁 소지를 사전에 예방하여 상호이익 증진을 도모함에 있다.

제2조【운송구간별 운송요금단가】

1. 구간별 운송요금단가는 아래와 같다.

운 송 구 간	차 종	운행거리	일 정	운행시간	운송료(원) (VAT.별도)

2. "갑"과 "을"은 시장가격의 변동 및 기타 필요한 경우에 상호 협의하여 운송료를 조정하거나 변경할 수 있다. 단, 요청시 서면에 의한다.

제3조【차량규격 및 차량의 호출】

1. "을"은 우편물의 안전한 운송과 우편물 운송의 신뢰성 제고를 위하여 외관이 깨끗하고

안전성이 확보된 탑차를 사용하여야 한다. 단, 1.4톤의 경우 탑차가 아닌 승합차를 사용할 경우는 시건장치가 완벽한 차량을 사용하여야 한다.
2. "을"은 운송차량 외부에 "갑"과 동일한 도색 및 우편마크를 부착한 우편물 운송차량임을 표시하여야 한다.
3. "을"은 "갑"이 지정하는 장소에 계약일정에 의거 운행시간 1시간 전에 도착하여야 한다.
4. "갑"의 사정에 의하여 장소 및 일시가 변경될 경우 "갑"은 "을"에게 유선통보토록 하며, "을"은 즉시 이행하여야 한다.

제4조【계약기간 및 연장】
1. 본 계약은 20○○년 ○월 ○일부터 20○○년 ○월 ○일까지로 한다. 단, "갑"측의 업무변경 및 기타 부득이한 사정 또는 계약해지 요건에 해당하는 경우 해지할 수 있다.
2. 계약기간이 만료되어 연장이 필요한 경우 "갑"의 요청에 의하여 연장할 수 있다.

제5조【운송료 청구 및 지급】
1. "을"은 월중 운송한 운송료에 대하여 매월말일을 기준으로 정산한다.
2. 해당월의 운송확인을 위하여 운송사업부에 운송요금정산서를 제출한 후, 사업운영팀장의 확인을 받아 다음달 10일까지 운송료를 청구하여야 한다. 단, "을" 측의 사유로 기한을 초과하였을 경우, "을"측의 책임으로 한다.
3. "갑"은 "을"이 청구한 운송료를 청구일로부터 14일 이내에 지급한다.
4. "갑"이 "을"에게 운송료를 지급함에 있어 "을"로부터 징수할 금액(예 : 운송과실 및 기타 사유로 본회에 해를 끼쳤을 때 발생하는 과실금 등)이 발생하였을 경우에는 사전에 "을"에게 통보한 후 공제할 수 있다.

제6조【운송 확인(검수)자 지정】 매월 발행하는 운송료에 대한 "을"의 운송확인(검수)은 운송사업부 사업운영팀장으로 한다.

제7조【운송시 유의사항】
1. "을"은 "갑"이 지정하는 자 또는 우체국 해당 담당자의 지시에 따라야 한다.
2. 운송이라 함은 해당 우편물이 발송에서부터 도착완료까지 우체국직원의 확인이 종료된 것을 의미한다. 확인이 없거나, 확인 불가능한 운송은 운송이 완료된 것으로 보지 아니한다.
3. 운송료 지불은 정당하게 확인된 우편물 운송 완료분에 한하여 지급한다.

제8조【근무 규정 및 차량 지정】
1. "을"은 우편물 운송에 관한 업무를 수행함에 있어 "갑"의 요구에 의해 수행하여야 하며 "갑"은 "을"의 우편물 운송업무가 올바르게 이행되도록 요구하거나 관리 등의 필요한 조치를 취할 수 있다.
2. "을"은 복장 및 두발을 단정하게 하고, 차량의 외관 등은 항상 깨끗한 상태로 유지하여야 한다.
3. "을"은 우편물 운송을 함에 있어 대국민서비스 및 신뢰성 유지를 위하여 우편물 운송요원으로써 "갑"의 운송원 수준의 근무복을 착용하고 그에 대한 경비는 "을"의 부담으로 한다.
4. "을"은 업무를 수행함에 있어 업무의 전문성 및 특수성을 감안하여 편별 운송구간에

특별한 사유가 없는 한 차량과 운전원을 지정하여 운행한다.

제9조【사고책임과 손해배상】

1. "을"은 "갑"의 우편물 운송시에 발생하는 차량사고, 기타 사유로 인한 우편물 손실, 파손, 도난 등의 손해발생시 "갑"의 지시 하에 전담 수습해야 하며, 손해우편물에 대한 모든 피해를 변상하여야 한다.
2. "을"은 "갑"의 우편물을 취급하는 과정에서 고의 또는 중대한 과오로 우편물을 망실, 훼손, 지연 운송하여 "갑"에게 손해를 끼쳤을 경우에는 우편법 제38조 및 우편법시행규칙 제135조의 2 기준에 의하여 손해배상을 하여야 한다.
3. 제1~2항으로 인하여 고객으로부터 소송이 제기되거나 소송결과 우정사업진흥회가 패소하였을 경우에는 판결문에 기재된 금액과 소송비용 일체를 "갑"의 청구에 의하여 "을"이 부담하여야 한다.
4. 천재지변이나, "갑"이 인정하는 불가항력적인 사고에 대하여 "을"은 이를 면책한다.

제10조【계약이행보증금 제출】 "을"은 본 계약체결 후 3일 내에 계약이행보증금을 "갑"에게 납부하여야 한다. 계약보증금은 운송료 계약금액의 10% 이상에 해당하는 금액을 현금 또는 계약이행보증보험증권을 담보로서 제공한다.

제11조【계약의 해지 또는 변경】

1. "갑"측의 사정으로 인한 운송업무의 변경 및 기타 부득이한 사정에 의한 경우, 본 계약을 해지하거나 정지할 수 있다. 단, 해지 또는 정지를 요청할 경우, 해지 또는 정지일을 기준으로 10일 전에 서면으로 통지하여야 하며, 서면통지로서 효력이 발생된다.
2. "갑"과 "을"은 어느 일방이 계약내용을 위반하였을 경우에는 계약을 해지할 수 있으며, 이로 인하여 발생한 손해에 대하여 상대방에게 손해배상을 청구할 수 있다.
3. "갑"과 "을"은 계약을 이행할 수 없는 중대한 사유가 발생한 것이 객관적으로 인정될 경우에는 상대방에게 계약해지를 통보할 수 있다.
4. "갑"은 "을"이 파산 및 체납 또는 기타 사유로 인하여 안정적인 임차계약관계 유지가 곤란하다고 판단될 때("갑"이 재산상태에 관한 서류를 요구할 시 "을"은 즉시 제시하여야 한다) 계약을 해지할 수 있다.

제12조【차량대체 요구】 "을"은 운송도중 사고발생(고장포함)시 우편물을 운송하는 차량임을 감안하여 신속히 차량을 대체하여 우편물 운송에 차질이 없도록 하여야 하며, 차량대체 지연으로 인한 손해발생시 "을"이 전액 보상하여야 한다.

제13조【권리의 양도, 위탁, 하도급 금지】 "을"은 본 계약의 수행과 관련하여 "갑"의 사전 서면 동의 없이 제3자에게 본 계약상의 권리 또는 의무의 일부 또는 전부를 양도하거나 위임(위탁), 하도급(대행)을 할 수 없다.

제14조【비밀보장】 "을"은 "갑"의 우편물을 운송하는 과정에서 취득한 일체의 정보 등을 제3자에게 누설하여서는 안되며 이를 누설한 경우에는 그에 상응하는 피해보상 및 우편법 제51조에서 정한 처벌을 받을 수 있다.

제15조【지체변상금】

1. "을"은 본 계약 제2조에 정한 운송기일 내에 운송을 이행하지 못한 때에는 매 지체일수

1일에 대하여 5/1,000에 상당하는 지체변상금을 "갑"에게 납부하여야 한다(예 ; 2일 지체시 : 총금액(계약기간총금액)/총일수(계약기간총일수) × 지체일수 × 5/1,000)

2. "갑"은 지체변상금을 "을"에게 지급될 대가 등과 상계처리할 수 있다.
3. "을"은 불가항력의 사유(태풍, 홍수, 기타 악천후, 전쟁 또는 사변, 지진, 화재, 전염병, 폭동 등)에 해당하는 경우에는 지체일수에 산입하지 아니한다.

제16조【조문해석】 본 계약서상에 명시되지 않은 사항은 신의성실의 원칙에 의하여 "갑"과 "을"이 협의하여 결정하되 이의가 발생할 경우, 우선적으로 본회 구매계약규정및국가를당사자로하는계약에관한법률 및 시행령(규칙)에 의한다.

제17조【재판관할권】 본 계약에 관한 소송은 "갑"의 소재지 관할 법원으로 한다.

제18조【청렴계약 이행 특수조건 준수】 "갑"과 "을"은 물품구매(공사·용역 등) 계약에 있어 계약일반조건 외에 청렴계약이행 특수조건을 성실히 준수한다.

20○○년 ○월 ○일

갑	㊞	주민등록번호		주 소	
				전화번호	
을	㊞	주민등록번호		주 소	
				전화번호	

[서식 514] 프리랜서계약서

프리랜서계약서

주식회사 ○○○○(이하 "갑"이라 칭한다)와 ○○○(이하 "을"이라 칭한다)는 "갑"이 판매하는 제품(이하 "제품"이라 칭한다)의 수출을 위해서 "을"이 수출업무를 행하기 위하여 다음과 같이 프리랜서계약을 체결한다.

제 1 조【기본거래의 원칙】

1. 본 거래는 "을"의 요구에 따라 "갑"의 명의를 대여함과 동시에 "갑"의 제품을 수출하는 것이며, 이와 관련하여 발생되는 모든 수출업무는 "갑"이 하며 "을"은 영업행위와 수주행위만을 의미한다.

2. "갑"은 "을"이 "갑"의 제품을 수출하기 위하여 필요한 자료를 제공하여야 한다.
3. "을"은 해외영업을 함에 있어 발생되는 사항을 "갑"에게 고지해야 할 의무가 있다.
4. "을"은 프리랜서로서 해외거래처, 바이어, 연락처 등을 "갑"에게 고지할 의무는 없다.
5. "을"이 수주한 오더의 MASTER L/C 또는 T/T의 수혜자는 "갑"을 원칙으로 한다.
6. "을"의 보수는 "갑"으로 개설된 L/C 또는 T/T를 근거로 영업이익의 최고○%를 지급하며, 지급시기는 네고 후 제반 경비를 제외한 나머지 영업이익금의 정해진 기준에 의하여 지급한다.
7. 본 계약의 기간은 20○○. ○. ○.부터 20○○. ○. ○.까지(2년)로 하며, 재계약을 할 경우 "을"은 "갑"에게 서면 또는 이에 상응하는 문서로 재계약사항을 통보를 하여야 하며, 통보를 하지 아니하여 발생한 손실에 대해서는 "을"의 책임이다.
8. "을"의 영업으로 인하여 발생된 오더는 추후 거래가 계속되는 한 성과급 지급은 계약기간 내에는 자동으로 지급되며, 계약이 해지되거나 종료됐을 경우에 "갑"은 지급할 의무가 없다.

제 2 조【 거래방법 】

1. 수출과 관련된 P/O취득 및 해당제품 생산에 필요한 제반사항의 업무는 "갑"의 책임으로 한다.
2. Nego시 환율변동에 따른 환차손익은 "갑"의 귀속으로 한다.
3. 선적물품 도착시 통관, 하역, 운송 등 제반 수출입절차는 "갑"의 명의로 실제 이행하여 "갑"의 책임으로 한다.
4. "갑"의 명의로 관서나 기관에 제출하는 각서 및 기타 증빙서류에 대한 책임 및 이로 인하여 발생하는 손해 등 일체를 "갑"이 부담하고 "을"은 무관하다.
5. 환차손으로 인하여 영업이익이 발생하지 않을 경우에는 성과급을 지급하지 않아도 되며, 또한 영업손실이 발생할 경우, 그 손실은 "갑"이 책임을 진다.
6. "을"은 하기 "제품"에 대하여 영업을 할 수 있다.
   가. TFT LCD MONITOR 및 TFT LCD MONITOR
   나. PDP TV　　다. FLAT TV
   라. MP3　　마. 뉴젠
   바. 휴대폰　　사. 자동차 및 중장비, 건설장비
   아. "갑"이 정한 제품과 "을"의 요청에 의한 제품이나 아이템
   자. 기타 아이템(컨설팅 및 Project financing)

제 3 조【 성과급 지급 】

1. "갑"은 선적 후 L/C NEGO대전에서 금융수수료, 물품대금 및 기타 "갑"이 투입한 경비 등을 공제한 영업이익금의 OO%를 Nego와 동시에 "을"에게 지급한다. 단, 자동차는 아이템의 특성상 별도규정에 의하여 지급한다.
2. 성과급 지급에 대한 세금은 원천징수하며, 그 세율은 자유소득인으로서 세법이 정한 세율에 의하여 원천징수한 후 지급한다(자유소득인 : 소득금액의 3.3%).
3. 성과급은 수출이 완료된 후의 CLAIM 및 UNPAID에 관계없이 지급하고, 추 후 심각한 CLAIM 또는 SHIP BACK 될 경우에는 성과급을 전액 상환한다.
4. 성과급 지급기준

가. 자동차 및 중장비 관련아이템은 별도의 성과급 지급기준에 준하며, 협의하여 결정하는 것을 원칙으로 한다.
나. 회사의 아이템을 영업하는 경우와 추가적인 아이템을 "갑"의 명의로 수출을 한 경우에 한하여 ○○%의 성과급을 지급하는 것을 원칙으로 한다.
다. 프리랜서 본인이 수출오더 및 회사가 정한 아이템 외 본인의 아이템을 수출하는 경우에도 ○○%의 성과급을 지급한다.

제4조【경 비】
1. "갑"은 "제품"의 모든 수출경비(은행경비, 보험료, 통관료, 하역료, 창고료, 내륙운송비, 검사료 등)를 선 부담한다.
2. 원칙적으로 수출상담이나 계약 또는 기타 업무로 인하여 해외 출장을 갈 경우, 원천적으로 "갑"이 "을"에게 지원해주는 것은 없는 것으로 한다.

제5조【품질검사】 "자재" 및 "제품"의 품질검사는 "갑"의 책임으로 한다.

제6조【품질불량 등】
1. "자재"의 품질불량, 수량부족, 품질 상이, 선적지연, 선적불이행 등의 사유로 인한 CLAIM에 대하여 "을"은 책임을 지지 아니한다.
2. "제품"의 품질불량, 수량부족, 포장불량, 품질상이, 선적지연, 선적불이행, 선적서류 하자들의 사유로 수입상으로부터 제기되는 CLAIM 또는 UNPAID에 대해서는 "갑"의 책임으로 하며 "을"은 문제의 해결을 위하여 "갑"에게 최대한 협조를 하여야 한다.

제7조【통지의무】 "을"은 수입상 기타 제3자로부터 CLAIM통지 등 이 수출업무와 관련된 통지를 받았을 때에는 지체 없이 동 사실을 "갑"에게 고지하여야 하며, 고지하지 않아 발생된 손실에 대하여서는 "을"이 책임을 진다.

제8조【해 약】
1. 당사자 일방의 계약불이행, 또는 당사자일방의 파산신청, 파산, 해산, 영업폐지, 지급불능, 당좌거래의 정지, 회사정리신청, 회사정리법에 의한 보전신청, 가압류신청, 가압류, 가처분 등 그 밖에 신용을 현저히 상실하였다고 인정될 경우 상대방은 계약해지를 통보함으로써 본 계약을 해지할 수 있다.
2. 전항의 계약해지는 기 발생된 권리 및 손해배상의 청구에 영향을 미치지 아니한다.

제9조【유효기간】
1. 본 계약은 계약체결일로부터 20○○년 ○월 ○일까지 유효하다. 단, 계약기간 중 발생될 채권, 채무는 기간만료에 영향을 받지 아니한다.
2. 유효기간의 연장여부 및 그 내용은 기간만료 2개월 전 당사자간의 합의로써 결정한다.

제10조【내용변경】 본 계약의 내용은 당사자간 서면합의로 변경할 수 있다.

제11조【양도금지】 당사자일방은 상대방의 사전 승인 없이 본 계약의 권리, 의무를 제3자에게 양도, 이전, 담보제공의 행위를 할 수 없다.

제12조【분쟁해결】 본 계약으로 인하여 또는 본 계약과 관련하여 발생하는 모든 분쟁은 대한상사중재원의 중재로 최종 해결한다.

제13조 【특약사항】 "갑"의 제품을 해외영업 함에 있어서 제품의 가격은 "갑"이 정한 가격으로 영업함을 원칙으로 하며, 특별한 경우 "갑"의 승인을 득한 후 가격결정을 할 수 있다.

제14조 【기 타】 본 계약에 규정되지 않은 사항은 당사자간 합의로써 결정하고, 합의되지 않는 사항은 일반적으로 인정되는 상관례에 의한다.

위 계약을 증명하기 위하여 본 계약서 2통을 작성하여 서명(또는 기명) 날인한 후 각각 1통씩 보관한다.

20○○년 ○월 ○일

갑	㉳	사 업 자 등 록 번 호		사 무 소	
				전화번호	
을	㉳	주민등록번호		주 소	
				전화번호	

[서식 515] 비밀유지계약서

비밀유지계약서

○○회사(비밀정보를 제공하는 당사자, 이하 "정보제공자")와 □□회사(비밀정보를 제공받는 반대 당사자, 이하 "정보수령자")는 다음과 같이 합의한다.

제 1 조 (계약의 목적) 이 계약은 정보제공자와 정보수령자가 양 당사자 간의 (이하 "목적 사업")에 관하여 상호 제공하는 "비밀정보"를 보호하기 위하여 필요한 사항을 규정함에 그 목적이 있다.

제 2 조 (비밀정보의 정의 및 요건)

① 이 계약서에서 "비밀정보"란 목적 사업과 관련하여 양 당사자가 업무를 진행하는 과정에서 어느 일방 당사자가 반대 당사자에게 서면, 구두, 전자적 방법에 의한 전송 또는 기타의 방법으로 제공하는 모든 노하우, 기술, 공정, 도면, 설계, 디자인, 코드, 실험, 시제품, 스펙, 데이터, 프로그램, 명세서, 아이디어, 사업정보, 경영정보 등 일체의 정보로서 유·무형의 여부 및 그 기록 형태를 불문한다.

② 제①항에도 불구하고, 다음 각호의 하나에 해당함이 객관적인 증거에 의하여 입증되는 경우에는 비밀정보로 보지 아니한다.

1. 정보제공자로부터 비밀정보를 제공받기 이전부터 "정보수령자"가 이미 알고 있었거나 보유하고 있던 정보
2. 정보수령자의 귀책 사유에 의하지 아니하고 공지의 사실로 된 정보
3. 정보수령자 또는 그의 계열사가 비밀정보를 이용하지 아니하고 독자적으로 개발한 정보
4. 정보제공자가 제3자에게 비밀유지의 의무를 부담시키지 않고 제공한 정보

③ 정보제공자가 정보수령자에게 서면 제출, 메일 전송, 물품 인도 등 유형적인 형태로 비밀정보를 제공할 경우에는 그 제공 당시 "비밀" 또는 이와 유사한 표식에 의하여 그것이 비밀정보에 해당됨을 명확히 인지할 수 있도록 표시하여야 한다.

④ 정보제공자가 정보수령자에게 유형적인 형태 이외의 구두, 영상에 의한 방법 또는 시설, 장비 샘플 기타 품목을 관찰하거나 조사하게 하는 방법에 의하여 비밀정보를 제공할 경우, 그 제공 당시 정보수령자에게 그것이 "비밀정보"임을 고지하고, 고지한 때로부터 30일 내에 공개 범위, 공개 일자, 공개 장소 및 공개 대상자 등이 명시된 요약본을 서면 제출, 이메일 전송 등의 유형적인 기록 형태로 제공하여야 한다.

제 3 조 (비밀정보의 사용 제한)

① 정보수령자는 정보제공자의 사전 서면 승인이 없는 한 비밀정보를 목적 사업 외의 다른 목적이나 용도로 사용할 수 없으며, 목적 사업과 직접적으로 관련된 업무 수행의 범위를 초과하여 비밀정보를 임의로 복제, 수정, 저장, 변형 또는 분석하는 등의 행위를 할 수 없다.

② 정보수령자는 목적 사업을 위하여 비밀정보에 접근할 필요가 있는 자신의 관련 임직원으로서 이 계약에 준하는 내용을 담은 비밀유지서약서를 제출한 인원 외에는 정보제공자의 사전 서면 승인 없이는 어떠한 제3자에게도 비밀정보를 제공할 수 없으며, 사전 서면 승인을 얻은 경우에라도 당해 제3자와 별도의 비밀유지계약을 체결하여야 한다.

③ 정보수령자는 자신의 비밀정보를 취급하는 정도의 주의를 기울여 비밀정보를 보호하고 관리하여야 하며, 그 주의의 정도는 동종 업계의 합리적인 주의의 정도를 최소한으로 한다.

④ 정보수령자는 비밀정보의 외부로의 누설 또는 비밀정보의 대내외적 오사용 등 침해 사실이 발견된 경우 즉시 정보제공자에게 서면으로 그 사실을 통보하여야 한다.

제 4 조 (법원·정부기관에 대한 제공)

① 정보수령자는 법원 또는 정부기관으로부터 비밀정보의 제공을 요구받은 경우, 즉시 정보제공자에게 그 사실을 서면 통지하여 정보제공자가 적시에 적절한 보호 및 대응 조치를 취할 수 있도록 하여야 한다.

② 제①항의 통지와 함께 정보수령자는 i) 법원 또는 정부기관이 비밀정보의 비공개 필요성에 대하여 납득하도록 노력하여야 하고, ii) 비밀정보를 제공하여야 할 경우라도 법령에 따라 요구되는 필요 최소한도 내에서 제공하여야 하며, iii) 제공된 비밀정보가 법원 또는 정부기관에 의하여 비밀로 취급되도록 노력을 하여야 하고, iv) 그와 같은 비밀정보를 보호하기 위한 정보제공자의 행위에 최대한 협조하여야 한다.

제 5 조 (보증)

① 정보제공자는 비밀정보를 현상태 그대로 제공하며, 비밀정보의 정확성 및 완전성이나

사업 목적에 대한 적합성 및 제3자의 권리침해 여부에 대한 어떠한 보증도 하지 않는다.
② 정보제공자는 정보수령자가 비밀정보를 사용함에 따른 결과에 대하여 어떠한 책임도 지지 아니한다.

제 6 조 (구속력)
① 이 계약에서 명시한 경우를 제외하고는 이 계약의 이행 또는 비밀정보의 제공이 정보제공자가 자신의 현재 또는 장래의 영업비밀, 상표권, 특허권 기타의 권리에 대한 실시권, 사용권 등의 권리를 정보수령자에게 부여하는 것으로 해석되지 아니한다.
② 이 계약은 어떠한 경우에도 양 당사자간에 어떠한 확정적인 후속 계약의 체결, 상품의 판매나 구입, 상호 지출한 비용에 대한 보상 등에 관한 내용을 암시하거나 이를 강제하지 아니하며, 기타 각 당사자가 제3자와 거래 또는 계약 관계에 진입하는 것을 제한하지 아니한다.

제 7 조 (비밀정보의 반환)
정보수령자는 다음 각호의 어느 하나에 해당하는 경우 지체없이 정보제공자에게 비밀정보의 원본, 사본 및 비밀정보를 이용하여 생성한 서면, 자료, 데이터 등을 정보제공자의 선택에 따라 반환하거나 폐기하여야 하며, 폐기한 경우에는 그때로부터 10일 내에 정보제공자에게 서면에 의한 확인서를 제출하여야 한다.
1. 계약기간의 만료 등의 사유로 이 계약이 종료된 경우
2. 정보제공자가 서면에 의하여 비밀정보의 반환을 요구하는 경우

제 8 조 (손해배상 등)
① 정보수령자는 정보제공자의 서면 동의 없이 비밀정보를 고의 또는 과실로 제3자에게 공개, 제공 또는 누설한 경우 등 이 계약을 위반함으로 인하여 정보제공자가 입은 손해를 배상하여야 한다.
② 양 당사자는 이 계약의 위반이 상대방에게 회복할 수 없는 손해를 가할 수 있어 사후적인 금전적 배상만으로 충분하지 아니하며, 따라서 금전적 배상에 의한 법적 구제 수단에 앞서 가처분 등 적절한 법적 구제를 위한 절차에 있어 피보전권리, 보전의 필요성 등 제반 요건을 충족시킴을 인정한다.

제 9 조 (양도금지) 각 당사자는 상대방의 사전 서면 동의없이 이 계약에 의하여 발생하는 권리, 의무의 전부 또는 일부를 제3자에게 양도, 위임, 위탁, 담보의 목적으로 제공하거나 기타 어떠한 처분 행위도 할 수 없다.

제10조 (계약의 효력)
① 이 계약은 이 계약 체결 이전에 이루어진 당사자 간의 구두 또는 서면상의 양해 또는 합의에 우선하며, 양 당사자의 서면 합의에 의하여서만 변경될 수 있다. 또한, 이 계약 상의 권리 불행사는 그 권리의 포기로 간주되지 아니한다.
② 이 계약은 이 계약 체결일로부터 2년간(이하 "계약기간") 유효하다. 단, 이 계약상의 비밀유지의무는 이 계약이 종료된 이후에도 3년간(이하 "비밀유지기간") 유효하다.
③ 제②항에도 불구하고 그 성질상 계속하여 효력을 유지하여야 할 조항은 이 계약이 종료되거나 비밀유지기간이 만료된 이후에도 유효하다.

이 계약이 유효하게 성립되었음을 증명하기 위하여, 이 계약서를 2부 작성하고 아래와 같이 기명날인한 후, ○○회사와 □□회사가 각 1부씩 보관한다.

20○○년 ○월 ○일

[서식 516] 비밀보장계약서

비 밀 보 장 계 약 서

○○주식회사(이하 "갑"이라 함)와 ○○주식회사(이하 "을"이라 함)는 ○○의 연구개발(이하 「본 건 개발」이라 함)을 위해 갑이 을에게 개시하는 갑의 비밀사항 취급에 관해 다음과 같이 계약을 체결한다.

제1조(비밀사항) 본 계약에서 비밀사항이란 문서, 도면, 그 밖의 서류에 기재되거나 혹은 전자적 또는 광학적으로 기록된 갑이 보유한 갑의 기술상, 영업상 기타 갑의 업무상의 모든 지식 및 정보로 갑이 을에게 개시한 시점에서 갑이 비밀로써 취급하는 것을 말한다. 단, 다음의 각 호의 하나에 해당하는 것을 제외한다.

1. 을이 갑으로부터 개시를 받은 시점에서 이미 공지로 되어있는 것
2. 을이 갑으로부터 개시를 받은 후에 을의 고의 또는 과실에 의하지 않고 공지로 된 것을 을이 증명할 수 있는 것
3. 을이 갑으로부터 개시를 받기 전에 을이 스스로 얻거나 정당한 권리를 가진 제3자로부터 정당한 수단으로 입수하였다는 것을 증명할 수 있는 것

제2조(비밀유지의무) ① 을은 비밀사항을 엄중히 지키며 사전에 갑으로부터 서면에 의한 승낙 없이 이것을 제3자에게 개시 혹은 누설해서는 안된다.

② 을은 앞 항의 갑의 승낙을 얻은 경우라도 해당 제3자가 계약상 을의 의무와 동등한 의무를 갑에게 지울 것을 확약하는 서면을 갑에게 제출하기까지는 해당 제3자에 대해 비밀사항을 개시해서는 안되며 해당 제3자에게 비밀사항을 개시한 후는 해당 제3자의 갑에 대한 의무이행에 대해 해당 제3자와 연대하여 책임을 진다.

제3조(사용목적) 을은 비밀사항을 본 건 개발목적을 위해서만 사용하고 그 밖의 목적으로 사용해서는 안된다.

제4조(개시범위) ① 을은 비밀사항을 본 건 개발에 종사하고 또한 해당 비밀사항을 알 필요가

있는 을의 담당자 또는 종업원에 한해 필요한 범위 내에서만 개시할 수가 있다. 단, 을은 해당 담당자 또는 종업원의 행위에 대해서 모든 책임을 지며 또한 해당 담당자 또는 종업원에 대해 본 계약상 을의 의무를 준수시켜야 한다.

② 을은 앞 항에 기초하여 을의 담당자 또는 종업원에 대해 비밀사항을 개시하려고 할 때는 사전에 해당 담당자 또는 종업원의 성명 및 해당 담당자 또는 종업원에게 개시할 비밀사항의 범위를 서면으로 갑에게 통지해야 한다. 갑에게 통지한 사항을 변경할 경우도 동일하다.

제 5 조 (복사) ① 을은 비밀사항이 기재 또는 기록된 모든 문서, 도면, 기타 서류 또는 전자적, 광학적 기록매체를 사전에 갑으로부터 서면에 의한 승낙 없이 복사해서는 안 된다.

② 을은 본 건 개발이 완료하였을 때 또는 중지 혹은 중단되었을 때 혹은 갑의 청구가 있는 경우는 곧바로 비밀사항이 기재 또는 기록된 모든 문서, 도면, 기타서류 혹은 전자적 또는 광학적 기록매체를 모든 복사물과 함께 갑에게 인도해야 한다.

제 6 조 (조사권) 갑은 을의 영업시간중 언제라도 을의 사무소에 들러 을의 본 계약상의 의무이행상황을 조사할 수가 있다.

제 7 조 (손해금액) 비밀사항이 제3자가 알게 된 경우에는 을은 갑에 대해서 일금 ○○○원을 손해금액으로 지불해야 한다. 단, 을이 본 계약상의 의무이행에 대해 나태하지 않았음을 증명하였을 때는 이에 해당되지 않는다.

제 8 조 (유효기간) 본 계약은 본 건 개발이 완료하거나 중지 혹은 중단된 후라고 하더라도 ○년간은 효력을 갖는다.

이상 본 계약의 성립을 증명하기 위해 본서 2통을 작성하고 갑·을 기명·날인 후 각각 1통씩을 보유한다.

20○○년 ○월 ○일

<table>
<tr><td rowspan="2">갑</td><td>주 소</td><td colspan="5"></td></tr>
<tr><td>성 명
또 는
상 호</td><td>인</td><td>주민등록번호
또 는
사업자등록번호</td><td>–</td><td>전 화
번 호</td><td></td></tr>
<tr><td rowspan="2">을</td><td>주 소</td><td colspan="5"></td></tr>
<tr><td>성 명
또 는
상 호</td><td>인</td><td>주민등록번호
또 는
사업자등록번호</td><td>–</td><td>전 화
번 호</td><td></td></tr>
</table>

[서식 517] 신용장 견본

<table>
<tr><td colspan="2">1) the Hongkong and Shanghai Banking Corporation Incorporated in Hong Kong with Limited Liability
Cable address : Hongbank
P.O BOX : 4532</td><td>3) IRREVOCABLE DOCUMENT CREDIT</td><td>4) Credit No(Issuing Branch's No)
TOP-052-27410</td></tr>
<tr><td colspan="2">2) Place and date of issue Hong Kong 1 January 2009
□ Confirmation of our brief teletransmission of</td><td colspan="2">5) Data and place of expiry 1 July 2009 at counter of advising Bank in Seoul</td></tr>
<tr><td colspan="2">6) Applicant
XYZ Marketing Inc.
801 Wing On Building
13Des Voeux Road C
Hong Kong</td><td colspan="2">7) Beneficiary
ABCD Trading Co Ltd
159 Samsung Dong
Gangnam-Ku,Seoul, Korea</td></tr>
<tr><td colspan="2" rowspan="2">8) Advising Bank
The Hongkong and Shanghai Banking Corporation, Seoul

Advising Bank's No</td><td colspan="2">9) Amount
USD 370,000.00</td></tr>
<tr><td colspan="2" rowspan="3">10) Crdit available with
The Hongkong and Shanghai Banking Corporation, Seoul by
□ sight payment / □ deferred payment / □ acceptance /
□ negotiation against the documents detailed herein.
11) □ and your drafts
(□ at sight / □ at days)
drawn on US for full invoice value of goods</td></tr>
<tr><td>12) Partial Shipments
□ allowed
□ not allowed</td><td>13) Transshipment
□ allowed
□ not allowed</td></tr>
<tr><td colspan="2">14) Loading on board/
from/ Busan Korea
not later than May 31st 2009
for transportation to Hong Kong</td></tr>
<tr><td colspan="4">15) Documents required
Invoice(s) in quadruplicate endorsed in blank.
□ Full set orignal clean "On Board" bills of lading made out of order of shipper
□ Orignal air waybill marked "for the consignor" signed by the carrier or his agent. marked "Freight □ Prepaid / □ Collect" and " Notify XYZ Marketing Inc.,801 Wing On Building 13 Des Voeux Rd C Hong Kong
□ mentioning this DC number evidencing despatch to
□ Marine/ □ Air Insurance Policy or Certificate for full CIF value plus 10% covering □ Institute Cargo Clauses(A)/ □ Institute Cargo Clauses(Air), Institute War Clause(□ Cargo / □ Air Cargo) and Institute Strikes Clauses(□ Cargo / □ Air Cargo).
Parking list in quadruplicate
□ Insurance covered by □ applicant / □ ultimate buyer, covering : 2 sets of Printing Machines at USD300,000.00 per set
C.I.F
Each □ claim for payment / □ draft accompanying documents must state : "Drawn under credit No. TOP-052-27410
The Hongkong and Shanghai Banking Corporation, Hong Kong"</td></tr>
</table>

17) Documents to be presented within 10 days after date of issuance of the shipping document(s) but within the validuty of the credit

18) Special conditions
All banking charges outside Hong Kong are for account of beneficiary
□ to be continued on next page

19) We hereby issue this irrevocable documentary credit in your favour which, except so far as otherwise expressly stated, is subject to uniform customs and practice for documentary credits(1994 Revision) International chamber of commerce Publi- cation No. 500

20) □ We hereby engage that payment will be duly made against presentation of documents which conform with the terms of this credit.
□ We hereby engage that draft drawn in conformity with the terms of this credit will be duly accepted on presentation and duly honoured at maturity.
□ We hereby engage with drawers and/or bona fide holders that drafts drawn and negotiated in conformity with the terms of this credit will be duly honoured on presentation.so long as there has been strict compliance with all the terms and conditions(including special conditions) of this credit, save to the extent that the same have been amended in writing and signed on our behalf
Documentary evidence will be required of compliance with all Conditions of this credit

important Notice To Beneficiary :

21) We cannot make any alternations to this credit without opener's authority. Should any of its terms or conditions be unclear or unacceptable.the beneficiary of this credit must contract the opener directly.We shall insist on strict compliance with all the terms and conditions of this credit unless and until they have been formally amended in writing singed on our behalf or by this credit is not entitled to rely on communications or discussions with us. the advising bank or the opener as in any way amending this credit. The attention of the beneficiary is also drawn to Articles 3 and 4 or UCP 400.

Advising Bank's notification

22) Place, date, name and signature of the Advising Bank.

This document consist of one signed pages.

Yours faithfully
Robert H. Kennedy H.Y.Song
5465 3334

Not : Directions to Advising Bank / Paying Bank / Negotiating Bank are given on the reverse of this credit

[주] 견본 1)~22)의 각 란에 대한 해설은 다음과 같다.

1) 개설은행(Issuing bank, Opening bank)통상 신용자의 상단에는 개설은행이 자행의 은행명과 주소, 텔렉스번호, 전신약호 등을 인쇄하여 둔다. 이는 매입은행이 매입 후 발송하여야 할 당사자이므로 정확히 확인해 두어야 한다.

2) 개설일자(Issuing date) 및 장소(Place)L/C의 개설일자와 장소를 기재한다. 주로 개설인의 상호 주소 날짜 등을 기재 한다.

3) 신용장의 종류(Type of Credit)상단부분에 보통 "IRREVOCABLE DOCUMENTARY CREDIT"(취소불능화환신용장) 이라고 인쇄되어 있다. IRREVOCABLE이라는 용어대신 REVOCABLE이라고 되어 있으면 취

소가능신용장이다. 따라서 대부분의 경우 취소불능화환신용장을 주로 이용해서 위험을 피한다.

4) 신용장번호(Credit No) 우측 상단에 명기한다.

5) 유효기간(Expiry date)주로 Expiry date ○○○ ○○ 2009 place ○○○로 표시된다. 지정된 지명에서 유효기일이 끝나므로 이를 유의하여야 한다. "Drafts must be negotiated on or before……" "This credit expires in Korea on……2009""This credit is valid until……2009 for presentation of documents with the advising bank" 등으로 표시되기도 한다.

6) 개설의뢰인(Applicant)신용장개설 의뢰인의 상호, 주소를 기재한다.

7) 수익자(Beneficiary)상단부에 수익자의 상호, 주소를 기재한다.

8) 통지은행(Advising Bank)통지은행은 수익자의 소재지에 있는 개설은행의 본·지점이나 환거래 계약을 체결한 은행이 된다.

9) 신용장금액(Credit Amount)통상 Amount라고 표시된 Column에 숫자와 문자를 병기한다. "up to an aggregate amount of……""for a sums not exceeding a total of……""to the extent of not exceeding a total of……""for a maximum amount of……"

10) 신용장의 사용방법(Method of Availability)"This credit available by" 다음에 [sight payment] [Deferred payment] [Acceptance] [Negotiation] 하나가 표시된다. 예를 들면, "This credit available with advising bank by sight payment(or deferred payment) against presentation of the following documents"

11) 환어음에 관한 사항환어음은 Acceptance와 Negotiation에 의하여 사용 가능한 신용장에서 반드시 요구되지만 Deferred payment로 사용 가능한 신용장에서는 요구되지 않는다. Sight payment로 사용 가능한 신용장도 대개 환어음의 요구가 없으나 지정된 지급은행(paying bank)을 지급인으로 하여 요구할 수도 있다.

"Beneficiary's drafts at sight for full invoice value drawn on applicant"

"Your drafts in duplicate for 95% of the invoice value drawn at 90 days after sight on us"

"Beneficiary's drafts at 90 days from shipment date for full invoice value plus interest on us" 등으로 표현된다.

여기서 환어음의 발행인(drawer)은 you 즉, beneficiary가 되며 환어음의 지급기한(Tenor)은 [at] [sight] 사이에 표시된다. 환어음 지급인은 [drawn on] 다음에 지명된 자가 되며 환어음의 금액은 [for] 다음에 표시되는데 대개 상업송장금액과 동일하지만 거래형태에 따라 가감되기도 한다. 또한 대부분의 환어음은 "Drafts……drawn……under documentary credit NO. ○○○ issued by ○○○ bank" 등으로 어음면에 신용장에 관한 사항을 기재하도록 요구한다.

12), 13), 14) 선적에 관한 사항

선적항(shipping port, port of loading)은 [shipment from]이라는 문언 다음에 항구의 명칭이 표시된다. 그런데 내륙운송을 포함하는 복합운송증권(combined transport document) 등의 경우에는 발송지(place of dispatch), 수탁지(place of taking in charge) 등이 되는 수도 있다.

최종목적지(place of final destination)는 [shipment to] 다음에 표시되는데 복합운송에서는 양륙항(port of discharge)과 구별되어 표시된다.

최종선적일은[shipment not later than] 다음에 표기된다.

분할선적(partial shipment)과 환적(transhipment)은 허용이 되는 경우 "allowed", "permitted", "authorized" 등으로 표시하고, 불허하는 경우 "prohibited", "not allowed", "not permitted" 등으로

표시하는데 금지의 표시가 없는 경우엔 허용된 것으로 간주한다.

15) 서류에 관한 사항서류는 대개 상업송장, 운송서류, 보험서류, 기타서류 순으로 요구한다. 물로 F.O.B나 C.F.R조건에서는 보험서류가 요구되지 않는다.

◦ 상업송장(Commercial Invoice)통상 "Commercial invoice in triplicate"라고 요구한다. UCP 500에선 상업송장은 반드시 수익자에 의하여 발행되어야 하도록 하고 있으며, "Manually Singed Commercial Invoice"라고 되어 있으면 반드시 육필로 서명해야 한다. 또한 "Signed commercial invoice in quadruplicate which must be certified by chamber of commerce and legalized by ○○○ consulate"라고 하여 특정기관의 확인이나 검정을 요구하기도 한다.

◦ 운송서류(Transport Documents)제5차 개정 신용장통일규칙(UCP 500)에서는 종래의 해상선하증권, 우편수취증 또는 증명서 외에 비유통 해상화물 운송장, 용선계약부 선하증권, 도로/철도/내수로 운송서류에 대하여도 별도의 수리요건을 규정하고 있다. 운송주선인 발행 운송서류는 설령 FIATA B/L이라 할지라도 운송인, 복합운송인 또는 그 대리인의 직접발행이 아닌 경우 그 수리를 거절하도록 하였다. 해상선하증권은, "Full set of clean on board marine(ocean) bill of lading plus 2 copies made out to our order marked freight prepaid notify applicant""3/3 set of clean on board marine bill of lading issued to the order of issuing bank indicating place of taking in charge of the goods ○○○, port of loading ○○○, port of discharge ○○○, Place of final destination ○○○……"으로 요구하며, 항공화물운송장의 경우, "Clean air waybill consigned to us showing freight collect notify accountee" 등으로 요구한다.

◦ 보험서류(Insurance Documents)가격조건이 CIF 등인 경우에 보험증권이나 보험증명서를 요구한다. 부보통화는 신용장 상의 통화와 일치하여야 한다. 신용장 상에 특별한 지시가 없으면 부보의 최저금액은 CIF 또는 CIP금액의 110%가 된다. 서류상으로 CIF 또는 CIP가격을 결정할 수 없는 경우에는 신용장에 의해서 지급, 인수 또는 네고가 이루어지는 금액과 상업송장의 금액중 큰 금액의 110%가 부보의 최저금액이 된다. 보험증권(Insurance Policy)은 확정보험으로 발행되는 증권이다. 일정기간 내에 특정지역에서 선적되는 일정금액의 화물에 대하여 포괄적으로 부보한 후(Open Policy) 매 선적시마다 보험자에게 구체적인 사항(화물명세, 보험액, 도착항, 선박 등)을 통고하여 확정발행하도록 하기도 한다. 대개 그 요구문언은 "Insurance policy or certificate in duplicate blank endorsed for 110% of the invoice value covering Institute Cargo Clause[I.C.C(A)], War Clause, S. R. C. C and T. P. N. D Clause"와 같이 표시된다.

◦ 기타서류(Other Documents)포장명세서(Packing List), 원산지증명서(Certificate of Origin), 영사송장(Consular Invoice), 검사증명서(Inspection Certificate), 특혜관세용 원산지증명서(Generalized System of Preference Certificate of Origin : G.S.P C/O : Form A), 세관송장(Customs Invoice) 등을 요구한다.

16) 상품에 관한 사항상품에 관해서는 "covering shipment of" 또는 "evidencing shipment of" 다음에 표기된다. 대개 상품명(commodity name), 수량(quantity), 단가(unit price), 상품명세(commodity description), 가격조건(price terms) 등으로 구성되어 있다.

17) 서류제시기간(Time limit for presentation)"Documents to be presented for negotiation within 10 days after the date of issuance of the transport document(s) but within the validity of the credit"와 같이 요구한다. 만일 아무런 표가 없으면 선적일(서류발행일이 아님) 후 21일 내에 제시되어야 하므로 그 후 제시되는 서류도 수리할 의향이라면 "Documents presented later than 21 days after the date

of issuance of the transport document(s) acceptable"로 표시한다.

18) 특수조건에 관한사항은행수수료와 부담자는 "all banking charges outside Hong Kong are for account of beneficiary(or applicant)" 등으로 명시한다.

19) 신용장 통일규칙 준거문언이 신용장은 신용장통일규칙에 의거함을 표시한다.

20) 지급확약문언지급, 인수 혹은 매입으로 구분되어 있다.

21) 수익자가 주의해야 할 사항

22) 통지은행 확인란

[서식 518] 상업송장(Commercial invoice) 견본

1) Shipper/Seller ABC TRADING CO., LDT. 738 BANGBAE-DONG, SEOCHO-KU, SEOUL, KOREA	7) Invoice No. and date TOP-080901-078 dated Sep.1st, 2008 8) L/C No. and date 032-0297972-806 dated Aug.3rd, 2008
2) Consignee XYZ MARKETING INC. 55 MINETES ROAD, DENVER JOHANNESBURG, SOUTH AFRICA	9) Buyer(if other than consignee)
3) Departure date SEP.15TH, 2008	10) other references XYZ Marketing's purchase offer number :XYZ-T025P
4) Vessel/flight CAP SALINAS 857E 5) From BUSAN, KOREA 6) To JOHANNESBURG, SOUTH AFRICA	11) Terms of delivery and payment BY ABOVE MENTIONED IRREVOCABLE LETTER OF CREDIT, AT SIGHT

12) Shipping Marks	13) No.&kind of packages	14) Goods Description	15) Quantity	16) Unit price	17) Amount
	PRINTING MACHINE			C.I.F.	
ABC TRADING Model : KK5520 Woden Box:1/1	PRINTER KK5520		2 sets	U$5,000	U$10,000
Inv. : Top-080901 (serial no,:023476)		Fixed speed for conveyer Electronic wire:380-3PH-50HZ			
	TOTAL :	2SETS		from	U$10,000
				18) signed by	

[주] 상업송장 기재 용어 설명은 다음과 같다.

1) Shipper/seller : 송하인(送荷人)주소 성명 또는 상호
2) Consignee : 수입업자 또는 그 대행업자
3) Departure Date : 선박(또는 비행기) 출항일
4) Vessel/ flight : 선박명 또는 항공편명
5) From : 출발지 항구나 공항
6) To : 도착지 항구나 공항
7) Invoice No. and date : 인보이스 발행번호 및 발행일
8) L/C No. and date : 신용장 거래의 경우 신용장 발행번호 및 발행일자
9) Buyer(if any other than consignee) : 대행업자를 통할 경우 실화주명
10) Other references : 기타 필요사항 기재
11) Terms of delivery and payment : 운송조건 및 지불조건 등의 부가설명
12) shipping Marks : 포장박스 표기 사항 명기
13) No.& Kind of package : 포장개수와 포장종류
14) Goods Description : 물품명세
15) Quantity : 수량
16) Unit Price : 단가
17) Amount : 총금액
18) Signed by : 서명날인

[서식 519] PACKING LIST 견본

<table>
<tr><td colspan="2">1) Shipper/Exporter
ABC TRADING CO., LTD.
738 BANGBAE_DONG, SEOCHO_KU,
SEOUL, KOREA</td><td>8) No. & Date of invoice
TOP_080901_078, Sep.1st,2008</td></tr>
<tr><td colspan="2">2) For Account & Risk of Messrs
XYZ MARKETING INC.
55 MINETES ROAD, DENVER
JOHANNESBURG, SOUTH AFRICA</td><td rowspan="4">9) Remarks</td></tr>
<tr><td colspan="2">3) Notify Party</td></tr>
<tr><td>4) Port of Loading
BUSAN, KOREA</td><td>5) Final Destination
JOHANNESBURG,
SOUTH AFRICA</td></tr>
<tr><td>6) Carrier
CAP SALINAS 857E</td><td>7) Sailing on or about
SEP.15TH, 2008</td></tr>
</table>

<table>
<tr><td>10) Marks and Number of PKGS</td><td>11) Description of Goods</td><td>12) Quantity /Unit</td><td>13) Unit -Price</td><td>14) Amount</td></tr>
<tr><td>ABC TRADING
Model : KK5520
Woden Boxed:1/1
Inv. : TOP_080901
(serial no.:023476)</td><td>PRINTING MACHINE
PRINTER KK5520
FIxed speed for conveyer
Electronic Wire :
380_3PH_50HZ</td><td>2 sets</td><td>U$5,000</td><td>U$10,000</td></tr>
<tr><td></td><td>TOTAL</td><td>2 sets</td><td></td><td>U$10,000</td></tr>
<tr><td colspan="2">15)
P.O. Box.NO :
Fax NO. :
Tel NO. :
e_mail :</td><td colspan="3">16) Signed by
____________________</td></tr>
</table>

[주] Packing List 기재 용어 설명은 다음과 같다.

1) Shipper/Exporter : 송하인(送荷人)주소 성명 또는 상호
2) For Account & Risk of Messrs : 수입업자 또는 그 대행업자
3) Notify Party : 수입업자명 또는 대행업자를 통할 경우 실제 화주명
4) Port of Loading : 선적항이나 공항
5) Final Destination : 도착지 항구나 공항
6) Carrier : 선박명 또는 항공편명
7) Sailing on or about : 선박(또는 비행기)출항일
8) No. and date of Invoice : 인보이스 발행번호 및 발행일
9) Remarks : 기타 필요사항
10) Marks and numbers of PKGS : 포장박스표기 사항 및 포장개수
11) Description of Goods : 물품명세
12) Quantity/Unit : 수량
13) Unit Price : 단가
14) Amount : 총금액
15) 연락처
16) Signed by : 서명날인

[서식 520] 선하증권

Consignor

SEOKYUNG COMMERCIAL CO.,LTD
7FL. TAE BLDG. 93 ZAMSIL-BONDONG,
SONGPA-KU, SEOUL, KOREA

FBL KR M55 DJIS0805BDUR0050

NEGOTIABLE FIATA
MULTIMODAL TRANSPORT
BILL OF LADING
issued subject to UNCTAD/ICC Rules for Multimodal Transport Documents (ICC Publication 481)

Consigned to order of

SYNCHRON MARKINGS(PTY)LTD
8 MIMETES ROAD
DENVER
JOHANNESBURG
SOUTH AFRICA **

DONGJOO
DONGJOO INTERNATIONAL SHIPPING CO.,LTD.

6F ILSHIN BLDG., 15-15 YEOUIDO-DONG,
YOUNGDEUNGPO-KU, SEOUL, KOREA
TEL: 02-57-5651 FAX: 02-27-5855

Notify address

SAME AS ABOVE

CFR FREIGHT S A.(PTY) LTD
2 BRENDON LANE WESTVILLE 3630
DURBAN SOUTH AFRICA

TEL : (031)23 0218
FAX (031)866 932
ATTN

ORIGINAL

Place of receipt	BUSAN, KOREA
Ocean vessel: CAP SALINAS 821E	Port of loading: BUSAN, KOREA
Port of discharge: DURBAN, SOUTH AFRICA	Place of delivery: JOHANNESBURG, S.AFRICA

Marks and numbers	Number and kind of packages	Description of goods	Gross weight	Measurement
	1W/BOX	SAID TO CONTAIN	1,100.000KGS	8 053CBM

SEOKYUNG
MODEL SEB1340S
WOODEN BOX:1/1
INVOICE NO SK-0808
INDENT NO.SM8470
(SERIAL NO 3101250101)

SUDU4410759/1039523

WOODEN BOX NO 1/1 WOODEN CASE 4170 X 1150 X 1700

MODEL:	EDGESTAR SEB1340S	1SET
	SHAFT OF GLUE CONTAINER AND BEARING	1 PC
	MOTOR FOR BUFFING	1 PC
	HEATER FOR GLUE CONTAINER	1 PC
	BLADE FOR TRIMMING	1 PC
	HOLD DOWN ROLLER	50 PCS
	TRANSPORT PAD	50 PCS

TOTLA ONE WOODEN BOX

ON BOARD DATE.
MAY.28,2008

* EX-WORK

"FREIGHT COLLECT"

CFS/CFS

SAY ONE (1) W/BOXE ONLY.
according to the declaration of the consignor

Declaration of interest of the consignor in timely delivery (Clause 6.2)

Declared value for ad valorem rate according to the declaration of the consignor (Clauses 7 and 8)

The goods and instructions are accepted and with subject to the Standard Conditions printed overleaf

Taken in charge in apparent good order and condition, unless otherwise noted herein, at the place of receipt for transport and delivery as mentioned above.

One of these Multimodal Transport Bills of Lading must be surrendered duly endorsed in exchange for the goods. In Witness where of the original Multimodal Transport Bills of Lading all of this tenor and date have been signed in the number stated below, one of which being accomplished the other(s) to be void.

Freight amount	Freight payable at	Place and date of issue
FREIGHT COLLECT AS ARRANGED	DESTINATION	SEOUL, KOREA MAY.28,2008
Cargo Insurance through the undersigned ☐ not covered ☐ Covered according to attached Policy	Number of Original FBL's THREE(3)	Stamp and signature
For delivery of goods please apply to		DONGJOO INTERNATIONAL SHIPPING CO.,LTD. ACTING AS A CARRIER

[주] 1) 선하증권 관련 용어

- CY (Container Yard) : 항구 근처에 위치하며 컨테이너의 인수, 인도, 보관장소
- CFS (Container Freight Station) : 화물 집합소. 주로 LCL cargo 적재 및 분배 장소
- Stuffing (= Vanning) : 컨테이너에 화물을 적재하는 작업.
- CAF (Current Adjustment Factor) : 환율변동의 차액으로 발생하는 통화 할증료.
- FCL (Full Container Load) : 한 개의 컨테이너에 만재될 수 있는 양의 화물.
- LCL (Less than Container Load) : FCL에 미달되는 소량의 화물.
- Minimum Freight : 정기선의 경우 1톤 미만의 화물에 대해 최소 1톤 해당 운임 부과.

2) 선하증권 기재사항

- Shipper (Consignor, Exporter) : 송하인의 성명 또는 상호 및 주소 기재.
- Consignee : L/C의 경우 L/C에 명기된 수화인.
- Notify Party (Notify Accountee) : 신용장 개설의뢰인 즉, 수입업자 또는 수입대행업자.
- Place of Receipt : 송하인으로부터 운송인이 화물을 수취하는 장소로, “Pusan CY”, “Pusan CFS” 등으로 표기.
- Ocean Vessel 과 Voyage No. : 화물해상 운송선박명과 운송선박의 항차(운송회수 일련번호)
- Port of Loading : 화물 선적 항구명 및 국명 〈예〉 “Busan, Korea”
- Port of Discharge : 화물의 양륙항 및 국명.
- B/L No. : 선사가 임의로 규정한 일련 표시번호.
- Final Destination : 화물의 최종목적지
- Place of Delivery : 운송인 책임하의 물품 인도 장소
- Container No. : 적재 화물 Container 번호
- Seal No. : Container 적재화물의 봉인번호
- No. of containers of PKGS : 적재화물 Container 수량 및 무게
- Description of Goods : Packing List / Invoice에 기재된 상품 명세.
- Gross Weight : 적재화물의 총 중량
- Measurement : 적재화물의 용적(부피)
- Total Number of Container of Packages : 상품의 수량 또는 총 컨테이너 수량
- Freight and Charge : 운송 제반 비용
- Revenue Tons : 부피톤과 무게톤 중에서 높은 운임을 표시. 즉, 총중량과 총용적에 각각의 운임단가를 곱하여 총중량(무게톤)의 운임이 총용적(부피톤)보다 클 경우는 HK/Tn를, 총용적이 클 경우는 “CBM”을 표시
- Rate : Revenue Ton당의 운임단가 및 C.F.S. Charge, Wharfage, B.A.F., C.A.F.요율
- Prepaid, Collect : C.I.F.조건일 경우는 “Freight Prepaid”로, F.O.B.조건일 경우는 “Freight Collect” 표시
- No. of Original B/L : Original B/L의 발행통수이다. 통상 3통을 한 세트로 발행. Original B/L에는 “Original”, “Duplicate”, “Triplicate” 등의 문구가 있고 은행과의 거래를 위하여 “Negotiable”이라는 문구도 표시된다. Original B/L의 경우는 발행통수에 관계없이 그 한 장이라도 회수되면 나머지는 유가증

권으로서의 효력을 상실한다(상법 제816조). B/L Copy의 경우는 "Copy Non-Negotiable"이라 기재되며 B/L Copy는 유가증권으로서의 효력이 없고 단지 참조적인 서류에 불과하다.

- Place and Date of Issue : B/L의 발행장소 및 발행일자
- On Board Date : B/L의 선적일, 보통 Date of Issue와 일치

[서식 521] 보험증권 견본

<table>
<tr><td colspan="3">Top Insurance Co., Ltd.
CERTIFICATE OF MARINE CARGO INSURANCE</td></tr>
<tr><td colspan="3">Assured(s), etc ② SEOKYUNG CORPORATION</td></tr>
<tr><td colspan="2">Certificate No.
① 0025A653342</td><td>Ref. No. ③ Invoice No. TOP-090228L/C
No. Y225OSU20748</td></tr>
<tr><td colspan="2">Claim, if any, payable at : ⑥
HANJIN MARINE(USA) SERVICE
842 Seventh Avenue New York,
NY 10019
Tel (201) 852-2648
Claims are payable in</td><td>Amount insured ④
USD 330,000.-
(USD 300,000 × 110%)</td></tr>
<tr><td colspan="2">Survey should be approved by ⑦
THE SAME AS ABOVE</td><td rowspan="5">Conditions ⑤
* INSTITUTE CARGO CLAUSE(A) 1882
* CLAIMS ARE PLAYABLE IN AMERICA IN THE CURRENCY OF THE DRAFT.</td></tr>
<tr><td>⑧ Local Vessel
or Conveyance</td><td>⑨ From(interior port or
place of loading)</td></tr>
<tr><td>Ship or Vessel called the⑩
HYHO V_27</td><td>Sailing on or abount
⑪ Sep. 3rd, 2008</td></tr>
<tr><td>at and from
⑫ BUSAN, KOREA</td><td>⑬ transshipped at</td></tr>
<tr><td>arrived at
⑭ NEW YORK</td><td>⑮ thence to</td></tr>
<tr><td colspan="2">Goods and Merchandiese ⑯
1 SETS OF EDGE GUILDING MACHINE
WITH ACCESSORIES</td><td>Subject to the following Clauses as per back here of institute Cargo Clauses Institute War Clauses(Cargo) Institute War Cancellation Clauses(Cargo)
Institute Strikes Riots and Civil Commotions Clauses
Institute Air Cargo Clauses(All Risks)
Institute Classification Clauses
Special Replacement Clause(applying to machinery)
Institute Radioactive Contamination Exclusion Clauses
Co-Insurance Clause Marks Numbers as</td></tr>
</table>

Place and Date signed in ⑰ SEOUL, KOREA SEPT. 2ND, 2008 NO. of Certificates issued. ⑱ TWO
⑳ This Certificate represents and takes the place of the Policy and conveys all rights of the original policyholder(for the purpose of collecting any loss or claim) as fully as if the property was covered by a Open Policy direct to the holder of this Certificate.
This Company agrees lossed, if any, shall be payable to the order of Assured on surrender of this Certificate.
Settlement under one copy shall render all others null and void.
Contrary to the wording of this form, this insurance is governed by the standard from of English Marine Insurance Policy.
In the event of loss or damage arising under this insurance, no claims will be admitted unless a survey has been held with the approval of this Company's office or Agents specified in this Certificate.

SEE IMPORTANT INSTRUCTIONS ON REVERSE
⑲ TOP Insurance Co., Ltd.
AUTHORIZED SIGNATORY

This Certificate is not valid unless the Declaration be signed by an authorized representative of the Assured.

[주] 용어해설

① 보험증권 번호보험자가 피보험자에게 보험증권을 교부할 때 붙이는 일련번호이다.

② 피보험자(또는 보험계약자)명수출입 상사명을 기재하는데 C.I.F계약의 수출인 경우 피보험자에 대하여 별도의 약정이나 지시가 없으면 수출업자 자신을 피보험자로 하여 수출환어음 매입시에 백지배서(blank endorsement)에 의해 양도하면 된다.

③ 참조번호보험자가 업무상 참조하기 위한 번호로써 통상 수출의 경우에는 신용장 또는 수출허가서의 번호를, 수입의 경우에는 상업송장 또는 수입허가서의 번호를 기재한다.

④ 보험금액보험계약자가 부보한 금액으로써, 보험사고가 발생하였을 때 보험자가 손해보전액 즉 보험금(Loss or Claim Paid)으로써 지불하는 최고 한도액이다. 보험금액은 당사자의 합의에 의하여 정해지지만 보험금액은 보험가액과 동액 또는 그 이하가 되지 않으면 안된다. 보험금액과 보험가액이 동액인 경우를 전부보험 보험금액이 보험가액의 일부인 경우를 일부보험이라고 하는데 대부분의 해상보험은 전부보험이다. 보험금액이 보험가액을 상회하면 초과보험이 되는데 초과분은 무효가 된다. 보험금액은 보통 물품의 C.I.F 가격에 10%를 가산한 금액이 된다(신용장 통일규칙 제37조 b항) 그리고 표시통화는 신용장상에 별다른 명시가 없는 한, 신용장과 동일한 통화로 표시되어야 한다.

⑤ 보험조건어떠한 보험조건을 선택하느냐 하는 문제는 보통 수출입 계약을 체결할 때에 매매 당사자 간의 합의에 의해 결정된다. 그리고 그 내용은 매매계약서나 신용장에 기재된다. 그런데 이 보험조건은 화물의 종류, 포장, 운송방법, 예상 항해기간 등을 감안하여 이상적인 조건으로 결정하도록 하여야 한다. 즉 구체적으로 어떠한 기본조건을 선택하고 또 화물과 수송의 특수사항을 고려하여 어떠한 부가위험을 추가할 것인지 전쟁위험과 동맹파업 위험 등은 어떻게 할 것인가를 결정하지 않으면 안된다.

⑥ 보험금지불지일반적으로 수출의 경우에는 화물의 최종 목적항이 기재되고 수입의 경우에는 당해 보험자명이 기재된다.

⑦ 손해사고 통지서피보험화물에 손해가 발생하였을 때 지체 없이 통지하여야 할 곳인데 수출의 경우에는

최종 목적항에 있는 보험자의 대리점의 상호 및 주소가 명시되고, 수입의 경우에는 보험자명이 기재된다.

⑧, ⑨ 화물의 출하지와 선적지가 다른 경우에 출하지로부터 선적지까지의 운송화물에 대한 부보시 기재하게 되는데 ⑧은 국내운송 용구이며 ⑨는 출하항 또는 출하지이다.

⑩ 화물을 적재하는 선박명이 기재된다.

⑪ 적재선박이 선적항을 출항하는 연월일 또는 예정 연월일을 기재한다. 특히 수출의 경우에는 선하증권상의 내용과 일치하도록 하여야 한다.

⑫는 선적항 ⑬은 환적이 있는 경우 환적항 ⑭는 양륙향을 기재한다.

⑮ 최종 목적지와 운송용구최종 목적지가 내륙지방에 있어 양륙항에 목적지가 상이한 경우, 운송약관에 따라 양륙항에서 최종목적지까지의 운송화물에 대하여 부보할 때 최종목적지와 운송용구를 기재한다. 예를들어 양륙항이 New York이고 최종목적지가 Chicago인데 철도화차를 이용하여 운송한다면, thence to Chicago by rail과 같이 기재하고 운송용구가 불명할 때에는 land conveyance 또는 any conveyance 라고 기입한다.

⑯ 피해보험 화물의 명세화물의 품명, 수량, 화인 등을 신용장이나 선하 증권사의 기재내용 대로 기입한다.

⑰ 보험증권의 발행지와 발행일발행일은 선하증권 발행일보다 이전이 되지 않으면 안된다.

⑱ 보험증권의 발행매수보통 2통이 발행되는데 보험자가 1통에 대하여 변제하면 나머지 1통은 무효가 된다.

⑲ 보험자의 서명해상보험증권은 보험자 또는 보험자의 대리인에 의하여 서명되지 않으면 안된다. 다만 보험자가 법인인 경우에는 법인의 인장으로 충분하다. 우리나라에서는 보험회사의 해상보험 부문의 책임자가 서명하는 것이 보통이다.

⑳ 본문 약관개정된 보험증권의 신 양식 본문약관은 종전양식의 본문약관보다 아주 간결하게 되어 있다. 그 내용은 준거법 약관, 타 보험 약관, 약인약관, 선서약관으로 되어 있다.

※ 참고사항 : 난외약관
종전양식에 있던 이탤릭 서체 약관과 대치된 것으로써 Important Clause(중요사항약관)라 하는데 클레임 발생시에 피보험자가 취해야 할 각종 조치 및 절차 등을 일괄 규정하고 있다.

[서식 522] 유통거래계약서

유 통 거 래 계 약 서

________(이하 "갑"이라 한다)와 ________(이하 "을"이라 한다)는 갑이 공급하는 상품 등의 매매에 관하여 다음과 같이 거래계약을 체결하고 이를 성실히 이행하기로 합의하였다.

제1조【목 적】 갑은 본 계약이 정하는 바에 따라 갑이 제조, 판매하는 상품(이하 "상품"이라 한다)을 을에게 매도하고, 을이 이를 매수하여 판매하기로 한다.

제2조【계약상품】 갑이 을에게 매도하는 상품의 명칭, 규격, 수량, 단가, 인도조건, 지불조전

등에 관해서는 본 계약에 준거하여 갑, 을 상호간에 협의하여 결정한다.

제3조【대금의 결제】

1. 을이 매수한 상품대금의 결재는 현금결재를 원칙으로 하며, 갑과 을의 합의에 따라 은행 어음 또는 당좌수표로도 결재할 수 있다.
2. 현금결재가 아닌 경우 제9조의 담보를 갑에게 제공해야 한다.

구 분	입금시
현금	______%
어음	______%

3. 을이 현금으로 입금시 사후할인 ____%를 인정하는 것을 합의한다.

제4조【상품의 반품】 갑은 을이 인수한 상품에 대하여 제조상 하자가 있을 경우에 한하여 반품을 허용한다.

제5조【상품 소유권 이전】

1. 을이 인수하여 보관중인 상품의 소유권은 갑에 대한 상품을 완전 변제하기 전에는 갑에게 소유권이 있다.
2. 전항의 경우 을이 상품대금을 어음으로 지불한 경우에는 어음금액의 결재가 이루어진 시점에 을이 소유권을 갖는 것으로 한다.

제6조【사용인감의 신고】

1. 을은 갑과 거래함에 있어 사용할 인감을 인감계에 날인하여 갑에게 제출하여야 한다.
2. 을이 제출한 사용인감은 사용자를 불문하고 을이 직접 사용한 것으로 간주하며 이의 사용으로 발생하는 갑의 손해는 을이 배상하여야 한다.
3. 을은 사용인감의 변경시 즉시 갑에게 통보하여야 하며 이를 위반 또는 지체함으로써 발생하는 갑의 손해를 배상해야 한다.

제7조【자료열람】

1. 을은 갑의 요구가 있을 경우 경리 및 영업상황에 관한 서류를 갈이 인정하는 통일된 방식의 사용에 협조하여야 한다.
2. 갑은 필요시 을의 회계자료를 열람할 것을 요청할 수 있으며 을은 이에 적극 협조해야 한다. 단, 갑이 열람할 수 있는 자료는 본 계약에 의한 상품에 관한 것에 한 한다.

제8조【"을"의 협조사항】

1. 을의 관할 지역에 설치한 갑의 광고선전물 또는 비품에 대하여 을은 이의 유지관리에 적극 협조하여야 한다.
2. 을은 대표이사의 변경이나 사업자의 변경 기타 중요변화가 있을 경우 갑에게 즉시 통보해야 한다.

제9조【담보의 제공】

1. 을은 갑과의 거래에서 발생하는 채무의 이행을 담보하기 위하여, 을 또는 제3자의 부동산에 근저당권을 설정, 담보로 제공하거나 보증보험증권 혹은 은행도 지급보증서를 제출하여야 한다.

2. 제1항의 담보가 경제변동에 의하여 그 가치가 하락한 경우 을은 갑의 요구에 따라 별도의 담보를 제공하여야 한다.
3. 제1항의 담보가 불충분한 경우 요구시 을은 연대보증인을 하여야 한다.

제10조【계약의 해지】

1. 갑은 다음의 경우 본 계약을 해지할 수 있다.
   가. 을이 갑에 대한 상품대금이 지불을 거래약정서의 약정대로 이행하지 않을 때
   나. 을이 어음, 수표의 부도를 내고 은행의 거래정지 처분을 받았을 때
   다. 을이 다른 채권자의 압류를 받았거나 경매 또는 파산의 신청이 있었을 때
2. 전항의 경우 갑은 을에게 계약의 해지 의사를 통보하고 통보와 동시에 본 계약은 해지된다.

제11조【상품의 회수】 계약해지시 갑은 을이 보관하고 있는 상품을 회수할 수 있다.

제12조【기한의 이익】 계약해지시 을은 갑에 대한 채무에 대하여 기한의 이익을 상실하고, 만기가 도래하지 않은 어음채무를 포함한 전 채무를 즉시 변제하여야 한다.

제13조【지연손해금】 갑은 을의 채무가 변제되지 않은 경우 그 지체일로부터 완전변제에 이르기까지 연 ___%의 지연이자율을 적용하여 지연손해금을 가산할 수 있다.

제14조【담보권실행】

1. 갑은 을의 채무불이행시 제9조의 담보권을 실행하여 채무의 변제에 충당할 수 있다.
2. 이의 처분에 소요되는 비용을 제외하고 갑이 회수한 금액은 을이 변제한 것으로 본다.

제15조【연대보증인의 책임】 을이 연대보증인이 있는 경우 을의 연대보증인은 갑과 을의 거래로 인하여 발행한 모든 채무에 대해 연대보증인으로서의 책임을 진다.

제16조【권리양도의 금지】 을은 갑의 승인 없이는 본 계약의 권리 또는 의무의 일부 또는 전부를 타인에게 양도할 수 없다.

제17조【분쟁해결】

1. 본 계약에 명시되지 않은 분쟁사항은 상호 협의하여 해결하도록 한다.
2. 본 계약에 의하여 분쟁이 발생시, ________지방법원을 제1심 전속 관할법원으로 한다.

본 계약서는 갑, 을이 계약서에 서명 날인함으로써 유효하고 이를 증명하기 위해 계약서 2통을 작성하고 각각 서명 날인하여 1통씩 보관한다.

20○○년 ○월 ○일

갑	㊞	주 소	
을	㊞	주 소	
연 대 보증인	㊞	주 소	

[서식 523] 건설업종 표준하도급계약서

건설업종 표준하도급계약서(표지)

1. 발　주　자 :
　○ 도급공사명 :

2. 하도급공사명 :
　○ 하도급공사 등록업종:

3. 공 사 장 소 :

4. 공 사 기 간 : 착공　　년　　월　　일
　　　　　　　　준공　　년　　월　　일

5. 계 약 금 액 : 일금　　　　원정 (₩　　　　　)
　○ 공급가액 : 일금　　　　원정 (₩　　　　　)
　　[노 무 비 : 일금　　　　원정 (₩　　　　　)
　　* 건설산업기본법 시행령 제84조 규정에 의한 노무비

　○ 부가가치세 : 일금　　　　원정 (₩　　　　　)

　※ 변경 전 계약금액 : 일금　원정 (₩　　　　　)

6. 대금의 지급
가. 선급금
　○ 계약체결 후 (　)일 이내에 일금　　　　원정 (₩　　　　　)
　※ 발주자로부터 선급금을 지급받은 날 또는 계약일로부터 15일 이내 그 내용과 비율에 따름

나. 기성금
　(1) (　　)월 (　　)회
　(2) 목적물 인수일로부터 (　　)일 이내
　(3) 지급방법 : 현금　　%, 어음　　%, 어음대체결제수단　　%
　※ 발주자로부터 지급받은 현금비율 이상 지급. 지급 받은 어음 등의 지급기간을 초과하지

않는 어음 등을 교부

다. 설계변경, 경제상황변동 등에 따른 하도급대금 조정 및 지급
 (1) 발주자로부터 조정 받은 날부터 30일 이내 그 내용과 비율에 따라 조정
 (2) 발주자로부터 지급받은 날부터 15일 이내 지급

7. 지급자재의 품목 및 수량 : 별도첨부

8. 계약이행보증금
 ○ 계약금액의 ( )%, 일금 원정 (₩)

9. 하도급대금 지급보증금
 ○ 계약금액의 ( )%, 일금 원정 (₩)

10. 하자담보책임
가. 하자보수보증금율 : 계약금액의 ( )%

나. 하자보수보증금 : 일금 원정 (₩)

다. 하자담보책임기간 : 년

11. 지체상금율 : 계약금액의 ( )%

양 당사자는 위 내용과 별첨 건설공사 표준하도급계약서(본문), 설계도( )장, 시방서( )책에 따라 이 건설공사 하도급 계약을 체결하고 계약서 2통을 작성하여 기명날인 후 각각 1통씩 보관한다.

20○○년 ○월 ○일

원사업자	수급사업자
상호 또는 명칭 :	상호 또는 명칭 :
전화번호 :	전화번호 :
주 소 :	주 소 :
대표자 성명 : (인)	대표자 성명 : (인)
사업자(법인)번호 :	사업자(법인)번호 :

건설업종 표준하도급계약서(본문)

제1장 총 칙

제 1 조 (목적) 이 계약은 원사업자가 수급사업자에게 위탁하는 _______(이하 '하도급공사'라 한다)의 시공 등에 관한 원사업자와 수급사업자간의 권리와 의무를 정하는 것을 목적으로 한다.

제 2 조 (정의) 이 계약에서 사용하는 용어의 정의는 다음과 같다.

1. "하도급"이라 함은 원사업자가 도급받은 건설공사의 일부를 수급사업자에게 위탁하는 것을 말한다.
2. "발주자"라 함은 건설공사를 원사업자에게 도급하는 자를 말한다.
3. "설계서"라 함은 공사시방서, 설계도면(물량내역서를 작성한 경우 이를 포함한다) 및 현장설명서를 말한다.
4. "산출내역서"라 함은 물량내역서에 수급사업자가 단가를 기재하여 원사업자에게 제출한 내역서를 말한다.
5. "선급금"이라 함은 하도급 공사를 완료하기 전에 원사업자가 수급사업자에게 지급하는 하도급대금(이하 '대금'이라 한다)의 일부 또는 원사업자가 발주자로부터 공사의 완료 전에 지급받은 도급대금의 일부를 말한다.
6. "지연이자"라 함은 대금 또는 손해배상금 등을 지급하여야 할 자가 지급시기에 지급하지 않을 경우 상대방에게 지급해야 할 손해배상금을 말한다.
7. "지체상금"이라 함은 수급사업자가 계약의 이행을 지체한 경우 원사업자에게 지급해야 할 손해배상금을 말한다.

제 3 조 (계약의 기본원칙) 원사업자와 수급사업자는 이 계약에 따라 건설 공사를 완료하고, 그 대금 등을 지급함에 있어 상호 대등한 입장에서 신의성실의 원칙에 따라 자신의 권리를 행사하며, 의무를 이행한다.

제2장 건설공사의 시공

제1절 건설공사의 시공·관리 등

제 4 조 (시공협의 및 지시) ① 수급사업자는 계약체결 후 지체 없이 다음 각 호에 해당하는 서류를 원사업자에게 제출하고 승인을 받는다. 다만 계약체결 전 내역입찰을 통해서 제출한 서류는 제외한다.

1. 공사공정예정표
2. 「건설기술진흥법령」등 관련법령에 의한 현장기술자지정신고서
3. 관련법령에 따라 수급사업자가 부담하는 안전·환경 및 품질관리에 관한 계획서
4. 공정별 인력 및 장비투입계획서
5. 착공전 현장사진

6. 산출내역서
7. 기타 이 공사와 관련하여 필요하다고 원사업자와 수급사업자가 협의하여 정한 서류

② 원사업자는 공사공정예정표등이 하도급공사의 목적과 일치하지 않을 경우에 그 기간을 정하여 수정을 요구할 수 있다. 이 경우 수급사업자는 원사업자와 협의하여 공사공정예정표등을 수정하고, 그 사실을 통지한다.

③ 원사업자는 하도급공사가 준공되기 전까지 그 시공에 필요한 지시를 할 수 있으며, 수급사업자는 그 지시를 따른다. 다만, 수급사업자가 그 지시를 따르기에 부적합한 사유가 있다고 판단할 경우에는 협의하여 달리 정할 수 있다.

④ 원사업자가 공사공정예정표등을 마련하여 수급사업자에게 제시한 경우에는 제1항(제2호는 제외) 및 제2항을 적용하지 아니한다. 다만, 원사업자가 제시한 공사공정예정표등이 적합하지 않을 경우 수급사업자는 원사업자와 협의하여 공사공정예정표등을 수정할 수 있다.

제 5 조 (공사의 시공 및 변경) ① 수급사업자는 「하도급거래 공정화에 관한 법률」, 「건설산업기본법」 등 관련 법령의 규정, 이 계약서의 내용과 설계서(총액단가계약의 경우는 산출내역서를 포함하며, 양식은 기획재정부 계약예규의 양식을 준용한다. 이하 같다) 및 공사공정예정표에서 정한 바에 따라 공사를 시공한다.

② 공사 착공일과 준공일은 이 계약에 따른다. 다만, 수급사업자의 책임 없는 사유로 착공일에 착공할 수 없는 때에는 수급사업자의 현장 인수일을 착공일로 한다.

③ 시공 품질의 유지·개선 등의 정당한 사유가 있는 경우를 제외하고, 원사업자는 특정한 자재·장비 또는 역무의 공급 등을 매입 또는 사용(이용을 포함한다. 이하 같다)하게 하지 아니한다.

④ 제3항에서 정한 정당한 사유에 따라 원사업자가 지정한 자재나 장비 또는 역무의 공급 등이 품절 등의 사유로 조달할 수 없는 경우에 수급사업자는 원사업자와 협의하여 이를 변경할 수 있다.

제 6 조 (원사업자의 협조) ① 원사업자는 이 계약을 체결한 날로부터 30일 이내에 하도급계약통보서(「건설산업기본법」 시행규칙 별지 제23호 서식)에 다음 각 호의 서류를 첨부하여 발주자에게 제출한다. 다만, 원사업자가 기한 내에 통지를 하지 아니한 경우에는 수급사업자가 발주자에게 이를 통지할 수 있다.

1. 하도급계약서(변경계약서를 포함한다) 사본
2. 공사량(규모)·공사단가 및 공사금액 등이 명시된 공사내역서
3. 예정공정표
4. 하도급대금지급보증서 사본(다만 하도급대금지급보증서 교부의무가 면제되는 경우에는 그 증빙서류)

② 원사업자는 수급사업자가 이 계약 및 관련법령에 부합되게 시공할 수 있도록 공사목적물과 관련된 현황을 알려주는 등 수급사업자에게 이 공사 이행에 필요한 협조와 지원을 한다.

③ 원사업자는 하도급공사에 필요한 공정의 세부작업 방법 등을 정함에 있어 미리 수급사업자의 의견을 청취한다.

제7조 (자재검사) ① 공사에 사용할 자재는 신품이어야 하며, 품질, 품명 등은 반드시 설계서와 일치하여야 한다. 다만, 설계서에 품질·품명 등이 명확히 규정되지 아니한 것은 표준품 또는 표준품에 상당하는 자재로서 계약의 목적을 달성하는 데 가장 적합한 것이어야 한다.
② 공사에 사용할 자재는 사용 전에 감독원의 검사를 받아야 하며 불합격된 자재는 즉시 대체하여 다시 검사를 받아야 한다. 이 경우에 수급사업자는 이를 이유로 계약기간의 연장을 청구할 수 없다.
③ 검사결과 불합격품으로 결정된 자재는 공사에 사용할 수 없다. 다만, 감독원의 검사에 이의가 있을 때에는 수급사업자는 원사업자에 대하여 재검사를 요청할 수 있으며, 재검사가 필요 할 때에는 원사업자는 지체 없이 재검사하도록 조치한다.
④ 원사업자는 수급사업자로부터 공사에 사용할 자재의 검사 또는 제3항에 따른 재검사의 요청을 받은 때에는 정당한 사유 없이 검사를 지체하지 아니한다.
⑤ 수급사업자가 불합격된 자재를 즉시 제거하지 않거나 대품으로 대체하지 않을 경우에는 원사업자는 이를 대신할 수 있으며, 그 비용은 수급사업자가 부담한다.
⑥ 수급사업자는 자재의 검사를 받을 때에는 감독원의 지시에 따라야 하며, 검사에 소요되는 비용은 별도로 정한 바가 없으면 자재를 조달하는 자가 부담한다. 다만, 검사에 소요되는 비용을 발주자로부터 지급받았을 경우에는 원사업자가 이를 부담한다.
⑦ 공사에 사용하는 자재 중 조합(調合) 또는 시험이 필요한 것은 감독원의 참여하에 그 조합 또는 시험을 한다.
⑧ 수급사업자는 공사현장 내에 반입한 공사자재를 감독원의 승낙 없이 공사현장 밖으로 반출하지 못한다.
⑨ 수중 또는 지하에 설치하는 공작물과 기타 준공 후 외부로부터 검사할 수 없는 공작물의 검사는 감독원의 참여 없이 시공할 수 없다.

제8조 (지급자재 등) ① 이 계약에 따라 원사업자가 지급하는 자재의 인도 시기는 공사공정예정표에 따르고, 그 인도 장소는 시방서에 따로 정한 바가 없으면 공사현장으로 한다.
② 제1항에 따라 인도된 자재의 소유권은 원사업자에게 속하며, 감독원의 서면 승낙 없이 수급사업자의 공사현장에 반입된 자재를 이동할 수 없다.
③ 수급사업자는 원사업자 또는 감독원이 지급자재가 비치된 장소에 출입하여 이를 검사하고자 할 때에는 이에 협조한다.
④ 원사업자는 목적물의 품질유지·개선이나 기타 정당한 사유가 있는 경우 또는 수급사업자의 요청이 있는 때에 공사와 관련된 기계·기구(이하 "대여품"이라 한다) 등을 대여할 수 있다. 이 경우 원사업자는 대여품을 지정된 일시와 장소에서 인도하며 인도후의 반송비는 수급사업자가 부담한다.
⑤ 제1항의 지급자재 또는 제4항의 대여품이 인도된 후 수급사업자는 그 멸실 또는 훼손에 대하여 책임을 진다. 다만 선량한 관리자의 주의의무를 다한 경우에는 그러하지 아니하다.
⑥ 원사업자가 인도한 자재와 대여품 등은 이 계약의 목적을 수행하는 데에만 사용한다.
⑦ 원사업자가 자재 또는 대여품 등의 인도를 지연하여 이 공사가 지연될 우려가 있을 때에 수급사업자는 원사업자의 서면승낙을 얻어 자기가 보유한 자재를 대체 사용할 수 있다. 다만, 대체사용에 따른 경비는 원사업자가 부담한다.
⑧ 원사업자는 제7항에 따라 대체 사용한 자재를 그 사용 당시의 가격으로 산정한 대가를

공사 기성금에 포함하여 수급사업자에게 지급한다. 다만 현품 반환을 조건으로 자재의 대체 사용을 승인한 경우에는 그러하지 아니하다.

⑨ 감독원은 지급자재 및 대여품을 수급사업자의 입회하에 검사하여 인도한다.

⑩ 수급사업자는 공사내용의 변경으로 인하여 필요 없게 된 지급자재 또는 대여품을 지체 없이 원사업자에게 반환한다.

⑪ 수급사업자는 이 계약의 이행과 관련하여 건설기계를 임차하는 경우 공정거래위원회가 제정하여 보급하는 건설기계임대차 표준계약서를 사용한다.

제 9 조(품질관리 등) ① 수급사업자는 시공 내용이 「건설산업기본법」 등의 관련 법령과 이 계약에서 정한 기준과 규격에 맞는지를 자체적으로 검사한다.

② 수급사업자는 공사의 품질유지를 위해 생산 공정에 관한 원사업자의 정당한 요구를 따르며, 품질 및 공정관리를 위해 원사업자의 직원을 상주시킬 경우에 적극 협조한다. 다만, 원사업자의 직원을 상주시킬 경우 이에 따른 비용은 원사업자가 부담한다.

③ 수급사업자는 공사목적물의 품질에 영향을 미치는 주요 공정 및 공법, 주요자재 등의 변경에 대해 사전에 원사업자의 승인을 얻는다. 다만, 부득이한 경우에 한하여 사후 승인을 얻을 수 있다.

④ 원사업자는 제3항에 따라 수급사업자의 변경요청이 있은 날로부터 10일 이내에 승인여부를 결정하여 수급사업자에게 서면으로 통지하여야 하며, 이 기간 내에 통지하지 아니한 경우에는 변경요청을 승인한 것으로 본다. 다만, 변경사항에 대한 타당성 검토 등에 그 이상의 기간이 요구되는 경우 등 정당한 사유가 있는 경우 수급사업자에게 서면으로 통지한 후 그 기간을 연장할 수 있다.

제10조(관련공사와의 조정) ① 원사업자는 도급공사를 원활히 수행하기 위하여 도급공사와 관련이 있는 공사(이하 "관련공사"라 한다)와의 조정이 필요한 경우에 수급사업자와 상호 협의하여 이 공사의 공사기간, 공사내용, 계약금액 등을 변경할 수 있다.

② 수급사업자는 관련공사의 시공자와 긴밀히 연락 협조하여 이 공사와 도급공사의 원활한 완공에 협력한다.

제11조(추가·변경공사에 대한 서면 확인 등) ① 원사업자는 수급사업자와 협의하여 이 계약 외에 설계변경 또는 그 밖의 사유로 하도급계약의 산출 내역에 포함되어 있지 아니한 공사(이하 "추가·변경공사"라 한다)에 관한 사항을 결정한다. 이 경우에 원사업자는 수급사업자가 추가·변경공사를 착공하기 전까지 추가·변경공사와 관련된 서면을 발급한다.

② 추가·변경공사와 관련된 서면에는 공사의 위탁연월일, 공사내용, 대금 및 위탁조건 등을 기재한다. 다만, 착공 전까지 확정이 곤란한 사항에 대해서는 확정이 곤란한 사유 및 확정에 대한 예정기일을 기재하여 수급사업자에게 제공하고 해당 사항이 확정되는 때 지체 없이 새로운 사항을 포함한 서면을 발급한다.

③ 원사업자의 지시에 따라 수급사업자가 시공한 추가·변경공사에 대해 원사업자는 발주자로부터 증액을 받지 못하였다 하더라도 수급사업자에게 증액하여 지급한다.

제12조(추가·변경공사 추정) ① 원사업자가 추가·변경공사를 위탁 하면서 서면을 발급하지 아니한 경우 수급사업자는 원사업자에게 위탁사실에 대한 확인을 요청할 수 있다. 이 경우 수급사업자는 서면에 다음 각 호의 사항을 적고 서명(「전자서명법」 제2조 제3호에 따른

공인전자서명을 포함한다. 이하 이 계약에서 같다) 또는 기명날인한 후에 해당 서면을 원사업자에게 송부하는 방법으로 확인을 요청한다.

1. 수급사업자가 원사업자로부터 위탁받은 추가·변경공사의 내용
2. 하도급대금
3. 위탁일
4. 원사업자와 수급사업자의 사업자명과 주소 (법인 등기사항증명서상 주소와 사업장 주소를 포함한다)
5. 그 밖에 원사업자가 위탁한 내용

② 원사업자는 수급사업자로부터 제1항에서 정한 방법으로 위탁사실에 대한 확인 요청을 받은 날부터 15일 안에 그 내용에 대한 인정 또는 부인(否認)의 의사를 수급사업자에게 서명 또는 기명날인한 서면으로 회신하며, 이 기간 내에 회신을 발송하지 아니한 경우 수급사업자가 통지한 내용대로 위탁이 있는 것으로 추정한다. 다만, 자연재해 등 불가항력으로 인한 경우에는 그러하지 아니하다.

③ 위탁사실에 대한 확인 요청과 이에 대한 회신은 다음 각 호의 어느 하나에 해당하는 방법을 이용하여 상대방의 주소(전자우편주소 또는 공인전자주소를 포함한다)로 한다.

1. 내용증명우편
2. 「전자문서 및 전자거래 기본법」 제2조 제1호에 따른 전자문서로서 다음 각 목의 어느 하나에 해당하는 요건을 갖춘 것
   가. 「전자서명법」 제2조 제3호에 따른 공인전자서명이 있을 것
   나. 「전자문서 및 전자거래 기본법」 제2조 제8호에 따른 공인전자주소를 이용할 것
3. 그 밖에 통지와 회신의 내용 및 수신 여부를 객관적으로 확인할 수 있는 방법

④ 원사업자의 현장대리인·감독원 또는 현장소장이 서면을 발급하지 아니하고 추가·변경공사 등을 위탁한 경우에는 해당 현장대리인·감독원 또는 현장소장에게도 위탁사실에 대한 확인을 요청할 수 있다. 이 경우 현장대리인·감독원 또는 현장소장이 한 인정 또는 부인의 의사는 원사업자가 한 것으로 본다.

제13조 (공사의 중지 또는 공사기간의 연장) ① 원사업자가 계약조건에 의한 선급금, 기성금 또는 추가공사 대금을 지급하지 않는 경우에 수급사업자가 상당한 기한을 정하여 그 지급을 독촉하였음에도 불구하고 원사업자가 이를 지급하지 아니하면 수급사업자는 공사중지 기간을 정하여 원사업자에게 통보하고 공사의 전부 또는 일부를 일시 중지할 수 있다. 이 경우 중지된 공사기간은 표지에서 정한 공사기간에 포함되지 않으며, 지체상금 산정시 지체일수에서 제외한다.

② 원사업자에게 책임 있는 사유 또는 태풍·홍수·악천후·전쟁·사변·지진·전염병·폭동 등 불가항력(이하 "불가항력"이라고 한다)의 사태, 원자재 수급불균형 등으로 현저히 계약이행이 어려운 경우 등 수급사업자에게 책임 없는 사유로 공사수행이 지연되는 경우에 수급사업자는 서면으로 공사기간의 연장을 원사업자에게 요구할 수 있다.

③ 원사업자는 제2항에 따른 계약기간 연장의 요구가 있는 경우 즉시 그 사실을 조사·확인하고 공사가 적절히 이행될 수 있도록 계약기간의 연장 등 필요한 조치를 한다.

④ 원사업자는 제3항에 따라 계약기간의 연장을 승인하였을 경우 동 연장기간에 대하여는 지체상금을 부과하지 아니한다.

⑤ 제3항에 따라 공사기간을 연장하는 경우에 원사업자와 수급사업자는 협의하여 하도급대금을 조정한다. 다만, 원사업자가 이를 이유로 발주자로부터 대금을 증액받은 경우에는 그 증액된 금액에 전체 도급대금 중 하도급대금이 차지하는 비율을 곱한 금액 이상으로 조정한다.

제14조 (감독원) ① 원사업자는 자기를 대리하는 감독원을 임명하였을 때에는 이를 서면으로 수급사업자에게 통지한다.

② 감독원은 다음 각 호의 직무를 수행한다.

1. 시공일반에 대하여 감독하고 입회하는 일
2. 계약이행에 있어서 수급사업자 또는 수급사업자의 현장대리인에 대한 지시, 승낙 또는 협의하는 일
3. 공사자재와 시공에 대한 검사 또는 시험에 입회하는 일
4. 공사의 기성부분검사, 준공검사 또는 목적물의 인도에 입회하는 일
5. 수급사업자로 하여금 「건설산업기본법」 등에서 금지하는 재하도급 등에 관한 규정을 준수하도록 관리하는 일
6. 이 계약 및 「산업안전보건법」 등에서 규정하는 안전조치를 취하는 일

③ 수급사업자가 원사업자 또는 감독원에 대하여 검사입회 등을 요구한 때에는 원사업자 또는 감독원은 지체 없이 이에 응한다.

④ 원사업자 또는 감독원이 수급사업자나 수급사업자의 현장대리인에게 제2항에 따른 직무를 수행하기 위해 수급사업자의 현장을 점검하거나 자료의 제출을 요청하는 경우에는 수급사업자 또는 수급사업자의 현장대리인은 특별한 사정이 없는 한 이에 협조한다.

⑤ 수급사업자는 감독원의 행위가 적절하지 않다고 인정될 때에는 원사업자에 대하여 그 사유를 명시한 서면으로써 그 시정을 요청할 수 있다.

제15조 (현장대리인) ① 수급사업자는 이 계약의 책임·품질시공 및 안전·기술관리를 위하여 「건설산업기본법」 등 관련 법령에서 정한 바에 따라 건설기술자를 배치하고, 그 중 1인을 현장대리인으로 선임한 후 이를 착공 전에 원사업자에게 서면으로 통지한다.

② 「건설산업기본법」 등 관련 법령에 규정된 경우를 제외하고, 현장대리인은 공사현장에 상주하며 수급사업자를 대리하여 시공에 관한 일체의 사항을 처리한다.

③ 현장대리인이 「건설산업기본법」 등 관련 법령에 따른 건설기술자의 현장배치 기준에 적합한 기술자가 아닌 경우에는 수급사업자는 공사관리 및 기타 기술상의 관리를 위하여 적격한 건설기술자를 별도로 배치하고 원사업자에게 통지한다.

제16조 (근로자 등) ① 수급사업자가 공사를 시공함에 있어서 종업원 또는 근로자를 사용할 때에는 당해 그 공사의 시공 또는 관리에 관한 상당한 기술과 경험이 있는 자를 채용한다.

② 수급사업자는 그의 현장대리인, 안전관리자, 종업원 또는 근로자의 위법행위에 대하여 사용자로서의 책임을 지며, 원사업자가 수급사업자의 종업원 또는 근로자에 대하여 공사의 시공 또는 관리에 있어 매우 부적절하다고 인정하여 그 교체를 요구한 때에는 정당한 사유가 없는 한 지체 없이 이에 응한다.

③ 수급사업자는 제2항에 따라 교체된 현장대리인, 종업원 또는 근로자를 원사업자의 동의 없이 당해 공사를 위하여 다시 채용할 수 없다.

제2절 건설공사의 안전 등

제17조 (원사업자의 안전조치 의무) ① 원사업자는 수급사업자의 건설시공으로 인하여 안전사고가 발생하지 않도록 관리·감독한다.

② 원사업자는 원사업자의 근로자와 수급사업자의 근로자가 작업을 할 때에 생기는 산업재해를 예방하기 위한 다음 각 호의 조치를 한다.

1. 안전에 관한 협의체의 구성 및 운영
2. 작업장의 순회점검 등 안전관리
3. 수급사업자가 근로자에게 하는 안전교육에 대한 지도와 지원
4. 작업환경측정
5. 다음 각 목의 어느 하나의 경우에 대비한 경보의 운영과 수급사업자 및 수급사업자의 근로자에 대한 경보운영 사항의 통보
   가. 작업 장소에서 발파작업을 하는 경우
   나. 작업 장소에서 화재가 발생하거나 토석 붕괴 사고가 발생하는 경우

③ 원사업자는 수급사업자의 근로자가 토사 등의 붕괴, 화재, 폭발, 추락 또는 낙하 위험이 있는 장소 등 「산업안전보건법」 등 관련법령에서 산업재해 발생위험이 있는 곳으로 규정하는 장소에서 작업을 할 때에는 안전시설의 설치 등과 같이 「산업안전보건법」 등 관련법령에서 정하는 산업재해 예방을 위한 조치를 한다.

④ 원사업자는 「산업안전보건법」 등에서 정하는 바에 따라 원사업자의 근로자, 수급사업자 및 수급사업자가 사용하는 근로자와 함께 정기적으로 또는 수시로 작업장에 대한 안전점검을 한다.

⑤ 원사업자는 수급사업자가 인화성 물질 또는 인화성 물질을 함유한 제제(製劑)를 제조·사용·운반 또는 저장하는 설비를 개조하는 등 안전상 유해하거나 위험한 작업을 수행하는 경우 「산업안전보건법」 등에서 정하는 바에 따라 안전에 관한 정보를 수급사업자에게 제공하는 등 필요한 조치를 한다.

⑥ 원사업자는 안전한 작업 수행을 위하여 다음 각 호의 사항을 준수한다.

1. 설계서 등에 따라 산정된 공사기간을 단축하지 아니할 것
2. 공사비를 줄이기 위하여 위험성이 있는 공법을 사용하거나 정당한 사유 없이 공법을 변경하지 아니할 것

제18조 (수급사업자의 안전조치 의무) ① 수급사업자는 작업을 할 때 다음 각 호의 위험을 예방하기 위하여 필요한 조치를 한다.

1. 기계·기구, 그 밖의 설비에 의한 위험
2. 폭발성, 발화성 및 인화성 물질 등에 의한 위험
3. 전기, 열, 그 밖의 에너지에 의한 위험

② 수급사업자는 굴착, 채석, 하역, 벌목, 운송, 조작, 운반, 해체, 중량물 취급, 그 밖의 작업을 할 때 불량한 작업방법 등으로 인하여 발생하는 위험을 방지하기 위하여 필요한 조치를 한다.

③ 수급사업자는 작업 중 근로자가 추락할 위험이 있는 장소, 토사·구축물 등이 붕괴할 우려가 있는 장소, 물체가 떨어지거나 날아올 위험이 있는 장소, 그 밖에 작업 시 천재지변

으로 인한 위험이 발생할 우려가 있는 장소에는 그 위험을 방지하기 위하여 필요한 조치를 한다.

④ 수급사업자는 제1항부터 제3항까지의 내용에 대해 「산업안전보건법」 등에서 정하는 사항을 준수한다.

⑤ 수급사업자는 원사업자의 안전조치에 관한 지시에 따라야 한다. 다만, 정당한 사유가 있는 경우에 원사업자와 협의하여 안전조치를 취한다.

제19조 (응급조치) ① 수급사업자는 화재방지 등을 위하여 필요하다고 인정될 때에는 미리 응급조치를 취하고 즉시 이를 원사업자에게 통지한다.

② 원사업자 또는 감독원은 화재방지, 기타 공사의 시공 상 긴급하고 부득이하다고 인정될 때에는 수급사업자에게 응급조치를 요구할 수 있다. 이 경우에 수급사업자는 즉시 이에 응한다. 다만, 수급사업자가 요구에 응하지 아니할 때에는 원사업자는 제3자로 하여금 필요한 조치를 하게 할 수 있다.

③ 제1항 및 제2항의 응급조치에 소요된 경비에 대하여는 원사업자와 수급사업자가 협의하여 정한다. 다만, 응급조치 원인에 대한 책임이 수급사업자에게 있는 경우 수급사업자의 부담으로 한다.

제20조 (안전관리비) ① 원사업자는 「건설업의 산업안전보건관리비 계상 및 사용기준」(고용노동부 고시)에 따라 안전관리비를 책정한다.

② 원사업자는 제1항에 따라 책정된 안전관리비를 제3항에 따라 수급사업자가 안전관리비 사용계획 등을 제출한 때에 지체없이 지급하며, 그 사용에 대해 감독한다.

③ 수급사업자는 계약체결 후 지체 없이 안전관리비 사용기준, 하도급공사 특성에 적합한 안전관리계획 및 안전관리비 사용계획을 작성하여 원사업자에게 제출하고, 이에 따라 안전관리비를 사용한다.

④ 수급사업자는 기성부분의 지급신청 및 공사완료시 제3항에 따라 사용한 안전관리비 사용내역을 원사업자에게 제출하여야 하며, 원사업자가 수급사업자에게 지급한 안전관리비가 실제로 사용된 안전관리비보다 많거나 적은 경우에는 이를 정산한다.

제21조 (보험료의 지급 및 정산) ① 원사업자 또는 수급사업자는 다음 각 호에서 정하는 바에 따라 이 공사와 관련된 수급사업자의 근로자에 대한 보험을 가입한다.

1. 원사업자 : 「고용보험 및 산업재해보상보험의 보험료징수 등에 관한 법률」에 따른 보험(단, 공단의 승인을 받은 경우에는 수급사업자가 가입) 등 관련법령에 따라 가입하여야 하는 보험
2. 수급사업자 : 「국민연금법」에 따른 국민연금, 「국민건강보험법」에 따른 건강보험, 「노인장기요양보험법」에 따른 노인장기요양보험 등 관련법령에 따라 가입하여야 하는 보험

② 원사업자는 제1항에 따라 수급사업자가 가입하여야 하는 보험의 보험료에 해당하는 금액(하도급대금산출내역서에 기재된 금액)을 수급사업자에게 지급한다. 이 경우 원사업자는 수급사업자에게 지급한 금액이 실제로 보험자(공단, 보험회사 등)에게 납부된 금액보다 적거나 많은 경우에는 이를 정산한다.

③ 원사업자는 제1항에 의해 보험 등에 가입한 경우에는 당해 사업장의 근로자가 보험금 등을 지급받아야 할 사유가 발생한 때에는 관계법령에 의한 보험금 등의 혜택을 받을 수

있도록 한다.

④ 원사업자는 재해발생에 대비하여 수급사업자에게 다음 각 호의 보험(「건설산업기본법」 제56조 제1항 제5호에 따른 손해공제를 포함한다. 이하 이 항 및 제5항에서 같다)을 택일 또는 중복하여 가입하도록 요구할 수 있고, 수급사업자는 보험가입 후 원사업자에게 보험증권을 제출한다. 이 경우 원사업자는 그 보험료 상당액을 수급사업자에게 지급한다.

1. 근로자재해보장책임보험
2. 영업배상 책임보험
3. 건설공사보험

⑤ 원사업자가 산업재해보험에 일괄 가입하였을 경우에 수급사업자가 책임이 있는 경우를 제외하고 원사업자가 재해발생으로 인한 모든 책임을 진다.

제3절 공사목적물의 준공 및 검사

제22조 (공사목적물의 인도) ① 수급사업자는 표지에서 정한 준공기일까지 공사목적물을 인도한다.

② 수급사업자가 준공기일 전에 공사목적물을 인도하고자 하는 경우에는 사전에 원사업자와 협의하여 그 인도시기를 변경할 수 있다.

③ 수급사업자는 공사목적물을 준공기일까지 인도할 수 없다고 판단될 경우 사전에 그 원인 및 실제 인도예정일을 원사업자에게 통보하고, 원사업자의 서면 승인이 있는 경우에만 연장된 준공기일에 따라 공사목적물을 인도할 수 있다.

④ 수급사업자는 공사목적물을 인도할 때에 현장근로자·자재납품업자 또는 건설장비대여업자(이하 "현장근로자등"이라 한다)에게 임금·자재대금 또는 건설장비대여대금(이하 "임금등"이라 한다)을 지급한 사실을 증명하는 서류를 원사업자에게 교부한다. 다만, 수급사업자가 「건설산업기본법」 등에 따라 건설기계 대여대금 지급보증서 등을 건설기계 대여업자 등에게 교부하고, 이를 원사업자에게 통지한 경우에는 그러하지 아니하다.

제23조 (공사목적물의 수령) ① 원사업자는 정당한 이유 없이 수급사업자가 인도하는 공사목적물에 대한 수령을 거부하거나 지연하지 아니한다.

② 제1항을 위반한 경우 그 효과는 다음 각 호에서 정한 바에 따른다.

1. 원사업자의 수령거부 또는 지연기간 중에 수급사업자의 고의 또는 중대한 과실로 인해 발생한 원사업자의 손해에 대하여는 수급사업자가 책임을 진다.
2. 목적물의 멸실·훼손이 원사업자가 목적물 수령을 부당하게 거부·지체하고 있는 기간 중에 발생한 경우 그 손실은 원사업자가 부담하고, 원사업자는 수급사업자에게 하도급대금 전부를 지급한다.
3. 수급사업자가 공사목적물을 다시 인도함에 있어서 소요되는 비용은 원사업자가 부담한다.

제24조 (검사 및 이의신청) ① 원사업자는 수급사업자로부터 기성 또는 준공의 통지를 받은 경우 통지 부분이 이 계약에서 정한 바에 따라 시공되었는지의 여부를 지체 없이 검사한다.

② 목적물에 대한 검사의 기준 및 방법은 원사업자와 수급사업자가 협의하여 정하며, 객관적이고 공정·타당한 기준 및 방법으로 정한다.

③ 원사업자는 목적물을 납품받은 날로부터 10일 이내에 검사결과를 수급사업자에게 서면(전자문서 포함)으로 통지하고, 만일 원사업자가 이 기간 내에 검사결과를 통지하지 않은 경우는 검사에 합격한 것으로 본다. 다만 원사업자에게 통지 지연에 대한 정당한 사유가 있는 경우에는 그러하지 아니하다.

④ 원사업자는 검사 기간 중 공사목적물을 선량한 관리자의 주의로 관리한다.

⑤ 원사업자가 기성 또는 준공 부분에 대해 불합격을 판정할 경우 그 구체적인 사유를 서면으로 기재하여 수급사업자에게 통지한다.

⑥ 수급사업자는 원사업자로부터 목적물에 대한 불합격 통지서를 받은 날로부터 10일 이내에 서면으로 이의를 신청할 수 있다. 이 경우에 원사업자는 정당한 이유가 있는 경우를 제외하고, 수급사업자의 이의신청을 받은 날로부터 10일 이내에 그 결과를 서면으로 통지한다.

제25조 (부당한 위탁취소 및 부당반품 금지) ① 원사업자는 공사를 위탁한 후 수급사업자의 책임으로 돌릴 사유가 없는 경우에는 그 위탁을 임의로 취소하거나 변경하지 아니한다.

② 원사업자는 수급사업자로부터 목적물을 인수한 경우 수급사업자의 책임으로 돌릴 사유가 아니면 그 목적물을 반품하지 아니한다. 이 경우에 다음 각호의 어느 하나에 해당하는 원사업자의 행위는 부당반품으로 본다.

1. 발주자의 발주취소 또는 경제상황의 변동 등을 이유로 반품한 경우
2. 검사의 기준 및 방법을 불명확하게 정함으로써 부당하게 불합격으로 판정하여 이를 반품한 경우
3. 원사업자가 공급한 원재료의 품질불량 등으로 인하여 불합격으로 판정되었음에도 불구하고 반품하는 경우
4. 원사업자의 원재료 공급 지연으로 인하여 납기가 지연되었음에도 불구하고 이를 이유로 반품하는 경우

③ 제2항에 따른 부당반품의 경우에 제23조 제2항을 준용한다.

제26조 (부적합한 공사) ① 원사업자는 수급사업자가 시공한 공사 중 설계도서에 적합하지 아니한 부분이 있으면 이에 대한 시정을 요청할 수 있으며, 수급사업자는 지체 없이 이에 응한다. 이 경우 수급사업자는 계약금액의 증액 또는 공기의 연장을 요청할 수 없다.

② 제1항의 경우에 그 부적합한 시공이 원사업자의 요청 또는 지시에 의하거나 기타 수급사업자의 책임으로 돌릴 수 없는 사유로 인한 때에는 수급사업자는 그 책임을 지지 아니한다.

제27조 (부분사용) ① 원사업자는 준공 전이라도 수급사업자의 동의를 얻어 공사목적물의 전부 또는 일부를 사용할 수 있다.

② 제1항의 경우 원사업자는 그 사용부분에 대해 선량한 관리자의 주의의무를 다하여야 한다.

③ 원사업자는 제1항에 의한 사용으로 수급사업자에게 손해를 끼치거나 수급사업자의 비용을 증가하게 한 때는 그 손해를 배상하거나 증가된 비용을 부담한다.

제28조 (기술자료제공 강요금지 등) ① 원사업자는 수급사업자의 기술자료를 자기 또는 제3자에게 제공하도록 요구하지 아니한다. 다만, 공사목적물로 인해 생명, 신체 등의 피해가 발생하여 그 원인을 규명하기 위한 경우 등 정당한 사유가 있는 경우에는 그러하지 아니하다.

② 원사업자가 제1항 단서에 따라 수급사업자에게 기술자료를 요구할 경우에는 그 목적 달성을 위해 필요최소한의 범위 내에서 기술자료를 요구한다. 이 경우에 원사업자는 다음 각 호의 사항을 수급사업자와 미리 협의하여 정한 후 이를 기재한 서면을 수급사업자에게 교부한다.

1. 기술자료의 명칭 및 범위
2. 기술자료 요구목적
3. 요구일·제공일 및 제공방법
4. 비밀유지에 관한 사항
5. 기술자료의 권리귀속관계
6. 대가 및 대가의 지급방법
7. 원사업자의 기술자료 제공요구가 정당함을 증명하는 사항

③ 원사업자는 수급사업자로부터 제공받은 기술자료를 그 요구목적 이외에 자기 또는 제3자를 위해 사용하지 아니한다.

④ 원사업자와 수급사업자는 목적물의 유지보수 및 안정적 사용을 보장하고 지식재산권을 보호하기 위하여 수급사업자의 공사위탁 수행에 따른 기술자료를 제3의 기관(예치기관)에 예치할 수 있다.

제29조 (지식재산권 등) ① 수급사업자는 목적물의 시공과 관련하여 원사업자로부터 사용을 허락받은 특허권, 실용신안권, 디자인권, 의장권, 상표권, 저작권 기술, 노하우(이하 "지식재산권 등"이라 한다)를 목적물 시공 외에는 사용하지 못하며, 원사업자의 서면승낙 없이 제3자에게 지식재산권 등을 사용하게 할 수 없다.

② 원사업자와 수급사업자는 목적물 시공과 관련하여 원사업자 또는 수급사업자와 제3자 사이에 지식재산권 등과 관련한 분쟁이 발생하거나 발생할 우려가 있는 경우 지체 없이 상대방에게 문서로서 통지하여야 하며, 원사업자와 수급사업자가 상호 협의하여 처리하되, 원사업자 또는 수급사업자 중 책임이 있는 자가 상대방의 손해를 배상한다.

③ 원사업자와 수급사업자가 공동 연구하여 개발한 지식재산권 등의 귀속은 상호 협의하여 정하되, 다른 약정이 없는 한 공유로 한다.

④ 수급사업자는 이 계약기간 도중은 물론 계약의 만료 및 계약의 해제 또는 해지 후에도 원사업자의 도면, 사양서, 지도내용 외에 자신의 기술을 추가하여 시공한 목적물 및 그 시공방법(이하 "개량기술"이라 한다)에 관하여 사전에 원사업자에 문서로서 통지한 후 지식재산권 등을 획득할 수 있다. 다만, 원사업자의 요청이 있는 경우 수급사업자는 원사업자의 원천기술의 기여분과 수급사업자의 개량기술의 가치를 고려하여 합리적인 조건으로 원사업자에게 통상실시권을 허여할 수 있다.

제3장 하도급대금 조정 및 지급

제1절 하도급대금의 조정

제30조 (대금에 대한 조정) ① 원사업자는 계약의 목적물과 같거나 유사한 것에 대해 통상 지급되는 대가보다 낮은 수준으로 대금이 결정되도록 수급사업자에게 부당하게 강요하지 아니한다.

② 다음 각 호의 어느 하나에 해당하는 원사업자의 행위는 제1항에 따른 부당한 강요행위로 본다.

1. 목적물의 시공에 필요한 원부자재 등의 단가 인하 등 정당한 사유 없이 일률적인 비율로 단가를 인하하여 대금이 결정되도록 하는 행위
2. 협조요청 등 어떠한 명목으로든 일방적으로 일정금액을 할당한 후 그 금액을 빼고 대금이 결정되도록 하는 행위
3. 정당한 사유 없이 다른 수급사업자와 차별 취급하여 수급사업자의 대금이 결정되도록 하는 행위
4. 수급사업자에게 거래조건에 대해 착오를 일으키게 하거나 다른 사업자의 견적 또는 거짓 견적을 내보이는 등의 방법으로 수급사업자를 속이고 이를 이용하여 대금이 결정되도록 하는 행위
5. 원사업자가 수급사업자와의 협의 없이 일방적으로 낮은 단가에 의하여 대금이 결정되도록 하는 행위

(수의계약인 경우 앞의 제6호가 적용되고, 경쟁입찰일 경우 뒤의 제6호가 적용됨)
6. 수의계약으로 이 계약을 체결할 때 정당한 사유 없이 원사업자의 도급내역서상의 재료비, 직접노무비 및 경비의 합계(다만, 경비 중 원사업자와 수급사업자가 합의하여 원사업자가 부담하기로 한 비목 및 원사업자가 부담해야 하는 법정경비는 제외한다)보다 낮은 금액으로 대금이 결정되도록 하는 행위
6. 경쟁입찰에 의하여 이 계약을 체결할 때 정당한 사유 없이 최저가로 입찰한 금액보다 낮은 금액으로 대금이 결정되도록 하는 행위

7. 원사업자의 경영적자, 판매가격 인하 등 수급사업자의 책임으로 돌릴 수 없는 사유를 이유로 수급사업자에게 불리하게 대금이 결정되도록 하는 행위

③ 제1항 또는 제2항에 해당할 경우 수급사업자는 원사업자에게 대금의 조정을 청구할 수 있다. 이 경우 원사업자와 수급사업자는 목적물의 수량, 인건비, 관리비, 적정 수익 등을 고려하여 합리적인 수준에서 그 대금을 정한다.

④ 원사업자가 정당한 사유없이 제3항에 따른 수급사업자의 청구를 거절하였을 경우 수급사업자는 이 계약을 해제할 수 있다.

제31조 (감액금지) ① 원사업자는 이 계약에서 정한 대금을 감액하지 아니한다. 다만, 원사업자가 정당한 사유를 증명한 경우에는 대금을 감액할 수 있다.

② 다음 각 호의 어느 하나에 해당하는 원사업자의 행위는 정당한 사유에 의한 감액행위로 보지 아니한다.

1. 위탁할 때 대금을 감액할 조건 등을 명시하지 아니하고, 위탁 후 협조요청 또는 경제상황의 변동 등 불합리한 이유를 들어 대금을 감액하는 행위
2. 시공물량의 감소 등을 이유로 수급사업자와 대금의 감액에 관한 합의가 성립된 경우 그 합의 성립 전에 위탁한 부분에도 합의 내용을 소급하여 적용하는 방법으로 대금을 감액하는 행위
3. 대금을 현금으로 지급하거나 지급기일 전에 지급하는 것을 이유로 대금을 지나치게 감액

하는 행위
4. 원사업자의 손해에 실질적 영향을 미치지 않은 수급사업자의 책임을 이유로 대금을 감액하는 행위
5. 시공에 필요한 자재 등을 자기로부터 사게 하거나 자기의 장비 등을 사용하게 한 경우 적정한 구매대금 또는 적정한 사용대가 이상의 금액을 대금에서 공제하는 행위
6. 대금 지급 시점의 물가나 자재의 가격 등이 공사목적물의 인도 시점에 비하여 떨어진 것을 이유로 대금을 감액하는 행위
7. 경영적자 또는 판매가격 인하 등 불합리한 이유로 부당하게 대금을 감액하는 행위
8. 원사업자가 부담해야 하는 고용보험료, 산업안전보건관리비, 그 밖의 경비 등을 수급사업자에게 부담시켜 대금을 감액하는 행위

③ 원사업자가 제1항 단서에 따라 대금을 감액할 경우에는 다음 각 호의 사항을 적은 서면을 수급사업자에게 미리 제시하거나 제공한다.
1. 감액의 사유와 기준
2. 감액의 대상이 되는 시공물량
3. 감액금액
4. 공제 등 감액방법
5. 그 밖에 감액이 정당함을 증명할 수 있는 사항

④ 원사업자가 정당한 사유 없이 대금을 감액할 경우 그 해당 금액 역시 수급사업자에게 지급한다.

⑤ 원사업자가 제4항에 따라 지급해야 할 금액을 원사업자가 공사목적물의 인수일로부터 60일이 지난 후에 지급하는 경우 원사업자는 그 60일을 초과한 기간에 대하여 「하도급거래 공정화에 관한 법률」에 따라 공정거래위원회가 고시한 지연이자율을 곱하여 산정한 지연이자(이하 "지연배상금"이라 한다)를 지급한다.

제32조 (설계변경 등에 따른 계약금액의 조정) ① 원사업자는 공사목적물의 시공을 위탁 후 다음 각 호에 모두 해당하는 때에는 그가 발주자로부터 증액 받은 계약금액의 내용과 비율에 따라 대금을 증액한다. 다만, 원사업자는 발주자로부터 계약금액을 감액 받은 경우에는 그 내용과 비율에 따라 대금을 감액할 수 있다.
1. 설계변경 또는 경제상황의 변동 등을 이유로 계약금액이 증액되는 경우
2. 제1호와 같은 이유로 공사목적물의 완성 또는 완료에 추가비용이 들 경우

② 제1항에 따라 대금을 증액 또는 감액할 경우 원사업자는 발주자로부터 계약금액을 증액 또는 감액 받은 날부터 15일 이내에 발주자로부터 증액 또는 감액 받은 사유와 내용을 수급사업자에게 통지한다. 다만, 발주자가 그 사유와 내용을 수급사업자에게 직접 통지한 경우에는 그러하지 아니하다.

③ 제1항에 따른 대금의 증액 또는 감액은 원사업자가 발주자로부터 계약금액을 증액 또는 감액 받은 날부터 30일 이내에 한다.

④ 제1항의 규정에 의한 계약금액의 조정은 다음 각 호의 기준에 의한다. 다만 발주자의 요청에 의한 설계변경의 경우 조정 받은 범위 내에서 그러하다.
1. 증감된 공사의 단가는 산출내역서상의 단가(이하 "계약단가"라 한다)로 한다.
2. 계약단가가 없는 신규 비목의 단가는 설계변경 당시를 기준으로 산정한 단가에 낙찰률을

곱한 금액으로 한다.

3. 발주자가 설계변경을 요구한 경우에는 제1호 및 제2호의 규정에 불구하고 증가된 물량 또는 신규비목의 단가는 설계변경당시를 기준으로 하여 산정한 단가와 동 단가에 낙찰률을 곱한 금액을 합한 금액의 100분의 50이내에서 계약 당사자간에 협의하여 결정한다.

⑤ 하도급계약금액의 증감분에 대한 일반관리비 및 이윤은 계약체결 당시의 비율에 따른다.

⑥ 원사업자의 지시에 따라 공사량이 증감되는 경우 원사업자와 수급사업자는 공사시공전에 증감되는 공사량에 대한 대금 및 공사기간 등을 확정한다. 다만, 긴급한 상황이나 사전에 대금을 정하기가 불가능할 경우에는 원사업자와 수급사업자는 서로 합의하여 시공완료 후 즉시 대금 및 적정 공사기간 등을 확정한다.

⑦ 원사업자는 발주자로부터 증액 받은 대금을 수령한 경우 수령한 날로부터 15일 안에 수급사업자에게 증액한 하도급대금을 지급한다. 발주자로부터 증액 받은 대금의 일부만 수령한 경우에는 증액 받은 대금 중 수령한 대금의 비율에 따라 증액한 하도급대금을 지급한다.

⑧ 원사업자가 제1항의 계약금액 증액에 따라 발주자로부터 추가금액을 지급받은 날부터 15일이 지난 후에 추가 대금을 지급하는 경우에 그 지연기간에 대해 지연배상금을 지급하며, 추가 대금을 어음 또는 어음대체결제수단을 이용하여 지급하는 경우의 어음할인료·수수료의 지급 및 어음할인율·수수료율에 관하여는 제36조를 준용한다. 이 경우 "공사목적물의 인수일로부터 60일"은 "추가금액을 받은 날부터 15일"로 본다.

제33조 (원재료의 가격 변동으로 인한 계약금액의 조정) ① 계약체결일(계약체결 후 계약금액을 조정한 경우 그 조정일을 의미한다. 이하 이 조에서 같다)부터 60일 이상 경과하고 잔여 공사물량에 대하여 다음 각 호에 해당하는 사유가 발생한 경우에는 수급사업자는 원사업자에게 계약금액의 조정을 신청할 수 있다. 다만, 「하도급거래 공정화에 관한 법률」 등에서 원재료 가격이 급등하여 계약금액을 조정하지 않고서는 계약이행이 곤란한 경우로 규정한 사유가 발생한 경우에는 수급사업자는 계약체결일로부터 60일이 경과하지 아니하여도 계약금액의 조정을 신청할 수 있다.

1. 하도급 계약금액의 10퍼센트 이상을 차지하는 원재료의 가격이 하도급계약을 체결한 날을 기준으로 10퍼센트 이상 상승한 경우
2. 하도급계약을 체결한 날을 기준으로 원재료의 가격 상승에 따른 변동금액이 나머지 목적물에 해당하는 하도급대금의 3 퍼센트 이상인 경우

② 원사업자는 제1항에 따른 신청이 있은 날부터 10일 이내에 대금 조정을 위한 협의를 개시하며, 정당한 사유 없이 협의를 거부하거나 게을리 하지 아니한다.

③ 원사업자 또는 수급사업자는 다음 각 호의 어느 하나에 해당하는 경우 하도급분쟁조정 협의회에 조정을 신청할 수 있다.

1. 제1항에 따른 신청이 있은 날부터 10일이 지난 후에도 원사업자가 대금의 조정을 위한 협의를 개시하지 아니한 경우
2. 원사업자와 수급사업자가 제1항에 따른 신청이 있은 날부터 30일 안에 대금의 조정에 관한 합의에 도달하지 아니한 경우
3. 원사업자 또는 수급사업자가 협의 중단의 의사를 밝힌 경우
4. 원사업자와 수급사업자가 제시한 조정금액이 상호 간에 2배 이상 차이가 나는 경우

5. 합의가 지연되면 영업활동이 심각하게 곤란하게 되는 등 원사업자 또는 수급사업자에게 중대한 손해가 예상되는 경우
6. 그 밖에 이에 준하는 사유가 있는 경우

④ 계약금액의 조정은 원재료가격 변동 기준일 이후에 반입한 재료와 제공된 용역의 대가에 적용하되, 시공 전에 제출된 공사공정예정표상 원재료가격 변동기준일 이전에 이미 계약이행이 완료되었어야 할 부분을 제외한 잔여부분의 대가에 대하여만 적용한다. 다만, 원사업자의 책임 있는 사유 또는 천재지변 등 불가항력으로 인하여 지연된 경우에는 그러하지 아니하다.

제2절 대금의 지급

제34조 (선급금) ① 원사업자와 수급사업자는 협의하여 정한 선급금을 표지에서 정한 시기에 지급한다.

② 선급금은 계약목적 외에 사용할 수 없으며, 노임지급 및 자재확보에 우선 사용하도록 한다.

③ 수급사업자는 선급금 사용 완료 후 그 사용내역서를 원사업자에게 제출하며, 목적외 사용시 당해 선급금 잔액에 대한 약정이자상당액[별도 약정이 없는 경우 사유발생 시점의 금융기관 대출평균금리(한국은행 통계월보상의 대출평균금리)에 따라 산출한 금액을 말한다.]을 가산하여 반환한다. 이 경우 이자상당액의 계산방법은 매일의 선급잔액에 대한 일변계산에 의하며, 계산기간은 반환 시까지로 한다. 다만, 원사업자는 선급금 통장 공동관리 약정 등 수급사업자의 선급금 인출 또는 사용을 제한하는 행위를 하지 아니한다.

제35조 (발주자의 선급금) ① 원사업자가 발주자로부터 선급금을 받은 경우 그 선급금의 내용과 비율에 따라 이를 받은 날(공사를 위탁하기 전에 선급금을 받은 경우에는 공사를 위탁한 날)부터 15일 이내에 선급금을 수급사업자에게 지급한다.

② 원사업자가 발주자로부터 받은 선급금을 제1항에 따른 기한이 지난 후에 지급하는 경우에는 그 초과기간에 대해 지연배상금을 지급한다.

③ 원사업자가 제1항에 따른 선급금을 어음 또는 어음대체결제수단을 이용하여 지급하는 경우의 어음할인료·수수료의 지급 및 어음할인율·수수료율에 관하여는 제36조를 준용한다.

④ 선급금은 기성부분의 대가를 지급할 때마다 다음 산식에 따라 산출한 금액을 정산한다.

· 선급금 정산액 = 선급금액 × (기성부분의 대가상당액 ÷ 계약금액)

⑤ 원사업자는 수급사업자가 선급금에 대한 적절한 보증을 하지 않을 경우 선급금을 지급하지 아니할 수 있다.

⑥ 발주자의 선급금에 대해서는 제34조 제2항 및 제3항을 준용한다.

제36조 (대금의 지급 등) ① 원사업자는 이 계약에서 정한 하도급대금의 지급기일까지 수급사업자에게 하도급대금을 지급한다. 다만, 하도급대금의 지급기일은 목적물 인수일부터 60일을 초과하지 아니한다.

② 원사업자는, 발주자로부터 공사의 완료에 따라 준공금 등을 받았을 때에는 하도급대금을, 공사의 진척에 따라 기성금 등을 받았을 때에는 수급사업자가 수행한 부분에 상당하는

금액을, 발주자로부터 그 준공금이나 기성금 등을 지급받은 날부터 15일(대금의 지급기일이 그 전에 도래하는 경우에는 그 지급기일) 이내에 수급사업자에게 지급한다.

③ 원사업자가 수급사업자에게 하도급대금을 지급할 때에는 원사업자가 발주자로부터 해당 공사와 관련하여 받은 현금비율 이상으로 지급한다.

④ 원사업자가 하도급대금을 어음으로 지급하는 경우에는 해당 공사와 관련하여 발주자로부터 원사업자가 받은 어음의 지급기간(발행일부터 만기일까지)을 초과하는 어음을 지급하지 아니한다.

⑤ 원사업자가 하도급대금을 어음으로 지급하는 경우에 그 어음은 법률에 근거하여 설립된 금융기관에서 할인이 가능한 것이어야 하며, 어음을 교부한 날부터 어음의 만기일까지의 기간에 대한 할인료를 어음을 교부하는 날에 수급사업자에게 지급한다. 다만, 공사목적물의 인수일부터 60일(제1항에 따라 지급기일이 정하여진 경우에는 그 지급기일을, 발주자로부터 준공금이나 기성금 등을 받은 경우에는 제3항에서 정한 기일을 말한다. 이하 이 조에서 같다) 이내에 어음을 교부하는 경우에는 공사목적물의 인수일부터 60일이 지난 날 이후부터 어음의 만기일까지의 기간에 대한 할인료를 공사목적물의 인수일부터 60일 이내에 수급사업자에게 지급한다.

⑥ 원사업자는 대금을 어음대체결제수단을 이용하여 지급하는 경우에는 지급일(기업구매전용카드의 경우는 카드결제 승인일을, 외상매출채권 담보대출의 경우는 납품등의 명세 전송일을, 구매론의 경우는 구매자금 결제일을 말한다. 이하 같다)부터 대금 상환기일까지의 기간에 대한 수수료(대출이자를 포함한다. 이하 같다)를 지급일에 수급사업자에게 지급한다. 다만, 공사목적물의 인수일부터 60일 이내에 어음대체결제수단을 이용하여 지급하는 경우에는 공사목적물의 인수일부터 60일이 지난 날 이후부터 하도급대금 상환기일까지의 기간에 대한 수수료를 공사목적물의 인수일부터 60일 이내에 수급사업자에게 지급한다.

⑦ 제5항에서 적용하는 할인율은 연 100분의 40 이내에서 법률에 근거하여 설립된 금융기관에서 적용되는 상업어음할인율을 고려하여 공정거래위원회가 정하여 고시한 할인율을 적용한다.

⑧ 제6항에서 적용하는 수수료율은 원사업자가 금융기관(「여신전문금융업법」 제2조제2호의2에 따른 신용카드업자를 포함한다)과 체결한 어음대체결제수단의 약정 수수료율로 한다.

제37조 (발주자에 대한 직접 지급 요청) ① 계약 도중 다음 각 호의 어느 하나에 해당하는 사유가 발생한 경우 수급사업자는 발주자에게 자신이 공사를 수행한 부분에 해당하는 하도급대금의 직접 지급을 요청할 수 있다.

1. 원사업자의 지급정지·파산, 그 밖에 이와 유사한 사유가 있거나 사업에 관한 허가·인가·면허·등록 등이 취소되어 원사업자가 대금을 지급할 수 없게 된 경우
2. 발주자가 대금을 직접 수급사업자에게 지급하기로 발주자·원사업자 및 수급사업자 간에 합의한 경우
3. 원사업자가 수급사업자에게 대금의 2회분 이상을 지급하지 아니한 경우
4. 원사업자가 수급사업자에게 정당한 사유 없이 대금 지급보증 의무를 이행하지 아니한 경우

② 제1항에 따른 사유가 발생한 경우 원사업자에 대한 발주자의 대금지급채무와 수급사업

자에 대한 원사업자의 하도급대금지급채무는 그 범위에서 소멸한 것으로 본다.

③ 원사업자가 발주자에게 이 계약과 관련된 수급사업자의 임금, 자재대금 등의 지급 지체 사실을 증명할 수 있는 서류를 첨부하여 대금의 직접 지급 중지를 요청할 수 있다.

④ 제1항에 따라 수급사업자가 발주자에게 대금을 직접 청구하기 위해 기성부분의 확인 등이 필요한 경우 원사업자는 지체 없이 이에 필요한 조치를 이행한다.

⑤ 발주자가 수급사업자에게 하도급대금을 직접 지급한 경우에 수급사업자는 발주자 및 원사업자에게 하도급대금의 사용내역(자재·장비대금 및 임금, 보험료 등 경비에 한함)을 하도급대금 수령일부터 20일 이내에 통보한다.

제38조 (미지급 임금 등의 지급 요구) ① 수급사업자가 기성금을 받았음에도 당해 공사현장과 관련된 근로자등에게 임금 등을 지급하지 않은 경우에 원사업자는 1회당 15일의 기간을 정하여 2회 이상 서면으로 그 지급을 요구할 수 있다. 이 경우 수급사업자는 원사업자의 요구사항에 대해 지체없이 응한다.

② 수급사업자가 원사업자의 제1항에 따른 요구에 응하지 아니하여 근로자등이 원사업자에게 임금 등의 지급을 요청하는 경우 원사업자는 수급사업자에게 지급해야 할 차기 기성금 또는 준공금에서 근로자등에게 임금 등을 직접 지급할 수 있다.

③ 제2항의 경우에 원사업자는 그 지급 전에 현장근로자등에게 임금 등을 직접 지급할 것임을 수급사업자에게 통지하고, 그 진위 여부에 대해 이의가 있을 경우 수급사업자는 원사업자에게 이의를 제기할 수 있다. 원사업자는 임금 등을 지급한 후 지체 없이 그 지급내역을 서면으로 수급사업자에게 통지한다.

④ 수급사업자는 원사업자가 현장근로자등에게 임금 등을 지급하기 전에 미지급 임금 등을 현장근로자등에게 지급하고, 그 사실을 원사업자에게 통지할 수 있다. 이 경우 원사업자는 해당 하도급대금을 지체 없이 수급사업자에게 지급한다.

⑤ 수급사업자가 현장근로자등의 채무불이행을 증명하는 서류를 첨부하여 임금 등의 직접 지급을 중지하도록 요청한 경우에는 그 범위내의 임금 등에 대해서 제1항 및 제2항을 적용하지 아니한다.

제39조 (대물변제 금지) ① 원사업자는 수급사업자의 의사에 반하여 하도급대금을 물품으로 지급하지 아니한다.

② 대물변제에 대한 수급사업자의 동의가 있고, 발주자로부터 대금의 일부를 물품으로 지급받은 경우에 원사업자는 수급사업자에게 물품으로 하도급대금을 지급할 때 발주자로부터 물품으로 지급받은 대금의 비율을 초과할 수 없다.

③ 원사업자는 대물변제를 하기 전에 소유권, 담보제공 등 물품의 권리·의무 관계를 확인할 수 있는 다음 각 호의 자료를 수급사업자에게 서면으로 제공한다.

1. 대물변제의 용도로 지급하려는 물품이 관련 법령에 따라 권리·의무 관계에 관한 사항을 등기 등 공부(公簿)에 등록하여야 하는 물품인 경우: 해당 공부의 등본(사본을 포함한다)
2. 대물변제의 용도로 지급하려는 물품이 제1호 외의 물품인 경우: 해당 물품에 대한 권리·의무 관계를 적은 공정증서(「공증인법」에 따라 작성된 것을 말한다)

④ 원사업자는 제3항에 따라 자료를 제시한 후 지체 없이 다음 각 호의 사항을 적은 서면을 작성하여 수급사업자에게 내주고 원사업자와 수급사업자는 해당 서면을 보관한다.

1. 원사업자가 자료를 제시한 날

2. 자료의 주요 목차
3. 수급사업자가 자료를 제시받았다는 사실
4. 원사업자와 수급사업자의 상호명, 사업장 소재지 및 전화번호
5. 원사업자와 수급사업자의 서명 또는 기명날인

⑤ 원사업자는 수급사업자에게 대금을 물품으로 지급받도록 강요하지 아니한다.

제40조 (서류제출) 수급사업자는 이 계약과 관련된 공사의 임금, 자재·장비대금, 산업재해보상보험금의 지급, 요양 등에 관한 서류에 대하여 원사업자의 요청이 있을 때에는 이에 협조한다.

제4장 보 칙

제41조 (채권·채무의 양도금지) 원사업자와 수급사업자는 이 계약으로부터 발생하는 권리 또는 의무를 제3자에게 양도하거나 담보로 제공하지 아니한다. 다만 상대방의 서면에 의한 승낙(보증인이 있으면 그의 승낙도 필요하다)을 받았을 때에는 그러하지 아니하다.

제42조 (비밀유지) ① 원사업자와 수급사업자는 이 계약에서 알게 된 상대방의 업무상 비밀을 상대방의 동의 없이 이용하거나 제3자에게 누설하지 아니한다.

② 법원 또는 수사기관 등이 법령에 따라 상대방의 업무상 비밀의 제공을 요청한 경우에 원사업자 또는 수급사업자는 지체 없이 상대방에게 그 내용을 통지한다. 다만, 상대방에게 통지할 수 없는 정당한 사유가 있는 경우에는 비밀을 제공한 후에 지체 없이 통지한다.

③ 제1항을 위반하여 상대방에게 손해를 입힌 경우에는 이를 배상한다. 다만, 손해배상책임을 지는 자가 고의 또는 과실 없음을 증명한 경우에는 그러하지 아니하다.

제43조 (기본계약 및 개별약정) ① 원사업자와 수급사업자는 이 계약에서 정하지 아니한 사항에 대하여 대등한 지위에서 상호 합의하여 서면으로 개별약정을 정할 수 있고, 이 경우 원사업자는 수급사업자의 이익을 부당하게 침해하거나 제한하는 조건을 요구하지 아니한다.

② 개별약정의 내용이 「하도급거래 공정화에 관한 법률」, 「건설산업기본법」 및 건설업과 관련된 법령의 제반 내용과 다를 경우에는 관련법령의 내용이 적용된다.

③ 기본계약 및 개별약정에서 정하고 있는 내용 중 다음 각 호의 어느 하나에 해당하는 약정은 무효로 한다.

1. 원사업자가 기본계약 및 개별약정 등의 서면에 기재되지 아니한 사항을 요구함에 따라 발생된 비용을 수급사업자에게 부담시키는 약정
2. 원사업자가 부담하여야 할 민원처리, 산업재해 등과 관련된 비용을 수급사업자에게 부담시키는 약정
3. 원사업자가 입찰내역에 없는 사항을 요구함에 따라 발생된 비용을 수급사업자에게 부담시키는 약정
4. 다음 각 목의 어느 하나에 해당하는 비용이나 책임을 수급사업자에게 부담시키는 약정
   가. 관련 법령에 따라 원사업자의 의무사항으로 되어 있는 인·허가, 환경관리 또는 품질관리 등과 관련하여 발생하는 비용
   나. 원사업자(발주자를 포함한다)가 설계나 시공내용을 변경함에 따라 발생하는 비용
   다. 원사업자의 지시(요구, 요청 등 명칭과 관계없이 재작업, 추가작업 또는 보수작업에

대한 원사업자의 의사표시를 말한다)에 따른 재작업, 추가작업 또는 보수작업으로 인하여 발생한 비용 중 수급사업자의 책임 없는 사유로 발생한 비용

라. 관련 법령, 발주자와 원사업자 사이의 계약 등에 따라 원사업자가 부담하여야 할 하자담보책임 또는 손해배상책임

5. 천재지변, 매장문화재의 발견, 해킹·컴퓨터바이러스 발생 등으로 인한 공사기간 연장 등 계약체결시점에 원사업자와 수급사업자가 예측할 수 없는 사항과 관련하여 수급사업자에게 불합리하게 책임을 부담시키는 약정
6. 해당 공사의 특성을 고려하지 아니한 채 간접비(하도급대금 중 재료비, 직접노무비 및 경비를 제외한 금액을 말한다)의 인정범위를 일률적으로 제한하는 약정. 다만, 발주자와 원사업자 사이의 계약에서 정한 간접비의 인정범위와 동일하게 정한 약정은 제외한다.
7. 계약기간 중 수급사업자가 「하도급거래 공정화에 관한 법률」 제16조의2에 따라 하도급대금 조정을 신청할 수 있는 권리를 제한하는 약정
8. 그 밖에 제1호부터 제7호까지의 규정에 준하는 약정으로서 법에 따라 인정되거나 법에서 보호하는 수급사업자의 권리·이익을 부당하게 제한하거나 박탈한다고 공정거래위원회가 정하여 고시하는 약정

④ 제3항에 따라 무효가 되는 약정에 근거하여 수급사업자가 비용을 부담한 경우 수급사업자는 이에 해당하는 금액의 지급을 원사업자에게 청구할 수 있다.

제44조 (계약 이외의 사항) ① 기본계약 등에서 정한 것 이외의 사항에 대해서는 관련 법령의 강행법규에서 정한 바에 따르며, 그 이외의 사항에 대해서는 양당사자가 추후 합의하여 정한다. 다만, 합의가 없는 경우 이 계약과 관련된 법령 또는 상관습에 의한다.
② 원사업자와 수급사업자는 이 계약을 이행하는 과정에서 「건설산업기본법」, 「하도급거래 공정화에 관한 법률」, 「독점규제 및 공정거래에 관한 법률」 및 기타 관련 법령을 준수한다.
③ 원사업자는 수급사업자 또는 수급사업자가 소속된 조합이 관계 법률에 따른 정당한 권리행사를 하였다는 이유로 수급사업자에게 수주기회를 제한하거나 거래의 정지, 그 밖에 불이익을 주는 행위를 하지 아니한다.
④ 원사업자는 이 계약에 따른 권리를 행사하는 경우 이외에는 수급사업자의 경영활동에 대한 지시·명령·요구 등의 간섭을 하지 아니한다.
⑤ 원사업자는 정당한 사유 없이 수급사업자에게 자기 또는 제3자를 위하여 금전, 물품, 용역, 그 밖의 경제적 이익을 제공하도록 요구하지 아니한다.

제45조 (계약의 변경) ① 합리적이고 객관적인 사유가 발생하여 부득이하게 계약변경이 필요하다고 인정되는 경우 원사업자와 수급사업자는 상호 합의하여 기본계약 등의 내용을 서면으로 변경할 수 있다. 다만, 원사업자는 공사내용이 변경되기 전에 수급사업자가 이미 수행한 부분은 정산하여 지급한다.
② 당초의 계약내역에 없는 계약내용이 추가·변경되어 계약기간의 연장·대금의 증액이 필요한 경우 원사업자는 수급사업자와 협의하여 계약기간 연장·대금 증액에 관해 필요한 조치를 한다.
③ 원사업자는 계약내용의 변경에 따라 비용이 절감될 때에 한하여 대금을 감액할 수 있다. 이 경우에 원사업자는 제31조 제3항 각 호의 사항을 기재한 서면을 수급사업자에게 미리 제시하거나 제공한다.

④ 수급사업자가 정당한 사유를 제시하여 원사업자의 하도급공사 변경 요청을 거절한 경우 원사업자는 이를 이유로 수급사업자에게 불이익을 주는 행위를 하지 아니한다.
⑤ 수급사업자는 계약체결 후 계약조건의 미숙지, 덤핑 수주 등을 이유로 계약금액의 변경을 요구하거나 시공을 거부하지 아니 한다.

제46조 (건설폐기물의 처리 등) ① 원사업자와 수급사업자는 「건설폐기물의 재활용촉진에 관한 법률」 등 관련법률에서 정하는 바에 따라 건설폐기물을 처리한다.
② 원사업자는 관련법령에서 정하는 바 또는 발주자와의 계약에 따라 수급사업자의 건설폐기물 처리에 소요되는 비용을 지급한다.

제47조 (현장근로자의 편의시설 설치 등) ① 수급사업자는 「건설근로자의 고용개선 등에 관한 법률」 등 관련 법률에서 정하는 바에 따라 건설공사가 시행되는 현장에 화장실·식당·탈의실 등의 시설을 설치하거나 이용할 수 있도록 조치한다.
② 원사업자는 관련법령에서 정하는 바 또는 발주자와의 계약에 따라 수급사업자의 제1항에 따른 시설의 설치 또는 이용에 소요되는 비용을 지급한다.

제5장 피해구제 및 분쟁해결

제48조 (계약이행 및 대금지급보증 등) ① 원사업자는 계약체결일부터 30일 이내에 수급사업자에게 다음 각 호의 구분에 따라 이 계약에서 정한 계약금액의 지급을 보증(지급수단이 어음인 경우에는 만기일까지를, 어음대체결제수단인 경우에는 하도급대금 상환기일까지를 보증기간으로 한다)하며, 수급사업자는 원사업자에게 계약금액의 100분의 10에 해당하는 금액으로 계약이행을 보증한다. 다만, 「하도급거래 공정화에 관한 법률」 또는 「건설산업기본법」 등의 관련법령에서 공사대금의 지급보증이 필요하지 아니하거나 적합하지 않다고 규정한 경우에는 그러하지 아니한다.

1. 공사기간이 4개월 이하인 경우: 계약금액에서 선급금을 뺀 금액
2. 공사기간이 4개월을 초과하는 경우로서 기성부분에 대한 대가의 지급 주기가 2개월 이내인 경우: 다음의 계산식에 따라 산출한 금액

$$\text{보증금액} = \frac{\text{하도급계약금액} - \text{계약상 선급금}}{\text{공사기간(개월 수)}} \times 4$$

3. 공사기간이 4개월을 초과하는 경우로서 기성부분에 대한 대가의 지급 주기가 2개월을 초과하는 경우: 다음의 계산식에 따라 산출한 금액

$$\text{보증금액} = \frac{\text{하도급계약금액} - \text{계약상 선급금}}{\text{공사기간(개월 수)}} \times \text{기성부분에 대한 대가의 지급주기(개월 수)} \times 2$$

② 원사업자는 제1항 단서에 따른 공사대금의 지급보증이 필요하지 아니하거나 적합하지 아니한 사유가 소멸한 경우에는 그 사유가 소멸한 날부터 30일 이내에 공사대금 지급보증을 이행한다. 다만, 「하도급거래 공정화에 관한 법률」 등 관련 법령에서 계약의 잔여기간, 공사목적물의 기성률, 잔여대금 등을 고려하여 보증이 필요하지 않다고 규정한 경우에는 그러하지 아니하다.
③ 다음 각 호의 어느 하나에 해당하는 자와 건설공사에 관하여 「하도급거래 공정화에 관한 법률」상 장기계속건설계약을 체결한 원사업자가 해당 건설공사를 장기계속건설하도급계약

을 통하여 건설위탁하는 경우 원사업자는 최초의 장기계속건설하도급계약 체결일부터 30일 이내에 수급사업자에게 제1항 각 호 외의 부분 본문에 따라 공사대금 지급을 보증하고, 수급사업자는 원사업자에게 최초 장기계속건설하도급계약 시 약정한 총 공사금액의 100분의 10에 해당하는 금액으로 계약이행을 보증한다.

1. 국가 또는 지방자치단체
2. 「공공기관의 운영에 관한 법률」에 따른 공기업, 준정부기관 또는 「지방공기업법」에 따른 지방공사, 지방공단

④ 제1항부터 제3항까지에 따른 원사업자와 수급사업자 상호간의 보증은 현금(체신관서 또는 「은행법」에 의한 금융기관이 발행한 자기앞수표를 포함한다)의 지급 또는 다음 각 호의 어느 하나 기관이 발행하는 보증서의 교부에 의하되, 보증계약을 변경하거나 해지할 경우 상대방에게 즉시 통보한다. 이 경우 원사업자와 수급사업자는 정당한 사유 없이 특정한 보증기관의 지정을 강요하여서는 아니 된다.

1. 「건설산업기본법」에 따른 각 공제조합
2. 「보험업법」에 따른 보험회사
3. 「신용보증기금법」에 따른 신용보증기금
4. 「은행법」에 따른 금융기관
5. 그 밖에 「하도급거래 공정화에 관한 법률」 등에서 정하는 보증기관

⑤ 원사업자가 수급사업자에게 제4항에 따라 공사대금 지급보증서를 교부함에 있어서 그 공사기간 중에 하도급하는 모든 공사 또는 1회계년도에 하도급하는 모든 공사에 대한 공사대금의 지급보증을 하나의 일괄 지급보증서로 교부할 수 있다.

⑥ 원사업자가 공사대금 지급보증을 하지 아니하는 경우에는 수급사업자는 계약이행을 보증하지 아니한다. 다만, 원사업자가 제1항 단서, 제2항 단서에 따라 공사대금 지급을 보증하지 아니하는 경우에는 그러하지 아니하다.

⑦ 수급사업자의 계약이행 보증에 대한 원사업자의 청구권은 원사업자가 공사대금 지급을 보증한 후가 아니면 이를 행사할 수 없다. 다만, 원사업자가 제1항 단서 또는 제2항 단서에 따라 공사대금 지급을 보증하지 아니하는 경우에는 그러하지 아니하다.

⑧ 원사업자가 공사대금의 지급을 지체하여 수급사업자로부터 서면으로 지급독촉을 받고도 이를 지급하지 아니한 경우 수급사업자는 보증기관에 공사대금 중 미지급액에 해당하는 보증금의 지급을 청구할 수 있고, 원사업자가 현금을 지급한 경우에는 동 금액에서 공사대금 중 미지급액에 해당하는 금액은 수급사업자에게 귀속한다.

⑨ 수급사업자는 원사업자에게 이 계약 표지에서 정한 금액으로 계약이행을 보증하며, 계약이행보증금은 다음 각 호의 사항 등을 포함하여 계약불이행에 따른 손실에 해당하는 금액의 지급을 담보한다. 이 경우 계약이행보증금액이 「하도급거래 공정화에 관한 법률」 등 관련법령에서 정한 내용보다 수급사업자에게 불리한 때에는 「하도급거래 공정화에 관한 법률」 등에서 정한 바에 따른다.

1. 수급사업자의 교체에 따라 증가된 공사 금액. 다만, 그 금액이 과다한 경우에는 통상적인 금액으로 한다.
2. 이 계약의 해제·해지 이후 해당 공사를 완공하기 위해 후속 계약을 체결함에 있어서 소요되는 비용

3. 기존 수급사업자의 시공으로 인해 발생한 하자를 보수하기 위해 지출된 금액. 다만, 수급사업자가 제51조에 따라 하자보수보증금을 지급하거나 보증증권을 교부한 경우에는 그러하지 아니하다.

⑩ 원사업자의 공사대금 미지급액 또는 수급사업자의 계약불이행 등에 의한 손실액이 보증금을 초과하는 경우에는 원사업자와 수급사업자는 그 초과액에 대하여 상대방에게 청구할 수 있다.

⑪ 원사업자와 수급사업자가 납부한 보증금은 계약이 이행된 후 계약상대방에게 지체 없이 반환한다. 이 경우 원사업자가 수급사업자에게 공사대금을 어음 또는 상환청구권이 있는 어음대체결제수단으로 지급한 경우 각 어음만기일 또는 어음대체결제수단의 상환기일을 공사대금 지급보증에 있어서의 계약이행완료일로 본다.

⑫ 제3항에 따라 수급사업자로부터 계약이행보증을 받은 원사업자는 장기계속건설계약의 연차별 계약의 이행이 완료되어 이에 해당하는 계약보증금을 제3항 각호의 어느 하나에 해당하는 자로부터 반환받을 수 있는 날부터 30일 이내에 수급사업자에게 해당 수급사업자가 이행을 완료한 연차별 장기계속건설하도급계약에 해당하는 하도급 계약이행보증금을 반환한다. 이 경우 이행이 완료된 부분에 해당하는 계약이행 보증의 효력은 상실되는 것으로 본다.

⑬ 제3항이 적용되지 않은 장기계속건설하도급계약의 경우 수급사업자가 제1항 본문에 따른 계약이행보증을 할 때에 제1차 계약 시 부기한 총 공사 금액의 10%에 해당하는 금액으로 계약이행보증을 하고, 원사업자는 연차별 계약의 이행이 완료된 때에는 당초의 계약보증금 중 이행이 완료된 부분의 계약이행보증 효력은 상실하는 것으로 하여 해당 하도급 계약보증금액을 수급사업자에게 반환한다. 이 경우에 제1항 단서, 제2항, 제4항부터 제11항까지를 준용한다.

⑭ 제8항 및 제9항의 규정은 장기계속건설하도급계약에 있어서 수급사업자가 2차이후의 계약을 체결하지 아니한 경우에 이를 준용한다.

제49조 (손해배상) ① 원사업자 또는 수급사업자가 이 계약을 위반하여 상대방에게 손해를 입힌 경우 그 손해를 배상할 책임이 있다. 다만, 고의 또는 과실 없음을 증명한 경우에는 그러하지 아니하다.

② 원사업자는 수급사업자가 책임있는 사유로 하도급공사의 시공과 관련하여 제3자에게 손해를 입힌 경우에는 수급사업자와 연대하여 그 손해를 배상할 책임이 있다. 이 경우 원사업자가 제3자에게 배상하면 그 책임 비율에 따라 수급사업자에게 구상권을 행사할 수 있다.

③ 수급사업자는 이 계약에 따른 의무를 이행하기 위해 제3자를 사용한 경우 그 제3자의 행위로 인하여 원사업자에게 발생한 손해에 대해 제3자와 연대하여 책임을 진다. 다만, 수급사업자 및 제3자가 고의 또는 과실 없음을 증명한 경우에는 그러하지 아니하다.

제50조 (지체상금) ① 수급사업자가 기한 내에 공사목적물을 인도하지 않거나 검사에 합격하지 못한 경우 원사업자는 지체일수에 표지에서 정한 지체상금요율을 곱하여 산정한 지체상금을 청구할 수 있다.

② 제1항의 경우 기성부분 또는 완료부분을 원사업자가 검사를 거쳐 인수한 경우(인수하지 아니하고 관리·사용하고 있는 경우를 포함한다. 이하 이 조에서 같다)에는 그 부분에 상당하는 금액을 대금에서 공제한 금액을 기준으로 지체상금을 계산한다. 이 경우 기성부분

또는 완료부분은 성질상 분할할 수 있는 공사목적물에 대한 완성부분으로 인수한 것에 한한다.

③ 원사업자는 다음 각 호의 어느 하나에 해당한 경우 그 해당 일수를 제1항의 지체일수에 산입하지 아니한다.

1. 태풍, 홍수, 기타 악천후, 전쟁 또는 사변, 지진, 화재, 폭동, 항만봉쇄, 방역 및 보안상 출입제한 등 불가항력의 사유에 의한 경우
2. 원사업자가 지급하기로 한 지급자재의 공급이 지연되는 사정으로 공사의 진행이 불가능하였을 경우
3. 원사업자의 책임있는 사유로 착공이 지연되거나 시공이 중단된 경우
4. 수급사업자의 부도 등으로 연대보증인이 보증이행을 할 경우(부도 등이 확정된 날부터 원사업자가 보증이행을 지시한 날까지를 의미한다)
5. 수급사업자의 부도 등으로 보증기관이 보증이행업체를 지정하여 보증이행할 경우(원사업자로부터 보증채무이행청구서를 접수한 날부터 보증이행개시일 전일까지를 의미함, 다만 30일 이내에 한한다)
6. 그 밖에 수급사업자에게 책임 없는 사유로 인하여 지체된 경우

④ 지체일수의 산정기준은 다음 각 호의 어느 하나에 의한다.

1. 준공기한 내에 공사목적물을 인도한 경우 : 검사에 소요된 기간은 지체일수에 산입하지 아니한다. 다만, 검사결과(불합격판정에 한한다)에 따라 원사업자가 보수를 요구한 날로부터 최종검사에 합격한 날까지의 기간은 지체일수에 산입한다.
2. 준공기한을 도과하여 공사목적물을 인도한 경우 : 준공기한의 익일부터 실제인도한 날까지의 기간 및 제1호 단서에 해당하는 기간은 지체일수에 산입한다.

⑤ 원사업자는 제1항의 지체상금을 수급사업자에게 지급하여야 할 하도급대금 또는 기타 예치금에서 합의 후 공제할 수 있다.

제51조 (하자담보책임 등) ① 수급사업자는 이 계약에서 정한 하자보수보증금률을 계약금액에 곱하여 산출한 금액(이하 "하자보수보증금"이라 한다)을 준공검사 후 그 공사대금을 지급받을 때까지 현금 또는 증서로 원사업자에게 납부 또는 교부한다. 다만, 공사의 성질상 하자보수보증금의 납부가 필요하지 아니한 경우로 규정한 경우에는 그러하지 아니하다.

② 원사업자는 준공검사를 마친 날로부터 이 계약에서 정한 하자담보책임기간의 범위에서 수급사업자의 공사로 인해 발생한 하자에 대해 상당한 기간을 정하여 그 하자의 보수를 청구한다. 다만, 다음 각 호의 어느 하나의 사유로 발생한 하자에 대하여는 그러하지 아니하다.

1. 원사업자가 제공한 재료의 품질이나 규격 등이 기준미달로 인한 경우
2. 원사업자의 지시에 따라 시공한 경우
3. 원사업자가 건설공사의 목적물을 관계 법령에 따른 내구연한(耐久年限) 또는 설계상의 구조내력(構造耐力)을 초과하여 사용한 경우

③ 이 계약에서 정한 하자담보책임기간이 「건설산업기본법」 등 관련법령에서 정한 하자담보책임기간 보다 더 장기인 경우에는 「건설산업기본법」 등에서 정한 기간으로 한다.

④ 원사업자와 수급사업자는 하자발생에 대한 책임이 분명하지 아니한 경우 상호 협의하여 전문기관에 조사를 의뢰 할 수 있다.

⑤ 수급사업자가 이 계약에서 정한 하자보수 의무기간 중 원사업자로부터 하자보수의 요구를 받고 이에 응하지 아니하면 제1항의 하자보수보증금은 원사업자에게 귀속한다.
⑥ 원사업자는 하자보수 의무기간이 종료한 후 수급사업자의 청구가 있는 날로부터 10일 이내에 수급사업자에게 제1항의 하자보수보증금을 반환한다.
⑦ 장기계속공사의 경우 수급사업자는 연차계약별로 준공 검사 후 그 공사의 대가를 지급받을 때까지 원사업자에게 하자보수보증금을 납부하며, 연차계약별로 하자담보책임을 구분할 수 없는 공사인 경우에는 총 공사의 준공검사 후에 이를 납부한다. 또 원사업자는 연차계약별로 하자보수 의무기간이 종료한 후 수급사업자의 청구가 있는 날로부터 10일 이내에 하자보수보증금을 반환한다.

제52조 (계약의 해제 또는 해지) ① 원사업자 또는 수급사업자는 다음 각 호의 어느 하나에 해당하는 경우에는 서면으로 이 계약의 전부 또는 일부를 해제 또는 해지할 수 있다. 다만, 기성부분에 대해서는 해제하지 아니한다.

1. 원사업자 또는 수급사업자가 금융기관으로부터 거래정지처분을 받아 이 계약을 이행할 수 없다고 인정되는 경우
2. 원사업자 또는 수급사업자가 감독관청으로부터 인·허가의 취소, 영업취소·영업정지 등의 처분을 받아 이 계약을 이행할 수 없다고 인정되는 경우
3. 원사업자 또는 수급사업자가 어음·수표의 부도, 제3자에 의한 강제집행(가압류 및 가처분 포함), 파산·회생절차의 신청 등 영업상의 중대한 사유가 발생하여 이 계약을 이행할 수 없다고 인정되는 경우
4. 원사업자 또는 수급사업자가 해산, 영업의 양도 또는 타 회사로의 합병을 결의하여 이 계약을 이행할 수 없다고 인정되는 경우. 다만, 영업의 양수인 또는 합병된 회사가 그 권리와 의무를 승계함에 대해 상대방이 동의한 경우에는 그러하지 아니하다.
5. 원사업자 또는 수급사업자가 재해 기타 사유로 인하여 이 계약의 내용을 이행하기 곤란하다고 쌍방이 인정한 경우

② 원사업자 또는 수급사업자는 다음 각 호의 어느 하나에 해당하는 사유가 발생한 경우에는 상대방에게 1개월 이상의 기간을 정하여 서면으로 그 이행을 최고하고, 그 기간 내에 이를 이행하지 아니한 때에는 이 계약의 전부 또는 일부를 해제·해지할 수 있다. 다만, 원사업자 또는 수급사업자가 이행을 거절하거나 준공기한 내에 이행하여야 이 계약의 목적을 달성할 수 있는 경우에는 최고 없이 해제 또는 해지할 수 있다.

1. 원사업자 또는 수급사업자가 이 계약상의 중요한 의무를 이행하지 않은 경우
2. 원사업자가 수급사업자의 책임 없이 하도급공사 수행에 필요한 사항의 이행을 지연하여 수급사업자의 하도급공사 수행에 지장을 초래한 경우
3. 수급사업자가 원사업자의 책임 없이 약정한 착공기간을 경과하고도 공사에 착공하지 아니한 경우
4. 수급사업자가 원사업자의 책임 없이 착공을 거부하거나 시공을 지연하여 인도일자 내에 공사목적물의 인도가 곤란하다고 객관적으로 인정되는 경우
5. 수급사업자의 인원·장비 및 품질관리능력이 현저히 부족하여 이 계약을 원만히 이행할 수 없다고 인정되는 등 수급사업자의 책임 있는 사유가 인정되는 경우
6. 원사업자가 공사내용을 변경함으로써 하도급대금이 100분의 40 이상 감소한 경우

7. 수급사업자의 책임 없이 공사의 중지기간이 전체공사 기간의 100분의 50 이상인 경우
8. 원사업자나 수급사업자가 제48조의 기간 내에 대금지급보증이나 계약이행보증을 하지 아니한 경우
9. 발주기관의 불가피한 사정으로 도급계약이 해제 또는 해지된 경우

③ 제1항 또는 제2항에 따른 해제 또는 해지는 기성검사를 필한 부분과 기성검사를 필하지 않은 부분 중 객관적인 자료에 의해 시공사실이 확인된 부분(추후 검사결과 불합격으로 판정된 경우는 그러하지 아니하다)에 대해 적용하지 아니한다.

④ 제1항 또는 제2항에 따라 계약이 해제·해지된 때에는 각 당사자의 상대방에 대한 일체의 채무는 기한의 이익을 상실하고, 당사자는 상대방에 대한 채무를 지체 없이 이행한다.

⑤ 원사업자 및 수급사업자는 자신의 책임 있는 사유로 인하여 이 계약의 전부 또는 일부가 해제 또는 해지된 경우에 이로 인하여 발생한 상대방의 손해를 배상한다.

⑥ 제1항 또는 제2항에 따라 계약을 해제 또는 해지한 경우 원사업자는 기성검사를 필한 부분과 기성검사를 필하지 않은 부분 중 객관적인 자료에 의해 시공사실이 확인된 부분(추후 검사결과 불합격으로 판정된 경우는 그러하지 아니하다)에 대한 대금을 수급사업자에게 지급하고, 수급사업자는 대금을 수령한 부분에 대한 하자보수보증금을 제51조 제1항의 규정에 의거 원사업자에게 납부한다.

⑦ 수급사업자는 제6항의 하자보수보증금을 현금으로 납부한 경우 공사 준공검사 후 하자보수보증서로 대체할 수 있다.

⑧ 제1항 및 제2항에 따라 이 계약이 해제된 경우 원사업자와 수급사업자는 다음 각 호에서 정한 의무를 동시에 이행한다.

1. 원사업자는 수급사업자로부터 인도받은 공사목적물에 관한 모든 자료를 반환하고, 저장된 자료를 삭제한다.
2. 수급사업자는 원사업자로부터 지급받은 대금과 그 이자(연 6%)를 더하여 반환한다.
3. 수급사업자는 원사업자로부터 제공받은 지식재산 등을 반환하며, 이를 활용하지 아니한다.

⑨ 원사업자가 제1항 또는 제2항에 따라 계약을 해제 또는 해지한 경우 수급사업자는 다음 각 호의 사항을 이행한다.

1. 해제 또는 해지의 통지를 받은 부분에 대한 공사를 지체 없이 중지하고 모든 공사 관련 시설 및 장비 등을 공사현장으로 부터 철거한다.
2. 제8조에 의한 대여품이 있을 때에는 지체 없이 원사업자에게 반환한다. 이 경우 당해 대여품이 수급사업자의 고의 또는 과실로 인하여 멸실 또는 파손되었을 때에는 원상회복 또는 그 손해를 배상한다.
3. 제8조에 의한 지급자재 중 공사의 기성부분으로서 인수된 부분에 사용한 것을 제외한 잔여자재를 지체 없이 원사업자에게 반환한다. 이 경우 당해 자재가 수급사업자의 고의 또는 과실로 인하여 멸실 또는 파손되었거나 공사의 기성부분으로서 인수되지 아니한 부분에 사용된 때에는 원상으로 회복하거나 그 손해를 배상한다.

⑩ 손해배상금을 지급하거나 또는 대금을 반환해야 할 자가 이를 지연한 경우 그 지연기간에 대해 지연이자(연 10%)를 더하여 지급한다.

제53조 (분쟁해결) ① 이 계약과 관련하여 분쟁이 발생한 경우 원사업자와 수급사업자는 상호

협의하여 분쟁을 해결하기 위해 노력한다.
② 제1항의 규정에도 불구하고 분쟁이 해결되지 않은 경우 원사업자 또는 수급사업자는 「독점규제 및 공정거래에 관한 법률」에 따른 한국공정거래조정원, 「건설산업기본법」에 따른 건설분쟁조정위원회 또는 「하도급거래 공정화에 관한 법률」에 따른 하도급분쟁조정협의회 등에 조정을 신청할 수 있다. 이 경우에 원사업자와 수급사업자는 조정절차에 성실하게 임하며, 원활한 분쟁해결을 위해 노력한다.
③ 제1항의 규정에도 불구하고, 분쟁이 해결되지 않은 경우에 원사업자 또는 수급사업자는 법원에 소송을 제기하거나 중재법에 따른 중재기관에 중재를 신청할 수 있다.

제54조 (재판관할) 이 계약과 관련된 소송은 원사업자 또는 수급사업자의 주된 사무소를 관할하는 지방법원에 제기한다.

[서식 524] 민간건설공사 표준도급계약서

민간건설공사 표준도급계약서

1. 공 사 명 :
2. 공사장소 :
3. 착 공 년 월 일 : 년 월 일
4. 준공예정년월일 : 년 월 일
5. 계약금액 : 일금 원정 (부가가치세 포함)
(노무비[1]) : 일금 원정, 부가가치세 일금 원정)
1) 건설산업기본법 제88조제2항, 동시행령 제84제1항 규정에 의하여 산출한 노임
6. 계약보증금 : 일금 원정
7. 선 금 : 일금 원정(계약 체결 후 ○일 이내 지급)
8. 기성부분금 : ( )월에 1회
9. 지급자재의 품목 및 수량
10. 하자담보책임(복합공종인 경우 공종별로 구분 기재)

공종	공종별계약금액	하자보수보증금율(%) 및 금액	하자담보책임기간
		( ) % 원정	

		( ) %	원정	
		( ) %	원정	

11. 지체상금율 :

12. 대가지급 지연 이자율 :

13. 기타사항 :

"도급인"과 "수급인"은 합의에 따라 붙임의 계약문서에 의하여 계약을 체결하고, 신의에 따라 성실히 계약상의 의무를 이행할 것을 확약하며, 이 계약의 증거로서 계약문서를 2통 작성하여 각 1통씩 보관한다.

붙임서류 : 1. 민간건설공사 도급계약 일반조건 1부
2. 공사계약특수조건 1부
3. 설계서 및 산출내역서 1부

20○○년 ○월 ○일

도 급 인		**수 급 인**	
주소		주소	
성명	(인)	성명	(인)

민간건설공사 표준도급계약 일반조건

제 1 조 (총칙) "도급인"과 "수급인"은 대등한 입장에서 서로 협력하여 신의에 따라 성실히 계약을 이행한다.

제 2 조 (정의) 이 조건에서 사용하는 용어의 정의는 다음과 같다

1. "도급인"이라 함은 건설공사를 건설업자에게 도급하는 자를 말한다.
2. "도급"이라 함은 당사자 일방이 건설공사를 완성할 것으로 약정하고, 상대방이 그 일의 결과에 대하여 대가를 지급할 것을 약정하는 계약을 말한다.
3. "수급인"이라 함은 "도급인"으로부터 건설공사를 도급받는 건설업자를 말한다.
4. "하도급"이라 함은 도급받은 건설공사의 전부 또는 일부를 다시 도급하기 위하여 "수급

인"이 제3자와 체결하는 계약을 말한다.
5. "하수급인"이라 함은 "수급인"으로부터 건설공사를 하도급받은 자를 말한다.
6. "설계서"라 함은 공사시방서, 설계도면(물량내역서를 작성한 경우 이를 포함한다) 및 현장설명서를 말한다.
7. "물량내역서"라 함은 공종별 목적물을 구성하는 품목 또는 비목과 동 품목 또는 비목의 규격·수량·단위 등이 표시된 내역서를 말한다.
8. "산출내역서"라 함은 물량내역서에 "수급인"이 단가를 기재하여 "도급인"에게 제출한 내역서를 말한다.

제 3 조 (계약문서) ① 계약문서는 민간건설공사 도급계약서, 민간건설공사 도급계약 일반조건, 공사계약특수조건, 설계서 및 산출내역서로 구성되며, 상호 보완의 효력을 가진다.
② 이 조건이 정하는 바에 의하여 계약당사자간에 행한 통지문서 등은 계약문서로서의 효력을 가진다.
③ 이 계약조건 외에 당사자 일방에게 현저하게 불공정한 경우로서 다음 각 호의 어느 하나에 해당하는 특약은 그 부분에 한하여 무효로 한다.
1. 계약체결 이후 설계변경, 경제상황의 변동에 따라 발생하는 계약금액의 변경을 상당한 이유 없이 인정하지 아니하거나 그 부담을 상대방에게 전가하는 특약
2. 계약체결 이후 공사내용의 변경에 따른 계약기간의 변경을 상당한 이유 없이 인정하지 아니하거나 그 부담을 상대방에게 전가하는 특약
3. 본 계약의 형태와 공사내용 등 제반사정에 비추어 계약체결 당시 예상하기 어려운 내용에 대하여 상대방에게 책임을 전가하는 특약
4. 계약내용에 대하여 구체적인 정함이 없거나 당사자 간 이견이 있을 경우 그 처리방법 등을 일방의 의사에 따르도록 함으로써 상대방의 정당한 이익을 침해하는 특약
5. 계약불이행에 따른 당사자의 손해배상책임을 과도하게 경감하거나 가중하여 정함으로써 상대방의 정당한 이익을 침해하는 특약
6. 「민법」 등 관계 법령에서 인정하고 있는 상대방의 권리를 상당한 이유 없이 배제하거나 제한하는 특약

제 4 조 (계약보증금 등) ① "수급인"은 계약상의 의무이행을 보증하기 위해 계약서에서 정한 계약보증금을 계약체결전까지 "도급인"에게 현금 등으로 납부하여야 한다. 다만, "도급인"과 "수급인"이 합의에 의하여 계약보증금을 납부하지 아니하기로 약정한 경우에는 그러하지 아니하다
② 제1항의 계약보증금은 다음 각 호의 기관이 발행한 보증서로 납부할 수 있다.
1. 건설산업기본법 제54조 제1항의 규정에 의한 각 공제조합 발행 보증서
2. 보증보험회사, 신용보증기금 등 이와 동등한 기관이 발행하는 보증서
3. 금융기관의 지급보증서 또는 예금증서
4. 국채 또는 지방채
③ "수급인"은 제21조부터 제23조의 규정에 의하여 계약금액이 증액된 경우에는 이에 상응하는 금액의 보증금을 제1항 및 제2항의 규정에 따라 추가 납부하여야 하며, 계약금액이 감액된 경우에는 "도급인"은 이에 상응하는 금액의 계약보증금을 "수급인"에게 반환하여야 한다.

④ 제3항에 따라 "수급인"이 계약의 이행을 보증하는 때에는 "도급인"에게 공사대금 지급의 보증 또는 담보를 요구할 수 있으며, "도급인"이 "수급인"의 요구에 따르지 아니한 때에는 "수급인"은 15일 이내 "도급인"에게 그 이행을 최고하고 공사의 시공을 중지할 수 있다.

제 5 조 (계약보증금의 처리) ① 제34조제1항 각 호의 사유로 계약이 해제 또는 해지된 경우 제4조의 규정에 의하여 납부된 계약보증금은 "도급인"에게 귀속한다. 이 경우 계약의 해제 또는 해지에 따른 손해배상액이 계약보증금을 초과한 경우에는 그 초과분에 대한 손해배상을 청구할 수 있다.

② "도급인"은 제35조제1항 각 호의 사유로 계약이 해제 또는 해지되거나 계약의 이행이 완료된 때에는 제4조의 규정에 의하여 납부된 계약보증금을 지체없이 "수급인"에게 반환하여야 한다.

제 6 조 (공사감독원) ① "도급인"은 계약의 적정한 이행을 확보하기 위하여 스스로 이를 감독하거나 자신을 대리하여 다음 각 호의 사항을 행하는 자(이하 '공사감독원'이라 한다)를 선임할 수 있다.

1. 시공일반에 대하여 감독하고 입회하는 일
2. 계약이행에 있어서 "수급인"에 대한 지시·승낙 또는 협의하는 일
3. 공사의 재료와 시공에 대한 검사 또는 시험에 입회하는 일
4. 공사의 기성부분 검사, 준공검사 또는 공사목적물의 인도에 입회하는 일
5. 기타 공사감독에 관하여 "도급인"이 위임하는 일

② "도급인"은 제1항의 규정에 의하여 공사감독원을 선임한 때에는 그 사실을 즉시 "수급인"에게 통지하여야 한다.

③ "수급인"은 공사감독원의 감독 또는 지시사항이 공사수행에 현저히 부당하다고 인정할 때에는 "도급인"에게 그 사유를 명시하여 필요한 조치를 요구할 수 있다.

제 7 조 (현장대리인의 배치) ① "수급인"은 착공 전에 건설산업기본법령에서 정한 바에 따라 당해공사의 주된 공종에 상응하는 건설기술자를 현장에 배치하고, 그중 1인을 현장대리인으로 선임한 후 "도급인"에게 통지하여야 한다.

② 제1항의 현장대리인은 법령의 규정 또는 "도급인"이 동의한 경우를 제외하고는 현장에 상주하여 시공에 관한 일체의 사항에 대하여 "수급인"을 대리하며, 도급받은 공사의 시공관리 기타 기술상의 관리를 담당한다.

제 8 조 (공사현장 근로자) ① "수급인"은 해당 공사의 시공 또는 관리에 필요한 기술과 인력을 가진 근로자를 채용하여야 하며 근로자의 행위에 대하여 사용자로서의 모든 책임을 진다.

② "수급인"이 채용한 근로자에 대하여 "도급인"이 해당 계약의 시공 또는 관리상 현저히 부적당하다고 인정하여 교체를 요구한 때에는 정당한 사유가 없는 한 즉시 교체하여야 한다.

③ "수급인"은 제2항에 의하여 교체된 근로자를 "도급인"의 동의 없이 해당 공사를 위해 다시 채용할 수 없다.

제 9 조 (착공신고 및 공정보고) ① "수급인"은 계약서에서 정한 바에 따라 착공하여야 하며, 착공시에는 다음 각 호의 서류가 포함된 착공신고서를 "도급인"에게 제출하여야 한다.

1. 건설산업기본법령에 의하여 배치하는 건설기술자 지정서
2. 공사예정공정표
3. 공사비 산출내역서 (단, 계약체결시 산출내역서를 제출하고 계약금액을 정한 경우를 제외한다)
4. 공정별 인력 및 장비 투입 계획서
5. 기타 "도급인"이 지정한 사항

② "수급인"은 계약의 이행 중에 제1항의 규정에 의하여 제출한 서류의 변경이 필요한 때에는 관련서류를 변경하여 제출하여야 한다.
③ "도급인"은 제1항 및 제2항의 규정에 의하여 제출된 서류의 내용을 조정할 필요가 있다고 인정하는 때에는 "수급인"에게 이의 조정을 요구할 수 있다.
④ "도급인"은 "수급인"이 월별로 수행한 공사에 대하여 다음 각 호의 사항을 명백히 하여 익월 14일까지 제출하도록 요청할 수 있으며, "수급인"은 이에 응하여야 한다.

1. 월별 공정률 및 수행공사금액
2. 인력·장비 및 자재현황
3. 계약사항의 변경 및 계약금액의 조정내용

제10조 (공사기간) ① 공사착공일과 준공일은 계약서에 명시된 일자로 한다.
② "수급인"의 귀책사유 없이 공사착공일에 착공할 수 없는 경우에는 "수급인"의 현장인수일자를 착공일로 하며, 이 경우 "수급인"은 공사기간의 연장을 요구할 수 있다.
③ 준공일은 "수급인"이 건설공사를 완성하고 "도급인"에게 서면으로 준공검사를 요청한 날을 말한다. 다만, 제27조의 규정에 의하여 준공검사에 합격한 경우에 한 한다.

제11조 (선금) ① "도급인"은 계약서에서 정한 바에 따라 "수급인"에게 선금을 지급하여야 하며, "도급인"이 선금 지급시 보증서 제출을 요구하는 경우 "수급인"은 제4조 제2항 각 호의 보증기관이 발행한 보증서를 제출하여야 한다.
② 제1항에 의한 선금지급은 "수급인"의 청구를 받은 날부터 14일 이내에 지급하여야 한다. 다만, 자금사정등 불가피한 사유로 인하여 지급이 불가능한 경우 그 사유 및 지급시기를 "수급인"에게 서면으로 통지한 때에는 그러하지 아니하다.
③ "수급인"은 선금을 계약목적달성을 위한 용도이외의 타 목적에 사용할 수 없으며, 노임지급 및 자재확보에 우선 사용하여야 한다.
④ 선금은 기성부분에 대한 대가를 지급할 때마다 다음 방식에 의하여 산출한 금액을 정산한다.

$$\text{선금정산액} = \text{선금액} \times \frac{\text{기성부분의 대가}}{\text{계약금액}}$$

⑤ "도급인"은 선금을 지급한 경우 다음 각 호의 1에 해당하는 경우에는 당해 선금잔액에 대하여 반환을 청구할 수 있다.

1. 계약을 해제 또는 해지하는 경우
2. 선금지급조건을 위반한 경우

⑥ "도급인"은 제5항의 규정에 의한 반환청구시 기성부분에 대한 미지급금액이 있는 경우에는 선금잔액을 그 미지급금액에 우선적으로 충당하여야 한다.

제12조 (자재의 검사 등) ① 공사에 사용할 재료는 신품이어야 하며, 품질·품명 등은 설계도서와 일치하여야 한다. 다만, 설계도서에 품질·품명 등이 명확히 규정되지 아니한 것은 표준품 또는 표준품에 상당하는 재료로서 계약의 목적을 달성하는데 가장 적합한 것이어야 한다.
② 공사에 사용할 자재중에서 "도급인"이 품목을 지정하여 검사를 요구하는 경우에는 "수급인"은 사용전에 "도급인"의 검사를 받아야 하며, 설계도서와 상이하거나 품질이 현저히 저하되어 불합격된 자재는 즉시 대체하여 다시 검사를 받아야 한다.
③ 제2항의 검사에 이의가 있을 경우 "수급인"은 "도급인"에게 재검사를 요구할 수 있으며, 재검사가 필요하다고 인정되는 경우 "도급인"은 지체없이 재검사하도록 조치하여야 한다.
④ "수급인"은 자재의 검사에 소요되는 비용을 부담하여야 하며, 검사 또는 재검사 등을 이유로 계약기간의 연장을 요구할 수 없다. 다만, 제3항의 규정에 의하여 재검사 결과 적합한 자재인 것으로 판명될 경우에는 재검사에 소요된 기간에 대하여는 계약기간을 연장할 수 있다.
⑤ 공사에 사용하는 자재중 조립 또는 시험을 요하는 것은 "도급인"의 입회하에 그 조립 또는 시험을 하여야 한다.
⑥ 수중 또는 지하에서 행하여지는 공사나 준공후 외부에서 확인할 수 없는 공사는 "도급인"의 참여없이 시행할 수 없다. 다만, 사전에 "도급인"의 서면승인을 받고 사진, 비디오 등으로 시공방법을 확인할 수 있는 경우에는 시행할 수 있다.
⑦ "수급인"은 공사수행과 관련하여 필요한 경우 "도급인"에게 입회를 요구할 수 있으며, "도급인"은 이에 응하여야 한다.

제13조 (지급자재와 대여품) ① 계약에 의하여 "도급인"이 지급하는 자재와 대여품은 공사예정공정표에 의한 공사일정에 지장이 없도록 적기에 인도되어야 하며, 그 인도장소는 시방서 등에 따로 정한 바가 없으면 공사현장으로 한다.
② 제1항의 규정에 의하여 지급된 자재의 소유권은 "도급인"에게 있으며, "수급인"은 "도급인"의 서면승낙없이 현장 외부로 반출하여서는 아니된다.
③ 제1항의 규정에 의하여 인도된 지급자재와 대여품에 대한 관리상의 책임은 "수급인"에게 있으며, "수급인"이 이를 멸실 또는 훼손하였을 경우에는 "도급인"에게 변상하여야 한다.
④ "수급인"은 지급자재 및 대여품의 품질 또는 규격이 시공에 적당하지 아니하다고 인정할 때에는 즉시 "도급인"에게 이를 통지하고 그 대체를 요구할 수 있다.
⑤ 자재 등의 지급지연으로 공사가 지연될 우려가 있을 때에는 "수급인"은 "도급인"의 서면승낙을 얻어 자기가 보유한 자재를 대체 사용할 수 있다. 이 경우 "도급인"은 대체 사용한 자재 등을 "수급인"과 합의된 일시 및 장소에서 현품으로 반환하거나 대체사용당시의 가격을 지체없이 "수급인"에게 지급하여야 한다.
⑥ "수급인"은 "도급인"이 지급한 자재와 기계·기구 등 대여품을 선량한 관리자의 주의로 관리하여야 하며, 계약의 목적을 수행하는 데에만 사용하여야 한다.
⑦ "수급인"은 공사내용의 변경으로 인하여 필요없게 된 지급자재 또는 사용완료된 대여품을 지체없이 "도급인"에게 반환하여야 한다.

제14조 (안전관리 및 재해보상) ① "수급인"은 산업재해를 예방하기 위하여 안전시설의 설치 및 보험의 가입 등 적정한 조치를 하여야 하며, 이를 위해 "도급인"은 계약금액에 안전관리비

및 산업재해보상 보험료 상당액을 계상하여야 한다.
② 공사현장에서 발생한 산업재해에 대한 책임은 "수급인"에게 있다. 다만, 설계상의 하자 또는 "도급인"의 요구에 의한 작업으로 재해가 발생한 경우에는 "도급인"에 대하여 구상권을 행사할 수 있다.

제15조 (건설근로자의 보호) ① "수급인"은 도급받은 공사가 건설산업기본법, 임금채권보장법, 고용보험법, 국민연금법, 국민건강보험법 및 노인장기요양보험법에 의하여 의무가입대상인 경우에는 퇴직공제, 임금채권보장제도, 고용보험, 국민연금, 건강보험 및 노인장기요양보험에 가입하여야 한다. 다만, "수급인"이 도급받은 공사를 하도급한 경우로서 하수급인이 고용한 근로자에 대하여 고용보험, 국민연금, 건강보험 및 노인장기요양보험에 가입한 경우에는 그러하지 아니하다.
② "도급인"은 제1항의 건설근로자퇴직공제부금, 임금채권보장제도에 따른 사업주부담금, 고용보험료, 국민연금보험료, 국민건강보험료 및 노인장기요양보험료를 계약금액에 계상하여야 한다.

제16조 (응급조치) ① "수급인"은 재해방지를 위하여 특히 필요하다고 인정될 때에는 미리 긴급조치를 취하고 즉시 이를 "도급인"에게 통지하여야 한다.
② "도급인"은 재해방지 기타 공사의 시공상 부득이하다고 인정할 때에는 "수급인"에게 긴급조치를 요구할 수 있다. 이 경우 "수급인"은 즉시 이에 응하여야 하며, "수급인"이 "도급인"의 요구에 응하지 않는 경우 "도급인"은 제3자로 하여금 필요한 조치를 하게 할 수 있다.
③ 제1항 및 제2항의 응급조치에 소요된 경비는 실비를 기준으로 "도급인"과 "수급인"이 협의하여 부담한다.

제17조 (공사기간의 연장) ① "수급인"은 다음 각 호의 사유로 인해 계약이행이 현저히 어려운 경우 등 "수급인" 의 책임이 아닌 사유로 공사수행이 지연되는 경우 서면으로 공사기간의 연장을 "도급인" 에게 요구할 수 있다.
1. "도급인" 의 책임있는 사유
2. 태풍·홍수·폭염·한파·악천후·전쟁·사변·지진·전염병·폭동 등 불가항력의 사태(이하 "불가항력"이라고 한다)
3. 원자재 수급불균형
4. 근로시간단축 등 법령의 제·개정
② "도급인"은 제1항의 규정에 의한 계약기간 연장의 요구가 있는 경우 즉시 그 사실을 조사·확인하고 공사가 적절히 이행될 수 있도록 계약기간의 연장 등 필요한 조치를 하여야 한다.
③ 제1항의 규정에 의거 공사기간이 연장되는 경우 이에 따르는 현장관리비 등 추가경비는 제23조의 규정을 적용하여 조정한다.
④ "도급인"은 제1항의 계약기간의 연장을 승인하였을 경우 동 연장기간에 대하여는 지체상금을 부과하여서는 아니된다.

제18조 (부적합한 공사) ① "도급인"은 "수급인"이 시공한 공사중 설계서에 적합하지 아니한 부분이 있을 때에는 이의 시정을 요구할 수 있으며, "수급인"은 지체없이 이에 응하여야 한다.

이 경우 "수급인"은 계약금액의 증액 또는 공기의 연장을 요청할 수 없다.
② 제1항의 경우 설계서에 적합하지 아니한 공사가 "도급인"의 요구 또는 지시에 의하거나 기타 "수급인"의 책임으로 돌릴 수 없는 사유로 인한 때에는 "수급인"은 그 책임을 지지 아니한다.

제19조 (불가항력에 의한 손해) ① "수급인"은 검사를 마친 기성부분 또는 지급자재와 대여품에 대하여 불가항력에 의한 손해가 발생한 때에는 즉시 그 사실을 "도급인"에게 통지하여야 한다.
② "도급인"은 제1항의 통지를 받은 경우 즉시 그 사실을 조사·확인하고 그 손해의 부담에 있어서 기성검사를 필한 부분 및 검사를 필하지 아니한 부분 중 객관적인 자료(감독일지, 사진 또는 비디오테잎 등)에 의하여 이미 수행되었음이 판명된 부분은 "도급인"이 부담하고, 기타 부분은 "도급인"과 "수급인"이 협의하여 결정한다.
③ 제2항의 협의가 성립되지 않은 때에는 제41조의 규정에 의한다.

제20조 (공사의 변경·중지) ① "도급인"이 설계변경 등에 의하여 공사내용을 변경·추가하거나 공사의 전부 또는 일부에 대한 시공을 일시 중지할 경우에는 변경계약서 등을 사전에 "수급인"에게 교부하여야 한다.
② "도급인"이 제1항에 따른 공사내용의 변경·추가 관련 서류를 교부하지 아니한 때에는 "수급인"은 "도급인"에게 도급받은 공사 내용의 변경·추가에 관한 사항을 서면으로 통지하여 확인을 요청할 수 있다. 이 경우 "수급인"의 요청에 대하여 "도급인"은 15일 이내에 그 내용에 대한 인정 또는 부인의 의사를 서면으로 회신하여야 하며, 이 기간 내에 회신하지 아니한 경우에는 원래 "수급인"이 통지한 내용대로 공사내용의 변경·추가된 것으로 본다. 다만, 불가항력으로 인하여 회신이 불가능한 경우에는 제외한다.
③ "도급인"의 지시에 의하여 "수급인"이 추가로 시공한 공사물량에 대하여서는 공사비를 증액하여 지급하여야 한다.
④ "수급인"은 동 계약서에 규정된 계약금액의 조정사유 이외의 계약체결 후 계약조건의 미숙지, 덤핑수주 등을 이유로 계약금액의 변경을 요구하거나 시공을 거부할 수 없다.

제21조 (설계변경으로 인한 계약금액의 조정) ① 설계서의 내용이 공사현장의 상태와 일치하지 않거나 불분명, 누락, 오류가 있을 때 또는 시공에 관하여 예기하지 못한 상태가 발생되거나 사업계획의 변경 등으로 인하여 추가 시설물의 설치가 필요한 때에는 "도급인"은 설계를 변경하여야 한다.
② 제1항의 설계변경으로 인하여 공사량의 증감이 발생한 때에는 다음 각 호의 기준에 의하여 계약금액을 조정하며, 필요한 경우 공사기간을 연장하거나 단축한다.
1. 증감된 공사의 단가는 제9조의 규정에 의한 산출내역서상의 단가를 기준으로 상호 협의하여 결정한다.
2. 산출내역서에 포함되어 있지 아니한 신규비목의 단가는 설계변경 당시를 기준으로 산정한 단가로 한다.
3. 증감된 공사에 대한 일반관리비 및 이윤 등은 산출내역서상의 율을 적용한다.

제22조 (물가변동으로 인한 계약금액의 조정) ① 계약체결후 90일 이상 경과한 경우에 잔여공사에 대하여 산출내역서에 포함되어 있는 품목 또는 비목의 가격 등의 변동으로 인한 등락액이

잔여공사에 해당하는 계약금액의 100분의 3 이상인 때에는 계약금액을 조정한다. 다만, 제17조제1항의 규정에 의한 사유로 계약이행이 곤란하다고 인정되는 경우에는 계약체결일(계약체결후 계약금액을 조정한 경우 그 조정일)부터 90일 이내에도 계약금액을 조정할 수 있다.
② 제1항의 규정에 불구하고 계약금액에서 차지하는 비중이 100분의 1을 초과하는 자재의 가격이 계약체결일(계약체결후 계약금액을 조정한 경우 그 조정일)부터 90일 이내에 100분의 15 이상 증감된 경우에는 "도급인"과 "수급인"이 합의하여 계약금액을 조정할 수 있다.
③ 제1항 및 제2항의 규정에 의한 계약금액의 조정에 있어서 그 조정금액은 계약금액 중 물가변동기준일 이후에 이행되는 부분의 대가에 적용하되, 물가변동이 있는 날 이전에 이미 계약이행이 완료되어야 할 부분에 대하여는 적용하지 아니한다. 다만, 제17조제1항의 규정에 의한 사유로 계약이행이 지연된 경우에는 그러하지 아니하다.
④ 제1항의 규정에 의하여 조정된 계약금액은 직전의 물가변동으로 인하여 계약금액 조정기준일(조정 사유가 발생한 날을 말한다)부터 60일 이내에는 이를 다시 조정할 수 없다.
⑤ 제1항의 규정에 의하여 계약금액 조정을 청구하는 경우에는 조정내역서를 첨부하여야 하며, 청구를 받은 날부터 30일 이내에 계약금액을 조정하여야 한다.
⑥ 제5항의 규정에 의한 계약금액조정 청구내용이 부당함을 발견한 때에는 지체없이 필요한 보완요구 등의 조치를 하여야 한다. 이 경우 보완요구 등의 조치를 통보받은 날부터 그 보완을 완료한 사실을 상대방에게 통지한 날까지의 기간은 제4항의 규정에 의한 기간에 산입하지 아니한다.

제23조 (기타 계약내용의 변동으로 인한 계약금액의 조정) ① 제21조 및 제22조에 의한 경우 이외에 다음 각 호에 의해 계약금액을 조정하여야 할 필요가 있는 경우에는 그 변경된 내용에 따라 계약금액을 조정하며, 이 경우 증감된 공사에 대한 일반관리비 및 이율 등은 산출내역서상의 율을 적용한다.
1. 계약내용의 변경
2. 불가항력에 따른 공사기간의 연장
3. 근로시간 단축, 근로자 사회보험료 적용범위 확대 등 공사비, 공사기간에 영향을 미치는 법령의 제·개정

② 제1항과 관련하여 "수급인"은 제21조 및 제22조에 규정된 계약금액 조정사유 이외에 계약체결후 계약조건의 미숙지 등을 이유로 계약금액의 변경을 요구하거나 시공을 거부할 수 없다.

제24조 (기성부분금) ① 계약서에 기성부분금에 관하여 명시한 때에는 "수급인"은 이에 따라 기성부분에 대한 검사를 요청할 수 있으며, 이때 "도급인"은 지체없이 검사를 하고 그 결과를 "수급인"에게 통지하여야 하며, 14일 이내에 통지가 없는 경우에는 검사에 합격한 것으로 본다.
② 기성부분은 제2조 제8호의 산출내역서의 단가에 의하여 산정한다. 다만, 산출내역서가 없는 경우에는 공사진척율에 따라 "도급인"과 "수급인"이 합의하여 산정한다.
③ "도급인"은 검사완료일로부터 14일 이내에 검사된 내용에 따라 기성부분금을 "수급인"에게 지급하여야 한다.
④ "도급인"이 제3항의 규정에 의한 기성부분금의 지급을 지연하는 경우에는 제28조제3항의 규정을 준용한다.

제25조 (손해의 부담) "도급인"·"수급인" 쌍방의 책임 없는 사유로 공사의 목적물이나 제3자에게 손해가 생긴 경우 다음 각 호의 자가 손해를 부담한다.
1. 목적물이 "도급인"에게 인도되기 전에 발생된 손해: "수급인"
2. 목적물이 "도급인"에게 인도된 후에 발생된 손해: "도급인"
3. 목적물에 대한 "도급인"의 인수지연 중 발생된 손해: "도급인"
4. 목적물 검사기간 중 발생된 손해: "도급인"·"수급인"이 협의하여 결정

제26조 (부분사용) ① "도급인"은 공사목적물의 인도전이라 하더라도 "수급인"의 동의를 얻어 공사목적물의 전부 또는 일부를 사용할 수 있다.
② 제1항의 경우 "도급인"은 그 사용부분에 대하여 선량한 관리자의 주의 의무를 다하여야 한다.
③ "도급인"은 제1항에 의한 사용으로 "수급인"에게 손해를 끼치거나 "수급인"의 비용을 증가하게 한 때는 그 손해를 배상하거나 증가된 비용을 부담한다.

제27조 (준공검사) ① "수급인"은 공사를 완성한 때에는 "도급인"에게 통지하여야 하며 "도급인"은 통지를 받은 후 지체없이 "수급인"의 입회하에 검사를 하여야 하며, "도급인"이 "수급인"의 통지를 받은 후 10일 이내에 검사결과를 통지하지 아니한 경우에는 10일이 경과한 날에 검사에 합격한 것으로 본다. 다만, 불가항력으로 인하여 검사를 완료하지 못한 경우에는 당해 사유가 존속되는 기간과 당해 사유가 소멸된 날로부터 3일까지는 이를 연장할 수 있다.
② "수급인"은 제1항의 검사에 합격하지 못한 때에는 지체없이 이를 보수 또는 개조하여 다시 준공검사를 받아야 한다.
③ "수급인"은 검사의 결과에 이의가 있을 때에는 재검사를 요구할 수 있으며, "도급인"은 이에 응하여야 한다.
④ "도급인"은 제1항의 규정에 의한 검사에 합격한 후 "수급인"이 공사목적물의 인수를 요청하면 인수증명서를 발급하고 공사목적물을 인수하여야 한다.

제28조 (대금지급) ① "수급인"은 "도급인"의 준공검사에 합격한 후 즉시 잉여자재, 폐기물, 가설물 등을 철거, 반출하는 등 공사현장을 정리하고 공사대금의 지급을 "도급인"에게 청구할 수 있다.
② "도급인"은 특약이 없는 한 계약의 목적물을 인도 받음과 동시에 "수급인"에게 공사대금을 지급하여야 한다.
③ "도급인"이 공사대금을 지급기한내에 지급하지 못하는 경우에는 그 미지급금액에 대하여 지급기한의 다음날부터 지급하는 날까지의 일수에 계약서상에서 정한 대가지급 지연이자율(시중은행의 일반대출시 적용되는 연체이자율 수준을 감안 하여 상향 적용할 수 있다)을 적용하여 산출한 이자를 가산하여 지급하여야 한다.

제29조 (폐기물의 처리 등) "수급인"은 공사현장에서 발생한 폐기물을 관계법령에 의거 처리하여야 하며, "도급인"은 폐기물처리에 소요되는 비용을 계약금액에 반영하여야 한다.

제30조 (지체상금) ① "수급인"은 준공기한 내에 공사를 완성하지 아니한 때에는 매 지체일수마다 계약서상의 지체상금율을 계약금액에 곱하여 산출한 금액(이하 '지체상금'이라 한다)을

"도급인"에게 납부하여야 한다. 다만, "도급인"의 귀책사유로 준공검사가 지체된 경우와 다음 각 호의 1에 해당하는 사유로 공사가 지체된 경우에는 그 해당일수에 상당하는 지체상금을 지급하지 아니하여도 된다.

1. 불가항력의 사유에 의한 경우
2. "수급인"이 대체하여 사용할 수 없는 중요한 자재의 공급이 "도급인"의 책임있는 사유로 인해 지연되어 공사진행이 불가능하게 된 경우
3. "도급인"의 귀책사유로 착공이 지연되거나 시공이 중단된 경우
4. 기타 "수급인"의 책임에 속하지 아니하는 사유로 공사가 지체된 경우

② 제1항을 적용함에 있어 제26조의 규정에 의하여 "도급인"이 공사목적물의 전부 또는 일부를 사용한 경우에는 그 부분에 상당하는 금액을 계약금액에서 공제한다. 이 경우 "도급인"이 인허가기관으로부터 공사목적물의 전부 또는 일부에 대하여 사용승인을 받은 경우에는 사용승인을 받은 공사목적물의 해당부분은 사용한 것으로 본다.

③ "도급인"은 제1항 및 제2항의 규정에 의하여 산출된 지체상금은 제28조의 규정에 의하여 "수급인"에게 지급되는 공사대금과 상계할 수 있다.

④ 제1항의 지체상금율은 계약 당사자 간에 별도로 정한 바가 없는 경우에는 국가를 당사자로 하는 계약에 관한 법령 등에 따라 공공공사 계약체결시 적용되는 지체상금율을 따른다.

제31조 (하자담보) ① "수급인"은 공사의 하자보수를 보증하기 위하여 계약서에 정한 하자보수보증금율을 계약금액에 곱하여 산출한 금액(이하 '하자보수보증금'이라 한다)을 준공검사후 그 공사의 대가를 지급할 때까지 현금 또는 제4조 제2항 각 호의 보증기관이 발행한 보증서로서 "도급인"에게 납부하여야 한다.

② "수급인"은 "도급인"이 전체목적물을 인수한 날과 준공검사를 완료한 날 중에서 먼저 도래한 날부터 계약서에 정한 하자담보 책임기간중 당해공사에 발생하는 일체의 하자를 보수하여야 한다. 다만, 다음 각 호의 사유로 발생한 하자에 대해서는 그러하지 아니하다.

1. 공사목적물의 인도 후에 천재지변 등 불가항력이 "수급인"의 책임이 아닌 사유로 인한 경우
2. "도급인"이 제공한 재료의 품질이나 규격 등의 기준미달로 인한 경우
3. "도급인"의 지시에 따라 시공한 경우
4. "도급인"이 건설공사의 목적물을 관계 법령에 따른 내구연한 또는 설계상의 구조내력을 초과하여 사용한 경우

③ "수급인"이 "도급인"으로 부터 제2항의 규정에 의한 하자보수의 요구를 받고 이에 응하지 아니하는 경우 제1항의 규정에 의한 하자보수보증금은 "도급인"에게 귀속한다.

④ "도급인"은 하자담보책임기간이 종료한 때에는 제1항의 규정에 의한 하자보수 보증금을 "수급인"의 청구에 의하여 반환하여야 한다. 다만, 하자담보책임기간이 서로 다른 공종이 복합된 공사에 있어서는 공종별 하자담보 책임기간이 만료된 공종의 하자보수보증금은 "수급인"의 청구가 있는 경우 즉시 반환하여야 한다.

제32조 (건설공사의 하도급 등) ① "수급인"이 도급받은 공사를 제3자에게 하도급하고자 하는 경우에는 건설산업기본법 및 하도급거래공정화에관한법률에서 정한 바에 따라 하도급하여야 하며, 하수급인의 선정, 하도급계약의 체결 및 이행, 하도급 대가의 지급에 있어 관계법령의 제규정을 준수하여야 한다.

② "도급인"은 건설공사의 시공에 있어 현저히 부적당하다고 인정하는 하수급인이 있는 경우에는 하도급의 통보를 받은 날 또는 그 사유가 있음을 안 날부터 30일 이내에 서면으로 그 사유를 명시하여 하수급인의 변경 또는 하도급 계약내용의 변경을 요구할 수 있다. 이 경우 "수급인"은 정당한 사유가 없는 한 이에 응하여야 한다.

③ "도급인"은 제2항의 규정에 의하여 건설공사의 시공에 있어 현저히 부적당한 하수급인이 있는지 여부를 판단하기 위하여 하수급인의 시공능력, 하도급 계약 금액의 적정성 등을 심사할 수 있다.

제33조 (하도급대금의 직접 지급) ① "도급인"은 "수급인"이 제32조의 규정에 의하여 체결한 하도급계약중 하도급거래공정화에 관한법률과 건설산업기본법에서 정한 바에 따라 하도급대금의 직접 지급사유가 발생하는 경우에는 그 법에 따라 하수급인이 시공한 부분에 해당하는 하도급대금을 하수급인에게 지급한다.

② "도급인"이 제1항의 규정에 의하여 하도급대금을 직접 지급한 경우에는 "도급인"의 "수급인"에 대한 대금지급채무는 하수급인에게 지급한 한도 안에서 소멸한 것으로 본다.

제34조 ("도급인"의 계약해제 등) ① "도급인"은 다음 각 호의 1에 해당하는 경우에는 계약의 전부 또는 일부를 해제 또는 해지할 수 있다.

1. "수급인"이 정당한 이유없이 약정한 착공기일을 경과하고도 공사에 착수하지 아니한 경우
2. "수급인"의 책임있는 사유로 인하여 준공기일 내에 공사를 완성할 가능성이 없음이 명백한 경우
3. 제30조제1항의 규정에 의한 지체상금이 계약보증금 상당액에 도달한 경우로서 계약기간을 연장하여도 공사를 완공할 가능성이 없다고 판단되는 경우
4. 기타 "수급인"의 계약조건 위반으로 인하여 계약의 목적을 달성할 수 없다고 인정되는 경우

② 제1항의 규정에 의한 계약의 해제 또는 해지는 "도급인"이 "수급인"에게 서면으로 계약의 이행기한을 정하여 통보한 후 기한 내에 이행되지 아니한 때 계약의 해제 또는 해지를 "수급인"에게 통지함으로써 효력이 발생한다.

③ "수급인"은 제2항의 규정에 의한 계약의 해제 또는 해지 통지를 받은 때에는 다음 각 호의 사항을 이행하여야 한다.

1. 당해 공사를 지체없이 중지하고 모든 공사용 시설·장비 등을 공사현장으로부터 철거하여야 한다.
2. 제13조의 규정에 의한 지급재료의 잔여분과 대여품은 "도급인"에게 반환하여야 한다.

제35조 ("수급인"의 계약해제 등) ① "수급인"은 다음 각 호의 어느 하나에 해당하는 경우에는 계약의 전부 또는 일부를 해제 또는 해지할 수 있다.

1. 공사내용을 변경함으로써 계약금액이 100분의 40이상 감소된 때
2. "도급인"의 책임있는 사유에 의한 공사의 정지기간이 계약서상의 공사기간의 100분의 50을 초과한 때
3. "도급인"이 정당한 이유없이 계약내용을 이행하지 아니함으로써 공사의 적정이행이 불가능하다고 명백히 인정되는 때

4. 제4조제4항에 따른 기간 내에 공사대금 지급의 보증 또는 담보 제공을 이행하지 아니한 때

② 제1항의 규정에 의하여 계약을 해제 또는 해지하는 경우에는 제34조제2항 및 제3항의 규정을 준용한다.

제36조 (계약해지시의 처리) ① 제34조 및 제35조의 규정에 의하여 계약이 해지된 때에는 "도급인"과 "수급인"은 지체없이 기성부분의 공사금액을 정산하여야 한다.

② 제34조 및 제35조의 규정에 의한 계약의 해제 또는 해지로 인하여 손해가 발생한 때에는 상대방에게 그에 대한 배상을 청구할 수 있다. 다만, 제35조제1항제4호에 해당하여 해지한 경우에는 해지에 따라 발생한 손해에 대하여 청구할 수 없다.

제37조 ("수급인"의 동시이행 항변권) ① "도급인"이 계약조건에 의한 선금과 기성부분금의 지급을 지연할 경우 "수급인"이 상당한 기한을 정하여 그 지급을 독촉하였음에도 불구하고 "도급인"이 이를 지급치 않을 때에는 "수급인"은 공사중지기간을 정하여 "도급인"에게 통보하고 공사의 일부 또는 전부를 일시 중지할 수 있다.

② 제1항의 공사중지에 따른 기간은 지체상금 산정시 공사기간에서 제외된다.

③ "도급인"은 제1항의 공사중지에 따른 비용을 "수급인"에게 지급하여야 하며, 공사중지에 따라 발생하는 손해에 대해 "수급인"에게 청구하지 못한다.

제38조 (채권양도) ① "수급인"은 이 공사의 이행을 위한 목적이외에는 이 계약에 의하여 발생한 채권(공사대금 청구권)을 제3자에게 양도하지 못한다.

② "수급인"이 채권양도를 하고자 하는 경우에는 미리 보증기관(연대보증인이 있는 경우 연대보증인을 포함한다)의 동의를 얻어 "도급인"의 서면승인을 받아야 한다.

③ "도급인"은 제2항의 규정에 의한 "수급인"의 채권양도 승인요청에 대하여 승인 여부를 서면으로 "수급인"과 그 채권을 양수하고자 하는 자에게 통지하여야 한다.

제39조 (손해배상책임) ① "수급인"이 고의 또는 과실로 인하여 도급받은 건설공사의 시공관리를 조잡하게 하여 타인에게 손해를 가한 때에는 그 손해를 배상할 책임이 있다.

② "수급인"은 제1항의 규정에 의한 손해가 "도급인"의 고의 또는 과실에 의하여 발생한 것인 때에는 "도급인"에 대하여 구상권을 행사할 수 있다.

③ "수급인"은 하수급인이 고의 또는 과실로 인하여 하도급 받은 공사를 조잡하게 하여 타인에게 손해를 가한 때는 하수급인과 연대하여 그 손해를 배상할 책임이 있다.

제40조 (법령의 준수) "도급인"과 "수급인"은 이 공사의 시공 및 계약의 이행에 있어서 건설산업기본법 등 관계법령의 제규정을 준수하여야 한다.

제41조 (분쟁의 해결) ① 계약에 별도로 규정된 것을 제외하고는 계약에서 발생하는 문제에 관한 분쟁은 계약당사자가 쌍방의 합의에 의하여 해결한다.

② 제1항의 합의가 성립되지 못할 때에는 당사자는 건설산업기본법에 따른 건설분쟁조정위원회에 조정을 신청하거나 중재법에 따른 상사중재기관 또는 다른 법령에 의하여 설치된 중재기관에 중재를 신청할 수 있다.

③ 제2항에 따라 건설분쟁조정위원회에 조정이 신청된 경우, 상대방은 그 조정 절차에 응하여야 한다.

제42조 (특약사항) 기타 이 계약에서 정하지 아니한 사항에 대하여는 "도급인"과 "수급인"이 합의하여 별도의 특약을 정할 수 있다.

[서식 525] 상계계약서

상 계 계 약 서

당사자 간에 임의상계하기 위하여 아래와 같이 계약을 체결한다.

제1조 김○○은 20○○년 ○월 ○일 이○○과 체결한 금전소비대차계약에 기하여 갖는 대금 ○○○만원의 채권 중 금 ○○만원을 제2조 표시의 이○○의 채권과 상계하여 소멸시킬 것을 승인한다.

제2조 이○○은 20○○년 ○월 ○일 김○○과 체결한 ○○매매계약에 기하여 위 김○○에 대하여 가지고 있는 매매대금 채권 중 금 ○○만원의 채권액을 전조에 기재한 위 김○○의 채권과 상계하여 소멸시킬 것을 승인한다.

제3조 양당사자는 제1조 표시의 금전소비대차계약서와 제2조 표시의 ○○매매 계약서는 본 계약서에 첨부하기로 한다.

위 계약을 증명하기 위하여 본 계약서 2통을 작성하여 각자 서명·날인하고 각1통씩 보관한다.

20○○년 ○월 ○일

김○○	주 소					
	성 명 또 는 상 호	인	주민등록번호 또 는 사업자등록번호	–	전 화 번 호	
이○○	주 소					
	성 명 또 는 상 호	인	주민등록번호 또 는 사업자등록번호	–	전 화 번 호	

[서식 526] 가등기담보설정계약서

가등기담보설정계약서

채권자 ○○○을 갑이라고 하고 채무자 △△△을 을이라 하여 갑·을 사이에 다음과 같이 계약을 체결한다.

1. 갑은 다음과 같이 을에게 금전을 대여하고 을은 정히 이를 수령하였다.
   (1) 원금 금 ○○○원
   (2) 이자 월 ○푼으로 하고 매달 ○일 지급한다.
   (3) 연체이자는 월 ○푼 ○리 한다.
   (4) 변제기일 20○○년 ○월 ○일
   (5) 변제방법 갑의 집으로 지참지급 하거나 송금한다.
2. 을이 그 이자를 ○개월 이상 연체하였을 때에는 기한의 이익을 상실하고 원리금전액을 즉시 지급하여야 한다.
3. 을은 갑에 대한 전항의 채무이행을 담보하기 위해 을 소유의 별지목록 기재 부동산에 관하여 갑과 매매예약을 체결하고 이를 원인으로 갑 앞으로 소유권이전청구권보전을 위한 가등기를 경료한다. 위 가등기경료 비용은 을의 부담으로 한다.
4. 을이 원리금변제기일에 원리금을 변제하지 아니할 때에는 위 부동산에 관하여 그 변제기일 다음날로 당사자 사이에 매매가 완결된 것으로 보아 을은 갑에게 위 가등기에 기한 본등기절차를 이행하되, 을이 원리금을 모두 변제하였을 때에는 갑은 위 가등기를 말소하여야 한다. 위 본등기절차비용이나 가등기말소비용은 모두 을의 부담으로 한다.
5. 위 가등기에 기한 본등기절차가 이행되었을 경우 위 부동산은 갑의 소유로 된다.

위 계약사실을 증명하기 위하여 이 계약서를 2통 작성하여 갑·을 각 1통씩 보관한다.

20○○년 ○월 ○일

채권자	주 소					
	성 명	인	주민등록번호	–	전화번호	

<table>
<tr><td rowspan="2">채무자</td><td>주 소</td><td colspan="5"></td></tr>
<tr><td>성 명</td><td>인</td><td>주민등록번호</td><td>–</td><td>전화번호</td><td></td></tr>
</table>

[별 지]

부 동 산 의 표 시

(1동의 건물의 표시)

○○시 ○○구 ○○동 ○○

[도로명주소] ○○시 ○○구 ○○로 ○○

라멘조 및 벽돌조 평슬래브지붕 4층 다세대주택

1층 297.39 ㎡

2층 297.39 ㎡

3층 297.39 ㎡

4층 259.62 ㎡

지1층 190.84 ㎡

지2층 228.34 ㎡

(지2층내 주차장 228.34임)

구조 : 지2층 - 3층 : 라멘조

4층 : 벽돌조

전유부분의 건물의 표시

건물의 번호 : 2층 에이호

구 조 : 라멘조

면 적 : 66.34 ㎡

대지권의 표시

토지의 표시 : ○○시 ○○구 ○○동 ○○

대 574 ㎡

대지권의 종류 : 소유권

대지권의 비율 : 574분의 30.481. 끝.

[서식 527] 지상권설정계약서

지 상 권 설 정 계 약 서

* 굵은 선 ㅁ으로 표시된 란 (제3조 및 계약서 끝부분)은 지상권설정자가 반드시 자필로 기재하시기 바랍니다.

20○○년 ○월 ○일

채권자겸
지상권자 : ㊞

주 소 :

채 무 자 : ㊞

주 소 :

지상권설정자 : ㊞

주 소 :

위 당사자 사이에 아래와 같이 지상권설정계약을 맺는다.

제 1 조 (지상권의 설정) 지상권설정자(이하 "설정자"라 한다)는 그의 소유인 이 계약서 끝부분 토지목록란에 기재된 토지 위에, 지상권자가 건물 기타 공작물이나 수목을 소유하기 위하여

그 토지를 사용할 수 있도록 지상권을 설정한다.

제 2 조 (지료) 지료는 없는 것으로 한다.

제 3 조 (존속기간) 지상권의 존속기간은 설정등기일부터 ○년으로 한다.

제 4 조 (토지의 보존 등) ① 설정자는 사전에 지상권자의 서면 승낙없이 지상권의 목적인 토지에 공작물구축 기타 그 현상을 변경하는 행위를 아니한다.

② 설정자는 지상권의 목적인 토지에 멸실·훼손·공용징수 기타 사유로 말미암아 이상이 생길 염려가 있을 때에는 곧 지상권자에게 통지하며, 그 처리에 관하여는 지상권자의 지시에 따르기로 한다.

제 5 조 (제 절차 이행과 비용 부담) 설정자는 지상권자의 청구가 있는 대로 이 계약에 의한 지상권의 설정·변경·경정·이전·말소 등에 관한 등기 기타 필요한 절차를 지체없이 밟겠으며, 이에 드는 모든 비용은 채무자와 연대하여 부담한다.

제 6 조 (관할법원 합의) 이 계약에 관하여 소송의 필요가 생긴 때에는 법이 정하는 관할법원과 아울러 지상권자의 소재지 지방법원을 관할법원으로 한다.

토지목록

※ 설정자는 다음 사항을 읽고 본인의 의사를 사실에 근거하여 자필로 기재하여 주십시오 (기재 예시 : 수령함).

이 계약서 사본을 확실히 수령하였습니까?	

이 계약서에 따라 등기되었음을 확인하고 등기권리증을 수령함.

20○○년 ○월 ○일

지상권설정자 ㉰

[서식 528] 기계매도담보계약서

기 계 매 도 담 보 계 약 서

※ 담보의 제공은 재산상 손실을 가져올 수도 있는 중요한 법률행위이므로 미리 뒷면 "담보제공자가 꼭 알아 두어야 할 사항"과 계약서의 내용을 잘 읽은 후 신중한 판단을 하시고,
※ 굵은선 으로 표시된 란은 담보제공자가 반드시 자필로 기재하시기 바랍니다.

채 권 자 겸
매도담보권자 ________________ ㊞
주 소

채 무 자 ________________ ㊞
주 소

본 인 확 인 인 감 대 조

매도담보권
설 정 자 ________________ ㊞
주 소

20○○년 ○월 ○일

거 래 약 정	년 월 일자 약정서
금 액	금 원
상 환 기 일	년 월 일
이자율, 지급시기	연 %

지 연 배 상 금	상환기일에 지급하지 아니한 때 또는 기한의 이익을 상실한 때에는 지급하여야 할 금액에 대하여 곧 연 %의 비율로 1년을 365일로 보고 1일 단위로 계산한 지체일수에 해당하는 지연배상금을 지급한다.

위 당사자 사이에 아래와 같이 매도담보권 설정계약을 맺는다.

제 1 조 (매도담보권의 설정) 매도담보권 설정자(이하 "설정자"라 한다)는 채무자의 채권자에 대한 다음 채무를 담보하기 위하여 이 계약서 끝부분 "매도담보 목적물 목록"란에 기재한 물건(이하 "담보목적물"이라 한다)의 소유권을 채권자에게 양도하고 채권자 앞으로 그 담보목적물의 인도를 마쳤다.

피담보채무의 표시 :

제 2 조 (담보목적물의 점유·보존·관리) ① 담보목적물 (제6조의 갈아넣거나 새로 들여온 물건을 포함한다. 이하 같다)은 설정자가 채권자의 대리인으로서 이후 점유·사용·보존·관리하며 그 비용을 부담한다.

② 담보목적물의 점유·사용·보존·관리에 있어서 설정자는 선량한 관리자로서의 주의 의무를 다하며, 보관장소·보관설비·기타 관리방법 등에 관하여 채권자의 지시가 있으면 설정자는 이에 따라야 하며, 이를 변경하고자 하는 때에는 사전에 채권자의 승낙을 받아야 한다.

제 3 조 (보험계약) ① 설정자는 담보목적물에 대하여 채권보전에 필요한 범위 내에서 채권자가 지정하는 종류와 금액으로 보험계약을 맺고, 그 보험계약에 따른 권리위에 채권자를 위하여 질권을 설정하여 그 보험증권을 채권자에게 교부하며, 이 계약에 의한 피담보채무가 존속하는 동안 이를 계속 유지한다.

② 설정자가 제1항에 의한 보험계약 외에 담보목적물에 대하여 따로 보험계약을 맺은 때에는 이를 곧 채권자에게 통지하며, 채권자가 채권보전상 필요에 따라 청구하는 경우에는 그 보험계약에 관하여도 제1항과 같은 절차를 밟는다.

③ 설정자가 제1항, 제2항에 정하는 바에 따르지 아니함으로써 채권자가 채권보전상 필요한 보험계약을 설정자를 대신하여 맺거나 계속하고 그 보험료를 지급한 때에는, 채무자와 설정자는 연대하여 채권자가 지급한 보험료 기타의 제 비용을 은행여신거래기본약관 제4조에 준하여 곧 갚는다.

④ 제1항 내지 제3항에 의한 보험계약에 터잡아 채권자가 보험금을 수령한 때에는, 다른 담보물의 제공 등 상당한 사유가 없는 한, 피담보 채무의 기한도래전입지라도, 채권자는 그 수령금으로 은행여신거래기본약관 제12조에 준하여 채무의 변제에 충당할 수 있다.

제 4 조 (담보목적물의 보존 등) ① 담보목적물이 멸실·훼손되거나 그럴 염려가 있는 경우에는 설정자는 그 예방 또는 구제를 위한 법적 절차를 취하고, 채권자에게 그러한 사실을 통지하여야 한다.

② 담보목적물에 대하여 권리를 주장하는 자가 있거나, 법적 다툼이 발생한 경우에, 설정자는 권리보전을 위한 법적 절차를 밟아야 한다.

제5조(다른담보의 제공) 설정자의 책임있는 사유로 말미암아 담보목적물에 대한 채권자의 소유권 취득이 무효로 되거나 실효될 염려가 있는 때에는 설정자는 채권자의 청구에 의하여 그에 갈음할 수 있는 다른 담보를 채권자에게 제공한다.

제6조(담보가치의 유지) 제4조 제1항의 경우에는 채권자의 청구에 따라 설정자가 상당액의 물건을 곧 보충하여 채권자에게 양도하기로 한다.

제7조(담보목적물의 변경) ① 설정자는 담보목적물의 전부 또는 일부를 갈아 놓거나 또는 새로 물건을 들여올 때에는 채권자의 승인을 받겠으며, 그 갈아 놓은 물건이나 새로 들여온 물건에 대하여도 따로 계약할 것 없이 이 계약에 의하여 모두 채권자에게 양도되고 인도를 마친 것으로 한다.

② 담보목적물에 의하여 제조·가공되는 재공품·반제품·완제품·부산물이나 담보목적물에 부합된 물건도 당연히 이 계약에 의하여 양도되고 인도를 마친 것으로 한다.

제8조(담보목적물의 처분) 담보목적물을 법정절차에 의하여 처분하기 곤란하거나 법정절차에 의하여 처분할 경우 채권보전에 지장을 초래할 상당한 사유가 있다고 인정되는 때에는 채권자는 담보목적물을 일반적으로 적당하다고 인정되는 시기·방법·가격 등에 의하여 담보목적물을 처분하고, 그 매각대금으로 채무의 변제에 충당하거나 채무의 전부 또는 일부의 변제에 갈음하여 담보목적을 취득할 수 있다. 이 경우에 채권자는 담보목적물을 처분 또는 취득하기 10일 전까지 설정자에게 그 사실을 통지하기로 한다.

제9조(담보목적물의 인도·대리처분 등) ① 매도담보권의 실행을 위하여 채권자가 요구하는 때에는 설정자는 담보목적물을 지체없이 채권자 또는 채권자가 지정하는 자에게 양도한다.

② 매도담보권의 실행을 위하여 채권자가 요구하는 때에는 설정자는 채권자를 대리하여 담보목적물을 처분하고, 그 매각대금이 매수인으로부터 직접 채권자에게 지급되도록 한다.

제10조(물상대위) 담보목적물에 대하여 멸실·훼손·공용징수 기타의 원인으로 제3자에 대한 보험금·배상금·보상금 등의 청구권이 생긴 때에는, 다른 담보물의 제공 등 상당한 사유가 없는 한, 피담보채무의 기한도래전일지라도, 채권자는 이를 수령하여 은행여신거래기본약관 제12조에 준하여 채무의 변제에 충당할 수 있다.

제11조(담보목적물의 회보·조사) 채권자는 채권보전에 필요한 경우 수시로 담보목적물에 대한 현황을 조사할 수 있으며, 이 경우 조사에 필요한 협력을 한다.

제12조(비용부담) 매도담보권의 설정·보전·행사 및 담보목적물의 보존·관리에 드는 각종비용은 채무자와 설정자가 연대하여 부담하고, 채권자가 대신 지급한 때에는 그 지급금에 대하여 은행여신거래기본약관 제4조에 준하여 이를 곧 갚는다.

제13조(다른 담보·보증약정과의 관계) ① 설정자가 채무자의 채권자에 대한 피담보채무에 관하여 따로 담보를 제공하고 있거나 보충을 하고 있는 경우에는 별도의 약정이 없는 한 그 담보나 보증은 이 계약에 의하여 변경되지 아니하며 이 계약에 의한 담보책임과 별개의 것으로 누적적으로 적용된다.

② 담보가치의 하락 등을 대비한 채권자의 청구에 의하여 설정자가 같은 피담보채무에 관하여 담보제공과 동시에 같은 금액으로 연대보증을 한 경우, 그 중 어느 하나의 일부 또는

전부를 이행한 때에는 제1항에 불구하고 그 이행한 범위 내에서 다른 책임도 면한다.

제14조 (특약 사항)

※ 설정자는 다음 사항을 읽고 본인의 의사를 사실에 근거하여 자필로 기재하여 주십시오.

(기재예시 : 1. 수령함, 2. 들었음)

매도담보목적물 목록

1. 은행여신거래기본약관과 이 계약서 사본을 확실히 수령하였습니까?	
2. 위 약관과 계약서의 중요한 내용에 대하여 설명을 들었습니까?	

상 담 자	직 위 :	성 명 : 인

소 재 지		
보 관 창 고 명 및 보관장소		
물건	종 별	
	수 량	
	단 가	
	가 액	
보험	회사명	
	종 별	
	금 액	

[서식 529] 기술제휴계약서

기 술 제 휴 계 약 서

○○주식회사(특허발명권자, 이하 甲이라 한다)와 ○○공업주식회사(특허사용권자, 이하 乙이라 한다)는 甲의 소유인 특허권 제○○○호, 발명의 명칭○○○(이하 '특허 발명'이라 한다)에 있어서 다음과 같은 기술제휴계약을 체결, 기술교류를 도모한다.

제 1 조 (甲의 허락) 甲은 乙에게 특허발명을 독점적으로 실시하고 있는 ○○제품(이하 제품이라 한다)을 사용, 판매 및 배포하는 것을 허락한다.

제 2 조 (대가) 乙은 제1조의 허락에 대가로서 다음과 같은 선금 및 사용료를 현금으로 甲에게 지급한다.

1. 일시금
   가. 금 액 : 금 ○○○원
   나. 지급기간 : 본 계약을 체결한 날로부터 ○일 이내
2. 사용료
   가. 금 액 : 乙이 판매하는 '제품'의 매상금액 중 ○%
   나. 지급기간 : 본 계약의 유효기간중
   다. 지급방법 : 매년 6월 및 12월의 말일을 마감으로 해서 돌아오는 30일 이내에 당해 반년간 발생한 모든 특허의 사용료를 지급한다.
   라. 가.항의 매상이란 고객에 대한 총매상에서 수하물 포장비, 운임, 물품세 및 고객의 할인에 제외한 액수이다.

제 3 조 (계약의 효력 및 유효기간) 이 계약의 유효기간은 계약체결일로부터 만 5년으로 한다. 다만 甲 또는 乙이 계약기간만료 3개월까지 계약갱신 또는 계약의사를 표시하지 않는 한 이 계약은 동일한 조건으로 갱신된 것으로 본다.

제 4 조 (금지행위) ① 乙은 특허발명의 사용권의 일부 혹은 전부를 제3자에게 재허락하거나 담보로 제공해서는 안 된다.

② 乙은 甲의 특허발명 또는 당해 특허발명과 관련해서 갑의 특허출원에 대해 직접이나 간접으로도 분쟁을 제기할 수 없다.

③ 乙의 직원이나 피용자가 특허발명의 개량이나 확장에 관련된 신규발명 또는 고안을 했을 경우, 당해 발명 또는 고안에 관한 특허 및 실용신안등록을 받을 권리는 甲과 乙이 공유하지 못한다.

제 5 조 (장부검사) 乙은 이 계약 체결일 이후에 제조한 최종 제품의 생산, 수주 및 판매에 있어서 상세하게 기록한 장부를 구비해두어야 하며 , 甲은 필요에 따라 당해 장부를 검사할 수 있다.

제 6 조 (통지의무) 乙은 제3자가 특허발명을 침해하거나 침해하려고 하는 사실을 알았을 때, 지

체 없이 甲에게 통보하고 甲과 협력해서 배제하도록 해야 한다.

제7조(계약의 해제 및 해지) ① 乙이 정당한 이유 없이 계약일로부터 ○개월 이내에 특허발명을 실시하지 않거나 또는 계속해서 ○개월 이상 특허발명을 실시하지 않을 경우에 甲은 전조의 규정과 상관없이 즉시 이 계약을 해제시킬 수 있다.

② 乙이 이 계약에서 규정하는 乙의 의무를 이행하지 않았을 경우, 甲은 ○○일의 예고기간을 거쳐 문서에 의한 사전 통보로써 계약을 해지하고 乙에게 피해보상을 청구할 수 있다. 단, 乙이 예고기간 내에 당해 의무를 이행한 경우에는 甲의 해지권 및 손해배상청구권은 소멸된다.

제8조(대가의 반환) 본 계약의 특허발명이 무효로 확정된 경우에는 본 계약에 따라 乙로부터 지급된 대가는 반환하는 것으로 한다. 이때 乙은 별도로 정해 놓은 양식에 의한 제조판매보고서에 의해 최종제품(특허 사용료 산정에 기초가 되는 최종 상품을 이른다. 이하 동일)에 관한 자가소비수량, 생산수량, 판매수량, 재고수량, 매상금액 등 기타 사항을 甲에게 보고해야 한다.

제9조(협의) 이 계약에서 정하지 않은 사항에 대해서는 甲, 乙 상호 간에 협의하여 해결한다.

제10조(관할) 이 계약에 관한 소송의 관할 법원은 "甲"과 "乙"이 합의하여 결정하는 관할법원으로 하며, "甲"과 "乙"간에 합의가 이루어지지 아니한 경우에는 甲의사무소 소재지를 관할하는 법원으로 한다.

본 계약을 증명하기 위하여 계약서 2통을 작성하여 甲, 乙 각각 1통씩 보관한다.

20○○년 ○월 ○일

특허발명권자	주소					
	성명 또는 상호	인	주민등록번호 또는 사업자등록번호	–	전화번호	
특허사용권자	주소					
	성명 또는 상호	인	주민등록번호 또는 사업자등록번호	–	전화번호	

[서식 530] 면책적 채무인수계약서

면책적 채무인수계약서

인수인 이□□(이하 “갑”이라고 한다)는 채무자 김○○(이하 “병”이라고 한다)이 채권자 김◎◎(이하 “을”이라고 한다)에게 변제하여야 할 금 10,000,000원의 채무에 대하여 인수하고 을의 동의하에 다음과 같은 내용으로 면책적채무인수계약을 체결한다.

다 음

1. 채무자 병이 채권자 을에게 변제하여야 할 금 10,000,000원의 채무금에 대해서 채권자 을의 동의하에 갑이 위 금원을 인수하면서 채무자 병의 채무를 면책시킨다.
2. 채무자의 채무를 보증하기 위하여 입보를 했던 보증인 박□□의 연대보증과 물상보증인인 정□□의 담보는 소멸시키며 이에 따른 법적 절차를 이행하는데 채권자는 협조한다.
3. 채무자와 채권자가 체결했던 계약에 대한 그 해제권이나 취소권에 대해서는 인수인은 그 권리를 행사할 수 없다.
4. 위 면책적 채무인수계약에 대한 효력은 하기에 기재된 날짜부터 그 효력을 발생한다.

첨부서류 : 위 채권자, 채무자, 인수인의 인감증명서 각 1통

20○○년 ○월 ○일

<table>
<tr><td rowspan="2">채권자</td><td>주 소</td><td colspan="6"></td></tr>
<tr><td>성 명
또 는
상 호</td><td>인</td><td>주민등록번호
또 는
사업자등록번호</td><td>–</td><td>전 화
번 호</td><td></td></tr>
<tr><td rowspan="2">채무자</td><td>주 소</td><td colspan="6"></td></tr>
<tr><td>성 명
또 는
상 호</td><td>인</td><td>주민등록번호
또 는
사업자등록번호</td><td>–</td><td>전 화
번 호</td><td></td></tr>
<tr><td rowspan="2">인수인</td><td>주 소</td><td colspan="6"></td></tr>
<tr><td>성 명
또 는
상 호</td><td>인</td><td>주민등록번호
또 는
사업자등록번호</td><td>–</td><td>전 화
번 호</td><td></td></tr>
</table>

[서식 531] 경개계약서

경 개 계 약 서

제1조 채권자 이○○는 채무자 김○○에 대한 아래 약속어음 채권을 금○○○만 원의 신 채권으로 변경할 것을 약속하고 채무자 김○○은 다음 조항의 규정에 의하여 이를 이행할 것을 약속한다.

- 아 래 -

채무자 김○○이 채권자 이○○ 앞으로 ○○년 ○월 ○일 발행한 금액 ○○○만원, 만기 동년 ○월 ○일, 지급지 ○○시, 지급장소 ○○은행으로 된 약속어음 1매의 채권.

제2조 채무자는 전조의 신 채권 금○○○만원에 대하여 본 계약 일부터 변제 에 이르기까지 연 1할의 이율에 의한 이자를 부가하여 ○○년 ○월 ○일까지 채권자의 주소지에 지참하여 지급하여야 한다.

제3조 채권자는 제1조의 약속어음 1매를 채무자에게 반환하고 채무자는 이를 영수한다.

위 계약을 증명하기 위하여 본 증서 2통을 작성하여 서명·날인하고 각자 1통씩을 소지한다.

20○○년 ○월 ○일

채권자	주 소					
	성 명 또 는 상 호	인	주민등록번호 또 는 사업자등록번호	–	전 화 번 호	
채무자	주 소					
	성 명 또 는 상 호	인	주민등록번호 또 는 사업자등록번호	–	전 화 번 호	

[서식 532] 저작재산권 독점적 이용허락 계약서

저작재산권 독점적 이용허락 계약서

저작자 및 저작권 이용허락자 ________(이하 "권리자"이라 함)와 저작권 이용자 _________(이하 "이용자"라 함)는 아래 저작물 ________에 관한 저작재산권 이용허락과 관련하여 다음과 같이 계약을 체결한다.

다 음

제1조 (계약의 목적)

본 계약은 저작재산권 이용허락과 관련하여 권리자와 이용자 사이의 권리관계를 명확히 하는 것을 목적으로 한다.

제2조 (계약의 대상)

본 계약의 이용허락 대상이 되는 권리는 아래의 저작물(이하 "대상저작물")에 대한 저작재산권 중 당사자가 합의한 권리로 한다.

제목(제호) :

저작자 :

종별 : □ 어문저작물, □ 음악저작물, □ 연극저작물, □ 미술저작물, □ 건축저작물, □ 사진저작물, □ 영상저작물, □ 도형저작물, □ 컴퓨터프로그램저작물, □ 기타(　　　　　　　　　　)

권리 : □ 복제권, □ 공연권, □ 공중송신권(□ 방송권, □ 전송권, □ 디지털음성송신권), □ 전시권, □ 배포권, □ 대여권, □ 2차적저작물[1]작성권

제3조 (이용허락 기간)

대상저작물의 이용허락 기간은 ____년 __월 __일부터 ____년 __월 __일까지로 한다. 다만, 이용자가 권리자에게 제5조 제2항에 따른 이용료를 이용허락기간의 시작점인 ____년 __월 __일 이후에 지급한 경우, 대상저작물의 이용허락 기간은 이용료를 지급한 일자의 다음날부터 기산한다.

제4조 (권리자의 의무)

(1) 권리자는 이용자에게 대상저작물에 대하여 제2조에서 규정한 범위 내에서 독점적으로 이용하는 것을 허락한다.

(2) 권리자는 이용자에게 ____년 __월 __일까지 대상저작물의 이용을 위해 필요한 상당한

자료를 인도하여야 한다. 만일, 대상저작물이 한국저작권위원회에 등록되어 있지 않은 경우, 이용자가 요청하면 권리자는 대상저작물의 저작재산권을 등록한 후 위 의무를 이행한다.

제5조 (이용자의 권리 및 의무)

지급방식	□ 정액	□ 일시금 □ 분할	________________원
		□ 정기지급	(예 : 월) ____________원
	□ 정률	□ 매출액 □ 매출이익	________________%
	□ 기타		

(1) 이용료는 저작물의 이용형태에 따라 다음 중 적합한 방식으로 상호 합의하여 결정할 수 있다.

지급시기	□ 일시금	________년 ______월 ______일
	□ 분할	– 1차 : – 2차 : – 3차 :
	□ 정기지급	□ 월 : □ 분기 : □ 년 :
	□ 기타	

(2) 이용자는 권리자에게 ____년 __월 __일까지 이용료 __________원을 지급한다. 지급방법에 관하여 당사자는 합의에 의하여 일시금으로 혹은 분할하여 지급하는 방법을 선택할 수 있다.

(3) 이용자는 관례적으로 저작자 및 저작재산권자의 성명 등 표시를 허용하는 대상저작물을 이용하는 경우, 그 저작자 및 저작재산권자의 성명 등을 표시하여야 한다.

(4) 이용자는 대상저작물의 이용함에 있어서 저작인격권을 침해하지 아니한다. 다만, 대상저작물의 본질적인 내용을 변경하지 않는 범위 내에서 권리자에게 그 사실을 사전에 고지한 후 사소한 수정 및 편집을 할 수 있다.

제6조 (확인 및 보증)

(1) 권리자는 이용자에게 다음 각 호의 사항을 확인하고 보증한다.

1. 대상저작물의 저작권이용허락을 체결하는데 필요한 권리 및 권한을 적법하게 보유하고 있다는 것
2. 대상저작물의 내용이 제3자의 저작권, 상표권, 인격권을 비롯한 일체의 권리를 침해하

지 아니한다는 것

3. 본 계약을 체결하기 전 대상저작물은 제3자에게 저작재산권이 양도되거나, 이용허락되었거나, 질권이 설정되는 등 이용자의 독점적 이용권을 제한하는 어떠한 부담도 존재하지 아니한다는 것
4. 본 계약에 따른 이용허락 기간 동안 제3자에게 대상저작물에 대한 저작재산권의 양도, 이용허락, 질권의 설정 등 이용자의 독점적 이용권을 침해하는 어떠한 행위도 하지 아니한다는 것

(2) 이용자는 권리자에게 다음 각호의 사항을 확인하고 보증한다.

1. 대상저작물 이용허락권을 권리자의 동의 없이 제3자에게 양도하거나 재이용을 허락하지 아니하는 것
2. 대상저작물을 제3자의 명예권을 비롯한 인격적 권리를 침해하는 방식으로 이용하지 아니할 것

제7조 (계약내용의 변경)

본 계약 내용 중 일부를 변경할 필요가 있는 경우에는 권리자와 이용자의 서면합의에 의하여 변경할 수 있으며, 그 서면합의에서 달리 정함이 없는 한, 변경된 사항은 그 다음날부터 효력을 가진다.

제8조 (계약의 해지)

(1) 당사자는 천재지변 또는 기타 불가항력으로 계약을 유지할 수 없는 경우에 본 계약을 해지할 수 있다.

(2) 당사자는 상대방이 정당한 이유 없이 본 계약을 위반하는 경우에 상당한 기간을 정하여 상대방에게 그 시정을 최고하고, 상대방이 그 기간이 지나도록 이행하지 아니하는 경우에는 계약을 해지할 수 있다. 다만, 상대방이 명백한 시정 거부의사를 표시하였거나 위반 사항의 성격상 시정이 불가능하다는 것이 명백히 인정되는 경우에는 위와 같은 최고 없이 계약을 해지할 수 있다.

(3) 본 계약에 대한 해지권의 행사는 상대방에 대한 손해배상청구권 행사에 영향을 미치지 아니한다.

제9조 (손해배상)

당사자가 정당한 이유 없이 본 계약을 위반하는 경우, 그로 인하여 상대방에게 발생한 모든 손해를 배상할 책임이 있다. 다만, 제8조 제1항의 사유로 본 계약을 이행하지 못한 경우에는 손해배상책임을 면한다.

제10조 (비용의 부담)

계약 체결에 따른 비용은 당사자가 동등하게 부담한다.

제11조 (분쟁해결)

(1) 본 계약에서 발생하는 모든 분쟁은 권리자와 이용자가 상호 원만한 합의에 이르도록 노력하여야 하며, 분쟁이 원만히 해결되지 않는 경우에는 소제기에 앞서 한국저작권위원회에 조정을 신청할 수 있다.

(2) 제1항에 따라 해결되지 아니할 때에는 대한민국의 민사소송법 등에 따른 관할법원에서의 소송에 의해 해결토록 한다.

제12조 (비밀유지)

양 당사자는 본 계약의 체결 및 이행과정에서 알게 된 상대방에 관한 정보, 본 계약의 내용 및 대상저작물의 내용을, 상대방의 서면에 의한 승낙 없이 제3자에게 공개하여서는 아니 된다.

제13조 (기타부속합의)

(1) 권리자와 이용자는 본 계약의 내용을 보충하거나, 이 계약에서 정하지 아니한 사항을 규정하기 위하여 부속합의서를 작성할 수 있다.

(2) 제1항에 따른 부속 합의는 본 계약의 내용과 배치되거나 위반하지 않는 범위 내에서 유효하다.

제14조 (계약의 해석 및 보완)

본 계약서에서 명시되어 있지 아니하거나 해석상 이견이 있을 경우에는 저작권법, 민법 등을 준용하고 사회 통념과 조리에 맞게 해결한다.

제15조 (계약 효력 발생일)

본 계약의 효력은 계약 체결일로부터 발생한다.

_______년 ____월 ____일

권리자 :
성 명 (인)
생년월일
주 소

이용자 :
성 명 (인)
생년월일
주 소

---

1) 원저작물을 번역·편곡·변형·각색·영상제작 그 밖의 방법으로 작성한 창작물을 말한다. 예컨대, 영어로 된 책을 한국어로 번역하거나 소설을 영화화한 것이 대표적인 2차적저작물에 해당한다.

[서식 533] 저작재산권 전부에 대한 양도계약서

저작재산권 전부에 대한 양도계약서

저작자 및 저작권 양도인 ________(이하 "양도인"이라 함)과 저작권 양수인 _________(이하 "양수인"이라 함)은 아래 저작물 _________에 관한 저작재산권(이하 "저작재산권"이라 함)과 관련하여 다음과 같이 계약을 체결한다.

다 음

제 1 조 (계약의 목적) 본 계약은 저작재산권 이전과 관련하여 양도인과 양수인 사이의 권리관계를 명확히 하는 것을 목적으로 한다.

제 2 조 (계약의 대상) 본 계약의 대상이 되는 권리는 아래의 저작물(이하 "대상저작물")에 대한 저작재산권으로 한다.

제목(제호) :

저작자 :

종별 : □ 어문저작물, □ 음악저작물, □ 연극저작물, □ 미술저작물,
□ 건축저작물, □ 사진저작물, □ 영상저작물, □ 도형저작물,
□ 컴퓨터프로그램저작물, □ 기타(   )

권리 : 저작재산권 전부

□ 복제권, 공연권, 공중송신권(방송권, 전송권, 디지털음성송신권), 전시권, 배포권, 대여권

제 3 조 (저작재산권 양도범위)

(1) 본 계약에 의한 저작재산권 양도 범위는 제2조에서 정한 복제권 등 저작재산권 일체를 의미한다.

(2) 제1항에도 불구하고, 저작재산권 중 2차적저작물[2)]작성권은 양도되지 않은 것으로 본다. 다만, 2차적저작물작성권을 양도할 경우 양도인과 양수인은 제14조에 따라 별도로 정한다.

제 4 조 (양도 기간) 대상저작물에 대한 권리 양도 기간은 ____년 __월 __일부터 ____년 __월 __일 까지로 한다.

제 5 조 (양도인의 의무)

(1) 양도인은 양수인에게 제3조에 의한 대상저작물의 저작재산권을 양도한다.

(2) 양도인은 양수인에게 ____년 __월 __일까지 저작재산권 이전에 필요한 일체의 서류를 제공한다. 만일, 대상저작물이 한국저작권위원회에 등록되어 있지 않은 경우, 양수인이 요청하면 양도인은 대상저작물의 저작재산권을 등록한 후 위 의무를 이행한다.

(3) 양도인은 대상 저작물의 저작재산권 양도 이후, 대상저작물의 제호 및 내용의 전부 또는 일부와 동일한 저작물을 제3자에게 양도하거나, 질권을 설정, 대상저작물의 이용허락을 위한 설정계약 등을 하여서는 아니 된다.

제6조 (양수인의 의무)

(1) 양도비용은 다음 중 적합한 방식으로 상호 합의하여 결정할 수 있다.

<table>
<tr><td rowspan="4">지급방식</td><td rowspan="2">□ 정액</td><td>□ 일시금
□ 분할</td><td>________________원</td></tr>
<tr><td>□ 정기지급</td><td>(예 : 월) __________원</td></tr>
<tr><td>□ 정률</td><td>□ 매출액
□ 매출이익</td><td>________________%</td></tr>
<tr><td>□ 기타</td><td colspan="2"></td></tr>
</table>

<table>
<tr><td rowspan="4">지급시기</td><td>□ 일시금</td><td>________년 ______월 ______일</td></tr>
<tr><td>□ 분할</td><td>- 1차 :
- 2차 :
- 3차 :</td></tr>
<tr><td>□ 정기지급</td><td>□ 월 :
□ 분기 :
□ 년 :</td></tr>
<tr><td>□ 기타</td><td></td></tr>
</table>

(2) 양수인은 저작자의 저작인격권을 침해하지 아니한다. 다만, 대상저작물의 본질적인 내용을 변경하지 않는 범위 내에서의 사소한 수정 및 편집은 가능하다.

제7조 (확인 및 보증) 양도인은 양수인에게 다음 각 호의 사항을 확인하고 보증한다.

1. 대상저작물의 저작권양도계약을 체결하는데 필요한 권리 및 권한을 적법하게 보유하고 있다는 것
2. 대상 저작물의 내용이 제3자의 저작권, 인격권, 상표권을 비롯한 일체의 사적 권리를 침해하지 아니한다는 것
3. 본 계약을 체결하기 전 대상저작물의 제호 및 내용의 전부 또는 일부와 동일 또는 유사한 저작물을 제3자에게 양도하거나, 질권을 설정했다는 사실이 없다는 것
4. 대상저작물의 이용허락을 위한 설정계약의 유무

제8조 (계약내용의 변경) 본 계약 내용 중 일부를 변경할 필요가 있는 경우에는 양도인과 양수인의 서면합의에 의하여 변경할 수 있으며, 그 서면합의에서 달리 정함이 없는 한, 변경된 사항은 그 다음날부터 효력을 가진다.

제9조 (계약의 해제)

(1) 당사자는 천재지변 또는 기타 불가항력으로 계약을 유지할 수 없는 경우에 본 계약을 해제할 수 있다.

(2) 당사자는 상대방이 정당한 이유 없이 본 계약을 위반하는 경우에 상당한 기간을 정하여 상대방에게 그 시정을 촉구하고, 상대방이 그 기간이 지나도록 이행하지 아니하는 경우에는 계약을 해제할 수 있다. 다만, 상대방이 명백한 시정 거부의사를 표시하였거나 위반 사항의 성격상 시정이 불가능하다는 것이 명백히 인정되는 경우에는 위와 같은 촉구 없이 계약을 해제할 수 있다.

(3) 본 계약에 대한 해제권의 행사는 상대방에 대한 손해배상청구권 행사에 영향을 미치지 아니한다.

제10조 (손해배상) 당사자가 정당한 이유 없이 본 계약을 위반하는 경우, 그로 인하여 상대방에게 발생한 모든 손해를 배상할 책임이 있다. 다만, 제9조 제1항의 사유로 본 계약을 이행하지 못한 경우에는 손해배상책임을 면한다.

제11조 (비용의 부담) 계약 체결에 따른 비용은 당사자가 동등하게 부담한다.

제12조 (분쟁해결)

(1) 본 계약에서 발생하는 모든 분쟁은 양도인과 양수인이 상호 원만한 합의에 이르도록 노력하여야 하며, 분쟁이 원만히 해결되지 않는 경우에는 소제기에 앞서 한국저작권위원회에 조정을 신청할 수 있다.

(2) 제1항에 따라 해결되지 아니할 때에는 대한민국의 민사소송법 등에 따른 관할법원에서의 소송에 의해 해결토록 한다.

제13조 (비밀유지) 양 당사자는 본 계약의 체결 및 이행과정에서 알게 된 상대방에 관한 정보, 본 계약의 내용 및 대상저작물의 내용을, 상대방의 서면에 의한 승낙 없이 제3자에게 공개하여서는 아니 된다.

제14조 (기타부속합의)

(1) 양도인과 양수인은 본 계약의 내용을 보충하거나, 이 계약에서 정하지 아니한 사항을 규정하기 위하여 부속합의서를 작성할 수 있다.

(2) 제1항에 따른 부속 합의는 본 계약의 내용과 배치되거나 위반하지 않는 범위 내에서 유효하다.

제15조 (계약의 해석 및 보완) 본 계약서에서 명시되어 있지 아니하거나 해석상 이견이 있을 경우에는 저작권법, 민법 등을 준용하고 사회 통념과 조리에 맞게 해결한다.

제16조 (계약 효력 발생일)

본 계약의 효력은 계약 체결일로부터 발생한다.

_______년 ____월 ____일

양도인 :
성 명 (인)
생년월일
주 소

양수인 :
성 명 (인)
생년월일
주 소

[서식 534] 출판계약서

출판권 설정계약서

저작자의 표시 성명 : ____________ 이명(필명) : ____________
저작재산권자의 표시 성명 : ____________ 생년월일 : ____________
저작물의 표시 제호(가제) : ______________________________
저작물의 내용 개요 :

위에 표시된 저작물(이하 '위 저작물'이라고 함)의 저작재산권자(이하 '저작권자'라고 함)과(와) 이를 문서 또는 도화로 발행하고자 하는 이용자(이하 '출판사'라고 함)는(은) 다음과 같이 출판권설정계약을 체결한다.

제1조 (목적) 이 계약은 위 저작물에 대한 출판권 설정계약의 내용에 따른 저작권자 및 출판사의 권리와 의무를 정하는 데 그 목적을 둔다.

제2조 (정의) 이 계약에서 사용하는 용어의 뜻은 다음과 같다.
1. 복제 : 인쇄·사진촬영·복사·녹음·녹화 그 밖의 방법으로 일시적 또는 영구적으로 유형물

2) 원저작물을 번역·편곡·변형·각색·영상제작 그 밖의 방법으로 작성한 창작물을 말한다. 예컨대, 영어로 된 책을 한국어로 번역하거나 소설을 영화화한 것이 대표적인 2차적저작물에 해당한다.

에 고정하거나 다시 제작하는 것을 말한다.
2. 배포 : 저작물의 원본 또는 그 복제물을 공중에게 대가를 받거나 받지 아니하고 양도 또는 대여하는 것을 말한다.
3. 발행 : 저작물 또는 음반을 공중의 수요를 충족시키기 위하여 복제·배포하는 것을 말한다.
4. 출판권 : 출판사가 저작권자와의 출판권설정계약에 따라 인쇄 등의 방법으로 문서 또는 도화로 발행할 수 있는 권리를 말한다. 출판권자는 설정행위에서 정하는 바에 따라 저작물을 원작 그대로 출판할 권리를 가진다.
5. 등록 : 저작자의 성명, 저작물의 제호와 종류, 창작연월일 등 일정한 사항을 저작권등록부에 기재하는 것을 말한다. 저작권 발생과는 관계가 없으며 공중에게 공개·열람하도록 하는 공시적 효과, 분쟁 발생 시 입증의 편의를 위한 추정력, 거래의 안전을 위한 제3자에 대한 대항력이 발생한다.
6. 저작인격권 : 저작물에 대한 저작자의 인격적·정신적 이익을 보호하는 권리로서 다른 사람에게 양도나 상속을 할 수 없다. 공표권, 성명표시권, 동일성유지권 등 3가지 권리로 구성된다.
7. 부차권(부차적 이용허락) : 법적 권리는 아니지만 현장에서 원저작물의 부가적 이용을 허락하는 권리로 통용된다. 이미 공표된 저작물에 대한 재이용 및 축약본이나 요약본을 만들거나 라디오에서 저작물을 읽을 권리, 저작물에 기반한 상품을 만들 권리 등에 대한 것으로서 2차적저작물에 해당하지 않는 것을 말한다.
8. 계약의 해지와 해제 : 해지(解止)는 계속적으로 효과가 이어지는 계약관계에서 일방적인 의사표시로 향후 계약관계가 종료되는 것을 말한다. 이에 반해 해제(解除)는 일방적인 의사표시로 이미 성립된 계약을 소멸시켜 애초에 그런 계약이 없었던 것과 같이 만드는 효과를 말한다.
9. 분쟁 조정 : 저작권에 관한 분쟁이 생겼을 때 한국저작권위원회의 조정을 통해 분쟁을 해결하는 절차이다. 신청 취지와 원인을 기재한 조정신청서를 제출하면 조정이 개시되며 조정부가 당사자 사이의 의견교환을 통해 합의를 유도한다. 조정절차는 비공개를 원칙으로 한다.

제 3 조 (출판권의 설정)

① 저작권자는 출판사에게 위 저작물에 대한 출판권을 설정한다.
② 제1항의 규정에 따라 출판사는 위 저작물을 원작 그대로 출판할 수 있는 독점적이고도 배타적인 권리를 가진다.

제 4 조 (출판권 설정의 등록) 출판사는 위 저작물에 대한 출판권 설정 사실을 한국저작권위원회에 등록할 수 있으며, 이 경우 저작권자는 등록에 필요한 서류를 출판사에게 제공하는 등 이에 적극 협력하여야 한다.

제 5 조 (배타적 이용)

① 저작권자는 이 계약기간 중 위 저작물의 제호 및 내용의 전부와 동일 또는 유사한 저작물을 별도로 출판하거나 제3자로 하여금 출판하게 하여서는 아니 된다.
② 저작권자는 이 계약기간 중 출판사의 사전 동의 없이 위 저작물의 개정판 또는 증보판을

직접 발행하거나 제3자로 하여금 발행하도록 하여서는 아니 된다.

제6조 (출판권의 존속기간 등)

① 출판사가 보유하는 위 저작물의 출판권은 계약일로부터 초판 1쇄 발행일까지, 그리고 초판 1쇄 발행일로부터 　　　년까지 효력을 가진다.

② 저작권자 또는 출판사는 계약기간 만료일 　개월 전까지 문서로써 상대방에게 계약의 종료를 통보할 수 있으며, 이러한 종료 통보에 따라 계약기간 만료일에 이 계약은 종료된다.

③ 제2항에 따른 종료 통보가 없는 경우에 이 계약은 동일한 조건으로 　　년까지 자동 연장되며, 이 경우 출판사는 자동 연장 이전까지의 저작권사용료를 정산하여야 한다.

④ 출판사는 제2항의 계약종료 통보 기한 이전에 저작권자에게 제2항 및 제3항의 내용을 통지하여야 한다.

제7조 (완전원고의 인도와 출판 시기 및 반환)

① 저작권자는 　　　년 　　월 　　일까지 위 저작물의 출판을 위한 완전한 원고 또는 이에 상당한 자료(이하 '완전원고'라 줄임)를 출판사에게 인도하여야 한다. 다만, 부득이한 사정이 있을 때에는 출판사와 협의하여 그 기일을 변경할 수 있다.

② 출판사는 저작권자로부터 완전원고를 인도받은 날로부터 　개월 이내에 위 저작물을 원래 목적대로 출판하여야 한다(특약이 없는 경우 9월 이내 출판함). 다만, 부득이한 사정이 있을 때에는 저작권자와 협의하여 그 기일을 변경할 수 있다.

③ 위 저작물의 출판 후 출판사는 저작권자에게 원고(원화 포함) 등 인도받은 자료 일체를 즉시 반환하여야 한다. 다만, 저작권자와 출판사가 협의하여 반환하지 아니할 수도 있다.

④ 제1항에 따른 완전원고에 대한 판단은 저작권자와 출판사의 합의에 따라야 하며, 합의가 이루어지지 않은 경우에 이 계약은 해제된 것으로 본다.

제8조 (저작물의 내용에 따른 책임 및 계약 내용의 고지 의무)

① 위 저작물의 내용이 제3자의 저작권 등 법적 권리를 침해하여 출판사 또는 제3자에게 손해를 끼칠 경우에는 저작권자가 그에 관한 모든 책임을 진다.

② 이 계약이 완전한 효력을 갖기 위하여 날인 또는 서명 이전에 출판사는 저작권자에게 계약 내용을 설명하여야 한다.

제9조 (저작인격권의 존중) 출판사는 위 저작물을 이용함에 있어서 성명표시권 및 동일성유지권 등 저작인격권을 적극적으로 보호하여야 한다.

제10조 (교정) 위 저작물의 내용 교정 및 교열은 저작권자가 수행함을 원칙으로 한다. 다만, 저작권자는 출판사에게 교정 및 교열에 대한 협력을 요청할 수 있으며, 출판사는 저작권자의 요청에 따라 수행한 교정 및 교열 내용에 대하여 저작권자로부터 최종 확인을 받아야 한다.

제11조 (저작물의 수정증감 및 비용 부담)

① 저작자는 출판사가 출판권의 목적인 위 저작물을 중쇄 또는 중판하는 경우에 정당한 범위 안에서 그 저작물의 내용을 수정하거나 증감할 수 있다.

② 출판사는 출판권의 목적인 위 저작물을 중쇄 또는 중판하고자 하는 경우에 그때마다 미리 저작자에게 그 사실을 알려야 한다.

③ 위 저작물의 저작에 필요한 비용은 저작권자가 부담하고, 출판물의 제작, 홍보, 광고 및 판매에 필요한 비용은 출판사가 부담한다.
④ 초판 1쇄 발행 이후 중쇄 또는 중판을 발행함에 있어 저작자의 요청에 따른 수정, 증감 등에 의하여 통상의 제작비를 현저히 초과하는 경우 그 초과금액에 대한 저작권자의 부담액은 저작권자와 출판사가 협의하여 정한다. 이때 통상의 제작비는 초판 1쇄 발행 비용을 기준으로 산정한다.

제12조 (저작권의 표지 등)
① 출판사는 위 저작물의 출판물에 적당한 방법으로 저작자의 성명과 발행 연월일 등 저작권 표지를 하여야 한다.
② 저작권자와 출판사는 검인지를 [부착하기로(　　) / 부착하지 아니하기로(　　)] 합의한다.

제13조 (정가, 판형, 제책방식 등)
① 위 저작물의 출판물에 대한 정가, 판형, 제책방식 등은 출판사가 결정한다. 다만, 저작권자가 출판사에게 이에 대한 의견을 표시한 경우 출판사는 적극적으로 저작권자와 협의하여야 한다.
② 중쇄(중판)의 시기 및 홍보·광고, 판매의 방법 등은 출판사가 결정한다. 다만, 출판사는 사전에 저작권자와 이를 협의할 수 있다.
③ 출판사는 출판물을 홍보·광고함에 있어 저작자 및 저작권자의 명예를 훼손하여서는 아니 된다.

제14조 (계속 출판의 의무) 출판사는 이 계약기간 중 위 저작물을 계속 출판하여야 한다. 다만, 6개월 동안 판매량이 　　부 이하가 될 경우, 저작권자와 출판사가 합의하여 이 계약을 해지할 수 있다.

제15조 (저작권사용료 등)
① 출판사는 아래와 같이 저작권자에게 정가의 일정 비율에 해당하는 금액에 일정 부수(발행부수 또는 판매부수)를 곱한 금액을 지정 계좌를 통하여 저작권사용료로 지급한다. 이때 저작권자는 출판사에게 발행부수 또는 판매부수에 대한 자료를 요청할 수 있다.

- 초판의 경우 도서정가의 ____% × 발행부수, 2쇄부터는 도서정가의 _____% × 판매부수 (　　　)
- 도서정가의 _____% × 발행부수 (　　　)
- 도서정가의 _____% × 판매부수 (　　　)
- 기타 ____

② 출판사는 　　개월에 한 번씩 발행부수 또는 판매부수를 저작권자에게 통보하고 통보 후 30일 이내에 그 기간에 해당하는 저작권사용료를 지급하여야 한다. 만일 출판사가 발행부수 또는 판매부수를 약정기일 내에 통보하지 아니하는 경우 저작권자는 저작권사용료를 청구할 수 있으며, 출판사는 청구일로부터 30일 이내에 이를 지급하여야 한다.
③ 저작권자는 납본, 증정, 신간 안내, 서평, 홍보 등을 위하여 제공되는 부수에 대하여는 저작권사용료를 면제한다. 다만, 그 부수는 매쇄 당 　　%를 초과할 수 없으며, 출판사는 자세한 내역을 저작권자에게 알려주어야 한다.

제16조 (선급금)

① 출판사는 이 계약 성립일로부터 영업일 이내에 선급금으로 원을 저작권자에게 지급한다.

② 초판 제1쇄의 발행부수는 부로 정한다.

③ 출판사는 초판 제1쇄 발행 시 지급할 저작권사용료에서 제1항의 선급금을 공제한다.

제17조 (저작권자에 대한 증정본 등)

① 출판사는 초판(개정판) 1쇄 발행 시 부, 중쇄 발행 시 부를 저작권자에게 증정한다.

② 저작권자가 제1항의 부수를 초과하는 출판물이 필요한 경우 정가의 %에 해당하는 금액으로 출판사로부터 구입할 수 있다.

제18조 (2차적저작물작성권 등)

① 이 계약기간 중에 위 저작물이 국내외 제3자의 요청에 의하여 번역, 각색, 편곡, 변형 등의 방법으로 2차적저작물로서 이용되는 경우 그에 관한 이용허락 등 모든 권리는 저작권자에게 있으며, 출판사에 먼저 요청이 오는 경우 출판사는 이 같은 사실을 위의 제3자에게 알려주어야 한다. 아울러 출판사는 제3자의 저작물 이용허락 요청 사실을 저작권자에게 알려주어야 한다.

② 이 계약의 목적물인 위 저작물의 내용 중 일부가 국내외 제3자의 요청에 의하여 복제 및 공중송신 등의 방법으로 재이용되거나 기타의 방법에 의하여 부차적으로 이용되는 경우 그에 관한 이용허락 등 모든 권리는 저작권자에게 있으며, 출판사에 먼저 요청이 오는 경우 출판사는 이 같은 사실을 위의 제3자에게 알려주어야 한다. 아울러 출판사는 제3자의 저작물 이용허락 요청 사실을 저작권자에게 알려주어야 한다.

③ 제1항 및 제2항에도 불구하고 출판사에 저작권법에 따른 저작권대리중개업 자격이 있는 경우 저작권자는 2차적 및 부차적 이용에 따른 저작권사용료의 징수 등 2차적 및 부차적 이용허락에 관한 사항의 전부 또는 일부를 출판사에게 위임할 수 있다. 그 위임의 범위 및 발생 수익의 분배 비율 등 자세한 사항은 별도의 서면으로 합의하여 정한다.

제19조 (전집 또는 선집 등에의 수록) 이 계약기간 중에 저작권자가 위 저작물을 자신의 전집이나 선집 등에 수록, 출판할 때는 미리 출판사의 동의를 얻어야 한다.

제20조 (저작재산권 또는 출판권의 양도 등)

① 저작권자는 위 저작물의 복제권 및 배포권의 전부 또는 일부를 제3자에게 양도하거나 이에 대하여 질권을 설정하고자 하는 경우에는 사전에 이를 출판사에게 통보하여야 한다. 다만, 이 경우 출판사의 출판권을 침해하여서는 아니 된다.

② 출판사는 위 저작물의 출판권을 제3자에게 양도하거나 이에 대하여 질권을 설정하고자 하는 경우에는 사전에 저작권자의 서면 동의를 얻어야 한다.

제21조 (판면파일의 구매 및 양도)

① 저작권자는 위 저작물이 수록된 출판물의 판면을 그대로 이용하여 전자책(e-Book) 등 비종이책의 제작을 제3자에게 허락할 수 없으며, 저작권자가 이를 허락하고자 할 경우 위 저작물의 교정 및 편집에 따른 비용을 감안하여 출판사로부터 판면파일을 구매하여야 한다.

② 제1항에 따라 출판사가 저작권자에게 출판물의 판면파일을 양도하는 경우 그것의 구체

적인 금액 등에 관한 사항은 별도 서면으로 합의하여 정한다. 이때 출판사는 저작권자에게 객관적인 근거에 입각한 합리적인 양도 금액을 제시하여야 한다.

제22조 (계약 내용의 변경) 이 계약은 저작권자와 출판사 쌍방의 서면에 의한 합의에 따라 변경할 수 있다.

제23조 (계약의 해지 또는 해제)

① 저작권자 또는 출판사가 이 계약에서 정한 사항을 위반하였을 경우 그 상대방은 일(개월) 이상의 기간을 정하여 제대로 이행할 것을 요구할 수 있다.

② 제1항의 조치에도 불구하고 이를 이행하지 아니하는 경우 그 상대방은 이 계약을 해지 또는 해제할 수 있고, 그로 인한 손해의 배상을 청구할 수 있다.

③ 저작권자는 출판사가 더 이상 출판할 의사가 없음을 표명하거나 절판 및 도산 등의 사유로 출판할 수 없는 상황이 명백한 경우 즉시 계약의 해지를 출판사에게 통보할 수 있다.

④ 저작권자 또는 출판사(소속 임직원을 포함한다)가 상대방에게 관련 법률에 따른 성희롱, 성폭력을 저지른 경우 그 상대방은 이 계약을 해지할 수 있으며, 그로 인한 손해배상을 청구할 수 있다.

제24조 (성희롱 등의 피해 구제) 제23조 제4항에도 불구하고 계약자(계약단체의 대표를 포함하여 단체에 소속되어 있는 임직원 및 자문·기획위원 등 지휘·감독하는 지위에 있는 자) 및 계약대상자 중 어느 일방이 상대 구성원으로부터의 성희롱 등 행위로 정상적인 저작물 창작활동 또는 자신의 직무를 수행하지 못한 경우, 계약을 해지하지 않고 그 내용을 국가인권위원회에 진정하거나 문화체육관광부 장관에게 신고하여 분쟁을 해결할 수 있다.

제25조 (출판권 소멸 후의 배포)

① 출판권이 소멸한 후에도 출판사는 계약기간 만료일 이전에 발행된 도서의 재고품을 개월 동안 배포할 수 있다.

② 제1항에 따른 재고품의 배포에 대하여 출판사는 제15조 제1항에 따라 저작권자에게 저작권사용료를 지급하여야 한다.

제26조 (재해, 사고) 천재지변, 그 밖의 불가항력의 재난으로 저작권자 또는 출판사가 손해를 입거나 계약 이행이 지체 또는 불가능하게 된 경우에는 서로의 책임을 면제하며, 후속조치를 쌍방이 합의하여 결정한다.

제27조 (비밀 유지) 저작권자와 출판사는 이 계약의 체결 및 이행과정에서 알게 된 상대방 및 상대방의 거래처 등에 관한 정보를 상대방의 서면에 의한 승낙 없이 제3자에게 누설하여서는 아니 된다.

제28조 (개인정보의 취급)

① 저작권자와 출판사는 위 저작물의 출판 및 이에 부수하는 업무 과정에서 알게 된 상대방의 개인정보를 개인정보보호법의 취지에 따라 유의하여 취급하여야 하며, 사전 동의 없이 이를 누설하거나 다른 사람이 이용하도록 제공하여서는 아니 된다.

② 저작권자는 출판사가 이 계약에 의한 출판물의 제작 및 광고, 홍보, 판매 등을 위하여 저작권자가 제공한 정보를 스스로 이용하거나 제3자에게 제공하는 것을 허락한다. 다만, 저작자의 초상 이용에 대하여는 저작자와 출판사가 합의하여 결정한다.

제29조 (계약의 해석 및 보완) 이 계약에 명시되어 있지 아니한 사항에 대하여는 저작권자와 출판사가 합의하여 정할 수 있고, 해석상 이견이 있을 경우에는 저작권법 등 관련법률 및 계약해석의 원칙에 따라 해결한다.

제30조 (분쟁의 해결)

① 이 계약과 관련한 분쟁이 발생할 경우 저작권자와 출판사는 제소에 앞서 한국저작권위원회의 조정을 받을 수 있다.

② 제1항의 조정이 성립되지 아니하는 경우에 저작권자와 출판사 사이에 제기되는 소송의 제1심 법원은 　　　　 법원으로 한다.

■ 특약 사항

____

____

____

____

이 계약을 증명하기 위하여 계약서 3통을 작성하여 저작권자, 출판사가 날인 또는 서명한 다음 각 1통씩 보관하고 1통은 출판권 설정 등록용으로 사용한다.

________년 ____월 ____일

저작권자의 표시

주　　소 :

생년월일 :

성　　명 : ________________ (인)

계좌번호 :

출판사의 표시

주　　소 :

출 판 사 명 : 　　　　　　 사업자등록번호 :

대표자 성명 : ________________ (인)

[서식 535] 프리랜서 고용계약서

프리랜서 고용계약서

계약건명	
계약기간	

(이하"갑"이라 한다)와 (이하"을"이라 한다)은 계약건명에 명시된 업무작업을 수행하기 위해 다음과 같이 계약을 체결한다.

다 음

제1조【 목 적 】
본 계약은 "갑"이 "을"에게 의뢰한 ○○○의 업무를 "갑"에게 공급함에 있어 "갑"과 "을"사이에 필요한 사항을 정하는 것을 목적으로 한다.

제2조【 계 약 기 간 】
계약 기간은 ______년 ___월 ___일로부터 ______년 ___월 ___일까지로 하며, 갑과 을의 합의 하에 본 계약기간은 연장 될 수 있다.

제3조【 계 약 금 액 】
총 계약금액은 만원으로 하며, 계약금액 중 **만원**은 착수시점에 지급하고, 잔금 **만원**은 작업완료시 작업완료납품과 동시에 "갑"은 "을"에게 지급하기로 한다. 단, 회사업무 수행을 위한 출장 등이 발생할 경우에는 "갑"이 그 비용을 지급하고, 식대 등은 "을"의 비용으로 한다.

제4조【 납 품 】
"을"은 작업 진행중 중간 완료된 성과물을 매월 일 등 회에 걸쳐 중간 납품을 하며, 최종 자료는 검토 및 수정 후 완성품으로 납품하기로 한다.

제5조【 비 밀 유 지 】
"을"은 본 작업과 관련된 어떠한 일체의 정보를 외부에 누설하거나 유출해서는 안되며 이로 인해 발생하는 모든 책임은 "을"이 진다.

제6조【 자 료 제 공 】
"갑"은 "을"이 작업을 수행하는데 필요한 일체의 자료를 제공하기로 한다.

제7조【 근 무 조 건 】
(1) 본 계약상의 업무를 수행하기 위해 출근 등과 관련된 사항은 자유로 한다.
(2) 본 계약 내용 외에도 다른 필요한 업무가 필요한 경우 "갑"은 "을"이 추가로 작업을 수행하는 부분에 대한 인건비와 계약 기간은 상호 협의 하에 결정한다.

제8조【 해 지 】

"갑"과 "을"은 다음 각 호에 해당될 경우 본 계약을 해지할 수 있다.

(1) 정당한 이유 없이 작업 진행이 이루어지지 않을 때

(2) 정당한 이유 없이 계약기간에 작업완료가 불가능하다고 판단될 때

(3) "갑"이 계약금액을 지급하지 않았을 경우

제9조【 손 해 배 상 】

"을"의 귀책사유로 인하여 본 계약이 불이행이 되었을 경우 "을"은 "갑"이 제시한 손해배상의 책임을 진다(이때, 손해배상은 　　　으로 한다).

제10조【 소 송 관 할 】

본 계약으로 발생하는 분쟁은 　　　　**법원**을 관할법원으로 한다.

각 당사자는 위 계약을 증명하기 위하여 본 계약서 2통을 작성하여, 각각 서명(또는 기명)날인 후 "갑"과 "을"이 각각 1통씩을 보관한다.

________년 ____월 ____일

갑 :

성　　명 ______________ (인)

생년월일

주　　소

을 :

성　　명 ______________ (인)

생년월일

주　　소

서 식 색 인

사 항 색 인

저 자 약 력

■ **김 동 근** [법학박사 / 행정사]

숭실대학교 법학과 졸업
숭실대학교 대학원 법학과 졸업(법학박사)

[대한민국 법률전문서적 최다출간 공식인증 저자 - 한국의 기네스북 KRI 한국기록원 공식인증]

현, 숭실대학교 초빙교수
대한행정사회 중앙연수교육원 교수
국가전문자격시험 출제위원
공인행정심판학회 학회장
대한행정사회 대의원
대한탐정협회 교육원장
행정사 사무소 청신호 대표
YMCA병설 월남시민문화연구소 연구원
내외일보 논설위원

전, 서울시장후보 법률특보단장
대통령후보 탐정위원회 부위원장
대통령후보 디지털성범죄예방 특별위원회 자문위원
중앙법률사무교육원 교수
공무원연금관리공단 행정사양성지원과정 강사
공인행정사협회 법제위원회 법제위원장
공인행정사협회 행정심판전문가과정 전임교수

저서, 핵심재개발·재건축분쟁실무(진원사), 부동산소송(진원사), 건축분쟁실무(진원사), 건축법 이론 및 실무(진원사), 주택법 이론 및 실무(진원사), 국토계획법 이론 및 실무(진원사), 도시개발법 이론 및 실무(진원사), 주택상가임대차보호법 분쟁실무(법률출판사), 민사소송준비부터 가압류·강제집행까지(법률출판사), 민법총칙(진원사), 요건사실론(진원사), 답변서·준시서면 총서(진원사), 신종합법률실무대전 I II III(진원사), 민법의 이해와 실무(개정판)(중앙법률사무교육원), 이혼소송에서 위자료 재산분할까지(진원사), 유형별 가사분쟁실무(진원사), 이혼소송준비부터 가압류 강제집행까지(법률출판사), 가사소송법실무(진원사), 가사소송실무 I II(진원사), 상속분할과 유류분청구(진원사), 미성년·성년후견소송(진원사), 조문별 핵심판례 도시및주거환경정비법(상,하)(진원사), 유형별 민사집행법 판례정리집(상,하)(진원사), 누구나 쉽게할 수 있는 민사소송(진원사), 나홀로 하는 민사소송실무(진원사), 나홀로 하는 형사소송실무(진원사), 나홀로 하는 가사소송실무(진원사), 나홀로 하는 보전소송실무(진원사), 나홀로 하는 민사집행실무(진원사), 나홀로 하는 어음수표소송(진원사), 나홀로 하는 교통사고 손해배상소송(진원사), 나홀로 하는 부동산소송실무(진원사), 나홀로 하는 소장작성례(진원사), 나홀로 하는 가족관계사건등록절차(진원사), 사건유형별 행정소송 이론 및 실무(법률출판사), 사건유형별 행정심판 이론 및 실무(진원사), 한권으로 끝내는 운전면허취소·정지구제 행정심판(법률출판사), 한권으로 끝내는 공무원·교원 소청심사청구(법률출판사), 한권으로 끝내는 영업정지·취소 구제행정심판(법률출판사), 비송사건절차법 이론 및 실무(법률출판사), 토지수용보상실무(법률출판사), 출입국관리법 이론 및 실무(법률출판사)

▪ **김 요 한** [변호사]

주요학력

고려대학교법학과 졸업

서울대학교법과대학원 석사과정 수료(전공: 상법 및 조세법)

서울시립대학교 세무대학원 석사과정 수료(전공: 조세법)

건국대학교 부동산대학원 석사학위 취득(학위논문: 재개발재건축)

건국대학교 일반대학원 부동산학과 박사학위 취득(학위논문: 재개발재건축)

서울시립대 도시과학대학원 도시계획학 석사과정

주요경력

제37회 사법시험 합격

사법연수원 제27기 수료

수원지방법원 판사

서울중앙지방법원 판사

법무법인 세종 기업자문파트 변호사

현, 법무법인 태한 대표번호사

저서, 사건유형별 행정심판 이론 및 실무(진원사), 사건유형별 행정소송 이론 및 실무(법률출판사), 출입국관리법 이론 및 실무(법률출판사)

[제2판] 계약유형별 **나홀로 하는 계약서 작성**

저 자	김 동 근 · 김 요 한	2020년 2월 21일 초 판 발행
발 행 인	양 진 수	2023년 6월 14일 제2판 인쇄
발 행 처	진 원 사	2023년 6월 28일 제2판 발행

서울시 송파구 법원로 9길 26, C동 1107호 (문정동, H비즈니스파크)

전화 : 02) 916-1850 / 팩스 : 02) 916-3442

신고번호 제 2018 - 000026호

http://www.jinwonsa.co.kr

e-mail : hhansin@hanmail.net

도서출판 진원사

ISBN : 978-89-6346-627-9 93360

정가 63,000원